손해사정사 ①차

10개년 기출문제해설

한권으로 끝내기

1권 문제편

시대에듀

2025 시대에듀 손해사정사 1차
10개년 기출문제해설 한권으로 끝내기

Always **with you**

사람의 인연은 길에서 우연하게 만나거나 함께 살아가는 것만을 의미하지는 않습니다.
책을 펴내는 출판사와 그 책을 읽는 독자의 만남도 소중한 인연입니다.
시대에듀는 항상 독자의 마음을 헤아리기 위해 노력하고 있습니다. 늘 독자와 함께하겠습니다.

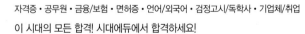

머리말 PREFACE

손해사정사는 보험사고발생시 손해액 및 보험금의 산정업무를 전문적으로 수행하는 자로서 보험금 지급의 객관성과 공정성을 확보하여 보험계약자나 피해자의 권익을 침해하지 않도록 해주는 일을 하는 보험업계의 전문자격인입니다.

손해사정사 시험은 2014년도부터 재물·차량·신체로 구분하여 시행되고 있으며, 1차 시험은 「보험업법」, 「보험계약법(상법 중 보험편)」, 「손해사정이론」 등 공통 3과목을 객관식 4지 선택형으로 치르게 됩니다.

본서는 최근 10년(2015~2024)간 출제된 손해사정사 1차 시험문제를 철저히 분석하여 구성한 기출문제집입니다. 수험생들이 기출문제를 통해 출제의 흐름을 파악하고, 실제 시험의 난이도를 체감할 수 있도록 함으로써 실전 적응력을 높일 수 있도록 하였습니다. 특히 문제와 해설을 따로 수록하여 실제 시험처럼 풀어볼 수 있게 하였으며, 상세한 해설을 통해 문제의 핵심을 이해할 수 있도록 하였습니다.

따라서 본서는 수험생들이 시험보기 전 시험준비를 마무리하고, 실전TEST용으로 활용하면 더욱 효과적입니다.

끝으로 본서가 합격의 지름길을 제시하는 안내가 되길 바라며, 이 책을 믿고 선택해주신 수험생들에게 감사의 미음을 진힙니다.

대표 편저자 씀

이 책의 구성과 특징 STRUCTURES

STEP 01 | 기출 키워드 분석

최근 10년간 기출문제를 분석하여
핵심 키워드로 정리한
기출 키워드 분석

> **10개년 기출 키워드 분석** **제1과목 보험업법**
>
> **CHAPTER 01** **총 칙**
> - 보험업법의 목적 및 주요 용어의 정의
> - 보험상품 및 보험계약의 체결
> - 손해보험업의 허가 종류
> - 전문보험계약자, 통신판매전문보험회사
> - 소액단기전문보험회사
> - 보험업의 겸영업무 및 부수업무
> - 보험회사가 수행할 수 있는 금융업무
> - 외국보험회사국내사무소의 금지행위
> - 외국보험회사 등의 국내사무소 설치
> - 보험업의 허가를 받기 위한 사업계획서 및 기초서류
> - 보험업의 허가 및 예비허가
> - 생명보험상품
> - 총자산 및 자기자본
> - 제3보험업의 허가 종류
> - 제3보험의 보험종목에 부가되는 보험
> - 보험회사가 아닌 자와 보험계약의 체결
> - 자기자본의 범위

STEP 02 | 문제편

연도별 · 과목별로 수록한
최근 10년간 기출문제

> ## 2024년 제47회 보험업법   1차 시험문제
>
> ⊘ 중요 문제 / 틀린 문제 CHECK
>
> | 01 | 02 | 03 | 04 | 05 | 06 | 07 | 08 | 09 | 10 | 11 | 12 | 13 | 14 | 15 | 16 | 17 | 18 | 19 | 20 |
> |----|----|----|----|----|----|----|----|----|----|----|----|----|----|----|----|----|----|----|----|
> | 21 | 22 | 23 | 24 | 25 | 26 | 27 | 28 | 29 | 30 | 31 | 32 | 33 | 34 | 35 | 36 | 37 | 38 | 39 | 40 |
>
> 시간   분 / 정답 및 해설편 392p
>
> **01**   ☑ 확인Check! ○ △ ✕

최신 개정법령에 맞춰 수정한
기출수정문제

> **06**   ☑ 확인   〔기출수정〕
>
> 다음 중 보험회사의 겸영업무에 관한 설명으로 옳지 않은 것은?
> ① 「자산유동화에 관한 법률」에 따른 유동화자산의 관리업무로서 해당 법령에서 보험회사가 할 수 있도록 한 업무를 할 수 있다.
> ② 「자본시장과 금융투자업에 관한 법률」 제6조 제4항에 따른 집합투자업으로서 해당 법령에 따라 인가 · 허가 · 등록 등이 필요한 금융업무를 할 수 있다.
> ③ 대통령령으로 정하는 금융업으로서 해당 법령에 따라 인가 · 허가 · 등록 등이 필요한 금융업무를 하려면 그 업무를 시작하려는 날의 7일 전까지 금융위원회에 신고하여야 한다.
> ④ 보험회사의 경영건전성을 해치거나 보험계약자 보호 및 건전한 거래질서를 해칠 우려가 없다고 인정되는 금융업무로서 대통령령으로 정하는 금융업무를 할 수 있다.

각 문제별로 실전TEST 및
반복학습이 가능하도록 한
확인 Check 사항

> **02**   ☑ **확인**Check! ○ △ ✕
>
> 보험업법상 용어의 정의에 관한 설명으로 옳지 않은 것은?
> ① 산업재해보상보험은 보험상품에 포함되지 아니한다.
> ② 보험업은 생명보험업, 손해보험업, 제3보험업 등 3가지로 나뉜다.
> ③ 상호회사란 보험업을 경영할 목적으로 보험업법에 따라 설립된 회사로서 보험계약자를 사원으로 하는 회사를 말한다.
> ④ 보험대리점이란 보험회사를 위하여 보험계약의 체결을 대리 또는 중개하는 자로서 보험업법에 따라 금융위원회에 등록된 자를 말한다.

STEP 03 | 정답 및 해설편

문제편과 분리하여 수록된
정답 및 해설편

최신 개정법령 및 출제 POINT를
반영하여 꼼꼼하게 수록한
상세한 해설

40
정답 ①

해설 **민감정보 및 고유식별정보의 처리(보험업법 시행령 제102조 제4항)**

보험협회의 장은 다음 각 호의 사무를 수행하기 위하여 불가피한 경우 「개인정보보호법」 제23조에 따른
건강에 관한 정보, 같은 법 시행령 제19조에 따른 주민등록번호, 여권번호, 운전면허의 면허번호 또는
외국인등록번호가 포함된 자료를 처리할 수 있다. 다만, 제6호의 사무의 경우에는 「개인정보보호법」 제
23조에 따른 건강에 관한 정보 및 같은 법 시행령 제19조에 따른 운전면허의 면허번호가 포함된 자료는
제외한다. (2023.6.27. 개정)

1. 중복계약의 체결을 확인하거나 보험계약을 확인하는 경우 그에 따른 사무
2. 금융위원회로부터 인가받은 상호협정을 수행하는 경우 그에 따른 사무
3. 보험금 지급 및 자료 제출 요구에 관한 사무
3의2. 변액보험계약의 모집에 관한 연수과정의 운영·관리에 관한 사무
4. 차량수리비 실태 점검에 관한 사무
4의2. 보험설계사 및 개인보험대리점의 모집 경력 수집·관리·제공에 관한 사무
5. 보험가입 조회에 관한 사무
6. 포상금 지급에 관한 사무

자주 출제되는 핵심내용에 대해
심화학습이 가능하도록 구성한
TIP

TIP 급여 진료 사건에서 보험자의 채권자대위권 행사 가부
2022.8.25. 선고 2019다229202 전원합의체 판결

[사실관계]
원고 보험사는 다수의 보험계약자들과 실손의료보험계약을 체결하였다. 피고 병원은 위 실손의료보험계약의 피보
험자들에게 임의비급여 진료행위에 해당하는 진료를 하고 진료비를 지급받았다. 원고 보험사는 실손의료보험
계약의 보험계약자 또는 피보험자의 청구에 따라 피보험자에게 진료비에 해당하는 보험금을 지급하였다.
그런데 이러한 임의비급여 진료행위는 기존 대법원 판결에 따라 무효에 해당하므로, 원고 보험사는 피고 병원에
대하여 채권자대위 소송을 제기하였는데, 이는 피보험자들에 대한 보험금상당의 부당이득반환채권을 피보전채권
으로 피보험자들을 대위하여 피고 병원을 상대로 진료비 상당의 부당이득반환을 구하는 채권자대위 소송이다.

[2심법원의 판단]
이 사건 채권자대위소송의 경우에 피보전채권이 금전채권이지만 채무자의 무자력 요건을 엄격하게 적용할 필요가
없는 경우에 해당하므로 원고청구를 인용하였다. 즉 보험사의 의료기관에 대한 부당이득 반환청구를 인용하였다.

[다수의견]
채권자인 보험사가 금전채권인 부당이득반환채권을 보전하기 위하여 채무자인 피보험자를 대위하여 제3채무자인
요양기관을 상대로 진료비 상당의 부당이득반환채권을 행사하는 형태의 채권자대위소송에서 채무자가 자력이

보충설명이 필요한 부분을
상세히 학습할 수 있는
판 례

는지 또는 보험수익자가 누구인지와 관계없이 무효가 되지만(대법원 2013.4.26. 선고 2011다9068 판
결), 법정대리인의 동의 없이 만 15세가 뿐이 성년인 乙을 피보험자로 하여 사망보험계약을 체결한
경우 상법 규정에 어긋나지 않으므로 그 보험계약은 유효하다.

② · ③ · ④ 15세 미만자, 심신상실자 또는 심신박약자의 사망을 보험사고로 한 보험계약은 무효로 한다
(상법 제732조).

판례 만자 등의 사망을 보험사고로 한 보험계약은 무효라고 정한 상법 제732조가 효력규정인지 여부
2013.4.26. 선고 2011다9068 판결

상법 제732조는 15세 미만자 등의 사망을 보험사고로 한 보험계약은 무효라고 정하고 있다. 위 법 규정은 통상
정신능력이 불완전한 15세 미만자 등을 피보험자로 하는 경우 그들의 자유롭고 성숙한 의사에 기한 동의를 기대할
수 없고, 그렇다고 해서 15세 미만자 등의 법정대리인이 이들을 대리하여 동의할 수 있는 것으로 하면 보험금의
취득을 위하여 이들이 희생될 위험이 있으므로, 그러한 사망보험의 악용에 따른 도덕적 위험으로부터 15세
미만자 등을 보호하기 위하여 둔 효력규정이라고 할 것이다. 따라서 15세 미만자 등의 사망을 보험사고로 한
보험계약은 피보험자의 동의가 있었는지 또는 보험수익자가 누구인지와 관계없이 무효가 된다.

자격시험 소개 INTRODUCE

◑ 손해사정사란?

보험사고발생시 손해액 및 보험금의 산정업무를 전문적으로 수행하는 자로서 보험금 지급의 객관성과 공정성을 확보하여 보험계약자나 피해자의 권익을 침해하지 않도록 해주는 일, 즉 보험사고발생시 손해액 및 보험금을 객관적이고 공정하게 산정하는 자를 말합니다.

◑ 주요 업무

❶ 손해발생 사실의 확인
❷ 보험약관 및 관계법규 적용의 적정 여부 판단
❸ 손해액 및 보험금의 사정
❹ 손해사정업무와 관련한 서류작성, 제출 대행
❺ 손해사정업무 수행 관련 보험회사에 대한 의견 진술

◑ 손해사정사의 구분

업무영역에 따른 구분	재물손해사정사, 차량손해사정사, 신체손해사정사, 종합손해사정사
업무수행에 따른 구분	고용손해사정사, 독립손해사정사

※ 단, 종합손해사정사는 별도의 시험없이 재물 · 차량 · 신체손해사정사를 모두 취득하게 되면 등록이 가능합니다.

◑ 자격취득

손해사정사
1차 시험 합격

손해사정사
2차 시험 합격

실무실습

손해사정사
등록

◑ 시험일정

손해사정사 시험은 1차와 2차 각각 연 1회 실시됩니다. 1차 시험은 그 해의 상반기(4월)에 실시하고, 2차 시험은 그 해의 하반기(8월)에 실시합니다. 매해 시험일정이 상이하므로 상세한 시험일정은 보험개발원(www.insis.or.kr:8443)의 홈페이지에서 '시행계획공고'를 통하여 확인하시기 바랍니다.

1차 시험 소개 INFORMATION

시험과목 및 방법

구분	재물	차량	신체
시험과목	• 보험업법 • 보험계약법(상법 중 보험편) • 손해사정이론 • 영어(공인시험으로 대체)	• 보험업법 • 보험계약법(상법 중 보험편) • 손해사정이론	• 보험업법 • 보험계약법(상법 중 보험편) • 손해사정이론
시험방법	선택형(객관식 4지 선택형 택1)		
비고	재물손해사정사의 1차 시험과목 중 영어는 공인영어시험으로 대체됩니다.		

합격자 결정

1차 시험 합격자를 결정할 때에는 영어 과목을 제외한 나머지 과목에 대하여 매 과목 100점을 만점으로 하여 매 과목 40점 이상, 전 과목 평균 60점 이상 득점한 사람을 합격자로 결정합니다. 단, 한 과목이라도 과락이 발생하면 합격할 수 없습니다.

검정현황

❶ 재물

구분	2015년 제38회	2016년 제39회	2017년 제40회	2018년 제41회	2019년 제42회	2020년 제43회	2021년 제44회	2022년 제45회	2023년 제46회	2024년 제47회
접수(명)	136	131	150	153	157	193	170	194	247	290
합격(명)	83	65	55	91	95	101	82	117	143	159
합격률(%)	61.03	49.62	36.67	59.48	60.51	52.33	48.24	60.31	57.89	54.83

❷ 차량

구분	2015년 제38회	2016년 제39회	2017년 제40회	2018년 제41회	2019년 제42회	2020년 제43회	2021년 제44회	2022년 제45회	2023년 제46회	2024년 제47회
접수(명)	1,419	1,305	1,244	1,177	1,187	1,098	1,036	907	826	849
합격(명)	403	293	138	279	326	191	138	228	203	160
합격률(%)	28.40	22.45	11.09	23.70	27.46	17.40	13.32	25.14	24.58	18.85

❸ 신체

구분	2015년 제38회	2016년 제39회	2017년 제40회	2018년 제41회	2019년 제42회	2020년 제43회	2021년 제44회	2022년 제45회	2023년 제46회	2024년 제47회
접수(명)	4,169	4,351	4,926	4,947	4,583	5,221	5,217	4,809	5,238	6,022
합격(명)	1,507	1,224	825	1,644	1,667	1,405	1,485	1,795	1,717	1,908
합격률(%)	36.15	28.13	16.75	33.23	36.37	26.91	28.46	37.33	32.78	31.69

이 책의 차례 1권 CONTENTS

기출 키워드 분석

문제편

10개년
기출 키워드 분석

손해사정사 1차 시험

중요 포인트를 알려주는 기출 키워드 분석

※ 최근 10년간(2015~2024) 시험에 출제된 기출 키워드를 각 CHAPTER별로 정리한 자료입니다.

CHAPTER 04   인보험

CHAPTER 01　보험과 위험(Risk)

- 보험의 정의 및 사회적 기능
- 실손보상의 원칙 및 예외
- 계약의 해지와 계약의 해제
- 보상에서 제외되는 손실(excluded losses)
- 보험계약의 선언(declaration) 부문
- 보험가능한 리스크(risk)의 요건
- 위태(hazard), 손인(peril), 손실(loss)
- 역선택과 도덕적 해이, 도덕적 위태의 방지대책
- 기대효용가설에 따른 보험구매의사결정
- 에너지방출이론 및 도미노 이론
- 리스크요소 파악 방법
- 리스크의 전가 및 결합
- 보험대위(잔존물대위), 보험대위의 목적 및 원칙
- 일부보험, 중복보험, 예정보험 및 소급보험, 보증보험
- 손해보험 보험사고의 요건
- 손실통제의 연쇄개념(chain concept of loss control)
- 보험증권의 법적 성격
- 외부불경제(external diseconomy)
- 소액단기전문보험회사가 취급할 수 있는 보험종목
- 보험계약의 기본요건 및 특징
- 보험계약의 부합계약성, 조건부계약
- 계약의 취소와 계약의 무효
- 리스크(risk)관리의 목적
- 정태적 리스크(static risk)와 동태적 리스크(dynamic risk)
- 순수위험, 근원적 위험, 객관적 위험, 주관적 위험
- 피보험이익의 개념, 피보험이익의 존재시기
- 자가보험(self-insurance) 및 대체비용보험
- 한정적 손실(definite loss)
- 리스크통제(risk control), 리스크재무(risk financing)
- 리스크 측정, 위험비용, pooling arrangement
- 저빈도-고심도 리스크가 보험대상으로 적합한 이유
- 면책재산, 면책손인, 면책손실
- 과실상계 및 손익상계
- 손실통제, 손실경감, 심도의 예측기법
- 열거위험담보계약과 포괄위험담보계약
- 보험계약의 인적계약 특성
- 보험수익자의 지정
- 민영보험과 사회보험의 공통적인 특징
- 위험보편의 원칙, 피보험이익의 원칙, 금반언의 원칙, 최대선의의 원칙, 수기문언 우선의 원칙
- 타보험계약에 대하여 책임한도분담조항(독립책임액분담조항)
- 베르누이 원칙(Bernoulli principle), 렉시스의 원리(Lexis' principle)
- PML(probable maximum loss)과 MPL(maximum possible loss)
- 약인(consideration), 담보(warranty), 진술(representation), 특약(endorsements and riders)
- 보험가입이 기업내 현금흐름의 사전적 개선효과를 가져오는 이유

CHAPTER 02　생명보험

- 보험요율의 산정원칙
- 보험나이
- 기대효용함수
- 영업보험료 계산문제
- 기본형 실손의료보험(급여실손의료비) 표준약관
- 질병 · 상해보험 표준약관
- 보험가격, 책임준비금
- 상해보험, 생명보험
- 리스크 프리미엄(risk premium)

CHAPTER 03　개인연금과 기업연금

- 개인연금제도
- 퇴직연금제도

손해사정사
1차
기출문제해설

2015년 제38회

손해사정사 1차 시험문제

2015년 제38회 보험업법   1차 시험문제

⊘ 중요 문제 / 틀린 문제 CHECK

01	02	03	04	05	06	07	08	09	10	11	12	13	14	15	16	17	18	19	20
21	22	23	24	25	26	27	28	29	30	31	32	33	34	35	36	37	38	39	40

시간	분 ㅣ 정답 및 해설편 004p

01

☑ 확인 Check! ○ △ ✕

다음 중 보험업법 제1조에 명시된 보험업법의 목적이 아닌 것은?

① 보험업을 경영하는 자의 건전한 경영을 도모
② 보험계약자, 피보험자, 그 밖의 이해관계인의 권익을 보호
③ 보험사업의 효율적 지도·감독
④ 국민경제의 균형 있는 발전에 기여

02

☑ 확인 Check! ○ △ ✕

다음 중 보험업법상 전문보험계약자에 해당하는 자가 아닌 것은?

① 국가
② 한국은행
③ 농업협동조합중앙회
④ 주권미상장법인

03

☑ 확인 Check! ○ △ ✕

다음 중 보험업법 제5조 제3호에서 규정한 "기초서류"를 모두 고르시오.　기출수정

가. 정관	나. 업무 시작 후 3년간의 사업계획서
다. 보험료 및 해약환급금의 산출방법서	라. 보험약관
마. 경영하려는 보험업의 보험종목별 사업방법서	

① 가, 나, 다
② 나, 다, 라
③ 나, 다, 마
④ 다, 라, 마

04

☑ 확인 Check! ○ △ ✕

보험회사의 자본금 또는 기금에 관한 다음의 설명 중 (   )에 들어갈 것으로 맞는 것은?

> 보험회사는 (a) 이상의 자본금 또는 기금을 납입함으로써 보험업을 시작할 수 있다. 다만, 보험회사가 보험업법 제4조 제1항에 따른 보험종목의 일부만을 취급하려는 경우에는 (b) 이상의 범위에서 대통령령으로 자본금 또는 기금의 액수를 다르게 정할 수 있다.

① a : 200억원, b : 50억원
② a : 200억원, b : 100억원
③ a : 300억원, b : 50억원
④ a : 300억원, b : 100억원

05

☑ 확인 Check! ○ △ ✕

손해보험업의 보험종목 전부를 취급하는 손해보험회사가 질병을 원인으로 하는 사망을 제3보험의 특약 형식으로 담보하는 보험을 겸영하고자 할 때에는 보험만기는 (a) 이하일 것, 보험금액의 한도는 개인당 (b) 이내일 것 등의 요건을 충족하여야 한다. a, b에 들어갈 것으로 맞는 것은?

① a : 75세, b : 2억원
② a : 75세, b : 3억원
③ a : 80세, b : 2억원
④ a : 80세, b : 3억원

06

☑ 확인 Check! ○ △ ✕

기출+정

다음 중 보험회사의 겸영업무에 관한 설명으로 옳지 않은 것은?

① 「자산유동화에 관한 법률」에 따른 유동화자산의 관리업무로서 해당 법령에서 보험회사가 할 수 있도록 한 업무를 할 수 있다.
② 「자본시장과 금융투자업에 관한 법률」 제6조 제4항에 따른 집합투자업으로서 해당 법령에 따라 인가·허가·등록 등이 필요한 금융업무를 할 수 있다.
③ 대통령령으로 정하는 금융업으로서 해당 법령에 따라 인가·허가·등록 등이 필요한 금융업무를 하려면 그 업무를 시작하려는 날의 7일 전까지 금융위원회에 신고하여야 한다.
④ 보험회사의 경영건전성을 해치거나 보험계약자 보호 및 건전한 거래질서를 해칠 우려가 없다고 인정되는 금융업무로서 대통령령으로 정하는 금융업무를 할 수 있다.

07

☑ 확인 Check! ○ △ ✕

주식회사의 자본감소에 관한 설명 중 옳지 않은 것은?

기출수정

① 보험회사인 주식회사가 자본감소를 결의한 경우에는 그 결의를 한 날부터 2주 이내에 결의의 요지와 재무상태표를 공고하여야 한다.

② 자본감소를 결의할 때 주식 금액 또는 주식 수의 감소에 따른 자본금의 실질적 감소를 하려면 미리 금융위원회의 승인을 받아야 한다.

③ 자본감소에 관하여 이의가 있는 자는 일정한 기간 동안 이의를 제출할 수 있다는 뜻을 덧붙여야 한다. 다만, 그 기간은 1주 이상으로 하여야 한다.

④ 보험회사의 합병은 이의를 제기한 보험계약자나 그 밖에 보험계약으로 발생한 권리를 가진 자에 대하여도 그 효력이 미친다.

08

☑ 확인 Check! ○ △ ✕

다음 중 보험 모집을 할 수 있는 자는?

① 보험회사의 대표이사

② 보험회사의 준법감시인

③ 보험회사의 직원

④ 보험회사의 감사위원

09

☑ 확인 Check! ○ △ ✕

다음 중 보험설계사가 모집을 할 수 없는 경우는?

① 생명보험회사에 소속된 보험설계사가 1개의 손해보험회사를 위하여 모집을 하는 경우

② 손해보험회사에 소속된 보험설계사가 1개의 생명보험회사를 위하여 모집을 하는 경우

③ 생명보험회사에 소속된 보험설계사가 1개의 제3보험업을 전업으로 하는 보험회사를 위하여 모집을 하는 경우

④ 손해보험회사에 소속된 보험설계사가 다른 손해보험회사를 위하여 모집을 하는 경우

10

☑ 확인 Check! ○ △ ✕

보험설계사가 100명 이상인 법인보험대리점으로서 금융위원회가 정하여 고시하는 법인보험대리점이 갖추어야 하는 요건이 아닌 것은?

① 법령을 준수하고 보험계약자를 보호하기 위한 업무지침을 정할 것
② 업무지침의 준수 여부를 점검하고 그 위반사항을 조사하는 임원 또는 직원을 1명 이상 둘 것
③ 보험계약자를 보호하고 보험계약의 모집 업무를 수행하기 위하여 필요한 전산설비 등 물적 시설을 충분히 갖출 것
④ 보험계약자를 보호하기 위하여 영업보증금을 5억원 이상 예탁할 것

11

☑ 확인 Check! ○ △ ✕

다음 중 현행 보험업법상 자산운용의 원칙에 해당하는 것을 모두 고르시오.

가. 안정성	나. 유동성
다. 수익성	라. 보장성

① 가, 나, 다
③ 가, 다, 라
② 가, 나, 라
④ 나, 다, 라

12

☑ 확인 Check! ○ △ ✕

보험모집 업무종사자에 대한 다음의 설명으로 옳지 않은 것은?

① 보험계약자, 피보험자, 보험금을 취득할 자, 그 밖에 보험계약에 관하여 이해가 있는 자로 하여금 고의로 보험사고를 발생시키거나 발생하지 아니한 보험사고를 발생한 것처럼 조작하여 보험금을 수령하도록 하는 행위를 하여서는 아니된다.
② 보험계약자, 피보험자, 보험금을 취득할 자, 그 밖에 보험계약에 관하여 이해가 있는 자로 하여금 이미 발생한 보험사고의 원인, 시기 또는 내용 등을 조작하거나 피해의 정도를 과장하여 보험금을 수령하도록 하는 행위를 하여서는 아니된다.
③ 금융위원회는 보험설계사가 보험업법에 따른 명령이나 처분을 위반한 경우에는 3개월 이내의 기간을 정하여 그 업무의 정지를 명하거나 그 등록을 취소할 수 있다.
④ 보험대리점 소속 보험설계사가 모집에 관한 보험업법의 규정을 위반한 경우, 금융위원회는 그 보험대리점에 대하여 6개월 이내의 기간을 정하여 그 업무의 정지를 명하거나 그 등록을 취소할 수 있다.

13

보험업법상 자기계약의 금지규정에 관한 설명으로 (   ) 안에 들어갈 올바른 것은? 기출수정

> 보험대리점 또는 보험중개사가 모집한 자기 또는 자기를 고용하고 있는 자를 보험계약자나 피보험자로 하는 보험의 보험료 누계액(累計額)이 그 보험대리점 또는 보험중개사가 모집한 보험의 보험료의 (   )을(를) 초과하게 된 경우에는 그 보험대리점 또는 보험중개사는 자기계약의 금지규정을 적용할 때 자기 또는 자기를 고용하고 있는 자를 보험계약자 또는 피보험자로 하는 보험을 모집하는 것을 그 주된 목적으로 한 것으로 본다.

① 100분의 5
② 100분의 10
③ 100분의 50
④ 100분의 90

14

보험회사 또는 보험의 모집에 종사하는 자는 대통령령으로 정하는 보험계약을 모집하기 전에 보험계약자가 되려는 자의 동의를 얻어 모집하고자 하는 보험계약과 동일한 위험을 보장하는 보험계약을 체결하고 있는지를 확인하여야 하며, 확인한 내용을 보험계약자가 되려는 자에게 즉시 알려야 한다. 다음 중 중복계약 체결 확인의무에서 제외되는 보험계약에 해당하는 것은? 기출수정

① 국외체류 중 발생한 위험을 보장하는 보험계약
② 제3보험상품계약
③ 실손의료보험계약
④ 기타 손해보험계약

15

보험안내자료에 보험회사의 (a)에 관한 사항을 적는 경우에는 제118조에 따라 금융위원회에 제출한 서류에 적힌 사항과 다른 내용의 것을 적지 못하며, 보험회사의 장래의 (b)에 대한 예상에 관한 사항을 적지 못한다. a와 b에 들어갈 것으로 올바른 것은? 기출수정

① a : 자산과 부채, b : 주식배당
② a : 자산과 부채, b : 이익 배당 또는 잉여금 분배
③ a : 자본금,   b : 주식배당
④ a : 자본금,   b : 이익 배당 또는 잉여금 분배

16

☑ 확인 Check! ○ △ ✕

통신수단을 이용한 모집 등에 대한 설명으로 틀린 것은?　기출수정

① 다른 사람의 평온한 생활을 침해하는 방법으로 모집을 하여서는 아니 된다.

② 보험계약을 청약한 자가 청약의 내용을 확인·정정 요청하거나 청약을 철회하고자 하는 경우 통신수단을 이용할 수 있도록 하여야 한다.

③ 보험계약자가 체결한 계약의 내용을 확인하고자 하는 경우 통신수단을 이용할 수 있도록 하여야 한다.

④ 보험계약자가 계약을 해지하기 전에 안전성 및 신뢰성이 확보되는 방법을 이용하여 보험계약자 본인임을 확인받지 않은 경우에도 보험계약자가 체결한 계약을 해지하고자 하는 경우 보험회사는 통신수단을 이용할 수 있도록 하여야 한다.

17

☑ 확인 Check! ○ △ ✕

다음 중 보험회사의 해산사유가 아닌 것은?

① 이사회 결의

② 보험계약 전부의 이전

③ 회사의 합병

④ 존립기간의 만료

18

☑ 확인 Check! ○ △ ✕

보험업법에 규정된 보험계약 등의 이전에 관한 설명으로 옳지 않은 것은?

① 보험회사는 보험계약을 이전한 경우에는 5일 이내에 그 취지를 공고하여야 한다. 보험계약을 이전하지 아니하게 된 경우에도 또한 같다.

② 보험회사는 계약의 방법으로 책임준비금 산출의 기초가 같은 보험계약의 전부를 포괄하여 다른 보험회사에 이전할 수 있다.

③ 보험계약을 이전하려는 보험회사는 주주총회 등의 결의가 있었던 때부터 보험계약을 이전하거나 이전하지 아니하게 될 때까지 그 이전하려는 보험계약과 같은 종류의 보험계약을 하지 못한다.

④ 보험계약을 이전한 보험회사가 그 보험계약에 관하여 가진 권리와 의무는 보험계약을 이전받은 보험회사가 승계한다. 이전계약으로써 이전할 것을 정한 자산에 관하여도 또한 같다.

19

☑ 확인 Check! ○ △ ✕

보험업법 및 동법 시행령에서 손해보험상품으로서 대통령령으로 정하는 계약이 아닌 것은?

① 날씨보험　　　　　　　　　　　　② 비용보험
③ 기술보험　　　　　　　　　　　　④ 수출입보험

20

☑ 확인 Check! ○ △ ✕　기출수정

보험업법상 보험계약자 총회에 관한 다음의 설명 중 옳지 않은 것은?

① 주식회사는 조직변경을 결의할 때 보험계약자 총회를 갈음하는 기관에 관한 사항을 정할 수 있다.
② 보험계약자 총회는 보험계약자 과반수의 출석과 그 의결권의 2분의 1 이상의 찬성으로 결의한다.
③ 주식회사의 이사는 조직변경에 관한 사항을 보험계약자 총회에 보고하여야 한다.
④ 보험계약자 총회는 정관의 변경이나 그 밖에 상호회사의 조직에 필요한 사항을 결의하여야 한다.

21

☑ 확인 Check! ○ △ ✕

보험업법 및 동법 시행령상 보험대리점과 보험중개사의 등록시 영업보증금에 관한 설명으로 옳지 않은 것은?

① 개인인 보험대리점의 경우 1억원 범위내
② 법인인 보험대리점의 경우 3억원 범위내
③ 개인인 보험중개사의 경우 1억원 이상
④ 법인인 보험중개사의 경우 5억원 이상

22

☑ 확인 Check! ○ △ ✕

다음 중 보험모집을 위하여 사용하는 보험안내자료에 반드시 기재하여야 하는 사항이 아닌 것은?

① 보험금 지급제한 조건에 관한 사항
② 보험회사의 장래의 이익 배당 또는 잉여금 분배에 대한 예상에 관한 사항
③ 해약환급금에 관한 사항
④ 「예금자보호법」에 따른 예금자보호와 관련된 사항

23

보험업법상 보험회사의 일반계정에 속하는 자산의 운용 방법 및 비율에 관한 다음의 설명 중 옳지 않은 것은?

① 동일한 개인 또는 법인에 대한 신용공여 : 총자산의 100분의 5
② 동일한 법인이 발행한 채권 및 주식 소유의 합계액 : 총자산의 100분의 7
③ 동일차주에 대한 신용공여 또는 그 동일차주가 발행한 채권 및 주식 소유의 합계액 : 총자산의 100분의 12
④ 동일한 개인·법인, 동일차주 또는 대주주(그의 특수관계인을 포함)에 대한 총자산의 100분의 1을 초과하는 거액 신용공여의 합계액 : 총자산의 100분의 20

24

보험업법상 보험회사는 대통령령으로 정하는 재무건전성 기준을 지켜야 한다. 이 기준에 의하면 지급여력비율은 100분의 (   ) 이상을 유지하여야 한다. (   ) 안에 들어갈 것은?

① 70
② 80
③ 90
④ 100

25

보험료·보험금 등 보험계약에 관한 사항의 비교·공시에 대한 설명으로 옳지 않은 것은?

① 보험협회는 보험료·보험금 등 보험계약에 관한 사항으로서 대통령령으로 정하는 사항을 금융위원회가 정하는 바에 따라 비교·공시할 수 있다.
② 보험협회가 비교·공시를 하는 경우에는 대통령령으로 정하는 바에 따라 보험상품공시위원회를 구성하여야 한다.
③ 보험회사는 비교·공시에 필요한 정보를 보험협회에 제공하여야 한다.
④ 보험협회 이외의 자가 보험계약에 관한 사항을 비교·공시하는 것은 허용되지 않는다.

26

보험설계사, 개인 보험대리점, 보험중개사의 교육에 대한 다음 (   ) 안에 들어갈 올바른 것은?

> 보험업법 소정의 규정에 따라 교육을 실시하는 경우, 보험회사, 보험대리점 및 보험중개사는 소속 보험설계사에게
> 법 소정의 규정에 따라 등록한 날부터 (a)년이 지날 때마다 (a)년이 된 날부터 (b)개월 이내에 소정의 법령
> 의 기준에 따라 교육을 하여야 한다.

① a : 1, b : 3　　　　　　　　　　② a : 1, b : 6
③ a : 2, b : 3　　　　　　　　　　④ a : 2, b : 6

27

다음 중 보험업법 시행령에 따라 보험회사가 아닌 자와 보험계약을 체결할 수 있는 경우에 해당하는
것이 아닌 것은?

① 외국보험회사와 생명보험계약, 수출적하보험계약, 수입적하보험계약, 항공보험계약, 여행보험계약,
　선박보험계약, 장기상해보험계약 또는 재보험계약을 체결하는 경우
② 대한민국에서 취급되는 보험종목에 관하여 2개의 보험회사로부터 가입이 거절되어 외국보험회사와
　보험계약을 체결하는 경우
③ 대한민국에서 취급되지 아니하는 보험종목에 관하여 외국보험회사와 보험계약을 체결하는 경우
④ 외국에서 보험계약을 체결하고, 보험기간이 지나기 전에 대한민국에서 그 계약을 지속시키는 경우

28

보험업법상 재무제표의 제출과 서류 비치 등에 대한 설명으로 옳지 않은 것은?

① 보험회사는 매년 대통령령으로 정하는 날에 그 장부를 폐쇄하여야 하고 장부를 폐쇄한 날부터 3개월
　이내에 금융위원회가 정하는 바에 따라 재무제표(부속명세서 포함) 및 사업보고서를 금융위원회에
　제출하여야 한다.
② 보험회사는 매월의 업무 내용을 적은 보고서를 매 분기별로 금융위원회가 정하는 바에 따라 금융위원
　회에 제출하여야 한다.
③ 보험회사는 대통령령에 따른 재무제표 및 사업보고서를 일반인이 열람할 수 있도록 금융위원회에 제
　출하는 날부터 본점과 지점, 그 밖의 영업소에 비치하거나 전자문서로 제공하여야 한다.
④ 보험회사는 결산기마다 보험계약의 종류에 따라 대통령령으로 정하는 책임준비금과 비상위험준비금
　을 계상하고 따로 작성한 장부에 각각 기재하여야 한다.

29

금융위원회가 청문을 거쳐 외국보험회사국내지점의 허가취소를 할 수 있는 경우가 아닌 것은?

① 외국보험회사의 지점이 허가된 국내 영업소를 이전하는 경우
② 합병, 영업양도 등으로 외국보험회사의 본점이 소멸한 경우
③ 외국보험회사의 본점이 위법행위, 불건전한 영업행위 등의 사유로 외국감독기관으로부터 보험업법 소정의 규정에 따른 처분에 상당하는 조치를 받은 경우
④ 외국보험회사의 본점이 휴업하거나 영업을 중지한 경우

30

보험계약의 체결 또는 모집에 종사하는 자는 그 체결 또는 모집과 관련하여 보험계약자나 피보험자에게 특별이익을 제공하거나 제공하기로 약속하여서는 아니 되는 바, 그 특별이익에 해당하는 것이 아닌 것은?

① 보험계약 체결시부터 최초 1년간 납입되는 보험료의 100분의 10과 3만원 중 적은 금액
② 기초서류에서 정한 보험금액보다 많은 보험금액의 지급 약속
③ 보험계약자나 피보험자를 위한 보험료의 대납
④ 「상법」 제682조에 따른 제3자에 대한 청구권 대위행사의 포기

31

보험회사와 자회사에 대한 설명으로 틀린 것은?

① 보험회사는 자회사와 자회사가 소유하는 주식을 담보로 하는 신용공여 및 자회사가 다른 회사에 출자하는 것을 지원하기 위한 신용공여를 하여서는 아니 된다.
② 보험회사는 자회사와 자산을 소정의 법령으로 정하는 바에 따라 무상으로 양도하거나 일반적인 거래조건에 비추어 해당 보험회사에 뚜렷하게 불리한 조건으로 매매·교환·신용공여 또는 개보험계약을 하는 행위를 하여서는 안 된다.
③ 보험회사는 자회사를 소유하게 된 날부터 15일 이내에 그 자회사의 정관과 대통령령으로 정하는 서류를 금융위원회에 제출하여야 한다.
④ 보험회사는 자회사의 사업연도가 끝난 날부터 6개월 이내에 자회사의 대차대조표와 대통령령으로 정하는 서류를 금융위원회에 제출하여야 한다.

32

금융위원회는 보험회사의 업무운영이 적정하지 아니하거나 자산상황이 불량하여 보험계약자 및 피보험자 등의 권익을 해칠 우려가 있다고 인정되는 경우에는 일정한 조치를 명할 수 있는 바, 그 조치로써 틀린 것은?

① 사채의 발행
② 자산의 장부가격 변경
③ 불건전한 자산에 대한 적립금의 보유
④ 가치가 없다고 인정되는 자산의 손실처리

33

예비허가에 관한 다음의 설명 중 옳지 않은 것은?

① 보험업법 제4조에 따른 허가를 신청하려는 자는 미리 금융위원회에 예비허가를 신청하여야 한다.
② 신청을 받은 금융위원회는 2개월 이내에 심사하여 예비허가 여부를 통지하여야 한다. 다만, 총리령으로 정하는 바에 따라 그 기간을 연장할 수 있다.
③ 금융위원회는 예비허가에 조건을 붙일 수 있다.
④ 예비허가의 기준에 관하여 필요한 사항을 총리령으로 정한다.

34

금융위원회가 보험회사의 부수업무를 제한하거나 시정할 수 있는 경우에 해당하지 않는 것은?

기출수정

① 보험회사의 경영건전성을 해치는 경우
② 보험업과 구분하여 회계처리를 하는 경우
③ 금융시장의 안정성을 해치는 경우
④ 보험계약자 보호에 지장을 가져오는 경우

35

보험업법상 보험설계사의 등록에 관한 다음의 설명 중 옳지 않은 것은?

① 보험업법에 따라 벌금 이상의 형을 선고받고 그 집행이 끝나거나(집행이 끝난 것으로 보는 경우를 포함한다) 집행이 면제된 날부터 3년이 지난 자는 보험설계사가 되지 못한다.
② 파산선고를 받은 자로서 복권되지 아니한 자는 보험설계사가 되지 못한다.
③ 보험업법에 따라 금고 이상의 형의 집행유예를 선고받고 그 유예기간 중에 있는 자는 보험설계사가 되지 못한다.
④ 보험업법에 따라 보험설계사ㆍ보험대리점 또는 보험중개사의 등록이 취소된 후 2년이 지나지 아니한 자는 보험설계사가 되지 못한다.

36

보험업법에 규정된 상호협정의 인가에 관한 다음의 내용 중 옳지 않은 것은?

① 보험회사가 그 업무에 관한 공동행위를 하기 위하여 다른 보험회사와 상호협정을 체결(변경하거나 폐지하려는 경우를 포함한다)하려는 경우에는 대통령령으로 정하는 바에 따라 금융위원회의 인가를 받아야 한다. 다만, 대통령령으로 정하는 경미한 사항을 변경하려는 경우에는 신고로써 갈음할 수 있다.

② 금융위원회는 공익 또는 보험업의 건전한 발전을 위하여 특히 필요하다고 인정되는 경우에는 보험회사에 대하여 상호협정의 체결·변경 또는 폐지를 명하거나 그 협정의 전부 또는 일부에 따를 것을 명할 수 있다.

③ 금융위원회는 상호협정의 체결·변경 또는 폐지의 인가를 하거나 협정에 따를 것을 명하려면 미리 금융감독원과 협의하여야 한다. 다만, 대통령령으로 정하는 경미한 사항을 변경하려는 경우에는 그러하지 아니하다.

④ 금융위원회로부터 인가를 받은 상호협정의 자구 수정을 하는 경우에는 금융위원회에 신고하면 된다.

37

선임계리사에 관한 다음의 설명 중 옳지 않은 것은?

① 선임계리사는 기초서류의 내용 및 보험계약에 따른 배당금의 계산 등이 정당한지 여부를 검증하고 확인하여야 한다.

② 선임계리사는 보험회사가 기초서류관리기준을 지키는지를 점검하고 이를 위반하는 경우에는 조사하여 그 결과를 이사회에 보고하여야 하며, 기초서류에 법령을 위반한 내용이 있다고 판단하는 경우에는 금융위원회에 보고하여야 한다.

③ 선임계리사는 업무상 알게 된 비밀을 누설하는 행위를 하여서는 아니 된다.

④ 선임계리사가 되려는 사람은 보험계리업무에 5년 이상 종사한 경력이 있어야 한다.

38

손해사정업에 관한 다음의 설명 중 옳지 않은 것은?

① 금융위원회는 손해사정사가 그 직무를 수행하면서 부적절한 행위를 하였다고 인정되는 경우 6개월 이내의 업무의 정지를 명할 수 있다.

② 손해사정을 업으로 하려는 법인은 3명 이상의 상근 손해사정사를 두어야 한다.

③ 손해사정을 업으로 하려는 법인이 지점 또는 사무소를 설치하려는 경우에는 각 지점 또는 사무소별로 총리령으로 정하는 손해사정사의 구분에 따라 수행할 업무의 종류별로 1명 이상의 손해사정사를 두어야 한다.

④ 손해사정사가 되려는 자는 금융감독원장이 실시하는 시험에 합격하고 일정 기간의 실무수습을 마친 후 금융위원회에 등록하여야 한다.

39

보험회사의 합병·영업양도에 관한 다음의 설명 중 옳지 않은 것은?   기출수정

① 보험회사가 합병을 결의한 경우에는 그 결의를 한 날부터 2주 이내에 합병계약의 요지와 각 보험회사의 재무상태표를 공고하여야 한다.

② 보험회사가 합병을 하는 경우에는 합병계약으로써 그 보험계약에 관한 계산의 기초 또는 계약조항의 변경을 정할 수 있다.

③ 주식회사 형태의 보험회사만이 합병을 할 수 있다.

④ 보험회사는 그 영업을 양도·양수하려면 금융위원회의 인가를 받아야 한다.

40

다음 중 금융기관보험대리점을 운영할 수 없는 기관은?

① 하나은행

② 한국산업은행

③ 한국수출입은행

④ 농협은행

2015년 제38회 보험계약법   1차 시험문제

✅ 중요 문제 / 틀린 문제 CHECK

01	02	03	04	05	06	07	08	09	10	11	12	13	14	15	16	17	18	19	20
21	22	23	24	25	26	27	28	29	30	31	32	33	34	35	36	37	38	39	40

시간	분 │ 정답 및 해설편 016p

01

☑ 확인Check! ○ △ ✕

다음은 생명보험에 관한 기술이다. 옳지 않은 것은?

① 생명보험계약의 보험자는 약정한 피보험자의 사망과 생존에 관한 보험사고발생시 보험금 지급책임을 진다.

② 타인의 사망을 보험사고로 하는 보험계약에는 보험계약 체결시에 그 타인의 서면에 의한 동의를 얻어야 한다.

③ 보험계약으로 발생한 권리를 피보험자가 아닌 자에게 양도하는 경우 명시적 또는 묵시적 동의가 필요하다.

④ 심신박약자가 보험계약을 체결하는 경우 의사능력이 있다면 그의 사망을 보험사고로 하는 보험계약은 유효하다.

02

☑ 확인Check! ○ △ ✕

보험계약의 해지에 관한 다음 설명 중 옳지 않은 것은?

① 보험사고가 발생하기 전에는 보험계약자는 언제든지 계약의 전부를 해지할 수는 있으나, 일부만을 해지할 수는 없다.

② 타인을 위한 보험계약의 경우에는 보험계약자는 반드시 그 타인의 동의를 얻거나 보험증권을 소지해야만 그 계약을 해지할 수 있다.

③ 보험기간 중에 보험수익자의 중과실로 사고 위험이 현저하게 증가한 때 보험자는 계약을 해지할 수 있다.

④ 강행법규에 어긋나지 않는 한 약관상 계약해지사유가 있는 때 보험자는 이를 근거로 해지할 수 있다.

03

다음 설명 중 상법과 대법원 판례의 태도가 아닌 것은?

① 보험증권의 작성지(作成地)는 상법 제666조에 의한 손해보험증권의 기재사항이다.
② 10년 무사고 자동차보험의 피보험자의 경우, 납부한 보험료에 대한 대가가 전혀 없으므로 쌍무계약이 아니라 편무계약으로 보아야 한다.
③ 화재보험에서 화재가 발생한 경우에는 일단 우연성의 요건을 갖춘 것으로 추정되고, 다만 화재가 보험계약자나 피보험자의 고의 또는 중과실에 의하여 발생하였다는 사실을 보험자가 증명하는 경우에는 위와 같은 추정이 번복되는 것으로 보아야 한다.
④ 양도담보 설정자에게 그 목적물에 관하여 체결한 화재보험계약의 피보험이익이 없다고 할 수 없다.

04

상법에서 규정하고 있는 보험대리상의 권한을 모두 고른 것은?

> 가. 보험계약자로부터 보험료를 수령할 수 있는 권한
> 나. 보험자가 작성한 보험증권을 보험계약자에게 교부할 수 있는 권한
> 다. 보험계약자로부터 청약, 고지, 통지, 해지, 취소 등 보험계약에 관한 의사표시를 수령할 수 있는 권한
> 라. 보험계약자에게 보험계약의 체결, 변경, 해지 등 보험계약에 관한 의사표시를 할 수 있는 권한

① 나
③ 가, 나, 다

② 가, 나
④ 가, 나, 다, 라

05

고지의무에 관한 다음 설명 중 옳은 것은?(다툼이 있는 경우 판례에 의함)

① 질문표에 성실하게 응답하기만 하면 현행 상법상 충분한 고지의무 이행이 된다.
② 보험설계사는 고지를 수령할 권한이 있다.
③ 최근 개정된 상법은 고지의무를 수동화하면서 "서면으로 질문한 사항은 중요한 사항으로 추정한다"는 규정을 삭제하였다.
④ 계약 청약 후 승낙 이전에 발생한 중요사항도 고지 대상이 된다.

06

약관상 면책사유의 하나로 "계약자 또는 피보험자가 손해의 통지 또는 보험금 청구에 관한 서류에 고의로 사실과 다른 것을 기재하였거나, 그 서류 또는 증거를 위조 또는 변조한 경우 피보험자는 손해에 대한 보험금청구권을 상실한다"는 규정을 두는 경우 이 조항의 효력은?(다툼이 있는 경우 판례에 의함)

① 이 조항은 거래상 일반인들이 보험자의 설명 없이도 당연히 예상할 수 있었던 사항에 해당하여 설명의무의 대상이 아니다.

② 상법보다 보험계약자에게 불리하므로 상법 제663조에 의하여 무효이다.

③ 보험금 청구시 구체적인 내용이 일부 사실과 다른 서류를 제출하거나 보험목적물의 가치에 대한 견해차이 등으로 보험목적물의 가치를 다소 높게 신고한 경우 등까지 이 조항에 의하여 보험금청구권이 상실되는 것이다.

④ 판례는 이 조항이 있는 경우라 하더라도 실제 발생한 손해에 대하여는 보상을 하도록 하고, 다만 신뢰관계의 붕괴를 원인으로 향후의 보험계약을 해지할 수 있을 뿐이라고 한다.

07

손해보험에 관한 다음의 기술 중 옳지 않은 것은?

① 손해보험의 목적인 과일이나 생선이 부패하여 생긴 손해에 대해 보험자는 면책된다.

② 운송보험은 다른 약정이 없으면 육상운송의 운송물과 운송용구를 보험의 목적으로 한다.

③ 보험계약자는 물론이고 피보험자도 손해의 방지와 경감을 위하여 노력하여야 한다.

④ 손해방지를 위해 필요 또는 유익했던 비용과 보상액이 보험금액을 초과해도 보험자가 부담한다.

08

위험변경증가의 통지의무에 관한 다음 설명 중 옳지 않은 것은?(다툼이 있는 경우 판례에 의함)

① 위험의 변경 또는 증가는 보험기간 중에 생긴 것이어야 한다.

② 위험의 변경 또는 증가는 현저한 것이어야 한다.

③ 보험계약 성립시부터 예견된 위험상태가 계속된 경우의 위험을 포함한다.

④ 그 통지는 서면에 의하든 구두에 의하든 상관이 없다.

09

보험자대위에 관한 다음 설명 중 옳지 않은 것은?(다툼이 있는 경우 판례에 의함)

① 보험자가 보험약관에 정하여져 있는 중요한 내용에 해당하는 면책약관에 대한 설명의무를 위반하여 약관의 규제에 관한 법률에 따라 해당 면책약관을 계약의 내용으로 주장하지 못하고 보험금을 지급하게 되었더라도, 이는 보험자가 피보험자에게 보험금을 지급할 책임이 있는 경우에 해당하므로 보험자는 보험자대위를 할 수 있다.

② 보험자가 보험약관에 따라 면책되거나 피보험자에게 보험사고에 대한 과실이 없어 보험자가 피보험자에게 보험금을 지급할 책임이 없는 경우에는 보험자대위를 할 수 없다.

③ 보험계약자나 피보험자와 생계를 같이 하는 가족은 보험자대위권의 객체인 제3자가 되지 않는다. 다만, 손해가 그 가족의 고의 또는 중과실로 인하여 발생한 경우에는 그러하지 아니하다.

④ 손해보험계약에 있어 제3자의 행위로 인하여 생긴 손해에 대하여 제3자의 손해배상에 앞서 보험자가 먼저 보험금을 지급한 때에는 그 보험금의 지급에도 불구하고 피보험자의 제3자에 대한 손해배상청구권은 소멸되지 아니하고 지급된 보험금액의 한도에서 보험자에게 이전될 뿐이며, 이러한 법리는 손해를 야기한 제3자가 타인을 위한 손해보험계약의 보험계약자인 경우에도 마찬가지이다.

10

보험금청구권은 (   )년간, 보험료 또는 적립금의 반환청구권은 (   )년간, 보험료청구권은 (   )년간 행사하지 아니하면 시효의 완성으로 소멸한다. (   ) 안에 들어갈 숫자를 차례대로 옳게 기술한 것은?

① 3, 3, 2

② 2, 2, 1

③ 3, 2, 2

④ 2, 2, 3

11

보험계약자 또는 피보험자나 보험수익자는 보험사고의 발생을 안 때에는 지체 없이 보험자에게 그 통지를 발송하여야 한다. 이 의무위반의 효과는?

① 상법에 규정이 없다.

② 이 의무는 고지의무와 같은 일종의 간접의무로서 보험자는 계약을 해지할 수 있다.

③ 보험자는 보험료의 증액 또는 계약을 해지할 수 있다.

④ 통지의무를 해태함으로 인하여 손해가 증가된 때에는 보험자는 그 증가된 손해를 보상할 책임이 없다.

12

보증보험에 관한 다음 설명 중 옳지 않은 것은?(다툼이 있는 경우 판례에 의함)

① 이행보증보험의 보험자는 민법 제434조를 준용하여 보험계약자의 채권에 의한 상계로 피보험자에게 대항할 수 있고, 그 상계로 피보험자의 보험계약자에 대한 채권이 소멸되는 만큼 보험자의 피보험자에 대한 보험금 지급채무도 소멸된다.

② 보증보험계약에 관하여는 그 성질에 반하지 아니하는 범위에서 보증채무에 관한 「민법」의 규정을 준용한다.

③ 면책에 관한 상법 제659조 제1항은 리스보증보험계약이 보험계약자의 사기행위에 피보험자인 리스회사가 공모하였다든지 적극적으로 가담하지는 않았더라도 그러한 사실을 알면서도 묵인한 상태에서 체결되었다고 인정되는 경우를 제외하고는 원칙적으로 그 적용이 없다.

④ 보증보험은 독립된 계약이므로, 보증보험이 담보하는 채권이 양도되는 경우라도 당사자 사이에 다른 약정이 없는 한 보험금청구권도 그에 수반하여 채권양수인에게 함께 이전된다고 볼 수는 없다.

13

상법은 질병보험에 관하여는 그 성질에 반하지 아니하는 범위에서 (   )에 관한 규정을 준용한다고 규정한다. (   )에 들어갈 용어 중 옳은 것은?

① 생명보험

② 상해보험

③ 생명보험 및 상해보험

④ 손해보험 및 상해보험

14

중복보험에 관한 다음 설명 중 옳지 않은 것은?

① 보험자는 각자의 보험금액의 한도에서 연대책임을 진다.

② 각 보험자의 보상책임은 각자의 보험금액의 비율에 따른다.

③ 보험계약자의 사기(詐欺)로 인하여 체결된 때에는 그 계약은 취소할 수 있으나, 보험자는 그 사실을 안 때까지의 보험료를 청구할 수 있다.

④ 보험자 1인에 대한 권리의 포기는 다른 보험자의 권리의무에 영향을 미치지 아니한다.

15

단체보험에 관한 다음 설명 중 옳지 않은 것은?(다툼이 있는 경우 판례에 의함)

① 단체보험계약이 체결된 때 보험자는 보험계약자에 대하여서만 보험증권을 교부한다.

② 단체보험계약에서 보험계약자가 피보험자 또는 그 상속인이 아닌 자를 보험수익자로 지정할 때에는 단체의 규약에서 명시적으로 정하는 경우 외에는 그 피보험자의 서면동의를 받아야 한다.

③ 상법 제735조의3에서 단체보험의 유효요건으로 요구하는 '규약'은 취업규칙이나 단체협약에 근로자의 채용 및 해고, 재해부조 등에 관한 일반적 규정으로 이해된다.

④ 규약을 구비하지 못한 단체보험의 유효요건으로서의 피보험자의 동의의 방식은 강행법규인 상법 제731조가 정하는 대로 서면에 의한 동의만이 허용될 뿐이다.

16

다음 괄호 안에 들어갈 것으로 옳은 것만을 묶어 놓은 것은?

> 보험계약 당시에 보험계약자 또는 (가)가 고의 또는 중대한 과실로 인하여 중요한 사항을 고지하지 아니하거나 부실의 고지를 한 때에는 보험자는 그 사실을 안 날로부터 (나) 내에, 계약을 체결한 날로부터 (다) 내에 한하여 계약을 (라)할 수 있다. 그러나 보험자가 계약 당시에 그 사실을 알았거나 중대한 과실로 인하여 알지 못한 때에는 그러하지 아니하다.

① 가 : 피보험자,   나 : 1월, 다 : 3년, 라 : 해지

② 가 : 보험수익자, 나 : 2월, 다 : 1년, 라 : 해지

③ 가 : 피보험자,   나 : 1월, 다 : 3년, 라 : 해제

④ 가 : 보험수익자, 나 : 2월, 다 : 1년, 라 : 해제

17

제3자에 대한 보험자대위(청구권대위)에 관한 다음 설명 중 옳지 않은 것은?

① 제3자는 피보험자에 대한 항변으로 보험자에 대하여 대항할 수 있다.

② 보험자가 제3자에 대한 청구권을 취득하기 위하여는 민법상 지명채권양도절차에 의한 대항요건을 갖추어야 한다.

③ 보험자는 지급한 보험금액의 한도 내에서 제3자에 대한 청구권을 대위한다.

④ 청구권대위가 일어난 후 제3자의 피보험자에 대한 변제는 원칙적으로 변제로서의 효력이 없다.

18

甲은 보험회사와 자신을 피보험자로 하는 사망보험계약을 체결하였다. 보험계약 당시 甲은 보험수익자란에 단순히 '법정상속인'으로만 기재하였다. 甲에게는 배우자 乙과 미성년의 자녀 丙이 있다. 다음의 각 경우 상법에 따른 보험수익자의 결정방법으로 틀린 것은?(다툼이 있는 경우 판례에 따름)

① 甲은 자신의 사망 전에는 언제라도 보험수익자를 특정인으로 지정하거나 변경할 수 있다.

② 甲이 乙과 이혼하였으나 보험수익자를 변경하지 않고 있던 중 사망하였다면, 보험계약 체결시 보험수익자의 지위가 확정되므로 보험자는 乙과 丙을 보험수익자로 보고 보험금 지급사무를 처리하여야 한다.

③ 그 후 甲은 보험자에게 통지하고 乙을 보험수익자로 특정하였으나, 보험기간 중에 甲과 乙이 비행기 사고로 동시에 사망한 경우라면 보험수익자의 상속인인 丙이 보험수익자가 된다.

④ 그 후 甲이 보험수익자를 제3자로 지정하였으나, 이를 보험자에게 통지하지 않았다면, 甲의 법정상속인을 보험수익자로 보고 보험금을 지급한 보험자에게 대항하지 못한다.

19

다음의 기술 중 옳지 않은 것은?

① 해상보험의 경우에는 당사자간의 특약으로 보험계약자 또는 피보험자나 보험수익자의 불이익으로 변경하지 못한다.

② 재보험의 경우에는 당사자간의 특약으로 보험계약자 또는 피보험자나 보험수익자의 불이익으로 변경할 수 있다.

③ 보험계약법은 상호보험에도 준용될 수 있다.

④ 보험계약법은 공제에도 준용될 수 있다.

20

화재보험에 관한 다음 설명 중 옳은 것은?

① 집합된 물건을 일괄하여 보험의 목적으로 한 때에도 피보험자의 사용인의 물건은 보험의 목적에 포함된 것으로 하지 않는다.

② 동산을 보험의 목적으로 한 때에는 존치한 장소의 상태와 용도를 보험증권에 기재하여야 한다.

③ 집합된 물건을 일괄하여 보험의 목적으로 한 때에는 그 목적에 속한 물건이 보험기간 중에 수시로 교체된 경우에도 보험계약의 체결시에 현존한 물건은 보험의 목적에 포함된 것으로 한다.

④ 보험자는 화재의 소방 또는 손해의 감소에 필요한 조치로 인하여 생긴 손해는 보상할 책임이 없다.

21

다음의 각 경우 증명책임(입증책임)을 부담하는 자와 그 내용에 대한 설명이 옳지 않은 것은?(견해의 대립이 있는 경우 판례에 의함)

① 고지의무위반 사실과 보험사고발생과의 인과관계가 부존재하다는 점에 관한 증명책임은 보험계약자 측에 있다.

② 보험계약자나 그 대리인이 그 약관의 내용을 충분히 잘 알고 있어, 보험자의 약관설명의무의 대상이 되지 않는다는 점은 이를 주장하는 보험자 측에서 증명하여야 한다.

③ 승낙전 보험보호제도의 경우 청약을 거절할 사유의 부존재에 대한 증명책임을 보험계약자가 부담한다.

④ 피보험자가 자살을 보험자의 면책사유로 규정한 경우 보험자는 일반인의 상식에서 피보험자의 사망이 자살이 아닐 가능성에 대한 합리적 의심이 들지 않을 만큼 명백한 주위 정황을 입증하여야 한다.

22

다음 중 손해보험자의 면책사유에 해당하지 않는 것은?

① 보험의 목적의 성질로 인한 손해

② 보험의 목적의 하자로 인한 손해

③ 보험의 목적의 상실로 인한 손해

④ 보험의 목적의 자연소모로 인한 손해

23

상법상 보험약관의 교부ㆍ설명의무에 대한 기술로 옳은 것은?(다툼이 있는 경우에는 판례에 의함)

① 보험자는 보험계약을 체결할 때에 피보험자에게 보험약관을 교부하고, 그 약관의 중요한 내용을 설명하여야 한다.

② 보험계약자의 고지의무나 통지의무도 보험자가 설명하여야 한다.

③ 보험자가 보험계약자의 대리인과 보험계약을 체결하는 경우에는 그 대리인에게 보험약관을 설명하는 것으로 충분하다.

④ 약관의 내용이 보험계약자에게 불리한 경우에는 그 내용이 이미 법령에 규정된 사항을 구체적으로 부연하는 정도에 불과한 경우라 할지라도 보험자의 설명의무는 면제되지 않는다.

24

다음 중 상법상 보험계약을 해지할 수 있는 경우는 몇 개인가?

> 가. 보험사고의 발생으로 보험금액을 지급한 때에도 보험금이 감액되지 아니하는 보험의 경우
> 나. 보험자가 파산선고를 받고 1년이 경과한 경우
> 다. 보험계약자의 고지의무위반이 보험사고의 발생에 영향을 주지 않은 경우
> 라. 타인의 사망을 보험사고로 하는 보험계약의 체결시에 그 타인의 서면동의를 받지 않은 경우
> 마. 쓰나미로 선박과 화물이 멸실된 것을 알면서 선박보험계약을 체결한 경우

① 2개　　　　　　　　　　　　② 3개
③ 4개　　　　　　　　　　　　④ 5개

25

다음은 해상보험에 있어서 보험계약 종료사유이다. 이에 해당하지 않는 것은?

① 선박을 양도할 때
② 선박의 국적을 변경한 때
③ 선박의 선급을 변경한 때
④ 선박을 새로운 관리로 옮긴 때

26

다음의 (　　) 안에 들어갈 기간이 같은 것으로 묶여진 것은?

> 1. 보험금 지급에 대한 약정기간이 없는 경우 보험자는 보험사고의 통지를 받은 후 지체 없이 지급할 보험금액을 정하고 그 정하여진 날부터 (㉠) 내에 피보험자 또는 보험수익자에게 보험금액을 지급하여야 한다.
> 2. 보험자가 보험계약자로부터 보험계약의 청약과 함께 보험료 상당액의 전부 또는 일부의 지급을 받은 때에는 다른 약정이 없으면, (㉡) 내에 그 상대방에 대하여 낙부의 통지를 발송하여야 한다.
> 3. 보험자가 보험계약을 체결할 때에 보험계약자에게 보험약관의 교부·설명의무를 이행하지 아니한 때에는 보험계약자는 보험계약이 성립한 날부터 (㉢) 내에 그 계약을 취소할 수 있다.
> 4. 보험자가 파산의 선고를 받은 때에 보험계약자가 해지하지 않은 보험계약은 파산선고 후 (㉣)을 경과한 때에는 그 효력을 잃는다.

① ㉠ - ㉡　　　　　　　　　　② ㉡ - ㉢
③ ㉢ - ㉣　　　　　　　　　　④ ㉠ - ㉣

27

보험계약 당사자간에 다음과 같은 약정이 있는 경우에 현행 상법상 그 효력을 인정할 수 없는 것은?

① 보험가액의 일부를 보험에 붙였으나 보험자가 보험가액의 한도 내에서 그 손해를 보상하기로 약정한 경우

② 인보험 계약의 보험금을 분할하여 지급하기로 약정한 경우

③ 보험자의 책임개시 시기를 최초보험료의 지급을 받은 때보다 5일 전으로 약정하는 경우

④ 보험계약자의 고지의무위반이 있는 경우 보험자가 이를 안 날로부터 20일 내에 한하여 보험계약을 해지할 수 있는 것으로 약정하는 경우

28

보험가액에 대한 우리 상법의 태도로 옳지 않은 것은?

① 운송보험과 해상보험의 경우에는 일정 시점에서의 보험가액을 전(全) 보험기간에 걸쳐 고정된 보험가액으로 정하는 보험가액 불변경주의에 따른다.

② 운송물의 보험에 있어서 운송물의 도착으로 인하여 얻을 이익은 당사자간 약정이 있는 때에 한하여 보험가액 중에 산입한다.

③ 당사자간에 보험가액을 정하지 아니한 때에는 사고발생시의 가액을 보험가액으로 한다.

④ 해상보험계약상 그 운송물의 도착으로 얻을 희망이익보험의 경우 미평가보험에 있어서는 보험금액을 보험가액으로 정한 것으로 본다.

29

자동차종합보험과 관련된 판례의 입장이 아닌 것은?

① 보험자는 기명피보험자의 승낙을 얻은 자가 일으킨 사고에 대하여 보상책임을 부담하지 않는다.

② 경찰서 경비과장은 기명피보험자인 국가의 승낙을 얻어 자동차를 사용 또는 관리 중인 자에 해당하므로 그가 일으킨 사고에 대하여 보험자는 보상책임이 있다.

③ 기명피보험자인 매도인이 승낙을 받은 매수인으로부터 다시 자동차 사용승낙을 받은 경우는 승낙피보험자에 해당한다고 볼 수 없다.

④ 21세 이상 한정운전특별약관부 자동차보험의 기명피보험자인 렌터카회사의 영업소장이 자동차면허가 없는 자를 임차인으로 하여 자동차를 대여하여준 경우, 위 약관 소정의 도난 운전에 대한 기명피보험자의 묵시적 승인이 있으므로 보험자는 보험금 지급책임이 있다.

30

다음 각 경우에 상법이 인정하는 효과가 바르게 연결되지 않은 것은?

① 보험기간 중 당사자가 예기한 특별한 위험이 소멸한 경우 – 보험계약자의 그 후의 보험료감액청구권

② 피보험자가 보험기간 중 사고발생의 위험이 현저하게 증가 또는 변경된 사실을 알고도 이를 통지하지 않은 경우 – 그 사실을 안 날로부터 1월 내 보험자의 보험계약해지권

③ 운송의 필요에 의하여 일시운송을 중지하거나 운송의 노순 또는 방법을 변경한 경우 – 운송보험계약의 종료

④ 선박이 보험사고로 인하여 심하게 훼손되어 이를 수선하기 위한 비용이 수선하였을 때의 가액을 초과하리라고 예상되나 선장이 지체 없이 다른 선박으로 적하의 운송을 계속한 때 – 그 적하에 대한 피보험자의 위부권 행사 불가

31

다음 중 피보험자의 자격제한에 대한 설명으로 옳지 않은 것은?

① 손해보험의 피보험자는 보험의 목적에 대하여 피보험이익을 가지는 자라면 자연인이든 법인이든 관계없다.

② 사망보험에서는 자기의 사망보험인 경우에도 피보험자가 15세 미만자, 심신상실자인 경우 효력이 없다.

③ 사망보험계약 체결 당시 피보험자가 15세 미만이었다면, 비록 보험사고발생시에 15세 이상이었다 할지라도 보험계약은 무효이다.

④ 상법상의 준용규정에 따라 사망보험에 있어서의 피보험자에 대한 자격제한은 상해보험의 경우에도 해당된다.

32

보험의 목적이 양도된 경우의 효과이다. 다음 설명 중 옳지 않은 것은?

① 피보험자가 보험기간 중에 자동차를 양도한 때에는 양수인은 보험자의 승낙을 얻은 경우에 한하여 보험계약으로 인하여 생긴 권리와 의무를 승계한다. 보험자가 양수인으로부터 양수사실을 통지받은 때에는 지체 없이 낙부를 통지하여야 하고 통지 받은 날부터 10일 내에 낙부의 통지가 없을 때에는 승낙한 것으로 본다.

② 보험목적의 양도로 인해 보험사고의 발생 위험이 현저하게 증가한 경우 보험자는 보험료의 증액을 청구하거나 계약을 해지할 수 있다.

③ 선박을 보험에 붙인 경우에 선박이 양도되었을 때에는 보험계약은 종료한다. 그러나 보험자의 동의가 있는 때에는 그러하지 아니하다.

④ 피보험자가 보험의 목적을 양도한 때에는 양수인은 보험계약상의 권리와 의무를 승계한 것으로 본다. 이 경우에 보험의 목적의 양도인 또는 양수인은 보험자에 대하여 지체 없이 그 사실을 통지하여야 한다.

33

'보험위부'와 '보험목적에 관한 보험대위'에 대한 설명으로 잘못된 것은?

① 보험자가 위부를 승인하지 않으면 보험계약자가 위부 원인을 증명하여야 한다.

② 보험자의 보험목적에 대한 보험대위는 손해보험 일반에 적용되는 것이지만 보험위부는 특약이 없는 한 해상보험에서만 인정된다.

③ 보험목적에 대한 보험대위를 하기 위해서는 보험의 목적의 전부가 멸실하여 보험자가 보험금액의 전부를 지급하는 것만으로 족하지만, 보험위부를 하기 위해서는 상법규정상의 위부의 원인이 존재하여야 하며 위부의 통지를 하여야 한다.

④ 보험위부는 무조건이어야 하며, 형성권이다.

34

해상보험과 관련된 설명으로서 옳지 않은 것은?(다툼이 있는 경우 판례에 의함)

① 보험자는 피보험자가 지급할 공동해손의 분담액을 보상할 책임이 있다.

② 보험자는 보험의 목적물의 구조료분담가액이 보험가액을 초과할 때 그 초과액에 대한 분담액을 보상할 책임이 있다.

③ 보험자는 항해에 필요한 서류를 비치하지 않아 생긴 손해에 대하여는 면책된다.

④ 영국해상보험법상 화물이 선박과 함께 행방불명된 경우에는 현실전손으로 추정한다.

35

다음은 타인을 위한 보험계약에 관한 기술이다. 옳지 않은 것은?

① 보험계약자는 위임받지 않고 불특정 타인을 위한 보험계약을 체결할 수 있다.

② 손해보험계약의 경우 타인의 위임 없이는 타인을 위한 보험계약을 체결할 수 없다.

③ 타인을 위한 보험계약의 경우 그 타인은 당연히 그 계약의 이익을 받는다.

④ 보험계약자가 보험료 지급을 지체한 경우 그 타인도 보험료를 지급할 수 있다.

36

다음은 보험기간 중 위험증가 등에 관한 기술이다. 옳지 않은 것은?

① 보험기간 중에 피보험자가 사고발생의 위험이 현저하게 변경된 사실을 안 때에는 지체 없이 보험자에게 통지하여야 한다.
② 통지의무 해태시 보험자는 일정한 기한 내에 계약을 해지할 수 있다.
③ 보험자가 위험변경의 통지를 받은 때에는 계약을 해지할 수 없다.
④ 보험기간 중에 보험수익자의 중대한 과실로 인하여 사고발생의 위험이 현저하게 증가된 경우 보험자는 보험료의 증액을 청구할 수 있다.

37

다음은 손해보험의 초과보험에 관한 기술이다. 옳지 않은 것은?

① 보험금액이 보험가액을 현저하게 초과한 것을 초과보험이라 한다.
② 초과보험시 보험료의 감액은 장래에 대하여서만 그 효력이 있다.
③ 보험가액은 계약 당시의 가액에 의하여 정한다.
④ 보험가액이 보험기간 중에 현저하게 감소된 때에 보험료감액은 소급하여 효력이 있다.

38

해상보험증권의 기재사항에 해당하지 않는 것은?

① 보험사고의 성질
② 무효와 실권의 사유
③ 운송기간을 정한 때에는 그 기간
④ 적하보험에 있어서는 선박의 명칭·국적과 종류, 선적항, 양륙항

39

☑ 확인Check! ○ △ ✕

다음은 책임보험에 있어서 피보험자의 변제 등의 통지와 보험금액의 지급에 관한 기술이다. 옳지 않은 것은?

① 피보험자가 제3자에 대해 재판으로 채무가 확정된 경우 법원이 보험자에게 통지한다.
② 보험자는 특별한 기간의 약정이 없으면 채무확정 통지수령일로부터 10일 내에 보험금액을 지급하여야 한다.
③ 피보험자가 제3자에 대하여 소송상 화해를 하여 채무가 확정된 때에는 지체 없이 보험자에게 그 통지를 발송하여야 한다.
④ 피보험자가 보험자의 동의 없이 제3자에 대하여 변제, 승인 또는 화해를 한 경우에는 보험자가 그 책임을 면하게 되는 합의가 있는 때에도 그 행위가 현저하게 부당한 것이 아니면 보험자는 보상할 책임을 면하지 못한다.

40

☑ 확인Check! ○ △ ✕

다음은 자동차보험에 관한 기술이다. 옳지 않은 것은?

① 자동차보험계약의 보험자는 피보험자가 자동차를 관리 중 발생한 사고도 손해를 보상해야 한다.
② 차량가액은 자동차보험증권에 기재할 절대적 기재사항이다.
③ 피보험자가 보험기간 중 자동차를 양도한 때에는 양수인은 보험자의 승낙을 얻은 경우에 한하여 보험계약으로 인하여 생긴 권리와 의무를 승계한다.
④ 보험자가 양수인으로부터 양수사실을 통지받은 때에는 지체 없이 낙부를 통지하여야 한다.

☑ 중요 문제 / 틀린 문제 CHECK

01	02	03	04	05	06	07	08	09	10	11	12	13	14	15	16	17	18	19	20
21	22	23	24	25	26	27	28	29	30	31	32	33	34	35	36	37	38	39	40

| 시간 | 분 | 정답 및 해설편 028p |

01

☑ 확인Check! ○ △ ✕

다음 중 손인(peril)에 해당하는 것은?

① 악천후
② 지진
③ 어두운 계단
④ 흡연

02

☑ 확인Check! ○ △ ✕

다음 중 근원적 위험(fundamental risk)에 해당하지 않는 것은?

① 전쟁
② 대형건물 화재
③ 경기변동
④ 홍수

03

☑ 확인Check! ○ △ ✕

다음 중 손실발생시 피보험자의 부담이 없을 수 있는 것은?

① 프랜차이즈 공제(franchise deductible)
② 건강보험의 공동보험조항
③ 정액 공제(straight deductible)
④ 총액 공제(aggregate deductible)

04

☑ 확인 Check! ○ △ ✕

다음 중 홍수다발지역이며, 피해규모도 큰 경우에 일반적으로 가장 적합한 위험관리방법은?

① 위험회피   ② 손실예방

③ 손실감소   ④ 위험전가

05

☑ 확인 Check! ○ △ ✕

다음 중 역선택(adverse selection)을 감소시키는 효과가 가장 큰 것은?

① 고지의무   ② 경험요율

③ 공동보험   ④ 보험자대위

06

☑ 확인 Check! ○ △ ✕

다음 중 피보험자의 손실통제를 제고하는 효과가 가장 큰 것은?

① 중복보험   ② 초과보험

③ 단체보험   ④ 일부보험

07

☑ 확인 Check! ○ △ ✕

다음 중 손해사정업무에 해당하지 않는 것은?

① 사고원인 조사

② 보상책임 유무판단

③ 보상한도 설정

④ 보험금 산정

08

보험사기에 대한 설명으로 가장 적절하지 못한 것은?

① 사회전반적인 관용적 태도가 한 가지 원인이다.
② 우연한 사고와는 관계가 없다.
③ 적발시 처벌을 강화하면 줄일 수 있다.
④ 조사활동을 강화하면 줄일 수 있다.

09

다음 중 고의로 인한 보험사고의 면책요건에 해당하지 않는 것은?

① 상당인과관계의 존재   ② 보험계약자의 행위
③ 피보험자의 행위   ④ 피보험자 가족의 행위

10

다음 중 보험자에 의한 보험계약의 해지사유에 해당하지 않는 것은?

① 계속보험료 미납
② 손해방지의무위반
③ 고지의무위반
④ 위험변경·증가 통지의무위반

11

다음 중 보험요율산정원칙에 해당하지 않는 것은?

① 충분성   ② 비과도성
③ 투명성   ④ 공평한 차별성

12

다음 중 실손보상의 원칙과 가장 거리가 먼 것은?

① 보험자대위   ② 최대선의의 원칙

③ 피보험이익   ④ 타보험조항

13

보험기간에 대한 설명으로 가장 적절하지 못한 것은?

① 보험사고발생에 대한 시간적 제한을 의미한다.

② 보험계약기간과 일치한다.

③ 연월일시 등 일정한 시간으로 정해지지 않는 경우도 있다.

④ 보험자의 책임이 개시되어 종료될 때까지의 기간이다.

14

순보험료의 본질적 특성과 가장 거리가 먼 것은?

① 미래의 예측에 근거한다.

② 보험자의 통제가 불가능한 부분이 많다.

③ 규모의 경제성이 크다.

④ 일반적으로 집단평균원가 개념이 적용된다.

15

다음 중 손실감소의 효과를 주목적으로 하는 위험관리 방법은?

① 운전면허제도   ② 작업안전수칙

③ CCTV   ④ 자동차 에어백

16

다음 중 대재해로 인한 보험회사의 지급불능위험을 관리하기 위한 수단이라고 보기 어려운 것은?

① Cat Bond
② 재보험
③ 면책조항
④ 공제조항(deductible clause)

17

배상책임보험에서 담보하는 손해가 아닌 것은?

① 피보험자가 제3자에 대하여 법률상 손해배상책임을 짐으로써 입은 손해
② 피보험자가 사고발생 통지를 지연하여 증가된 손해
③ 피보험자가 제3자의 소송에 대하여 방어활동을 함으로써 소요된 비용
④ 피보험자의 협조의무 이행에 따른 비용

18

다음 중 기대손실(expected loss)을 감소시키는 위험관리 방법은?

① 보험
② 위험보유
③ 손실통제
④ 위험분산

19

약관조항에 성확하게 입지되는 것은 아니지만 보통사람이라면 보상을 받을 것이라고 생각하는 보험사고와 관련하여 보험금분쟁이 발생하였을 때 적용할 수 있는 원칙으로 가장 적합한 것은?

① 수기문언 우선효력의 원칙
② 합리적 기대의 원칙
③ 동종제한의 원칙
④ 작성자불이익의 원칙

20

☑ 확인 Check! ○ △ ✕

재보험에 관한 설명으로 가장 적절하지 못한 것은?

① 재보험을 이용하여 원보험회사는 최대가능손실(maximum possible loss)을 확정할 수도 있다.
② 재보험을 이용하여 원보험회사는 인수능력을 제고할 수 있다.
③ 재보험은 원보험이 손해보험이든 생명보험이든 손해보험의 성질을 가진다.
④ 재보험은 원보험계약의 효력에 영향을 미친다.

21

☑ 확인 Check! ○ △ ✕

다음 중 도덕적 위태(moral hazard)의 경감 또는 예방과 가장 관련이 깊은 것은?

① 전부보험
② 대체비용보험(replacement cost insurance)
③ 일부보험
④ 중복보험

22

☑ 확인 Check! ○ △ ✕

다음 중 실손보상의 원칙(이득금지의 원칙)에서 이득의 기준이 되는 것은?

① 보험금액
② 보험가입금액
③ 보험가액
④ 보상한도금액

23

☑ 확인 Check! ○ △ ✕

보험가능한 위험(insurable risk)의 요건과 가장 거리가 먼 것은?

① 손실의 발생 시기나 발생 그 자체가 우연적인 것
② 합리적으로 예견할 수 있을 정도로 다수이고 동질적인 것
③ 금전적인 가치로 측정할 수 있는 손실
④ 우연적이며 발생확률이 낮고 손실의 심도가 크지 않는 위험

24

위험관리와 위험비용(risk cost)에 관한 설명으로 가장 적절하지 못한 것은?

① 위험관리의 목표는 위험비용의 최소화에 두어야 한다.
② 일반적으로 손실통제비용과 기대손실비용은 서로 상반관계에 있다.
③ 위험을 감소시키게 되면 위험비용도 감소된다.
④ 간접손실이 직접손실보다 큰 경우가 종종 있다.

25

보험기간이 보험계약기간보다 더 긴 경우는?

① 대기기간(waiting period)을 두고 있는 암보험
② 당사자간의 약정에 의한 소급보험(retroactive insurance)
③ 보험계약 성립 이후의 특정 시점을 책임개시일로 약정한 경우
④ 보험계약 성립 이후 최초보험료를 납입한 경우

26

아래의 경우 보험자가 피보험자 A에게 지급해야 할 보험금은 얼마인가?

> 피보험자 A가 자신이 소유하는 건물을 대상으로 화재보험에 가입하였는데, 보험계약내용 및 발생손해액은 다음과 같다.
> • 보험가입금액 6억원
> • 가입 당시 건물의 보험가액 8억원
> • 공동보험 요구부보비율 80%
> • 정액 공제 1억원(우선적용)
> • 발생손해액 5억원(사고 당시 건물의 시가 10억원)

① 2.75억원
② 3억원
③ 3.75억원
④ 4억원

☑ 확인 Check! ○ △ ✕

손실조정계수 1.05인 소멸성 공제조항을 포함하고 있는 보험계약에서 손해액 2,100만원 이상부터 공제 (deductible)가 소멸되도록 하기 위해서는 공제금액을 얼마로 설정해야 하는가?

① 50만원 ② 100만원

③ 150만원 ④ 200만원

☑ 확인 Check! ○ △ ✕

사고발생 확률과 예상손해액이 다음과 같은 보험목적물에 대하여 프랜차이즈 공제(franchise deductible) 5,000만원이 설정되어 있을 때 순보험료(net premium)는 얼마인가?

손해액	0원	4,000만원	6,000만원	1억원
확 률	0.1	0.2	0.5	0.2

① 1,500만원

② 5,000만원

③ 5,800만원

④ 6,000만원

☑ 확인 Check! ○ △ ✕

피보험자 '갑'이 동일한 피보험이익에 대하여 A, B 두 보험회사에 각각 보험금액 200만원, 800만원의 보험계약을 체결하고, 보험기간 중 600만원의 손해가 발생하였다. 다음 중 A 보험회사의 보상금액이 가장 낮게 산정되는 타보험조항(other insurance clause)은?

① 책임한도분담조항(contribution by limit of liabililty clause)

② 균등액분담조항(contribution by equal shares clause)

③ 비례책임조항(pro rata liability clause)

④ 초과분담조항(excess other insurance clause)(단, A 보험회사가 1차 보험자)

30

보험계약자가 보험계약을 해지하는 것은 아래의 위험관리 방법 중 어디에 해당하는가?

① 위험보유
② 손실통제
③ 위험회피
④ 위험이전

31

하인리히(H. W. Heinrich)의 도미노이론에 대한 설명으로 가장 적절하지 못한 것은?

① 손해는 사회적 환경, 인간의 과실, 위태, 사고, 손해의 발생이라는 연쇄적 관계에 의해서 발생한다.
② 사고는 특정의 구조에 견딜 수 없는 정도의 스트레스를 줌으로써 발생한다.
③ 위험관리의 대상을 인간의 행위에 중점을 둔 이론이다.
④ 사건의 연쇄 관계를 차단하면 사고를 예방할 수 있다.

32

금반언의 원칙(estoppel)에 대한 설명으로 가장 적절하지 못한 것은?

① 보험자의 언행에 있어서의 신의성실원칙을 의미한다.
② 명시적인 의사표현뿐만 아니라 묵시적인 의사표현도 포함된다.
③ 강행법규에 해당하는 내용을 당사자간의 개별적인 약정을 통하여 변경할 경우 금반언의 원칙이 적용된다.
④ 고지의무위반을 보험자가 알면서 1개월 이상 해지하지 않다가 나중에 해지권을 행사하는 것은 금반언의 원칙에 반한다.

33

담보범위와 관련된 설명으로 가장 적절하지 못한 것은?

① 화재보험에서 폭발, 지진 등을 보장하는 것은 담보범위를 확대한 사례이다.
② 화재보험에서 기업휴지손해담보 특별약관은 담보범위를 확대한 사례이다.
③ 포괄책임주의에서는 면책위험을 추가함으로써 담보범위를 확대할 수 있다.
④ 열거책임주의에서는 담보위험을 축소함으로써 담보범위를 축소할 수 있다.

34

언더라이팅(underwriting)에 대한 설명으로 가장 거리가 먼 것은?

① 자산운용처럼 외부 전문기관에 위임하는 것이 일반적이다.
② 보험을 악용하여 이익을 보려는 보험범죄를 방지할 수 있다.
③ 미래손실의 발생 가능성이 유사한 리스크 계층을 구성·분류하여 인수 리스크에 적절한 보험료를 책정할 수 있다.
④ 보험자가 보험가입을 신청한 리스크를 선택하고 분류하는 일련의 심사과정을 말한다.

35

다음 중 보험자가 입증하여야 하는 것이 아닌 것은?

① 사기에 의한 보험계약
② 위험증가 통지의무위반
③ 고지의무위반
④ 열거담보방식에서의 상당인과관계

36

간접손해에 대한 설명으로 가장 적절하지 못한 것은?

① 담보위험의 직접적인 원인에 의하여 발생한 손해로 볼 수 없는 손해이다.
② 보험의 목적이나 피해물에 발생한 손해의 결과로서 2차적으로 발생한 손해이다.
③ 상실수익은 간접손해에 포함되지 않는다.
④ 결과적 손해로도 지칭된다.

37

다음 중 보험자의 보상책임이 면제되는 경우에 해당되지 않는 것은?

① 보험목적물의 고유하자
② 상해보험에서 피보험자의 중과실
③ 화재보험에서 피보험자의 고의
④ 보험목적물의 자연소모

38

다음 중 대체비용보험(replacement cost insurance)과 가장 거리가 먼 개념은?

① 신 가
② 재조달가액
③ 실제현금가치
④ 대체가격

39

추정최대손실(probable maximum loss)에 대한 설명으로 가장 적절하지 못한 것은?

① 보험료 산정 및 재보험 출재 여부의 판단기준이 되기도 한다.
② 추정최대손실은 항상 일정하다.
③ 추정최대손실은 보험계약 체결시 보험가입금액의 결정에 활용될 수 있다.
④ 추정최대손실은 적극적 위험관리를 유도하는 기능이 있다.

40

기출수정

다음 중 책임준비금에 포함되지 않는 것은?

① 비상위험준비금
② 보험계약부채
③ 재보험계약부채
④ 투자계약부채

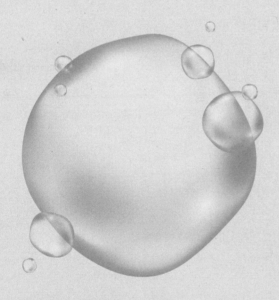

관찰하는데 있어서는
준비된 자에게만 기회가 온다.

– 루이 파스퇴르 –

2016년 제39회

손해사정사 1차 시험문제

2016년 제39회 보험업법

1차 시험문제

✓ 중요 문제 / 틀린 문제 CHECK

01	02	03	04	05	06	07	08	09	10	11	12	13	14	15	16	17	18	19	20
21	22	23	24	25	26	27	28	29	30	31	32	33	34	35	36	37	38	39	40

| 시간 | 분 | 정답 및 해설편 040p |

01

☑ 확인 Check! ○ △ ✕

보험업법상의 자회사는 보험회사가 다른 회사(「민법」 또는 특별법에 따른 조합을 포함한다)의 의결권 있는 발행주식(출자지분을 포함한다) 총수의 (   )를(을) 초과하여 소유하는 경우의 그 다른 회사를 말한다. (   ) 안에 들어갈 것으로 맞는 것은?

① 100분의 10　　　　　　　　　　　② 100분의 15
③ 100분의 40　　　　　　　　　　　④ 100분의 50

02

☑ 확인 Check! ○ △ ✕

다음 중 제3보험업의 보험종목에 해당하지 않는 것은?

① 연금보험　　　　　　　　　　　　② 상해보험
③ 질병보험　　　　　　　　　　　　④ 간병보험

03

☑ 확인 Check! ○ △ ✕

보험업의 허가를 신청하는 자가 금융위원회에 제출하는 신청서에 기재할 사항이 아닌 것은?

① 상호
② 대표자 및 임원의 경력
③ 시설, 설비 및 인력에 관한 사항
④ 허가를 받으려는 보험종목

04

☑ 확인Check! ○ △ ✕

보험업의 예비허가 신청을 받은 금융위원회는 (a)개월 이내에 심사하여 예비허가 여부를 통지하여야 하는데, 일정한 사유가 있는 경우 한 차례만 (b)개월의 범위에서 통지기간을 연장할 수 있다. (   )에 들어갈 것으로 맞는 것은?

① a : 1, b : 2
② a : 2, b : 3
③ a : 3, b : 4
④ a : 4, b : 5

05

☑ 확인Check! ○ △ ✕

보험종목의 일부만을 취급하려는 보험회사(통신판매전문보험회사가 아닌 경우)가 납입하여야 하는 보험 종목별 자본금 또는 기금의 액수에 관한 다음 기술 중 틀린 것은?

① 생명보험 : 200억원
② 해상보험(항공ㆍ운송보험을 포함한다) : 150억원
③ 화재보험 : 100억원
④ 보증보험 : 200억원

06

☑ 확인Check! ○ △ ✕

다음 중 보험업법상의 통신판매전문보험회사에 해당하는 것은?

① 총보험계약건수의 100분의 90 이상을 통신수단을 이용하여 모집하는 보험회사
② 수입보험료의 100분의 90 이상을 통신수단을 이용하여 모집하는 보험회사
③ 총보험계약건수 및 수입보험료의 100분의 90 이상을 통신수단을 이용하여 모집하는 보험회사
④ 총보험계약건수 또는 총수익의 100분의 90 이상을 통신수단을 이용하여 모집하는 보험회사

07

☑ 확인 Check! ○ △ ✕

다음 중 보험업법상 보험회사가 겸영할 수 있는 금융업무에 해당하지 않는 것은? 기출수정

① 「전자금융거래법」에 따른 결제중계시스템의 참가기관으로서 하는 전자자금이체업무
② 「자산유동화에 관한 법률」에 따른 유동화자산의 관리업무
③ 「신용정보의 이용 및 보호에 관한 법률」에 따른 본인신용정보관리업
④ 「한국주택금융공사법」에 따른 채권유동화자산의 관리업무

08

☑ 확인 Check! ○ △ ✕

보험대리점으로 등록할 수 없는 금융기관은? 기출수정

① 「은행법」에 따라 설립된 은행
② 「여신전문금융업법」에 따라 허가를 받은 신용카드업자 중 겸영여신업자
③ 「자본시장과 금융투자업에 관한 법률」에 따른 투자매매업자
④ 「상호저축은행법」에 따른 상호저축은행

09

☑ 확인 Check! ○ △ ✕

보험업법상 보험설계사에 관한 다음 설명 중 틀린 것은?

① 보험회사는 소속 보험설계사가 되려는 자를 금융위원회에 등록하여야 한다.
② 보험업법에 따라 벌금 이상의 형을 선고받고 그 집행이 끝난 후 2년이 지나지 아니한 자는 보험설계사가 될 수 있다.
③ 보험업법에 따라 금고 이상의 형의 집행유예를 선고받고 그 유예기간 중에 있는 자는 보험설계사가 될 수 없다.
④ 모집과 관련하여 받은 보험금을 다른 용도에 유용한 후 3년이 지나지 아니한 자는 보험설계사가 될 수 없다.

10

☑ 확인 Check! ○ △ ✕

'보험안내자료'에 적을 수 없는 것은?　기출수정

① 해약환급금에 관한 사항
② 다른 보험회사 상품과 비교한 사항
③ 보험약관으로 정하는 보장에 관한 사항
④ 보험금이 금리에 연동되는 보험상품의 경우 적용금리 및 보험금 변동에 관한 사항

11

☑ 확인 Check! ○ △ ✕

보험회사의 자산운용에 관한 설명으로 옳은 것은?　기출수정

① 보험회사는 선량한 관리자의 주의로써 그 자산을 운용하여야 하며, 안정성·유동성 및 수익성이 확보되도록 하여야 하나 공익성을 갖출 필요는 없다.
② 특별계정에 속하는 이익은 그 계정상의 보험계약자에게 분배할 수 없으며, 잘못 분배된 이익은 즉시 상환청구하여야 한다.
③ 해당 보험회사의 주식을 사도록 하기 위한 대출은 형식적으로 보험회사와 최종 자금수요자가 아닌 제3자간에 이루어진 대출의 경우에 한하여 자산운용방법이 될 수 있다.
④ 동일한 개인 또는 법인에 대한 신용공여는 일반계정의 경우 총자산의 100분의 3, 특별계정의 경우 각 특별계정 자산의 100분의 5를 초과할 수 없다.

12

☑ 확인 Check! ○ △ ✕

다음 중 보험회사의 금지되는 자산운용에 해당하는 것이 아닌 것은?

① 상품이나 유가증권에 대한 투기를 목적으로 하는 자금의 대출
② 저당권 등 담보권의 실행으로 인한 부동산의 취득
③ 직접·간접을 분문히고 해당 보험회사의 주식을 사도록 하기 위한 대출
④ 직접·간접을 불문하고 정치자금의 대출

13

보험설계사에 대한 불공정 행위 금지에 관한 설명으로 옳지 않은 것은? 기출수정

① 금융감독원은 보험설계사에 대한 보험회사 등의 불공정한 모집위탁행위를 막기 위하여 보험회사 등이 지켜야 할 규약을 정할 수 있다.

② 보험회사 등은 보험설계사에게 보험계약의 모집을 위탁할 때 보험모집 위탁계약서를 교부하지 아니하는 행위를 하여서는 아니 된다.

③ 보험회사 등은 보험설계사에게 보험계약의 모집을 위탁할 때 정당한 사유 없이 보험설계사가 요청한 위탁계약 해지를 거부하는 행위를 하여서는 아니 된다.

④ 보험회사 등은 보험설계사에게 보험계약의 모집을 위탁할 때 정당한 사유 없이 보험설계사에게 지급되어야 할 수수료의 전부 또는 일부를 지급하지 아니하거나 지연하여 지급하는 행위를 하여서는 아니 된다.

14

금융위원회로부터 보험업의 허가를 받은 자에 대한 설명으로 옳지 않은 것은?

① 화재보험의 허가를 받은 자는 그 재보험에 대해서도 허가를 받은 것으로 본다.

② 생명보험업의 보험종목의 전부에 관하여 허가를 받은 자는 질병보험에 대해서도 허가를 받은 것으로 본다.

③ 손해보험업의 보험종목의 전부에 관하여 허가를 받은 자는 연금보험에 대해서도 허가를 받은 것으로 본다.

④ 제3보험업에 관하여 허가를 받은 자는 대통령령으로 정하는 기준에 따라 제3보험의 보험종목에 부가되는 보험을 취급할 수 있다.

15

보험업법상 금융위원회에 대하여 청산인의 해임 청구를 할 수 없는 자는?(다만, 정관에 다른 규정이 없음을 전제한다)

① 감사

② 이사

③ 100분의 5 이상의 사원

④ 3개월 전부터 계속하여 자본금의 100분의 5 이상의 주식을 가진 주주

16

☑ 확인 Check! ○ △ ✕

상호회사 사원의 권리와 의무에 관한 설명으로 옳은 것은?

① 사원은 회사 채권자에 대하여 직접적인 의무를 진다.
② 사원은 회사채무에 대하여 보험금을 한도로 유한책임을 진다.
③ 사원은 보험료의 납입에 관하여 상계로써 회사에 대항할 수 있다.
④ 생명보험 및 제3보험을 목적으로 하는 상호회사의 사원은 회사의 승낙을 받아 타인으로 하여금 그 권리와 의무를 승계하게 할 수 있다.

17

☑ 확인 Check! ○ △ ✕

금융기관보험대리점에 관한 설명으로 옳은 것은?

① 자동차보험도 모집할 수 있다.
② 「여신전문금융업법」에 따라 허가를 받은 신용카드업자(겸영여신업자는 제외)는 보험대리점으로 등록할 수 없다.
③ 모집에 종사하는 사람도 대출 업무를 취급할 수 있다.
④ 인터넷 홈페이지를 이용하여 불특정 다수를 대상으로 모집할 수 있다.

18

☑ 확인 Check! ○ △ ✕

보험업법상 원칙적으로 손해사정사 고용의무가 없는 보험회사는?

① 재보험상품을 판매하는 보험회사
② 화재보험상품을 판매하는 보험회사
③ 보증보험상품을 판매하는 보험회사
④ 질병보험상품을 판매하는 보험회사

19

☑ 확인 Check! ○ △ ✕

보험회사는 정관을 변경한 경우에는 변경한 날부터 (   ) 이내에 (   )에 알려야 한다. (   ) 안에 들어갈 사항으로 적당한 것은?

① 5일, 금융위원회　　　　　　　　② 7일, 금융위원회
③ 5일, 보험협회　　　　　　　　　④ 7일, 보험협회

20

☑ 확인Check! ○ △ ✕

보험계리사에 관한 설명으로 옳지 않은 것은? 기출수정

① 보험회사는 보험계리에 관한 업무 전반을 관리하고, 이를 검증 및 확인하는 등 보험계리 관련 업무를 총괄하는 선임계리사를 선임하여야 한다.

② 보험계리업을 하려는 법인은 2명 이상의 상근 보험계리사를 두어야 한다.

③ 선임계리사는 보험회사의 기초서류에 법령을 위반하는 내용이 있다고 판단하는 경우에는 그 조사결과를 금융감독원에 보고하여야 한다.

④ 선임계리사는 그 업무 수행과 관련하여 보험회사 이사회에 참석할 권한이 있다.

21

☑ 확인Check! ○ △ ✕

보험회사는 매년 (   )에 그 장부를 폐쇄하여야 하고, 장부를 폐쇄한 날부터 (   ) 이내에 재무제표 및 사업보고서를 금융위원회에 제출하여야 한다. (   ) 안에 들어갈 것으로 적당한 것은?

① 3월 31일, 2개월

② 3월 31일, 3개월

③ 12월 31일, 2개월

④ 12월 31일, 3개월

22

☑ 확인Check! ○ △ ✕

기초서류에 관한 설명으로 옳지 않은 것은? 기출수정

① 보험회사가 기초서류 관리기준을 개정하는 경우에는 금융위원회에 미리 신고하여야 한다.

② 보험회사는 기초서류를 작성하거나 변경하려는 경우 그 내용이 법령의 제정·개정에 따라 새로운 보험상품이 도입되거나 보험상품 가입이 의무가 되는 경우에 미리 금융위원회에 신고하여야 한다.

③ 금융위원회는 보험회사가 기초서류를 신고하는 경우 보험료 및 해약환급금 산출방법서에 대하여 보험요율산출기관 또는 독립계리업자의 검증확인서를 첨부하도록 할 수 있다.

④ 금융위원회의 기초서류 변경권고는 그 내용 및 사유가 구체적으로 적힌 문서로 하여야 한다.

23

☑ 확인 Check! ○ △ ✕

보험회사의 합병에 관한 설명으로 옳지 않은 것은?

① 합병은 보험회사의 해산사유이다.

② 상호회사와 주식회사가 합병하는 경우 합병 후 존속하는 보험회사는 주식회사이어야 한다.

③ 합병을 결의한 경우에는 결의일로부터 2주 이내에 합병계약의 요지와 각 보험회사의 재무상태표를 공고하여야 한다.

④ 상호회사의 합병결의는 사원 과반수의 출석과 그 의결권의 4분의 3 이상의 찬성으로 한다.

24

☑ 확인 Check! ○ △ ✕

보험업법상 손해보험계약의 제3자 보호(제10장)에서 보험금의 지급보장 대상이 되는 손해보험계약의 범위에 속하지 않는 것은?

① 「자동차손해배상보장법」 제5조에 따른 책임보험계약

② 「선원법」 제98조에 따라 가입이 강제되는 손해보험계약

③ 「자동차손해배상보장법」에 따라 가입이 강제되지 아니한 자동차보험계약

④ 보험업법 시행령으로 정하는 법인을 계약자로 하는 손해보험계약

25

☑ 확인 Check! ○ △ ✕

손해사정사가 직무를 게을리 하거나 직무를 수행하면서 부적절한 행위를 하였다고 인정되는 경우, 금융위원회가 업무정지를 명할 수 있는 최대기간은?

① 1년
② 6개월
③ 3개월
④ 1개월

26

☑ 확인 Check! ○ △ ✕

보험요율산출기관에 관한 설명으로 옳지 않은 것은?

① 법인으로 한다.

② 보험회사가 금융위원회의 인가를 받아 설립할 수 있다.

③ 정관으로 정하는 바에 따라 업무와 관련하여 보험회사로부터 수수료를 받을 수 있다.

④ 국토교통부가 관리하는 건설기계조종사면허의 효력에 관한 개인정보는 제공받을 수 없다.

27

☑ 확인 Check! ○ △ ✕

다음 중 보험업법상 보험업의 허가에 관한 설명으로 옳은 것은?

① 보험업을 경영하려는 자는 보험회사별로 금융위원회의 허가를 받아야 하며, 금융위원회는 허가에 조건을 붙일 수 없다.

② 생명보험에 관한 허가를 받은 자는 해당 보험종목의 재보험에 대한 허가를 받은 것으로 추정한다.

③ 보험업의 허가를 받을 수 있는 자는 주식회사, 상호회사, 유한회사 및 외국보험회사로 제한하며, 외국보험회사국내지점은 보험업법에 따른 보험회사로 본다.

④ 국내보험회사의 경우 300억원 이상의 자본금 또는 기금을 납입함으로써 보험업을 시작할 수 있으나, 보험회사가 보험종목의 일부만을 취급하려는 경우 또는 통신판매전문보험회사의 경우 자본금 또는 기금의 액수를 달리 정할 수 있다.

28

☑ 확인 Check! ○ △ ✕

기출수정

보험업법상 보험회사의 겸영업무에 관한 설명으로 옳은 것은?

① 보험회사는 경영건전성을 해치거나 보험계약자 보호 및 건전한 거래질서를 해칠 우려가 있는 금융업무라도 금융위원회의 허가를 받아 이를 겸영할 수 있다.

② 보험회사는 「외국환거래법」에 따른 외국환업무를 겸영할 수 없다.

③ 「신용정보의 이용 및 보호에 관한 법률」에 따른 본인신용정보관리업을 하려는 보험회사는 그 업무를 시작하려는 날의 7일 전까지 금융위원회에 신고하여야 한다.

④ 「한국주택금융공사법」에 따른 채권유동화자산의 관리업무를 하려는 보험회사는 금융위원회의 인가를 받아 이를 겸영할 수 있다.

29

보험업법상 외국보험회사국내지점에 관한 설명으로 옳지 않은 것은?

① 외국보험회사국내지점의 대표자는 퇴임한 후 퇴임등기를 하게 되면 대표자의 권리와 의무를 상실한다.

② 금융위원회는 외국보험회사의 본점이 위법행위, 불건전한 영업행위 등의 사유로 외국감독기관으로부터 영업전부의 정지명령 또는 보험업의 허가 취소에 상당하는 조치를 받은 경우 그 외국보험회사국내지점에 대하여 청문을 거쳐 보험업의 허가를 취소할 수 있다.

③ 외국보험회사국내지점의 대표자는 회사의 영업에 관하여 재판상 또는 재판 외의 모든 행위를 할 권한이 있다.

④ 금융위원회는 외국보험회사국내지점이 보험업법 또는 보험업법에 따른 명령이나 처분을 위반하여 해당 외국보험회사국내지점의 보험업 수행이 어렵다고 인정되면 공익 또는 보험계약자 보호를 위하여 영업정지 또는 그 밖에 필요한 조치를 하거나 청문을 거쳐 보험업의 허가를 취소할 수 있다.

30

보험업법상 보험의 모집인 또는 모집에 관한 설명으로 옳지 않은 것은?

① 보험대리점 또는 보험중개사가 되려는 자는 개인과 법인을 구분하여 금융위원회에 등록하여야 한다.

② 금융기관보험대리점 등 중 「여신전문금융업법」에 따라 허가를 받은 신용카드업자(겸영여신업자는 제외)는 소속 임직원이 아닌 자로 하여금 모집을 하게 하거나, 보험계약 체결과 관련한 상담 또는 소개를 하게 하고 상담 또는 소개의 대가를 지급할 수 있다.

③ 보험업법상 허용된 경우가 아닌 한 보험회사 등은 다른 보험회사 등에 소속된 보험설계사에게 모집을 위탁하지 못한다.

④ 손해보험회사에 소속된 보험설계사가 1개의 제3보험업을 전업으로 하는 보험회사를 위하여 모집을 하는 것은 금지된다.

31

보험업법상 법인보험대리점(금융기관보험대리점 제외)에 관한 설명으로 옳지 않은 것은?

① 보험업법에 따라 보험대리점의 등록취소 처분을 2회 이상 받은 경우 최종 등록취소 처분을 받은 날부터 3년이 지나지 아니한 자는 법인보험대리점의 임원이 되지 못한다.

② 법인보험대리점은 「대부업 등의 등록 및 금융이용자 보호에 관한 법률」에 따른 대부업 또는 대부중개업을 영위할 수 있다.

③ 법인보험대리점이 「방문판매 등에 관한 법률」에 따른 다단계판매업을 영위할 경우 금융위원회는 해당 보험대리점의 등록을 취소하여야 한다.

④ 법인보험대리점은 경영하고 있는 업무의 종류, 모집조직에 관한 사항, 모집실적에 관한 사항 등 업무상 주요 사항을 보험협회의 인터넷 홈페이지 등을 통하여 반기별로 공시하고 금융위원회에 알려야 한다.

32

보험업법상 금융기관보험대리점에 관한 설명으로 옳은 것은?

① 금융기관보험대리점이 보험상품을 모집하는 방법은 해당 금융기관보험대리점 등의 점포 내의 지정된 장소에서 보험계약자와 직접 대면하여 모집하는 방법만 허용된다.

② 「은행법」에 따라 설립된 은행과 달리 「중소기업은행법」에 따라 설립된 중소기업은행은 보험대리점으로 등록할 수 없다.

③ 금융기관보험대리점(「여신전문금융업법」에 따라 허가를 받은 신용카드업자 및 「농업협동조합법」에 따라 설립된 조합 제외)이 모집할 수 있는 생명보험 상품의 경우 개인저축성 보험, 신용생명보험이 해당하나, 개인보장성 보험 중 제3보험은 포함되지 아니한다.

④ 금융기관보험대리점 등은 해당 금융기관에 적용되는 모집수수료율을 모집을 하는 점포의 창구 및 인터넷 홈페이지에 공시하여야 하며, 보험회사는 모집을 위탁한 금융기관보험대리점 등의 모집수수료율을, 보험협회는 전체 금융기관보험대리점 등의 모집수수료율을 각각 비교·공시하여야 한다.

33

다음 중 보험업법상 보험계약 체결 단계에서 일반보험계약자에게 설명해야 하는 사항이 아닌 것은 모두 몇 개인가? 기출수정

- 보험의 모집에 종사하는 자의 성명, 연락처 및 소속
- 보험계약의 승낙절차
- 보험계약 승낙거절시 거절 사유
- 보험의 모집에 종사하는 자가 보험회사를 위하여 보험계약의 체결을 대리할 수 있는지 여부

① 0개
② 1개
③ 2개
④ 3개

34

보험업법상 보험계약자에 관한 설명으로 옳지 않은 것은? 기출수정

① 보험회사의 임직원 등 보험 관계 업무에 종사하는 자는 보험계약자 등 보험계약에 관하여 이해가 있는 자로 하여금 고의로 보험사고를 발생시키거나 발생하지 아니한 보험사고를 발생한 것처럼 조작하여 보험금을 수령하도록 하는 행위를 하여서는 아니 된다.
② 보험계약자 등 보험계약에 관하여 이해관계가 있는 자가 보험사기행위를 한 경우 해당 보험사기행위로 인하여 체결된 보험계약은 보험업법상 무효가 되므로 보험회사는 해당 계약에 따른 보험금을 지급할 의무가 없다.
③ 보험회사의 임직원 등 보험 관계 업무에 종사하는 자는 보험계약자 등 보험계약에 관하여 이해가 있는 자로 하여금 이미 발생한 보험사고의 원인, 시기 또는 내용 등을 조작하거나 피해의 정도를 과장하여 보험금을 수령하도록 하는 행위를 하여서는 아니 된다.
④ 보험계약자나 보험금을 취득할 자가 보험중개사의 보험계약 체결 중개행위와 관련하여 손해를 입은 경우에는 그 손해액을 영업보증금에서 다른 채권자보다 우선하여 변제받을 권리를 가진다.

35

보험업법상 보험회사의 자산운용에 관한 설명으로 옳은 것은?(보험회사가 비상장 주식회사이며, 금융기관은 「금융산업의 구조개선에 관한 법률」상의 금융기관임을 전제한다)

① 보험회사는 금융위원회의 승인(신고로써 갈음하는 경우를 포함)을 받은 자회사의 주식이 아닌 한 다른 회사의 발행주식(출자지분을 포함) 총수의 100분의 10을 초과하는 주식을 소유할 수 없다.

② 보험회사는 보험업법상 특별한 제한 없이 다른 금융기관 또는 회사의 의결권 있는 주식을 서로 교차하여 보유하거나 신용공여를 할 수 있다.

③ 보험회사가 다른 금융기관 또는 회사와 상법상 자기주식 취득의 제한을 피하기 위한 목적으로 서로 교차하여 주식을 취득할 경우 이를 상당한 기간 내에 처분할 의무를 지며, 처분 전에는 해당 취득한 주식에 대하여 의결권을 행사할 수 있다.

④ 보험회사는 신용위험을 이전하려는 자가 신용위험을 인수한 자에게 금전 등의 대가를 지급하고, 신용사건이 발생하면 신용위험을 인수한 자가 신용위험을 이전한 자에게 손실을 보전해 주기로 하는 계약에 기초한 증권 또는 예금을 매수하거나 가입할 수 있다.

36

보험업법상 보험회사의 책임준비금으로 계상할 사항으로 옳지 않은 것은?   기출수정

① 매 결산기 말 현재 보험계약상 지급사유가 발생한 보험금 등을 지급하기 위해 미래현금흐름에 대한 현행추정치를 적용하여 적립한 금액

② 재보험에 기한 보험위험의 전가가 있는 경우, 해당 재보험계약으로 인하여 재보험을 받은 회사에 손실 발생 가능성 여부를 불문하고 해당 재보험을 받은 회사가 재보험을 받은 부분

③ 매 결산기 말 현재 보험계약상 보험금 등의 지급사유가 발생하지 않았으나, 장래에 그 보험금 등을 지급하기 위해 미래현금흐름에 대한 현행추정치를 적용하여 적립한 금액

④ 그 밖에 금융위원회가 정하는 방법에 따라 미래현금흐름에 대한 현행추정치를 적용하여 적립한 금액

37

보험업법상 배당보험계약의 회계처리에 관한 설명으로 옳지 않은 것은?

① 보험회사는 매 결산기 말에 배당보험계약의 손익과 무배당보험계약의 손익을 구분하여 회계처리하여야 한다.

② 보험회사는 배당보험계약의 보험계약자에게 배당을 할 수 있으며, 이 경우 배당보험계약에서 발생하는 이익의 100분의 10 이하를 주주지분으로 하고 나머지 부분을 계약자지분으로 회계처리하여야 한다.

③ 배당보험계약 이익의 계약자지분 중 일부는 배당보험계약의 손실 보전을 위한 준비금으로 적립할 수 있고, 배당보험계약에서 손실이 발생한 경우 우선 주주지분으로 보전한 후 그 남은 손실을 위 준비금으로 보전할 수 있다.

④ 배당보험계약의 계약자지분은 계약자배당을 위한 재원과 배당보험계약의 손실을 보전하기 위한 목적 외에 다른 용도로 사용할 수 없다.

38

보험업법상 보험회사의 감독에 관한 설명으로 옳지 않은 것은?

① 금융위원회는 보험회사의 업무 및 자산상황, 그 밖의 사정의 변경으로 공익 또는 보험계약자의 보호와 보험회사의 건전한 경영을 크게 해칠 우려가 있는 경우 기초서류의 변경 또는 그 사용의 정지에 관한 명령권을 갖는다.

② 금융위원회는 기초서류의 변경을 명하는 경우 보험계약자·피보험자 또는 보험금을 취득할 자의 이익을 보호하기 위하여 특히 필요하다고 인정하면 이미 체결된 보험계약에 대하여도 장래에 향하여 그 변경의 효력이 미치게 할 수 있다.

③ 금융위원회는 변경명령을 받은 기초서류 때문에 보험계약자·피보험자 또는 보험금을 취득할 자가 불이익을 받을 경우라도 이미 체결된 보험계약에 따라 납입된 보험료의 일부를 되돌려주거나 보험금을 증액하도록 할 수 없다.

④ 금융위원회는 보험회사의 파산 또는 보험금 지급불능 우려 등 보험계약자의 이익을 크게 해칠 우려가 있다고 인정되는 경우에는 보험계약 체결 제한, 보험금 전부 또는 일부의 지급정지 또는 그 밖에 필요한 조치를 명할 수 있다.

39

☑ 확인 Check! ○ △ ✕

보험업법상 주식회사인 보험회사에서 보험계약의 이전에 관한 설명으로 옳지 않은 것은? 기출+정

① 보험회사는 계약의 방법으로 책임준비금 산출의 기초가 같은 보험계약의 전부를 포괄하여 다른 보험회사에 이전할 수 있으며, 보험계약의 이전은 금융위원회의 인가를 받아야 한다.

② 보험계약을 이전하려는 보험회사는 보험계약의 이전에 관한 주주총회 결의일로부터 2주 이내에 계약이전의 요지와 각 보험회사의 재무상태표를 공고하여야 한다.

③ 적법하게 행해진 보험계약 이전 결의의 공고에 의한 이의제기 기간에 이의를 제기한 보험계약자가 이전될 보험계약자 총수의 100분의 5를 초과하거나 그 보험금액이 이전될 보험금 총액의 100분의 5를 초과하는 경우에는 보험계약을 이전하지 못한다.

④ 보험계약을 이전한 보험회사가 그 보험계약에 관하여 가진 권리와 의무는 보험계약을 이전받은 보험회사가 승계한다.

40

☑ 확인 Check! ○ △ ✕

보험업법상 금융위원회에 둘 수 있는 보험조사협의회의 구성원이 될 수 있는 자에 해당하지 않는 것은?

① 검찰총장이 지정하는 소속 공무원 1명

② 금융감독원장이 추천하는 사람 1명

③ 금융위원회가 지정하는 소속 공무원 1명

④ 보험요율산출기관의 장이 추천하는 사람 1명

중요 문제 / 틀린 문제 CHECK

01	02	03	04	05	06	07	08	09	10	11	12	13	14	15	16	17	18	19	20
21	22	23	24	25	26	27	28	29	30	31	32	33	34	35	36	37	38	39	40

| 시간 | 분 | 정답 및 해설편 053p |

01

☑ 확인 Check! ○ △ ✕

상법 제4편의 적용에 대한 설명으로 옳지 않은 것은?

① 상법 제4편의 규정은 영리보험 일반은 물론 그 성질에 반하지 아니하는 범위에서 상호보험과 공제에도 준용된다.

② 판례에 따르면 해상적하보험약관에 영국법 준거조항이 있는 경우에도 이것이 보험계약의 보험목적물 등 성립 여부에 관한 사항에까지 적용하기로 한 것으로는 볼 수 없다.

③ 2014년 개정된 상법 제4편의 규정은 법률불소급의 원칙에 따라 법 개정 전에 체결된 보험계약에는 전혀 그 적용이 없다.

④ 가계보험과 기업보험의 구분은 상법 제663조(불이익변경금지의 원칙)의 적용 여부와 관련하여 실익이 있다.

02

☑ 확인 Check! ○ △ ✕

보험계약의 성립에 관한 상법의 태도로 옳지 않은 것은?

① 보험계약은 당사자 일방이 약정한 보험료를 지급하고 재산 또는 생명이나 신체에 불확정한 사고가 발생할 경우에 상대방이 일정한 보험금이나 그 밖의 급여를 지급할 것을 약정함으로써 효력이 생긴다.

② 보험계약자가 보험계약의 청약과 함께 중요사항에 대한 고지의무를 이행한 경우, 보험자는 20일 내에 그 상대방에 대하여 낙부의 통지를 발송하여야 한다.

③ 신체검사를 받아야 하는 인보험계약의 피보험자가 신체검사를 받지 않은 경우에는 보험자의 승낙 전에 보험사고가 발생하였더라도 보험자는 그 청약을 거절할 사유의 존재 여부에 관계없이 보상책임을 부담하지 않는다.

④ 보험자의 보상책임은 최초의 보험료의 지급을 받은 때로부터 개시되지만, 당사자의 약정으로 달리 정할 수 있다.

03

타인을 위한 보험계약에 대한 설명으로 옳지 않은 것은?

타인을 위한 보험계약은 보험계약자가 ① 그 타인의 대리인으로서가 아니라 자기의 이름으로 계약을 체결하는 것으로서 타인의 위임이 없어도 그 보험계약을 체결할 수 있다. 다만 ② 손해보험계약의 경우에 그 타인의 위임이 없는 경우에는 보험계약자는 이를 보험자에게 고지하여야 하고, 그 고지가 없는 때에는 타인이 그 보험계약이 체결되었다는 사유로 보험자에게 대항하지 못한다. 타인을 위한 보험계약에서 그 타인은 당연히 그 계약의 이익을 받는다. 따라서 ③ 특별한 사정이 없는 한 그 타인은 보험계약자의 동의가 없어도 임의로 권리를 행사하고 처분할 수 있다. 그러나 손해보험계약의 경우에 ④ 보험계약자가 그 타인에게 보험사고의 발생으로 생긴 손해의 보상을 한 때에는 보험계약자는 그 타인의 권리를 해하지 아니하는 범위 안에서 보험자에게 보험금액의 지급을 청구할 수 있다.

04

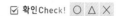

보험증권에 대한 설명으로 옳지 않은 것은?

① 보험증권을 멸실한 때에는 보험계약자는 자신의 비용부담으로 증권의 재교부를 청구할 수 있다.
② 보험료의 전부 또는 최초보험료의 지급이 있기 전까지 보험자는 증권의 교부를 거절할 수 있다.
③ 기존의 보험계약을 연장하는 경우에는 보험자는 그 보험증권에 그 사실을 기재함으로써 보험증권의 교부에 갈음할 수 있다.
④ 보험자가 보험증권의 교부의무를 위반한 경우에 보험계약자는 보험계약 성립일로부터 3월 내에 보험계약을 취소할 수 있다.

05

보험료반환청구권의 소멸시효에 대한 설명으로 옳지 않은 것은?(다툼이 있는 경우 판례에 의함)

① 타인의 서면동의를 받지 않고 체결된 타인의 사망보험계약에 있어서는 보험자의 위법성이 강하여 보험료를 최종적으로 납부한 시점부터 보험료반환청구권의 소멸시효가 진행된다.
② 상법상 보험료반환청구권의 소멸시효의 기산점에 대한 규정은 없다.
③ 무효인 보험계약에 기한 보험료반환청구권의 소멸시효는 특별한 사정이 없는 한 각 보험료를 납부한 때에 각 보험료에 대한 반환청구권의 소멸시효가 진행한다.
④ 보험계약자의 보험료반환청구권은 3년간 행사하지 아니하면 시효의 완성으로 소멸한다.

06

상법상 보험계약자가 가지는 임의해지권에 대한 설명으로 옳지 않은 것은?

① 보험사고가 발생하기 전에는 보험계약자는 언제든지 계약의 전부 또는 일부를 해지할 수 있다.

② 타인을 위한 보험계약의 경우에는 보험계약자는 그 타인의 동의를 얻지 아니하거나 보험증권을 소지하지 아니하면 보험계약을 해지할 수 없다.

③ 보험사고의 발생으로 보험자가 보험금을 지급한 후에 보험금액이 감액되지 않는 보험의 경우에는 그 보험사고가 발생한 후에는 임의해지권을 행사할 수 없다.

④ 보험계약자가 임의해지권을 행사하는 경우에 당사자간에 다른 약정이 없으면 미경과보험료의 반환을 청구할 수 있다.

07

보험료 지급에 대한 상법의 태도이다. 옳지 않은 것으로만 묶인 것은?

> 보험료의 지급은 보험계약의 ㉠ 성립요건이다. 보험계약자는 계약 체결 후 ㉡ 지체 없이 보험료의 전부 또는 제1회 보험료를 지급하여야 한다. 이를 위반한 경우에는 다른 약정이 없으면 계약 성립 후 ㉢ 3월이 경과한 때에 그 계약은 ㉣ 해제된 것으로 본다. 계속보험료가 약정한 시기에 지급되지 아니한 때에는 보험자는 상당한 기간을 정하여 보험계약자에게 최고하고 그 기간 내에 지급하지 아니하면 그 계약을 ㉤ 해제할 수 있다. 보험계약의 당사자가 특별한 위험을 예기하여 보험료의 액을 정한 경우에 보험기간 중 그 예기한 위험이 소멸한 때에는 ㉥ 보험계약자는 그 후의 보험료의 감액을 청구할 수 있다.

① ㉠, ㉡, ㉥

② ㉠, ㉢, ㉤

③ ㉣, ㉤, ㉥

④ ㉠, ㉣, ㉥

08

보험계약의 부활에 관한 다음의 설명 중 옳은 것은?

① 해지예고부 최고약관에 의하여 보험계약이 무효 또는 실효되는 경우에는 보험계약의 부활을 청구할 수 없다.

② 보험자가 보험료환급금을 반환한 경우에는 보험계약자는 환급의 날로부터 3년 내에 부활의 청약을 하여야 한다.

③ 보험계약의 부활은 당사자간의 합의에 의하여 종전의 보험계약을 다시 회복시키는 특수한 계약이므로, 종전 계약의 해지시점부터 부활시점 사이에 발생한 사고에 대하여 보험자에게 보상책임이 인정된다.

④ 보험자는 보험계약부활의 청약과 함께 보험료 상당액의 전부 또는 일부의 지급을 받은 때에는 다른 약정이 없으면 30일 내에 낙부의 통지를 발송하여야 한다.

09

상법상 고지의무제도에 대한 설명으로 옳지 않은 것은?

① 타인을 위한 손해보험계약에서 보험계약의 체결을 알고 있는 피보험자는 고지의무를 진다.

② 상법상 고지의무제도는 수동적 응답의무로서, 보험계약자는 보험자가 서면으로 질문한 사항에 대하여 성실하게 응답한 경우라면 고지의무위반을 구성하지 않는다.

③ 판례에 의하면 고지의무자가 중요한 사항을 스스로 탐지하여 알려야 할 의무는 존재하지 않는다.

④ 판례에 의하면 보험계약자 등이 고지하여야 하는 중요한 사항이란 "객관적으로 보험자가 그 사실을 안다면 그 계약을 체결하지 않든가 또는 적어도 그런 조건으로는 계약을 체결하지 않으리라고 생각되는 사항"이다.

10

다음 중 보험계약의 무효사유에 해당하는 것으로만 묶인 것은?

> 가. 보험계약자가 보험사고를 가장하여 보험금을 취득할 목적으로 보험계약을 체결한 경우
> 나. 보험자가 파산선고를 받고 3월이 경과한 경우
> 다. 보험계약자가 고지의무를 위반한 경우
> 라. 사기로 인한 중복보험이 체결된 경우
> 마. 계속보험료가 최고기간 이후에도 지급되지 아니한 경우
> 바. 타인의 서면동의를 얻지 않고 그 타인의 사망보험 계약을 체결한 경우

① 가, 나, 라
② 나, 다, 라
③ 가, 라, 바
④ 가, 나, 바

11

상법상 제652조에서 규정한 위험의 현저한 변경증가에 대한 설명으로 옳은 것은?(다툼이 있는 경우 판례에 의함)

① 화재보험에 가입된 공장건물에 대한 근로자들의 점거와 장기간의 농성은 사고발생 위험의 현저한 증가 또는 변경이라고 볼 수 없다.
② 화재보험약관에서 규정하고 있는 '사고발생 위험의 현저한 증가 또는 변경시 통지의무' 조항에 대하여 보험자는 약관 명시・설명의무를 부담한다.
③ 보험계약자가 위험의 현저한 변경증가 사실을 통지한 때에는 보험자는 통지를 받은 날로부터 2월 내에 계약을 해지할 수 있다.
④ 보험계약 해지권 행사기간의 기산점은 보험계약자 등이 통지의무를 이행하지 아니한 사실을 보험자가 알게 된 날이다.

12

불이익변경금지조항에 관한 설명으로 옳지 않은 것은?(다툼이 있는 경우 판례에 의함)

① 보험계약 당사자의 지위의 불균형이 존재하는 경우 가계보험계약자를 보호하기 위하여 인정되는 것으로 보험자에게 불이익하게 변경된 약관조항은 유효하다.

② 해상위험을 담보한 어선공제약관에 대하여는 계약 당사자가 대등한 경제적 지위에 있다고 볼 수 없어 상법 제663조의 불이익변경금지의 원칙을 적용한다.

③ 재보험 및 해상보험 기타 이와 유사한 이른바 기업보험의 경우에는 보험계약자의 이익보호를 위한 법의 후견적 보호보다는 사적 자치에 따른 이익조정이 가능하도록 상법 제663조의 적용을 배제한다.

④ 고지의무위반이 있는 때에는 보험자가 보험계약의 해지권을 행사할 수 있는 기간을 계약 체결일로부터 5년으로 한다는 약정은 유효하다.

13

다음 중 보험계약에 대한 설명으로 옳지 않은 것은?(다툼이 있는 경우 판례에 의함)

① 타인의 사망을 보험사고로 하는 보험계약에는 보험계약 체결시에 그 타인의 서면에 의한 동의를 얻어야 한다는 상법 제731조 제1항의 규정은 강행법규로서 이에 위반하여 체결된 보험계약은 무효이다.

② 위험의 현저한 증가나 변경시 보험계약자의 통지의무위반으로 인한 보험자의 해지권 행사기간의 기산점은 단순한 의심의 수준이 아니라 보험자가 조사·확인절차를 거쳐 보험계약자의 통지의무위반을 뒷받침하는 객관적인 근거를 확보함으로써 통지의무위반이 있음을 안 때에 비로소 진행한다.

③ 주피보험자의 호적상 또는 주민등록상 배우자만이 종피보험자로 가입할 수 있는 보험에서 '종피보험자가 보험기간 중 주피보험자의 배우자에 해당하지 아니하게 된 때에는 종피보험자의 자격을 상실한다'고 정한 약관조항은 거래상 일반적이고 공통적인 것이 아니어서 보험자의 명시·설명의무가 필요하다.

④ 피보험자가 정신질환 등으로 자유로운 의사결정을 할 수 없는 상태에서 사망의 결과를 발생케 한 경우에는 보험자의 면책사유로 규정된 '자살'에 해당하지 않는다.

14

다음의 (   ) 안에 들어갈 기간이 순서에 따라 알맞게 짝지어진 것은?

- 보험금 지급에 대한 약정기간이 없는 경우 보험자는 보험사고의 통지를 받은 후 지체 없이 지급할 보험금액을 정하고 그 정하여진 날부터 (㉠) 내에 피보험자 또는 보험수익자에게 보험금액을 지급하여야 한다.
- 보험자가 보험계약자로부터 보험계약의 청약과 함께 보험료 상당액의 전부 또는 일부의 지급을 받은 때에는 (㉡) 내에 그 상대방에 대하여 낙부의 통지를 발송하여야 한다.
- 보험자가 보험기간 중 보험계약자로부터 사고발생 위험의 현저한 변경증가에 대한 통지를 받은 때에는 (㉢) 내에 보험료의 증액을 청구하거나 계약을 해지할 수 있다.
- 보험자가 파산의 선고를 받은 때에 보험계약자가 계약을 해지하지 않고 (㉣)이 경과한 때에는 그 보험계약은 효력을 잃는다.

① 10일, 30일, 1월, 2월
② 1월, 1월, 30일, 3월
③ 1월, 20일, 2월, 1월
④ 10일, 30일, 1월, 3월

15

손해보험에 관한 설명으로 옳지 않은 것은?

① 손해보험은 물건이나 재산상의 손해를 보상하는 측면에서 보상금액을 미리 정할 수 없는 부정액보험의 성격을 가진다.
② 상법상 손해보험의 종류에는 화재보험, 운송보험, 해상보험, 책임보험, 재보험, 자동차보험, 보증보험이 있다.
③ 손해보험은 원칙적으로 재산상 손해를 보험금액의 한도 내에서 실제로 발생한 손해만을 보상하는 실손보상적 성질을 가진다.
④ 손해보험에서 피보험자는 보험의 객체로서 보험금청구권을 가지는 자이다.

16

피보험이익에 관한 설명으로 옳지 않은 것은?(다툼이 있는 경우 판례에 의함)

① 피보험이익은 상법 제668조에서 보험계약의 목적이라고 표현하고 있으며, 보험계약의 대상인 보험의 목적과 구별된다.

② 우리나라에서 피보험이익은 손해보험에 특유한 것으로 인보험에서는 인정되지 않는다.

③ 화재보험계약에서 동산양도담보 설정자는 그 물건에 대한 보험사고가 발생한 경우 그 목적물에 관하여 피보험이익을 갖지 못한다.

④ 손해보험에서 피보험이익은 피보험자가 보험의 목적물에 대하여 가지는 경제적 이해관계를 의미하는 것으로 소유이익에 한하지 아니하고 담보이익, 사용수익이익 등도 포함한다.

17

손해보험에서 보험가액과 보험금액의 관계에 대한 설명으로 옳지 않은 것은?

① 기평가보험으로 인정되기 위한 당사자 사이의 보험가액의 합의는 명시적인 것이어야 하고, 동시에 반드시 협정가액 또는 약정가액이라는 용어를 사용하여야 한다.

② 초과보험은 보험금액이 보험계약의 목적의 가액을 현저하게 초과하는 보험을 말한다.

③ 동일한 보험계약의 목적과 동일한 사고에 관하여 수 개의 보험계약이 동시 또는 순차로 체결된 경우 그 보험금액의 총액이 보험가액을 초과하는 보험을 중복보험이라 한다.

④ 일부보험이란 보험가액의 일부를 보험에 붙인 보험을 말한다.

18

보험가액이 12억원인 건물에 대하여 보험금액을 5억원, 10억원, 15억원으로 하는 보험계약을 갑, 을, 병 보험회사와 각각 체결하고, 사고 당시에도 이러한 보험계약이 유효하게 유지되고 있다면 상법에 의할 때 각 보험자가 분담하는 보험금액으로 옳은 것은?(보험계약자는 선의이고, 보험가액은 사고 당시에도 변화가 없음)

① 갑 : 2억원, 을 : 4억원, 병 : 6억원

② 갑 : 3억원, 을 : 5억원, 병 : 4억원

③ 갑 : 3억원, 을 : 4억원, 병 : 5억원

④ 갑 : 2억원, 을 : 5억원, 병 : 5억원

19

☑ 확인Check! ○ △ ✕

중복보험의 통지의무에 관한 설명으로 옳지 않은 것은?(다툼이 있는 경우 판례에 의함)

① 동일한 보험계약의 목적과 동일한 사고에 관하여 수 개의 보험계약을 체결하고 있는 경우에는 보험계약자는 각 보험자에 대하여 각 보험계약의 내용을 통지하여야 한다.

② 상법은 중복보험 통지의무의 위반효과로서 당해 보험계약을 해지할 수 있는 것으로 규정하고 있다.

③ 다수의 보험계약의 체결사실에 대하여 통지하도록 규정한 취지는 부당한 이득을 얻기 위한 사기에 의한 보험계약의 체결을 사전에 방지하고 보험자로 하여금 보험사고발생시 손해의 조사 또는 책임의 범위에 대한 결정을 다른 보험자와 공동으로 할 수 있도록 하기 위한 것이다.

④ 손해보험에 있어서 타보험 가입사실은 상법 제652조 및 제653조의 통지의무의 대상이 되는 사고발생의 위험이 현저하게 변경 또는 증가된 때에 해당하지 않는다.

20

☑ 확인Check! ○ △ ✕

손해방지의무에 관한 설명으로 옳지 않은 것은?

① 손해방지의무는 보험사고의 발생을 요건으로 하므로 보험계약자 등은 보험사고가 발생한 때부터 이 의무를 부담한다.

② 상법상 손해방지의무를 부담하는 자는 보험계약자, 피보험자 및 피해자이다.

③ 손해방지의무란 손해의 방지와 손해의 경감을 위하여 노력하는 것을 말한다.

④ 손해방지를 위하여 필요 또는 유익하였던 비용과 보상액이 보험금액을 초과한 경우라도 보험자가 이를 부담한다.

21

☑ 확인Check! ○ △ ✕

보험목적에 관한 보험대위에 대한 설명으로 옳지 않은 것은?

① 상법상 보험목적에 대한 보험대위는 보험목적의 일부 멸실로는 발생하지 아니하고, 보험목적물이 전부 멸실한 경우에 발생한다.

② 보험가액의 일부를 보험에 붙인 경우에는 보험자가 취득할 권리는 보험금액의 보험가액에 대한 비율에 따라 이를 정한다.

③ 보험자가 해당 보험금 및 기타 보험급부를 전부 지급한 때에 발생한다.

④ 일부보험의 경우 보험금 전액을 지급한 보험자라 하더라도 일부보험의 특성상 보험목적에 관한 보험대위가 불가능하다.

22

제3자에 대한 보험대위에서 제3자의 범위에 속하는 자를 모두 고른 것은?(다툼이 있는 경우 판례에 의함)

> 가. 자동차 보험에서 승낙피보험자
> 나. 주택화재보험에서 피보험자와 생계를 같이 하는 가족
> 다. 타인을 위한 보험에서 보험계약자
> 라. 피보험자나 보험계약자와 생계를 같이 하는 가족의 고의로 인한 사고에서 그 가족

① 가   ② 가, 나

③ 나, 다   ④ 다, 라

23

보험목적의 양도에 대한 상법 제679조에 관한 설명으로 옳지 않은 것은?(다툼이 있는 경우 판례에 의함)

① 보험의 목적의 양도인 또는 양수인은 보험자에 대하여 보험목적의 양도사실을 지체 없이 통지하여야 한다.

② 보험목적의 양도란 보험의 대상인 목적물을 개별적으로 타인에게 양도하는 것이다.

③ 피보험자가 보험의 목적을 양도한 때에는 양수인은 보험계약상의 권리와 의무를 승계한 것으로 추정한다.

④ 보험목적의 양도에 관한 상법 제679조의 규정은 강행규정이다.

24

화재보험에 대한 설명으로 옳지 않은 것은?(다툼이 있는 경우 판례에 의함)

① 화재보험계약의 보험자는 화재로 인하여 생길 손해를 보상할 책임을 부담한다.

② 집합된 물건을 일괄하여 보험의 목적으로 한 때에는 그 목적에 속한 물건이 보험기간 중에 수시로 교체된 경우에도 보험사고의 발생시에 현존한 물건은 보험의 목적에 포함된 것으로 한다.

③ 집합된 물건을 일괄하여 보험의 목적으로 한 때에는 피보험자의 가족과 사용인의 물건도 보험의 목적에 포함된 것으로 한다.

④ 화재보험 목적물의 소유자와 담보권자의 피보험이익은 항상 보험목적물의 가액 전체에 미친다.

25

상법상 해상보험에 대한 설명으로 옳지 않은 것은?

① 해상보험의 보험자는 피보험자가 지급할 공동해손의 분담액을 보상할 책임이 있다. 그러나 보험의 목적의 공동해손분담가액이 보험가액을 초과할 때에는 그 초과액에 대한 분담액은 보상하지 아니한다.

② 보험자는 피보험자가 보험사고로 인하여 발생하는 손해를 방지하기 위하여 지급할 구조료를 보상할 책임이 있다. 그러나 보험의 목적물의 구조료분담가액이 보험가액을 초과할 때에는 그 초과액에 대한 분담액은 보상하지 아니한다.

③ 선박의 일부가 훼손되었으나, 이를 수선하지 아니한 경우에는 보험자는 그로 인한 감가액을 보상할 책임이 없다.

④ 해상보험의 보험자는 보험의 목적의 안전이나 보존을 위하여 지급할 특별비용을 보험금액의 한도 내에서 보상할 책임이 있다.

26

상법상 해상보험에서 위부에 대한 설명으로 옳지 않은 것은?

① 선박의 행방불명은 전손으로 추정되나, 보험위부의 원인은 아니다.

② 보험위부는 피보험자의 일방적 의사표시에 의하여 행사되는 형성권이므로 보험자의 승인은 위부의 요건이 아니다.

③ 보험자가 위부를 승인한 때에도 피보험자는 위부의 원인을 증명하지 아니하면 보험금액의 지급을 청구하지 못한다.

④ 피보험자가 위부를 함에 있어서는 보험자에 대하여 보험의 목적에 관한 다른 보험계약과 그 부담에 속한 채무의 유무와 그 종류 및 내용을 통지하여야 한다.

27

책임보험에 대한 설명으로 옳지 않은 것은?

① 책임보험계약의 보험자는 피보험자가 보험기간 중의 사고로 인하여 제3자에게 배상할 책임을 진 경우에 이를 보상할 책임이 있다.

② 책임보험은 가해자와 피해자를 보호하는 기능을 동시에 갖고 있다.

③ 피보험자가 담보의 제공 또는 공탁으로써 재판의 집행을 면할 수 있는 경우에는 보험자에 대하여 보험금액의 한도 내에서 그 담보의 제공 또는 공탁을 청구할 수 있다.

④ 피보험자가 경영하는 사업에 관한 책임을 보험의 목적으로 한 때에는 피보험자의 대리인 또는 그 사업감독자의 제3자에 대한 책임은 보험의 목적이 되지 못한다.

28

책임보험에서 피해자 직접청구권에 대한 설명으로 옳지 않은 것은?

① 제3자가 보험자에게 직접 보상을 청구한 경우에 보험자는 피보험자가 그 사고에 관하여 가지는 항변으로써 제3자에게 대항할 수 없다.

② 보험자는 피보험자가 책임을 질 사고로 인하여 생긴 손해에 대하여 제3자가 그 배상을 받기 전에는 보험금액의 전부 또는 일부를 피보험자에게 지급하지 못한다.

③ 보험자가 피해자로부터 보상청구를 받은 때에는 지체 없이 피보험자에게 이를 통지하여야 한다.

④ 피보험자는 보험자의 요구가 있을 때에는 필요한 서류·증거의 제출, 증언 또는 증인의 출석에 협조할 의무가 있다.

29

자동차보험증권에 기재하여야 할 사항을 모두 고른 것은?

> 가. 자동차소유자와 그 밖의 보유자의 성명과 생년월일 또는 상호
> 나. 피보험자동차의 등록번호, 차대번호, 차형연식과 기계장치
> 다. 차량가액을 정한 때에는 그 가액

① 가

② 가, 나

③ 가, 나, 다

④ 나, 다

30

자동차보험에 대한 설명으로 옳지 않은 것은?(다툼이 있는 경우 판례에 의함)

① 보험자가 보험계약자의 대리인과 자동차 보험계약을 체결하는 경우에는 그 대리인에게 보험약관을 설명함으로써 족하다.

② 피보험자가 보험기간 중에 자동차를 양도한 때에는 양수인은 보험자의 승낙을 얻은 경우에 한하여 보험계약으로 인하여 생긴 권리와 의무를 승계한다.

③ 보험자가 양수인으로부터 양수사실을 통지받은 때에는 지체 없이 낙부를 통지하여야 하고, 통지받은 날부터 14일 내에 낙부의 통지가 없을 때에는 승낙한 것으로 본다.

④ 자동차보험계약의 보험자는 피보험자가 자동차를 소유, 사용 또는 관리하는 동안에 발생한 사고로 인하여 생긴 손해를 보상할 책임이 있다.

31

인보험에서 인정되는 것은?

① 보험의 목적의 양도

② 보험계약자 변경

③ 피보험이익의 개념

④ 손해방지의무

32

인보험에 관한 설명으로 옳은 것은?

① 인보험은 정액보험이므로 자산운용성과에 따라 보험금액이 바뀌는 변액보험은 인보험이 아니라 펀드형 투자상품이다.

② 보험수익자가 피보험자의 유족인 때에는 인보험의 보험자는 피살된 피보험자의 사망보험금 지급 후, 유족이 가해자에 대하여 갖는 불법행위로 인한 손해배상청구권을 대위행사 할 수 있다.

③ 보험금지급청구권의 소멸시효는 보험사고발생시에 기산하는 것이 원칙이며, 시효의 중단이나 정지가 인정되지 아니한다.

④ 상해보험계약에서 보험자는 당사자간에 약정이 있는 때에는 피보험자의 권리를 해하지 아니하는 범위 안에서 그 권리를 대위행사 할 수 있다.

33

타인의 사망보험계약에 대한 설명으로 옳은 것은?(다툼이 있는 경우 판례에 의함)

① 피보험자가 보험계약 체결시 서면동의를 하면서 앞으로 1주일 이내에 체결되는 사망보험계약에 한하여 동의한다고 기재한 경우, 그 기간 내의 사망보험계약에 대하여는 따로 동의가 필요 없다.

② 청약시 피보험자가 휴대전화를 걸어와 동의한 후 보험계약 체결 다음 날에 건강진단서를 제출하는 등 동의의사를 확실히 확인할 수 있는 때에는 동의로 인정된다.

③ 보험설계사가 서면동의에 대하여 설명하지 아니하여, 서면동의 없이 체결된 계약이라면 동의요건은 계약의 내용에 편입되지 않으므로 보험사고발생시에 보험금을 지급하여야 한다.

④ 피보험자는 그가 동의할 때 기초로 한 사정에 중대한 변경이 있는 경우에는 보험계약자가 승낙하지 않는 때에도 동의를 철회할 수 있다.

34

다음 중 유효한 계약은?

① 사망을 보험사고로 하는 보험계약에서 심신상실자가 보험계약 체결시에 피보험자로 되는 데에 동의한 경우

② 15세 미만자가 의사능력을 갖고 자신을 피보험자로 하는 사망보험계약에 서면동의 한 후 보험사고발생시에는 이미 성년에 이른 경우

③ 심신박약자가 보험계약 체결시 의사능력을 갖고 계약 체결에 동의하였으나, 계약 체결 직후부터 의사능력이 없는 상태에서 보험사고가 발생한 경우

④ 태아를 피보험자로 하여 태아의 사산을 보험사고로 하는 보험계약이 친권자 전원의 동의하에 체결된 경우

35

생명보험과 상해보험의 차이로 옳지 않은 것은?

① 사망은 언제인가 발생할 것이 확실하나, 상해는 발생 여부가 불확정적이다.

② 생명보험과 달리 상해보험 증권에는 타인의 상해보험계약에서 피보험자의 직무 또는 직위만을 기재할 수 있다.

③ 생명보험과 달리 상해보험에서는 일정한 조건하에 청구권대위가 허용된다.

④ 인보험과 달리 상해보험은 상해로 입은 실손해를 보상하는 부정액보험만 허용된다.

36

우리 상법상 인정되는 것은?

① 보험수익자의 개입권행사에 의한 보험계약의 부활 청구
② 보장성 보험의 일정한도의 보험금액청구권을 압류금지채권으로 한 것
③ 약관에서 달리 배제하고 있지 아니하는 한 계약자배당을 청구할 권리
④ 인보험계약의 보험자가 약정에 따라 보험금을 연금으로 분할하여 지급하는 것

37

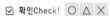

상해보험계약의 보험수익자에 대한 설명으로 옳지 않은 것은?(다툼이 있는 경우 판례에 의함)

① 보험계약자가 보험계약 체결시에 상해보험의 수익자를 '상속인'이나 '배우자' 등으로 지정한 것은 유효하다.
② 보험계약자가 보험수익자를 지정하지 않고 사망한 때에는 그 승계인이 지정·변경권을 행사할 수 있다는 약정이 없는 한 피보험자를 보험수익자로 한다.
③ 보험수익자 지정 없이 상속인이 보험수익자로 되는 경우의 보험금청구권은 상속재산을 구성하므로 피상속인의 채무변제를 위한 책임재산이 된다.
④ 보험수익자가 보험존속 중에 사망한 때에는 보험계약자는 다시 보험수익자를 지정할 수 있으나 지정권을 행사하기 전에 보험사고가 생긴 경우에는 피보험자 또는 보험수익자의 상속인을 보험수익자로 한다.

38

상법상 허용되지 아니하는 '다른 약정'은?

① 보험사고가 보험계약자에 의하여 생긴 경우에도 보험자가 보험적립금반환의무를 진다는 약정
② 보험사고가 전쟁 기타의 변란으로 인하여 생긴 때에도 보험자는 보험금 지급책임을 진다는 약정
③ 보험자가 보상할 손해액을 그 신품가액에 의하여 산정할 수 있다는 약정
④ 대리인에 의하여 보험계약을 체결하는 경우에 대리인이 안 사유를 그 본인이 안 것과 동일한 것으로 하지 않는다는 약정

39

질병보험에 관한 설명으로 옳지 않은 것은?(다툼이 있는 경우 판례에 의함)

① 상해사고를 통하여 발병한 때에는 상해보험을 통하여 보상이 가능하므로 질병보험은 상해보험의 일종
   이다.
② 질병보험에 관하여는 그 성질에 반하지 아니하는 범위에서 생명보험에 관한 규정을 준용한다.
③ 질병보험에 관하여는 그 성질에 반하지 아니하는 범위에서 상해보험에 관한 규정을 준용한다.
④ 질병보험의 보험사고를 계약 체결 후에 발병한 경우에 한정한다는 약관조항은 유효하다.

40

보증보험에 관하여 적용 또는 준용되는 규정이 아닌 것은?

① 상법상 책임보험계약상 피해자의 직접청구권
② 민법상 주채무자에 대한 보험자의 구상권
③ 보험자가 행사할 민법상 변제자 대위권
④ 민법상 보증인과 주채무자간 상계권

01	02	03	04	05	06	07	08	09	10	11	12	13	14	15	16	17	18	19	20
21	22	23	24	25	26	27	28	29	30	31	32	33	34	35	36	37	38	39	40

시간　　　분 | 정답 및 해설편 065p

01

☑ 확인Check! ○ △ ✕

보험계약은 다수인을 상대로 동일한 내용의 계약을 체결하게 되므로 정형화된 보험약관에 의하여 이루어진다. 이는 보험계약의 어떠한 법적 성질과 밀접한 관련이 있는가?

① 낙성계약성
② 쌍무계약성
③ 선의계약성
④ 부합계약성

02

☑ 확인Check! ○ △ ✕

다음 보험가능 리스크(insurable risk)의 요건 중 피보험이익의 원칙과 가장 관련이 깊은 것은?

① 다수의 동질적 리스크
② 손실의 우연성
③ 확정가능한 손실규모
④ 측정가능한 손실발생 확률

03

☑ 확인Check! ○ △ ✕

어떤 보험상품에서 p = 부험료, q = 보험금액, m = 보힘가입자의 수, n = 보험사고발생 건수라 할 때, 급부 · 반대급부균등의 원칙을 표현한 것으로 옳은 것은?

① $pq = nm$
② $np = mq$
③ $p = \dfrac{n}{m}q$
④ $p = \dfrac{m}{n}q$

04

☑ 확인Check! ○ △ ✕

다음 중 보험의 특성으로 보기 어려운 것은?

① 리스크의 분담
② 리스크의 전가
③ 우연적 손실의 보상
④ 도덕적 해이의 감소

05

☑ 확인Check! ○ △ ✕

다음 중 보험가능 리스크(insurable risk)의 요건이 비교적 덜 엄격하게 적용되는 보험종목은?

① 고용보험
② 화재보험
③ 상해보험
④ 배상책임보험

06

☑ 확인Check! ○ △ ✕

개인이 보험을 구입하는 필요조건으로서 개인의 리스크 성향은 무엇인가?

① 리스크 선호형(risk-loving)
② 리스크 회피형(risk-averse)
③ 리스크 중립형(risk-neutral)
④ 리스크 성향과 관계없다.

07

☑ 확인Check! ○ △ ✕

다음 중 가해자의 과실에 따른 배상책임을 면제 또는 경감하기 위하여 적용하는 법리가 아닌 것은?

① 리스크의 감수(assumption of risk)
② 기여과실(contributory negligence)
③ 비교과실(comparative negligence)
④ 최종적 명백한 기회(last clear chance)

08

☑ 확인 Check! ○ △ ✕

다음 중 우리나라에 가장 먼저 도입된 사회보험은?

① 국민건강보험   ② 국민연금
③ 고용보험   ④ 산업재해보상보험

09

☑ 확인 Check! ○ △ ✕

다음 중 보험회사에 대한 재무건전성 감독을 위한 제도와 가장 거리가 먼 것은?

① 보험회계기준   ② 지급여력제도
③ 경영실태평가   ④ 보험상품공시제도

10

☑ 확인 Check! ○ △ ✕

다음 중 피보험이익의 요건에 해당하지 않은 것은?

① 금전평가가능성   ② 적법성
③ 확정가능성   ④ 충분성

11

☑ 확인 Check! ○ △ ✕

다음 중 재보험과 관련된 설명으로 옳지 않은 것은?

① 재보험은 원보험자의 보험영업이익 안정화에 도움이 된다.
② 임의재보험(facultative reinsurance)은 자동적 재보험 담보가 아니므로 재보험 처리가 지연될 수 있다.
③ 특약재보험(treaty reinsurance)에서는 재보험자가 원보험자의 개별 청약에 대하여 인수 여부를 결정한다.
④ 비비례적 재보험(non-proportional reinsurance)에서는 원보험계약에서 발생하는 사고의 손실규모를 기준으로 원보험자와 재보험자의 보상책임액이 결정된다.

12

다음 재보험계약 중 원보험자의 미경과보험료적립금 경감 목적으로 가장 유용한 것은?

① 비례재보험(quota share reinsurance)
② 초과액재보험(surplus share reinsurance)
③ 초과손해액재보험(excess of loss reinsurance)
④ 초과손해율재보험(stop loss reinsurance)

13

다음 중 보증보험에 대한 설명으로 가장 적절하지 않은 것은?

① 손해보험으로 분류된다.
② 타인을 위한 보험이다.
③ 대수의 법칙 적용을 기본원리로 하지 않는다.
④ 보험계약자의 고의로 인한 손실은 보상하지 않는다.

14

다음의 보험요율산정원칙 중 보험회사의 재무건전성과 가장 관련이 있는 것은?

① 충분성(adequacy)
② 비과도성(non-excessiveness)
③ 안정성(stability)
④ 공정 차별성(fair discrimination)

15

다음과 같은 속성의 리스크를 관리할 때 사용할 수 있는 리스크관리기법으로 가장 적절한 것은?

• 최악의 손실이 미미한 수준이다.
• 손실발생빈도가 낮다.

① 리스크회피(risk avoidance)
② 리스크보유(risk retention)
③ 손실감소(loss reduction)
④ 보험(insurance)

16

다음 중 자체보험자(captive insurer)를 설립하는 이유로 가장 거리가 먼 것은?

① 보험비용의 절약
② 자체 이익의 실현 가능성
③ 재보험 가입의 용이
④ 대재해리스크의 회피

17

보험계약에서 제외부문(exclusions) 규정을 두는 이유로 적절하지 않은 것은?

① 도덕적 해이를 줄이고 손실의 규모와 귀속을 확정한다.
② 특수한 위험을 부보대상에서 제외시키기 위해 필요하다.
③ 중복보험을 방지하는데 사용되기도 한다.
④ 손실보상금액보다 손실처리비용이 많은 경우 합리적으로 처리하기 위해 필요하다.

18

다음 중 배상책임보험의 사회적 기능과 역할을 확대시켜 주는 주요 제도가 아닌 것은?

① 보험자대위제도
② 피해자 직접청구권
③ 의무보험제도
④ 무과실 책임주의

19

다음 중 진술(representation)과 보증(warranty)의 차이점에 대한 설명으로 옳지 않은 것은?

① 보증은 계약의 일부이나.
② 진술은 계약의 부수적 기능을 수행한다.
③ 진술과 보증 둘 다 해석의 융통성이 있다.
④ 보증내용이 사실과 다르거나 지켜지지 않을 경우 보험금 지급을 거절할 수 있다.

20

다음은 보험가능 리스크(insurable risk)의 손실액 확률분포이다. 95%의 신뢰도를 적용했을 때 가능최대손실(probable maximum loss ; PML)은 얼마인가?

확 률	0.5	0.3	0.05	0.05	0.05	0.05
손 실	0원	300만원	500만원	700만원	800만원	1,000만원

① 1,000만원   ② 800만원

③ 700만원   ④ 500만원

21

다음 중 리스크의 결합(risk pooling)에 대한 설명으로 옳지 않은 것은?

① 결합된 리스크단체 안에서 발생하는 손해를 상호 분담함으로써 리스크가 분산된다.
② 리스크결합을 통해 1인당 평균손실을 실제손실로 대체하는 효과가 발생한다.
③ 각 개인은 상대적으로 적은 금액으로 리스크에 따른 큰 손실발생에 대비할 수 있다.
④ 동질의 독립적인 리스크가 다수 결합될수록 객관적 리스크가 줄어들고 보험회사의 예측력은 높아진다.

22

다음 중 대재해채권(catastrophe bond)에 대한 설명으로 옳지 않은 것은?

① 보험회사가 대재해채권을 발행하면 보험회사의 신용위험이 증가한다.
② 도입과 운용에 있어서 채권 발행 및 유통비용, 운용비용 등이 발생한다.
③ 이 채권은 천재지변 등 대재해와 연동하여 이자와 원금이 변동될 수 있다.
④ 대재해의 발생확률 및 손실분포에 대한 객관적이고 과학적인 분석이 어려워 가격산정이 어렵다.

23

다음 중 산업재해보상보험에서 지급되는 보험급여가 아닌 것은?

① 요양급여   ② 실업급여

③ 장해급여   ④ 유족급여

☑ 확인 Check! ○ △ ✕

다음은 동일 보험기간 동안에 발생한 3차례의 보험사고 내역이다.

사고발생	1차	2차	3차
손해액	50만원	200만원	300만원

위의 보험사고에 대해 프랜차이즈 공제(franchise deductible) 100만원이 각각 적용되는 경우 피보험자가 받을 보험금의 합계는 얼마인가?

① 300만원　　　　　　　　　② 350만원
③ 400만원　　　　　　　　　④ 500만원

25

☑ 확인 Check! ○ △ ✕

리스크를 관리하는 방법은 크게 리스크통제(risk control)와 리스크재무(risk financing)로 대별될 수 있다. 다음 중 리스크재무에 해당하는 리스크관리기법은?

① 리스크회피(risk avoidance)　　　　② 리스크보유(risk retention)
③ 손실통제(loss control)　　　　　　　④ 리스크분리(risk separation)

26

☑ 확인 Check! ○ △ ✕

다음 리스크관리과정의 각 단계를 순서대로 바르게 열거한 것은?

> ㉮ 리스크의 평가(evaluating the risk)
> ㉯ 리스크관리기법의 실행(implementing the program)
> ㉰ 리스크관리기법의 선택(selecting techniques for handling risk)
> ㉱ 리스크의 인식(identifying the risk)

① ㉮ → ㉯ → ㉰ → ㉱
② ㉮ → ㉱ → ㉰ → ㉯
③ ㉱ → ㉮ → ㉰ → ㉯
④ ㉱ → ㉮ → ㉯ → ㉰

27

☑ 확인Check! ○ △ ✕

아래에서 설명하는 재보험특약서 조항과 가장 관련이 있는 특약재보험의 형태는?

> 특약기간 중 보험사고의 발생에 따른 재보험금 지급으로 인하여 재보험 보상한도액(limit of liability)의 일부 또는
> 전부가 소진될 경우에 잔여 특약기간에 대하여 이의 복원에 대한 방식과 조건에 관한 내용을 규정한 조항

① 초과액재보험특약(surplus share reinsurance treaty)

② 비례재보험특약(quota share reinsurance treaty)

③ 초과손해액재보험특약(excess of loss reinsurance treaty)

④ 비례재보험과 초과액재보험의 혼합특약(combined quota share & surplus share reinsurance treaty)

28

☑ 확인Check! ○ △ ✕

보험계약의 기본요소 중 아래에서 설명하는 내용에 해당하는 부문은?

> 보험자로 하여금 보험금 지급 및 기타 서비스 제공에 대한 약속을 이행하게 하거나 제한하는 중요한 부문으로서,
> 여기에는 보험계약자나 피보험자가 보상을 받기 위하여 반드시 준수해야 할 일종의 의무사항 또는 권리제한 등의
> 내용이 포함된다.

① 제외부문(exclusions) ② 조건부문(conditions)

③ 기재부문(declaration) ④ 보험가입합의문(insuring agreement)

29

☑ 확인Check! ○ △ ✕

열거책임주의 방식의 보험증권에서 담보위험을 열거한 다음에 "기타 일체의 위험(all other perils)"이라는
총괄적 문언(general words)을 부가한 경우, 이 부분에 대한 해석기준을 제시한 영국판례의 해석원칙은?

① 통상적 의미의 해석원칙(rules as to "ordinary meaning")

② 동종제한의 원칙(principle of ejusdem generis)

③ 합리적인 기대의 원칙(doctrine of reasonable expectation)

④ 보험증권 전체로서의 해석원칙

30

다음은 보험자의 보상책임 유무를 결정함에 있어서 손인(peril)과 손해(loss)와의 관계, 즉 인과관계 (causation)를 규명하는 원칙들 가운데 하나이다. 이 입장에 해당하는 인과관계에 대한 학설은?

> 일정한 사실이 어떤 결과를 발생하게 한 조건을 구성하는 경우, 실제 발생한 특정한 경우뿐만 아니라 일상경험에서 판단하여 다른 일반적인 경우에도 동일한 결과를 발생시킬 것으로 인정되는 조건을 적당조건으로 간주하여, 그 적당조건만을 결과의 원인으로 한다는 주장

① 근인설
② 상당인과관계설
③ 개연설
④ 최유력조건설

31

보험증권 해석의 주요한 일반 원칙들 가운데 아래 두 가지 설명에 적합한 해석원칙의 명칭이 바르게 짝지어진 것은?

> (가) 보험증권의 해석원칙 중에서 가장 기본이 되는 원칙으로서, 이와 같은 기본원칙에 대하여 다른 모든 해석원칙 은 이를 확인하기 위한 보조원칙에 불과하다.
> (나) 보험증권의 해석에 관한 일반적인 모든 원칙을 적용한 후에도 보험증권에 관하여 아직도 애매한 문제가 존재 하는 경우 최종적으로 적용되는 해석원칙이다.

	(가)	(나)
①	합리적인 해석의 원칙	문맥에 의한 의미제한의 원칙
②	계약 당사자 의사 우선의 원칙	문서 작성자불이익의 원칙
③	보험증권 전체로서의 해석 원칙	통상적 의미의 원칙
④	수기문언 우선의 원칙	계약 당사자 의사 우선의 원칙

32

사업중단보험(business interruption insurance)의 여러 형태 가운데 다음의 설명에 해당하는 보험종목은?

> 피보험자가 소유하거나 운영하는 기업이 아닌 다른 기업이 재해를 당함으로써 피보험자 기업의 영업이익에 손실을 끼칠 경우 이를 보상하는 보험이다.

① 추가비용보험(extra expense insurance)
② 임대가치보험(rental value insurance)
③ 리스보유이익보상보험(leasehold interest insurance)
④ 간접사업중단보험(contingent business interruption insurance)

33

다음 중 책임준비금의 적립에 관한 설명으로 적절치 않은 것은? 기출수정

① 책임준비금은 보험계약부채·재보험계약부채·투자계약부채로 구분하여 각각 적립한다.
② 결산시점 현재 아직 발생하지 않은 보험사고 및 지급사유가 발생하지 않은 투자요소에 대한 부채를 "잔여보장요소"라 한다.
③ 결산시점 현재 발생한 보험사고 및 지급사유가 발생하였으나, 지급되지 않은 투자요소에 대한 부채를 "발생사고요소"라 한다.
④ 투자계약부채는 보험계약의 법률적 형식을 취하고 있으며, 한국채택국제회계기준 제1117호의 적용을 받으므로 투자계약으로 분류된 계약들의 평가금액으로 한다.

34

보험과 도박을 비교한 다음 설명 중 옳지 않은 것은?

① 보험은 사전적 확률을 중심으로 하고 있으며, 도박은 사후적 확률에 기초하고 있다.
② 보험과 도박 모두 사행계약의 특성을 갖고 있다.
③ 보험은 이미 존재하고 있는 리스크를 대상으로 하고 있으나, 도박은 리스크를 새로이 창출한다.
④ 도박은 투기리스크의 성격을 갖고 있으나, 보험은 주로 순수리스크를 대상으로 한다.

35

다음 글에 나타난 내용과 가장 근접한 과실책임의 법리는 무엇인가?

일반적으로 부동산 소유자는 자신의 구내에 허락 없이 침입한 사람의 안전에 관한 주의의무는 없다고 본다. 그러나 지붕을 수리하기 위하여 세워둔 사다리에 이웃집 어린아이가 올라가다가 떨어져 다리를 다친 사례에서 부동산 소유자는 어린아이의 상해에 대하여 배상책임을 진다.

① 추정과실책임(resipsa loquitur)
② 유혹과실책임(attractive nuisance)
③ 전가과실책임(imputed negligence)
④ 가족용도주의(family purpose doctrine)

36

다음 중 Umbrella 배상책임보험(Umbrella liability insurance)에 대한 설명으로 옳지 않은 것은?

① 기업의 배상책임리스크를 관리하는데 많이 이용되고 있으나, 개인의 배상책임에도 활용된다.
② 보험증권을 발급할 때 피보험자에게 영업배상책임보험(commercial general liability insurance)과 같은 기초담보증권을 소유하고 있을 것을 요구한다.
③ 기초담보증권이 일차적으로 손실을 보상하고 보상한도가 초과되면 이 umbrella 배상책임보험에서 보상하게 되는 초과보험계약(excess coverage)이다.
④ 기초담보증권에서 면책된 배상책임리스크까지 보상하는 것은 아니다.

37

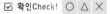

보험계약은 그 계약이 비록 전위험담보(all-risks coverage) 조건이라 할지라도 손실의 보상을 제한하는 사항을 명시하게 된다. 다음 중 면책사유를 명시하는 대표적인 방법으로 적절치 않은 것은?

① 제외손실(excluded losses)
② 제외책임(excluded liabilities)
③ 제외손인(excluded perils)
④ 제외재산(excluded property)

38

☑ 확인 Check! ○ △ ✕

A 보험회사가 판매한 재산종합보험의 예정손해율은 50%였으나, 그 후 1년간의 실제손해율이 80%로 확인되었다. 이 상품에 대해 앞으로 적용할 요율의 조정률은 얼마인가?[조정은 손해율 방식(loss ratio method)을 따르고, 신뢰도계수(credibility factor)는 0.5를 적용함]

① 15% 인하
② 15% 인상
③ 30% 인하
④ 30% 인상

☑ 확인 Check! ○ △ ✕

A 보험회사는 아래와 같은 초과손해액재보험특약(excess of loss reinsurance treaty)을 운영하고 있다.

특약 한도 : US$ 600,000 in excess of US$ 400,000

특약재보험의 보험기간 중 다음과 같이 보험금을 지급하였을 경우, A 보험회사가 재보험자로부터 회수하게 될 재보험금의 합계액은 얼마인가?

구 분	사고일자	지급보험금
사고 1	1월 24일	US$ 750,000
사고 2	2월 17일	US$ 350,000
사고 3	4월 15일	US$ 1,500,000
합 계		US$ 2,600,000

① US$ 550,000
② US$ 950,000
③ US$ 1,050,000
④ US$ 1,450,000

☑ 확인 Check! ○ △ ✕

다음은 B 손해보험회사의 2015년 회계연도 요약 손익계산서이다. 주어진 경영정보만을 이용하여 산출한 2015년 회계연도 말 현재 이 회사의 경과보험료는 얼마인가?

수입보험료	지급보험료	전기이월 미경과보험료	차기이월 미경과보험료
1,100억원	700억원	400억원	300억원

① 300억원
② 400억원
③ 500억원
④ 600억원

2017년 제40회

손해사정사 1차 시험문제

⊘ 중요 문제 / 틀린 문제 CHECK

01	02	03	04	05	06	07	08	09	10	11	12	13	14	15	16	17	18	19	20
21	22	23	24	25	26	27	28	29	30	31	32	33	34	35	36	37	38	39	40

| 시간 | 분 | 정답 및 해설편 078p |

01

☑ 확인Check! ○ △ ✕

다음 중 현행 보험업법에 관한 설명으로 옳은 것을 모두 고른 것은?

> 가. 보험업법은 보험업을 경영하는 자의 건전한 운영을 도모함을 목적으로 한다.
> 나. 보험업법은 보험회사, 보험계약자, 피보험자, 기타 이해관계인의 권익보호를 목적으로 한다.
> 다. 보험업법은 건강보험, 산업재해보상보험, 원자력손해배상보험에는 적용되지 않는다.
> 라. 보험업법은 보험업의 허가부터 경영 전반에 걸쳐 계속 감독하는 방식을 택하고 있다.
> 마. 보험업법에 의한 손해보험 상품에는 보증보험계약, 권리보험계약, 날씨보험계약 등이 포함된다.

① 가, 나, 다

② 나, 다, 라

③ 나, 라, 마

④ 가, 라, 마

02

☑ 확인Check! ○ △ ✕

보험업법 제2조에서 정의하고 있는 용어 가운데 옳지 않은 것은?

① "외국보험회사"라 함은 대한민국 이외의 국가의 법령에 따라 설립되어 대한민국 이외의 국가에서 보험업을 경영하는 자이다.

② "모집"이라 함은 보험회사를 위하여 보험계약의 체결을 중개 또는 대리하는 것을 말한다.

③ "보험설계사"라 함은 보험회사·보험대리점·보험중개사에 소속되어 보험계약의 체결을 중개하는 자로서 금융위원회에 등록된 자이다.

④ "보험대리점"이라 함은 보험회사를 위하여 보험계약의 체결을 대리하는 자로서 금융위원회에 등록된 자이다.

03

보험업법 제3조의 단서에 따라 보험회사가 아닌 자와 보험계약을 체결할 수 있는 경우에 해당하지 않는 것은?

① 외국보험회사와 항공보험계약, 여행보험계약, 선박보험계약, 장기화재보험계약 또는 재보험계약을 체결하는 경우
② 외국보험회사와 생명보험계약, 수출적하보험계약, 수입적하보험계약을 체결하는 경우
③ 우리나라에서 취급되지 아니하는 보험종목에 관하여 외국보험회사와 보험계약을 체결하는 경우
④ ①~③에 해당하지 않으나 금융위원회의 승인을 얻어 보험계약을 체결하는 경우

04

보험업의 예비허가 신청에 관한 다음 설명 중 옳은 것은 몇 개인가?

> 가. 보험업의 예비허가 신청을 받은 금융위원회는 6개월 내에 예비허가 여부를 통지하여야 한다.
> 나. 금융위원회는 예비허가에 조건을 붙일 수 없다.
> 다. 보험업의 예비허가를 받은 자는 3개월 이내에 예비허가의 내용 및 조건을 이행한 후에 본허가를 신청하여야 한다.
> 라. 금융위원회는 예비허가 신청에 대하여 이해관계인의 의견을 요청하거나 공청회를 개최할 수 있다.

① 0개   ② 1개
③ 2개   ④ 3개

05

보험업의 허가를 받으려는 자가 보험업법 제6조 제1항 제2호 단서에 따라 특정 업무를 외부에 위탁하는 경우 업무와 관련된 전문 인력과 물적 시설을 갖춘 것으로 보는데, 그 특정 업무에 해당하지 않는 것은?

① 보험상품개발업무
② 보험계약 심사를 위한 조사업무
③ 보험금 지급심사를 위한 보험사고 조사업무
④ 전산설비의 개발·운영 및 유지·보수에 관한 업무

06

다음 설명 중 옳지 않은 것은?

① 보험계약자의 보호가 가능하고 그 경영하려는 보험업을 수행하기 위하여 필요한 전문 인력과 전산설비 등 물적 시설을 갖추고 있어야 한다는 보험허가의 요건은 보험회사가 보험업의 허가를 받은 이후에도 계속 유지하여야 한다.

② 대한민국에서 보험업의 허가를 받으려는 외국보험회사는 보험업법 제9조 제3항의 영업기금 납입 외에 자산상황·재무건전성 및 영업건전성이 국내에서 보험업을 경영하기에 충분하고 국제적으로 인정받고 있을 것이 요구된다.

③ 보험업법 제6조 제1항 제3호의 사업계획은 지속적인 영업을 수행하기에 적합하고 추정재무제표 및 수익 전망이 사업계획에 비추어 타당성이 있어야 한다.

④ 보험회사가 보험업 허가를 받은 이후 전산설비의 성능 향상이나 보안체계의 강화 등을 위하여 그 일부를 변경하면 보험업법 제6조 제4항의 물적 시설을 유지하지 못하는 것으로 본다.

07

다음 설명 중 (   ) 안에 들어갈 것끼리 올바르게 짝지어진 것은?

> 어느 보험회사가 보험업법 제9조 제1항 단서에 따라 자동차보험만을 취급하려는 경우 (a) 이상의 자본금 또는 기금을 확보하면 되고 여기에 질병보험을 동시에 취급하려는 경우 그 합계액이 (b) 이상일 것이 요구되지만, 만일 동 보험회사가 전화·우편·컴퓨터통신 등 통신수단을 이용하여 대통령령으로 정하는 바에 따라 모집을 하는 회사인 경우 앞의 자본금 또는 기금의 (c) 이상을 납입함으로써 보험업을 시작할 수 있다.

① a : 100억원, b : 200억원, c : 2분의 1
② a : 200억원, b : 300억원, c : 2분의 1
③ a : 200억원, b : 300억원, c : 3분의 2
④ a : 200억원, b : 400억원, c : 3분의 2

08

손해보험의 보험종목 전부를 취급하는 손해보험회사가 질병을 원인으로 하는 사망을 제3보험의 특약형식으로 담보하는 보험을 겸영하기 위해 충족하여야 하는 요건에 해당하지 않는 것은?

① 납입보험료가 일정액 이하일 것
② 보험만기는 80세 이하일 것
③ 보험금액의 한도는 개인당 2억원 이내일 것
④ 만기시에 지급하는 환급금은 납입보험료 합계액의 범위 내일 것

09

금융위원회는 보험회사가 보험업법 제11조의2 제1항에 따라 보험업에 부수(附隨)하는 업무를 신고한 경우 그 신고일로부터 7일 이내에 인터넷 홈페이지 등에 공고하여야 하는 사항에 해당하지 않는 것은?

① 보험업종
② 부수업무의 신고일
③ 부수업무의 개시 예정일
④ 부수업무의 내용

10

보험회사인 주식회사의 조직변경에 관한 다음 설명 중 옳지 않은 것은?

① 보험업법상 조직변경은 주식회사가 그 조직을 변경하여 상호회사로 되는 것만을 의미하며, 주식회사의 보험계약자는 조직변경에 의한 상호회사의 사원이 된다.
② 조직변경시 보험계약자나 보험금을 취득할 자는 피보험자를 위하여 적립한 금액을 다른 법률에 특별한 규정이 없으면 주식회사의 자산에서 우선하여 취득하게 된다.
③ 주식회사가 그 조직을 변경한 경우에는 그 조직을 변경한 날부터 본점과 주된 사무소에서는 2주 이내에, 지점과 종된 사무소 소재지에서는 3주 이내에 주식회사의 해산등기, 상호회사의 설립등기를 마쳐야 한다.
④ 상호회사로 조직을 변경한 보험회사는 손실의 보전에 충당하기 위하여 금융위원회가 필요하다고 인정하는 금액을 준비금으로 적립하여야 하고, 300억원 이상의 기금을 납입하여야 한다.

11

주식회사와 상호회사의 특성에 관한 설명 중 옳지 않은 것은?

> 가. 주식회사의 주주와 상호회사의 사원은 모두 회사채권자에 대하여 간접·유한책임을 진다.
> 나. 주식회사와 상호회사 모두 금전 이외의 출자는 금지된다.
> 다. 주식회사와 상호회사 모두 그 설립에 있어서 100인 이상의 사원을 필요로 한다.
> 라. 상호회사의 채무에 관한 사원의 책임은 보험료를 한도로 하며, 보험료 납입에 관하여 상계로써 회사에 대항할 수 있다.
> 마. 주식회사의 구성원은 주주이나 상호회사의 구성원은 보험계약자인 사원이다.

① 가, 나, 다
② 나, 다, 라
③ 나, 라, 마
④ 가, 라, 마

12

금융위원회는 외국보험회사의 본점에 다음의 어느 하나에 해당하는 사유가 발생한 때에는 청문을 거쳐 그 외국보험회사국내지점의 보험업 허가를 취소할 수 있는데, 취소사유에 해당하지 않는 것은?

① 합병, 영업양도 등으로 소멸한 경우
② 위법행위, 불건전한 영업행위 등의 사유로 외국감독기관으로부터 영업정지나 허가취소 조치를 당한 경우
③ 휴업하거나 영업을 중지한 경우
④ 대표자가 퇴임하고 후임 대표자가 선임되지 않은 경우

13

모집할 수 있는 자에 관한 설명 중 옳은 것(○)과 옳지 않은 것(✕)을 올바르게 조합한 것은?(다툼이 있는 경우 통설·판례에 의함)

> 가. 모집할 수 있는 자는 보험설계사, 보험대리점, 보험회사의 대표이사 등이 있다.
> 나. 보험대리점 또는 보험중개사로 등록한 금융기관은 모집과 관련이 없는 금융거래를 통하여 취득한 개인정보를 미리 그 개인의 동의를 받지 아니하고 모집에 이용하는 행위를 하지 못한다.
> 다. 보험설계사와 보험중개사는 보험계약의 체결을 중개하는 자이다.
> 라. 보험업법상의 보험대리점은 체약대리상으로서 고지의무 수령권한이 있으나, 보험설계사 및 보험중개사는 고지의무 수령권한이 없다.

① 가(○), 나(○), 다(○), 라(○)
② 가(○), 나(✕), 다(○), 라(○)
③ 가(✕), 나(○), 다(○), 라(✕)
④ 가(✕), 나(○), 다(○), 라(○)

14

보험모집에 관한 설명 중 옳은 것(○)과 옳지 않은 것(✕)을 올바르게 조합한 것은?(다툼이 있는 경우 통설·판례에 의함)

> 가. 보험모집에 관한 규제는 처음에는 보험업법에 의하여 규율하지 아니하였고, 「보험모집단속법」(제정 1962. 01. 20. 법률 제990호)이라는 별도의 법률에 의하여 규율되었다.
> 나. 보험회사·보험대리점 및 보험중개사는 대통령령으로 정하는 바에 따라 소속 보험설계사에게 보험계약의 모집에 관한 교육을 하여야 한다.
> 다. 2003년 개정 보험업법에 의하여 보험대리점의 특수한 형태로서 금융기관보험대리점제도가 도입되었다.
> 라. 사외이사는 직무수행의 독립성과 중립성을 담보하기 위하여 모집할 수 있는 자에서 제외되었다.

① 가(○), 나(○), 다(○), 라(○)
② 가(○), 나(○), 다(✕), 라(○)
③ 가(○), 나(✕), 다(○), 라(○)
④ 가(✕), 나(○), 다(○), 라(○)

15

보험설계사에 대한 불공정 행위 금지 유형에 해당하는 것으로 옳은 것은?

> 가. 보험모집 위탁계약서를 교부하는 행위
> 나. 위탁계약서상 계약사항을 이행하지 아니하는 행위
> 다. 위탁계약서에서 정한 해지요건의 사유로 위탁계약을 해지하는 행위
> 라. 정당한 이유로 보험설계사에게 지급한 수수료를 환수하는 행위
> 마. 보험설계사에게 보험료 대납(代納)을 강요하는 행위

① 가, 나, 다
② 나, 마
③ 가, 나, 다, 라
④ 나, 라, 마

16

보험설계사에 대해 6개월 이내의 기간을 정하여 그 업무의 정지를 명하거나 그 등록을 취소할 수 있는
경우를 모두 고른 것은?

> 가. 보험설계사가 금고 이상의 형의 집행유예를 선고받은 경우
> 나. 보험업법에 따라 업무정지 처분을 2회 이상 받은 경우
> 다. 모집에 관한 보험업법의 규정을 위반한 경우
> 라. 보험계약자, 피보험자 또는 보험금을 취득할 자로서 보험업법 제102조의2(보험계약자의 의무)를 위반한 경우
> 마. 보험업법에 따라 과태료 처분을 2회 이상 받은 경우

① 가, 나, 다, 라, 마
② 가, 나, 다, 라
③ 나, 다, 라
④ 다, 라, 마

17

보험안내자료에 관한 설명 중 옳지 않은 것은?

① 보험안내자료라 함은 모집을 위하여 사용하는 각종의 자료를 말한다.

② 보험안내자료에는 보험회사의 상호나 명칭 또는 보험설계사·보험대리점 또는 보험중개사의 이름·상호나 명칭, 보험 가입에 따른 권리·의무에 관한 주요 사항 등을 명백하고 알기 쉽게 적어야 한다.

③ 보험회사의 장래의 이익 배당 또는 잉여금 분배에 대한 예상에 관한 사항은 원칙적으로 적지 못한다.

④ 해약환급금에 관한 사항, 「예금자보호법」에 따른 예금자보호와 관련된 사항은 보험안내자료에 기재할 필요가 없다.

18

다음 〈사례〉에 관한 설명 중 옳은 것(○)과 옳지 않은 것(✕)을 올바르게 조합한 것은? 　기출수정

〈사례〉
보험대리점 A는 보험회사와 모집위탁계약을 체결하고 있다. A는 자신의 친구 B, C와 실손의료보험계약을 체결하고자 한다. 또한 A는 (주)미래, 서울시와 단체상해보험계약을 체결하려고 한다. (주)미래는 주권상장법인이고, 서울시는 지방자치단체이다.

〈설명〉
가. 친구 B와 C는 일반보험계약자이다.
나. 보험회사는 보험계약의 체결시부터 보험금 지급시까지의 주요 과정을 대통령령으로 정하는 바에 따라 B와 C에게 설명하여야 한다.
다. 보험업법에 따라 A는 (주)미래, 서울시에 대하여 계약의 중요사항을 설명하여야 한다.
라. 보험회사는 B와 C가 설명받기를 거부하더라도 이들을 보호하기 위하여 설명을 하여야 한다.

① 가(○), 나(○), 다(✕), 라(○)
② 가(○), 나(✕), 다(○), 라(✕)
③ 가(○), 나(○), 다(✕), 라(✕)
④ 가(✕), 나(○), 다(○), 라(○)

19

주식회사인 보험회사의 보험계약의 이전에 관한 설명으로 옳은 것은? 기출수정

① 1개월 이상의 정해진 기간에 이의를 제기한 보험계약자가 이전될 보험계약자 총수의 10분의 1을 초과하는 경우에는 보험계약을 이전하지 못한다.

② 보험회사가 계약의 방법으로 책임준비금 산출의 기초가 같은 보험계약의 전부를 포괄하여 다른 금융회사에 이전함에는 금융위원회의 허가를 받아야 한다.

③ 보험회사는 보험계약의 전부를 이전하는 경우에 이전할 보험계약에 관하여 이전계약의 내용으로 보험금액의 증액은 정할 수 있으나 삭감은 정할 수 없다.

④ 보험계약의 이전에 관한 결의는 주주총회의 보통결의에 의하여야 하나 긴급을 요하는 경우에는 이사회 결의만으로 할 수 있다.

20

보험계약의 체결 또는 모집에 관한 설명 중 옳은 것을 모두 고른 것은? 기출수정

> 가. 새로운 보험계약을 청약하게 함으로써 기존보험계약을 부당하게 소멸시키거나 그 밖에 부당하게 보험계약을 청약하게 하거나 이러한 것을 권유하는 행위를 할 수 없다.
> 나. 보험계약자 또는 피보험자의 자필서명이 필요한 경우에 보험계약자 또는 피보험자로부터 자필서명을 받지 아니하고 서명을 대신할 수 있다.
> 다. 보험계약자 또는 피보험자와의 금전대차의 관계를 이용하여 보험계약자 또는 피보험자로 하여금 보험계약을 청약하게 할 수 없다.
> 라. 보험중개사는 다른 모집종사자의 명의를 이용하여 보험계약을 모집할 수 있다.
> 마. 보험대리점은 보험계약의 청약철회 또는 계약 해지를 방해하는 행위를 할 수 없다.

① 가, 나, 다
② 나, 다
③ 가, 다, 마
④ 가, 다, 라

21

☑ 확인 Check! ○ △ ✕

보험업법 제98조의 특별이익 제공 금지규정에 위반한 것을 모두 고른 것은?

> 가. 보험대리점 A는 보험계약자 B에게 보험계약 체결에 대한 대가로 5만원을 제공하였다.
> 나. 보험설계사 C는 피보험자 D에게 보험계약 체결에 대한 대가와 고마움의 표시로 10만원의 상당액을 주기로 약속하였다.
> 다. 보험중개사 E는 보험계약자 F를 위하여 제1회 보험료 5만원을 대납하였다.
> 라. 보험회사직원 G는 피보험자 H가 보험회사로부터 받은 대출금에 대한 이자를 대납하였다.

① 가, 나
② 가, 나, 다, 라
③ 가, 나, 라
④ 가, 라

22

☑ 확인 Check! ○ △ ✕

보험회사 등의 모집위탁 및 수수료 지급 등에 관한 설명 중 옳지 않은 것은?

① 보험회사는 원칙적으로 모집할 수 있는 자 이외의 자에게 모집을 위탁하거나 모집에 관하여 수수료, 보수, 그 밖의 대가를 지급하지 못한다.

② 보험회사는 기초서류에서 정하는 방법에 따른 경우에는 모집할 수 있는 자 이외의 자에게 모집을 위탁할 수 있다.

③ 보험회사는 대한민국 밖에서 외국의 모집조직(외국법령에서 허용하는 경우)을 이용하여 원보험계약 또는 재보험계약을 인수할 수 있다.

④ 보험중개사는 어떠한 경우에도 보험계약 체결의 중개와 관련된 수수료나 그 밖의 대가를 보험계약자에게 청구할 수 없다.

23

보험대리점 또는 보험중개사로 등록한 금융기관의 금지행위 유형에 해당하는 것을 모두 고른 것은?

기출수정

> 가. 모집에 종사하는 자 외에 소속 임직원으로 하여금 보험상품의 구입에 대한 상담 또는 소개를 하게 하거나
> 상담 또는 소개의 대가를 지급하는 행위
> 나. 대출 등을 받는 자의 동의를 미리 받고 보험료를 대출 등의 거래에 포함시키는 행위
> 다. 해당 금융기관의 임직원 중 모집할 수 있는 자에게 모집을 하도록 하거나 이를 용인하는 행위
> 라. 해당 금융기관의 점포 내의 장소에서 모집을 하는 행위

① 가
② 가, 나
③ 가, 나, 다
④ 가, 나, 다, 라

24

보험업법상 보험요율산정의 원칙에 관한 규정과 다른 것은?

기출수정

① 보험요율이 보험금과 그 밖의 급부에 비하여 지나치게 높지 아니할 것
② 보험요율이 보험회사의 재무건전성을 크게 해칠 정도로 낮지 아니할 것
③ 보험요율이 보험계약자간에 완전히 동일할 것
④ 객관적이고 합리적인 통계자료를 기초로 대수의 법칙 및 통계신뢰도를 바탕으로 할 것

25

☑ 확인Check! ○ △ ✕

보험회사의 자산운용에 대한 설명 중 옳지 않은 것은?

① 보험회사는 그 자산을 운용할 때 안정성·유동성·수익성 및 공익성이 확보되도록 하여야 한다.
② 자산운용비율을 초과하게 된 경우에는 해당 보험회사는 그 비율을 초과하게 된 날부터 2년 이내(대통령령으로 정하는 사유에 해당하는 경우에는 금융위원회가 정하는 바에 따라 그 기간을 연장할 수 있다)에 보험업법 제106조에 적합하도록 하여야 한다.
③ 보험회사가 취득·처분하는 자산의 평가방법, 채권 발행 또는 자금차입의 제한 등에 관하여 필요한 사항은 대통령령으로 정한다.
④ 보험회사는 타인을 위하여 그 소유자산을 담보로 제공하거나 채무보증을 할 수 없는 것이 원칙이다.

26

☑ 확인Check! ○ △ ✕

보험업법 제111조의 대주주와 거래제한 등에 관한 설명 중 옳지 않은 것은?

① 보험회사는 직접 또는 간접으로 대주주가 다른 회사에 출자하는 것을 지원하기 위한 신용공여를 하여서는 아니 된다.
② 보험회사는 자산을 대통령령으로 정하는 바에 따라 무상으로 양도하거나 일반적인 거래 조건에 비추어 해당 보험회사에 뚜렷하게 불리한 조건으로 자산에 대하여 매매·교환·신용공여 또는 재보험계약을 하는 행위를 하여서는 아니 된다.
③ 보험회사는 그 보험회사의 대주주와 대통령령으로 정하는 금액 이상의 신용공여 행위를 하였을 때에는 14일 이내에 그 사실을 금융위원회에 보고하고, 인터넷 홈페이지 등을 이용하여 공시하여야 한다.
④ 보험회사의 대주주는 해당 보험회사의 이익에 반하여 대주주 개인의 이익을 위하여 경제적 이익 등 반대급부를 제공하는 조건으로 다른 주주 또는 출자자와 담합(談合)하여 해당 보험회사의 인사 또는 경영에 부당한 영향력을 행사하는 행위를 하여서는 아니 된다.

27

금융위원회의 승인을 받아 보험회사가 자회사로 소유할 수 있는 경우를 모두 고른 것은?

> 가. 「금융산업의 구조개선에 관한 법률」 제2조 제1호에 따른 금융기관이 경영하는 금융업
> 나. 「신용정보의 이용 및 보호에 관한 법률」에 따른 신용정보업
> 다. 보험계약의 유지·해지·변경 또는 부활 등을 관리하는 업무
> 라. 보험회사의 사옥관리업무
> 마. 보험수리업무

① 가, 나   ② 가, 다, 라

③ 다, 라, 마   ④ 가, 나, 다

28

보험회사의 책임준비금 등의 적립에 관한 설명으로 옳지 않은 것은?

① 보험회사는 결산기마다 대통령령으로 정하는 책임준비금과 비상위험준비금을 계상하고 따로 작성한 장부에 각각 기재하여야 한다.

② 책임준비금과 비상위험준비금은 보험계약의 종류에 따라 각각 계상하여야 한다.

③ 책임준비금과 비상위험준비금의 계상에 관하여 필요한 사항은 대통령령으로 정한다.

④ 책임준비금과 비상위험준비금의 적정한 계상과 관련하여 필요한 경우 금융위원회는 보험회사의 자산 및 비용, 그 밖에 대통령령으로 정하는 사항에 관한 회계처리기준을 정할 수 있다.

29

다음은 보험회사가 금융위원회에 제출하여야 하는 서류이다. 이 중 보험업법이 전자문서로 제출할 수 있도록 규정하고 있는 것이 아닌 것은?

① 보험업 허가신청서

② 재무제표(부속명세서를 포함한다)

③ 사업보고서

④ 월간업무내용보고서

30

☑ 확인Check! ○ △ ✕

배당보험계약의 회계처리 등에 관한 설명으로 옳지 않은 것은?

① 보험회사는 대통령령으로 정하는 바에 따라 배당보험계약을 다른 보험계약과 구분하여 회계처리할 수 있다.
② 보험회사는 대통령령으로 정하는 바에 따라 배당보험계약의 보험계약자에게 배당을 할 수 있다.
③ 보험계약자에 대한 배당기준은 배당보험계약자의 이익과 보험회사의 재무건전성 등을 고려하여 정하여야 한다.
④ 보험회사가 「자산재평가법」에 따른 재평가를 한 경우 그 재평가에 따른 재평가적립금은 금융위원회의 허가를 받아 보험계약자에 대한 배당을 위하여도 처분할 수 있다.

31

☑ 확인Check! ○ △ ✕

다음 중 보험업법에 따라 보험금의 지급이 보장되는 보험을 모두 고른 것은?

> 가. 「자동차손해배상보장법」 제5조에 따른 책임보험계약
> 나. 「자동차손해배상보장법」에 따라 가입이 강제되지 아니한 자동차보험계약
> 다. 「청소년활동진흥법」 제25조에 따라 가입이 강제되는 손해보험계약
> 라. 「유류오염손해배상보장법」 제14조에 따라 가입이 강제되는 유류오염 손해배상 보장계약

① 가, 다
② 가, 나, 다
③ 가, 다, 라
④ 가, 나, 다, 라

32

☑ 확인Check! ○ △ ✕

다음 중 보험업법상 보험조사협의회 위원으로 명시된 자로 옳지 않은 것은?

① 보건복지부장관이 지정하는 소속 공무원 1명
② 금융위원회가 지정하는 소속 공무원 1명
③ 경찰청장이 지정하는 소속 공무원 1명
④ 소비자보호원장이 추천하는 사람 1명

33

보험회사는 기초서류를 신고하는 경우 보험료 및 책임준비금 산출방법서에 대하여 독립계리업자의 검증확인서를 첨부할 수 있다. 다음 중 독립계리업자가 될 수 있는 자에 해당하는 것은?

① 해당 보험회사로부터 보험계리에 관한 업무를 위탁받아 수행 중인 보험계리업자
② 대표자가 최근 2년 이내에 해당 보험회사에 고용된 사실이 있는 보험계리업자
③ 대표자나 그 배우자가 해당 보험회사의 소수주주인 보험계리업자
④ 보험회사의 자회사인 보험계리업자

34

다음 중 보험회사가 그 사유가 발생한 날부터 5일 이내에 금융위원회에 보고하여야 하는 경우로 옳지 않은 것은?

① 상호나 명칭을 변경한 경우
② 정관의 변경
③ 본점의 영업을 중지하거나 재개(再開)한 경우
④ 대주주가 소유하고 있는 주식 총수가 의결권 있는 발행주식 총수의 100분의 1 이상만큼 변동된 경우

35

보험회사에 대한 제재조치 중 금융감독원장이 할 수 있는 조치로 옳은 것은?

① 보험회사에 대한 주의·경고 또는 그 임직원에 대한 주의·경고·문책의 요구
② 해당 위반행위에 대한 시정명령
③ 임원의 해임권고·직무정지의 요구
④ 6개월 이내의 영업의 일부정지

36

다음 중 보험회사의 해산사유에 해당하지 않는 것은?

① 주주총회의 결의
② 회사의 합병
③ 회사의 분할
④ 보험계약 전부의 이전

37

☑ 확인 Check! ○ △ ✕

다음 중 보험업법상 가능한 합병으로 옳지 않은 것은?

① A 상호회사와 B 상호회사가 합병 후 A 상호회사가 존속하는 경우
② A 상호회사와 B 주식회사가 합병 후 B 주식회사가 존속하는 경우
③ A 상호회사와 B 상호회사가 합병 후 C 주식회사를 설립하는 경우
④ A 상호회사와 B 주식회사가 합병 후 D 주식회사를 설립하는 경우

38

☑ 확인 Check! ○ △ ✕

손해보험회사가 「예금자보호법」 제2조 제8호의 사유로 손해보험계약의 제3자에게 보험금을 지급하지 못하게 된 경우 보험업법에 따라 그 제3자에게 대통령령으로 정하는 보험금을 지급하는 기관으로 옳은 것은?

① 금융위원회
② 금융감독원
③ 예금보험공사
④ 손해보험협회

39

☑ 확인 Check! ○ △ ✕

다음 중 보험업법상 손해사정사의 업무로 옳지 않은 것은?

① 손해발생 사실의 확인
② 보험약관 및 관계법규 적용의 적정성 판단
③ 손해액 및 보험금의 사정
④ 당해 손해에 관한 당사자간 합의의 중재

40

☑ 확인 Check! ○ △ ✕

다음 중 보험업법에 규정된 벌칙으로 옳지 않은 것은?

① 과태료
② 징역과 벌금의 병과규정
③ 법인과 개인의 양벌규정
④ 징벌적 손해배상제도

2017년 제40회 보험계약법 1차 시험문제

⊘ 중요 문제 / 틀린 문제 CHECK

01	02	03	04	05	06	07	08	09	10	11	12	13	14	15	16	17	18	19	20
21	22	23	24	25	26	27	28	29	30	31	32	33	34	35	36	37	38	39	40

시간   분 | 정답 및 해설편 091p

01

☑ 확인Check! ○ △ ✕

다음 설명 중 옳은 것은?(다툼이 있는 경우 판례에 따름)

① 사용 중인 기계(중고가격 1천만원)가 멸실된 경우 새 기계를 구입할 비용을 손해액으로 산정하기로 약정하여 신품가격 1천 5백만원을 보험금액으로 지급하는 것은 실손해 이상의 보상이어서 이득금지원칙에 반하는 것으로 무효이다.

② 상해보험은 상법상 인보험이므로 정액형 상품과 실손형 상품을 구별하지 않고, 생명보험에 관한 상법 규정이 모두 준용된다.

③ 보험자는 약관에 없는 사항이라도 보험계약자가 알아야 할 중요사항은 보험계약 체결시에 설명하여야 하며, 그 근거는 보험업법이 아니라 상법상 약관의 교부·설명의무에 있다.

④ 보험가입 당시 유흥업소에서 일하던 가정주부가 생명보험 가입시 직업란에 '가정주부'라고만 기재한 것은 비록 가정주부의 지위를 겸하고 있었다고 하더라도 고지의무위반이다.

02

☑ 확인Check! ○ △ ✕

다음 설명 중 옳지 않은 것은?

① 보험자는 일정한 보험상품을 특정하여 보험대리상의 보험증권 발행권한을 제한할 수 있다.

② 보험자는 보험대리상의 권한 제한을 이유로 그러한 제한이 있음을 알지 못하는 보험계약자에게 대항할 수 없다.

③ 보험대리상이 아니면서 특정한 보험자를 위하여 계속적으로 보험계약의 체결을 중개하는 자는 보험료 수령권이 있으나, 이 때 보험자가 작성한 영수증을 보험계약자에게 교부하여야 한다.

④ 보험중개사는 자신이 중개하는 보험계약의 제1회 보험료를 수령하여 보험자에게 전달하거나 보험자로부터 받을 중개수수료와 상계할 수 없다.

03

다음 중 대표자책임이론과 관련 있는 것은?

① 기업보험의 피보험자 확정

② 이득금지 원칙의 적용

③ 임원배상책임보험의 보험료 결정

④ 보험자 면책의 논거

04

다음 설명 중 옳지 않은 것은?

① 소급보험은 보험계약 성립 이전의 어느 시기부터 보험기간이 시작되는 것으로 약정한 것이며, 최초보험료 지급 여부는 상관없다.

② 보험계약 당시에 이미 출항한 선박이 침몰한 사실을 보험자와 보험계약자가 알지 못한 채 적하보험계약을 체결하였다면 비록 피보험자가 침몰사실을 알고 있더라도 보험계약은 유효하다.

③ 보험계약자가 이미 전소한 사실을 알면서 건물을 다시 화재보험에 붙이는 계약은 보험사고가 이미 발생한 것이어서 무효이다.

④ 저당권자인 은행이 저당물을 화재보험에 가입할 것을 요구하여, 대출채무자가 존재하지 아니하는 가공의 건물을 보험에 붙인다면 그 보험계약은 보험사고가 발생할 수 없어 무효이다.

05

고지의무에 관한 설명으로 옳은 것은?(다툼이 있는 경우 판례에 의함)

① 멀리 사는 출가한 딸을 피보험자로 하는 보험계약을 체결하면서 딸이 갑상선결절진단을 받은 사실을 알지 못하여 고지하지 못하였다는 사안에서, 딸에게 전화로라도 적극적으로 확인하지 아니하였다고 하여서 중대한 과실이 있다고 단정할 수는 없다.

② 위 사안에서 '예'와 '아니오' 중에서 택일하는 방식으로 고지하도록 되어있나면, 보험계약자가 '아니오'에 표기하여 답변한 것은 질문받은 사실의 부존재를 확인하는 것이라고 보아야 한다.

③ 청약서상 질문표의 질문에 정직하게 답변하였고 보험자가 보험계약 체결을 승낙한 이상 고지의무위반이 될 수 없으므로, 보험자는 "질병이 보험기간 개시 등의 일정시점 이후에 발생할 것"이라는 약관조항을 들어 보험금 지급을 거절할 수 없다.

④ 상법상 고지의무는 '보험계약 당시에' 이행하도록 규정되어 있으므로 보험계약자가 적격피보험체로서 전화로 청약하고 동시에 제1회 보험료를 송금한 후 승낙의제 전에 질병진단을 받았다면 그 사실을 숨긴 것은 고지의무위반이 아니다.

06

보험증권에 대한 설명으로 옳은 것은?(다툼이 있는 경우 판례에 의함)

① 보험계약자가 생명보험증권을 멸실 또는 현저히 훼손하거나 점유를 상실한 경우에 증권의 재교부를 받기 위해서는 공시최고절차를 밟아 제권판결을 받아야 한다.

② 보험증권이 보험계약자의 의사에 반하여 보험계약자의 구상의무에 관하여 담보를 제공한 제3자에게 교부되었다면 보험자는 보험증권 교부의무위반이 된다.

③ 단체보험계약에서 단체 구성원 또는 그 유족을 보험수익자로 지정한 때에는 보험증권을 단체 구성원 또는 그 유족에게 교부하여야 한다.

④ 보험증권 내용의 정부에 대하여 이의할 수 있음을 약정한 경우에 그 이의기간은 보험계약이 성립한 날로부터 1월을 내리지 못한다.

07

보험금청구자가 서류 또는 증거를 위조 또는 변조하여 과도한 보험금 지급을 청구하는 경우에 대한 설명으로 옳은 것은?(다툼이 있는 경우 판례에 의함)

① 상법은 이 경우 모든 보험금청구권이 아니라 피보험자가 허위청구를 한 당해 보험목적물에 대한 청구권만 상실하는 것으로 규정한다.

② 약관의 사기적 청구조항은 거래상 일반인들이 당연히 예상할 수 있는 내용이어서 보험계약 체결시 보험자가 고객에게 설명하지 않아도 된다.

③ 피보험자가 실손해액에 관한 증빙서류 구비의 어려움 때문에 구체적인 내용이 일부 사실과 다른 내용을 제출한 경우도 실손 이상으로 청구하면 사기적 청구로 본다.

④ 표준약관에 따르면 보험사기방지특별법에 의하여 형사처벌을 받은 자의 유죄판결의 기초가 된 청구는 사기적 청구로 간주된다.

08

수표에 의한 보험료 지급에 관하여 판례가 취하고 있는 입장은?

① 수표는 현금의 지급에 갈음하여 교부한 것이므로 수표를 받는 날부터 보험자의 책임은 개시되지만 이는 해제조건부대물변제이므로 부도시에는 보험료 지급효과도 소급하여 소멸한다.

② 보험자가 수표를 받은 것은 보험료 지급을 미루어준 것으로 수표교부시부터 보험자의 책임은 개시되지만 부도시에는 그때부터 보험자의 책임도 소멸한다.

③ 수표와 어음은 부도확률이 다르므로 달리 보아야 하며, 전자는 해제조건부대물변제설에 따르고, 후자는 유예설에 따라 보험자의 책임을 확정하여야 한다.

④ 수표가 보험료 지급에 갈음하여 교부되면 교부시부터 보험자책임이 개시되지만 당사자간의 의사가 분명하지 않을 때에는 지급을 위하여 교부한 것으로 보아야 한다.

09

보험료 지급의무에 관한 설명으로 옳지 않은 것은?(다툼이 있는 경우 판례에 의함)

① 보험계약자가 제1회 보험료를 지급하지 아니하는 경우에는 다른 약정이 없는 한 계약 성립 후 2월이 경과하면 그 계약은 해제된 것으로 보는데, 이때에 보험자는 따로 이행을 최고할 필요가 없다.

② 타인을 위한 보험계약에서 그 타인이 동거가족인 경우에도 보험자는 해지예고부 최고를 그 타인에게 따로 하여야 한다.

③ 타인을 위한 생명보험계약에서 오랫동안 피보험자가 실제로 보험료를 지급해왔다고 하여도 보험료 지급 지체시의 해지예고부 최고는 보험계약자와 보험수익자에게 하여야 한다.

④ 피보험자가 타인의 명의를 빌려 보험계약을 체결한 후 보험료를 지급하여 왔다면 그 피보험자는 실질적인 보험계약자이므로 보험계약 해지시 해지환급금은 명의차용자에게 지급하여야 한다.

10

선생위험에 대한 설명으로 옳은 것은?(다툼이 있는 경우 판례에 의함)

① 전속보험설계사와 보험계약자가 개별 약정한 경우에는 전쟁위험을 담보할 수 있으나, 그와 같은 약정이 없으면 보험자는 전쟁위험으로 인한 보험사고에 대하여 면책한다.

② 전쟁위험담보를 개별 약정하거나 특약에 가입하는 보험계약자는 전쟁위험담보가 없는 보험계약자와 달리 추가보험료를 내야 한다.

③ 보험기간 중 전쟁위험이 소멸한 때에는 보험자는 그 후의 보험금의 감액을 청구할 수 있으며, 그 청구권은 형성권이다.

④ 대학생들이 집회참가를 봉쇄하는 경찰의 저지선을 뚫기 위하여 경찰차 내에 화염병을 투척한 것은 보험자의 면책사유인 전쟁 기타 이와 유사한 사태에 해당한다.

11

보험금청구권의 소멸시효에 관한 설명으로 옳지 않은 것은?(다툼이 있는 경우 판례에 의함)

① 보험금청구권의 소멸시효가 완성된 후라도 보험자가 시효완성을 주장하는 것이 신의칙에 반하는 특별한 사정이 있는 때에는 권리남용으로서 허용될 수 없다.

② 피보험자가 실종선고를 받은 경우 보험수익자의 보험금청구권의 소멸시효의 기산일은 피보험자가 사망한 것으로 보는 실종기간 만료일이 아니라, 법원의 실종선고일이다.

③ 상해보험의 소멸시효의 기산점과 중단, 중단된 시효가 다시 진행하는 시기는 모두 민법규정이나 해석에 따라야 한다.

④ 상법에서 보험금액지급유예기간을 명정하고 있지만 보험금청구권의 소멸시효는 이 지급유예기간이 경과한 다음 날부터 진행하는 것은 아니다.

12

상법 보험편이 개정된 2014. 3. 11.의 다음 날인 2014. 3. 12. 체결된 생명보험계약의 피보험자가 2015. 3. 11. 사망하는 보험사고가 발생한 경우, 이 사건의 사망보험금청구권의 소멸시효 완성일은?(단, 위의 각 날짜가 영업일인지 여부는 고려하지 않으며, 청구권행사의 장애사유는 없다고 전제함)

① 2017. 3. 10.

② 2018. 3. 10.

③ 2020. 3. 10.

④ 2016. 3. 10.

13

다음 중 상법상 보험계약자 등의 불이익변경금지원칙과 관련하여 허용되지 아니하는 것은?(표준약관의 규정은 고려하지 않음)

① 항공기기체보험에서 고지의무위반시의 계약해지권 행사기간을 2년으로 규정한 약관조항

② 자살은 고의사고이므로 보험계약 체결시부터 자살할 의도가 명백하였던 피보험자가 자살한 때에는 보험효력발생일로부터 2년이 경과하여 자살한 때에도 보험금을 지급하지 아니하겠다는 생명보험 약관조항

③ 단체가 사망보험계약을 체결할 당시 피보험자인 15세 미만의 자가 단체보험의 구성원으로서 의사능력이 있었다면 사망사고발생 시점에서 15세를 넘어 선 경우에는 당해 보험계약은 유효한 것으로 본다는 약관조항

④ 생명보험계약자가 보험증권의 멸실 또는 현저한 훼손으로 인하여 증권의 재교부를 청구할 때에 증권작성의 비용을 보험자가 부담하겠다는 취지의 약관조항

14

☑ 확인 Check! ○ △ ✕

대법원 전원합의체의 약관대출에 대한 설명으로 옳은 것은?

① 대출금에 대하여 이자계산이 이루어지고 보험기간 내에 변제가 이루어지므로 특수한 금전소비대차계약이다.

② 대출금의 경제적 실질은 보험자가 장차 지급하여야 할 보험금이나 해약환급금을 미리 지급하는 것이므로 선급에 해당한다.

③ 보험계약자를 대상으로 이루어지지만 모든 보험계약자가 약관대출을 실행하는 것은 아니므로 보험계약과는 별개의 독립된 계약이다.

④ 상법의 규정보다 엄격한 대출 및 상환조건을 약관에서 정하는 경우 보험계약자에게 불이익변경이 될 수 있다.

15

☑ 확인 Check! ○ △ ✕

손해보험에서 보험가액의 결정에 관한 설명으로 옳지 않은 것은?(다툼이 있는 경우 판례에 의함)

① 당사자간에 보험가액을 정한 때에는 그 가액을 사고발생시의 가액으로 정한 것으로 추정한다.

② 운송보험, 선박보험, 적하보험 등은 보험가액불변경주의를 택하고 있다.

③ 보상최고한도액을 기재한 것만으로는 기평가보험이 되지 않는다.

④ 기평가보험계약의 경우에는 추가보험계약으로 평가액을 감액 또는 증액할 수 없다.

16

☑ 확인 Check! ○ △ ✕

중복보험에 관한 설명으로 옳은 것은?(다툼이 있는 경우 판례에 의함)

① 중복보험이 성립하려면 동일한 보험계약의 목적에 관하여 보험사고 및 피보험자, 그리고 보험기간이 완전히 일치하여야 한다.

② 중복보험계약을 체결한 수인의 보험자 중 그 1인에 대한 권리의 포기는 다른 보험자의 권리의무에 영향을 미친다.

③ 보험계약자가 통지의무를 게을리 하였다는 사유만으로 사기로 인한 중복보험계약이 체결되었다고 추정되지 않는다.

④ 중복보험이 성립되면 각 보험자는 보험가액의 한도에서 연대책임을 부담한다.

17

상법상 방어비용에 관한 설명으로 옳지 않은 것은?(다툼이 있는 경우 판례에 의함)

① 피보험자가 제3자의 청구를 방어하기 위하여 지출한 재판상 또는 재판 외의 필요비용 및 필요 또는 유익하였던 비용은 보험의 목적에 포함된 것으로 한다.

② 피보험자는 보험자에 대하여 그 비용의 선급을 청구할 수 있다.

③ 피보험자가 담보의 제공 또는 공탁으로써 재판의 집행을 면할 수 있는 경우에는 보험자에 대하여 보험금액의 한도 내에서 그 담보의 제공 또는 공탁을 청구할 수 있다.

④ 피보험자가 지급한 소송비용, 변호사비용, 중재, 화해 또는 조정에 관한 비용을 보험자의 사전 동의 없이 지급한 경우에 피보험자의 방어비용으로 볼 수 없다는 약관조항은 상법 제663조에 의하여 무효이다.

18

보증보험계약에 대한 설명으로 옳지 않은 것은?

① 보증보험계약의 경우에 보험계약자가 그 타인에게 보험사고의 발생으로 생긴 손해의 배상을 한 때에는 보험계약자는 그 타인의 권리를 해하지 아니하는 범위 안에서 보험자에게 보험금액의 지급을 청구할 수 있다.

② 보증보험계약의 보험자는 보험계약자가 피보험자에게 계약상의 채무불이행 또는 법령상의 의무불이행으로 입힌 손해를 보상할 책임이 있다.

③ 보증보험계약은 그 성질에 반하지 아니하는 한 보증채무에 관한 「민법」의 규정을 준용한다.

④ 보증보험계약은 보험계약자에게 사기, 고의 또는 중대한 과실이 있는 경우에도 이에 대하여 피보험자에게 책임 있는 사유가 아닌 한 보험자는 보험금액의 지급책임을 면하지 못한다.

19

책임보험에 관한 설명으로 옳은 것은?

① 책임보험의 경우에도 중복보험에 관한 상법규정이 준용됨으로 피보험자가 동일한 사고로 제3자에게 배상책임을 짐으로써 입은 손해를 보상하는 수 개의 책임보험계약이 동시 또는 순차적으로 체결된 경우에 그 보험금액의 총액이 피보험자의 제3자에 대한 손해배상액을 초과하는 경우, 각 보험자는 보험금액의 범위 내에서 연대책임을 부담한다.

② 피보험자가 보험자의 지시에 의하여 제3자의 청구를 방어하기 위하여 지출한 재판상 또는 재판 외의 필요비용에 손해액을 가산한 금액이 보험가액을 초과하는 때에도 보험자는 이를 부담한다.

③ 보험자는 피보험자가 책임을 질 사고로 인하여 생긴 손해에 대하여 제3자가 그 배상을 받기 전이라도 제3자의 피해구제를 위해 보험금액의 전부 또는 일부를 피보험자에게 지급할 수 있다.

④ 제3자는 피보험자가 책임을 질 사고로 입은 손해에 대하여 보험가액의 한도 내에서 보험자에게 직접 보상을 청구할 수 있다.

20

운송보험에 관한 설명으로 옳지 않은 것은?

① 운송보험계약의 보험기간은 운송인이 운송물을 수령한 때로부터 수하인에게 인도될 때까지이다.

② 운송보험증권은 요식증권이기 때문에 상법에 규정된 기재사항의 일부를 기재하지 않으면 보험계약은 무효이다.

③ 운송보험계약 중 보험계약자나 피보험자의 고의 또는 중대한 과실로 위험이 현저하게 변경·증가되었음이 입증된 때에는 보험자는 계약을 해지할 수 있다.

④ 운송보험계약은 다른 약정이 없으면 운송의 필요에 의하여 일시 운송을 중지하거나 운송의 노순 또는 방법을 변경하더라도 보험계약은 유효하다.

21

☑ 확인 Check! ○ △ ✕

해상보험계약상 보험자의 면책사유에 관한 설명으로 옳지 않은 것은?

① 선박 또는 운임을 보험에 붙인 경우에는 발항 당시 안전하게 항해를 하기에 필요한 준비를 하지 아니하거나 필요한 서류를 비치하지 않음으로 생긴 손해

② 적하를 보험에 붙인 경우에는 용선자, 송하인 또는 수하인의 고의 또는 중대한 과실로 생긴 손해

③ 적하보험에서 운송인의 감항능력 주의의무위반으로 생긴 손해

④ 보험약관상 공제소손해면책약관이 규정되어 있다면 보험사고로 인하여 생긴 손해가 보험가액의 일정한 비율 또는 일정한 금액 이하인 소손해

22

☑ 확인 Check! ○ △ ✕

해상보험에 있어 항해의 변경과 항로의 변경에 관한 설명 중 옳지 않은 것은?

① 선박보험계약에서 정한 발항항을 변경하는 경우에 보험자는 면책된다.

② 선박보험계약에서 책임개시 후 보험계약에서 정하여진 도착항이 보험계약자의 책임 없는 사유인 전쟁이나 항구의 봉쇄로 변경된 경우 보험자는 그 후의 사고에 대하여 면책된다.

③ 선박이 인명구조나 불가항력 없이 보험계약에서 정하여진 항로를 이탈한 경우에 보험자는 그 때부터 면책된다.

④ 적하보험에서 선박을 변경한 경우에 그 변경이 보험계약자 또는 피보험자의 책임 있는 사유로 인한 경우에는 보험자는 그 변경 후의 사고에 대하여 면책된다.

23

☑ 확인 Check! ○ △ ✕

보험자대위에 관한 설명으로서 옳지 않은 것은?(다툼이 있는 경우 판례에 의함)

① 보험자가 대위에 의하여 취득한 권리는 상법 제662조의 소멸시효가 적용되지 아니하고 개별 채권의 소멸시효에 관한 규정이 적용된다.

② 상법 제682조 소정의 "제3자의 행위"란 피보험이익에 대하여 손해를 일으키는 행위를 의미하며, 제3자의 고의·과실은 묻지 아니한다.

③ 자동차종합보험 보통약관에 "피보험자를 위하여 자동차를 운전 중인 자"도 피보험자의 개념에 포함시킨다는 규정이 있다하더라도 자동차종합보험에 가입한 피보험자의 피용운전기사는 상법 제682조의 제3자에 해당한다.

④ 상법 제682조 소정의 "제3자의 행위"란 불법행위뿐만 아니라 채무불이행 또는 적법행위도 포함한다.

24

보험위부에 관한 설명으로 옳지 않은 것은?

① 보험위부가 이루어지면 보험자는 그 보험의 목적에 관한 피보험자의 모든 권리를 취득하며, 일부보험의 경우에도 같다.

② 위부에 대한 보험자의 승인은 입증상의 문제일 뿐 위부의 요건이 아니다.

③ 선박이 보험사고로 인하여 심하게 훼손되어 이를 수선할 경우에 그 비용이 보험가액을 초과하리라고 예상될 때에는 피보험자는 보험의 목적을 보험자에게 위부하고 보험금액의 전부를 청구할 수 있다.

④ 위부는 어떤 조건이나 기한을 정할 수 없다.

25

책임보험에 있어 피보험자의 변제 등의 통지와 보험금액의 지급에 관한 설명으로 옳지 않은 것은?

① 피보험자가 제3자에 대하여 변제, 승인, 화해 또는 재판으로 인하여 채무를 이행한 때에는 지체 없이 보험자에게 그 통지를 발송하여야 한다.

② 피보험자가 보험자의 동의 없이 독자적으로 제3자에 대하여 변제, 승인 또는 화해를 한 경우에 그 행위가 현저하게 부당한 것이 아니면 보험자는 면책되지 아니한다.

③ 보험자는 특별한 기간의 약정이 없으면, 피보험자가 제3자와의 채무확정을 통지 받은 날로부터 10일 이내에 보험금액을 지급하여야 한다.

④ 보험자는 피보험자가 제3자와 채무확정시 보험금액의 지급에 관하여 약정기간이 있는 경우에는 그 기간 내에 보험금액을 지급하여야 한다.

26

화재보험에 관한 설명으로 옳지 않은 것은?

① 화재보험자는 화재의 소방 또는 손해의 감소에 필요한 조치로 인하여 생긴 손해를 보상할 책임이 있다.

② 집합된 물건을 일괄하여 보험의 목적으로 한 때에는 그 목적에 속한 물건이 보험기간 중에 수시로 교체된 경우에도 보험계약의 체결시에 현존한 물건은 보험의 목적에 포함된 것으로 한다.

③ 화재보험증권에는 무효와 실권의 사유를 기재하여야 한다.

④ 보험자가 보상할 손해의 범위에 관하여는 화재와 손해와의 사이에 상당인과관계가 있어야 한다는 것이 통설이다.

27

손해보험에서 보험계약자와 피보험자의 손해방지 · 경감의무에 관한 설명으로서 옳지 않은 것은?(다툼이 있는 경우 판례에 의함)

① 보험자가 손해방지비용을 부담하지 아니한다는 비용상환의무배제약관조항이나 손해방지비용과 보상액의 합계액이 보험금액을 넘지 않는 한도 내에서만 보상한다는 약관조항은 상법 제680조에 위배되어 무효이다.

② 피보험자의 보험자에 대한 소송통지의무는 피보험자의 손해방지 · 경감의무에 해당하며, 이는 보험자에게 소송에 관여할 기회를 주기 위한 것으로, 보험자는 적정 손해액 이상의 손해액에 대하여는 보상의무가 없다.

③ 손해방지 · 경감의무를 부담하는 시기에 관하여 명문의 규정이 없다면, 약관에 의하여 대체로 보험사고가 생긴 때와 이와 동일시할 수 있는 상태가 발생한 때부터 이를 부담한다.

④ 보험사고가 발생하였다 하더라도 피보험자의 법률상 책임 여부가 판명되지 아니한 상태에서는 피보험자는 손해확대방지를 위한 긴급한 행위를 하여서는 아니되며, 비록 손해방지비용이 발생하였다 하더라도 보험자는 손해방지비용을 부담하지 아니한다.

28

상해보험과 질병보험에 관한 설명으로 옳지 않은 것은?(다툼이 있는 경우 판례에 의함)

① 만취상태에서 잠을 자다가 구토 중에 구토물이 기도를 막아 피보험자가 사망한 경우에, 상해보험의 외래성이 인정되지 않는다.

② 상해보험에서 담보되는 위험으로서 상해는 그 사고의 원인이 피보험자 신체의 외부로부터 작용하는 것을 말하고, 신체의 질병 등과 같은 내부적 원인에 기한 것은 질병보험의 대상이 된다.

③ 피보험자가 방안에서 술에 취한 채 선풍기를 틀어놓고 자다가 사망한 경우에, 주취와 선풍기를 틀고 잔 것은 모두 외래의 사고로 해석한다.

④ 질병보험에 관하여는 상해보험과 유사하다는 점을 고려하여 상해보험의 규정을 일부 준용토록 하고 있다.

29

다음 중 인보험계약에 관한 설명으로 옳지 않은 것은?

① 보험계약자 등의 고의로 인한 사고에 대해서 생명보험자는 책임을 부담하지 않는다.

② 피보험자가 자살한 경우에 보험금을 지급하는 생명보험 약관 규정은 보험계약자 등의 불이익변경금지 원칙에 반하는 것이 아니다.

③ 승낙전 사고 담보의 요건과 관련하여 인보험의 경우 피보험자가 적격피보험체가 아니라는 사실은 청약을 거절할 사유에 해당되지 않는다.

④ 사망을 보험사고로 하는 인보험계약에서 사고가 보험수익자의 중대한 과실로 인한 경우에는 보험자 면책이 인정되지 않는다.

30

약관의 유·무효에 관한 설명으로 옳지 않은 것은?(다툼이 있는 경우 판례에 의함)

① 자동차 무면허운전면책약관이 보험사고가 전체적으로 보아 고의로 평가되는 행위로 인한 경우에는 유효한 것으로 적용될 수 있지만, 중과실로 평가되는 행위로 인한 사고에 대하여는 효력이 없는 것으로 보아야 한다.

② 음주운전자의 경우는 비음주운전자의 경우에 비하여 보험사고발생의 가능성이 많음은 부인할 수 없는 일이나 그 정도의 사고발생 가능성에 관한 개인차는 보험에 있어서 구성원간의 위험의 동질성을 해칠 정도는 아니라는 근거하에, 음주운전면책약관에 대하여 한정적 무효라고 본다.

③ 피보험자가 운전안전띠를 착용하지 않은 것이 보험사고의 발생원으로서 고의에 의한 것이라고 할 수 없으므로 이 사건 미착용감액약관은 상법 규정들에 반하여 무효인 것으로 본다.

④ 계속보험료 지급 지체의 경우 보험자의 최고 후 해지권 행사의 법규는 보험계약자에게 보험료 미납사실을 알려주어 이를 납부할 기회를 줌으로써 불측의 손해를 방지하고자 하는 차원에서, 보험료의 납입을 최고하면서 보험료가 납입되지 않고 납입유예기간을 경과하면 별도의 의사표시 없이 보험계약이 해지되는 해지예고부최고약관은 무효인 것으로 본다.

31

생명보험계약에 관한 설명으로 옳지 않은 것은?

① 사망과 생존에 관한 보험사고가 발생한 경우 보험금액을 지급해야 할 의무가 있는 자는 생명보험자이다.

② 생명보험자에 대하여 보험료를 지급해야 할 의무가 있는 자는 자연인으로서 보험계약자이어야 한다.

③ 생명보험에서 피보험자는 생존이나 사망에 관하여 보험이 붙여진 자로 자연인만을 의미한다.

④ 생명보험에서 보험금청구권을 행사하는 자는 보험수익자로서 그 수에 제한이 없는 것이 원칙이다.

32

생명보험증권에 관한 설명으로 옳지 않은 것은?

① 생명보험증권에는 보험계약의 종류가 기재되어야 한다.

② 생명보험계약이 체결된 후 보험계약자가 보험료를 지급하지 아니하면 보험자는 보험증권을 교부할 필요가 없다.

③ 생명보험증권에 보험수익자를 기재하는 경우에는 그 주소와 성명을 기재하는 것으로 족하다.

④ 생명보험증권은 보험계약에 관한 증거증권에 해당한다.

33

보험수익자의 지정·변경에 관한 설명으로 옳지 않은 것은?

① 보험수익자의 지정·변경권은 형성권에 해당하므로, 보험자에게 대항하기 위해서는 보험자에게 통지하여야 한다.

② 보험수익자가 보험 존속 중에 사망한 때에는 보험계약자는 다시 보험수익자를 지정할 수 있다.

③ 보험기간 중 보험수익자가 사망한 후 보험계약자가 보험수익자 지정권을 행사하지 않고 사망한 경우에, 보험수익자의 상속인이 보험수익자가 된다.

④ 보험계약자가 계약 체결 후에 보험수익자를 지정 또는 변경하고 이를 보험자에 대하여 통지하지 않은 경우에는, 그 효력이 발생하지 아니하므로 그 지정 또는 변경 자체가 무효이다.

34

타인을 위한 생명보험계약에 대한 설명으로 옳지 않은 것은?

① 타인을 위한 생명보험은 보험계약자가 자신을 피보험자로 하여 계약을 체결하는 자기의 생명보험계약으로 할 수 있다.

② 타인을 위한 생명보험계약에서 그 타인의 권리가 발생하기 위해서는 수익의 의사표시를 필요로 한다.

③ 타인을 위한 생명보험은 보험계약자가 자신이 아닌 타인을 피보험자로 하여 계약을 체결하는 타인의 생명보험계약으로 할 수 있다.

④ 타인을 위한 보험도 보험료 지급의무는 보험계약자가 부담하는 것이 원칙이지만, 피보험자 또는 보험수익자는 보험료를 지급해야 하는 경우도 있다.

35

인보험에 관한 설명으로 옳지 않은 것은?(다툼이 있는 경우 판례에 의함)

① 보험계약 체결시에 보험자가 특정 약관조항에 대한 설명의무를 위반하여 해당 약관조항이 배제되고 나머지 부분으로 계약이 존속하게 된 경우에 보험계약의 내용은 나머지 부분의 보험약관에 대한 해석을 통하여 확정되어야 하고, 만일 보험계약자가 확정된 보험계약의 내용과 다른 내용을 보험계약의 내용으로 주장하려면 보험자와의 사이에 다른 내용을 보험계약의 내용으로 하는 합의가 있었다는 사실을 증명해야 한다.

② 피보험자가 사고로 추간판탈출증을 입고, 그 외에 신경계 장애인 경추척수증 및 경추척수증의 파생 장해인 우측 팔, 우측 손가락, 좌측 손가락의 각 운동장해를 입은 사건에서, 위 사고로 인한 피보험자의 후유장해 지급률은 우측 팔, 우측 손가락 및 좌측 손가락 운동장해의 합산 지급률과 신경계 장애인 경추척수증의 지급률 중 더 높은 지급률을 구한 다음, 그 지급률에 추간판탈출증의 지급률을 합하여 산정해야 한다.

③ 생명보험계약을 체결한 보험계약자이자 피보험자가 계약의 책임개시일로부터 2년 후 자살 후 보험수익자가 재해사망특약에 기한 보험금 지급청구를 한 경우, 보험자가 특약에 기한 재해사망보험금 지급의무가 있음에도 지급을 거절하였다면, 보험수익자의 재해사망보험금청구권이 시효의 완성으로 소멸하였더라도 보험자의 소멸시효 항변은 권리남용에 해당한다.

④ 보험금을 지급하지 않는 경우의 하나로 "피보험자가 고의로 자신을 해친 경우. 그러나 피보험자가 정신질환상태에서 자신을 해친 경우와 계약의 책임개시일로부터 2년이 경과된 후에 자살하거나 자신을 해침으로써 제1급의 장해상태가 되었을 때는 그러하지 아니하다"라고 규정한 약관조항과 관련하여, 위 조항은 고의에 의한 자살 또는 자해는 원칙적으로 재해사망특약의 보험사고인 재해에 해당하지 않지만, 예외적으로 단서에 정하는 요건에 해당하면 이를 보험사고에 포함시켜 보험금 지급사유로 본다는 것이다.

36

생명보험계약에서 피보험자의 사망사고에 관한 설명으로 옳지 않은 것은?(다툼이 있는 경우 판례에 의함)

① 자살면책기간이 경과한 후 피보험자가 자살한 경우에 생명보험약관에 따르면 피보험자의 자살이 고의로 인한 보험사고일지라도, 보험자는 보험금 지급책임을 진다.

② 피보험자가 술에 취한 나머지 판단능력이 극히 저하된 상태에서 신병을 비관하는 넋두리를 하고 베란다에서 뛰어내린다는 등의 객기를 부리다가 마침내 음주로 인한 병적인 명정으로 인하여 충동적으로 베란다에서 뛰어내려 사망한 경우에 이는 보험약관상 재해에 해당하지 않아 사망보험금의 지급대상이 되지 않는다.

③ 판단능력을 상실 내지 미약하게 할 정도로 술에 취한 피보험자가 출입이 금지된 지하철역 승강장의 선로로 내려가 지하철역을 통과하는 전동열차에 부딪혀 사망한 경우, 이러한 피보험자의 사망은 보험사고에 해당한다.

④ 피보험자가 자살 전날 우울증 진단을 받았고 평소 정신과 치료를 받은 적은 없지만 유서 등을 미리 준비한 경우라 하면, 자유로운 의사결정을 할 수 있는 상태에서 자살한 것으로 볼 수 있다.

37

인보험에 대한 설명으로 옳지 않은 것은?

① 질병보험계약의 보험자는 피보험자의 질병에 관한 보험사고가 발생할 경우에 보험금이나 그 밖의 급여를 지급할 책임이 있다.

② 상법의 규정에 따르면 상해보험에 관하여는 상법 제732조를 제외하고 생명보험에 관한 규정을 준용한다.

③ 사망을 보험사고로 한 보험계약에서는 사고가 보험계약자 등의 중대한 과실로 인하여 발생한 경우에도 보험자는 보험금 지급책임이 있다.

④ 단체보험계약은 반드시 그 구성원인 피보험자 전원의 서면동의가 있어야 효력이 발생한다.

38

자동차보험에 대한 설명으로 옳지 않은 것은?

① 대물배상책임보험이란 피보험자가 자동차의 사고로 타인의 재화에 손해를 일으켜 제3자에게 배상책임을 짐으로써 입은 손해를 보험자가 보상하는 책임보험이고, 여기에는 자동차에 싣고 있는 물건 또는 운송 중인 물건에 생긴 손해도 포함된다.

② 대인배상책임보험이란 자동차의 운행 또는 소유·사용·관리 중에 있는 제3자에게 사망 또는 상해를 입힌 사고로 말미암아 피보험자가 제3자에게 배상책임을 짐으로써 입은 손해를 보험자가 보상하는 책임보험이다.

③ 자동차보험계약이라 함은 피보험자가 자동차를 소유, 사용 또는 관리하는 동안에 발생한 사고로 인하여 생길 손해의 보상을 목적으로 하는 손해보험계약이다.

④ 무보험자동차상해보험은 자동차보험의 대인배상II에 가입되지 아니하거나, 대인배상II에 의하여 보호되지 아니하는 자동차 사고로 손해를 입은 피보험자를 보호하기 위한 보험이다.

39

인보험에 관한 설명으로 옳은 것은?

① 인보험계약의 보험사고는 상해와 질병이며, 보험사고가 발생할 경우에 보험금 지급책임이 있다.

② 단체생명보험의 경우 구성원이 단체에서 탈퇴하면, 그 구성원에 대한 보험관계는 자동으로 개인보험으로 전환된다.

③ 상해보험계약은 당사자간의 다른 약정이 있더라도 보험자의 제3자에 대한 보험대위를 인정하지 아니한다.

④ 타인의 사망을 보험사고로 하는 보험계약에서 피보험자의 서면동의를 얻도록 한 상법의 규정은 강행규정이다.

40

확인Check! ○ △ ✕

상해보험과 관련된 내용 중 옳지 않은 것은?(다툼이 있는 경우 판례에 의함)

① 피보험자가 원룸에서 에어컨을 켜고 자다 사망한 경우, 최근의 의학적 연구와 실험 결과 등에 비추어 망인의 사망 원인이 에어컨에 의한 저체온증이라거나 망인이 에어컨을 켜 둔 채 잠이 든 것과 사망 사이에 상당한 인과관계가 있다고 볼 수 없고, 이 경우 의사의 사체 검안만으로 망인의 사망 원인을 밝힐 수 없음에도 부검을 반대하여 사망의 원인을 밝히려는 증명책임을 다하지 않은 유족이 그로 인한 불이익을 감수해야 한다.

② 종합건강검진을 위하여 전신마취제인 프로포폴을 투여받고 수면내시경 검사를 받던 중 검사 시작 5분 만에 프로포폴의 호흡억제 작용으로 호흡부전 및 의식불명 상태가 되어 사망한 사건에서, 질병 등을 치료하기 위한 외과적 수술 등에 기한 상해가 아니라 건강검진 목적으로 수면 내시경 검사를 받다가 마취제로 투여된 프로포폴의 부작용으로 사망사고가 발생한 것으로 보아 보험자의 면책이 인정되지 않는다.

③ 지역병원에서 실시한 복부CT촬영 결과 후복막강에서 종괴가 발견되어 대학병원에 입원하여 후복막악성신생물 진단을 받아 종양절제수술을 받았다가 감염으로 인하여 상세불명의 패혈증과 폐렴을 원인으로 피보험자가 사망한 경우, 보험자가 보상하지 아니하는 질병인 암의 치료를 위한 개복수술로 인하여 증가된 감염의 위험이 현실화됨으로 발생한 것이므로, 이 사건 사고발생에 병원 의료진의 의료과실이 기여하였는지 여부와는 무관하게 이 사건 보험자는 면책된다.

④ 외래의 사고라는 것은 상해 또는 사망의 원인이 피보험자의 신체적 결함, 즉 질병이나 체질적 요인 등에 기인한 것이 아닌 외부적 요인에 의해 초래된 모든 것을 의미하고, 이러한 사고의 외래성 및 상해 또는 사망이라는 결과와 사이의 인과관계에 대하여는 보험자가 증명책임을 부담해야 한다.

☑ 중요 문제 / 틀린 문제 CHECK

01	02	03	04	05	06	07	08	09	10	11	12	13	14	15	16	17	18	19	20
21	22	23	24	25	26	27	28	29	30	31	32	33	34	35	36	37	38	39	40

| 시간 | 분 | 정답 및 해설편 108p |

01

☑ 확인 Check! ○ △ ✕

손해배상금 산정시의 중간이자 공제에 관한 다음 설명 중 옳은 것은?

① 상실수익액에 대한 중간이자 공제는 약관에서 정하는 약관대출이자율을 적용한다.
② 여타의 조건이 동일한 경우 호프만 방식보다 라이프니츠 방식에서 배상금이 더 많이 산정된다.
③ 국가배상법에서는 5% 복리할인법에 의거하여 배상금을 산정할 것을 규정하고 있다.
④ 중간이자 공제는 일시금 배상에 따른 과잉배상을 방지하기 위한 것이다.

02

☑ 확인 Check! ○ △ ✕

역선택(adverse selection) 문제의 발생시점과 발생원인을 순서대로 바르게 배열한 것은?

	발생시점	발생원인
①	보험계약 체결이후	숨겨진 행동
②	보험계약 체결시점	숨겨진 행동
③	보험계약 체결이후	숨겨진 속성
④	보험계약 체결시점	숨겨진 속성

03

☑ 확인 Check! ○ △ ✕

쌍방간의 과실로 보험사고가 발생하였을 경우 당사자들은 과실비율에 대한 규명 없이 각자의 보험회사로부터 손실을 보상 받을 수 있도록 하는 배상책임제도는?

① 손익상계제도
② 교차책임제도
③ 과실상계제도
④ 무과실책임제도

04

☑ 확인 Check! ○ △ ✕

다음에서 설명하는 보상책임에 관한 원칙은?

> • 손해의 결과에 대하여 선행하는 위험이 면책위험이 아닐 경우 보험자는 면책을 주장할 수 없다.
> • 화재보험에서 발화의 원인을 불문하고 그 화재로 인하여 보험목적물에 손해가 생긴 때에는 보험자는 그 손해를 보상할 책임이 있다.
> • 일반화재보험에서 폭발손해 자체는 화재로 인한 것이든 아니든 면책이지만, 폭발로 발생한 화재손해에 대해서는 보험자의 책임이 발생한다.

① 위험보편의 원칙
② 위험개별의 원칙
③ 우선효력의 원칙
④ 분담주의 원칙

05

☑ 확인 Check! ○ △ ✕

다음 중 보험회사의 지급여력비율 산출시 지급여력금액 항목에 포함되지 않는 것은? 기출수정

① 기본요구자본
② 자본금
③ 후순위차입금
④ 자본잉여금

06

☑ 확인 Check! ○ △ ✕

기대효용가설(expected utility hypothesis) 관점에서 개인의 보험구매의사결정에 관한 설명으로 적절하지 않은 것은?

① 위험회피형 개인은 부가보험료가 존재하더라도 보험을 구매할 수 있다.
② 위험중립형 개인은 부가보험료가 존재할 경우 보험을 구매하지 않는다.
③ 위험회피형 개인의 리스크 프리미엄(risk premium)이 부가보험료보다 크면 보험을 구매하지 않는다.
④ 위험선호형 개인은 부가보험료가 없더라도 보험을 구매하지 않는다.

07

다음은 보험에 대한 설명이다. (   ) 안에 들어갈 단어를 순서대로 바르게 배열한 것은?

> 계약자의 입장에서 보면 보험은 (   ) 제도이지만, 기술적인 측면에서 보면 보험은 다수의 위험단위를 집단화함으로써 개별 계약자의 손실에 대한 불확실성을 경감하는 (   ) 제도이다.

① 위험통제, 위험전가
② 위험전가, 위험결합
③ 위험분담, 위험전가
④ 위험전가, 위험보유

08

보험회사의 경영성과지표에 관한 다음 설명 중 가장 적절한 것은?

① 보험회사의 자산운용수익은 합산비율에 영향을 미친다.
② 실제사업비율이 예정사업비율보다 낮으면 효율적 경영이 이루어졌다고 할 수 있다.
③ 재보험거래 결과는 경과손해율에 영향을 미치지 않는다.
④ 손해사정비용은 사업비율에 영향을 미친다.

09

보험기간 중 보험계약자나 피보험자의 행위로 위태가 증가되었을 때 이 위태가 증가된 상태에 있는 한 보험효력이 일시 정지되고, 증가된 위태가 제거되거나 원상으로 복귀되었을 때 보험효력이 재개되도록 규정하는 계약조항은?

① grace period clause('유예기간' 조항)
② if clause('만약' 조항)
③ while clause('동안' 조항)
④ floater clause('유동' 조항)

10

다음에서 설명하는 보험계약의 법적 성격은?

> 보험자의 관점에서 볼 때 동일한 보험목적물이라도 피보험자가 누구냐에 따라 손실발생 위험이 달라지는 것이기 때문에 보험계약의 내용이 달라질 수 있고 계약의 인수가 거절될 수도 있다.

① 인적계약(personal contract)
② 부합계약(adhesive contract)
③ 조건부계약(conditional contract)
④ 사행계약(aleatory contract)

11

다음 중 기업신용보험(commercial credit insurance)에 대한 설명으로 옳지 않은 것은?

① 기업신용보험은 기업이 다른 기업과의 신용거래에 따른 외상매출금의 회수불능위험을 관리하는 보험으로서 기업의 신용손실을 보상하는 것이다.
② 기업신용보험은 비정상적 신용손실(abnormal credit loss)이 아니라, 정상적 사업과정에서 발생하는 통상적 신용손실(normal credit loss)을 보상하는 것이다.
③ 기업신용손실의 원인은 채무자의 파산 또는 지급불능이어야 하고, 그 밖의 원인에 의한 신용손실은 보상에서 제외된다.
④ 기업신용보험은 기업의 불량채무손실을 감소시키고 거래 상대방의 지급불능시 효율적인 회수 및 구조 서비스를 제공한다.

12

책임보험의 일반적 성질과 거리가 가장 먼 것은?

① 손해를 보상하는 손해보험의 성질을 가진다.
② 피해자가 보험자에게 손해의 전보를 직접 청구할 수 있다.
③ 피보험자에게 발생하는 적극적 손해를 보상하는 적극보험의 성질을 가진다.
④ 원칙적으로 보험가액이라는 개념이 존재하지 않는다.

13

☑ 확인 Check! ○ △ ✕

다음 손실통제(loss control) 활동 중 손실감소(loss reduction)에 해당하는 것은?

① 안전교육   ② 금연과 금주

③ CCTV 설치   ④ 에어백 설치

14

☑ 확인 Check! ○ △ ✕

보험가입 후 위험관리를 소홀히 한다거나 사고발생 후 적극적으로 손해방지활동을 하지 않는 것은 다음 중 무엇에 해당하는가?

① 실체적 위태(physical hazard)

② 도덕적 위태(moral hazard)

③ 정신적 위태(morale hazard)

④ 법률적 위태(legal hazard)

15

☑ 확인 Check! ○ △ ✕

다음 중 위험보유의 형태라 할 수 없는 것은?

① 공제조항(deductible clause)

② 자가보험(self-insurance)

③ 캡티브보험(captive insurance)

④ 타보험조항(other insurance)

16

☑ 확인 Check! ○ △ ✕

다음 중 전쟁·천재지변 등으로 인한 손해를 면책하는 내용은?

① 제외손인(excluded perils)

② 제외손실(excluded losses)

③ 제외재산(excluded property)

④ 제외지역(excluded locations)

17

다음 중 피보험이익에 관한 설명으로 옳지 않은 것은?

① 보험목적물의 가치를 말한다.
② 피보험이익의 원칙은 도덕적 위태를 감소시키는 기능을 한다.
③ 반드시 현존하는 이익일 필요는 없다.
④ 하나의 보험목적물에 복수의 피보험이익이 존재할 수 있다.

18

다음 중 보험자가 보험계약을 해지할 수 있는 사유에 해당하지 않는 것은?

① 위험의 변경·증가 통지의무위반
② 계속보험료의 미지급
③ 사고발생의 통지의무위반
④ 고지의무위반

19

다음 중 공동보험조항(co-insurance clause)에 대한 설명으로 적절하지 않은 것은?

① 손실발생시 피보험자로 하여금 손실의 일부를 부담하게 하는 조항이다.
② 보험계약자간 보험요율의 형평성을 유지하는데 주된 목적이 있다.
③ 소액보상청구를 줄임으로써 손실처리비용을 감소시킬 수 있다.
④ 위험관리를 유도함으로써 손실발생 방지의 효과를 거둘 수 있다.

20

다음은 보험가액 5억원인 주택의 화재발생시 손해액에 대한 확률분포이다. 80% 공동보험조항하에서 보험가입금액을 2억원으로 했을 때 예상 지급보험금은 얼마인가?

손해액	5억원	3억원	1억원	0원
확 률	0.1	0.1	0.2	0.6

① 1,600만원
② 4,000만원
③ 4,500만원
④ 5,000만원

21

A 보험회사는 자사가 인수한 보험계약에 대하여 매 위험당 20% 출재, 특약한도액 50만원으로 하는 비례분할 재보험특약(quota share reinsurance treaty)을 운용하고 있다. 재보험계약 담보기간 중 아래와 같은 3건의 손해가 발생하였을 때 재보험자로부터 회수할 수 있는 재보험금은 얼마인가?

원보험계약	1	2	3
손해액	150만원	200만원	300만원

① 120만원

② 130만원

③ 520만원

④ 530만원

22

다음 중 소급보험과 승낙전 보호제도에 대한 설명으로 옳지 않은 것은?

① 양자 모두 보험계약이 성립하기전 일정 시점부터 보험자의 책임이 개시된다.

② 소급보험은 당사자의 합의에 의하여 효력이 발생하나, 승낙전 보호제도는 당사자의 합의에 관계없이 법률규정에 의하여 보호된다.

③ 소급보험은 보험계약이 성립되어야 적용되나, 승낙전 보호제도는 보험계약이 성립되기전 단계에서 적용되는 제도이다.

④ 소급보험에서는 청약일 이후에야 보험자의 책임이 개시되나, 승낙전 보호제도에서는 보험자의 책임이 청약일 이전에 개시된다.

23

자가보험(self-insurance)에 대한 다음 설명 중 옳지 않은 것은?

① 보험자의 전문적인 위험관리서비스를 받을 수 있다.

② 부가보험료를 절감할 수 있어 위험비용을 낮출 수 있다.

③ 대수의 법칙에 의하여 미래손실을 비교적 정확하게 예측할 수 있는 경우에 활용된다.

④ 보험료가 사외로 유출되지 않아 유동성을 확보하고 투자이익을 얻을 수 있는 이점이 있다.

24

이미 사고는 발생하였으나, 아직 보험회사에 보고되지 아니한 손해에 대하여 보험회사가 미래에 청구될 보험금 지급에 충당하기 위하여 적립하는 준비금은?

① 우발적준비금
② IBNR준비금
③ 미경과보험료준비금
④ 비상위험준비금

25

손해사정업무는 통상 검정업무(survey)와 정산업무(adjustment)로 구분된다. 다음 중 검정업무에 해당하지 않는 것은?

① 보험계약사항의 확인
② 현장조사 및 사고사실 확인
③ 대위 및 구상
④ 손해액 산정

26

열거위험담보계약(named-perils policy)과 포괄위험담보계약(all-risks policy)에 대한 다음 설명 중 옳지 않은 것은?

① 열거위험담보계약에서는 필요한 위험만을 선택하여 가입할 수 있다.
② 열거위험담보계약에서 보험자로부터 손해보상을 받기 위해서 피보험자는 손해의 발생사실만을 입증하면 된다.
③ 포괄위험담보계약에서는 다른 보험계약에서 담보된 위험이 중복 가입될 가능성이 있다.
④ 포괄위험담보계약이 열거위험담보계약보다 일반적으로 담보범위가 넓고 보험료가 비싸다.

27

사건발생기준(occurrence basis) 배상책임보험과 배상청구기준(claims-made basis) 배상책임보험에 대한 다음 설명 중 옳지 않은 것은?

① 사건발생기준 배상책임보험은 불법행위와 그 결과가 시간적으로 근접해 있을 때 적용이 용이하다.
② 배상청구기준 배상책임보험은 보험기간 중에 피보험자로부터 청구된 사고를 기준으로 배상책임을 결정한다.
③ 사건발생기준 배상책임보험은 장기성 배상책임(long-tail liability)의 특성을 갖는 전문직 배상책임보험 등에 적용된다.
④ 배상청구기준 배상책임보험에서는 보험급부 여부를 결정할 때 보험사고를 둘러싼 분쟁을 줄일 수 있다.

28

다음 중 보험료불가분의 원칙과 가장 밀접한 관련이 있는 개념은?

① 보험계약기간　　　　　　　　　　② 보험기간

③ 보험책임기간　　　　　　　　　　④ 보험료기간

29

금융재보험(finite reinsurance)을 소급형(retrospective)과 장래형(prospective)으로 구분할 때 다음 중 장래형 금융재보험에 해당하는 것은?

① 지급준비금할인 재보험(Time and Distance Policy ; TDP)

② 보험금분산특약 재보험(Spread Loss Treaties ; SLT)

③ 손실금이전 재보험(Loss Portfolio Transfers ; LPT)

④ 역진전 준비금담보(Adverse Development Covers ; ADC)

30

실손보상의 원칙에서의 실제현금가치(actual cash value)에 대한 일반적인 계산식으로 옳은 것은?

① 보험가액 – 감가상각액

② 보험금액 – 감가상각액

③ 보험가액 – 대체비용 – 감가상각액

④ 대체비용 – 감가상각액

31

다음 중 보험업법을 통하여 보험사업을 감독하고 규제하는 이유로 가장 적절한 것은?

① 보험계약자의 도덕적 위태 문제 완화

② 역선택 문제 완화

③ 정부의 실패에 대한 대응

④ 보험상품에 관한 정보 면에서 불리한 위치에 있는 소비자 보호

32

다음에서 설명하는 보험증권의 법적 성격은?

> 보험자는 보험금 등의 급여를 지급함에 있어 보험증권 제시자의 자격 유무를 조사할 권리는 있으나 의무는 없다. 그 결과 보험자는 보험증권을 제시한 사람에 대해 악의 또는 중대한 과실이 없이 보험금 등을 지급한 때에는 증권제시자가 권리자가 아니라 하더라도 그 책임을 부담하지 않는다.

① 유가증권성   ② 상환증권성
③ 증거증권성   ④ 면책증권성

33

다음 중 우리나라에서 현재 시행 중인 사회보험을 모두 고른 것은?

> ⓐ 고용보험   ⓑ 산업재해보상보험
> ⓒ 질병보험   ⓓ 간병보험
> ⓔ 장애인복지보험

① ⓐ, ⓑ   ② ⓑ, ⓔ
③ ⓑ, ⓓ   ④ ⓐ, ⓔ

34

다음 중 해당 보험종목의 초과손해액재보험특약(excess of loss reinsurance treaty)의 내용에 통상적으로 지수조항(index clause)을 포함하고 있는 것은?

① 화재보험(fire insurance)

② 적하보험(cargo insurance)

③ 선박보험(hull insurance)

④ 일반배상책임보험(general liability insurance)

35

다음 중 보험사기방지특별법의 내용으로 옳지 않은 것은?

① 보험사기행위로 보험금을 취득한 자에 대하여는 10년 이하의 징역 또는 2천만원 이하의 벌금에 처한다.

② 보험회사는 보험계약자 등의 행위가 보험사기행위로 의심할 만한 합당한 근거가 있는 경우에는 관할 수사기관에 고발 등의 필요한 조치를 취하여야 한다.

③ 보험사기 미수범에 대하여도 보험사기죄를 적용하여 처벌한다.

④ 보험사기를 범한 자가 그 범죄행위로 인하여 취득한 보험사기 이득액이 일정금액 이상일 때에는 가중처벌을 하고 그 이득액 이하에 상당하는 벌금도 병과할 수 있다.

36

보험계약이 체결되고 일정한 기간이 경과한 후에는 보험계약자의 착오나 허위진술 등을 이유로 보험자가 보험금의 지급을 거절할 수 없음을 규정하고 있는 약관조항은?

① 계약구성조항(entire contract clause)

② 불몰수조항(non-forfeiture clause)

③ 금반언조항(estoppel clause)

④ 불항쟁조항(incontestable clause)

37

아래의 사례에서 피해자인 환자가 치과의사를 상대로 제기한 손해배상청구소송에서 주장할 수 있는 배상책임의 법리는?

> 치아를 뽑기 위해 치과의사를 방문한 환자가 일반적인 마취제를 사용하여 치료를 받은 후 마취에서 깨어났을 때 턱뼈가 부러져 있었다.

① 기여과실책임(contributory negligence)

② 전가과실책임(imputed negligence)

③ 최종적 명백한 기회(last clear chance)

④ 과실추정의 원칙(res ipsa loquitur)

38

☑ 확인 Check! ○ △ ✕

아래에서 설명하는 내용은 무엇에 관한 것인가?

> 보험요율의 적정성(rate adequacy)과 언더라이팅 손익(underwriting profits or losses) 사이의 밀접한 관계에 따라 나타나는 보험요율과 손익의 기복현상으로서 주로 재산·배상책임보험분야에서 나타난다. 이는 감독기관의 규제·간섭에 의해 야기되기도 하고, 보험회사간의 극심한 경쟁이나 보험수요 측면에서의 보험가격의 비탄력성으로 인해 나타나기도 한다.

① 역선택(adverse selection)
② 시장세분화(market segmentation)
③ 수지상등의 원칙(equivalence principle)
④ 언더라이팅 주기(underwriting cycle)

39

☑ 확인 Check! ○ △ ✕

A와 B의 쌍방과실로 인한 양측의 손해액과 과실비율이 다음과 같을 때 단일책임주의(principle of single liability) 방식에 의한 상호 배상책임액 정산으로 옳은 것은?

> • A의 손해액 : 500만원　　　　　• B의 손해액 : 200만원
> • A의 과실비율 : 60%　　　　　　• B의 과실비율 : 40%

① A가 B에게 120만원을 배상하여야 한다.
② A가 B에게 140만원을 배상하여야 한다.
③ B가 A에게 80만원을 배상하여야 한다.
④ B가 A에게 200만원을 배상하여야 한다.

40

☑ 확인 Check! ○ △ ✕

다음에 주어진 조건하에서 순보험료방식(pure premium method)에 따라 산출한 영업보험료는?(단, 예정이익률은 고려하지 않는다.)

> • 1년간 총발생손실액 : 300억원
> • 총계약건수 : 50만건
> • 예정사업비율 : 40%

① 36,000원　　　　　　　　　　② 60,000원
③ 84,000원　　　　　　　　　　④ 100,000원

2018년 제41회

손해사정사 1차 시험문제

제1과목 　 보험업법

제2과목 　 보험계약법

제3과목 　 손해사정이론

2018년 제41회 보험업법
1차 시험문제

☑ 중요 문제 / 틀린 문제 CHECK

01	02	03	04	05	06	07	08	09	10	11	12	13	14	15	16	17	18	19	20
21	22	23	24	25	26	27	28	29	30	31	32	33	34	35	36	37	38	39	40

| 시간 | 분 | 정답 및 해설편 124p |

01

☑ 확인 Check! ○ △ ✕

보험업법상 보험업에 관한 설명 중 옳은 것(○)과 옳지 않은 것(✕)을 올바르게 조합한 것은?

> 가. 보험업의 허가를 받을 수 있는 자는 주식회사 및 상호회사에 한한다.
> 나. 화재보험업만을 영위하기 위해 허가를 받은 자가 간병보험업을 영위하기 위해서는 간병보험에 관한 별도의
>   허가가 있어야 한다.
> 다. 생명보험업과 보증보험업을 겸영하고자 하는 경우에는 500억원의 자본금 또는 기금을 납입하여야 한다.
> 라. 통신판매전문보험회사가 통신수단에 의한 총보험계약건수 및 수입보험료의 모집비율이 총보험계약건수 및
>   수입보험료의 100분의 90에 미달하는 경우에는 통신수단 이외의 방법으로 모집할 수 있다.

① 가(○), 나(✕), 다(○), 라(✕)
② 가(✕), 나(○), 다(✕), 라(✕)
③ 가(○), 나(○), 다(✕), 라(✕)
④ 가(✕), 나(✕), 다(○), 라(○)

02

☑ 확인 Check! ○ △ ✕

보험업법 제2조의 "보험계약자"에 관한 설명 중 옳지 않은 것을 모두 고른 것은?

> 가. "전문보험계약자"가 되기 위하여는 보험계약에 관한 전문성, 자산규모 등에 비추어 보험계약의 내용을 이해하
>   고 이행할 능력이 있어야 한다.
> 나. "일반보험계약자"란 전문보험계약자가 아닌 보험계약자를 말한다.
> 다. "전문보험계약자"가 "일반보험계약자"와 같은 대우를 받는 것에 대하여 보험회사가 동의한 경우라 하더라도
>   해당 보험계약자에 대하여는 적합성 원칙을 적용하지 않는다.
> 라. "전문보험계약자" 가운데 대통령령으로 정하는 자가 "일반보험계약자"와 같은 대우를 받겠다는 의사를 보험회
>   사에 서면으로 통지한 경우 보험회사는 언제나 동의하여야 한다.
> 마. 국가, 지방자치단체, 한국은행, 주권상장법인, 한국자산관리공사, 신용보증기금은 "전문보험계약자"에 해당한다.

① 가, 나
② 나, 다
③ 다, 라
④ 다, 라, 마

03

보험업법 제2조의 보험중개사에 관한 설명 중 옳지 않은 것은?

① 보험대리점도 보험중개사로 등록하여 독립적으로 보험계약의 체결을 중개할 수 있다.

② 보험중개사가 되려는 자는 개인과 법인을 구분하여 대통령령으로 정하는 바에 따라 금융위원회에 등록하여야 한다.

③ 법인보험중개사는 보험계약자 보호 등을 해칠 우려가 없는 업무로서 대통령령으로 정하는 업무 또는 보험계약의 모집업무 이외의 업무를 하지 못한다.

④ 보험중개사는 보험계약을 중개할 때 그 수수료에 관한 사항을 비치하여 보험계약자가 열람할 수 있도록 하여야 한다.

04

보험업법이 인정하고 있는 "보험업" 및 "보험상품"에 관한 설명 중 옳지 않은 것은?

① 보험업이란 보험상품의 취급과 관련하여 발생하는 보험의 인수, 보험료 수수 및 보험금 지급 등을 영업으로 하는 것을 말한다.

② 보험업법은 생명보험상품, 손해보험상품, 제3보험상품으로 각각 구분하여 "보험상품"을 정의하고 있다.

③ 손해보험상품에는 운송보험계약, 보증보험계약, 재보험계약, 권리보험계약, 원자력보험계약, 비용보험계약, 날씨보험계약, 동물보험계약, 도난보험계약, 유리보험계약, 책임보험계약이 포함된다.

④ 보험업법은 보험계약자의 보호 필요성 및 금융거래 관행 등을 고려하여 건강보험, 연금보험계약, 선불식 할부계약 등을 보험상품에서 제외하고 있다.

05

보험업법상 허가된 보험회사가 아닌 자와 보험계약을 체결할 수 있는 경우에 해당하지 않는 것은?

① 대한민국에서 허가된 보험회사와 보험계약의 체결이 곤란하고 금융감독원의 허가를 얻은 경우

② 대한민국에서 취급되지 아니하는 보험종목에 관하여 외국보험회사와 보험계약을 체결하는 경우

③ 외국에서 보험계약을 체결하고, 보험기간이 지나기 전에 대한민국에서 그 계약을 지속시키는 경우

④ 대한민국에서 취급되는 보험종목에 관하여 셋 이상의 보험회사로부터 가입이 거절되어 외국보험회사와 보험계약을 체결하는 경우

06

보험업법상 보험회사가 겸영할 수 있는 금융업무를 열거한 것 중 옳은 것은 모두 몇 개인가?

> 가. 「한국주택금융공사법」에 따른 채권유동화자산의 관리업무
> 나. 「자산유동화에 관한 법률」에 따른 유동화자산의 관리업무
> 다. 「전자금융거래법」 제28조 제2항 제1호에 따른 결제중계시스템의 참가기관으로서 하는 전자자금이체업무
> 라. 「자본시장과 금융투자업에 관한 법률」 제6조 제4항에 따른 집합투자업무
> 마. 「근로자퇴직급여보장법」 제2조 제13호에 따른 퇴직연금사업자의 업무

① 2개
② 3개
③ 4개
④ 5개

07

주식회사인 보험회사의 조직변경에 관한 설명 중 옳은 것을 모두 고른 것은?

> 가. 보험회사는 조직변경의 공고를 한 날 이후에 보험계약을 체결하려면 보험계약자가 될 자에게 조직변경 절차가 진행 중임을 알리고 그 승낙을 받아야 한다.
> 나. 보험회사는 조직변경을 결의할 때 보험계약자 총회를 갈음하는 기관에 관한 사항을 정할 수 있으며, 그 기관의 구성방법을 조직변경 공고 내용에 포함하여야 한다.
> 다. 주식회사의 감사는 보험계약자 총회에 출석하여 조직변경에 관한 사항을 보고하여야 한다.
> 라. 보험계약자 총회는 보험계약자 과반수의 출석과 그 의결권의 3분의 2 이상의 찬성으로 결의한다.

① 가, 나
② 나, 다
③ 가, 다
④ 다, 라

08

보험업법상 보험회사의 조직변경에 관한 설명 중 옳지 않은 것은? 기출수정

① 주식회사가 조직변경을 결의한 경우 그 결의를 한 날부터 2주 이내에 결의의 요지와 재무상태표를 공고하고 주주명부에 적힌 질권자에게는 개별적으로 알려야 한다.
② 주식회사가 상호회사로 조직을 변경할 때에는 「상법」 제434조에 따른 결의를 거쳐야 한다.
③ 주식회사는 상호회사로, 상호회사는 주식회사로 조직변경을 할 수 있다.
④ 주식회사가 조직변경을 하여 상호회사로 된 경우에는 보험업법 제9조(자본금 또는 기금)에도 불구하고 기금의 총액을 300억원 미만으로 하거나 설정하지 아니할 수 있다.

09

외국보험회사국내지점이 대한민국에서 체결한 보험계약에 관하여 보험업법 제75조에 따라 국내에서 보유해야 하는 자산에 해당하지 않는 것은? 　기출수정

① 현금 또는 국내 금융기관에 대한 예금, 적금 및 부금

② 국내·외에서 적립된 보험업법 시행령 제63조 제2항에 따른 재보험자산

③ 국내에 있는 자에 대한 대여금, 그 밖의 채권

④ 국내에 있는 고정자산

10

보험업법상 외국보험회사의 국내사무소에 관한 설명 중 옳지 않은 것은?

① 외국보험회사국내사무소는 그 명칭 중에 반드시 '사무소'라는 글자를 포함하여야 한다.

② 외국보험회사가 국내에 사무소를 설치하려는 경우 그 설치한 날부터 30일 이내에 금융위원회에 신고하여야 한다.

③ 외국보험회사국내사무소는 보험계약의 체결을 중개하거나 대리하는 행위를 할 수 없지만 보험시장에 관한 적법한 조사 및 정보수집 업무는 할 수 있다.

④ 금융위원회는 외국보험회사국내사무소가 보험업법에 의한 명령 또는 처분을 위반한 경우 업무의 정지를 명할 수 있지만 국내사무소의 폐쇄를 명할 수는 없다.

11

보험업법상 상호협정의 인가에 관한 설명 중 옳지 않은 것은?

① 금융위원회는 공익 또는 보험업의 건전한 발전을 위하여 특히 필요하다고 인정되는 경우에는 보험회사에 대하여 상호협정의 체결·변경 또는 폐지를 명한 수 있다.

② 금융위원회는 보험회사간의 합병 등으로 상호협정의 구성원이 변경되는 사항에 관하여 공정거래위원회와 협의하여야 한다.

③ 금융위원회는 상호협정의 체결·변경 또는 폐지의 인가를 하거나 협정에 따를 것을 명하려면 미리 공정거래위원회와 협의하여야 한다.

④ 금융위원회로부터 인가를 받은 상호협정의 실질적인 내용이 변경되지 아니하는 자구 수정을 하는 경우, 보험회사는 금융위원회에 신고하면 된다.

12

보험업법상 보험회사가 지켜야 하는 재무건전성 기준에 관한 설명 중 옳은 것을 모두 고른 것은?

기출수정

> 가. "지급여력기준금액"이란 보험업을 경영함에 따라 발생할 수 있는 손실위험을 금융위원회가 정하여 고시하는 방법에 따라 금액으로 환산한 것을 말한다.
> 나. "지급여력비율"이란 지급여력금액을 지급여력기준금액으로 나눈 비율을 말한다.
> 다. 보험회사가 지켜야 하는 재무건전성기준에는 대출채권 등 보유자산의 건전성을 정기적으로 분류하고 대손충당금을 적립할 것이 포함된다.
> 라. 금융위원회는 보험회사가 재무건전성기준을 지키지 아니하여 경영안정성을 해칠 우려가 있다고 판단하여 필요한 조치를 하고자 하는 경우 보험계약자 보호 등을 고려해야 하는 것은 아니다.

① 가, 나
② 나, 라
③ 가, 나, 다
④ 나, 다, 라

13

보험업법상 보험회사의 기초서류에 관한 설명 중 옳지 않은 것은?

기출수정

① 보험회사는 기초서류에 기재된 사항을 준수하여야 한다.
② 보험회사가 금융기관보험대리점을 통하여 모집하는 것에 관하여 기초서류의 조문체제를 변경하기 위해서는 미리 금융위원회에 신고하여야 한다.
③ 금융위원회는 보험계약자 보호 등을 위하여 필요하다고 인정되면 보험회사에 대하여 취급하고 있는 보험상품의 기초서류에 관한 자료 제출을 요구할 수 있다.
④ 금융위원회는 보험회사가 보험업법 제127조 제2항에 따라 기초서류를 신고한 경우, 필요하다면 금융감독원의 확인을 받도록 할 수 있다.

14

보험업법상 보험설계사의 등록에 대한 내용으로 옳지 않은 것은?

① 보험회사·보험대리점 및 보험중개사는 소속 보험설계사가 되려는 자를 금융위원회에 등록하여야 한다.

② 보험업법에 따라 벌금 이상의 형을 선고받고 그 집행이 끝나거나 집행이 면제된 날로부터 2년이 지나지 아니한 자는 보험설계사로 등록할 수 없다.

③ 영업에 관하여 성년자와 같은 능력을 가지지 아니한 미성년자는 그 법정대리인이 파산선고를 받고 복권되지 아니한 경우에도 보험설계사로 등록할 수 있다.

④ 보험업법에 따라 금고 이상의 형의 집행유예를 선고받고 유예기간 중인 자는 보험설계사로 등록할 수 없다.

15

보험업법상 교차모집보험설계사에게 허용되지 않는 행위를 모두 고른 것은?

> 가. 업무상 알게 된 특정 보험회사의 정보를 다른 보험회사에 제공하는 행위
> 나. 모집을 위탁한 보험회사에 대하여 회사가 정한 수수료·수당을 요구하는 행위
> 다. 보험계약을 체결하는 자의 요구에 따라 모집을 위탁한 보험회사 중 어느 한 보험회사를 위하여 보험을 모집하는 행위
> 라. 교차모집을 위탁한 보험회사에 대하여 다른 교차모집보험설계사 유치를 조건으로 대가를 요구하는 행위
> 마. 교차모집을 위탁한 보험회사에 대하여 다른 보험설계사보다 우대하여 줄 것을 합리적 근거를 가지고 요구하는 행위

① 가, 라

② 가, 라, 마

③ 가, 나

④ 나, 다, 마

16

보험업법상 보험회사의 고객응대직원을 고객의 폭언 등으로부터 보호하기 위하여 취하여야 할 보호조치 의무로 옳지 않은 것은?

① 보험회사는 해당 직원이 요청하는 경우 해당 고객으로부터 분리하고 업무담당자를 교체하여야 한다.

② 보험회사는 해당 직원에 대한 치료 및 상담지원을 하여야 하며, 고객을 직접 응대하는 직원을 위한 상시 고충처리 기구를 마련하여야 한다.

③ 보험회사는 해당 직원의 요청이 없어도 해당 고객의 행위가 관계 법률의 형사처벌 규정에 위반된다고 판단되면 관할 수사기관에 고발조치하여야 한다.

④ 보험회사는 직원이 직접 폭언 등의 행위를 한 고객에 대한 관할 수사기관 등에 고소, 고발, 손해배상 청구 등의 조치를 하는데 필요한 행정적, 절차적 지원을 하여야 한다.

17

보험대리점에 관한 설명 중 옳은 것을 모두 고른 것은?

> 가. 보험설계사가 될 수 없는 자는 보험대리점이 될 수 없다.
> 나. 보험대리점은 자기 또는 자기를 고용하고 있는 자를 보험계약자 또는 피보험자로 하는 보험을 모집하는 것을 주된 목적으로 할 수 있다.
> 다. 다른 보험회사, 보험대리점 및 보험중개사의 임직원은 보험대리점이 될 수 없다.
> 라. 보험설계사 또는 보험중개사로 등록된 자는 보험대리점이 될 수 없다.
> 마. 「상호저축은행법」에 따른 저축은행과 「새마을금고법」에 따라 설립된 새마을금고는 보험대리점이 될 수 없다.

① 가, 다, 마   ② 나, 다, 라

③ 나, 다, 마   ④ 가, 다, 라

18

「농업협동조합법」에 따라 설립된 농협은행이 모집할 수 있는 "손해보험상품"으로 구성된 것은?

가. 개인연금	나. 신용손해보험
다. 주택화재보험	라. 단체상해보험
마. 보증보험	바. 장기저축성 보험
사. 교육보험	

① 가, 나, 다, 바
② 나, 다, 마, 사
③ 가, 나, 라, 바
④ 나, 라, 마, 사

19

금융기관보험대리점 등의 영업기준에 대한 내용으로 옳지 않은 것은?

① 신용카드업자(겸영여신업자는 제외)는 법 제96조 제1항에 따른 전화, 우편, 컴퓨터통신 등의 통신수단을 이용하여 모집하는 방법을 사용할 수 있다.

② 금융기관보험대리점 등에서 모집에 종사하는 사람은 대출 등 불공정 모집의 우려가 있는 업무를 취급할 수 없다.

③ 최근 사업연도 말 현재 자산총액이 2조원 이상인 금융기관보험대리점 등이 모집할 수 있는 1개 생명보험회사 상품의 모집액은 매 사업연도별로 해당 금융기관보험대리점 등이 신규로 모집하는 생명보험회사 상품 모집총액의 100분의 35를 초과할 수 없다.

④ 금융기관보험대리점은 해당 금융기관에 적용되는 모집수수료율을 모집을 하는 점포의 창구 및 인터넷 홈페이지에 공시하여야 한다.

20

보험업법상 중복보험계약의 확인의무가 적용되는 것은?   기출수정

① 생명보험계약
② 실손의료보험계약
③ 정액상해보험계약
④ 실손자동차보험계약

21

보험업법상 금지되는 특별이익에 해당하지 않는 것으로 보험업법 시행령이 명문으로 규정한 것은?

`기출수정`

① 보험계약 체결시부터 최초 1년간 납입되는 보험료의 100분의 5와 3만원 중 적은 금액
② 보험계약 체결시부터 최초 1년간 납입되는 보험료의 100분의 10과 3만원 중 적은 금액
③ 보험계약 체결시부터 최초 1년간 납입되는 보험료의 100분의 5와 5만원 중 적은 금액
④ 보험계약 체결시부터 최초 1년간 납입되는 보험료의 100분의 10과 5만원 중 적은 금액

22

보험업법상 금지되는 보험대리점 또는 보험중개사의 자기계약에서 보험료 누계액을 계산할 때 포함하지 않는 것은?

`기출수정`

① 자기를 보험계약자로 한 모집
② 자기를 피보험자로 한 모집
③ 자기를 고용하고 있는 자를 피보험자로 한 모집
④ 직계가족을 보험계약자로 한 모집

23

보험회사의 자산운용 원칙으로 옳은 것을 모두 고른 것은?

> 가. 보험회사는 그 자산을 운용할 때 공평성·유동성·수익성 및 공익성이 확보되도록 하여야 한다.
> 나. 보험회사는 특별계정에 속하는 이익을 그 계정상의 보험계약자에게 분배할 수 있다.
> 다. 보험회사는 다른 회사의 의결권 있는 발행주식(출자지분을 포함한다) 총수의 100분의 10을 초과하는 주식을 소유할 수 없다.
> 라. 보험회사가 일반계정에 속하는 자산과 특별계정에 속하는 자산을 운용할 때, 동일한 개인 또는 법인에 대한 신용공여 한도는 일반계정의 경우 총자산의 100분의 3, 특별계정의 경우 각 특별계정 자산의 100분의 5를 초과할 수 없다.
> 마. 보험회사는 특별계정에 속하는 자산은 다른 특별계정에 속하는 자산 및 그 밖의 자산과 구분하여 회계처리 하여야 한다.

① 가, 나, 라
② 나, 라, 마
③ 가, 라, 마
④ 나, 다, 라

24

보험회사가 외국에서 보험업을 경영하는 자회사의 채무보증을 위해 갖추어야 할 요건으로 옳지 않은 것은?

① 채무보증 한도액이 보험회사 총자산의 100분의 5 이내일 것
② 보험회사의 직전 분기 말 지급여력비율이 100분의 200 이상일 것
③ 보험금 지급채무에 대한 채무보증일 것
④ 보험회사가 채무보증을 하려는 자회사의 의결권 있는 발행주식(출자지분을 포함한다) 총수의 100분의 50을 초과하여 소유할 것(외국 정부에서 최대 소유 한도를 정하는 경우 그 한도까지 소유하는 것을 말한다)

25

보험업법상 보험회사의 계산에 대한 설명으로 옳지 않은 것은?

① 보험회사는 매년 12월 31일에 그 장부를 폐쇄하여야 하고 장부를 폐쇄한 날부터 3개월 이내에 금융위원회가 정하는 바에 따라 재무제표(부속명세서를 포함) 및 사업보고서를 금융위원회에 제출하여야 한다.
② 배당보험계약이라 함은 해당 보험계약으로부터 발생하는 이익의 일부를 보험회사가 보험계약자에게 배당하기로 약정한 보험계약을 말한다.
③ 보험회사는 재무제표 및 사업보고서를 일반인이 열람할 수 있도록 금융위원회에 제출하는 날부터 본점과 지점, 그 밖의 영업소에 비치하거나 전자문서로 제공하여야 한다.
④ 배당보험계약의 계약자 지분은 계약자배당을 위한 재원과 지급준비금 적립을 위한 목적 외에 다른 용도로 사용할 수 없다.

26

보험업법상 보험회사가 자회사를 소유하게 된 날로부터 15일 이내에 금융위원회에 제출하여야 하는 서류가 아닌 것은?

① 정관 및 주주현황
② 업무의 종류 및 방법을 적은 서류
③ 자회사가 발행주식 총수의 100분의 10을 초과하여 소유하고 있는 회사의 현황
④ 자회사와의 주요거래 상황을 적은 서류

27

보험업법상 공고에 관한 설명으로 옳지 않은 것은?

기출수정

① 상호회사가 해산을 결의한 경우에는 그 결의에 관하여 금융위원회의 인가를 받은 날부터 2주 이내에 결의의 요지와 재무상태표를 공고하여야 한다.

② 보험회사가 합병을 결의한 경우에는 그 결의를 한 날부터 2주 이내에 합병계약의 요지와 각 보험회사의 재무상태표를 공고하여야 한다.

③ 합병결의에 따라 보험계약을 이전하려는 보험회사는 합병결의를 한 날부터 2주 이내에 계약 이전의 요지와 각 보험회사의 재무상태표를 공고하여야 한다.

④ 보험회사는 보험계약을 이전한 경우 7일 이내에 그 취지를 공고하여야 하나 보험계약을 이전하지 아니하게 된 경우에는 공고의무가 없다.

28

보험업법상 주식회사인 보험회사에서 보험계약의 이전에 관한 설명 중 옳지 않은 것은 모두 몇 개인가?

가. 보험회사는 책임준비금 산출의 기초가 동일한지 여부와 무관하게 보험계약의 전부를 포괄하여 계약의 방법으로 다른 보험회사에 이전할 수 있다.

나. 보험계약 등의 이전에 관한 공고에는 이전될 보험계약의 보험계약자로서 이의가 있는 자는 1개월 이상의 일정한 기간 동안 이의를 제출할 수 있다는 뜻을 덧붙여야 한다.

다. 이의제기 기간 중 이의를 제기한 보험계약자가 이전될 보험계약자 총수의 100분의 5를 초과하거나 그 보험금액이 이전될 보험금 총액의 100분의 5를 초과하는 경우에는 보험계약을 이전하지 못한다.

라. 보험계약을 이전하려는 보험회사는 주주총회 등의 결의가 있었던 때부터 보험계약을 이전하거나 이전하지 아니하게 될 때까지 그 이전하려는 보험계약과 같은 종류의 보험계약을 하지 못한다.

마. 보험회사가 보험계약의 전부를 이전하는 경우에 이전할 보험계약에 관하여 이전계약의 내용으로 보험금액의 삭감과 장래 보험료의 감액을 정할 수 없다.

① 1개   ② 2개
③ 3개   ④ 4개

29

보험업법상 주식회사인 보험회사에 관한 설명 중 옳지 않은 것은?

① 해산에 관한 결의는 「상법」 제434조에 의한 결의에 따르며, 금융위원회의 인가를 받아야 한다.

② 보험회사는 그 영업을 양도·양수하려면 금융위원회의 인가를 받아야 한다.

③ 보험회사가 합병을 할 경우 합병계약으로써 그 보험계약에 관한 계산의 기초 또는 계약조항의 변경을 정할 수 없다.

④ 보험회사가 그 보험업의 전부 또는 일부를 폐업하려는 경우에는 그 60일 전에 사업 폐업에 따른 정리 계획서를 금융위원회에 제출하여야 한다.

30

보험업법상 보험회사가 해산한 날부터 3개월 이내에 보험금 지급사유가 발생한 경우에만 보험금을 지급하여야 하는 해산사유로 올바르게 조합한 것은?

> 가. 존립기간의 만료, 그 밖에 정관으로 정하는 사유의 발생
> 나. 회사의 합병
> 다. 보험계약 전부의 이전
> 라. 주주총회 또는 사원총회의 결의
> 마. 회사의 파산
> 바. 보험업의 허가취소
> 사. 해산을 명하는 재판

① 가, 나, 라

② 나, 다, 마

③ 다, 마, 사

④ 라, 바, 사

31

☑ 확인Check! ○ △ ✕

보험업법상 주식회사인 보험회사의 청산 등에 관한 설명 중 옳지 않은 것은?

① 보험회사가 보험업의 허가취소로 해산한 경우에는 금융위원회가 청산인을 선임한다.

② 금융위원회는 6개월 전부터 계속하여 자본금의 100분의 3 이상의 주식을 가진 주주의 청구에 따라 청산인을 해임할 수 있다.

③ 금융위원회는 청산인을 감독하기 위하여 보험회사의 청산업무와 자산상황을 검사하고, 자산의 공탁을 명하며, 그 밖에 청산의 감독상 필요한 명령을 할 수 있다.

④ 보험회사는 해산한 후에도 3개월 이내에는 보험계약 이전을 결의할 수 있으며, 보험계약을 이전하게 될 경우 보험금 지급사유가 해산한 날부터 3개월을 넘겨서 발생한 경우에도 보험금을 지급할 수 있다.

32

☑ 확인Check! ○ △ ✕

보험업법상 보험조사협의회에 관한 설명 중 옳은 것은?

① 조사업무를 효율적으로 수행하기 위하여 금융감독원에 보험 관련 기관 및 단체 등으로 구성되는 보험조사협의회를 둘 수 있다.

② 협의회의 의장은 금융감독원장이 임명하며 협의회 위원의 임기는 3년으로 한다.

③ 금융감독원은 보험조사와 관련하여 보험업법 제162조에 따른 조사업무의 효율적 수행을 위한 공동대책을 수립하며 협의회의 장은 이를 시행한다.

④ 보험조사협의회는 해양경찰청장이 지정하는 소속 공무원 1명, 생명보험협회의 장 및 손해보험협회의 장을 포함하여 총 15명 이내의 위원으로 구성할 수 있다.

33

보험업법상 손해보험계약의 제3자 보호에 관한 설명 중 옳은 것은?

① 손해보험회사는 「화재로 인한 재해보상과 보험가입에 관한 법률」 제5조에 따른 신체손해배상특약부
 화재보험계약의 제3자가 보험사고로 입은 손해에 대한 보험금의 지급을 보장할 의무를 지지 아니한다.
② 손해보험회사가 파산선고 등 「예금자보호법」 제2조 제8호의 사유로 손해보험계약의 제3자에게 보험
 금을 지급하지 못하게 된 경우에는 즉시 그 사실을 금융위원회에 보고하여야 한다.
③ 손해보험회사는 손해보험계약의 제3자에 대한 보험금의 지급을 보장하기 위하여 수입보험료 및 책임
 준비금을 고려하여 대통령령으로 정하는 비율을 곱한 금액을 손해보험협회에 출연(出捐)할 의무가
 있다.
④ 손해보험협회의 장은 금융감독원의 확인을 거쳐 손해보험계약의 제3자에게 대통령령으로 정하는 보
 험금을 지급하여야 한다.

34

보험업법상 보험요율산출기관에 관한 설명 중 옳지 않은 것은?

① 보험회사는 금융위원회의 인가를 받아 보험요율산출기관을 설립할 수 있다.
② 보험요율산출기관은 보험회사가 적용할 수 있는 순보험요율을 산출하며, 보험상품의 비교·공시 업무
 를 담당한다.
③ 보험요율산출기관은 보험업법에서 정하는 업무 수행을 위하여 보험 관련 통계를 체계적으로 통합·집적
 (集積)하여야 하며, 필요한 경우 보험회사에 자료의 제출을 요청할 수 있다.
④ 보험요율산출기관은 순보험요율을 산출하기 위하여 필요하면 질병에 관한 통계를 보유하고 있는 기관
 의 장으로부터 그 질병에 관한 통계를 제공받아 보험회사로 하여금 보험계약자에게 적용할 순보험료
 의 산출에 이용하게 할 수 있다.

35

보험업법상 손해사정사 또는 손해사정업자에 관한 설명 중 옳지 않은 것은?

① 손해사정사 또는 손해사정업자의 업무에 손해액 및 보험금의 사정이 포함되나 보험약관 및 관계법규 적용의 적정성 판단업무는 포함되지 아니한다.
② 손해사정사 또는 손해사정업자는 자기와 이해관계를 가진 자의 보험사고에 대하여 손해사정을 할 수 없다.
③ 보험계약자 등이 선임한 손해사정사 또는 손해사정업자는 손해사정업무를 수행한 후 지체 없이 보험회사 및 보험계약자 등에 대하여 손해사정서를 내어 주고, 그 중요한 내용을 알려주어야 한다.
④ 손해사정사 또는 손해사정업자는 보험회사 및 보험계약자 등에 대하여 이미 제출받은 서류와 중복되는 서류나 손해사정과 관련이 없는 서류를 요청함으로써 손해사정을 지연하는 행위를 할 수 없다.

36

보험업법상 선임계리사에 관한 설명 중 옳은 것은 모두 몇 개인가?

가. 보험회사는 선임계리사가 그 업무를 원활하게 수행할 수 있도록 필요한 인력 및 시설을 지원하여야 한다.
나. 선임계리사가 되려는 사람은 보험계리사로서 10년 이상 등록되어야 하며, 보험계리업무에 7년 이상 종사한 경력이 있어야 한다.
다. 최근 5년 이내에 금융위원회로부터 해임권고·직무정지 조치를 받은 사실이 있는 경우 선임계리사가 될 수 없다.
라. 선임계리사는 그 업무 수행과 관련하여 보험회사의 이사회에 참석할 수 있다.
마. 선임계리사는 기초서류의 내용 및 보험계약에 따른 배당금의 계산 등이 정당한지 여부를 검증·확인하였을 때에는 그 의견서를 이사회와 감사 또는 감사위원회에 제출하여야 한다.

---

① 2개
② 3개
③ 4개
④ 5개

37

보험업법상 보험계리사 · 선임계리사 · 보험계리업자 · 손해사정사 및 손해사정업자(이 문항에 한하여 '보험계리사 등'이라고 한다)에 관한 설명 중 옳은 것을 모두 고른 것은?

> 가. 보험업법에 따라 보험계리사 등이 업무정지 처분을 2회 이상 받은 경우 금융위원회는 그 등록을 취소하여야 한다.
> 나. 보험업법에 따라 보험계리사 등의 등록이 취소된 후 1년이 지나지 아니한 자는 보험계리사 등이 될 수 없다.
> 다. 보험업법에 따라 보험계리사 등의 등록취소 처분을 2회 이상 받은 경우 최종 등록취소 처분을 받은 날부터 2년이 지나지 아니한 자는 보험계리사 등이 될 수 없다.
> 라. 금융위원회는 보험계리사 등이 그 직무를 게을리하거나 직무를 수행하면서 부적절한 행위를 하였다고 인정되는 경우에는 1년 이내의 기간을 정하여 업무의 정지를 명하거나 해임하게 할 수 있다.

① 가
② 가, 나
③ 가, 나, 다
④ 가, 나, 다, 라

38

보험업법상 보험계리에 관한 설명 중 옳지 않은 것은?

① 보험계리업자는 상호 중에 "보험계리"라는 글자를 사용하여야 하며, 장부폐쇄일은 보험회사의 장부폐쇄일을 따라야 한다.
② 보험계리를 업으로 하려는 법인은 2명 이상의 상근 보험계리사를 두어야 한다.
③ 보험회사는 보험계리사를 고용하여 보험계리에 관한 업무를 담당하게 하여야 하며, 보험계리를 업으로 하는 자에게 위탁할 수 없다.
④ 개인으로서 보험계리를 업으로 하려는 사람은 보험계리사의 자격이 있어야 한다.

39

보험업법상 등록업무의 위탁에 관한 설명 중 옳지 않은 것은?

① 보험설계사 및 보험중개사에 관한 등록업무는 보험협회에게 위탁한다.
② 손해사정사 및 보험계리사에 관한 등록업무는 금융감독원장에게 위탁한다.
③ 보험계리를 업으로 하려는 자 및 손해사정을 업으로 하려는 자의 등록업무는 금융감독원장에게 위탁한다.
④ 보험설계사의 등록취소 또는 업무정지 통지에 관한 업무는 보험협회의 장에게 위탁한다.

40

보험업법상 인터넷 홈페이지 등을 이용하여 일반인에게 알려야 할 사항 및 알려야 할 주체에 관하여 올바르게 조합한 것은?

① 등록된 보험중개사 – 보험협회
② 등록된 손해사정사 – 금융감독원장
③ 등록된 보험계리업자 – 보험협회
④ 등록된 보험대리점 – 금융감독원장

⊘ 중요 문제 / 틀린 문제 CHECK

01	02	03	04	05	06	07	08	09	10	11	12	13	14	15	16	17	18	19	20
21	22	23	24	25	26	27	28	29	30	31	32	33	34	35	36	37	38	39	40

시간   분 | 정답 및 해설편 137p

01

☑ 확인 Check! ○ △ ✕

보험계약의 성립에 관한 설명으로 옳지 않은 것은?

① 보험계약은 당사자 일방이 약정한 보험료를 지급하고 재산 또는 생명이나 신체에 불확정한 사고가 발생한 경우에 상대방이 일정한 보험금이나 그 밖의 급여를 지급할 것을 약정함으로써 효력이 생긴다.

② 보험계약은 낙성·쌍무, 유상·불요식 계약이라는 특성 외에 사행계약적 성격과 선의계약적 성격도 가지고 있다.

③ 보험자는 일정한 경우 승낙전 보험사고에 대해 보험계약상의 책임을 진다. 나아가 인보험계약의 피보험자가 신체검사를 받아야 하는 경우에 그 검사를 받지 아니한 경우에도 보험계약상의 책임을 부담한다.

④ 보험계약자의 청약에 대해 보험자는 승낙할지 여부를 자유롭게 결정할 수 있는 것이 원칙이다.

02

☑ 확인 Check! ○ △ ✕

보험약관의 교부·설명의무에 관한 설명으로 옳지 않은 것은?

① 보험약관은 계약의 상대방이 계약내용을 선택할 수 있는 자유를 제약하는 측면이 있다.

② 보험약관은 보험자가 일방적으로 작성한다는 측면 등을 고려하여 입법적, 행정적, 사법적 통제가 가해진다.

③ 보험계약이 체결되고 나서 보험약관의 개정이 이루어진 경우 그 변경된 약관의 규정이 당해 보험계약에 적용되는 것이 당연한 원칙이다.

④ 상법에 의하면 보험자가 보험약관의 교부·설명의무를 위반한 경우에는 보험계약자는 보험계약이 성립한 날부터 3개월 이내에 그 계약을 취소할 수 있다.

03

타인을 위한 보험에 관한 설명으로 옳지 않은 것은?

① 타인을 위한 보험이란 타인이 보험금청구권자인 피보험자 또는 보험수익자가 되는 보험계약을 말한다.

② 타인을 위한 보험계약의 경우 그 타인의 수익의 의사표시가 있어야 보험계약이 성립한다.

③ 타인을 위한 손해보험에서 타인은 피보험이익을 가져야 한다.

④ 타인을 위한다는 의사표시가 분명하지 않은 경우에는 자기를 위한 보험계약으로 추정한다는 것이 통설이다.

04

고지의무에 관한 설명으로 옳지 않은 것은?

① 고지의무제도의 인정근거에 관하여 학설은 신의성실설, 최대선의설, 기술적 기초설 등 다양하게 대립하고 있다.

② 통설은 고지의무의 법적 성질을 간접의무로 해석한다.

③ 보험자가 서면으로 질문한 사항은 중요한 사항으로 추정한다.

④ 판례는 일관하여 인보험에서 다른 보험자와의 보험계약의 존재 여부에 대하여 서면으로 질문하였더라도 고지의무의 대상이 아니라고 보았다.

05

소멸시효에 관한 설명으로 옳지 않은 것은?(다툼이 있는 경우 판례에 의함)

① 보험사고가 발생하여 그 당시의 장해상태에 따라 산정한 보험금을 지급받은 후에 당초의 장해상태가 악화된 경우, 추가로 지급받을 수 있는 보험금청구권의 소멸시효는 당초의 보험사고가 발생한 때부터 진행한다.

② 보험료 및 적립금의 반환청구권은 3년간 행사하지 아니하면 시효의 완성으로 소멸한다.

③ 보험자의 소멸시효 주장이 신의칙에 반하거나 권리남용에 해당하는 경우에는 소멸시효의 주장을 할 수 없다.

④ 보험사고가 발생한 것인지 여부가 객관적으로 분명하지 아니하여 보험금청구권자가 과실 없이 보험사고의 발생을 알 수 없었던 경우에는 보험사고의 발생을 알았거나 알 수 있었던 때로부터 소멸시효가 진행한다.

06

☑ 확인 Check! ○ △ ✕

보험자의 면책사유에 관한 설명으로 옳지 않은 것은?

① 면책사유란 보험자가 보상책임을 지기로 한 보험사고가 발생하였으나, 일정한 원인으로 보험자가 면책되는 경우 그 원인을 말한다.

② 담보배제사유는 보험자가 보험계약에서 인수하지 않은 위험을 가리킨다는 점에서 면책사유와 구별된다.

③ 면책사유에는 법정면책사유와 약정면책사유가 있다.

④ 보험사고가 전쟁 기타의 변란으로 인하여 생긴 때에는 다른 약정이 있더라도 보험자는 보험금액을 지급할 책임이 없다.

07

☑ 확인 Check! ○ △ ✕

통지의무에 관한 설명으로 옳지 않은 것은?(다툼이 있는 경우 판례에 의함)

① 보험기간 중에 보험계약자, 피보험자나 보험수익자가 사고발생의 위험이 현저하게 변경 또는 증가된 사실을 안 때에는 지체 없이 보험자에게 통지하여야 한다.

② 보험기간 중에 보험계약자, 피보험자 또는 보험수익자의 고의 또는 중대한 과실로 인하여 사고발생의 위험이 현저하게 변경 또는 증가된 때에는 보험자는 그 사실을 안 날로부터 1월 내에 보험료 증액 등을 청구할 수 있다.

③ 위험변경증가는 일정상태의 계속적 존재를 전제로 하고, 일시적 위험의 증가에 그친 경우에는 통지의무를 부담하지 아니한다.

④ 화재보험에서 근로자들이 폐업신고에 항의하면서 공장을 상당기간 점거하여 외부인의 출입을 차단하고 농성하는 행위는 현저한 위험변경증가로 본다.

08

상법 제663조의 보험계약자 등의 불이익변경금지에 관한 설명으로 옳지 않은 것은?(다툼이 있는 경우 판례에 의함)

① 상법 제663조는 상법 제정시부터 존재하는 규정이고, 1991년 상법 개정시에 재보험 및 해상보험 기타 이와 유사한 보험의 경우에 동 조항이 적용되지 않는다고 개정하였다.
② 불이익하게 변경된 약관인지 여부는 당해 특약의 내용으로만 판단할 것이 아니라, 당해 특약을 포함하여 계약내용의 전체를 참작하여 상법의 규정과 비교 형량하여 종합적으로 판단한다.
③ 수출보험, 금융기관종합보험 등은 상법 제663조의 적용대상이라고 보지 않는다.
④ 상법 제663조에 의하면 상법 보험편의 규정은 당사자간의 특약으로 보험계약자나 피보험자에게 불이익한 것으로 변경하지 못하지만 보험수익자에게 불이익한 것으로 변경하는 것은 가능하다.

09

보험계약의 부활에 관한 설명으로 옳지 않은 것은?

① 보험계약의 부활은 계속보험료의 지급 지체로 인하여 보험계약이 해지되거나 고지의무위반으로 인하여 보험계약이 해지된 경우에 한하여 인정된다.
② 보험계약의 부활이 되기 위해서는 보험계약이 해지된 후 해지환급금이 지급되지 않아야 한다.
③ 보험계약자는 보험계약이 해지된 후 일정한 기간 내에 연체보험료에 약정이자를 붙여 보험자에게 지급하고 계약의 부활을 청구할 수 있다.
④ 부활계약을 새로운 계약으로 볼 경우 보험계약자는 고지의무를 부담하게 된다.

10

보험료 지급의무에 관한 설명으로 옳지 않은 것은?

① 보험료 지급의무는 보험계약의 당사자인 보험계약자가 부담하는 것이 원칙이다.
② 보험료 지급채무는 제3자도 변제할 수 있다.
③ 보험료의 지급장소에 대해 상법은 보험자의 영업소라고 규정하고 있다.
④ 최초의 보험료를 지급하지 않은 경우 다른 약정이 없는 한 보험계약이 성립한 후 2월이 경과하면 계약이 해제된 것으로 본다.

11

다음 설명으로 옳지 않은 것은?(다툼이 있는 경우 판례에 의함)

> 甲은 보험자와 보험대리점 위탁계약을 체결하고 있는 보험대리상이다. 乙은 독립적으로 보험계약의 체결을 중개하는 자이다. 丙은 보험자를 위하여 계속적으로 보험계약의 체결을 중개하는 자이다.

① 甲은 보험계약자 등으로부터 고지·통지의무를 수령 할 수 있는 권한이 있으나, 乙과 丙은 그러한 권한이 없고, 특별히 위임을 받은 경우에는 고지 및 통지를 수령할 수 있다.

② 甲은 보험계약의 체결을 대리하는 자라는 점에서 보험계약의 체결을 중개하는 乙 및 丙과는 다른 법적 지위를 갖는다.

③ 甲은 보험계약자에게 보험계약의 체결, 변경, 해지 등 보험계약에 관한 의사표시를 할 수 있는 권한을 가진다.

④ 乙과 丙은 독립된 사업자가 아니고 보험자의 피용자라는 점에서 동일한 법적 지위를 갖는다.

12

다음의 설명으로 옳지 않은 것은?

① 동일한 보험계약의 목적과 동일한 사고에 관하여 수 개의 보험계약을 체결하는 경우에 보험계약자는 각 보험자에게 보험계약의 내용을 통지하여야 한다.

② 보험사고로 인하여 상실된 피보험자가 얻을 이익이나 보수는 당사자간에 다른 약정이 없으면 보험자가 보상할 손해액에 산입한다.

③ 당사자간에 보험가액을 정하지 아니한 때에는 사고발생시의 가액을 보험가액으로 한다.

④ 운송보험계약의 경우 보험사고가 운송보조자의 고의 또는 중대한 과실로 인하여 발생한 때에는 이로 인한 손해에 대하여 보험자는 면책이다.

13

손해방지의무에 관한 설명으로 옳은 것은?(다툼이 있는 경우 판례에 의함)

① 해상보험에서 보험자는 보험의 목적의 안전과 보존을 위하여 지급할 특별비용을 보험가액의 한도에서 보상하여야 한다.

② 손해방지의무는 보험사고가 발생하면 개시된다.

③ 보험계약자와 피보험자가 경과실 또는 중과실로 손해방지의무를 위반한 경우 보험자는 그 의무 위반이 없다면 방지 또는 경감될 수 있으리라고 인정되는 손해에 대하여 배상을 청구하거나 지급할 보험금과 상계하여 이를 공제한 나머지 금액만을 보험금으로 지급할 수 있다.

④ 손해방지비용은 손해의 방지와 경감을 위한 비용을 의미하므로, 보험자가 보상하는 비용은 필요비에 한정한다.

14

책임보험에 관한 설명으로 옳지 않은 것은?

① 책임보험계약은 보험사고가 보험기간 중에만 발생하면 약관에 따라 보험금청구는 보험기간이 종료한 이후에도 가능하다.

② 피보험자가 동일한 사고로 제3자에게 배상책임을 짐으로써 입은 손해를 보상하는 수 개의 책임보험계약이 동시 또는 순차로 체결된 경우에 그 보험금액의 총액이 피보험자의 제3자에 대한 손해배상액을 초과하는 때에는 중복보험의 규정이 준용된다.

③ 제3자는 피보험자가 책임을 질 사고로 입은 손해에 대하여 보험금액의 한도 내에서 보험자에게 직접 보상을 청구할 수 있으며, 이 경우 보험자는 피보험자가 그 사고에 관하여 가지는 항변으로써 제3자에게 대항할 수 없다.

④ 피보험자가 제3자에 대하여 변제, 승인, 화해 또는 재판으로 인하여 채무가 확정된 때에는 지체 없이 보험자에게 이를 통지하여야 한다.

15

선박보험증권의 기재사항으로 옳지 않은 것은?

① 선박의 명칭

② 선적항·양륙항·출하지·도착지

③ 선박의 국적과 종류

④ 협정보험가액

16

보험자의 청구권대위에 관한 설명으로 옳지 않은 것은?(다툼이 있는 경우 판례에 의함)

① 보험자의 청구권대위를 인정하는 이유는 이득금지 원칙의 실현, 부당한 면책의 방지에 있다.

② 인보험은 청구권대위가 적용되지 않으므로, 상해보험의 경우 당사자의 약정이 있더라도 청구권대위가 적용되지 아니한다.

③ 청구권대위는 보험금을 손익상계로 공제하지 않는 것을 전제로 한다.

④ 청구권대위가 성립하기 위해서는 제3자의 가해행위가 있어야 하고, 그로 인해 손해가 발생하고, 보험자가 피보험자에게 보험금을 지급하여야 한다.

17

다음의 설명으로 옳지 않은 것은?

① 타인을 위한 손해보험계약의 경우에 그 타인의 위임이 없는 때에는 보험계약자는 이를 보험자에게 고지하여야 하고, 이를 고지하지 않은 경우 타인이 그 보험계약이 체결된 사실을 알지 못하였다는 사유로 보험자에게 대항하지 못한다.

② 계속보험료의 미납으로 보험자가 보험계약을 해지하였으나, 해지환급금이 지급되지 않은 경우라면 보험계약자는 일정한 기간 내에 연체보험료에 약정이자를 붙여 보험자에게 지급하고, 그 계약의 부활을 청구할 수 있다.

③ 보험자는 보험금액의 지급에 관하여 약정기간이 없는 경우에는 보험계약자 또는 피보험자의 보험사고 발생의 통지를 받은 후 지체 없이 지급할 보험금액을 정하고 그 정하여진 날부터 10일 이내에 보험금액을 지급하여야 한다.

④ 당사자간에 보험가액을 정한 때에는 그 가액은 사고발생시의 가액으로 정한 것으로 본다.

18

잔존물대위와 보험위부의 비교에 관한 설명으로 옳지 않은 것은?

① 잔존물대위의 경우 보험의 목적 전부가 멸실된 경우 보험금액의 전부를 피보험자에게 지급한 보험자가 보험목적에 대한 피보험자의 권리를 취득한다.

② 잔존물대위의 경우 보험의 목적이 물리적으로 멸실하거나 또는 본래의 경제적 가치를 상실할 정도로 훼손된 경우에도 전손으로 볼 수 있다.

③ 보험위부의 경우 선박의 존부가 1개월간 분명하지 않은 때 그 선박의 행방이 불명한 것으로 하고 이를 전손으로 추정한다.

④ 보험위부에서 보험자가 위부를 승인하지 아니한 때에 피보험자는 위부의 원인을 증명하지 아니하면 보험금액의 지급을 청구하지 못한다.

19

피보험자인 甲은 보험자와 보험가액이 1억원인 자신소유의 건물에 대하여 보험금액을 6천만원으로 하는 화재보험에 가입하였다. 그러나 제3자인 乙의 방화로 6천만원의 손해가 발생하였다. 이에 따라 보험자는 일부보험 법리에 따라 보험가액 비율(6/10)인 3천 6백만원을 甲에게 지급하였다. 그런데 乙의 변제자력이 4천만원인 경우를 가정하였을 때 피보험자우선설(차액설)에 따라 보험자가 乙에게 청구할 수 있는 금액은 얼마인가?

① 1천 6백만원

② 2천 4백만원

③ 3천만원

④ 4천만원

20

화재보험에 관한 설명으로 옳지 않은 것은?

① 보험자는 화재손해 감소에 필요한 조치로 인하여 생긴 손해에 대하여는 다른 약정이 있는 경우에 한하여 보상할 책임이 있다.

② 보험자는 화재의 소방에 필요한 조치로 인하여 생긴 손해를 보상할 책임이 있다.

③ 건물을 보험의 목적으로 한 화재보험증권에는 그 소재지뿐만 아니라, 그 구조와 용도도 기재하여야 한다.

④ 집합된 물건을 일괄하여 화재보험의 목적으로 한 때에는 피보험자의 사용인의 물건도 보험의 목적에 포함된 것으로 한다.

21

☑ 확인Check! ○ △ ✕

해상보험계약에 있어 보험자가 책임을 지지 아니하는 사유에 해당하지 않는 것은?

① 항해변경　　　　　　　　　　　　　② 이로
③ 선박의 변경　　　　　　　　　　　④ 선장의 변경

22

☑ 확인Check! ○ △ ✕

해상보험에 관한 설명으로 옳지 않은 것은?

① 보험자는 피보험자가 선박의 일부가 훼손되었음에도 불구하고 이를 수선하지 아니하였다면 그로 인한 선박의 감가액을 보상할 책임은 없다.
② 보험의 목적인 적하에 일부손해가 생긴 경우 보험자는 그 손해가 생긴 상태의 가액과 정상가액과의 차액의 정상가액에 대한 비율을 보험가액에 곱하여 산정한 금액에 대해 보상책임을 부담한다.
③ 항해 도중에 불가항력으로 보험의 목적인 적하를 매각한 때에는 보험자는 그 대금에서 운임 기타 필요한 비용을 공제한 금액과 보험가액과의 차액을 보상하여야 한다.
④ 보험계약의 체결 당시에 하물을 적재할 선박을 지정하지 아니한 경우에 보험계약자 또는 피보험자가 그 하물이 선적되었음을 안 때에는 지체 없이 보험자에 대하여 그 선박의 명칭, 국적과 하물의 종류, 수량과 가액의 통지를 발송하여야 한다.

23

☑ 확인Check! ○ △ ✕

단체보험에 있어 피보험자의 동의에 관한 설명으로 옳지 않은 것은?(다툼이 있는 경우 판례에 의함)

① 단체가 구성원의 전부 또는 일부를 피보험자로 하는 생명보험계약을 체결함에 있어서, 상법 제735조의3에서 규정하고 있는 '규약'을 구비하지 못한 경우, 피보험자의 서면동의가 있었던 시점부터 보험계약으로서의 효력이 발생한다.
② 타인의 사망을 보험사고로 하는 단체보험계약에 있어서, 보험계약의 유효요건으로서 피보험자가 서면으로 동의의 의사를 표시하거나 그에 갈음하는 규약의 작성에 동의하여야 하는 종기는 보험계약 체결 시까지이다.
③ 상법 제735조의3에서 규정하고 있는 규약이나 상법 제731조에서 규정하고 있는 서면동의 없이 단체보험계약을 체결한 자가 그 보험계약의 무효를 주장하는 것은 신의칙 또는 금반언의 원칙에 반한다.
④ 상법 제735조의3에서 단체보험의 유효요건으로 요구하는 '규약'의 의미는 단체협약, 취업규칙, 정관 등 그 형식을 막론하고 단체보험의 가입에 관한 단체내부의 협정에 해당하는 것으로서, 반드시 당해 보험가입과 관련한 상세한 사항까지 규정하고 있을 필요는 없다.

24

상법상 보험대리상이 아니면서 특정한 보험자를 위하여 계속적으로 보험계약의 체결을 중개하는 자의 권한으로 바르게 짝지어진 것은?

> 가. 보험자가 작성한 영수증을 교부함으로써 보험계약자로부터 보험료를 수령할 수 있는 권한
> 나. 보험자가 작성한 보험증권을 보험계약자에게 교부할 수 있는 권한
> 다. 보험계약자로부터 청약의 의사표시를 수령할 수 있는 권한
> 라. 보험계약자에게 보험계약의 해지의 의사표시를 할 수 있는 권한

① 가, 나

② 가, 나, 다

③ 가, 나, 다, 라

④ 다, 라

25

상법상 인보험에 관한 설명으로 옳지 않은 것은?

① 인보험은 피보험자의 생명이나 신체에 관한 보험사고를 담보한다.
② 인보험은 생명보험, 상해보험, 질병보험으로 구분할 수 있다.
③ 인보험계약에 있어 보험금은 당사자간의 약정에 따라 분할하여 지급할 수 있다.
④ 생명보험에는 중복보험에 관한 규정이 존재한다.

26

타인의 사망보험에 관한 설명으로 옳지 않은 것은?(다툼이 있는 경우 판례에 의함)

① 타인의 사망을 보험사고로 하는 보험계약에 있어서 보험설계사가 보험계약자에게 피보험자인 타인의 서면동의를 얻어야 하는 사실에 대한 설명의무를 위반하여 보험계약이 무효로 된 경우, 보험회사는 보험업법 제102조 제1항에 따라 보험계약자에게 보험금 상당액의 손해배상책임을 부담한다.
② 보험계약자가 보험계약 체결 당시 보험계약청약서 및 약관의 내용을 검토하여 피보험자의 서면동의를 받았어야 할 주의의무를 게을리 하였다면, 과실상계가 적용될 수 있다.
③ 피보험자의 서면동의 없이 체결된 타인의 사망을 보험사고로 하는 보험계약은 무효이다. 그러나 피보험자의 추인으로 보험계약이 유효로 될 여지는 있다.
④ 타인의 사망을 보험사고로 하는 보험계약에서 요구되는 피보험자인 타인의 동의에 포괄적 동의, 묵시적 동의 및 추정적인 동의는 제외된다.

27

상해보험에 관한 설명으로 옳지 않은 것은?

① 상해보험에서는 보험사고의 시기와 보험사고의 발생 여부가 불확정적이다.

② 15세 미만자, 심신상실자 또는 심신박약자의 상해를 보험사고로 한 보험계약은 무효이다.

③ 상해보험계약의 보험자는 신체의 상해에 관한 보험사고가 발생할 경우에 보험금액 기타의 급여를 지급할 책임이 있다.

④ 상해보험에 있어서 피보험자와 보험계약자가 동일인이 아닐 경우에는 보험증권의 기재사항 중에서 피보험자의 주소·성명 및 생년월일에 갈음하여 피보험자의 직무 또는 직위만을 기재할 수 있다.

28

보험수익자의 지정 또는 변경에 관한 설명으로 옳지 않은 것은?

① 보험수익자의 지정 또는 변경의 권리는 보험계약자에게 있다.

② 보험계약자가 보험수익자 지정권을 행사하지 아니하고 사망한 경우에는 피보험자를 보험수익자로 한다.

③ 보험계약자가 보험수익자 변경권을 행사하지 아니하고 사망한 경우에는 보험수익자의 권리가 확정된다.

④ 보험수익자가 보험존속 중에 사망한 경우에는 보험계약자는 다시 보험수익자를 지정할 수 있다. 이 경우에 보험계약자가 지정권을 행사하지 아니하고 사망한 때에는 보험계약자의 상속인을 보험수익자로 한다.

29

보험적립금반환의무에 관한 설명으로 옳은 것은?

① 보험적립금반환의무는 고지의무위반으로 계약이 해지된 경우에는 적용되지 아니한다.

② 보험적립금청구권은 2년의 시효로 소멸한다.

③ 계속보험료의 지급 지체로 보험계약이 해지된 경우에는 보험자는 보험수익자를 위하여 적립한 금액을 보험계약자에게 지급하여야 한다.

④ 보험계약자의 고의로 인한 보험사고의 경우에도 보험자는 보험적립금반환의무를 부담한다.

30

☑ 확인 Check! ○ △ ✕

재보험에 관한 설명으로 옳지 않은 것은?

① 재보험계약은 원보험계약의 효력에 영향을 미치지 아니한다.

② 책임보험에 관한 규정은 그 성질에 반하지 아니하는 범위에서 재보험계약에 준용될 수 있다.

③ 재보험자가 원보험계약자에게 보험금을 지급하면 지급한 재보험금의 한도 내에서 원보험자가 제3자에 대해 가지는 권리를 대위취득한다.

④ 원보험계약의 보험자가 보험금 지급의무를 이행하지 않을 경우 피보험자 또는 보험수익자는 재보험자에게 직접 보험금지급청구권을 행사할 수 있다.

31

☑ 확인 Check! ○ △ ✕

보증보험에 관한 설명으로 옳지 않은 것은?(다툼이 있는 경우 판례에 의함)

① 보증보험은 보험계약자의 계약상의 채무불이행 또는 법령상의 의무불이행으로 인하여 피보험자가 입은 손해를 담보하기 위한 보험이다.

② 보증보험은 손해보험계약의 일종이다.

③ 이행보증보험의 보험자는 민법 제434조를 준용하여 보험계약자의 채권에 의한 상계로 피보험자에게 대항할 수 있고, 그 상계로 피보험자의 보험계약자에 대한 채권이 소멸되는 만큼 보험자의 피보험자에 대한 보험금 지급채무도 소멸된다.

④ 이행보증보험계약에 의하여 보험자가 피보험자에게 담보하는 채무이행의 내용은 채권자와 채무자 사이에서 체결된 주계약에 의하여 정하여지고, 이러한 주계약을 전제로 이행보증보험계약이 성립되므로, 그 주계약은 반드시 이행보증보험계약을 체결할 당시 확정적으로 유효하게 성립되어 있어야 한다.

32

☑ 확인 Check! ○ △ ✕

손해액 산정기준에 관한 설명으로 옳지 않은 것은?

① 보험자가 보상할 손해액은 그 손해가 발생한 때와 곳의 가액에 의하여 산정한다.

② 손해액의 산정에 관한 비용은 보험자 및 보험계약자의 공동부담으로 한다.

③ 손해액의 산정에 관하여 당사자간에 별도의 약정이 있는 경우에는 신품가액에 의하여 산정할 수 있다.

④ 손해액의 산정에 관해서는 기본적으로 손해보험의 대원칙인 실손보상의 원칙이 적용된다.

33

보험계약의 해지에 관한 설명으로 옳지 않은 것은?

① 보험계약자는 보험사고의 발생 여부와 상관없이 언제든지 보험계약의 전부 또는 일부를 해지할 수 있다.

② 보험사고의 발생으로 보험자가 보험금을 지급한 때에도 보험금액이 감액되지 아니한 보험의 경우에는 보험계약자는 그 사고발행 후에도 보험계약을 해지할 수 있다.

③ 보험자가 파산선고를 받은 때에는 보험계약자는 계약을 해지할 수 있다.

④ 보험자가 고지의무위반 사실을 알았거나 중대한 과실로 인하여 알지 못한 경우에는 계약을 해지할 수 없다.

34

다음의 사례와 해석원칙을 바르게 연결한 것은?(다툼이 있는 경우 판례에 의함)

〈사례〉

가. 면책약관에 의하면 식중독에 의한 사망에 대해 보상하지 아니한다고 규정하고 있었다. 그런데 보험대리점은 비브리오균에 의한 식중독으로 사망한 경우에도 보험금이 지급된다고 설명하였다. 이에 따라 법원은 당사자 사이에 명시적으로 약관의 내용과 달리 약정한 경우에는 약관의 구속력이 배제된다고 보았다.

나. 무면허운전 면책조항은 무면허운전이 보험계약자나 피보험자의 지배 또는 관리가 가능한 상황에서 이루어진 경우에 한하여 적용되는 것으로 수정해석 할 필요가 있다.

다. 수술의 의미를 구체적으로 명확하게 제한하지 않고 있으므로, 가는 관을 대동맥에 삽입하여 이를 통해 약물 등을 주입하는 색전술도 넓은 의미의 수술에 포함될 수 있다.

〈해석원칙〉

Ⓐ 작성자불이익의 원칙

Ⓑ 개별약정 우선의 원칙

Ⓒ 효력유지적 축소해석의 원칙

① 가 - Ⓐ, 니 - Ⓑ, 다 - Ⓒ

② 가 - Ⓑ, 나 - Ⓐ, 다 - Ⓒ

③ 가 - Ⓑ, 나 - Ⓒ, 다 - Ⓐ

④ 가, 나 - Ⓒ, 다 - Ⓑ

35

초과보험에 관한 설명으로 옳지 않은 것은?

① 보험가액이 보험기간 중에 현저하게 감소된 때에는 보험자 또는 보험계약자는 보험료와 보험금액의 감액을 청구할 수 있다.
② 중복보험으로 보험금액이 현저하게 보험가액을 초과하는 경우에 초과보험이 된다.
③ 현저한 초과는 보험료 및 보험금액의 감액에 영향을 줄 정도의 초과를 의미한다.
④ 보험료감액 청구 후 보험료의 감액은 소급효가 인정된다.

36

자동차보험에 관한 설명으로 옳지 않은 것은?(다툼이 있는 경우 판례에 의함)

① 기명피보험자란 피보험자동차를 소유·사용·관리하는 자 중에서 보험계약자가 지정하여 보험증권의 기명피보험자란에 기재되어 있는 피보험자를 말한다.
② 전혼이 사실상 이혼상태에 있는 등 특별한 사정이 있더라도 사실혼 배우자는 친족피보험자에 포함되지 아니한다.
③ 기명피보험자로부터 피보험자동차를 임대받아 운행하는 자는 피보험자동차를 사용 또는 관리하는 자에 해당한다.
④ 대리운전의 경우 자동차보유자와 대리운전업자 모두 운행자성이 인정될 수 있다.

37

질병보험에 관한 설명으로 옳지 않은 것은?(다툼이 있는 경우 판례에 의함)

① 질병보험은 상법상 제3보험이다.
② 질병보험에 대하여 그 성질에 반하지 아니하는 범위에서 생명보험 및 상해보험에 관한 규정을 준용한다.
③ 신체의 질병 등과 같은 내부적 원인에 기한 것은 상해보험이 아니라 질병보험 등의 대상이 된다.
④ 질병보험계약의 보험자는 피보험자의 질병에 관한 보험사고가 발생한 경우 보험금이나 기타 급여를 지급할 책임이 있다.

38

다음 설명으로 옳지 않은 것은?

① 보험기간은 보험계약기간보다 장기일 수 없다.

② 청약서를 작성하는 경우라 하더라도 보험계약은 불요식계약이다.

③ 당사자간에 특약이 있을 경우에는 초회보험료를 납입하지 않아도 보험기간이 개시될 수 있다.

④ 보험계약이 해지된 이후에 발생한 보험사고에 대하여 보험자는 보험금을 지급할 책임이 없다.

39

중복보험에 관한 설명으로 옳지 않은 것은?(다툼이 있는 경우 판례에 의함)

① 수 개의 보험계약의 보험계약자가 동일할 필요는 없으나 피보험자가 동일인일 것이 요구된다.

② 각 보험계약의 보험기간은 전부 공통될 필요는 없고 중복되는 기간이 존재하면 중복보험이 인정될 수 있다.

③ 중복보험에 관한 상법의 규정은 강행규정이 아니므로, 각 보험계약의 당사자는 각개의 보험계약이나 약관을 통하여 중복보험에 있어서의 피보험자에 대한 보험자의 보상책임 방식이나 보험자들 사이의 책임분담방식에 대하여 상법의 규정과 다른 내용으로 약정할 수 있다.

④ 중복보험이 성립되면 각 보험자는 보험가액의 한도에서 연대책임을 부담한다.

40

보험계약의 무효로 인한 보험료반환청구에 관한 설명으로 옳지 않은 것은?

① 인보험의 경우 보험계약자와 보험수익자가 선의이며 중대한 과실이 없을 경우에 인정된다.

② 손해보험의 경우 보험계약자와 피보험자가 선의이며 중대한 과실이 없을 경우에 인정된다.

③ 보험자가 보험계약을 체결할 때 보험약관의 교부・설명의무를 위반하여 보험계약자가 보험계약이 성립한 날부터 3개월 이내에 보험계약을 취소하는 경우에는 보험계약자에게 보험료반환청구권이 인정되지 아니한다.

④ 보험계약의 일부가 무효인 경우에도 보험료반환청구권이 발생할 수 있다.

2018년 제41회 손해사정이론 1차 시험문제

⊘ 중요 문제 / 틀린 문제 CHECK

| 01 | 02 | 03 | 04 | 05 | 06 | 07 | 08 | 09 | 10 | 11 | 12 | 13 | 14 | 15 | 16 | 17 | 18 | 19 | 20 |
| 21 | 22 | 23 | 24 | 25 | 26 | 27 | 28 | 29 | 30 | 31 | 32 | 33 | 34 | 35 | 36 | 37 | 38 | 39 | 40 |

| 시간 | 분 | 정답 및 해설편 150p |

01

☑ 확인Check! ○ △ ✕

도덕적 위태(moral hazard)를 감소시키기 위해 보험자가 활용하는 방법으로 볼 수 없는 것은?

① 보험자와 피보험자의 공동보험(coinsurance)
② 공제(deductible)
③ 엄격한 위험인수(underwriting)
④ 재보험(reinsurance)

02

☑ 확인Check! ○ △ ✕

산업재해보상보험에 대한 설명으로 옳지 않은 것은?

① 근로자재해배상책임보험의 성격을 가진다.
② 사회보험으로 근로복지공단에서 운영하고 있다.
③ 출퇴근 재해는 보상범위에 포함되지 않는다.
④ 장해급여와 유족급여는 연금으로 수급가능하다.

03

☑ 확인Check! ○ △ ✕

국민건강보험에 대한 설명으로 옳지 않은 것은?

① 소득재분배 성격을 가지고 있다.
② 직장가입자와 지역가입자의 보험료 산정기준이 다르다.
③ 구상제도가 없다.
④ 공제(deductible)제도가 있다.

04

운송보험에서 보험계약 당사자 사이에 보험가액에 대한 별도의 약정이 없을 때, 보험가액에 포함되지 않는 것은?

① 운송물을 발송한 때와 장소에서의 가액
② 도착지까지의 운임
③ 도착지까지의 포장비
④ 희망이익

05

보험회사가 위험인수 방침을 설정할 때 고려해야 하는 사항과 거리가 먼 것은?

① 인수능력   ② 규제
③ 재보험   ④ 자산운용

06

과실상계에 대한 설명으로 옳지 않은 것은?

① 과실상계란 손해배상책임을 정함에 있어서 손해발생이나 손해확대에 대한 피해자의 과실을 참작하는 제도를 말한다.
② 고액의 배상액을 공평분담의 견지에서 감액함으로써 위자료와 함께 손해배상액 산정에 있어서 조정 기능을 한다.
③ 과실상계율은 자기과실에 대한 비율로서 손해배상액 산정시 통상적으로 자기부담부분을 의미한다.
④ 피해자의 과실은 의무위반에 한정되지 않고 사회통념상 신의성실의 원칙에 따라 요구되는 약한 부주의를 포함한다.

07

☑ 확인Check! ○ △ ✕

손해율 산정방식 중 경과손해율(incurred-to-earned basis loss ratio)에 해당하는 것은?

① $\dfrac{\text{지급보험금}}{\text{경과보험료}}$

② $\dfrac{\text{지급보험금}}{\text{수입보험료}}$

③ $\dfrac{\text{발생손해액}}{\text{경과보험료}}$

④ $\dfrac{\text{발생손해액}}{\text{수입보험료}}$

08

☑ 확인Check! ○ △ ✕

자동차보험의 대물배상보험금 중 간접손해에 포함되지 않는 것은?

① 대차료

② 자동차 시세하락 손해

③ 휴차료

④ 영업손실

09

☑ 확인Check! ○ △ ✕

우리나라에서 채택하고 있는 新지급여력제도(K-ICS)하에서 지급여력기준금액의 산출식을 옳게 표기한 것은?(단, i, j는 생명·장기손해보험, 일반손해보험, 시장, 신용) [기출수정]

① 기본요구자본 $= \sqrt{\sum_i\sum_j \text{상관계수}_{ij} \times \text{시장위험액}_i \times \text{신용위험액}_j)} + \text{보험위험액}$

② 기본요구자본 $= \sqrt{\sum_i\sum_j \text{상관계수}_{ij} \times \text{개별위험액}_i \times \text{개별위험액}_j)} + \text{보험위험액}$

③ 기본요구자본 $= \sqrt{\sum_i\sum_j \text{보험위험액}_{ij} \times \text{시장위험액}_i \times \text{신용위험액}_j)} + \text{운영위험액}$

④ 기본요구자본 $= \sqrt{\sum_i\sum_j \text{상관계수}_{ij} \times \text{개별위험액}_i \times \text{개별위험액}_j)} + \text{운영위험액}$

10

☑ 확인Check! ○ △ ✕

풍수해보험에 대한 설명으로 옳은 것은?

① 보험계약자가 보험료를 전액 부담한다.

② 행정안전부에서 관장하고 민영보험사가 운영한다.

③ 지진담보특약을 추가하지 않으면 지진으로 인한 손해를 보상받지 못한다.

④ 농작물과 농업시설, 농가주택을 대상으로 하며 공동주택은 가입할 수 없다.

11

대재해위험을 자본시장의 투자자들에게 전가하는 대체위험전가(Alternative Risk Transfer ; ART)의 방법이 아닌 것은?

① 금융재보험(financial reinsurance)
② 대재해채권(catastrophe bond)
③ 사이드카(sidecar)
④ 대재해옵션(catastrophe option)

12

다음은 피보험자 갑의 동일한 보험목적물에 대한 보험사별 보험가입현황이다. 손해액이 6억원일 때, 타보험계약에 대하여 책임한도분담조항(독립책임액분담 조항)을 적용하는 경우 A 보험사의 지급보험금은 얼마인가?

- 보험가액 : 10억원
- A 보험사 : 보험금액 2억원, 실손보상
- B 보험사 : 보험금액 8억원, 실손보상

① 1억 2,000만원　　　　　　　　　② 1억 5,000만원
③ 4억 5,000만원　　　　　　　　　④ 4억 8,000만원

13

다음은 어떤 보험회사의 영업 첫 해의 연도 말 회계관련 자료이다. 이 자료를 토대로 산출한 당해 회계연도 발생손해액은 얼마인가?

- 개별추산준비금(case reserve) : 4,000만원
- 지급보험금(paid loss) : 3,400만원
- IBNR준비금 : 3,500만원
- 장래손해조사비 : 530만원

① 3,400만원　　　　　　　　　② 8,030만원
③ 1억 900만원　　　　　　　　④ 1억 1,430만원

14

☑ 확인Check! ○ △ ✕

상법상 잔존물대위에 대한 설명으로 옳지 않은 것은?

① 잔존물대위의 요건이 갖추어지면 보험자는 피보험자가 보험의 목적에 대해 가지는 피보험이익에 관한 모든 권리를 당연히 취득하게 된다.

② 보험자는 대위권의 행사를 포기할 수 있다.

③ 잔존물대위가 인정되기 위해서 보험자가 해당 보험금 및 기타 보상급여 전부를 지급해야 하는 것은 아니다.

④ 일부보험에서의 잔존물 대위권은 보험금액의 보험가액에 대한 비율에 따라 정한다.

15

☑ 확인Check! ○ △ ✕

다음의 사례에서 경기장 운영자가 주장할 수 있는 법리는?

> 야구경기장에서 경기를 관람하는 도중에 파울볼(foul ball)에 맞아 상해를 입은 관객이 경기장 운영자에게 상해에 대한 배상을 요구하였다.

① 기여과실(contributory negligence)

② 상계과실(comparative negligence)

③ 리스크의 인정(assumption of risk)

④ 최종적 명백한 기회(last clear chance)

16

☑ 확인Check! ○ △ ✕

다음 중 개별요율 산정방식이 아닌 것은?

① 예정표요율(schedule rating)

② 등급요율(class rating)

③ 경험요율(experience rating)

④ 소급요율(retrospective rating)

17

보험계약 조건 및 손실확률분포가 다음과 같을 때 순보험료(net premium)는 얼마인가?

- 보험가액 : 1,000만원
- 보험금액 : 700만원
- 보상방식 : 비례보상
- 손실확률분포

손해액	0원	100만원	500만원	1,000만원
사고발생확률	0.7	0.1	0.1	0.1

① 112만원
② 130만원
③ 160만원
④ 210만원

18

타인을 위한 보험계약으로 볼 수 없는 것은?

① 창고업자가 자신이 보관하는 타인의 물건에 대하여 그 물건의 소유자를 피보험자로 하는 보험계약을 체결하는 것
② 임차인이 건물의 소유주를 피보험자로 하는 화재보험계약을 체결하는 것
③ 아버지가 자기의 사망을 보험사고로 하는 생명보험계약을 체결하면서 자녀를 보험수익자로 정하는 것
④ 타인 소유의 물건을 운송하는 자가 소유권자의 손해배상청구에 대비하기 위하여 보험에 가입하는 것

19

보험계약의 부합계약성에 기인하여 계약자가 입을 수 있는 불이익을 방지하기 위한 수단과 거리가 먼 것은?

① 불이익변경금지의 원칙
② 약관교부설명의무
③ 작성자불이익의 원칙
④ 피보험이익의 원칙

20

민영보험과 사회보험의 공통적인 특징으로 옳지 않은 것은?

① 우연한 사고로 인한 경제적 필요의 충족을 목적으로 한다.

② 다수 경제주체의 결합을 요건으로 한다.

③ 역선택의 문제가 발생한다.

④ 고의적 사고의 발생과 같은 도덕적 위태의 문제가 존재한다.

21

다음 설명내용에 적합한 보험회사의 자산운용원칙은?

> 보험회사의 자산은 대부분 보험계약자가 선납한 보험료로 구성되며, 이것은 미래의 보험금을 원활히 지급하기 위한 법정적립금(legal reserve)의 형태로 보전되어야 한다. 따라서 보험회사의 자산운용에 있어서 이 원칙을 희생하는 다른 원칙의 추구는 의미가 없기 때문에 다른 어느 원칙보다 중요하다고 할 수 있다. 전통적으로 자산운용에 대한 정부의 감독·규제는 이 원칙에 초점이 맞추어져 왔다.

① 수익성

② 공공성

③ 유동성

④ 안전성

22

영국 해상보험법상의 보험위부(abandonment)에 대한 설명으로 적절하지 않은 것은?

① 위부의 통지는 서면으로 하든 구두로 하든 통지의 방법에는 아무런 제한이 없다.

② 위부의 통지는 위부를 한다는 의사표시만 명백하면 조건부로도 할 수 있다.

③ 위부의 통지가 보험자에 의해 승인된 이후에는 피보험자는 이를 철회할 수 없다.

④ 보험자가 위부를 승인한 후에는 보험자는 그 위부에 대하여 이의를 제기하지 못한다.

23

확률 또는 표준편차와 같은 통계적 방법에 의해 측정이 가능한지의 여부에 따라 분류한 위험의 종류는?

① 순수위험(pure risk), 투기적 위험(speculative risk)
② 객관적 위험(objective risk), 주관적 위험(subjective risk)
③ 동태적 위험(dynamic risk), 정태적 위험(static risk)
④ 본원적 위험(fundamental risk), 특정위험(particular risk)

24

출재사인 원보험자의 파산시에 재보험자가 원보험계약의 피보험자에게 직접 재보험금을 지급할 수 있도록 규정한 재보험계약 조항은?

① Cut-Through Clause
② Follow the Fortune Clause
③ Claim Co-operation Clause
④ Arbitration Clause

25

다음에 열거한 구상권 행사의 절차를 순서대로 바르게 배열한 것은?

> ⓐ 구상채권의 확보
> ⓑ 구상권 행사가치 존재 여부의 판단
> ⓒ 임의변제의 요청
> ⓓ 구상권 성립 여부의 확인
> ⓔ 소송의 제기, 구상청구금액 감액 합의 또는 포기 여부의 판단과 결정

① ⓐ → ⓒ → ⓓ → ⓑ → ⓔ
② ⓑ → ⓓ → ⓒ → ⓐ → ⓔ
③ ⓒ → ⓔ → ⓑ → ⓓ → ⓐ
④ ⓓ → ⓑ → ⓐ → ⓒ → ⓔ

26

재물손해보험에서 피보험이익의 존재시기에 대한 설명으로 옳은 것은?

① 보험계약 체결시점에만 존재하면 된다.

② 손해가 발생하는 시점에는 반드시 존재해야 한다.

③ 보험계약 체결시점에는 물론 손해발생시점을 포함하여 반드시 보험기간 동안 계속하여 존재해야 한다.

④ 피보험자의 동의만 있으면 보험계약이 성립하고 피보험이익의 문제는 발생하지 않는다.

27

권원보험(title insurance)에 대한 설명으로 옳지 않은 것은?

① 권원보험에는 소유자증권(owner's policy)과 저당권자증권(mortgagee policy)이 있다.

② 보험료는 증권이 발급될 때 한 번만 납입하면 되고 추가보험료의 납입은 없다.

③ 증권발급 이후에 생긴 부동산의 소유권 하자로 인한 경제적 손실을 보상한다.

④ 부보금액은 부동산 구매가격이며, 손해가 발생하면 부보금액까지 현금으로 보상한다.

28

다음 중 독립손해사정사에게 금지되는 행위는?

① 손해발생 사실의 확인, 보험약관 및 관계법규 적용의 적정성 판단

② 보험회사에의 손해사정업무 수행과 관련된 의견 진술

③ 보험회사와의 보험금에 대한 합의 또는 절충

④ 손해사정업무와 관련된 서류의 작성·제출의 대행

29

☑ 확인 Check! ○ △ ✕

보험사기의 유형 중 연성사기(soft fraud)에 대한 설명으로 옳지 않은 것은?

① 보험증권에서 보상되는 재해, 상해, 화재 등 손해발생을 의도적으로 조작하는 행위를 말한다.

② 연성사기는 기회주의적 사기(opportunity fraud)라고도 불린다.

③ 합법적인 보험금 청구를 함에 있어서 사고금액을 과장 또는 확대함으로써 부당한 이득을 취하려는 일체의 행위를 말한다.

④ 보험회사에 의해 보험인수가 거절될 자가 보험에 인수될 가능성을 높이려는 악의적 행위도 포함된다.

30

☑ 확인 Check! ○ △ ✕

손해보험회사의 비상위험준비금에 대한 설명으로 옳지 않은 것은?

① 대화재, 태풍, 지진 등 재난적 손해에 대비하기 위하여 적립하는 금액이다.

② 외국보험회사국내지점은 국내에서 체결한 계약에 관하여 적립한 비상위험준비금에 상당하는 자산을 국내에 보유하여야 한다.

③ 하나의 계약기간에는 발생할 것으로 예상되지 않을 수 있으나, 언젠가는 지급이 예상되는 금액이므로, 재무상태표상의 부채항목으로 인식된다.

④ 보험회사의 경영측면에서 비상위험준비금을 많이 적립할 수 있다는 것은 보험회사의 재무건전성이 높다는 것을 의미하기도 한다.

31

☑ 확인 Check! ○ △ ✕

보험계약의 선언(declaration) 부문에 대한 설명으로 옳은 것은?

① 특정 손인(peril)이나 손해 또는 재산 및 지역 등에 대하여 보험자의 책임이 면제되는 사항을 명시한 부문을 말한다.

② 보험에 가입한 재산 또는 사람에 대한 정보를 기술한 부문으로서, 일반적인 손해보험에서는 보험의 목적, 보험금액, 피보험자, 보험기간 등을 기재하고 있다.

③ 보험자로부터 보험계약자나 피보험자가 피해보상을 받기 위하여 반드시 준수해야 하는 의무 또는 권리 제한 등이 포함된 부문이다.

④ 보험계약자와 보험자가 보험계약이 성립되었음을 확인하였다는 사실을 표시한 부문이다.

32

다음과 같이 초과손해액재보험특약(excess of loss treaty cover)에 가입한 경우 하나의 보험사고로 인한 원수보험자의 지급보험금이 30억원일 때, 동 사고에 대해 보험금 회수 후 출재사인 원수보험자가 부담하게 되는 순보유손해금액은 얼마인가?

90% of 20억원 in excess of 5억원 per occurrence

① 12억원 ② 13억원
③ 17억원 ④ 18억원

33

피보험자 A는 보험금액이 1억원인 보험에 가입 후 보험기간 중 발생한 1건의 보험사고로 500만원에 해당하는 손실을 입었다. 다음과 같은 3가지 공제(deductible) 조건하에서 보험회사가 보상해야 할 금액은 각각 얼마인가?

A. 정액 공제(straight deductible) 200만원
B. 프랜차이즈 공제(franchise deductible) 100만원
C. 소멸성 공제(disappearing deductible) 100만원, 보상 조정계수 110%

	A	B	C
①	200만원	100만원	110만원
②	300만원	500만원	450만원
③	300만원	400만원	440만원
④	300만원	500만원	440만원

34

PML(probable maximum loss)과 MPL(maximum possible loss)에 대한 설명으로 옳지 않은 것은?

① MPL은 최악의 시나리오를 가상하여 추정한 최대손해액을 말한다.
② 보험회사가 위험의 인수 여부 및 조건을 결정하고, 보험료를 산출하는 기초로 사용하는 개념도 MPL이다.
③ EML(estimated maximum loss)은 MPL과 동의어로 쓰기도 한다.
④ PML의 결정에는 손해액의 확률분포에 대한 위험관리자의 주관적인 선택이 개입된다.

35

손실통제의 이론과 기법으로서 소위 에너지방출이론(energy release theory)에 대한 설명으로 옳지 않은 것은?

① 손실통제의 기본방향은 기계적 접근방법에 두는 것이 바람직하다는 주장에 바탕을 두어 사고발생의 물리적, 기계적 측면을 강조하고 있다.

② 사고의 발생은 근본적으로 에너지가 갑자기 급격하게 방출됨으로써 에너지를 통제하지 못한 결과에 기인한 것이라고 한다.

③ 하돈(William Haddon, Jr.)에 의하여 주장되었다.

④ 사고의 궁극적 원인을 경영관리의 문제라고 지적하고, 손실통제의 노력은 안전규칙의 강화, 안전교육 훈련의 증가에 집중되어야 한다고 본다.

36

다음은 위험결합(risk pooling) 개념으로서 보험을 정의한 것이다. (   ) 안에 들어갈 용어들을 바르게 짝지은 것은?

> 보험이란 단순히 말해서 위험의 결합으로 (A)을 (B)으로 전환시키는 사회적 제도라고 할 수 있다. 즉, 보험은 다수의 동질적 위험을 한 곳에 모으는 위험결합을 통해서 가계나 기업의 (C)을 (D)로 대체하는 제도라고 할 수 있다.

	A	B	C	D
①	불확실성	확실성	실제손실	평균손실
②	확실성	불확실성	실제손실	평균손실
③	확실성	불확실성	평균손실	실제손실
④	불확실성	확실성	평균손실	실제손실

37

보험계약의 최대선의성의 원칙이 손해보험계약상에 구현된 제도라고 할 수 없는 것은?

① 사기로 인한 중복보험시 보험계약의 무효

② 고지의무제도와 위험변경 증가시 통지의무

③ 보험자대위

④ 손해방지경감의무

38

보험계약의 무효 사유에 해당하지 않는 것은?

① 사기로 인한 초과보험
② 보험계약자의 중대한 과실로 중요한 사항을 고지하지 아니한 경우
③ 심신상실자의 사망을 보험사고로 하는 보험계약
④ 타인의 서면동의 없이 그 타인의 사망을 보험사고로 하는 보험계약

39

다음은 상법 제653조의 내용이다. 밑줄 친 내용과 가장 가까운 개념은?

> 보험기간 중에 보험계약자, 피보험자 또는 보험수익자의 <u>고의 또는 중대한 과실로 인하여 사고발생의 위험이 현저</u>하게 변경 또는 증가된 때에는 보험자는 그 사실을 안 날부터 1월내에 보험료의 증액을 청구하거나 계약을 해지할 수 있다.

① 위태(hazard)
② 손인(peril)
③ 손실(loss)
④ 불확실성(uncertainty)

40

일반적으로 방사능오염을 제외손인(excluded peril)으로 하고 있는 이유는 보험가능한 위험의 특정 요건이 충족되지 않기 때문이다. 이에 해당하는 위험의 특성으로 적절한 것은?

① 위험의 확정성
② 위험의 동질성
③ 위험의 독립성
④ 위험의 우연성

손해사정사 1차 시험문제

2019년 제42회 보험업법

1차 시험문제

✓ 중요 문제 / 틀린 문제 CHECK

01	02	03	04	05	06	07	08	09	10	11	12	13	14	15	16	17	18	19	20
21	22	23	24	25	26	27	28	29	30	31	32	33	34	35	36	37	38	39	40

| 시간 | 분 | 정답 및 해설편 166p |

01

☑ 확인 Check! ○ △ ✕

보험업법상 용어의 정의로 올바른 것을 모두 고른 것은?

> 가. "동일차주"란 동일한 개인 또는 법인 및 이와 신용위험을 공유하는 자로서 대통령령이 정하는 자를 말한다.
> 나. "자회사"란 보험회사가 다른 회사(「민법」 또는 특별법에 따른 조합을 포함한다)의 의결권 있는 발행주식(출자지분을 포함한다) 총수의 100분의 30을 초과하여 소유하는 경우의 그 다른 회사를 말한다.
> 다. "보험업"이란 보험상품의 취급과 관련하여 발생하는 보험의 인수, 보험료 수수 및 보험금 지급 등을 영업으로 하는 것으로서 생명보험업・손해보험업 및 제3보험업을 말한다.
> 라. "보험회사"란 보험업법 제4조에 따른 허가를 받아 보험업을 경영하는 자를 말한다.
> 마. "외국보험회사"란 대한민국 이외의 국가의 법령에 따라 설립되어 대한민국 내에서 보험업을 경영하는 자를 말한다.

① 가, 나, 다   ② 가, 다, 라
③ 나, 다, 라   ④ 다, 라, 마

02

☑ 확인 Check! ○ △ ✕

처음으로 보험업을 경영하려는 자가 금융위원회의 허가를 받기 위하여 제출하여야 하는 서류로 옳지 않은 것은? [기출수정]

① 업무 시작 후 3년간의 사업계획서(추정재무제표를 포함)
② 경영하려는 보험업의 종목별 보험약관, 보험료 및 해약환급금의 산출방법서
③ 발기인회의 의사록(외국보험회사 제외)
④ 정관

03

금융위원회는 보험업법 제5조에 따른 허가신청을 받았을 때는 (㉠)[보험업법 제7조에 따른 예비허가를 받았을 때는 (㉡)] 이내에 이를 심사하여 신청인에게 허가 여부를 통지해야 한다. 괄호 안에 들어갈 것으로 알맞은 것은? 기출수정

① ㉠ 2개월, ㉡ 1개월
② ㉠ 3개월, ㉡ 2개월
③ ㉠ 4개월, ㉡ 3개월
④ ㉠ 6개월, ㉡ 5개월

04

보험업의 겸영제한에 대한 설명으로 옳지 않은 것은? 기출수정

① 재보험은 손해보험의 영역에 속하나, 생명보험회사는 생명보험의 재보험을 겸영할 수 있다.
② 손해보험업의 보험종목(재보험과 보증보험 제외)의 일부만을 취급하는 보험회사는 퇴직보험계약이나 연금저축계좌를 설정하는 계약을 겸영할 수 없다.
③ 생명보험업의 보험종목의 일부를 취급하는 자는 퇴직보험계약이나 연금저축계좌를 설정하는 계약을 겸영할 수 없다.
④ 보험회사는 생명보험업과 손해보험업을 겸영하지 못하나, 대통령령에서 요구하는 요건을 갖추면 손해보험회사는 "질병을 원인으로 하는 사망을 제3보험의 특약형식으로 담보하는 보험"을 겸영할 수 있다.

05

보험회사는 보험업에 부수하는 업무를 하려면 그 업무를 하려는 날의 ( )까지 금융위원회에 신고하여야 한다. 괄호 안에 들어갈 것으로 알맞은 것은?

① 5일 전
② 6일 전
③ 7일 전
④ 10일 전

06

보험회사가 다른 금융업무 또는 부수업무(직전 사업연도 매출액이 해당 보험회사 수입보험료의 1천분의 1 또는 10억원 중 많은 금액에 해당하는 금액을 초과하는 업무만 해당)를 하는 경우에는 해당 업무에 속하는 자산·부채 및 수익·비용은 보험업과 구분하여 회계처리를 하여야 하는데, 그 대상을 모두 고른 것은?

> 가. 「한국주택금융공사법」에 따른 채권유동화자산의 관리업무
> 나. 「자본시장과 금융투자업에 관한 법률」 제6조 제4항에 따른 집합투자업
> 다. 「자본시장과 금융투자업에 관한 법률」 제6조 제6항에 따른 투자자문업
> 라. 「자본시장과 금융투자업에 관한 법률」 제6조 제7항에 따른 투자일임업
> 마. 「자본시장과 금융투자업에 관한 법률」 제6조 제8항에 따른 신탁업
> 바. 「자본시장과 금융투자업에 관한 법률」 제9조 제21항에 따른 집합투자증권에 대한 투자매매업
> 사. 「자본시장과 금융투자업에 관한 법률」 제9조 제21항에 따른 집합투자증권에 대한 투자중개업
> 아. 「외국환거래법」 제3조 제16호에 따른 외국환업무

① 가, 다, 라, 마
② 나, 라, 마, 바
③ 다, 바, 사, 아
④ 라, 바, 사, 아

07

보험회사인 주식회사(이하 "주식회사"라 한다)에 대한 설명으로 옳은 것은? 기출수정

① 주식회사가 자본감소를 결의한 경우에는 그 결의를 한 날로부터 3주 이내에 결의의 요지와 재무상태표를 공고하여야 한다.
② 주식회사가 주식금액 또는 주식 수의 감소에 따른 자본금의 실질적 감소를 결의한 때에는 그 결의를 한 날로부터 7일 이내에 금융위원회의 승인을 받아야 한다.
③ 주식회사의 자본감소 결의에 따른 공고에는 이전될 보험계약의 보험계약자로서 자본감소에 이의가 있는 자는 일정한 기간 동안 이의를 제출할 수 있다는 뜻을 덧붙여야 하며, 그 기간은 1개월 이상으로 하여야 한다.
④ 보험계약자나 보험금을 취득할 자는 주식회사가 파산한 경우 피보험자를 위하여 적립한 금액을 다른 법률에 특별한 규정이 있는 경우에 한하여 주식회사의 자산에서 우선 취득할 수 있다.

08

보험회사인 주식회사(이하 "주식회사"라 한다)의 조직변경에 대한 설명으로 옳은 것은 몇 개 인가?

기출수정

가. 주식회사가 보험업법 제22조(조직변경의 결의의 공고와 통지) 제1항에 따른 공고를 한 날 이후에 보험계약을 체결하려면 보험계약자가 될 자에게 조직변경 절차가 진행 중임을 알리고 그 승낙을 받아야 하며, 승낙을 한 자는 승낙을 한 때로부터 보험계약자가 된다.

나. 주식회사에서 상호회사로의 조직변경에 따른 기금 총액은 300억원 미만으로 하거나 설정하지 아니할 수는 있으나, 손실 보전을 충당하기 위하여 금융위원회가 필요하다고 인정하는 금액을 준비금으로 적립하여야 한다.

다. 주식회사의 상호회사로의 조직변경을 위한 주주총회의 결의는 주주의 과반수 출석과 그 의결권의 4분의 3의 동의를 얻어야 한다.

라. 주식회사가 상호회사로 조직변경을 하는 경우에는 그 결의를 한 날로부터 2주 이내에 결의의 요지와 재무상태표를 공고하고, 주주명부에 적힌 질권자에게는 개별적으로 알려야 한다.

마. 주식회사의 보험계약자는 상호회사로의 조직변경에 따라 해당 상호회사의 사원이 된다.

① 1개　　　　　　　　　　　② 2개
③ 3개　　　　　　　　　　　④ 4개

09

상호회사 사원의 권리와 의무에 대한 설명으로 옳은 것은?

① 상호회사의 사원은 회사의 채권자에 대하여 직접적인 의무를 부담한다.

② 상호회사의 사원은 자신이 회사에 부담하는 채무와 회사가 자신에게 부담하는 채무가 상호 변제기에 있는 때에는 상계를 통하여 회사에 대한 채무를 면할 수 있다.

③ 생명보험 및 제3보험을 목적으로 하는 상호회사의 사원은 회사의 승낙을 받아 타인으로 하여금 그 권리와 의무를 승계하게 할 수 있다.

④ 상호회사는 보험계약자인 사원의 보호를 위하여 정관으로도 보험금 삭감에 관한 사항을 정할 수 없다.

10

☑ 확인Check! ○ △ ✕

외국보험회사의 국내지점에 대한 설명으로 옳지 않은 것은?

① 외국보험회사의 국내지점을 대표하는 사원은 회사의 영업에 관하여 재판상 또는 재판 외의 모든 행위를 할 권한이 있으며, 이 권한에 대한 제한은 선의의 제3자에게 대항하지 못한다.

② 외국보험회사의 국내지점은 대한민국에서 체결한 보험계약에 관하여 보험업법에 따라 적립한 책임준비금 및 비상위험준비금에 상당하는 자산을 대한민국에서 보유하여야 한다.

③ 외국보험회사의 국내지점이 보험업을 폐업하거나 해산한 경우 또는 국내에 보험업을 폐업하거나 그 허가가 취소된 경우에는 청산업무를 진행할 청산인을 선임하여 금융위원회에 신고하여야 한다.

④ 외국보험회사의 국내지점의 설치가 불법이거나 설치 등기 후 정당한 사유 없이 1년 내에 영업을 개시하지 아니하는 등의 경우에는 법원은 이해관계인 또는 검사의 청구에 의하여 그 영업소의 폐쇄를 명할 수 있다.

11

☑ 확인Check! ○ △ ✕

보험업법상 자기자본을 산출할 때 빼야 할 항목에 해당하는 것은?

① 영업권

② 납입자본금

③ 자본잉여금

④ 이익잉여금

12

☑ 확인Check! ○ △ ✕

전문보험계약자 중 "대통령령으로 정하는 자"가 일반보험계약자와 같은 대우를 받겠다는 의사를 보험회사에 서면으로 통지하는 경우 보험회사는 정당한 사유가 없으면 이에 동의하여야 하며, 보험회사가 동의하면 일반보험계약자로 보게 된다. 다음 중 "대통령령으로 정하는 자"를 모두 고른 것은?

가. 지방자치단체	나. 주권상장법인
다. 한국산업은행	라. 한국수출입은행
마. 외국금융기관	바. 외국정부
사. 해외 증권시장에 상장된 주권을 발행한 국내법인	

① 가, 나, 마, 사

② 가, 다, 라, 바

③ 나, 다, 라, 사

④ 다, 라, 마, 바

13

보험의 모집에 관한 설명으로 옳지 않은 것은?

① 보험설계사는 원칙적으로 자기가 소속된 보험회사 등 이외의 자를 위하여 모집을 하지 못한다.

② 보험업법은 모집에 종사하는 자를 일정한 자로 제한하고 있다.

③ 보험업법상 모집이란 보험계약의 체결을 중개하거나 대리하는 것을 말한다.

④ 보험회사의 사외이사는 회사를 위해 보험계약을 모집 할 수 있다.

14

보험대리점에 관한 설명으로 옳지 않은 것은?

① 보험대리점은 개인보험대리점과 법인보험대리점으로 구분할 수 있고, 업무범위와 관련하여 생명보험대리점·손해보험대리점·제3보험대리점으로 구분한다.

② 보험대리점이 되려는 자는 대통령령에 따라 금융위원회에 등록하여야 한다.

③ 다른 보험회사의 임·직원은 보험대리점으로 등록할 수 없다.

④ 보험대리점이 자기계약의 금지 규정을 위반한 경우에는 등록을 취소할 수 있다.

15

보험중개사에 관한 설명으로 옳은 것은? 기출수정

① 보험중개사란 보험회사 등에 소속되어 보험계약의 체결을 중개하는 자이다.

② 보험중개사는 보험회사의 임직원이 될 수 있으며, 보험계약의 체결을 중개하면서 보험회사·보험설계사·보험대리점·보험계리사 및 손해사정사의 업무를 겸할 수 있다.

③ 생명보험중개사는 연금보험, 퇴직보험 등을 취급할 수 없다.

④ 보험중개사는 모집 등과 관련하여 저지를 수 있는 위법행위에 대한 손해배상책임을 담보하기 위하여 영업보증금 예탁의무를 부담할 수 있다.

16

금융기관보험대리점 등에게 금지되어 있는 행위를 모두 고른 것은?   기출수정

> 가. 대출 등 해당 금융기관이 제공하는 용역을 받는 자의 동의를 미리 받지 아니하고 보험료를 대출 등의 거래에 포함시키는 행위
> 나. 해당 금융기관의 임직원(보험업법 제83조에 따라 모집할 수 있는 자는 제외)에게 모집을 하도록 하거나 이를 용인하는 행위
> 다. 모집에 종사하는 자 외에 소속 임직원으로 하여금 보험상품의 구입에 대한 상담 또는 소개를 하게 하거나 상담 또는 소개의 대가를 지급하는 행위
> 라. 해당 금융기관의 점포 내에서 모집을 하는 행위
> 마. 모집과 관련이 없는 금융거래를 통하여 취득한 개인정보를 미리 그 개인의 동의를 받고 모집에 이용하는 행위

① 가, 나, 라
② 나, 다, 마
③ 가, 나, 다
④ 다, 라, 마

17

보험회사가 정리계획서를 금융위원회에 제출하여야 하는 경우는?   기출수정

① 보험업의 허가취소로 해산한 보험회사의 청산인으로 선임된 자가 감사 등의 청구에 따라 해임된 경우
② 청산절차에서 채무의 변제를 위하여 채권신고를 받은 결과 채권신고기간 내에 변제할 채권이 신고된 경우
③ 보험회사가 그 보험업의 전부 또는 일부를 폐업하려는 경우
④ 보험계약자가 보험중개사의 중개행위와 관련하여 손해를 입은 경우에 그 손해액이 보험중개사가 예탁한 영업보증금보다 많은 경우

18

보험안내자료에 필수적으로 기재하여야 할 사항을 모두 고른 것은?

> 가. 보험약관으로 정하는 보장에 관한 사항
> 나. 해약환급금에 관한 사항
> 다. 보험금 지급확대 조건에 관한 사항
> 라. 보험 가입에 따른 권리·의무에 관한 주요 사항
> 마. 보험계약자에게 유리한 사항
> 바. 「예금자보호법」에 따른 예금자 보호와 관련한 사항

① 가, 나, 라, 바
② 가, 나, 다
③ 나, 마
④ 라, 마, 바

19

보험업법상 설명의무에 관한 내용으로 옳지 않은 것은?

기출수정

① 보험회사는 일반보험계약자가 설명을 거부한 경우를 제외하고는 보험계약의 체결시부터 보험금 지급 시까지의 주요 과정을 대통령령으로 정하는 바에 따라 일반보험계약자에게 설명하여야 한다.

② 보험회사는 일반보험계약자가 보험금 지급을 요청한 경우에는 대통령령으로 정하는 바에 따라 보험금 의 지급절차 및 지급내역 등을 설명하여야 한다.

③ 보험금을 감액하여 지급하거나 지급하지 아니하는 경우에는 특별한 사유가 없는 한 그 사유를 설명할 필요가 없다.

④ 보험회사는 중요 사항을 항목별로 일반보험계약자에게 설명해야 하며, 보험계약 체결 단계(보험계약 승낙 거절시 거절사유로 한정), 보험금 청구 단계 또는 보험금 심사·지급 단계의 경우 일반보험계약 자가 계약 체결 전에 또는 보험금청구권자가 보험금 청구 단계에서 동의한 경우에 한정하여 서면, 문자메시지, 전자우편 또는 팩스 등으로 중요 사항을 통보하는 것으로 설명의무를 대신할 수 있다.

20

보험업법상 금융위원회가 보험회사에 대해 영업의 전부정지 또는 보험업의 허가취소를 명령할 수 있는
사유로 규정되지 않은 것은? 기출수정

① 허가의 내용 또는 조건을 위반한 경우
② 영업의 정지기간 중에 영업을 한 경우
③ 보험회사의 건전한 경영을 해칠 우려가 있다고 인정되는 경우
④ 거짓이나 그 밖의 부정한 방법으로 보험업의 허가를 받은 경우

21

보험업법상 보험회사 해산 후의 강제관리에 관한 설명으로 옳지 않은 것은? 기출수정

① 강제관리란 업무와 자산의 관리를 포함한다.
② 금융위원회가 해산한 보험회사의 업무 및 자산상황으로 보아 필요하다고 인정한 경우에 명할 수 있다.
③ 강제관리를 명한 경우, 금융위원회의 계약 이전 결정이 있는 때에 보험계약을 이전하지 아니하게 된
   경우를 제외하고는 제158조(해산 후의 보험금 지급)에 관한 규정을 적용하지 아니한다.
④ 강제관리를 명한 금융위원회는 필요하다고 인정하는 경우에는 보험업법 규정에 따라 계약의 이전을
   명할 수 있다.

22

보험업법상 보험계약의 체결 또는 모집과 관련하여 금지되는 행위에 해당하는 것을 모두 고른 것은?
기출수정

가. 보험설계사는 보험계약자나 피보험자에게 새로운 보험계약을 청약하게 함으로써 기존보험계약을 부당하게 소멸시켰다.
나. 보험대리점은 보험계약자나 피보험자의 자필서명이 필요한 경우에 보험계약자 또는 피보험자로부터 자필서명을 받지 아니하였다.
다. 보험중개사는 실제 명의인이 아닌 보험계약을 모집하였다.
라. 보험설계사가 다른 모집 종사자의 명의를 이용하지 않고 보험계약을 모집하였다.
마. 보험회사는 정당한 이유를 들어 장애인의 보험가입을 거부하였다.

① 가, 나, 다   ② 나, 다, 라
③ 가, 다, 라   ④ 나, 라, 마

23

중복보험계약 체결 확인의무에 관한 설명으로 옳지 않은 것은?

① 중복보험의 확인주체는 보험회사 또는 보험의 모집에 종사하는 자이다.

② 중복확인의무는 실제 부담한 의료비만 지급하는 제3보험 상품계약과 실제 부담한 손해액만을 지급하는 것으로서 금융감독원장이 정하는 보험상품계약을 모집하고자 하는 경우에 발생한다.

③ 중복확인 대상계약에는 여행 중 발생한 위험을 보장하는 보험계약으로서 특정 단체가 그 단체의 구성원을 위하여 일괄 체결하는 보험계약이 포함된다.

④ 중복확인은 보험계약자가 되려는 자의 동의를 얻어 모집하고자 하는 보험계약과 동일한 위험을 보장하는 보험계약을 체결하고 있는지를 확인하여야 한다.

24

수수료 지급 등의 금지에 관한 설명으로 옳지 않은 것은? [기출수정]

① 보험회사는 모집할 수 있는 자 이외의 자에게 모집을 위탁하거나 모집에 관하여 수수료, 보수, 그 밖의 대가를 지급하지 못한다.

② 보험중개사는 보수나 그 밖의 대가를 청구하려는 경우에는 해당 서비스를 제공하기 전에 제공할 서비스별 내용이 표시된 보수명세표를 보험계약자에게 알려야 한다.

③ 보험중개사는 대통령령으로 정하는 경우 이외에는 보험계약 체결의 중개와 관련한 수수료나 그 밖의 대가를 보험계약자에게 청구할 수 없다.

④ 보험회사는 기초서류에서 정하는 방법에 따른 경우에도 모집할 수 있는 자 이외의 자에게 모집을 위탁할 수 없다.

25

보험회사가 사무를 수행하기 위해 필요한 범위로 한정하여 개인정보보호법 제23조에 따른 민감정보 중 건강정보가 포함된 자료를 처리할 수 있는 경우에 해당하지 않는 것은? [기출수정]

① 상법 제639조에 따른 타인을 위한 보험계약의 체결 사무에서 피보험자에 관한 정보

② 상법 제719조에 따라 제3자에게 배상할 책임을 이행하기 위한 사무에서 제3자에 관한 정보

③ 상법 제733조에 따른 보험수익자 지정 또는 변경에 관한 사무에서 보험수익자에 관한 정보

④ 상법 제735조의3에 따른 단체보험계약의 보험금 지급사무에서 피보험자에 관한 정보

26

금융위원회의 승인을 받아 보험회사가 자회사를 소유할 수 있는 경우를 모두 고른 것은?

> 가. 「금융산업의 구조개선에 관한 법률」 제2조 제1호에 따른 금융기관이 경영하는 금융업
> 나. 「신용정보의 이용 및 보호에 관한 법률」에 따른 신용정보업
> 다. 보험계약의 유지·해지·변경 또는 부활 등을 관리하는 업무
> 라. 손해사정업무
> 마. 보험대리업무

① 가, 나, 다   ② 다, 라
③ 다, 라, 마   ④ 가, 나, 다, 라, 마

27

보험회사가 보험금 지급능력과 경영건전성을 확보하기 위하여 지켜야 할 재무건전성 기준이 아닌 것은?

① 지급여력비율 100분의 100 이상 유지
② 대출채권 등 보유자산의 건전성을 정기적으로 분류하고 대손충당금을 적립
③ 보험회사의 위험, 유동성 및 재보험의 관리에 관하여 금융위원회가 정하여 고시하는 기준을 충족
④ 재무건전성 확보를 위한 경영실태 및 위험에 대한 평가 실시

28

보험계약자를 보호하기 위한 공시에 관한 설명으로 옳지 않은 것은? [기출수정]

① 보험업법상 보험협회는 보험료·보험금 등 보험계약에 관한 사항으로서 대통령령으로 정하는 사항을 금융위원회가 정하는 바에 따라 보험소비자가 쉽게 알 수 있도록 비교·공시하여야 한다.
② 보험협회가 보험상품의 비교·공시를 하는 경우에는 대통령령으로 정하는 바에 따라 보험상품공시위원회를 구성하여야 한다.
③ 보험협회 이외의 자가 보험계약에 관한 사항을 비교·공시하고자 하는 경우에 보험회사는 보험협회 이외의 자에게 그 요구에 응하여 비교·공시에 필요한 정보를 제공하여야 한다.
④ 보험회사는 보험계약자를 보호하기 위하여 필요한 사항으로서 대통령령으로 정하는 사항을 금융위원회가 정하는 바에 따라 즉시 공시하여야 한다.

29

보험회사가 상호협정 체결의 인가에 필요한 서류를 제출하는 경우 금융위원회가 그 인가 여부를 결정하기 위하여 심사하여야 할 사항은?

> 가. 상호협정의 내용이 보험회사간의 공정한 경쟁을 저해하는지 여부
> 나. 상호협정의 효력 발생 기간이 적정한지 여부
> 다. 상호협정의 내용이 보험계약자의 이익을 침해하는지 여부
> 라. 상호협정에 외국보험회사가 포함되는지 여부

① 가, 나   ② 가, 다

③ 나, 다   ④ 다, 라

30

기초서류에 관한 설명으로 옳지 않은 것은?

① 보험업의 허가를 받기 위하여 제출하여야 하는 기초서류로는 보험종목별 사업방법서가 있다.

② 금융위원회는 보험회사가 기초서류 기재사항 준수의무를 위반한 경우, 해당 보험계약의 연간 수입보험료의 100분의 50 이하의 과징금을 부과할 수 있다.

③ 금융위원회는 보험회사가 보고한 기초서류관리기준이 부당하다고 판단되면 보고일부터 15일 이내에 해당 기준의 변경을 명할 수 있다.

④ 금융위원회는 보험회사가 신고한 기초서류의 내용이 기초서류작성원칙에 위반하는 경우에는 기초서류의 즉시변경을 청문 없이 명할 수 있다.

31

보험회사가 정관변경을 금융위원회에 보고하는 기한으로 옳은 것은?

① 이사회가 정관변경을 위한 주주총회 개최를 결의한 날부터 2주 이내

② 대표이사가 정관변경을 위한 주주총회 소집을 통지한 날부터 2주 이내

③ 주주총회(종류주주총회 포함)에서 정관변경의 결의가 있은 날부터 7일 이내

④ 보험회사 본점소재지 등기소에 변경정관을 등기한 날부터 7일 이내

32

보험업법상 보험요율산출원칙에 관한 설명 중 옳은 것은?

① 보험요율이 보험금과 그 밖의 급부에 비하여 지나치게 낮지 아니하여야 한다.

② 보험요율이 보험회사의 주주에 대한 최근 3년간의 평균 배당률을 크게 낮출 정도로 낮지 아니하여야 한다.

③ 자동차보험의 보험요율산출원칙을 따로 규정하지는 않는다.

④ 보험요율이 보험업법의 산출원칙에 위반한 경우에도 위반사실만으로 곧바로 과태료 또는 과징금을 부과할 수 없다.

33

금융위원회가 기초서류의 변경을 명하는 경우에 관한 설명으로 옳지 않은 것은?

① 보험회사 기초서류에 법령을 위반하거나 보험계약자에게 불리한 내용이 있다고 인정되는 경우이어야 한다.

② 법령의 개정에 따라 기초서류의 변경이 필요한 때를 제외하고는 반드시 행정절차법이 정한 바에 따라 청문을 거쳐야 한다.

③ 금융위원회는 보험계약자 등의 이익을 보호하기 위하여 특히 필요하다고 인정하면 이미 체결된 보험계약에 대하여 그 변경된 내용을 소급하여 효력이 미치게 할 수 있다.

④ 금융위원회는 변경명령을 받은 기초서류 때문에 보험계약자 등이 부당한 불이익을 받을 것이 명백하다고 인정되는 경우에는 이미 체결된 보험계약에 따라 납입된 보험료의 일부를 되돌려주도록 할 수 있다.

34

주식회사인 보험회사의 해산사유가 아닌 것은?

① 주주가 1인만 남은 1인 회사

② 보험계약 전부의 이전

③ 정관으로 정한 해산사유의 발생

④ 해산을 명하는 재판

35

☑ 확인 Check! ○ △ ✕

보험업법이 규정하는 주식회사인 보험회사의 보험계약의 임의이전에 관한 설명으로 옳지 않은 것은?

기출수정

① 보험계약의 이전에 관한 결의는 의결권 있는 발행주식 총수의 3분의 2 이상의 주주의 출석과 출석주주 의결권의 과반수 이상의 수로써 하여야 한다.
② 보험회사는 계약의 방법으로 책임준비금 산출의 기초가 같은 보험계약의 전부를 포괄하여 다른 보험 회사에 이전할 수 있으나, 1개인 동종 보험계약의 일부만 이전할 수는 없다.
③ 보험계약의 이전의 공고 및 통지에는 보험계약자가 이의 할 수 있다는 뜻과 1개월 이상의 이의기간이 포함되어야 한다.
④ 보험계약을 이전하려는 보험회사는 주주총회의 결의가 있었던 때부터 보험계약을 이전하거나 이전하 지 아니하게 될 때까지 그 이전하려는 보험계약과 같은 종류의 보험계약을 하지 못한다.

36

☑ 확인 Check! ○ △ ✕

주식회사인 보험회사가 해산하는 때에 청산인이 금융위원회의 허가를 얻어 채권신고기간 내에 변제할 수 있는 경우가 아닌 것은?

① 소액채권
② 변제지연으로 거액의 이자가 발생하는 채권
③ 담보 있는 채권
④ 변제로 인하여 다른 채권자를 해할 염려가 없는 채권

37

☑ 확인 Check! ○ △ ✕

손해보험계약의 제3자 보호에 관한 설명으로 옳지 않은 것은?

① 제3자 보호제도는 대통령령으로 정하는 법인을 계약자로 하는 손해보험계약에는 적용하지 아니한다.
② 책임보험 중에서 '제3자에 대한 신체사고를 보상'하는 책임보험에만 제3자 보호제도가 적용된다.
③ 자동차보험의 대인배상Ⅱ는 임의보험이므로 제3자 보호가 이루어지지 않는다.
④ 재보험과 보증보험을 전업으로 하는 손해보험회사는 보험금 지급보장을 위한 금액을 출연할 의무가 없다.

38

☑ 확인Check! ○ △ ✕

보험업법에 의하여 설립된 보험회사에서 2019년 4월 15일에 선임된 선임계리사에게 회사기밀누설 등 일정한 법정 사유가 없다면 그 선임계리사를 해임할 수 없는 기한은?(사업연도는 1월 1일부터 12월 31일로 함)

① 2021. 4. 14.
② 2021. 12. 31.
③ 2022. 4. 14.
④ 2022. 12. 31.

39

☑ 확인Check! ○ △ ✕

다음 설명 중 옳지 않은 것은? [기출수정]

① 제3보험상품을 판매하는 보험회사는 손해사정사를 고용하거나 손해사정사 또는 손해사정업자에게 업무를 위탁하여야 한다.
② 보험사고가 외국에서 발생하거나 보험계약자 등이 금융위원회가 정하는 기준에 따라 손해사정사를 따로 선임한 경우로서 보험회사가 이에 동의한 경우에는 보험회사는 손해사정사의 고용 또는 업무위탁 의무가 없다.
③ 보험회사로부터 손해사정업무를 위탁받은 손해사정사는 손해사정서를 보험계약자, 피보험자 및 보험금청구권자에게도 내어 주어야 한다.
④ 보험업법상 보험계약자로부터 손해사정업무를 위탁받은 손해사정사는 손해사정서에 피보험자의 민감정보가 포함된 경우 피보험자의 별도의 동의를 받지 아니한 때에는 건강정보 등 민감정보를 삭제하거나 식별할 수 없도록 하여야 함을 정하고 있다.

40

☑ 확인Check! ○ △ ✕

과징금에 관한 설명으로 옳지 않은 것은?

① 과징금은 행정상 제재금으로 형벌인 벌금이 아니므로 과징금과 벌금을 병과하여도 이중처벌금지원칙에 반하지 않는다.
② 과징금을 부과하는 경우 그 금액은 위반행위의 내용 및 정도, 위반행위의 기간 및 횟수, 위반행위로 인하여 취득한 이익의 규모를 고려하여야 한다.
③ 소속보험설계사가 보험업법상의 설명의무를 위반한 경우에도 그 위반행위를 막기 위하여 상당한 주의와 감독을 게을리 하지 않은 보험회사에게는 과징금을 부과할 수 없다.
④ 과징금의 부과 및 징수절차 등에 관하여는 국세징수법의 규정을 준용하며, 과징금 부과 전에 미리 당사자 또는 이해관계인 등에게 의견을 제출할 기회를 주어야 한다.

✅ 중요 문제 / 틀린 문제 CHECK

| 01 | 02 | 03 | 04 | 05 | 06 | 07 | 08 | 09 | 10 | 11 | 12 | 13 | 14 | 15 | 16 | 17 | 18 | 19 | 20 |
| 21 | 22 | 23 | 24 | 25 | 26 | 27 | 28 | 29 | 30 | 31 | 32 | 33 | 34 | 35 | 36 | 37 | 38 | 39 | 40 |

시간 · 분 | 정답 및 해설편 177p

01

☑ 확인Check! ○ △ ✕

보험약관의 해석원칙에 관한 설명으로 옳지 않은 것은?

① 보험약관의 내용은 개별적인 계약 체결자의 의사나 구체적 사정을 고려함 없이 평균적 고객의 이해가 능성을 기준으로 그 문언에 따라 객관적이고 획일적으로 해석하여야 한다.

② 보험계약 당사자가 명시적으로 보험약관과 다른 개별 약정을 하였다면 그 개별약정이 보통약관에 우선한다.

③ 보험약관은 신의성실의 원칙에 따라 공정하게 해석되어야 한다.

④ 약관조항이 다의적으로 해석될 여지가 없더라도 계약자 보호의 필요성이 있을 때 우선적으로 작성자 불이익의 원칙을 적용할 수 있다.

02

☑ 확인Check! ○ △ ✕

보험계약자의 고지의무위반 사실과 보험사고발생 사실간에 인과관계가 없는 경우의 해결방법으로 옳지 않은 것은?(다툼이 있는 경우 판례에 의함)

① 보험자는 보험계약을 해지할 수 있다.

② 보험자는 이미 발생한 보험사고에 대한 보험금을 지급하여야 한다.

③ 판례에 의하면 인과관계 부존재에 대한 증명책임은 당사자간에 달리 정한 바 없으면 보험계약자에게 있다.

④ 보험자는 이미 지급한 보험금에 대하여는 반환할 것을 청구할 수 있다.

03

피보험이익과 관련된 설명으로 옳은 것은?

① 보험계약은 금전으로 산정할 수 있는 이익에 한하여 피보험이익으로 할 수 있다.
② 피보험이익은 적법한 이익이어야 하고, 계약 체결시에 확정할 수 있는 것이어야 한다.
③ 물건보험에서 피보험이익에 대한 평가가액은 보험계약 체결시에 정하여야 한다.
④ 상법은 보험계약자가 타인의 생명보험계약을 체결하는 경우에 피보험자에 대한 피보험이익의 존재를 요한다.

04

손해보험에서 손해액의 산정기준에 관한 설명으로 옳지 않은 것은?

① 보험자가 보상할 손해액은 그 손해가 발생한 때와 곳의 가액을 기준으로 한다.
② 보험자가 보상할 손해액을 산정할 때 이익금지의 원칙에 따라 신품가액에 의한 손해액은 인정되지 아니한다.
③ 손해액의 산정에 관한 비용은 보험자가 부담한다.
④ 보험가액불변경주의를 적용하여야 하는 보험에서는 상법상의 손해액의 산정기준에 관한 규정이 적용되지 아니한다.

05

보험계약자의 보험료 지급의무에 관한 설명 중 옳지 않은 것은?(다툼이 있는 경우 판례에 의함)

① 보험계약자는 보험계약 체결 후 보험료의 전부 또는 제1회 보험료를 지급하지 아니한 경우에는 다른 약정이 없는 한 계약 성립 후 2월이 경과하면 그 계약은 해제된 것으로 본다.
② 보험자가 제1회 보험료로 선일자수표를 받고 보험료가수증을 준 경우에 선일자수표를 받은 날로부터 보험자의 책임이 개시된다.
③ 계속보험료의 지급이 없는 경우에 상당한 기간을 정하여 보험계약자에게 최고하지 않더라도 보험계약은 당연히 효력을 잃는다는 보험약관조항은 상법규정에 위배되어 무효이다.
④ 특정한 타인을 위한 보험의 경우에 보험계약자가 보험료의 지급을 지체한 때 보험자는 그 타인에 대하여 상당한 기간을 정하여 보험료의 지급을 최고한 후가 아니면 그 계약을 해제 또는 해지하지 못한다.

06

甲은 자신 소유의 보험가액 1억원의 건물에 대하여 乙 보험회사와 보험금액 9,000만원, 丙 보험회사와 보험금액 6,000만원의 화재보험계약을 순차적으로 체결하였다. 甲은 두 보험의 보험기간 중에 보험목적에 대한 화재로 인하여 5,000만원의 실손해를 입었다. 다음은 각 보험자의 책임액과 그 한도에 관한 설명이다. (   ) 안에 들어갈 금액을 ㉠, ㉡, ㉢, ㉣의 순서에 따라 올바르게 묶인 것은?(단, 당사자간에 중복보험과 일부보험에 관하여 다른 약정이 없다고 가정함)

> 乙은 (㉠), 丙은 (㉡)의 보상책임을 지고,
> 乙은 (㉢), 丙은 (㉣)의 한도 내에서 연대책임을 진다.

① 3,000만원, 2,000만원, 4,500만원, 3,000만원
② 3,000만원, 2,000만원, 9,000만원, 6,000만원
③ 5,000만원, 4,000만원, 9,000만원, 6,000만원
④ 4,500만원, 3,000만원, 4,500만원, 3,000만원

07

초과보험에 대한 설명으로 옳지 않은 것은?

① 보험금액이 보험계약의 목적의 가액을 현저하게 초과한 때에는 보험자 또는 보험계약자는 보험료와 보험금액의 감액을 청구할 수 있다.
② 보험료의 감액은 장래에 대해서만 그 효력이 있다.
③ 초과보험인지를 판단하는 보험가액은 보험사고발생 당시의 가액에 의하여 정한다.
④ 초과보험계약이 보험계약자의 사기로 인하여 체결된 때에는 그 계약은 무효로 한다.

08

책임보험에서의 피해자 직접청구권에 관한 설명으로 옳지 않은 것은?(다툼이 있는 경우에 판례에 의함)

① 직접청구권의 법적 성질에 관하여 최근 대법원은 보험자가 피보험자의 피해자에 대한 손해배상채무를 병존적으로 인수한 것으로 본다.

② 보험자는 피보험자가 사고에 대하여 가지는 항변사유로써 제3자(피해자)에게 대항할 수 있다.

③ 보험자가 피보험자에 대해 보험금을 지급하면 피해자의 직접청구권은 발생하지 아니하므로 보험자가 피보험자와의 관계에서 보험금 상당액을 집행공탁하였다면 피해자의 직접청구권은 소멸된다.

④ 공동불법행위자의 보험자 중 일부가 피해자의 손해배상금을 보험금으로 모두 지급함으로써 공동으로 면책되었다면, 그 손해배상금을 지급한 보험자가 다른 공동불법행위자의 보험자에게 직접 구상권을 행사할 수 있다.

09

재보험에 관한 다음의 설명 중 옳지 않은 것은?

① 원보험자는 손해보험계약이든 인보험계약이든 보험계약자의 동의 없이 다른 보험자와 재보험계약을 체결할 수 있다.

② 원보험자는 인수위험에 대하여 일정액을 초과하는 부분에 대하여 재보험에 부보할 수도 있고, 일정비율로 부보할 수도 있다.

③ 재보험자는 원보험료 미지급을 이유로 재보험금의 지급을 거절할 수 있다.

④ 재보험자가 보험자대위에 의하여 취득한 제3자에 대한 권리행사는 재보험자가 이를 직접 행사하지 아니하고 원보험자가 수탁자의 지위에서 자기명의로 권리를 행사하여 그 회수한 금액을 재보험자에게 재보험금 비율에 따라 교부하는 방식에 의하여 이루어지는 것이 상관습이다.

10

손해보험계약에서 손해방지의무와 관련된 설명으로 옳지 않은 것은?(다툼이 있는 경우 판례에 의함)

① 손해보험계약에서 보험계약자와 피보험자는 보험사고발생 후에 손해의 방지와 경감을 위하여 노력하여야 한다.

② 보험계약자 또는 피보험자가 손해경감을 위해 지출한 필요, 유익한 비용은 보험금액의 범위 내에서 보험자가 부담한다.

③ 보험사고의 발생 전에 사고발생 자체를 미리 방지하기 위해 지출한 비용은 손해방지비용에 포함되지 않는다.

④ 책임보험에서 피보험자가 제3자로부터 청구를 방지하기 위해 지출한 방어비용은 손해방지비용과 구별되는 것이므로 약관에 손해방지비용에 관한 별도의 규정을 두더라도 그 규정이 당연히 방어비용에 적용된다고 할 수 없다.

11

보험자의 보조자에 관한 설명으로 옳지 않은 것은?(다툼이 있는 경우에 판례에 의함)

① 보험목적인 건물에서 영위하고 있는 업종이 변경된 경우 보험설계사가 업종변경 사실을 알았다고 하더라도 보험자가 이를 알았다거나 보험계약자가 보험자에게 업종변경 사실을 통지한 것으로 볼 수 없다.

② 자동차보험의 체약대리상이 계약의 청약을 받으면서 보험료를 대납하기로 약정한 경우 이 약정일에 보험계약이 체결되었다 하더라도 보험자가 보험료를 수령한 것으로 볼 수 없다.

③ 보험자의 대리상이 보험계약자와 보험계약을 체결하고 그 보험료수령권에 기하여 보험계약자로부터 1회분 보험료를 받으면서 2, 3회분 보험료에 해당하는 약속어음을 교부받은 경우 그 대리상이 해당 약속어음을 횡령하였다 하더라도 그 변제수령은 보험자에게 미치게 된다.

④ 보험설계사는 특정 보험자를 위하여 보험계약의 체결을 중개하는 자일뿐 보험자를 대리하여 보험계약을 체결할 권한이 없고 보험계약자 또는 피보험자가 보험자에 대하여 하는 고지를 수령할 권한이 없다.

12

청구권대위에 관한 설명으로 옳은 것은?(다툼이 있는 경우 판례에 의함)

① 보험자가 대위권을 행사하기 위해서는 제3자의 행위로 인하여 보험사고가 발생하여야 한다. 이 때 제3자의 행위는 불법행위에 한한다.

② 보험자가 대위권을 행사하기 위해서는 적법한 보험금의 지급이 있어야 하고, 이 보험금액의 지급은 전부 지급하여야 한다.

③ 타인을 위한 보험계약에서 보험계약자도 제3자에 포함되는지 여부에 관하여 판례는 보험계약자가 제3자에 포함되지 않는다고 본다.

④ 제3자가 보험계약자 또는 피보험자와 생계를 같이 하는 가족인 경우에 그 가족의 고의사고를 제외하고는 보험자는 청구권대위를 행사하지 못한다.

13

보험계약과 관련된 설명으로 옳지 않은 것은?(다툼이 있는 경우 판례에 의함)

① 보험모집종사자가 설명의무를 위반하여 고객이 보험계약의 중요사항에 관하여 제대로 이해하지 못한 체 착오에 빠져 보험계약을 체결한 경우, 그러한 착오가 동기의 착오에 불과하더라도 그러한 착오를 일으키지 않았더라면 보험계약을 체결하지 않았을 것이 명백하다면, 이를 이유로 보험계약을 취소할 수 있다.

② 타인을 위한 생명보험이나 상해보험계약은 제3자를 위한 계약의 일종으로 보며, 이 경우 특별한 사정이 없는 한 보험자가 이미 제3자에게 급부한 것이 있더라도 보험자는 계약무효 등에 기한 부당이득을 원인으로 제3자를 상대로 그 반환을 청구할 수 있다.

③ 생명보험계약에서 보험계약자의 지위를 변경하는데 보험자의 승낙이 필요하다고 정하고 있는 경우 보험계약자는 보험자의 승낙 없이 일방적인 의사표시인 유증을 통하여 보험계약상의 지위를 이전할 수 있다.

④ 보험금의 부정취득을 목적으로 다수의 보험계약이 체결된 경우에 민법 제103조 위반으로 인한 보험계약의 무효와 고지의무위반을 이유로 한 보험계약의 해지나 취소가 각각의 요건을 충족하는 경우 보험자가 보험계약의 무효, 해지 또는 취소를 선택적으로 주장할 수 있다.

14

甲은 乙을 피보험자, 자신을 보험수익자로 하는 생명보험계약을 보험자 丙과 체결하였다. 乙의 서면동의가 필요 없다는 보험모집인 丁의 설명을 듣고 乙의 서면동의 없이 보험자와 이 생명보험계약을 체결하였다. 아래의 설명 중 옳은 것만으로 묶인 것은?(다툼이 있는 경우 판례에 의함)

가. 丁의 잘못된 설명은 보험계약의 내용으로 편입되어 당해 생명보험계약은 유효하다.
나. 乙의 서면동의가 없으므로 당해 보험계약은 무효이다.
다. 만약 乙이 사망한다면 甲은 보험자 丙에게 보험금 지급청구를 할 수 있다.
라. 甲은 丙에 대하여 丁의 불법행위로 인한 손해배상청구를 할 수 있다.

① 가, 다
② 나, 라
③ 가, 다, 라
④ 나

15

상해보험에 관한 설명 중 옳은 설명으로만 묶인 것은?(다툼이 있는 경우 판례에 의함)

가. 실손보장형(비정액형) 상해보험에 대하여 중복보험의 원리를 적용할 것인지 여부에 논란이 있으나, 판례는 중복보험의 법리를 준용하고 있다.
나. 상해를 보험사고로 하는 상해보험계약에서 사고가 보험계약자 또는 피보험자나 보험수익자의 중대한 과실로 인하여 발생한 경우에 보험자는 보험금 지급책임이 없다.
다. 상해보험은 인보험에 속하기 때문에 보험자대위권을 인정하는 당사자간의 약정은 무효이다.
라. 15세 미만자, 심신상실자 또는 심신박약자의 상해를 보험사고로 하는 상해보험계약은 유효이다.

① 가, 라
② 나, 다
③ 가, 나
④ 나, 라

16

상법상 보험자에 대한 통지의무를 명시적으로 규정하고 있지 않은 것은?

① 보험기간 중에 보험계약자, 피보험자가 사고발생의 위험이 현저하게 변경 또는 증가된 사실을 안 때에는 지체 없이 보험자에게 통지하여야 한다.

② 보험기간 중에 보험계약자, 피보험자 또는 보험수익자의 고의 또는 중대한 과실로 위험이 증가된 때에는 지체 없이 보험자에게 통지하여야 한다.

③ 동일한 보험계약의 목적과 동일한 사고에 관하여 수 개의 보험계약을 체결하는 경우에 보험계약자는 각 보험자에 대하여 각 보험계약의 내용을 통지하여야 한다.

④ 책임보험에서 피보험자가 제3자로부터 배상청구를 받은 때에는 지체 없이 보험자에게 그 통지를 발송하여야 한다.

17

보험목적의 양도에 관한 설명으로 옳지 않은 것은?

① 보험목적의 양도가 있는 경우에 양수인은 보험계약상의 권리와 의무를 승계한 것으로 추정한다.

② 물건보험의 목적에 대한 매매계약 체결만으로 보험계약상의 권리와 의무의 승계 추정을 받는다.

③ 승계추정의 법리는 물건보험에 한하여 적용되는 것이 원칙이므로 자동차보험 중 자기신체보험에 대해서는 적용되지 않는다.

④ 자동차보험의 경우에 보험자의 승낙을 얻으면 자동차의 양도와 함께 보험계약관계도 승계된다.

18

인보험의 보험대위에 관한 설명으로 옳지 않은 것은?(다툼이 있는 경우 판례에 의함)

① 인보험에서는 제3자에 대한 보험대위가 금지되는 것이 원칙이다.

② 손해보험형 상해보험계약에서 보험대위의 약정이 없는 경우 피보험자가 제3자로부터 손해배상을 받았다면 보험자는 보험금을 지급할 의무가 없다.

③ 보험약관으로 상해보험의 제3자에 대한 청구권대위를 인정할 수 있다.

④ 잔존물대위를 인정할 여지가 없다.

19

보험계약법상 이득금지의 원칙과 가장 거리가 먼 것은?

① 사기에 의한 초과보험의 무효
② 보험자대위
③ 신가보험
④ 중복보험에서 비례주의에 의한 보상

20

甲은 배우자 乙을 피보험자로, 피보험자의 법정상속인을 보험수익자로 지정한 생명보험계약을 체결하였다. 다음의 설명 중 옳지 않은 것은?

① 甲이 乙의 서면동의 없이 생전증여의 대용수단으로 '법정상속인'을 보험수익자로 한 생명보험계약의 체결은 무효이다.
② 甲은 보험존속 중에 보험수익자를 변경할 수 있다.
③ 법정상속인 중 1인의 고의로 피보험자 乙이 사망한 경우에 보험자는 다른 법정상속인(수익자)에게 보험금 지급을 거부할 수 있다.
④ 甲이 보험사고발생 전에 보험수익자를 법정상속인이 아닌 제3자로 변경하였으나, 이를 보험자에게 통지하지 아니하였다면 보험자가 법정상속인에게 보험금을 지급하였다 하더라도 보험계약자는 보험자에 대하여 대항하지 못한다.

21

보증보험에 관한 설명으로 옳지 않은 것은?(다툼이 있는 경우 판례에 의함)

① 보증보험계약의 보험자는 보험계약자가 피보험자에게 계약상의 채무불이행 또는 법령상의 의무불이행으로 입힌 손해를 보상할 책임이 있다.
② 보증보험이 담보하는 채권이 양도되면 당사자 사이에 다른 약정이 없는 한 보험금청구권도 그에 수반하여 채권양수인에게 함께 이전된다.
③ 보증보험계약에 관하여는 보험계약자의 사기, 고의 또는 중대한 과실로 인한 고지의무위반이 있는 경우에도 이에 대하여 피보험자의 책임이 있는 사유가 없으면 보험자는 고지의무위반을 이유로 보험계약의 해지권을 행사할 수 없다.
④ 보증보험의 보험자는 보험계약자에 대하여 민법 제441조의 구상권을 행사할 수 없다.

22

손해보험과 인보험에 공통으로 적용되는 보험원리의 설명으로 옳지 않은 것은?

① 보험사고가 발생한 경우 보험자는 보험계약자가 실제로 입은 손해를 보상하여야 한다는 원칙으로 고의사고 유발을 방지하기 위한 수단적 원리

② 위험단체의 구성원이 지급한 보험료의 총액과 보험자가 지급하는 보험금 총액이 서로 일치하여야 한다는 원리

③ 동일한 위험에 놓여있는 다수의 경제주체가 하나의 공동준비재산을 형성하여 구성원 중에 우연하고도 급격한 사고를 입은 자에게 경제적 급부를 행한다는 원리

④ 보험사고의 발생을 장기간 대량 관찰하여 발견한 일정한 법칙에 따라 위험을 측정하여 보험료를 산출하는 기술적 원리

23

보험증권에 관한 설명으로 옳지 않은 것은?(다툼이 있는 경우 판례에 의함)

① 보험증권은 증거증권성이 인정된다.

② 보험증권은 보험계약자의 청구에 의하여 보험계약자에게 교부된다.

③ 보험증권에는 무효와 실권사유를 기재하여야 한다.

④ 보험증권이 멸실 또는 현저하게 훼손된 경우 보험계약자는 자신의 비용으로 증권의 재교부를 청구할 수 있다.

24

상법상 손해보험과 인보험에 관한 설명으로 옳은 것은?

① 모든 손해보험에서는 보험가액의 개념이 존재하지만, 인보험에서는 존재하지 않는다.

② 실손보상의 원칙은 손해보험과 생명보험에 모두 적용한다.

③ 손해보험은 부정액보험이지만, 인보험은 부정액보험이 인정되지 않는다.

④ 손해보험에는 중복보험에 관한 규정이 존재하지만, 인보험에서는 그러한 규정이 없다.

25

화재보험증권에 기재하여야 할 사항으로 옳은 것을 모두 고른 것은?

가. 보험의 목적
나. 피보험자의 주소, 성명, 상호
다. 보험계약 체결의 장소
라. 동산을 보험의 목적으로 한 때에는 그 존치한 장소의 상태와 용도
마. 보험계약자의 주민등록번호

① 가, 나, 라
② 가, 나, 마
③ 나, 다, 마
④ 나, 라, 마

26

다음의 설명 중 옳지 않은 것은?

① 손해보험의 보장대상은 재산상의 손해를 그 대상으로 한다.
② 생명보험의 보장대상은 사람의 사망을 그 대상으로 하는 것이지, 생존을 대상으로 하는 것이 아니다.
③ 상해보험은 발생한 손해를 보상한다는 측면에서 손해보험적인 요소를 가지고 있다.
④ 생명보험은 정해진 급부만을 대상으로 한다는 측면에서 정액보험에 해당한다.

27

인보험에서 단체보험에 대한 설명으로 옳지 않은 것은?(다툼이 있는 경우 판례에 의함)

① 단체보험의 경우 보험계약자가 회사인 경우 그 회사에 대하여만 보험증권을 교부한다.
② 단체 구성원의 전부를 피보험자로 하는 단체보험을 체결하는 경우 규약에 따라 타인이 서면동의를 받지 않아도 된다.
③ 단체보험계약에서 보험계약자가 피보험자 또는 그 상속인이 아닌 자를 보험수익자로 지정할 때에는 단체규약에서 정함이 없어도 그 피보험자의 동의를 받을 필요가 없다.
④ 단체보험에 관한 상법 규정은 단체생명보험뿐만 아니라 단체상해보험에도 적용된다.

28

☑ 확인Check! ○ △ ✕

보험계약자 등의 불이익변경금지에 대한 설명으로 옳은 것은?

① 보험계약자, 피보험자 및 보험수익자를 불이익하게 변경하는 것을 금지하고자 하는 목적이 있다.

② 상법은 이를 명시적으로 규정하고 있지 않지만, 이를 해석론을 통하여 도출하고 있다.

③ 개인보험에서 인정되는 것과 마찬가지로 해상보험의 경우에도 상대적 강행규정은 인정된다.

④ 보험계약자가 개인이 아닌 기업인 재보험의 경우에 상대적 강행규정은 적용된다.

29

☑ 확인Check! ○ △ ✕

보험계약에 대한 설명 중 옳지 않은 것은?

① 소급보험계약에서는 보험기간이 보험계약기간보다 장기이다.

② 승낙전 보호제도가 적용될 경우 보험기간이 보험계약기간보다 장기이다.

③ 장래보험계약에서는 보험기간과 보험계약기간이 반드시 일치하여야 할 필요가 없다.

④ 소급보험계약에서는 초회보험료가 납입되기 전에도 청약 이전 사고에 대해서 보상할 책임이 있다.

30

☑ 확인Check! ○ △ ✕

보험계약법상 고지의무에 대한 설명으로 옳지 않은 것은?

① 고지의무는 간접의무에 해당한다.

② 고지의무를 위반한 경우에 보험자는 그 이행을 강제할 수 없다.

③ 고지의무를 위반한 경우에 보험자는 손해배상청구권을 행사할 수 있다.

④ 고지의무를 위반한 경우에 보험자는 보험계약을 해지할 수 있다.

31

해상보험에 있어서 적하의 매각으로 인한 손해보상과 관련하여 옳은 것은?

① 항해 도중에 송하인의 고의 또는 중과실로 적하를 매각한 경우 보험자는 그 대금에서 운임 기타 필요비용을 공제한 금액과 보험가액과의 차액을 보상하여야 한다.

② 항해 도중에 송하인의 지시에 따라 적하를 매각한 경우 보험자는 그 대금에서 운임 기타 필요비용을 공제한 금액과 보험가액과의 차액을 보상하여야 한다.

③ 항해 도중에 불가항력으로 적하를 매각한 경우 보험자는 그 대금에서 운임 기타 필요비용을 공제한 금액과 보험가액과의 차액을 보상하여야 한다.

④ 항해 도중에 적하의 가격폭락 우려가 있어 적하를 매각한 경우 보험자는 그 대금에서 운임 기타 필요비용을 공제한 금액과 보험가액과의 차액을 보상하여야 한다.

32

보험약관의 교부·설명의무에 관한 설명으로 옳지 않은 것은?(다툼이 있는 경우 판례에 의함)

① 보험자가 약관의 설명의무를 위반한 경우 보험계약자는 일정한 기간 내에 보험계약을 취소할 수 있다.

② 설명의무위반시 보험자가 일정한 기간 내에 취소를 하지 아니하면 보험약관에 있는 내용이 계약의 내용으로 편입되는 것으로 본다.

③ 보험자는 보험계약 체결시 보험계약자에게 해당 보험약관을 교부하는 동시에 설명해야 할 의무를 부담한다.

④ 보험약관을 보험계약자에게 설명해야 할 부분은 약관 전체를 의미하는 것이 아니라, 약관의 중요한 내용을 설명하는 것으로 족하다.

33

생명보험계약상 보험계약자의 보험수익자 지정·변경권을 설명한 것으로 옳지 않은 것은?(다툼이 있는 경우 판례에 의함)

① 보험수익자는 그 지정행위 시점에 반드시 특정되어 있어야 하는 것은 아니고 보험사고발생시에 특정될 수 있으면 충분하다.

② 사망보험에서 보험수익자를 지정 또는 변경하는 경우 타인의 서면동의를 받지 않으면, 해당 보험계약은 무효가 된다.

③ 보험수익자가 보험존속 중 사망한 때에 보험계약자는 다시 보험수익자를 지정할 수 있지만, 피보험자가 사망하면 재지정권을 행사할 수 없다.

④ 보험계약자가 타인을 피보험자로 하고 자신을 보험수익자로 지정한 상태에서 보험존속 중 보험수익자가 사망한 경우 보험수익자의 상속인이 보험수익자로 된다.

34

해상보험에 관한 다음 설명 중 옳은 것은?

① 선박보험은 보험자의 책임이 개시될 때의 선박가액을 보험가액으로 한다.

② 적하보험은 선적한 때와 곳의 적하의 가액과 선적 및 보험에 관한 비용을 보험가액으로 추정한다.

③ 적하의 도착으로 인하여 얻을 이익 또는 보수의 보험은 계약으로 보험가액을 정하지 아니한 때에는 보험금액을 보험가액으로 정한 것으로 본다.

④ 항해단위로 선박을 보험에 붙인 경우에는 보험기간은 하물 또는 저하의 선적에 착수한 때 개시되고, 인도한 때 종료된다.

35

보험계약의 부활에 관한 설명으로 옳지 않은 것은?

① 보험계약의 부활은 계속보험료의 부지급으로 인하여 계약이 해지된 경우에 발생한다.

② 보험계약자가 부활을 청구할 경우 연체보험료에 약정이자를 보험자에게 지급하여야 한다.

③ 보험계약이 부활되면 부활시점부터 계약의 효력이 발생한다.

④ 고지의무위반으로 보험계약이 해지된 경우에도 부활이 인정된다.

36

☑ 확인 Check! ○ △ ×

보험계약자 등의 고의 또는 중대한 과실로 보험사고가 발생한 경우에 관한 설명이다. 옳지 않은 것은?(다툼이 있는 경우 판례에 의함)

① 상법 보험편 통칙에 따르면 보험사고가 보험계약자 또는 피보험자나 보험수익자의 고의 또는 중대한 과실로 인하여 생긴 때에는 보험자는 보험금 지급책임이 없다.

② 피보험자의 자살은 고의에 의한 사고이므로 체약 후 일정한 기간이 도과한 후에 발생한 경우에 한해 보험자의 책임을 인정하는 약관은 민법 제103조 선량한 풍속 기타 사회질서에 반하여 무효이다.

③ 사망보험 또는 상해보험에서 보험사고가 보험계약자 또는 피보험자나 보험수익자의 중대한 과실로 발생한 경우에도 보험자는 보험금 지급책임이 있다.

④ 보증보험에서 보험계약자의 고의로 보험사고가 야기된 경우에도 피보험자가 공모한 바가 없으면 보증 보험자는 보험금 지급책임이 있다.

37

☑ 확인 Check! ○ △ ×

상법상 보험자가 보험계약을 해지할 수 있는 사유로 옳지 않은 것은?

① 계속보험료 미지급

② 보험계약자 또는 피보험자의 고의 또는 중과실에 의한 고지의무위반

③ 보험계약자의 고의 또는 중과실로 인한 위험의 현저한 변경 · 증가

④ 보험계약자 등의 보험사고 통지의무위반

38

☑ 확인 Check! ○ △ ×

보험계약법상 청약거절사유에 대한 대법원 판례의 설명 중 옳지 않은 것은?

① 청약거절사유란 보험계약의 청약이 이루어진 바로 그 종류의 보험에 관하여 해당 보험자가 마련하고 있는 객관적인 보험인수기준에 의해 인수할 수 없는 위험상태 또는 사정을 말한다.

② 승낙전 보험사고에 대하여 보험계약의 청약을 거절할 사유가 없어서 보험자의 보험계약상의 책임이 인정되면, 보험사고발생 사실을 보험자에게 고지하지 아니하였다는 사정은 청약을 거절할 사유가 될 수 없다.

③ 청약거절사유는 보험자가 위험을 측정하여 보험계약의 체결 여부 또는 보험료율을 결정하는데 영향을 미치는 사실들을 의미한다.

④ 피보험자는 청약거절사유의 존재에 대하여 입증책임을 부담한다.

39

☑ 확인Check! ○ △ ✕

별도의 특약이 없는 한 해상보험자의 보상책임의 범위에 속하지 않는 손해는?

① 선박충돌로 발생한 피보험자의 제3자에 대한 손해배상책임
② 보험의 목적이나 보존을 위해 지급할 특별비용
③ 피보험자가 부담하는 해난구조료분담액
④ 피보험자가 지급하여야 할 공동해손분담액

40

☑ 확인Check! ○ △ ✕

무보험자동차에 의한 상해보험에 관한 설명이다. 옳지 않은 것은?(다툼이 있는 경우 판례에 의함)

① 무보험자동차에 의한 상해보험은 상해보험으로서의 성질과 함께 손해보험으로서의 성질도 갖고 있는 손해보험형 상해보험이다.
② 무보험자동차에 의한 상해보험에서 보험금 산정기준과 방법은 보험자의 설명의무의 대상이다.
③ 무보험자동차에 의한 상해보험은 손해보험형 상해보험이므로 당사자 사이에 다른 약정이 있으면 보험자는 피보험자의 권리를 해하지 아니하는 범위 안에서 피보험자의 배상의무자에 대한 손해배상청구권을 대위행사할 수 있다.
④ 하나의 사고에 대해 수 개의 무보험자동차에 의한 상해보험계약이 체결되고 그 보험금액의 총액이 피보험자가 입은 실손해액을 초과하는 때에는 중복보험조항이 적용된다.

⊘ 중요 문제 / 틀린 문제 CHECK

01	02	03	04	05	06	07	08	09	10	11	12	13	14	15	16	17	18	19	20
21	22	23	24	25	26	27	28	29	30	31	32	33	34	35	36	37	38	39	40

| 시간 | 분 | 정답 및 해설편 194p |

01

☑ 확인Check! ○ △ ✕

다음 중 물리적 위태(physical hazard)를 통제하기 위한 제도로 적절한 것은?

① 소손해 면책제도
② 대기기간
③ 위험변경증가 통지의무
④ 고의사고 면책제도

02

☑ 확인Check! ○ △ ✕

아래에서 설명하는 내용은 무엇에 관한 것인가?

> 통상적인 조건이 지켜지지 않는 최악의 조건하에서 위험이 목적물에 초래할 것으로 예상되는 이론적인 최대 규모
> 의 손실을 말하며, 그 이상의 손실발생 가능성은 거의 없다.

① PML(probable maximum loss)
② MPL(maximum possible loss)
③ EML(estimated maximum loss)
④ VAR(value at risk)

03

☑ 확인Check! ○ △ ✕

다음 중 자가보험(self-insurance)의 장점으로 적절하지 않은 것은?

① 보험료를 구성하는 부가보험료 등 보험경비를 절약할 수 있다.
② 보험기금의 재투자로 인한 추가이득이 가능하다.
③ 위험보유에 따른 심리적인 부담으로 위험관리 활동이 촉진될 수 있다.
④ 대재해 등 심도가 큰 위험에 대비하기 위하여 적합한 방식이다.

04

다음 중 손해보험의 피보험이익에 관한 설명으로 옳지 않은 것은?

① 보험사고발생시 누구도 피보험이익의 평가액 이상의 손해에 대하여 보상받을 수 없다.

② 한 개의 동일한 보험목적물에는 한 종류의 피보험이익만 존재할 수 있다.

③ 피보험이익이 없으면 보험도 없다.

④ 피보험이익은 보험자의 법정 최고 보상한도액이다.

05

「골동품, 서화 등은 손실발생시 손해액 산정이 곤란하기 때문에 담보에서 제외한다.」에서 규정하고 있는 면책사유로 옳은 것은?

① 면책손인(excluded perils)

② 면책재산(excluded property)

③ 면책손실(excluded losses)

④ 면책지역(excluded locations)

06

다음 중 실손보상의 원칙을 구현하기 위한 손해보험제도로 볼 수 없는 것은?

① 보험자대위제도

② 기평가보험계약

③ 신구교환이익공제

④ 손해액의 시가주의

07

다음 중 보험계약의 부합계약성에 대한 설명으로 옳지 않은 것은?

① 보험계약 내용이 전적으로 보험자에 의하여 준비된다.

② 불특정 다수와 동일한 내용의 계약을 대량으로 체결하는데 유리하다.

③ 계약내용의 정형화로 보험계약자간의 형평성을 유지 할 수 있다.

④ 계약내용이 모호할 경우 가급적이면 보험자에게 유리하게 해석한다.

08

보험계약자 A가 자신이 소유하는 건물을 대상으로 화재보험에 가입하였는데 보험계약 내용 및 발생손해액은 다음과 같다. 보험자가 피보험자에게 지급하여야 할 보험금은 얼마인가?

- 보험가입금액 : 6억원
- 가입 당시 건물의 보험가액 : 8억원
- 공동보험요구비율 : 80%
- 정액 공제 : 1억원(우선 적용)
- 발생손해액 : 5억원
- 사고 당시 건물의 시가 : 10억원

① 2억 7천 5백만원　　　　　　　② 3억원
③ 3억 7천 5백만원　　　　　　　④ 4억원

09

보험기간 동안 사고발생확률과 예상손해액이 다음과 같은 보험목적물에 대하여 정액 공제(straight deductible) 금액이 300만원으로 설정되어 있을 때 순보험료(net premium)는 얼마인가?

손해액	0원	500만원	700만원	900만원
확 률	0.6	0.2	0.15	0.05

① 100만원　　　　　　　② 110만원
③ 130만원　　　　　　　④ 150만원

10

다음 중 중복보험의 요건으로 옳지 않은 것은?

① 피보험이익이 서로 달라야 한다.
② 보험기간이 중복되어야 한다.
③ 보험금액의 합이 보험가액을 초과하여야 한다.
④ 동일한 목적물이어야 한다.

11

다음 중 보험사고발생시 권리관계의 존부를 판단함에 있어서 보험자가 입증할 내용으로 적절하지 않은 것은?

① 보험사고 및 사고로 인한 손해발생 사실
② 사기에 의한 초과, 중복보험 해당 여부
③ 고지의무 및 통지의무위반 사실
④ 피보험자의 의무위반으로 인하여 증가된 손해

12

다음 중 과실배상책임에 따른 손해배상에서 가해자가 항변할 수 있는 법리와 관련 없는 것은?

① 비교과실(comparative negligence)
② 리스크의 인식(assumption of risk)
③ 기여과실(contributory negligence)
④ 연대배상책임(joint and several liability)

13

다음 중 배상책임에서 무과실책임주의가 확대될 때 보험산업에 미치는 영향으로 적절하지 않은 것은?

① 피해자 보호 증진 ② 도덕적 위험의 감소
③ 보험시장의 확대 ④ 손해율의 상승

14

다음 중 캡티브 보험사(captive insurer) 설립의 이점으로 거리가 먼 것은?

① 재보험료를 절감할 수 있다.
② 부가비용(loading)을 절감할 수 있다.
③ 모기업의 재정적인 부담을 줄일 수 있다.
④ 부가수입에 대한 투자를 통하여 투자수익을 창출할 수 있다.

15

다음 중 재보험에 대한 설명으로 옳지 않은 것은?

① 재보험은 원보험계약의 효력에 영향을 미친다.
② 재보험은 원보험자의 인수능력을 증가시킨다.
③ 재보험은 원수보험사의 수익의 안정을 가져올 수 있다.
④ 재보험은 언더라이팅의 중단시 활용될 수 있다.

16

다음 위험관리의 목적 중 손해발생 후의 목적(post loss objectives)으로 옳은 것은?

① 사고발생의 우려와 심리적 불안의 경감
② 영업활동의 지속
③ 손실방지를 위한 각종 규정의 준수
④ 사고발생 가능성의 최소화

17

다음 중 대위의 원칙(principle of subrogation)에 대한 설명으로 옳지 않은 것은?

① 피보험자가 동일한 손실에 대한 책임 있는 제3자와 보험자로부터 이중보상을 받아 이익을 얻는 것을 방지할 목적을 가지고 있다.
② 피보험자의 책임이 없는 손해로 인한 보험료 인상을 방지한다.
③ 과실이 있는 피보험자에게 손실발생의 책임을 묻는 효과가 있다.
④ 손해보험의 이득금지 원칙과 관련 있다.

18

피보험자 갑이 동일한 피보험이익에 대하여 A, B 두 보험회사에 각각 보험금액 2,000만원, 8,000만원의 보험계약을 체결하고, 보험기간 중 6,000만원의 손해가 발생하였다. 다음 중 초과부담조항(excess insurance clause)을 적용했을 때 B 보험회사의 손실부담액은 얼마인가?(단, A 보험회사가 1차 보험자임)

① 2,000만원
② 4,000만원
③ 6,000만원
④ 8,000만원

19

다음 중 손해사정의 업무단계를 일반적 손해사정 절차에 따라 순서대로 바르게 열거한 것은?

ⓐ 사고통지의 접수	ⓑ 현장조사
ⓒ 약관의 면·부책 내용 등 확인	ⓓ 계약사항의 확인
ⓔ 보험금 산정	ⓕ 대위 및 구상권 행사
ⓖ 손해액 산정	ⓗ 보험금 지급

① ⓐ → ⓑ → ⓓ → ⓒ → ⓖ → ⓔ → ⓗ → ⓕ
② ⓐ → ⓑ → ⓓ → ⓒ → ⓔ → ⓖ → ⓗ → ⓕ
③ ⓐ → ⓓ → ⓒ → ⓑ → ⓖ → ⓔ → ⓗ → ⓕ
④ ⓐ → ⓓ → ⓒ → ⓑ → ⓔ → ⓖ → ⓗ → ⓕ

20

다음 중 최대선의의 원칙(principle of utmost good faith)의 실현을 위한 제도에 해당하지 않는 것은?

① 고지(representation)의무
② 은폐(concealment)금지
③ 대위(subrogation)
④ 보증(warranty)

21

다음 중 일반적으로 배상청구기준(claims-made basis)을 사용하는 배상책임보험을 모두 고른 것은?

ⓐ 회계사배상책임보험
ⓑ 제조물배상책임보험
ⓒ 자동차손해배상책임보험
ⓓ 의사배상책임보험

① ⓐ, ⓑ, ⓒ   ② ⓐ, ⓑ, ⓓ
③ ⓑ, ⓒ, ⓓ   ④ ⓐ, ⓒ, ⓓ

22

보험계약 조건 및 발생손해액이 다음과 같을 때 피보험자가 부담해야 할 금액은?

- 보험금액 : 2,000만원
- 소멸성 공제(disappearing deductible)방식 적용
- 공제금액 : 100만원
- 손실조정계수 : 105%
- 손해액 : 500만원

① 80만원   ② 100만원
③ 400만원   ④ 420만원

23

다음 위험관리기법 중 위험금융기법(risk financing technique)에 해당하는 것은?

① 위험회피   ② 보험가입
③ 손실통제   ④ 위험분리

24

다음은 A 보험회사의 2018년도 회계자료이다. 경과손해율(%)은 얼마인가?

- 수입보험료 : 8,000만원
- 전기이월 미경과보험료 : 4,000만원
- 차기이월 미경과보험료 : 2,000만원
- 지급보험금 : 6,000만원
- 지급준비금 : 2,000만원
- 손해조사비 : 500만원

① 70% ② 75%

③ 85% ④ 142%

25

다음 중 손실의 발생 가능성과 발생빈도를 줄이는 손실예방기법으로 적합하지 않은 것은?

① 음주단속
② 홍수에 대비한 댐 설치
③ 자동차 에어백 장착
④ 휘발성 물질 주변에서의 금연

26

다음 중 대체가격보험에 대한 설명으로 옳지 않은 것은?

① 대체가격보험은 인위적인 사고유발이 우려되는 보험에 한해서 인정되고 있다.
② 대체가격보험은 보험사고가 발생한 경우 감가상각을 하지 않고 피보험목적물과 동종, 동형, 동질의 신품을 구입하는데 소요되는 비용을 지급하는 보험이다.
③ 신가보험이라고도 한다.
④ 대체가격보험은 실손보상 원칙의 예외로서 이용되는 보험이다.

27

다음 중 열거위험담보계약(named-perils policy)과 포괄위험담보계약(all-risks policy)에 대한 설명으로 옳지 않은 것은?

① 포괄위험담보계약은 면책위험을 제외한 모든 위험으로 인한 손해를 보상한다.
② 열거위험담보계약은 피보험자가 열거위험으로 인한 손해가 발생하였다는 사실을 입증해야 된다.
③ 포괄위험담보계약에서는 다른 보험계약에서 담보된 위험이 중복 가입될 가능성이 있다.
④ 열거위험담보계약이 포괄위험담보계약보다 일반적으로 담보범위가 넓다.

28

A와 B의 쌍방과실로 인한 양측의 손해액과 과실비율이 다음과 같을 때 교차책임주의(principle of cross liability)방식에 의한 각각의 배상책임액으로 옳은 것은?

- A의 손해액 : 600만원
- B의 손해액 : 300만원
- A의 과실비율 : 30%
- B의 과실비율 : 70%

① A가 B에게 90만원을, B는 A에게 420만원을 배상하여야 한다.
② A가 B에게 420만원을, B는 A에게 90만원을 배상하여야 한다.
③ B가 A에게 600만원을 배상하여야 한다.
④ A가 B에게 300만원을 배상하여야 한다.

29

다음 중 도덕적 위태(moral hazard)를 방지할 수 있는 수단으로 적절하지 않은 것은?

① 실손보상제도의 운용
② 보험계약자의 해지권 인정
③ 보험 인수요건의 강화
④ 손해사정시의 조사 강화

30

다음 중 책임준비금에 해당되지 않는 항목은?

기출수정

① 발생사고요소   ② 비상위험준비금

③ 잔여보상요소   ④ 투자계획부채

31

다음 중 실손보상의 원칙에서 실제가치(actual cash value) 산정에 대한 개념으로 옳은 것은?

① 보험사고발생 당시 담보된 물건의 수리비용에서 감가상각을 제한 액수

② 보험계약 체결 당시 담보된 물건의 수리비용에서 감가상각을 제한 액수

③ 보험사고발생 당시 담보된 물건의 대체비용에서 감가상각을 제한 액수

④ 보험계약 체결 당시 담보된 물건의 대체비용에서 감가상각을 제한 액수

32

국민건강보험의 보장성을 높일 때 민영보험 시장에 미치는 영향으로 가장 거리가 먼 것은?

① 국민건강보험의 비급여 항목을 급여화 하면, 관련 민영보험의 보험금 지급액이 감소 가능하다.

② 국민건강보험의 본인부담률의 인하는 관련 민영보험 보험금 지급액과 관련성이 약하다.

③ 국민건강보험의 보장성을 확대하면 관련 민영보험의 손해율은 낮아질 수 있다.

④ 국민건강보험의 보장성 확대는 관련 민영보험 상품의 보험료 인하 요구를 받을 수 있다.

33

다음 중 사회보험으로 운영되는 노인장기요양보험에 대한 설명으로 옳지 않은 것은?

① 보험급여에는 재가급여, 시설급여, 특별현금급여 등이 있다.

② 피보험자는 65세 이상 노인으로 한정한다.

③ 노인장기요양보험의 보험료는 국민건강보험 보험료에 장기요양보험료율을 곱하여 산정한다.

④ 재원 중 일부는 국고에서 지원된다.

34

다음 중 보험자가 피보험자와 공동으로 위험을 인수한다는 의미에서의 공동보험조항(co-insurance clause)에 대한 설명으로 옳지 않은 것은?

① 보험가액에 대한 보험가입금액의 비율이 낮을수록 보험가입금액 대비 보험료 비율은 높아진다.
② 보험금 지급액은 보험가입금액을 초과할 수 없다.
③ 공동보험 요구비율이 보험가액의 80%인 경우, 손해액의 80% 이상은 보상하지 않는다.
④ 보험가입금액은 보험계약자가 결정한다.

35

다음은 보험과 복권을 비교한 설명이다. 옳지 않은 것은?

① 보험은 기존의 리스크 전가이고, 복권은 새로운 리스크 창출이다.
② 보험은 사전적 확률에 근거하고, 복권은 사후적 확률에 근거한다.
③ 보험과 복권 모두 사행성 계약으로 분류된다.
④ 보험과 복권 모두 객관적 리스크로 볼 수 있다.

36

다음 중 보험시장에서의 역선택(adverse selection)에 대한 설명으로 옳지 않은 것은?

① 사후적 정보의 비대칭으로 발생한다.
② 중고 자동차 시장(lemon market)의 문제로 비유된다.
③ 불량위험체가 이익을 본다.
④ 역선택을 줄이기 위한 방법으로 고지의무 조항이 있다.

37

다음 중 해상보험의 특성에 대한 설명으로 옳지 않은 것은?

① 영국의 해상보험법이 준거법이다.
② 기업보험성이 강하다.
③ 최대선의 원칙이 적용되는 보험이다.
④ 개별요율 중 소급요율을 주로 적용한다.

38

다음 중 보증보험에 대한 설명으로 옳지 않은 것은?

① 채권자인 제3자를 위한 계약이다.
② 보험계약자 임의로 계약을 해지할 수 없다.
③ 대위변제가 목적이다.
④ 인위적인 보험사고에는 보험금을 지급하지 않는다.

39

다음 중 손실통제이론 중 도미노이론이 사고예방을 위한 연쇄관계 차단을 위해서 가장 필요하다고 주장하는 개선 단계는?

① 사회적 환경
② 인간의 과실
③ 위태
④ 사고

40

다음 중 손해보험상품과 생명보험상품에 대한 설명으로 옳지 않은 것은?

① 손해보험은 실손보상 원리를 중시한다.
② 생명보험은 보험계약법상 인보험으로 분류한다.
③ 생명보험은 정액보험의 성격을 가진다.
④ 손해보험은 인명손실을 보상하지 아니한다.

2020년 제43회

손해사정사 1차 시험문제

제1과목 보험업법

제2과목 보험계약법

제3과목 손해사정이론

2020년 제43회 보험업법

1차 시험문제

☑ 중요 문제 / 틀린 문제 CHECK

01	02	03	04	05	06	07	08	09	10	11	12	13	14	15	16	17	18	19	20
21	22	23	24	25	26	27	28	29	30	31	32	33	34	35	36	37	38	39	40

| 시간 | 분 ㅣ 정답 및 해설편 206p |

01

☑ 확인 Check! ○ △ ✕

보험업법 제2조의 정의에 관한 설명으로 옳지 않은 것은?

① 보험상품에는 생명보험상품, 손해보험상품, 제3보험상품이 있다.
② 보험업에는 생명보험업, 손해보험업 및 제3보험업이 있다.
③ 보험상품에는 위험보장을 목적으로 요구하지 아니한 상품도 있다.
④ 상호회사란 보험업을 경영할 목적으로 보험업법에 따라 설립된 회사로서 보험계약자를 사원으로 하는 회사를 말한다.

02

☑ 확인 Check! ○ △ ✕

보험업법상 자기자본의 합산항목을 모두 고른 것은?

가. 납입자본금	나. 이익잉여금
다. 자본잉여금	라. 자본조정
마. 영업권	

① 가, 나
② 가, 나, 다
③ 나, 다, 라
④ 다, 라, 마

03

보험업법상 손해보험의 허가 종목을 모두 고른 것은?

가. 연금보험	나. 화재보험
다. 해상보험(항공·운송보험)	라. 자동차보험
마. 상해보험	바. 보증보험

① 가, 나, 다   ② 나, 다, 라
③ 가, 라, 마, 바   ④ 나, 다, 라, 바

04

보험업법상 보험업 허가를 받으려는 외국보험회사의 허가요건에 관한 설명으로 옳지 않은 것은?

① 30억원 이상의 영업기금을 보유하여야 한다.
② 국내에서 경영하려는 보험업과 같은 보험업을 외국법령에 따라 경영하고 있을 것을 요한다.
③ 자산상황·재무건전성 및 영업건전성이 외국에서 보험업을 경영하기에 충분하고, 국내적으로 인정받고 있을 것을 요한다.
④ 사업계획이 타당하고 건전할 것을 요한다.

05

외국보험회사 등의 국내사무소의 금지행위에 관한 사항을 모두 고른 것은?

가. 보험업을 경영하는 행위
나. 보험계약의 체결을 중개하거나 대리하는 행위
다. 국내 관련 법령에 저촉되지 않는 방법에 의하여 보험시장의 조사 및 정보의 수집을 하는 행위
라. 그 밖에 국내사무소의 설치 목적에 위반되는 행위로서 대통령령으로 정하는 행위

① 가, 나   ② 나, 다
③ 가, 나, 라   ④ 나, 다, 라

06

☑ 확인 Check! ○ △ ✕

보험업법상 보험회사의 업무규제 등에 관한 설명으로 옳지 않은 것은?

① 보험회사는 그 상호 또는 명칭 중에 주로 경영하는 보험업과 함께 부수적으로 경영하는 보험업의 종류를 표시하여야 한다.

② 보험회사는 원칙적으로 300억원 이상의 자본금 또는 기금을 납입함으로써 보험업을 시작할 수 있다.

③ 보험회사는 생명보험의 재보험 및 제3보험의 재보험 등 일정한 경우를 제외하고 생명보험업과 손해보험업을 겸영하지 못한다.

④ 보험회사는 경영건전성을 해치거나 보험계약자 보호 및 건전한 거래질서를 해칠 우려가 없는 금융업무를 영위할 수 있다.

07

☑ 확인 Check! ○ △ ✕

보험업법상 주식회사에 관한 설명으로 옳지 않은 것은?

기출수정

① 주식회사가 자본감소를 결의한 경우에는 그 결의를 한 날부터 2주 이내에 결의의 요지와 재무상태표를 공고하여야 한다.

② 주식회사는 자본감소를 결의할 때 대통령령으로 정하는 자본감소를 하려면 미리 금융감독원장의 승인을 받아야 한다.

③ 주식회사는 그 조직을 변경하여 상호회사로 할 수 있다.

④ 주식회사의 자본감소 결의공고시에는 이의가 있는 자는 일정한 기간 동안 이의를 제출할 수 있다는 뜻을 덧붙여야 한다.

08

☑ 확인 Check! ○ △ ✕

보험업법상 주식회사의 조직변경 등에 관한 설명으로 옳지 않은 것은?

① 주식회사의 조직변경은 주주총회의 결의를 거쳐야 한다.

② 주식회사는 조직변경을 결의할 때 보험계약자 총회를 갈음하는 기관에 관한 사항을 정할 수 있다.

③ 보험계약자 총회는 보험계약자 과반수의 출석과 그 의결권의 3분의 2 이상의 찬성으로 결의한다.

④ 주식회사의 이사는 조직변경에 관한 사항을 보험계약자 총회에 보고하여야 한다.

09

보험업법상 보험계약자 등의 우선취득권 및 예탁자산에 대한 우선변제권에 관한 설명으로 옳지 않은 것은?

① 보험계약자나 보험금을 취득할 자는 피보험자를 위하여 적립한 금액을 주식회사가 보험업법에 따른 금융위원회의 명령에 따라 예탁한 자산에서 다른 채권자보다 우선하여 변제를 받을 권리를 가진다.
② 예탁자산에 대한 우선변제권은 보험업법 제108조에 따라 특별계정이 설정된 경우, 특별계정과 그 밖의 계정을 구분하여 적용한다.
③ 보험계약자나 보험금을 취득할 자는 피보험자를 위하여 적립한 금액을 다른 법률에 특별한 규정이 없으면 주식회사의 자산에서 우선하여 취득한다.
④ 보험계약자 등의 우선취득권은 보험업법 제108조에 따라 특별계정이 설정된 경우에도 예탁자산에 대한 우선변제권과 달리 특별계정과 그 밖의 계정을 구분하여 적용하지 아니할 수 있다.

10

보험업법상 상호회사의 정관 기재사항을 모두 고른 것은?

가. 취급하려는 보험종목과 사업의 범위
나. 명칭
다. 회사의 성립연월일
라. 기금의 총액
마. 기금의 갹출자가 가질 권리
바. 발기인의 성명 · 주민등록번호 및 주소

① 가, 나, 라, 마
② 나, 다, 라, 마
③ 다, 라, 마, 바
④ 가, 나, 마, 바

11

보험업법상 상호회사의 입사청약서에 관한 설명으로 옳지 않은 것은?

① 상호회사가 성립한 후 사원이 되려는 자를 제외하고, 발기인이 아닌 자가 상호회사의 사원이 되려면 입사청약서 2부에 보험의 목적과 보험금액을 적고 기명날인하여야 한다.

② 발기인은 입사청약서에 정관의 인증 연월일과 그 인증을 한 공증인의 이름을 포함하여 작성하고 이를 비치하여야 한다.

③ 기금 갹출자의 이름·주소와 그 각자가 갹출하는 금액, 발기인의 이름과 주소 등도 상호회사의 입사청약서에 기재할 사항에 속한다.

④ 상호회사 성립 전의 입사청약의 경우, 청약의 상대방이 표의자의 진의 아님을 알았거나 이를 알 수 있었을 경우에는 무효로 한다.

12

보험업법상 상호회사의 사원의 권리와 의무에 관한 설명으로 옳지 않은 것은?

① 상호회사의 사원은 회사의 채권자에 대하여 직접적인 의무를 부담한다.

② 상호회사의 채무에 관한 사원의 책임은 보험료를 한도로 한다.

③ 상호회사의 사원은 보험료의 납입에 관하여 상계로써 회사에 대항하지 못한다.

④ 상호회사는 정관으로 보험금액의 삭감에 관한 사항을 정하여야 한다.

13

보험업법상 외국보험회사국내지점의 허가 취소사유에 해당하는 사항을 모두 고른 것은?

> 가. 합병, 영업양도 등으로 소멸한 경우
> 나. 휴업하거나 영업을 중지한 경우
> 다. 외국보험회사국내지점 직원이 주의·경고조치를 받은 경우
> 라. 6개월간의 영업정지 처분을 받은 경우

① 가, 나
② 나, 라
③ 나, 다
④ 다, 라

14

보험설계사에 관한 설명으로 옳은 것은?

① 보험회사는 소속 보험설계사가 되려는 자를 금융감독원에 등록하여야 한다.

② 보험업법에 따라 보험설계사의 등록취소 처분을 2회 이상 받은 경우 최종 등록취소를 받은 날로부터 2년이 지나지 아니한 자는 보험설계사가 될 수 없다.

③ 보험설계사가 모집에 관한 보험업법의 규정을 위반한 경우에는 반드시 그 등록을 취소하여야 한다.

④ 보험설계사가 교차모집을 하려는 경우에는 교차모집을 하려는 보험회사 명칭 등 금융위원회가 정하여 고시하는 사항을 적은 서류를 보험협회에 제출해야 한다.

15

보험대리점에 관한 설명으로 옳지 않은 것은?

① 보험설계사 또는 보험중개사로 등록된 자는 보험대리점이 되지 못한다.

② 금융위원회는 보험대리점이 거짓이나 그 밖에 부정한 방법으로 보험업법 제87조에 따른 등록을 한 경우에는 그 등록을 취소하여야 한다.

③ 보험업법에 따라 과료 이상의 형을 선고받고 그 집행이 끝나거나 면제된 날부터 1년이 경과하지 아니한 자는 법인보험대리점의 이사가 되지 못한다.

④ 금융기관보험대리점의 영업보증금 예탁의무는 면제하고 있다.

16

보험중개사에 관한 설명으로 옳지 않은 것은?

① 보험중개사는 보험회사의 임직원이 될 수 없으며, 보험계약의 체결을 중개하면서 보험회사·보험설계사·보험대리점·보험계리사 및 손해사정사의 업무를 겸할 수 없다.

② 법인보험중개사는 보험계약자 보호를 위한 업무지침을 정하여야 하며, 그 업무지침의 준수 여부를 점검하고 위반사항을 조사하기 위한 임원 또는 직원을 2인 이상 두어야 한다.

③ 보험중개사가 소속 보험설계사와 보험모집을 위한 위탁을 해지한 경우에는 금융위원회에 신고하여야 한다.

④ 보험중개사는 보험계약 체결의 중개행위와 관련하여 보험계약자에게 손해를 입힌 경우에는 영업보증금예탁기관에서 보험계약자 측에 지급하는 금액만큼 손해배상책임을 면한다.

17

보험업법상 보험대리점 또는 보험중개사로 등록할 수 있는 금융기관에 해당하지 않는 것은?

① 「은행법」에 따라 설립된 은행
② 「자본시장과 금융투자업에 관한 법률」에 따른 투자매매업자 또는 신탁업자
③ 「상호저축은행법」에 따른 상호저축은행
④ 「중소기업은행법」에 따라 설립된 중소기업은행

18

손해보험계약의 제3자 보호에 관한 설명 중 옳지 않은 것은? 기출수정

① 손해보험회사는 예금자보호법 제2조 제8호의 사유로 손해보험계약의 제3자에게 보험금을 지급하지 못하게 된 경우에는 즉시 그 사실을 손해보험협회의 장에게 보고하여야 한다.
② 보험업법에 따라 손해보험계약의 제3자가 보험사고로 입은 손해에 대한 보험금의 지급을 보장하는 것은 법령에 의하여 가입이 강제되는 손해보험계약만을 대상으로 한다.
③ 손해보험회사는 손해보험계약의 제3자에 대한 보험금의 지급을 보장하기 위하여 수입보험료 및 책임 준비금을 고려하여 대통령령으로 정하는 비율을 곱한 금액을 손해보험협회에 출연하여야 한다.
④ 손해보험협회는 규정에 의하여 보험금을 지급한 때에는 해당 손해보험회사에 대하여 구상권을 가진다.

19

보험업법상 모집 관련 준수사항에 관한 설명으로 옳지 않은 것은? 기출수정

① 전화·우편·컴퓨터통신 등 통신수단을 이용하여 모집을 하는 자는 보험업법 제83조에 따라 모집을 할 수 있는 자이어야 하며, 다른 사람의 평온한 생활을 침해하는 방법으로 모집을 하여서는 아니 된다.
② 보험중개사를 포함하는 보험계약의 체결 또는 모집에 종사하는 자가 부당한 계약전환을 한 경우 보험계약자는 그 보험회사에 대하여 기존 계약의 체결일로부터 6월 이내에 계약의 부활을 청구할 수 있다.
③ 보험회사는 보험계약자가 계약을 해지하기 전에 안전성 및 신뢰성이 확보되는 방법을 이용하여 보험계약자 본인임을 확인받은 경우에 한정하여 통신수단을 이용한 계약해지를 허용할 수 있다.
④ 보험안내자료에는 금융위원회가 따로 정하는 경우를 제외하고는 보험회사의 장래의 이익 배당 또는 잉여금 분배에 대한 예상에 관한 사항을 적지 못한다.

20

보험업법상 금융기관보험대리점 등의 금지행위에 해당하는 것을 모두 고른 것은? 기출+정

> 가. 대출 등을 제공받는 자의 동의를 미리 받아 보험료를 대출 등의 거래에 포함시키는 행위
> 나. 해당 금융기관의 임직원(보험업법 제83조에 따라 모집할 수 있는 자는 제외)에게 모집을 하도록 하거나 이를 용인하는 행위
> 다. 해당 금융기관의 점포 외에서 모집을 하는 행위
> 라. 모집과 관련이 없는 금융거래를 통하여 취득한 개인정보를 그 개인의 동의를 받아 모집에 이용하는 행위

① 가, 나

② 나, 라

③ 나, 다

④ 다, 라

21

금융기관보험대리점 등(최근 사업연도 말 현재 자산총액이 2조원 이상인 기관만 해당)이 모집할 수 있는 1개 생명보험회사 또는 1개 손해보험회사 상품의 모집액은 매 사업연도별로 해당 금융기관보험대리점 등이 신규로 모집하는 생명보험회사 상품의 모집총액 또는 손해보험회사 상품의 모집총액 각각의 A(보험업법 시행령 제40조 제7항에 따라 보험회사 상품의 모집액을 합산하여 계산하는 경우에는 B)를 초과할 수 없다. A, B에 들어갈 비율로 옳은 것은? 기출+정

① A − 100분의 20, B − 100분의 25

② A − 100분의 20, B − 100분의 30

③ A − 100분의 25, B − 100분의 30

④ A − 100분의 25, B − 100분의 33

22

보험업법상 보험회사의 자산운용에 대한 내용으로 옳지 않은 것은?

① 보험업법에 따른 자산운용한도의 제한을 피하기 위하여 다른 금융기관 또는 회사의 의결권 있는 주식을 서로 교차하여 보유하거나 신용공여를 하는 행위를 할 수 없다.

② 보험회사는 그 보험회사의 대주주와 대통령령으로 정하는 금액 이상의 신용공여를 한 경우에는 7일 이내에 그 사실을 공정거래위원회에 보고하고, 인터넷 홈페이지 등을 이용하여 공시하여야 한다.

③ 보험회사는 신용공여 계약을 체결하려는 자에게 재산 증가나 신용평가등급 상승 등으로 신용상태의 개선이 나타난 경우에는 금리인하를 요구할 수 있음을 알려야 한다.

④ 보험회사는 그 자산운용을 함에 있어 안정성·유동성·수익성 및 공익성이 확보되도록 하여야 하며, 선량한 관리자의 주의로써 그 자산을 운용하여야 한다.

23

보험업법상 금지 또는 제한되는 자산운용 방법에 해당하는 것을 모두 고른 것은?

> 가. 연면적의 100분의 20을 보험회사가 직접 사용하고 있는 영업장의 소유
> 나. 상품이나 유가증권에 대한 투기를 목적으로 하는 자금의 대출
> 다. 직접·간접을 불문하고 정치자금의 대출
> 라. 직접·간접을 불문하고 해당 보험회사의 주식을 사도록 하기 위한 대출
> 마. 해당 보험회사의 임직원에 대한 보험약관에 따른 약관대출

① 가, 나, 마 ② 나, 다, 라
③ 다, 라, 마 ④ 가, 다, 마

24

보험회사는 금융위원회의 승인을 받은 자회사 주식을 제외하고는 의결권 있는 다른 회사의 발행주식(출자지분을 포함한다) 총수의 (   )를 초과하는 주식을 소유할 수 없다. 괄호 안에 알맞은 것은?

① 100분의 5 ② 100분의 10
③ 100분의 15 ④ 100분의 20

25

보험업법상 보험회사가 자회사를 소유함에 있어서 금융위원회에 신고하고 자회사를 소유할 수 있는 업무를 모두 고른 것은? 기출수정

> 가. 보험계약의 유지·해지·변경 또는 부활 등을 관리하는 업무
> 나. 보험수리업무
> 다. 보험대리업무
> 라. 보험계약 체결 및 대출업무
> 마. 보험사고 및 보험계약 조사업무
> 바. 손해사정업무
> 사. 기업의 후생복지에 관한 상담 및 사무처리 대행업무

① 가, 나, 다, 마 ② 나, 다, 마, 바
③ 다, 라, 바, 사 ④ 가, 마, 바, 사

26

☑ 확인Check! ○ △ ✕

보험회사의 자회사에 대한 금지행위로서 옳지 않은 것은?

① 자산을 일반적인 거래 조건에 비추어 해당 보험회사에 뚜렷하게 불리한 조건으로 매매하는 행위
② 자회사가 소유하는 주식을 담보로 하는 신용공여 행위
③ 자회사가 다른 회사에 출자하는 것을 지원하기 위한 신용공여 행위
④ 보험회사의 보유증권을 정상가격으로 자회사의 자산과 교환하는 행위

27

☑ 확인Check! ○ △ ✕

보험회사의 계산에 관한 내용으로 옳지 않은 것은?

① 보험회사는 원칙적으로 매년 12월 31일까지 재무제표 등 장부를 폐쇄하고 장부를 폐쇄한 날로부터 3개월 이내에 금융위원회가 정하는 바에 따라 부속명세서를 포함한 재무제표 및 사업보고서를 금융위원회에 제출하여야 한다.
② 보험회사는 매월의 업무 내용을 적은 보고서를 다음 달 말일까지 금융위원회가 정하는 바에 따라 금융위원회에 제출하여야 한다.
③ 보험회사는 금융위원회에 제출한 동일 내용의 재무제표 및 사업보고서를 일반인이 열람할 수 있도록 금융위원회에 제출하는 날부터 본점과 지점, 그 밖의 영업소에 비치하거나 7일 이상 신문에 공고하여야 한다.
④ 보험회사는 결산기마다 보험계약의 종류에 따라 대통령령으로 정하는 책임준비금과 비상위험준비금을 계상하고 따로 작성한 장부에 각각 기재하여야 한다.

28

보험업법상 보험약관 이해도 평가에 관한 설명으로 옳지 않은 것은?　기출+정

① 금융위원회는 보험소비자와 보험 모집에 종사하는 자 등 대통령령으로 정하는 자를 대상으로 보험약관 등에 대하여 이해도를 평가하고 그 결과를 공시할 수 있다.

② 금융위원회는 보험소비자 등의 보험약관 등에 대한 이해도를 평가하기 위하여 평가대행기관을 지정할 수 있다.

③ 보험약관 등의 이해도 평가에 수반되는 비용의 부담, 평가시기, 평가방법 등 평가에 관한 사항은 금융위원회가 정한다.

④ 금융위원회에 의해 지정된 평가대행기관은 조사대상 보험약관 등에 대하여 보험소비자 등의 이해도를 평가하고, 그 결과를 보험협회에 보고하여야 한다.

29

보험업법상 보험회사가 지켜야 하는 재무건전성 기준에 관한 설명으로 옳지 않은 것은?　기출+정

① 보험회사는 보험금 지급능력과 경영건전성 기준을 확보하기 위하여 대출채권 등 보유자산의 건전성을 정기적으로 분류하고 대손충당금을 적립하여야 한다.

② 보험회사의 위험, 유동성 및 재보험의 관리에 관하여 금융위원회가 정하여 고시하는 기준을 충족하여야 한다.

③ 금융위원회는 보험회사가 재무건전성 기준을 지키지 아니하여 경영건전성을 해칠 우려가 있다고 인정되는 경우에는 주식 등 위험자산의 소유제한을 할 수 있다.

④ 보험회사가 적립하여야 하는 지급여력금액에는 자본금, 이익잉여금, 후순위차입금, 영업권 등을 합산한 금액이 포함된다.

30

보험회사 상호협정에 관한 설명으로 옳지 않은 것은?

① 상호협정을 체결하거나 변경, 폐지할 때에는 원칙적으로 금융위원회의 인가를 필요로 한다.

② 상호협정이 보험업법의 취지에 부합하지 않는 공동행위라면 공정거래법상 정당행위가 될 수 없다는 것이 판례의 태도이다.

③ 금융위원회는 상호협정을 인가하거나 협정에 따를 것을 명함에 있어서 원칙적으로 사전에 공정거래위원회와 협의하여야 한다.

④ 보험회사간의 합병, 보험회사 신설 등으로 상호협정의 구성원이 변경되는 사항인 경우 금융위원회의 허가를 요한다.

31

보험회사의 기초서류 작성 또는 변경에 관한 설명으로 옳은 것을 모두 고른 것은? [기출수정]

> 가. 보험회사는 법령의 제정·개정에 따라 새로운 보험상품이 도입되거나 보험상품의 가입이 의무화 되는 경우에는 금융위원회에 신고하여야 한다.
>
> 나. 보험회사는 보험계약자 보호 등을 위하여 대통령령으로 정하는 경우에는 금융위원회에 신고하여야 한다.
>
> 다. 금융위원회는 보험계약자 보호 등을 위하여 필요하다고 인정되면 보험회사에 대하여 기초서류에 관한 자료 제출을 요구할 수 있다.
>
> 라. 금융위원회는 보험회사가 기초서류를 제출할 때 보험료 및 해약환급금 산출방법서에 대하여 금융감독원의 검증확인서를 첨부하도록 할 수 있다.

① 가, 나, 다　　　　　　　　② 나, 다, 라

③ 나, 다　　　　　　　　　　④ 가, 라

32

보험업법상 보험계약의 이전에 관한 설명으로 옳지 않은 것은? [기출수정]

① 보험회사는 책임준비금 산출의 기초가 동일한 보험계약의 일부를 이전할 수 있다.

② 보험계약을 이전하려는 보험회사는 그 결의를 한 날부터 2주 이내에 계약 이전의 요지와 각 보험회사의 재무상태표를 공고하고, 보험계약자에게 통지하여야 한다.

③ 보험계약 이전의 공고 및 통지에는 보험계약자가 이의를 제출할 수 있도록 1개월 이상의 이의제출기간을 부여하여야 한다.

④ 보험계약의 이전을 결의한 때로부터 이전이 종료될 때까지 이전하는 보험계약과 동종의 보험계약을 체결하지 못한다.

33

보험회사의 청산에 관한 설명으로 옳지 않은 것은 몇 개인가?

> 가. 금융위원회는 보험회사로 하여금 청산인의 보수를 지급하게 할 수 있다.
> 나. 금융위원회는 청산인을 감독하기 위하여 보험회사의 청산업무와 자산상황을 검사하고 자산의 공탁을 명할 수 있다.
> 다. 청산인은 채권신고기간 내에는 채권자에게 변제를 하지 못한다.
> 라. 보험회사가 보험업의 허가취소로 해산한 때에는 법원이 청산인을 선임한다.
> 마. 금융위원회는 대표이사 또는 소액주주대표의 청구에 의하여 청산인을 해임할 수 있다.

① 1개
② 2개
③ 3개
④ 4개

34

보험업법상 선임계리사의 의무에 관한 설명으로 옳지 않은 것은?

① 선임계리사는 보험회사가 기초서류관리기준을 지키는지를 점검하고, 이를 위반하는 경우에는 조사하여 그 결과를 금융위원회에 보고하여야 한다.
② 선임계리사는 보험회사가 금융위원회에 제출하는 서류에 기재된 사항 중 기초서류의 내용 및 보험계약에 의한 배당금의 계산 등이 정당한지 여부를 최종적으로 검증하고 이를 확인하여야 한다.
③ 선임계리사는 기초서류의 내용 및 보험계약에 따른 배당금의 계산 등이 정당한지 여부를 검증하고 확인하여야 한다.
④ 선임계리사는 보험회사의 기초서류에 법령을 위반한 내용이 있다고 판단하는 경우에는 금융위원회에 보고하여야 한다.

35

보험업법상 보험조사협의회가 보험조사와 관련하여 심의할 수 있는 사항으로 옳지 않은 것은?

① 보험조사업무의 효율적 수행을 위한 공동 대책의 수립 및 시행에 관한 사항
② 금융위원회가 보험조사협의회의 회의에 부친 사항
③ 보험조사와 관련하여 조사한 정보의 교환에 관한 사항
④ 보험조사와 관련하여 조사 지원에 관한 사항

36

보험업법상 제3자에 대한 보험금 지급보장절차 등에 관한 설명으로 옳지 않은 것은?

① 손해보험회사는 손해보험계약의 제3자에 대한 보험금 지급을 보장하기 위하여 수입보험료 및 책임준 비금을 고려하여 대통령령으로 정하는 비율을 곱한 금액을 손해보험협회에 출연하여야 한다.

② 보증보험을 전업으로 하는 손해보험회사도 제3자에 대한 보험금 지급을 보장하기 위하여 수입보험료 및 책임준비금을 고려하여 대통령령으로 정하는 비율을 곱한 금액을 손해보험협회에 출연하여야 한다.

③ 손해보험협회의 장은 지급불능을 보고받은 때에는 금융위원회의 확인을 거쳐 손해보험계약의 제3자 에게 대통령령이 정하는 보험금을 지급하여야 한다.

④ 손해보험협회의 장은 출연금을 산정하고 보험금을 지급하기 위하여 필요한 범위에서 손해보험회사의 업무 및 자산상황에 관한 자료 제출을 요구할 수 있다.

37

보험업법상 보험요율산출기관에 관한 설명으로 옳지 않은 것은?

① 보험회사는 금융위원회의 인가를 받아 보험요율산출기관을 설립할 수 있다.

② 보험요율산출기관은 정관으로 정하는 바에 따라 업무와 관련하여 보험회사로부터 수수료를 받을 수 있다.

③ 보험요율산출기관은 보유정보를 활용하여 주행거리 정보를 제외한 자동차 사고이력 및 자동차 기준가 액 정보를 제공할 수 있다.

④ 보험회사 등으로부터 제공받은 보험정보관리를 위한 전산망 운영업무를 할 수 있다.

38

보험업법상 손해사정사의 손해사정업무 수행시 금지되는 행위로서 옳지 않은 것은?

① 업무상 알게 된 보험계약자 등에 관한 개인정보를 누설하는 행위

② 보험금 지급을 요건으로 합의서를 작성하거나 합의를 요구하는 행위

③ 자기 또는 자기와 총리령으로 정하는 이해관계를 가진 자의 보험사고에 대하여 손해사정을 하는 행위

④ 금융위원회가 정하는 바에 따라 업무와 관련된 보조인을 두는 행위

39

보험업법상 손해사정사에 관한 설명으로 옳지 않은 것은?

① 금융위원회는 손해사정사가 그 직무를 게을리 하거나 직무를 수행하면서 부적절한 행위를 한 경우 업무의 정지를 명할 수 있다.

② 손해사정을 업으로 하려는 법인은 2명 이상의 상근 손해사정사를 두어야 한다.

③ 손해사정사는 손해액 및 보험금의 사정업무를 할 수 있으나, 관계법규 적용의 적정성 판단은 할 수 없다.

④ 손해사정사는 정당한 사유 없이 손해사정업무를 지연하거나 충분한 조사를 하지 아니하고 손해액 또는 보험금을 산정하는 행위를 할 수 없다.

40

보험업법상 미수범 처벌규정에 따라 처벌받는 경우로서 옳지 않은 것은?

① 보험회사 대주주가 보험회사의 이익에 반하여 개인의 이익을 위하여 부당하게 압력을 행사하여 보험회사에게 외부에 공개되지 않은 자료 제공을 요구하는 행위

② 보험계리사가 그 임무를 위반하여 재산상의 이익을 취득하거나 제3자로 하여금 재산상 이익을 취득하게 하여 보험회사에 재산상의 손해를 입히는 행위

③ 상호회사의 청산인이 재산상의 이익을 취득하거나 제3자로 하여금 재산상 이익을 취득하게 하여 보험회사에 재산상의 손해를 입히는 행위

④ 보험계약자 총회 대행기관을 구성하는 자가 그 임무를 위반하여 재산상의 이익을 취득하거나 제3자로 하여금 재산상 이익을 취득하게 하여 보험계약자나 사원에게 손해를 입히는 행위

☑ 중요 문제 / 틀린 문제 CHECK

| 01 | 02 | 03 | 04 | 05 | 06 | 07 | 08 | 09 | 10 | 11 | 12 | 13 | 14 | 15 | 16 | 17 | 18 | 19 | 20 |
| 21 | 22 | 23 | 24 | 25 | 26 | 27 | 28 | 29 | 30 | 31 | 32 | 33 | 34 | 35 | 36 | 37 | 38 | 39 | 40 |

시간   분 | 정답 및 해설편 219p

01

☑ 확인 Check! ○ △ ✕

다음 중 甲이 보험금의 지급을 청구할 수 있는 경우로서 옳은 것은?

① 甲이 무진단계약의 청약과 함께 월납보험료 10만원 중 9만원을 지급하고 보험자의 승낙을 기다렸으나, 30일 내에 낙부통지를 받지 못한 상태에서 31일째 되는 날에 보험사고가 발생한 경우

② 甲이 화재보험계약의 청약을 하면서 보험료 전액을 지급하고 7일 만에 인수거절의 통지를 받은 상태에서 10일째 되는 날에 화재가 발생한 경우

③ 甲이 신체검사가 필요한 질병보험에 가입하면서 월납보험료 전액을 지급하였으나, 신체검사를 받지 않은 상태에서 청약일로부터 90일이 경과하고 암 진단을 받은 경우

④ 甲이 자동차보험계약의 청약을 하며 보험료 전액을 지급하였으나, 보험자가 낙부통지를 하지 않은 상태에서 청약 다음 날 보험사고가 발생하고 보험자가 특히 청약을 거절할 사유가 없는 경우

02

☑ 확인 Check! ○ △ ✕

다음 설명 중 옳은 것은?(다툼이 있는 경우 판례에 의함)

① 보험계약은 청약과 승낙의 의사표시의 합치로 성립하며, 그 때부터 계약의 효력이 발생하고 다른 약정이 없다면 보험자의 보상책임이 개시된다.

② 상법에 따르면 보험계약자는 연체보험료에 약정이자를 붙여 지급하고, 그 계약의 부활을 청구할 수 있으므로 부활계약은 요물계약이다.

③ 계속적 보험거래관계에 있어서 약관이 보험계약자에게 불리하게 변경된 사실을 고지하지 않은 채 새로운 계약이 체결된 경우의 계약은 종전 약관에 따라 체결된 것으로 본다.

④ 상법에 "당사자간에 다른 약정이 없으면"이라는 표현이 있는 경우에 한하여 구체적인 당사자간에 개별 약정이 가능하다.

03

상법상 약관의 중요사항에 대한 명시ㆍ설명의무가 면제되는 경우가 아닌 것은?(다툼이 있는 경우 판례에 의함)

① 자동차보험계약의 보험계약자가 해당 약관상 주운전자의 나이나 보험경력 등에 따라 보험요율이 달라진다는 사실을 잘 알고 있는 경우

② 보험계약자 또는 피보험자가 보험금청구에 관한 서류 또는 증거를 위조하거나 변조한 경우 보험금청구권이 상실된다는 약관조항

③ 보험가입 후 피보험자가 이륜자동차를 사용하게 된 경우에 보험계약자 또는 피보험자가 지체 없이 이를 보험자에게 알릴의무가 있다는 약관조항

④ 상법 제726조의4가 규정하는 자동차의 양도로 인한 보험계약상의 권리ㆍ의무의 승계조항을 풀어서 규정한 약관조항

04

상법상 고지의무에 관한 설명으로 옳지 않은 것은?(다툼이 있는 경우 판례에 의함)

① 생명보험계약의 피보험자가 직업을 속인 경우, 지급할 보험금은 실제 직업에 따라 가입이 가능하였던 한도 이내로 자동감축된다는 약관조항은 상법상 고지의무위반시의 해지권 행사요건을 적용하지 않는 취지라면 무효이다.

② 한 건의 보험계약에서 보험금부정취득목적ㆍ고지의무위반ㆍ사기행위가 경합하는 경우 보험자는 어떤 권한을 행사할지를 선택할 수 있다.

③ 고지의무를 완전히 이행하였더라도 약관의 계약전 발병부담보조항에 의하여 보험금 지급이 거절될 수 있다.

④ 냉동창고건물을 화재보험에 가입시킬 당시 보험의 목적인 건물이 완성되지 않아 잔여공사를 계속하여야 한다는 사실은 고지할 필요가 없다.

05

☑ 확인 Check! ○ △ ✕

상법상 보험금청구권자에게 입증책임이 있는 경우가 아닌 것은?(다툼이 있는 경우 판례에 의함)

① 위험변경 증가시의 통지의무위반에 있어서 위험변경 증가가 보험사고의 발생에 영향을 미치지 아니하였다는 사실

② 보험계약자나 그 대리인이 약관내용을 충분히 알지 못하므로 계약 체결시 보험자가 약관내용을 설명하여야 한다는 사실

③ 상해보험계약에 있어서 피보험자가 심신상실 등 자유로운 의사결정을 할 수 없는 상태에서 스스로 사망의 결과를 초래한 사실

④ 상해보험계약에 있어서 사고가 우연하게 발생하였다는 점 및 사고의 외래성과 상해라는 결과와의 사이에 인과관계가 있다는 사실

06

☑ 확인 Check! ○ △ ✕

고지의무에 관하여 우리 상법이 채택한 것은?

① 고지의무 이행 방법으로 수동적 답변의무

② 고지의무위반의 효과로서 비례감액주의

③ 고지의무자에 피보험자 포함

④ 보험수익자에 대한 해지의 의사표시도 유효

07

☑ 확인 Check! ○ △ ✕

상법상 타인을 위한 보험계약에 대한 설명으로 옳지 않은 것은?(다툼이 있는 경우 판례에 의함)

① 보험계약 체결을 위임한 바 없는 타인도 수익의 의사표시 없이 당연히 권리를 취득한다.

② 계약 체결시점에서 타인을 위한다는 의사표시는 명시적으로 존재하여야 한다.

③ 보험자는 타인을 위한 보험계약에 기한 항변으로 타인에게 대항할 수 있다.

④ 손해보험계약의 경우 타인은 피보험이익을 가진 자이어야 한다.

08

확인Check! ○ △ ✕

보험증권에 대한 설명으로 옳은 것은?

① 단체보험의 보험수익자가 단체구성원이나 그의 상속인인 경우에는 보험수익자에게 보험증권을 교부할 수 있다.

② 타인을 위한 보험계약의 보험계약자는 증권을 소지한 경우에는 그 타인의 동의 없이도 계약을 해지할 수 있다.

③ 적하보험증권은 완전유가증권이므로 상법이 열거한 해상보험증권의 기재사항을 모두 기재하여야 한다.

④ 약관상 이의기간이 경과하면 보험증권의 기재내용은 확정되므로 명백한 오기에 대하여도 이의할 수 없다.

09

☑ 확인Check! ○ △ ✕

다음 예문의 해석으로 옳은 것은?(다툼이 있는 경우 판례에 의함)

> 사망 또는 제1급 장해의 발생을 보험사고로 하는 보험계약의 피보험자 甲은 보험계약 체결 직전에 이미 근긴장성 근이양증 진단을 받았다. 이 병은 제1급 장해발생을 필연적으로 야기하고, 또한 건강상태가 일반적인 자연적 속도 이상으로 급격히 악화되어 사망에 이를 개연성이 매우 높다.

① 보험사고는 계약 체결시에 불확정적이어야 하는데 甲은 필연적으로 사망 또는 제1급 장해로 이어질 질병의 확정진단을 이미 받았으므로 보험계약은 무효이다.

② 甲은 자신의 병에 대하여 알았으나, 보험자가 피보험자의 질병사실을 알지 못하였다면 보험사고의 주관적 불확정으로 소급보험이 인정된다.

③ 보험계약 체결시에 보험사고 그 자체가 발생한 것은 아니므로 보험계약은 유효하고, 다만 고지의무위반만 문제될 수 있다.

④ 甲의 질병은 보험기간 중에 진행되었으므로 보험자는 보험사고가 보험기간 경과 후에 발생한 때에도 보험금 지급책임을 진다.

242 2020년 제43회 1차 시험문제

10

보험자의 면책사유에 관한 설명으로 옳은 것은?(다툼이 있는 경우 판례에 의함)

① 약정 면책사유는 원칙적으로 설명의무의 대상이라는 점에서 법정 면책사유의 경우와 다르다.

② 보증보험에서 보험계약자의 고의로 보험사고를 야기한 경우에 보증보험자는 보험금 지급책임이 없다.

③ 고의사고 면책을 규정한 상법 조항은 보험제도의 악용을 막기 위한 것으로 절대적 강행규정이다.

④ 손해보험약관에서 고의사고면책만 규정한 경우에도 보험자는 상법의 고의·중과실 면책조항을 들어 중과실사고라는 이유로 면책을 주장할 수 있다.

11

다음 설명 중 옳은 것은?(다툼이 있는 경우 판례에 의함)

① 당사자간에 보험금 지급의 약정기간이 있는 경우에는 그 기간이 경과한 다음 날부터 소멸시효가 진행한다.

② 보험자가 보험금청구권자의 청구에 대하여 보험금 지급책임이 없다고 잘못 알려 준 경우에는 사실상의 장애가 소멸한 때부터 시효기간이 진행한다.

③ 보험사고발생 여부가 분명하지 아니하여 보험금청구권자가 과실 없이 보험사고의 발생을 알 수 없었던 때에는 보험사고의 발생을 알았거나 알 수 있었던 때로부터 소멸시효가 진행한다.

④ 책임보험에서 약관이 달리 정한 경우가 아니라면 피보험자가 제3자로부터 손해배상청구를 받은 시점에서 보험금청구권의 소멸시효가 진행한다.

12

✅ 확인 Check! ○ △ ✕

보험계약자가 미경과보험료의 반환을 청구할 수 없는 경우는?

① 보험사고발생 전 보험계약자에 의한 계약 일부 해지시에 당사자간에 다른 약정이 없는 경우

② 보험사고발생 전 보험료 지급 지체를 이유로 보험자가 보험계약을 해지한 경우

③ 보험자가 파산선고를 받아 보험계약자가 보험계약을 해지하는 경우

④ 보험자가 보험계약 체결 후 위험변경증가의 통지를 받고, 이를 이유로 보험계약을 해지하는 경우

13

다음 중 보험료 미지급에 관한 설명으로 옳지 않은 것은?

① 다른 약정이 없는 한 계약 체결 후 보험료의 전부 또는 제1회 보험료의 지급 없이 2월이 경과하면 그 보험계약은 해제된 것으로 보기 때문에 보험자는 별도로 해제의 의사표시를 할 필요가 없다.

② 특정한 타인을 위한 보험의 경우에 보험계약자가 보험료의 지급을 지체한 때에는 보험자는 그 타인에게도 상당한 기간을 정하여 보험료의 지급을 최고한 후가 아니면 그 계약을 해제하지 못한다.

③ 계속보험료가 약정한 시기에 지급되지 아니한 때에는 보험자는 상당한 기간을 정하여 보험계약자에게 최고하고 그 기간 내에 지급되지 아니한 때에는 그 계약을 해지할 수 있다.

④ 제1회 보험료 부지급을 이유로 보험계약이 해제되는 경우 계약 성립 후 해제 전에 발생한 보험사고에 대하여 보험금을 지급하는 약정은 무효이다.

14

타인의 사망을 보험사고로 하는 보험계약에서 타인의 동의서면에 포함되는 전자문서의 요건으로 옳지 않은 것은?

① 전자문서에 보험금 지급사유, 보험금액, 보험수익자의 신원, 보험기간이 적혀 있을 것

② 전자서명을 하기 전에 전자서명을 할 사람을 직접 만나서 전자서명을 하는 사람이 보험계약에 동의하는 본인임을 확인하는 절차를 거쳐 작성될 것

③ 전자문서 및 전자서명의 위조·변조 여부를 확인할 수 있을 것

④ 전자문서에 전자서명을 한 후에 그 전자서명을 한 사람이 보험계약에 동의한 본인임을 확인할 수 있도록 공인전자서명 등 금융위원장이 고시하는 요건을 갖추어 작성될 것

15

다음 중 약관대출(또는 보험계약대출)에 관한 설명으로 옳은 것은 몇 개인가?(다툼이 있는 경우 판례에 의함)

- 대출은 보험계약자가 낸 지급보험료 합계액 범위 내에서 실행될 수 있다.
- 현행 생명보험표준약관의 약관대출규정은 상법규정을 그대로 수용한 것이다.
- 약관대출의 법적 성질은 소비대차가 아니라, 장차 지급할 보험금 등의 선급으로 본다.
- 보험자의 약관대출금채권은 양도·입질·압류·상계의 대상이 된다.

① 1개   ② 2개

③ 3개   ④ 4개

16

상법상 손해보험자가 보상할 손해액에 관한 설명으로 옳지 않은 것은?

① 보험자가 보상할 손해액은 그 손해가 발생한 때와 곳의 가액에 의하여 산정한다.

② 보험계약 당사자간에 약정이 있는 때에는 그 신품가액에 의하여 보험자가 보상할 손해액을 산정할 수 있다.

③ 보험사고로 인하여 상실된 피보험자가 얻을 이익이나 보수는 보험자가 보상할 손해액에 산입한다.

④ 보험자가 보상할 손해액의 산정에 관한 비용은 보험자의 부담으로 한다.

17

상법상 보험가액에 관한 설명으로 옳지 않은 것은?

① 운송물의 보험에 있어서는 발송한 때와 곳의 가액과 도착지까지의 운임 기타 비용을 보험가액으로 한다.

② 선박의 보험에 있어서는 보험자의 책임이 개시될 때의 선박가액을 보험가액으로 한다.

③ 적하의 보험에 있어서는 도착할 때와 곳의 적하의 가액과 선적 및 보험에 관한 비용을 보험가액으로 한다.

④ 적하의 도착으로 인하여 얻을 이익 또는 보수의 보험에 있어서는 계약으로 보험가액을 정하지 아니한 때에는 보험금액을 보험가액으로 한 것으로 추정한다.

18

甲은 자기가 소유한 보험가액 1,000만원인 도자기의 파손에 대하여 乙 보험회사와 400만원, 丙 보험회사와 600만원, 丁 보험회사와 1,000만원을 보험금액으로 하여 각각 손해보험계약을 체결하였다. 이후 도자기가 사고로 전부 파손되어 보험금을 청구하였다. 아래 설명 중 옳지 않은 것은?(단, 당사자간에 중복보험과 일부보험에 관하여 다른 약정이 없다고 가정함)

① 乙 보험회사는 200만원의 보상책임을 진다.

② 丙 보험회사는 600만원의 한도 내에서 연대책임을 진다.

③ 丁 보험회사는 500만원의 보상책임을 진다.

④ 甲이 丁 보험회사에 대한 보험금 청구를 포기한 경우 乙 보험회사와 丙 보험회사는 각각 400만원, 600만원의 보상책임을 진다.

19

상법상 각종 비용의 부담에 관한 설명으로 옳지 않은 것은?

① 보험계약자가 보험자에 대하여 보험증권의 재교부를 청구한 경우 그 증권작성의 비용은 보험계약자의 부담으로 한다.

② 손해보험계약의 보험계약자와 피보험자가 손해의 방지와 경감을 위하여 지출한 필요 또는 유익하였던 비용은 보험금액을 초과한 경우라도 보험자가 이를 부담한다.

③ 해상보험자는 보험계약자와 피보험자가 보험의 목적의 안전이나 보존을 위하여 지급할 특별비용을 보험금액의 한도 내에서 보상할 책임이 있다.

④ 책임보험계약에서 피보험자가 제3자의 청구를 방어하기 위하여 지출한 재판상 또는 재판 외의 필요비용은 그 행위가 보험자의 지시에 의하지 아니한 경우에도 그 금액에 손해액을 가산한 금액이 보험금액을 초과하는 때에도 보험자가 이를 부담하여야 한다.

20

상법상 보험목적의 양도에 관한 설명으로 옳지 않은 것은?

① 손해보험에서 피보험자가 보험의 목적을 양도한 때에는 양수인은 보험계약상의 권리와 의무를 승계한다.

② 손해보험에서 피보험자가 보험의 목적을 양도한 경우에 양도인 또는 양수인은 보험자에 대하여 지체 없이 그 사실을 통지하여야 한다.

③ 선박을 보험에 붙인 경우에는 보험의 목적인 선박을 양도할 때 그 보험계약은 종료하나 보험자의 동의가 있는 때에는 그러하지 아니하다.

④ 자동차보험에서 피보험자가 보험기간 중에 자동차를 양도한 때에는 양수인은 보험자의 승낙을 얻은 경우에 한하여 보험계약으로 인하여 생긴 권리와 의무를 승계한다.

21

상법상 집합보험에 관한 설명으로 옳지 않은 것은?

① 집합보험에 관한 규정은 손해보험 통칙에 규정되어 있다.

② 집합된 물건을 일괄하여 보험의 목적으로 한 때에는 피보험자의 가족과 사용인의 물건도 보험의 목적에 포함된 것으로 한다.

③ 집합보험계약은 피보험자의 가족 또는 사용인을 위하여서도 체결한 것으로 본다.

④ 집합된 물건을 일괄하여 보험의 목적으로 한 때에는 그 목적에 속한 물건이 보험기간 중에 수시로 교체된 경우에도 보험사고의 발생시에 현존한 물건은 보험의 목적에 포함한 것으로 한다.

22

☑ 확인 Check! ○ △ ✕

상법상 운송보험에 관한 설명으로 옳지 않은 것은?

① 운송보험계약의 보험자는 다른 약정이 없으면 운송인이 운송물을 수령한 때로부터 수하인에게 인도할 때까지 생길 손해를 보상할 책임이 있다.

② 운송물의 보험에 있어서는 발송한 때와 곳의 가액과 도착지까지의 운임 기타의 비용을 보험가액으로 한다.

③ 운송보험계약은 다른 약정이 없으면 운송의 노순 또는 방법을 변경한 경우 그 효력을 잃는다.

④ 보험사고가 송하인 또는 수하인의 고의 또는 중대한 과실로 인하여 발생한 때에는 보험자는 이로 인하여 생긴 손해를 보상할 책임이 없다.

23

☑ 확인 Check! ○ △ ✕

상법상 해상보험의 면책사유에 관한 설명으로 옳지 않은 것은?

① 선박이 보험계약에서 정하여진 발항항이 아닌 다른 항에서 출항한 때에는 보험자는 책임을 지지 아니한다.

② 선박이 보험계약에서 정하여진 도착항이 아닌 다른 항을 향하여 출항한 때에는 보험자는 책임을 지지 아니한다.

③ 선박이 정당한 사유 없이 보험계약에서 정하여진 항로를 이탈한 경우에는 보험자는 그때부터 책임을 지지 아니한다. 다만, 선박이 손해발생 전에 원항로로 돌아온 경우에는 그러하지 아니하다.

④ 피보험자가 정당한 사유 없이 발항 또는 항해를 지연한 때에는 보험자는 발항 또는 항해를 지체한 이후의 사고에 대하여 책임을 지지 아니한다.

24

☑ 확인 Check! ○ △ ✕

상법상 책임보험에 관한 설명으로 옳지 않은 것은?

① 책임보험계약은 금전으로 산정할 수 있는 이익을 보험계약의 목적으로 하고 있다.

② 피보험자가 경영하는 사업에 관한 책임을 보험의 목적으로 한 때에는 피보험자의 대리인 또는 그 사업감독자의 제3자에 대한 책임도 보험의 목적에 포함된 것으로 한다.

③ 책임보험의 피보험자는 제3자로부터 배상청구를 받았을 때에는 지체 없이 보험자에게 그 통지를 발송하여야 한다.

④ 책임보험계약은 피보험자가 보험기간 중의 사고로 인하여 제3자에게 배상할 책임을 그 보험가액으로 한다.

25

책임보험계약의 보험자와 제3자와의 관계에 관하여 상법상 명시적으로 규정하고 있지 않은 것은?

① 보험자는 피보험자가 책임을 질 사고로 인하여 생긴 손해에 대하여 제3자가 그 배상을 받기 전에는 보험금액의 전부 또는 일부를 피보험자에게 지급하지 못한다.

② 제3자는 피보험자가 책임을 질 사고로 입은 손해에 대하여 보험금액의 한도 내에서 보험자에게 직접 보상을 청구할 수 있다.

③ 제3자가 보험자에게 직접보상을 청구할 경우 보험자는 피보험자가 그 사고에 관하여 가지는 항변으로써 제3자에게 대항할 수 있다.

④ 제3자가 보험자에게 직접보상을 청구할 경우 보험자는 피보험자에 대하여 가지는 항변으로써 제3자에게 대항할 수 있다.

26

다음 중 자동차보험증권에 반드시 기재해야 하는 사항을 모두 모아놓은 것은?

> 가. 자동차소유자와 그 밖의 보유자의 성명과 생년월일 또는 상호
> 나. 자동차운전자의 성명과 생년월일
> 다. 피보험자동차의 등록번호, 차대번호, 차형연식과 기계장치
> 라. 차량가액을 정한 때에는 그 가액

① 가, 나, 다   ② 가, 다, 라

③ 나, 다, 라   ④ 가, 나, 다, 라

27

자동차보험에서 자동차의 양도에 관한 설명으로 옳지 않은 것은?

① 피보험자가 보험기간 중에 자동차를 양도한 때에는 양수인은 보험자의 승낙을 얻은 경우에 한하여 보험계약으로 인하여 생긴 권리와 의무를 승계한다.

② 피보험자가 보험기간 중에 자동차를 양도한 때에는 그 양수인은 보험자에게 지체 없이 양수사실을 통지하여야 한다.

③ 보험자가 양수인으로부터 양수사실을 통지받은 때에는 지체 없이 낙부를 통지하여야 한다.

④ 보험자가 양수인으로부터 양수사실을 통지받은 날부터 10일 내에 낙부의 통지가 없을 때에는 승낙한 것으로 본다.

28

타인의 사망보험계약에 대한 설명으로 옳지 않은 것은?(다툼이 있는 경우 판례에 의함)

① 타인의 사망을 보험사고로 하는 보험계약에는 보험계약 체결시에 그 타인의 서면에 의한 동의를 얻어야 하나, 단체보험의 경우에는 일정한 경우에 타인의 개별적 서면동의를 요하지 아니한다.

② 타인의 사망보험계약 체결시 청약서상에 보험모집인이 피보험자의 서명을 대신한 경우에 이 보험계약은 무효이다.

③ 피보험자의 서면동의 없는 사망보험계약은 무효이지만, 무효인 보험계약도 피보험자가 추인하면 소급하여 효력이 인정된다.

④ 타인의 동의는 각 보험계약에 개별적으로 서면에 의하여야 하고, 포괄적 동의 또는 묵시적이거나 추정적 동의만으로는 부족하다.

29

보험사고의 우연성에 관한 설명으로 옳은 것은?(다툼이 있는 경우 판례에 의함)

가. 피보험자가 술에 취한 상태에서 출입이 금지된 지하철역 승강장의 선로로 내려가 전동열차에 부딪혀 사망한 사안에서 피보험자에게 중과실이 있더라도 보험약관상의 우발적 사고에 해당한다.

나. 피보험자가 자유로운 의사결정을 할 수 없는 상태에서 자살로 사망한 경우에 그 사망은 고의에 의하지 않은 우발적 사고라고 할 수 있다.

다. 급격하고 우연한 외래의 사고를 보험사고로 하는 상해보험에 가입한 피보험자가 술에 취하여 자다가 구토로 인한 구토물이 기도를 막음으로써 사망한 경우에 보험약관상의 급격과 우연성은 충족되므로 보험자로서는 보험금을 지급할 의무가 있다.

라. 암으로 인한 사망 및 상해로 인한 사망을 보험사고로 하는 보험계약에서 "피보험자가 보험계약일 이전에 암 진단이 확정되어 있었던 경우 보험계약을 무효로 한다"는 약관조항은 피보험자가 상해로 사망한 경우에도 유효하다.

① 가, 다

② 나, 라

③ 가, 나, 다

④ 가, 나, 다, 라

30

동일인이 다수의 보험계약을 체결한 경우에 관한 설명으로 옳지 않은 것은?(다툼이 있는 경우 판례에 의함)

① 보험계약자가 다수의 보험계약을 통하여 보험금을 부정취득할 목적으로 생명보험계약을 체결하였다면 선량한 풍속 기타 사회질서에 반하여 무효이다.

② 보험자가 생명보험계약을 체결하면서 다른 보험계약의 존재 여부를 청약서에 기재하여 질문하였다 하더라도 다른 보험계약의 존재 여부 등 계약적 위험은 고지의무의 대상이 아니다.

③ 손해보험계약에 있어서 동일한 보험계약의 목적과 동일한 사고에 관하여 수 개의 보험계약을 체결하는 경우에 보험계약자는 각 보험자에 대하여 각 보험계약의 내용을 통지하여야 한다.

④ 손해보험계약에 있어서 중복보험계약을 체결한 사실은 고지의무의 대상인 중요한 사항에 해당되지 않는다.

31

甲은 배우자 乙을 피보험자로, '상속인'을 보험수익자로 하여 보험자 丙과 생명보험계약을 체결하였다. 그 후 甲은 乙을 살해하였다. 이 경우에 관한 설명 중 옳은 것은?(다툼이 있는 경우 판례에 의함)

① 甲이 보험수익자를 '상속인'과 같이 추상적으로 지정하는 경우에는 보험수익자의 보험금청구권은 상속재산이나, 상속인 중 일부를 구체적으로 성명을 특정하여 지정하는 경우에는 고유재산이 된다.

② 丙은 甲을 포함한 모든 상속인에게 보험금 전액을 지급하여야 한다.

③ 丙은 지급보험금의 범위 내에서 甲에 대하여 보험대위를 행사할 수 있다.

④ 丙은 甲을 제외한 나머지 상속인에 대한 보험금 지급책임을 면하지 못한다.

32

생명보험표준약관상 보험계약상의 권리에 관한 설명으로 옳지 않은 것은?

① 보험자는 피보험자에게 약정상의 보험사고가 발생한 경우에 보험수익자에게 약정한 보험금을 지급한다.

② 보험계약자는 해지환급금 범위 내에서 약관대출(보험계약대출)을 받을 수 있다.

③ 보험계약자는 계약이 소멸하기 전에 언제든지 계약을 해지할 수 있으며, 이 경우 보험자는 해지환급금을 보험수익자에게 지급한다.

④ 보험자는 금융감독원장이 정하는 방법에 따라 보험자가 결정한 배당금을 보험계약자에게 지급한다.

33

상법상 보험수익자 지정 · 변경에 관한 설명으로 옳지 않은 것은?

① 보험계약자는 보험수익자를 지정 또는 변경할 권리를 가지며, 이 권리는 형성권으로서 보험자의 동의를 요하지 않는다.

② 사망보험에서 보험수익자를 지정 또는 변경할 때에는 보험자에게 통지하지 않으면 이로써 보험자에게 대항하지 못하고, 피보험자의 서면동의를 얻어야 한다.

③ 보험계약자가 보험수익자를 지정하고 변경권을 행사하지 않은 채 사망하면 특별한 약정이 없는 한 보험수익자의 권리가 확정된다.

④ 보험수익자가 보험존속 중에 사망한 때에는 보험수익자의 상속인이 보험수익자로 확정되며, 이때에 보험수익자의 상속인의 지위는 승계취득이 아니라 원시취득이다.

34

단체생명보험에 관한 설명으로 옳지 않은 것은?(다툼이 있는 경우 판례에 의함)

① 단체생명보험은 단체가 구성원의 전부 또는 일부를 피보험자로 하여 체결하는 생명보험이다.

② 보험계약자가 회사인 경우 보험증권은 회사에 대하여만 교부되지만, 회사는 보험수익자가 되지 못한다.

③ 구성원이 단체를 퇴사하면 보험료를 계속 납입하였더라도 피보험자의 지위는 상실한다.

④ 회사의 규약에 따라 단체생명보험계약이 체결되면 피보험자의 개별적 서면동의가 필요 없지만, 규약이 갖추어지지 않으면 피보험자인 구성원의 서면동의를 갖추어야 보험계약으로서 효력이 발생한다.

35

다음 중 보험계약이 무효인 경우로만 묶인 것은?(제시된 이외의 사정은 고려하지 않음)

> 가. 심신상실자의 서면동의하에 그를 피보험자로 하는 사망보험계약이 체결된 경우
> 나. 계약 체결시 의사능력이 있는 심신박약자를 서면동의 없이 피보험자로 하는 사망보험계약이 체결된 경우
> 다. 피보험자가 될 때 의사능력이 있는 단체구성원을 규약에 따라 그의 동의 없이 그를 피보험자로 하는 단체사망 보험계약이 체결된 경우
> 라. 만 15세 미만인 자녀를 피보험자로 하는 실손형(비정액형) 상해보험계약이 체결된 경우
> 마. 만 15세 미만인 자녀를 그의 서면동의를 받아 피보험자로 하는 사망보험계약이 체결된 경우

① 가, 나, 다   ② 가, 나, 마
③ 나, 다, 라   ④ 가, 라, 마

36

보험자 면책에 관한 설명으로 옳지 않은 것은?(다툼이 있는 경우 판례에 의함)

① 손해보험의 경우 보험사고가 보험계약자 또는 피보험자의 고의 또는 중대한 과실로 생긴 때에는 보험자는 보험금액을 지급할 책임이 없다.

② 사망을 보험사고로 한 보험계약에서는 사고가 보험계약자 또는 피보험자나 보험수익자의 중대한 과실로 인하여 발생한 경우에 보험자는 지급의무를 부담한다.

③ 동일한 자동차사고로 인해 피해자에 대하여 손해배상책임을 지는 피보험자가 복수로 존재하는 경우, 각 피보험자마다 면책조항의 적용 여부를 개별적으로 가려 보상책임의 유무를 결정해야 한다.

④ 상법상 고의에 의한 보험사고는 면책사유이므로, 자유로운 의사결정을 할 수 없는 상태에서 스스로 사망한 사고에 대하여 보상한다는 약관조항은 무효이다.

37

재보험에 관한 설명으로 옳지 않은 것은?(다툼이 있는 경우 판례에 의함)

① 원보험계약과 재보험계약은 법률상 독립된 별개의 계약이므로 재보험계약은 원보험계약의 효력에 영향을 미치지 아니한다.

② 책임보험에 관한 규정은 그 성질에 반하지 아니하는 범위 내에서 재보험계약에 준용한다.

③ 재보험자가 원보험자에게 재보험금을 지급하면 그 지급한 금액의 범위 내에서 원보험자의 보험자대위권이 재보험자에 이전한다.

④ 보험자대위에 의하여 취득한 제3자에 대한 권리는 재보험자가 이를 직접 자기명의로 그 권리를 행사하며, 이를 통하여 회수한 금액을 원보험자와 비율에 따라 교부하는 방식으로 이루어지는 것이 상관습이다.

38

보험계약 당사자간의 특별한 약정의 효력에 관한 설명이다. 옳지 않은 것으로만 묶인 것은?(다툼이 있는 경우 판례에 의함)

> 가. 보험자의 책임은 원칙적으로 최초보험료의 지급을 받은 때부터 개시하는데, 당사자간의 다른 약정을 할 수 있다.
> 나. 보험증권의 교부가 있은 날로부터 14일 내에 한하여 그 증권의 정부에 관한 이의를 할 수 있음을 약정할 수 있다.
> 다. 보험계약 성립 전에 보험사고가 이미 발생하였더라도 당사자 쌍방과 피보험자가 이를 알지 못한 때에는 보험자가 책임을 진다는 약정을 할 수 있다.
> 라. 상해보험계약을 체결할 때에 태아를 상해보험의 피보험자로 할 것을 당사자간에 약정을 할 수 없다.
> 마. 보험가액의 일부를 보험에 붙인 경우에 보험자가 보험금액의 한도 내에서 그 손해액을 보상한다는 약정을 할 수 있다.

① 나, 다   ② 나, 라

③ 다, 라, 마   ④ 가, 마

39

☑ 확인 Check! ○ △ ✕

보험계약의 해지에 관한 설명으로 옳은 것은?

① 보험계약 당사자는 보험사고가 발생하기 전에는 언제든지 보험계약을 해지할 수 있다.

② 보험자가 보험계약자 등의 고지의무위반을 이유로 보험계약을 해지하는 경우, 보험사고가 발생한 후에는 보험계약을 해지할 수 없다.

③ 보험사고의 발생으로 보험자가 보험금액을 지급한 때에도 보험금액이 감액되지 아니하는 보험의 경우에는 보험계약자는 그 사고발생 후에도 보험계약을 해지할 수 있다.

④ 보험기간 중에 사고발생의 위험이 현저하게 변경 또는 증가된 사실을 보험계약자가 보험자에게 지체 없이 통지한 경우에는 보험자는 보험계약을 해지할 수 없다.

40

☑ 확인 Check! ○ △ ✕

보험금청구권의 소멸시효에 관한 설명으로 옳지 않은 것은?(다툼이 있는 경우 판례에 의함)

① 보험금 지급에 관하여 약정기간이 없는 경우에는 보험사고발생을 통지 받은 후 지체 없이 지급할 보험금액을 정하고, 그 정하여진 날부터 10일이 경과한 다음 날부터 보험금청구권의 소멸시효가 개시된다.

② 보험자의 보험금청구권의 소멸시효의 주장이 신의성실의 원칙에 반하거나 권리남용에 해당하는 경우에는 보험자는 소멸시효의 완성을 주장할 수 없다.

③ 도급계약에서 정한 채무를 이행하지 않은 경우의 손해를 보상하는 보증보험계약에서 보험금청구권의 소멸시효는 도급계약에서 정한 채무가 이행되지 않은 때부터 진행되는 것이 아니라, 도급계약이 해제된 때 또는 도급계약을 해제할 수 있었던 상당한 기간이 경과한 때부터 진행한다.

④ 책임보험의 보험금청구권의 소멸시효는 약관에 다른 정함이 없는 한, 피보험자의 제3자에 대한 법률상의 손해배상책임이 상법 제723조 제1항이 정하고 있는 변제, 승인, 화해 또는 재판의 방법 등에 의하여 확정됨으로써 그 보험금청구권을 행사할 수 있는 때부터 진행한다.

⊘ 중요 문제 / 틀린 문제 CHECK

| 01 | 02 | 03 | 04 | 05 | 06 | 07 | 08 | 09 | 10 | 11 | 12 | 13 | 14 | 15 | 16 | 17 | 18 | 19 | 20 |
| 21 | 22 | 23 | 24 | 25 | 26 | 27 | 28 | 29 | 30 | 31 | 32 | 33 | 34 | 35 | 36 | 37 | 38 | 39 | 40 |

| 시간 | 분 | 정답 및 해설편 239p |

01

☑ 확인 Check! ○ △ ✕

다음 중 보험가능 리스크의 요건에 해당하지 않는 것은?

① 손실발생은 우연적이고, 고의적이 아니어야 한다.
② 손실은 한정적이어야 한다.
③ 손실발생 확률은 측정가능해야 한다.
④ 손실은 대재해적(catastrophic)이어야 한다.

02

☑ 확인 Check! ○ △ ✕

상법상 보험목적에 관한 보험대위(잔존물대위)의 경우에 보험자가 피보험자의 권리를 취득하는 시기는?

① 보험사고가 발생한 때
② 보험사고발생 사실을 통지받은 때
③ 피보험자가 보험금을 청구한 때
④ 보험금액 전부를 지급한 때

03

☑ 확인 Check! ○ △ ✕

"연금저축계좌를 설정하는 계약, 퇴직보험계약, 변액보험계약 등의 보험계약에 대하여 그 준비금에 상당하는 자산의 전부 또는 일부를 그 밖의 자산과 구분하여 이용하기 위한 계정"에 대한 보험업법상의 명칭은?

기출수정

① 특별계정　　　　　　　　　　　　② 장기자산계정
③ 금융자산계정　　　　　　　　　　④ 구분계리계정

04

☑ 확인 Check! ○ △ ✕

산업재해보험법상 진폐(분진을 흡입하여 폐에 생기는 섬유증식성 변화를 주된 증상으로 하는 질병)에 따른 보험급여의 종류에 해당하지 않는 것은? 기출수정

① 장해급여
② 간병급여
③ 장례비
④ 직업재활급여

05

☑ 확인 Check! ○ △ ✕

재보험계약실무에서 초과손해액재보험(XOL ; excess of loss reinsurance)계약 체결시 아래의 전제조건하에 출재사의 과거 실적(보유보험료 대비 XOL 재보험금 회수액)을 기초로 재보험요율을 산정하는 방식은?

- 보험사고의 발생 빈도 및 심도에 영향을 미치는 요소는 불변이다.
- 계약의 구성이 대체로 동일하다.
- 경제적 · 사회적 여건이 동일하다.

① burning cost rating 방식
② exposure rating 방식
③ retrospective rating 방식
④ simulation rating 방식

06

☑ 확인 Check! ○ △ ✕

다음 중 질병 · 상해보험표준약관상 보험금 지급사유가 성립되기 위하여 갖추어야 할 상해사고의 요건에 해당하지 않는 것은?

① 경제성(monetary)
② 우연성(accidental)
③ 급격성(violent)
④ 외래성(external)

07

현행 제조물책임법에 규정된 징벌적 손해배상(punitive damages)에 대한 설명으로 옳지 않은 것은?

① 제조업자의 악의적인 불법행위에 대한 제재적 성격이 반영된 것이기 때문에 공급업자에게는 적용되지 않는다.

② 징벌적 손해배상책임은 피해자가 입은 손해의 10배를 넘지 아니하는 범위로 한다.

③ 피해자의 생명 또는 신체에 중대한 손실이 발생한 경우에만 적용되고, 단순 재산상의 손해에 관하여는 징벌적 손해배상을 받을 수 없다.

④ 배상액을 정할 때 법원은 고의성의 정도, 해당 제조물의 결함으로 인하여 발생한 손해의 정도 등의 제반 사항을 고려하여야 한다.

08

아래 사례에서 질병·상해보험표준약관상의 규정에 따라 계산한 피보험자의 현재 보험나이는?(단, 계약의 무효에 적용하는 나이계산 방식은 무시하고, 기타 일반적인 경우에 적용하는 보험나이를 계산할 것)

- 피보험자 생년월일 : 1999년 10월 2일
- 현재(계약일) : 2020년 4월 13일

① 20년

② 20년 6월

③ 20년 7월

④ 21년

09

아래에서 설명하는 손해보상의 방법은?

보험자와 피보험자의 이견이 상반되어 중재로도 원만한 해결이 이루어지지 않는다면 소송이 제기될 수도 있으므로, '여타 보험에 영향을 미침이 없이'라는 조건으로 앞으로는 그와 유사한 클레임을 제기하지 않겠다는 약속하에 손해액의 전부 혹은 일부를 지급하는 방식

① 특혜지불(ex-gratia payment)

② 특례지급(without prejudice settlement)

③ 타협정산(compromised settlement)

④ 대부금 형식의 보상(loan form payment)

10

☑ 확인Check! ○ △ ✕

다음 중 책임보험에서 피해자(제3자)의 직접청구권에 관한 설명으로 옳지 않은 것은?

① 대법원은 직접청구권의 법적성질을 피해자가 보험자에게 가지는 손해배상청구권으로 보고 있다.

② 보험자가 피해자로부터 직접 청구를 받은 때에는 지체 없이 피보험자에게 이를 통지하여야 한다.

③ 피보험자의 보험금청구권과 피해자의 직접청구권이 경합하는 경우에는 피보험자의 보험금청구권이 우선한다.

④ 보험자는 피보험자가 사고에 관하여 가지는 항변으로써 피해자에게 대항할 수 있다.

11

☑ 확인Check! ○ △ ✕

아래 보기 중 묵시담보(implied warranty)에 해당하는 것을 모두 고른 것은?

> ⓐ 안전담보(warranty of good safety)
> ⓑ 적법담보(warranty of legality)
> ⓒ 협회(항로정한 ; 航路定限)담보(institute warranties)
> ⓓ 선비담보(disbursement warranties)
> ⓔ 감항담보(warranty of seaworthiness)
> ⓕ 중립담보(warranty of neutrality)

① ⓐ, ⓑ, ⓒ, ⓓ, ⓔ, ⓕ

② ⓐ, ⓑ, ⓔ, ⓕ

③ ⓑ, ⓔ, ⓕ

④ ⓑ, ⓔ

12

☑ 확인Check! ○ △ ✕

다음 중 공동해손(general average)의 성립요건으로 적절하지 않은 것은?

① 공동해손행위의 목적은 공동의 위험에 처한 해상사업단체(common maritime adventure)의 공동안전을 위한 것이어야 한다.

② 위험은 현실적(real)이고 절박(imminent)해야 한다.

③ 희생이나 비용은 의도적(intentional)인 행위에 의해 발생 또는 지출된 것이어야 한다.

④ 희생이나 비용은 통상적(ordinary)인 것이어야 하고, 합리적(reasonable) 행위에 의해 발생한 것이어야 한다.

13

법률적 배상책임에 대한 금전보상과 관련하여 아래 보기에서 설명하고 있는 손해의 종류를 올바르게 짝지은 것은?

> ⓐ 고통·괴로움, 정신적 피해, 위자료의 손실 등 구체적으로 그 양을 측정할 수 없는 손해에 대한 보상
> ⓑ 의료비용, 소득손실, 손상재산의 수리비용 등 일반적으로 쉽게 화폐로 측정할 수 있는 손해에 대한 보상
> ⓒ 실제 발생 피해를 보상하기 위한 목적이 아니라, 바람직하지 못한 행위를 한 가해자에게 예외적으로 형벌의 의미에서 의도된 보상

	ⓐ	ⓑ	ⓒ
①	징벌적 손해 (punitive damage)	일반손해 (general damage)	특별손해 (special damage)
②	징벌적 손해 (punitive damage)	특별손해 (special damage)	일반손해 (general damage)
③	특별손해 (special damage)	일반손해 (general damage)	징벌적 손해 (punitive damage)
④	일반손해 (general damage)	특별손해 (special damage)	징벌적 손해 (punitive damage)

14

다음 전문직배상책임보험(professional liability insurance)의 종류 중 그 분류기준이 나머지 셋과 다른 것은?

① 의사(doctors)배상책임보험
② 공인회계사(certifide public accountants)배상책임보험
③ 신탁자(fiduciaries)배상책임보험
④ 정보처리업자(data processors)배상책임보험

15

20 Line의 초과액재보험특약(surplus reinsurance treaty)을 운용하고 있는 출재보험사(A)가 보험가입금액이 US$ 5,000인 물건을 인수하였다. 손실규모가 US$ 3,000인 보험사고가 발생하였을 때 A사의 재보험회수금액은?[단, 동 물건에 대한 A사의 보유(retention)금액은 US$ 500이었음]

① US$ 1,500
② US$ 2,000
③ US$ 2,500
④ US$ 2,700

16

아래 리스크관리기법 중 리스크통제기법(risk control technique)에 해당하는 것을 모두 고른 것은?

> ⓐ 리스크회피(risk avoidance)
> ⓑ 리스크보유(risk retention)
> ⓒ 리스크분리(risk separation)
> ⓓ 보험(insurance)

① ⓐ, ⓑ   ② ⓐ, ⓒ

③ ⓑ, ⓓ   ④ ⓒ, ⓓ

17

아래 보기 중 도덕적 위태(moral hazard)를 경감 또는 예방할 수 있는 원칙을 모두 고른 것은?

> ⓐ 수지상등의 원칙
> ⓑ 피보험이익의 원칙
> ⓒ 대위의 원칙
> ⓓ 위험보편의 원칙

① ⓐ, ⓑ   ② ⓑ, ⓒ

③ ⓐ, ⓓ   ④ ⓒ, ⓓ

18

다음 중 사고발생기준(occurrence basis) 배상책임보험에 대한 설명으로 옳지 않은 것은?

① 보험기간 중에 발생한 사고를 기준으로 보험자의 보상책임을 정하는 방식이다.

② 보험사고가 보험기간에 발생하면 보험기간이 종료한 후에 손해배상 청구를 하였더라도 보험금청구권이 소멸되지 않는 한 보험자는 보험금 지급책임을 진다.

③ 화재보험, 자동차손해배상책임보험 등에 적합한 방식이라 할 수 있다.

④ 보험급부의 여부를 결정할 때 보험사고의 파악을 둘러 싼 분쟁을 회피할 수 있다.

19

갑을기업은 A, B, C 3개 보험회사와 아래와 같이 보상한도를 달리하는 배상책임보험계약을 각각 체결하였다. 이후 3건의 보험계약 모두의 보험기간이 중복되는 시점에 보험사고로 1억 2,000만원의 손해가 발생하였을 때 보험회사별 보상책임액을 올바르게 짝지은 것은?[단, 타보험조항(other insurance clause)에 의한 보상배분은 균등액분담조항(contribution by equal share)방식에 따름]

보험사	A	B	C
보상한도액	1억 5,000만원	4,000만원	3,000만원

	A	B	C
①	8,500만원	2,000만원	1,500만원
②	7,000만원	3,000만원	2,000만원
③	6,000만원	3,000만원	3,000만원
④	5,000만원	4,000만원	3,000만원

20

아래 보험계약 사례에서 보험자가 지급하여야 할 보험금은 얼마인가?

한국화학(주)가 소유하는 화학공장에 공장화재보험을 가입했으며, 보험계약내용 및 발생손해액은 다음과 같다.
- 보험가입금액 : 18억원
- 가입 당시 화학공장물건의 보험가액 : 24억원
- 발생손해액 : 8억원
- 화재사고 당시 화학공장물건 보험가액 : 30억원

① 4억 8,000만원   ② 6억원
③ 6억 4,000만원   ④ 8억원

21

다음 중 기발생 미보고손해액(IBNR ; incurred but not reported)을 적립하지 않은 해당 회계연도에 대한 설명으로 옳지 않은 것은?

① 부채의 과소평가가 이루어진다.
② 보험회사의 재무건전성을 왜곡시킨다.
③ 적정한 보험료 산출을 저해한다.
④ 보험회사의 주주배당가능이익이 줄어든다.

22

아래 2019년도 말 A 보험회사의 회계자료를 토대로 산출한 경과손해율은?

ⓐ 수입보험료 : 9,000만원
ⓑ 전기이월 미경과보험료 : 5,000만원
ⓒ 차기이월 미경과보험료 : 4,000만원
ⓓ 지급준비금적립액 : 2,000만원
ⓔ 지급보험금 : 5,000만원
ⓕ 기발생 미보고손해액(IBNR) : 600만원
ⓖ 지급준비금 환입 : 200만원

① 70%   ② 74%
③ 76%   ④ 78%

23

다음 중 손해배상책임액의 산정과 관련하여 아래 사례에서 해당되는 것은?

- 주최측에서 체재비 전액을 부담하기로 한 공연 계약이 공연단의 귀책사유로 취소된 경우 공연단이 부담하는 채무불이행으로 인한 손해배상액은 주최측이 입은 손해액에서 지급을 면한 체재비를 공제하여야 한다.
- 불법행위로 타인을 사망케 한 경우의 손해배상액은 피해자가 입은 손해액에서 피해자가 지출을 면하게 된 장래의 생활비를 공제하여야 한다.

① 손익상계   ② 과실상계
③ 배상액의 경감   ④ 사정변경

24

다음 손해사정업무 중 정산업무(adjustment)에 해당하지 않는 것은?

① 보험금 지급방법 결정
② 손해액 확인
③ 보험자 지급책임액 결정
④ 구상권 행사

25

5% 프랜차이즈 공제(franchise deductible)가 설정된 보험가입금액 100억원의 보험계약을 체결했다. 보험기간 중 보험사고로 8억원의 손실이 발생했을 때 보험금은 얼마인가?

① 0원
② 3억원
③ 5억원
④ 8억원

26

다음 중 보험의 사회적 기능으로 옳지 않은 것은?

① 불안 감소
② 손실을 회복할 수 있는 재원 마련
③ 신용 증대
④ 보험금 과잉 청구

27

다음 중 보험공제(insurance deductible)에 대한 설명으로 옳지 않은 것은?

① 소액 보상청구를 방지하기 위한 목적으로 이용된다.
② 보험공제 조항을 이용할 경우 보험료를 절감할 수 있다.
③ 일반적으로 재산보험, 자동차보험, 생명보험 등에서 많이 사용된다.
④ 보험공제의 금액이 클수록 피보험자가 손실방지를 위해 노력할 동기가 강화된다.

28

아래에서 설명하고 있는 재보험계약 조항으로 옳은 것은?

> 출재사의 보험금 지급책임 부담 여부가 불분명한 상태에서 출재사가 선의로 업무를 처리하고, 재보험계약 담보범위에 포함될 경우 재보험자는 면책 여부를 엄밀히 따지지 않고 재보험계약상의 보상책임을 짐.

① 중재조항(arbitration clause)
② 클레임협조조항(claim co-operation clause)
③ 운명추종조항(follow the fortunes clause)
④ 통지조항(notification clause)

29

다음 중 보험목적의 양도에 대한 설명 중 옳지 않은 것은?

① 보험목적은 동산, 부동산 등 특정된 물건이어야 한다.
② 개별화되지 않는 집합보험은 양수인이 동의해야 보험권리 승계가 가능하다.
③ 자동차보험의 보험목적 양도시 보험자의 승낙을 얻은 경우에 한하여 보험계약상의 지위가 양수인에게 승계된다.
④ 보험목적 양도시 양도인 또는 양수인은 보험자에게 그 사실을 지체 없이 알려야 한다.

30

아래 보기 중 도덕적 위태(moral hazard)를 유발하는 원인을 모두 고른 것은?

ⓐ 부정적	ⓑ 무관심
ⓒ 부주의	ⓓ 사기

① ⓐ, ⓑ
② ⓐ, ⓓ
③ ⓑ, ⓒ
④ ⓑ, ⓓ

31

철수가 현재 보유하고 있는 총 재산 120원에 대한 전부보험의 보험료는 20원이다. 철수의 효용함수는 $U(w) = \sqrt{w}$ 이고, 재산의 손실확률분포는 아래와 같다. 전부보험 가입시 철수의 기대효용은 얼마인가?

확 률	손실액
0.2	0
0.3	10
0.5	20

① 5

② 10

③ 12

④ 20

32

다음 중 보험증권에 대한 설명으로 옳지 않은 것은?

① 보험증권은 증거증권에 불과해 보험계약 당사자의 의사와 계약 체결 전후의 사정을 고려해 보험계약의 내용을 인정할 수 있다.

② 보험계약 당사자는 보험증권 교부가 있는 날로부터 일정한 기간 내에 한하여 증권 내용의 정부(正否)에 관한 이의를 제기할 수 있다.

③ 기존 보험계약을 연장하거나 변경하는 경우 보험자는 기존 보험증권에 그 사실을 기재함으로써 보험증권의 교부를 갈음할 수 있다.

④ 상법상 보험자는 보험계약이 성립한 경우 최초보험료의 수령 여부와 관계없이 보험계약자에게 보험증권을 지체 없이 교부해야 한다.

33

다음 중 세계 재보험시장 환경이 경성시장(hard market)화 될 때 나타나는 일반적인 현상이 아닌 것은?

① 연성시장(soft market)에 비해 낮은 손해율

② 재보험 인수기준 강화

③ 재보험사 담보력 감소

④ 재보험요율 상승

34

대체위험전가(ART) 방법 중 하나인 사이드카(sidecar)에 대한 설명으로 옳지 않은 것은?

① 대재해채권과 같은 보험연계증권의 한 형태이다.

② 전통적 재보험과 유사하나, 최소한의 서류 작업과 관리 비용으로 운영하기 용이하다.

③ 통상 excess of loss cover 구조로 운영된다.

④ 주로 제한된 범위의 단기 보험계약을 대상으로 대재해에 따른 재물손해를 담보한다.

35

다음 중 S.G. 증권상의 소급보험조항으로 옳은 것은?

① 보험이익불공여조항(not to inure clause)

② 약인조항(consideration clause)

③ 멸실여부불문조항(lost or not lost clause)

④ 포기조항(waiver clause)

36

다음 중 금융재보험에 대한 설명으로 옳지 않은 것은?

① 출재사로서는 담보력 안정화를 꾀할 수 있다.

② 재보험사의 책임한도를 제한하는 대신 투자 이익 등을 출재사와 공유한다.

③ 주로 지급준비금 등 장래 예상되는 출재사의 손해변동성을 관리하기 위한 목적으로 활용된다.

④ 통상 1년 이하의 단기계약으로 체결된다.

37

다음 중 손실의 발생과 크기가 시간요소(time element)와 관계있는 간접손실보험은?

① 기업휴지보험(business interruption insurance)

② 이익보험(profit insurance)

③ 외상매출금보험(accounts receivable insurance)

④ 기후보험(weather insurance)

38

다음 중 보험증권 문언 내용이 상호 모순, 충돌하는 경우에 그 해석과 적용의 효력이 우선하는 순서대로 나열한 것은?

① 인쇄문언 → 타자 및 스탬프문언 → 수기문언
② 타자 및 스탬프문언 → 수기문언 → 인쇄문언
③ 수기문언 → 타자 및 스탬프문언 → 인쇄문언
④ 수기문언 → 인쇄문언 → 타자 및 스탬프문언

39

다음 중 의무적 임의재보험(facultative obligatory cover)에 대한 설명으로 옳지 않은 것은?

① 재보험자는 수재 여부를 임의로 정할 수 있으나, 원보험자는 의무적으로 출재해야 한다.
② 통상 비례재보험특약이나 초과재보험특약의 재보험 담보력이 소진된 이후에 활용된다.
③ 재보험료와 재보험금이 불균형하고 특약의 손해율이 불규칙한 특징이 있다.
④ 특약재보험으로 출재하기에는 재보험계약의 양이 적거나 특정한 위험 분산 차원에서 활용된다.

40

다음 중 순수리스크(pure risk)에 해당하지 않는 것은?

① 코로나19로 인한 사망 리스크
② 지구온난화에 따른 기후변화 리스크
③ 황사로 인한 대기오염 리스크
④ 환율 급변동에 따른 투자 리스크

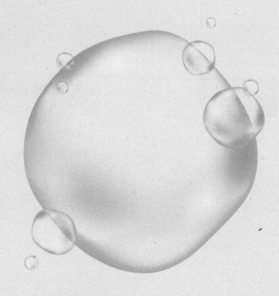

가장 빠른 지름길은
지름길을 찾지 않는 것이다.

－다산 정약용－

2021년 제44회

손해사정사 1차 시험문제

2021년 제44회 보험업법

1차 시험문제

☑ 중요 문제 / 틀린 문제 CHECK

| 01 | 02 | 03 | 04 | 05 | 06 | 07 | 08 | 09 | 10 | 11 | 12 | 13 | 14 | 15 | 16 | 17 | 18 | 19 | 20 |
| 21 | 22 | 23 | 24 | 25 | 26 | 27 | 28 | 29 | 30 | 31 | 32 | 33 | 34 | 35 | 36 | 37 | 38 | 39 | 40 |

| 시간 | 분 | 정답 및 해설편 252p |

01

보험업법상 용어의 정의에 관한 설명으로 옳지 않은 것은?

① 생명보험업이란 생명보험상품의 취급과 관련하여 발생하는 보험의 인수, 보험료 수수 및 보험금 지급 등을 영업으로 하는 것을 말한다.

② 외국보험회사란 대한민국 이외의 국가의 법령에 따라 설립되어 대한민국 내에서 보험업을 영위하는 자를 말한다.

③ 모집이란 보험계약의 체결을 중개하거나 대리하는 것을 말한다.

④ 신용공여란 대출 또는 유가증권의 매입(자금 지원적 성격만 해당한다)이나 그 밖에 금융거래상의 신용위험이 따르는 보험회사의 직접적·간접적 거래로서 대통령령으로 정하는 바에 따라 금융위원회가 정하는 거래를 말한다.

02

누구든지 보험회사가 아닌 자와 보험계약을 체결하거나 중개 또는 대리하지 못하나, 예외적으로 허용되는 경우를 모두 고른 것은?

가. 외국보험회사와 생명보험계약을 체결하는 경우
나. 외국보험회사와 선박보험계약을 체결하는 경우
다. 대한민국에서 취급되지 아니하는 보험종목에 관하여 외국보험회사와 보험계약을 체결하는 경우
라. 외국에서 보험계약을 체결하고 보험기간이 지나기 전에 대한민국에서 그 계약을 지속시키는 경우

① 가, 나
② 나, 다
③ 나, 다, 라
④ 가, 나, 다, 라

03

보험업법상 제3보험업의 허가 종목을 모두 고른 것은?

가. 연금보험	나. 상해보험
다. 질병보험	라. 퇴직보험
마. 간병보험	바. 보증보험

① 가, 다, 라
② 다, 마, 바
③ 나, 다, 마
④ 가, 나, 다

04

보험업의 허가를 받으려는 자가 허가신청시에는 제출하여야 하나, 보험회사가 취급하는 종목을 추가하려는 경우에 제출하지 아니할 수 있는 서류는?

① 정관
② 업무 시작 후 3년간의 사업계획서(추정재무제표 포함)
③ 경영하려는 보험업의 보험종목별 사업방법서
④ 보험약관

05

보험업의 예비허가에 관한 설명으로 옳지 않은 것은?

① 보험업에 관한 본허가를 신청하려는 자는 미리 금융위원회에 예비허가를 신청할 수 있다.
② 예비허가의 신청을 받은 금융위원회는 3개월 이내에 심사하여 예비허가 여부를 통지할 수 있다.
③ 금융위원회는 예비허가를 하는 경우에 조건을 붙일 수 있다.
④ 예비허가를 받은 자가 예비허가의 조건을 이행한 후 본허가를 신청하면 허가를 하여야 한다.

06

보험업의 허가시 보험종목의 일부만을 취급하려는 보험회사가 납입하여야 하는 보험종목별 자본금 또는 기금의 액수에 관한 설명으로 옳지 않은 것은?

① 생명보험 : 200억원
② 연금보험(퇴직보험 포함) : 200억원
③ 화재보험 : 100억원
④ 책임보험 : 50억원

07

보험업법상 보험회사는 생명보험업과 손해보험업을 겸영하지 못하나, 예외적으로 겸영이 허용되는 보험종목을 모두 고른 것은?[손해보험업의 보험종목(재보험과 보증보험은 제외) 일부만을 취급하는 보험회사와 제3보험업만을 경영하는 보험회사 제외] 기출수정

> 가. 생명보험의 재보험 및 제3보험의 재보험
> 나. 「소득세법」 제20조의3 제1항 제2호 각 목 외의 부분에 따른 연금저축계좌를 설정하는 계약
> 다. 해상보험
> 라. 자동차보험

① 가, 다
② 나, 라
③ 다, 라
④ 가, 나

08

보험회사는 경영건전성을 해치거나 보험계약자 보호 및 건전한 거래질서를 해칠 우려가 없는 금융업무를 할 수 있는데, 금융위원회에 신고 후 보험회사가 수행할 수 있는 금융업무에 해당하는 것을 모두 고른 것은?

> 가. 「자산유동화에 관한 법률」에 따른 유동화자산의 관리업무
> 나. 「한국주택금융공사법」에 따른 채권유동화자산의 관리업무
> 다. 「신용정보의 이용 및 보호에 관한 법률」에 따른 본인 신용정보관리업
> 라. 「은행법」에 따른 은행업
> 마. 「주택저당채권 유동화회사법」에 따른 유동화자산의 관리업무

① 가, 나, 다
② 가, 나, 다, 마
③ 다, 라, 마
④ 나, 다, 라, 마

09

금융위원회가 보험회사의 부수업무에 대하여 제한하거나 시정할 것을 명할 수 있는 사유에 해당하는 것을 모두 고른 것은?

가. 보험회사의 경영건전성을 해치는 경우
나. 보험계약자 보호에 지장을 가져오는 경우
다. 금융시장의 안정성을 해치는 경우

① 가, 나
② 나, 다
③ 가, 다
④ 가, 나, 다

10

보험회사인 주식회사에 관한 설명으로 괄호 안에 들어갈 내용을 순서대로 연결한 것은? 기출+정

가. 보험회사인 주식회사가 자본감소를 결의한 경우에는 그 결의를 한 날부터 (   )주 이내에 결의의 요지와 재무상태표를 공고하여야 한다.
나. 주식회사는 그 조직을 변경하여 (   )로 변경할 수 있다.
다. 주식회사는 조직변경을 결의할 때 (   ) 총회를 갈음하는 기관에 관한 사항을 정할 수 있다.
라. 주식회사의 조직변경은 (   )의 결의를 거쳐야 한다.

① 4 - 합자회사 - 보험자 - 이사회
② 4 - 주식회사 - 보험수익자 - 이사회
③ 2 - 상호회사 - 보험계약자 - 주주총회
④ 2 - 합명회사 - 보험수익자 - 보험계약자 총회

11

상호회사에 관한 설명으로 옳지 않은 것은?

① 상호회사의 발기인은 정관을 작성하여 법에서 정한 일정한 사항을 적고 기명날인하여야 한다.
② 상호회사는 그 명칭 중에 상호회사라는 글자를 포함하여야 한다.
③ 상호회사의 기금은 금전 이외의 자산으로 납입할 수 있다.
④ 상호회사는 100명 이상의 사원으로써 설립한다.

12

상호회사의 창립총회 및 설립등기에 관한 설명으로 괄호 안에 들어갈 내용을 순서대로 연결한 것은?

> 가. 상호회사의 발기인은 상호회사의 기금의 납입이 끝나고 사원의 수가 예정된 수가 되면 그 날부터 (　　)일 이내에 창립총회를 소집하여야 한다.
> 나. 창립총회는 사원 과반수의 출석과 그 의결권의 (　　) 이상의 찬성으로 결의한다.
> 다. 상호회사의 설립등기는 창립총회가 끝난 날부터 (　　)주 이내에 하여야 한다.

① 7 – 3분의 2 – 4
② 7 – 4분의 3 – 2
③ 14 – 3분의 2 – 2
④ 14 – 4분의 3 – 4

13

상호회사의 기관에 관한 설명으로 옳지 않은 것은?

① 상호회사는 사원총회를 갈음할 기관을 정관으로 정할 수 있다.
② 상호회사의 사원은 정관에 특별한 규정이 있는 경우를 제외하고는 사원총회에서 각각 1개의 의결권을 가진다.
③ 상호회사의 100분의 5 이상의 사원은 정관으로 다른 기준을 정한 경우를 제외하고, 회사의 목적과 그 소집의 이유를 적은 서면을 이사에게 제출하여 사원총회의 소집을 청구할 수 있다.
④ 상호회사의 사원과 채권자는 언제든지 정관과 사원총회 및 이사회의 의사록을 열람하거나 복사할 수 있다.

14

보험업법상 보험을 모집할 수 없는 자에 해당하는 것은?

① 보험중개사
② 보험회사의 사외이사
③ 보험회사의 직원
④ 보험설계사

15

☑ 확인Check! ○ △ ✕

보험설계사의 모집 제한의 예외에 해당하는 것을 모두 고른 것은?

가. 생명보험회사에 소속된 보험설계사가 소속 이외의 1개의 생명보험회사를 위하여 모집하는 경우
나. 손해보험회사에 소속된 보험설계사가 1개의 생명보험회사를 위하여 모집하는 경우
다. 제3보험업을 겸업으로 하는 보험회사에 소속된 보험설계사가 1개의 손해보험회사를 위하여 모집을 하는 경우
라. 생명보험회사에 소속된 보험설계사가 1개의 손해보험회사를 위하여 모집을 하는 경우

① 가, 나
② 다, 라
③ 가, 다
④ 나, 라

16

☑ 확인Check! ○ △ ✕

보험대리점으로 등록이 제한되는 자가 아닌 것은?

① 파산선고를 받은 자로서 복권되지 아니한 자
② 보험회사를 퇴직한 직원
③ 다른 보험회사 등의 임직원
④ 국가기관의 퇴직자로 구성된 법인 또는 단체

17

☑ 확인Check! ○ △ ✕

보험중개사에 관한 설명으로 옳지 않은 것은?

① 부채가 자산을 초과하는 법인은 보험중개사 등록이 제한된다.
② 등록한 보험중개사는 보험계약자에게 입힌 손해의 배상을 보장하기 위하여 「은행법」상의 은행에 영업보증금을 예탁하여야 한다.
③ 보험중개사의 영업보증금은 개인은 1억원 이상, 법인은 3억원 이상이지만, 금융기관보험중개사에 대해서는 영업보증금 예탁의무가 면제된다.
④ 보험중개사는 개인보험중개사와 법인보험중개사로 구분하고, 각각 생명보험중개사, 손해보험중개사 및 제3보험중개사로 구분한다.

18

☑ 확인 Check! ○ △ ✕

보험업법상 보험모집에 관한 설명으로 옳은 것은? 기출수정

① 보험회사는 사망보험계약의 모집에 있어서 피보험자가 다른 사망보험계약을 체결하고 있는지를 확인할 의무를 진다.
② 보험회사는 보험계약의 체결시부터 보험금 지급시까지의 주요 과정을 모든 보험계약자에게 설명하여야 한다.
③ 보험회사는 보험안내자료에 보험계약에 관한 모든 사항을 명백하고 알기 쉽게 적어야 한다.
④ 통신수단을 이용하여 보험모집을 한 경우 보험회사는 보험계약자가 계약을 해지하기 전에 안전성 및 신뢰성이 확보되는 방법을 이용하여 보험계약자 본인임을 확인받은 경우에 한정하여 통신수단을 이용할 수 있도록 하여야 한다.

19

☑ 확인 Check! ○ △ ✕

보험업법상 보험계약의 모집 등에 있어서 모집종사자 등의 금지행위에 관한 설명으로 옳은 것은?

① 모집종사자 등은 다른 모집종사자의 동의가 있다 하더라도 다른 모집종사자의 명의를 이용하여 보험계약을 모집하는 행위를 하여서는 아니 된다.
② 모집종사자 등은 기존 보험계약이 소멸된 날부터 1개월이 경과하지 않는 한 그 보험계약자가 손해발생 가능성을 알고 있음을 자필로 서명하더라도 그와 새로운 보험계약을 체결할 수 없다.
③ 모집종사자 등은 실제 명의인의 동의가 있다 하더라도 보험계약 청약자와 보험계약을 체결하여서는 아니 된다.
④ 모집종사자 등은 피보험자의 자필서명이 필요한 경우에 그 피보험자로부터 자필서명을 받지 아니하고, 서명을 대신하여 보험계약을 체결할 수 있다.

20

☑ 확인 Check! ○ △ ✕

보험업법상 보험계약의 체결 또는 모집과 관련하여 모집종사자가 보험계약자 등에게 제공할 수 있는 특별이익에 해당하는 것은 모두 몇 개인가?

> 가. 보험계약 체결시부터 최초 1년간 납입되는 보험료의 총액이 40만원인 경우 3만원
> 나. 기초서류에서 정한 사유에 근거한 보험료의 할인
> 다. 기초서류에서 정한 보험금액보다 많은 보험금액의 지급 약속
> 라. 보험계약자를 위한 보험료의 대납
> 마. 보험료로 받은 수표 또는 어음에 대한 이자상당액의 대납

① 1개
② 2개
③ 3개
④ 4개

21

보험업법상 자기계약의 금지에 관한 설명으로 괄호 안에 들어갈 내용이 순서대로 연결된 것은?

보험대리점 또는 보험중개사가 모집한 자기 또는 자기를 고용하고 있는 자를 보험계약자나 피보험자로 하는 보험의 보험료 누계액이 그 보험대리점 또는 보험중개사가 모집한 보험의 보험료의 (   )을 초과하게 된 경우에는 그 보험대리점 또는 보험중개사는 자기 또는 자기를 고용하고 있는 자를 보험계약자 또는 피보험자로 하는 보험을 모집하는 것을 그 주된 목적으로 한 것으로 (   )한다.

① 100분의 50 - 간주
② 100분의 50 - 추정
③ 100분의 70 - 간주
④ 100분의 70 - 추정

22

금융기관보험대리점 등의 보험모집에 관한 설명으로 옳지 않은 것은?

① 해당 금융기관이 보험회사가 아니라, 보험대리점 또는 보험중개사라는 사실을 보험계약을 청약하는 자에게 알려야 한다.
② 보험업법상 모집할 수 있는 자 이외에 해당 금융기관의 임직원에게 모집하도록 하여서는 아니 된다.
③ 금융기관보험대리점 등은 해당 금융기관의 점포 외의 장소에서 보험모집을 할 수 없다.
④ 보험계약자 등의 보험민원을 접수하여 처리할 전담창구를 모집행위를 한 해당 지점별로 설치·운영하여야 한다.

23

보험업법상 보험회사의 자산운용 방법으로 허용되지 않는 것은?

① 저당권의 실행으로 취득하는 비업무용 부동산의 소유
② 해당 보험회사의 임직원에 대한 보험약관에 따른 대출
③ 부동산을 매입하려는 일반인에 대한 대출
④ 해당 보험회사의 주식을 사도록 하기 위한 간접적인 대출

24

☑ 확인 Check! ○ △ ✕

기출수정

보험업법상 특별계정에 관한 설명으로 옳지 않은 것은?

① 「근로자퇴직급여보장법」 전부개정법률 부칙 제2조 제1항 본문에 따른 퇴직보험계약의 경우 특별계정을 설정하여 운용할 수 있다.

② 보험회사는 특별계정에 속하는 자산을 다른 특별계정에 속하는 자산 및 그 밖의 자산과 구분하여 회계처리하여야 한다.

③ 보험회사는 변액보험계약 특별계정의 자산으로 취득한 주식에 대하여 의결권을 행사할 수 없다.

④ 보험회사는 특별계정에 속하는 이익을 그 계정상의 보험계약자에게 분배할 수 있다.

25

☑ 확인 Check! ○ △ ✕

보험업법상 A 손해보험주식회사(모회사)와 B 주식회사(자회사)간에 금지되는 행위를 모두 고른 것은?

가. A가 B 보유의 주식을 담보로 B에게 대출하는 행위
나. A가 자신이 보유하고 있는 토지를 B에게 정상가격으로 매도하는 행위
다. B가 A의 대표이사에게 무이자로 대여하는 행위
라. B가 C회사를 설립할 때 A가 B에게 C회사 주식을 취득할 자금을 지원하는 행위
마. A가 외국에서 보험업을 경영하는 B를 설립한 지 3년이 되는 시점에 A의 무형자산을 무상으로 제공하는 행위

① 가, 나, 다
② 나, 다, 라
③ 다, 라, 마
④ 가, 다, 라

26

☑ 확인 Check! ○ △ ✕

보험업법상 재무제표 등에 관한 설명으로 괄호 안에 들어갈 내용이 순서대로 연결된 것은?

보험업법상 보험회사는 매년 (   )에 그 장부를 폐쇄하여야 하고, 장부를 폐쇄한 날부터 (   ) 이내에 금융위원회가 정하는 바에 따라 재무제표(부속명세서를 포함한다) 및 사업보고서를 (   )에 제출하여야 한다.

① 3월 31일 – 1개월 – 금융감독원
② 3월 31일 – 3개월 – 금융위원회
③ 12월 31일 – 1개월 – 금융감독원
④ 12월 31일 – 3개월 – 금융위원회

27

보험업법 제93조에 따라 보험설계사, 보험대리점 또는 보험중개사가 금융위원회에 신고하여야 할 사항이 아닌 것은?

① 보험대리점 또는 보험중개사가 생명보험계약의 모집과 제3보험계약의 모집을 겸하게 된 경우
② 법인이 아닌 사단 또는 재단의 경우에는 그 단체가 소멸한 경우
③ 보험대리점 또는 보험중개사가 소속 보험설계사와 보험모집에 관한 위탁을 해지한 경우
④ 보험설계사·보험대리점 또는 보험중개사가 모집업무를 폐지한 경우

28

보험상품공시위원회에 관한 설명으로 옳지 않은 것은?

① 보험협회가 실시하는 보험상품의 비교·공시에 관한 중요사항을 심의·의결한다.
② 위원장 1명을 포함하여 9명의 위원으로 구성한다.
③ 위원의 임기는 3년으로 하나, 보험협회의 상품담당 임원인 위원의 임기는 해당 직에 재직하는 기간으로 한다.
④ 보험협회의 장은 보험회사 상품담당 임원 또는 선임계리사 2명을 위원으로 위촉할 수 있다.

29

보험회사의 정관 및 기초서류 변경에 관한 설명으로 옳지 않은 것은?

① 보험회사가 정관을 변경한 경우에는 변경한 날로부터 7일 이내에 금융위원회에 알려야 한다.
② 보험회사가 기초서류를 변경하고자 하는 경우에는 미리 금융위원회의 인가를 받아야 한다.
③ 금융위원회는 기초서류의 변경에 대한 금융감독원의 확인을 거치도록 할 수 있다.
④ 보험회사는 기초서류를 변경할 때 보험업법 및 다른 법령에 위반되는 내용을 포함하지 않아야 한다.

30

☑ 확인Check! ○ △ ✕

보험업법상 보험약관 이해도 평가에 관한 설명으로 옳지 않은 것은?

① 이해도 평가의 공시주체는 금융위원회이다.

② 이해도 평가의 공시대상은 보험약관의 이해도 평가기준 및 해당 기준에 따른 평가결과이다.

③ 이해도 평가의 공시방법은 평가대행기관의 홈페이지에 공시하도록 한다.

④ 이해도 평가의 공시주기는 연 1회 이상이다.

31

☑ 확인Check! ○ △ ✕

보험회사가 금융위원회에 그 사유가 발생한 날로부터 5일 이내에 보고하여야 하는 사항을 모두 고른 것은?

> 가. 본점의 영업을 중지하거나 재개한 경우
> 나. 대주주가 소유하고 있는 주식 총수가 의결권 있는 발행주식 총수의 100분의 1 이상만큼 변동된 경우
> 다. 보험회사의 주주 또는 주주였던 자가 제기한 소송의 당사자가 된 경우
> 라. 조세 체납 처분을 받은 경우 또는 조세에 관한 법령을 위반하여 형벌을 받은 경우

① 가, 나, 다, 라

② 가, 나, 다

③ 나, 다, 라

④ 가, 나, 라

32

☑ 확인Check! ○ △ ✕

보험업법상 보험회사의 업무운영이 적정하지 아니하거나 자산상황이 불량하여 보험계약자 및 피보험자 등의 권익을 해칠 우려가 있다고 인정되는 경우에 금융위원회가 명할 수 있는 조치에 해당하지 않는 것은?

① 체결된 보험계약의 해지

② 금융위원회가 지정하는 기관에의 자산 예탁

③ 불건전한 자산에 대한 적립금의 보유

④ 자산의 장부가격 변경

33

☑ 확인 Check! ○ △ ✕

금융위원회가 금융감독원장으로 하여금 조치를 하게 할 수 있는 것은?

① 해당 위반행위에 대한 시정명령
② 보험회사에 대한 주의 · 경고 또는 그 임직원에 대한 주의 · 경고 · 문책의 요구
③ 임원의 해임권고 · 직무정지
④ 6개월 이내의 영업의 일부정지

34

☑ 확인 Check! ○ △ ✕

보험회사의 해산에 관한 설명으로 옳지 않은 것은?

① 보험회사가 보험계약 일부를 이전하는 것은 해산사유이다.
② 해산의 결의 · 합병과 보험계약의 이전은 금융위원회의 인가를 받아야 한다.
③ 보험회사는 해산한 후에도 3개월 이내에는 보험계약 이전을 결의할 수 있다.
④ 보험회사가 보험업의 허가취소로 해산하는 경우 금융위원회는 7일 이내에 등기소에 등기를 촉탁하여야 한다.

35

☑ 확인 Check! ○ △ ✕

보험회사의 합병에 관한 설명으로 옳지 않은 것은?

① 보험회사는 다른 보험회사와 합병할 수 있다.
② 합병하는 보험회사의 한 쪽이 주식회사인 경우 합병 후 존속하는 보험회사 또는 합병으로 설립되는 보험회사는 주식회사로 할 수 있다.
③ 합병 후 존속하는 보험회사가 상호회사인 경우 합병으로 해산으로 보험회사의 계약자는 그 회사에 입사한다.
④ 합병 후 존속하는 보험회사가 주식회사인 경우 상호회사 사원의 지위는 존속하는 보험회사가 승계한다.

36

보험업법상 보험조사협의회에 관한 설명으로 옳은 것은 모두 몇 개인가?

> 가. 금융위원회는 보험관계자에 대한 조사실적, 처리결과 등을 공표할 수 있다.
> 나. 금융위원회는 해양경찰청장이 지정하는 소속 공무원 1명을 조사위원으로 위촉할 수 있다.
> 다. 보험조사협의회 위원의 임기는 2년으로 한다.
> 라. 금융위원회는 조사를 방해한 관계자에 대한 문책 요구권을 갖지 않는다.

① 1개   ② 2개
③ 3개   ④ 4개

37

보험업법상 보험요율산출기관의 업무에 해당하지 않는 것은?

① 보유정보의 활용을 통한 자동차사고 이력, 자동차 주행거리의 정보 제공 업무
② 자동차 제작사, 보험회사 등으로부터 수집한 운행정보, 자동차의 차대번호 정보의 관리 업무
③ 순보험요율산출에 의한 보험상품의 비교·공시 업무
④ 「근로자퇴직급여보장법」 제28조 제2항에 따라 퇴직연금사업자로부터 위탁받은 업무

38

손해보험계약의 제3자 보호에 관한 설명으로 옳지 않은 것은?

① 손해보험계약의 제3자 보호에 관한 규정은 법령에 의해 가입이 강제되는 손해보험계약만을 대상으로 한다.
② 손해보험회사는 「예금자보호법」 제2조 제8호의 사유로 손해보험계약의 제3자에게 보험금을 지급하지 못하게 된 경우에는 즉시 그 사실을 보험협회 중 손해보험회사로 구성된 협회의장에게 보고하여야 한다.
③ 손해보험협회의 장은 「보험업법」 제167조(지급불능의 보고)에 따른 보고를 받으면 금융위원회의 확인을 거쳐 손해보험계약의 제3자에게 대통령령으로 정하는 보험금을 지급하여야 한다.
④ 손해보험회사는 손해보험계약의 제3자에 대한 보험금의 지급을 보장하기 위하여 수입보험료 및 책임준비금을 고려하여 대통령령으로 정하는 비율을 곱한 금액을 손해보험협회에 출연하여야 한다.

39

확인 Check! ○ △ ×

보험업법상 보험계리업자의 등록 및 업무에 관한 설명으로 옳지 않은 것은? 기출수정

① 보험계리업자는 책임준비금, 비상위험준비금 등 준비금의 적립에 관한 업무를 수행할 수 있다.

② 보험계리업자는 잉여금의 배분·처리 및 보험계약자 배당금의 배분에 관한 업무를 수행할 수 있다.

③ 보험계리업자는 지급여력비율 계산 중 보험료 및 책임준비금과 관련한 업무를 처리할 수 있다.

④ 보험계리업자가 되려는 자는 총리령으로 정하는 수수료를 내고 금융감독원에 등록하여야 한다.

40

확인 Check! ○ △ ×

손해사정에 관한 설명으로 괄호 안에 들어간 내용이 순서대로 연결된 것은?

> 가. 손해사정을 업으로 하려는 법인은 (   )명 이상의 상근 손해사정사를 두어야 한다.
> 나. 금융위원회는 손해사정사 또는 손해사정업자가 그 직무를 게을리하거나 직무를 수행하면서 부적절한 행위를 하였다고 인정되는 경우에는 (   )개월 이내의 기간을 정하여 업무의 정지를 명하거나 해임하게 할 수 있다.
> 다. 손해사정업자는 등록일부터 (   )개월 내에 업무를 시작하여야 한다. 다만, 불가피한 사유가 있다고 금융위원회가 인정하는 경우에는 그 기간을 연장할 수 있다.

① 2 - 6 - 1

② 2 - 3 - 2

③ 5 - 6 - 2

④ 5 - 3 - 1

2021년 제44회 보험계약법

1차 시험문제

⊘ 중요 문제 / 틀린 문제 CHECK

01	02	03	04	05	06	07	08	09	10	11	12	13	14	15	16	17	18	19	20
21	22	23	24	25	26	27	28	29	30	31	32	33	34	35	36	37	38	39	40

| 시간 | 분 l 정답 및 해설편 265p |

01

☑ 확인 Check! ○ △ ✕

보험계약의 성립에 관한 설명으로 옳지 않은 것은?

① 보험계약의 성립은 보험계약자의 보험료 지급과는 직접적인 관계가 없다.

② 보험자가 낙부통지의무를 해태한 경우 그 보험계약은 정상적으로 체결된 것으로 추정한다.

③ 손해보험계약의 경우 보험자가 보험계약자로부터 보험계약의 청약과 함께 보험료 상당액의 전부 또는 일부의 지급을 받는 경우에는 특별히 다른 약정이 없는 한 보험자는 30일 내에 보험계약자에게 낙부통 지를 발송하여야 한다.

④ 보험계약의 청약을 받은 보험자가 승낙하였다 하더라도 당사자간에 다른 약정이 없으면 최초보험료를 납입할 때까지 보험자의 책임은 개시되지 않는다.

02

☑ 확인 Check! ○ △ ✕

상법상 보험약관의 교부·설명의무에 대한 설명으로 옳지 않은 것은?(다툼이 있는 경우 판례에 의함)

① 보험자는 보험계약자의 대리인에게 보험약관을 교부하거나 설명할 수도 있다.

② 약관의 규제에 관한 법률이 규정하는 약관의 명시·설명의무와 중복 적용될 수 있다.

③ 약관 조항 가운데 이미 법령에 의하여 정하여진 것을 되풀이 하거나 부연하는 정도에 불과한 사항도 이를 설명하여야 한다.

④ 보험청약서나 안내문의 송부만으로는 그 약관에 대한 보험자의 설명의무를 이행하였다고 추인하기에 는 부족하다.

03

타인을 위한 보험계약에 대한 설명으로 옳지 않은 것은?(다툼이 있는 경우 판례에 의함)

① 타인을 위한 손해보험계약의 경우, 타인의 위임이 없더라도 성립할 수 있다.

② 보험계약자가 체결한 단기수출보험의 보험약관이 보상계약자의 수출대금회수불능에 따른 손실만을 보상하는 손실로 규정하고 있을 뿐이고, 보험금수취인이 입은 손실의 보상에 대해서는 아무런 규정이 없다면, 그 보험계약은 타인을 위한 보험계약으로 볼 수 없다.

③ 손해보험계약에서 보험의 목적물과 위험의 종류만 정해져 있을 뿐, 피보험자 및 피보험이익이 명확하지 않은 경우, 보험계약서 및 당사자간의 보험계약의 내용으로 삼은 약관의 내용, 보험계약 체결 경위와 과정, 보험회사의 실무처리 관행 등을 전반적으로 참작하여 타인을 위한 보험계약인지 여부를 결정하여야 한다.

④ 타인을 위한 손해보험계약에서 보험계약자는 청구권대위의 제3자가 될 수 없다.

04

상법상 고지의무에 대한 설명으로 옳지 않은 것은?(다툼이 있는 경우 판례에 의함)

① 상법상 고지의무는 보험계약자와 피보험자가 되는 것이 원칙이나, 경우에 따라서는 이들의 대리인이 고지의무를 이행할 수도 있다.

② 보험금을 부정취득할 목적으로 다수의 보험계약이 체결된 경우에 보험자는 각각의 요건이 충족되었을 때에는 민법 제103조 위반으로 보험계약의 무효와 고지의무위반을 이유로 한 보험계약의 해지는 물론이고, 민법의 일반원칙에 따라 취소를 주장할 수도 있다.

③ 상법에서 정한 중요한 사항에 대한 고지의무위반 여부에 대한 판단은 보험계약이 성립한 시점을 기준으로 한다.

④ 피보험차량의 실제 소유 여부는 중요한 사항에 해당되므로, 보험계약자가 이를 고지하지 않은 경우, 보험자는 고지의무위반을 이유로 보험계약을 해지할 수 있다.

05

보험계약의 무효와 취소에 대한 설명으로 옳지 않은 것은?(다툼이 있는 경우 판례에 의함)

① 보험계약 체결 당시에 보험사고가 이미 발생하였거나 발생할 수 없는 경우 그 보험계약은 무효로 한다는 상법 제644조의 규정은 강행규정으로 당사자간의 사이의 협정에 의하여 달리 정할 수 없다.

② 보험계약의 무효란 보험계약이 성립한 때부터 당연히 법률상 효력이 발생하지 않는 것을 의미한다.

③ 보험자가 보험계약이 유효함을 전제로 보험료를 징수하고도 보험사고발생 이후에 비로소 피보험자의 서면동의가 없었다는 사유를 내세워 보험계약 무효를 주장하는 것은 신의성실 또는 금반언의 원칙에 반한다.

④ 甲이 乙의 명의를 도용하여 보험회사와 보증보험계약을 체결하고, 그 보험증권을 이용하여 금융기관으로부터 乙의 명의로 차용한 금원을 상환하지 않아 보증보험회사가 보험금을 지급한 경우, 그 보험계약을 무효로 보아 보험회사는 부당이득 반환청구를 할 수 있다.

06

손해보험계약에서 보험의 목적이 확장되는 경우에 대한 설명으로 옳지 않은 것은?

① 보험자의 책임이 개시될 때의 선박가액을 보험가액으로 하는 선박보험에서 선박의 속구, 연료, 양식 기타 항해에 필요한 모든 물건은 보험의 목적에 포함된 것으로 한다.

② 집합된 물건을 일괄하여 보험의 목적으로 한 때에는 피보험자의 가족과 사용인의 물건도 보험의 목적에 포함된 것으로 한다.

③ 피보험자가 경영하는 사업에 관한 책임을 보험의 목적으로 한 경우에는 그 사업감독자의 제3자에 대한 책임도 보험의 목적에 포함되나 피보험자의 대리인의 제3자에 대한 책임은 보험의 목적에 포함되지 않는다.

④ 책임보험에서 피보험자가 제3자의 청구를 방어하기 위하여 지출한 재판상 또는 재판 외의 필요비용은 보험의 목적에 포함된 것으로 한다.

07

☑ 확인Check! ○ △ ✕

상법상 보험계약의 해지에 대한 설명으로 옳지 않은 것은?

① 자기를 위한 보험계약의 경우, 계약자는 보험사고발생 전에는 언제든지 보험계약의 전부를 해지할 수 있으며, 일부 해지도 가능하다.

② 계속보험료 지급 지체시 보험자는 상당한 기간을 정하여 보험계약자에게 이행을 최고하고 그 기간 내에 보험료가 지급되지 아니한 때에는 해당 보험계약을 해지할 수 있다.

③ 보험계약 체결 당시에 보험계약자가 고의 또는 과실로 인하여 중요한 사항을 고지하지 않았다면 보험자는 그 사실을 안 날로부터 1월 내에, 계약을 체결한 날로부터 3년 내에 한하여 해당 보험계약을 해지할 수 있다.

④ 보험자가 파산선고를 받은 때에는 보험계약자는 계약을 해지할 수 있다.

08

☑ 확인Check! ○ △ ✕

상법상 보험계약의 부활에 대한 설명으로 옳지 않은 것은?(다툼이 있는 경우 판례에 의함)

① 보험계약이 부활될 경우 해지 또는 실효되기 전의 보험계약은 효력을 회복하여 보험계약이 유효하게 존속하게 된다. 이 경우 만약 보험계약이 해지되고 부활되기 이전에 보험사고가 발생하였다면 보험자는 보험금을 지급하여야 한다.

② 보험계약자는 일정한 기간 내에 보험자에게 연체보험료에 약정이자를 붙여 지급하고 해당 보험계약의 부활을 청구할 수 있다.

③ 보험계약상의 일부 보험금에 관한 약정 지급사유가 발생한 후에 그 보험계약이 계속보험료 미납으로 해지 또는 실효되었다는 보험회사 직원의 말만 믿고 해지환급금을 수령하였다면 보험계약의 부활을 청구할 수 있다.

④ 보험계약의 부활은 계속보험료를 납입하지 않아 보험계약이 해지되었으나, 해지환급금은 지급되지 않은 경우에 인정되는 제도이다.

09

상법상 보험계약자 등의 불이익변경금지의 원칙에 대한 설명으로 옳지 않은 것은?(다툼이 있는 경우 판례에 의함)

① 이 원칙은 사적 자치의 원칙에 대한 예외 규정으로 보아야 한다.

② 보험계약자 등의 불이익변경금지의 원칙에 위반하여 체결된 보험계약은 불이익하게 변경된 약관조항에 한하여 무효가 된다.

③ 수협중앙회가 실시하는 비영리 공제사업의 하나인 어선공제사업은 소형 어선을 소유하며 연안어업 또는 근해어업을 종사하는 다수의 영세어민을 주된 가입 대상으로 하고 있다면 불이익변경금지의 원칙의 적용 대상이 될 수 있다.

④ 불이익변경금지의 원칙은 재보험에도 적용된다.

10

보험계약자이자 피보험자인 A는 건물에 대하여 보험가액을 1억원으로 하여 甲 보험회사와 보험금액을 1억원, 乙 보험회사와 보험금액을 6천만원, 丙 보험회사와 보험금액을 4천만으로 하는 화재보험계약을 각각 체결하였다. 그 후 화재로 인하여 해당 건물에 5천만원의 손해가 발생하였다. 보험계약자인 A가 위 3건의 보험계약을 사기로 체결하지 않았고, 당사자간 다른 약정이 없다고 가정하였을 경우, 각 보험회사가 A에게 지급하여야 하는 보험금으로 옳은 것은?

① 甲 : 25,000,000원, 乙 : 15,000,000원, 丙 : 10,000,000원

② 甲 : 25,000,000원, 乙 : 13,000,000원, 丙 : 12,000,000원

③ 甲 : 50,000,000원, 乙 : 50,000,000원, 丙 : 40,000,000원

④ 甲 : 100,000,000원, 乙 : 60,000,000원, 丙 : 40,000,000원

11

상법상 위험변경·증가에 대한 설명으로 옳지 않은 것은?(다툼이 있는 경우 판례에 의함)

① 보험기간 중에 보험계약자 또는 피보험자가 사고발생의 위험이 현저하게 변경 또는 증가된 사실을 안 때에는 지체 없이 보험자에게 통지하여야 하는데, 만약 이를 해태한 경우에는 보험자는 그 사실을 안 날로부터 1개월 내에 보험계약을 해지할 수 있다.

② 보험기간 중에 보험계약자, 피보험자 또는 보험수익자의 고의 또는 중과실로 인하여 사고발생의 위험이 현저하게 증가된 때에는 보험자는 그 사실을 안 날로부터 1월 내에 보험계약을 해지할 수 있다.

③ 화재보험계약을 체결한 후에 피보험건물의 구조와 용도에 상당한 변경을 가져오는 증축 또는 개축공사를 하였다면 이는 위험변경·증가에 해당된다.

④ 생명보험계약에 다수 가입하였다는 사실은 상법 제652조 소정의 사고발생의 위험이 현저하게 변경 또는 증가된 경우에 해당된다.

12

손해보험계약에서 실손보상의 원칙을 구현하기 위한 내용으로 옳은 것을 모두 묶은 것은?

> 가. 선의의 중복보험에서 비례주의
> 나. 신가보험
> 다. 손해보험계약에서 잔존물대위
> 라. 선의의 초과보험
> 마. 기평가보험

① 가, 다

② 가, 나, 라

③ 가, 다, 라

④ 가, 나, 다, 라

13

피보험이익에 대한 설명으로 옳지 않은 것은?

① 손해보험계약에서 보험기간 중에 피보험이익이 소멸되면 보험계약도 종료된다.

② 현존하는 이익뿐만 아니라 장래에 속하는 이익이나 조건부 이익이어도 보험사고발생 전까지 확정될 수 있다면 피보험이익으로 할 수 있다.

③ 동일한 보험의 목적에 대하여 여러 개의 피보험이익이 존재할 수 있으나, 각각의 피보험이익의 귀속 주체는 동일해야 한다.

④ 상법에서는 피보험이익을 보험계약의 목적으로 정의하고 있다.

14

보험가액에 관한 설명으로 옳지 않은 것은?

① 보험가액은 피보험이익의 금전적 평가액을 말한다.

② 보험가액은 보험자가 보상할 법률상의 최고한도액이다.

③ 사고발생시의 가액이 계약 당사자간의 협정보험가액을 현저하게 초과하는 때에는 사고발생시의 가액을 보험가액으로 한다.

④ 운송보험의 보험가액은 운송물을 발송한 때와 곳의 가액 외에 도착지까지의 운임, 기타 비용도 포함한다.

15

보관자의 책임보험에 대한 설명으로 옳지 않은 것은?

① 임차인 기타 타인의 물건을 보관하는 자가 그 지급할 손해배상을 위하여 그 물건을 보험에 붙인 경우를 말한다.

② 보험자가 보험계약자가 되고 소유자를 피보험자로 하는 계약이다.

③ 물건의 소유자는 보험자에 대하여 직접 그 손해의 보상을 청구할 수 있다.

④ 보관자책임보험은 자기를 위한 보험계약이다.

16

상법상 보험계약에 대한 설명으로 옳지 않은 것은?

① 소급보험계약에서는 보험기간이 보험계약기간보다 장기이다.

② 승낙전 보호제도가 적용될 경우 보험기간이 보험계약기간보다 장기이다.

③ 보험계약에서는 보험기간과 보험계약기간이 반드시 일치할 필요가 없다.

④ 소급보험계약에서는 다른 약정이 없는 한 초회보험료가 납입되기 전에도 청약 이전에 발생한 사고에 대해서 보상할 책임이 있다.

17

상법상 보험계약자의 간접의무에 대한 설명으로 옳지 않은 것은?

① 직접의무와 구별되는 의무에 해당한다.

② 간접의무를 위반한 경우에 상대방은 그 이행을 강제할 수 없다.

③ 간접의무를 위반한 경우에 상대방은 손해배상청구권을 행사할 수 있다.

④ 간접의무를 위반한 경우에 보험자는 계약 관계를 종료시킬 수 있다.

18

공동불법행위에 대한 구상권 행사와 관련한 설명으로 옳지 않은 것은?(다툼이 있는 경우 판례에 의함)

① 공동불법행위자 중의 1인에 대한 보험자로서 자신의 피보험자에게 손해방지비용을 모두 상환한 보험자는 다른 공동불법행위자의 보험자가 부담하여야할 부분에 대해 직접 구상권을 행사할 수 있다.

② 공동불법행위자들과 각각 보험계약을 체결한 보험자들은 각자 그 피보험자 또는 보험계약자에 대한 관계뿐만 아니라, 그와 보험계약관계가 없는 다른 공동불법행위자에 대한 관계에서도 그들이 지출한 손해방지비용의 상환의무를 부담한다.

③ 보험자들 상호간의 손해방지비용의 상환의무는 진정연대책무의 관계에 있다.

④ 피보험자의 차량소유자의 관리상의 과실과 그 차량의 무단운전자의 과실이 경합되어 교통사고가 발생한 경우, 차량소유자인 피보험자의 보험자가 무단운전자의 부담부분을 배상하면 보험자는 그 부담부분의 비율에 따라 무단운전자에게 구상권을 행사할 수 있다.

19

자동차보험계약상 기명피보험자에 대한 설명으로 옳지 않은 것은?(다툼이 있는 경우 판례에 의함)

① 기명피보험자란 피보험자동차를 소유, 사용, 관리하는 자 중에서, 보험계약자가 지정하여 보험증권의 기명피보험자란에 기재되어 있는 피보험자를 말한다.

② 실제 차주가 지입한 회사를 피보험자로 하여 보험계약을 체결하는 경우, 실제 차주가 기명피보험자이고, 지입한 회사는 승낙피보험자이다.

③ 경찰서 소속의 관용차량에 대한 보험계약 체결시 경찰서장을 피보험자로 기재하여 보험계약을 체결한 경우, 기명피보험자는 국가이고, 경찰서 직원은 승낙피보험자이다.

④ 자동차를 매매하고 소유권이전등록을 하지 않은 사이에 매도인이 가입했던 자동차보험계약의 보험기간이 만료되어, 매수인이 보험자와 자동차보험계약을 체결하면서 기명피보험자 명의를 보험자의 승낙을 얻어 자동차등록원부상의 소유명의인으로 하였다면 실질적인 피보험자는 매수인이다.

20

피보험자의 감항능력 주의의무에 대한 설명으로 옳지 않은 것은?(다툼이 있는 경우 판례에 의함)

① 보험증권에 영국의 법률과 관습에 따르기로 하는 규정과 아울러 감항증명서 발급을 담보한다는 내용의 명시적 규정이 있는 경우, 이 규정에 따라야 한다.

② 당사자들이 약정을 통해 감항능력 주의의무위반과 손해 사이에 인과관계가 없더라도 보험자가 면책된다고 합의하였다면, 그 합의 내용은 효력을 갖는다.

③ 선박 또는 운임을 보험에 붙인 경우, 보험자는 발항 당시에 안전하게 항해를 하기에 필요한 준비를 하지 않거나 필요한 서류를 비치하지 않음으로써 발생한 손해에 대해 면책된다.

④ 적하보험의 경우, 보험자는 선박의 감항능력 주의의무위반으로 생긴 손해에 대해 면책된다.

21

총괄보험에 관한 설명으로 옳은 것은?

① 보험의 목적의 전부 또는 일부가 보험기간 중에 교체될 것이 예정된 특정보험이다.

② 보험계약 체결시 보험가액을 정하지 않는 것이 일반적이다.

③ 보험기간 중에 보험금액을 변경하지 않는 것이 원칙이다

④ 보험사고의 발생시에 현존하지 않은 물건도 보험의 목적에 포함될 수 있다.

22

해상보험계약의 준거법약관에 관한 설명으로 옳지 않은 것은?(다툼이 있는 경우 판례에 의함)

① 해상보험계약의 준거법약관은 해상보험의 보험금 분쟁에 대한 보험자의 책임 유무와 보험금 정산에 관한 사항은 영국의 법률과 관습에 따르도록 규정한 것이다.

② 해상보험계약의 준거법약관은 당사자 자치(party autonomy)의 원칙에 근거하고 있다.

③ 해상보험계약의 준거법약관을 통해 외국법을 준거법으로 지정한 경우, 약관의 규제에 관한 법률이 국제적 강행규정으로서 적용되는 것은 아니다.

④ 영국법의 적용을 받는 영국 런던 보험자협회에서 규정한 갑판적재약관(On-Deck Clause)의 담보범위에 관한 내용은 약관의 규제에 관한 법률 제3조 제3항 및 제4항의 입법 취지에 따라, 고객이 약관의 내용을 충분히 알고 있다 하더라도 고객에게 약관의 내용을 따로 설명하여야 한다.

23

보험위부에 대한 설명으로 옳지 않은 것은?(다툼이 있는 경우 판례에 의함)

① 추정전손의 판단 기준시점은 위부통지시의 사실관계가 아니고, 보험금 청구소송의 제소시에 존재하는 사실관계에 의하여 그 여부가 판단된다.

② 추정전손을 판단하는 주요 근거로의 선박수리비는 해당 보험사고로 인하여 발생한 손해에 한정되어야 하며, 보험사고로 인하여 발생하지 않은 수리비는 제외된다.

③ 선박이 좌초 후 선원들이 하선으로 인해 원주민이 선박을 약탈하는 손해가 발생한 경우, 원주민의 약탈은 선행하는 주된 보험사고인 좌초에 기인하여 발생한 것이 아닌 선원의 부주의에 의한 별건의 손해로서 추정전손의 계산에 포함되지 않는다.

④ 선박이 수선불능이며, 다른 선박으로 적하의 운송을 할 수 없는 경우에는 원칙적으로 선박에 적재된 적하도 위부할 수 있다.

24

다음 설명으로 옳지 않은 것은?

① 재보험계약은 손해보험계약이지만, 그 재보험계약의 원보험계약은 생명보험계약일 수 있다.

② 자동차 운행에 따르는 위험을 담보하는 보험은 기업보험일수도 있고, 가계보험일 수도 있다.

③ 강제보험은 사업자의 배상자력을 확보하기 위한 것으로 모두 책임보험이며, 기업보험이다.

④ 사망보험은 정액보험이며, 변액보험도 자산운용성과에 따라 지급보험금이 달라질 뿐이므로 비정액보험은 아니다.

25

대법원 판례의 설명으로 옳지 않은 것은?

① 평균적인 고객의 이해가능성을 기준으로 객관적이고 획일적으로 해석한 결과 약관조항이 일의적으로 해석되는 경우 작성자불이익의 원칙이 적용되지 않는다.

② 자동차손해배상보장법 제3조의 '다른 사람'의 범위에 자동차를 운전하거나 운전에 보조에 종사하는 자는 이에 해당하지 않는다.

③ 무보험자동차에 의한 상해보험 특약은 상해보험의 성질과 함께 손해보험의 성질도 갖고 있는 손해보험형 상해보험이므로, 하나의 사고에 관하여 여러 개의 무보험상해담보 특약이 체결되고, 그 보험금액의 총액이 피보험자의 손해액을 초과하더라도 상법 제672조 제1항은 준용되지 아니한다.

④ 보험자는 피보험자와 체결한 상해보험의 특별약관에 "피보험자의 동일 신체 부위에 또 다시 후유장해가 발생하였을 경우에는 기존 후유장해에 대한 후유장해보험금이 지급된 것으로 보고 최종 후유장해에 해당되는 후유장해보험금에서 이미 지급받은 것으로 간주한 후유장해보험금을 차감한 나머지 금액을 지급한다"는 사안에서 정액보험인 상해보험에서는 기왕장애가 있는 경우에도 약정 보험금 전액을 지급하는 것이 원칙이며, 예외적으로 감액규정이 있는 경우에만 보험금을 감액할 수 있다.

26

물건보험에서 보험목적의 양도에 관한 설명으로 옳지 않은 것은?

① 보험목적의 양도가 있는 경우에 양수인은 보험계약상의 권리와 의무를 승계한 것으로 추정한다.

② 보험목적에 대한 매매계약 체결만으로는 권리와 의무의 승계 추정을 받지 못한다.

③ 보험목적의 양도에 관한 규정은 물건보험에 한하여 적용되는 것이 원칙이므로, 자동차보험 중 자기신체 보험에 대해서는 적용되지 않는다.

④ 자동차보험의 경우에 자동차의 양도와 함께 보험계약관계도 양수인에게 승계된다.

27

단체생명보험에 대한 설명으로 옳지 않은 것은?

① 단체생명보험의 경우 보험계약자가 회사일 때에는 그 회사에 대하여만 보험증권을 교부한다.

② 보험계약의 체결 이후에 보험수익자를 지정 또는 변경하는 경우, 단체규약에 명시적으로 정한 경우 외에는 피보험자의 개별적 서면동의를 받아야 한다.

③ 단체가 규약에 따라 구성원의 전부를 피보험자로 하는 단체생명보험계약을 체결하는 경우, 단체 구성원의 사망을 보험사고로 하는 보험계약에서도 타인의 서면동의를 받지 않아도 된다.

④ 심신상실자 또는 심신박약자가 단체생명보험의 피보험자가 될 경우, 보험계약 체결시 의사능력이 있는 경우에 그 보험계약은 유효하다.

28

타인의 생명보험계약에서 피보험자의 동의에 관한 설명으로 옳지 않은 것은?(다툼이 있는 경우 판례에 의함)

① 피보험자의 동의는 타인의 사망보험계약에서 도박보험의 위험성과 피보험자 살해의 위험성 및 공서양속 침해의 위험성을 배제하기 위하여 마련된 강행규정이며, 보험계약의 효력발생요건이다.

② 타인의 생명보험계약 체결시에 피보험자의 서면동의를 얻도록 규정한 것은 그 동의의 시기과 방식을 명확히 함으로써 분쟁의 소지를 없애려는 취지이므로, 피보험자의 동의는 서면으로 개별적으로 이루어져야 하며, 포괄적인 동의 또는 묵시적이거나 추정적 동의만으로는 부족하다.

③ 피보험자의 동의는 회사의 퇴사 등과 같이 서면동의의 전제가 되는 사정에 중대한 변경이 생긴 경우에는 그 동의를 철회할 수도 있다.

④ 피보험자의 동의요건에 관하여 보험자는 설명의무를 부담하며, 이러한 설명의무를 위반하여 피보험자의 동의 없이 체결된 타인의 사망보험계약에 대하여 보험계약자는 취소할 수 있다.

29

약관조항의 효력에 관한 설명으로 옳지 않은 것은?(다툼이 있는 경우 판례에 의함)

① 재해로 인한 사망사고와 암 진단의 확정 및 그와 같이 하는 보험계약에서 피보험자가 보험계약일 이전에 암 진단이 확정되어 있는 경우에는 보험계약이 무효라는 약관조항은 유효하다.

② 보험기간 개시 전 사고로 신체장해가 있었던 피보험자에게 동일 부위에 상해사고로 새로운 후유장해가 발생한 경우에 최종 후유장해보험금에서 기존 신체장해에 대한 후유장해보험금을 차감하고 지급하기로 하는 약관조항은 유효하다.

③ 전문직업인 배상책임보험약관에서 해당 보험계약에 따른 보험금지급의 선행조건으로서 피보험자가 제3자로부터 손해배상청구를 받은 경우 소정 기간 이내에 그 사실을 보험자에게 서면으로 통지하여야 한다는 약관조항은 약관의 규제에 관한 법률 제7조 제2호에 의하여 무효이다.

④ 계속보험료의 지급 지체가 있는 경우에 상법 제650조상의 해지절차 없이 보험자가 보험계약에 대하여 실효 처리하는 실효예고부최고 약관규정은 무효이다.

30

보험수익자 지정 · 변경에 관한 설명으로 옳지 않은 것은?(다툼이 있는 경우 판례에 의함)

① 보험계약자가 보험수익자를 지정하는 경우에 지정시점에 보험수익자가 특정되어야 하는 것은 아니고, 보험사고발생 당시에 특정될 수 있는 것으로 충분하다.

② 보험계약자는 특정인을 지정할 수 있을 뿐만 아니라, 불특정인을 지정할 수도 있다.

③ 보험수익자 변경권은 형성권으로서 보험계약자가 보험자나 보험수익자의 동의를 받지 않고 자유로이 행사 할 수 있고, 그 행사에 의해 변경의 효력이 즉시 발생한다.

④ 보험수익자 변경행위는 상대방 있는 단독행위이므로, 보험수익자 변경의 의사표시가 보험자에게 도달하여야 보험수익자 변경의 효과는 발생한다.

31

생명보험계약에서 보험자가 보험료적립금 반환의무를 부담하지 않게 되는 경우는?(단, 보험료적립금의 반환에 관하여 특별한 약정이 없다고 가정함)

① 보험사고의 발생 전에 보험계약자가 보험계약을 임의 해지한 경우

② 보험계약자의 고의에 의하여 보험사고가 발생하여 보험자가 면책된 경우

③ 피보험자 또는 보험수익자의 고의에 의하여 보험사고가 발생하여 보험자가 면책된 경우

④ 고지의무위반을 이유로 보험자가 보험계약을 해지한 경우

32

☑ 확인Check! ○ △ ✕

상해보험계약의 보험사고에 관한 설명으로 옳지 않은 것은?(다툼이 있는 경우 판례에 의함)

① 상해보험에서는 급격하고도 우연한 외래의 사고로 신체에 상해를 입은 경우를 보험사고로 한다.

② 피보험자가 술에 취한 상태에서 지하철역 승강장의 선로로 내려가 지하철역을 통과하는 전동열차에 부딪혀 사망한 경우에는 피보험자의 중과실로 인한 사고로 상해사고의 우연성이 인정되지 않는다.

③ 피보험자가 농작업 중 과로로 지병인 고혈압이 악화되어 뇌졸중으로 사망한 경우에는 상해사고에 해당되지 않는다.

④ 사고의 급격성, 외래성 및 사고와 신체손상과의 인과관계에 관한 증명책임은 보험금청구권자가 부담한다.

33

☑ 확인Check! ○ △ ✕

인보험에 관한 설명이다. 사망보험, 상해보험 모두에 해당하는 경우로 옳은 것은?(다툼이 있는 경우 판례에 의함)

① 도덕적 위험, 보험의 도박화 등에 대처하기 위하여 피보험자가 보험목적에 대하여 일정한 경제적 이익을 가질 것을 요한다.

② 보험계약자 또는 피보험자나 보험수익자의 중대한 과실로 인하여 보험사고가 발생한 경우에 보험자는 보험금 지급책임이 있다.

③ 보험계약 당사자간에 보험자대위에 관한 약정이 유효하다.

④ 중복보험의 규정을 준용할 수 있다.

34

보험금반환 또는 보험료반환청구 등에 관한 설명이다. 옳지 않은 것은?(다툼이 있는 경우 판례에 의함)

① 보험계약의 전부 또는 일부가 무효인 경우에 보험계약자와 피보험자가 선의이며, 중대한 과실이 없는 때에는 보험자에 대하여 보험료의 전부 또는 일부의 반환을 청구할 수 있다. 보험계약자와 보험수익자가 선의이며, 중대한 과실이 없는 때에도 같다.

② 보험계약자는 보험사고발생 전에는 언제든지 보험계약을 해지할 수 있는데, 이 경우에 보험계약자는 당사자간에 다른 약정이 없으면 미경과보험료의 반환을 청구할 수 있다.

③ 상법 제731조 제1항을 위반하여 무효인 보험계약에 따라 납부한 보험료에 대한 반환청구권은 특별한 사정이 없는 한 보험료를 납부한 때에 발생하여 행사할 수 있다고 할 것이므로, 이 보험료반환청구권의 소멸시효는 특별한 사정이 없는 한 각 보험료를 납부한 때부터 진행한다.

④ 보험계약자가 다수의 보험계약을 통하여 보험금을 부정취득할 목적으로 보험계약을 체결한 경우, 보험수익자가 타인인 때에는 이미 보험수익자에게 급부한 보험금의 반환을 구할 수 없다.

35

보험계약관계의 종료사유(무효, 취소, 해제, 해지)에 관한 설명이다. 보험계약관계의 종료사유 중 장래에 대해서만 효력이 상실되는 것만으로 묶은 것은?(다른 약정은 없는 것으로 가정함)

> 가. 손해보험에서 사기에 의한 초과보험, 중복보험
> 나. 15세 미만자를 피보험자로 하는 사망보험
> 다. 보험약관 교부·설명의무위반으로 인한 보험계약관계의 종료
> 라. 보험계약 체결 후 보험료의 전부 또는 제1회 보험료를 계약성립일로부터 2월 경과시까지 미납한 경우
> 마. 위험변경증가로 인한 보험계약관계의 종료
> 바. 생명보험표준약관상 중대사유로 인한 보험계약관계의 종료

① 가, 다　　　　　　　　　② 라, 마
③ 가, 나　　　　　　　　　④ 마, 바

36

재보험에 관한 설명으로 옳지 않은 것은?(다툼이 있는 경우 판례에 의함)

① 책임보험에 관한 규정은 그 성질에 반하지 않는 범위 내에서 재보험계약에 준용된다.

② 재보험자가 원보험자에게 보험금을 지급하면 지급한 재보험금의 한도 내에서 원보험자가 제3자에 대하여 가지는 권리를 대위취득한다.

③ 재보험자가 보험자대위에 의하여 취득한 제3자에 대한 권리의 행사는 재보험자가 이를 직접하지 아니하고, 원보험자가 재보험자의 수탁자의 지위에서 자기명의로 권리를 행사하여 그로써 회수한 금액을 재보험자에게 재보험금의 비율에 따라 교부하는 방식으로 이루어지는 것이 상관습이다.

④ 재보험자의 보험자대위에 의한 권리는 원보험자가 제3자에 대한 권리행사의 결과로 취득한 출자전환 주식에 대하여는 미치지 아니한다.

37

책임보험에 관한 설명으로 옳은 것은?(다툼이 있는 경우 판례에 의함)

① 책임보험에서 배상청구가 보험기간 내에 발생하면 배상청구의 원인인 사고가 보험기간 개시 전에 발생하더라도 보험자의 책임을 인정하는 배상청구기준 약관은 유효하다.

② 책임보험계약에서는 보험가액을 정할 수 없으므로, 수 개의 책임보험계약이 동시 또는 순차적으로 체결된 경우에 그 보험금액의 총액이 피보험자의 제3자에 대한 손해배상액을 초과한 경우라도 중복보험의 법리를 적용할 수 없다.

③ 보험사고에 관한 학설 중 손해사고설에 따르면, 제3자에 대해 책임지는 원인사고를 보험사고로 보기 때문에 피보험자가 제3자로부터 배상청구를 받을 때에는 보험자에게 통지를 발송할 필요가 없다.

④ 책임보험의 목적은 피보험자의 제3자에 대한 손해배상책임에 한하므로, 제3자의 청구를 막기 위한 방어비용은 보험의 목적에 포함되지 않는다.

38

확인Check! ○ △ ✕

책임보험에서 피해자 직접청구권에 관한 설명으로 옳지 않은 것은?(다툼이 있는 경우 판례에 의함)

① 직접청구권의 법적 성질은 보험자가 피보험자의 피해자에 대한 손해배상채무를 병존적으로 인수한 것으로서 피해자가 보험자에 대하여 가지는 손해배상청구권이고, 이에 대한 지연손해금에 관하여는 상사법정이율이 아닌 민사법정이율이 적용된다.

② 책임보험에서 보험자의 채무인수는 피보험자의 부탁에 따라 이루어지는 것이므로, 보험자의 손해배상 채무와 피보험자의 손해배상채무는 연대채무관계에 있다.

③ 피해자의 직접청구권에 따라 보험자가 부담하는 손해배상채무는 보험계약을 전제로 하는 것으로서 보험계약에 따른 보험자의 책임한도액의 범위 내에서 인정되어야 한다.

④ 피해자의 직접청구권에 따라 보험자가 부담하는 손해배상채무는 보험계약을 전제로 하는 것으로서 피해자의 손해액을 산정함에 있어서도 약관상의 지급기준에 구속된다.

39

확인Check! ○ △ ✕

상해보험계약은 일반적으로 상해로 인한 사망보험, 상해로 인한 후유장해보험, 상해로 인한 치료비 등 실비를 지급하는 치료비보험으로 구성된다. 이에 관한 설명으로 옳지 않은 것은?(다툼이 있는 경우 판례에 의함)

① 상해보험계약의 경우에 보험자대위권을 인정하는 당사자간의 약정은 무효이다.

② 상해사망보험(정액형)에서는 보험계약자 또는 피보험자나 보험수익자의 중대한 과실로 인하여 보험사 고가 발생한 경우에 보험자는 보험금 지급책임이 있다.

③ 치료비보험은 실손보장형(비정액형)보험으로서 이에 관하여는 중복보험의 원리를 준용한다.

④ 만15세 미만자, 심신상실자 또는 심신박약자의 치료비 보험계약은 유효이다.

40

확인Check! ○ △ ✕

약관대출(보험계약대출)에 관한 설명으로 옳은 것은?(다툼이 있는 경우 판례에 의함)

① 상법 명문의 규정에 의하면 보험계약자는 해지환급금의 범위 내에서 약관대출을 받을 수 있다.

② 약관대출계약은 보험계약과 일체를 이루는 하나의 계약이 아니라, 보험계약과 독립된 별개의 계약이다.

③ 약관대출금은 보험자가 장래에 지급할 보험금이나 해지환급금을 미리 지급하는 선급에 해당한다.

④ 보험자가 보험금 또는 해지환급금 등 약관상 지급채무가 발생한 경우에 대출원리금을 상계한 후 지급 하기로 약정한 특수한 금전소비대차계약이다.

300 2021년 제44회 1차 시험문제

2021년 제44회 손해사정이론 1차 시험문제

중요 문제 / 틀린 문제 CHECK

01	02	03	04	05	06	07	08	09	10	11	12	13	14	15	16	17	18	19	20
21	22	23	24	25	26	27	28	29	30	31	32	33	34	35	36	37	38	39	40

| 시간 | 분 | 정답 및 해설편 282p |

01

☑ 확인 Check! ○ △ ✕

보험기간 내에 발생손실에 대한 피보험자의 자기부담금이 전혀 없을 수 있는 가입조건은?

① 소손해면책(franchise deductible)
② 건강보험의 공동보험약관(co-insurance clause)
③ 정액 공제(straight deductible)
④ 총액 공제(aggregate deductible)

02

☑ 확인 Check! ○ △ ✕

리스크재무(risk financing)에 해당하지 않는 것은?

① 면책계약   ② 하청계약
③ 선물계약   ④ 보험계약

03

☑ 확인 Check! ○ △ ✕

다음 중 손해사정사의 업무에 해당하지 않는 것은?

① 손해발생사실 확인
② 약관의 면·부책 내용 확인
③ 보상한도액 결정
④ 보험금 산정

04

☑ 확인Check! ○ △ ✕

다음 중 건강보험에서 기왕증(pre-existing conditions)을 면책하는 이유에 해당하는 것은?

① 역선택 방지　　　　　　　　② 도덕적 위태 감소

③ 보험료 절감　　　　　　　　④ 정신적 위태 감소

05

☑ 확인Check! ○ △ ✕

다음 중 보험사기에 대한 설명으로 올바르지 않은 것은?

① 정신적 위태(morale hazard)와 구별된다.

② 우연한 사고와는 전혀 관계없다.

③ 적발시 제재수준을 높이면 줄일 수 있다.

④ 조사활동 강화를 통해 줄일 수 있다.

06

☑ 확인Check! ○ △ ✕

다음 중 보험가격에 대한 설명으로 올바르지 않은 것은?

① 미래기간의 발생원가 예측에 근거한다.

② 보험자의 통제 범위를 벗어나는 부분이 많다.

③ 집단전체의 평균원가개념이 적용된다.

④ 순보험료 산출시 규모의 경제 효과가 크다.

07

☑ 확인Check! ○ △ ✕

보험요율산정 목적 가운데 역선택(adverse selection) 감소효과와 관계가 깊은 것은?

① 충분성　　　　　　　　　　② 비과도성

③ 안정성　　　　　　　　　　④ 공평한 차별성

08

다음 중 도덕적 위태(moral hazard)와 역선택(adverse selection)의 공통점에 해당하지 않는 것은?

① 정보비대칭성이 원인이다.
② 피보험자의 위험특성정보와 관련 있다.
③ 보험자에게 초과손해를 초래할 수 있다.
④ 보험사업의 안정성을 저해하게 된다.

09

다음 중 타보험조항(other insurance clause)의 형태에 해당하지 않는 것은?

① 비례분할부담(pro rata liability clause)
② 균일부담(contribution by equal share)
③ 초과손실부담(excess of loss share contract)
④ 초과부담(primary and excess insurance)

10

다음 중 순수리스크 여부가 보험가능성의 일차적 기준이 되는 이유에 해당하는 것은?

① 영향 범위가 넓지 않다.
② 도덕적 위태가 상대적으로 적다.
③ 최대가능손실이 크지 않다.
④ 목적물의 개수가 많다.

11

다음 중 대기기간(waiting period)에 대한 설명으로 올바르지 않은 것은?

① 정보비대칭에 따른 문제 개선이 목적이다.
② 보험금 지급을 제한하는 효과가 있다.
③ 역선택 감소가 목적이다.
④ 피보험자 위험특성정보 수집이 목적이다.

12

☑ 확인 Check! ○ △ ✕

다음 중 특정 재산을 보험목적물에서 제외(excluded property)하는 일반적 이유에 해당하지 않는 것은?

① 다른 보험에서 담보되어서
② 도덕적 위태 가능성이 있어서
③ 정확한 손실액 측정이 어려워서
④ 보험가액이 커서

13

☑ 확인 Check! ○ △ ✕

다음 보험계약 특성 중 보험자가 미리 마련한 보통보험약관을 매개로 체결되는 특성을 가리키는 것은?

① 유상계약
② 조건부계약
③ 부합계약
④ 낙성계약

14

☑ 확인 Check! ○ △ ✕

다음 중 보험자의 제3자에 대한 대위의 목적에 해당하지 않는 것은?

① 실손보상의 원칙 유지
② 최대선의의 원칙 유지
③ 이중보상 방지
④ 보험료 부당 인상 방지

15

다음 중 원보험자의 재보험계약 효과에 해당하지 않는 것은?

① 손해의 변동성 감소
② 인수능력 확대
③ 이익 감소
④ 신상품 개발 촉진

16

보험가능 리스크의 요건 중 한정적 손실(definite loss)이 요구하는 바와 거리가 먼 것은?

① 손실의 원인을 식별할 수 있어야 한다.
② 손실발생시점을 판단할 수 있어야 한다.
③ 손실발생장소를 식별할 수 있어야 한다.
④ 발생손실규모가 제한적이어야 한다.

17

다음 설명이 가리키는 것은?

> 보험수리적으로 공정한 보험료(actuarially fair premium)하에서 리스크 회피형 개인은 전부보험(full insurance)을 선택한다.

① 베르누이 원칙(Bernoulli principle)
② 렉시스의 원리(Lexis' principle)
③ 세인트 피터스버그 역설(St. Petersburg paradox)
④ 그레샴의 법칙(Gresham's law)

18

프로스포츠선수 A는 부상을 당하지 않는 조건으로 연봉 75만 달러를 받지만 부상을 당하면 연봉은 없다. 이 선수의 연간 부상 확률은 0.1이다. A의 보유자산은 25만 달러이고 효용함수는 $U(w) = \sqrt{w}$ (w는 자산을 의미함)이다. 부상을 입었을 때 75만 달러의 보험금이 지급되는 보험에 가입하기 위해서 A가 지급할 수 있는 최대한도의 보험료는 얼마인가?

① 75,000 달러
② 75,500 달러
③ 97,000 달러
④ 97,500 달러

19

아래 사례에서 주택화재보험 보통약관에 따라 계산한 보험금은 얼마인가?

- 보험가입금액 : 4억원
- 보험기간 중 화재로 인한 손해액 : 7억원
- 보험의 목적인 건물의 잔존물 해체 비용 : 6천만원
- 화재발생 당시의 보험가액 : 10억원

① 4억 1천만원
② 4억원
③ 3억 8천만원
④ 3억 5천만원

20

상법상 대위와 위부에 대한 설명으로 올바르지 않은 것은?

① 대위는 해상보험을 비롯한 모든 손해보험에 통용되지만, 위부는 해상보험에서만 적용된다.
② 제3자에 대한 대위권은 손실정도에 상관없이 보험자가 보험금을 지급하면 자동적으로 승계되지만, 위부는 추정전손을 성립시키기 위한 형식적인 요건이기 때문에 전손인 경우에만 해당된다.
③ 보험자는 보험금을 지급한 범위 내에서 제3자에 대한 대위권을 행사할 수 있지만, 위부가 성립되면 보험자는 잔존물에 대한 일체의 권리를 승계한다.
④ 보험자가 위부를 거절하고 분손 보험금을 지급하면 제3자에 대한 대위권을 승계하지 못한다.

21

리스크관리에 관한 설명으로 올바른 것은?

① 「제조물책임법」에서 설계상의 결함이라 함은 제조물이 원래 의도한 설계와 다르게 제조·가공됨으로써 안전하지 못하게 된 경우를 말한다.

② 캡티브 보험자(captive insurer)는 복수의 기업이 기금을 출연하여 기금 풀(pool)을 만들고, 사고를 당한 회원기업에게 기금 풀에서 손해를 보상해 주는 제도이다.

③ 리스크회피는 적극적인 리스크 관리수단으로, 빈도와 심도가 낮은 리스크에 적합하다.

④ 순수리스크인 지진과 태풍은 재무분야의 시장리스크와 유사한 개념인 근원적 리스크(fundamental risk)에 속한다.

22

다음 중 금반언(estoppel) 원칙의 적용과 가장 거리가 먼 것은?

① 보험계약을 체결할 때 협정보험가액에 동의한 후 보험자가 협정가액을 부인할 수 없다.

② 보험계약이 체결되고 3년이 경과한 후에 계약자가 잘못 진술한 내용을 근거로 보험자가 면책을 주장할 수 없다.

③ 보험자가 고지의무의 위반을 안 날로부터 1개월 이내에 해약하지 않으면, 이후 고지의무위반의 효과에 기인하는 보험자의 해지권은 제한된다.

④ 보험자가 피보험자에게 보험의 목적을 수리하라고 말하여 피보험자가 그에 따름으로써 비용이 발생한 후에 보험자가 면책조항을 들어 보험금을 지급하지 못하겠다고 주장할 수 없다.

23

의무보험의 기대효과와 거리가 먼 것은?

① 도덕적 위태의 완화

② 역선택 문제의 완화

③ 거래비용의 절약

④ 피해자 구호 및 배상자력의 확보

24

다음 중 보험계약이 유효한 법적 계약으로서 성립되기 위하여 갖추어야 할 일반적인 요건으로 적합하지 않은 것은?

① 적법한 양식(legal form)
② 교환되는 가치(consideration)의 존재
③ 계약 당사자의 법적 행위능력(competent parties)
④ 계약 목적의 합법성(legal purpose)

25

다음 중 보험자가 입증책임을 부담하는 것은?

① 고지의무위반과 사고 사이의 인과관계 부존재
② 위험변경통지의무의 위반요건
③ 열거위험담보계약에서 손해와 열거위험 사이의 인과관계
④ 보험자의 책임제한에 대한 항변사유

26

보험가능 리스크(insurance risk)의 요건 중 보험수요자 입장에서 보험이 효율적인 리스크관리 수단이 되기 위한 조건은?

① 한정적인 손실
② 손실의 우연성
③ 측정가능한 손실발생 확률
④ 심도가 크고 손실발생 확률이 낮은 리스크

27

아래는 「제조물책임법」상 손해배상청구권의 소멸시효 등에 관한 내용이다. (   ) 안에 들어갈 숫자를 순서대로 바르게 짝지은 것은?

> 이 법에 따른 손해배상의 청구권은 피해자 또는 그 법정대리인이 손해와 손해배상책임을 지는 자를 알게 된 날로부터 (   )년간 행사하지 아니하면 시효의 완성으로 소멸하고, 제조업자가 손해를 발생시킨 제조물을 공급한 날로부터 (   )년 이내에 행사하여야 한다.

① 1, 3
② 1, 10
③ 3, 5
④ 3, 10

28

「금융소비자보호법」상 금융상품판매업자 등의 금융상품 유형별 영업행위 준수사항에 해당되지 않는 것은?

① 설명의무
② 정합성 원칙
③ 적합성 원칙
④ 적정성 원칙

29

근로자재해보장책임보험에서 피해자가 사망한 경우 가해자가 배상해야 할 손해액 산정시 고려요소로 볼 수 없는 것은?

① 생활비 공제
② 손익 공제
③ 중간이자 공제
④ 참여비율 공제

30

다음 중 비례재보험(proportional reinsurance) 방식이 아닌 것은?

① quota share treaty
② surplus share treaty
③ facultative obligatory cover
④ excess of loss cover

31

재보험계약 중 stop loss cover특약에 대한 설명으로 올바르지 않은 것은?

① 재보험계약 기간 중 출재사의 누적 손해율이 약정된 비율을 초과할 경우 재보험금이 지급된다.
② 개별 리스크 단위당 손해에 대한 출재사의 보유초과분을 담보함으로써 출재사의 보유손실금액을 제한한다.
③ 출재사의 손해율을 목표 수준 아래로 유지시켜 보험영업실적을 안정화시키는 효과가 있다.
④ 손해율의 등락폭이 크고 연단위로 손해 패턴이 비교적 주기적인 농작물재해보험 등에 적합한 재보험 방식이다.

32

대체리스크전가(ART ; alternative risk transfer)방법 중 하나인 조건부자본(contingent capital)에 대한 설명으로 올바르지 않은 것은?

① 실제 손해발생시 사전에 정한 조건으로 자본을 조달할 수 있다.
② 손실보전이라는 보험의 특성을 지니고 있다.
③ 발생 빈도가 낮고, 강도가 큰 사고에 대비하는데 적합하다.
④ 초과손해액재보험특약을 보완하는 방법으로 활용할 수 있다.

33

☑ 확인 Check! ○ △ ✕

다음 중 파라메트릭(parametric) 보험에 대한 설명으로 올바르지 않은 것은?

① 실제 손해발생액보다 지급보험금이 적은 베이시스 리스크(basis risk)가 존재한다.
② 보험금 지급절차가 간편하여 전통형 보험상품에 비해 신속한 보험금 지급이 가능하다.
③ 보험사기 발생 가능성이 전통형 보험상품에 비해 크다.
④ 보험가입 과정이 전통형 보험상품에 비해 간단하다.

34

☑ 확인 Check! ○ △ ✕

「교통사고처리특례법」상 교통사고 발생시 보험회사의 피해자에 대한 우선 지급금액 범위로 올바르지 않은 것은?

① 통상의 치료비 전액
② 부상시 위자료 전액
③ 후유장애시 상실수익액의 전액
④ 대물배상 발생시 대물배상금의 50%

35

☑ 확인 Check! ○ △ ✕

다음 중 자동차보험 대인배상에서 손익상계 대상이 아닌 것은?

① 국민연금급여
② 공무원연금급여
③ 상해보험금
④ 산재보험금

36

다음 중 상실수익액 산정시 사용되는 계수법에 대한 설명으로 올바르지 않은 것은?

① 호프만계수법은 중간이자를 복리로 계산한다.
② 라이프니츠계수법은 과잉배상 문제가 발생되지 않는다.
③ 라이프니츠계수법은 약관에서 적용되고, 호프만계수법은 법원에서 주로 사용되는 방법이다.
④ 호프만계수법은 인플레이션 상황에서 화폐가치의 하락분을 어느 정도 메울 수 있다.

37

다음 중 「민법」에서 규정한 상속 순위를 올바르게 나열한 것은?

(가) 피상속인의 직계존속
(나) 피상속인의 직계비속
(다) 피상속인의 형제자매
(라) 피상속인의 4촌 이내의 방계혈족

① (가) → (나) → (다) → (라)
② (나) → (가) → (다) → (라)
③ (가) → (다) → (나) → (라)
④ (나) → (가) → (라) → (다)

38

「산업재해보상보험법」에서 명시하고 있는 보험급여가 아닌 것은?

① 휴업급여
② 구직급여
③ 간병급여
④ 직업재활급여

39

새로운 국제회계기준(IFRS17)에 따른 준비금에 대한 설명 중 올바르지 않은 것은? 기출수정

① 보증준비금은 결산일(분기별 임시결산을 포함한다) 현재 보험금 등을 일정수준 이상으로 보증하기 위해 장래 예상되는 손실액 등을 고려하여 이익잉여금 내에 적립하여야 하는 준비금이다.

② 비상위험준비금은 지진, 폭풍 등 대형재해 발생에 대비한 준비금으로 부채항목으로 계상한다.

③ 계약자배당 관련 준비금은 계약자배당준비금 · 계약자이익배당준비금 · 배당보험손실보전준비금으로 구분하여 각각 적립한다.

④ 책임준비금은 보험회사가 보험 계약에 따라 지급할 보험금, 해약금 등에 대비하기 위해 계약상 보험료의 일부를 적립하는 준비금이다.

40

PML(probable maximum loss)에 대한 설명으로 올바르지 않은 것은?

① 적정한 보험료 산출의 기초로 활용된다.

② 보험인수 여부 및 조건결정의 판단기준이 된다.

③ 보험자가 보험가액을 결정할 때 사용하는 개념이다.

④ 리스크관리자의 리스크회피도가 낮을수록 커진다.

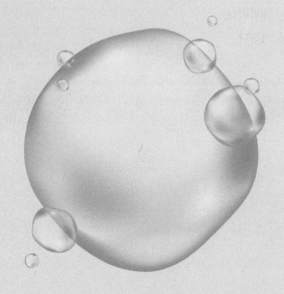

최고의 순간은 아직 오지 않았다.

- 제리 로이스터 -

2022년 제45회

손해사정사 1차 시험문제

✓ 중요 문제 / 틀린 문제 CHECK

01	02	03	04	05	06	07	08	09	10	11	12	13	14	15	16	17	18	19	20
21	22	23	24	25	26	27	28	29	30	31	32	33	34	35	36	37	38	39	40

| 시간 | 분 l 정답 및 해설편 296p |

01

☑ 확인Check! ○ △ ✕

보험업법상 전문보험계약자 중 보험회사의 동의에 의하여 일반보험계약자로 될 수 있는 자에 해당하지 않는 것은?

① 한국은행
② 지방자치단체
③ 주권상장법인
④ 해외 증권시장에 상장된 주권을 발행한 국내법인

02

☑ 확인Check! ○ △ ✕

보험업법상 보험업의 예비허가 및 허가에 관한 내용으로 옳지 않은 것은?

① 금융위원회는 보험업의 허가에 대하여도 조건을 붙일 수 있다.
② 예비허가의 신청을 받은 금융위원회는 2개월 이내에 심사하여 예비허가 여부를 통지하여야 하며, 총리령으로 정하는 바에 따라 그 기간을 연장할 수 있다.
③ 예비허가를 받은 자가 예비허가의 조건을 이행한 후 본허가를 신청하면, 금융위원회는 본허가의 요건을 심사하고 허가하여야 한다.
④ 제3보험업에 관하여 허가를 받은 자는 대통령령으로 정하는 기준에 따라 제3보험의 보험종목에 부가되는 보험을 취급할 수 있다.

03

보험업법상 소액단기전문보험회사에 관한 내용으로 옳지 않은 것은?

① 자본금 또는 기금은 20억원이어야 한다.

② 보험금의 상한액은 1억원이어야 한다.

③ 연간 총보험료 상한액은 500억원이어야 한다.

④ 보험기간은 2년 이내의 범위에서 금융위원회가 정하여 고시하는 기간이어야 한다.

04

보험업법상 외국보험회사 등의 국내사무소(이하 '국내사무소'라 한다) 설치에 관한 내용으로 옳은 것은?

① 국내사무소의 명칭에는 '사무소'라는 글자가 반드시 포함되어야 하는 것은 아니다.

② 국내사무소를 설치한 날부터 30일 이내에 금융위원회의 인가를 받아야 한다.

③ 국내사무소는 보험업을 경영할 수 있지만, 보험계약의 중개나 대리 업무는 수행할 수 없다.

④ 이 법에 따른 명령을 위반한 경우, 금융위원회는 6개월 이내의 기간을 정하여 업무의 정지를 명하거나 국내사무소의 폐쇄를 명할 수 있다.

05

보험업법상 보험회사인 주식회사의 자본감소에 관한 내용으로 옳지 않은 것은?

① 자본감소를 결의한 경우에는 그 결의를 한 날부터 2주 이내에 결의의 요지와 재무상태표를 공고하여야 한다.

② 주식 금액 또는 주식 수의 감소에 따른 자본금의 실질적 감소를 한 때에는 금융위원회의 사후 승인을 받아야 한다.

③ 자본감소에 대하여 이의가 있는 보험계약자는 1개월 이상의 기간으로 공고된 기간 동안 이의를 제출할 수 있다.

④ 자본감소는 이의제기 기간 내에 이의를 제기한 보험계약자에 대하여도 그 효력이 미친다.

06

보험업법상 주식회사가 그 조직을 변경하여 상호회사로 되는 경우, 이에 관한 내용으로 옳은 것은?

① 상호회사는 기금의 총액을 300억원 미만으로 할 수는 있지만 이를 설정하지 않을 수는 없다.
② 주식회사의 조직변경은 출석한 주주의 의결권의 과반수와 발행주식 총수의 4분의 1 이상의 수로써 하여야 한다.
③ 주식회사의 보험계약자는 조직변경을 하더라도 해당 상호회사의 사원이 되는 것은 아니다.
④ 주식회사는 상호회사로 된 경우에는 7일 이내에 그 취지를 공고해야 하고, 상호회사로 되지 않은 경우에도 또한 같다.

07

보험업법상 상호회사 정관의 기재사항으로서 '기금'과 관련하여 반드시 기재해야 하는 사항이 아닌 것은?

① 기금의 총액
② 기금의 갹출자가 가질 권리
③ 기금과 설립비용의 상각 방법
④ 기금 갹출자의 각자가 갹출하는 금액

08

보험업법상 상호회사의 계산에 관한 내용으로 옳지 않은 것은?

① 이사는 매 결산기에 영업보고서를 작성하여 이사회의 승인을 얻어야 한다.
② 기금을 상각할 때에는 상각하는 금액과 같은 금액을 적립하여야 한다.
③ 손실을 보전하기 전이라도 이사회의 승인을 얻어 기금이자를 지급할 수 있다.
④ 잉여금은 정관에 특별한 규정이 없으면 각 사업연도 말 당시 사원에게 분배한다.

09

☑ 확인 Check! ○ △ ✕

보험업법상 상호회사 사원의 퇴사에 관한 내용으로 옳지 않은 것은?

① 상호회사의 사원은 정관으로 정하는 사유의 발생이나 보험관계의 소멸에 의하여 퇴사한다.

② 퇴사한 사원이 회사에 대하여 부담한 채무가 있는 경우, 회사는 그 사원에게 환급해야 하는 금액에서 그 채무액을 공제해야 한다.

③ 퇴사한 사원의 환급청구권은 그 환급기간이 경과한 후 2년 동안 행사하지 아니하면 시효로 소멸한다.

④ 사원이 사망한 때에는 그 상속인이 그 지분을 승계하여 사원이 된다.

10

☑ 확인 Check! ○ △ ✕

보험업법상 상호회사의 해산 및 청산에 관한 내용으로 옳은 것은?

① 해산을 결의한 경우에는 그 결의가 이사회의 승인을 받은 날부터 2주 이내에 결의의 요지와 재무상태 표를 공고하여야 한다.

② 합병이나 파산에 의하여 해산한 경우, 상호회사의 청산에 관한 보험업법 규정에 따라 청산을 하여야 한다.

③ 청산인은 회사자산을 처분함에 있어서, 일반채무의 변제보다 기금의 상각을 먼저 하여야 한다.

④ 정관에 특별한 규정이 없으면, 회사자산의 처분 후 남은 자산은 잉여금을 분배할 때와 같은 비율로 사원에게 분배하여야 한다.

11

☑ 확인 Check! ○ △ ✕

보험업법상 상호협정에 관한 내용으로 옳은 것은?(대통령령으로 정하는 경미한 사항을 변경하려는 경우는 제외함)

① 보험회사가 그 업무에 관한 공동행위를 하기 위하여 다른 보험회사와 상호협정을 체결하려는 경우에는 대통령령으로 정하는 바에 따라 금융위원회의 허가를 받아야 한다.

② 금융위원회는 공익 또는 보험업의 건전한 발전을 위하여 특히 필요하다고 인정되는 경우에는 보험회사에 대하여 상호협정의 체결 및 변경을 명할 수 있지만, 폐지를 명할 수는 없다.

③ 금융위원회는 보험회사에 대하여 상호협정에 따를 것을 명하려면 미리 공정거래위원회와 협의하여야 한다.

④ 금융위원회는 상호협정 체결을 위한 신청서를 받았을 때에는 그 내용이 보험회사간의 공정한 경쟁을 저해하는지와 보험계약자의 이익을 침해하는지를 심사하여 그 허가 여부를 결정하여야 한다.

12

☑확인 Check! ○ △ ✕

보험업법상 상호회사인 외국보험회사국내지점이 등기를 신청하는 경우에 첨부하여야 하는 서류가 아닌 것은?

① 위법행위를 한 사실이 없음을 증명하는 서류
② 대표자의 자격을 인정할 수 있는 서류
③ 회사의 정관이나 그 밖에 회사의 성격을 판단할 수 있는 서류
④ 대한민국에 주된 영업소가 있다는 것을 인정할 수 있는 서류

13

☑확인 Check! ○ △ ✕

보험업법상 외국보험회사국내지점의 대표자에 관한 내용으로 옳지 않은 것은?

① 대표자는 이 법에 따른 보험회사의 임원으로 본다.
② 대표자는 회사의 영업에 관하여 재판상 또는 재판 외의 모든 행위를 할 권한이 있다.
③ 대표자는 퇴임한 후에도 후임 대표자의 취임 승낙이 있을 때까지는 계속하여 대표자의 권리와 의무를 가진다.
④ 대표자의 권한에 대한 제한은 선의의 제3자에게 대항하지 못한다.

14

☑확인 Check! ○ △ ✕

보험업법상 손해보험업의 보험종목에 해당하는 것은 모두 몇 개인가?

가. 연금보험	나. 퇴직보험
다. 보증보험	라. 재보험
마. 상해보험	바. 간병보험

① 1개
③ 3개
② 2개
④ 4개

15

보험업법상 소속 임직원이 아닌 자로 하여금 모집이 가능하도록 한 금융기관보험대리점에 해당하는 것은?

① 「상호저축은행법」에 따라 설립된 상호저축은행
② 「중소기업은행법」에 따라 설립된 중소기업은행
③ 「자본시장과 금융투자업에 관한 법률」에 따른 투자중개업자
④ 「여신전문금융업법」에 따라 허가를 받은 신용카드업자로서 겸영여신업자가 아닌 자

16

보험업법상 보험설계사에 관한 내용으로 옳지 않은 것은?

① 보험회사 · 보험대리점 및 보험중개사는 소속 보험설계사가 되려는 자를 금융위원회에 등록하여야 한다.
② 보험업법에 따라 금고 이상의 형의 집행유예를 받고 그 유예기간 중에 있는 자는 보험설계사가 되지 못한다.
③ 보험업법에 따라 벌금 이상의 형을 선고받고 그 집행이 끝나거나 집행이 면제된 날부터 3년이 지나지 않은 자는 보험설계사가 되지 못한다.
④ 이전에 모집과 관련하여 받은 보험료, 대출금 또는 보험금을 다른 용도로 유용한 후 3년이 지나지 않은 자는 보험설계사가 되지 못한다.

17

보험업법상 법인이 아닌 보험대리점이나 보험중개사의 정기교육에 관한 내용이다. 괄호 안의 내용이 순서대로 연결된 것은?

> 법인이 아닌 보험대리점 및 보험중개사는 보험업법에 따라 등록한 날부터 (   )이 지날 때마다 (   )이 된 날부터 (   ) 이내에 보험업법에서 정한 기준에 따라 교육을 받아야 한다.

① 1년 – 1년 – 3월
② 1년 – 1년 – 6월
③ 2년 – 2년 – 3월
④ 2년 – 2년 – 6월

18

보험업법상 보험회사가 고객을 직접 응대하는 직원을 고객의 폭언이나 성희롱, 폭행 등으로부터 보호하기 위하여 취해야 할 조치에 관한 내용으로 옳지 않은 것은?

① 직원의 요청이 없더라도 직원의 보호를 위하여, 해당 고객으로부터의 분리 및 업무담당자의 교체를 하여야 한다.

② 고객의 폭언이나 성희롱, 폭행 등이 관계 법률의 형사처벌 규정에 위반된다고 판단되고 그 행위로 피해를 입은 직원이 요청하는 경우에는 관할 수사기관 등에 고발조치하여야 한다.

③ 직원이 직접 폭언 등의 행위를 한 고객에 대한 관할 수사기관 등에 고소, 고발, 손해배상 청구 등의 조치를 하는데 필요한 행정적, 절차적 지원을 하여야 한다.

④ 고객의 폭언 등을 예방하거나 이에 대응하기 위한 직원의 행동요령 등에 대한 교육을 실시하여야 한다.

19

보험업법상 금융위원회가 보험대리점의 등록을 반드시 취소해야 하는 사유에 해당하지 않는 것은?

① 다른 보험회사의 임직원이 보험대리점이 된 경우

② 보험업법에 따른 처분을 위반한 경우

③ 보험업법상 자기계약의 금지를 위반한 경우

④ 「대부업 등의 등록 및 금융이용자 보호에 관한 법률」에 따른 대부업을 행한 경우

20

보험업법상 교차모집보험설계사(이하 '설계사'라 한다)가 속한 보험회사 또는 교차모집을 위탁한 보험회사의 금지행위에 해당하는 것은 모두 몇 개인가?

> 가. 설계사에게 자사 소속의 보험설계사로 전환하도록 권유하는 행위
> 나. 설계사에게 자사를 위하여 모집하는 경우 보험회사가 정한 수수료·수당 외에 추가로 대가를 지급하기로 약속하거나 이를 지급하는 행위
> 다. 설계사가 다른 보험회사를 위하여 모집한 보험계약을 자사의 보험계약으로 처리하도록 유도하는 행위
> 라. 설계사에게 정당한 사유에 의한 위탁계약 해지, 위탁범위 제한 등 불이익을 주는 행위
> 마. 설계사의 소속 영업소를 변경하거나 모집한 계약의 관리자를 변경하는 등 교차모집을 제약·방해하는 행위
> 바. 설계사를 합리적 근거에 따라 소속 보험설계사보다 우대하는 행위

① 3개
③ 5개

② 4개
④ 6개

21

보험업법상 모집을 위하여 사용하는 보험안내자료의 기재사항을 모두 고른 것은?

> 가. 보험금 지급제한 조건에 관한 사항
> 나. 해약환급금에 관한 사항
> 다. 변액보험계약에 최고로 보장되는 보험금이 설정되어 있는 경우에는 그 내용
> 라. 다른 보험회사 상품과 비교한 사항
> 마. 보험금이 금리에 연동되는 경우 적용금리 및 보험금 변동에 관한 사항
> 바. 보험안내자료의 제작자, 제작일, 보험안내자료에 대한 보험회사의 심사 또는 관리번호

① 가, 나, 마, 바
② 가, 다, 라, 마
③ 나, 다, 마, 바
④ 나, 라, 마, 바

22

보험업법상 통신수단을 이용하여 모집·철회 및 해지 등을 하는 자가 준수해야 할 사항에 관한 내용으로 옳은 것은?

① 전화·우편·컴퓨터통신 등 통신수단을 이용하여 보험업법에 따라 모집을 할 수 있는 자는 금융위원회로부터 별도로 이에 관한 허가를 받아야 한다.

② 보험회사는 보험계약자가 통신수단을 이용하여 체결한 계약을 해지하고자 하는 경우, 그 보험계약자가 계약을 해지하기 전에 안정성 및 신뢰성이 확보되는 방법을 이용하여 보험계약자 본인임을 확인받은 경우에 한하여 이용하도록 할 수 있다.

③ 사이버몰을 이용하여 모집하는 자는 보험계약자가 보험약관 또는 보험증권을 전자문서로 볼 수 있도록 하고, 보험계약자의 요청이 없더라도 해당 문서를 우편 또는 전자메일로 발송해 주어야 한다

④ 보험회사는 보험계약자가 전화를 이용하여 계약을 해지하려는 경우에는 상대방의 동의 여부와 상관없이 보험계약자 본인인지를 확인하고 그 내용을 음성녹음을 하는 등 증거자료를 확보·유지해야 한다.

23

☑ 확인 Check! ○ △ ✕

보험업법상 보험회사의 자산운용 원칙에 관한 내용으로 옳은 것은?

① 자산을 운용함에 있어 수익성·안정성·비례성·공익성이 확보되도록 하여야 한다.
② 직접·간접을 불문하고 다른 보험회사의 주식을 사도록 하기 위한 대출을 하여서는 아니 된다.
③ 신용공여계약을 체결하려는 자에게 계약 체결 이후 재산 증가나 신용등급 상승 등으로 신용개선상태가 나타난 경우 금리인하 요구를 할 수 있음을 알려야 한다.
④ 특별계정의 자산을 운용할 때에는 보험계약자의 지시에 따라 자산을 운용할 수 있다.

24

☑ 확인 Check! ○ △ ✕

보험업법상 보험종목의 특성 등을 고려하여 보험업법에 따라 계상된 책임준비금에 대한 적정성 검증을 받아야 하는 보험회사가 아닌 것은?

① 생명보험을 취급하는 보험회사
② 보증보험을 취급하는 보험회사
③ 자동차보험을 취급하는 보험회사
④ 질병보험을 취급하는 보험회사

25

☑ 확인 Check! ○ △ ✕

보험업법상 보험회사가 자회사를 소유하게 된 날부터 15일 이내에 금융위원회에 제출하여야 하는 서류에 해당하지 않는 것은?

① 업무의 종류 및 방법을 적은 서류
② 자회사가 발행주식 총수의 100분의 10을 초과하여 소유하고 있는 회사의 현황
③ 재무상태표 및 손익계산서 등의 재무제표와 영업보고서
④ 자회사와의 주요거래 상황을 적은 서류

26

☑ 확인Check! ○ △ ✕

보험업법상 보험회사 등이 보험설계사에게 모집을 위탁함에 있어 금지되는 행위에 해당하지 않는 것은?

① 위탁계약서에서 정한 해지요건에 따라 위탁계약을 해지하는 행위
② 정당한 사유 없이 보험설계사가 요청한 위탁계약 해지를 거부하는 행위
③ 위탁계약서에서 정한 위탁업무 외의 업무를 강요하는 행위
④ 보험설계사에게 대납을 강요하는 행위

27

☑ 확인Check! ○ △ ✕

보험업법상 보험중개사가 지체 없이 금융위원회에 신고하여야 하는 사항이 아닌 것은?

① 개인의 경우에는 본인이 사망한 경우
② 법인이 아닌 사단 또는 재단의 경우에는 그 단체가 소멸한 경우
③ 보험중개사가 소속 보험설계사와 보험모집에 관한 위탁을 해지한 경우
④ 모집업무를 일시적으로 중단한 경우

28

☑ 확인Check! ○ △ ✕

보험업법상 보험회사가 상호협정의 체결을 위한 신청서에 기재하여야 하는 사항이 아닌 것은?

① 상호협정서 변경 대비표
② 상호협정의 효력의 발생시기와 기간
③ 상호협정에 관한 사무를 총괄하는 점포 또는 사무소가 있는 경우에는 그 명칭과 소재지
④ 외국보험회사와의 상호협정인 경우에는 그 보험회사의 영업 종류와 현재 수행 중인 사업의 개요 및 현황

29

보험업법상 보험약관 이해도 평가에 대한 내용으로 옳지 않은 것은?

① 금융위원회는 보험약관과 보험안내자료에 대한 보험소비자 등의 이해도를 평가하기 위해 평가대행기관을 지정할 수 있다.

② 보험약관 등의 이해도 평가에 수반되는 비용의 부담, 평가시기, 평가방법 등 평가에 관한 사항은 금융위원회가 정한다.

③ 보험약관 이해도 평가의 대상자에는 금융감독원장이 추천하는 보험소비자 1명 및 보험요율산출기관의 장이 추천하는 보험 관련 전문가 1명이 포함된다.

④ 보험약관의 이해도 평가기준 및 해당 기준에 따른 평가결과는 평가대행기관의 홈페이지에 연 2회 이상 공시할 수 있다.

30

보험업법상 금융위원회가 금융감독원장으로 하여금 조치를 할 수 있도록 한 제재는 모두 몇 개인가?

가. 보험회사에 대한 주의·경고 또는 그 임직원에 대한 주의·경고·문책의 요구
나. 임원(「금융회사의 지배구조에 관한 법률」에 따른 업무집행책임자는 제외)의 해임권고·직무정지의 요구
다. 6개월 이내의 영업의 일부정지
라. 해당 위반행위에 대한 시정명령

① 없 음
② 1개
③ 2개
④ 3개

31

보험업법상 주식회사인 보험회사가 해산결의 인가신청서에 첨부하여 금융위원회에 제출하여야 하는 서류를 모두 고른 것은?

가. 주주총회 의사록
나. 청산 사무의 추진계획서
다. 보험계약자 및 이해관계인의 보호절차 이행을 증명하는 서류
라. 「상법」 등 관계법령에 따른 절차의 이행에 흠이 없음을 증명하는 서류

① 가, 나
② 가, 나, 다
③ 나, 다, 라
④ 가, 나, 다, 라

32

보험업법상 보험계약의 이전에 관한 내용으로 옳지 않은 것은?

① 보험회사는 계약의 방법으로 책임준비금 산출의 기초가 같은 보험계약의 전부를 포괄하여 다른 보험회사에 이전할 수 있다.

② 보험계약을 이전하려는 보험회사는 원칙적으로 주주총회 등의 결의가 있었던 때부터 보험계약을 이전하거나 이전하지 아니하게 될 때까지 그 이전하려는 보험계약과 같은 종류의 보험계약을 하지 못한다.

③ 보험회사의 부실에 의한 보험계약 이전이라 하더라도, 외국보험회사의 국내지점을 국내법인으로 전환함에 따라 국내지점의 보험계약을 국내법인으로 이전하는 경우에는 그 이전하려는 보험계약과 같은 종류의 보험계약을 체결할 수 있다.

④ 보험회사의 부실에 의한 보험계약 이전이 아닌 한, 모회사에서 자회사인 보험회사를 합병함에 따라 자회사의 보험계약을 모회사로 이전하려는 경우에는 그 이전하려는 보험계약과 같은 종류의 보험계약을 체결할 수 있다.

33

보험업법상 보험회사의 해산 후에도 일정한 기간 내에는 보험계약의 이전을 결의할 수 있는 기간으로 옳은 것은?

① 3개월
② 6개월
③ 1년
④ 2년

34

보험업법상 보험요율산출기관에 관한 내용으로 옳지 않은 것은?

① 정관으로 정하는 바에 따라 순보험요율의 산출·검증 및 제공, 보험 관련 정보의 수집·제공 및 통계의 작성 등의 업무를 한다.

② 보험회사가 적용할 수 있는 순보험요율을 산출하여 금융위원회에 신고하는 경우, 신고를 받은 금융위원회는 이 법에 적합하면 신고를 수리하여야 한다.

③ 정관으로 정함이 있더라도, 보험에 대한 조사업무는 할 수 있으나 보험에 대한 연구업무는 할 수 없다.

④ 정관으로 정하는 바에 따라 「근로자퇴직급여보장법」상 퇴직연금사업자로부터 위탁받은 업무를 할 수 있다.

35

보험업법상 보험계리사의 업무 대상에 해당하지 않는 것은?

① 책임준비금, 비상위험준비금 등 준비금의 적립에 관한 사항
② 잉여금의 배분·처리 및 보험계약자 배당금의 배분에 관한 사항
③ 지급여력비율 계산 중 보험료 및 책임준비금과 관련된 사항
④ 상품 공시자료 중 기초서류와 관련이 없는 사항

36

보험업법상 선임계리사에 관한 내용으로 옳지 않은 것은?

① 보험회사는 선임계리사를 선임하거나 해임하려는 경우 이사회의 의결을 거쳐 금융위원회에 보고하거나 신고하여야 한다.
② 선임계리사가 사임하려는 경우 이사회는 선임계리사의 의견을 들을 수 있다.
③ 금융위원회는 선임계리사에게 그 업무범위에 속하는 사항에 관하여 의견을 제출하게 할 수 있다.
④ 선임계리사는 보험상품 개발업무(기초서류 등을 검증 및 확인하는 업무는 제외)를 직접 수행하는 직무를 담당하여서는 아니 된다.

37

보험업법상 보험협회(장)에 위탁할 수 있는 업무가 아닌 것은?

① 보험설계사의 등록
② 보험대리점의 등록
③ 보험대리점의 등록취소 또는 업무정지의 통지
④ 보험계리를 업으로 하려는 자의 등록

38

☑ 확인Check! ○ △ ✕

보험업법상 금융위원회의 허가 사항이 아닌 것은?

① 보험영업의 양도·양수
② 보험업의 개시
③ 보험계약 이전시 예외적 자산의 처분
④ 재평가적립금의 보험계약자에 대한 배당 처분

39

☑ 확인Check! ○ △ ✕

보험업법상 벌칙에 관한 내용으로 옳지 않은 것은?

① 징역과 벌금의 병과가 가능하다.
② 행위자와 보험회사의 양벌규정이 존재한다.
③ 징벌적 손해배상이 인정된다.
④ 과태료 규정이 존재한다.

40

☑ 확인Check! ○ △ ✕

보험회사가 그 사유가 발생한 날로부터 5일 이내에 금융위원회에 보고하여야 할 사항에 해당하지 않는 것은?

① 상호 및 명칭을 변경하거나 본점을 이전한 경우
② 대주주가 소유하고 있는 주식 총수가 의결권 있는 발행 주식 총수의 100분의 1 이상만큼 변동된 경우
③ 업무 수행에 중대한 영향을 미치는 자본금 또는 기금을 증액한 경우
④ 조세 체납처분을 받은 경우 또는 조세에 관한 법령을 위반하여 형벌을 받은 경우

✓ 중요 문제 / 틀린 문제 CHECK

01	02	03	04	05	06	07	08	09	10	11	12	13	14	15	16	17	18	19	20
21	22	23	24	25	26	27	28	29	30	31	32	33	34	35	36	37	38	39	40

| 시간 | 분 | 정답 및 해설편 310p |

01

☑ 확인 Check! ○ △ ✕

다음 중 상법 제4편(보험)의 규정이 적용되거나 준용되는 경우가 아닌 것은?

① 상호보험
② 무역보험
③ 자가보험
④ 공제

02

☑ 확인 Check! ○ △ ✕

보험계약자, 피보험자, 보험수익자에 관한 설명으로 옳지 않은 것은?

① 보험계약자가 대리인에 의하여 보험계약을 체결한 경우에 대리인이 안 사유는 그 본인이 안 것과 동일한 것으로 한다.

② 만 15세인 미성년자를 피보험자로 하는 사망보험계약은 그의 서면동의를 받은 경우에도 당연 무효이다.

③ 타인을 위한 손해보험계약에서 피보험자는 원칙적으로 보험료 지급의무를 지지 아니하지만, 보험계약자가 파산선고를 받거나 보험료의 지급을 지체한 때에는 피보험자가 보험계약상 권리를 포기하지 아니하는 한 그 보험료를 지급할 의무가 있다.

④ 타인을 위한 생명보험계약에서 보험수익자는 원칙적으로 보험료 지급의무를 지지 아니하지만, 보험계약자가 파산선고를 받거나 보험료의 지급을 지체한 때에는 보험수익자가 보험계약상 권리를 포기하지 아니하는 한 그 보험료를 지급할 의무가 있다.

03

보험계약의 성립에 관한 설명으로 옳은 것은?

① 보험계약의 체결을 원하는 보험계약자는 청약서를 작성하여 이를 보험자에게 제출하여야 하므로 보험계약은 요식계약성을 가진다.

② 보험자가 보험계약자로부터 보험계약의 청약을 받은 경우 보험료의 지급 여부와 상관없이 30일 내에 보험계약자에 대하여 그 청약에 대한 낙부의 통지를 발송하여야 한다.

③ 보험자가 청약에 대한 낙부통지의무를 부담하는 경우 정해진 기간 내에 낙부의 통지를 해태한 때에는 승낙한 것으로 추정된다.

④ 보험계약자가 보험자에게 보험료의 전부 또는 제1회 보험료를 지급하는 것은 보험자의 책임개시요건에 불과할 뿐 보험계약의 성립요건은 아니다.

04

보험기간, 보험계약기간에 관한 설명으로 옳지 않은 것은?(다툼이 있는 경우 판례에 의함)

① 보험기간은 당사자의 약정에 의해 정하고 보험증권에 기재하여야 한다.

② 보험기간 내에 보험사고가 생긴 경우에는 보험기간이 지나 손해가 발생하였더라도 보험자가 보험금을 지급하여야 한다.

③ 보험계약기간은 보험계약이 성립하여 소멸할 때까지의 기간이다.

④ 소급보험계약은 보험계약기간이 보험기간보다 앞서 시작된다.

05

보험약관의 해석에 관한 설명으로 옳지 않은 것은?(다툼이 있는 경우 판례에 의함)

① 보험자가 약관의 내용과 다른 설명을 하였다면 그 설명내용이 구두로 합의된 개별약정으로서 개별약정 우선의 원칙에 따라 보험계약의 내용이 된다.

② 약관의 내용은 획일적으로 해석할 것이 아니라, 개별적인 계약 체결자의 의사나 구체적인 사정을 고려하여 주관적으로 해석해야 한다.

③ 약관조항의 의미가 명확하게 일의적으로 표현되어 있어 다의적인 해석의 여지가 없을 때에는 작성자 불이익의 원칙이 적용될 여지가 없다.

④ 면책약관의 해석에 있어서는 제한적이고 엄격하게 해석하여 그 적용범위가 확대적용 되지 않도록 하여야 한다.

06

보험증권에 관한 설명으로 옳지 않은 것은?

① 보험자는 보험계약이 성립한 때에는 지체 없이 보험증권을 작성하여 보험계약자에게 교부하여야 하며, 보험계약자가 보험료의 전부 또는 최초의 보험료를 지급하지 아니한 때에도 그러하다.

② 기존의 보험계약을 연장하거나 변경한 경우에는 보험자는 그 보험증권에 그 사실을 기재함으로써 보험증권의 교부에 갈음할 수 있다.

③ 보험계약의 당사자는 보험증권의 교부가 있은 날로부터 일정한 기간 내에 한하여 그 증권내용의 정부에 관한 이의를 할 수 있음을 약정할 수 있다. 이 기간은 1월을 내리지 못한다.

④ 보험증권을 멸실 또는 현저하게 훼손한 때에는 보험계약자는 보험자에 대하여 증권의 재교부를 청구할 수 있다. 그 증권작성의 비용은 보험계약자의 부담으로 한다.

07

보험약관의 교부·설명의무에 관한 설명으로 옳지 않은 것은?

① 보험자는 보험약관의 교부·설명의무를 부담하며, 보험자의 보험대리상도 이 의무를 부담한다.

② 보험계약자의 대리인과 보험계약을 체결한 경우에도 보험약관의 교부·설명은 반드시 보험계약자 본인에 대하여 하여야 한다.

③ 상법에 규정된 보험계약자의 통지의무와 동일한 내용의 보험약관에 대해서는 보험자가 별도로 설명할 필요가 없다.

④ 보험약관의 교부·설명의무를 부담하는 시기는 보험계약을 체결할 때이다.

08

고지의무위반의 요건에 관한 설명으로 옳지 않은 것은?(다툼이 있는 경우 판례에 의함)

① 고지의무위반이 되려면 보험계약자 또는 피보험자에게 고지의무위반에 대한 고의 또는 과실이 있어야 한다.

② 고지의무위반의 주관적 요건에 해당하는지 여부는 보험계약의 내용, 고지하여야 할 사실의 중요도, 보험계약의 체결에 이르게 된 경위, 보험자와 피보험자 사이의 관계 등 제반 사정을 참작하여 사회통념에 비추어 개별적·구체적으로 판단하여야 한다.

③ 보험계약자 또는 피보험자가 중요한 사항에 관하여 사실과 달리 고지한 것 이외에 중요한 사항에 관한 사실을 알리지 않은 것도 고지의무위반이 된다.

④ 고지의무위반의 요건에 해당한다는 입증책임은 고지의무위반을 이유로 계약을 해지하려는 보험자가 원칙적으로 부담한다.

09

고지의무위반의 효과에 관한 설명으로 옳지 않은 것은?

① 고지의무위반이 있는 경우 보험자는 그 사실을 안 날로부터 1월 내에, 계약을 체결한 날로부터 3년 내에 한하여 계약을 해지할 수 있다.

② 고지의무를 위반한 사실이 보험사고발생에 영향을 미치지 아니하였음이 증명된 경우 보험자는 보험금을 지급할 책임이 있다.

③ 고지의무를 위반한 사실이 보험사고발생에 영향을 미치지 아니하였음이 증명된 경우 보험자는 계약을 해지할 수 없다.

④ 판례에 따르면 보험자가 보험약관의 교부 · 설명의무를 위반한 경우에는 보험계약자 또는 피보험자의 고지의무위반을 이유로 보험계약을 해지할 수 없다고 한다.

10

상법상 보험금액의 지급에 관한 규정이다. A, B에 들어갈 것을 모은 것으로 옳은 것은?

> 보험자는 보험금액의 지급에 관하여 약정기간이 없는 경우에는 보험사고발생의 통지를 받은 후 (A) 지급할 보험금액을 정하고 그 정하여진 날부터 (B) 내에 피보험자 또는 보험수익자에게 보험금액을 지급하여야 한다.

① A - 지체 없이, B - 10일

② A - 지체 없이, B - 10영업일

③ A - 상당한 기간을 정하여, B - 10일

④ A - 상당한 기간을 정하여, B - 10영업일

11

상법상 소멸시효 기간이 3년인 것을 모두 모은 것은?

> 가. 보험금청구권
> 나. 보험료청구권
> 다. 보험료반환청구권
> 라. 적립금반환청구권

① 가, 나

② 가, 나, 다

③ 가, 다, 라

④ 가, 나, 다, 라

12

보험료에 관한 설명으로 상법상 명시된 규정이 있지 않은 것은?

① 보험계약의 당사자가 특별한 위험을 예기하여 보험료의 액을 정한 경우에 보험기간 중 그 예기한 위험이 소멸한 때에는 보험계약자는 그 후의 보험료의 감액을 청구할 수 있다.

② 보험계약의 전부 또는 일부가 무효인 경우에 보험계약자와 피보험자가 선의이며 중대한 과실이 없는 때에는 보험자에 대하여 보험료의 전부 또는 일부의 반환을 청구할 수 있다.

③ 보험사고가 발생하기 전 보험계약자가 보험계약을 임의해지하는 경우 당사자간에 다른 약정이 없으면 보험계약자는 미경과보험료의 반환을 청구할 수 있다.

④ 보험계약자 또는 피보험자가 고지의무를 위반하여 이를 이유로 보험자가 보험계약을 해지하는 경우 보험사고가 발생하기 전이라면 보험계약자는 보험료의 전부 또는 일부의 반환을 청구할 수 있다.

13

보험료의 지급과 지체의 효과에 관한 설명으로 옳지 않은 것은?

① 보험계약자는 계약 체결 후 지체 없이 보험료의 전부 또는 제1회 보험료를 지급하여야 하며, 보험계약자가 이를 지급하지 아니하는 경우에는 다른 약정이 없는 한 계약 성립 후 1월이 경과하면 그 계약은 해제된 것으로 본다.

② 계속보험료가 약정한 시기에 지급되지 아니한 때에는 보험자는 상당한 기간을 정하여 보험계약자에게 최고하고 그 기간 내에 지급되지 아니한 때에는 그 계약을 해지할 수 있다.

③ 특정한 타인을 위한 보험의 경우에 보험계약자가 보험료의 지급을 지체한 때에는 보험자는 그 타인에게도 상당한 기간을 정하여 보험료의 지급을 최고한 후가 아니면 그 계약을 해제 또는 해지하지 못한다.

④ 판례에 따르면 계속보험료가 약정한 시기에 지급되지 아니한 때 일정한 유예기간이 경과하면 보험자의 최고나 해지의 의사표시 없이 자동적으로 계약의 효력이 상실되는 약관의 내용은 보험법의 상대적 강행법규성에 위배되어 무효라고 한다.

14

의무위반의 효과로서 보험자가 그 보험계약을 해지할 수 있다고 상법상 명시하지 않은 것은?

① 보험계약 당시에 보험계약자 또는 피보험자가 고의 또는 중대한 과실로 인하여 중요한 사항을 고지하지 아니하거나 부실의 고지를 한 경우

② 보험기간 중에 보험계약자 또는 피보험자가 사고발생의 위험이 현저하게 변경 또는 증가된 사실을 안 때에는 지체 없이 보험자에게 통지하여야 하는 의무를 해태한 경우

③ 보험계약자, 피보험자 또는 보험수익자가 보험사고의 발생을 안 때에는 지체 없이 보험자에게 그 통지를 발송하여야 하는 의무를 해태한 경우

④ 보험기간 중에 보험계약자, 피보험자 또는 보험수익자의 고의 또는 중대한 과실로 인하여 사고발생의 위험이 현저하게 변경 또는 증가된 경우

15

상법상 보험계약자의 임의해지권에 관한 설명으로 옳지 않은 것은?

① 보험사고가 발생하기 전에는 보험계약자는 언제든지 계약의 전부 또는 일부를 해지할 수 있다.

② 타인을 위한 보험계약의 경우에는 보험계약자는 그 타인의 동의를 얻지 아니하거나 보험증권을 소지하지 아니하면 그 계약을 해지하지 못한다.

③ 보험사고의 발생으로 보험자가 보험금을 지급한 후에 보험금액이 감액되는 보험의 경우에는 그 보험사고가 발생한 후에도 임의해지권을 행사할 수 있다.

④ 보험계약자가 임의해지권을 행사하는 경우에 당사자간에 다른 약정이 없으면 미경과보험료의 반환을 청구할 수 있다.

16

상법상 보험계약의 부활에 관한 설명으로 옳지 않은 것은?(다툼이 있는 경우 판례에 의함)

① 계속보험료의 부지급으로 인하여 보험계약이 해지되거나 실효되었을 경우에 발생한다.

② 보험계약자가 해지환급금을 반환받은 경우에는 부활을 청구할 수 없다.

③ 보험계약이 해지된 시점부터 부활이 되는 시점 사이에 발생한 보험사고에 대하여 보험자는 책임을 지지 않는다.

④ 부활계약 체결시의 보험약관이 법률에서 정한 내용과 달리 규정되어 부활 후에도 적용될 경우 보험자는 원칙적으로 해당 약관의 내용에 대하여 설명의무를 이행할 필요가 없다.

17

☑ 확인 Check! ○ △ ✕

보험계약의 소멸사유에 관한 설명으로 옳은 것은?

① 보험자가 파산선고를 받은 경우 보험계약자가 해지하지 않은 보험계약은 파산선고 후 1월을 경과한 때에 소멸한다.

② 보험기간 내에 보험사고가 발생하지 않았다면 보험기간이 만료되어도 보험계약은 소멸하지 않는다.

③ 보험의 목적이 보험기간 중 보험사고 이외의 원인으로 멸실되었다면 보험계약은 소멸한다.

④ 보험사고가 발생하는 경우 보험금액이 지급되면 보험계약은 소멸한다.

18

☑ 확인 Check! ○ △ ✕

손해보험계약에서 실손보상 원칙에 관한 설명으로 옳지 않은 것은?(다툼이 있는 경우 판례에 의함)

① 손해보험계약에서는 피보험자가 이중이득을 얻는 것을 막기 위해 실손보상 원칙이 철저히 준수된다.

② 약정보험금액을 아무리 고액으로 정한다 하더라도 지급되는 보험금은 보험가액을 초과할 수 없다.

③ 손해보험계약에 있어 제3자의 행위로 인하여 생긴 손해에 대하여 제3자의 손해배상에 앞서 보험자가 먼저 보험금을 지급한 때에는 피보험자의 제3자에 대한 손해배상청구권은 소멸되지 아니하고 지급된 보험금액의 한도에서 보험자에게 이전된다.

④ 보험계약을 체결할 당시 당사자 사이에 미리 보험가액에 대해 합의를 하지 않은 미평가보험이나 신가보험 등은 실손보상 원칙의 예외에 해당한다.

19

☑ 확인 Check! ○ △ ✕

중복보험에 관한 설명으로 옳지 않은 것은?(다툼이 있는 경우 판례에 의함)

① 중복보험이란 수 개의 보험계약의 보험계약자가 동일할 필요는 없으나 피보험자는 동일해야 하며, 각 보험계약의 기간은 전부 공통될 필요는 없고 중복되는 기간에 한하여 중복보험으로 본다.

② 보험목적의 양수인이 그 보험목적에 대한 1차 보험계약과 피보험이익이 동일한 보험계약을 체결한 사안에서 1차 보험계약에 따른 보험금청구권에 질권이 설정되어 있어 보험사고가 발생할 경우에 보험금이 그 질권자에게 귀속될 가능성이 많아 1차 보험을 승계할 이익이 거의 없다면, 양수인이 체결한 보험은 중복보험에 해당하지 않는다.

③ 중복보험은 동일한 목적과 동일한 사고에 관하여 수 개의 보험계약이 체결된 경우를 말하므로, 산업재해보상보험과 자동차종합보험(대인배상보험)은 보험의 목적과 보험사고가 동일하다고 볼 수 없는 것이어서 사용자가 산업재해보상보험과 자동차종합보험에 가입하였다고 하더라도 중복보험에 해당하지 않는다.

④ 수 개의 손해보험계약이 동시 또는 순차로 체결된 경우에 그 보험금액의 총액이 보험가액을 초과한 때에는 중복보험 규정에 따라 보험자는 각자의 보험금액의 한도에서 연대책임을 지는데, 이러한 보험자의 보상책임 원칙은 강행규정으로 보아야 한다.

20

손해보험계약에서 보험자는 보험사고로 인하여 생긴 피보험자의 재산상의 손해를 보상할 책임이 있으며, 보험사고와 피보험자가 직접 입은 재산상의 손해 사이에는 상당인과관계가 있어야 한다는 것이 판례와 통설의 견해이다. 이때 상당인과관계에 관한 설명으로 옳지 않은 것은?(다툼이 있는 경우 판례에 의함)

① 화재보험에 가입한 경우 화재가 발생하여 이를 진압하기 위해 뿌려진 물에 의해 보험의 목적물에 손해가 생긴 경우 보험사고와 손해 사이에는 상당인과관계가 인정되므로 보험자는 보상의무가 있다.

② 보험자가 벼락 등의 사고로 특정 농장 내에 있는 돼지에 대하여 생긴 손해를 보상하기로 하는 손해보험계약을 체결한 경우, 벼락으로 인해 농장에 전기공급이 중단되어 돼지들이 질식사 하더라도 벼락에 의한 손해발생의 확률은 현저히 낮으므로 위 벼락과 돼지들의 질식사 사이에 상당한 인과관계가 있다고 인정하기 힘들다.

③ 화재로 인한 건물수리시에 지출한 철거비와 폐기물처리비는 화재와 상당인과관계가 있는 건물수리비에 포함된다.

④ 근로자가 평소 누적된 과로와 연휴동안의 과도한 음주 및 혹한기의 노천작업에 따른 고통 등이 복합적인 원인이 되어 심장마비를 일으켜 사망하였다면 그 사망은 산업재해보상보험법상 소정의 업무상 사유로 인한 사망에 해당한다.

21

보험계약자와 피보험자의 손해방지·경감의무에 관한 설명으로 옳지 않은 것은?(다툼이 있는 경우 판례에 의함)

① 손해의 방지와 경감을 위해 소요된 필요 또는 유익한 비용과 보험자가 사고손해에 대해 지급한 손해액의 합계액이 약정보험금을 초과한 경우라도 보험자는 이를 부담한다.

② 정액보험의 경우에는 약정된 보험사고가 발생하면 손해의 크기를 산정할 필요 없이 약정된 보험금액을 지급하면 되기 때문에 손해방지의무가 적용되지 않는다.

③ 약관에 손해방지비용을 보험자가 부담하지 않기로 하거나 제한을 두는 것은 불이익변경금지의 원칙에 위배되지 아니하며, 유효하다.

④ 보험계약자와 피보험자가 고의 또는 중과실로 손해방지의무를 위반한 경우 보험자는 손해방지의무 위반과 상당인과관계가 있는 손해에 대하여 배상을 청구하거나 지급할 보험금과 상계하여 이를 공제한 나머지 금액만을 보험금으로 지급할 수 있다.

22

보험목적의 양도에 관한 설명으로 옳지 않은 것은?(다툼이 있는 경우 판례에 의함)

① 조건이나 기한 등의 제한으로 인해 보험계약의 효력이 발생하지 않더라도 보험목적의 양도 규정은 유효하게 적용된다.

② 보험자가 보험계약에 대해 취소권이나 해지권을 가지고 있는 경우 보험의 목적이 양도된 후에도 보험자는 양수인에 대하여 취소권과 해지권을 행사할 수 있다.

③ 보험목적의 양도 규정은 유상양도이든 무상양도이든 불문하고 적용되지만, 양도에 의한 채권계약만으로는 부족하고 특정승계의 방법(개별적 의사표시)으로 보험의 목적에 대한 소유권이 양수인에게 이전되어야(물권적 양도) 보험계약관계가 양수인에게 이전된다.

④ 화재보험의 목적물이 양도된 경우 보험자는 보험목적의 양도로 인하여 보험목적물에 현저한 위험의 변경 또는 증가가 없다면 비록 보험계약자 또는 피보험자가 양도의 통지를 하지 않더라도 통지의무위반을 이유로 당해 보험계약을 해지할 수 없다.

23

甲은 자신소유의 보험가액 10억원 건물에 대해 보험료의 절감을 위해 보험금액을 5억원으로 정하고 특약으로 1차 위험담보조항(실손보상 특약)을 내용으로 보험자인 乙과 화재보험계약을 체결하였다. 그런데 화재보험기간 중 보험목적물에 화재가 발생하였고, 4억원의 손해가 발생하였다. 이때 乙이 甲에게 지급하여야 하는 보험금은 얼마인가?

① 5억원   ② 4억원
③ 2억 5천만원   ④ 2억원

24

해상보험의 피보험이익에 관한 설명으로 옳지 않은 것은?(다툼이 있는 경우 판례에 의함)

① 선박보험에 있어 피보험이익은 선박소유자의 이익 외에 담보권자의 이익, 선박임차인의 사용이익도 포함되므로 선박임차인도 추가보험의 보험계약자 및 피보험자가 될 수 있다.

② 적하보험은 선박에 의하여 운송되는 화물에 대한 소유자 이익을 피보험이익으로 한다.

③ 운임보험은 운송인이 해상위험으로 인해 받을 수 없게 된 운임을 피보험이익으로 한다.

④ 선비보험은 선박의 운항에 필요한 비용, 즉 도선료, 입항료, 등대료 등의 비용을 피보험이익으로 한다.

25

해상보험의 워런티(warranty)에 관한 설명으로 옳지 않은 것은?(다툼이 있는 경우 판례에 의함)

① 선박이 발항 당시 감항능력을 갖추고 있을 것을 조건으로 하여 보험자가 해상위험을 인수하였다는 것이 명백한 경우, 보험사고가 그 조건의 결여 이후에 발생한 경우에는 보험자는 조건 결여의 사실, 즉 발항 당시의 불감항 사실만을 입증하면 그 조건 결여와 손해발생 사이의 인과관계를 입증할 필요 없이 보험금 지급책임이 없다.

② 보험증권에 그 준거법을 영국의 법률과 관습에 따르기로 하는 규정과 아울러 감항증명서의 발급을 담보한다는 내용의 명시적 규정이 있는 경우, 부보선박이 특정 항해에 있어서 그 감항성을 갖추고 있음을 인정하는 감항증명서는 매 항해시마다 발급받아야 하는 것이 아니라, 첫 항차를 위해 출항하는 항해시 발급받으면 그 담보조건이 충족된다.

③ 2015년 영국보험법(The Insurance Act 2015)에 따르면 보험자는 워런티 위반일로부터 장래를 향해 자동적으로 보험자의 보상책임이 면제되는 것이 아니라 위반 내용의 치유시까지만 면책된다.

④ 2015년 영국보험법(The Insurance Act 2015)에 따르면 보험자는 보험계약자가 워런티의 불이행과 보험사고발생 사이에 인과관계가 없었음을 증명한 때에는 보험금 지급책임이 있다.

26

보험자의 면책사유에 관한 설명으로 옳지 않은 것은?(다툼이 있는 경우 판례에 의함)

① 법정 면책사유가 약관에 규정되어 있는 경우는 그 내용이 법령에 규정되어 있는 것을 반복하거나 부연하는 정도에 불과하더라도 이는 설명의무의 대상이 된다.

② 보험사고발생 전에 보험자가 비록 보험금청구권 양도 승낙시나 질권설정 승낙시에 면책사유에 대한 이의를 보류하지 않았다 하더라도 보험자는 보험계약상의 면책사유를 양수인 또는 질권자에게 주장할 수 있다.

③ 영국해상보험법상 선박기간보험에 있어 감항능력 결여로 인한 보험자의 면책요건으로서 피보험자의 '악의(privity)'는 영미법상의 개념으로서 감항능력이 없다는 것을 적극적으로 아는 것뿐 아니라, 감항능력이 없을 수도 있다는 것은 알면서도 이를 갖추기 위한 조치를 하지 않고 그대로 내버려두는 것까지 포함한 개념이다.

④ 소손해면책은 분손의 경우에만 적용되며, 그 손해가 면책한도액을 초과하는 경우 보험자는 손해의 전부를 보상해야 한다.

27

책임보험계약상 보험자의 손해보상의무에 관한 설명으로 옳지 않은 것은?(다툼이 있는 경우 판례에 의함)

① 자동차손해배상보장법에 기초한 대인배상 Ⅰ에서 보험계약자나 피보험자의 고의에 의한 사고와 관련하여 피해자는 보험자에게 보험금 지급청구를 할 수 있고, 보험자는 지급의무를 부담한다.

② 피해자와 피보험자 사이에 판결에 의하여 확정된 손해액은 그것이 피보험자에게 법률상 책임이 없는 부당한 손해라 하더라도 보험자는 원본이든 지연손해금이든 피보험자에게 지급할 의무가 있다.

③ 변제, 승인, 화해 또는 재판 등에 의한 확정책임이 없으면 보험자는 보험금채무의 이행지체에 빠지지 않는다.

④ 피보험자가 보험금을 청구하기 위해서는 그 금액이 확정되어야 그 권리를 행사할 수 있으며, 보험금청구권을 행사할 수 있는 때로부터 진행하여 3년의 시효에 걸린다.

28

책임보험계약상 제3자의 직접청구권의 소멸시효에 관한 설명으로 옳지 않은 것은?(다툼이 있는 경우 판례에 의함)

① 피해자가 보험자에게 갖는 직접청구권은 피해자가 보험자에게 가지는 손해배상청구권이므로 민법 제766조에 따라 피해자 또는 그 법정대리인이 그 손해 및 가해자를 안 날로부터 3년간 이를 행사하지 아니하면 시효로 소멸한다.

② 보험사고가 발생한 것인지의 여부가 객관적으로 분명하지 아니하여 보험금청구권자가 과실 없이 보험사고의 발생을 알 수 없었던 경우에는 보험금청구권자가 보험사고의 발생을 알았거나 알 수 있었던 때로부터 소멸시효가 진행한다.

③ 불법행위로 인한 손해배상청구권의 단기소멸시효의 기산점인 '손해 및 가해자를 안 날'이란 손해의 발생, 위법한 가해행위의 존재, 가해행위와 손해의 발생과의 상당인과관계가 있다는 사실을 인식한 것으로 족하고, 현실적이고 구체적인 인식까지 요하는 것은 아니다.

④ 제3자가 보험자에 대하여 직접청구권을 행사한 경우에 보험자가 제3자와 손해배상금액에 대하여 합의를 시도하였다면 보험자는 그 때마다 손해배상채무를 승인한 것이므로 제3자의 직접청구권의 소멸시효는 중단된다.

29

자동차손해배상보장법상 운행자에 관한 설명으로 옳지 않은 것은?(다툼이 있는 경우 판례에 의함)

① 운행지배란 현실적인 지배에 한하며, 사회통념상 간접지배 내지는 지배가능성이 있다고 볼 수 있는 경우는 포함되지 아니한다.

② 운행자란 자동차관리법의 적용을 받는 자동차와 건설기계관리법의 적용을 받는 건설기계를 자기의 점유·지배하에 두고 자기를 위하여 사용하는 자를 말한다.

③ 여관이나 음식점 등의 공중접객업소에서 주차 대행 및 관리를 위한 주차요원을 일상적으로 배치하여 이용객으로 하여금 주차요원에게 자동차와 시동열쇠를 맡기도록 한 경우에 위 자동차는 공중접객업소가 보관하는 것으로 보아야 하고, 위 자동차에 대한 자동차 보유자의 운행지배는 떠난 것으로 볼 수 있다.

④ 제3자가 무단히 자동차를 운전하다가 사고를 내었다 하더라도 그 운행에 있어 소유자의 운행지배와 운행이익이 완전히 상실되었다고 볼 만한 특별한 사정이 없는 경우 소유자는 그 사고에 대하여 자동차손해배상보장법상 소정의 운행자로서 책임을 부담한다.

30

다음의 설명으로 옳지 않은 것은?(다툼이 있는 경우 판례에 의함)

① 외국법을 준거법으로 정함으로써 공서양속에 반하는 경우 또는 보험계약자의 이익을 부당하게 침해하는 경우에는 외국법 준거약관의 효력을 부인할 수 있다.

② 자동차손해배상보장법 제3조의 '다른 사람(타인)'이란 '자기를 위하여 자동차를 운행하는 자 및 당해 자동차의 운전자를 제외한 그 이외의 자'를 지칭하므로, 자동차를 현실로 운전하거나 운전의 보조에 종사한 자는 이에 해당하지 않는다.

③ 무보험자동차에 의한 상해담보특약은 상해보험의 성질과 함께 손해보험의 성질도 갖고 있는 손해보험형 상해보험이지만 하나의 사고에 관하여 여러 개의 무보험상해담보특약이 체결되고 그 보험금액의 총액이 피보험자의 손해액을 초과하였다하더라도 중복보험 규정은 준용되지 아니한다.

④ 정액보험형 상해보험에서 기왕장해가 있는 경우에도 약성 보험금 전액을 지급하는 것이 원칙이고 예외적으로 감액규정이 있는 경우에만 보험금을 감액할 수 있으므로, 기왕장해 감액규정과 같이 후유장해보험금에서 기왕장해에 해당하는 보험금 부분을 감액하는 약관 내용은 보험자의 설명의무가 인정된다.

31

타인을 위한 생명보험계약에 관한 설명으로 옳지 않은 것은?(다툼이 있는 경우 판례에 의함)

① 타인을 위한 생명보험계약은 보험계약자가 생명보험계약을 체결하면서 자기 이외의 제3자를 보험수익자로 지정한 계약을 말한다.

② 보험수익자를 수인의 상속인으로 지정한 경우 각 상속인은 균등한 비율에 따라 보험금청구권을 가진다.

③ 보험수익자를 상속인으로 지정한 경우 그 보험금청구권은 상속인의 고유재산에 속하게 된다.

④ 보험수익자를 상속인으로 기재하였다면 그 상속인이란 피보험자의 민법상 법정상속인을 의미한다.

32

질병보험에 관한 설명으로 옳지 않은 것은?

① 질병보험은 보험사고의 원인이 신체의 질병과 같은 내부적 원인에 기인하는 것을 담보한다.

② 질병보험에 관하여는 그 성질에 반하지 않는 한 생명보험 및 상해보험의 일부 규정을 준용한다.

③ 질병보험의 보험금 지급은 정액방식으로만 가능하다.

④ 질병보험은 상법상 인보험에 속하며, 보험업법상으로는 제3보험에 속한다.

33

인보험에 관한 설명으로 옳지 않은 것은?(다툼이 있는 경우 판례에 의함)

① 인보험계약의 보험자는 피보험자의 생명 또는 신체에 관하여 보험사고가 발생할 경우 보험금을 지급한다.

② 인보험계약에서 보험금은 당사자간의 약정에 따라 분할지급이 가능하다.

③ 무보험자동차에 의한 상해담보특약에서 당사자간에 별도 약정이 있는 경우 보험자는 피보험자의 권리를 해하지 않는 범위 내에서 피보험자의 배상의무자에 대한 손해배상청구권을 대위행사 할 수 있다.

④ 인보험증권에는 상법 제666조에 게기된 사항 외에 보험계약의 종류, 피보험자 및 보험계약자의 직업과 성별을 기재하여야 한다.

34

인보험계약에서 보험자대위에 관한 설명으로 옳지 않은 것은?(다툼이 있는 경우 판례에 의함)

① 생명보험계약의 보험자는 보험사고로 인해 발생한 보험계약자의 제3자에 대한 권리를 대위하여 행사하지 못한다.

② 인보험계약에서 피보험자 등은 자신이 제3자에 대해서 가지는 권리를 보험자에게 양도할 수 없다.

③ 인보험계약에서는 잔존물대위가 인정되지 않는다.

④ 상해보험계약의 경우 당사자간에 별도의 약정이 있는 경우에는 피보험자의 권리를 해하지 않는 범위 안에서 보험자에게 청구권대위가 인정된다.

35

상해보험에 관한 설명으로 옳지 않은 것은?(다툼이 있는 경우 판례에 의함)

① 상해보험계약의 보험자는 피보험자의 신체의 상해에 관하여 보험사고가 생길 경우에 보험금액 기타의 급여를 할 책임이 있다.

② 주로 질병이나 내부적 원인에 기인한 것은 상해보험의 보험사고에서 제외되므로, 피보험자가 농작업 중 과로로 인하여 지병인 고혈압이 악화되어 뇌졸중으로 사망하였다면 이는 상해보험의 보장대상으로 볼 수 없다.

③ 피보험자가 술에 만취하여 지하철 승강장 아래 선로에 서서 선로를 따라 걸어가다가 승강장 안으로 들어오는 전동차에 부딪혀 사망한 경우, 이는 상해보험의 보험사고의 요건인 우발적인 사고로 볼 수 있다.

④ 출생 전의 태아는 상해보험의 피보험자가 될 수 없다.

36

甲은 乙을 피보험자로, 丙과 丁을 보험수익자로 지정하여 보험회사와 생명보험계약을 체결하였다. 다음 설명 중 옳지 않은 것은?(다툼이 있는 경우 판례에 의함)

① 甲이 처음부터 乙을 살해할 목적으로 보험계약을 체결한 후 乙을 살해하였을 경우 보험회사는 보험금 지급의무가 없다.

② 丙이 고의로 乙을 살해한 경우 丙과 丁은 보험금을 지급받을 수 없다.

③ 생명보험표준약관에 따르면 乙이 보험계약의 보장개시일로부터 2년이 경과한 이후에 자살한 경우 丙과 丁은 보험금을 지급받을 수 있다.

④ 乙이 甲과 부부싸움 중 극도의 흥분되고 불안한 정신적 공황상태에서 베란다 밖으로 몸을 던져 사망한 경우 丙과 丁은 보험금을 지급받을 수 있다.

37

보험수익자의 지정·변경에 관한 설명으로 옳지 않은 것은?

① 보험수익자의 지정·변경권은 보험계약자가 자유롭게 행사할 수 있는 형성권이며, 상대방 없는 단독행위이다.

② 보험계약자가 보험수익자의 지정권을 행사하지 아니하고 사망한 경우에는 특별한 약정이 없는 한 피보험자가 보험수익자가 된다.

③ 보험계약자가 보험수익자의 지정권을 행사하기 이전에 피보험자가 사망한 경우에는 보험계약자의 상속인이 보험수익자가 된다.

④ 보험수익자가 사망한 후 보험계약자가 보험수익자를 지정하지 아니하고 사망한 경우에는 보험수익자의 상속인을 보험수익자로 한다.

38

상해보험계약에서 보험자의 보험금 지급의무가 발생하지 않는 경우에 해당하는 것을 모두 고른 것은?(다툼이 있는 경우 판례에 의함)

가. 피보험자가 욕실에서 페인트칠 작업을 하다가 평소 가지고 있던 고혈압 증세가 악화되어 뇌교출혈을 일으켜 장애를 입게 된 보험사고
나. 피보험자가 만취된 상태에서 건물에 올라갔다가 구토 중에 추락하여 발생한 보험사고
다. 자동차상해보험계약에서 피보험자의 중대한 과실로 해석되는 무면허로 인하여 발생한 보험사고
라. 자동차상해보험계약에서 피보험자의 중대한 과실로 해석되는 안전띠 미착용으로 인하여 발생한 보험사고

① 가

② 가, 나

③ 가, 나, 다

④ 가, 나, 다, 라

39

☑ 확인Check! ○ △ ✕

甲은 乙을 피보험자로 하여 그의 서면동의를 받아 보험회사와 보험계약을 체결하였다. 다음 설명 중 옳지 않은 것은?

① 법정대리인의 동의 없이 만 15세인 甲이 성년인 乙을 피보험자로 하여 사망보험계약을 체결한 경우 그 보험계약은 무효가 된다.
② 甲이 사망보험계약을 체결할 당시 乙이 심신상실자였다면 그 보험계약은 무효가 된다.
③ 甲이 사망보험계약을 체결할 당시 乙이 의사능력이 없는 심신박약자였다면 그 보험계약은 무효가 된다.
④ 甲이 사망보험계약을 체결할 당시 乙이 만 14세였다면 그 보험계약은 무효가 된다.

40

☑ 확인Check! ○ △ ✕

단체생명보험에 관한 설명으로 옳지 않은 것은?(다툼이 있는 경우 판례에 의함)

① 피보험자인 직원이 퇴사한 이후에 사망한 경우, 만약 회사가 그 직원의 퇴사 후에도 보험료를 계속 납입하였다면 피보험자격은 유지된다.
② 단체의 규약에 따라 구성원을 피보험자로 하는 생명보험계약을 체결한 때에는 보험자는 보험계약자에게만 보험증권을 교부하면 된다.
③ 단체규약에 단순히 근로자의 채용 및 해고, 재해부조 등에 관한 사항만 규정하고 있고, 보험가입에 관하여는 별다른 규정이 없는 경우에는 피보험자의 동의를 받아야 한다.
④ 단체생명보험은 타인의 생명보험계약이다.

2022년 제45회 손해사정이론   1차 시험문제

✓ 중요 문제 / 틀린 문제 CHECK

01	02	03	04	05	06	07	08	09	10	11	12	13	14	15	16	17	18	19	20
21	22	23	24	25	26	27	28	29	30	31	32	33	34	35	36	37	38	39	40

시간   분 | 정답 및 해설편 325p

01

☑ 확인 Check! ○ △ ✕

다음 중 인플레이션, 대량실업, 전쟁이나 내란 등과 같이 다수에게 영향을 초래하는 리스크는?

① 동태적 리스크(dynamic risk)
② 근원적 리스크(fundamental risk)
③ 투기적 리스크(speculative risk)
④ 특정 리스크(particular risk)

02

☑ 확인 Check! ○ △ ✕

아래에서 설명하는 리스크요소 파악 방법은?

- 조직 내에서의 일련의 기업활동을 일목요연하게 보여줌으로써 예기치 못한 사고가 업무간 상호관계를 어떻게, 어느 정도로 차단하게 되는가를 파악하는데 도움을 줄 수 있다.
- 리스크요소 파악과정에서 애로점(bottle neck)이라고 파악되었던 부분에 실질적으로는 애로가 전혀 존재하지 않을 수도 있으므로 현장실사로 보완하는 것이 중요하다.

① 잠재손실 점검표(checklist)에 의한 방법
② 재무제표(financial statements) 등 기록에 의한 조사방법
③ 업무흐름도(flowchart) 방법
④ 표준화된 설문서(standardized questionnaire)에 의한 방법

03

아래 설명의 (   ) 안에 들어갈 용어를 순서대로 바르게 나열한 것은?

> 보험은 개별적 리스크와 집단적 리스크를 모두 감소시키는 기능을 갖고 있다. 개별적 리스크는 (   )에 의하여, 집단적 리스크는 (   )에 의하여 효율적으로 감소된다.

① 전가, 결합
② 손실통제, 보험
③ 결합, 전가
④ 손실통제, 회피

04

아래에서 손해보험 보험사고의 요건을 모두 고른 것은?

> ⓐ 단체성   ⓑ 기술성   ⓒ 우연성
> ⓓ 임의성   ⓔ 발생 가능성

① ⓐ, ⓑ
② ⓐ, ⓓ
③ ⓑ, ⓓ
④ ⓒ, ⓔ

05

다음 중 고용보험법상 구직급여에 해당하는 것은?

① 상병급여
② 광역구직활동비
③ 조기재취직수당
④ 직업능력개발수당

06

다음 중 국민연금법상 가입자가 사망할 당시 그에 의하여 생계를 유지하고 있던 자(인정기준 충족) 중 유족연금을 지급받을 수 있는 유족의 순위를 바르게 나열한 것은?

① 배우자 - 부모 - 자녀 - 조부모 - 손자녀
② 배우자 - 자녀 - 부모 - 손자녀 - 조부모
③ 자녀 - 배우자 - 부모 - 손자녀 - 조부모
④ 자녀 - 배우자 - 부모 - 조부모 - 손자녀

07

다음 중 손해보험회사가 구분 적립해야 하는 계약자배당 관련 준비금의 구성항목이 아닌 것은?

기출수정

① 계약자배당준비금
② 배당보험손실보전준비금
③ 보증준비금
④ 계약자이익배당준비금

08

아래에서 설명하는 보험을 통칭하는 명칭은?

> • 전통적 손해보험에서 보상하지 않는 리스크를 담보하는 보험으로 특정한 사건, 즉 날씨, 온도, 경기결과 등을 전제로 예정된 사건이 현실화됐을 때 발생하는 금전적 손실을 보상하는 보험이다.
> • 대표적인 예로는 스포츠시상보험, 행사종합보험 등이 있다.

① 유니버설보험(universal insurance)
② 컨틴전시보험(contingency insurance)
③ 추가비용보험(extra expense insurance)
④ 특별복합손인보험(special multi-peril insurance)

09

「화재로 인한 재해보상과 보험가입에 관한 법률」 및 그 시행령에 규정된 내용으로 올바르지 않은 것은?

① 특수건물의 소유자는 화재로 인한 손해배상책임을 이행하기 위하여 손해보험회사가 운영하는 특약부(附) 화재보험에 가입하여야 한다.
② 현행 특수건물 소유자의 손해배상책임은 대인배상은 피해자 1인당 1억원, 대물배상은 1사고당 10억원을 한도액으로 한다.
③ 특수건물 소유자가 가입하여야 하는 화재보험의 보험금액은 시가에 해당하는 금액으로 한다.
④ 특수건물 소유자는 건축물의 사용승인 준공인가일 또는 소유권을 취득한 날로부터 30일 이내에 특약부(附) 화재보험에 가입하여야 한다.

10

☑ 확인 Check! ○ △ ✕

무보험자동차 등에 의한 사고 피해자에 대하여 정부가 책임보험금액 한도 내에서 피해를 보상하는 근거가 되는 법률은?

① 교통사고처리특례법
② 도로교통법
③ 산업재해보상보험법
④ 자동차손해배상보장법

11

☑ 확인 Check! ○ △ ✕

1982년 협회전쟁약관(적하)[Institute War Clauses(cargo), 1982]에서 담보하는 위험이 아닌 것은?

① 유기된 기뢰·어뢰·폭탄
② 전쟁·내란·혁명·모반·반란
③ 전쟁·내란 등의 위험으로 인해 발생한 포획·나포·억류·억지
④ 핵무기의 적대적 사용

12

☑ 확인 Check! ○ △ ✕

아래의 내용 중 (   ) 안에 들어갈 보험종목은?

> 상법상 인보험에는 원칙적으로 제3자에 대한 보험대위가 인정되지 않는다. 그러나 (   )계약의 경우에 당사자간에 다른 약정이 있는 때에는 보험자는 피보험자의 권리를 해하지 아니하는 범위 안에서 그 권리를 대위하여 행사할수 있다.

① 생명보험
② 상해보험
③ 질병보험
④ 생사혼합보험

13

확인Check! ○ △ ✕

아래와 같은 사유가 발생한 경우에 재보험사가 특약의 전체 또는 일부를 종료 · 취소할 수 있음을 규정하고 있는 특약재보험계약조항은?

- 출재사의 합병이나 양도 등에 따른 경영진의 변화
- 출재사의 자본금 감소
- 출재사의 채무지급불능상황
- 특약상의 출재사의 순보유분에 대한 별도의 재보험계약 체결

① commutation claus

② cut-through clause

③ interlocking clause

④ sudden death clause

14

확인Check! ○ △ ✕

아래의 상황에서 A건물이 입은 손실에 대한 보험자의 지급보험금은?

[보험계약]
장소를 달리하는 A, B 두 사무실 건물을 보험목적물로 하여 보험가입금액 1,000만원인 국문화재보험약관부(附) 포괄계약(blanket coverage)을 체결하였음.
- 사고내역 : 보험기간 중 발생한 화재사고로 A건물에 300만원의 손실이 발생함.
- 보험가액 : 사고발생시 확인된 금액은 A건물 900만원, B건물 600만원임.

① 180만원　　　　　　　　　　　② 200만원

③ 250만원　　　　　　　　　　　④ 300만원

350 2022년 제45회 1차 시험문제

15

20 line의 surplus특약(surplus reinsurance treaty)을 운영하고 있는 보험회사가 보험가입금액이 각각 US$ 200,000인 A와 B 2개의 계약을 인수하였다. A와 B에 대한 보유금액이 아래와 같을 때 동 특약에서의 출재금액은 각각 얼마인가?[단, 특약한도액(treaty limit)은 US$ 200,000이며, 특약한도액을 초과하는 부분에 대하여는 별도의 임의재보험방식으로 출재하는 것으로 가정한다]

구 분	A계약	B계약
보험가입금액	US$ 200,000	US$ 200,000
보유액(retention)	US$ 20,000	US$ 8,000
특약출재금액	( )	( )

① A계약 : US$ 200,000, B계약 : US$ 200,000
② A계약 : US$ 180,000, B계약 : US$ 200,000
③ A계약 : US$ 180,000, B계약 : US$ 192,000
④ A계약 : US$ 180,000, B계약 : US$ 160,000

16

다음 리스크관리기법 중 리스크재무(risk financing)에 해당하는 것을 모두 고른 것은?

ⓐ 손실통제(loss control)
ⓑ 리스크보유(risk retention)
ⓒ 보험계약을 통한 리스크전가(risk transfer)
ⓓ 리스크분리(risk separation)

① ⓐ, ⓑ
② ⓑ, ⓒ
③ ⓒ, ⓓ
④ ⓐ, ⓓ

17

다음 중 전문직배상책임보험에 대한 설명으로 올바르지 않은 것은?

① 의사, 변호사 등 전문직업인이 그 업무의 특수성으로 말미암아 타인에게 지게 되는 배상책임을 보장하는 보험상품을 말한다.
② 전문직배상책임보험은 일반적으로 사고발생기준이기 때문에 사고와 보상청구가 모두 보험기간 안에 이루어져야 한다.
③ 통상 1사고당 한도액과 함께 연간 총 보상한도액을 설정하고 있다.
④ 사람의 신체에 관한 전문직 리스크뿐만 아니라 변호사, 공인회계사 등의 과실, 태만 등으로 인한 경제적 손해도 담보한다.

18

다음 중 배상책임보험의 사회적 기능과 역할을 확대시켜주는 것을 모두 고른 것은?

ⓐ 피해자 직접청구권제도
ⓑ 의무보험제도
ⓒ 과실책임주의
ⓓ 보험자 대위제도
ⓔ 무과실책임주의

① ⓐ, ⓑ, ⓔ
③ ⓑ, ⓒ, ⓓ
② ⓐ, ⓒ, ⓓ
④ ⓑ, ⓓ, ⓔ

19

다음 중 실손보상 원칙에 대한 예외를 모두 고른 것은?

ⓐ 피보험이익 원칙
ⓒ 보험자대위제도
ⓔ 기평가보험
ⓑ 대체비용보험
ⓓ 손해액의 시가주의
ⓕ 과실상계 및 손익상계

① ⓐ, ⓑ
③ ⓒ, ⓓ
② ⓑ, ⓔ
④ ⓓ, ⓕ

20

피보험자 A는 보험금액이 2,000만원인 보험에 가입 후 보험기간 중 발생한 1건의 보험사고로 300만원에 해당하는 손실을 입었다. 다음과 같은 두 가지 보험공제(deductible) 조건 아래에서 보험자가 보상해야 할 금액은 각각 얼마인가?

> A. 정액 공제(straight deductible) 100만원
> B. 프랜차이즈 공제(franchise deductible) 200만원

	A	B
①	200만원	200만원
②	200만원	300만원
③	100만원	200만원
④	100만원	300만원

21

다음 손해사정업무 중 검정업무(survey)에 해당하는 것은?

① 보험자 지급책임액 결정
② 보험금 지급방법 결정
③ 손해액 확인 및 산정
④ 구상권(대위권) 행사

22

A보험회사가 판매한 재산보험의 예정손해율은 50%였으니, 그 후 요율조정대상기간의 평균 실제손해율이 40%일 때 차기에 적용할 예정손해율은 얼마인가?[단, 보험료 조정은 손해율 방식(loss ratio method)을 따르고 신뢰도계수(credibility factor)는 0.5를 적용함]

① 45% ② 50%
③ 55% ④ 60%

23

다음 중 배상책임보험의 일반적 성질에 대한 설명으로 올바르지 않은 것은?

① 피보험자가 제3자에게 법률상 손해배상책임을 부담함으로써 입게 되는 피보험자의 직접손해를 보상하는 적극보험의 성질을 가진다.

② 보관자의 책임보험과 같이 보험자의 책임이 일정한 목적물에 생긴 손해로 제한된 경우를 제외하고는 원칙적으로 보험가액이라는 개념이 존재하지 않는다.

③ 피해자인 제3자는 보험금액의 한도 내에서 보험자에게 손해의 전보를 직접 청구할 수 있다.

④ 보험자는 피보험자가 그 사고에 관하여 가지는 항변으로써 피해자인 제3자에게 대항할 수 있다.

24

다음 중 도덕적 위태(moral hazard) 감소 수단을 모두 고른 것은?

ⓐ 실손보상 원칙의 적용
ⓑ 책임보험의 보상한도 상향
ⓒ 재물보험의 공동보험조항(co-insurance clause) 부보비율 상향
ⓓ 보험공제(deductible) 금액 상향

---

① ⓐ, ⓒ   ② ⓐ, ⓓ

③ ⓑ, ⓒ   ④ ⓑ, ⓓ

25

국문화재보험계약에서 보험사고발생시 보험자가 보상하는 다음의 비용손해 중 재물손해 보험금과의 합계가 보험가입금액을 초과하더라도 지급하는 비용이 아닌 것은?

① 손해방지비용   ② 잔존물제거비용

③ 대위권보전비용   ④ 잔존물보전비용

26

다음 중 보험업감독규정상 독립손해사정사의 금지행위가 아닌 것은?

① 보험금의 대리청구 행위

② 일정 보상금액의 사전약속 행위

③ 손해사정업무 관련 서류의 작성, 제출대행 행위

④ 보험금에 대한 보험사와의 합의 또는 절충 행위

27

다음 중 보험자가 입증책임을 부담하는 것을 모두 고른 것은?

ⓐ 위험변경 · 증가 통지의무위반
ⓑ 고지의무위반
ⓒ 열거위험담보방식에서의 인과관계 입증
ⓓ 보험사기

① ⓐ, ⓑ, ⓒ

② ⓐ, ⓑ, ⓓ

③ ⓐ, ⓒ, ⓓ

④ ⓑ, ⓒ, ⓓ

28

아래 자료를 참고하여 순보험료법에 의해 산출한 순보험료는?

• 보험상품 : 주택화재보험
• 계약건수 : 동급의 동질 리스크 연간 10,000건
• 사고발생건수 : 연간 5건
• 1사고당 평균지급보험금 : 3,000만원

① 15,000원

② 30,000원

③ 150,000원

④ 300,000원

29

다음 중 고용보험에 대한 설명으로 올바르지 않은 것은?

① 65세 이후에 고용된 근로자도 적용 대상이다.
② 근로자의 직업능력을 개발하고 향상시킨다.
③ 국가의 직업지도와 직업소개 기능을 강화한다.
④ 별정우체국 직원은 적용 대상이 아니다.

30

다음 중 정태적 리스크(static risk)에 해당되는 것을 모두 고른 것은?

ⓐ 금리 리스크	ⓑ 시장 리스크
ⓒ 자연재해 리스크	ⓓ 전쟁 리스크

① ⓐ, ⓑ   ② ⓒ, ⓓ

③ ⓐ, ⓒ   ④ ⓑ, ⓓ

31

다음 중 손실통제의 연쇄개념(chain concept of loss control)을 이용한 손실통제의 체계적 수행절차를 순서대로 바르게 나열한 것은?

ⓐ 위태(hazard) 경감	ⓑ 구조 작업
ⓒ 손실 원천 봉쇄	ⓓ 손실 최소화

① ⓐ → ⓒ → ⓓ → ⓑ

② ⓐ → ⓒ → ⓑ → ⓓ

③ ⓒ → ⓐ → ⓑ → ⓓ

④ ⓒ → ⓐ → ⓓ → ⓑ

32

☑ 확인Check! ○ △ ✕

보험증권의 일반적인 법적 성격으로 적절하지 않은 것은?

① 면책증권성
② 임의증권성
③ 요식증권성
④ 증거증권성

33

☑ 확인Check! ○ △ ✕

아래 표는 부보가능한 리스크의 손실액 확률분포이다. 96% 신뢰도 적용시 PML(probable maximum loss) 값은?

손실액			확 률
0	~	50만원	0.04
50만원 초과	~	150만원	0.30
150만원 초과	~	300만원	0.40
300만원 초과	~	700만원	0.20
700만원 초과	~	1,200만원	0.02
1,200만원 초과	~	3,000만원	0.02
3,000만원 초과	~	5,000만원	0.02

① 150만원
② 750만원
③ 950만원
④ 1,200만원

34

☑ 확인Check! ○ △ ✕

Lloyd's S.G. Policy 위험약관(Perils Clause)상의 해상고유의 위험(perils of the seas)에 해당하지 않는 것은?

① 충돌(collision)
② 화재(fire)
③ 좌초(stranding)
④ 악천후(heavy weather)

35

다음 중 보험자의 면책사유가 아닌 것은?

① 자동차보험에서 지진으로 인한 자기차량 손해
② 상해보험에서 피보험자의 중과실로 인한 상해
③ 운송보험에서 운송보조자의 고의, 중과실로 인한 손해
④ 해상보험에서 도선료, 입항료 등 항해 중의 통상비용

36

아래 표에서 설명하는 재보험계약 방식은?

> 출재사가 사전에 출재 대상으로 정한 모든 리스크에 대해 정해진 비율로 재보험사에 출재하고, 재보험사는 이를 인수해야 한다.

① surplus reinsurance treaty
② quota share treaty
③ stop loss cover
④ excess of loss treaty

37

대체리스크전가기법 중 보험리스크를 증권화하거나 파생금융상품과 연계하여 자본시장에 전가하는 것은?

① finite reinsurance
② insurance-linked securities
③ captive insurance
④ contingent capital

38

다음 중 자동차손해배상보장법상의 가불금 지급에 대한 설명으로 올바르지 않은 것은?

① 가불금 청구권자는 보험가입자이다.

② 가불금 청구권자는 자동차보험진료수가에 대해 전액 지급을 청구할 수 있다.

③ 보험자는 가불금을 청구받은 날로부터 국토교통부령에서 정한 기한 내에 지급해야 한다.

④ 보험자는 지급한 가불금이 지급할 보험금을 초과하면 그 초과액의 반환을 청구할 수 있다.

39

다음 중 배상책임소송에서 피해자인 원고를 돕기 위하여 도입된 법리가 아닌 것은?

① 전가과실(imputed negligence)책임 또는 대리배상책임(vicarious liability)

② 연대배상책임(joint and several liability)

③ 최종적 명백한 기회(last clear chance)

④ 과실추정의 원칙(res ipsa loquitur)

40

다음 중 재보험의 기능으로 적절하지 않은 것은?

① 전문적 자문과 서비스 제공

② 인수능력 축소

③ 미경과보험료적립금 경감

④ 언더라이팅 이익 안정화

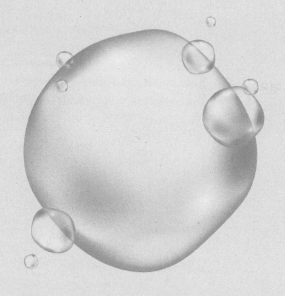

계속 갈망하라. 언제나 우직하게.

− 스티브 잡스 −

2023년 제46회

손해사정사 1차 시험문제

제1과목   보험업법

제2과목   보험계약법

제3과목   손해사정이론

✅ 중요 문제 / 틀린 문제 CHECK

01	02	03	04	05	06	07	08	09	10	11	12	13	14	15	16	17	18	19	20
21	22	23	24	25	26	27	28	29	30	31	32	33	34	35	36	37	38	39	40

| 시간 | 분 \| 정답 및 해설편 340p |

01

☑ 확인 Check! ○ △ ✕

보험업법상 보험회사는 '제3보험의 보험종목에 부가되는 보험'으로서, 질병을 원인으로 하는 사망을 제3보험의 특약 형식으로 담보하는 보험에 대하여는 보험업을 겸영할 수 있는데, 이러한 보험에 관한 요건으로 옳지 않은 것은?

① 보험의 만기는 80세 이하이어야 한다.
② 보험기간은 2년 이내의 기간이어야 한다.
③ 보험금액의 한도는 개인당 2억원 이내이어야 한다.
④ 만기시에 지급하는 환급금은 납입보험료 합계액의 범위 내이어야 한다.

02

☑ 확인 Check! ○ △ ✕

보험업법상 보험회사의 부수업무에 관한 설명으로 옳지 않은 것은?

① 보험회사가 부수업무를 하려는 날의 7일 전까지 금융위원회에 신고를 한 경우, 금융위원회는 그 내용을 검토하여 이 법에 적합하면 신고를 수리하여야 한다.
② 금융위원회는 보험회사가 하는 부수업무가 보험회사의 경영건전성을 해치는 경우에는 그 부수업무를 하는 것을 제한하거나 시정할 것을 명할 수 있다.
③ 이 법에 따라 공고된 다른 보험회사의 부수업무와 동일한 부수업무를 하려는 보험회사는, 그 부수업무가 금융위원회로부터 제한이나 시정의 명령을 받은 경우가 아닌 한, 금융위원회에 신고를 하지 않고 부수업무를 할 수 있다.
④ 직전 사업연도 매출액이 해당 보험회사 수입보험료의 1천분의 1 또는 10억원 중 많은 금액에 해당하는 금액을 초과하는 부수업무인 경우, 해당 업무에 속하는 자산·부채 및 수익·비용은 보험업과 통합하여 회계처리하여야 한다.

03

보험업법상 주식회사의 조직변경에서 보험계약자 총회에 관한 설명으로 옳지 않은 것은?

① 주식회사는 조직변경을 결의할 때 보험계약자 총회를 갈음하는 기관에 관한 사항을 정할 수 있다.
② 보험계약자 총회는 보험계약자 과반수의 출석과 그 의결권의 4분의 3 이상의 찬성으로 결의한다.
③ 주식회사의 감사는 조직변경에 관한 사항을 보험계약자 총회에 보고하여야 한다.
④ 조직변경을 위한 주주총회의 특별결의는 주식회사의 채권자의 이익을 해치지 않는 한, 보험계약자 총회의 결의로 변경할 수 있다.

04

보험업법상 상호회사의 설립에 관한 설명으로 옳은 것은?

① 상호회사의 기금은 금전 이외에 객관적 가치의 평가가 가능한 자산으로 납입이 가능하다.
② 발기인은 상호회사의 정관이 작성되고 기금의 납입이 시작되면 그 날부터 7일 이내에 창립총회를 소집하여야 한다.
③ 상호회사 성립 전의 입사청약에 대하여는 「민법」상 착오에 관한 규정을 적용하지 아니한다.
④ 설립등기는 이사 및 감사의 공동신청으로 하여야 한다.

05

보험업법상 상호회사의 기관에 관한 설명으로 옳지 않은 것은?

① 상호회사는 사원총회를 갈음할 기관을 정관으로 정한 때에는 그 기관에 대하여는 사원총회에 관한 규정을 준용한다.
② 정관에 특별한 규정이 없는 한, 상호회사의 사원은 사원총회에서 각각 1개의 의결권을 가진다.
③ 사원의 적법한 사원총회의 소집청구가 있은 후, 지체 없이 총회 소집의 절차를 밟지 아니한 때에는 청구한 사원은 금융위원회의 허가를 받아 사원총회를 소집할 수 있다.
④ 상호회사의 사원은 영업시간 중에는 언제든지 사원총회 및 이사회의 의사록을 열람하거나 복사할 수 있다.

06

보험업법상 상호회사의 계산에 관한 설명으로 옳은 것은?

① 손실보전준비금의 총액과 매년 적립할 최고액은 정관으로 정한다.

② 설립비용과 사업비의 전액을 상각하고 손실보전준비금을 공제하기 전에는 기금의 상각 또는 잉여금의 분배를 하지 못한다.

③ 상호회사가 이 법의 규정을 위반하여 기금이자의 지급, 기금의 상각 또는 잉여금의 분배를 한 경우에는 회사의 사원은 이를 반환하게 할 수 있다.

④ 상호회사가 기금을 상각할 때에는 상각하는 금액을 초과하는 금액을 적립하여야 한다.

07

보험업법상 금융위원회가 외국보험회사국내지점에 대하여 영업정지의 조치를 할 수 있는 사유가 아닌 것은?

① 이 법에 따른 명령이나 처분을 위반한 경우

② 외국보험회사의 본점이 그 본국의 법령을 위반한 경우

③ 외국보험회사국내지점의 보험업 수행이 어렵다고 인정되는 경우

④ 외국보험회사의 본점이 위법행위로 인하여 외국감독기관으로부터 영업 전부의 정지 조치를 받은 경우

08

보험업법상 금융기관보험대리점이 될 수 없는 것은?

① 「은행법」에 따라 설립된 은행

② 「농업협동조합법」에 따라 설립된 조합

③ 「상호저축은행법」에 따른 상호저축은행

④ 「자본시장과 금융투자업에 관한 법률」에 따른 신탁업자

09

보험업법상 보험모집을 할 수 있는 자에 관한 설명으로 옳지 않은 것은?

① 보험중개사(금융기관보험중개사는 제외)는 생명보험중개사와 손해보험중개사, 제3보험중개사로 구분된다.

② 간단손해보험대리점(금융기관보험대리점은 제외)의 영업 범위는 개인 또는 가계의 일상생활 중 발생하는 위험을 보장하는 보험종목으로서, 간단손해보험대리점을 통하여 판매·제공·중개되는 재화 또는 용역과의 관련성 등을 고려하여 금융위원회가 정하여 고시하는 보험종목으로 한다.

③ 보험회사의 대표이사·사외이사는 업무집행기관이라는 점에서 보험모집을 할 수 없으나, 감사·감사위원은 감독기관이기 때문에 보험모집이 가능하다.

④ 금융기관보험대리점은 그 금융기관 소속 임직원이 아닌 자로 하여금 모집을 하게 하거나 보험계약 체결과 관련한 상담 또는 소개를 하게 하고 상담 또는 소개의 대가를 지급하여서는 아니 된다.

10

보험업법상 보험회사가 보험계약 체결단계에서 일반보험계약자에게 설명하여야 하는 중요사항이 아닌 것은?(일반보험계약자가 설명을 거부하는 경우는 제외함)

① 보험사고 조사에 관하여 설명 받아야 하는 사항으로서 금융위원회가 정하여 고시하는 사항

② 보험계약의 승낙절차 및 보험계약 승낙거절시 거절 사유

③ 보험의 모집에 종사하는 자가 보험료나 고지의무사항을 보험회사를 대신하여 수령할 수 있는지 여부

④ 보험모집에 종사하는 자가 보험회사를 위하여 보험계약의 체결을 대리할 수 있는지 여부

11

보험업법상 보험회사의 보험설계사에 대한 불공정행위가 아닌 것은?

① 위탁계약서상 계약사항을 이행하지 아니하는 행위

② 보험설계사에게 보험계약의 모집에 관한 교육을 받도록 하는 행위

③ 정당한 사유 없이 보험설계사가 요청한 위탁계약 해지를 거부하는 행위

④ 보험설계사에게 보험료 대납을 강요하는 행위

12

보험업법상 보험중개사(금융기관보험중개사는 제외)에 관한 설명으로 옳지 않은 것은?

① 금고 이상의 실형을 선고받고 그 집행이 끝나거나 집행이 면제된 날로부터 3년이 지나지 아니한 자는 법인인 보험중개사의 임원이 되지 못한다.

② 금융위원회는 보험중개사가 보험계약 체결·중개와 관련하여 보험계약자에게 입힌 손해의 배상을 보장하기 위하여 보험중개사로 하여금 금융위원회가 지정하는 기관에 영업보증금을 예탁하게 하거나 보험가입 등을 하게 할 수 있다.

③ 금융위원회는 보험모집에 관한 이 법의 규정을 위반한 보험중개사에 대하여 6개월 이내의 기간을 정하여 그 업무의 정지를 명하거나 그 등록을 취소할 수 있다.

④ 보험중개사는 보험계약의 체결을 중개할 때 그 중개와 관련된 내용을 장부에 적고 보험계약자에게 알려야 하나, 그 수수료에 관한 사항을 비치할 필요는 없다.

13

보험업법상 변액보험계약의 경우 모집을 위하여 사용하는 보험안내자료에 기재해야 하는 사항이 아닌 것은?

① 해약환급금에 관한 사항

② 보험가입에 따른 권리·의무에 관한 주요 사항

③ 변액보험자산의 운용성과에 따라 납입한 보험료의 원금에 손실이 발생할 수 있으며 그 손실은 보험계약자에 귀속된다는 사실

④ 변액보험의 최고로 보장되는 보험금이 설정되어 있는 경우에는 그 내용

14

보험업법상 통신수단을 이용한 모집·철회 및 해지 등에 관한 설명으로 옳지 않은 것은?

① 보험회사는 보험계약을 청약한 자가 청약의 내용을 확인·정정 요청하거나 청약을 철회하고자 하는 경우 통신수단을 이용할 수 있도록 하여야 한다.

② 통신수단을 이용한 모집은 통신수단을 이용한 모집에 대하여 동의를 한 자를 대상으로 하여야 한다.

③ 사이버몰을 이용하여 모집하는 자는 보험약관 또는 보험증권을 전자문서로 발급한 경우, 해당 문서를 수령하였는지 확인한 후에는 보험계약자가 서면으로 발급해 줄 것을 요청하더라도 이를 거절할 수 있다.

④ 보험회사는 보험계약을 청약한 자가 전화를 이용하여 청약을 철회하려는 경우에는 상대방의 동의를 받아 청약 내용, 청약자 본인인지를 확인하고 그 내용을 음성 녹음하는 등 증거자료를 확보·유지하여야 한다.

15

☑ 확인 Check! ○ △ ✕

보험업법상 자기계약금지 및 보험계약자의 권리와 의무에 관한 설명으로 옳지 않은 것은?

① 보험대리점은 자기 또는 자기를 고용하고 있는 자를 보험계약자 또는 피보험자로 하는 보험을 모집하는 것을 주된 목적으로 하지 못한다.
② 보험중개사가 모집한 자기 또는 자기를 고용하고 있는 자를 보험계약자 또는 피보험자로 하는 보험의 보험료 누계액이 그 보험중개사가 모집한 보험의 보험료의 100분의 40을 초과하게 된 경우는 자기계약의 금지에 해당된다.
③ 보험설계사는 보험계약자로 하여금 고의로 보험사고를 발생시키거나 발생하지 아니한 보험사고를 발생한 것처럼 조작하여 보험금을 수령하도록 하는 행위를 해서는 아니 된다.
④ 보험계약자가 보험중개사의 보험계약 체결 중개행위와 관련하여 손해를 입은 경우에는 그 손해액을 이 법에 따른 영업보증금에서 다른 채권자보다 우선하여 변제 받을 권리를 가진다.

16

☑ 확인 Check! ○ △ ✕

보험업법상 보험회사의 중복계약 체결 확인의무에 관한 설명으로 옳지 않은 것은?

① 중복계약 체결 확인의무와 관련된 실손의료보험계약이란 실제 부담한 의료비만 지급하는 제3보험상품계약을 말한다.
② 보험회사는 실손의료보험계약을 모집하기 전에 보험계약자가 되려는 자의 동의를 얻어 모집하고자 하는 보험계약과 동일한 위험을 보장하는 보험계약을 체결하고 있는지를 확인하여야 한다.
③ 보험의 모집에 종사하는 자가 실손의료보험계약을 모집하는 경우에는 피보험자가 되려는 자가 이미 다른 실손의료보험계약의 피보험자로 되어 있는지를 확인하여야 한다.
④ 보험회사는 국외여행, 연수 또는 유학 등 국외체류 중 발생한 위험을 보장하는 보험계약에 대하여 중복계약 체결 확인의무를 부담한다.

17

☑ 확인 Check! ○ △ ✕

보험업법상 보험회사의 자산운용으로서 금지 또는 제한되는 사항이 아닌 것은?

① 상품이나 유가증권에 대한 투기를 목적으로 하는 자금의 대출
②「근로자퇴직급여보장법」에 따른 보험계약의 특별계정을 통한 부동산의 소유
③ 해당 보험회사의 임직원에 대한 보험약관에 따른 대출
④ 직접·간접을 불문하고 정치자금의 대출

18

☑ 확인 Check! ○ △ ✕

보험업법상 보험회사는 그 특별계정에 속하는 자산을 운용할 때 일정한 비율을 초과할 수 없는데, 그 비율로 옳지 않은 것은?

① 동일한 자회사에 대한 신용공여 : 각 특별계정 자산의 100분의 5
② 동일한 법인이 발행한 채권 및 주식 소유의 합계액 : 각 특별계정 자산의 100분의 10
③ 부동산 소유 : 각 특별계정 자산의 100분의 15
④ 동일한 개인·법인, 동일차주 또는 대주주(그의 특수관계인 포함)에 대한 총자산의 100분의 1을 초과하는 거액 신용공여의 합계액 : 각 특별계정 자산의 100분의 20

19

☑ 확인 Check! ○ △ ✕

보험업법상 보험회사는 보험의 경영과 밀접한 관련이 있는 업무를 주로 하는 회사를 미리 금융위원회에 신고하고 자회사로 소유할 수 있는데, 이에 해당하는 업무가 아닌 것은?

① 보험계약의 유지·해지·변경 또는 부활 등을 관리하는 업무
② 보험계약자 등에 대한 위험관리 업무
③ 건강·장묘·장기간병·신체장애 등의 사회복지사업
④ 보험에 관한 인터넷 정보서비스의 제공 업무

20

☑ 확인 Check! ○ △ ✕

보험업법상 금융위원회가 보험중개사(금융기관보험중개사는 제외)에게 영업보증금의 전부 또는 일부를 반환해야 하는 사유에 해당하지 않는 것은?

① 보험중개사가 보험중개 업무를 일시 중단한 경우
② 보험중개사인 법인이 파산 또는 해산하거나 합병으로 소멸한 경우
③ 보험중개사인 개인이 사망한 경우
④ 보험중개사의 업무상황 변화 등으로 이미 예탁한 영업보증금이 예탁하여야 할 영업보증금을 초과하게 된 경우

21

☑ 확인Check! ○ △ ✕

보험업법상 보험회사가 지켜야 하는 재무건전성 기준에 따라 (   )을 (   )으로 나눈 비율인 지급여력 비율은 100분의 (   ) 이상을 유지하여야 한다. (   ) 안에 들어갈 사항을 순서대로 나열한 것으로 옳은 것은?

① 지급여력기준금액 – 지급여력금액 – 100
② 지급여력금액 – 지급여력기준금액 – 100
③ 지급여력기준금액 – 지급여력금액 – 90
④ 지급여력금액 – 지급여력기준금액 – 90

22

☑ 확인Check! ○ △ ✕

보험업법상 상호협정에 관한 설명으로 옳지 않은 것은?

① 보험회사는 대통령령으로 정하는 경미한 사항의 변경이 아닌 한, 그 업무에 관한 공동행위를 하기 위하여 금융위원회의 인가를 받아 다른 보험회사와 상호협정을 체결할 수 있다.
② 금융위원회는 공익 또는 보험업의 건전한 발전을 위하여 특히 필요하다고 인정되는 경우에는 보험회사에 대하여 상호협정의 체결·변경 또는 폐지를 명할 수 있다.
③ 금융위원회는 공익 또는 보험업의 건전한 발전을 위하여 특히 필요하다고 인정되는 경우에는 보험회사에 대하여 상호협정의 전부 또는 일부에 따를 것을 명할 수 있다.
④ 금융위원회가 보험회사의 신설로 상호협정의 구성원이 변경되어 상호협정의 변경을 인가하는 경우 미리 공정거래위원회와 협의하여야 한다.

23

☑ 확인Check! ○ △ ✕

보험업법상 일정한 사유가 발생한 경우 보험회사가 금융위원회에 보고해야 하는 기간에 관한 설명으로 옳은 것은?

① 보험회사는 정관을 변경한 경우에는 변경한 날부터 7일 이내
② 보험회사는 상호나 명칭을 변경한 경우에는 변경한 날부터 7일 이내
③ 보험회사는 본점의 영업을 중지하거나 재개한 경우에는 그 날부터 7일 이내
④ 보험회사는 최대주주가 변경된 경우에는 변경된 날부터 7일 이내

24

보험업법상 보험회사가 취급하려는 보험상품에 관한 기초서류의 신고에 관한 설명으로 옳지 않은 것은?

① 법령의 제정·개정에 따라 새로운 보험상품이 도입되거나 보험상품 가입이 의무가 되는 경우, 보험회사는 그 보험상품에 관한 기초서류를 작성하여 이를 미리 금융위원회에 신고하여야 한다.

② 금융위원회는 보험회사가 기초서류를 신고할 때 금융감독원의 확인을 받도록 하여야 한다.

③ 금융위원회는 보험회사가 신고한 기초서류의 내용이 이 법의 기초서류 작성·변경 원칙을 위반하는 경우에는 대통령령으로 정하는 바에 따라 기초서류의 변경을 권고할 수 있다.

④ 금융위원회는 보험회사가 기초서류를 신고하는 경우 보험료 및 해약환급금 산출방법서에 대하여 이 법에 따른 보험요율산출기관 또는 대통령령으로 정하는 보험계리업자의 검증확인서를 첨부하도록 할 수 있다.

25

보험업법상 보험약관 등의 이해도 평가에 관한 설명으로 옳지 않은 것은?

① 금융위원회는 보험소비자 등을 대상으로 보험약관 등에 대한 이해도를 평가하고 그 결과를 대통령령으로 정하는 바에 따라 공시하여야 한다.

② 금융위원회는 보험약관 등에 대한 보험소비자 등의 이해도를 평가하기 위해 평가대행기관을 지정할 수 있다.

③ 평가대행기관은 조사대상 보험약관 등에 대하여 보험소비자 등의 이해도를 평가하고 그 결과를 금융위원회에 보고하여야 한다.

④ 보험약관 등의 이해도 평가에 수반되는 비용의 부담, 평가시기, 평가방법 등 평가에 관한 사항은 금융위원회가 정한다.

26

보험업법상 보험요율산출의 원칙에 관한 설명으로 옳지 않은 것은?

① 보험요율이 보험금과 그 밖의 급부에 비하여 지나치게 높지 않아야 한다.

② 보험요율이 보험회사의 재무건전성을 크게 해칠 정도로 낮지 않아야 한다.

③ 자동차보험의 보험요율인 경우 보험금과 그 밖의 급부와 비교할 때 공정하고 합리적인 수준이어야 한다.

④ 보험회사가 보험요율산출의 원칙을 위반한 경우, 금융위원회는 그 위반사실로 과징금을 부과할 수 있다.

27

보험업법상 보험회사의 파산 등 보험계약자의 이익을 크게 해칠 우려가 있다고 인정되는 경우 금융위원회가 명할 수 있는 조치가 아닌 것은?

① 보험계약 전부의 이전
② 보험금 전부의 지급정지
③ 보험금 일부의 지급정지
④ 보험계약 체결의 제한

28

보험업법상 자료제출 및 검사에 관한 설명으로 옳지 않은 것은?

① 금융감독원장은 공익 또는 보험계약자 등을 보호하기 위하여 보험회사에 이 법에서 정하는 감독업무의 수행과 관련한 주주 현황, 그 밖에 사업에 관한 보고 또는 자료 제출을 명할 수 있다.
② 보험회사는 그 업무 및 자산상황에 관하여 금융감독원의 검사를 받아야 한다.
③ 보험회사의 업무 및 자산상황에 관하여 검사를 하는 자는 그 권한을 표시하는 증표를 지니고 이를 관계인에게 내보여야 한다.
④ 금융감독원장은 「주식회사 등의 외부감사에 관한 법률」에 따라 보험회사가 선임한 외부감사인에게 그 보험회사를 감사한 결과 알게 된 정보나 그 밖에 경영건전성과 관련되는 자료의 제출을 요구할 수 있다.

29

보험업법상 보험회사에 대한 제재 중 금융감독원장이 할 수 있는 조치로 옳은 것은?

① 해당 위반행위에 대한 시정명령
② 보험회사에 대한 주의·경고
③ 임원(「금융회사의 지배구조에 관한 법률」에 따른 업무집행 책임자는 제외)의 해임권고·직무정지
④ 6개월 이내의 영업의 일부정지

30

보험업법상 보험회사의 합병에 관한 설명으로 옳지 않은 것은?

① 보험회사의 합병은 이 법에 의한 보험회사의 해산사유 중 하나이다.
② 상호회사인 보험회사의 합병에 관한 사원총회의 결의는 사원 과반수의 출석과 그 의결권의 4분의 3 이상의 찬성으로 하여야 한다.
③ 주식회사인 보험회사의 합병에 관한 주주총회의 결의는 출석한 주주의 의결권의 과반수 이상의 찬성과 발행주식 총수의 4분의 1 이상의 찬성으로 하여야 한다.
④ 보험회사의 합병은 금융위원회의 인가를 받아야 한다.

31

보험업법상 주식회사인 보험회사의 보험계약 이전에 관한 설명으로 옳지 않은 것은?

① 보험회사는 계약의 방법으로 책임준비금 산출의 기초가 같은 보험계약의 전부를 포괄하여 다른 보험회사에 이전할 수 있으며, 이는 금융위원회의 인가를 받아야 한다.
② 보험계약을 이전하려는 보험회사는 그 이전 결의를 한 날부터 2주 이내에 계약 이전의 요지와 각 보험회사의 재무상태표를 공고하고, 대통령령으로 정하는 방법에 따라 보험계약자에게 통지하여야 한다.
③ 보험계약을 이전하려는 보험회사에 대하여 이의제기 기간 내에 이의를 제기한 보험계약자가 이전될 보험계약자 총수의 10분의 1을 초과하거나 그 보험금액이 이전될 보험금 총액의 10분의 1을 초과하는 경우에는 보험계약을 이전하지 못한다.
④ 보험회사는 해산한 후에도 6개월 이내에는 보험계약 이전을 결의할 수 있다.

32

보험업법상 보험회사가 일정한 사유로 해산한 때에는 보험금 지급사유가 해산한 날부터 3개월 이내에 발생한 경우에만 보험금을 지급하여야 한다. 이러한 사유에 해당하는 것을 모두 고른 것은?

가. 존립기간의 만료	나. 주주총회의 결의
다. 회사의 합병	라. 보험계약 전부의 이전
마. 회사의 파산	바. 보험업의 허가취소
사. 해산을 명하는 재판	

① 가, 다, 라
② 나, 다, 라
③ 나, 바, 사
④ 마, 바, 사

33

보험업법상 손해보험계약의 제3자 보호에 관한 설명으로 옳지 않은 것은?

① 손해보험협회의 장은 손해보험회사로부터 지급불능 보고를 받으면 금융위원회의 확인을 거쳐 손해보험 계약의 제3자에게 대통령령으로 정하는 보험금을 지급하여야 한다.

② 손해보험회사는 손해보험계약의 제3자에 대한 보험금의 지급을 보장하기 위하여 수입보험료 및 책임준비금을 고려하여 대통령령으로 정하는 비율을 곱한 금액을 손해보험협회에 출연하여야 한다.

③ 손해보험협회는 손해보험회사의 출연금이 제3자에게 지급할 보험금의 지급을 위하여 부족한 경우에만 정부, 예금보험공사, 그 밖에 대통령령으로 정하는 금융기관으로부터 금융위원회의 승인을 받아 자금을 차입할 수 있다.

④ 손해보험협회는 보험금을 지급한 경우에는 해당 손해보험회사에 대하여 구상권을 가진다.

34

보험업법상 보험협회의 업무에 해당하지 않는 것은?

① 보험 관련 정보의 수집·제공 및 통계의 작성

② 차량수리비 실태 점검 업무

③ 모집 관련 전문자격제도의 운영·관리 업무

④ 보험설계사에 대한 보험회사의 불공정한 모집위탁행위를 막기 위하여 보험회사가 지켜야 할 규약의 제정

35

보험업법상 보험요율산출기관에 관한 설명으로 옳지 않은 것은?

① 보험요율산출기관이 보험회사가 적용할 수 있는 순보험요율을 산출하여 금융위원회에 신고한 경우, 금융위원회는 그 내용을 검토하여 이 법에 적합하면 신고를 수리하여야 한다.

② 보험요율산출기관은 정관으로 정함이 있더라도 그 업무와 관련하여 보험회사로부터 수수료를 받을 수 없다.

③ 보험요율산출기관은 순보험요율 산출을 위하여 보험 관련 통계를 체계적으로 통합·집적하여야 하며, 보험회사에 자료의 제출을 요청하는 경우 보험회사는 이에 따라야 한다.

④ 보험요율산출기관은 음주운전 등 교통법규 위반의 효력에 관한 개인정보를 보유하고 있는 기관의 장으로부터 그 정보를 제공받아 보험회사가 보험금 지급업무에 이용하게 할 수 있다.

36

보험업법상 보험회사가 선임계리사를 선임한 경우에는 그 선임일이 속한 사업연도의 다음 사업연도부터 연속하는 3개 사업연도가 끝나는 날까지 그 선임계리사를 해임할 수 없지만, 일정한 경우에는 그러하지 아니하다. 이러한 예외 사유에 해당하지 않는 것은?

① 회사의 기밀을 누설한 경우
② 직무를 부적절하게 수행하여 금융위원회로부터 업무의 정지 조치를 받은 경우
③ 계리업무와 관련하여 부당한 요구를 하거나 압력을 행사한 경우
④ 업무를 게을리하여 회사에 손해를 발생하게 한 경우

37

보험업법상 선임계리사의 금지행위에 해당하지 않는 것은?

① 중대한 과실로 진실을 숨기거나 거짓으로 보험계리를 하는 행위
② 타인으로 하여금 자기의 명의로 보험계리업무를 하게 하는 행위
③ 충분한 조사나 검증을 하지 아니하고 보험계리업무를 수행하는 행위
④ 업무상 제공받은 자료를 무단으로 보험계리업무와 관련이 없는 자에게 제공하는 행위

38

보험업법상 금융위원회의 손해사정업자에 대한 감독 등에 관한 설명으로 옳지 않은 것은?

① 손해사정업자가 그 직무를 게을리하였다고 인정되는 경우, 6개월 이내의 기간을 정하여 업무의 정지를 명하거나 해임하게 할 수 있다.
② 손해사정업자의 자산상황이 불량하여 보험계약자 등의 권익을 해칠 우려가 있다고 인정되는 경우, 불건전한 자산에 대한 적립금의 보유를 명할 수 있다.
③ 손해사정업자가 이 법을 위반하여 손해사정업의 건전한 경영을 해친 경우, 금융감독원장의 건의에 따라 업무집행 방법의 변경을 하게 할 수 있다.
④ 손해사정업자가 그 업무를 할 때 고의 또는 과실로 타인에게 손해를 발생하게 한 경우, 금융위원회는 그 손해배상을 보장하기 위하여 손해사정업자에게 금융위원회가 지정하는 기관에의 자산 예탁을 하게 할 수 있다.

39

보험업법상 개인인 손해사정사는 자신과 일정한 이해관계를 가진 자의 보험사고에 대하여는 손해사정을 할 수 없는데, 이에 해당하는 자가 아닌 경우는?

① 본인의 혈족의 배우자의 혈족으로서 생계를 같이하는 자
② 본인의 배우자의 2촌 이내의 친족이 상근 임원으로 있는 단체
③ 본인을 고용하고 있는 개인 또는 본인이 상근 임원으로 있는 법인
④ 본인이 고용하고 있는 개인 또는 본인이 대표자로 있는 단체

40

보험업법상 벌칙에 관한 설명으로 옳은 것은?

① 보험계리사가 그 임무를 위반하여 재산상 이익을 취하고 보험회사에 재산상 손해를 입힌 경우, 그 죄를 범한 자에게는 정상에 따라 징역과 벌금을 병과할 수 있지만, 그 미수범에 대하여는 징역과 벌금을 병과하지 아니한다.
② 손해사정사가 그 직무에 관하여 부정한 청탁을 받고 재산상의 이익을 수수·요구 또는 약속한 경우, 범인이 수수한 이익은 몰수하고 그 전부 또는 일부를 몰수할 수 없을 때에는 그 가액을 추징하지만, 범인이 공여하려한 이익은 그러하지 아니하다.
③ 법인의 대표자의 위반행위로 벌금형의 부과가 문제되는 경우, 법인이 그 위반행위를 방지하기 위하여 해당 업무에 관하여 상당한 주의와 감독을 게을리하지 아니한 때에는, 그 대표자 이외에 그 법인에게는 벌금형을 감경할 수 있다.
④ 법인이 아닌 사단 또는 재단에 대하여 벌금형을 과하는 경우, 그 대표자가 그 소송행위에 관하여 그 사단 또는 재단을 대표하는 법인을 피고인으로 하는 경우의 형사소송에 관한 법률을 준용한다.

☑ 중요 문제 / 틀린 문제 CHECK

01	02	03	04	05	06	07	08	09	10	11	12	13	14	15	16	17	18	19	20
21	22	23	24	25	26	27	28	29	30	31	32	33	34	35	36	37	38	39	40

| 시간 | 분 ㅣ 정답 및 해설편 353p |

01

보험계약에 대한 설명 중 옳지 않은 것은?(다툼이 있는 경우 판례에 의함)

① 소급보험에서 보험계약 체결일 이전 보험기간 중에 발생한 보험사고에 대하여 보험자는 최초보험료를 지급받기 전에도 보상할 책임이 있다.

② 보험자의 보험계약상 책임은 당사자간에 다른 약정이 없으면 최초의 보험료의 지급을 받은 때로부터 개시한다.

③ 가계보험의 경우 상법 보험편의 규정은 당사자간의 특약으로 보험계약자 또는 피보험자나 보험수익자의 불이익으로 변경하지 못한다.

④ 보험계약은 청약과 승낙에 의한 합의만으로 성립하는 불요식의 낙성계약이다.

02

보험대리상에 대한 설명 중 옳지 않은 것은?

① 보험대리상은 보험계약자로부터 보험료를 수령하고, 보험자가 작성한 보험증권을 보험계약자에게 교부할 권한이 있다.

② 보험대리상은 보험계약자로부터 청약, 고지, 통지, 해지, 취소 등 보험계약에 관한 의사표시를 수령할 수 있는 권한이 있다.

③ 보험대리상은 보험계약자에게 보험계약의 체결, 변경, 해지 등 보험계약에 관한 의사표시를 할 수 있는 권한이 있다.

④ 보험자는 보험대리상의 권한 중 일부를 제한할 수 있지만 보험대리상은 대리권을 전제로 하기 때문에 보험계약 체결의 대리권은 제한할 수 없다.

03

☑ 확인Check! ○ △ ✕

보험 관련 판례에 대한 설명으로 옳은 것은?

① 자동차종합보험계약을 체결하는 경우 피보험자동차의 양도에 따른 통지의무를 규정한 보험약관은 거래상 일반인들이 보험자의 개별적인 설명 없이도 충분히 예상할 수 있는 사항이라고 할 수 없으므로 그 내용을 개별적으로 명시·설명하여야 한다.

② 상법 제680조 제1항 본문에서 정한 피보험자의 손해방지의무에서 손해는 피보험이익에 대한 구체적인 침해의 결과로 생기는 손해뿐만 아니라 보험자의 구상권과 같이 보험자가 손해를 보상한 후에 취득하게 되는 이익을 상실함으로써 결과적으로 보험자에게 부담되는 손해까지 포함한다.

③ 보험계약자 측이 입원치료를 사유로 보험금을 청구하여 이를 지급받았으나, 그 입원치료의 전부 또는 일부가 필요하지 않은 것으로 밝혀져 보험계약의 기초가 되는 신뢰관계가 파괴되었다면, 보험자는 보험계약을 해지할 수 있다.

④ 보험계약자가 피보험자의 상속인을 보험수익자로 하여 체결한 생명보험계약에서 보험수익자로 지정된 상속인 중 1인이 자신에게 귀속된 보험금청구권을 포기한 경우 그 포기한 부분은 다른 상속인에게 귀속된다.

04

☑ 확인Check! ○ △ ✕

보험약관에 "보험금청구권자가 보험금을 청구하면서 증거를 위조 또는 변조하는 등 사기 기타 부정한 행위를 한 때에는 보험자는 보험금을 지급할 책임이 없다."라는 조항이 있는 경우 이에 대한 설명으로 옳지 않은 것은?(다툼이 있는 경우 판례에 의함)

① 보험목적의 가치에 대한 견해 차이 등으로 보험계약자가 보험목적의 가치를 다소 높게 신고한 경우 보험자는 면책되지 않는다.

② 보험계약자가 화재로 9억원 상당의 수의와 삼베가 소실되었다고 주장하면서 상당한 양의 허위 증거서류를 제출한 경우 실제로 9억원 상당의 수의와 삼베에 손해가 있었더라도 보험자는 면책된다.

③ 보험목적이 수개이고 보험금청구권자가 동일인인 경우 그 중 하나의 보험목적에 대하여 사기적인 방법으로 보험금을 청구하더라도 다른 보험목적에는 그 면책의 효력이 미치지 않는다.

④ 보험자는 보험계약자에게 보험약관을 교부하고 그 약관의 중요한 내용을 설명하여야 하는데, 위 약관 조항은 설명의무의 대상이 아니다.

05

보험자의 면책사유에 관한 설명 중 옳지 않은 것은?(다툼이 있는 경우 판례에 의함)

① 사망을 보험사고로 한 보험계약에서 사고가 보험계약자 또는 피보험자나 보험수익자의 고의로 인하여 발생한 경우에 보험자는 면책되는데, 보험자의 책임이 개시된 시점부터 2년이 경과한 이후 자살에 대하여 보험자가 보상책임을 진다는 보험약관은 무효이다.

② 보험사고가 전쟁 기타의 변란으로 인하여 생긴 때에는 당사자간에 다른 약정이 없으면 보험자는 보험금을 지급할 책임이 없다.

③ 손해보험에서 보험 목적의 성질, 하자 또는 자연소모로 인한 손해는 보험자가 이를 보상할 책임이 없다.

④ 보험약관상 약정면책사유는 원칙적으로 보험약관의 교부·설명의무의 대상이다.

06

상법상 보험약관의 교부·설명의무에 관한 설명으로 옳지 않은 것은?(다툼이 있는 경우 판례에 의함)

① 보험계약자가 보험계약을 체결할 때 보험자는 보험계약자에게 보험약관을 교부하고 그 약관의 중요한 내용을 설명하여야 한다.

② 보험계약자가 충분히 잘 알고 있는 내용에 대하여도 보험자는 설명의무가 있다.

③ 보험자가 보험약관의 교부·설명의무를 위반한 경우 보험계약자는 보험계약이 성립한 날부터 3개월 내에 그 계약을 취소할 수 있다.

④ 피보험자가 오토바이 사용자인 경우 가입할 수 없도록 한 상해보험의 약관조항에 대하여 보험자가 설명의무를 이행하지 않아서 보험계약자 또는 피보험자가 고지의무를 위반한 경우 보험자는 고지의무 위반을 이유로 보험계약을 해지할 수 없다.

07

보험계약자 등의 위험변경증가에 대한 통지의무에 관한 설명으로 옳지 않은 것은?(다툼이 있는 경우 판례에 의함)

① 위험변경증가는 일정상태의 계속적 존재를 전제로 하지만 일시적 위험변경의 경우에도 통지의무를 부담한다.

② 보험계약자 또는 피보험자가 위험변경증가 통지의무를 해태한 경우 보험자는 그 사실을 안 날로부터 1월 내에 한하여 보험계약을 해지할 수 있다.

③ 보험자는 위험변경증가의 통지를 받은 때에는 1월 내에 보험료의 증액을 청구하거나 계약을 해지할 수 있다.

④ 인보험계약을 체결한 후 다른 인보험계약을 다수 가입하였다는 사정만으로 보험계약자 또는 피보험자에게 위험변경증가에 대한 통지의무가 있다고 볼 수 없다.

08

상법상 보험계약자 등은 보험기간 중 고의 또는 중대한 과실로 사고발생의 위험을 현저하게 변경 또는 증가시키지 않을 의무를 부담하는데, 이에 관한 설명으로 옳지 않은 것은?(다툼이 있는 경우 판례에 의함)

① 사고발생의 위험이 현저하게 변경 또는 증가된 사실이라 함은 그 변경 또는 증가된 위험이 보험계약의 체결 당시에 존재하고 있었다면 보험자가 보험계약을 체결하지 않았거나 적어도 그 보험료로는 보험을 인수하지 않았을 것으로 인정되는 정도의 것을 말한다.

② 보험수익자가 이 의무를 위반한 경우 상법 제653조에 따라 지체 없이 보험자에게 통지하여야 한다.

③ 보험계약자 등이 이 의무위반이 있는 경우 보험자는 그 사실을 안 날로부터 1월 내에 보험료의 증액을 청구하거나 계약을 해지할 수 있다.

④ 피보험자의 직종에 따라 보험금 가입한도에 차등이 있는 생명보험계약에서 피보험자가 위험이 현저하게 증가된 직종으로 변경한 경우 이는 상법 제653조상의 위험의 현저한 변경·증가에 해당한다.

09

☑ 확인Check! ○ △ ✕

상법상 보험계약자 등이 보험사고 발생을 안 때에는 지체 없이 보험자에게 그 통지를 발송할 의무가 있는데 이에 관한 설명으로 옳지 않은 것은?

① 보험계약자 또는 피보험자나 보험수익자 중 어느 한 사람이라도 통지하면 의무를 이행한 것으로 본다.

② 보험계약자 등이 통지의무를 해태함으로써 손해가 증가된 경우에는 보험자는 그 증가된 손해를 보상할 책임이 없다.

③ 보험계약자 등이 통지의무를 해태한 경우 보험자는 그 사실을 안 날로부터 1월 내에 계약을 해지할 수 있다.

④ 보험자는 보험금액의 지급에 관하여 약정기간이 없는 경우에는 상법 제657조 제1항의 통지를 받은 후 지체 없이 지급할 보험금액을 정하고 그 정하여진 날부터 10일 내에 피보험자 또는 보험수익자에게 보험금을 지급하여야 한다.

10

☑ 확인Check! ○ △ ✕

보험계약자의 고지의무위반 사실이 보험사고발생에 영향을 미치지 아니하였음이 증명된 경우에 대한 설명으로 옳지 않은 것은?(다툼이 있는 경우 판례에 의함)

① 보험자는 고지의무위반을 이유로 보험사고발생 후에도 보험계약을 해지할 수 있다.

② 보험자는 이미 발생한 보험사고에 대한 보험금을 지급하여야 한다.

③ 보험자는 보험사고발생시까지의 보험료를 청구할 수 없다.

④ 생명보험약관에서 보험자가 인과관계의 존재를 입증한다고 정하는 경우 그 약정은 유효하다.

11

☑ 확인Check! ○ △ ✕

상법상 보험계약의 해지에 관한 설명으로 옳지 않은 것은?(당사자간에 다른 약정이 없다고 가정함)

① 자기를 위한 보험에서 보험계약자는 보험사고가 발생하기 전에는 언제든지 계약의 전부 또는 일부를 해지할 수 있다.

② 보험사고의 발생으로 보험자가 보험금액을 지급한 때에도 보험금액이 감액되지 아니하는 보험의 경우에는 보험계약자는 그 사고발생 후에도 보험계약을 해지할 수 있다.

③ 보험계약자가 보험사고가 발생하기 전 계약을 해지한 경우 보험료불가분의 원칙에 따라 미경과보험료의 반환을 청구할 수 없다.

④ 타인을 위한 보험에서 보험계약자는 그 타인의 동의를 얻지 아니하거나 보험증권을 소지하지 아니하면 그 계약을 해지하지 못한다.

12

보험계약의 부활에 관한 설명으로 옳지 않은 것은?(다툼이 있는 경우 판례에 의함)

① 계속보험료 부지급을 이유로 보험계약이 적법하게 해지되었지만 해지환급금이 지급되지 아니한 경우 보험계약자는 일정한 기간 내에 연체보험료에 약정이자를 붙여 보험자에게 지급하고, 그 계약의 부활을 청구할 수 있다.

② 보험계약자가 적법하게 보험계약의 부활을 청구하면 그 청구의 의사표시가 보험자에 도달하는 즉시 보험계약은 부활된다.

③ 보험약관의 "보험계약 실효 후 부활 전에 발생한 보험사고에 대하여는 보험금을 지급하지 않는다."는 조항은 상법 제663조의 불이익변경금지의 원칙에 반하지 않는다.

④ 보험계약 체결시의 보험약관이 법률에서 정한 내용과 달리 규정되어 부활 후에도 적용될 경우 보험자는 원칙적으로 해당 약관에 대하여 설명의무를 이행하여야 한다.

13

상법상 보험계약의 무효에 관한 설명으로 옳은 것은?

① 보험계약 체결 당시에 보험사고가 발생할 수 없는 경우 당사자 쌍방이 이를 알았다면 그 계약은 무효이다.

② 보험계약자의 사기 없이 보험금액이 보험가액을 현저하게 초과한 손해보험계약을 체결한 때에는 그 초과된 부분은 무효이므로 보험계약자는 무효인 부분에 대한 보험료의 반환을 청구할 수 있다.

③ 보험계약자의 사기로 보험금액이 보험가액을 현저하게 초과한 손해보험계약을 체결한 때에는 그 전부가 무효이므로 보험자는 그 사실을 안 때까지의 보험료를 청구할 수 없다.

④ 손해보험계약의 전부가 처음부터 무효인 경우 보험계약자는 그 무효인 사실을 알았더라도 보험자에 대하여 기 지급한 보험료 전부의 반환을 청구할 수 있다.

14

타인을 위한 보험계약에 관한 설명으로 옳지 않은 것은?(다툼이 있는 경우에는 판례에 의함)

① 보험계약자는 타인의 위임이 없더라도 그 타인을 위하여 보험계약을 체결할 수 있다.

② 손해보험에서 보험계약자는 청구권대위의 제3자의 범위에서 배제되지 않는다.

③ 손해보험에서 보험계약자가 그 타인에게 보험사고의 발생으로 생긴 손해의 배상을 한 때에는 보험계약자는 그 타인의 권리를 해지하 아니하는 범위 안에서 보험자에게 보험금액의 지급을 청구할 수 있다.

④ 보험계약자가 타인의 생활상 부양을 목적으로 타인을 보험수익자로 하는 생명보험계약을 체결하였는데, 위 보험계약이 민법 제103조 소정의 선량한 풍속 기타 사회질서에 반하여 무효로 되더라도, 보험자가 이미 보험수익자에게 보험금을 급부한 경우에는 그 반환을 청구할 수 없다.

15

손해보험에서 실손보상 원칙의 예외에 해당하는 것을 모두 묶은 것은?

> 가. 기평가보험(사고발생시의 가액을 현저히 초과하지 아니하는 경우)
> 나. 이득금지
> 다. 제3자에 대해 가지고 있는 권리의 대위
> 라. 신가보험
> 마. 선박보험에서의 보험가액불변경주의

① 가, 나, 다

② 가, 나, 라

③ 가, 다, 마

④ 가, 라, 마

16

손해보험계약상 보험의 목적에 대한 설명으로 옳지 않은 것은?(다툼이 있는 경우 판례에 의함)

① 영업책임보험에서 피보험자의 대리인의 제3자에 대한 책임은 보험의 목적에 해당하지 않는다.

② 선박보험에서 선박의 속구, 연료, 양식 기타 항해에 필요한 모든 물건은 보험의 목적에 포함된 것으로 한다.

③ 책임보험에서 피보험자가 제3자의 청구를 방어하기 위해 지출한 재판상 또는 재판 외의 필요비용은 보험의 목적에 포함된 것으로 한다.

④ 화재보험에서 집합된 물건을 일괄하여 보험의 목적으로 한 때에는 피보험자의 가족과 사용인의 물건도 보험의 목적에 포함된 것으로 한다.

17

보험계약자와 피보험자가 동일인인 A는 건물의 화재보험가입을 위해 보험가액을 1억원으로 하여 甲보험 회사에 보험금액을 1억원, 乙보험회사에는 보험금액을 6천만원 , 丙보험 회사에 보험금액을 4천만원으로 하는 계약을 체결하였다. 보험가입 후 해당 건물에 화재가 발생하였고 건물이 전손되었다. 각 보험자가 A에게 지급하여야 하는 보험금으로 옳게 묶은 것은?(위 3건의 보험계약은 사기로 체결되지 않았고, 당사자간에 다른 약정이 없다고 가정함)

① 甲 : 5천만원,   乙 : 2천 5백만원, 丙 : 2천 5백만원

② 甲 : 5천만원,   乙 : 3천만원,   丙 : 2천만원

③ 甲 : 4천만원,   乙 : 4천만원,   丙 : 2천만원

④ 甲 : 3천 5백만원, 乙 : 3천 5백만원, 丙 : 3천만원

18

손해방지비용에 대한 설명으로 옳지 않은 것은?(다툼이 있는 경우 판례에 의함)

① 손해방지의무의 이행을 위해 필요 또는 유익하였던 비용과 보험계약에 따른 보상액의 합계액이 보험금액을 초과한 경우라도 보험자는 이를 부담한다.

② 보험사고발생 이전에 손해의 발생을 방지하기 위해 지출된 비용은 손해방지비용에 포함되지 않는다.

③ 보험사고발생시 또는 보험사고가 발생한 것과 같이 볼 수 있는 경우에 피보험자의 법률상 책임 여부가 판명되지 아니한 상태에서 피보험자가 손해확대방지를 위해 긴급한 행위로서 필요 또는 유익한 비용을 지출하였다면 이는 보험자가 부담하여야 한다.

④ 보험계약에 적용되는 보통약관에 손해방지비용과 관련한 별도의 규정이 있다면, 그 규정은 당연히 방어비용에 대하여도 적용된다고 할 수 있다.

19

청구권대위에 대한 설명으로 옳지 않은 것은?(다툼이 있는 경우 판례에 의함)

① 보험자의 제3자에 대한 보험자대위가 인정되기 위해서는 보험자가 피보험자에게 보험금을 지급할 책임이 있고 이에 따라 보험금이 지급된 경우에 한한다.

② 정액보험인 인보험의 경우에는 청구권대위가 인정되지 않는다. 다만, 상해보험계약의 경우에 당사자 간에 다른 약정이 있는 때에는 보험자는 피보험자의 권리를 해하지 아니하는 범위 안에서 그 권리를 대위하여 행사할 수 있다.

③ 피보험자의 입장에서 볼 때 공동불법행위자는 제3자에 포함되지 않으므로, 보험자는 손해배상금을 지급하여 다른 공동불법행위자들이 공동면책된 경우라 하더라도 공동불법행위자들에 대한 피보험자의 구상권을 대위 행사할 수 없다.

④ 보험사고를 야기한 제3자가 보험계약자 또는 피보험자와 실질적으로 공동생활을 함께하는 가족, 즉 동거가족인 경우 그 가족의 과실로 인해 손해가 생겼다면, 보험자대위는 적용되지 않는다.

20

선박의 감항능력에 대한 설명으로 옳지 않은 것은?(다툼이 있는 경우 판례에 의함)

① 선박 또는 운임을 보험에 붙인 경우에 발항 당시 안전하게 항해를 하기에 필요한 준비를 하지 아니하거나 필요한 서류를 비치하지 아니함으로써 인하여 생긴 손해에 대해 보험자는 면책된다.

② 적하보험의 경우에는 선박의 감항능력 흠결에 따른 면책이 적용되지 아니한다.

③ 감항능력은 특정한 항해에서 통상적인 위험을 견딜 수 있는 능력을 의미하므로 선박의 감항능력 판단에 있어 절대적·확정적 기준이 된다.

④ 출항준비를 하는 자가 위험지역이 표시된 최신 해도를 비치하지 아니하였고, 이를 알고 있음에도 불구하고 그대로 출항하였다면 감항능력 결여로서 보험자는 면책된다.

21

다음은 상법 제666조 손해보험증권에 반드시 기재되어야 하는 사항을 나열한 것이다. 이에 해당하지 않은 것으로 묶인 것은?

가. 보험사고의 성질
나. 보험기간을 정한 때에는 그 시기와 종기
다. 무효와 실권의 사유
라. 보험자의 상호와 주소
마. 보험목적의 소재지, 구조와 용도
바. 보험가액을 정한 때에는 그 가액

---

① 가, 다, 라
② 나, 다, 마
③ 다, 라, 바
④ 라, 마, 바

22

자동차손해배상보장법 제3조의 운행자성에 대한 설명으로 옳지 않은 것은?(다툼이 있는 경우 판례에 의함)

① 절취운전의 경우 자동차보유자는 원칙적으로 자동차를 절취 당하였을 때 운행지배와 운행이익을 잃어 버린다.
② 자동차의 보유자가 음주 기타 운전 장애사유 등으로 인하여 일시적으로 타인에게 대리운전을 시킨 경우, 대리운전자의 과실로 인하여 발생한 차량사고의 피해자에 대한 관계에서는 자동차의 보유자가 객관적, 외형적으로 운행지배와 운행이익을 가지고 있다.
③ 절취운전 중 사고가 일어난 시간과 장소 등에 비추어 볼 때에 자동차보유자의 운행지배와 운행이익이 잔존하고 있다고 평가할 수 있는 경우라면 자동차를 절취당한 자동차보유자에게 운행자성을 인정할 수 있다.
④ 호텔이나 유흥음식점에서의 차량 보관 등을 하는 경우 업소에 맡긴 차량을 주차관리자가 차량소유자의 승낙 없이 운전하다가 사고를 야기한 경우, 차량소유자는 차량에 대한 운행지배를 상실하지 않는다.

23

☑ 확인 Check! ○ △ ✕

해상보험에 대한 설명으로 옳지 않은 것은?(다툼이 있는 경우 판례에 의함)

① 선박보험에 있어 피보험이익은 선박소유자의 이익 외에 담보권자의 이익, 선박임차인의 사용이익도 포함되므로 선박임차인도 추가보험의 보험계약자 및 피보험자가 될 수 있다.

② 적하보험에 있어 적하는 해상운송의 객체가 될 수 있는 것으로서 경제적 가치가 있어야 하며, 살아있는 동물은 운송계약에 있어 면책사유에 해당하므로 운송은 가능하나 적하에 포함되지 않는다.

③ 선비보험이란 선박의 의장 기타 선박의 운항에 요하는 모든 비용에 대해 가지는 피보험이익에 대한 보험이다.

④ 불가동손실보험은 해난사고로 인해 선박소유자 등이 입게 되는 간접손해가 선박보험에 의해 담보되지 않으므로 이를 보상하기 위한 보험이다.

24

☑ 확인 Check! ○ △ ✕

예정보험에 대한 설명으로 옳지 않은 것은?(다툼이 있는 경우 판례에 의함)

① 예정보험이란 계약 체결 당시에 보험계약의 주요 원칙에 대해서만 일단 합의를 하고 적하물의 종류나 이를 적재할 선박, 보험금액 등 보험증권에 기재되어야 할 보험계약 내용의 일부가 확정되지 않은 보험을 말한다.

② 화물을 적재할 선박이 미확정된 상태에서 보험계약을 체결한 후 보험계약자 또는 피보험자가 당해 화물이 선적되었음을 안 때에는 이를 지체 없이 보험자에 대하여 선박의 명칭, 국적과 화물의 종류, 수량과 가액의 통지를 발송하여야 한다.

③ 선박미확정의 적하예정보험에 있어 보험계약자 등이 통지의무를 위반한 때에 보험자는 그 사실을 안 날로부터 1월 내에 계약을 해지할 수 있다.

④ 포괄적 예정보험은 일정한 기간 동안 일정한 조건에 따라 정해지는 다수의 선적화물에 대해 포괄적·계속적으로 보험의 목적으로 하므로 화주는 개개 화물의 운송의 경우라 하더라도 그 명세를 보험자에게 통지할 필요가 없다.

25

책임보험에 있어 제3자의 직접청구권에 대한 설명으로 옳지 않은 것은?(다툼이 있는 경우 판례에 의함)

① 책임보험에서 피해자의 직접청구권은 약관에서 이를 인정하는 경우에 한하여 인정된다.

② 피해자의 직접청구권에 따라 보험자가 부담하는 손해배상채무는 보험계약을 전제로 하는 것으로서 보험계약에 따른 보험자의 책임 한도액의 범위 내에서 인정된다.

③ 피해자에게 인정되는 직접청구권의 법적 성질은 피해자가 보험자에 대하여 가지는 손해배상청구권이지 피보험자의 보험자에 대한 보험금청구권의 변형 내지는 이에 준하는 권리가 아니다.

④ 직접청구권의 소멸시효기간은 피해자의 손해배상청구권의 소멸시효기간과 동일하다.

26

자동차보험에 있어 승낙피보험자에 대한 설명으로 옳지 않은 것은?(다툼이 있는 경우 판례에 의함)

① 렌터카 회사로부터 차량을 빌린 경우 차량을 빌린 사람은 승낙피보험자이다.

② 자동차를 매수하고 소유권이전등록을 마치지 아니한 채 자동차를 인도받아 운행하면서 매도인과의 합의 아래 그를 피보험자로 한 자동차종합보험계약을 체결하였다 하더라도 매수인은 기명피보험자의 승낙을 얻어 자동차를 사용 또는 관리하는 승낙피보험자로 볼 수 없다.

③ 승낙피보험자는 기명피보험자로부터 명시적·개별적 승낙을 받아야만 하는 것이 아니고, 묵시적·포괄적인 승낙이어도 무방하다.

④ 보험계약의 체결 후에 매매가 이루어져 기명피보험자인 매도인이 차량을 인도하고 소유권이전등록을 마친 경우 그 기명피보험자는 운행지배를 상실한 것이므로, 매수인이 기명피보험자의 승낙을 얻어서 자동차를 사용 또는 관리 중인 승낙피보험자로 볼 수 없다.

27

보증보험에 있어 보상책임에 대한 설명으로 옳지 않은 것은?(다툼이 있는 경우 판례에 의함)

① 보증보험자는 보험계약자의 채무불이행 등으로 인하여 피보험자가 입은 모든 손해를 보상하는 것이 아니라 약관에서 정한 절차에 따라 보험금액의 한도 내에서 피보험자가 실제로 입은 손해를 보상한다. 단, 정액보상에 대한 합의가 당사자 사이에 있는 경우에는 약정된 정액금을 지급한다.

② 보증보험계약 체결 당시에 이미 주계약상의 채무불이행 발생이 불가능한 경우에는 보증보험계약은 무효이므로 선의의 제3자라 하더라도 보증보험계약의 유효를 주장할 수 없다.

③ 보증보험에 있어서의 보험사고는 불법행위 또는 채무불이행 등으로 발생하는 것이고 불법행위나 채무불이행 등은 보험계약자의 고의 또는 과실을 그 전제로 하나, 보험계약자에게 고의 또는 중대한 과실이 있는 경우 보험자의 면책을 규정한 상법의 규정은 보증보험에도 적용된다.

④ 피보험자가 정당한 이유 없이 사고발생을 통지하지 않거나 보험자의 협조요구에 응하지 않음으로 인해 손해가 증가되었다면 보험자는 이러한 사실을 입증함으로써 증가된 손해에 대한 책임을 면할 수 있다.

28

인보험에 관한 설명으로 옳지 않은 것은?

① 보험자가 피보험자의 생명 또는 신체에 관하여 보험사고가 생길 경우에 보험계약으로 정하는 바에 따라 보험금이나 기타 급여를 지급하고, 이에 대하여 상대방은 보험료를 지급할 것을 약정하는 보험계약이다.

② 생명보험은 정액보험의 형태로만 운영되고, 상해·질병보험은 부정액보험의 형태로도 운영될 수 있다.

③ 보험금은 일시지급 또는 분할지급으로 할 수 있다.

④ 모든 자연인은 보험의 목적이 될 수 있다.

29

피보험이익과 관련한 설명으로 옳지 않은 것은?(다툼이 있는 경우 판례에 의함)

① 피보험이익이란 보험의 목적에 대하여 보험사고의 발생 여부에 따라 피보험자가 가지게 되는 경제적 이익 또는 이해관계를 의미한다.

② 무보험자동차에 의한 상해를 담보하는 보험은 상해보험의 성질을 가지고 있으므로, 이 경우에는 중복보험의 법리가 적용되지 않는다.

③ 상법상 생명보험에서는 피보험이익 및 보험가액은 존재하지 않기 때문에 중복보험의 문제가 발생하지 않는다.

④ 상법은 손해보험에 관하여 피보험이익을 인정하는 규정을 두고 있는 반면, 인보험에서는 별도의 규정이 없다.

30

인보험에서 보험자대위에 관한 설명으로 옳은 것은?(다툼이 있는 경우 판례에 의함)

① 인보험에서 보험자는 보험사고로 인하여 생긴 보험계약자 또는 보험수익자의 제3자에 대한 권리를 대위하여 행사할 수 있다.

② 자기신체사고 자동차보험은 그 성질상 상해보험에 속한다고 할 것이므로, 그 보험계약상 타 차량과의 사고로 보험사고가 발생하여 피보험자가 상대차량이 가입한 자동차보험 또는 공제계약의 대인배상에 의한 보상을 받을 수 있는 경우에 자기신체사고에 대하여 약관에 정해진 보험금에서 대인배상으로 보상받을 수 있는 금액을 공제한 액수만을 지급하기로 약정되어 있어 결과적으로 보험자대위를 인정하는 것과 같은 결과가 초래하는 바, 이 계약은 제3자에 대한 보험대위를 금지한 상법 제729조를 피보험자에게 불이익하게 변경한 것이다.

③ 상해보험의 경우 보험자와 보험계약자 또는 피보험자 사이에 피보험자의 제3자에 대한 권리를 대위하여 행사할 수 있다는 취지의 약정이 없는 한, 피보험자가 제3자로부터 손해배상을 받더라도 이에 관계없이 보험자는 보험금을 지급할 의무가 있고, 피보험자의 제3자에 대한 권리를 대위하여 행사할 수도 없다.

④ 제3자에 대한 보험대위를 금지한 상법 제729조 본문의 규정 취지상 정액보상 방식의 인보험에서 피보험자 등은 보험자와의 다른 원인관계나 대가관계 등에 의하여 자신의 제3자에 대한 권리를 보험자에게 양도하는 것은 불가능하다.

31

타인의 생명보험계약에서 피보험자의 동의의 철회에 관한 설명으로 옳지 않은 것은?(다툼이 있는 경우 판례에 의함)

① 피보험자는 계약 성립 전까지 동의를 철회할 수 있다.

② 보험수익자와 보험계약자의 동의가 있을 경우 계약의 효력이 발생한 후에도 피보험자는 동의를 철회할 수 있다.

③ 계약 성립 이후에는 피보험자가 서면동의를 할 때 전제가 되었던 사정에 중대한 변경이 있는 경우에도 피보험자는 동의를 철회할 수 없다.

④ 동의 행위 자체에 흠결이 있었다면 민법의 원칙에 따라 그 동의에 대해 무효 또는 취소를 주장할 수 있다.

32

보험자의 면책에 관한 설명으로 옳지 않은 것은?(다툼이 있는 경우 판례에 의함)

① 사망을 보험사고로 한 보험계약에서는 사고가 보험계약자 또는 피보험자나 보험수익자의 중대한 과실로 인하여 발생한 경우 보험자는 면책되지 않는다.

② 생명보험에서 보험계약자가 처음부터 피보험자를 살해하여 보험금을 편취할 목적으로 보험계약을 체결한 경우라면 이러한 보험계약은 반사회질서 법률행위로서 무효가 된다.

③ 둘 이상의 보험수익자 중 일부가 고의로 피보험자를 사망하게 한 경우에는 다른 보험수익자에 대한 보험금 지급책임도 면책된다.

④ 피보험자가 타인의 졸음운전으로 인하여 중상해를 입고 병원에 후송되었으나 피보험자가 수혈을 거부함으로써 사망에 이른 경우, 수혈거부 행위가 사망의 유일한 원인 중 하나였다는 점만으로는 보험자가 그 보험금의 지급책임을 면할 수는 없다.

33

타인의 생명보험과 피보험자의 동의에 관한 설명으로 옳지 않은 것은?

① 타인의 생명보험이란 보험계약자가 제3자를 피보험자로 하여 체결한 생명보험계약이다.

② 타인의 생명보험계약이 성립한 후 보험수익자를 새롭게 지정·변경하려면 피보험자의 동의가 필요하다.

③ 타인의 생명보험에서 피보험자의 동의방식으로는 서면동의 외에도 전자서명법 및 동법 시행령에 따른 전자서명이나 전자문서도 포함된다.

④ 피보험자의 동의를 얻어 성립된 보험계약으로 인한 권리를 피보험자가 아닌 제3자에게 양도하는 경우에는 피보험자의 동의가 필요 없다.

34

단체보험에 관한 설명으로 옳지 않은 것은?(다툼이 있는 경우 판례에 의함)

① 단체생명보험은 어느 특정회사 또는 공장 등의 단체 구성원 전부 또는 일부를 포괄적으로 피보험자로 하여 그의 생사를 보험사고로 하는 보험계약을 말한다.

② 단체보험에서는 구성원이 단체에 가입·탈퇴함으로써 당연히 피보험자의 자격을 취득하거나 상실한다.

③ 단체생명보험은 타인의 생명보험계약의 일종으로 볼 수 있다.

④ 회사의 직원이 퇴사한 후에 사망하는 보험사고가 발생한 경우 회사가 퇴사한 후에도 직원에 대한 보험료를 계속 납입하였다면 원칙적으로 단체보험의 해당 피보험자 자격은 유지된다.

35

보험수익자의 지정·변경권에 관한 설명으로 옳은 것은?

① 보험계약자가 보험수익자를 지정·변경하는 것은 반드시 서면에 의하여야 한다.

② 보험계약자가 보험수익자 지정권을 행사하지 않고 사망한 경우에는 피보험자를 보험수익자로 한다.

③ 보험계약자가 수익자를 지정한 후에 변경권을 행사하지 않고 사망한 경우에는 보험계약자의 상속인이 보험수익자가 된다.

④ 보험존속 중 지정된 보험수익자가 사망하는 경우 보험계약자는 보험수익자를 재지정할 수 있는데, 이 경우 보험계약자가 지정권을 행사하지 않고 사망한 경우에는 보험계약자의 상속인을 보험수익자로 한다.

36

상해보험계약에서 보험자의 책임에 관한 설명으로 옳지 않은 것은?(다툼이 있는 경우 판례에 의함)

① 상해사망보험계약에서 면책약관으로 "선박승무원, 어부, 사공, 그 밖에 선박에 탑승하는 것을 직무로 하는 사람이 직무상 선박에 탑승하고 있는 동안 상해 관련 보험금 지급사유가 발생한 때에는 보험금을 지급하지 않는다."는 내용을 규정하고 있다면, 선원인 피보험자가 선박에 기관장으로 승선하여 조업차 출항하였다가 선박의 스크루에 그물이 감기게 되자 선장의 지시에 따라 잠수장비를 착용하고 바다에 잠수하여 그물을 제거하던 중 사망한 경우 보험자는 면책된다.

② 후유장해보험금의 청구권 소멸시효는 후유장해로 인한 손해가 발생한 때로부터 진행하고, 그 발생시기는 소멸시효를 주장하는 자가 입증하여야 한다.

③ 상해보험에 있어 계약 체결 전에 이미 존재하였던 기왕증 또는 체질의 영향에 따라 상해가 중하게 된 때에는 보험자는 약관에 별도의 규정이 없다 하더라도 피보험자의 체질 또는 소인 등이 보험사고의 발생 또는 확대에 기여하였다는 사유를 들어 보험금을 감액할 수 있다.

④ 상해보험에서 기여도에 따른 감액조항이 보험약관에 명시되어 있는 경우 그 사고가 후유증이라는 결과 발생에 대하여 기여하였다고 인정되는 기여도에 따라 그에 상응한 배상액을 가해자에게 부담시켜야 할 것이므로 그 기여도를 정함에 있어서는 기왕증의 원인과 정도, 기왕증과 후유증과의 상관관계, 피해자의 연령과 직업 및 건강상태 등 제반사정을 종합적으로 고려하여 합리적으로 판단하여야 한다.

37

인보험계약에서 중과실면책에 관한 설명으로 옳지 않은 것은?(다툼이 있는 경우 판례에 의함)

① 피보험자가 비록 음주운전 중 보험사고를 당하였다고 하더라도 그 사고가 고의에 의한 것이 아닌 이상 보험자는 음주운전 면책약관을 내세워 보험금 지급을 거절할 수 없다.

② 사망보험의 중과실면책 조항은 상해보험계약과 질병보험계약에도 준용된다.

③ 인보험계약 당사자가 보험계약자 등의 중과실로 인한 보험사고에 대해 보험자가 면책되도록 하는 약정을 하였다면 이러한 약정은 상법 제663조 불이익변경금지 위반으로 무효이다.

④ 무면허운전은 고의적인 범죄행위이고, 그 고의는 직접적으로 사망이나 상해에 관한 것이어서 보험자는 면책된다.

38

질병보험에 관한 설명으로 옳지 않은 것은?(다툼이 있는 경우 판례에 의함)

① 질병보험계약의 보험자는 피보험자의 질병에 관한 보험사고가 발생할 경우 보험금이나 그 밖의 급여를 지급할 책임이 있다.

② 질병보험은 보험의 목적이 신체라는 점에서 생명보험과 유사하지만 보험사고가 불확정적이고 부정액 방식으로 운영도 가능하다는 점에서는 손해보험의 성격도 가지고 있다.

③ 상해보험에서 담보되는 위험으로서 상해란 외부로 부터의 우연한 돌발적인 사고로 인한 신체의 손상을 뜻하므로, 그 사고의 원인이 피보험자의 신체의 외부로부터 작용하는 것을 말하고, 신체의 질병 등과 같은 내부적 원인에 기한 것은 상해보험에서 제외되고 질병보험 등의 대상이 된다.

④ 질병보험에 관하여는 그 성질에 반하지 않는 한 생명보험 및 상해보험뿐만 아니라 손해보험에 관한 규정을 준용한다.

39

생명보험계약 관계자에 관한 설명으로 옳지 않은 것은?(다툼이 있는 경우 판례에 의함)

① 생명보험계약의 당사자는 보험자와 보험계약자이다.
② 생명보험계약에서 보험계약자의 지위를 변경하는데 보험자의 승낙이 필요하다고 정하고 있는 경우, 보험계약자는 보험자의 승낙이 없는 한 일방적인 의사표시만으로 보험계약상의 지위를 이전할 수는 없다.
③ 피보험자는 자연인이어야 하며, 계약 체결시부터 확정되어 있을 필요는 없다.
④ 보험수익자는 추상적으로 지정될 수도 있고, 상법상 수익자가 될 수 있는 특별한 자격이 있는 것도 아니다.

40

소멸시효에 관한 설명으로 옳지 않은 것은?(다툼이 있는 경우 판례에 의함)

① 보험계약자가 다수의 계약을 통하여 보험금을 부정 취득할 목적으로 체결한 보험계약이 민법 제103조에 의하여 무효인 경우, 보험금에 대한 부당이득반환청구권에 대하여는 2년의 소멸시효기간이 적용된다.
② 무효인 보험계약에 따라 납부한 보험료에 대한 반환청구권은 특별한 사정이 없는 한 각 보험료를 납부한 시점부터 소멸시효가 진행된다.
③ 보험료채권의 지급확보를 위하여 수표를 받은 경우, 수표에 대한 소송상의 청구는 보험료채권의 소멸시효 중단의 효력이 있다.
④ (구) 상법 제662조에서 보험금청구권에 대하여 2년의 단기소멸시효를 규정하면서 그 기산점을 별도로 정하지 않은 것은 보험금청구권자의 재산권을 침해하지 않는다.

◇ 중요 문제 / 틀린 문제 CHECK

01	02	03	04	05	06	07	08	09	10	11	12	13	14	15	16	17	18	19	20
21	22	23	24	25	26	27	28	29	30	31	32	33	34	35	36	37	38	39	40

| 시간 | 분 | 정답 및 해설편 375p |

01

다음 중 사고의 구조에 대한 이론 가운데 도미노이론(domino theory)에 대한 설명으로 올바르지 않은 것은?

① 대부분의 사고가 5가지의 연쇄적 사건으로 구성되어 있다고 본다.
② 이 이론을 제시한 학자는 하인리히(H. W. Heinrich)이다.
③ 사건의 연쇄관계를 차단하면 사고를 예방할 수 있다고 한다.
④ 환경 내에 산재하는 물리적 위태를 줄이는데 중점을 둔다.

02

아래에서 재난배상책임보험 보통약관상 보상하는 손해를 모두 고른 것은?

> ⓐ 피보험자의 과실유무를 불문하고 피보험자가 피해자에게 지급할 책임을 지는 법률상의 손해배상금
> ⓑ 피보험자가 지급한 소송비용, 변호사비용
> ⓒ 피보험자가 지급한 중재 또는 조정에 관한 비용
> ⓓ 보상한도액내의 공탁보증보험료

① ⓑ, ⓓ
② ⓑ, ⓒ, ⓓ
③ ⓐ, ⓑ, ⓓ
④ ⓐ, ⓑ, ⓒ, ⓓ

03

☑ 확인 Check! ○ △ ✕

다음 중 자동차보험약관상 보험사고발생시 보험금청구 및 지급과 관련된 설명으로 올바르지 않은 것은?

① 피보험자동차를 도난당하였을 때에는 지체 없이 그 사실을 경찰관서에 신고하여야 한다.

② 피해자의 응급조치 등 긴급조치를 위한 것이 아닌 한 손해배상의 청구를 받은 경우에는 미리 보험회사의 동의 없이 그 전부 또는 일부를 합의하여서는 안 된다.

③ 피보험자의 보험금청구가 손해배상청구권자의 직접청구와 경합할 때에는 보험회사가 손해배상청구권자에게 우선하여 보험금을 지급한다.

④ 보험회사는 보험금청구에 관한 서류를 받은 때에는 지체 없이 지급할 보험금을 정하고 그 정하여진 날로부터 15일 이내에 지급을 한다.

04

☑ 확인 Check! ○ △ ✕

아래에서 설명하는 내용은 무엇에 관한 것인가?

- 전통적 재보험과는 달리 저축 및 부가보험료를 함께 재보험사에 출재하므로 보험리스크에 더해 금리리스크, 해지리스크를 함께 이전한다.
- 손익변동성 관리 및 자본비용 절감이 가능하며, 보험계약 포트폴리오를 조정하여 핵심사업에 역량을 집중할 수 있는 효익이 있다

① 조건부자본

② 한정리스크계약

③ 보험스왑

④ 공동재보험

05

☑ 확인 Check! ○ △ ✕

아래 내용은 다음 중 무엇에 관한 설명인가?

- 이것은 계약 성립을 위해 계약당사자간에 서로 대가(對價)를 지불하는 것을 의미한다.
- 피보험자 측은 1회분 보험료의 납부와 보험증권에 명시되어 있는 여러 조건을 준수하는 것이고, 보험자 측은 손실보상, 손실예방 등에 관한 서비스를 제공하는 것이다.

① 담보(warranty)

② 진술(representation)

③ 특약(endorsements and riders)

④ 약인(consideration)

06

아래 설명의 (　　) 안에 들어갈 용어를 순서대로 바르게 나열한 것은?

> 질병 · 상해보험표준약관에서는 보험계약자가 보험수익자를 지정하지 않은 때 사망보험금은 (　　), 기타 후유장해보험금 및 입원보험금 · 간병보험금 등은 (　　)을(를) 각각 그 수익자로 한다고 규정하고 있다.

① 계약자, 피보험자
② 계약자, 피보험자의 법정상속인
③ 피보험자의 법정상속인, 피보험자
④ 피보험자의 법정상속인, 계약자

07

아래 설명의 (　　) 안에 들어갈 보험종목은?

> 상법상 (　　)에 관한 규정은 그 성질에 반하지 아니하는 범위에서 재보험계약에 준용한다.

① 화재보험　　　　　　　　② 해상보험
③ 책임보험　　　　　　　　④ 특종보험

08

아래에서 설명하는 특약재보험 조항의 명칭은?

> • 비례재보험특약임에도 불구하고 예외적으로 출재를 하지 않아도 되는 경우를 기술하고 있다.
> • 예외적으로 인정되는 상황
>   − 재부험사의 이익을 위해 특약출재 대신에 별도의 임의재보험으로 출재하는 경우
>   − 감독기관이 정한 규정을 불가피하게 준수해야 하는 경우
>   − 보험계약자의 특별 요구나 조건에 따른 경우
>   − 출재금액이 최종단계에서 과다해질 것이 분명한 경우

① Outside Reinsurance Clause

② Counsel and Concur Clause

③ Interlocking Clause

④ Stability Clause

다음 중 고용보험법상의 취업촉진수당에 해당하지 않는 것은?

① 이주비
② 구직급여
③ 광역구직활동비
④ 조기재취업수당

다음 중 언더라이팅(underwriting)의 목적과 거리가 먼 것은?

① 역선택 방지와 적정요율의 합리적 적용
② 보험범죄의 방지
③ 보험사업의 수익성 확보
④ 보험계약의 부합계약성 유지

갑 보험회사는 아래와 같은 초과손해액재보험특약(Excess of Loss Reinsurance Treaty)을 체결하였다. 특약기간 중 사고일자를 달리하는 3건의 손해가 발생하였을 때 갑 보험회사가 지급받을 재보험금의 합계액은?

- 특약프로그램
  - 특약한도 US$ 1,000,000 in excess of US$ 500,000
  - 연간 누적자기부담금 : US$ 1,000,000
  - 손해기준 : e.e.l.(each and every loss)
- 3건의 발생손해 내역
  A : US$ 750,000, B : US$ 1,000,000, C : US$ 1,200,000

① US$ 450,000
② US$ 950,000
③ US$ 1,450,000
④ US$ 1,950,000

12

보험가액이 10,000원인 물건의 사고발생확률과 손해액이 아래 표와 같다. 이 때 보험가입금액을 4,000원으로 하고 80% 공동보험조항이 첨부된 경우 이 물건의 영업보험료는?(단, 예정사업비율은 20%이며, 예정이익률은 고려하지 않음. 순보험료는 기대보험금으로 함)

손해액	0원	2,000원	5,000원	10,000원
확 률	0.85	0.1	0.04	0.01

① 100원

② 240원

③ 300원

④ 312.5원

13

다음의 적하보험 가입조건 중 포괄위험담보방식을 채택하고 있는 것은?

① ICC(WA)

② ICC(C)

③ ICC(A)

④ ICC(FPA)

14

아래 내용 중 자동차보험 보통약관상 '피보험자의 자녀'의 범위에 포함되는 것을 모두 고른 것은?

> ⓐ 법률상의 혼인관계에서 출생한 자녀
> ⓑ 양자 또는 양녀
> ⓒ 사실혼관계에서 출생한 자녀

① ⓐ

② ⓐ, ⓑ

③ ⓐ, ⓒ

④ ⓐ, ⓑ, ⓒ

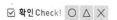

15

고가의 외제차가 증가한 주변 환경으로 인하여 선의의 자동차보험 가입자의 보험료 부담이 증가한 현상은 다음 중 어디에 해당하는가?

① 역선택(adverse selection)
② 도덕적 위태(moral hazard)
③ 외부불경제(external diseconomy)
④ 무임승차(free riding)

16

다음 중 보험소비자 보호를 위한 보험사업자에 대한 감독과 규제의 근거와 거리가 먼 것은?

① 보험원가의 불확실성과 그 계산의 기술적 복잡성
② 보험상품의 미래지향적 특성으로 인한 소비자 판단의 어려움
③ 정보의 비대칭이 초래하는 역선택(adverse selection) 문제
④ 보험계약자와 보험자간의 보험계약에 관한 전문성 격차

17

다음 중 법률상 의무보험이 아닌 것은?

① 가스사고배상책임보험
② 항공보험
③ 적재물배상책임보험
④ 생산물배상책임보험

18

다음 중 요구부보율 조건이 적용되는 계약조항은?

① 자동차보험의 정액공제조항
② 적하보험의 프랜차이즈공제조항
③ 건강보험의 공동보험조항
④ 화재보험의 공동보험조항

19

기대효용을 기준으로 의사결정을 하는 홍길동의 보유재산은 50, 보유재산의 사고발생확률 0.2, 사고시 잔여재산이 10일 때 재산의 기대가치는 아래 그림에서 A로 표시된다. 다음 중 이에 대한 설명으로 올바른 것은?

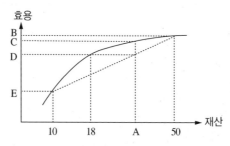

① 계리적으로 공정한 보험료가 부과되는 보험에 가입하였을 때 홍길동의 기대효용수준은 D이다.

② 홍길동이 지불할 의사가 있는 최대보험료는 30이다.

③ 부가보험료가 순보험료의 2.5배 이상이면 홍길동은 보험에 가입하지 않는다.

④ 홍길동의 리스크 프리미엄(risk premium)은 24이다.

20

아래에서 보험업법상 소액단기전문보험회사가 취급할 수 있는 보험종목은 모두 몇 개인가?

ⓐ 상해보험	ⓑ 질병보험
ⓒ 연금보험	ⓓ 간병보험
ⓔ 비용보험	ⓕ 날씨보험
ⓖ 책임보험	ⓗ 유리보험
ⓘ 자동차보험	ⓙ 동물보험

① 3

② 5

③ 7

④ 9

21

다음 중 추정전손으로 보험금 청구시 피보험자가 보험의 목적에 대한 전부의 권리를 보험자에게 양도하는 의사 표시는?

① 위부(abandonment)
② 대위(subrogation)
③ 권리포기(waiver)
④ 보험목적의 양도(assignment)

22

다음 중 보험계약의 인적계약 특성을 설명하고 있는 것은?

① 보험계약자가 보험료를 납부하지 않아도 계약이행을 강제하는 등의 조치를 취할 수 없다.
② 보험계약상 보험자는 손실보상이라는 약속이행의 전제조건으로 피보험자에게 보험약관에 명시되어 있는 여러 가지 조건을 만족시킬 것을 요구하고 있다.
③ 동일한 보험목적물이라도 보험계약자나 피보험자가 누구냐에 따라 손실발생의 위험이 달라지기 때문에 보험계약의 내용이 달라질 수 있다.
④ 보험계약은 통상 다수인을 상대로 체결되고, 보험의 기술성과 공동체성으로 인해 정형성이 요구된다.

23

다음 중 우리나라 산업재해보상보험제도에 관한 설명으로 올바른 것은?

① 상시 5인 이상의 근로자를 고용하는 모든 사업장을 대상으로 한다.
② 보험료는 사용자와 근로자가 각각 절반씩 부담한다.
③ 급여 종류로는 요양급여, 휴업급여, 장해급여, 분만급여 등이 있다.
④ 업무상 재해는 업무상 사고, 업무상 질병, 출퇴근 재해로 구분된다.

24

아래에서 주택화재보험 보통약관상 담보손인을 모두 고른 것은?

ⓐ 화재	ⓑ 파열
ⓒ 폭발	ⓓ 지진

① ⓐ

② ⓐ, ⓑ

③ ⓐ, ⓑ, ⓒ

④ ⓐ, ⓑ, ⓒ, ⓓ

25

아래는 홍길동이 동일한 피보험이익에 대하여 3개 보험사와 체결한 보험계약내역이다. 사고발생시 보험가액 12억원, 손해액 6억원일 때 독립책임분담액 방식을 적용하면 보험사별 보상금액은 각각 얼마인가?

- 갑 보험사 : 보험금액 2억원, 실손보상
- 을 보험사 : 보험금액 4억원, 비례보상
- 병 보험사 : 보험금액 6억원, 50% 요구부조건부 실손보상

	갑	을	병
①	0.75억원	2.25억원	3억원
②	1억원	2억원	3억원
③	1.2억원	1.2억원	3.6억원
④	2억원	2억원	2억원

26

A회사는 공장에 10조원을 투자하는 안을 검토하고 있다. 1안은 한 지역에 10조원 전액을 투자하는 안이고, 2안은 5조원씩 두 지역에 투자하는 안이다. 지역별 사고발생확률은 독립적이고 동일하다. 사고발생지역의 투자금액은 전부 멸실하는 것으로 가정한다. 리스크관리 관점에서의 설명으로 올바르지 않은 것은?

① 기대손실 면에서 1안이 유리하다.

② 손실의 변동성 면에서 2안이 유리하다.

③ 최대가능손실(maximum possible loss) 발생확률은 1안이 더 크다.

④ 분산지역 수가 증가하면 동일한 신뢰도하에서 가능최대손실(probable maximum loss)을 축소할 수 있다.

27

다음 중 교통사고처리특례법상 12대 중과실사고(동법 제3조 제2항 단서에 의함)에 포함되지 않는 것은?

① 제한속도보다 시속 10km를 초과하여 운전한 경우
② 어린이 보호구역에서 안전운전유지의무를 위반하여 어린이의 신체를 상해에 이르게 한 경우
③ 철도건널목 통과방법을 위반하여 운전한 경우
④ 자동차의 화물이 떨어지지 않도록 필요한 조치를 하지 않고 운전한 경우

28

다음 중 피보험이익에 관한 설명으로 올바르지 않은 것은?

① 재물보험의 피보험이익은 재산 소유권자에게만 존재한다.
② 피보험이익은 피보험자의 손실 크기를 측정하게 해준다.
③ 피보험이익은 도덕적 위태를 감소시킨다.
④ 피보험이익은 손실의 발생 시점에 반드시 존재해야 한다.

29

다음 중 보험마케팅의 특성에 관한 설명으로 올바르지 않은 것은?

① 보험사업의 가치사슬에서 판매가 차지하는 비중이 다른 사업에 비해 높고 판매비용이 상당하다.
② 보험상품은 소비자의 자발적 수요가 다른 일반상품에 비해 약하다.
③ 보험상품은 원가가 먼저 확정되고, 다음으로 유통비 등을 책정하여 최종 소비자 가격이 정해진다.
④ 보험회사는 보험마케팅을 수행함에 있어서 소비자 보호차원의 여러 가지 공적 규제를 받는다.

30

다음 중 인공위성 또는 아주 특수한 공장이나 구조물이 충족시키지 못하고 있는 보험가능요건은?

① 손실의 발생은 우연적이어야 하고, 고의성이 없어야 한다.
② 상당수의 동질적 위험이 존재하여야 한다.
③ 담보하는 리스크가 합법적이어야 한다.
④ 손실은 확정적이고 측정이 가능해야 한다.

31

다음 보험요율의 산정방식 가운데 등급요율방식(class rating)에 해당하는 것은?

① 순보험료방식(pure premium method)
② 판단요율방식(judgement rating)
③ 소급요율방식(retrospective rating)
④ 경험요율방식(experience rating)

32

초과액재보험특약(surplus reinsurance treaty)상의 이익수수료조항에 따라 이익수수료를 산출할 때 지출항목(outgo)에 포함되지 않는 것은?(단, calendar year 방식에 따름)

① 출재수수료
② 재보험사 경비
③ 지급보험금
④ 전기이월미지급보험금

33

다음 중 보험업법상 보험회사의 자산운용원칙이 아닌 것은?

① 공익성
② 적정성
③ 유동성
④ 수익성

34

☑ 확인 Check! ○ △ ✕

손해보험업의 보험종목 전부를 취급하는 손해보험회사가 질병사망을 담보하는 제3보험상품을 개발하는 경우에 이 상품이 갖추어야 할 요건으로 올바르지 않은 것은?

① 질병사망을 주계약(보통약관)에서 보장할 것
② 보험만기는 80세 이하일 것
③ 만기환급금은 납입보험료 합계액의 범위 이내일 것
④ 보험금액의 한도는 개인당 2억원 이내일 것

35

☑ 확인 Check! ○ △ ✕

아래에서 설명하는 보험계약조항은?

> • 보험기간 중 특별한 조건을 위배하거나 위반했을 경우 보험효력을 종결시킴을 규정한 조항
> • 이 경우 일단 종결된 보험계약의 효력을 다시 살리기 위해서는 새로운 보험계약을 체결함이 통례임

① policy change clause('계약전환'조항)
② if clause('만약'조항)
③ while clause('동안'조항)
④ entire contract clause('계약구성'조항)

36

☑ 확인 Check! ○ △ ✕

도로 상태가 좋지 않아 발생한 교통사고로 자동차가 파손되어 수리비를 지급하였다. 다음 중 위태(hazard)에 해당하는 것은?

① 도로 상태가 좋지 않은 것
② 교통사고
③ 자동차 파손
④ 수리비 지급

37

리스크관리기법에 대한 다음 설명 중 올바르지 않은 것은?

① 건물내 개인용 전열기 사용금지는 손실예방에 해당한다.
② 건물내 스프링클러 설치는 손실예방에 해당한다.
③ 건물내 소화기 비치는 손실경감에 해당한다.
④ 건물공사시 내연자재 사용은 손실경감에 해당한다.

38

다음 중 보험요율 산정의 규제상 목적에 해당하지 않는 것은?

① 보험요율의 충분성(adequacy)
② 보험요율의 안정성(stability) 및 탄력성(flexibility)
③ 보험요율의 비과도성(inexcessiveness)
④ 보험요율의 공평한 차별성(fair discrimination)

39

다음 중 국민연금에서 지급되는 노령연금의 기본연금액을 결정하는 요인으로 올바르지 않은 것은?

① 전체 가입자 소득수준
② 부양가족 수
③ 가입기간
④ 가입자 본인 소득수준

40

다음 중 실손보상 원칙과 직접 관련이 없는 것은?

① 고지의무
② 피보험이익의 원칙
③ 타보험조항
④ 보험자대위

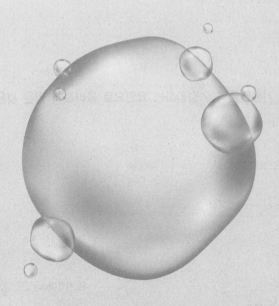

실패해도 후회하지 않을 거라는 걸 알았지만,

한 가지 후회할 수 있는 것은 시도하지 않는 것뿐이라는 걸 알고 있었어요.

- 제프 베조스 -

2024년 제47회

손해사정사 1차 시험문제

제1과목　보험업법

제2과목　보험계약법

제3과목　손해사정이론

2024년 제47회 보험업법   1차 시험문제

✓ 중요 문제 / 틀린 문제 CHECK

01	02	03	04	05	06	07	08	09	10	11	12	13	14	15	16	17	18	19	20
21	22	23	24	25	26	27	28	29	30	31	32	33	34	35	36	37	38	39	40

시간   분 | 정답 및 해설편 392p

01

☑ 확인 Check! ○ △ ✕

보험업법상 생명보험상품에 해당하는 보험계약은?

① 질병보험계약
② 퇴직보험계약
③ 간병보험계약
④ 장기요양보험계약

02

☑ 확인 Check! ○ △ ✕

보험업법상 용어의 정의에 관한 설명으로 옳지 않은 것은?

① 산업재해보상보험은 보험상품에 포함되지 아니한다.
② 보험업은 생명보험업, 손해보험업, 제3보험업 등 3가지로 나뉜다.
③ 상호회사란 보험업을 경영할 목적으로 보험업법에 따라 설립된 회사로서 보험계약자를 사원으로 하는 회사를 말한다.
④ 보험대리점이란 보험회사를 위하여 보험계약의 체결을 대리 또는 중개하는 자로서 보험업법에 따라 금융위원회에 등록된 자를 말한다.

03

☑ 확인Check! ○ △ ✕

보험업법상 총자산 및 자기자본에 관한 설명으로 옳지 않은 것은?

① 소득세법 제20조의3 제1항 제2호 각 목 외의 부분에 따른 연금저축계좌를 설정하는 계약에 대한 특별 계정 자산은 총자산을 산출할 때 제외되는 자산이다.

② 변액보험계약에 대한 특별계정 자산은 총자산을 산출할 때 제외되는 자산이다.

③ 자본잉여금 · 이익잉여금은 자기자본을 산출할 때 합산해야 할 항목이다.

④ 영업권은 자기자본을 산출할 때 빼야 할 항목이다.

04

☑ 확인Check! ○ △ ✕

보험업법상 다음 보기의 (　　)에 들어갈 내용으로 옳은 것은?

> 전문보험계약자 중 (　　)가(이) 일반보험계약자와 같은 대우를 받겠다는 의사를 보험회사에 서면으로 통지하는 경우 보험회사는 정당한 사유가 없으면 이에 동의하여야 하며, 보험회사가 동의한 경우에는 해당 보험계약자는 일반보험계약자로 본다.

① 국가

② 지방자치단체

③ 한국은행

④ 신용보증기금

05

☑ 확인Check! ○ △ ✕

보험업법상 통신판매전문보험회사란 총보험계약건수 및 수입보험료의 100분의 (　　) 이상을 전화, 우편, 컴퓨터통신 등 통신수단을 이용하여 모집하는 보험회사를 말한다. 다음 중 (　　)에 들어갈 내용으로 옳은 것은?

① 90

② 80

③ 70

④ 60

06

보험업법상 다음의 보기 중 소액단기전문보험회사가 모집할 수 있는 보험상품의 종류를 모두 고른 것은?

가. 생명보험계약	나. 연금보험계약
다. 화재보험계약	라. 자동차보험계약
마. 책임보험계약	바. 동물보험계약
사. 질병보험계약	아. 간병보험계약

① 가, 다, 라, 아
② 가, 마, 바, 사
③ 나, 다, 마, 바
④ 나, 라, 사, 아

07

보험업법상 보험회사 등의 자본금 또는 기금의 최소 금액에 관한 설명으로 옳지 않은 것은?

① 소액단기전문보험회사 : 10억원
② 해상보험만을 취급하려는 통신판매전문보험회사 : 100억원
③ 화재보험만을 취급하려는 보험회사 : 100억원
④ 생명보험만을 취급하려는 보험회사 : 200억원

08

보험업법상 보험업 겸영의 제한에 관한 설명으로 옳지 않은 것은?(소액단기전문보험회사는 제외함)

① 생명보험업을 경영하는 보험회사는 생명보험의 재보험을 겸영할 수 있다.
② 생명보험업을 경영하는 보험회사는 제3보험의 재보험을 겸영할 수 있다.
③ 손해보험업의 보험종목 전부를 취급하는 보험회사는 질병을 원인으로 하는 사망을 제3보험의 특약 형식으로 담보하는 보험만기가 90세 이하인 보험을 겸영할 수 있다.
④ 손해보험업의 보험종목 전부를 취급하는 보험회사는 소득세법 제20조의3 제1항 제2호 각 목 외의 부분에 따른 연금저축계좌를 설정하는 계약을 겸영할 수 있다.

09

☑ 확인 Check! ○ △ ✕

보험업법상 보험회사는 대통령령으로 정하는 금융 관련 법령에서 정하고 있는 금융업무로서 해당 법령에서 보험회사가 할 수 있도록 한 업무를 겸영할 수 있다. 이에 해당하는 업무가 아닌 것은?

① 「자산유동화에 관한 법률」에 따른 유동화자산의 관리업무
② 「한국주택금융공사법」에 따른 채권유동화자산의 관리업무
③ 「주택저당채권유동화회사법」에 따른 유동화자산의 관리업무
④ 「신용정보의 이용 및 보호에 관한 법률」에 따른 본인신용정보관리업

10

☑ 확인 Check! ○ △ ✕

보험업법상 금융위원회는 일정한 경우 보험회사가 부수업무를 하는 것을 제한하거나 시정할 것을 명할 수 있다. 이에 해당하는 경우가 아닌 것은?

① 보험회사의 경영건전성을 해치는 경우
② 보험계약자 보호에 지장을 가져오는 경우
③ 공정거래법상 불공정거래행위에 해당하는 경우
④ 금융시장의 안정성을 해치는 경우

11

☑ 확인 Check! ○ △ ✕

보험업법상 다음의 보기 중 보험회사의 자산운용방법으로 허용되는 것을 모두 고른 것은?

가. 저당권의 실행으로 인한 비업무용 부동산의 소유 나. 유가증권에 대한 투기를 목적으로 하는 자금의 대출 다. 간접적으로 해당 보험회사의 주식을 사도록 하기 위한 대출 라. 간접적인 정치자금의 대출 마. 해당 보험회사의 임직원에 대한 보험약관에 따른 대출

① 가, 다
② 가, 마
③ 나, 라
④ 나, 다, 마

12

보험업법상 보험회사가 일반계정에 속하는 자산을 운용할 때 초과할 수 없는 비율로 옳지 않은 것은?

① 동일한 개인 또는 법인에 대한 신용공여 : 총자산의 100분의 3
② 동일한 법인이 발행한 채권 및 주식 소유의 합계액 : 총자산의 100분의 7
③ 동일한 자회사에 대한 신용공여 : 자기자본의 100분의 10
④ 부동산의 소유 : 총자산의 100분의 30

13

보험업법상 보험회사의 재무제표 등의 제출에 관한 설명으로 옳지 않은 것은?

① 보험회사는 매년 12월 31일에 그 장부를 폐쇄하여야 한다.
② 보험회사는 장부를 폐쇄한 날부터 3개월 이내에 금융위원회가 정하는 바에 따라 재무제표 및 사업보고서를 금융위원회에 제출하여야 한다.
③ 보험회사는 매월의 업무 내용을 적은 보고서를 다음 달 말일까지 금융위원회가 정하는 바에 따라 금융위원회에 제출하여야 한다.
④ 보험회사는 재무제표 또는 월간업무보고서 등 제출서류를 대통령령으로 정하는 바에 따라 전자문서로 제출하여야 한다.

14

보험업법상 보험회사인 주식회사의 자본감소에 관한 설명으로 옳지 않은 것은?

① 자본감소를 결의한 경우에는 그 결의를 한 날로부터 2주 이내에 결의의 요지와 재무상태표를 공고하여야 한다.
② 자본감소의 결의를 할 때 주식 금액 또는 주식 수의 감소에 따른 자본금의 실질적 감소를 하려면 미리 금융위원회에 신고하여야 한다.
③ 자본감소의 결의에 따른 공고에는 보험계약자로서 자본감소에 이의가 있는 자는 1개월 이상의 이의신청 기간과 이 기간 동안에 이의를 제출할 수 있다는 내용을 포함해야 한다.
④ 자본감소는 이의를 제기한 보험계약자나 그 밖에 보험계약으로 발생한 권리를 가진 자에 대하여도 효력이 미친다.

15

보험업법상 상호회사 사원의 권리와 의무에 관한 설명으로 옳지 않은 것은?

① 상호회사의 사원은 회사의 채권자에 대하여 직접적인 의무를 부담하지 않는다.

② 제3보험을 목적으로 하는 상호회사의 사원은 회사의 승낙을 받아 타인으로 하여금 그 권리와 의무를 승계하게 할 수 있다.

③ 상호회사의 사원이 회사에 대하여 가지는 채권이 변제기에 있는 때에는 사원이 회사에 지급해야 할 보험료와 상계할 수 있다.

④ 상호회사의 사원명부에는 사원의 이름과 주소 각 사원의 보험계약의 종류 보험금액 및 보험료를 적어야 한다.

16

보험업법상 상호회사 사원의 퇴사에 관한 설명으로 옳지 않은 것은?

① 상호회사의 사원은 정관으로 정한 사유의 발생 보험관계의 소멸로 퇴사한다.

② 상호회사가 해산을 결의한 경우에는 그 결의가 금융위원회의 인가를 받은 날부터 2주 이내에 결의의 요지와 재무상태표를 공고하여야 한다.

③ 상호회사에서 퇴사한 사원은 정관이나 약관에서 정하는 바에 따라 그 권리에 따른 금액의 환급을 청구할 수 있다.

④ 상호회사에서 퇴사한 사원의 권리에 따른 금액의 환급은 퇴사한 날이 속하는 사업연도가 종료한 날부터 6개월 이내에 하여야 한다.

17

보험업법상 외국보험회사국내지점에 관한 설명으로 옳지 않은 것은?

① 금융위원회는 외국보험회사의 본점이 합병, 영업양도 등으로 소멸하는 경우 그 외국보험회사국내지점에 대하여 청문을 거쳐 보험업의 허가를 취소할 수 있다.

② 외국보험회사국내지점의 대표자는 퇴임한 후에도 후임 대표자의 이름 및 주소에 관하여 상법에 따른 등기가 있을 때까지는 계속하여 대표자의 권리와 의무를 가진다.

③ 외국보험회사국내지점은 그 외국보험회사의 본점이 휴업하거나 영업중지한 경우에는 그 사유가 발생한 날부터 2주 이내에 그 사실을 금융위원회에 알려야 한다.

④ 보험업의 허가를 받은 외국보험회사의 본점이 보험업을 폐업하거나 해산한 경우에는 금융위원회가 필요하다고 인정하면 잔무처리를 할 자를 선임하거나 해임할 수 있다.

18

☑ 확인 Check! ○ △ ✕

보험업법상 보험계약의 모집을 할 수 있는 자는?

① 보험회사의 사외이사
② 보험회사의 직원
③ 보험회사의 대표이사
④ 보험회사의 감사위원

19

☑ 확인 Check! ○ △ ✕

보험업법상 보험설계사에 관한 설명으로 옳지 않은 것은?

① 보험설계사는 생명보험설계사, 손해보험설계사(간단손해보험설계사를 포함), 제3보험설계사로 구분한다.
② 보험회사·보험대리점 및 보험중개사는 보험설계사가 되려는 자를 금융위원회에 등록하여야 한다.
③ 보험설계사가 교차모집을 하려는 경우에는 교차모집을 하려는 보험회사의 명칭 등 금융위원회가 정하여 고시하는 사항을 적은 서류를 금융위원회에 제출해야 한다.
④ 보험회사는 소속 보험설계사에게 최초로 유효한 등록을 한 날부터 2년이 지날 때마다 2년이 된 날부터 6개월 이내에 보험업법에 정해진 기준에 따라 교육을 해야 한다.

20

☑ 확인 Check! ○ △ ✕

보험업법상 법인보험대리점에 관한 설명으로 옳지 않은 것은?(금융기관보험대리점 등은 제외함)

① 법인보험대리점은 「방문판매 등에 관한 법률」에 따른 다단계판매업을 하지 못한다.
② 법인보험대리점은 경영하고 있는 업무의 종류, 모집조직에 관한 사항, 모집실적에 관한 사항, 그 밖에 보험계약자 보호를 위하여 금융위원회가 정하여 고시하는 사항을 보험협회의 인터넷 홈페이지를 통하여 반기별로 공시하여야 한다.
③ 미성년자는 법정대리인의 동의를 얻어 법인보험대리점의 임원이 될 수 있다.
④ 보험설계사가 100명 이상인 법인보험대리점으로서 금융위원회가 정하여 고시하는 법인보험대리점은 보험계약자 보호를 위한 업무지침의 준수 여부를 점검하고, 그 위반 사항을 조사하는 임원 또는 직원을 1명 이상 두어야 한다.

21

☑ 확인Check! ○ △ ✕

보험업법상 보험계약의 모집을 위하여 사용하는 보험안내자료에 기재할 수 있는 사항이 아닌 것은?

① 보험금 지급제한 조건의 예시
② 다른 보험회사 상품과 비교한 사항
③ 보험안내자료의 제작자 · 제작일, 보험안내자료에 대한 보험회사의 심사 또는 관리번호
④ 보험금이 금리에 연동되는 보험상품의 경우 적용금리 및 보험금 변동에 관한 사항

22

☑ 확인Check! ○ △ ✕

보험업법상 다음 보기의 (   )에 들어갈 내용을 순서대로 나열한 것은?

> 보험계약의 체결 또는 모집에 종사하는 자가 기존보험계약이 소멸된 날로부터 (   ) 이내에 새로운 보험계약을 청약하거나 새로운 보험계약을 청약하게 한 날로부터 (   ) 이내에 기존보험계약을 소멸하게 하는 행위를 하는 경우, 기존보험계약을 부당하게 소멸시키거나 소멸하게 하는 행위를 한 것으로 본다. 다만, 보험계약자가 기존보험계약 소멸 후 새로운 보험계약 체결시 손해가 발생할 가능성이 있다는 사실을 알고 있음을 자필로 서명하는 등 대통령령으로 정하는 바에 따라 본인의 의사에 따른 행위임이 명백히 증명되는 경우에는 그러하지 아니하다.

① 1개월 ~ 1개월
② 1개월 ~ 3개월
③ 3개월 ~ 3개월
④ 6개월 ~ 6개월

23

☑ 확인Check! ○ △ ✕

보험업법상 보험모집종사자가 보험계약의 체결 또는 모집과 관련하여 보험계약자 등에게 제공할 수 있는 특별이익에 해당하는 것은?

① 기초서류에 정한 사유에 근거하지 아니한 보험료의 할인 또는 수수료의 지급
② 보험계약자나 피보험자를 위한 보험료의 대납
③ 보험계약자나 피보험자가 해당 보험회사로부터 받은 대출금에 대한 이자의 대납
④ 보험계약 체결시부터 최초 1년간 납입되는 보험료의 100분의 10과 3만원(보험계약에 따라 보장되는 위험을 감소시키는 물품의 경우에는 20만원) 중 적은 금액의 지급

24

보험업법상 고객을 직접 응대하는 직원을 고객의 폭언이나 성희롱 폭행 등(이하 "폭언 등" 이라 함)으로부터 보호하기 위하여 보험회사가 취해야 할 보호 조치 의무에 해당하지 않는 것은?

① 직원의 폭언 등이 관계 법률의 형사처벌 규정에 위반된다고 판단되는 경우 당해 직원의 요청과 상관없이 관할 수사기관 등에 고발
② 고객의 폭언 등을 예방하거나 이에 대응하기 위한 직원의 행동요령 등에 대한 교육 실시
③ 고객의 폭언 등이 관계 법률의 형사처벌 규정에 위반되지 아니하나, 그 행위로 피해를 입은 직원의 피해정도 및 그 직원과 다른 직원에 대한 장래 피해발생 가능성 등을 고려하여 필요하다고 판단되는 경우 관할 수사기관 등에 필요한 조치 요구
④ 직원이 직접 폭언 등의 행위를 한 고객을 관할 수사기관 등에 고소, 고발, 손해배상 청구 등의 조치를 하는데 필요한 행정적, 절차적 지원

25

보험업법상 간단손해보험대리점이 준수해야 할 사항이 아닌 것은?

① 소비자에게 재화 또는 용역의 판매·제공·중개를 조건으로 보험가입을 강요하지 아니할 것
② 판매·제공·중개하는 재화 또는 용역과 별도로 소비자가 보험계약을 체결 또는 취소하거나 보험계약의 피보험자가 될 수 있는 기회를 보장할 것
③ 재화·용역을 구매하면서 동시에 보험계약을 체결하는 경우와 보험계약만 체결하는 경우간에 보험료, 보험금의 지급조건 및 보험금의 지급규모 등에 차이가 발생하지 않도록 할 것
④ 보험계약자에게 피보험이익이 없으면서 보험계약자가 보험료 전부를 부담하는 단체보험계약을 체결하는 경우 사전에 서면, 문자메세지, 전자우편 또는 팩스 등의 방법으로 보험업법에서 정하는 내용이 포함된 안내자료를 피보험자가 되려는 자에게 제공할 것

26

보험업법상 금융기관보험대리점 등이 모집을 할 때 금지되는 행위가 아닌 것은?

① 보험업법 시행령 제40조 제4항에 따라 모집에 종사하는 자로 하여금 보험상품 구입에 대한 상담 또는 소개를 하게 하거나 상담 또는 소개의 대가를 지급하는 행위

② 대출 등 해당 금융기관이 제공하는 용역(이하 "대출 등" 이라 함)을 받은 자의 동의를 미리 받지 아니하고 보험료를 대출 등의 거래에 포함시키는 행위

③ 해당 금융기관의 점포 외의 장소에서 모집을 하는 행위

④ 모집과 관련이 없는 금융거래를 통하여 취득한 개인정보를 미리 그 개인의 동의를 받지 아니하고 모집에 이용하는 행위

27

보험업법상 보험회사는 취급하려는 보험상품에 관한 기초서류를 작성하고 일정한 경우 금융위원회에 신고해야 하는데 이에 관한 설명으로 옳은 것은?

① 금융위원회는 보험회사로부터 기초서류의 신고를 받은 경우 그 내용을 검토하여 이 법에 적합하더라도 대통령령이 정하는 바에 따라 신고의 수리를 거절할 수 있다.

② 금융위원회는 보험회사가 신고한 기초서류의 내용이 보험요율 산출의 원칙을 위반하는 경우에는 대통령령으로 정하는 바에 따라 기초서류의 변경을 명할 수 있다.

③ 금융위원회는 보험회사가 기초서류를 신고할 때 필요하면 금융감독원의 확인을 받도록 할 수 있다.

④ 금융위원회는 보험회사가 기초서류를 신고하는 경우 보험료 및 해약환급금 산출방법서에 대하여 보험요율산출기관 또는 독립계리업자의 검증확인서를 첨부하도록 해야 한다.

28

보험업법상 다음의 보기 중 보험상품공시위원회의 위원 가운데 보험협회의 장의 위촉이 필요하지 않은 당연직 위원은 모두 몇 명인가?

> 가. 금융감독원 상품담당 부서장
> 나. 보험협회의 상품담당 임원
> 다. 보험요율산출기관의 상품담당 임원
> 라. 보험회사의 상품담당 임원
> 마. 보험회사의 선임계리사
> 바. 소비자단체에서 추천하는 사람

① 2명
② 3명
③ 4명
④ 5명

29

보험업법상 금융위원회의 명령권으로서 다음 보기의 (   )에 공통으로 들어가는 조치는?

> 금융위원회는 보험회사의 업무 및 자산상황, 그 밖의 사정변경으로 공익 또는 보험계약자의 보호와 보험회사의 건전한 경영을 크게 해칠 우려가 있는 경우, 청문을 거쳐 (   ) 또는 그 사용의 정지를 명할 수 있다. 다만, 대통령령으로 정하는 경미한 사항에 관하여 (   )을(를) 명하는 경우에는 청문을 하지 아니할 수 있다.

① 업무집행방법의 변경
② 불건전한 자산에 대한 적립금의 보유
③ 기초서류의 변경
④ 가치가 없다고 인정되는 자산의 손실처리

30

보험업법상 보험회사에 대한 금융위원회의 제재로서 다음 보기의 (   )에 들어가는 조치로 옳은 것은?

> 금융위원회는 보험회사(그 소속 임직원을 포함한다)가 이 법 또는 이 법에 따른 규정·명령 또는 지시를 위반하여 보험회사의 건전한 경영을 해치거나 보험계약자, 피보험자, 그 밖의 이해관계인의 권익을 침해할 우려가 있다고 인정되는 경우에는 금융감독원장으로 하여금 (   )의 조치를 하게 할 수 있다.

① 해당 위반행위에 대한 시정명령
② 6개월 이내의 영업의 일부정지
③ 보험회사에 대한 주의·경고 또는 그 임직원에 대한 주의·경고·문책의 요구
④ 임원의 해임권고·직무정지

31

보험업법상 보험회사는 일정한 사유가 발생한 경우에는 그 사유가 발생한 날부터 5일 이내에 금융위원회에 보고해야 하는데 이러한 사유에 해당하지 않는 것은?

① 자본금 또는 기금을 감액한 경우
② 조세 체납 처분을 받거나 조세에 관한 법령을 위반하여 형벌을 받은 경우
③ 보험회사의 주주 또는 주주였던 자가 제기한 소송의 당사자가 된 경우
④ 대주주가 소유하고 있는 주식 총수가 의결권 있는 발행주식 총수의 100분의 1 이상만큼 변동된 경우

32

보험업법상 보험요율산출기관에 관한 설명으로 옳은 것은?

① 보험요율산출기관은 보험회사가 적용할 수 있는 순보험요율을 산출하여 금융위원회에 신고하여야 한다.
② 보험회사는 이 법에 따라 금융위원회에 제출하는 기초서류를 보험요율산출기관으로 하여금 확인하게 할 수 있다.
③ 보험요율산출기관은 이 법 또는 이 법에 따른 명령에 특별한 규정이 없으면 「민법」 중 재단법인에 관한 규정을 준용한다.
④ 보험요율산출기관이 그 업무와 관련하여 정관으로 정하는 바에 따라 보험회사로부터 수수료를 받기 위해서는 금융위원회의 승인이 있어야 한다.

33

보험업법상 보험회사의 합병에 관한 설명으로 옳지 않은 것은?

① 상호회사와 주식회사가 합병하는 경우에는 이 법 또는 「상법」의 합병에 관한 규정에 따른다.

② 보험회사가 합병을 결의한 경우에는 그 결의를 한 날부터 2주 이내에 합병계약의 요지와 각 보험회사의 재무상태표를 공고하여야 한다.

③ 상호회사가 다른 보험회사와 합병하는 경우에 합병 후 존속하는 보험회사는 상호회사이어야 하지만, 합병하는 보험회사의 한 쪽이 주식회사인 경우에는 합병 후 존속하는 보험회사는 주식회사로 할 수 있다.

④ 보험회사는 합병을 하는 경우에는 7일 이내에 그 취지를 공고해야 하지만, 합병을 하지 아니하게 된 경우에는 그러하지 아니하다.

34

보험업법상 보험회사의 청산에 관한 설명으로 옳지 않은 것은?

① 보험회사가 파산으로 해산한 경우에는 금융위원회가 청산인을 선임한다.

② 금융위원회는 감사, 3개월 전부터 계속하여 자본금의 100분의 5 이상의 주식을 가진 주주, 100분의 5 이상의 사원 중 어느 하나의 청구에 따라 청산인을 해임할 수 있다.

③ 보험회사는 해산을 명하는 재판으로 해산한 경우에는 보험금 지급사유가 해산한 날부터 3개월 이내에 발생한 경우에만 보험금을 지급하여야 한다.

④ 보험회사는 보험업의 허가취소로 해산한 경우 해산한 날부터 3개월의 기간이 지난 후에는 피보험자를 위하여 적립한 금액이나 아직 지나지 아니한 기간에 대한 보험료를 되돌려주어야 한다.

35

보험업법상 손해사정을 업으로 하려는 법인의 영업기준에 관한 설명으로 옳지 않은 것은?

① 2명 이상의 상근 손해사정사를 두어야 하며, 총리령으로 정하는 손해사정사의 구분에 따라 수행할 업무의 종류별로 1명 이상의 상근 손해사정사를 두어야 한다.

② 지점 또는 사무소를 설치하려는 경우에는 각 지점 또는 사무소별로 총리령으로 정하는 손해사정사의 구분에 따라 수행할 업무의 종류별로 1명 이상의 손해사정사를 두어야 한다.

③ 상근 손해사정사의 인원에 결원이 생긴 기간이 2개월의 기간을 초과하는 경우에도 금융위원회의 승낙이 있으면 그 기간 동안 손해사정업무를 할 수 있다.

④ 손해사정업의 등록일부터 1개월 내에 업무를 시작해야 하지만, 불가피한 사유가 있다고 금융위원회가 인정하는 경우에는 그 기간을 연장할 수 있다.

36

보험업법상 선임계리사의 임면에 관한 설명으로 옳지 않은 것은?

① 선임계리사를 해임하려는 경우에는 선임계리사의 해임 전에 이사회의 의결을 거쳐 금융위원회에 신고해야 하지만, 외국보험회사의 국내지점의 경우에는 이사회의 의결을 거치지 아니할 수 있다.

② 보험회사는 선임계리사가 업무정지 명령을 받은 경우에는 업무정지 기간 중 그 업무를 대행할 사람을 선임하여 금융위원회에 보고하여야 한다.

③ 금융위원회는 선임계리사가 그 직무를 게을리 하거나 직무를 수행하면서 부적절한 행위를 하였다고 인정되는 경우에는 6개월 이내의 기간을 정하여 업무의 정지를 명하거나 해임하게 할 수 있다.

④ 보험회사가 선임계리사를 선임한 경우에는 금융위원회의 해임 요구가 있는 때에도 그 선임일이 속한 사업연도의 다음 사업연도부터 연속하는 3개 사업연도가 끝나는 날까지 그 선임계리사를 해임할 수 없다.

37

보험업법상 선임계리사는 수행할 수 없고, 보험계리사 및 보험계리업자만 수행할 수 있는 업무는?

① 기초서류 내용의 적정성에 관한 사항
② 잉여금의 배분·처리 및 보험계약자 배당금의 배분에 관한 사항
③ 지급여력비율 계산 중 보험료 및 책임준비금과 관련된 사항
④ 상품 공시자료 중 기초서류와 관련된 사항

38

보험업법상 손해사정업자의 업무 등에 관한 설명으로 옳은 것은?

① 보험회사가 출자한 손해사정법인에 소속된 손해사정사는 그 출자한 보험회사가 체결한 보험계약에 관한 보험사고에 대하여 손해사정을 할 수 없다.

② 보험회사로부터 손해사정업무를 위탁받은 손해사정업자는 손해사정서에 피보험자의 건강정보 등 「개인징보호법」에 따른 민감정보가 포함된 경우 보험회사의 동의를 받아야 한다.

③ 금융위원회는 손해사정업자가 그 업무를 할 때 고의 또는 과실로 타인에게 손해를 발생하게 한 경우 그 손해의 배상을 보장하기 위하여 손해사정업자에게 보험협회가 지정하는 기관에의 자산 예탁, 보험 가입, 그 밖에 필요한 조치를 하게 할 수 있다.

④ 보험회사로부터 손해사정업무를 위탁받은 손해사정업자는 손해사정업무를 수행한 후 손해사정서를 작성한 경우에 지체 없이 서면, 문자메시지, 전자우편, 팩스 또는 이와 유사한 방법에 따라 보험회사, 보험계약자, 피보험자 및 보험금청구권자에게 손해사정서를 내어 주고 그 중요한 내용을 알려주어야 한다.

39

보험업법상 보험회사의 자료 제출 및 검사에 관한 설명으로 옳지 않은 것은?

① 보험회사는 그 업무 및 자산상황에 관하여 금융감독원의 검사를 받아야 한다.

② 금융감독원장은 공익 또는 보험계약자 등을 보호하기 위하여 보험회사에 이 법에서 정하는 감독업무의 수행과 관련한 주주 현황, 그 밖에 사업에 관한 보고 또는 자료 제출을 명할 수 있다.

③ 금융감독원장은 보험회사의 업무 및 자산상황에 관하여 검사를 한 경우에는 그 결과에 따라 필요한 조치를 하고, 그 내용을 금융위원회에 보고하여야 한다.

④ 금융감독원장은 「주식회사 등의 외부감사에 관한 법률」에 따라 보험회사가 선임한 외부감사인에게 그 보험회사를 감사하여 알게 된 정보나 그 밖에 경영건전성과 관련되는 자료의 제출을 요구할 수 있다.

40

보험업법상 보험협회의 장이 수행하는 민감정보 및 고유식별정보의 처리와 관련하여 다음 보기의 (   ) 에 들어갈 사무는?

> 보험협회의 장은 일정한 사무를 수행하기 위하여 불가피한 경우 「개인정보보호법」 제23조에 따른 건강에 관한 정보, 같은 법 시행령 제19조에 따른 주민등록번호, 여권번호, 운전면허의 면허번호 또는 외국인등록번호가 포함된 자료를 처리할 수 있다. 다만, (   )의 경우에는 「개인정보보호법」 제23조에 따른 건강에 관한 정보 및 같은 법 시행령 제19조에 따른 운전면허의 면허번호가 포함된 자료는 제외한다.

① 포상금 지급에 관한 사무

② 차량수리비 실태 점검에 관한 사무

③ 보험금 지급 및 자료 제출 요구에 관한 사무

④ 보험설계사 및 개인보험대리점의 모집 경력 수집 · 관리 · 제공에 관한 사무

01

☑ 확인Check! ○ △ ✕

상법 제663조(보험계약자 등의 불이익변경금지)에 관한 설명으로 옳은 것은?(다툼이 있는 경우 판례에 의함)

① 보험계약자가 보험증권 멸실로 인하여 증권의 재교부를 청구하는 경우 증권작성의 비용을 보험자가 부담한다는 약관조항은 보험계약자 등의 불이익변경금지에 해당한다.

② 어선공제는 해상보험과 유사하므로 어선공제약관은 보험계약자 등의 불이익변경금지 원칙의 적용 대상에 해당하지 않는다.

③ 판례는 기업보험과 가계보험을 구분하는 기준을 보험계약자의 종류에서 구하고 있다.

④ 항공기기체보험에서 고지의무위반시 계약해지권 행사기간을 계약 체결일로부터 5년으로 규정한 약관조항은 불이익변경금지에 해당된다.

02

☑ 확인Check! ○ △ ✕

보험계약에 관한 설명으로 옳지 않은 것은?

① 보험계약의 체결은 별도의 형식을 필요로 하지 않는다.

② 보험계약은 부합계약성을 띤다.

③ 보험계약이 성립하기 위해서는 보험증권의 교부가 필요하다.

④ 보험자의 책임개시는 보험료의 납입을 전제로 하는 것이 원칙이다.

03

보험의 목적에 관한 설명으로 옳지 않은 것은?

① 개별물건과 집합물건은 보험의 목적이 될 수 있다.
② 인보험에서 피보험자는 자연인이어야 한다.
③ 지식재산권은 손해보험의 대상이 될 수 없다.
④ 보험의 목적은 보험사고의 대상을 의미하므로 보험계약을 체결하는 목적과는 구별된다.

04

소급보험에 관한 설명으로 옳은 것은?

① 보험계약자가 소급기간 내에 사고가 발생한 것을 알고서 계약을 체결한 경우라도 보험계약의 효력은 발생한다.
② 소급보험의 경우 보험료 선급의 원칙이 적용되지 않는다.
③ 소급보험은 보험계약기간이 보험기간보다 장기이다.
④ 소급보험은 보험계약의 성립 이전의 일정한 시기를 보험기간의 시기로 한다.

05

보험자의 보험약관에 대한 설명의무의 대상에 해당하는 것을 모두 고른 것은?(다툼이 있는 경우 판례에 의함)

> 가. 상해보험에서 외과적 수술, 그 밖의 의료처치로 인한 손해를 보장하지 아니한다는 내용의 면책 규정
> 나. 업무용 자동차보험에 있어서 피보험자동차의 양도에 관한 통지의무 규정
> 다. 상해보험에서 기왕장해에 대한 감액 규정
> 라. 화물자동차 운수사업에 따라 반드시 가입하여야 하는 적재물배상책임보험약관에서 차량이 육상운송과정이 아닌 선박으로 해상구간을 이동하는 경우의 사고는 보험사고에서 제외된다는 규정
> 마. 주택보증보험계약에서 입주자 모집공고 승인이 취소된 경우 보증계약을 취소하고 잔여 보증기간에 대한 보증료를 환불한다는 규정
> 바. 연금보험에서 연금액의 변동가능성에 관한 규정

① 가, 나, 다
② 가, 다, 바
③ 나, 마, 바
④ 다, 마, 바

06

☑ 확인Check! ○ △ ✕

보험약관의 설명의무위반의 효과에 관한 설명으로 옳은 것은?(다툼이 있는 경우 판례에 의함)

① 보험자가 보험약관의 설명의무에 위반하여 보험계약을 체결한 때 보험계약자가 그 약관에 규정된 고지의무를 위반한 경우 보험자는 이를 이유로 보험계약을 해지할 수 있다.

② 보험자가 약관의 설명의무를 위반한 경우 보험계약자는 일정한 기간 내에 보험계약을 해제할 수 있다.

③ 보험자의 보험약관 설명의무위반시 보험계약자가 보험계약을 취소하지 않았다고 하더라도 그 위반의 하자가 치유되는 것은 아니다.

④ 보험자가 보험계약자에게 설명하여야 할 부분은 약관전체를 의미한다.

07

☑ 확인Check! ○ △ ✕

보험계약자 등의 고지의무에 관한 설명으로 옳지 않은 것은?(다툼이 있는 경우 판례에 의함)

① 보험자가 서면으로 질문한 사항은 중요한 사항으로 추정한다.

② 현저한 부주의로 중요한 사항임을 알지 못한 것에 대하여도 고지의무위반이 된다.

③ 고지의무위반으로 인하여 해지하는 경우 인보험자는 보험수익자를 위하여 적립한 금액을 지급하여야 한다.

④ 다른 사정이 없는 한 보험자가 보험수익자에게 해지의 통지를 한 경우 그 효력이 있다.

08

☑ 확인Check! ○ △ ✕

보험료의 감액 또는 증액 청구에 관한 설명으로 옳은 것은?

① 보험기간 중 특별하게 예기한 위험이 소멸한 경우라도 보험계약자는 보험료의 감액을 청구할 수 없다.

② 손해보험계약에서 보험금액이 보험가액을 현저하게 초과하거나 보험가액이 보험기간 중에 현저하게 감소된 경우 보험계약자만이 보험료의 감액을 청구할 수 있다.

③ 보험기간 중에 사고발생의 위험이 현저하게 변경·증가된 경우에는 보험자는 그 사실을 안 날로부터 1월 내에 보험료의 증액을 청구할 수 있다.

④ 보험사고가 발생하기 전에 보험계약자는 언제든지 보험료의 감액을 청구하거나 보험계약을 해지할 수 있다.

09

보험계약상 보험료의 지급지체의 효과에 관한 설명으로 옳은 것은?

① 해지예고부 최고는 보험료의 부지급을 정지조건으로 하여 미리 해지의 의사표시를 하는 것이다.
② 보험료의 지급기일이 도래하기 전에 보험료의 지급에 관한 안내장을 보험계약자에게 보내는 것은 상법상 최고로서의 효력이 있다.
③ 해지예고부 최고를 일반우편으로 송부하는 것으로 그 우편물이 보험계약자 측의 주소지에 도달하였다고 추정할 수 있다.
④ 계약이 성립한 후 보험계약자가 제1회 보험료를 미지급한 경우 이를 이유로 계약을 해지하기 위해서는 이행의 최고를 요건으로 한다.

10

타인을 위한 보험계약에 관한 설명으로 옳은 것은?

① 타인을 위한 보험계약의 경우 타인은 보험계약자의 동의 없이는 보험금청구권을 행사할 수 없다.
② 타인을 위한 손해보험의 경우 타인의 위임이 없는 때에는 보험계약자는 이를 보험자에게 고지하지 않아도 된다.
③ 보험계약자가 보험료의 지급을 지체한 때에는 보험수익자는 그 권리를 포기하지 아니하는 한 보험료를 지급할 의무가 있다.
④ 타인을 위한 인보험의 경우 그 타인을 구체적으로 특정하여야 한다.

11

계약 성립 전에 보험사고가 발생한 경우 보험계약의 청약자를 보호하기 위한 상법 제638조의2의 규정에 관한 설명으로 옳은 것은?

① 승낙기간의 경과 전에 보험사고가 발생한 경우에는 보험자의 승낙이 의제되지 않는다.
② 약관상 청약철회규정을 둔 경우에 보험계약자가 청약을 철회하더라도 보험자는 낙부통지의무를 부담한다.
③ 신체검사가 필요한 인보험계약의 경우에는 신체검사를 받은 날부터 통지기간이 기산된다.
④ 승낙기간의 경과로 보험자의 승낙이 의제되기 위해서는 보험계약자와 보험자간에 상시 거래관계를 요건으로 한다.

12

보험사고발생의 현저한 변경 또는 증가에 해당하지 않는 것은?(다툼이 있는 경우 판례에 의함)

① 자동차보험계약 체결 후 피보험자동차의 구조가 현저히 변경된 경우
② 화재보험의 목적인 공장건물에 대한 근로자의 점거, 농성이 장기간 계속되고 있는 경우
③ 화재보험계약 체결 후에 건물의 구조와 용도에 상당한 변경을 가져오는 증·개축 공사를 시행한 경우
④ 영업용 자동차보험계약에서 보험가입자인 렌터카회사가 피보험차량을 지입차주로 하여금 렌터카회사의 감독을 받지 않고 독자적으로 렌터카 영업을 하도록 허용한 경우

13

A와 B에 들어갈 것을 모은 것으로 옳은 것은?

> 보험료청구권은 (A)년간, 보험금청구권은 (B)년간 행사하지 아니하면 시효의 완성으로 소멸한다.

① A : 1, B : 3
② A : 2, B : 3
③ A : 3, B : 3
④ A : 3, B : 2

14

다음 설명 중 옳지 않은 것은?(다툼이 있는 경우 판례에 의함)

① 상해보험에 가입한 피보험자가 오토바이 운행사실을 알리지 않은 것은 상법상 위험변경·증가시의 통지의무위반에 해당한다고 명시한 약관조항은 법령에 정해진 것을 되풀이한 것에 불과하므로 보험자는 해당 약관조항에 대하여 설명할 의무가 없다.
② 장해분류표에서 "심한 추간판탈출증"을 "추간판을 2마디 이상 수술하고 … 하지의 현저한 마비 또는 대소변의 장해가 있는 경우"라고 정의한 경우 피보험자가 추간판을 2마디 이상 수술하였다는 사정만으로 "심한 추간판탈출증"에 해당한다고 본 것은 잘못이다.
③ 보험계약자가 보험금부정취득 목적으로 체결한 다수보험 계약이 선량한 풍속 기타 사회질서에 반하여 무효인 경우 보험자의 지급보험금에 대한 부당이득반환청구권의 소멸시효는 5년이다.
④ 모텔 투숙객의 방에서 화재가 발생한 경우, 객실의 지배는 투숙객이 아닌 숙박업자에게 있으므로 발생원인이 불명한 화재로 인하여 객실에 발생한 손해는 숙박업자에게 귀속되고, 숙박업자에게 보험금을 지급한 보험자가 투숙객의 배상책임보험자에게 구상권을 행사할 수는 없다.

15

다음 설명 중 옳지 않은 것은?(다툼이 있는 경우 판례에 의함)

① 피보험자가 소형트럭 차량 운행 중 비가 내리자 시동을 켠 채 운전석 지붕에 올라가 적재함에 방수비닐을 덮다가 미끄러져 추락하는 사고로 후유장해를 입은 경우 피보험자동차의 운행으로 인한 자기신체사고로 보아야 한다.

② 원인불명의 화재사고에서, 화재로 인한 임차인의 임차목적물 부분의 손해에 대하여는 임차인이 귀책사유가 없음을 입증하여야 한다.

③ 원인불명의 화재사고에서, 화재가 임차목적물에서 발생하여 임차하지 않은 목적물까지 타버린 경우에 임차하지 않은 부분의 손해에 대하여는 임대인에게 입증책임이 있다.

④ 보험자는 이른바 임의비급여 진료를 받은 피보험자들에게 지급한 보험금에 대하여 해당 진료비를 받은 병원을 상대로 채권자대위소송을 통해 부당이득반환을 받을 수 있다.

16

자기신체사고보험 및 자동차상해보험특약에 관한 설명으로 옳지 않은 것은?(다툼이 있는 경우 판례에 의함)

① 자기신체사고보험은 '인보험'의 일종이다.

② 자동차상해보험 중 피보험자가 상해의 결과 사망하여 사망보험금 항목의 보험금이 지급되어도 그 부분이 생명보험이 되는 것은 아니다.

③ 음주운전면책조항은 자기신체사고보험에서 유효한 것과 달리 피해자의 구제를 강조하는 자동차상해보험특약에서는 무효이다.

④ 자동차상해보험특약은 자동차종합보험의 자기신체사고보험을 대체하여 피보험자가 보상받는 것을 주된 목적으로 한다.

17

☑ 확인Check! ○ △ ✕

복수의 무보험자동차 상해보험이 중복보험에 해당하는 경우의 구상관계에 관한 설명으로 옳지 않은 것은?(다툼이 있는 경우 판례에 의함)

① 중복보험의 합계금의 총액이 피보험자가 입은 하나의 사고로 인한 손해액을 초과하는 경우 보험자는 각자의 보험금액 한도에서 '부진정' 연대책임을 지고, 각 보험자는 각자의 보험금액에 따른 보상책임을 진다.

② 중복보험자 가운데 하나가 단독으로 피보험자에게 보험약관에서 정한 보험금 지급기준에 따라 정당하게 산정된 보험금을 지급하였다면 다른 보험자를 상대로 각자의 보험금액비율에 따른 분담금의 지급을 청구할 수 있다.

③ 단독으로 보험금을 지급한 보험자는 당사자간에 보험자대위에 동의하는 약정이 있는 때에 한하여 피보험자의 권리를 해하지 아니하는 범위 안에서 그 권리를 대위하여 행사할 수 있다.

④ 단독으로 보험금을 지급한 보험자는 보험자대위청구권과 중복보험 분담금청구권이 그 요건을 모두 갖춘 경우라도 분담금청구권을 먼저 행사하여야 한다.

18

☑ 확인Check! ○ △ ✕

상법상 피보험이익에 관한 설명으로 옳은 것은?(다툼이 있는 경우 통설·판례에 의함)

① 보험계약의 유효를 전제로 보험료를 받은 보험자가, 보험사고발생 후에 비로소 피보험이익이 없다는 이유로 보험계약의 무효를 주장하여도 특별한 사정이 없는 한 신의칙위반은 아니다.

② 창고보험처럼 보험기간 중에 물건의 수시교체가 이루어지는 총괄보험의 경우는 사고발생시에도 피보험이익의 객체를 확정할 수 없지만 화재나 도난에 대한 대비책으로 적법한 보험제도이다.

③ 피보험이익은 보험계약 성립의 절대적 요건이므로 피보험이익이 없어 보험계약이 무효가 되는 경우라면 보험자는 보험계약자에게 고의가 있어도 보험료를 반환하여야 한다.

④ 조건부이익은 보험계약 체결시에 확정할 수 있어야 피보험이익으로 인정된다는 점에서 장래의 이익과 다르다.

19

상법상 일부보험에 관한 설명으로 옳지 않은 것은?

① 당사자간에 다른 약정이 없는 때에는 보험자는 보험금액의 보험가액에 대한 비율에 따라 보상할 책임을 진다.

② 분손의 경우에 다른 약정이 없는 때에는 손해액에 부보비율을 곱하여 산출되는 금액을 지급한다.

③ 보험계약 체결 이후 보험의 목적의 물가 상승으로 보험금액이 보험가액에 미달하는 자연적 일부보험의 경우는 일부보험으로 다룰 수 없다는 견해가 있다.

④ 비율보험에는 일부보험에 관한 상법 규정이 준용된다.

20

다음 중 옳지 않은 것은?(다툼이 있는 경우 통설 · 판례에 의함)

① 손해보험사고의 발생에 보험계약자 등의 고의 또는 중과실이 있는 경우 보험자가 면책되지만 상법에 보험사고에 대한 과실상계조항은 없다.

② 손해보험계약상 보험계약자와 피보험자의 손해방지와 경감의무위반의 효과에 대하여 상법은 규정하는 바 없다.

③ 이득금지원칙의 취지에 따라, 보험자가 보상할 손해는 손익상계가 이루어진 후의 금액이다.

④ 약관에서 보험계약자 등이 고의로 손해방지의무를 위반하여 손해를 증가시킨 경우에 이를 배상하도록 규정한다면 이는 보험계약자 등의 불이익변경금지원칙에 따라 무효이다.

21

보험가액 불변동주의와 무관한 것은?

① 운송보험

② 신가보험

③ 선박보험

④ 적하보험

22

보증보험에 관한 설명으로 옳지 않은 것은?

① 보험기간을 주계약의 하자담보책임기간과 동일하게 정한 경우 특단의 사정이 없으면 하자담보기간 내에 발생한 하자에 대하여는 비록 보험기간이 종료된 후에 보험사고가 발생하였다고 하여도 보증보험자가 책임을 진다.

② 보증보험은 언제나 타인을 위한 보험계약으로서, 보험자가 계약을 해지할 때에는 보험약관에 별도의 정함이 없는 한 피보험자가 아니라 보험계약자에 대하여 해지권을 행사하여야 한다.

③ 보증보험은 그 실질이 민법의 보증이므로 보증보험계약에 관하여는 보증채무에 관한 민법의 규정을 모두 준용한다.

④ 보증보험의 보험사고는 보험계약자의 고의 또는 과실을 전제로 하는 불법행위 또는 채무불이행 등으로 발생하는 것이므로 보험자가 면책되지 아니하나, 피보험자의 고의사고의 경우에는 보험자가 면책된다.

23

잔존물대위와 보험위부를 설명한 것으로 옳지 않은 것은?

① 잔존물대위는 보험의 목적에 현실전손이 발생하여야 하며, 손해에 대하여 전부 보상한 보험자가 법률상 당연히 대위권을 취득한다.

② 보험위부는 피보험자의 특별한 의사표시가 있어야 하며, 위부권은 형성권이다.

③ 잔존물대위와 달리 보험위부는 해상보험에서 인정되며, 두 가지 모두 인보험에 적용될 수 없다.

④ 보험자가 위부를 승인하지 아니한 때에도 피보험자는 위부의 원인을 증명하지 않고 보험금액의 지급을 청구할 수 있다.

24

해상보험에 관한 설명으로 옳은 것은?

① 선박이 정당한 사유 없이 보험계약에서 정한 항로를 이탈한 경우라도 손해발생 전에 원항로로 돌아온 경우에는 보험자는 그 후에 발생한 보험사고에 대하여 보상하여야 한다.

② 적하를 보험에 붙인 경우에 보험계약자 또는 피보험자의 책임 있는 사고로 인하여 선박을 변경한 때에는 그 변경 후의 사고에 대하여 책임을 지지 아니한다.

③ 항해 도중에 불가항력으로 보험의 목적인 적하를 매각한 때에는 매수인이 그 대금을 지급하는 한 보험자는 따로 보상할 책임이 없다.

④ 보험자는 보험의 목적의 안전이나 보존을 위하여 지급할 특별비용이 보험금액의 한도를 넘더라도 보상할 책임이 있다.

25

다음 빈칸에 들어갈 것을 모은 것으로 옳은 것은?

> 선박의 존부가 (　　) 분명하지 아니한 때에는 그 선박의 행방이 불명한 것으로 한다. 이 경우에는 (　　)으로
> (　　)한다.

① 2월간 – 분손 – 추정
② 2월간 – 전손 – 추정
③ 3월간 – 분손 – 간주
④ 3월간 – 전손 – 간주

26

방어비용에 관한 설명 중 옳지 않은 것은?(다툼이 있는 경우 판례에 의함)

① 피보험자가 피해자인 제3자의 청구를 방어하기 위하여 지출한 재판상 또는 재판 외의 필요비용은 보험의 목적에 포함된 것으로 하며, 피보험자는 그 선급을 청구할 수 있다.
② 피보험자가 담보의 제공 또는 공탁으로써 재판의 집행을 면할 수 있는 경우에는 보험자에 대하여 보험금액의 한도 내에서 그 담보의 제공 또는 공탁을 청구할 수 있다.
③ 재판 또는 담보제공행위가 보험자의 지시에 의한 것인 경우에는 그 금액에 손해액을 가산한 금액이 보험금액을 초과하는 때에도 보험자가 이를 부담하여야 한다.
④ 방어비용에 관한 상법 규정은 임의규정으로서 약관에서 어떤 경우에나 피보험자의 방어비용을 전면적으로 부정하는 것으로 해석되는 규정을 두는 것도 가능하다.

27

책임보험계약상 피해자의 직접청구권에 관한 설명으로 옳지 않은 것은?

① 직접청구권을 인정한 상법 제724조 제2항은 강행규정이므로 직접청구권을 부인하거나 그 행사를 어렵게 하는 약관조항은 무효이다.
② 피해자는 피보험자에 대한 손해배상청구권을 전제로 직접청구권을 가지므로 직접청구권은 부종성이 있으며, 보험자는 피해자에게 책임관계상 항변을 원용할 수 있다.
③ 피해자가 피보험자로부터 배상을 받지 못한 상태에서 보험자가 보험금을 임의로 지급한 경우에 그 지급 자체는 유효하고 보험자는 피해자에게 보험금 지급 사실을 들어 항변할 수 있다.
④ 다수의 피해자가 존재하고 총 피해액의 합계가 책임보험 한도액을 초과하는 경우, 다수의 직접청구권자들 사이에는 권리의 우선순위가 없으므로 피해자 각자가 자기 권리의 전부를 주장할 수 있고, 보험자는 누구에게라도 유효한 변제를 할 수 있다.

28

동일인이 다수의 생명보험계약을 체결한 경우 그 사실에 대한 고지 또는 통지에 관한 설명으로 옳지 않은 것은?(다툼이 있는 경우 판례에 의함)

① 보험자가 생명보험계약을 체결하면서 다른 보험계약의 존재 여부를 청약서에 기재하여 질문하였다고 하더라도 다른 보험계약의 존재 여부는 고지의무의 대상이 아니다.

② 생명보험계약을 체결한 후 다른 생명보험계약을 다수 가입하였다는 사정만으로 보험계약자 또는 피보험자에게 위험변경증가에 대한 통지의무가 있다고 볼 수 없다.

③ 보험계약 체결 후 동일한 위험을 담보하는 보험계약을 체결할 경우에 이를 통지하도록 하고, 이 통지의무를 위반한 경우에 보험자는 그 보험계약을 해지할 수 있다는 약정은 유효하다.

④ 보험자가 다른 보험계약의 존재 여부에 관한 고지의무위반을 이유로 보험계약을 해지하려면 보험계약자 또는 피보험자가 다른 보험계약의 존재를 알고 있는 것 외에 그것이 고지를 요하는 중요한 사항에 해당한다는 사실을 알고도 또는 중대한 과실로 알지 못하여 고지의무를 다하지 아니한 사실을 입증하여야 한다.

29

약관대출과 계약자배당에 관한 설명으로 옳지 않은 것은?(다툼이 있는 경우 판례에 의함)

① 약관대출금은 보험자가 장래에 지급할 보험금이나 해지환급금을 미리 지급하는 선급금과 같은 성격이다.

② 약관대출계약은 보험계약과 별개의 독립계약이 아니라, 보험계약과 일체를 이루는 하나의 계약이다.

③ 계약자배당금은 보험료산정에 있어 예정기초율과 실제와의 차이에서 발생하는 잉여금을 정산, 환원하는 것으로서 주주에게 배당하는 이익배당과 구별된다.

④ 사차익, 이차익, 비차익 등 이원(利源)별로 발생한 이익이 있다면 보험계약자에게 구체적인 계약자배당청구권이 당연히 발생한다.

30

甲은 남편 乙을 피보험자로, 아들 丙을 보험수익자로 하는 생명보험계약을 보험자와 체결하였다. 이 보험계약의 보험수익자에 관한 설명으로 옳지 않은 것은?(다른 약정이나 가정은 전제하지 않고, 상법 제733조만 적용함)

① 甲이 丙을 보험수익자로 지정하고 변경권을 행사하지 아니하고 사망하면 丙의 보험수익자로서의 권리가 확정된다.

② 丙이 보험존속 중에 사망하고, 甲이 재지정권을 행사하지 아니하고 사망하면 丙의 상속인이 보험수익자가 된다.

③ 丙이 보험존속 중에 사망한 때에는 丙의 상속인이 보험수익자가 된다.

④ 丙이 보험존속 중에 사망하고 甲이 재지정권을 행사하기 전에 乙이 사망한 경우에는 丙의 상속인이 보험수익자가 된다.

31

甲은 자신을 피보험자, 남편 乙을 보험수익자로 하는 사망보험계약을 체결하였다. 그 후 보험기간 중에 보험수익자를 법정상속인으로 변경한 후 사망하였다. 이 보험계약에 관한 설명으로 옳은 것은?(다른 약정이 없다고 가정하고, 다툼이 있는 경우 판례에 의함)

① 甲이 보험수익자를 변경하는 행위는 보험자의 동의가 있어야 유효하다.

② 甲이 보험수익자 중 1인의 고의에 의하여 사망하였다면 보험자는 다른 보험수익자에 대한 보험금 지급책임을 면하지 못한다.

③ 보험수익자로 변경·지정된 수인의 법정상속인 중 1인이 보험금청구권을 포기한 경우 그 포기한 부분은 당연히 다른 상속인에게 귀속된다.

④ 甲이 사망할시에 법정상속인이 수인인 경우에 보험금청구권이 보험수익자의 고유재산이므로 각 상속인은 균등한 비율로 보험금청구권을 갖는다.

32

인보험계약에서 담보되는 보험사고에 관한 설명으로 옳지 않은 것은?(다툼이 있는 경우 판례에 의함)

① 암 진단이 확정되어 있음에도 불구하고 암으로 인한 사망을 보험사고로 하여 체결된 보험계약은 보험사고가 확정된 암과 관련하여 발생한 경우에 한하여 보험계약이 무효이다.

② 암 진단의 확정 및 그와 같이 확진이 된 암을 직접적인 원인으로 한 사망을 보험사고의 하나로 하는 보험계약에서 피보험자가 보험계약일 이전에 암 진단이 확정되어 있었던 경우에는 보험계약을 무효로 한다는 약관조항은 유효하다.

③ 부부싸움 중 극도로 흥분되고 불안한 정신적 공황상태에서 베란다 밖으로 몸을 던져서 사망한 경우, 이 사고는 우발적인 우연한 사고다.

④ 상해보험계약에 의하여 담보되는 보험사고의 우연성에 관하여 보험금청구권자에게 그 입증책임이 있다.

33

甲이 남편 乙을 피보험자로, 자신을 보험수익자로 하는 사망보험계약을 체결하였다. 이 과정에서 보험설계사는 약관상의 피보험자의 서면동의조항(상법 제731조)에 관하여 설명하지 않은 채 乙의 동의 없이 서명을 위조하였다. 이 보험계약에 관한 설명으로 옳지 않은 것은?(다툼이 있는 경우 판례에 의함)

① 타인의 사망을 보험사고로 하는 보험계약에 있어서 보험계약 체결시 그 乙의 서면동의를 얻어야 한다는 상법 규정은 강행법규로서 이 규정을 위반한 보험계약은 무효이다.

② 서면동의조항을 위반하여 계약을 체결한 자가 스스로 무효를 주장한다고 해도 이러한 주장이 신의성실의 원칙 또는 금반언의 원칙에 반하는 것은 아니다.

③ 甲이 모집과정에서 보험설계사의 주의의무 해태 내지 불법행위로 인하여, 보험사고에도 불구하고 보험금을 지급받지 못하게 되었다면, 보험자는 보험계약자에게 그 보험금 상당의 손해를 배상할 책임이 있다.

④ 乙이 보험계약 성립 이후에 이 계약을 추인한다면 그 보험계약이 유효하고 甲은 보험사고발생시 보험자에 대하여 보험금청구권을 행사할 수 있다.

34

☑ 확인 Check! ○ △ ✕

생명보험자의 면책사유에 관한 설명으로 옳지 않은 것은?(다툼이 있는 경우 판례에 의함)

① 사망보험계약에서 자살을 면책사유로 규정한 경우, 그 자살은 사망자가 자기의 생명을 끊는다는 것을 의식하고 그것을 목적으로 의도적으로 자기 생명을 절단하여 사망의 결과를 발생케 한 행위를 의미한다.

② 생명보험에서 피보험자가 정신질환 등으로 자유로운 의사 결정을 할 수 없는 상태에서 사망의 결과를 발생케 한 경우에는 보험자는 면책되지 않는다.

③ 보험사고의 발생에 기여한 복수의 원인이 존재하는 경우, 그 중 하나가 피보험자 등의 고의행위임을 주장하여 보험자가 면책되기 위해서는 그 행위가 공동원인의 하나이었다는 점을 증명하면 족하다.

④ 생명보험약관에서 '피보험자가 고의로 자신을 해친 경우'를 보험자의 면책사유로 규정하고 있는 경우, 보험자가 보험금 지급책임을 면하기 위해서는 면책사유에 해당하는 사실을 입증할 책임이 있다.

35

☑ 확인 Check! ○ △ ✕

단체생명보험에 관한 설명으로 옳지 않은 것은?(다툼이 있는 경우 판례에 의함)

① 피보험자가 보험사고 이외의 사고로 사망하거나 퇴직 등으로 단체의 구성원으로서 자격을 상실하면 그에 대한 단체보험계약에 의한 보호는 종료된다.

② 단체보험계약은 단체 구성원이 보험수익자가 되는 타인을 위한 보험계약이어야 한다.

③ 단체규약으로 피보험자 또는 그 상속인이 아닌 자를 보험수익자로 지정한다는 명시적인 정함이 없는 경우, 피보험자의 서면동의 없이 피보험자 또는 그 상속인이 아닌 자를 보험수익자로 지정하였다면 그 지정은 무효이다.

④ 단체보험계약자인 회사의 직원이 퇴사 후 사망하는 보험사고가 발생한 경우, 회사가 그 직원에 대한 보험료를 퇴직 후 계속 납입하였더라도 퇴사와 동시에 단체보험의 피보험자의 지위가 종료되는데 영향을 미치지 아니한다.

36

인보험에서 보험자대위에 관한 설명으로 옳지 않은 것은?(다툼이 있는 경우 판례에 의함)

① 생명보험계약에서는 잔존물대위나 청구권대위가 인정되지 않는다.

② 상해보험계약의 경우 당사자 사이의 약정에 의하여 보험자는 피보험자의 권리를 해하지 않는 범위 안에서 보험사고로 인하여 생긴 보험계약자 또는 보험수익자의 제3자에 대한 권리를 대위하여 행사할 수 있다.

③ 자기신체사고 자동차보험에서 타 차량의 사고로 보험사고가 발생하여 피보험자가 상대 차량 자동차보험에 의한 보상을 받을 수 있는 경우에 약관에 정한 보험금에서 상대 차량 자동차보험 대인배상에서 보상받을 수 있는 금액을 공제한 액수만 지급하기로 한 약정은 결과적으로 보험자대위를 인정하는 것과 같은 결과를 초래하여 효력이 없다.

④ 상해보험의 경우 대위권에 관한 약정이 없는 한, 피보험자가 제3자로부터 손해배상을 받더라도 이에 관계없이 보험자는 보험금을 지급할 의무가 있고, 피보험자의 제3자에 대한 권리를 대위하여 행사할 수도 없다.

37

보험료적립금의 반환에 관한 설명으로 옳지 않은 것은?

① 보험사고발생 전에 보험계약자에 의해 임의로 계약이 해지되는 경우에 일반보험에서 보험자는 원칙적으로 미경과보험료만 반환하면 되지만, 장기인 생명보험에서는 저축적 요소가 포함되어 보험료적립금 반환의 문제가 발생할 수 있다.

② 보험기간 중에 보험계약이 해지되어 보험자의 지급책임이 면제된 경우에 보험자는 보험수익자를 위하여 적립한 금액을 보험수익자에게 지급하도록 하고 있다.

③ 보험료적립금 반환청구권은 3년간 행사하지 아니하면 시효의 완성으로 소멸한다.

④ 보험료적립금 반환사유 중에 보험사고가 보험계약자의 고의로 인해 발생하여 보험자가 보험금 지급책임을 면하게 된 때에 당사자간에 다른 약정이 없는 한, 보험자는 보험료적립금 반환의무를 부담하지 않는다.

38

보험증권에 관한 설명으로 옳지 않은 것은?

① 보험금청구권자가 보험증권을 제시하지 않았으나, 그가 정당한 권리자임을 입증한 경우 보험자는 보험금 지급책임이 있다.

② 보험증권은 보험계약자의 고지의무위반, 보험료의 부지급 등으로 인해 보험계약이 해지되면 증권소지인에게 영향을 미친다.

③ 보험증권은 보험계약의 성립을 증명하기 위하여 발행하는 증거증권이 아니라, 보험계약상의 권리의무가 발생하는 설권증권이다.

④ 타인을 위한 보험에서 그 타인의 동의를 얻거나 보험증권을 소지한 경우에 한하여 계약을 해지할 수 있다.

39

보험계약과 관련된 통지의무에 관한 설명으로 옳지 않은 것은?

① 보험계약자 또는 피보험자나 보험수익자는 보험사고의 발생을 안 때에 지체 없이 보험자에게 그 통지를 발송하여야 한다.

② 보험사고 통지의무를 해태함으로 인하여 손해가 증가된 때에는 보험자는 그 증가된 손해를 보상할 책임이 없다.

③ 책임보험에서 피보험자가 제3자로부터 배상청구를 받은 때에도 그 통지를 발송하여야 하고, 통지를 게을리 하여 손해가 증가된 경우에도 보험자는 그 증가된 손해를 보상할 책임이 있다.

④ 책임보험에서 피보험자가 제3자에 대하여 변제, 승인, 화해 또는 재판으로 인하여 채무가 확정된 때에는 지체 없이 보험자에게 그 통지를 발송하여야 한다.

40

보험자의 면책사유에 관한 설명으로 옳은 것은?(다툼이 있는 경우 판례에 의함)

① 보험사고가 보험계약자 또는 피보험자나 보험수익자의 고의 또는 중대한 과실로 인하여 생긴 때에는 보험자는 보험금액을 지급할 책임이 없다고 규정하고 있는 상법 제659조는 보증보험에도 적용된다.

② 보험사고가 보험계약자 또는 피보험자나 보험수익자의 고의 또는 중대한 과실로 인하여 생긴 때에는 보험자는 보험금 지급책임이 없으므로 손해보험에서 고의만 면책으로 하고, 중과실 사고에 대하여 보험자의 책임을 인정하는 약정은 효력이 없다.

③ 보험계약자 또는 피보험자의 친족이나 피용인 등의 고의 또는 중과실을 보험계약자 등의 고의 또는 중과실과 동일한 것으로 보고 보험자를 면책시키는 대표자책임이론은 판례상 일반적으로 인정되고 있다.

④ 손해보험에서 복수의 피보험자가 있는 경우, 면책사유가 그 중 일부의 피보험자에 대하여 적용되는 경우에 이러한 면책사유는 당해 피보험자에게만 개별적으로 적용된다.

2024년 제47회 손해사정이론 1차 시험문제

⊘ 중요 문제 / 틀린 문제 CHECK

| 01 | 02 | 03 | 04 | 05 | 06 | 07 | 08 | 09 | 10 | 11 | 12 | 13 | 14 | 15 | 16 | 17 | 18 | 19 | 20 |
| 21 | 22 | 23 | 24 | 25 | 26 | 27 | 28 | 29 | 30 | 31 | 32 | 33 | 34 | 35 | 36 | 37 | 38 | 39 | 40 |

시간   분 | 정답 및 해설편 428p

01

☑ 확인 Check! ○ △ ✕

다음 중 대재해적 손실이 보험대상 리스크로 적합하지 않은 이유에 해당하는 것은?

① 확률적 동질성이 없다.
② 확률적 독립성이 없다.
③ 목적물의 수가 많지 않다.
④ 개별 손실규모가 크다.

02

☑ 확인 Check! ○ △ ✕

다음 중 우리나라 고용보험 구직급여 지급일수에 한도가 있는 이유로 가장 타당한 것은?

① 역선택 감소
② 초과보상 방지
③ 소득재분배 효과
④ 도덕적 위태 감소

03

☑ 확인 Check! ○ △ ✕

다음 중 장래에 대해서 보험계약의 효력을 소멸시키는 효과가 있는 것은?

① 계약의 해제
② 계약의 취소
③ 계약의 해지
④ 계약의 무효

04

☑ 확인Check! ○ △ ✕

다음 중 청구기준(claims-made basis) 배상책임보험에 대한 설명으로 올바르지 않은 것은?

① 손해에 대한 청구기간을 제한한다.
② 보험계약 체결 이후 발생한 사고가 대상이다.
③ 보험기간 내에 청구가 있어야 한다.
④ 보험담보의 모호성 내지 불확실성을 감소시킨다.

05

☑ 확인Check! ○ △ ✕

다음 보험계약의 법적 특성 중 '작성자불이익의 원칙'과 관계가 가장 깊은 것은?

① 부합계약
② 조건부계약
③ 불요식 · 낙성계약
④ 인적계약

06

☑ 확인Check! ○ △ ✕

다음 보험의 특성 중 타보험조항과 관계가 가장 깊은 것은?

① 손실의 집단화
② 실제 손실에 대한 보상
③ 리스크 분산
④ 리스크 전가

07

☑ 확인Check! ○ △ ✕

다음 중 보험계약의 법적 특성 가운데 하나인 조건부계약과 관계가 없는 것은?

① 보험약관의 설명의무
② 위험변경 · 증가의 통지의무
③ 보험사고발생의 통지의무
④ 손해방지의무

08

다음 중 역선택 감소 효과와 관계가 가장 깊은 것은?

① 경험요율
② 공동보험
③ 고지의무
④ 보험자대위

09

사고발생의 우연성이 결여되었기 때문에 보상에서 제외되는 손실(excluded losses)이 있다. 다음 중 이에 해당하지 않는 것은?

① 소모 및 마모
② 고유성질로 인한 손해
③ 운송물품에 생긴 흠집
④ 자연발화

10

다음 중 위태(hazard)와 거리가 가장 먼 것은?

① 어두운 계단
② 노후화된 전선
③ 소각장내 인화물질 보관
④ 환경오염

11

다음 중 손인(peril)에 해당하지 않는 것은?

① 소비자 기호 변화
② 흡연 습관
③ 전쟁
④ 인플레이션

12

아래 가능최대손실(probable maximum loss ; PML)에 대한 설명에서 (   ) 안에 들어갈 단어를 순서대로 바르게 나열한 것은?

> PML은 리스크관리자의 리스크회피도가 (   ), 손실 확률분포의 표준편차가 (   ) 커진다.

① 클수록, 클수록
② 클수록, 작을수록
③ 작을수록, 작을수록
④ 작을수록, 클수록

13

다음 중 도덕적 위태(moral hazard)에 해당하지 않는 것은?

① 보험금 수취 목적 방화
② 교통사고 유도
③ 건물의 부실 관리
④ 교통사고 상해 과장

14

다음 중 저빈도 – 고심도 리스크가 보험대상으로 적합한 이유와 거리가 가장 먼 것은?

① 보험료가 부담가능한 수준이어서
② 비용 효율성이 커서
③ 재무변동성 감소 효과가 커서
④ 예측 신뢰도가 높아서

15

다음 중 일반적으로 민영보험과 사회보험의 유사점에 해당하지 않는 것은?

① 리스크 전가
② 소득재분배 효과
③ 보험료 납부
④ 보험수리 적용

16

☑ 확인Check! ○ △ ✕

다음 보험가능 리스크 요건 중 전염병 리스크가 충족시키기에 가장 어려운 것은?

① 다수의 리스크
② 우연한 손실
③ 한정적 손실
④ 동질적 리스크

17

☑ 확인Check! ○ △ ✕

다음 중 리스크에 대한 설명으로 올바르지 않은 것은?

① 통계적 측정 가능성을 기준으로 객관적 리스크와 주관적 리스크로 구분할 수 있다.
② 투기적 리스크의 특징은 손실가능성과 함께 이익가능성도 존재한다는 것이다.
③ 화산의 폭발, 지진 등은 동태적 리스크의 예이다.
④ 홍수, 폭설 등 자연재해는 순수리스크로 분류된다.

18

☑ 확인Check! ○ △ ✕

다음 중 언더라이팅(underwriting)의 기본원칙과 거리가 가장 먼 것은?

① 보험회사 고유의 언더라이팅 기준 준수
② 요율계층 내의 동질성 유지
③ 인수 리스크간의 형평성 유지
④ 보험판매의 적극적 유인 제공

19

☑ 확인Check! ○ △ ✕

아래 설명에서 안에 들어갈 보험종목을 순서대로 바르게 나열한 것은?

> 상법 제4편 보험의 규정은 당사자간의 특약으로 보험계약자 또는 피보험자나 보험수익자의 불이익으로 변경하지 못한다. 그러나 (   ) 및 (   ) 기타 이와 유사한 보험의 경우에는 그러하지 아니하다.

① 재보험, 해상보험
② 해상보험, 화재보험
③ 책임보험, 화재보험
④ 보증보험, 책임보험

20

아래 설명에서 (   ) 안에 들어갈 보험 관련자를 순서대로 바르게 나열한 것은?

- 손해액의 산정에 관한 비용은 (   )의 부담으로 한다.
- 보험증권을 멸실 또는 현저하게 훼손한 때는 보험계약자는 보험자에 대하여 증권의 재교부를 청구할 수 있다. 그 증권 작성의 비용은 (   )의 부담으로 한다.

---

① 보험자, 보험계약자
② 보험계약자, 보험자
③ 피보험자, 보험계약자
④ 보험자, 보험수익자

21

☑ 확인Check! ○ △ ✕

아래에서 책임보험계약의 성질에 속하는 것을 모두 고른 것은?

| ⓐ 손해보험성 | ⓑ 재산보험성 |
| ⓒ 소극보험성 | ⓓ 물건보험성 |

---

① ⓐ, ⓑ, ⓒ, ⓓ
② ⓐ, ⓒ
③ ⓑ, ⓒ
④ ⓐ, ⓑ, ⓒ

22

☑ 확인Check! ○ △ ✕

다음 중 피보험이익의 개념의 효용에 속하지 않는 것은?

① 보험자대위의 금지
② 초과보험 및 중복보험의 방지
③ 보험자 책임범위의 확정
④ 보험계약의 동일성을 구별하는 표준

23

☑ 확인 Check! ○ △ ✕

다음 중 대재해 리스크로 인한 보험영업손실을 보전하기 위하여 손해보험회사가 적립하여야 하는 것은?

① 비상위험준비금
② 보험료적립금
③ 미경과보험료적립금
④ 책임준비금

24

☑ 확인 Check! ○ △ ✕

다음 중 보험업법상 보험회사가 재무건전성을 유지하기 위하여 준수하여야 할 사항에 해당하지 않는 것은?

① 자본의 적정성에 관한 사항
② 자산의 건전성에 관한 사항
③ 사업비의 충분성에 관한 사항
④ 그 밖에 경영건전성 확보에 필요한 사항

25

☑ 확인 Check! ○ △ ✕

다음 중 상법상 운송보험에 관한 설명으로 올바르지 않은 것은?

① 보험자는 다른 약정이 없으면 운송인이 운송물을 수령한 때로부터 운송물이 목적지에 도착할 때까지 생길 손해를 보상할 책임이 있다.
② 운송물의 도착으로 인하여 얻을 이익은 약정이 있는 때에 한하여 보험가액 중에 산입한다.
③ 보험계약은 다른 약정이 없으면 운송의 필요에 의하여 일시 운송을 중지한 경우에도 그 효력을 잃지 아니한다.
④ 보험사고가 수하인의 중대한 과실로 인하여 발생한 때에는 보험자는 이로 인하여 생긴 손해를 보상할 책임이 없다.

26

아래 신용보험 표준약관 제7조(변제 등의 충당순서) 제1항의 내용에서 [　] 안에 들어 있는 항목을 순서대로 바르게 나열한 것은?

> 채무자가 변제한 금액 또는 보험회사의 담보권 행사·상계 또는 채권추심을 통해 회수한 금액이 채무자의 전체 채무 금액보다 적은 경우에는 [비용, 지급보험금(원금), 이자]의 순서로 충당하기로 한다.

① 비용, 지급보험금(원금), 이자
② 비용, 이자, 지급보험금(원금)
③ 지급보험금(원금), 비용, 이자
④ 지급보험금(원금), 이자, 비용

27

아래 주어진 조건에서 소멸성 공제(disappearing deductible) 방법을 적용한 보험자의 지급보험금은 얼마인가?(단, 보험자가 보상하는 사고에 의한 손실 발생이며, 주어진 조건 이외에 기타 사항은 고려하지 않음)

> • 공제한도 : 50만원　　　　　　　　　　• 손실금액 : 600만원
> 　(단, 조정계수는 110%)

① 545만원
② 550만원
③ 600만원
④ 605만원

28

다음 중 보험가입이 기업내 현금흐름의 사전적 개선효과를 가져오는 이유에 대한 설명으로 올바른 것은?

① 사업중단을 초래할 대규모 손실을 예방해 준다.
② 거액의 손실준비금 적립 필요성을 줄인다.
③ 공평한 비용 부과를 가능하게 한다.
④ 발생가능한 대규모 손실의 규모를 줄여준다.

☑ 확인Check! ○ △ ✕

다음 중 자동차시세하락손해를 보상하는 자동차보험 표준약관상의 보장종목은?

① 대인배상 I
② 자동차상해
③ 대물배상
④ 자기차량손해

30

☑ 확인Check! ○ △ ✕

다음 중 해상보험의 특성에 대한 설명으로 올바르지 않은 것은?

① 기업보험 성격이 짙다.
② 국제적 성격이 강하다.
③ 통상 미평가보험(unvalued policy)의 형태를 취한다.
④ 항해에 부수하는 육상에서의 위험도 담보한다.

☑ 확인Check! ○ △ ✕

선박 50척을 부보한 A 선주의 직전 보험기간 중의 기발생손해액이 3억원, 총보험료에서 차지하는 사업비율이 40%일 때 순보험료방식(pure premium method)으로 산출한 선박 1척당 총보험료는 얼마인가?(단, 선박 1척당 가액은 모두 동일하고, 영업이익률은 고려하지 않음)

① 360만원
② 600만원
③ 840만원
④ 1,000만원

32

고용보험법령상 적용 제외 근로자에 관한 아래 설명에서 (   ) 안에 들어갈 숫자를 순서대로 바르게 나열한 것은?

> 해당 사업에서 1개월간 소정근로시간이 (   )시간 미만인 근로자에게는 고용보험법을 적용하지 아니한다. 다만, 해당 사업에서 (   )개월 이상 계속하여 근로를 제공하는 근로자와 일용근로자는 법 적용 대상으로 한다.

① 15, 1
② 30, 1
③ 60, 3
④ 120, 3

33

아래에서 설명하는 재보험특약조항은?

> • 통상 배상책임보험 관련 초과손해액재보험(excess of loss reinsurance)특약에 적용함.
> • 보험기간 종료 후 일정 기간 이내에 발생한 사고 건에 대해 재보험자에게 통지할 것을 요구하고, 그 기간이 경과하면 재보험자의 책임이 존재하지 않음을 명시함.

① commutation clause
② sunset clause
③ counsel and concur clause
④ reports and remittance clause

34

다음 중 보험자의 구상권 행사에 대한 설명으로 올바르지 않은 것은?

① 보험자는 보험계약자의 동의가 없으면 구상권을 행사할 수 없다.
② 보험자의 구상권 행사로 손해율 경감 효과를 기대할 수 있다.
③ 보험자의 구상권 행사는 보험의 이득금지원칙을 실현하기 위한 것이다.
④ 보험자는 구상권 행사가 필요하지 않다고 판단하면 구상권 행사를 포기할 수 있다.

35

다음 중 비례재보험특약에서 특약출재기간이 종료된 경우에도 출재된 개별 원보험계약의 만기 도래 또는 청산이 완전히 종결될 때까지 재보험자의 책임이 계속되는 재보험운영방식은?

① clean-cut 방식
② cut-off 방식
③ cut-through 방식
④ run-off 방식

36

다음 중 일반적으로 'two-risk warranty'가 적용되는 재보험특약은?

① quota share reinsurance treaty
② surplus share reinsurance treaty
③ per risk excess of loss reinsurance treaty
④ per event excess of loss reinsurance treaty

37

다음 중 국민건강보험법 제53조(급여의 제한)상 보험급여의 제한 사유에 해당하지 않는 것은?

① 국외에 체류하는 경우
② 고의 또는 중대한 과실로 인한 범죄행위에 그 원인이 있는 경우
③ 고의 또는 중대한 과실로 공단이나 요양기관의 요양에 관한 지시에 따르지 아니한 경우
④ 업무 또는 공무로 생긴 질병·부상·재해로 다른 법령에 따른 보상 등을 받게 되는 경우

38

다음 중 quota share 재보험특약의 장점으로 올바르지 않은 것은?

① 과다 출재 가능성이 없다.
② 재보험 처리가 간편하다.
③ 출재수수료율이 높다.
④ 재보험 관리비용이 저렴하다.

39

☑ 확인Check! ○ △ ✕

다음 중 패키지보험(package insurance policy)의 부문별 담보위험에 해당하지 않는 것은?

① 기계위험담보(machinery breakdown cover)
② 사업복합형위험담보(business multi-line cover)
③ 배상책임위험담보(general liability cover)
④ 재산종합위험담보(property all risks cover)

40

☑ 확인Check! ○ △ ✕

아래는 기본형 실손의료보험(급여실손의료비) 표준약관 제3조(보험종목별 보상내용) (2) 질병급여 제4항의 내용 중 일부이다. (   ) 안에 들어갈 숫자를 순서대로 바르게 나열한 것은?(단, 종전 계약은 자동 갱신되지 않으며, 같은 보험회사의 보험상품에 재가입도 하지 않은 것으로 가정함)

> 피보험자가 통원하여 치료를 받던 중 보험계약이 종료되더라도 그 계속 중인 통원에 대해서는 보험계약 종료일 다음 날부터 (   )일 이내의 통원을 보상하며, 최대 (   )회 한도 내에서 보상한다.

① 30, 30
② 60, 30
③ 120, 60
④ 180, 90

마, 함 해보입시더!

– 최동원 –

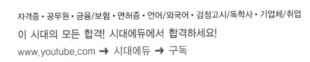

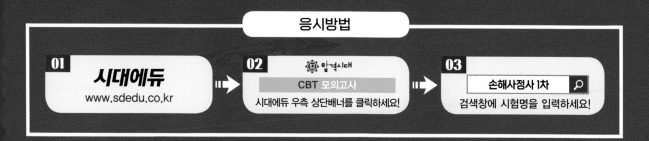

손해사정사
대표브랜드
시대에듀

11년 연속 손해사정사 부문
누적 판매량 1위

손해사정사 시리즈, 11년간 7만부 판매

합격의 모든 것!

2025

개정판

CBT 모의고사
1회 무료쿠폰 제공

10개년
기출문제해설
한권으로 끝내기

보험업법 | 제1과목
보험계약법 | 제2과목
손해사정이론 | 제3과목

손해사정사 1차

2권 정답 및 해설편

편저 | 김명규

시대에듀

김명규

- 인하대학교 사학과 졸업
- 경희대학교 대학원 졸업(보험행정 전공)
- 現) 목원대학교 금융보험부동산학과 교수
- 現) 한국손해사정학회 상임 부회장
- (사)한국손해사정사회 기획실장, 사무국장, 사무총장 역임(1998~2014)
- 금융감독원 손해사정사 제도개선 TF팀(2013)
- 남북협력기금지급심의위원(2004~2014)
- 자동차사고과실비율인정기준 개정작업 위원(2014)
- 국민대학교 법무대학원 손해사정 전공 외래교수
- 손해사정사 시험 출제 및 선정위원 역임
- 현대손해사정(주) 대표이사 역임
- 한국소비자원 보험전문상담위원 역임
- 중소기업제조물책임분쟁조정위원 역임

끝까지 책임진다! 시대에듀!

QR코드를 통해 도서 출간 이후 발견된 오류나 개정법령, 변경된 시험 정보, 최신기출문제, 도서 업데이트 자료 등이 있는지 확인해 보세요! **시대에듀 합격 스마트 앱**을 통해서도 알려 드리고 있으니 구글 플레이나 앱 스토어에서 다운받아 사용하세요. 또한, 파본 도서인 경우에는 구입하신 곳에서 교환해 드립니다.

편집진행 서정인 │ **표지디자인** 하연주 │ **본문디자인** 윤준하 · 장성복

손해사정사 1차

10개년 기출문제해설

한권으로 끝내기

2권 정답 및 해설편

시대에듀

이 책의 차례 2권 CONTENTS

손해사정사
1차
기출문제해설

2015년 제38회

손해사정사 1차 시험문제
정답 및 해설

2015년 제38회 보험업법
정답 및 해설

✓ 정답 CHECK

01	02	03	04	05	06	07	08	09	10	11	12	13	14	15	16	17	18	19	20
③	④	④	③	③	③	③	③	④	④	①	③	③	①	②	④	①	①	④	②

21	22	23	24	25	26	27	28	29	30	31	32	33	34	35	36	37	38	39	40
④	②	①	④	④	④	②	②	②	①	①	④	①	①	②	①	③	②	③	③

문제편 004p

01
정답 ③

해설 보험업법은 ① **보험업을 경영하는 자의 건전한 경영을 도모**하고 ② **보험계약자, 피보험자, 그 밖의 이해관계인의 권익을 보호**함으로써 보험업의 건전한 육성과 ④ **국민경제의 균형 있는 발전에 기여**함을 목적으로 한다 (보험업법 제1조).

02
정답 ④

해설 "전문보험계약자"란 보험계약에 관한 전문성, 자산규모 등에 비추어 보험계약의 내용을 이해하고 이행할 능력이 있는 자로서 다음의 어느 하나에 해당하는 자를 말한다(보험업법 제2조 제19호).
- **국가**
- **한국은행**
- 대통령령으로 정하는 금융기관(보험회사, 금융지주회사, **농업협동조합중앙회**, 은행, 외국금융기관 등)
- **주권상장법인**
- 그 밖에 대통령령으로 정하는 자

03
정답 ④

해설 **허가신청서 등의 제출(보험업법 제5조)**
보험업의 허가를 받으려는 자는 신청서에 다음 각 호의 서류를 첨부하여 금융위원회에 제출하여야 한다. 다만, 보험회사가 취급하는 보험종목을 추가하려는 경우에는 **정관**의 서류는 제출하지 아니할 수 있다.
1. 정관
2. 업무 시작 후 3년간의 사업계획서(추정재무제표를 포함한다)
3. **경영하려는 보험업의 보험종목별 사업방법서, 보험약관, 보험료 및 해약환급금의 산출방법서**(이하 "기초서류"라 한다) 중 대통령령으로 정하는 서류 〈2022.12.31. 개정〉
4. 제1호부터 제3호까지의 규정에 따른 서류 이외에 대통령령으로 정하는 서류

04

정답 ③

해설 보험회사는 (300억원) 이상의 자본금 또는 기금을 납입함으로써 보험업을 시작할 수 있다. 다만, 보험회사가 제4조 제1항에 따른 보험종목의 일부만을 취급하려는 경우에는 (50억원) 이상의 범위에서 대통령령으로 자본금 또는 기금의 액수를 다르게 정할 수 있다(보험업법 제9조 제1항).

05

정답 ③

해설 **제3보험의 보험종목에 부가되는 보험(보험업법 시행령 제15조 제2항)**
"대통령령으로 정하는 기준에 따라 제3보험의 보험종목에 부가되는 보험"이란 질병을 원인으로 하는 사망을 제3보험의 특약 형식으로 담보하는 보험으로서 다음 각 호의 요건을 충족하는 보험을 말한다.
1. 보험만기는 **80세** 이하일 것
2. 보험금액의 한도는 개인당 **2억원** 이내일 것
3. 만기시에 지급하는 환급금은 납입보험료 합계액의 범위 내일 것

06

정답 ③

해설 **보험회사의 겸영업무(보험업법 제11조, 동법 시행령 제16조)**
보험회사는 경영건전성을 해치거나 보험계약자 보호 및 건전한 거래질서를 해칠 우려가 없는 금융업무로서 다음 각 호에 규정된 업무를 할 수 있다. 이 경우 **보험회사는 제1호 또는 제3호의 업무를 하려면 그 업무를 시작하려는 날의 7일 전까지 금융위원회에 신고**하여야 한다.
1. 대통령령으로 정하는 금융 관련 법령에서 정하고 있는 금융업무로서 해당 법령에서 보험회사가 할 수 있도록 한 업무
2. 대통령령으로 정하는 금융업으로서 해당 법령에 따라 인가·허가·등록 등이 필요한 금융업무
3. 그 밖에 보험회사의 경영건전성을 해치거나 보험계약자 보호 및 건전한 거래질서를 해칠 우려가 없다고 인정되는 금융업무로서 대통령령으로 정하는 금융업무

07

정답 ③

해설 자본감소에 관하여 이의가 있는 자는 일정한 기간 동안 이의를 제출할 수 있다는 뜻을 덧붙여야 한다. 다만, 그 기간은 **1개월 이상**으로 하여야 한다(보험업법 제18조 제3항).

08

정답 ③

해설 **모집할 수 있는 자(보험업법 제83조 제1항)**
모집을 할 수 있는 자는 다음 각 호의 어느 하나에 해당하는 자이어야 한다.
1. 보험설계사
2. 보험대리점
3. 보험중개사
4. 보험회사의 임원(**대표이사·사외이사·감사 및 감사위원은 제외**한다) 또는 **직원**

09

정답 ④

해설 보험설계사는 자기가 소속된 보험회사 등 이외의 자를 위하여 모집을 하지 못한다(보험업법 제85조 제2항).

> **TIP** 보험설계사가 교차모집을 할 수 있는 경우(보험업법 제85조 제3항)
>
> 1. 생명보험회사 또는 제3보험업을 전업(專業)으로 하는 보험회사에 소속된 보험설계사가 1개의 손해보험회사를 위하여 모집을 하는 경우
> 2. 손해보험회사 또는 제3보험업을 전업으로 하는 보험회사에 소속된 보험설계사가 1개의 생명보험회사를 위하여 모집을 하는 경우
> 3. 생명보험회사나 손해보험회사에 소속된 보험설계사가 1개의 제3보험업을 전업으로 하는 보험회사를 위하여 모집을 하는 경우

10

정답 ④

해설 법인보험대리점의 경우 영업보증금은 **3억원**의 범위에서 보험회사와 대리점이 협의하여 정할 수 있다(보험업법 시행령 제33조 제1항).

> **TIP** 보험대리점의 영업기준 등(보험업법 시행령 제33조의2 제1항)
>
> 보험설계사가 100명 이상인 법인보험대리점으로서 금융위원회가 정하여 고시하는 법인보험대리점은 다음 각 호의 요건을 모두 갖추어야 한다.
> 1. 법령을 준수하고 보험계약자를 보호하기 위한 업무지침을 정할 것
> 2. 제1호에 따른 업무지침의 준수 여부를 점검하고 그 위반사항을 조사하는 임원 또는 직원을 1명 이상 둘 것
> 3. 보험계약자를 보호하고 보험계약의 모집업무를 수행하기 위하여 필요한 전산설비 등 물적 시설을 충분히 갖출 것

11

정답 ①

해설 보험회사는 그 자산을 운용할 때 **안정성·유동성·수익성 및 공익성**이 확보되도록 하여야 한다(보험업법 제104조 제1항).

12

정답 ③

해설 금융위원회는 보험설계사가 보험업법에 따른 명령이나 처분을 위반한 경우에는 **6개월 이내**의 기간을 정하여 그 업무의 정지를 명하거나 그 등록을 취소할 수 있다(보험업법 제86조 제2항 제4호).

① 보험업법 제102조의3 제1호
② 보험업법 제102조의3 제2호
④ 보험업법 제86조 제2항 제1호

13

정답 ③

해설 보험대리점 또는 보험중개사가 모집한 자기 또는 자기를 고용하고 있는 자를 보험계약자나 피보험자로 하는 보험의 보험료 누계액(累計額)이 그 보험대리점 또는 보험중개사가 모집한 보험의 보험료의 (100 분의 50)을 초과하게 된 경우에는 그 보험대리점 또는 보험중개사는 자기계약의 금지규정을 적용할 때 자기 또는 자기를 고용하고 있는 자를 보험계약자 또는 피보험자로 하는 보험을 모집하는 것을 그 주된 목적으로 한 것으로 본다(보험업법 제101조 제2항).

14

정답 ①

해설 문제에서 "대통령령으로 정하는 보험계약"이란 실제 부담한 의료비만 지급하는 제3보험상품계약(이하 "실손의료보험계약"이라 한다)과 실제 부담한 손해액만을 지급하는 것으로서 금융감독원장이 정하는 보험상품계약(이하 "기타 손해보험계약"이라 한다)을 말한다. 다만, **국외여행, 연수 또는 유학 등 국외체류 중 발생한 위험을 보장하는 보험계약은 제외**한다(보험업법 시행령 제42조의5 제1항 제3호).

15

정답 ②

해설 보험안내자료에 보험회사의 (**자산과 부채**)에 관한 사항을 적는 경우에는 제118조에 따라 금융위원회에 제출한 서류에 적힌 사항과 다른 내용의 것을 적지 못하며, 보험회사의 장래의 (**이익 배당 또는 잉여금 분배**)에 대한 예상에 관한 사항을 적지 못한다(보험업법 제95조 제2항, 제3항).

16

정답 ④

해설 보험계약자가 체결한 계약을 해지하고자 하는 경우 보험계약자가 계약을 해지하기 전에 안전성 및 신뢰 성이 확보되는 방법을 이용하여 **보험계약자 본인임을 확인받은 경우에 한정**한다(보험업법 제96조 제2항 제3호).

TIP	통신수단을 이용한 모집의 경우(보험업법 제96조 제2항)

1. 보험계약을 청약한 자가 청약의 내용을 확인·정정 요청하거나 청약을 철회하고자 하는 경우
2. 보험계약자가 체결한 계약의 내용을 확인하고자 하는 경우
3. 보험계약자가 체결한 계약을 해지하고자 하는 경우(보험계약자가 계약을 해지하기 전에 안전성 및 신뢰성이 확보되는 방법을 이용하여 보험계약자 본인임을 확인받은 경우에 한정한다)

17

정답 ①

해설 **보험회사의 해산사유(보험업법 제137조 제1항)**
1. **존립기간의 만료**, 그 밖에 정관으로 정하는 사유의 발생
2. 주주총회 또는 사원총회(이하 "주주총회 등"이라 한다)의 결의
3. **회사의 합병**
4. **보험계약 전부의 이전**
5. 회사의 파산
6. 보험업의 허가취소
7. 해산을 명하는 재판

18

정답 ①

해설 보험회사는 보험계약을 이전한 경우에는 **7일** 이내에 그 취지를 공고하여야 한다(보험업법 제145조).

② 보험업법 제140조 제1항
③ 보험업법 제142조
④ 보험업법 제146조 제1항

19

정답 ④

해설 **손해보험상품으로서 대통령령으로 정하는 계약(보험업법 시행령 제1조의2 제3항)**
1. 화재보험계약
2. 해상보험계약(항공 · 운송보험계약을 포함한다)
3. 자동차보험계약
4. 보증보험계약
5. 재보험계약
6. 책임보험계약
7. **기술보험계약**
8. 권리보험계약
9. 도난보험계약
10. 유리보험계약
11. 동물보험계약
12. 원자력보험계약
13. **비용보험계약**
14. **날씨보험계약**

20

정답 ②

해설 보험계약자 총회는 보험계약자 과반수의 출석과 그 의결권의 **4분의 3 이상**의 찬성으로 결의한다(보험업법 제26조 제1항).

21

정답 ④

해설 ① · ② 보험대리점의 영업보증금은 **1억원**(법인보험대리점의 경우에는 **3억원**)의 범위에서 보험회사와 대리점이 협의하여 정할 수 있다(보험업법 시행령 제33조 제1항).

③ · ④ 보험중개사의 영업보증금은 **개인은 1억원 이상, 법인은 3억원 이상**으로 하며, 그 구체적인 금액은 해당 보험중개사의 영업 규모를 고려하여 총리령으로 정한다(보험업법 시행령 제37조 제1항).

22

정답 ②

해설 보험안내자료에는 보험회사의 장래의 이익 배당 또는 잉여금 분배에 대한 예상에 관한 사항을 적지 못한다(보험업법 제95조 제3항).

TIP	보험안내자료의 기재사항(보험업법 제95조 제1항)

1. 보험회사의 상호나 명칭 또는 보험설계사 · 보험대리점 또는 보험중개사의 이름 · 상호나 명칭
2. 보험 가입에 따른 권리 · 의무에 관한 주요 사항
3. 보험약관으로 정하는 보장에 관한 사항
4. **보험금 지급제한 조건에 관한 사항**
5. **해약환급금에 관한 사항**
6. 「예금자보호법」에 따른 예금자보호와 관련된 사항
7. 그 밖에 보험계약자를 보호하기 위하여 대통령령으로 정하는 사항

23

정답 ①

해설 **동일한 개인 또는 법인에 대한 신용공여**(보험업법 제106조 제1항 제1호)
- 일반계정 : 총자산의 **100분의 3**
- 특별계정 : 각 특별계정 자산의 **100분의 5**

TIP	자산운용의 방법 및 비율(보험업법 제106조 제1항)

1. 동일한 개인 또는 법인에 대한 신용공여
   가. 일반계정 : 총자산의 100분의 3
   나. 특별계정 : 각 특별계정 자산의 100분의 5
2. 동일한 법인이 발행한 채권 및 주식 소유의 합계액
   가. 일반계정 : 총자산의 100분의 7
   나. 특별계정 : 각 특별계정 자산의 100분의 10
3. 동일차주에 대한 신용공여 또는 그 동일차주가 발행한 채권 및 주식 소유의 합계액
   가. 일반계정 : 총자산의 100분의 12
   나. 특별계정 : 각 특별계정 자산의 100분의 15
4. 동일한 개인 · 법인, 동일차주 또는 대주주(그의 특수관계인을 포함한다)에 대한 총자산의 100분의 1을 초과하는 거액 신용공여의 합계액
   가. 일반계정 : 총자산의 100분의 20
   나. 특별계정 : 각 특별계정 자산의 100분의 20

5. 대주주 및 대통령령으로 정하는 자회사에 대한 신용공여
   가. 일반계정 : 자기자본의 100분의 40(자기자본의 100분의 40에 해당하는 금액이 총자산의 100분의 2에 해당하는 금액보다 큰 경우에는 총자산의 100분의 2)
   나. 특별계정 : 각 특별계정 자산의 100분의 2
6. 대주주 및 대통령령으로 정하는 자회사가 발행한 채권 및 주식 소유의 합계액
   가. 일반계정 : 자기자본의 100분의 60(자기자본의 100분의 60에 해당하는 금액이 총자산의 100분의 3에 해당하는 금액보다 큰 경우에는 총자산의 100분의 3)
   나. 특별계정 : 각 특별계정 자산의 100분의 3
7. 동일한 자회사에 대한 신용공여
   가. 일반계정 : 자기자본의 100분의 10
   나. 특별계정 : 각 특별계정 자산의 100분의 4
8. 부동산의 소유
   가. 일반계정 : 총자산의 100분의 25
   나. 특별계정 : 각 특별계정 자산의 100분의 15
9. 「외국환거래법」에 따른 외국환이나 외국부동산의 소유(외화표시 보험에 대하여 지급보험금과 같은 외화로 보유하는 자산의 경우에는 금융위원회가 정하는 바에 따라 책임준비금을 한도로 자산운용비율의 산정 대상에 포함하지 아니한다)
   가. 일반계정 : 총자산의 100분의 50
   나. 특별계정 : 각 특별계정 자산의 100분의 50
10. **삭제** 〈2022.12.31.〉

24

정답 ④

해설 지급여력비율은 **100분의 100** 이상을 유지하여야 한다(보험업법 시행령 제65조 제2항 제1호).
※ "지급여력비율"이란 지급여력금액을 지급여력기준금액으로 나눈 비율을 말한다.

TIP	보험회사가 지켜야 하는 재무건전성 기준(보험업법 시행령 제65조 제2항)

1. 지급여력비율은 100분의 100 이상을 유지할 것
2. 대출채권 등 보유자산의 건전성을 정기적으로 분류하고 대손충당금을 적립할 것
3. 보험회사의 위험, 유동성 및 재보험의 관리에 관하여 금융위원회가 정하여 고시하는 기준을 충족할 것

25

정답 ④

해설 보험협회 이외의 자가 보험계약에 관한 사항을 비교·공시하는 경우에는 금융위원회가 정하는 바에 따라 객관적이고 공정하게 비교·공시하여야 한다(보험업법 제124조 제5항).

26

정답 ④

해설 보험회사, 보험대리점 및 보험중개사(이하 "보험회사 등"이라 한다)는 소속 보험설계사에게 법 제84조에 따라 최초로 등록(등록이 유효한 경우로 한정한다)한 날부터 2년이 지날 때마다 2년이 된 날부터 6개월 이내에 법령의 기준에 따라 교육을 하여야 한다(보험업법 시행령 제29조의2 제1항).

27

정답 ②

해설 **보험회사가 아닌 자와 보험계약을 체결할 수 있는 경우**(보험업법 시행령 제7조)

1. 외국보험회사와 생명보험계약, 수출적하보험계약, 수입적하보험계약, 항공보험계약, 여행보험계약, 선박보험계약, 장기상해보험계약 또는 재보험계약을 체결하는 경우
2. 제1호 외의 경우로서 대한민국에서 취급되는 보험종목에 관하여 **셋 이상**의 보험회사로부터 가입이 거절되어 외국보험회사와 보험계약을 체결하는 경우
3. 대한민국에서 취급되지 아니하는 보험종목에 관하여 외국보험회사와 보험계약을 체결하는 경우
4. 외국에서 보험계약을 체결하고, 보험기간이 지나기 전에 대한민국에서 그 계약을 지속시키는 경우
5. 제1호부터 제4호까지 외에 보험회사와 보험계약을 체결하기 곤란한 경우로서 금융위원회의 승인을 받은 경우

28

정답 ②

해설 보험회사는 매월의 업무 내용을 적은 보고서를 다음 달 말일까지 금융위원회가 정하는 바에 따라 금융위원회에 제출하여야 한다(보험업법 제118조 제2항).

① 보험업법 제118조 제1항
③ 보험업법 제119조
④ 보험업법 제120조 제1항

29

정답 ①

해설 외국보험회사의 지점이 허가된 국내 영업소를 이전하는 경우는 허가취소 사항에 해당하지 않는다.

TIP **외국보험회사국내지점의 허가취소**(보험업법 제74조 제1항)

금융위원회는 외국보험회사의 본점이 다음 각 호의 어느 하나에 해당하게 되면 그 외국보험회사국내지점에 대하여 청문을 거쳐 보험업의 허가를 취소할 수 있다.
1. 합병, 영업양도 등으로 소멸한 경우
2. 위법행위, 불건전한 영업행위 등의 사유로 외국감독기관으로부터 보험업법 제134조 제2항에 따른 처분에 상당하는 조치를 받은 경우
3. 휴업하거나 영업을 중지한 경우

30

정답 ①

해설 **특별이익의 제공금지(보험업법 제98조)**

보험계약의 체결 또는 모집에 종사하는 자는 그 체결 또는 모집과 관련하여 보험계약자나 피보험자에게 다음 각 호의 어느 하나에 해당하는 특별이익을 제공하거나 제공하기로 약속하여서는 아니 된다.

1. 금품[대통령령으로 정하는 금액을 초과하지 아니하는 금품은 제외한다]
   ※ "**대통령령으로 정하는 금액**"이란 보험계약 체결시부터 최초 1년간 납입되는 보험료의 100분의 10과 3만원(보험계약에 따라 보장되는 위험을 감소시키는 물품의 경우에는 20만원) 중 적은 금액을 말한다. 〈2023.6.27. 개정〉
2. 기초서류에서 정한 사유에 근거하지 아니한 보험료의 할인 또는 수수료의 지급
3. **기초서류에서 정한 보험금액보다 많은 보험금액의 지급 약속**
4. **보험계약자나 피보험자를 위한 보험료의 대납**
5. 보험계약자나 피보험자가 해당 보험회사로부터 받은 대출금에 대한 이자의 대납
6. 보험료로 받은 수표 또는 어음에 대한 이자 상당액의 대납
7. 「상법」 제682조에 따른 제3자에 대한 청구권 대위행사의 포기

31

정답 ④

해설 보험회사는 자회사의 사업연도가 끝난 날부터 **3개월** 이내에 자회사의 **재무상태표**와 대통령령으로 정하는 서류를 금융위원회에 제출하여야 한다(보험업법 제117조 제2항).

① 보험업법 제116조 제2호
② 보험업법 제116조 제1호
③ 보험업법 제117조 제1항

32

정답 ①

해설 **금융위원회의 명령권(보험업법 제131조 제1항)**

금융위원회는 보험회사의 업무운영이 적정하지 아니하거나 자산상황이 불량하여 보험계약자 및 피보험자 등의 권익을 해칠 우려가 있다고 인정되는 경우에는 다음 각 호의 어느 하나에 해당하는 조치를 명할 수 있다.

1. 업무집행방법의 변경
2. 금융위원회가 지정하는 기관에의 자산 예탁
3. **자산의 장부가격 변경**
4. **불건전한 자산에 대한 적립금의 보유**
5. **가치가 없다고 인정되는 자산의 손실처리**
6. 그 밖에 대통령령으로 정하는 필요한 조치(보험계약자 보호에 필요한 사항의 공시를 명하는 것)

33

정답 ①

해설 보험업법 제4조에 따른 허가(본허가)를 신청하려는 자는 미리 금융위원회에 예비허가를 **신청할 수 있다**(보험업법 제7조 제1항).

34

정답 ②

해설 보험회사가 부수업무를 하는 경우에 그 업무를 보험업과 구분하여 회계처리하여야 한다(보험업법 제11조의3).

> **TIP** 부수업무의 제한 및 시정(보험업법 제11조의2 제3항)
>
> 금융위원회는 보험회사가 하는 부수업무가 다음 각 호의 어느 하나에 해당하면 그 부수업무를 하는 것을 제한하거나 시정할 것을 명할 수 있다.
> 1. 보험회사의 경영건전성을 해치는 경우
> 2. 보험계약자 보호에 지장을 가져오는 경우
> 3. 금융시장의 안정성을 해치는 경우

35

정답 ①

해설 벌금 이상의 형을 선고받고 그 집행이 끝나거나(집행이 끝난 것으로 보는 경우를 포함한다) 집행이 면제된 날부터 **2년**이 지나지 아니한 자는 보험설계사가 되지 못한다고 규정되어 있으므로 3년이 지난 자는 보험설계사가 될 수 있다(보험업법 제84조 제2항 제3호).

> **TIP** 보험설계사가 되지 못하는 자(보험업법 제84조 제2항)
>
> 1. 피성년후견인 또는 피한정후견인
> 2. 파산선고를 받은 자로서 복권되지 아니한 자
> 3. 이 법 또는 「금융소비자 보호에 관한 법률」에 따라 벌금 이상의 형을 선고받고 그 집행이 끝나거나(집행이 끝난 것으로 보는 경우를 포함한다) 집행이 면제된 날부터 2년이 지나지 아니한 자
> 4. 이 법 또는 「금융소비자 보호에 관한 법률」에 따라 금고 이상의 형의 집행유예를 선고받고 그 유예기간 중에 있는 자
> 5. 이 법에 따라 보험설계사・보험대리점 또는 보험중개사의 등록이 취소(제1호 또는 제2호에 해당하여 등록이 취소된 경우는 제외한다)된 후 2년이 지나지 아니한 자
> 6. 제5호에도 불구하고 이 법에 따라 보험설계사・보험대리점 또는 보험중개사 등록취소 처분을 2회 이상 받은 경우 최종 등록취소 처분을 받은 날부터 3년이 지나지 아니한 자
> 7. 이 법 또는 「금융소비자 보호에 관한 법률」에 따라 과태료 또는 과징금 처분을 받고 이를 납부하지 아니하거나 업무정지 및 등록취소 처분을 받은 보험대리점・보험중개사 소속의 임직원이었던 자(처분사유의 발생에 관하여 직접 또는 이에 상응하는 책임이 있는 자로서 대통령령으로 정하는 자만 해당한다)로서 과태료・과징금・업무정지 및 등록취소 처분이 있었던 날부터 2년이 지나지 아니한 자

8. 영업에 관하여 성년자와 같은 능력을 가지지 아니한 미성년자로서 그 법정대리인이 제1호부터 제7호까지의 규정 중 어느 하나에 해당하는 자

9. 법인 또는 법인이 아닌 사단이나 재단으로서 그 임원이나 관리인 중에 제1호부터 제7호까지의 규정 중 어느 하나에 해당하는 자가 있는 자

10. 이전에 모집과 관련하여 받은 보험료, 대출금 또는 보험금을 다른 용도에 유용(流用)한 후 3년이 지나지 아니한 자

36

정답 ③

해설 금융위원회는 상호협정의 체결 · 변경 또는 폐지의 인가를 하거나 협정에 따를 것을 명하려면 미리 **공정거래위원회**와 **협의**하여야 한다(보험업법 제125조 제3항).

① 보험업법 제125조 제1항
② 보험업법 제125조 제2항
④ 보험업법 제125조 제1항 및 보험업법 시행령 제69조 제3항 제2호

37

정답 ④

해설 선임계리사가 되려는 사람은 보험계리업무에 10년 이상 종사한 경력이 있어야 한다. 이 경우 손해보험 회사의 선임계리사가 되려는 사람은 대통령령으로 정하는 보험계리업무에 3년 이상 종사한 경력을 포함 하여 보험계리업무에 10년 이상 종사한 경력이 있어야 한다(보험업법 제184조의2 제1항 제2호).

〈2022.12.31. 신설〉

38

정답 ②

해설 손해사정을 업으로 하려는 법인은 **2명 이상**의 상근 손해사정사를 두어야 한다. 이 경우 총리령으로 정하는 손해사정사의 구분에 따라 수행할 업무의 종류별로 1명 이상의 상근 손해사정사를 두어야 한다(보험업법 시행령 제98조 제1항).

① 보험업법 제192조 제1항
③ 보험업법 시행령 제98조 제2항
④ 보험업법 제186조 제1항

39

정답 ③

해설 **상호회사도 다른 보험회사와 합병할 수 있다.** 이 경우 합병 후 존속하는 보험회사 또는 합병으로 설립되는 보험회사는 상호회사이어야 한다. 다만, 합병하는 보험회사의 한 쪽이 주식회사인 경우에는 합병 후 존속하는 보험회사 또는 합병으로 설립되는 보험회사는 주식회사로 할 수 있다(보험업법 제153조 제1항, 제2항).

① 보험업법 제151조 제1항
② 보험업법 제152조 제1항
③ 보험업법 제150조

40

정답 ③

해설 **금융기관보험대리점을 운영할 수 있는 기관(보험업법 제91조 제1항, 동법 시행령 제40조 제1항)**
1. 「은행법」에 따라 설립된 **은행**
2. 「자본시장과 금융투자업에 관한 법률」에 따른 투자매매업자 또는 투자중개업자
3. 「상호저축은행법」에 따른 상호저축은행
4. 그 밖에 다른 법률에 따라 금융업무를 하는 기관으로서 대통령령으로 정하는 기관
   • 「한국산업은행법」에 따라 설립된 **한국산업은행**
   • 「중소기업은행법」에 따라 설립된 중소기업은행
   • 「여신전문금융업법」에 따라 허가를 받은 신용카드업자(겸영여신업자는 제외)
   • 「농업협동조합법」에 따라 설립된 조합 및 **농협은행**

2015년 제38회 보험계약법　정답 및 해설

정답 CHECK

01	02	03	04	05	06	07	08	09	10	11	12	13	14	15	16	17	18	19	20
③	①	②	④	④	①	②	③	③	①	④	④	③	③	③	①	②	②	①	②

21	22	23	24	25	26	27	28	29	30	31	32	33	34	35	36	37	38	39	40
③	③	③	①	②	③	③	①	④	①	③	④	④	①	②	②	④	③	①	②

문제편 017p

01

정답 ③

해설 보험계약으로 발생한 권리를 피보험자가 아닌 자에게 양도하는 경우 우리 상법은 서면에 의한 동의를 요구하고 있으므로(상법 제731조 제1항), 구두 또는 묵시적인 동의는 인정되지 않으며, **서면에 의한 명시적인 동의만**이 그 효력이 있다.

02

정답 ①

해설 보험사고가 발생하기 전에 보험계약자는 언제든지 계약의 **전부 또는 일부를 해지할 수 있다**. 그러나 타인을 위한 보험계약의 경우에 보험계약자는 그 타인의 동의를 얻지 아니하거나 보험증권을 소지하지 아니하면 그 계약을 해지하지 못한다(상법 제649조 제1항).

03

정답 ②

해설 보험계약은 보험사고의 발생을 선세로 보험계약자의 보험료 지급에 대하여 보험자는 일정한 보험금액, 기타의 급여를 지급할 것을 약정하므로 유상계약이고, 보험계약자의 보험료 지급채무와 보험자의 위험부담채무가 보험계약과 동시에 채무로서 이행되어야 하므로 대가관계에 있는 **쌍무계약**으로 보아야 한다.

① 상법 제666조에 따르면 손해보험증권의 기재사항에 **보험증권의 작성지가 포함**된다.

③ 상법 및 화재보험약관 규정의 형식 및 취지, 화재가 발생한 경우에 보험자에게 면책사유가 존재하지 않는 한 소정의 보험금을 지급하도록 함으로써 피보험자로 하여금 신속하게 화재로 인한 피해를 복구할 수 있게 하려는 화재보험제도의 존재의의에 비추어 보면, 화재보험에서 화재가 발생한 경우에는 일단 우연성의 요건을 갖춘 것으로 추정되고, 다만 **화재가 보험계약자나 피보험자의 고의 또는 중과실에 의하여 발생하였다는 사실을 보험자가 증명**하는 경우에는 위와 같은 추정이 번복되는 것으로 보아야 한다(대법원 2009.12.10. 선고 2009다56603, 56610 판결).

④ 동산 양도담보 설정자는 담보목적물인 동산의 소유권을 채권자에게 이전해 주지만 이는 채권자의 우선변제권을 확보해 주기 위한 목적에 따른 것으로, 양도담보 설정자는 여전히 그 물건에 대한 사용, 수익권을 가지고 변제기에 이르러서는 채무 전액을 변제하고 소유권을 되돌려 받을 수 있으므로, 그 물건에 대한 보험사고가 발생하는 경우에는 그 물건에 대한 사용·수익 등의 권능을 상실하게 될 뿐 아니라 양도담보권자에 대하여는 그 물건으로써 담보되는 채무를 면하지 못하고 나아가 채무를 변제하더라도 그 물건의 소유권을 회복하지 못하는 경제적인 손해를 고스란히 입게 된다. 따라서 **양도담보 설정자에게 그 목적물에 관하여 체결한 화재보험계약의 피보험이익이 없다고 할 수 없다**(대법원 2009.11.26. 선고 2006다37106 판결).

04
정답 ④

해설 모두 해당한다.

보험대리상 등의 권한(상법 제646조의2 제1항)
1. 보험계약자로부터 보험료를 수령할 수 있는 권한
2. 보험자가 작성한 보험증권을 보험계약자에게 교부할 수 있는 권한
3. 보험계약자로부터 청약, 고지, 통지, 해지, 취소 등 보험계약에 관한 의사표시를 수령할 수 있는 권한
4. 보험계약자에게 보험계약의 체결, 변경, 해지 등 보험계약에 관한 의사표시를 할 수 있는 권한

05
정답 ④

해설 보험계약자나 피보험자가 보험계약 당시에 보험자에게 고지할 의무를 지는 상법 제651조에서 정한 중요한 사항이란, 보험자가 보험사고의 발생과 그로 인한 책임부담의 개연율을 측정하여 보험계약의 체결 여부 또는 보험료나 특별한 면책조항의 부가와 같은 보험계약의 내용을 결정하기 위한 표준이 되는 사항으로서, **객관적으로 보험자가 그 사실을 안다면 계약을 체결하지 않든가 적어도 동일한 조건으로는 계약을 체결하지 않으리라고 생각되는 사항**을 말한다. 보험자가 고지의무위반을 이유로 보험계약을 해지하기 위해서는 보험계약자 또는 피보험자가 고지의무가 있는 사항에 대한 고지의무의 존재와 그러한 사항의 존재에 대하여 이를 알고도 고의로 또는 중대한 과실로 인하여 이를 알지 못하여 고지의무를 다하지 않은 사실이 증명되어야 한다(대법원 2011.4.14. 선고 2009다103349, 103356 판결). 따라서 **계약청약 후 승낙 이전에 발생한 중요사항도 고지 대상**이 된다.

① 현재 질문표에 기재된 사항은 보험계약상 중요한 사항으로 추정하는 정도의 효력이 부여되고 있으므로, 현행 상법상 **충분한 고지의무가 이행되었다고 볼 수 없다.**
② 보험설계사는 원칙적으로 고지의무를 수령할 권한도 없다고 보는 것이 통설이고, 판례의 입장이다.
③ 상법은 "보험자가 서면으로 질문한 사항을 중요한 사항으로 추정한다"고 규정하고 있다(상법 제651조의2).

06

정답 ①

해설 보험자에게 약관의 명시·설명의무가 인정되는 것은 어디까지나 보험계약자가 알지 못하는 가운데 약관에 정하여진 중요한 사항이 계약 내용으로 되어 보험계약자가 예측하지 못한 불이익을 받게 되는 것을 피하고자 하는데 그 근거가 있다고 할 것이므로, **보험약관에 정하여진 사항이라고 하더라도 거래상 일반적이고 공통된 것이어서 보험계약자가 별도의 설명 없이도 충분히 예상할 수 있었던 사항이거나 이미 법령에 의하여 정하여진 것을 되풀이하거나 부연하는 정도에 불과한 사항이라면 그러한 사항에 대하여서까지 보험자에게 명시·설명의무가 인정된다고 할 수 없다**(대법원 2003.5.30. 선고 2003다15556 판결).

② 면책약관의 취지와 근거 등에 비추어 위 면책조항이 보험계약자와 피보험자를 상법의 규정보다 더 불이익한 지위에 빠뜨리게 하는 것이 아니므로 상법 제663조에 위반되어 **무효라고 볼 수도 없다.**

③ 피보험자가 보험금을 청구하면서 실손해액에 관한 증빙서류 구비의 어려움 때문에 구체적인 내용이 일부 사실과 다른 서류를 제출하거나 보험목적물의 가치에 대한 견해 차이 등으로 보험목적물의 가치를 다소 높게 신고한 경우 등까지 이 사건 **약관조항에 의하여 보험금청구권이 상실되는 것은 아니라고 해석함이 상당하다** 할 것이다(대법원 2007.6.14. 선고 2007다10290 판결 참조).

④ 보험금청구권 상실 조항은 보험사고가 발생했음에도 불구하고 보험자로부터 보험금을 지급받을 수 없다는 점에서 면책사유나 고지의무위반 등으로 인한 해지의 경우와 유사하지만 **보험계약 자체의 효력을 상실시키지 않는 점에서 보험계약의 해지와 다르다.** 이 조항의 취지는 보험자가 보험계약상의 보상책임 유무의 판정, 보상액의 확정 등을 위하여 보험사고의 원인, 상황, 손해의 정도 등을 알 필요가 있으나 이에 관한 자료들은 계약자 또는 피보험자의 지배·관리영역 안에 있는 것이 대부분이므로 피보험자로 하여금 이에 관한 정확한 정보를 제공하도록 할 필요성이 크고, 이와 같은 요청에 따라 피보험자가 이에 반하여 서류를 위조하거나 증거를 조작하는 등으로 신의성실의 원칙에 반하는 사기적인 방법으로 과다한 보험금을 청구하는 경우에는 그에 대한 제재로서 보험금청구권을 상실하도록 하려는데 있다(대법원 2009.12.10. 선고 2009다56603, 56610 판결).

07

정답 ②

해설 운송보험의 목적물은 육상운송의 운송물이며, **운송용구(運送用具)는 포함되지 아니한다.**

① 과일이나 생선이 부패하여 생긴 손해는 우연성이 없기 때문에 면책된다.

③·④ 보험계약자와 피보험자는 손해의 방지와 경감을 위하여 노력하여야 한다. 그러나 이를 위하여 필요 또는 유익하였던 비용과 보상액이 보험금액을 초과한 경우라도 보험자가 이를 부담한다(상법 제680조 제1항).

08

정답 ③

해설 보험계약 성립시부터 예견된 위험상태가 계속된 경우의 **위험을 포함하지 않는다.**
위험의 변경 또는 증가는 **보험기간 중에 생긴 것이어야** 하고, **현저한 것이어야** 하며, 그 위험의 변경·증가가 보험계약자 또는 피보험자의 행위로 말미암은 것이 아니어야 한다. 또한 보험계약자 또는 피보험자가 그 위험의 현저한 변경이나 증가의 사실을 알았어야 한다. 위험의 변경 또는 증가의 통지의 방법은 **서면에 의하든 구두에 의하든 상관이 없다.**

보험기간 중에 보험계약자 또는 피보험자가 사고발생의 위험이 현저하게 변경 또는 증가된 사실을 안 때에는 지체 없이 보험자에게 통지하여야 한다(상법 제652조 제1항). 여기서 '사고발생의 위험이 현저하게 변경 또는 증가된 사실'이란 변경 또는 증가된 위험이 보험계약의 체결 당시에 존재하고 있었다면 보험자가 계약을 체결하지 않았거나 적어도 그 보험료로는 보험을 인수하지 않았을 것으로 인정되는 사실을 말하고, '사고발생의 위험이 현저하게 변경 또는 증가된 사실을 안 때'란 특정한 상태의 변경이 있음을 아는 것만으로는 부족하고 그 상태의 변경이 사고발생 위험의 현저한 변경증가에 해당된다는 것까지 안 때를 의미한다.

09

정답 ③

해설 보험계약자나 피보험자의 권리가 그와 생계를 같이 하는 가족에 대한 것인 경우 보험자는 그 권리를 취득하지 못한다. 다만, 손해가 그 가족의 **고의로 인하여 발생한 경우**에는 그러하지 아니하다(상법 제682조 제2항).

판례는, 피보험자의 동거친족에 대하여 피보험자가 배상청구권을 취득한 경우, 통상은 피보험자는 그 청구권을 포기하거나 용서의 의사로 권리를 행사하지 않은 상태로 방치할 것으로 예상되는 바, 이러한 경우 피보험자에 의하여 행사되지 않는 권리를 보험자가 대위취득하여 행사하는 것을 허용한다면 사실상 피보험자는 보험금을 지급받지 못한 것과 동일한 결과가 초래되어 보험제도의 효용이 현저히 해하여진다 하여, 제3자의 범위에 포함되지 않는다고 봄이 타당하다고 하였다(대법원 2002.9.6. 선고 2002다32547 판결). 따라서 손해를 야기한 제3자가 보험계약자 또는 피보험자와 생계를 같이하는 가족인 경우 손해가 그 가족의 **고의로 인하여 발생한 경우**를 제외하고는 **보험자대위권을 행사할 수 없도록** 규정하였다.

10

정답 ①

해설 보험금청구권은 **3년간**, 보험료 또는 적립금의 반환청구권은 **3년간**, 보험료청구권은 **2년간** 행사하지 아니하면 시효의 완성으로 소멸한다(상법 제662조).

11

정답 ④

해설 보험사고발생의 통지의무위반의 경우 보험금 지급이 유예되며, 보험계약자 또는 피보험자나 보험수익자가 통지의무를 해태함으로써, 손해가 증가된 때에는 보험자는 그 증가된 손해를 보상할 책임이 없다(상법 제657조 제2항).

12

정답 ④

해설 보증보험은 채무자의 채무불이행으로 인하여 채권자가 입게 되는 손해의 전보를 보험자가 인수하는 것을 내용으로 하는 손해보험으로서 형식적으로는 채무자의 채무불이행을 보험사고로 하는 보험계약이나 실질적으로는 보증의 성격을 가지고 보증계약과 같은 효과를 목적으로 하므로, 「민법」의 보증에 관한 규정이 준용되고, 따라서 보증보험이 담보하는 채권이 양도되면 당사자 사이에 다른 약정이 없는 한 보험금청구권도 그에 수반하여 **채권양수인에게 함께 이전된다**고 보아야 한다(대법원 2002.5.10. 선고 2000다70156 판결).

① 대법원 2002.10.25. 선고 2000다16251 판결
② 상법 제726조의7
③ 대법원 1995.9.29. 선고 93다3417 판결

13

정답 ③

해설 질병보험에 관하여는 그 성질에 반하지 아니하는 범위에서 **생명보험 및 상해보험**에 관한 규정을 준용한다(상법 제739조의3).

14

정답 ③

해설 계약이 보험계약자의 사기로 인하여 체결된 때에는 **그 계약은 무효**로 한다. 그러나 보험자는 그 사실을 안 때까지의 보험료를 청구할 수 있다(상법 제669조 제4항).

15

정답 ③

해설 상법 제735조의3에서 단체보험의 유효요건으로 요구하는 '규약'의 의미는 단체협약, 취업규칙, 정관 등 그 형식을 막론하고 단체보험의 가입에 관한 단체내부의 협정에 해당하는 것으로서, 반드시 당해 보험가입과 관련한 상세한 사항까지 규정하고 있을 필요는 없고, 그러한 종류의 보험가입에 관하여 대표자가 구성원을 위하여 일괄하여 계약을 체결할 수 있다는 취지를 담고 있는 것이면 충분하다 할 것이지만, 위 규약이 강행법규인 상법 제731조 소정의 피보험자의 서면동의에 갈음하는 것인 이상 취업 규칙이나 단체협약에 **근로자의 채용 및 해고, 재해부조 등에 관한 일반적 규정을 두고 있다는 것만으로는 이에 해당한다고 볼 수 없다**(대법원 2006.4.27. 선고 2003다60259 판결).
① 상법 제735조의3 제2항
② 상법 제735조의3 제3항
④ 규약이 갖추어지지 아니한 경우에는 강행법규인 상법 제731조의 규정에 따라 피보험자인 구성원들의 서면에 의한 동의를 갖추어야 보험계약으로서의 효력이 발생한다(대법원 2006.4.27. 선고 2003다60259 판결).

16

정답 ①

해설 보험계약 당시에 보험계약자 또는 (**피보험자**)가 고의 또는 중대한 과실로 인하여 중요한 사항을 고지하지 아니하거나 부실의 고지를 한 때에는 보험자는 그 사실을 안 날로부터 (**1월**) 내에, 계약을 체결한 날로부터 (**3년**) 내에 한하여 계약을 (**해지**)할 수 있다. 그러나 보험자가 계약 당시에 그 사실을 알았거나 중대한 과실로 인하여 알지 못한 때에는 그러하지 아니하다(상법 제651조).

17

정답 ②

해설 상법 제682조(제3자에 대한 보험대위)의 보험자의 청구권대위 규정은 "손해가 제3자의 행위로 인하여 발생한 경우에 보험금을 지급한 보험자는 그 지급한 금액의 한도에서 그 제3자에 대한 보험계약자 또는 피보험자의 권리를 취득한다"라고 규정하고 있다. 따라서 손해가 제3자에 의하여 발생하고 보험금을 지급한 보험자는 피보험자의 권리를 해하지 않는 범위 내에서 피보험자로부터 채권양도의 통지가 필요 없이 법률상 당연히 피보험자의 권리를 취득하게 되어 있으므로 **지명채권양도의 절차가 필요 없다**.

TIP	채권양도

종래의 채권자(양도인)가 채무자에 대한 권리를 동일성을 유지한 채 새로운 채권자(양수인)에게 이전하는, 종래의 채권자와 새로운 채권자 사이의 계약을 말한다.

18

정답 ②

해설 보험계약자가 지정권을 행사하지 아니하고 사망한 때에는 피보험자를 보험수익자로 하고, 보험계약자가 변경권을 행사하지 아니하고 사망한 때에는 보험수익자의 권리가 확정된다(상법 제733조 제2항). 사망보험계약 당시 보험수익자란에 단순히 '법정상속인'으로만 기재하였다면, 甲이 乙과 이혼하였으므로, 甲의 법정상속인은 자녀 丙이므로 **丙이 보험수익자**가 된다. 그런데 **자녀 丙은 미성년자이므로 乙이 자녀의 친권자로서 이를 대리**하게 된다.

TIP	사망보험금의 법정상속인 순위

피보험자 사망시 수익자 지정하지 않고 '법정상속인'으로 되어 있을 경우 상속순위는 다음과 같다.
• **제1순위** : 배우자(법률상 배우자에 한함)와 직계비속(자녀)
• **제2순위** : 직계비속이 없는 경우 배우자와 직계존속(부모)
• **제3순위** : 직계존・비속 모두 없으면 배우자 단독상속
• **제4순위** : 배우자도 없으면 피보험자의 형제, 자매
• **제5순위** : 형제자매도 없다면 피보험자의 4촌 이내의 방계혈족

19

정답 ①

해설 당사자간의 특약으로 보험계약자 또는 피보험자나 보험수익자의 불이익으로 변경하지 못한다. 그러나 재보험 및 해상보험 기타 이와 유사한 보험의 경우에는 그러하지 아니하다(상법 제663조).
판례는 "해상보험에 있어서는 그 보험의 성격상 국제적인 유대가 강하고 보험실무상으로도 영국법 준거 조항을 둔 영문 보험약관이 이용되고 있는 실정이므로 불이익변경금지원칙을 일률적으로 적용하여 규 제하는 것이 반드시 옳다고 할 수 없다"고 하였다(대법원 1996.12.20. 선고 96다23818 판결).

20

정답 ②

해설 ① 집합된 물건을 일괄하여 보험의 목적으로 한 때에는 피보험자의 가족과 사용인의 물건도 보험의 목적에 **포함된 것으로** 한다(상법 제686조).
③ 집합된 물건을 일괄하여 보험의 목적으로 한 때에는 그 목적에 속한 물건이 보험기간 중에 수시로 교체된 경우에도 **보험사고의 발생시에** 현존한 물건은 보험의 목적에 포함된 것으로 한다(상법 제687조).
④ 보험자는 화재의 소방 또는 손해의 감소에 필요한 조치로 인하여 생긴 손해를 **보상할 책임이 있다**(상 법 제684조).

21

정답 ③

해설 상법 제638조의2 제3항에 의하면 보험자가 보험계약자로부터 보험계약의 청약과 함께 보험료 상당액의 전부 또는 일부를 받은 경우(인보험계약의 피보험자가 신체검사를 받아야 하는 경우에는 그 검사도 받은 때)에 그 청약을 승낙하기 전에 보험계약에서 정한 보험사고가 생긴 때에는 그 청약을 거절할 사유가 없는 한 보험자는 보험계약상의 책임을 지는 바, 여기에서 청약을 거절할 사유란 보험계약의 청약이 이루어진 바로 그 종류의 보험에 관하여 해당 보험회사가 마련하고 있는 객관적인 보험인수기준 에 의하면 인수할 수 없는 위험상태 또는 사정이 있는 것으로서 통상 피보험자가 보험약관에서 정한 적격 피보험체가 아닌 경우를 말하고, 이러한 청약을 거절할 사유의 존재에 대한 증명책임은 **보험자**에게 있다(대법원 2008.11.27. 선고 2008다40847 판결).
① 보험계약자 측의 고지의무위반과 보험계약의 보험사고 사이에 인과관계가 존재하는지 여부에 관하여 원칙적으로 보험금의 지급을 청구하는 **보험계약자** 측이 보험금 지급의무의 발생요건인 인과관계가 존재하지 아니한다는 점을 입증할 책임이 있다(서울중앙지법 2004.10.28. 선고 2004나21069 판결).
② 보험약관의 중요한 내용에 해당하는 사항이라 하더라도 보험계약자나 그 대리인이 그 약관의 내용을 충분히 잘 알고 있다는 점에 대하여도 이를 주장하는 **보험자** 측에 증명책임이 있다(대법원 2001.7.27. 선고 99다55533 판결).
④ 보험계약의 보통보험약관에서 '피보험자가 고의로 자신을 해친 경우'를 보험자의 면책사유로 규정하 고 있는 경우 **보험자**가 보험금 지급책임을 면하기 위하여는 위 면책사유에 해당하는 사실을 입증할 책임이 있는 바, 이 경우 자살의 의사를 밝힌 유서 등 객관적인 물증의 존재나, 일반인의 상식에서 자살이 아닐 가능성에 대한 합리적인 의심이 들지 않을 만큼 명백한 주위 정황사실을 입증하여야 한다(대법원 2002.3.29. 선고 2001다49234 판결).

22

정답 ③

해설 보험의 목적의 **성질, 하자 또는 자연소모**로 인한 손해는 보험자가 이를 보상할 책임이 없다(상법 제678조).

23

정답 ③

해설 보험약관의 설명의무의 상대방은 반드시 보험계약자 본인에 국한되는 것이 아니라, 보험자가 보험계약자의 대리인과 보험계약을 체결할 경우에는 그 대리인에게 보험약관을 설명함으로써 족하다(대법원 2001.7.27. 선고 2001다23973 판결).

① 보험자는 보험계약을 체결할 때에 **보험계약자**에게 보험약관을 교부하고, 그 약관의 중요한 내용을 설명하여야 한다(상법 제638조의3 제1항).
② 보험계약자의 고지의무나 통지의무는 보험자에게 알리는 **보험계약자** 측의 의무이다.
④ 보험계약자에게 불리한 경우에도 그 내용이 이미 법령에 규정된 사항을 구체적으로 부연하는 정도에 불과한 경우라면 보험자의 **설명의무가 인정된다고 볼 수가 없다**(대법원 1998.11.27. 선고 98다32564 판결).

24

정답 ①

해설 **가**와 **다**의 경우 보험계약을 해지할 수 있다.

가. 보험사고의 발생으로 보험자가 보험금액을 지급한 때에도 보험금액이 감액되지 아니하는 보험의 경우에는 보험계약자는 그 사고발생 후에도 보험계약을 **해지할 수 있다**(상법 제649조 제2항).
나. 보험자가 **파산의 선고를 받은 때**에는 보험계약자는 계약을 **해지할 수 있다**(상법 제654조 제1항).
다. 보험자는 고지의무를 위반한 사실과 보험사고의 발생 사이의 인과관계를 불문하고 상법 제651조에 의하여 고지의무위반을 이유로 계약을 **해지할 수 있다**(대법원 2010.7.22. 선고 2010다25353 판결). 다만, 고지의무를 위반한 사실 또는 위험이 현저하게 변경되거나 증가된 사실이 보험사고발생에 영향을 미치지 아니하였음이 증명된 경우에는 보험금을 지급할 책임이 있다(상법 제655조 단서).
라. 타인의 사망을 보험사고로 하는 보험계약에는 보험계약 체결시에 그 타인이 서면에 의한 동의를 얻어야 한다(상법 제731조)는 규정은 강행법규로서 이 규정에 위반하여 체결된 보험계약은 **무효**이다 (대구고법 1998.4.30. 선고 97나5153 판결).
마. 선박과 화물이 멸실되어 피보험이익이 존재하지 않으면 사고가 발생해도 손해를 보지 않으므로 피보험이익이 없는 보험계약은 **무효**가 된다. 보험의 목적이 "멸실 여부를 불문함"이란 조건으로 보험에 가입될 수 있으나, 보험계약 체결시 피보험자가 손해발생의 사실을 알고, 보험자가 몰랐을 경우에는 그러하지 아니하다.

25

정답 ②

해설 선박을 보험에 붙인 경우에 다음의 사유가 있을 때에는 보험계약은 종료한다. 그러나 보험자의 동의가 있는 때에는 그러하지 아니하다(상법 제703조의2).
1. 선박을 양도할 때
2. 선박의 선급을 변경한 때
3. 선박을 새로운 관리로 옮긴 때

26

정답 ③

해설 ㉠ 10일(상법 제658조)
ㄴ 30일(상법 제638조의2 제1항)
ㄷ 3개월(상법 제638조의3)
ㄹ 3개월(상법 제654조 제2항)

27

정답 ①

해설 보험가액의 일부를 보험에 붙인 경우에는 보험자는 보험금액의 보험가액에 대한 비율에 따라 보상할 책임을 진다. 그러나 당사자간에 다른 약정이 있는 때에는 보험자는 **보험금액의 한도** 내에서 그 손해를 보상할 책임을 진다(상법 제674조).

② 보험금은 당사자간의 약정에 따라 분할하여 지급할 수 있다(상법 제727조 제2항).

③ 보험자의 책임은 당사자간에 다른 약정이 없으면 최초의 보험료의 지급을 받은 때로부터 개시한다(상법 제656조).

④ 보험계약 당시에 보험계약자 또는 피보험자가 고의 또는 중대한 과실로 인하여 중요한 사항을 고지하지 아니하거나 부실의 고지를 한 때에는 보험자는 그 사실을 안 날로부터 1월 내에, 계약을 체결한 날로부터 3년 내에 한하여 계약을 해지할 수 있다. 단, 상법상 규정보다 해지기한을 줄여서 약정하는 것은 보험계약자에게 불이익한 내용이 아니기 때문에 문제 지문처럼 해지기한을 줄여서 약정하는 것은 가능하다(상법 제651조).

28

정답 ④

해설 희망이익보험의 경우 보험가액을 정하지 아니한 때에는 보험금액을 보험가액으로 한 것으로 **추정한다**(상법 제698조).

29

정답 ①

해설 피보험자라 함은 보험증권에 기재된 피보험자, 즉 기명피보험자 외에 **기명피보험자의 승낙을 얻어 피보험자동차를 사용 또는 관리 중인 자** 등을 피보험자로 명시하고 있다(대법원 1997.3.14. 선고 95다48728 판결). 따라서 보험자는 기명피보험자의 승낙을 얻은 자가 일으킨 사고에 대하여 보상책임을 부담한다.

② 자동차종합보험계약상 기명피보험자의 승낙을 얻어 자동차를 사용 또는 관리 중인 자도 피보험자로 하고 있는 경우에 있어 경찰서 경비과장으로서 경찰서장의 승낙을 받아 자동차를 운전하다가 사고가 일어난 것이라면, 위 운전자는 기명피보험자인 국가의 승낙을 얻어 자동차를 사용 또는 관리 중인 자에 해당하거나 국가를 위하여 자동차를 운전 중인 자에 해당하여 위 보험계약에 있어서의 **피보험자의 범주에 속한다**고 할 것이다(대법원 1992.2.25. 선고 91다12356 판결).

③ 기명피보험자의 승낙은 특단의 사정이 없는 한 기명피보험자로부터의 직접적인 승낙이어야 하므로 비록 매수인으로부터 자동차를 인도받고 사용을 승낙받았다 하더라도 기명피보험자인 매도인으로부터 자동차의 사용 또는 관리에 대한 직접적인 승낙을 받지 아니하였으면 위 약관에서 말하는 **승낙피보험자에 해당한다고 볼 수 없다**(대법원 1993.2.23. 선고 92다24127 판결).

④ 21세 이상 한정운전특별약관부 자동차종합보험의 기명피보험자인 렌터카회사의 영업소장이 운행자격이 없는 만 21세 미만자 또는 자동차 운전면허가 없는 자를 임차인으로 하여 자동차를 대여해준 경우, **도난운전에 대한 기명피보험자의 묵시적 승인이 있다**고 보았다(대법원 2000.2.25. 선고 99다40548 판결).

30

정답 ③

해설 보험계약은 다른 약정이 없으면 운송의 필요에 의하여 일시운송을 중지하거나 운송의 노순 또는 방법을 변경한 경우에도 그 **효력을 잃지 아니한다**(상법 제691조).

① 상법 제647조
② 상법 제652조 제1항
④ 상법 제712조

31

정답 ④

해설 생명보험과 상해보험의 자격제한이 같지 않다. 상해보험계약에서 15세 미만자, 심신상실자 또는 심신박약자의 사망을 보험사고로 한 보험계약은 무효로 한다는 규정을 제외하고 생명보험에 관한 규정을 준용한다(상법 제730조, 제732조). 따라서 15세 미만의 미성년자, 심신상실자 또는 심신박약자는 상해보험의 피보험자가 될 수 있다.

32

정답 ④

해설 피보험자가 보험의 목적을 양도한 때에는 양수인은 보험계약상의 권리와 의무를 **승계한 것으로 추정한다**(상법 제679조 제1항).

① 상법 제726조의4
② 상법 제652조 제2항
③ 상법 제703조의2

33

정답 ①

해설 보험자가 위부를 승인하지 아니한 때에는 **피보험자**는 위부의 원인을 증명하지 아니하면 보험금액의 지급을 청구하지 못한다(상법 제717조).

② 보험자대위는 "보험자가 보험금을 지급 후 피보험자 또는 보험계약자가 보험의 목적 또는 제3자에 대하여 가지는 법률상의 권리를 취득하는 것(상법 제681조, 제682조)"으로 손해보험 일반에서 적용된다. 반면 보험위부는 피보험자가 보험목적에 대한 모든 권리를 보험자에게 위부하고 보험자에 대하여 보험금액의 전부를 청구할 수 있는 해상보험 특유의 제도이다.

③ 상법 제681조, 상법 제713조

④ 상법 제714조 제1항

34

정답 ②

해설 보험자는 피보험자가 보험사고로 인하여 발생하는 손해를 방지하기 위하여 지급할 구조료를 보상할 책임이 있다. 그러나 보험의 목적물의 구조료분담가액이 보험가액을 초과할 때에는 **그 초과액에 대한 분담액은 보상하지 아니한다**(상법 제694조의2).

① 상법 제694조

③ 상법 제706조 제1호

④ 영국해상보험법 및 영국법원의 판례에 의하면 화물이 선박과 함께 행방불명된 경우에는 현실전손으로 추정된다(영국해상보험법 제58조).

35

정답 ②

해설 손해보험계약의 경우 **타인의 위임 없이도 타인을 위한 보험계약을 체결할 수 있다.** 즉 타인의 위임이 없는 때에는 보험계약자는 이를 보험자에게 고지하여야 하고, 그 고지가 없는 때에는 타인이 그 보험계약이 체결된 사실을 알지 못하였다는 사유로 보험자에게 대항하지 못한다(상법 제639조 제1항).

36

정답 ③

해설 보험자가 위험변경증가의 통지를 받은 때에는 1월 내에 보험료의 증액을 청구하거나 계약을 **해지할 수 있다**(상법 제652조 제2항).

① · ② 상법 제652조 제1항

④ 상법 제653조

37

정답 ④

해설 보험가액이 보험기간 중에 현저하게 감소된 때에도 보험료의 감액은 **장래에 대하여서만** 그 효력이 있다 (상법 제669조 제3항).

38

정답 ③

해설 **해상보험증권의 기재사항(상법 제695조)**
해상보험증권에는 **제666조에 게기한 사항** 외에 다음의 사항을 기재하여야 한다.
1. 선박을 보험에 붙인 경우에는 그 선박의 명칭, 국적과 종류 및 항해의 범위
2. **적하를 보험에 붙인 경우에는 선박의 명칭, 국적과 종류, 선적항, 양륙항 및 출하지와 도착지를 정한 때에는 그 지명**
3. 보험가액을 정한 때에는 그 가액

TIP	상법 제666조에 게기한 사항
• 보험의 목적	• 보험사고의 성질
• 보험금액	• 보험료와 그 지급방법
• 보험기간을 정한 때에는 그 시기와 종기	• **무효와 실권의 사유**
• 보험계약자의 주소와 성명 또는 상호	• 피보험자의 주소, 성명 또는 상호
• 보험계약의 연월일	• 보험증권의 작성지와 그 작성연월일

39

정답 ①

해설 **피보험자**가 제3자에 대하여 변제, 승인, 화해 또는 재판으로 인하여 채무가 확정된 때에는 지체 없이 (피보험자가) 보험자에게 그 통지를 발송하여야 한다(상법 제723조 제1항).

40

정답 ②

해설 자동차보험증권에는 손해보험증권의 기재사항(상법 제666조) 이외에
• 자동차소유자와 그 밖의 보유자의 성명과 생년월일 또는 상호
• 피보험자동차의 등록번호, 차대번호, 차형연식과 기계장치
• 차량가액을 정한 때에는 그 가액을 기재하여야 한다(상법 제726조의3).
즉, 차량가액은 자동차보험증권에 반드시 기재할 **절대적 기재사항이 아니다.**

① 상법 제726조의2
③ 상법 제726조의4 제1항
④ 상법 제726조의4 제2항

2015년 제38회 손해사정이론 정답 및 해설

⊘ 정답 CHECK

01	02	03	04	05	06	07	08	09	10	11	12	13	14	15	16	17	18	19	20
②	②	①	①	①	④	③	②	④	②	③	②	②	③	④	④	②	③	②	④
21	22	23	24	25	26	27	28	29	30	31	32	33	34	35	36	37	38	39	40
③	③	④	③	②	②	②	②	③	①	②	③	③	①	④	③	②	③	②	①

문제편 031p

01

정답 ②

해설 ① 손해(loss)
③·④ 위태(hazard)

> **TIP 손인(peril)**
>
> 손인(peril)은 손해의 직접적인 원인 또는 원천을 의미하며, 자연적 손인, 인적 손인, 경제적 손인 세 가지로 구분할 수 있다.
> - **자연적 손인** : 주로 인간의 통제력을 벗어나 자연재해 예 홍수, 지진, 해일, 가뭄, 화재 등
> - **인적 손인** : 사람의 실수나 고의적 행위로 인한 손해 예 절도, 사기, 부주의 등
> - **경제적 손인** : 인간의 경제적 활동과 관련이 있는 손해 예 파업, 태업과 같은 노동쟁의에 의한 손실, 소비자 기호의 변화, 경제의 침체 등

02

정답 ②

해설 근원적 위험은 대다수의 국민이나 기업 또는 사회 경제 전반에 영향을 미치는 위험을 말하며, 심각한 경기 후퇴와 높은 실업률(**경기변동**), 하이퍼인플레이션, **전쟁·지진·홍수·화산폭발**과 같은 천재지변 등이 있다.
대형건물 화재는 **특정위험**에 해당한다.

03

정답 ①

해설 프랜차이즈 공제(franchise deductible)는 보험가액에 대한 일정비율 또는 일정금액으로 공제액을 정하고, 보험사고의 발생으로 인한 손해가 일정비율 또는 일정금액에 미달하는 경우 전액 피보험자가 부담하고, 손해가 일정비율 또는 일정금액을 초과할 경우 전액 보험자가 부담하는 방식이다. 그러므로 손해가 일정비율 또는 일정금액을 초과할 경우에는 피보험자의 부담이 없게 된다.

② **공동보험조항**은 전부보험 또는 보험자가 요구한 일정비율 이상으로 부보한 경우의 보험사고에서는 실손해를 보상하지만, 보험금액이 그 이하인 경우 일부보험으로 인정하여 그 부족분의 손해를 피보험자가 분담하도록 규정한 조항이다.

③ **정액 공제**는 일정한 공제액을 정해 놓고 손해액이 공제액에 미달하면 손해액 전부를 피보험자가 부담하고, 손해액이 공제액을 초과하는 경우 공제액을 피보험자가 부담하고 공제액을 차감한 나머지 손해액만을 보험자가 부담하는 방법이다.

④ **총액 공제**는 일정기간 동안 발생한 손해액의 합계가 보험계약 체결시 정한 종합공제액에 못 미치는 경우에는 손해액을 전부 피보험자가 부담하고, 손해액의 합계가 공제액을 넘는 시점부터 발생하는 손해는 보험자가 전액 부담하는 방식이다.

04
정답 ①

해설 위험회피는 손해가 생길 위험 자체를 피하거나 제거하는 기법으로 위험예방에 대한 가장 확실한 방법이다. 홍수다발지역이며, 피해규모도 큰 경우, 일반적으로 안전한 지역으로 이전시킴으로써 그 위험을 회피할 수 있다.

05
정답 ①

해설 역선택은 보험자와 보험계약자간의 정보의 불균형으로 인해 불리한 의사결정을 하는 상황을 말한다. 즉 보험계약 체결시 위험은 보험자가 선택하게 되어 있으나, 보험자에게 불리한 보험사고의 발생 가능성이 높은 보험계약자가 자진하여 보험에 가입하는 것을 의미한다. 따라서 역선택을 방지하기 위해 법률상 보험계약자, 피보험자에게 **고지의무 등을 부여**하고 있다.

06
정답 ④

해설 일부보험은 보험가액의 일부를 보험에 붙이고 나머지 부분은 보험계약자가 부담하는 형태로 보험료의 절감과 보험가입에 따른 위험관리 해태를 방지하기 위함이다. 이러한 일부보험은 사고발생 가능성을 줄이는 위험예방과 **사고발생시 손실의 규모를 줄이는 손실통제를 제고하는** 효과가 있다. 손실통제활동은 일반적으로 보험회사가 지불해야 하는 보험금을 감소시키고 결과적으로 보험계약자의 보험료 부담도 덜어 준다.

07
정답 ③

해설 보상한도는 보험자가 보험사고발생시 피보험자에게 보상하는 금액의 한도를 말한다. 손해사정업무에는 보상한도 '설정'이 아니라 보상한도 '**결정**'이 포함된다.

- 사고통보를 접수하면 손해발생 사실을 확인하고, 보험약관 및 관계법규 적용의 적정 여부를 판단한다.
- 사고특성에 따른 조사자를 선임하여 사고원인이나 손해정도, 손해액을 조사자에게 위임하거나 함께 조사한다.
- 조사내용을 분석·정리하여 손해액이나 보험금의 적정 가격을 결정한다.
- 손해사정서를 작성하여 보험회사 등에 제출한다.
- 의견을 진술하거나 손해사정서 내용을 보험회사와 보험계약자 등에게 설명한다.

08

정답 ②

해설 보험사기는 적은 보험료를 내고 **우연한 사고**로 인하여 거액의 보험금을 받을 수 있는 '**보험계약의 사행성**' 때문에 일어난다.

| TIP | 보험사기 |

보험사기란 보험계약자 등(보험계약자, 피보험자 또는 보험수익자)이나 제3자(피해자, 의사 또는 자동차정비업자 등)가 부당한 보험금(보험자가 지급하지 말아야 하거나 그 지급한도를 초과하는 보험금)을 받아낼 목적으로 보험 자를 기망하는 행위를 말한다. 이러한 보험사기의 유형에는 보험계약자 등이나 제3자가 고의로 보험사고를 내고 그 사고가 우연하게 난 것으로 가장하는 행위도 포함된다.

09

정답 ④

해설 **고의로 인한 보험사고의 면책요건**
상법 제659조에서는 보험사고가 보험계약자 또는 피보험자나 보험수익자의 고의 또는 중대한 과실로 생긴 때에 보험자는 보험금액을 지급할 책임이 없다고 규정하고 있다.
즉 ②·③ **보험계약자 또는 피보험자나 보험수익자의 고의**만 면책대상이다. 또한, 보험자가 보상책임을 면하려면 보험사고가 보험계약자 등의 미필적 고의에 의해 발생한 것만으로는 부족하고, 미필적 고의와 사고 사이에 ① **상당인과관계**가 존재한다는 것을 보험자가 입증하여야 한다.

10

정답 ②

해설 손해방지의무는 보험계약자나 피보험자의 의무(상법 제680조 제1항)에 해당하며, 상법상에는 손해방지 의무위반의 효과에 대한 명문규정이 없다.

<table>
<tr><td colspan="2">

TIP 보험자에 의한 보험계약의 해지사유

</td></tr>
</table>

- **계속보험료의 연체로 인한 해지** : 계속보험료가 약정한 시기에 지급되지 아니한 때에는 보험자는 상당한 기간을 정하여 보험계약자에게 최고하고 그 기간 내에 지급되지 아니한 때에는 그 계약을 해지할 수 있다(상법 제650조 제2항).
- **위험변경 · 증가에 대한 통지의무위반으로 인한 해지** : 보험기간 중에 보험계약자 또는 피보험자가 사고발생의 위험이 현저하게 변경 또는 증가된 사실을 안 때에는 지체 없이 보험자에게 통지하여야 한다. 이를 해태한 때에는 보험자는 그 사실을 안 날로부터 1월 내에 한하여 계약을 해지할 수 있다(상법 제652조 제1항).
- **고의나 중과실로 위험변경 · 증가된 경우의 해지** : 보험기간 중에 보험계약자, 피보험자 또는 보험수익자의 고의 또는 중대한 과실로 인하여 사고발생의 위험이 현저하게 변경 또는 증가된 때에는 보험자는 그 사실을 안 날부터 1월 내에 보험료의 증액을 청구하거나 계약을 해지할 수 있다(상법 제653조).
- **고지의무위반으로 인한 계약해지** : 보험계약 당시에 보험계약자 또는 피보험자가 고의 또는 중대한 과실로 인하여 중요한 사항을 고지하지 아니하거나 부실의 고지를 한 때에는 보험자는 그 사실을 안 날로부터 1월 내에, 계약을 체결한 날로부터 3년 내에 한하여 계약을 해지할 수 있다. 그러나 보험자가 계약 당시에 그 사실을 알았거나 중대한 과실로 인하여 알지 못한 때에는 그러하지 아니하다(상법 제651조).

11

정답 ③

해설 보험요율산정원칙

- **충분성** : 보험요율은 사고발생시 보험계약자 등에 지급되는 손실의 보상에 충분한 수준으로 결정되어야 한다.
- **비과도성(적정성)** : 보험요율은 과도하지 않아야 한다. 보험요율이 지나치게 과도할 경우 보험가입자의 저항과 보험계약의 이탈로 이어져 대수의 법칙 적용이 불가능해지고 수지상등의 원칙이 무너져 종국적으로 합리적인 보험경영이 불가능해 진다.
- **공평한 차별성(공정성)** : 보험요율은 부당한 차별이 없어야 한다. 동일한 위험에 대해서는 동일한 요율이, 다른 위험에 대해서는 다른 요율이 적용되어야 한다.

12

정답 ②

해설 실손보상의 원칙

- **피보험이익제도** : 피보험이익이 없으면 보험금청구권도 없다. 또한 지급보험금은 피보험이익의 범위를 초과하지 아니한다.
- **보험자대위** : 가해자에 대한 손해배상청구권 행사 또는 잔존물의 매각 등으로부터 이중의 이익을 얻지 못하도록 한다.
- **손해액의 시가주의** : 보험자가 보상할 손해액은 그 손해가 발생한 때와 곳의 가액으로 산정한다고 규정하여, 손해발생시와 때에 따라 감가상각을 고려하여 이득이 생기는 것을 방지한다.
- **타보험조항** : 보상책임이 있는 보험계약이 둘 이상 존재하는 경우, 각 보험계약간 보험금의 지급을 분담하는 약관조항을 두고, 이에 따라 보험금을 계산하여 지급함으로써 실제 손해 이상의 보험금이 지급되지 않도록 한다.
- **과실상계 및 손익상계** : 사고발생에 기여한 과실이 공동으로 있다면 그 비율만큼 공제한다.
- **신구교환공제** : 부품의 교환이나 공사 등으로 인해 사고 이전보다 전반적인 가치가 상승할 경우, 그 가치 상승분을 지급보험금에서 공제한다.

13

정답 ②

해설 보험계약기간은 보험기간과 거의 일치하지만 **일치하지 않는 경우도** 있다.
- **보험계약기간이 보험기간보다 더 짧은 경우** : 소급보험, 승낙전 보호제도 등
- **보험계약기간이 보험기간보다 긴 경우** : 계약 성립 후 최초보험료를 지급하는 경우, 일정기간 동안 담보 배제를 하는 암보험, 임신보험 등

14

정답 ③

해설 제조상품의 경우 생산 및 판매량의 증가에 따라 생산비용을 절감할 수 있어서 규모의 경제성이 크지만, 보험상품의 경우 많이 판매해도 순보험료(보험금 지급에 충당되는 보험료)를 절감할 수는 없기 때문에 **규모의 경제성이 크다고 할 수 없다.**

15

정답 ④

해설 자동차의 에어백이나 안전벨트는 발생하는 손실의 규모를 줄이기 위한 손실감소기법이다.
①・②・③ 손실발생빈도를 줄이려는 손실방지기법이다.

16

정답 ④

해설 **공제조항**은 보험금을 결정함에 있어 손해의 일부를 피보험자에게 부담시키는 보험약관상의 조항을 말하며, 일반적으로 공제되는 금액이 적을 경우를 '소손해면책'이라 한다. 공제조항은 손해사정경비의 합리적 처리, 보험요율의 인하효과, 주의력 이완방지 등의 이유로 적용된다. 즉, 보험회사의 지급불능위험을 관리하기 위한 수단이라기보다는 **피보험자에 대한 손해부담의 분담 수단**이다.

① **Cat Bond**는 자연재해에 따른 리스크를 전가하기 위한 대재해채권(Catastrophe Bond)을 말한다.
② **재보험**은 보험자의 보험인수 능력을 높이고 예기치 못한 대재해로 인한 보험회사의 위험을 분산시킨다.
③ **면책조항**은 어떤 일정의 사유에 대하여 보험회사의 책임이 면제되는 규정으로 보험회사의 위험부담책임 또는 손해보상책임을 제한하는 법률 및 약관상의 조항을 의미한다.

17

정답 ②

해설 피보험자가 사고발생 통지를 게을리 하여 손해가 증가된 때에는 보험회사는 그 증가된 손해를 보상하지 않는다(보험업감독업무시행세칙 별표 15, 배상책임보험 표준약관 제5조 제2항).

TIP	보험회사가 보상하는 손해(보험업감독업무시행세칙 별표 15. 배상책임보험표준약관 제3조)

1. 피보험자가 피해자에게 지급할 책임을 지는 법률상의 손해배상금
2. 계약자 또는 피보험자가 지출한 아래의 비용
   • 피보험자가 손해의 방지 또는 경감을 위하여 지출한 필요 또는 유익하였던 비용
   • 피보험자가 제3자로부터 손해의 배상을 받을 수 있는 그 권리를 지키거나 행사하기 위하여 지출한 필요 또는 유익하였던 비용
   • 피보험자가 지급한 소송비용, 변호사비용, 중재, 화해 또는 조정에 관한 비용
   • 보험증권상의 보상한도액 내의 금액에 대한 공탁보증보험료(다만, 회사는 그러한 보증을 제공할 책임은 부담하지 않는다)
   • 피보험자가 제12조(손해배상청구에 대한 회사의 해결) 제2항 및 제3항의 회사의 요구에 따르기 위하여 지출한 비용(협조의무 이행에 따른 비용)

18

정답 ③

해설 **손실통제**(loss control)는 위험의 발생을 미연에 방지하거나 손실의 크기를 줄이는 방법으로 기대손실(= 예상가능손실)을 감소시키는 위험관리 방법이다.

① **보험**은 피보험자가 일정한 보험료를 내고 위험부담을 보험자에게 전가하는 행위이다.
② **위험보유**는 예상되는 손실의 일부나 전부를 보유하여 직접 손실부담을 하는 방법이다.
④ **위험분산**은 어느 투자에서 손실이 발생하더라도 다른 투자에서 이득이 생겨 전체적으로 안정을 취할 수 있도록 하는 방법이다.

19

정답 ②

해설 **합리적 기대의 원칙**
보험약관의 해석에 있어서 당사자의 합리적인 의도가 무엇인가를 찾아볼 수 있는 경우, 그러한 기대에 부합하도록 해석하여야 한다는 원칙이다. 피보험자는 보험에서 제공할 것으로 합리적으로 기대하는 보험보장을 받을 권리가 있으며, 이의 효력을 위해서 면책사항이나 제한사항들은 평이하며 분명하여야 한다는 것을 말한다. 이 원칙은 결과적으로 보험약관의 문언은 보험법에 정통한 변호사나 기타 관계자에 의해 해석되는 바와 같이 해석하여야 하는 것이 아니고, **보통시민이 이해하는 바와 같이 해석**되어야 한다는 것이다.

① **수기문언 우선효력의 원칙** : 보험약관의 해석에 있어서 손으로 쓴 문언이 인쇄문언 및 그 밖의 형식으로 된 문언보다 가장 우선하여 적용된다는 원칙을 말한다.
③ **동종제한의 원칙** : 보험약관을 포함한 제정법, 증언 등에 특정적이고 구체적으로 열거한 사항 다음에 일반적이고 포괄적인 문언이 부가되어 있는 경우에 일반적이고 포괄적인 부가문언을 해석함에 있어서는 앞에서 구체적으로 열거한 사항과 동질적인 것만을 한정하여 해석해야 한다는 원칙이다.
④ **작성자불이익의 원칙** : 보험증권(약관)의 일반적인 해석원칙을 모두 적용하여 보아도 여전히 약관상 문구가 애매하여 판단하기 어려운 경우 그 문언의 의미를 작성자, 즉 보험자에게 불이익하게 해석하여야 한다는 원칙이다.

20

정답 ④

해설 재보험계약은 법률상 독립된 별개의 계약이므로 **원보험계약의 효력에 영향을 미치지 않는다.** 따라서 원보험회사는 원보험료의 지급이 없음을 이유로 재보험료의 지급을 거절할 수 없다.

21

정답 ③

해설 일부보험은 보험가액의 일부를 보험에 붙이고 나머지 부분은 보험계약자가 부담하는 형태로서 보험금액이 보험가액보다 작은 경우를 말한다. 보험계약자는 사고발생시 **일부손해를 자신이 부담**해야 하기 때문에 초과보험 등과 달리 **도덕적 위태를 예방**할 수 있다.

22

정답 ③

해설 손해보험계약의 보험자는 보험사고로 인하여 생길 피보험자의 재산상의 손해를 보상할 책임이 있다(상법 제665조). 즉 재산상의 불확정한 사고에 대하여 손해보험계약을 체결한 후 보험사고가 발생하면 손해보험회사는 계약을 체결한 보험금액의 한도 내에서 실제 재산상의 손해를 보상하게 된다(실손보상의 원칙). 손해보험회사가 보상할 손해액은 **피보험이익의 값, 즉 보험가액을 기준**으로 한다. 보험가액은 그 손해가 발생한 때와 곳의 가액에 의하여 산정한다.

23

정답 ④

해설 확률적으로 측정 가능할 정도로 발생확률이 **다소 높고**, 손실의 심도가 크지 않은 위험이어야 한다.

TIP	보험가능한 위험(insurable risk)의 요건
• 우연적이고 고의성이 없는 순수위험	• 동질적인 다수의 위험단위
• 대이변적이 아닌 손실	• 확정적이고 측정가능한 손실
• 측정가능한 손실발생 확률	• 경제적으로 부담가능한 보험료

24

정답 ③

해설 위험을 감소시키게 되면 위험비용은 **증가한다**(트레이드-오프 관계).

25

정답 ②

해설 당사자간의 약정에 의한 소급보험은 보험계약 체결 전의 어느 시점부터 보험자의 책임이 개시되는 보험이므로 보험기간이 보험계약기간보다 더 길게 된다.
① · ③ · ④ 보험기간이 보험계약기간보다 더 짧은 경우에 해당한다.

26

정답 ②

해설

$$지급보험금 = (5억원 - 1억원) \times \frac{6억원}{10억원 \times 0.8} = \textbf{3억원}$$

27

정답 ②

해설

보험자부담 = (손해액 − 공제금액) × 조정계수

= (2,100만원 − 공제금액) × 1.05 = 2,100만원

공제금액 = 100만원

28

정답 ②

해설 프랜차이즈 공제 5,000만원이 설정되어 있으므로, 그 이상의 손해액에 대해서만 계산한다.

순보험료 = (1억원 × 0.2) + (6,000만원 × 0.5) = **5,000만원**

29

정답 ③

해설 **비례책임조항의 경우**

A 보험회사 보상금액은 600만원 × 200만원/1,000만원 = **120만원**

① **책임한도분담조항의 경우** : A 보험회사 보상금액은 600만원 × 200만원/800만원 = **150만원**
② **균등액분담조항의 경우** : 우선, 여러 보험계약 중 가장 낮은 책임한도(보험금액) 내에서 균등하게 분담하므로 A 보험회사 보상금액은 **200만원**이다.
④ **초과분담조항의 경우** : 다른 유효한 보험계약이 존재하는 경우 그 보험으로부터 보상한도액까지 우선 보상을 받고 난 후에 그를 초과하는 손해액을 지급하는 방식이므로, 1차 보험자인 A 보험회사 보상금액은 **200만원**이다.

30

정답 ①

해설 보험계약을 해지하는 것은 예상되는 손실의 일부나 전부를 자기가 직접 부담해야 한다는 것을 의미하므로 '**위험보유**'에 해당한다. 위험회피나 위험이전이 안 될 경우 위험을 보유해야 한다.

31

정답 ②

해설 ②는 에너지방출이론에 대한 설명이다.

TIP   도미노이론

미국의 하인리히(H. W. Heinrich)는 재해발생과정에 관하여 도미노이론을 인용하여 재해발생과정을 설명하였다. 즉 상호 밀접한 관계를 가지고 있는 5개의 골패를 세워 놓았을 때, 그 중 하나의 골패가 넘어지면 이로 인하여 나머지 골패가 연쇄적으로 넘어지면서 재해가 발생한다고 설명하였다. 즉 사고발생의 5단계는 다음과 같다.
1. 사회적 환경
2. 인간의 과실
3. 위태
4. 사고
5. 손해

32

정답 ③

해설 강행법규는 금반언에 우선하므로, **강행법규의 입법취지에 반하는 것이라면 금반언 원칙은 적용되지 않는다.** 금반언에 해당하더라도 강행법규의 입법목적 달성을 위해 금반언 주장은 배제된다고 보는 것이 판례의 입장이다.

판례   대법원 2003.8.22. 선고 2003다19961 판결

법령에 위반되어 무효임을 알고서도 그 법률행위를 한 자가 강행법규 위반을 이유로 무효를 주장한다 하여 신의칙 또는 금반언의 원칙에 반하거나 권리남용에 해당한다고 볼 수는 없다.

TIP   강행법규

공공의 질서에 관한 사항을 정한 법규로 당사자의 의사와는 관계가 없으며 선량한 풍속 기타 사회질서에 관계있는 규정을 말한다.

33

정답 ③

해설 포괄책임주의에서는 면책으로 인한 사고를 제외하고는 보험의 목적에 손해가 발생하면 그 원인이 무엇이든 관계없이 보상한다. 피보험자는 보험의 목적에 담보손해가 발생하였다는 것만 입증하면 족하고 보험자가 보험금 지급을 거절하려면 면책위험과 사고와의 인과관계가 있음을 입증하여야 한다. 따라서 면책위험을 추가하게 되면 결과적으로 담보범위가 **축소된다**고 할 수 있다.

34

정답 ①

해설 언더라이팅은 보험가입을 신청한 피보험자(보험대상자)가 보유하고 있는 위험을 선택해 적절한 위험집단으로 분류하여 보험가입을 결정(계약인수, 계약거절, 조건부 인수 등)하는 일련의 과정이다. 언더라이팅 업무는 보험사업의 핵심업무로 부각되고 있기 때문에 외부 전문기관에 위임하는 것보다 **보험사의 고유기능**으로 수행되고 있다.

35

정답 ④

해설 열거위험담보방식은 열거한 위험으로 인한 손해에 대하여 보상한다고 약속한 것이므로 보험자로부터 손해보상을 받기 위해서는 **피보험자**가 열거위험으로 인하여 손해가 발생하였다는 것을 입증하여야 한다.

36

정답 ③

해설 상실이익손해는 손상된 목적물을 사용·수익하지 못함으로써 발생한 경제적 손실을 말하며, **간접손해에 포함**된다.

37

정답 ②

해설 상해보험의 경우 보험사고가 보험계약자, 피보험자 또는 보험수익자의 **고의로 인한 경우만 면책**으로 하고, 중대한 과실로 인하여 생긴 때에는 보험자의 보상책임을 인정하고 있다(상법 제732조의2). 즉 상해보험에서 중과실에 해당하는 음주운전, 무면허운전을 면책할 수 없다는 것이 대법원 판례의 입장이다.

③ 보험사고가 보험계약자 또는 피보험자나 보험수익자의 고의 또는 중대한 과실로 인하여 생긴 때에는 보험자는 보험금액을 지급할 책임이 없다(상법 제659조).

①·④ 보험목적의 성질, 하자 또는 자연소모로 인한 손해는 보험자가 이를 보상할 책임이 없다(상법 제678조).

38

정답 ③

해설 **대체비용보험(= 신가보험)**
보험사고발생 당시의 실제현금가치를 기준으로 손해액에 대하여 보상하는 것이 아니라, 보험사고발생 당시의 **재조달가액(= 신가 = 대체가격)**을 보험가액으로 하여 재조달가액을 기준으로 손해액을 산정하는 보험을 말한다.

TIP	신가
신가란 재조달가액, 신품가액, 대체비용이라고 하며, 물건보험의 경우 보험의 목적과 동일한 정도의 물건을 재취득하는데 소요되는 가액을 말한다.	

39

정답 ②

해설 추정(가능)최대손실(PML)은 통상적인 조건에서 목적물에 대하여 담보위험이 초래할 수 있는 최대 손해의 추정액을 말한다. 추정(가능)최대손실(PML)은 확률에 의한 것이므로 **항상 일정하다고 할 수 없으며**, 위험의 종류, 구조, 사용방법, 소방시설 등에 의하여 달라진다.

40

정답 ①

해설 보험회사는 장래에 지급할 보험금·환급금 및 계약자배당금(이하 "보험금 등"이라 한다)의 지급에 충당하기 위해 **보험계약부채·투자계약부채·그 밖에 금융위원회가 정하는 방법에 따라 미래현금흐름에 대한 현행 추정치를 적용하여 적립한 금액**을 책임준비금으로 계상해야 한다(보험업법 시행령 제63조 제1항).

〈2022.12.27. 개정〉

책임준비금은 보험계약부채·재보험계약부채·투자계약부채로 구분하여 각각 적립한다(보험업감독규정 제6-11조 제1항). 〈2022.12.21. 개정〉

비상위험준비금은 책임준비금만으로는 충당할 수 없는 예상사고율을 초과하는 비상위험에 대비하여 적립한 금액을 말한다.

2016년 제39회

손해사정사 1차 시험문제
정답 및 해설

✓ 정답 CHECK

01	02	03	04	05	06	07	08	09	10	11	12	13	14	15	16	17	18	19	20
②	①	②	②	④	③	①	②	②	②	④	②	①	③	②	④	④	③	②	③
21	**22**	**23**	**24**	**25**	**26**	**27**	**28**	**29**	**30**	**31**	**32**	**33**	**34**	**35**	**36**	**37**	**38**	**39**	**40**
④	①	②	④	②	④	④	③	①	④	②	④	①	②	④	②	③	③	③	①

문제편 044p

01

정답 ②

해설 "자회사"란 보험회사가 다른 회사(「민법」 또는 특별법에 따른 조합을 포함한다)의 의결권 있는 발행주식(출자지분을 포함한다) 총수의 **100분의 15**를 초과하여 소유하는 경우의 그 다른 회사를 말한다(보험업법 제2조 제18호).

02

정답 ①

해설 제3보험업의 보험종목에 해당하는 것은 **상해보험, 질병보험, 간병보험**이다(보험업법 제4조 제1항 제3호). **연금보험**은 생명보험업의 보험종목에 해당한다(보험업법 제4조 제1항 제1호 나목).

03

정답 ②

해설 보험업의 허가를 신청하는 자는 금융위원회에 제출하는 신청서에 다음 각 호의 사항을 적어야 한다(보험업법 시행령 제9조 제1항).

1. **상호**
2. 주된 사무소의 소재지
3. **대표자 및 임원의 성명·주민등록번호 및 주소**
4. 자본금 또는 기금에 관한 사항
5. **시설, 설비 및 인력에 관한 사항**
6. **허가를 받으려는 보험종목**

04

정답 ②

해설 허가를 신청하려는 자는 미리 금융위원회에 예비허가를 신청할 수 있다. 신청을 받은 금융위원회는 **2개월** 이내에 심사하여 예비허가 여부를 통지하여야 한다. 다만, **총리령**으로 정하는 바에 따라 그 기간을 연장할 수 있다(보험업법 제7조 제1항, 제2항).

TIP	예비허가의 기간연장(보험업법 시행규칙 제9조 제5항)

금융위원회는 다음 각 호의 어느 하나에 해당하는 사유가 있는 경우에는 한 차례만 3개월의 범위에서 통지기간을 연장할 수 있다.
1. 예비허가의 신청서 및 첨부서류에 적힌 사항 중 내용이 불명확하여 사실 확인 및 자료의 보완이 필요한 경우
2. 이해관계인 등의 이해 조정을 위하여 공청회 개최 또는 신청인의 소명이 필요한 경우
3. 그 밖에 금융시장 안정 및 보험계약자 보호를 위하여 금융위원회가 필요하다고 인정하는 경우

05

정답 ④

해설 **보험종목별 자본금 또는 기금(보험업법 시행령 제12조 제1항)**

보험종목의 일부만을 취급하려는 보험회사가 납입하여야 하는 보험종목별 자본금 또는 기금의 액수는 다음 각 호의 구분에 따른다.
1. 생명보험 : 200억원
2. 연금보험(퇴직보험을 포함한다) : 200억원
3. 화재보험 : 100억원
4. 해상보험(항공·운송보험을 포함한다) : 150억원
5. 자동차보험 : 200억원
6. **보증보험 : 300억원**
7. 재보험 : 300억원
8. 책임보험 : 100억원
9. 기술보험 : 50억원
10. 권리보험 : 50억원
11. 상해보험 : 100억원
12. 질병보험 : 100억원
13. 간병보험 : 100억원
14. 제1호부터 제13호까지 외의 보험종목 : 50억원

06

정답 ③

해설 **총보험계약건수 및 수입보험료의 100분의 90 이상**을 전화, 우편, 컴퓨터통신 등 통신수단을 이용하여 모집하는 보험회사를 "통신판매전문보험회사"라 한다(보험업법 시행령 제13조 제1항).

07

정답 ①

해설 **겸영업무의 범위(보험업법 시행령 제16조 제1항)**
1. 「자산유동화에 관한 법률」에 따른 유동화자산의 관리업무
2. 「주택저당채권 유동화회사법」에 따른 유동화자산의 관리업무 〈2023.5.16. 삭제〉
3. 「한국주택금융공사법」에 따른 채권유동화자산의 관리업무
4. 「전자금융거래법」 제28조 제2항 제1호에 따른 전자자금이체업무(**결제중계시스템의 참가기관으로서 하는 전자자금이체업무와 보험회사의 전자자금이체업무에 따른 자금정산 및 결제를 위하여 결제중계시스템에 참가하는 기관을 거치는 방식의 전자자금이체업무는 제외한다**)
5. 「신용정보의 이용 및 보호에 관한 법률」에 따른 본인신용정보관리업

08

정답 ②

해설 **보험대리점 또는 보험중개사로 등록할 수 있는 금융기관(보험업법 제91조 제1항, 동법 시행령 제40조 제1항)**
1. 「은행법」에 따라 설립된 은행
2. 「자본시장과 금융투자업에 관한 법률」에 따른 투자매매업자 또는 투자중개업자
3. 「상호저축은행법」에 따른 상호저축은행
4. 그 밖에 다른 법률에 따라 금융업무를 하는 기관으로서 대통령령으로 정하는 기관
   • 「한국산업은행법」에 따라 설립된 한국산업은행
   • 「중소기업은행법」에 따라 설립된 중소기업은행
   • 「여신전문금융업법」에 따라 허가를 받은 신용카드업자(**겸영여신업자는 제외한다**)
   • 「농업협동조합법」에 따라 설립된 조합 및 농협은행

09

정답 ②

해설 보험업법에 따라 벌금 이상의 형을 선고받고 그 집행이 끝나거나(집행이 끝난 것으로 보는 경우를 포함한다) 집행이 면제된 날부터 2년이 지나지 아니한 자는 보험설계사가 **될 수 없다**(보험업법 제84조 제2항 제3호).

① 보험업법 제84조 제1항
③ 보험업법 제84조 제2항 제4호
④ 보험업법 제84조 제2항 제10호

10

정답 ②

해설 **보험안내자료에 적어서는 안되는 사항(보험업법 시행령 제42조 제2항)**

1. 「독점규제 및 공정거래에 관한 법률」 제45조에 따른 사항(불공정거래행위)

2. 보험계약의 내용과 다른 사항

3. 보험계약자에게 유리한 내용만을 골라 안내하거나 **다른 보험회사 상품과 비교한 사항**

4. 확정되지 아니한 사항이나 사실에 근거하지 아니한 사항을 기초로 다른 보험회사 상품에 비하여 유리하게 비교한 사항

11

정답 ④

해설 ④ 보험업법 제106조 제1항 제1호

① 보험회사는 그 자산을 운용할 때 **안정성 · 유동성 · 수익성 및 공익성**이 확보되도록 하여야 한다(보험업법 제104조 제1항).

② 보험회사는 특별계정에 속하는 이익을 그 계정상의 보험계약자에게 **분배할 수 있다**(보험업법 제108조 제3항).

③ 직접 · 간접을 불문하고 해당 보험회사의 주식을 사도록 하기 위한 대출은 **금지되는 행위이다**(보험업법 제105조 제4호).

12

정답 ②

해설 **금지 또는 제한되는 자산운용(보험업법 제105조)**

1. 대통령령으로 정하는 업무용 부동산이 아닌 부동산(저당권 등 담보권의 실행으로 취득하는 부동산은 제외한다)의 소유

2. 제108조 제1항 제2호에 따라 설정된 특별계정을 통한 부동산의 소유

3. **상품이나 유가증권에 대한 투기를 목적으로 하는 자금의 대출**

4. **직접 · 간접을 불문하고 해당 보험회사의 주식을 사도록 하기 위한 대출**

5. **직접 · 간접을 불문하고 정치자금의 대출**

6. 해당 보험회사의 임직원에 대한 대출(보험약관에 따른 대출 및 금융위원회가 정하는 소액대출은 제외한다)

7. 자산운용의 안정성을 크게 해칠 우려가 있는 행위로서 대통령령으로 정하는 행위

13

정답 ①

해설 **보험협회**는 보험설계사에 대한 보험회사 등의 불공정한 모집위탁행위를 막기 위하여 보험회사 등이 지켜야 할 규약을 정할 수 있다(보험업법 제85조의3 제2항).

② 보험업법 제85조의3 제1항 제1호
③ 보험업법 제85조의3 제1항 제4호
④ 보험업법 제85조의3 제1항 제6호

14

정답 ③

해설 생명보험업 또는 손해보험업에 해당하는 보험종목의 전부(보증보험 및 재보험은 제외한다)에 관하여 허가를 받은 자는 경제질서의 건전성을 해친 사실이 없으면 해당 **생명보험업 또는 손해보험업의 종목으로 신설되는 보험종목**에 대한 허가를 받은 것으로 본다(보험업법 제4조 제4항). 즉, 연금보험에 대해 허가를 받은 것으로 보는 것이 아니다.

① 보험업법 제4조 제2항
② 보험업법 제4조 제3항
④ 보험업법 제4조 제5항

15

정답 ②

해설 금융위원회는 다음 각 호의 어느 하나에 해당하는 자의 청구에 따라 청산인을 해임할 수 있다(보험업법 제156조 제4항).
1. 감사
2. 3개월 전부터 계속하여 자본금의 100분의 5 이상의 주식을 가진 주주
3. 100분의 5 이상의 사원

16

정답 ④

해설 ④ 보험업법 제50조
① 상호회사의 사원은 회사의 채권자에 대하여 **직접적인 의무를 지지 아니한다**(보험업법 제46조).
② 상호회사의 채무에 관한 사원의 책임은 **보험료를 한도로 한다**(보험업법 제47조).
③ 상호회사의 사원은 보험료의 납입에 관하여 상계(相計)로써 **회사에 대항하지 못한다**(보험업법 제48조).

17

정답 ④

해설 ④ 보험업법 시행령 제40조 제3항 제2호

① 자동차보험은 **모집할 수 없다**(보험업법 시행령 별표 5).

② 「여신전문금융업법」에 따라 허가를 받은 신용카드업자(겸영여신업자는 제외)는 보험대리점으로 **등록할 수 있다**(보험업법 시행령 제40조 제1항 제3호).

③ 모집에 종사하는 사람은 대출 등 불공정 모집의 우려가 있는 업무를 **취급할 수 없다**(보험업법 시행령 제40조 제5항).

18

정답 ③

해설 **손해사정사 고용의무 보험회사(보험업법 시행령 제96조의3)** 〈2023.6.27. 개정〉

1. 손해보험상품(**보증보험계약은 제외**한다)을 판매하는 보험회사

2. 제3보험상품을 판매하는 보험회사

19

정답 ②

해설 보험회사는 정관을 변경한 경우에는 변경한 날부터 (**7일**) 이내에 (**금융위원회**)에 알려야 한다(보험업법 제126조).

20

정답 ③

해설 선임계리사는 보험회사가 기초서류관리기준을 지키는지를 점검하고 이를 위반하는 경우에는 조사하여 그 결과를 이사회에 보고하여야 하며, 기초서류에 법령을 위반한 내용이 있다고 판단하는 경우에는 **금융위원회**에 보고하여야 한다(보험업법 제184조 제2항).

① 보험업법 제181조 제2항 〈2022.12.01. 개정〉

② 보험업법 시행령 제93조 제1항

④ 보험업법 제184조의3 제2항 〈2022.12.31. 신설〉

21

정답 ④

해설 보험회사는 매년 대통령령으로 정하는 날(**12월 31일**)에 그 장부를 폐쇄하여야 하고 장부를 폐쇄한 날부터 (**3개월**) 이내에 금융위원회가 정하는 바에 따라 재무제표(부속명세서를 포함한다) 및 사업보고서를 금융위원회에 제출하여야 한다(보험업법 제118조 제1항, 동법 시행령 제61조).

22

정답 ①

해설 '신고'가 아니라 '**보고**'하여야 한다.

보험회사는 기초서류관리기준을 제정·개정하는 경우에는 금융위원회에 **보고**하여야 하며, 금융위원회는 해당 기준이나 그 운용이 부당하다고 판단되면 기준의 변경 또는 업무의 개선을 명할 수 있다(보험업법 제128조의2 제3항).

② 보험업법 제127조 제2항 제1호
③ 보험업법 제128조 제2항 〈2022.12.31. 개정〉
④ 보험업법 제127조의2 제2항

23

정답 ②

해설 합병 후 존속하는 보험회사 또는 합병으로 설립되는 보험회사는 **상호회사**이어야 한다. 다만, 합병하는 보험회사의 한 쪽이 주식회사인 경우에는 합병 후 존속하는 보험회사 또는 합병으로 설립되는 보험회사는 **주식회사로 할 수 있다**(보험업법 제153조 제2항).

24

정답 ④

해설 **보장대상 손해보험계약의 범위(보험업법 시행령 제80조 제1항)** 〈2023.6.7. 개정〉

1. 「자동차손해배상보장법」 제5조에 따른 책임보험계약
2. 「화재로 인한 재해보상과 보험가입에 관한 법률」 제5조에 따른 신체손해배상특약부화재보험계약
3. 「도시가스사업법」 제43조, 「고압가스안전관리법」 제25조 및 「액화석유가스의 안전관리 및 사업법」 제57조에 따라 가입이 강제되는 손해보험계약
4. **「선원법」 제98조에 따라 가입이 강제되는 손해보험계약**
5. 「체육시설의 설치·이용에 관한 법률」 제26조에 따라 가입이 강제되는 손해보험계약
6. 「유선 및 도선사업법」 제33조에 따라 가입이 강제되는 손해보험계약
7. 「승강기안전관리법」 제30조에 따라 가입이 강제되는 손해보험계약
8. 「수상레저안전법」 제49조에 따라 가입이 강제되는 손해보험계약
9. 「청소년활동진흥법」 제25조에 따라 가입이 강제되는 손해보험계약
10. 「유류오염손해배상보장법」 제14조에 따라 가입이 강제되는 유류오염 손해배상 보장계약
11. 「항공사업법」 제70조에 따라 가입이 강제되는 항공보험계약
12. 「낚시 관리 및 육성법」 제48조에 따라 가입이 강제되는 손해보험계약
13. 「도로교통법 시행령」 제63조 제1항, 제67조 제2항 및 별표 5 제9호에 따라 가입이 강제되는 손해보험계약
14. 「국가를 당사자로 하는 계약에 관한 법률 시행령」 제53조에 따라 가입이 강제되는 손해보험계약
15. 「야생생물 보호 및 관리에 관한 법률」 제51조에 따라 가입이 강제되는 손해보험계약
16. **「자동차손해배상보장법」에 따라 가입이 강제되지 아니한 자동차보험계약**
17. 제1호부터 제15호까지 외에 법령에 따라 가입이 강제되는 손해보험으로 총리령으로 정하는 보험계약

25

정답 ②

해설 금융위원회는 보험계리사·선임계리사·보험계리업자·손해사정사 또는 손해사정업자가 그 직무를 게을리 하거나 직무를 수행하면서 부적절한 행위를 하였다고 인정되는 경우에는 **6개월** 이내의 기간을 정하여 업무의 정지를 명하거나 해임하게 할 수 있다(보험업법 제192조 제1항).

26

정답 ④

해설 보험요율산출기관은 순보험요율을 산출하기 위하여 필요한 경우 또는 보험회사의 보험금 지급업무에 필요한 경우에는 음주운전 등 교통법규 위반 또는 운전면허(「건설기계관리법」 제26조 제1항 본문에 **따른 건설기계조종사면허를 포함**한다)의 효력에 관한 개인정보를 보유하고 있는 기관의 장으로부터 **그 정보를 제공받아** 보험회사가 보험계약자에게 적용할 순보험료의 산출 또는 보험금 지급업무에 이용하게 할 수 있다(보험업법 제176조 제10항).

① 보험업법 제176조 제2항
② 보험업법 제176조 제1항
③ 보험업법 제176조 제8항

27

정답 ④

해설 보험회사는 300억원 이상의 자본금 또는 기금을 납입함으로써 보험업을 시작할 수 있다. 다만, 보험회사가 보험종목의 일부만을 취급하려는 경우에는 50억원 이상의 범위에서 대통령령으로 자본금 또는 기금의 액수를 다르게 정할 수 있다(보험업법 제9조 제1항).

① 금융위원회는 허가에 조건을 붙일 수 **있다**(보험업법 제4조 제7항).
② '추정하는 것'이 아니라, 해당 보험종목의 재보험에 대한 허가를 받은 것으로 **본다**(보험업법 제4조 제2항).
③ 보험업의 허가를 받을 수 있는 자는 **주식회사, 상호회사 및 외국보험회사**로 제한하며, 허가를 받은 외국보험회사국내지점은 보험업법에 따른 보험회사로 본다(보험업법 제4조 제6항).

28

정답 ③

해설 ③ 보험업법 제11조 제1호, 동법 시행령 제16조 제1항 제5호
① 보험회사는 경영건전성을 해치거나 **보험계약자 보호 및 건전한 거래질서를 해칠 우려가 없는 금융업무**를 겸영할 수 있다(보험업법 제11조).
② 보험회사는 「외국환거래법」에 따른 외국환업무를 **겸영할 수 있다**(보험업법 제11조 제2호, 동법 시행령 제16조 제2항 제7호).
④ 「한국주택금융공사법」에 따른 채권유동화자산의 관리업무를 하려는 보험회사는 **7일 전까지 금융위원회에 신고**하여야 이를 겸영할 수 있다(보험업법 제11조 제1호, 동법 시행령 제16조 제1항 제3호).

29

정답 ①

해설 외국보험회사국내지점의 대표자는 퇴임한 후에도 후임 대표자의 이름 및 주소에 관하여 「**상법**」 **제614조 제3항에 따른 등기가 있을 때까지**는 계속하여 대표자의 권리와 의무를 가진다(보험업법 제76조 제2항).

② 보험업법 제74조 제1항 제2호
③ 보험업법 제76조 제1항, 상법 제209조 제1항
④ 보험업법 제74조 제2항 제1호

30

정답 ④

해설 보험설계사는 자기가 소속된 보험회사 등 이외의 자를 위하여 모집을 하지 못하지만, 손해보험회사에 소속된 보험설계사가 1개의 제3보험업을 전업으로 하는 보험회사를 위하여 모집을 하는 경우에는 **모집할 수 있다**(보험업법 제85조 제2항, 제3항 제3호).

① 보험업법 제87조 제1항, 보험업법 제89조 제1항
② 보험업법 시행령 제26조 제1항
③ 보험업법 제85조 제1항

31

정답 ②

해설 법인보험대리점은 다음 각 호의 어느 하나에 해당하는 업무를 하지 못한다(보험업법 시행령 제33조의4 제1항).
1. 「방문판매 등에 관한 법률」에 따른 다단계판매업
2. **「대부업 등의 등록 및 금융이용자 보호에 관한 법률」에 따른 대부업 또는 대부중개업**

① 보험업법 제84조 제2항 제6호, 보험업법 제87조의2 제1항 제2호
③ 보험업법 제88조 제1항 제4호, 보험업법 제87조의3 제1항
④ 보험업법 시행령 제33조의4 제2항, 제3항, 제4항

32

정답 ④

해설 ④ 보험업법 시행령 제40조 제8항

① 금융기관보험대리점이 보험상품을 모집하는 방법은 해당 금융기관보험대리점 등의 점포 내의 지정된 장소에서 **보험계약자와 직접 대면하여 모집하는 방법**과 인터넷 홈페이지를 이용하여 불특정 다수를 대상으로 보험상품을 안내하거나 설명하여 모집하는 방법 그리고 전화, 우편, 컴퓨터통신 등의 통신수단을 이용하여 모집하는 방법이 있다(보험업법 시행령 제40조 제3항).

② 「중소기업은행법」에 따라 설립된 중소기업은행은 **보험대리점으로 등록**할 수 있다(보험업법 제91조 제1항 제4호, 동법 시행령 제40조 제1항 제2호).

③ 개인보장성 보험 중 **제3보험은 주계약으로 한정**하고, 저축성 보험 특별약관 및 질병사망 특별약관을 부가한 상품은 제외한다(보험업법 시행령 별표 5).

33

정답 ①

해설 문제의 지문은 모두 설명의무의 대상이다.

TIP 각 단계별 설명의무의 중요 사항(보험업법 시행령 제42조의2 제3항)

1. 보험계약 체결 단계
- 보험의 모집에 종사하는 자의 성명, 연락처 및 소속
- 보험의 모집에 종사하는 자가 보험회사를 위하여 보험계약의 체결을 대리할 수 있는지 여부
- 보험의 모집에 종사하는 자가 보험료나 고지의무사항을 보험회사를 대신하여 수령할 수 있는지 여부
- 보험계약의 승낙절차
- 보험계약 승낙거절시 거절 사유
- 「상법」 제638조의3 제2항에 따라 3개월 이내에 해당 보험계약을 취소할 수 있다는 사실 및 그 취소 절차·방법
- 그 밖에 일반보험계약자가 보험계약 체결 단계에서 설명받아야 하는 사항으로서 금융위원회가 정하여 고시하는 사항

2. 보험금 청구 단계
- 담당 부서, 연락처 및 보험금 청구에 필요한 서류
- 보험금 심사절차, 예상 심사기간 및 예상 지급일
- 일반보험계약자가 보험사고 조사 및 손해사정에 관하여 설명받아야 하는 사항으로서 금융위원회가 정하여 고시하는 사항
- 그 밖에 일반보험계약자가 보험금 청구 단계에서 설명받아야 하는 사항으로서 금융위원회가 정하여 고시하는 사항

3. 보험금 심사·지급 단계
- 보험금 지급일 등 지급절차
- 보험금 지급내역
- 보험금 심사 지연시 지연 사유 및 예상 지급일
- 보험금을 감액하여 지급하거나 지급하지 아니하는 경우에는 그 사유
- 그 밖에 일반보험계약자가 보험금 심사·지급 단계에서 설명받아야 하는 사항으로서 금융위원회가 정하여 고시하는 사항

34

정답 ②

해설 보험업법 제102조의2(보험계약자 등의 의무)에서는 "보험계약자, 피보험자, 보험금을 취득할 자, 그 밖에 보험계약에 관하여 이해관계가 있는 자는 보험사기행위를 하여서는 아니 된다"라고 규정되어 있을 **뿐 보험사기 효과를 무효로 한다는 규정은 없다.** 다만, 손해보험에서 보험계약자의 사기로 체결된 초과보험 계약과 중복보험계약의 경우 그 계약은 무효로 된다.

일반적으로, 보험사기행위로 인하여 체결된 보험계약은 **취소하거나 해지**할 수 있으며, 보험계약자의 고의가 밝혀지면 보험회사는 해당 계약에 따른 보험금을 지급할 의무가 없다.

① 보험업법 제102조의3 제1호
③ 보험업법 제102조의3 제2호
④ 보험업법 제103조

35

정답 ④

해설 ④ 보험업법 시행령 제57조의2(타인을 위한 채무보증 금지의 예외) 제1항

① 보험회사는 다른 회사의 의결권 있는 발행주식(출자지분을 포함한다) 총수의 **100분의 15**를 초과하는 주식을 소유할 수 없다. 다만, 금융위원회의 승인(승인이 의제되거나 신고 또는 보고하는 경우를 포함한다)을 받은 자회사의 주식은 그러하지 아니하다(보험업법 제109조).

② 보험회사는 자산운용한도의 제한을 피하기 위하여 다른 금융기관 또는 회사의 의결권 있는 주식을 서로 교차하여 보유하거나 신용공여를 하는 행위를 하여서는 **아니 된다**(보험업법 제110조 제1항 제1호).

③ 보험회사는 자기주식 취득의 제한을 피하기 위한 목적으로 서로 교차하여 주식을 취득하는 행위를 하여서는 아니 되며, 규정을 위반하여 취득한 주식에 대하여는 의결권을 **행사할 수 없다**(보험업법 제110조 제1항 제2호, 제2항).

36

정답 ②

해설 보험회사가 다음 각 호의 요건을 모두 충족하는 재보험에 가입하는 경우로서 그 재보험을 받은 보험회사는 재보험을 받은 부분에 대해 **보험계약부채**의 방법으로 산출한 금액을 책임준비금으로 계상해야 한다. 이 경우 재보험에 가입한 보험회사는 원보험계약 당시 계상한 책임준비금과 일관된 가정으로 산출한 금액을 **별도의 자산**(이하 "재보험자산"이라 한다)으로 계상해야 한다(보험업법 시행령 제63조 제2항).

〈2022.12.27. 개정〉

1. 보험위험의 전가가 있을 것
2. **해당 재보험계약으로 인하여 재보험을 받은 회사에 손실발생 가능성이 있을 것**

① 보험업법 시행령 제63조 제1항 제1호 가목 〈2022.12.27. 개정〉
③ 보험업법 시행령 제63조 제1항 제1호 나목 〈2022.12.27. 개정〉
④ 보험업법 시행령 제63조 제1항 제3호 〈2022.12.27. 개정〉

37

정답 ③

해설 배당보험계약에서 손실이 발생한 경우에는 **준비금을 우선 사용하여 보전**하고, 손실이 남는 경우에는 **총리령**으로 정하는 방법에 따라 이를 보전한다(보험업법 시행령 제64조 제4항). 즉 보험회사는 배당보험계약에서 발생한 손실을 배당보험계약 손실보전준비금으로 보전하고도 손실이 남는 경우에는 그 남은 손실을 우선 주주지분으로 보전한 후, 주주지분으로 보전한 손실을 주주지분의 결손이나 배당보험계약의 이월결손으로 회계처리할 수 있다(동법 시행규칙 제30조의2 제2항).

① 보험업법 시행령 제64조 제1항
② 보험업법 시행령 제64조 제2항, 동법 시행규칙 제30조의2 제1항
④ 보험업법 시행령 제64조 제5항

38

정답 ③

해설 금융위원회는 변경명령을 받은 기초서류 때문에 보험계약자·피보험자 또는 보험금을 취득할 자가 부당한 불이익을 받을 것이 명백하다고 인정되는 경우에는 이미 체결된 보험계약에 따라 납입된 보험료의 일부를 되돌려주거나 **보험금을 증액하도록 할 수 있다**(보험업법 제131조 제4항).

① 보험업법 제131조 제2항
② 보험업법 제131조 제3항
④ 보험업법 제131조의2

39

정답 ③

해설 이의를 제기한 보험계약자가 이전될 보험계약자 총수의 **10분의 1을 초과**하거나 그 보험금액이 이전될 보험금 총액의 **10분의 1을 초과**하는 경우에는 보험계약을 이전하지 못한다. 계약조항의 변경을 정하는 경우에 이의를 제기한 보험계약자로서 그 변경을 받을 자가 변경을 받을 보험계약자 총수의 10분의 1을 초과하거나 그 보험금액이 변경을 받을 보험계약자의 보험금 총액의 10분의 1을 초과하는 경우에도 또한 같다(보험업법 제141조 제3항).

① 보험업법 제139조, 제140조 제1항
② 보험업법 제141조 제1항
④ 보험업법 제146조 제1항

40

정답 ①

해설 **보험조사협의회의 구성(보험업법 시행령 제76조 제1항)**

보험조사협의회는 다음 각 호의 사람 중에서 금융위원회가 임명하거나 위촉하는 15명 이내의 위원으로 구성할 수 있다.

1. **금융위원회가 지정하는 소속 공무원 1명**
2. 보건복지부장관이 지정하는 소속 공무원 1명
3. **경찰청장이 지정하는 소속 공무원 1명**
4. 해양경찰청장이 지정하는 소속 공무원 1명
5. **금융감독원장이 추천하는 사람 1명**
6. 생명보험협회의 장, 손해보험협회의 장, **보험요율산출기관의 장이 추천하는 사람 각 1명**
7. 보험사고의 조사를 위하여 필요하다고 금융위원회가 지정하는 보험 관련 기관 및 단체의 장이 추천하는 사람
8. 그 밖에 보험계약자·피보험자·이해관계인의 권익보호 또는 보험사고의 조사 등 보험에 관한 학식과 경험이 있는 사람

✅ 정답 CHECK

01	02	03	04	05	06	07	08	09	10	11	12	13	14	15	16	17	18	19	20
③	②	④	④	①	③	②	④	②	③	④	④	③	④	④	③	①	①	②	②
21	22	23	24	25	26	27	28	29	30	31	32	33	34	35	36	37	38	39	40
④	④	④	④	③	③	④	①	③	③	②	④	④	④	③	④	③	④	①	①

문제편 059p

01

정답 ③

해설 상법의 경우 개정된 신법의 **소급효를 인정**하는 경우가 많다. 즉 상법에서는 일반원칙에 대한 예외로서 특별한 규정이 없으면 상법 개정 전에 체결된 보험계약이라도 개정된 상법이 적용된다.

① 상법 제4편의 규정은 그 성질이 상반되지 아니하는 한도에서 상호보험에 준용한다(상법 제664조).
② 해상적하보험증권상 영국법 준거약관은 보험계약의 보험목적물이 무엇인지 여부에 관한 사항, 즉 보험계약의 성립 여부에 관한 사항에까지 영국의 법률과 실무에 따르기로 하기로 한 것으로는 볼 수 없으므로, 이와 같은 사항에는 우리나라의 법률이 적용되어야 한다(대법원 1998.7.14. 선고 96다 39707 판결).
④ 상법 제663조 소정의 보험계약자 등의 불이익변경금지원칙은 보험계약자와 보험자가 서로 대등한 경제적 지위에서 계약조건을 정하는 이른바 기업보험에 있어서의 보험계약의 체결에 있어서는 그 적용이 배제된다(대법원 2000.11.14. 선고 99다52336 판결).

02

정답 ②

해설 보험계약은 보험계약자의 청약과 보험자의 승낙이 있는 때에 성립하는데, 보험자가 보험계약자로부터 보험계약의 청약과 함께 보험료 상당액의 전부 또는 일부의 지급을 받은 때에는 다른 약정이 없는 한 **30일 내**에 그 상대방에 대하여 낙부의 통지를 발송해야 한다(상법 제638조의2 제1항).

① 상법 제638조
③ 상법 제638조의2 제3항
④ 상법 제656조

03

정답 ④

해설 손해보험계약의 경우에 보험계약자가 그 타인에게 보험사고의 발생으로 생긴 손해의 **배상을 한 때에는** 보험계약자는 그 타인의 권리를 해하지 아니하는 범위 안에서 보험자에게 보험금액의 지급을 청구할 수 있다(상법 제639조 제2항).

04

정답 ④

해설 보험자는 보험계약이 성립하면 지체 없이 보험증권을 교부하여야 한다는 규정만 있을 뿐 **교부하지 않을** 시 보험계약을 취소할 수 있다는 규정은 없다.
참고로, 보험자가 **보험약관의 교부·설명의무를 위반한 경우**에 보험계약자는 보험계약 성립일로부터 3월 내에 보험계약을 취소할 수 있다(상법 제638조의3 제2항).

05

정답 ①

해설 상법은 보험료반환청구권에 대하여 3년간 행사하지 아니하면 소멸시효가 완성한다는 취지를 규정할 뿐(상법 제662조) 소멸시효의 기산점에 관하여는 아무것도 규정하지 아니하므로, 소멸시효는 민법 일반 법리에 따라 객관적으로 권리가 발생하고 그 권리를 행사할 수 있는 때로부터 진행한다. 그런데 상법 제731조 제1항(타인의 사망을 보험사고로 하는 보험계약에는 보험계약 체결시에 그 타인의 서면에 의한 동의를 얻어야 한다)을 위반하여 **무효인 보험계약에 따라 납부한 보험료에 대한 반환청구권**은 특별한 사정이 없는 한 보험료를 납부한 때에 발생하여 행사할 수 있다고 할 것이므로, 보험료반환청구권의 소멸시효는 특별한 사정이 없는 한 **각 보험료를 납부한 때부터** 진행한다(대법원 2011.3.24. 선고 2010다92612 판결).

06

정답 ③

해설 보험사고의 발생으로 보험자가 보험금액을 지급한 때에도 보험금액이 감액되지 아니하는 보험의 경우에는 보험계약자는 그 **사고발생 후에도 보험계약을 해지**할 수 있다(상법 제649조 제2항).

07

정답 ②

해설 ㉠ 보험계약은 당사자 일방이 약정한 보험료를 지급하고 재산 또는 생명이나 신체에 불확정한 사고가 발생할 경우에 상대방이 일정한 보험금이나 그 밖의 급여를 지급할 것을 약정함으로써 효력이 생긴다(상법 제638조). 즉 보험계약은 **보험계약자의 청약과 보험자의 승낙**으로 성립된다.

㉢ 보험계약자는 계약 체결 후 **지체 없이** 보험료의 전부 또는 제1회 보험료를 지급하여야 하며, 보험계약자가 이를 지급하지 아니하는 경우에는 다른 약정이 없는 한 계약 성립 후 **2월이 경과**하면 그 계약은 **해제된 것으로 본다**(상법 제650조 제1항).

㉣ 계속보험료가 약정한 시기에 지급되지 아니한 때에는 보험자는 상당한 기간을 정하여 보험계약자에게 최고하고 그 기간 내에 지급되지 아니한 때에는 그 계약을 **해지할 수 있다**(상법 제650조 제2항).

08

정답 ④

해설 ④ 상법 제638조의2 제1항

① 해지예고부 최고약관에 의하여 보험계약이 무효 또는 실효되는 경우에도 보험계약의 부활을 **청구할 수 있다.**

② 보험자가 보험계약자에게 보험료환급금을 반환한 경우에는 **보험관계가 완전히 종료**하기 때문에 보험계약의 부활을 청구할 수 없다.

③ 종전 계약의 해지시점부터 부활시점 사이에 발생한 사고에 대하여는 **보험자가 책임을 지지 않는다.**

09

정답 ②

해설 상법상 고지의무제도는 수동적 의무라기보다 자발적 의무이지만, 현재 **자발적인 의무에서 수동적인 응답의무로 전환되는 추세**에 있다. 즉 과거에는 보험회사가 보험계약자가 제공하는 정보에 의존할 수밖에 없었으나, 최근에는 정보통신의 발달과 보험업의 성장으로 정보수집능력이 보험계약자보다 보험회사의 능력이 더 강력하기 때문에 보험계약자 개인들의 자발적인 의무에서 보험자 자신의 의무로 받아들여지는 추세이다. 따라서 보험회사는 알고자 하는 사항을 보험계약청약서 또는 이에 첨부할 서면에 질문표를 만들어 구체적이고 명시적인 답변을 요구해야 한다는 것이나. 우리 상법은 보험회사가 서면으로 질문한 사항을 중요한 사항으로 추정(상법 제651조의2)하고 있기 때문에 보험회사가 명시적으로 질문한 사항에 관하여 보험계약자가 답변하지 않은 경우에는 고지의무위반이 된다. 고지의무사항은 보험계약자나 피보험자가 알고 있는 사항에 한하며, 탐지하여 알려야 하는 의무까지는 아니다. 또한, 보험회사가 당연히 알 수 있는 일반적인 사항이나 보험회사가 알고 있는 사항은 고지할 필요가 없다.

10

정답 ③

해설 가. 보험사고를 가장하여 보험금을 취득할 목적으로 체결한 보험계약은 민법 제103조 소정의 선량한 풍속 기타 사회질서에 반하여 **무효이다**(대법원 2005.7.28. 선고 2005다23858 판결).

나. 보험계약은 파산선고 후 3월을 경과한 때에는 그 효력을 잃는다(상법 제654조).

다. 보험계약자가 고지의무를 위반한 경우 보험계약을 해지할 수 있다(상법 제651조).

라. 중복보험에 있어서 보험계약이 보험계약자의 사기로 인하여 체결된 경우 그 계약의 전부를 **무효로** 하고 있다(상법 제672조 제3항).

마. 계속보험료가 최고기간 이후에도 지급되지 아니한 경우 그 계약을 해지할 수 있다(상법 제650조 제2항).

바. 타인의 사망을 보험사고로 하는 보험계약에서는 피보험자의 서면에 의한 동의를 얻지 못하면 무효가 된다는 명문 규정은 없으나, 동의를 얻지 못한 보험계약은 효력이 발생되지 않으므로 당연히 **무효로 해석함이** 타당하다(상법 제731조).

11

정답 ④

해설 화재보험보통약관에서 보험계약자가 계약 후 위험의 현저한 증가가 있음에도 보험자에게 그 사실을 지체 없이 통지할 의무를 이행하지 않았을 때를 보험계약의 해지사유로 규정하는 한편 보험자가 그러한 사실을 안 날부터 1개월이 지났을 때에는 계약을 해지할 수 없도록 규정한 경우, 이는 보험자가 보험계약의 해지 원인이 존재하고 해지하고자 하면 언제든지 해지할 수 있는 상태에 있음에도, 해지 여부를 결정하지 않은 상태를 지속시킴으로써 보험계약자를 불안정한 지위에 처하게 하는 것을 방지하려는 취지로서, 해지권 행사기간의 기산점은 보험자가 계약 후 위험의 현저한 증가가 있는 사실을 안 때가 아니라, **보험계약자가 통지의무를 이행하지 아니한 사실을 보험자가 알게 된 날**이라고 보아야 한다(대법원 2011.7.28. 선고 2011다23743, 23750 판결).

① 화재보험에 가입된 공장건물에 대한 근로자들의 점거와 장기간의 농성은 **사고발생 위험의 현저한 증가 또는 변경이라고 볼 수 있다**(대법원 1992.7.10. 선고 92다13301 판결).

② 위험증가 사실의 통지의무는 상법 제652조 제1항에서 규정하고 있는 통지의무를 되풀이하는 것에 불과하여 이에 관하여 보험자가 보험계약자에게 **별도로 설명할 의무가 있다고 볼 수 없다**(대법원 2011.7.28. 선고 2011다23743,23750 판결).

③ 보험계약자가 위험의 현저한 변경증가 사실을 통지한 때에는 보험자는 통지를 받은 날로부터 **1월** 내에 계약을 해지할 수 있다(상법 제652조 제2항).

12

정답 ④

해설 고지의무위반으로 보험자가 보험계약의 해지권을 행사할 수 있는 기간은 계약을 체결한 날로부터 **3년 이내**(상법 제651조)이어야 하는데 5년으로 한다는 약정은 "보험계약자 또는 피보험자나 보험수익자의 불이익으로 변경하지 못한다"는 불이익변경금지 규정(상법 제663조)을 위반하게 되어 **무효**이다.

① 불이익변경금지원칙은 상대적으로 보험지식이 희박하고 보험에 대해 잘 알지 못하는 가계보험의 보험계약자에게만 적용되므로 보험계약자에게 불이익하게 변경된 약관조항은 무효이고, **보험자에게 불이익하게 변경된 약관조항은 유효하다.**

② 어선공제는 수산업협동조합중앙회가 실시하는 비영리 공제사업의 하나로 소형 어선을 소유하며 연안어업 또는 근해어업에 종사하는 다수의 영세어민들을 주된 가입대상자로 하고 있어 공제계약 당사자들의 계약교섭력이 대등한 기업보험적인 성격을 지니고 있다고 보기는 어렵고 오히려 공제가입자들의 경제력이 미약하여 공제계약 체결에 있어서 공제가입자들의 이익보호를 위한 법적 배려가 여전히 요구된다 할 것이므로, 상법 제663조 단서의 입법취지에 비추어 그 어선공제에는 **불이익변경금지원칙의 적용을 배제하지 아니한다**(대법원 1996.12.20. 선고 96다23818 판결).

③ 해상보험, 재보험 이와 유사한 보험에서는 보험계약자와 보험자가 경제적, 교섭력에서 대등한 지위를 가지고 계약조건을 정하는 이른바 기업보험의 일종으로 보험계약의 체결에 있어서 보험계약자의 이익보호를 위한 법의 후견적 배려는 필요하지 않고 오히려 어느 정도 당사자 사이의 사적 자치에 맡겨 특약에 의하여 개별적인 이익조정을 꾀할 수 있도록 할 필요가 있기 때문에 **상법 제663조의 불이익변경금지 적용을 배제한다**(대법원 1996.12.20. 선고 96다23818 판결).

13

정답 ③

해설 주피보험자의 호적상 또는 주민등록상 배우자만이 종피보험자로 가입할 수 있는 보험에서 "종피보험자가 보험기간 중 주피보험자의 배우자에 해당되지 아니하게 된 때에는 종피보험자의 자격을 상실한다"고 정한 약관조항은 **거래상 일반적이고 공통적인 것**이어서 보험자의 별도 설명 없이도 보험계약자나 피보험자가 충분히 예상할 수 있었던 사항이므로 **보험자에게 명시·설명의무가 없다**(대법원 2011.3.24. 선고 2010다96454 판결).

① 대법원 1996.11.22. 선고 96다37084 판결
② 대법원 2011.7.28. 선고 2011다23743, 23750 판결
④ 대법원 2011.4.28. 선고 2009다97772 판결

14

정답 ④

해설
- 보험자는 보험금액의 지급에 관하여 약정기간이 있는 경우에는 그 기간 내에, 약정기간이 없는 경우에는 통지를 받은 후 지체 없이 지급할 보험금액을 정하고 그 정하여진 날부터 ㉠ **10일** 내에 피보험자 또는 보험수익자에게 보험금액을 지급하여야 한다(상법 제658조).
- 보험자가 보험계약자로부터 보험계약의 청약과 함께 보험료 상당액의 전부 또는 일부의 지급을 받은 때에는 다른 약정이 없으면 ㉡ **30일** 내에 그 상대방에 대하여 낙부의 통지를 발송하여야 한다(상법 제638조의2 제1항).
- 보험자가 위험변경증가의 통지를 받은 때에는 ㉢ **1월** 내에 보험료의 증액을 청구하거나 계약을 해지할 수 있다(상법 제652조 제2항).
- 해지하지 아니한 보험계약은 파산선고 후 ㉣ **3월**을 경과한 때에는 그 효력을 잃는다(상법 제654조 제2항).

15

정답 ④

해설
피보험자란 손해보험에서 **피보험이익의 주체**로서 보험사고의 발생시 손해의 보상을 받을 권리가 있는 자를 말하고, 인보험에서는 생명이나 신체에 관하여 보험에 붙여진 자를 말한다.

16

정답 ③

해설
동산양도담보 설정자는 담보목적물인 동산의 소유권을 채권자에게 이전해 주지만 이는 채권자의 우선변제권을 확보해 주기 위한 목적에 따른 것으로, 양도담보 설정자는 여전히 그 물건에 대한 사용·수익권을 가지고 변제기에 이르러서는 채무 전액을 변제하고 소유권을 되돌려 받을 수 있으므로, 그 물건에 대한 보험사고가 발생하는 경우에는 그 물건에 대한 사용·수익 등의 권능을 상실하게 될 뿐 아니라, 양도담보권자에 대하여는 그 물건으로써 담보되는 채무를 면하지 못하고 나아가 채무를 변제하더라도 그 물건의 소유권을 회복하지 못하는 경제적인 손해를 고스란히 입게 된다. 따라서 **양도담보 설정자에게 그 목적물에 관하여 체결한 화재보험계약의 피보험이익이 없다고 할 수 없다**(대법원 2009.11.26. 선고 2006다37106 판결).

17

정답 ①

해설
기평가보험으로 인정되기 위한 당사자 사이의 보험가액에 대한 합의는, 명시적인 것이어야 하기는 하지만 반드시 **보험증권에 협정보험가액 혹은 약정보험가액이라는 용어 등을 사용하여야만 하는 것은 아니고** 당사자 사이에 보험계약을 체결하게 된 제반 사정과 보험증권의 기재 내용 등을 통하여 당사자의 의사가 보험가액을 미리 합의하고 있는 것이라고 인정할 수 있으면 충분하다(대법원 2003.4.25. 선고 2002다64520 판결).

18

정답 ①

해설
- 갑 보험회사 : 12억원×(5억원 / 30억원) = 2억원
- 을 보험회사 : 12억원×(10억원 / 30억원) = 4억원
- 병 보험회사 : 12억원×(15억원 / 30억원) = 6억원

19

정답 ②

해설
중복보험 통지의무위반에 대한 불이익이나 그 효과에 관하여 **상법은 아무런 규정을 두고 있지 않다.**
상법 제672조 제2항에서 손해보험에 있어서 동일한 보험계약의 목적과 동일한 사고에 관하여 수 개의
보험계약을 체결하는 경우에는 보험계약자는 각 보험자에 대하여 각 보험계약의 내용을 통지하도록
규정하고 있으므로, 이미 보험계약을 체결한 보험계약자가 동일한 보험목적 및 보험사고에 관하여 다른
보험계약을 체결하는 경우 기존의 보험계약의 보험자에게 새로이 체결한 보험계약에 관하여 통지할
의무가 있다고 할 것이나, 손해보험에 있어서 위와 같이 보험계약자에게 다수의 보험계약의 체결사실에
관하여 통지하도록 규정하는 취지는 부당한 이득을 얻기 위한 사기에 의한 보험계약의 체결을 사전에
방지하고 보험자로 하여금 보험사고발생시 손해의 조사 또는 책임의 범위의 결정을 다른 보험자와 공동
으로 할 수 있도록 하기 위한 것일 뿐, 보험사고발생의 위험을 측정하여 계약을 체결할 것인지 또는
어떤 조건으로 체결할 것인지 판단할 수 있는 자료를 제공하기 위한 것이라고는 볼 수 없으므로, 손해보
험에 있어서 다른 보험계약을 체결한 것은 상법 제652조 및 제653조의 통지의무의 대상이 되는 사고발
생의 위험이 현저하게 변경 또는 증가된 때에 해당되지 않는다(대법원 2003.11.13. 선고 2001다49630
판결).

20

정답 ②

해설
상법상 손해방지의무를 부담하는 자는 **보험계약자와 피보험자**이며, 피해자는 해당되지 않는다(상법 제
680조).

21

정답 ④

해설
일부보험은 보험자가 보험금액의 보험가액에 대한 비율에 따라 보상할 책임을 지므로(상법 제674조),
보험자가 보험금액의 전부를 지급하면 **보험금액의 보험가액에 대한 비율에 따라 피보험자 보험의 목적에
대하여 가지는 권리를 취득**한다(상법 제681조 단서).

22

정답 ④

해설 제3자란 보험자, 보험계약자, 피보험자 이외의 자를 말한다. 피보험자와 생계를 같이 하는 가족은 제3자에 해당되지 않는다. 판례에 따르면 타인을 위한 보험에서 보험계약자는 제3자에 포함된다.

다. 타인을 위한 손해보험계약은 타인의 이익을 위한 계약으로서 그 타인(피보험자)의 이익이 보험의 목적이지 여기에 당연히(특약 없이) 보험계약자의 보험이익이 포함되거나 예정되어 있는 것은 아니므로 피보험이익의 주체가 아닌 보험계약자는 비록 보험자와의 사이에서는 계약 당사자이고 약정된 보험료를 지급할 의무자이지만 그 지위의 성격과 보험자대위 규정의 취지에 비추어 보면 보험자대위에 있어서 보험계약자와 제3자를 구별하여 취급할 법률상의 이유는 없는 것이며, 따라서 **타인을 위한 손해보험계약자가 당연히 제3자의 범주에서 제외되는 것은 아니다**(대법원 1989.4.25. 선고 87다카1669 판결).

라. 보험계약자나 피보험자의 권리가 그와 생계를 같이 하는 가족에 대한 것인 경우 보험자는 그 권리를 취득하지 못한다. 다만, 손해가 그 **가족의 고의로 인하여 발생한 경우**에는 그러하지 아니하다(상법 제682조 제2항).

23

정답 ④

해설 피보험자가 보험의 목적을 양도한 때에는 양수인은 보험계약상의 권리와 의무를 승계한 것으로 추정한다고 한 상법 제679조 제1항 규정은 **임의규정**이다.

24

정답 ④

해설 화재보험의 피보험이익은 그 목적물은 동일하더라도 피보험자의 지위에 따라 소유자이익, 임차인이익, 담보권자 이익이 될 수 있다. 즉 각각 다른 피보험이익을 가지고 있으므로 각자 별개의 보험계약을 체결할 수 있다. 소유자의 피보험이익은 보험목적물의 가액 전체에 미치지만, **담보권자의 피보험이익은 피담보채권액 한도에서만 인정**된다.

① 상법 제683조
② 상법 제687조
③ 상법 제686조

25

정답 ③

해설 선박의 일부가 훼손되었으나, 이를 수선하지 아니한 경우에는 보험자는 그로 인한 감가액을 **보상할 책임이 있다**(상법 제707조의2 제3항).

26

정답 ③

해설 보험자가 위부를 승인한 후에는 그 위부에 대하여 이의를 하지 못하며(상법 제716조), 보험자가 **위부를 승인하지 아니한 때**에는 피보험자는 위부의 원인을 증명하지 아니하면 보험금액의 지급을 청구하지 못한다(상법 제717조).

27

정답 ④

해설 영업책임보험의 경우 피보험자의 대리인, 그 사업감독자의 제3자에 대한 배상책임도 **보험의 목적에 포함**된 것으로 하고 있다(상법 제721조).

28

정답 ①

해설 제3자의 직접청구권이 인정되더라도 보험자는 피보험자가 그 사고에 관하여 가지는 항변으로써 **제3자에게 대항할 수 있다**(상법 제724조 제2항 단서).

29

정답 ③

해설 모두 해당한다.

자동차보험증권의 기재사항(상법 제726조의3)
자동차보험증권에는 보험증권 일반에 관한 기재사항(상법 제666조) 이외에 다음의 사항을 기재하여야 한다.

- **자동차 소유자와 그 밖의 보유자 성명과 생년월일 또는 상호**
- **피보험자동차의 등록번호, 차대번호, 차형연식과 기계장치**
- **차량가액을 정한 때에는 그 가액**

30

정답 ③

해설 보험자가 양수인으로부터 양수사실을 통지받은 때에는 지체 없이 낙부를 통지하여야 하고, 통지받은 날부터 10일 내에 낙부의 통지가 없을 때에는 승낙한 것으로 본다(상법 제726조의4 제2항).

① 대법원 2001.7.27. 선고 2001다23973 판결
② 상법 제726조의4 제1항
④ 상법 제726조의2

31

정답 ②

해설 인보험의 목적은 사람이고, 사람의 생명·신체를 그 대상으로 하고 있기 때문에 ① **보험의 목적의 양도**, ③ **피보험이익, 보험자대위**, ④ **손해방지의무**가 인정되지 않는다.

32

정답 ④

해설 상해보험계약의 경우에 당사자간에 다른 약정이 있는 때에는 보험자는 피보험자의 권리를 해하지 아니하는 범위 안에서 그 권리를 대위하여 행사할 수 있다(상법 제729조 단서).

① 인보험 중 상해·질병보험의 경우 상해의 정도나 치료일수에 의해 일정액의 급여를 하는 수도 있고, 또한 의료비 등 피보험자가 상해나 질병으로 인하여 입은 경제적인 손실을 보상하는 **부정액보험도 존재**한다.

② 보험자대위는 손해보험에서만 인정되고, 인보험에서는 보험자대위가 원칙적으로 금지되므로, 유족이 가해자에 대하여 갖는 **손해배상청구권을 대위행사 할 수 없다**.

③ 보험금지급청구권의 소멸시효는 시효의 중단이나 정지가 **인정**된다.

33

정답 ④

해설 상법 제731조, 제734조 제2항의 취지에 비추어 보면, 보험계약자가 피보험자의 서면동의를 얻어 타인의 사망을 보험사고로 하는 보험계약을 체결함으로써 보험계약의 효력이 생긴 경우, 피보험자의 동의철회에 관하여 보험약관에 아무런 규정이 없고 계약 당사자 사이에 별도의 합의가 없었다고 하더라도, 피보험자가 서면동의를 할 때 기초로 한 사정에 중대한 변경이 있는 경우에는 보험계약자 또는 보험수익자의 동의나 승낙 여부에 관계없이 피보험자는 그 동의를 철회할 수 있다(대법원 2013.11.14. 선고 2011다101520 판결).

① 피보험자인 타인의 동의는 각 보험계약에 대하여 **개별적으로** 서면에 의하여 이루어져야 하며, 포괄적인 동의 또는 묵시적이거나 추정적 동의만으로는 부족하다(대법원 2003.7.22. 선고 2003다24451 판결).

② 우리 상법은 **서면에 의한 동의를 요구**하고 있으므로(상법 제731조 제1항) 구두 또는 묵시적인 동의는 인정되지 않으며, 서면에 의한 명시적인 동의만이 그 효력이 있다.

③ 타인의 사망보험에서 피보험자의 동의는 그 보험계약에 이의가 없는 것을 표현하는 피보험자의 의사표시이고, 그 법적 성질은 준법률행위이다. 이것은 당사자 사이의 특약으로도 배제할 수 없는 강행법적 성질을 가진다. 따라서 **동의요건은 계약의 내용에 편입**된다.

34

정답 ③

해설 ①·②·③ 우리 상법은 15세 미만자, 심신상실자 또는 심신박약자의 사망을 보험사고로 한 보험계약은 무효로 하고 있다. 다만, 심신박약자가 보험계약을 체결하거나 제735조의3에 따른 단체보험의 피보험자가 될 때에 **의사능력이 있는 경우에는 무효로 되지 않는다**(상법 제732조).

④ 태아는 법적으로 인격(人格)을 갖지 못하여 인보험의 보호대상이 될 수 없으므로, 태아의 사산을 보험사고로 하는 보험계약은 **무효**이다.

35

정답 ④

해설 상해보험은 인보험계약의 일종으로서 피보험자가 사망한 때에 약정한 보험금액을 지급하기로 한 순수한 **정액보험**과 피보험자의 상해의 결과에 따라 보험금액의 차이를 두는 **부정액보험**, 그리고 피보험자가 상해의 결과로 일정한 기간 치료 또는 입원 등을 필요로 하는 경우에 그 치료비 또는 입원비 등을 부담하는 것으로, 즉 보험자가 손해보상 및 비용지급책임을 지는 **손해보험의 성격**을 띠는 것도 있다.

36

정답 ④

해설 인보험계약의 보험자는 피보험자의 생명이나 신체에 관하여 보험사고가 발생할 경우에 보험계약으로 정하는 바에 따라 보험금이나 그 밖의 급여를 지급할 책임이 있다. 보험금은 당사자간의 약정에 따라 분할하여 지급할 수 있다(상법 제727조 제1항, 제2항).

37

정답 ③

해설 상해보험에 있어서 보험수익자가 지정되어 있지 않아 피보험자의 상속인이 보험수익자가 되는 경우에도 보험수익자인 상속인의 보험금청구권은 상속재산이 아니라, **상속인의 고유재산**이라고 보아야 할 것이다(대법원 2004.7.9. 선고 2003다29463 판결).

① 타인을 위한 상해보험에서 보험수익자는 그 지정행위 시점에 반드시 특정되어 있어야 하는 것은 아니고 보험사고발생시에 특정될 수 있으면 충분하므로, 보험계약자는 이름 등을 통하여 특정인을 보험수익자로 지정할 수 있음은 물론 '배우자' 또는 '상속인'과 같이 보험금을 수익할 자의 지위나 자격 등을 통하여 불특정인을 보험수익자로 지정할 수도 있다(대법원 2006.11.9. 선고 2005다55817 판결).

② 보험계약자가 지정권을 행사하지 아니하고 사망한 때에는 피보험자를 보험수익자로 하고 보험계약자가 변경권을 행사하지 아니하고 사망한 때에는 보험수익자의 권리가 확정된다. 그러나 보험계약자가 사망한 경우에는 그 승계인이 권리를 행사할 수 있다는 약정이 있는 때에는 그러하지 아니하다(상법 제733조 제2항).

④ 보험수익자가 보험존속 중에 사망한 때에는 보험계약자는 다시 보험수익자를 지정할 수 있다. 이 경우에 보험계약자가 지정권을 행사하지 아니하고 사망한 때에는 보험수익자의 상속인을 보험수익자로 한다. 보험계약자가 지정권을 행사하기 전에 보험사고가 생긴 경우에는 피보험자 또는 보험수익자의 상속인을 보험수익자로 한다(상법 제733조 제3항, 제4항).

38

정답 ④

해설 대리인에 의하여 보험계약을 체결한 경우에 대리인이 안 사유는 그 본인이 안 것과 **동일한 것으로 한다**(상법 제646조).

① 상법 제649조, 제650조, 제651조 및 제652조 내지 제655조의 규정에 의하여 보험계약이 해지된 때, 제659조와 제660조의 규정에 의하여 보험금액의 지급책임이 면제된 때에는 보험자는 보험수익자를 위하여 적립한 금액을 보험계약자에게 지급하여야 한다. 그러나 **다른 약정이 없으면** 제659조 제1항의 보험사고가 보험계약자에 의하여 생긴 경우에는 그러하지 아니하다(상법 제736조 제1항).

② 보험사고가 전쟁 기타의 변란으로 인하여 생긴 때에는 **당사자간에 다른 약정이 없으면** 보험자는 보험금액을 지급할 책임이 없다(상법 제660조).

③ 보험자가 보상할 손해액은 그 손해가 발생한 때와 곳의 가액에 의하여 산정한다. 그러나 **당사자간에 다른 약정**이 있는 때에는 그 신품가액에 의하여 손해액을 산정할 수 있다(상법 제676조 제1항).

39

정답 ①

해설 질병은 원칙상 상해보험 보장 대상이 아니므로 **상해보험의 일종이라고 할 수 없다**. 다만, 상해사고로 인하여 질병이 발생한 경우 상해사고와 질병 사이에 **인과관계**가 인정되면 상해보험에서 보상이 가능하다.

② · ③ 질병보험에 관하여는 그 성질에 반하지 아니하는 범위에서 생명보험 및 상해보험에 관한 규정을 준용한다(상법 제739조의3).

④ 대법원은 "보험약관이 질병으로 인해 입원 또는 통원치료를 받는 경우 보험회사가 입원의료비 또는 통원의료비를 보상한다고 정하고 있을 뿐이라면 질병이 보험기간 중에 발생했는지 여부와 관계없이 질병으로 인해 입원 또는 통원치료를 받은 이상, 보상대상으로 삼는 것이 약관취지에 부합한다"고 판시하고 있다(대법원 2013.7.26. 선고 2011다70794 판결).

40

정답 ①

해설 **상법 제724조 제2항**에서 "제3자는 피보험자가 책임을 질 사고로 입은 손해에 대하여 보험금액의 한도 내에서 보험자에게 직접 보상을 청구할 수 있다"고 하여 피해자의 직접청구권을 규정하고 있다. 이는 **배상책임보험에서 적용되는 규정**이다.

보증보험계약에 관하여는 그 성질에 반하지 아니하는 범위에서 보증채무에 관한 「민법」의 규정(② · ③ · ④)을 준용한다(상법 제726조의7).

판례	상법 제724조 제2항(피해자의 직접청구권) 적용 여부

공탁보증보험에서 부당한 가압류 등으로 피보험자가 손해를 입은 경우 피보험자가 보험약관이 정한 채무명의 없이도 보험자에 대하여 직접청구권을 취득하는지와 관련하여, 보증보험계약이 실질적으로는 보증의 성격을 가지고 보증계약과 같은 효과를 목적으로 하는 것이어서 보험자는 보험계약자가 주계약에 따른 채무를 이행하지 아니함으로써 피보험자가 입게 되는 손해를 보상하는 것이라 할지라도 그 보상은 보험약관이 정하는 바에 따라 그 보험금액의 범위 내에서 보상하는 것이므로, 보증보험계약의 보증성에서 곧바로 피보험자가 보험약관이 정한 채무명의 없이도 보험자에 대하여 직접청구권을 취득한다고 볼 수는 없다(대법원 1999.4.9. 선고 98다19011 판결).

정답 CHECK

01	02	03	04	05	06	07	08	09	10	11	12	13	14	15	16	17	18	19	20
④	③	③	④	①	②	④	④	④	④	③	①	④	①	②	④	④	①	③	②
21	22	23	24	25	26	27	28	29	30	31	32	33	34	35	36	37	38	39	40
②	①	②	④	②	③	③	②	②	②	②	④	④	①	②	④	②	④	②	③

문제편 075p

01

정답 ④

해설 부합계약이란 계약 당사자 일방이 계약의 내용을 일방적으로 작성하고 상대방은 그 정형화된 계약의 내용에 승인 또는 거절하는 계약을 말한다. 보험계약은 이와 같이 보험자 일방이 작성한 보통보험약관에 의하여 이루어지므로 **부합계약성을 가진다**고 할 수 있다.

① **낙성계약성** : 보험계약은 당사자 쌍방의 의사표시의 합치만으로 성립하고 의사표시에는 아무런 형식을 요하지 않는다.

② **쌍무계약성** : 보험계약은 보험자와 보험계약자 사이에 이루어지는 채권계약으로서 보험계약자는 보험료 지급의무를 지고 보험자는 사고발생시 보험금 지급의무를 지는 쌍무계약이다.

③ **선의계약성** : 보험계약은 어느 계약보다도 보험계약자, 피보험자 및 보험자는 최대의 선의에 의하여 권리와 의무를 행사할 것이 요구되고 있다.

02

정답 ③

해설 피보험이익(insurable interest)이란 피보험자 및 보험계약자가 피보험목적물에 대하여 가지는 경제적 이해관계를 말한다. 피보험이익은 계약 체결 당시 손해의 크기를 확정하고 그에 대한 보상을 하기 위해 객관적으로 확정되어 있어야 한다. 이런 원칙과 부합하는 것은 보험가능 리스크의 요건 중 '**확정적이고 측정가능한 손실**'이나. '확정적이고 측정가능한 손실'은 발생원인, 발생시점, 발생장소, 손실 금액이 명확하고 측정가능해야 한다는 것이다.

03

정답 ③

해설 **급부·반대급부 균등의 원칙**
보험계약자의 급부(보험료)와 보험회사의 반대급부(보험금)가 같아야 한다는 원칙으로 보험료는 보험금액에 사고발생확률을 곱하여 계산한다.
• 보험료 = 보험금액 × 사고발생확률
• 사고발생확률 = 보험사고발생 건수 / 보험가입자의 수

04

정답 ④

해설 보험은 고의적인 사고유발과 이미 발생한 손해를 확대시켜 과도한 보험급여를 청구하는 도덕적 해이 또는 보험사기라고 하는 역기능을 가지고 있다. 즉 도덕적 해이의 감소가 아니라, **"도덕적 해이의 증가"**이다.

05

정답 ①

해설 천재지변, 전쟁, 대량실업과 같은 대형 재난적 위험은 보험회사의 지급능력 범위를 초과하는 위험이므로 보험가능 리스크의 요건에서 벗어난다. 즉 **고용보험**은 대량실업을 대비하기 위한 사회보험으로 민영보험인 화재보험, 상해보험, 배상책임보험보다 **보험가능 리스크의 요건이 비교적 덜 엄격하게** 적용된다고 볼 수 있다.

06

정답 ②

해설 리스크에 대한 개인들의 성향은 리스크 회피형, 리스크 중립형, 리스크 선호형 등으로 나눌 수 있다. **리스크 회피 성향**을 가진 개인들의 행동패턴은 리스크 상황을 모면하기 위해 현재의 소득 일부를 지불하여, 불확정요소를 최소화하기 위해 노력하게 되는데 이를 위해 보험상품을 구입하게 된다. 즉 리스크 회피는 손해가 생길 상황을 아예 만들지 아니하는 선택을 말하며, 리스크 예방에 대한 가장 확실한 방법이다.

07

정답 ④

해설 **최종적 명백한 기회**(last clear chance)는 기여과실이 있는 자가 손해배상청구를 할 수 없다는 것이 너무 가혹하기 때문에 어느 일방이 최종적으로 사고발생을 회피할 명백한 기회를 가졌는가를 조사하고 이 기회를 가졌던 자가 일체의 책임을 진다는 것이다. 예컨대 도로를 무단횡단하던 자의 사고로 인하여 과실을 참작함에 있어서 가해자의 과실이 90%이고, 피해자의 과실이 10%였다면 기여과실의 경우 피해자에게도 기여과실이 인정된다 할 것이므로 보상책임이 발생하지 않는다. 하지만 **최종적 명백한 기회**(last clear chance)는 90%의 가해자일지라도 마지막에 사고 회피를 위한 책임이 10%의 피해자에게 있다는 것이 명백하다면 피해자에게 모든 책임이 있게 되므로 손해배상청구권이 90%의 가해자에게도 존재할 수 있다는 과실이론이다.

08

정답 ④

해설 **산업재해보상보험** : 1963년 「산업재해보상보험법」이 제정되어, 1964년 7월부터 시행

① **국민건강보험** : 1963년 의료보험법이 제정되어, 1977년 500인 이상 사업장에 처음 실시
② **국민연금** : 1988년 1월 1일 시행
③ **고용보험** : 1995년 7월 1일 시행

09

정답 ④

해설 보험상품비교공시제도는 대표적인 보험상품의 정보를 보험협회 홈페이지를 통해 비교·제공함으로써, **소비자들의 실질적인 보험상품 선택권을 보장**하기 위한 제도이다. 즉 소비자가 금융상품을 이해하고 선택하는데 유용한 정보를 제공함으로써 소비자를 보호하기 위한 제도이다.

10

정답 ④

해설 충분성은 "보험요율은 충분해야 한다"는 보험료산정의 원칙 중의 하나이다.

TIP **피보험이익의 요건**

- **적법성** : 피보험이익은 적법한 것이어야 한다. 절도·도박 등에 의해 얻을 이익처럼 민법 제103조에 위반하거나 금지규범에 위반하는 이익은 피보험이익이 될 수 없다.
- **금전평가가능성** : 피보험이익은 금전으로 산정할 수 있는 이익이어야 한다(상법 제668조). 피보험이익은 피보험자가 갖는 경제적 이해관계이어야 하는데, 이런 경제적 이해관계는 객관적으로 평가될 수 있어야 한다. 따라서 도적적인 가치나 종교적인 가치·개인적인 특수한 가치 등은 피보험이익이 될 수 없다.
- **확정가능성** : 피보험이익은 보험계약 성립 당시에 그 존재 및 소속이 객관적으로 확정되어 있거나 또는 적어도 보험사고발생 시까지는 객관적으로 확정될 수 있는 것이어야 한다. 왜냐하면 보험사고발생 시까지 피보험이익이 확정되지 않으면, 손실도 확정되지 않고 보험자가 보상할 보험금도 확정될 수 없기 때문이다.

11

정답 ③

해설 재보험자가 원보험자의 개별 청약에 대하여 인수 여부를 결정하는 것은 **임의재보험**이다. 특약재보험은 원보험자와 재보험자간에 미리 출재대상계약의 범위, 출재사 및 재보험자의 책임한도액, 처리방법 등에 거래조건을 사전에 특약으로 체결하고 일정기간 동안은 이 특약에 의해 인수가 연속적으로 이루어지는 것을 말한다.

12

정답 ①

해설 재보험에 가입하면 보험자가 적립하여야 할 미경과보험료 적립금은 수입보험료에서 재보험료를 차감한 보험료를 기준으로 결정되므로 미경과보험료 적립금을 경감 할 수 있다. **비례(quota share)재보험은 재보험자가 원보험계약에 의하여 인수된 위험을 일정한 비율에 따라 인수하는 재보험이므로 미경과보험료적립금 경감 목적으로 가장 유용**하다.

② **초과액재보험** : 미리 설정한 보유한도액, 즉 원수회사가 한 위험에 대해서 감당할 수 있는 한도액을 정하고, 동 범위 내에서 보유금액을 결정한 후 보유금액을 초과하는 부분을 출재하는 방식
③ **초과손해액재보험** : 위험당 또는 사고당 사고손해액을 기준으로 원보험자와 재보험자간의 책임을 분할하여 사전에 일정한 보상액과 재보험자의 책임한도액을 약정하는 방식
④ **초과손해율재보험** : 일정기간의 누적손해액이 예정손해율을 초과할 때 그 초과액 또는 초과율을 재보험으로 보상받는 방식

13

정답 ④

해설 일반 손해보험의 경우 보험계약자의 고의, 중대한 과실로 인한 손해는 면책되지만, 보증보험은 보험계약자의 고의로 인한 손실, 즉 보험계약자의 채무불이행으로 인한 손해를 보상하는 특수한 형태의 보험이다.

14

정답 ①

해설 **충분성의 원칙**

보험요율은 보험회사가 지출하는 보험금과 비용을 충당하기에 충분하고, 지급불능상태가 되지 않도록 건전경영을 도모하여야 한다는 것으로 **재무건전성**과 관련이 있다.

② **비과도성** : 보험요율은 과도하지 않아야 한다. 보험요율이 지나치게 과도할 경우 보험가입자의 저항과 보험계약의 이탈로 이어져 대수의 법칙 적용이 불가능해지고 수지상등의 원칙이 무너져 종국적으로 합리적인 보험경영이 불가능해 진다.
③ **안정성** : 보험요율이 특별한 이유 없이 자주 변동될 경우 혼동을 가져올 수 있으므로 일정기간 동안 안정적으로 유지되어야 한다.
④ **공정 차별성** : 보험요율은 부당한 차별이 없어야 한다. 동일한 위험에 대해서는 동일한 요율이, 다른 위험에 대해서는 다른 요율이 적용되어야 한다. 보험계약자 평등대우의 원칙에 기초한 것으로 동일한 위험보유자에게 다른 계약자와 다르게 취급해서는 안 된다는 것이다.

15

정답 ②

해설 리스크보유(risk retention)는 앞으로 발생할지도 모를 손해발생의 가능성을 스스로 보유하여 손해가 발생하는 경우 그 손해를 스스로 부담하게 되는 것을 의미한다. 리스크의 발생빈도 및 강도가 낮은 경우 리스크보유(risk retention)가 가장 적절하다.

16

정답 ④

해설 자체보험자(captive insurer)란 기업이 위험관리의 목적으로 그 기업 자체를 주된 고객으로 하여 설립한 보험회사를 말한다. 보험비용의 절감, 재보험 가입의 용이, 세제상의 혜택 등의 장점이 있으나, 대재해리스크를 회피할 수 없기 때문에 재정적 위험에 직면할 수 있다.

17

정답 ④

해설 제외부문(exclusions) 규정을 두는 이유는 부보대상에서 제외되는 사항을 명시하여 손실의 규모를 확정하고 부보의 중복성을 피하기 위함이다.
손실보상금액보다 손실처리비용이 많은 경우 합리적으로 처리하기 위해 필요한 것은 **공제액(deductibles) 규정**이다. 공제액(deductibles) 조항이란 보험자가 손실을 지급하기 전에 피보험자가 손실의 일부를 부담하는 보험계약조건을 말한다.

18

정답 ①

해설 보험자대위제도는 보험자가 보험사고로 인한 손실을 피보험자에게 보상하여 준 때에 보험의 목적이나 제3자에 대하여 가지는 피보험자 또는 보험계약자의 권리를 법률상 당연히 취득하는 것으로, **피보험자의 이중이득을 방지하기 위한 제도**이다.

TIP 배상책임보험의 사회적 기능
• 피보험자의 보호기능 　－ **의무보험제도** : 피보험자의 배상책임손해를 보상함으로써 피보험자의 경제적 불확실성을 제거하여 개인 또는 기업이 지속적인 경제활동을 할 수 있게 유지해 줌 • 피해자 보호기능 　－ **피해자 직접청구권** : 피보험자가 배상책임을 질 사고가 발생한 경우 피해자가 보험금액 내에서 보험자에 대하여 보험금을 직접 청구할 수 있는 권리 　－ **무과실 책임주의** : 가해자에게 고의 또는 과실이 없더라도 손해와 사고 사이에 인과관계만 있으면 무조건적인 손해배상책임을 지우는 것

19

정답 ③

해설 진술(representation)은 보험계약 체결에 앞서 보험자가 질문한 것을 보험계약자 또는 피보험자가 답변하는 것을 의미한다. 보증(warranty)은 보험계약 체결에 있어서 보험계약자 또는 피보험자가 보험자에게 하는 약속으로서 보험계약의 일부이다.

진술과 보증의 차이점은 내용을 해석함에 있어서 보증이 진술보다 더 엄격하다는 것이다. 위반효과의 경우에도 진술은 중요한 사실에 대한 허위진술이 아닌 한 계약의 효과에 영향을 미치지 않지만, 보증의 경우에는 사소한 위반의 경우에도 보험자의 보상책임에 영향을 준다는 점이다.

20

정답 ②

해설 95%의 신뢰도를 적용하면,
가능최대손실(probable maximum loss ; PML)은 $0.5 + 0.3 + 0.05 + 0.05 + 0.05 = 0.95$의
손실액인 **800만원**이 된다.

21

정답 ②

해설 보험은 개별 가입자의 리스크회피 성향과 보험사의 리스크결합 원리에 따라 운영된다. 즉 보험이란 리스크결합(risk pooling)과 손실분담(risk sharing)을 통해 리스크를 전가(risk transfer)하고 이를 통해 리스크를 감소시키는 사회제도적 장치이다. 리스크결합을 통해 **실제손실을 1인당 평균손실로 대체**하는 효과가 발생한다.

22

정답 ①

해설 대재해채권은 보험회사가 인수한 자연재해위험을 채권을 통하여 자본시장에 전가하는 새로운 형태의 위험관리기법이다. 보험회사가 대재해채권을 발행하면 보험회사는 자본시장에 대재해위험을 전가하기 때문에 자본시장의 거대한 담보력을 확보할 수 있다. 즉 대재해가 실제로 발생할 경우 재보험시장의 일부는 지급능력의 부족으로 인하여 파산할 가능성이 항상 존재하고 있지만, 자본시장에서는 이러한 **신용위험이 발생할 염려가 없다**. 단지 투자가의 수익이 기대보다 악화될 뿐이다.

23

정답 ②

해설 실업급여는 **고용보험에서 지급되는 보험급여**로 실직한 근로자의 생활안정과 재취직을 촉진하기 위하여 지급되는 급여로 구직급여와 취직촉진수당이 있다.

TIP	산업재해보상보험에서 지급되는 보험급여(산업재해보상보험법 제36조 제1항)
1. 요양급여	2. 휴업급여
3. 장해급여	4. 간병급여
5. 유족급여	6. 상병(傷病)보상연금
7. 장례비	8. 직업재활급여

24

정답 ④

해설 프랜차이즈 공제(franchise deductible)는 보험가액에 대한 일정비율 또는 일정금액으로 공제액을 정하고, 보험사고의 발생으로 인한 손해가 일정비율 또는 일정금액에 미달하는 경우 전액 피보험자가 부담하고, 손해가 일정비율 또는 일정금액을 초과할 경우 전액 보험자가 부담하는 방식이다. 프랜차이즈 공제 금액이 100만원이기 때문에 1차 사고 손해액인 50만원은 지급받지 않고, 100만원을 초과하는 2차 사고와 3차 사고 손해액인 **200만원＋300만원＝500만원**의 보험금을 지급받는다.

25

정답 ②

해설 **리스크를 관리하는 방법**
- **리스크통제(risk control)** : 회피(차단), 제거(예방, 경감), 분산(분리), 결합(합병), 제한(이전)
- **리스크재무(risk financing)** : 보유(기업의 불특정 재산을 담보로 하는 부담), 준비(준비금설정, 자가보험), 전가(보험, 공제, 기금), 헤징(hedging)

26

정답 ③

해설 **리스크관리과정**
리스크의 인식(발견 및 확인) → 리스크의 분석 및 평가 → 리스크관리기법의 선택 → 리스크관리기법의 실행 및 수정

27

정답 ③

해설 초과손해액재보험특약은 원보험자와 재보험자간의 책임을 분할하여 사전에 일정한 보상액과 재보험자의 보상한도액(limit of liability)을 약정하는 방식이다.

28

정답 ②

해설 **조건부문(conditions)**

보험자로 하여금 보험금 지급 및 기타 서비스 제공에 대한 약속을 이행하게 하거나 혹은 제한하는 중요한 부분
- 위험변경 · 증가의 통지의무
- 위험변경 · 증가의 금지의무
- 보험사고발생의 통지의무
- 협력의무
- 손해방지의무

29

정답 ②

해설 **동종제한의 원칙**

보험약관을 포함한 제정법, 증언 등에 특정적이고 구체적으로 열거한 사항 다음에 일반적이고 포괄적인 문언이 부가되어 있는 경우에 **일반적이고 포괄적인 부가문언을 해석함에 있어서는 앞에서 구체적으로 열거한 사항과 동질적인 것만을 한정하여 해석해야 한다는 원칙**이다.

① **통상적 의미의 해석원칙** : 보험증권은 평범하게(Plain), 통상적으로(Ordinary), 통속적으로(Popular) 해석하여야 한다는 원칙이다.
③ **합리적 기대의 원칙** : 보험증권의 문언은 보험법에 정통한 변호사나 기타 관계자에 의해 해석되는 바와 같이 해석하여야 하는 것이 아니고, 보통의 평균적 시민이 이해하는 바와 같이 해석되어야 한다는 원칙이다.
④ **보험증권 전체로서의 해석원칙** : 보험증권은 하나의 전체로서 해석되어야 한다는 원칙이다.

30

정답 ②

해설 **상당인과관계설**은 여러 가지 조건들 중에서 일반적 경험법칙에 비추어 볼 때, 동일한 결과를 발생시키는 것이 상당하다고 판단되는 조건을 근인으로 보는 설이다.

① **근인설**은 담보손해를 일으킨 상당한 인과관계가 있는 위험이 다수 존재하고, 그 위험이 연속된 결과로 손해가 발생한 경우 근인에 해당하는 위험만을 보험사고의 원인으로 파악해야 한다는 설이다.
③ **개연설**은 어느 조건이 그것을 생기게 한 같은 결과를 객관적 또는 일반적으로 볼 때 불가피하다거나 개연성이 있다고 판단될 때, 이를 결과의 근인(近因)으로 보는 설이다.
④ **최유력조건설**은 다수의 조건 중 결과 발생의 효과면에서 가장 근접한 조건을 손해발생의 근인으로 파악하려는 설이다.

31

정답 ②

해설 **(가) 계약 당사자 의사 우선의 원칙** : 보험증권 해석의 기본원칙으로, 계약 당사자의 의사가 우선적으로 고려되어야 한다는 원칙이다.

(나) 작성자불이익의 원칙 : 보험증권의 일반적인 해석원칙을 모두 적용하여 보아도 여전히 약관상 문구가 애매하여 판단하기 어려운 경우 그 문언의 의미를 작성자, 즉 보험자에게 불이익하게 해석하여야 한다는 원칙이다.

TIP   보험약관의 해석원칙

- **일반원리** : 약관의 해석은 일반적이며 보편적인 원칙에 의하여야 한다.
- **POP원칙** : 보험약관은 평범하게(Plain), 통상적으로(Ordinary), 통속적으로(Popular) 해석하여야 한다.
- **합리적 목적론적 원칙** : 약관의 필요성, 약관의 실태를 참작하여 당사자간의 이해를 합리적으로 해석하여야 한다.
- **계약 당사자 의사 우선의 원칙** : 보험약관해석의 기본원칙은 계약 당사자의 의사가 우선적으로 고려되어야 한다.
- **보험약관 전체로서 해석원칙** : 보험약관은 하나의 전체로서 해석되어야 한다. 즉 보험약관의 전체가 고려되어야 한다.
- **문맥에 의한 특별한 의미의 해석원칙** : 특별한 문언들은 상황에 맞게 특별한 의미로 해석되어야 한다.
- **합리적 해석의 원칙** : 보험약관상 문언의 의미가 모호한 경우에 합리적인 해석이 우선되어야 한다.
- **합리적 기대의 원칙** : 보험약관의 문언은 보험법에 정통한 변호사나 기타 관계자에 의해 해석되는 바와 같이 해석하여야 하는 것이 아니고, 보통의 평균적 시민이 이해하는 바와 같이 해석되어야 한다는 원칙이다.
- **동종제한의 원칙** : 보험약관을 포함한 제정법, 증언 등에 특정적이고 구체적으로 열거한 사항 다음에 일반적이고 포괄적인 문언이 부가되어 있는 경우에 일반적이고 포괄적인 부가문언을 해석함에 있어서는 앞에서 구체적으로 열거한 사항과 동질적인 것만을 한정하여 해석해야 한다는 원칙이다.
- **수기문언 우선의 원칙** : 보험약관의 해석에 있어서 손으로 쓴 문언이 인쇄문언 및 그 밖의 형식으로 된 문언보다 가장 우선하여 적용된다는 원칙이다.
- **개별약정 우선의 원칙** : 약관에서 정하고 있는 사항에 관하여 고객이 약관의 내용과 다르게 합의한 사항이 있을 때에는 당해 합의사항은 약관에 우선한다는 원칙이다.
- **작성자불이익의 원칙** : 보험증권(약관)의 일반적인 해석원칙을 모두 적용하여 보아도 여전히 약관상 문구가 애매하여 판단하기 어려운 경우 그 문언의 의미를 작성자, 즉 보험자에게 불이익하게 해석하여야 한다는 원칙이다.

32

정답 ④

해설 간접사업중단보험(또는 우발적 사업중단보험)은 피보험자가 소유·관리·통제하지 않은 다른 사업장에서 재해가 발생하여 피보험자의 사업이 중단될 때 소득손실을 보상해 주는 보험이다.

33

정답 ④

해설 투자계약부채는 보험계약의 법률적 형식을 취하고 있으나, **한국채택국제회계기준 제1117호의 적용을 받지 않아** 투자계약으로 분류된 계약들의 평가금액으로 한다. 〈2022.12.21. 개정〉

> **TIP** **책임준비금의 적립(보험업감독규정 제6-11조)** 〈2022.12.21. 개정〉
>
> ① 책임준비금은 보험계약부채·재보험계약부채·투자계약부채로 구분하여 각각 적립한다.
> ② 보험계약부채(재보험계약부채)는 결산시점 현재 아직 발생하지 않은 보험사고 및 지급사유가 발생하지 않은 투자요소에 대한 부채(이하 "잔여보장요소"라 한다)와 발생한 보험사고 및 지급사유가 발생하였으나 지급되지 않은 투자요소에 대한 부채(이하 "발생사고요소"라 한다)로 구분하여 각각 적립한다. 다만, 보험계약부채(재보험계약부채)의 포트폴리오별로 잔여보장요소와 발생사고요소의 합계가 영(0)보다 작은 경우 자산[이하 "보험계약자산(재보험계약자산)"이라 한다]으로 계상한다.
> ③ 투자계약부채는 보험계약의 법률적 형식을 취하고 있으나, 한국채택국제회계기준 제1117호의 적용을 받지 않아 투자계약으로 분류된 계약들의 평가금액으로 한다.
> ④ 제2항 내지 제3항의 구체적인 산출기준은 감독원장이 정한다.

34

정답 ①

해설 보험은 사전의 경험이 없는 **사후적 확률**을 중심으로 하고 있으며, **도박**은 모든 경우의 수가 미리 정해져 있는 **사전적 확률**에 기초하고 있다.

35

정답 ②

해설 **유혹과실책임(attractive nuisance)**

부동산의 소유자나 점유자는 어린이가 부동산에 무단 침입하였는지의 사실 여부에 대하여 일부러 확인할 의무를 부담하지는 않지만, 어린이가 부동산에 무단 침입한 사실을 일단 인지한 경우에는 어린이의 흥미를 유발할 수 있는, 그럼에도 불구하고 어린이가 미성숙하여 그 위험성을 알지 못하는, 위험물로부터 어린이를 보호할 의무를 부담한다. 이를 '**유혹과실책임**'이라고 한다. 이러한 위험물에는 농기구, 전기톱, 각종 기계 및 폭발물 등이 해당된다.

36

정답 ④

해설 Umbrella 배상책임증권은 배상책임보험계약이 기초담보의 형식으로 부보된 후 그 뒤에 우산을 씌우듯이 포괄적으로 모든 종류의 배상책임에 대하여 초과담보하는 것이다. Umbrella 배상책임증권은 개인 또는 기업에 발생하는 배상책임리스크를 **포괄적으로 확실하게 관리하는 수단**으로 이용된다.

37

정답 ②

해설 ① **제외손실(excluded losses)** : 일부 형태의 손실이 제외되는 것

예 ICC(WA)의 경우 특정 면책비율 미만의 분손은 보험자의 보상책임에서 제외함

③ **제외손인(excluded perils)** : 특정 손인에 대해 보상책임을 면책하는 것

④ **제외재산(excluded property)** : 일부 재산에 대해 보상책임을 제외하거나 제한하는 것

38

정답 ④

해설 요율조정률 = {(실제손해율 − 예정손해율) / 예정손해율} × 신뢰도

= {(80% − 50%) / 50%} × 0.5 = 0.3 = 30%(인상)

39

정답 ②

해설 **초과손해액재보험특약**

원보험자는 US$ 400,000 한도 내에서 부담하고, 재보험자는 US$ 400,000 초과하는 US$ 600,000까지 부보한다.

- **사고 1** : 지급보험금 US$ 750,000 중 원보험자가 US$ 400,000을 부담하고, 재보험자는 US$ 350,000을 부담한다.
- **사고 2** : 지급보험금이 US$ 350,000로 US$ 400,000 미만이므로 원보험자가 전액 부담한다.
- **사고 3** : 지급보험금 US$ 1,500,000 중 원보험자가 US$ 400,000을 부담하고, 재보험자는 US$ 600,000을 부담한다. 나머지 US$ 500,000는 원보험자가 다시 부담한다.
- 재보험자로부터 회수하게 될 재보험금 = US$ 350,000 + US$ 600,000 = **US$ 950,000**

40

정답 ③

해설 **경과보험료**

= 수입보험료 − 지급보험료 + 전기이월 미경과보험료 − 차기이월 미경과보험료

= 1,100억원 − 700억원 + 400억원 − 300억원 = **500억원**

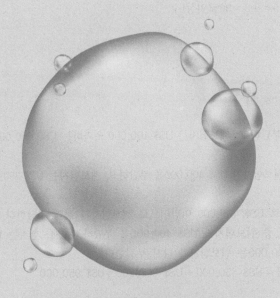

우리 인생의 가장 큰 영광은
결코 넘어지지 않는 데 있는 것이 아니라
넘어질 때마다 일어서는 데 있다.

- 넬슨 만델라 -

2017년 제40회

손해사정사 1차 시험문제
정답 및 해설

제1과목 보험업법

제2과목 보험계약법

제3과목 손해사정이론

정답 CHECK

01	02	03	04	05	06	07	08	09	10	11	12	13	14	15	16	17	18	19	20
④	②	①	②	①	④	③	①	①	④	②	④	④	①	②	④	④	③	①	③
21	22	23	24	25	26	27	28	29	30	31	32	33	34	35	36	37	38	39	40
②	④	①	③	②	③	④	③	①	①	④	④	③	②	①	③	③	④	④	④

문제편 088p

01

정답 ④

가. (○) 보험업법은 **보험업을 경영하는 자의 건전한 경영을 도모**하고 **보험계약자, 피보험자, 그 밖의 이해관계인의 권익을 보호함**으로써 보험업의 건전한 육성과 국민경제의 균형 있는 발전에 기여함을 목적으로 한다(보험업법 제1조).

나. (✕) **보험회사가 제외되어야** 한다.

다. (✕) 보험업법은 「고용보험법」에 따른 고용보험, 「국민건강보험법」에 따른 건강보험, 「국민연금법」에 따른 국민연금, 「노인장기요양보험법」에 따른 장기요양보험, 「산업재해보상보험법」에 따른 산업재해보상보험, 「할부거래에 관한 법률」 제2조 제2호에 따른 선불식 할부계약에는 적용되지 않는다(보험업법 시행령 제1조의2 제1항). **원자력손해배상보험은 적용**된다.

라. (○) 보험업법은 보험업의 허가부터 경영전반에 걸쳐 정부의 지속적인 감독 및 인가를 받는 실질적인 감독주의를 택하고 있다.

마. (○) 보험업법 시행령 제1조의2 제3항

02

정답 ②

해설 "모집"이란 보험계약의 체결을 중개하거나 대리하는 것을 말한다. 지문 중 **"보험회사를 위하여"**란 문장이 옳지 않다(보험업법 제2조 제12호).

03

정답 ①

해설 ①의 지문 중 장기화재보험계약이 아니라 **장기상해보험계약**이어야 옳다.

04

정답 ②

해설 가. (×) 보험업의 예비허가 신청을 받은 금융위원회는 **2개월** 이내에 심사하여 예비허가 여부를 통지하여야 한다(보험업법 제7조 제2항).

나. (×) 금융위원회는 예비허가에 조건을 붙일 수 **있다**(보험업법 제7조 제3항).

다. (×) 금융위원회는 예비허가를 받은 자가 예비허가의 조건을 이행한 후 본허가를 신청하면 허가하여야 한다. "**3개월 이내에**"란 조건이 틀린 내용이다(보험업법 제7조 제4항).

라. (○) 금융위원회는 예비허가 신청에 대하여 이해관계인의 의견을 요청하거나 공청회를 개최할 수 있다(보험업법 시행규칙 제9조 제3항).

05

정답 ①

해설 보험업의 허가를 받으려는 자가 다음의 어느 하나에 해당하는 업무를 외부에 위탁하는 경우에는 그 업무와 관련된 전문 인력과 물적 시설을 갖춘 것으로 본다(보험업법 시행령 제10조 제2항).

1. 손해사정업무
2. **보험계약 심사를 위한 조사업무**
3. **보험금 지급심사를 위한 보험사고 조사업무**
4. **전산설비의 개발·운영 및 유지·보수에 관한 업무**
5. 정보처리 업무

06

정답 ④

해설 보험회사가 보험업 허가를 받은 이후 전산설비의 성능 향상이나 보안체계의 강화 등을 위하여 그 일부를 변경하는 경우에는 법 제6조 제4항 본문에서 정하는 바에 따라 물적 시설을 **유지한 것으로 본다**(보험업법 시행령 제10조 제7항).

① 보험업법 제6조 제4항
② 보험업법 제6조 제2항
③ 보험업법 시행령 제10조 제3항 제1호

07

정답 ③

해설 보험회사는 300억원 이상의 자본금 또는 기금을 납입함으로써 보험업을 시작할 수 있다. 다만, 보험회사가 보험종목의 일부만을 취급하려는 경우에는 50억원 이상의 범위에서 대통령령으로 자본금 또는 기금의 액수를 다르게 정할 수 있다(보험업법 제9조 제1항). 즉 자동차보험만을 취급하려는 경우 a. **200억원 이상**, 질병보험만을 취급하려는 경우 100억원 이상이 요구되며, 자동차보험과 질병보험을 동시에 취급하려는 경우 그 합계액이 b. **300억원 이상**인 경우에는 300억원으로 한다(보험업법 시행령 제12조 제1항, 제3항). 또한, 전화·우편·컴퓨터통신 등 통신수단을 이용하여 대통령령으로 정하는 바에 따라 모집을 하는 보험회사(소액단기전문보험회사는 제외한다)는 앞의 자본금 또는 기금의 c. **3분의 2**에 상당하는 금액 이상을 자본금 또는 기금으로 납입함으로써 보험업을 시작할 수 있다(보험업법 제9조 제2항 제1호).

08

정답 ①

해설 "대통령령으로 정하는 기준에 따라 제3보험의 보험종목에 부가되는 보험"이란 질병을 원인으로 하는 사망을 제3보험의 특약 형식으로 담보하는 보험으로서 다음 각 호의 요건을 충족하는 보험을 말한다(보험업법 시행령 제15조 제2항).

1. 보험만기는 80세 이하일 것
2. 보험금액의 한도는 개인당 2억원 이내일 것
3. 만기시에 지급하는 환급금은 납입보험료 합계액의 범위 내일 것

09

정답 ①

해설 금융위원회는 보험회사가 보험업에 부수(附隨)하는 업무를 신고한 경우에는 그 신고일부터 7일 이내에 다음의 사항을 인터넷 홈페이지 등에 공고하여야 한다(보험업법 시행령 제16조의2 제1항).

1. 보험회사의 명칭
2. **부수업무의 신고일**
3. **부수업무의 개시 예정일**
4. **부수업무의 내용**
5. 그 밖에 보험계약자의 보호를 위하여 공시가 필요하다고 인정되는 사항으로서 금융위원회가 정하여 고시하는 사항

10

정답 ④

해설 주식회사는 그 조직을 상호회사로 변경할 수 있고, 상호회사는 손실 보전에 충당하기 위하여 금융위원회가 필요하다고 인정하는 금액을 준비금으로 적립하여야 하며, 그 기금의 총액을 **300억원 미만으로 하거나 설정하지 아니할 수 있다**(보험업법 제20조).

① 보험업법 제30조

② 보험업법 제32조 제1항

③ 보험업법 제29조 제1항

11

정답 ②

해설 가. (○) 보험업법 제46조, 제47조

나. (×) 상호회사의 경우 금전 이외의 자산으로 납입하지 못하지만, 주식회사의 경우 금전 이외의 **주식**으로 출자가 가능하다(상법 제305조).

다. (×) 상호회사는 설립에 있어서 100인 이상의 사원을 필요로 하지만, 주식회사의 경우 발기인이 정관을 작성하면서 설립하며 **인원수에 제한이 없다.**

라. (×) 상호회사의 사원은 보험료의 납입에 관하여 상계(相計)로써 회사에 **대항하지 못한다**(보험업법 제48조).

마. (○) 보험업법 제30조

12

정답 ④

해설 금융위원회는 외국보험회사의 본점이 다음의 어느 하나에 해당하게 되면 그 외국보험회사국내지점에 대하여 청문을 거쳐 보험업의 허가를 취소할 수 있다(보험업법 제74조 제1항).

1. 합병, 영업양도 등으로 소멸한 경우

2. 위법행위, 불건전한 영업행위 등의 사유로 외국감독기관으로부터 제134조 제2항에 따른 처분에 상당하는 조치를 받은 경우

3. 휴업하거나 영업을 중지한 경우

13

정답 ④

해설 가. (×) 모집을 한 수 있는 자는 보험설계사, 보험대리점, 보험중개사, 보험회사의 임원 등이며, 임원 중 **대표이사·사외이사·감사 및 감사위원은 제외**한다(보험업법 제83조 제1항).

나. (○) 보험업법 제100조 제1항 제5호

다. (○) 보험업법 제2조 제9호, 제11호

라. (○) 보험대리점은 보험계약체결권 이외에도 고지의무수령권, 보험료수령권을 가지지만, 보험설계사 및 보험중개사는 보험계약체결권, 고지의무수령권이 없다.

판례	대법원 2006.6.30. 선고 2006다19672 판결

보험모집인은 특정 보험자를 위하여 보험계약의 체결을 중개하는 자일 뿐 보험자를 대리하여 보험계약을 체결할 권한이 없고, 보험계약자 또는 피보험자가 보험자에 대하여 하는 고지나 통지를 수령할 권한도 없다.

14

정답 ①

해설
가. (○) 1962년 보험모집단속법의 제정으로 보험모집에 관한 제도적 장치가 마련되었으며, 1977년 기존의 보험업법으로 통합되었다.

나. (○) 보험업법 제85조의2(보험설계사 등의 교육) 제1항

다. (○) 2003년 개정 보험업법은 은행(중소기업은행·한국산업은행 포함), 증권회사, 상호저축은행, 신용카드회사 등 판매망을 갖춘 금융기관이 보험대리점이나 보험중개사로 등록할 수 있게 함으로써 보험모집을 할 수 있도록 하였다(방카슈랑스 도입).

라. (○) 보험업법 제83조 제1항 제4호

15

정답 ②

해설 보험설계사에 대한 불공정 행위 금지(보험업법 제85조의3 제1항)

1. 보험모집 위탁계약서를 교부하지 아니하는 행위
2. 위탁계약서상 계약사항을 이행하지 아니하는 행위
3. **위탁계약서에서 정한 해지요건 외의 사유로 위탁계약을 해지하는 행위**
4. 정당한 사유 없이 보험설계사가 요청한 위탁계약 해지를 거부하는 행위
5. 위탁계약서에서 정한 위탁업무 외의 업무를 강요하는 행위
6. 정당한 사유 없이 보험설계사에게 지급되어야 할 수수료의 전부 또는 일부를 지급하지 아니하거나 지연하여 지급하는 행위
7. **정당한 사유 없이 보험설계사에게 지급한 수수료를 환수하는 행위**
8. 보험설계사에게 보험료 대납(代納)을 강요하는 행위
9. 그 밖에 대통령령으로 정하는 불공정한 행위

16

정답 ④

해설
가, 나. 보험설계사가 금고 이상의 형의 집행유예를 선고받은 경우나 보험업법에 따라 업무정지 처분을 2회 이상 받은 경우는 등록을 취소해야 하는 사유이다(보험업법 제86조 제1항).

다, 라, 마. 6개월 이내의 기간을 정하여 그 업무의 정지를 명하거나 그 등록을 취소할 수 있는 사유이다(보험업법 제86조 제2항).

17

정답 ④

해설 해약환급금에 관한 사항, 「예금자보호법」에 따른 예금자보호와 관련된 사항은 보험안내자료에 기재해야 한다(보험업법 제95조 제1항 제4호, 제5호).

18

정답 ③

해설 가. (○) 친구 B와 C는 일반보험계약자이고, (주)미래와 서울시는 전문보험계약자이다.

나. (○) 보험대리점 A는 일반보험계약자인 B와 C에게 보험계약의 체결시부터 보험금 지급시까지의 주요 과정을 대통령령으로 정하는 바에 따라 설명하여야 한다(보험업법 제95조의2 제3항).

다. (×) 주권상장법인이나 지방자치단체는 "전문보험계약자"에 해당하므로 계약의 중요사항을 설명할 필요가 없다.

라. (×) 일반보험계약자인 B와 C가 설명을 거부하는 경우에는 설명하지 않을 수 있다(보험업법 제95조의2 제3항 단서).

19

정답 ①

해설 ① 보험업법 제141조 제3항

② 금융위원회의 허가는 필요하지 않다(보험업법 제140조 제1항).

③ 보험금액의 삭감을 정할 수 있다(보험업법 제143조 제2호).

④ 보험계약의 이전에 관한 결의는 주주총회의 **특별결의**에 의하여야 하며, 사원 과반수의 출석과 그 의결권의 4분의 3 이상의 찬성으로 결의하거나, 출석한 주주의 의결권의 3분의 2 이상의 수와 발행주식 총수의 3분의 1 이상의 수로써 하여야 한다(보험업법 제138조, 제39조 제2항, 상법 제434조).

20

정답 ③

해설 가. (○) 법 제97조 제1항 제5호

나. (×) 보험계약자 또는 피보험자의 자필서명이 필요한 경우에 보험계약자 또는 피보험자로부터 자필서명을 받지 아니하고 서명을 대신하거나 다른 사람으로 하여금 서명하게 하는 행위를 하여서는 아니 된다(법 제97조 제1항 제7호).

다. (○) 법 제97조 제1항 제9호

라. (×) 보험중개사는 다른 모집 종사자의 명의를 이용하여 보험계약을 모집하는 행위를 하여서는 아니 된다(보험업법 제97조 제1항 제8호).

마. (○) 보험업법 제97조 제1항 제11호

21

정답 ②

해설 보험계약의 체결 또는 모집에 종사하는 자는 그 체결 또는 모집과 관련하여 보험계약자나 피보험자에게 다음 각 호의 어느 하나에 해당하는 특별이익을 제공하거나 제공하기로 약속하여서는 아니 된다(보험업법 제98조).

1. 금품(보험계약 체결시부터 최초 1년간 납입되는 보험료의 100분의 10과 3만원 중 적은 금액을 초과하지 아니하는 금품은 제외한다) → 가, 나
2. 기초서류에서 정한 사유에 근거하지 아니한 보험료의 할인 또는 수수료의 지급
3. 기초서류에서 정한 보험금액보다 많은 보험금액의 지급 약속
4. 보험계약자나 피보험자를 위한 보험료의 대납 → 다
5. 보험계약자나 피보험자가 해당 보험회사로부터 받은 대출금에 대한 이자의 대납 → 라
6. 보험료로 받은 수표 또는 어음에 대한 이자 상당액의 대납
7. 「상법」 제682조에 따른 제3자에 대한 청구권 대위행사의 포기

22

정답 ④

해설 보험계약 체결의 중개와는 별도로 보험계약자에게 특별히 제공한 서비스에 대하여 일정 금액으로 표시되는 보수나 그 밖의 대가를 지급할 것을 미리 보험계약자와 합의한 서면약정서에 의하여 청구하는 경우 이외에는 보험계약 체결의 중개와 관련한 수수료나 그 밖의 대가를 보험계약자에게 청구할 수 없다(보험업법 제99조 제3항, 동법 시행령 제47조 제1항).

① 보험업법 제99조 제1항
② 보험업법 제99조 제1항 제1호
③ 보험업법 제99조 제1항 제2호

23

정답 ①

해설
가. (○) 모집에 종사하는 자 외에 소속 임직원으로 하여금 보험상품의 구입에 대한 상담 또는 소개를 하게 하거나 상담 또는 소개의 대가를 지급하는 행위(보험업법 시행령 제48조 제1항 제1호)
나. (×) 대출 등을 받는 자의 동의를 **미리 받지 아니하고** 보험료를 대출 등의 거래에 포함시키는 행위(보험업법 제100조 제1항 제2호)
다. (×) 해당 금융기관의 **임직원(제83조에 따라 모집할 수 있는 자는 제외한다)**에게 모집을 하도록 하거나 이를 용인하는 행위(보험업법 제100조 제1항 제3호)
라. (×) 해당 금융기관의 **점포 외**의 장소에서 모집을 하는 행위(보험업법 제100조 제1항 제4호)

24

정답 ③

해설 **보험요율산출의 원칙(보험업법 제129조)**

보험회사는 보험요율을 산출할 때 객관적이고 합리적인 통계자료를 기초로 대수(大數)의 법칙 및 통계신뢰도를 바탕으로 하여야 하며, 다음 각 호의 사항을 지켜야 한다.

1. 보험요율이 보험금과 그 밖의 급부(給付)에 비하여 지나치게 높지 아니할 것
2. 보험요율이 보험회사의 재무건전성을 크게 해칠 정도로 낮지 아니할 것
3. **보험요율이 보험계약자간에 부당하게 차별적이지 아니할 것**
4. 자동차보험의 보험요율인 경우 보험금과 그 밖의 급부와 비교할 때 공정하고 합리적인 수준일 것

25

정답 ②

해설 자산운용비율을 초과하게 된 경우에는 해당 보험회사는 그 비율을 초과하게 된 날부터 다음 각 호의 구분에 따른 기간 이내에 제106조(자산운용의 방법 및 비율)에 적합하도록 하여야 한다. 다만, 대통령령으로 정하는 사유에 해당하는 경우에는 금융위원회가 정하는 바에 따라 그 기간을 연장할 수 있다(보험업법 제107조 제2항). 〈2022.12.31. 신설〉

1. 보험회사의 자산가격의 변동 등 보험회사의 의사와 관계없는 사유로 자산상태가 변동된 경우 : 1년
2. 보험회사에 적용되는 회계처리기준의 변경으로 보험회사의 자산 또는 자기자본 상태가 변동된 경우 : 3년

26

정답 ③

해설 보험회사는 그 보험회사의 대주주에 대하여 대통령령으로 정하는 금액 이상의 신용공여를 하였을 때에는 **7일 이내**에 그 사실을 금융위원회에 보고하고 인터넷 홈페이지 등을 이용하여 공시하여야 한다(보험업법 제111조 제3항 제1호).

① 보험업법 제111조 제1항 제1호
② 보험업법 제111조 제1항 제2호
④ 보험업법 제111조 제5항 제2호

27

정답 ④

해설 **자회사의 소유(보험업법 제115조 제1항)**

보험회사는 다음의 어느 하나에 해당하는 업무를 주로 하는 회사를 금융위원회의 승인을 받아 자회사로 소유할 수 있다. 다만, **그 주식의 소유에 대하여 금융위원회로부터 승인 등을 받은 경우 또는 금융기관의 설립근거가 되는 법률에 따라 금융위원회로부터 그 주식의 소유에 관한 사항을 요건으로 설립 허가ㆍ인가 등을 받은 경우에는 승인을 받은 것으로 본다.**

1. 「금융산업의 구조개선에 관한 법률」 제2조 제1호에 따른 금융기관이 경영하는 금융업
2. 「신용정보의 이용 및 보호에 관한 법률」에 따른 신용정보업 및 채권추심업
3. 보험계약의 유지ㆍ해지ㆍ변경 또는 부활 등을 관리하는 업무
4. 그 밖에 보험업의 건전성을 저해하지 아니하는 업무로서 대통령령으로 정하는 업무

28

정답 ③

해설 책임준비금과 비상위험준비금의 계상에 관하여 필요한 사항은 **총리령**으로 정한다(보험업법 제120조 제2항).

29

정답 ①

해설 보험회사는 ② **재무제표(부속명세서를 포함한다)** 및 ③ **사업보고서**, 그리고 ④ **매월의 업무 내용을 적은 보고서**를 대통령령으로 정하는 바에 따라 전자문서로 제출할 수 있다(보험업법 제118조 제1항, 제2항, 제3항).

30

정답 ①

해설 보험회사는 배당보험계약(해당 보험계약으로부터 발생하는 이익의 일부를 보험회사가 보험계약자에게 배당하기로 약정한 보험계약을 말한다)에 대하여는 대통령령으로 정하는 바에 따라 다른 보험계약과 구분하여 **회계처리하여야 한다**(보험업법 제121조 제1항).

31

정답 ④

해설 모두 해당한다.

보장대상 손해보험계약의 범위(보험업법 시행령 제80조 제1항) 〈2023.6.7. 개정〉

1. 「자동차손해배상보장법」 제5조에 따른 책임보험계약
2. 「화재로 인한 재해보상과 보험가입에 관한 법률」 제5조에 따른 신체손해배상특약부화재보험계약
3. 「도시가스사업법」 제43조, 「고압가스안전관리법」 제25조 및 「액화석유가스의 안전관리 및 사업법」 제57조에 따라 가입이 강제되는 손해보험계약
4. 「선원법」 제98조에 따라 가입이 강제되는 손해보험계약
5. 「체육시설의 설치·이용에 관한 법률」 제26조에 따라 가입이 강제되는 손해보험계약
6. 「유선 및 도선사업법」 제33조에 따라 가입이 강제되는 손해보험계약
7. 「승강기시설안전관리법」 제11조의3에 따라 가입이 강제되는 손해보험계약
8. 「수상레저안전법」 제49조에 따라 가입이 강제되는 손해보험계약
9. 「청소년활동진흥법」 제25조에 따라 가입이 강제되는 손해보험계약
10. 「유류오염손해배상보장법」 제14조에 따라 가입이 강제되는 유류오염 손해배상 보장계약
11. 「항공사업법」 제70조에 따라 가입이 강제되는 항공보험계약
12. 「낚시 관리 및 육성법」 제48조에 따라 가입이 강제되는 손해보험계약
13. 「도로교통법 시행령」 제63조 제1항, 제67조 제2항 및 별표 5 제9호에 따라 가입이 강제되는 손해보험계약
14. 「국가를 당사자로 하는 계약에 관한 법률 시행령」 제53조에 따라 가입이 강제되는 손해보험계약
15. 「야생생물 보호 및 관리에 관한 법률」 제51조에 따라 가입이 강제되는 손해보험계약
16. 「자동차손해배상보장법」에 따라 가입이 강제되지 아니한 자동차보험계약
17. 제1호부터 제15호까지 외에 법령에 따라 가입이 강제되는 손해보험으로 총리령으로 정하는 보험계약

32

정답 ④

해설 **보험조사협의회의 구성(보험업법 시행령 제76조 제1항)**

보험조사협의회는 다음 각 호의 사람 중에서 금융위원회가 임명하거나 위촉하는 15명 이내의 위원으로 구성할 수 있다.

1. 금융위원회가 지정하는 소속 공무원 1명
2. 보건복지부장관이 지정하는 소속 공무원 1명
3. 경찰청장이 지정하는 소속 공무원 1명
4. 해양경찰청장이 지정하는 소속 공무원 1명
5. 금융감독원장이 추천하는 사람 1명
6. 생명보험협회의 장, 손해보험협회의 장, 보험요율산출기관의 장이 추천하는 사람 각 1명
7. 보험사고의 조사를 위하여 필요하다고 금융위원회가 지정하는 보험 관련 기관 및 단체의 장이 추천하는 사람
8. 그 밖에 보험계약자·피보험자·이해관계인의 권익보호 또는 보험사고의 조사 등 보험에 관한 학식과 경험이 있는 사람

33

정답 ③

해설 **독립계리업자의 자격 요건(보험업법 시행령 제71조의3)**
독립계리업자란 등록된 법인(5명 이상의 상근 보험계리사를 두고 있는 법인만 해당한다)인 보험계리업자를 말한다. 다만, 다음 각 호의 어느 하나에 해당하는 보험계리업자는 제외한다.

1. 해당 보험회사로부터 보험계리에 관한 업무를 위탁받아 수행 중인 보험계리업자
2. 대표자가 최근 2년 이내에 해당 보험회사에 고용된 사실이 있는 보험계리업자
3. 대표자나 그 배우자가 해당 보험회사의 대주주인 보험계리업자
4. 보험회사의 자회사인 보험계리업자
5. 보험계리업자 또는 보험계리업자의 대표자가 최근 5년 이내에 다음의 어느 하나에 해당하는 제재조치를 받은 사실이 있는 경우 해당 보험계리업자
   가. 경고 또는 문책
   나. 해임 또는 직무정지
   다. 보험계리업자 등록의 취소
   라. 업무의 정지 또는 해임

34

정답 ②

해설 보험회사는 다음 각 호의 어느 하나에 해당하는 사유가 발생한 경우에는 그 사유가 발생한 날부터 5일 이내에 금융위원회에 보고하여야 한다(보험업법 제130조).

1. 상호나 명칭을 변경한 경우
2. 본점의 영업을 중지하거나 재개(再開)한 경우
3. 최대주주가 변경된 경우
4. 대주주가 소유하고 있는 주식 총수가 의결권 있는 발행주식 총수의 100분의 1 이상만큼 변동된 경우
5. 그 밖에 해당 보험회사의 업무 수행에 중대한 영향을 미치는 경우로서 대통령령으로 정하는 경우

35

정답 ①

해설 ① 금융감독원장의 조치사항
② · ③ · ④ 금융위원회의 조치사항

TIP	보험회사에 대한 제재(보험업법 제134조 제1항)

금융위원회는 보험회사(그 소속 임직원을 포함한다)가 이 법 또는 이 법에 따른 규정·명령 또는 지시를 위반하여 보험회사의 건전한 경영을 해치거나 보험계약자, 피보험자, 그 밖의 이해관계인의 권익을 침해할 우려가 있다고 인정되는 경우 또는 「금융회사의 지배구조에 관한 법률」 별표 각 호의 어느 하나에 해당하는 경우(제4호에 해당하는 조치로 한정한다), 「금융소비자 보호에 관한 법률」 제51조 제1항 제4호, 제5호 또는 같은 조 제2항 각 호 외의 부분 본문 중 대통령령으로 정하는 경우에 해당하는 경우(제4호에 해당하는 조치로 한정한다)에는 금융감독원장의 건의에 따라 다음 각 호의 어느 하나에 해당하는 조치를 하거나 금융감독원장으로 하여금 제1호의 조치를 하게 할 수 있다.
1. 보험회사에 대한 주의·경고 또는 그 임직원에 대한 주의·경고·문책의 요구
2. 해당 위반행위에 대한 시정명령
3. 임원(「금융회사의 지배구조에 관한 법률」 제2조 제5호에 따른 업무집행책임자는 제외한다)의 해임권고·직무정지
4. 6개월 이내의 영업의 일부정지

36

정답 ③

해설 **보험회사의 해산사유(보험업법 제137조 제1항)**
1. 존립기간의 만료, 그 밖에 정관으로 정하는 사유의 발생
2. **주주총회 또는 사원총회(이하 "주주총회 등"이라 한다)의 결의**
3. **회사의 합병**
4. **보험계약 전부의 이전**
5. 회사의 파산
6. 보험업의 허가취소
7. 해산을 명하는 재판

37

정답 ③

해설 상호회사와 상호회사가 합병 후 존속하는 보험회사 또는 합병으로 설립되는 보험회사는 주식회사가 아니라 **상호회사**이어야 한다. 다만, 합병하는 보험회사의 한 쪽이 주식회사인 경우에는 합병 후 존속하는 보험회사 또는 합병으로 설립되는 보험회사는 주식회사로 할 수 있다(보험업법 제153조 제2항).

38

정답 ④

해설 손해보험회사는 「예금자보호법」 제2조 제8호의 사유로 손해보험계약의 제3자에게 보험금을 지급하지 못하게 된 경우에는 즉시 그 사실을 보험협회 중 손해보험회사로 구성된 협회(이하 "손해보험협회"라 한다)의 장에게 보고하여야 한다(보험업법 제167조 제1항). 손해보험협회의 장은 보고를 받으면 금융위원회의 확인을 거쳐 손해보험계약의 제3자에게 대통령령으로 정하는 보험금을 지급하여야 한다(보험업법 제169조 제1항).

39

정답 ④

해설 **손해사정사 등의 업무(보험업법 제188조)**
1. 손해발생 사실의 확인
2. 보험약관 및 관계법규 적용의 적정성 판단
3. 손해액 및 보험금의 사정
4. 제1호부터 제3호까지의 업무와 관련된 서류의 작성·제출의 대행
5. 제1호부터 제3호까지의 업무 수행과 관련된 보험회사에 대한 의견의 진술

40

정답 ④

해설 현재 보험업법상 징벌적 손해배상제도는 규정되어 있지 않다.

① 보험업법 제209조
② 보험업법 제206조
③ 보험업법 제208조

TIP	징벌적 손해배상제도

> 징벌적 손해배상은 민사상 가해자가 피해자에게 "악의를 가지고" 또는 "무분별하게" 재산 또는 신체상의 피해를 입힐 목적으로 불법행위를 행한 경우에 이에 대한 손해배상 청구시 가해자에게 손해 원금과 이자만이 아니라 형벌적인 요소로서의 금액을 추가적으로 포함시켜서 배상받을 수 있게 한 제도이다. 한국의 경우 일부 법안에서 도입되고 있으나, 보험업법의 경우 현재 규정된 조항이 없다.

2017년 제40회 보험계약법 정답 및 해설

01

정답 ④

해설 피보험자의 직업은 보험가입시 보험계약자가 신고하여야 할 중요한 사항이기 때문에 보험가입 당시 유흥업소에서 일하던 가정주부가 직업란에 '가정주부'라고만 기재한 것은 고지의무위반에 해당한다.

① 신가보험(= 재조달가액보험)에 해당하는 것으로 사고발생시 실손해를 보상하는 것이 아니라, **신조달가액을 보상**한다. 즉 실제현존가치 이상의 재조달가액을 보험가액으로 함으로써 사고가 발생하면 재조달가액을 기준으로 손해액을 산정하므로 이득금지원칙의 예외이다.

② 상해보험에 관하여는 **상법 제732조(15세 미만자 등에 대한 계약의 금지)를 제외**하고 생명보험에 관한 규정을 준용한다(상법 제739조). 생명보험에 관한 모든 조항이 준용되는 것은 아니다.

③ 보험자가 보험계약자에게 설명하여야할 중요한 사항은 약관에 규정된 중요한 사항이다. **보험업법** 제95조의2(설명의무 등), **상법** 제638조의3(보험약관의 교부·설명의무), **약관의 규제에 관한 법률** 제3조(약관의 작성 및 설명의무 등)에 규정되어 있다.

다만, 보험자에게 이러한 약관의 명시·설명의무가 인정되는 것은 어디까지나 보험계약자가 알지 못하는 가운데 약관에 정하여진 중요한 사항이 계약 내용으로 되어 보험계약자가 예측하지 못한 불이익을 받게 되는 것을 피하고자 하는데 그 근거가 있다고 할 것이므로, 보험약관에 정하여진 사항이라고 하더라도 거래상 일반적이고 공통된 것이어서 별도의 설명 없이도 보험계약자가 충분히 예상할 수 있었던 사항이거나 이미 법령에 의하여 정하여진 것을 되풀이하거나 부연하는 정도에 불과한 사항이라면 그러한 사항에 대하여서까지 보험자에게 명시·설명의무가 있는 것은 아니다(대법원 2004.4.27. 선고 2003다7302 판결).

> **TIP** 상법 제638조의3(보험약관의 교부·설명의무)
>
> ① 보험자는 보험계약을 체결할 때에 보험계약자에게 보험약관을 교부하고 그 약관의 중요한 내용을 설명하여야 한다.
> ② 보험자가 제1항을 위반한 경우 보험계약자는 보험계약이 성립한 날부터 3개월 이내에 그 계약을 취소할 수 있다.

02

정답 ①

해설 보험대리점은 보험자가 작성한 보험증권을 보험계약자에게 교부할 수 있는 권한이 있지만, **보험증권을 발행할 권한은 없다**(상법 제646조의2 제1항 제2호).

② 보험자는 보험대리상의 권한 제한을 이유로 선의의 보험계약자에게 대항하지 못한다(상법 제646조의2 제2항).

③ 상법 제646조의2 제3항

④ 보험중개사는 보험을 모집할 권한, 보험계약에 대한 중개권 및 보험사업자에 대한 보험중개수수료의 청구권을 가지지만, 계약체결권, 고지수령권, 보험료수령권을 가지지 못한다. 즉 보험설계사는 보험계약의 제1회 보험료수령권이 인정되고 있으나, 보험중개사는 제1회 보험료수령권이 인정되지 않고 있으며, 보험자로부터 받을 중개수수료와 상계할 수 없다.

03

정답 ④

해설 **대표자책임이론**
보험계약자 등의 민사상 배상책임을 지는 자(가족이나 사용인)의 고의 또는 중과실로 보험사고가 발생한 때에는 보험자의 책임을 인정할 것인가 하는 문제가 생긴다. 이런 경우 **독일에서는 보험자가 면책된다는 대표자책임이론이 주장**되나, 우리나라의 경우 특별한 규정이 없는 한 이를 부정하여 보험자의 책임을 인정한다. 다만, 보험계약자 등과 밀접한 생활관계가 있는 가족이나 사용인에 의한 보험사고의 발생이 보험계약자 등과 공모, 교사, 방조와 같은 책임 있는 사유가 있는 경우 보험자는 면책된다.

04

정답 ②

해설 보험계약 당시에 보험사고가 이미 발생하였거나 또는 발생할 수 없는 것인 때에는 그 계약은 무효로 한다. 그러나 당사자 쌍방과 피보험자가 이를 알지 못한 때에는 그러하지 아니하다(상법 제644조). 해상보험계약을 체결할 때 보험계약자와 피보험자는 중요한 사항을 고지할 의무, 즉 부실고지를 하지 않을 의무를 진다. 따라서 피보험자가 침몰사실을 알고 있었더라면 **고지의무위반**이 되며, 보험자는 보험계약을 **해지할 수 있을 뿐**이다.

① 소급보험은 당사자간에 합의가 있어야 한다. 즉 최초보험료 지급이 없어도 책임을 개시한다는 당사자간의 특약이 있으면 상관없다.

③ 피보험이익(보험계약의 목적)이 없는 화재보험계약은 무효이다.

④ 가공의 건물을 보험에 붙인다면 보험목적이 존재하지 않으므로 보험계약은 무효이다.

05

정답 ①

해설
① · ② 보험계약 당시에 보험계약자 또는 피보험자가 고의 또는 중대한 과실로 인하여 중요한 사항을 고지하지 아니하거나 부실의 고지를 한 때에는 보험자는 일정 기간 안에 그 계약을 해지할 수 있다 (상법 제651조). 여기서 중대한 과실이란 현저한 부주의로 중요한 사항의 존재를 몰랐거나 중요성 판단을 잘못하여 그 사실이 고지하여야 할 중요한 사항임을 알지 못한 것을 의미한다 할 것이고, 그와 같은 과실이 있는지 여부는 보험계약의 내용, 고지하여야 할 사실의 중요도, 보험계약의 체결에 이르게 된 경위, 보험자와 피보험자 사이의 관계 등 제반 사정을 참작하여 사회통념에 비추어 개별적 · 구체적으로 판단하여야 하고, 그에 관한 증명책임은 고지의무위반을 이유로 보험계약을 해지하고 자 하는 보험자에게 있다. 특히 피보험자와 보험계약자가 다른 경우에 피보험자 본인이 아니면 정확 하게 알 수 없는 개인적 신상이나 신체상태 등에 관한 사항은, 보험계약자도 이미 그 사실을 알고 있었다거나 피보험자와의 관계 등으로 보아 당연히 알았을 것이라고 보이는 등의 특별한 사정이 **없는 한 보험계약자가 피보험자에게 적극적으로 확인하여 고지하는 등의 조치를 취하지 아니하였다는 것만 으로 바로 중대한 과실이 있다고 할 것은 아니다.** 더구나 보험계약서의 형식이 보험계약자와 피보험자가 각각 별도로 보험자에게 중요사항을 고지하도록 되어 있고, 나아가 피보험자 본인의 신상에 관한 질문에 대하여 '예'와 '아니오' 중에서 택일하는 방식으로 고지하도록 되어 있다면, 그 경우 **보험계약 자가 '아니오'로 표기하여 답변하였더라도 이는 그러한 사실의 부존재를 확인하는 것이 아니라 사실 여부를 알지 못한다는 의미로 답변하였을 가능성도 배제할 수 없는 것이므로,** 그러한 표기사실만으로 쉽게 고의 또는 중대한 과실로 고지의무를 위반한 경우에 해당한다고 단정할 것은 아니다(대법원 2013.6.13. 선고 2011다54631 판결).
③ 보험자는 "질병이 보험기간 개시 등의 일정시점 이후에 발생할 것"이라는 약관조항을 들어 보험금 지급을 **거절할 수 있다.**
④ 청약 후 승낙의제 전에 질병진단을 받았다면 이를 고지를 해야 하며, 그 사실을 숨겼다면 **고지의무위 반에 해당한다.**

06

정답 ②

해설
상법 제640조의 규정에 의하면 보험자는 보험계약이 성립한 때에는 보험계약자가 보험료를 납부하지 아니하는 등의 특별한 사정이 없는 한 지체 없이 그 계약의 성립과 내용을 증명하는 보험증권을 작성하 여 보험계약자에게 교부하여야 할 의무가 있으므로, 그 보험증권이 보험계약자의 의사에 반하여 보험계 약자의 구상의무에 관하여 담보를 제공한 제3자에게 교부되었다면 이러한 의무가 이행되었다고 볼 수 없다(대법원 1999.2.9. 선고 98다49104 판결).

① 유가증권성이 인정되는 보험증권(운송증권 · 선하증권 · 창고증권 등)의 경우 공시최고절차에 의한 제권판결을 받아야 증권의 재교부를 청구할 수 있지만, **인보험**의 경우 유가증권성이 인정되지 않기 때문에 이러한 절차가 필요 없다(다수설).
③ 단체보험의 경우 수 개의 피보험자를 하나로 묶어서 1개의 계약을 체결하는 경우이므로 피보험자마 다 여러 개의 보험증권을 발행하지 않고, 보험계약자에게 **1개의 보험증권**을 발행한다.
④ 보험계약의 당사자는 **보험증권의 교부가 있은 날**로부터 일정한 기간 내에 한하여 그 증권내용의 정부 에 관한 이의를 할 수 있음을 약정할 수 있다. 이 기간은 1월을 내리지 못한다(상법 제641조).

07

정답 ②

해설 "계약자 또는 피보험자가 손해의 통지 또는 보험금청구에 관한 서류에 고의로 사실과 다른 것을 기재하였거나 그 서류 또는 증거를 위조하거나 변조한 경우"를 보험금청구권의 상실사유로 정한 보험약관이 설명의무의 대상이 아니다(대법원 2003.5.30. 선고 2003다15556 판결).

① 현행 상법 보험편에는 사기에 의한 보험금청구와 관련된 조항이 없다. 그렇기 때문에 **판례에 의한다**. 판례에 따르면, "보험계약자 또는 피보험자가 손해의 통지 또는 보험금청구에 관한 서류에 고의로 사실과 다른 것을 기재하였거나 그 서류 또는 증거를 위조하거나 변조한 경우 피보험자는 손해에 대한 보험금청구권을 잃게 된다"고 규정하고 있는 보험계약의 약관 조항의 취지는 피보험자 등이 서류를 위조하거나 증거를 조작하는 등 신의성실의 원칙에 반하는 사기적인 방법으로 과다한 보험금을 청구하는 경우에는 그에 대한 제재로서 보험금청구권을 상실하도록 하려는데 있고, 독립한 여러 물건을 보험목적물로 하여 체결된 화재보험계약에서 피보험자가 그 중 일부의 보험목적물에 관하여 실제 손해보다 과다하게 허위의 청구를 한 경우에 허위의 청구를 한 당해 보험목적물에 관하여 위 약관 조항에 따라 보험금청구권을 상실하게 되는 것은 당연하다. 그러나 만일 위 약관 조항을 피보험자가 허위의 청구를 하지 않은 다른 보험목적물에 관한 보험금청구권까지 한꺼번에 상실하게 된다는 취지로 해석한다면, 이는 허위 청구에 대한 제재로서의 상당한 정도를 초과하는 것으로 고객에게 부당하게 불리한 결과를 초래하여 신의성실의 원칙에 반하는 해석이 되므로, 위 약관에 의해 피보험자가 상실하게 되는 보험금청구권은 피보험자가 허위의 청구를 한 당해 보험목적물의 손해에 대한 보험금청구권에 한한다고 해석함이 상당하다(대법원 2007.2.22. 선고 2006다72093 판결).

③ 피보험자가 실손해액에 관한 증빙서류 구비의 어려움 때문에 구체적인 내용이 일부 사실과 다른 내용을 제출한 경우까지 보험금청구권을 상실시키거나 보험목적물 중 일부목적물에 대하여 허위청구가 있다하여 전체의 **보험금청구권을 상실시키는 것은 아니다**(대법원 2007.6.14. 선고 2007다10290 판결). 즉 사기적 청구로 보지 아니한다.

④ 형사판결에서 피보험자의 보험금청구가 사기적 청구로 판단되어 사기죄로 처벌받은 경우 보험금청구의 사기적 청구로 **추정된다**.

08

정답 ④

해설 판례에 찬성하는 입장은 "보험료의 지급을 위하여 어음이나 수표를 교부한 경우에는 보험료의 지급자체는 아니라하더라도 보험계약이 성립되고 보험자가 어음·수표에 의하여 보험료의 지급을 받은 때에는 그것을 제시할 수 있는 날에 제시하여 **지급이 있는 것을 조건으로 그 책임을 인수한 것이라고 풀이**한다. 그리하여 보험자가 보험계약자로부터 어음과 수표로서 보험료를 받은 때에는 그때로부터 보험자의 책임은 개시되고, 그것의 지급이 거절된 때에는 그때부터 다시 보험계약상의 책임을 지지 않는다고 풀이한다"라고 하면서도 "이것은 어디까지나 보험자가 그 청약을 승낙하고 보험료를 지급받은 때로부터 개시하는 것이므로 승낙전 사고에 대하여 보험자의 책임을 인정하는 예외적인 경우에까지 확대하는 것은 형평의 관념에 어긋난다"고 하였다.

대법원은 "선일자수표는 그 발행자와 수취인 사이에 특별한 합의가 없었더라도 일반적으로 수취인이 수표상의 발행일 이전에는 자기나 양수인이 지급을 위한 제시를 하지 않을 것이라는 약속이 이루어져 발행된 것이라고 의사해석함이 합리적이며, 따라서 대부분의 경우 당해 발행일자 이후의 제시기간 내의 제시에 따라 결제되는 것이라고 보아야 한다"고 판시하여 수표의 결제 전의 보험사고에 대하여 보험자의 책임을 부정하고 있다.

① **해제조건부대물변제설**은 어음·수표가 교부되면 그 지급거절(不支給)을 해제조건으로 하여 어음·수표를 교부받은 때에 보험료의 대물변제가 행하여진 것으로 보는 학설이다. 즉 "어음·수표의 교부는 현금의 지급에 갈음하여 수수한 것으로 보아 어음·수표의 결제를 기다리지 않고 보험자가 어음·수표를 교부받은 때에 보험료가 지급된 것으로 보며, 다만 어음·수표는 부도(不渡)의 위험이 있으므로 그 지급은 부도를 해제조건으로 하는 것"이다. 이 학설은 **판례에 반대하는 입장**이다.

② 어음·수표 모두 부도시까지 보험료의 납입을 유예해 준 것으로 보는 **유예설 입장**이다. 즉 "어음·수표의 교부가 있는 때에 보험료의 지급이 있다고 볼 수 없고, 어음·수표의 지급이 있을 때까지 보험료의 지급이 유예되고 그 지급이 있을 때에 보험료의 지급이 있는 것으로 된다"고 한다.

③ 어음과 수표를 구분하여 어음의 경우에는 유예설, 수표의 경우에는 해제조건부대물변제설로 보아야 한다는 **구분설 입장**이다. 즉 "어음은 신용증권이므로 보험료의 지급이 유예된 것으로 보고, 또 수표는 지급증권이므로 부도를 해제조건으로 하여 보험자가 수표를 교부받은 때에 보험료가 지급된 것으로 본다"고 한다.

09

정답 ④

해설 피보험자가 타인의 명의를 빌려 보험계약을 체결한 후 보험료를 지급하여 왔다면 명의대여자가 실질적인 보험계약자이므로 보험계약 해지시 해지환급금은 **명의대여자에게 지급**하여야 한다.

① 보험계약자는 계약 체결 후 지체 없이 보험료의 전부 또는 제1회 보험료를 지급하여야 하며, 보험계약자가 이를 지급하지 아니하는 경우에는 다른 약정이 없는 한 계약 성립 후 2월이 경과하면 그 계약은 해제된 것으로 본다(상법 제650조 제1항).

② · ③ 특정한 타인을 위한 보험의 경우에 보험계약자가 보험료의 지급을 지체한 때에는 보험자는 그 타인에게도 상당한 기간을 정하여 보험료의 지급을 최고한 후가 아니면 그 계약을 해제 또는 해지하지 못한다(상법 제650조 제3항).

상법 제650조 제3항에서의 '타인'은 손해보험계약에서는 피보험자이지만, 인보험계약에서는 '보험수익자'를 의미한다. 따라서 인보험계약에서 보험계약자, 피보험자, 보험수익자가 서로 다른 경우 보험자는 보험수익자에게 지급을 최고하여야 한다. 설사 그동안 피보험자가 보험료를 실제로 부담해왔다고 하여도 피보험자에게 최고하는 것은 법적 의미가 없다(서울중앙지법 2005.12.23. 선고 2005가합 93098 판결).

10

정답 ②

해설 기본적인 보험조건(FPA, WA 등)에 추가하여 부가위험(전쟁, 동맹파업 등)을 추가로 담보할 때 기본보험요율 이외에 추가보험료를 부과한다.

① 전속보험설계사는 원칙적으로 보험3권인 보험계약체결권, 고지수령권, 보험료영수권(제1회 보험료 영수권은 인정)이 없으므로 **전쟁위험**을 담보하는 보험을 보험계약자와 **개별 약정을 할 수 없다.**

③ '보험금의 감액'이 아니라 '**보험료의 감액**'을 청구할 수 있다. 즉 보험계약의 당사자가 특별한 위험을 예기하여 보험료의 액을 정한 경우에 보험기간 중 그 예기한 위험이 소멸한 때에는 보험계약자는 그 후의 보험료의 감액을 청구할 수 있다(상법 제647조).

④ 대학생들의 화염병 시위는 보험자의 면책사유인 전쟁 기타 이에 유사한 사태에 **해당하지 아니한다**(대법원 1994.11.22. 선고 93다55975 판결).

11

정답 ②

해설 실종기간이 만료되어 실종자가 사망한 것으로 간주되는 시점은 실종선고일이 아니라, **실종기간 만료일**이다(민법 제28조).

① 대법원 2002.10.25. 선고 2002다32332 판결

③ 소멸시효에 관해 민법 제162조~제184조 규정에 따른다.

④ 보험금 지급시기가 정하여 지지 않은 경우 보험금청구권의 소멸시효는 지급유예기간인 10일이 경과한 다음 날부터 진행한다고 보아야 할 것이다(다수설).

12

정답 모두 정답

해설 이 문제는 소멸시효 만료일을 묻는 문제로 보이지만 문제에서는 소멸시효 완성일을 묻고 있다. 따라서, 피보험자는 2015년 3월 11일에 사망하였으므로 소멸시효의 기산점은 3월 12일(00:00)이 되고, 소멸시효 만료일은 2018년 3월 11일(24:00)까지이다. 결국, 소멸시효의 완성일은 2018년 3월 12일(00:00)이 타당하다고 할 수 있다.

문제 지문 자체에 정답이 없어 **모두 정답처리** 하였다.

13

정답 ③

해설 **15세 미만자**, 심신상실자 또는 심신박약자의 사망을 보험사고로 한 보험계약은 **무효**로 한다. 즉 15세 미만의 자가 단체보험의 구성원으로서 의사능력이 있고, 사망사고발생 시점에서 15세를 넘어 선 경우에도 당해 보험계약은 확정적 무효이다. 다만, 심신박약자가 보험계약을 체결하거나 제735조의3에 따른 단체보험의 피보험자가 될 때에 의사능력이 있는 경우에는 그러하지 아니하다(상법 제732조).

① 상법의 규정보다 보험계약자에게 유리하게 정한 것은 **유효하다**. 계약해지권 행사 기간을 3년에서 2년으로 규정하였기 때문에 보험계약자에게 유리한 약관조항이다.

② 보험약관에는 피보험자가 고의로 자신을 해친 경우 보험금을 지급하지 않는다고 규정하고 있으나, 보험계약자 등의 고의로 인한 사고에 대해서도 보험금을 지급한다는 약관규정은 보험계약자 등의 불이익변경금지원칙과 무관하게 해당 약관은 무효로 인정된다. 따라서 보험계약 체결 당시부터 자살의도가 명백한 경우 보험효력발생일로부터 2년이 경과하여 자살한 때에도 보험금을 지급하지 아니하겠다는 생명보험 약관조항은 **유효하다**고 본다.

④ 증권작성의 비용을 보험자가 부담하겠다는 취지의 약관조항도 보험계약자에게 유리하므로 **유효하다**.

14

정답 ②

해설 보험약관대출금의 경제적 실질은 보험회사가 장차 지급하여야 할 보험금이나 해약환급금을 미리 지급하는 **선급금과 같은 성격**이라고 보아야 한다(대법원 2007.9.28. 선고 2005다15598 전원합의체 판결).

① 약관에서 비록 '대출'이라는 용어를 사용하고 있더라도 이는 일반적인 대출과는 달리 **소비대차로서의 법적 성격을 가지는 것은 아니다**.

③ 약관에 따른 대출계약은 약관상의 의무의 이행으로 행하여지는 것으로서 보험계약과 별개의 독립된 계약이 아니라 보험계약과 일체를 이루는 **하나의 계약**이라고 보아야 한다.

④ 보험약관에서 상법의 규정보다 보험계약자에게 불이익한 내용을 정한 때에는 그 **약관의 효력은 상실된다**(보험계약자 등의 불이익변경금지의 원칙).

15

정답 ④

해설 손해보험에 있어서 보험사고의 발생에 의하여 피보험자가 불이익을 받게 될 이해관계의 평가액인 보험가액은 보험목적의 객관적인 기준에 따라 평가되어야 하나, 보험사고가 발생한 후 그 평가를 둘러싸고 보험자와 피보험자 사이에 분쟁이 발생하는 것을 미리 예방하고 신속한 보상을 할 수 있도록 하기 위하여 상법 제670조에서 기평가보험에 있어 보험가액에 관한 규정을 두고 있는 바, 이러한 기평가보험계약에 있어서도 당사자는 **추가보험계약으로 평가액을 감액 또는 증액할 수 있다**(대법원 1988.2.9. 선고 86다카2933 판결).

① 상법 제670조

② 일반적으로 보험기간이 짧으며 시간적으로 보험가액의 변동이 비교적 적고, 또한 손해발생의 때와 곳을 결정하기가 어려운 선박·운송보험에서는 평가가 용이한 시점의 가액을 표준으로 전보험기간을 통하여 보험가액으로 정하고 있는데, 이를 **보험가액불변경주의**라 한다.

③ 기평가보험(valued policy)이란 보험계약을 체결함에 있어서 당사자 사이에 미리 피보험이익의 가액에 대하여 합의가 이루어진 보험을 말한다. 기평가보험으로 인정되기 위해서는 당사자간에 **보험가액에 대한 합의가 명시적**이어야 하며, 그 협정보험가액은 보험증권에 기재하여야 한다.

16

정답 ③

해설 사기로 인하여 체결된 중복보험계약이란 보험계약자가 보험가액을 넘어 위법하게 재산적 이익을 얻을 목적으로 중복보험계약을 체결한 경우를 말하는 것이므로, 통지의무의 해태로 인한 사기의 중복보험을 인정하기 위하여는 보험자가 통지의무가 있는 보험계약자 등이 통지의무를 이행하였다면 보험자가 그 청약을 거절하였거나 다른 조건으로 승낙할 것이라는 것을 알면서도 정당한 사유 없이 위법하게 재산상의 이익을 얻을 의사로 통지의무를 이행하지 않았음을 입증하여야 할 것이고, 단지 **통지의무를 게을리 하였다는 사유만으로 사기로 인한 중복보험계약이 체결되었다고 추정할 수는 없다**(대법원 2000.1.28. 선고 99다50712 판결).

① 동일한 보험계약의 목적에 관하여 보험사고 및 피보험자, 그리고 보험기간이 동일하거나 중복되어야 하며, **완전히 일치하여야 하는 것은 아니다.**

② 중복보험계약을 체결한 수인의 보험자 중 그 1인에 대한 권리의 포기는 다른 보험자의 권리의무에 **영향을 미치지 않는다**(상법 제673조).

④ 각 보험자는 각자의 **보험금액의 한도**에서 연대책임을 진다(상법 제672조 제1항).

17

정답 ①

해설 피보험자가 제3자의 청구를 방어하기 위하여 지출한 **재판상 또는 재판 외의 필요비용**은 보험의 목적에 포함된 것으로 한다(상법 제720조 제1항). 즉, 유익하였던 비용이 아니라 필요비용이다.

② 상법 제720조 제1항

③ 상법 제720조 제2항

④ 피보험자가 지급한 소송비용, 변호사비용, 중재, 화해 또는 조정에 관한 비용 중에서 피보험자가 미리 보험자의 동의를 받아 지급한 경우에만 보험금을 지급하도록 규정하고 있는데, 이러한 제한규정을 보험자의 "사전 동의"가 없으면 어떤 경우에나 피보험자의 방어비용을 전면적으로 부정하는 것으로 해석하는 한에서는 이러한 약관조항으로 인하여 피보험자의 방어비용을 보험의 목적에 포함된 것으로 일반적으로 인정하고 있는 상법 제720조 제1항의 규정을 피보험자에게 불이익하게 변경하는 것에 해당하고, 따라서 이러한 제한규정을 둔 위 약관조항은 상법 제663조에 반하여 무효라고 볼 것이다(대법원 2002.6.28. 선고 2002다22106 판결).

18

정답 ①

해설 보증보험계약에 관하여는 제639조 제2항 단서를 적용하지 아니한다(상법 제726조의6 제1항). 즉 보험계약자가 그 타인에게 보험사고의 발생으로 생긴 손해의 배상을 한 때에는 보험계약자는 그 타인의 권리를 해하지 아니하는 범위 안에서 보험자에게 보험금액의 **지급을 청구할 수 없다.**

② 상법 제726조의5

③ 상법 제726조의7

④ 상법 제726조의6 제2항

19

정답 ①

해설
① 상법 제725조의2(수 개의 책임보험)

② 피보험자가 보험자의 지시에 의하여 제3자의 청구를 방어하기 위하여 지출한 재판상 또는 재판 외의 필요비용에 손해액을 가산한 금액이 **보험금액**을 초과하는 때에도 보험자는 이를 부담하여야 한다(상법 제720조 제3항).

③ 보험자는 피보험자가 책임을 질 사고로 인하여 생긴 손해에 대하여 제3자가 그 배상을 받기 전에는 보험금액의 전부 또는 일부를 피보험자에게 **지급하지 못한다**(상법 제724조 제1항).

④ 제3자는 피보험자가 책임을 질 사고로 입은 손해에 대하여 **보험금액의 한도** 내에서 보험자에게 직접 보상을 청구할 수 있다(상법 제724조 제2항).

20

정답 ②

해설
운송보험증권은 일정 사항을 기재하여야 한다는 의미에서 요식증권의 성격을 갖지만, 그 요식성은 엄격한 것이 아니고 법정사항의 기재를 결하거나 그 밖의 사항을 기재하여도 그 효력에는 아무런 영향이 없다. 즉 **법정 기재사항의 일부를 기재하지 않는다고 해서 보험계약이 무효로 되는 것은 아니다.**

① 상법 제688조
③ 상법 제692조
④ 상법 제691조

21

정답 ③

해설
선박보험, 운임보험에서 **감항능력 결여**로 인한 손해의 경우 보험자는 면책되지만(상법 제706조 제1호), **적하보험의 경우에는 적용되지 않는다.**

① 상법 제706조 제1호
② 상법 제706조 제2호
④ 보험사고로 인하여 생긴 손해가 보험기액의 일정한 비율 또는 일정한 금액 이하인 소손해의 경우 보험자의 면책을 인정하고 있다.

TIP	해상보험자의 면책사유(상법 제706조)

보험자는 다음의 손해와 비용을 보상할 책임이 없다.
1. 선박 또는 운임을 보험에 붙인 경우에는 발항 당시 안전하게 항해를 하기에 필요한 준비를 하지 아니하거나 필요한 서류를 비치하지 아니함으로 인하여 생긴 손해
2. 적하를 보험에 붙인 경우에는 용선자, 송하인 또는 수하인의 고의 또는 중대한 과실로 인하여 생긴 손해
3. 도선료, 입항료, 등대료, 검역료, 기타 선박 또는 적하에 관한 항해 중의 통상비용

22

정답 ②

해설 전쟁이나 항구의 봉쇄와 같이 보험계약자의 책임 없는 사유로 도착항이 변경된 경우에는 변경 후의 사고에 대해서 보험자의 책임이 **면책되지 않는다.**

① 상법 제701조 제1항
③ 상법 제701조의2
④ 상법 제703조

23

정답 ③

해설 자동차보험에서 피보험차량의 소유자로부터 주차관리를 위탁받아 관리 중에 있는 자나 기명피보험자인 회사를 위하여 피보험차량을 운전하는 피용자는 보험자의 보험자대위권을 행사할 수 있는 상법 제682조의 **제3자에 해당하지 않는다**(대법원 2000.9.29. 선고 2000다33331 판결).

"제3자"란 보험계약자와 피보험자 이외의 자로서 그 제3자가 1인이든, 수 인이든 상관없고 손해를 일으킨 자와 채무를 부담하는 자가 반드시 동일인임을 요하지 않는다. 상법 제682조 소정의 "제3자의 행위"란 불법행위뿐만 아니라 채무불이행으로 인한 손해배상의무를 부담하는 경우를 포함하고, 또한 그 밖의 적법행위로 인한 경우도 포함한다.

24

정답 ①

해설 보험자는 그 보험의 목적에 관한 피보험자의 모든 권리를 취득하며(상법 제718조 제1항), **일부보험의 경우는 보험금액의 보험가액에 대한 비율에 따라서만 이를 할 수 있다**(상법 제714조 제3항).

② 위부의 승인은 위부원인의 증명에 관한 문제이다(상법 제716조).
③ 상법 제710조 제1호
④ 상법 제714조 제1항

25

정답 ①

해설 피보험자가 제3자에 대하여 변제, 승인, 화해 또는 재판으로 인하여 채무가 **확정된 때**에는 지체 없이 보험자에게 그 통지를 발송하여야 한다(상법 제723조 제1항).

② 상법 제723조 제3항
③ 상법 제723조 제2항
④ 상법 제658조

26

정답 ②

해설 집합된 물건을 일괄하여 보험의 목적으로 한 때에는 그 목적에 속한 물건이 보험기간 중에 수시로 교체된 경우에도 **보험사고의 발생시에** 현존한 물건은 보험의 목적에 포함된 것으로 한다(상법 제687조).

① 상법 제684조
③ 상법 제666조 제6호
④ 보험자가 보상책임을 지는 손해는 화재와 상당인과관계가 있는 모든 손해를 포함한다는 것이 통설이다. 그러므로 보험자는 화재로 인한 직접적인 손해뿐만 아니라, 인과관계가 있는 간접손해에 대하여도 책임을 진다.

27

정답 ④

해설 보험계약자와 피보험자는 피보험이익의 주체로 보험사고의 발생시에 손해의 방지와 경감을 위하여 노력할 의무가 있는데 이는 신의성실의 원칙과 공익상 요구에 근거를 두고 있다. 이 의무의 해태시에 보험자는 확대된 손해를 보상하지 않으며, 이미 보험금을 지급한 경우에는 **손해의 배상을 청구**할 수 있다.

① 우리 상법의 규정을 상대적 강행규정으로 하고 있으므로 상법 제680조에 반하여 비용을 보험자가 부담하지 않는다고 제한하는 약관은 상법 제663조(보험계약자 등의 불이익변경금지)에 의하여 무효라고 보는 것이 타당하다.
② 보험계약자 또는 피보험자나 보험수익자는 보험사고의 발생을 안 때에는 지체 없이 보험자에게 그 통지를 발송하여야 한다. 보험계약자 또는 피보험자나 보험수익자가 통지의무를 해태함으로 인하여 손해가 증가된 때에는 보험자는 그 증가된 손해를 보상할 책임이 없다(상법 제657조).
③ 우리 상법은 손해방지·경감의무만 규정하고 있으며, 의무의 이행시기에 대하여 아무 규정이 없지만, 일반적으로 보험사고가 발생한 때부터 이 의무를 진다고 본다.

28

정답 ①

해설 보험약관상의 '외래의 사고'란 상해 또는 사망이 원인이 피보험자의 신체적 결함, 즉 질병이나 체질적 요인 등에 기인한 것이 아닌 외부적 요인에 의해 초래된 모든 것을 의미한다. 따라서 만취상태에서 잠을 자다가 구토 중에 구토물이 기도를 막아 피보험자가 사망한 경우에, **상해보험의 외래성이 인정된다**(서울중앙지방법원 2005.6.21. 선고 2004가합57361 판결).

② 상법 제737조, 상법 제739조의2
③ 술에 만취된 것과 선풍기를 틀고 잔 사유는 모두 외인에 해당한다(대법원 1991.6.25. 선고 90다12373 판결).
④ 상법 제739조의3

29

정답 ③

해설 생명보험에서 보험자가 승낙 전의 사고에 대해서 책임을 지는 것은 첫째, 보험계약자가 청약시에 제1회 보험료상당액의 지급이 있었고, 둘째, 신체검사를 받아야 하는 보험의 경우에는 신체검사를 마치고, **셋째, 피보험자가 피보험적격체로서 보험인수를 거절할 사유가 없을 것**을 요건으로 하고 있다.

① 인보험에서는 피보험자의 고의로 인한 사고에 대해서만 보험자 면책을 인정한다.

② 생명보험약관에서는 피보험자가 계약의 책임개시일 또는 부활(효력회복)청약일부터 2년이 경과된 후에 자살하거나 자신을 해친 경우와 정신질환 등으로 자유로운 의사결정을 할 수 없는 상태에서 자신을 해친 경우도, 보험금을 지급하는 것으로 규정하여 면책사유에서 제외하고 있다(생명보험표준약관 제5조).

④ 사망을 보험사고로 한 보험계약에서는 사고가 보험계약자 또는 피보험자나 보험수익자의 중대한 과실로 인하여 발생한 경우에도 보험자는 보험금을 지급할 책임을 진다(상법 제732조의2 제1항).

30

정답 모두 정답

해설 이 문제는 '**인보험에 관하여**'라는 조건이 없어서 출제오류이다.

① 자기신체사고의 경우 무면허운전면책약관이 존재한다고 하더라도, 전체적으로 보아 무면허운전자가 그 사고에 대하여 고의가 없는 것으로 평가되는 경우 - 대부분 무면허운전에 대한 인식은 있더라도 사고 자체에 대해서는 고의가 없는 경우일 것 - 면책약관의 유효성은 부인된다(대법원 1998.3.27. 선고 97다27039 판결). 따라서 이러한 경우는 보험회사는 보험금의 지급책임을 지게 된다.

② 상법 제732조의2, 제739조가 사망이나 상해를 보험사고로 하는 인보험에 관하여는 보험자의 면책사유를 제한하여 보험사고가 비록 중대한 과실로 인하여 생긴 것이라 하더라도 보험금을 지급하도록 규정하고 있는 점이나 인보험이 책임보험과 달리 정액보험으로 되어 있는 점에 비추어 볼 때, 인보험에 있어서의 무면허운전이나 음주운전 면책약관의 해석이 책임보험에 있어서의 그것과 반드시 같아야 할 이유가 없으며, 음주운전의 경우에는 보험사고발생의 가능성이 많을 수도 있으나 그 정도의 사고발생 가능성에 관한 개인차는 보험에 있어서 구성원간의 위험의 동질성을 해칠 정도는 아니라고 할 것이고, 또한 음주운전이 고의적인 범죄행위기는 하나 그 고의는 특별한 사정이 없는 한 음주운전 자체에 관한 것이고 직접적으로 사망이나 상해에 관한 것이 아니어서 그로 인한 손해보상을 해준다고 하여 그 정도가 보험계약에 있어서의 당사자의 선의성·윤리성에 반한다고는 할 수 없으므로, 자기신체사고 자동차보험(자손사고보험)과 같은 인보험에 있어서의 음주운전 면책약관이 보험사고가 전체적으로 보아 고의로 평가되는 행위로 인한 경우뿐만 아니라 과실(중과실 포함)로 평가되는 행위로 인한 경우까지 포함하는 취지라면 과실로 평가되는 행위로 인한 사고에 관한 한 무효라고 보아야 한다(대법원 1998.4.28. 선고 98다4330 판결).

③ 피보험자가 안전띠를 착용하지 않은 것이 보험사고의 발생원인으로서 고의에 의한 것이라고 할 수는 없으므로 피보험자가 사고 당시 탑승 중 안전띠를 착용하지 아니한 경우에는 자기신체사고보상액을 감액하여 지급하기로 하는 약관은 상법 규정에 반하여 무효라고 판결하였다(대법원 2014.9.4. 선고 2012다204808 판결).

④ 계속보험료가 소정의 시기에 납입되지 아니하였음을 이유로 상법 제650조 제2항 소정의 절차를 거치지 아니하고, 바로 보험계약을 해지할 수 있다거나 보험계약이 실효됨을 규정하고 보험자의 지급책임을 면하도록 규정한 보험약관은 상법 제663조에 위배되어 무효라고 판시하였다(대법원 1997.7.25. 선고 97다18479 판결).

31

정답 ②

해설 생명보험자에 대하여 보험료를 지급해야 할 의무가 있는 자는 보험계약자로서 자격 제한이 없다. 즉 **자연인이든 법인이든 상관없다.**

32

정답 ③

해설 생명보험증권에 보험수익자를 정한 경우 그 **주소, 성명 및 생년월일**을 기재해야 한다(상법 제666조, 제728조).

33

정답 ④

해설 보험계약자는 보험자의 동의를 받지 않고 자유로이 보험수익자를 지정·변경할 수 있으므로 그 지정·변경권은 일종의 형성권(形成權)이고 상대방의 수령을 요하지 않는 단독행위이다. 따라서 보험계약자의 일방적 의사표시만으로 그 효력이 생긴다.

보험계약자가 계약 체결 후에 보험수익자를 지정 또는 변경할 때에는 보험자에 대하여 그 통지를 하지 아니하면 이로써 보험자에게 대항하지 못한다(상법 제734조 제1항). 단, **보험자에게 통지하지 않은 경우에 그 지정·변경의 효력이 무효가 되는 것은 아니다.**

① 상법 제734조 제1항
② 상법 제733조 제3항
③ 상법 제733조 제4항

34

정답 ②

해설 보험계약자가 타인을 보험수익자로 하여 보험자와 보험계약을 맺는 보험을 타인을 위한 생명보험이라고 한다. 따라서 보험계약자는 자기의 생명보험이나 타인의 생명보험에 있어서 타인을 보험수익자로 하여 타인을 위한 생명보험계약을 체결할 수 있으며, 타인의 생명보험에서 피보험자 이외의 제3자를 보험수익자로 지정하는 경우에는 그 피보험자의 동의를 얻어야 한다(상법 제734조 제2항). 보험수익자는 보험사고가 발생할 경우 **수익의 의사표시 없이도** 보험금청구권을 갖는다.

35

정답 ③

해설 인천지방법원 2016.4.7. 선고 2015나54837(본소), 2015나11335(반소) 판결

자살재해사망보험금청구권은 특별한 사정이 없는 한 보험사고발생일부터 2년이 경과함으로써 소멸시효의 완성으로 소멸하고, 보험회사가 자살재해사망보험금 지급의무가 있음에도 불구하고 그 지급을 거절하였다는 사정만으로는 **보험회사의 소멸시효 항변이 권리남용에 해당하지 않는다.**

① 대법원 2015.11.17. 선고 2014다81542 판결

보험자 또는 보험계약의 체결 또는 모집에 종사하는 자는 보험계약을 체결할 때에 보험계약자 또는 피보험자에게 보험약관에 기재되어 있는 보험상품의 내용, 보험료율의 체계 및 보험청약서상 기재 사항의 변동사항 등 보험계약의 중요한 내용에 대하여 구체적이고 상세하게 설명할 의무를 지고, 보험자가 이러한 보험약관의 설명의무를 위반하여 보험계약을 체결한 때에는 약관의 내용을 보험계약의 내용으로 주장할 수 없다(상법 제638조의3 제1항, 약관의 규제에 관한 법률 제3조 제3항, 제4항). 이와 같은 설명의무 위반으로 보험약관의 전부 또는 일부의 조항이 보험계약의 내용으로 되지 못하는 경우 보험계약은 나머지 부분만으로 유효하게 존속하고, 다만 유효한 부분만으로는 보험계약의 목적 달성이 불가능하거나 그 유효한 부분이 한쪽 당사자에게 부당하게 불리한 경우에는 그 보험계약은 전부 무효가 된다(약관의 규제에 관한 법률 제16조). 그리고 나머지 부분만으로 보험계약이 유효하게 존속하는 경우에 보험계약의 내용은 나머지 부분의 보험약관에 대한 해석을 통하여 확정되어야 하고, 만일 보험계약자가 확정된 보험계약의 내용과 다른 내용을 보험계약의 내용으로 주장하려면 보험자와 사이에 다른 내용을 보험계약의 내용으로 하기로 하는 합의가 있었다는 사실을 증명하여야 한다(약관의 규제에 관한 법률 제4조).

② 대법원 2016.10.27. 선고 2013다90891, 90907 판결

甲이 乙 보험회사와 체결한 보험계약의 보통약관에서 같은 사고로 2가지 이상의 후유장해가 생긴 경우 후유장해 지급률을 합산하는 것을 원칙으로 하면서 동일한 신체부위에 2가지 이상의 장해가 발생한 경우에는 그 중 높은 지급률을 적용하되, "하나의 장해와 다른 장해가 통상 파생하는 관계가 인정되거나, 신경계의 장해로 인하여 다른 신체부위에 장해가 발생한 경우 그 중 높은 지급률만 적용한다"는 취지로 정하였는데, 甲이 계단에서 미끄러져 넘어지는 사고로 추간판탈출증을 입고, 그 외에 신경계 장해인 경추척수증 및 경추척수증의 파생 장해인 우측 팔, 우측 손가락, 좌측 손가락의 각 운동장해를 입은 사안에서, 위 약관조항의 의미는 하나의 장해와 다른 장해 사이에 통상 파생하는 관계가 인정되거나 신경계의 장해로 인하여 다른 신체부위에 장해가 발생한 경우에 그러한 관계가 인정되는 장해 사이에 지급률을 비교하여 그 중 높은 지급률만 적용한다는 것일 뿐이고, 신경계의 장해로 인하여 서로 다른 신체부위에 2가지 이상의 후유장해가 발생한 경우에는 특별한 사정이 없는 한 그들 신체부위 장해 사이에는 통상 파생하는 관계에 있다고 보기 어려워, 이 경우에는 신경계의 장해와 그로 인하여 발생한 다른 신체부위 장해들 사이에서 그 중 가장 높은 지급률만 위 각 장해 전체의 후유장해 지급률로 적용할 것이 아니라, 파생된 후유장해의 지급률을 모두 평가해 이를 합산한 것을 신경계 장해의 지급률과 비교하여 그 중 높은 지급률을 신경계의 장해와 거기서 파생된 후유장해들의 후유장해 지급률로 적용하는 것이 타당하므로, 위 사고로 인한 甲의 후유장해 지급률은 우측 팔, 우측 손가락 및 좌측 손가락 운동장해의 합산 지급률과 신경계 장해인 경추척수증의 지급률 중 더 높은 지급률을 구한 다음, 그 지급률에 추간판탈출증의 지급률을 합하여 산정하여야 한다.

④ **대법원 2016.5.12. 선고 2015다243347 판결**

甲이 乙 보험회사와 주된 보험계약을 체결하면서 별도로 가입한 재해사망특약의 약관에서 피보험자가 재해를 직접적인 원인으로 사망하거나 제1급의 장해상태가 되었을 때 재해사망보험금을 지급하는 것으로 규정하면서, 보험금을 지급하지 않는 경우의 하나로 "피보험자가 고의로 자신을 해친 경우. 그러나 피보험자가 정신질환상태에서 자신을 해친 경우와 계약의 책임개시일부터 2년이 경과된 후에 자살하거나 자신을 해침으로써 제1급의 장해상태가 되었을 때는 그러하지 아니하다"라고 규정한 사안에서, 위 조항은 고의에 의한 자살 또는 자해는 원칙적으로 우발성이 결여되어 재해사망특약의 약관에서 정한 보험사고인 재해에 해당하지 않지만, 예외적으로 단서에서 정하는 요건, 즉 피보험자가 정신질환상태에서 자신을 해친 경우와 책임개시일부터 2년이 경과된 후에 자살하거나 자신을 해침으로써 제1급의 장해상태가 되었을 경우에 해당하면 이를 보험사고에 포함시켜 보험금 지급사유로 본다는 취지로 이해하는 것이 합리적이고, 약관 해석에 관한 작성자불이익의 원칙에 부합한다.

36

 ②

[해설] 보험계약의 피보험자가 술에 취한 나머지 판단능력이 극히 저하된 상태에서 신병을 비관하는 넋두리를 하고 베란다에서 뛰어내린다는 등의 객기를 부리다가 마침내 음주로 인한 병적인 명정으로 인하여 심신을 상실한 나머지 자유로운 의사결정을 할 수 없는 상태에서 충동적으로 베란다에서 뛰어내려 사망한 사안에서, 이는 우발적인 외래의 사고로서 **보험약관에서 재해의 하나로 규정한 '추락'에 해당하여 사망보험금의 지급대상이 된다**(대법원 2008.8.21. 선고 2007다76696 판결).

① 일반적인 사망을 보험사고로 하는 주계약과 재해로 인한 사망을 보험사고로 하는 특약으로 이루어진 보험에서 주계약과 특약에 각각 "피보험자가 고의로 자신을 해친 경우에는 보험금을 지급하지 아니하나, 피보험자가 책임개시일부터 2년이 경과한 후 자살한 경우에는 그러하지 아니하다"라는 약관조항을 두고 있는 경우, 위 약관조항은 "고의에 의한 자살 또는 자해는 원칙적으로 우발성이 결여되어 특약이 정한 보험사고인 재해에 해당하지 않지만, 예외적으로 피보험자가 책임개시일부터 2년이 경과된 후에 자살한 경우에 해당하면 이를 보험사고에 포함시켜 보험금 지급사유로 본다"는 취지로 해석하여야 한다(대법원 2016.5.12. 선고 2015다243347 판결).

③ 피보험자가 술에 취한 상태에서 출입이 금지된 지하철역 승강장의 선로로 내려가 지하철을 통과하는 전동열차에 부딪혀 사망한 경우, 피보험자에게 판단능력을 상실 내지 미약하게 할 정도로 과음을 한 중과실이 있더라도 보험약관상의 보험사고인 우발적인 사고에 해당한다(대법원 2001.11.9. 선고 2001다55499, 55505 판결).

④ 우울증을 앓다 자살했더라도 유서에 채무내역 등을 상세히 기재했다면 자유로운 의사결정을 할 수 있는 상태였다고 추단할 수 있으므로 보험금 지급 대상이 아니다[서울고등법원 2015.4.29. 선고 2013나2031173 (본소), 2013나2031180 (반소) 판결].

37

④

해설 단체보험의 보험계약자는 단체의 대표이고 피보험자는 단체의 구성원이므로 타인의 생명보험이다. 그런데 현행 보험계약법은 단체가 규약에 따라 구성원의 전부 또는 일부를 피보험자로 하는 생명보험계약을 체결하는 경우에는 **타인의 동의를 요하지 아니한다**고 규정하고 있다(상법 제735조의3 제1항).

> **TIP 피보험자의 서면동의를 받는 경우**
>
> 단체보험계약에서 보험계약자가 피보험자 또는 그 상속인이 아닌 자를 보험수익자로 지정할 때에는 단체의 규약에서 명시적으로 정하는 경우 외에는 그 피보험자의 서면동의를 받아야 한다(상법 제735조의3 제3항).

① 상법 제739조의2
② 상법 제739조
③ 상법 제732조의2 제1항

38

①

해설 대물배상책임보험은 피보험자가 자동차의 사고로 타인의 재물을 멸실, 파손 또는 오손하여 피해자에게 생긴 직접손해에 대하여 법률상 손해배상책임을 짐으로써 입은 손해를 보험자가 보상하는 책임보험이다. **피보험자동차에 싣고 있거나 운송 중인 물품에 생긴 손해는 보상하지 않는다**(자동차보험표준약관 제8조 제3항 제3호).

> **TIP 대물배상책임보험에서 보상하지 않는 손해(자동차보험표준약관 제8조 제3항)**
>
> 1. 피보험자 또는 그 부모, 배우자나 자녀가 소유·사용·관리하는 재물에 생긴 손해
> 2. 피보험자가 사용자의 업무에 종사하고 있을 때 피보험자의 사용자가 소유·사용·관리하는 재물에 생긴 손해
> 3. 피보험자동차에 싣고 있거나 운송 중인 물품에 생긴 손해
> 4. 다른 사람의 서화, 골동품, 조각물, 그 밖에 미술품과 탑승자와 통행인의 의류나 휴대품에 생긴 손해(그러나 탑승자의 신체를 보호할 인명보호장구에 한하여 피해자 1인당 200만원의 한도에서 실제 손해를 보상함)
> 5. 탑승자와 통행인의 분실 또는 도난으로 인한 소지품에 생긴 손해(그러나 훼손된 소지품에 한하여 피해자 1인당 200만원의 한도에서 실제 손해를 보상함)

39

정답 ④

해설 보험계약자가 타인의 사망을 보험사고로 하는 보험계약에는 계약 체결시에 그 타인의 서면에 의한 동의를 얻어야 한다(상법 제731조 제1항). 피보험자의 동의에 관한 규정은 강행규정으로서 동의가 없는 보험계약은 무효이며, 피보험자의 동의를 배제하는 특약도 무효이다.

① 인보험의 보험사고는 **사람의 생존, 사망, 상해 및 질병** 등이다.

② 피보험자가 퇴직 등으로 인하여 피보험단체를 탈퇴하는 경우에는 개별계약으로 취급하여 보험계약을 계속 유지할 수 있으나 **개인보험으로 자동 전환되지는 않는다.**

③ 보험자는 보험사고로 인하여 생긴 보험계약자 또는 보험수익자의 제3자에 대한 권리를 대위하여 행사하지 못한다. 그러나 상해보험계약의 경우에 당사자간에 다른 약정이 있는 때에는 보험자는 피보험자의 권리를 해하지 아니하는 범위 안에서 그 권리를 **대위하여 행사**할 수 있다(상법 제729조).

40

정답 ④

해설 상해보험에서 담보되는 위험으로서 상해란 외부로부터의 우연한 돌발적인 사고로 인한 신체의 손상을 말하는 것이므로, 그 사고의 원인이 피보험자의 신체의 외부로부터 작용하는 것을 말하고 신체의 질병 등과 같은 내부적 원인에 기한 것은 제외되며, 이러한 사고의 외래성 및 상해 또는 사망이라는 결과와 사이의 인과관계에 관해서는 **보험금청구자에게 그 증명책임이 있다**(서울동부지법 2011.3.18. 선고 2010가합14573 판결).

① 대법원 2010.9.30. 선고 2010다12241, 12258 판결

② 대법원 2014.4.30. 선고 2012다76553 판결

　　※ 질병·상해보험표준약관의 개정 전(2010년 1월 29일) 면책조항이 있는 보험에 가입했더라도 건강검진 목적으로 수면내시경 검사를 받다가 사망한 경우 보험금을 받을 수 있다.

③ 대법원 2010.8.19. 선고 2008다8491, 78507 판결

⊘ 정답 CHECK

01	02	03	04	05	06	07	08	09	10	11	12	13	14	15	16	17	18	19	20
④	④	④	①	①	③	②	②	③	①	②	③	④	③	④	①	①	③	③	③
21	22	23	24	25	26	27	28	29	30	31	32	33	34	35	36	37	38	39	40
①	④	①	②	③	②	③	④	②	④	④	④	①	④	①	④	④	④	③	④

문제편 121p

01

정답 ④

해설 **중간이자는 일시금으로 지급할 때만 공제하며**, 정기금일 경우에는 공제하지 않는다. 즉 일시금으로 배상할 경우 순차적으로 발생하는 일실이익기간 동안 이자가 발생되어 과잉배상이 되므로 그 이자를 공제하여야 한다.

① 자동차보험에서 상실수익액에 대한 중간이자 공제는 **라이프니츠 방식**을 사용하여 산정하도록 규정하고 있다.
② 중간이자 공제방법은 호프만 방식과 라이프니츠 방식이 있다. 여타의 조건이 동일한 경우 라이프니츠 방식보다 **호프만 방식에서 배상금이 더 많이 산정**된다. 왜냐하면 라이프니츠 방식은 복리계산으로 중간이자를 공제하고, 호프만 방식은 단리계산으로 중간이자를 공제하기 때문이다.
③ **민법** 제379조(법정이율)에는 "이자있는 채권의 이율은 다른 법률의 규정이나 당사자의 약정이 없으면 **연 5분**으로 한다"고 규정되어 있다.

02

정답 ④

해설 역선택은 보험계약자와 보험회사간에 보험계약자의 위험특성에 대한 사전적 정보의 비대칭(숨겨진 속성)으로 발생한다. 보험계약자는 자신의 위험에 대해 잘 알고 있지만 보험회사는 정보부족으로 보험계약자의 위험을 모르는 경우 가장 바람직하지 않은 보험계약자와 계약을 하게 될 가능성이 있다. 반면에, 도덕적 해이는 보험계약자가 계약 이후 고의로 사고를 내고 보험금을 청구하거나 피해액을 부풀려 보험금을 타가는 비양심적인 위험상태(숨겨진 행동)를 의미한다.

구 분	발생시점	발생원인
역선택	보험계약 체결시점	숨겨진 속성
도덕적 해이	보험계약 체결이후	숨겨진 행동

03

정답 ④

해설 **무과실책임제도**는 자동차사고에 대한 과실 여부 및 책임소재를 불문하고 자기가 가입한 보험회사에서 자동차의 사용 또는 작동 중의 사고로 입은 신체손해를 일정 한도 내에서 보상하는 제도로 "No-Fault" 라고 불린다. 예를 들면, 도로상에서 타인의 과실로 인한 자동차사고로 자신이 상해를 입고 자신의 자동차가 파손되었을 경우, 자신이 가입한 보험회사에 치료비와 자동차 수리비를 청구하고 보험회사로부터 우선 보상받는 방식이다. 이 제도는 신속하고 효율적인 피해자 구제를 목적으로 한다.

① **손익상계제도**는 사고로 손해를 입음과 동시에 이익도 얻는 경우 형평의 원칙에 따라 가해자의 손해배상금에서 이익해당액 만큼 공제하는 제도이다.

② **교차책임제도**는 쌍방과실 사고시 각자가 서로 상대방 손해액에 자기 과실 비율을 곱해 산출된 금액을 쌍방이 교차해 배상하는 제도이다.

③ **과실상계제도**는 사고발생에 피해자도 기여하였다면 형평의 원칙에 입각하여 기여한 만큼에 해당하는 금액을 손해배상금에서 공제하는 제도이다.

04

정답 ①

해설 **위험보편의 원칙**

위험보편의 원칙이란 선행위험이 면책위험이 아니고, 선행위험이나 후행위험 중 하나만 담보위험이면 이로 인한 손해는 모두 보상한다는 원칙이다.

• 선행위험이 면책위험이면 후행위험이 무엇이든 면책한다.
• 선행위험이 담보위험이면 후행위험이 무엇이든 보험자가 담보한다.
• 선행위험이 비담보위험이고 후행위험이 담보위험이면 비담보위험으로 인한 손해는 보상하지 않지만, 담보위험으로 인한 손해는 보상한다.

선행위험	후행위험	담보 여부
면책위험	후행위험의 종류에 무관하게	면 책
담보위험	후행위험의 종류에 무관하게	부 책
비담보위험	후행위험이 비담보위험·면책위험	면 책
	후행위험이 담보위험인 경우	부 책

05

정답 ①

해설 기본요구자본은 **지급여력기준금액 항목**에 포함된다.

지급여력비율은 지급여력금액을 지급여력기준금액으로 나눈 비율을 말한다.

- **지급여력금액 : 자본금**, 이익잉여금, **후순위차입금**, 그 밖에 이에 준하는 것으로서 금융위원회가 정하여 고시하는 금액을 합산한 금액[보통주자본금 및 **자본잉여금**, 우선주자본금 및 자본잉여금(누적적우선 주 제외), 기타 포괄손익누계액 등]에서 영업권, 그 밖에 이에 준하는 것으로서 금융위원회가 정하여 고시하는 금액(주식할인발행차금, 자기주식 등 재무상태표의 자산 또는 자본 중 보험회사의 예상하지 못한 위험으로 인한 손실보전에 사용될 수 없다고 감독원장이 인정하는 금액)을 뺀 금액을 말한다.
- **지급여력기준금액 :** 보험업을 경영함에 따라 발생할 수 있는 손실위험을 금융위원회가 정하여 고시하는 방법에 따라 금액으로 환산한 것을 말한다. 지급여력기준금액은 **기본요구자본**에서 법인세조정액을 차 감한 후 기타 요구자본을 가산하여 산출한다.

06

정답 ③

해설 보험의 가격결정에 있어서 일반적으로 공급자가 부과하려는 부가보험료는 위험회피형 개인이 추가적으로 부담하려는 최대 리스크 프리미엄보다 같거나 작아야 보험거래가 성립된다. 즉 위험회피형 개인의 리스크 프리미엄이 부가보험료보다 커야 보험을 구매하게 된다.

07

정답 ②

해설 **위험전가**는 보험계약자가 위험의 정도에 따라 산출된 보험료를 보험자에게 납입하면서, 미래의 우발적으로 발생할지 모르는 손실위험을 보험자에게 전가하는 행위이다. 반면, 보험자 입장에서 보험계약은 다수의 동질위험을 전가 받아 이들을 하나의 위험결합 집단으로 만드는 것이다. 즉 **위험결합**은 일부 계약자들의 손실을 전체 계약자들이 공유함으로써 실제손실을 평균손실로 대체한다. 따라서 손실이 발생하였을 경우 발생된 손실을 보험가입자 모두에게 분산시키는 효과를 갖는다.

08

정답 ②

해설 예정사업비율이란 보험료 중에서 미리 예상하고 계산한 사업비의 비율을 말한다. 예정사업비율은 실제 사업비율보다 높게 책정하기 때문에 **실제사업비율이 예정사업비율보다 낮으면 효율적 경영이 이루어졌다고** 할 수 있다.

① 보험사의 수익은 크게 보험영업이익과 투자영업이익(자산운용수익)으로 구분되는데 합산비율은 보험영업이익의 수익성을 나타내는 지표이다. 즉 합산비율은 손해율과 사업비율을 합친 비율로, **자산운용수익은 합산비율에 영향을 미치지 않는다.**

③ 경과손해율은 가입자가 낸 보험료(수입보험료)에서 보험사가 위험분담을 위해 드는 재보험 비용 등을 뺀 '경과보험료'에 대한 '발생손해액(보험금)'의 비율이므로, **재보험거래 결과는 경과손해율에 영향을 미치게 된다.**

④ 사업비율은 사업비에 대한 경과보험료에 대한 비율이다. 보험사업비는 모집수수료, 인수비용, 사무통신관리비, 급료 등이다. 손해사정비용은 2012년 국제회계기준을 적용하여 비사업비(순보험료)에 포함되므로, **사업비율에 영향을 미치지 않는다.**

09

정답 ③

해설 ① grace period clause('유예기간' 조항)은 보험료의 납입이 유예될 수 있는 일정한 기간을 규정해 놓은 조항을 말하며, 유예기간 동안에도 보험계약은 보험료가 정상적으로 납입된 것과 마찬가지로 효력을 유지한다.

② if clause('만약' 조항)은 만일 보험계약조건이 충족되지 않았다면, 보험계약효력이 발생하지 않는다는 조항을 말한다.

④ floater clause('유동' 조항)은 보험대상이 되는 목적물의 모든 형태(보관중, 사용중, 휴대중, 운송중)의 위험을 포괄담보하는 조항을 말한다.

10

정답 ①

해설 문제의 지문은 **인적계약의 특성**을 설명하고 있다.

② 부합계약이란 계약 당사자 일방이 계약의 내용을 일방적으로 작성하고 상대방은 그 정형화된 계약의 내용에 승인 또는 거절하는 계약을 말한다. 보험계약은 이와 같이 보험자 일방이 작성한 보통보험약관에 의하여 이루어지므로 부합계약성을 가진다고 할 수 있다.

③ 보험계약상 보험자의 보험금 지급의무에 대한 책임은 우연한 보험사고의 발생과 함께 보험계약자나 피보험자의 보험약관상 명시된 여러 조건을 이행하는가에 좌우된다.

④ 보험계약은 보험자의 보험금 지급의무가 우연한 사고, 즉 보험사고의 발생에 의존하므로 사행계약에 속한다. 사행계약성은 보험에 없어서는 안 될 필수적인 성질이지만, 그 부작용으로 보험제도를 악용하여 경제적 이득을 보려는 심리상태, 즉 도덕적 위험이 존재하게 된다.

11

정답 ②

해설 기업신용보험은 정상적 사업과정에서 발생하는 통상적 신용손실이 아니라, **비정상적 신용손실을 보상하는 것**이다. 통상적 신용손실은 총매출액의 일정 퍼센트에 해당하는 손실이며, 비정상적 신용손실은 이 부분을 초과하는 신용손실이다.

12

정답 ③

해설 피보험자가 제3자에게 손해배상책임을 부담함으로써 입게 되는 피보험자의 **간접손해를 보상하는 특성이** 있다(소극보험).

① 책임보험은 피보험자가 제3자에게 법률상의 손해배상을 함으로써 발생한 손해를 보상하는 손해보험의 일종이다.
② 책임보험에서는 피해자의 직접청구권을 인정함으로써 피해자를 보다 강력하게 보호하고 있다.
④ 책임보험에서 손해의 크기는 계약 체결 시점에서는 불확정적이고 보험사고가 발생한 후에야 확정될 수 있기 때문에 피보험이익의 금전적 평가액인 보험가액을 정확히 산정한다는 것은 원칙적으로 불가능하다.

13

정답 ④

해설 **손실통제(loss control)**
손실통제의 활동은 크게 **손실예방(loss prevention)**과 **손실감소(loss reduction)**로 나눌 수 있다. 손실예방은 손실의 빈도를 낮추는 것이며, 손실감소는 이미 발생한 손실의 규모, 즉 심도를 낮추기 위한 활동이다.

손실예방(loss prevention)	손실의 발생 가능성 또는 발생빈도를 줄이려는 것 [예] 안전교육, 금연과 금주, CCTV 설치
손실감소(loss reduction)	손실의 발생규모를 줄이려는 것 [예] 스프링클러의 설치, 자동차의 **에어백**과 안전띠 장착

14

정답 ③

해설   **정신적 위태(morale hazard)**는 보험을 가입함으로써 위험을 보험회사에 전가한 후에 손실예방에 무관심하거나 적절한 주의를 기울이지 않는 것을 의미한다.

① **실체적 위태(physical hazard)**는 사람이나 물체에 존재하는 육체적 또는 물리적인 성질, 즉 물리적 위태를 의미한다.
② **도덕적 위태(moral hazard)**는 보험계약자가 계약 후 고의로 사고를 내고 보험금을 청구하거나 피해액을 부풀려 보험금을 타가는 비양심적인 위험상태를 의미한다.
④ **법률적 위태(legal hazard)**는 법규의 미비나 불확실성으로 인해 발생할 수 있는 위태를 의미한다.

15

정답 ④

해설   위험보유는 예상되는 손실의 일부나 전부를 보유하여 직접 손실부담을 하는 방법이다. 손실발생시 피보험자로 하여금 손실의 일부를 부담하게 하는 **공제조항(deductible clause)**이나, **자가보험(self- insurance)**, **캡티브보험(captive insurance)**은 대표적인 위험보유의 형태이다.
타보험조항(other insurance)은 동일한 보험의 목적의 전부 또는 일부를 담보하는 유효한 보험계약이 2개 이상 존재하는 경우 다른 보험과의 손해액을 분담하는 방법을 미리 약정한 조항이다. 손해보험에서는 손해보상의 기본적인 원칙이라고 할 수 있다. 타보험조항을 두는 취지는 이득금지의 원칙에 따라 피보험자에게 이득을 주는 것을 방지하고, 형평의 원칙에 입각하여 보험자간의 손해액을 합리적으로 분담하며, 보험자간의 배타적인 약관조항의 해석으로 선의의 보험계약자를 보호하는데 있다.

16

정답 ①

해설   **제외손인(excluded perils)**
보험자가 피보험자에게 특정 손인으로 인한 손해가 있으면 보상하지 않는다고 약정한 위험을 말한다.
예 전쟁위험을 면책위험으로 하면 전쟁에 기인하는 멸실 등의 손해에 관하여 보험자는 면책이 된다.

② **제외손실(excluded losses)** : 보험계약에서 보상하지 않는 특정 손실을 말한다.
예 화재보험에서 화재로 인한 직접손실이 아닌 간접손실은 보상하지 않는다.
③ **제외재산(excluded property)** : 보험계약에서 보상책임을 제외하거나 보상책임을 제한하는 특정 재산을 말한다.
예 화재보험에서 화폐나 문서, 금괴나 원고 등은 보상에서 제외된다.
④ **제외지역(excluded locations)** : 보험계약은 보상에 있어서 지리적 또는 장소적 제한을 둔다. 장소에 따라 손실빈도나 규모에 많은 차이가 있기 때문이다.
예 국내에서 발생한 사고만을 담보하는 자동차보험이나 의료보험, 특정지역의 항해만을 담보하는 해상보험 등 다양하다.

17

정답 ①

해설 피보험이익이란 보험목적물에 손해가 발생하였을 때 **피보험자가 갖는 경제적 이해관계**를 말한다. 따라서 피보험자가 보험목적물과 관련하여 이해관계를 가지지 않는 경우 피보험이익이 존재하지 않으며, 이런 경우 보험목적물은 보험에 가입할 수 없다.

18

정답 ③

해설 보험사고발생의 통지의무위반의 경우 보험금 지급이 유예되며, **보험계약을 해지할 수는 사유는 아니다.** 보험계약자 또는 피보험자나 보험수익자가 통지의무를 해태함으로써 손해가 증가된 때에는 보험자는 그 증가된 손해를 보상할 책임이 없다(상법 제657조 제2항).

① 보험계약자 또는 피보험자가 보험기간 중 위험이 현저하게 변경·증가된 그 사실을 안 때에는 지체 없이 보험자에게 통지해야 하는데, 이 의무를 해태한 경우 보험자는 1월 내에 계약을 **해지**할 수 있다 (상법 제652조 제1항).

② 보험료가 약정한 시기에 지급되지 아니한 때에는 보험자는 상당한 기간을 정하여 보험계약자에게 최고하고, 그 기간 내에 지급되지 아니한 때에는 그 계약을 **해지**할 수 있다(상법 제650조 제2항).

④ 보험계약자 등에게 고지의무위반이 있으면 당연 무효가 아닌 보험자가 계약을 **해지**할 수 있을 뿐이다.

19

정답 ③

해설 소액보상청구를 줄임으로써 손실처리비용을 감소시킬 수 있는 것은 '**공제조항**'에 대한 설명이다. '공제조항'은 보험사고의 발생으로 보험금을 결정함에 있어서 일정한도 이하의 손해는 보험자가 부담하지 아니하고 피보험자에게 부담시키는 조항을 말하며, 일반적으로 공제되는 금액이 적을 경우를 '**소손해면책**'이라고 한다.

TIP	공동보험조항(co-insurance clause)

주로 재산보험에서 많이 사용하는 조항으로서 보험계약자로 하여금 보험가액의 일정비율을 보험금액으로 가입을 요구하고, 사고발생시 요구보험금액을 만족시키지 못한 경우 보험계약자에게 공동보험자적인 입장에서 손해를 일부 부담하도록 하는 약관조항을 말한다. 공동보험조항을 두는 기본적인 목적은 피보험자에게 손실의 일부에 대한 책임을 부과함으로써 손실방지 효과뿐만 아니라 요율의 형평성을 유지하는데 있다.

20

정답 ③

해설 지급보험금 계산식

> 손해액 × (보험가입금액 / 보험가액의 80%)

- 5억원 손해시 지급보험금 = 5억원 × 2억원 / (5억원 × 0.8) = 2.5억원
  그러나 보험가입금액이 2억원 한도이므로 지급보험금은 2억원
- 3억원 손해시 지급보험금 = 3억원 × 2억원 / (5억원 × 0.8) = 1.5억원
- 1억원 손해시 지급보험금 = 1억원 × 1억원 / (5억원 × 0.8) = 5,000만원

따라서, 예상 지급보험금 = (2억원 × 0.1) + (1.5억원 × 0.1) + (5,000만원 × 0.2) = **4,500만원**

21

정답 ①

해설
- 원보험계약 1 재보험금 = 150만원 × 0.2 = 30만원
- 원보험계약 2 재보험금 = 200만원 × 0.2 = 40만원
- 원보험계약 3 재보험금 = 300만원 × 0.2 = 60만원
  (**※ 이 경우 특약한도액이 50만원이므로, 50만원이다**)
- 재보험자로부터 회수할 수 있는 재보험금 = 30만원 + 40만원 + 50만원 = **120만원**

구 분	A보험회사	재보험사
원보험계약 1	150만원 − 30만원 = 120만원	30만원
원보험계약 2	200만원 − 40만원 = 160만원	40만원
원보험계약 3	300만원 − 50만원 = 250만원	50만원
합 계	530만원	120만원

22

정답 ④

해설 소급보험은 당사자의 합의에 의하여 보험계약 체설 선의 어느 시점부터 보험자가 책임을 지는 보험이고, 승낙전 보호제도는 청약과 함께 보험료의 전부 또는 일부가 납입된 경우 보험자가 승낙 전에 발생하는 사고에 대해서 청약을 거절할 사유가 없는 한 보험자가 책임을 지는 제도이다. 즉 소급보험에서 소급되는 책임개시의 기간은 당사자간에 약정한 기간이어서 청약일 이전일 수 있지만, **승낙전 보호제도는 청약일 이전으로 소급되지 아니한다.**

23

정답 ①

해설 자가보험은 개인이나 기업이 가진 위험에 대하여 일정한 기금을 적립하였다가 사고가 발생하면 그 기금으로 위험을 처리하는 보험이므로 **전문적인 위험관리서비스를 받을 수 없다.**

TIP	자가보험의 장·단점
장 점	• 부가보험료를 절약할 수 있다. • 자금이 사외로 유출되지 않아 유동성과 투자이익을 얻을 수 있다. • 위험관리에 관심이 높아져 사고예방효과를 기대할 수 있다. • 보험이 불가능한 위험이나 거절된 위험도 관리가 가능하다.
단 점	• 예기치 못한 대규모 손해가 발생하면 재정적 위험에 직면할 수 있다. • 보험에 가입할 경우 얻을 수 있는 위험관리서비스 등의 혜택을 상실한다. • 자가보험을 위한 조직을 운용하여야 하는 부담이 있다.

24

정답 ②

해설 IBNR(Incurred But Not Reported)준비금은 보험사고가 이미 발생하였으나, 아직 보험회사에 청구되지 아니한 사고에 대해 향후 지급될 보험금 추정액으로 '**미보고발생손해액**'이라고도 한다.
보험회사는 이를 부채인 책임준비금 중 지급준비금으로 계상해야 한다.

25

정답 ③

해설 손해사정업무

검정업무 (survey)	보험사고를 조사하여 보험자의 보상책임 여부와 손해액을 결정하는 과정을 말한다. • 사고접수 • **보험계약사항의 확인** • **현장조사 및 사고사실 확인** • **손해액 산정** • 구상관계 조사
정산업무 (adjustment)	보험금 결정 과정으로 제3자에 대한 **구상권을 행사하는 것을** 포함한다. • 보험가액 결정 • 보상한도의 결정 • 보험금산출방법 결정 • 지급보험금 결정과 합의 • **구상권 대위**

26

정답 ②

해설 열거책임방식에서는 피보험자에게 손해원인이 되는 위험이 담보위험임을 입증할 책임이 부여된다. 따라서 보험기간 중에 담보위험으로 인한 보험사고로 **담보손해가 발생하였음을 피보험자가 입증**하여야 한다. 즉 열거위험담보방식은 열거한 위험으로 인한 손해에 대하여 보상한다고 약속한 것이므로 보험자로부터 손해보상을 받기 위해서는 피보험자가 열거위험으로 인하여 손해가 발생하였다는 것을 입증하여야 한다.

포괄위험담보방식에서 피보험자는 손해의 발생사실만을 입증하면 되고, 면책을 주장하기 위해서는 보험자가 그 손해가 열거된 면책손해 또는 면책위험으로 인한 손해라는 사실을 입증해야 한다. 즉 포괄위험담보방식은 면책으로 인한 사고를 제외하고는 보험의 목적에 손해가 발생하면 그 원인이 무엇이든 관계없이 보상하기 때문에 피보험자는 보험의 목적에 담보손해가 발생하였다는 것만 입증하면 족하고 보험금 지급을 거절하려면 보험자가 면책위험과 사고와의 인과관계가 있음을 입증하여야 한다.

TIP 열거위험담보방식과 포괄위험담보방식의 비교		
구 분	**열거위험담보방식**	**포괄위험담보방식**
특 징	• 필요한 위험만 선택하여 가입한다. • 위험이 누락될 가능성이 있다.	• 위험이 누락될 가능성이 없다. • 불필요한 위험이 중복 가입될 가능성이 있다.
보험료	싸 다	비싸다
담보범위	좁 다	넓 다
입증책임자	피보험자	보험자
입증내용	손해가 열거위험으로 인해 보험금을 지급해야함을 입증한다.	손해가 면책위험으로 인해 발생되어 보상할 책임이 없음을 입증한다.

27

정답 ③

해설 의사나 건축가 등 전문직업인의 보험이나 생산물배상책임보험의 사고에서는 행위와 그 결과가 반드시 시간적으로 근접해 있지 않은 경우가 많아 **사고의 발생시점이 언제인지 확정하기 어려운 단점**을 가지고 있다. 이러한 단점을 보완하기 위해 **배상청구기준 배상책임보험이 도입**되었다. 즉 배상청구기준 배상책임보험은 장기성 배상책임(long-tail liability)의 특성을 갖는 전문직 배상책임보험 등에 적용된다.

28

정답 ④

해설 **보험료기간**

보험료기간은 보험자가 위험을 산정하여 그 크기, 곧 사고발생률 내지 평균손해율에 따라 보험료를 산출하는데 표준이 되는 기간으로 위험의 단위기간이다. 보험료기간은 통상 1년을 기준으로 한다. 보험료기간은 보험료산출 기본 단위기간이므로 이 기간의 보험료는 원칙적으로 나눌 수 없다는 **보험료불가분의 원칙이 적용**된다. 그러나 실무에서는 보험계약자의 편의 등을 고려하여 단기요율이나 보험료의 일할계산 등을 적용하고 있다.

29

정답 ②

해설 **금융재보험(finite reinsurance)의 유형**

1. **소급형(retrospective)**

   이미 발생한 사고를 대상으로 하는 금융재보험이다.

   - **TDP(Time and Distance Policy)** : 원보험자와 재보험자가 원보험계약에서의 보험금 지급시기 및 금액과는 무관하게 약정된 일자에 약정된 재보험금을 지급할 것을 사전에 결정하는 방식의 재보험이다.

   - **LPT(Loss Portfolio Transfer)** : 원보험자가 과거에 인수한 보험계약에서 발생된 보험금 지급책임을 재보험자에게 이전하기 위한 재보험이다. 재보험료는 원보험자가 적립하고 있는 지급준비금에서 재보험료의 운용으로 발생하게 되는 장래 투자수익을 공제한 금액을 통해 산정한다.

   - **ADC(Adverse Development Covers)** : 원보험자가 적립한 지급준비금을 출재하는 것이 아니라 그 초과분을 담보하는 계약이다. 재보험자는 사고가 실제로 발생하였으나, 아직 원보험자에게 보고되지 않은 미보고발생손해액(IBNR) 또는 준비금과소계상(IBNER)에 따른 리스크를 인수한다.

2. **장래형(prospective)**

   - **FQS(Financial Quota Shares)** : 원보험자가 미경과보험료를 출재하고 장래의 미실현이익을 출재시점에서 출재수수료로 회수함으로써 일시적인 잉여금 감소효과를 재보험자에게 전가하는 것이다.

   - **SLT(Spread Loss Treaties)** : 보험료와 보험금을 전체 특약기간에 걸쳐 미리 배분하여 리스크를 기간을 통해 분산하도록 고안된 방식으로 언더라이팅 실적의 안정화가 주된 목적이다. 원보험자는 특약기간에 걸쳐 사전에 정한 연간 재보험료를 지급하고, 재보험자는 재보험료와 투자수익을 별도 계정에 기금으로 적립한 후 원보험자의 손실을 총 보상한도 내에서 보전한다.

TIP	금융재보험(finite reinsurance)

금융재보험은 기발생 또는 미발생보험사고에 대해 일정기간(통상 3년에서 10년)을 보험기간으로 하는 재보험계약으로, 장래 재보험금 지급의무에서 재보험료의 투자수익을 할인한 금액, 즉 장래 지급할 재보험금의 현재가치를 재보험료 산출의 기준으로 한다. 또한 금융재보험은 재보험자의 책임이 재보험자가 인수하는 위험에 대한 장래 사고발생 형태에 따라 재보험자의 운명이 좌우되는 일반재보험과는 달리, 재보험자의 책임을 사전에 제한하는 재보험 형태로서 재보험자는 가능한 한 최소의 이익을 올리는 동시에 재보험자의 부담을 제한한다는 점에서 "Finite risk (re)insurance"라고도 한다.

[금융재보험의 장·단점]

장 점	• 재보험료의 안정을 도모할 수 있다. • 계약기간이 장기이기 때문에 계약갱신에 따른 거래비용을 절감할 수 있다. • 재보험사업자 이익발생시 이를 출재사와 공유하게 되며, 출재된 보험료에 투자수익요소를 감안하므로 출재사 영업수지를 개선할 수 있다. • 특정종목 인수중단 및 M&A시 유용하다. • 지급준비금적립의무를 재보험사업자에 전가하여 경영의 안정성 확보가 가능하다. • 절세 및 과세시기 이연이 가능하다.
단 점	• 지급능력 및 손익구조 왜곡가능성이 있다. • 재보험사업자의 지급불능위험이 증가한다. • 자금차입수단으로 변질될 가능성이 있다. • 손해율 악화시 출재사의 부담위험이 증가한다.

30

정답 ④

해설 **실제현금가치(actual cash value)**

실제현금가치(시가)는 대체비용(재조달가액 = 신가)에서 감가상각비를 공제한 금액이다.

> 실제현금가치 = 대체비용(재조달가액) − 감가상각비

31

정답 ④

해설 **보험계약자의 권익보호를 위해 보험감독이 필요하다.** 일반적으로 보험계약자는 보험상품을 잘 이해하고 상품을 선택하는데 있어서 지식이 부족하여 공정한 대우를 받지 못할 가능성이 있다. 따라서 보험감독은 소비자인 보험계약자가 합리적인 가격으로 보험상품을 구입할 수 있도록 도와주고, 보험계약자 사이의 공평성 문제도 해결할 수 있다.

32

정답 ④

해설 보험증권은 보험자가 보험금 또는 기타의 급여를 함에 있어서 증권을 제시하는 자의 자격을 조사할 권리는 있어도 의무는 없는 **면책증권**이다.

① 보험증권은 기명식에 한하지 않고 지시식 또는 무기명식으로 발행할 수 있다(**유가증권성**).
② 실무적으로 보험자는 보험증권과 상환으로 보험금을 지급한다(**상환증권성**).
③ 보험증권은 보험계약의 성립과 내용을 증명하기 위하여 보험자가 발행하는 증거증권이다(**증거증권성**).

33

정답 ①

해설 ⓒ 질병보험, ⓓ 간병보험, ⓔ 장애인복지보험은 모두 민영보험에 해당한다.

| TIP | 우리나라 사회보험제도의 종류 |

구 분	도 입	법 률	기 능	관장부처 및 집행기관
산재보험	1964년	산업재해보상보험법	산업재해보상급여 제공 등	노동부, 근로복지공단
국민건강보험	1977년	국민건강보험법, 국민건강보험재정건전화특별법	질병발생시 보험급여 제공	보건복지부, 국민건강보험공단
국민연금보험	1988년	국민연금법	소득 상실시 노령, 장애, 유족 연금 제공	보건복지부, 국민연금공단
고용보험	1995년	고용보험법	실업급여, 고용안정사업, 직업능력개발 사업	노동부, 근로복지공단
노인장기요양보험	2008년	노인장기요양보험법	치매, 중풍 등 수발서비스	보건복지부, 국민건강보험공단

34

[정답] ④

[해설] **일반배상책임보험**은 특성상 보험사고발생 후부터 보험금 지급시까지 장기간 소요되므로 환율변동 및 인플레이션 영향으로 인하여 계약초 대비 출재사의 보유책임액이 재보험자 책임한도액과의 실질 가치 면에서 불균형이 발생할 수 있으므로 상대적 화폐가치를 동등하게 유지시켜 주는 **지수조항(index clause)을 포함**한다.

통상적으로 지수조항은 IMF Wage Index(임금지수) 또는 Consumer Price Index(소비자물가지수)를 사용하고 있다.

> **TIP** **초과손해액재보험특약(excess of loss reinsurance treaty)**
>
> 발생된 손해에 따라 미리 정해진 손해금액까지는 원보험자가 책임을 지고, 나머지 손해부분의 전부 또는 일정금액을 재보험자가 책임을 지는 비비례적 재보험 형태이다. 초과손해액을 결정하는 방식에는 1위험당(per risk)과 1사고당(per occurrence)이 있다.
> • **1위험당의 경우** : 원보험자는 특약에 포함된 모든 원보험계약의 각각에서 발생한 사고의 손해액이 일정금액을 초과할 때마다 재보험금을 청구하게 된다. 재산보험에 대한 재보험에 많이 이용된다.
> • **1사고당의 경우** : 1건의 사고로 인하여 특약에 포함된 다수의 원보험물건이 입은 손해의 합계액이 일정한 금액을 초과할 때에 재보험금을 청구하게 된다. 주로 책임보험에 대한 재보험에 많이 이용된다.

35

[정답] ①

[해설] 보험사기행위로 보험금을 취득하거나 제3자에게 보험금을 취득하게 한 자는 **10년 이하의 징역 또는 5천만 원 이하의 벌금**에 처한다(보험사기방지특별법 제8조).

② 보험사기방지특별법 제6조 제1항
③ 보험사기방지특별법 제10조
④ 보험사기방지특별법 제11조

36

정답 ④

해설 불항쟁조항은 보험계약이 체결되고 일정한 기간이 경과한 후에는 보험계약자의 착오나 허위진술 등을 이유로 보험회사가 보험금의 지급을 거절할 수 없음을 규정하고 있는 조항이다. 불항쟁조항은 보험회사로 하여금 보험계약자의 착오나 허위진술 등에 세심한 주의를 하게 하는 효과가 있을 뿐 아니라 보험계약자를 보호하는데 그 목적이 있다. 다음과 같은 경우에는 불항쟁조항을 적용하지 않는다.

- 보험수익자가 보험금을 노리고 피보험자를 살해하려는 의도를 갖고 있는 경우
- 타인으로 하여금 대리로 신체검사를 받게 하는 경우
- 보험계약 체결시 피보험이익 자체가 존재하지 않는 경우

① **계약구성조항**(entire contract clause)은 보험회사와 피보험자 사이에 체결된 보험계약서에 명시된 내용에 대해서만 서로 책임을 지고, 계약서에 명시되지 않은 내용이나 구두로 별도 합의된 내용에 대해선 책임을 부담하지 않겠다는 조항이다.

② **불몰수조항**(non-forfeiture clause)은 보험계약자가 납입하는 보험료에는 앞으로의 보험사고발생에 대비해서 사전에 적립되는 부분이 존재하는 경우가 있다. 이 적립금에 관해서는 중도에서 보험료의 납입이 불가능하게 되어 보험계약이 실효되거나 해약이 되더라도 보험회사의 재산으로 몰수하지 않고, 보험계약자의 권리로서 보증한다는 조항이다.

③ **금반언조항**(estoppel clause)은 어떤 사실을 표시한 보험회사는 그 사실이 약관 내용과 다르더라도 그에 반하는 주장을 할 수 없다는 조항이다.

37

정답 ④

해설 피해자인 환자는 치아를 뽑는 과정에서 발생할 수 있는 과실을 관찰할 수 없기 때문에 치과의사의 과실을 증명하는 것이 불가능하다. 따라서 환자가 마취에서 깨어났을 때 턱이 부러져 있었으면 '**과실추정의 원칙**'을 적용할 수 있다.

TIP	과실추정의 원칙

과실의 입증책임은 상해를 입은 사람(환자)에게 있다. 즉 피해당사자는 보상을 받기 위하여 피고(의사)의 과실을 입증해야 한다. 그러나 과실을 입증할 수 없는 일부 상황에 대해 법원은 피고에 대한 입증책임을 전환하기 위해 과실추정의 원칙을 적용한다.

① **기여과실책임**(contributory negligence)은 원고가 관련 피해를 피하지 않는데 어느 정도 과실이 있었음이 증명되면, 구제가 허용되지 않는다는 원칙이다.

② **전가과실책임**(imputed negligence)은 어떤 특정한 조건아래서 한 사람의 과실이 다른 사람에게 전가될 수 있다는 원칙으로 대리배상책임이라고 한다. 운전자에 대한 운행자의 책임, 피용자에 대한 사용자의 책임 등이 해당된다.

③ **최종적 명백한 기회**(last clear chance)는 사고에 책임이 있는 원고는 만약 피고가 사고를 피할 기회가 있었으나, 그렇게 하지 않았다면 피고는 배상책임을 면제받지 못한다는 원칙이다.

38

정답 ④

해설 언더라이팅 과정에서 직·간접적으로 의사결정에 영향을 미치는 요인으로는 보험요율의 적정성, 재보험 가능성, 계약갱신 등이 있다. 특히 보험요율의 적정성과 관련하여 고려해야 할 사항은 **언더라이팅 주기(underwriting cycle)**이다. 언더라이팅 주기(underwriting cycle)는 그 요인에 따라 감독규제 주기와 경제적 주기로 설명할 수 있다.

- **감독규제 주기** : 감독기관의 규제·간섭에 의해 발생한다.
  - 예 보험영업이익이 어느 정도 적정 수준에 있을 때 감독규제자는 보험요율을 변화시키지 않거나 요율 인상을 지연시키는 경향을 보인다. 이러한 상황의 지속은 결국 보험영업이익의 감소와 보험상품의 공급감소로 이루어지면서 보험시장의 불균형으로 귀결되고, 감독규제자는 이 시기에 보험요율의 인상을 서서히 허락하면서 보험영업이익은 다시 종전의 상태로 복귀되고, 이러한 현상이 반복되는 주기로 나타난다.
- **경제적 주기** : 보험회사간의 극심한 경쟁과 보험수요의 보험가격 비탄력성으로 나타난다.
  - 예 보험영업이익이 적정한 수익에 이른 보험회사는 사업확장의 의욕으로 보험요율을 인하하게 되는데 이러한 경쟁의 심화로 보험가격이 하락함에도 불구하고 보험수요는 민감하게 변하지 않으므로(비탄력성), 결국 수익의 감소가 누적된 보험회사는 다시 보험요율을 올리게 되며, 이 현상이 주기적으로 반복된다.

39

정답 ③

해설 **단일책임주의**

쌍방의 손해액을 합산한 금액에 쌍방의 과실비율을 곱하여 각각 자기부담금을 산출한 후 자기공제액을 공제하고 차액만을 배상하는 방법이다.
- A의 부담액 = (500만원 + 200만원) × 0.6 = 420만원
- B의 부담액 = (500만원 + 200만원) × 0.4 = 280만원
- B의 배상책임액 = 280만원 − 200만원 = 80만원
  또는 (500만원 × 0.4) − (200만원 × 0.6) = 80만원

따라서, **B가 A에게 80만원을 배상**하여야 한다.

40

정답 ④

해설
- 영업보험료 = 순보험료 + 부가보험료
  = 순보험료 + (영업보험료 × 사업비율)
- 영업보험료(1 − 사업비율) = 순보험료
- 영업보험료 = 순보험료 / (1 − 사업비율)
- 순보험료 = 보험금(총발생손실액) / 계약건수
  = 300억원 / 50만건 = 60,000원
- ∴ 영업보험료 = 순보험료 / (1 − 사업비율)
  = 60,000원 / (1 − 0.4) = **100,000원**

2018년 제41회

손해사정사 1차 시험문제
정답 및 해설

제1과목   보험업법

제2과목   보험계약법

제3과목   손해사정이론

✓ 정답 CHECK

01	02	03	04	05	06	07	08	09	10	11	12	13	14	15	16	17	18	19	20
②	③	①	④	①	③	①	③	②	④	②	③	②	③	①	③	④	①	③	②
21	22	23	24	25	26	27	28	29	30	31	32	33	34	35	36	37	38	39	40
②	④	②	①	④	④	④	③	③	④	②	모두 정답	③	②	①	③	①	③	①	②

문제편 134p

01

정답 ②

해설
가. (✕) 보험업의 허가를 받을 수 있는 자는 **주식회사, 상호회사 및 외국보험회사로 제한**하며, 허가를 받은 외국보험회사의 국내지점은 보험업법에 따른 보험회사로 본다(보험업법 제4조 제6항).

나. (○) 보험업을 경영하려는 자는 보험종목별로 금융위원회의 허가를 받아야 한다(보험업법 제4조 제1항).

다. (✕) 보험회사가 보험종목 중 둘 이상의 보험종목을 취급하려는 경우에는 보험종목별 자본금 또는 기금의 합계액을 납입해야 한다. 다만, **그 합계액이 300억원 이상인 경우에는 300억원으로 한다**(보험업법 시행령 제12조 제3항). 즉, 생명보험업(200억원)과 보증보험업(300억원)을 겸영하고자 하는 경우에는 그 합계액이 500억원이지만 납입할 자본금 또는 기금은 300억원으로 한다.

라. (✕) 통신판매전문보험회사가 통신수단에 의한 총보험계약건수 및 수입보험료의 모집비율이 총보험계약건수 및 수입보험료의 100분의 90에 미달하는 경우에는 **통신수단 이외의 방법으로 모집할 수 없다**(보험업법 시행령 제13조 제2항).

02

정답 ③

해설
가. (○) 보험업법 제2조 제19호

나. (○) 보험업법 제2조 제20호

다. (✕) 전문보험계약자 중 대통령령으로 정하는 자가 일반보험계약자와 같은 대우를 받겠다는 의사를 보험회사에 서면으로 통지하는 경우 보험회사는 정당한 사유가 없으면 이에 동의하여야 하며, 보험회사가 동의한 경우에는 해당 보험계약자는 일반보험계약자로 본다(보험업법 제2조 제19호 단서). 즉, 해당 보험계약자에 대하여는 **적합성 원칙을 적용**한다(금융소비자보호법 제17조).

라. (✕) 보험회사는 **정당한 사유가 없으면** 이에 동의하여야 하며, 언제나 동의하여야 하는 것은 아니다(보험업법 제2조 제19호 단서).

마. (○) 보험업법 제2조 제19호, 동법 시행령 제6조의2 제2항, 제3항

03

정답 ①

해설 보험대리점으로 등록된 자는 보험중개사가 될 수 없다(보험업법 제89조 제2항 제2호).

② 보험업법 제89조 제1항
③ 보험업법 제89조의3 제1항
④ 보험업법 제92조 제1항

04

정답 ④

해설 연금보험계약(퇴직보험계약을 포함한다)은 생명보험상품에 포함된다(보험업법 제2조 제1호 가목, 동법 시행령 제1조의2 제2항 제2호).

① 보험업법 제2조 제2호
② 보험업법 제2조 제1호
③ 보험업법 제2조 제1호 나목, 동법 시행령 제1조의2 제3항

05

정답 ①

해설 보험회사가 아닌 자와 보험계약을 체결할 수 있는 경우(보험업법 시행령 제7조 제1항)

1. 외국보험회사와 생명보험계약, 수출적하보험계약, 수입적하보험계약, 항공보험계약, 여행보험계약, 선박보험계약, 장기상해보험계약 또는 재보험계약을 체결하는 경우
2. 제1호 외의 경우로서 대한민국에서 취급되는 보험종목에 관하여 셋 이상의 보험회사로부터 가입이 거절되어 외국보험회사와 보험계약을 체결하는 경우
3. 대한민국에서 취급되지 아니하는 보험종목에 관하여 외국보험회사와 보험계약을 체결하는 경우
4. 외국에서 보험계약을 체결하고, 보험기간이 지나기 전에 대한민국에서 그 계약을 지속시키는 경우
5. 제1호부터 제4호까지 외에 보험회사와 보험계약을 체결하기 곤란한 경우로서 **금융위원회의 승인을 받은 경우**

06

정답 ③

해설 가, 나, 라, 마

보험회사가 겸영할 수 있는 금융업무(보험업법 제11조, 동법 시행령 제16조 제1항, 제2항)

1. 대통령령으로 정하는 금융 관련 법령에서 정하고 있는 금융업무로서 해당 법령에서 보험회사가 할 수 있도록 한 업무 (2023.5.16. 개정)
   - 「자산유동화에 관한 법률」에 따른 **유동화자산의 관리업무**
   - 「한국주택금융공사법」에 따른 **채권유동화자산의 관리업무**
   - 「전자금융거래법」 제28조 제2항 제1호에 따른 전자자금이체업무(결제중계시스템의 참가기관으로서 하는 전자자금이체업무와 보험회사의 전자자금이체업무에 따른 자금정산 및 결제를 위하여 결제중계시스템에 참가하는 기관을 거치는 방식의 전자자금이체업무는 제외한다)
   - 「신용정보의 이용 및 보호에 관한 법률」에 따른 본인신용정보관리업
2. 대통령령으로 정하는 금융업으로서 해당 법령에 따라 인가·허가·등록 등이 필요한 금융업무
   - 「자본시장과 금융투자업에 관한 법률」 제6조 제4항에 따른 **집합투자업**
   - 「자본시장과 금융투자업에 관한 법률」 제6조 제6항에 따른 투자자문업
   - 「자본시장과 금융투자업에 관한 법률」 제6조 제7항에 따른 투자일임업
   - 「자본시장과 금융투자업에 관한 법률」 제6조 제8항에 따른 신탁업
   - 「자본시장과 금융투자업에 관한 법률」 제9조 제21항에 따른 집합투자증권에 대한 투자매매업
   - 「자본시장과 금융투자업에 관한 법률」 제9조 제21항에 따른 집합투자증권에 대한 투자중개업
   - 「외국환거래법」 제3조 제16호에 따른 외국환업무
   - 「근로자퇴직급여보장법」 제2조 제13호에 따른 **퇴직연금사업자의 업무**
   - 보험업의 경영이나 법 제11조의2에 따라 보험업에 부수(附隨)하는 업무의 수행에 필요한 범위에서 영위하는 「전자금융거래법」에 따른 선불전자지급수단의 발행 및 관리 업무
3. 그 밖에 보험회사의 경영건전성을 해치거나 보험계약자 보호 및 건전한 거래질서를 해칠 우려가 없다고 인정되는 금융업무로서 대통령령으로 정하는 금융업무

07

정답 ①

해설 가. (○) 보험업법 제23조 제1항
나. (○) 보험업법 제25조 제1항, 제3항
다. (×) 주식회사의 **이사**는 조직변경에 관한 사항을 보험계약자 총회에 보고하여야 한다(보험업법 제27조).
라. (×) 보험계약자 총회는 보험계약자 과반수의 출석과 그 의결권의 **4분의 3 이상**의 찬성으로 결의한다(보험업법 제26조 제1항).

08

정답 ③

해설 주식회사는 그 조직을 변경하여 상호회사로 할 수 있지만, **상호회사는 주식회사로 조직변경을 할 수 없다**(보험업법 제20조 제1항).

① 보험업법 제22조 제1항
② 보험업법 제21조 제2항
④ 보험업법 제20조 제2항

09

정답 ②

해설 **외국보험회사국내지점의 자산 보유 등(보험업법 시행령 제25조의2)**
외국보험회사국내지점은 다음 각 호의 어느 하나에 해당하는 자산을 대한민국에서 보유하여야 한다.
1. 현금 또는 국내 금융기관에 대한 예금, 적금 및 부금
2. 국내에 예탁하거나 보관된 증권
3. 국내에 있는 자에 대한 대여금, 그 밖의 채권
4. 국내에 있는 고정자산
5. **삭제** 〈2022.12.27.〉
6. **국내에 적립된** 제63조 제2항에 따른 재보험자산
7. 제1호부터 제6호까지의 자산과 유사한 자산으로서 금융위원회가 정하여 고시하는 자산

10

정답 ④

해설 금융위원회는 국내사무소가 보험업법 또는 보험업법에 따른 명령 또는 처분을 위반한 경우에는 6개월 이내의 기간을 정하여 업무의 정지를 명하거나 **국내사무소의 폐쇄를 명할 수 있다**(보험업법 제12조 제5항).

① 보험업법 제12조 제4항
② 보험업법 제12조 제2항
③ 보험업법 제12조 제3항 제2호, 제3호

11

정답 ②

해설 보험회사간의 합병 등으로 상호협정의 구성원이 변경되는 사항은 '**경미한 사항**'에 해당되므로 공정거래위원회와 협의하지 않아도 된다(보험업법 제125조 제3항, 동법 시행령 제69조 제3항 제1호).

① 보험업법 제125조 제2항
③ 보험업법 제125조 제3항
④ 보험업법 제125조 제1항, 동법 시행령 제69조 제3항 제2호

12

정답 ③

해설 가. (○) 보험업법 시행령 제65조 제1항 제2호 〈2022.12.27. 개정〉
나. (○) 보험업법 시행령 제65조 제1항 제3호
다. (○) 보험업법 시행령 제65조 제2항 제2호
라. (✕) 금융위원회가 보험회사에 대하여 자본금 또는 기금의 증액명령, 주식 등 위험자산 소유의 제한 등의 조치를 하려는 경우에는 해당 **조치가 보험계약자의 보호를 위하여 적절한지 여부를 고려하여야 한다**(보험업법 시행령 제65조 제3항 제1호).

13

정답 ②

해설 조문체제의 변경, 자구수정 등 보험회사가 이미 신고한 기초서류의 내용의 본래 취지를 벗어나지 아니하는 범위에서 기초서류를 변경하는 경우는 금융위원회의 **신고사항에서 제외**된다(보험업법 시행령 제71조 제1항 단서).

① 보험업법 제127조의3
③ 보험업법 제127조 제3항
④ 보험업법 제128조 제1항

14

정답 ③

해설 영업에 관하여 성년자와 같은 능력을 가지지 아니한 미성년자는 그 법정대리인이 파산선고를 받고 복권되지 아니한 경우에는 보험설계사로 **등록할 수 없다**(보험업법 제84조 제2항 제2호, 제8호).

① 보험업법 제84조 제1항
② 보험업법 제84조 제2항 제3호
④ 보험업법 제84조 제2항 제4호

15

정답 ①

해설 가. (○) 보험업법 시행령 제29조 제4항 제1호

나. (×) 모집을 위탁한 보험회사에 대하여 회사가 정한 **수수료·수당 외에 추가로 대가**를 지급하도록 요구하는 행위가 금지행위이다.

다. (×) 보험계약을 체결하려는 자의 **의사에 반하여** 다른 보험회사와의 보험계약 체결을 권유하는 등 모집을 위탁한 보험회사 중 어느 한 쪽의 보험회사만을 위하여 모집하는 행위가 금지행위이다.

라. (○) 보험업법 시행규칙 제16조 제2항 제2호

마. (×) 교차모집을 위탁한 보험회사에 대하여 **합리적 근거 없이** 다른 보험설계사보다 우대하여 줄 것을 요구하는 행위가 금지행위이다.

> **TIP** 교차모집보험설계사의 금지행위(보험업법 시행령 제29조 제4항, 시행규칙 제16조 제2항)
>
> 1. 업무상 알게 된 특정 보험회사의 정보를 다른 보험회사에 제공하는 행위
> 2. 보험계약을 체결하려는 자의 의사에 반하여 다른 보험회사와의 보험계약 체결을 권유하는 등 모집을 위탁한 보험회사 중 어느 한 쪽의 보험회사만을 위하여 모집하는 행위
> 3. 모집을 위탁한 보험회사에 대하여 회사가 정한 수수료·수당 외에 추가로 대가를 지급하도록 요구하는 행위
> 4. 그 밖에 보험계약자 보호와 모집질서 유지를 위하여 총리령으로 정하는 행위
>   • 교차모집을 위탁한 보험회사에 대하여 합리적 근거 없이 다른 보험설계사보다 우대하여 줄 것을 요구하는 행위
>   • 교차모집을 위탁한 보험회사에 대하여 다른 교차모집 보험설계사 유치를 조건으로 대가를 요구하는 행위
>   • 교차모집 관련 보험계약 정보를 외부에 유출하는 행위

16

정답 ③

해설 고객의 폭언이나 성희롱, 폭행 등이 관계 법률의 형사처벌규정에 위반된다고 판단되고 그 행위로 피해를 입은 **직원이 요청하는 경우** 관할 수사기관 등에 고발조치한다(보험업법 시행령 제29조의3 제1호).

① 보험업법 제85조의4 제1항 제1호
② 보험업법 제85조의4 제1항 제3호
④ 보험업법 시행령 제29조의3 제3호

17

정답 ④

해설 가. (○) 보험업법 제87조 제2항 제1호

나. (×) 보험대리점은 자기 또는 자기를 고용하고 있는 자를 보험계약자 또는 피보험자로 하는 보험을 모집하는 것을 **주된 목적으로 하지 못한다**(보험업법 제101조 제1항).

다. (○) 보험업법 제87조 제2항 제3호

라. (○) 보험업법 제87조 제2항 제2호

마. (×) 「상호저축은행법」에 따른 **상호저축은행은 보험대리점으로 등록할 수 있다**(보험업법 제91조 제1항 제3호).

18

정답 ①

해설 **농협은행이 모집할 수 있는 손해보험상품(보험업법 시행령 별표 5)**
- 개인연금
- 화재보험(주택)
- 종합보험
- 장기저축성 보험
- 상해보험(단체상해보험은 제외한다)
- 신용손해보험
- 개인장기보장성 보험 중 제3보험(주계약으로 한정하고, 저축성보험 특별약관 및 질병사망 특별약관을 부가한 상품은 제외한다)

19

정답 ③

해설 금융기관보험대리점 등(최근 사업연도 말 현재 자산총액이 2조원 이상인 기관만 해당한다)이 모집할 수 있는 1개 생명보험회사 또는 1개 손해보험회사 상품의 모집액은 매 사업연도별로 해당 금융기관보험대리점 등이 신규로 모집하는 생명보험회사 상품의 모집총액 또는 손해보험회사 상품의 모집총액 각각의 100분의 25(보험회사 상품의 모집액을 합산하여 계산하는 경우에는 100분의 33)를 초과할 수 없다(보험업법 시행령 제40조 제6항).

① 보험업법 시행령 제40조 제3항 제3호
② 보험업법 시행령 제40조 제5항
④ 보험업법 시행령 제40조 제8항

20

정답 ②

해설 실제 부담한 의료비만 지급하는 제3보험 상품계약(**실손의료보험계약**)과 실제 부담한 손해액만을 지급하는 것으로서 금융감독원장이 정하는 보험상품계약의 경우에는 중복보험계약의 확인의무가 적용된다(보험업법 제95조의5 제1항, 동법 시행령 제42조의5 제1항).

21

정답 ②

해설 **특별이익의 제공 금지(보험업법 제98조, 동법 시행령 제46조)**
보험계약의 체결 또는 모집에 종사하는 자는 그 체결 또는 모집과 관련하여 보험계약자나 피보험자에게 다음 각 호의 어느 하나에 해당하는 특별이익을 제공하거나 제공하기로 약속하여서는 아니 된다.
1. 금품(대통령령으로 정하는 금액을 초과하지 아니하는 금품은 제외한다)
   ※ "**대통령령으로 정하는 금액**"이란 보험계약 체결시부터 최초 1년간 납입되는 보험료의 100분의 10과 3만원(보험계약에 따라 보장되는 위험을 감소시키는 물품의 경우에는 20만원) 중 적은 금액을 말한다(보험업법 시행령 제46조). 〈2023.6.27. 개정〉

2. 기초서류에서 정한 사유에 근거하지 아니한 보험료의 할인 또는 수수료의 지급

3. 기초서류에서 정한 보험금액보다 많은 보험금액의 지급 약속

4. 보험계약자나 피보험자를 위한 보험료의 대납

5. 보험계약자나 피보험자가 해당 보험회사로부터 받은 대출금에 대한 이자의 대납

6. 보험료로 받은 수표 또는 어음에 대한 이자 상당액의 대납

7. 「상법」 제682조에 따른 제3자에 대한 청구권 대위행사의 포기

22

정답 ④

해설 보험대리점 또는 보험중개사가 모집한 자기 또는 자기를 고용하고 있는 자를 보험계약자나 피보험자로 하는 보험의 보험료 누계액(累計額)이 그 보험대리점 또는 보험중개사가 모집한 보험의 보험료의 100분의 50을 초과하게 된 경우에는 그 보험대리점 또는 보험중개사는 자기 또는 자기를 고용하고 있는 자를 보험계약자 또는 피보험자로 하는 보험을 모집하는 것을 그 주된 목적으로 한 것으로 본다(보험업법 제101조 제2항). 따라서 **직계가족을 보험계약자로 한 모집은 해당 사항이 아니다.**

23

정답 ②

해설 가. (×) 보험회사는 그 자산을 운용할 때 **안정성**·유동성·수익성 및 공익성이 확보되도록 하여야 한다 (보험업법 제104조 제1항).

나. (○) 보험업법 제108조 제3항

다. (×) 보험회사는 다른 회사의 의결권 있는 발행주식(출자지분을 포함한다) 총수의 **100분의 15를** 초과하는 주식을 소유할 수 없다(보험업법 제109조).

라. (○) 보험업법 제106조 제1항 제1호

마. (○) 보험업법 제108조 제2항

24

정답 ①

해설 **보험회사가 외국에서 보험업을 경영하는 자회사를 위한 채무보증 요건(보험업법 시행령 제57조의2 제2항)**

1. 채무보증 한도액이 보험회사 총자산의 **100분의 3** 이내일 것

2. 보험회사의 직전 분기 말 지급여력비율이 100분의 200 이상일 것

3. 보험금 지급채무에 대한 채무보증일 것

4. 보험회사가 채무보증을 하려는 자회사의 의결권 있는 발행주식(출자지분을 포함한다) 총수의 100분의 50을 초과하여 소유할 것(외국 정부에서 최대 소유 한도를 정하는 경우 그 한도까지 소유하는 것을 말한다)

25

[정답] ④

[해설] 배당보험계약의 계약자 지분은 계약자배당을 위한 재원과 **배당보험계약의 손실을 보전**하기 위한 목적 외에 다른 용도로 사용할 수 없다(보험업법 시행령 제64조 제5항).

① 보험업법 제118조 제1항
② 보험업법 제121조 제1항
③ 보험업법 제119조

26

[정답] ④

[해설] 보험회사는 자회사를 소유하게 된 날부터 15일 이내에 그 자회사의 정관과 다음의 서류를 금융위원회에 제출하여야 한다(보험업법 제117조 제1항, 동법 시행령 제60조 제1항). 〈2022.12.27. 개정〉
1. **정 관**
2. **업무의 종류 및 방법을 적은 서류**
3. **주주현황**
4. **재무상태표 및 포괄손익계산서 등의 재무제표와 영업보고서**
5. **자회사가 발행주식 총수의 100분의 10을 초과하여 소유하고 있는 회사의 현황**

27

[정답] ④

[해설] 보험회사는 보험계약을 이전한 경우에는 7일 이내에 그 취지를 공고하여야 하며, 보험계약을 이전하지 아니하게 된 경우에도 공고하여야 한다(보험업법 제145조).

① 보험업법 제69조 제1항
② 보험업법 제151조 제1항
③ 보험업법 제151조 제2항

28

[정답] ③

[해설]
가. (×) 보험회사는 계약의 방법으로 **책임준비금 산출의 기초가 같은 보험계약의 전부**를 포괄하여 다른 보험회사에 이전할 수 있다(보험업법 제140조 제1항).
나. (○) 보험업법 제141조 제2항
다. (×) 이의제기 기간 중 이의를 제기한 보험계약자가 이전될 보험계약자 총수의 **10분의 1**을 초과하거나 그 보험금액이 이전될 보험금 총액의 **10분의 1**을 초과하는 경우에는 보험계약을 이전하지 못한다(보험업법 제141조 제3항).
라. (○) 보험업법 제142조
마. (×) 보험회사가 보험계약의 전부를 이전하는 경우에 이전할 보험계약에 관하여 이전계약의 내용으로 보험금액의 삭감과 장래 보험료의 감액을 정할 수 **있다**(보험업법 제143조 제2호).

29

정답 ③

해설 보험회사가 합병을 하는 경우에는 합병계약으로써 그 보험계약에 관한 계산의 기초 또는 계약조항의 변경을 정할 수 있다(보험업법 제152조 제1항).

① 보험업법 제138조, 제139조
② 보험업법 제150조
④ 보험업법 제155조

30

정답 ④

해설 보험회사는 다음의 사유로 해산한 경우에는 보험금 지급 사유가 해산한 날부터 3개월 이내에 발생한 경우에만 보험금을 지급하여야 한다(보험업법 제158조 제1항, 제137조 제1항 제2호, 제6호, 제7호).
1. 주주총회 또는 사원총회의 결의(라)
2. 보험업의 허가취소(바)
3. 해산을 명하는 재판(사)

31

정답 ②

해설 금융위원회는 **3개월 전**부터 계속하여 자본금의 **100분의 5 이상**의 주식을 가진 주주의 청구에 따라 청산인을 해임할 수 있다(보험업법 제156조 제4항 제2호).

① 보험업법 제156조 제1항
③ 보험업법 제160조
④ 보험업법 제148조 제1항, 제158조 제1항

32

정답 모두 정답

해설 옳은 지문이 없어 모두 정답으로 처리

① 조사업무를 효율적으로 수행하기 위하여 **금융위원회**에 보건복지부, 금융감독원, 보험 관련 기관 및 단체 등으로 구성되는 보험조사협의회를 둘 수 있다(보험업법 제163조 제1항).
② 협의회의 의장은 **위원 중에서 호선(互選)**하며, 협의회 위원의 임기는 3년으로 한다(보험업법 시행령 제76조 제2항, 제3항).
③ **보험조사협의회**는 보험조사와 관련하여 보험업법 제162조에 따른 조사업무의 효율적 수행을 위한 공동 대책의 수립 및 시행에 관한 사항을 **심의한다**(보험업법 시행령 제77조 제1호).
④ 보험조사협의회는 해양경찰청장이 지정하는 소속 공무원 1명, 생명보험협회의 장 및 손해보험협회의 장이 **추천하는 사람 각 1명 중에서 금융위원회가 임명하거나 위촉하는** 15명 이내의 위원으로 구성할 수 있다(보험업법 시행령 제76조 제1항).

33

정답 ③

해설 ③ 보험업법 제168조 제1항

① 손해보험회사는 「화재로 인한 재해보상과 보험가입에 관한 법률」 제5조에 따른 신체손해배상특약부 화재보험계약의 제3자가 보험사고로 입은 손해에 대한 보험금의 지급을 **보장할 의무를 진다**(보험업법 제166조, 동법 시행령 제80조 제1항 제2호).

② 손해보험회사는 「예금자보호법」 제2조 제8호의 사유로 손해보험계약의 제3자에게 보험금을 지급하지 못하게 된 경우에는 즉시 그 사실을 보험협회 중 **손해보험회사로 구성된 협회**(이하 "손해보험협회"라 **한다)의 장**에게 보고하여야 한다(보험업법 제167조 제1항).

④ 손해보험협회의 장은 지급불능의 보고를 받으면 **금융위원회의 확인**을 거쳐 손해보험계약의 제3자에게 대통령령으로 정하는 보험금을 지급하여야 한다(보험업법 제169조 제1항).

34

정답 ②

해설 보험요율산출기관은 보험회사가 적용할 수 있는 순보험요율을 산출하지만, 보험상품의 비교·공시 업무는 **보험협회에서 담당**한다(보험업법 제175조 제3항 제2호).

① 보험업법 제176조 제1항
③ 보험업법 제176조 제5항
④ 보험업법 제176조 제11항

35

정답 ①

해설 손해사정사 또는 손해사정업자의 업무에 손해액 및 보험금의 사정과 보험약관 및 **관계법규 적용의 적정성 판단업무가 포함된다**(보험업법 제188조).

② 보험업법 시행령 제99조 제3항 제2호
③ 보험업법 제189조 제2항
④ 보험업법 제189조 제3항 제5호

36

정답 ③

해설
가. (○) 보험업법 제184조의3 제5항 〈2022.12.31. 신설〉

나. (×) 선임계리사가 되려는 자는 금융감독원장이 실시하는 시험에 합격하고 일정 기간의 실무수습을 마친 후 금융위원회에 등록한 보험계리사로서, **보험계리업무에 10년 이상 종사한 경력이** 있어야 한다. **이 경우 손해보험회사의 선임계리사가 되려는 사람은 대통령령으로 정하는 보험계리업무에 3년 이상 종사한 경력을 포함하여 보험계리업무에 10년 이상 종사한 경력이 있어야 한다**(보험업법 제182조 제1항, 제184조의2 제1항 제2호). 〈2022.12.31. 신설〉

다. (○) 보험업법 제184조의2 제1항 제3호 〈2022.12.31. 신설〉

라. (○) 보험업법 제184조의3 제2항 〈2022.12.31. 신설〉

마. (○) 보험업법 제184조의3 제3항 〈2022.12.31. 신설〉

37

정답 ①

해설
가. (○) 보험업법 제190조(동법 제86조 제1항 제4호 준용)

나. (×) 보험업법에 따라 보험계리사 등의 등록이 취소된 후 **2년**이 지나지 아니한 자는 보험계리사 등이 될 수 없다(보험업법 제190조, 동법 제84조 제2항 제5호 준용).

다. (×) 보험업법에 따라 보험계리사 등의 등록취소 처분을 2회 이상 받은 경우 최종 등록취소 처분을 받은 날부터 **3년**이 지나지 아니한 자는 보험계리사 등이 될 수 없다(보험업법 제190조, 동법 제84조 제2항 제6호 준용).

라. (×) 금융위원회는 보험계리사 등이 그 직무를 게을리하거나 직무를 수행하면서 부적절한 행위를 하였다고 인정되는 경우에는 **6개월 이내의 기간**을 정하여 업무의 정지를 명하거나 해임하게 할 수 있다(보험업법 제192조 제1항).

38

정답 ③

해설
보험회사는 보험계리에 관한 업무(기초서류의 내용 및 배당금 계산 등의 정당성 여부를 확인하는 것을 말한다)를 보험계리사를 고용하여 담당하게 하거나, 보험계리를 업으로 하는 자(이하 "보험계리업자"라 한다)에게 위탁하여야 한다(보험업법 제181조 제1항).

① 보험업법 시행령 제93조 제6항
② 보험업법 시행령 제93조 제1항
④ 보험업법 시행령 제93조 제4항

39

정답 ①

해설 보험설계사 및 보험대리점의 등록업무는 **보험협회에 위탁**하고, 보험중개사의 등록업무는 **금융감독원장에게 위탁**한다(보험업법 제194조 제1항, 제2항).

② 보험업법 제194조 제2항 제2호, 제4호
③ 보험업법 제194조 제2항 제3호, 제5호
④ 보험업법 제194조 제4항, 동법 시행령 제101조 제1항 제1호

40

정답 ②

해설 ① 등록된 보험중개사 – 금융감독원장
③ 등록된 보험계리업자 – 금융감독원장
④ 등록된 보험대리점 – 보험협회

TIP	인터넷 홈페이지 등을 이용하여 일반인에게 알려야 할 사항 및 알려야 할 주체(보험업법 제195조)	
일반인에게 알려야 할 사항		알려야 할 주체
• 허가받은 보험회사 • 설치된 국내사무소 • 인가된 상호협정		금융위원회
• 등록된 보험중개사 • 등록된 보험계리사 및 등록된 보험계리업자 • **등록된 손해사정사 및 등록된 손해사정업자**		**금융감독원장**
등록된 보험대리점		보험협회

01	02	03	04	05	06	07	08	09	10	11	12	13	14	15	16	17	18	19	20
③	③	②	④	①	④	①	④	①	③	④	②	②	③	②	②	④	③	①	①
21	**22**	**23**	**24**	**25**	**26**	**27**	**28**	**29**	**30**	**31**	**32**	**33**	**34**	**35**	**36**	**37**	**38**	**39**	**40**
④	①	③	①	④	③	②	④	③	④	④	②	①	④	④	②	①	①	④	③

문제편 151p

01

정답 ③

해설　보험자가 보험계약자로부터 보험계약의 청약과 함께 보험료 상당액의 전부 또는 일부를 받은 경우에 그 청약을 승낙하기 전에 보험계약에서 정한 보험사고가 생긴 때에는 그 청약을 거절할 사유가 없는 한 보험자는 보험계약상의 책임을 진다. 그러나 **인보험계약의 피보험자가 신체검사를 받아야 하는 경우에 그 검사를 받지 아니한 때에는 보험계약상의 책임을 부담하지 않는다**(상법 제638조의2 제3항).

02

정답 ③

해설　보험계약이 일단 그 계약 당시의 보통보험약관에 의하여 유효하게 체결된 이상 그 보험계약 관계에는 계약 당시의 약관이 적용되는 것이고, 그 후 보험자가 그 보통보험약관을 개정하여 그 약관의 내용이 상대방에게 불리하게 변경된 경우는 물론 유리하게 변경된 경우라고 하더라도, 당사자가 그 개정 약관에 의하여 보험계약의 내용을 변경하기로 하는 취지로 합의하거나 보험자가 구 약관에 의한 권리를 주장할 이익을 포기하는 취지의 의사를 표시하는 등의 특별한 사정이 없는 한 개정 약관의 효력이 개정 전에 체결된 보험계약에 미친다고 할 수 없다(대법원 2010.1.14. 선고 2008다89514, 89521 판결). 이 판례를 보면, 보험계약이 유효하게 체결된 이상 그 보험계약 관계에는 계약 당시의 약관이 적용되고 (불소급의 원칙), 보험계약 체결 후 약관이 개정된 경우 개정약관의 효력은 개정된 약관 내용의 유·불리를 불문하고 **기존계약에 소급적용 되지 않는다**는 사실을 알 수 있다.

03

정답 ②

해설　타인을 위한 보험계약의 경우 피보험자 또는 보험수익자는 수익의 의사를 표시하지 않더라도 당연히 그 계약의 이익을 받으므로, 보험사고가 발생하면 직접 보험자에 대하여 보험금, 그 밖의 급여청구권을 갖는다(상법 제639조 제2항).

04

정답 ④

해설 판례는 '다른 보험회사와 동종의 보험계약을 체결하고 있는 사실'을 '중요한 사항'의 사례로 인정하고 있으므로 **고지의무의 대상**이라고 보았다. 즉, 보험회사가 생명보험계약을 체결함에 있어 다른 보험계약의 존재 여부를 보험청약서에서 기재하여 질문하였다면 이는 그러한 사정을 보험계약을 체결할 것인지의 여부에 관한 판단자료로 삼겠다는 의사를 명백히 한 것으로 볼 수 있고, 그러한 경우에는 다른 보험계약의 존재 여부가 고지의무의 대상이 된다고 판시하고 있다. 한편, 손해보험에 있어서는 이와 같이 동일한 보험계약의 목적(피보험이익)과 동일한 사고에 관하여 수 개의 보험계약을 체결하는 경우 상법 제672조 제2항에 의하여 보험회사에 수 개의 보험계약 체결 사실을 통지해야 할 의무가 인정된다(대법원 2001.11.27. 선고 99다33311 판결).

05

정답 ①

해설 보험사고가 발생하여 그 당시의 장해상태에 따라 산정한 보험금을 지급받은 후 당초의 장해상태가 악화된 경우 추가로 지급받을 수 있는 보험금청구권의 소멸시효는 **그와 같은 장해상태의 악화를 알았거나 알 수 있었을 때부터** 진행한다고 보아야 한다(대법원 2009.11.12. 선고 2009다52359 판결).

② 상법 제662조
③ 대법원 2002.10.25. 선고 2002다32332 판결
④ 대법원 2008.11.13. 선고 2007다19624 판결

06

정답 ④

해설 상법 제660조에서 보험사고가 전쟁 기타의 변란으로 인하여 생긴 때에는 당사자간에 다른 약정이 없으면 보험자는 보험금액을 지급할 책임이 없다고 규정되어 있다. 이는 임의규정이므로 이와 다른 약정이 있으면 보험자는 보험금액을 지급할 책임을 지게 된다.

07

정답 ①

해설 보험기간 중에 **보험계약자 또는 피보험자**가 사고발생의 위험이 현저하게 변경 또는 증가된 사실을 안 때에는 지체 없이 보험자에게 통지하여야 한다(위험변경증가 통지의무, 상법 제652조 제1항). **보험수익자는 해당되지 않는다.**

② 보험계약자, 피보험자 또는 보험수익자의 '**위험유지의무**' 위반이다(상법 제653조).
③ 일시적으로 위험이 증가되는 경우는 약관에서 말하는 '**위험의 현저한 증가**'에 포함되지 않으므로 통지의무를 부담하지 아니한다(대법원 1992.11.10. 선고 91다32503 판결).
④ 피보험회사 근로자들이 회사의 폐업신고에 항의하면서 공장을 상당기간 점거하여 외부인의 출입을 차단하고 농성하는 행위가 화재보험약관상 실효사유인 보험목적건물에 대한 **점유의 성질의 변경 또는 그에 영향을 줄 수 있는 사정의 변경이 있는 경우**에 해당한다(대법원 1992.7.10. 선고 92다13301, 92다13318 판결).

08

정답 ④

해설 상법 제663조에 의하면, 당사자간의 특약으로도 **보험계약자나 피보험자 또는 보험수익자에게 불이익하게** 이를 변경하지 못한다(대법원 1991.2.26. 선고 90다카26270 판결).

① · ③ 상법 제663조의 보험계약자 등의 불이익변경금지원칙은 상대적 강행법규로 보험에 관한 지식이 부족한 보험계약자를 보호하는데 입법취지가 있으므로 가계보험 전반에 적용되지만 재보험 및 해상 보험, 기타 이와 유사한 보험에 대하여는 적용하지 않는다(상법 제663조 단서).

② 고객에 대하여 부당하게 불리한 조항으로서 '신의성실의 원칙에 반하여 공정을 잃은 약관조항'이라 는 이유로 무효라고 보기 위해서는, 약관조항이 고객에게 다소 불이익하다는 점만으로는 부족하고, 약관 작성자가 거래상의 지위를 남용하여 계약 상대방의 정당한 이익과 합리적인 기대에 반하여 형평에 어긋나는 약관조항을 작성·사용함으로써 건전한 거래질서를 훼손하는 등 고객에게 부당하 게 불이익을 주었다는 점이 인정되어야 한다. 그리고 이와 같이 약관조항의 무효 사유에 해당하는 '고객에게 부당하게 불리한 조항'인지는 약관조항에 의하여 고객에게 생길 수 있는 불이익의 내용과 불이익 발생의 개연성, 당사자들 사이의 거래과정에 미치는 영향, 관계법령의 규정 등 모든 사정을 종합하여 판단하여야 한다(대법원 2017.4.13. 선고 2016다274904 판결).

09

정답 ①

해설 보험계약의 부활은 기존계약이 **계속보험료의 부지급**으로 인해 상법 제650조 제2항(계속보험료가 약정한 시기에 지급되지 아니한 때에는 보험자는 상당한 기간을 정하여 보험계약자에게 최고하고 그 기간 내에 지급되지 아니한 때에는 그 계약을 해지할 수 있다)에 따라 최고의 절차를 거쳐 해지된 경우만 인정된다.

10

정답 ③

해설 보험료의 지급장소에 관하여 상법은 아무런 규정이 없으나, 실무에서는 원칙적으로 보험자의 영업소이다.

① 보험료 1차적 지급의무는 자기를 위한 보험계약은 물론 타인을 위한 보험계약의 경우에도 보험계약 자가 부담한다(상법 제639조 제3항).

② 보험료 지급의무는 지참채무이므로, 제3자도 할 수 있다. 그러나 채무의 성질 또는 당사자의 의사표 시로 제3자의 변제를 허용하지 아니하는 때에는 그러하지 아니하다(민법 제469조 제1항).

④ 보험계약자는 계약 체결 후 지체 없이 보험료의 전부 또는 제1회 보험료를 지급하여야 하며, 보험계 약자가 이를 지급하지 아니하는 경우에는 다른 약정이 없는 한 계약 성립 후 2월이 경과하면 그 계약은 해제된 것으로 본다(상법 제650조 제1항).

11

정답 ④

해설 甲은 **보험대리점**으로서 일정한 보험회사를 위하여 보험계약의 체결을 중개 또는 대리를 영업으로 하는 독립된 상인을 말한다. 보험계약자 등으로부터 고지·통지의무를 수령 할 수 있는 권한이 있으며, 보험계약의 체결, 변경, 해지 등 보험계약에 관한 의사표시를 할 수 있는 권한을 가진다.

乙은 **보험중개사**로서 보험회사와 보험계약자 사이의 보험계약의 성립을 중개하는 것을 영업으로 하는 독립된 상인이다.

丙은 **보험설계사**로서 보험자의 사용인으로서 한 회사에 소속되어 보험에 가입할 자에 대하여 보험계약의 청약을 인수하는 자이다.

12

정답 ②

해설 보험사고로 인하여 상실된 피보험자가 얻을 이익이나 보수는 당사자간에 다른 약정이 없으면 보험자가 보상할 손해액에 산입하지 아니한다(상법 제667조).

① 중복보험에 대한 설명이다(상법 제672조 제2항).
③ 미평가보험에 대한 설명이다(상법 제671조).
④ 운송보험계약의 면책규정에 대한 설명이다(상법 제692조).

13

정답 ②

해설 손해방지의무는 보험사고의 발생을 요건으로 하므로 보험계약자 등은 보험사고가 발생한 때부터 손해방지의무를 부담한다.

① 보험자는 보험의 목적의 안전이나 보존을 위하여 지급할 특별비용을 **보험금액의 한도** 내에서 보상할 책임이 있다(상법 제694조의3).
③ 보험계약자와 피보험자가 고의 또는 중대한 과실로 손해방지의무를 위반한 경우에는 보험자는 손해방지의무위반과 상당인과관계가 있는 손해, 즉 의무위반이 없다면 방지 또는 경감할 수 있으리라고 인정되는 손해액에 대하여 배상을 청구하거나 지급할 보험금과 상계하여 이를 공제한 나머지 금액만을 보험금으로 지급할 수 있으나, **경과실로 위반한 경우**에는 그러하지 아니하다(대법원 2016.1.14. 선고 2015다6302 판결).
④ 보험자가 보상하는 비용은 손해의 방지와 경감을 위하여 지출한 '**필요 또는 유익한 비용**'과 보상액이 보험금액을 초과한 경우라도 보험자가 이를 부담한다(상법 제680조).

14

정답 ③

해설 제3자는 피보험자가 책임을 질 사고로 입은 손해에 대하여 보험금액의 한도 내에서 보험자에게 직접보상을 청구할 수 있으며, 제3자의 직접청구권이 인정되더라도 보험자는 피보험자가 그 사고에 관하여 가지는 항변으로써 **제3자에게 대항할 수 있다**(상법 제724조 제2항).

① 보험사고가 보험기간에 발생하면 보험기간이 종료한 후에도 보험금청구권이 소멸되지 않는 한 보험자가 보험금 지급책임을 진다.

② 상법 제725조의2(수 개의 책임보험)

④ 상법 제723조 제1항(피보험자의 변제 등의 통지와 보험금액의 지급)

15

정답 ②

해설 선적항·양륙항·출하지·도착지는 **적하보험증권**의 기재사항이다(상법 제695조 제2호).

> **TIP** **협정보험가액**
>
> 계약 당사자가 임의로 협의하여 결정한 보험가액, 보험평가액(policy valuation)이라고도 한다. 보험가액을 객관적으로 결정할 수 없을 때 보험자와 보험계약자간에 협정한다. 법률로 정한 방법에 의해 결정되는 법정보험가액(legal insurable value)에 상대되는 개념이다. 한편 이러한 내용으로 계약하는 보험을 기평가보험(valued policy)이라고 한다.

16

정답 ②

해설 인보험은 손해보험과 달리 보험자는 보험사고로 인하여 생긴 보험계약자 또는 보험수익자의 청구권대위를 행사하지 못한다. 그러나 **상해보험의 경우**에 당사자간에 다른 약정(특약)이 있는 때에는 보험자는 피보험자의 권리를 해하지 아니하는 범위 안에서 **청구권대위를 행사할 수 있다**(상법 제729조).

17

정답 ④

해설 기평가보험으로 당사자간에 보험가액을 정한 때에는 그 가액은 사고발생시의 가액으로 정한 것으로 **추정한다**. 그러나 그 가액이 사고발생시의 가액을 현저하게 초과할 때에는 사고발생시의 가액을 보험가액으로 한다(상법 제670조).

① 상법 제639조(타인을 위한 보험)

② 상법 제650조의2(보험계약의 부활)

③ 상법 제658조(보험금액의 지급)

18

정답 ③

해설 선박의 존부가 **2개월간** 분명하지 아니한 때에는 그 선박의 행방이 불명한 것으로 하고, 이를 전손으로 추정한다(상법 제711조).

목적물(잔존물)대위는 목적물에 대한 권리이전의 효과가 법률상 당연히 발생하지만, 보험위부는 보험의 목적이 전부 멸실한 것과 동일시되는 일정한 경우에 피보험자의 특별한 의사표시가 있어야 한다. 그리고 목적물(잔존물)대위의 경우에는 피보험자에게 지급한 보험금액 한도 내에서만 보험자가 소유하지만, 보험위부의 경우에는 위부된 목적물의 가액이 피보험자에게 지급한 보험금액을 초과하더라도 여전히 보험자의 소유가 된다는 점에서 차이가 있다. 또한 보험자에게 소유권이 이전되는 시점은 목적물(잔존물)대위의 경우에는 보험사고가 발생한 때이나 보험위부의 경우에는 위부의 통지가 보험자에게 도달한 때이다.

19

정답 ①

해설 **피보험자우선설(차액설)**

피보험자 甲이 제3자인 乙로부터 우선적으로 손해배상을 받고, 나머지가 있으면 보험자가 이를 대위를 할 수 있다는 견해이다(통설). 즉, 보험자는 피보험자의 손해액을 우선 충당하고 남은 손해배상액, 즉 그 차액에 대해서만 청구권대위를 할 수 있다는 견해이다.

따라서, 문제에서 피보험자 甲은 보험자로부터 3천 6백만원을 지급받았으므로, 乙에 대해 취득하는 청구권 금액은 2천 4백만원이다.

乙의 변제자력이 4천만원이므로 보험자가 乙에게 청구할 수 있는 금액은,

4천만원 − 2천 4백만원 = 1천 6백만원이다.

20

정답 ①

해설 화재보험자는 화재의 소방 또는 손해의 감소에 필요한 조치로 인하여 생긴 손해를 보상할 책임이 있다(상법 제684조). 이 규정은 상법 제680조에 손해방지・경감을 위한 비용을 보험자가 부담하는 것과 같은 취지로 '**다른 약정이 있는 경우**'에 한하여 보상하는 것이 아니다.

② 상법 제684조(소방 등의 조치로 인한 손해의 보상)
③ 상법 제685조 제1호(화재보험증권 기재사항)
④ 상법 제686조(집합보험의 목적)

21

정답 ④

해설 해상보험계약에 있어 '**선장의 변경**'은 보험자의 면책사유가 아니다.

① 선박이 보험계약에서 정하여진 발항항이 아닌 다른 항에서 출항한 때에는 보험자는 책임을 지지 아니한다(상법 제701조 제1항).
② 선박이 정당한 사유 없이 보험계약에서 정하여진 항로를 이탈한 경우에는 보험자는 그때부터 책임을 지지 아니한다(상법 제701조의2).
③ 적하를 보험에 붙인 경우에 보험계약자 또는 피보험자의 책임 있는 사유로 인하여 선박을 변경한 때에는 그 변경 후의 사고에 대하여 책임을 지지 아니한다(상법 제703조).

22

정답 ①

해설 선박의 일부가 훼손되었으나, 이를 수선하지 아니한 경우에도 보험자는 그로 인한 감가액을 보상할 책임이 있다(상법 제707조의2 제3항).

② 상법 제708조(적하의 일부손해의 보상)
③ 상법 제709조 제1항(적하매각으로 인한 손해의 보상)
④ 상법 제704조 제1항(선박미확정의 적하예정보험)

23

정답 ③

해설 타인의 사망을 보험사고로 하는 보험계약에 피보험자의 서면동의를 얻도록 되어 있는 상법 제731조 제1항이나 단체가 구성원의 전부 또는 일부를 피보험자로 하는 생명보험계약을 체결하는 경우 피보험자의 개별적 동의에 갈음하여 집단적 동의에 해당하는 단체보험에 관한 단체협약이나 취업규칙 등 규약의 존재를 요구하는 상법 제735조의3의 입법 취지에는 이른바 도박보험이나 피보험자에 대한 위해의 우려 이외에도 피해자의 동의 없이 타인의 사망을 사행계약상의 조건으로 삼는 데서 오는 공서양속의 침해의 위험성을 배제하고자 하는 고려도 들어 있다 할 것인데, 이를 위반하여 위 법조 소정의 규약이나 서면동의가 없는 상태에서 단체보험계약을 체결한 자가 위 요건의 흠결을 이유로 그 무효를 주장하는 것이 신의성실의 원칙 또는 금반언의 원칙에 위배되는 권리행사라는 이유로 이를 배척한다면 위 입법 취지를 몰각시키는 결과를 초래하므로 특단의 사정이 없는 한 그러한 주장이 **신의성실 등의 원칙에 반한다고 볼 수는 없다**(대법원 2006.4.27. 선고 2003다60259 판결).

① 상법 제735조의3은 단체가 규약에 따라 구성원의 전부 또는 일부를 피보험자로 하는 생명보험계약을 체결하는 경우에는 제731조를 적용하지 아니한다고 규정하고 있으므로 위와 같은 단체보험에 해당하려면 위 법조 소정의 규약에 따라 보험계약을 체결한 경우이어야 하고, 그러한 규약이 갖추어지지 아니한 경우에는 강행법규인 상법 제731조의 규정에 따라 피보험자인 구성원들의 서면에 의한 동의를 갖추어야 보험계약으로서의 효력이 발생한다(대법원 2006.4.27. 선고 2003다60259 판결).
② 타인의 사망을 보험사고로 하는 보험계약에 있어서 피보험자가 서면으로 동의의 의사표시를 하거나 그에 갈음하는 규약의 작성에 동의하여야 하는 시점은 상법 제731조의 규정에 비추어 보험계약 체결 시까지이다(대법원 2006.4.27. 선고 2003다60259 판결).
④ 상법 제735조의3에서 단체보험의 유효요건으로 요구하는 '규약'의 의미는 단체협약, 취업규칙, 정관 등 그 형식을 막론하고 단체보험의 가입에 관한 단체내부의 협정에 해당하는 것으로서, 반드시 당해 보험가입과 관련한 상세한 사항까지 규정하고 있을 필요는 없고 그러한 종류의 보험가입에 관하여 대표자가 구성원을 위하여 일괄하여 계약을 체결할 수 있다는 취지를 담고 있는 것이면 충분하다 할 것이지만, 위 규약이 강행법규인 상법 제731조 소정의 피보험자의 서면동의에 갈음하는 것인 이상 취업규칙이나 단체협약에 근로자의 채용 및 해고, 재해부조 등에 관한 일반적 규정을 두고 있다는 것만으로는 이에 해당한다고 볼 수 없다(대법원 2006.4.27. 선고 2003다60259 판결).

24

정답 ①

해설 보험대리상이 아니면서 특정한 보험자를 위하여 계속적으로 보험계약의 체결을 중개하는 자는 **보험계약자로부터 보험료를 수령할 수 있는 권한**(보험자가 작성한 영수증을 보험계약자에게 교부하는 경우만 해당한다) 및 보험자가 작성한 보험증권을 보험계약자에게 교부할 수 있는 권한이 있다(상법 제646조의2 제3항). 다, 라는 보험대리상의 권한에 해당된다(상법 제646조의2 제1항).

25

정답 ④

해설 생명보험에는 피보험이익이 인정되지 않기 때문에 초과·중복·일부보험 문제가 발생하지 않는다.

26

정답 ③

해설 상법 제731조 제1항에 의하면 타인의 생명보험에서 피보험자가 서면으로 동의의 의사표시를 하여야 하는 시점은 '보험계약 체결시까지'이고, 이는 강행규정으로서 이에 위반한 보험계약은 무효이므로, 타인의 생명보험계약 성립 당시 피보험자의 서면동의가 없다면 그 보험계약은 확정적으로 무효가 되고, **피보험자가 이미 무효가 된 보험계약을 추인하였다고 하더라도 그 보험계약이 유효로 될 수는 없다**(대법원 2006.9.22. 선고 2004다56677 판결).

① 대법원 1998.11.27. 선고 98다23690 판결, 2006.6.29. 선고 2005다11602, 11619 판결
② 대법원 2006.6.29. 선고 2005다11602 판결
④ 대법원 2003.7.22. 선고 2003다24451 판결

27

정답 ②

해설 상해보험에 관하여는 **상법 제732조(15세 미만자 등에 대한 계약의 금지)**를 제외하고 생명보험에 관한 규정을 준용한다(상법 제739조). 즉, 15세 미만의 미성년자, 심신상실자 또는 심신박약자도 상해보험의 피보험자로 할 수 있다.

① 상해보험에서는 보험사고의 시기와 보험사고의 발생 여부가 불확정적이라는 점에서 손해보험과 유사하다.
③ 상법 제737조(상해보험자의 책임)
④ 상법 제738조(상해보험증권)

28

정답 ④

해설 보험수익자가 보험존속 중에 사망한 때에는 보험계약자는 다시 보험수익자를 지정할 수 있다. 이 경우에 보험계약자가 지정권을 행사하지 아니하고 사망한 때에는 **보험수익자의 상속인**을 보험수익자로 한다(상법 제733조 제2항).

① 상법 제733조 제1항
②·③ 상법 제733조 제2항

29

정답 ③

해설 ③ 상법 제736조 제1항

① 보험적립금반환의무는 고지의무위반으로 계약이 해지된 경우(상법 제651조)에도 **적용된다**(상법 제736조 제1항).

② 적립금의 반환청구권은 **3년간** 행사하지 아니하면 시효의 완성으로 소멸한다(상법 제662조).

④ 보험사고가 보험계약자의 고의 또는 중대한 과실로 인하여 생긴 때에는 **보험적립금반환의무를 부담하지 않는다**(상법 제736조 제1항, 단서).

30

정답 ④

해설 재보험계약은 법률상으로 원보험계약과는 구별되는 독립된 계약이므로, 원보험계약의 보험자가 보험금지급의무를 이행하지 않을 경우 피보험자 또는 보험수익자는 재보험자에게 직접 보험금지급청구권을 **행사할 수 없다**(상법 제661조 후단).

① 상법 제661조
② 상법 제726조(재보험에의 준용)
③ 손해가 제3자의 행위로 인하여 발생한 경우에 보험금을 지급한 보험자는 그 지급한 금액의 한도에서 그 제3자에 대한 보험계약자 또는 피보험자의 권리를 취득한다(상법 제682조 제1항).

31

정답 ④

해설 이행보증보험은 채무자인 보험계약자가 채권자인 피보험자에게 계약상의 채무를 이행하지 아니함으로써 손해를 입힌 경우에 보험자가 그 손해의 전보를 인수하는 것을 내용으로 하는 손해보험으로서 보험계약자의 피보험자에 대한 계약상의 채무이행을 담보하는 것이므로, 이행보증보험계약에 의하여 보험자가 피보험자에게 담보하는 채무이행의 내용은 채권자와 채무자 사이에서 체결된 주계약에 의하여 정하여지고, 이러한 주계약을 전제로 이행보증보험계약이 성립하지만, 그 주계약이 반드시 이행보증보험계약을 체결할 당시 이미 확정적으로 유효하게 성립되어 있어야 하는 것은 아니고, 장차 체결된 주계약을 전제로 하여서도 유효하게 이행보증보험계약이 체결될 수 있다(대법원 1999.2.9. 선고 98다49104 판결).

① 상법 제726조의5(보증보험자의 책임)

② 보증보험은 보험계약자의 채무불이행으로 피보험자가 입은 손해를 담보하기 때문에 손해보험계약의 성격을 갖는다.

③ 이행보증보험은 보험계약자인 채무자의 주계약상 채무불이행으로 인하여 피보험자인 채권자가 입게 되는 손해의 전보를 보험자가 인수하는 것을 내용으로 하는 손해보험으로서 실질적으로는 보증의 성격을 가지고 보증계약과 같은 효과를 목적으로 하는 점에서 보험자와 채무자 사이에는 민법상의 보증에 관한 규정이 준용되므로, 이행보증보험의 보험자는 민법 제434조를 준용하여 보험계약자의 채권에 의한 상계로 피보험자에게 대항할 수 있고, 그 상계로 피보험자의 보험계약자에 대한 채권이 소멸되는 만큼 보험자의 피보험자에 대한 보험금 지급채무도 소멸된다(대법원 2002.10.25. 선고 2000다16251 판결).

32

정답 ②

해설 손해액의 산정에 관한 비용은 **보험자의 부담**으로 한다(상법 제676조 제2항).

① · ③ 상법 제676조 제1항

④ 손해보험에서 보험사고가 발생하였을 때 보험자는 피보험자에게 실손해액 이상으로 보험금을 지급할 수 없다는 **손해보상의 원칙**(= 실손보상의 원칙 = 이득금지의 원칙)이 적용된다.

33

정답 ①

해설 보험사고가 **발생하기 전**에는 보험계약자는 언제든지 계약의 전부 또는 일부를 해지할 수 있다(상법 제649조 제1항).

② 상법 제649조 제2항(사고발생 전의 임의해지)

③ 상법 제654조 제1항(보험자의 파산선고와 계약해지)

④ 상법 제651조(고지의무위반으로 인한 계약해지)

34

정답 ③

해설 **가. – ⓑ 개별약정 우선의 원칙**

개별약정 우선의 원칙은 약관에서 정하고 있는 사항에 관하여 사업자와 고객이 약관의 내용과 다르게 합의한 사항이 있을 때에는 그 합의 사항은 약관보다 우선한다는 원칙이다(약관의 규제에 관한 법률 제4조). 즉, 판례에서도 일반적으로 당사자 사이에서 보통보험약관을 계약내용에 포함시킨 보험계약서가 작성된 경우에는 계약자가 그 보험약관의 내용을 알지 못하는 경우에도 그 약관의 구속력을 배제할 수 없는 것이 원칙이나, 다만 **당사자 사이에서 명시적으로 약관에 관하여 달리 약정한 경우에는 약관의 구속력은 배제된다**고 하였다(대법원 1985.11.26. 선고 84다카2543 판결).

나. – ⓒ 효력유지적 축소해석의 원칙

축소해석의 원칙(수정해석)은 보험약관을 해석함에 있어서 신의성실의 원칙을 준수하기 위해 약관조항의 내용을 일정한 범위로 축소하거나 제한하는 해석원리이다.

이와 관련하여 판례는 "무면허운전면책조항은 무면허운전이 보험계약자나 피보험자의 지배 또는 관리가 가능한 상황에서 이루어진 경우에 한하여 적용되는 조항이고, 이와 같이 **수정된 범위 내에서 유효한 조항**이라고 할 것인 바, 여기서 무면허운전이 보험계약자나 피보험자의 지배 또는 관리 가능한 상황에서 이루어진 경우라 함은 구체적으로는 보험계약자나 피보험자의 **명시적 또는 묵시적 승인 하에 이루어진 경우**를 말한다"고 판시하였다(대법원 1998.1.23. 선고 97다38305 판결).

다. – Ⓐ 작성자불이익의 원칙

작성자불이익의 원칙은 약관의 뜻이 명백하지 아니한 경우에는 고객에게 유리하게 해석되어야 한다는 원칙이다(약관의 규제에 관한 법률 제5조 제2항). 즉, 보험계약 중 애매하거나 불명확한 조문 또는 조항은 작성자불이익의 원칙에 의해 해석한다.

이와 관련하여 판례는 "甲 보험회사의 보험계약 약관에서 말하는 암 수술급여금의 지급대상인 '수술'에 폐색전술이 해당하는지 여부가 문제된 사안에서, 乙이 받은 폐색전술은 보험계약 약관 제5조의 '수술'에 해당한다고 봄이 상당하고, 이러한 해석론이 약관 해석에 있어서의 작성자불이익의 원칙에도 부합하는 것"이라고 판시하였다(대법원 2010.7.22. 선고 2010다28208, 28215 판결).

35

정답 ④

해설 보험료의 감액은 **장래에 대하여서만** 그 효력이 있다(상법 제669조 제1항 단서).

36

정답 ②

해설 자동차종합보험보통약관상 "보험증권에 기재된 피보험자 또는 그 부모, 배우자 및 자녀가 죽거나 다친 경우에는 보상하지 아니합니다"라는 면책조항은 피보험자나 그 배우자 등이 사고로 손해를 입은 경우에는 그 가정 내에서 처리함이 보통이고 손해배상을 청구하지 않는 것이 사회통념에 속한다고 보아 규정된 것으로서, 그러한 사정은 사실혼관계의 배우자에게도 마찬가지라 할 것이므로, 여기서 "배우자"라 함은 반드시 법률상의 배우자만을 의미하는 것이 아니라, 관행에 따른 결혼식을 히고 혼인생활을 하면서 아직 혼인신고만 되지 않고 있는 **사실혼관계의 배우자도 이에 포함된다고** 봄이 상당하다(대법원 1994.10.25. 선고 93다39942 판결).

① 자동차보험표준약관 제1조 제13호 가목

③ 기명피보험자로부터 피보험자동차를 임대받아 운행하는 자는 영업용자동차보험 보통약관상 "기명피보험자로부터 허락을 얻어 피보험자동차를 운행하는 자"에 해당한다(대법원 2000.10.6. 선고 2000다32840 판결). 즉, 승낙피보험자에 해당한다.

④ 자동차의 소유자 또는 보유자가 주점에서의 음주 기타 운전장애 사유 등으로 인하여 일시적으로 타인에게 자동차의 열쇠를 맡겨 대리운전을 시킨 경우, 위 대리운전자의 과실로 인하여 발생한 차량사고의 피해자에 대한 관계에서는 자동차의 소유자 또는 보유자가 객관적, 외형적으로 위 자동차의 운행지배와 운행이익을 가지고 있다고 보는 것이 상당하다(대법원 1994.4.15. 선고 94다5502 판결).

37

정답 ①

해설 질병보험은 **상법상 인보험**이며, **보험업법상 제3보험**이다(보험업법 제4조 제3항).

상법은 인보험의 하나로 신체의 상해에 관한 보험사고를 대상으로 하는 상해보험에 관하여 규정하고 있다. 그리고 보험업법은 보험상품을 "위험보장을 목적으로 우연한 사건 발생에 관하여 금전 및 그 밖의 급여를 지급할 것을 약정하고 대가를 수수(授受)하는 계약(국민건강보험법에 따른 건강보험, 고용보험법에 따른 고용보험 등 보험계약자의 보호 필요성 및 금융거래 관행 등을 고려하여 대통령령으로 정하는 것은 제외한다)"으로서 생명보험상품, 손해보험상품, 제3보험상품을 말한다고 규정하고, 제3보험상품의 보험종목을 상해보험, 질병보험, 간병보험 등으로 규정하고 있다(대법원 2014.4.10. 선고 2013다18929 판결).

② 상법 제739조의3(질병보험의 준용규정)
③ 상해보험에서 담보되는 위험으로서 상해란 외부로부터의 우연한 돌발적인 사고로 인한 신체의 손상을 뜻하므로, 그 사고의 원인이 피보험자의 신체의 외부로부터 작용하는 것을 말하고, **신체의 질병 등과 같은 내부적 원인에 기한 것은 상해보험에서 제외되고 질병보험 등의 대상이 된다**(대법원 2001.8.21. 선고 2001다27579 판결, 대법원 2003.7.25. 선고 2002다57287 판결 등 참조).
④ 상법 제739조의2(질병보험자의 책임)

38

정답 ①

해설 보험기간이란 보험자의 위험부담책임이 시작되는 시기부터 끝날 때까지의 기간으로, 이를 위험기간 또는 책임기간, 담보기간, 부보기간이라고도 한다. 보험기간은 보험계약이 유효하게 존속하는 기간인 보험계약기간과 구별되는데 양자는 일치하는 것이 보통이나, **특약에 의하여 보험기간을 달리 설정할 수 있다.**

> • 보험기간 < 보험계약기간 = 예정보험
> • 보험기간 > 보험계약기간 = 소급보험

② 보험계약은 실제로 보험계약청약서를 작성하고 보험증권을 교부한다는 점에서 요식화되고 있으나, 원칙적으로 낙성·불요식 계약이다.
③ 초회보험료란 보험자의 책임개시의 요건이 되는 보험료를 말하며, 당사자간에 특약이 있을 경우에는 초회보험료를 납입하지 않아도 보험기간이 개시될 수 있다.
④ 보험계약의 해지는 당사자의 일방적 의사표시에 의해 계속적 계약관계를 종료하는 것으로 보험계약이 해지된 이후에 발생한 보험사고에 대하여 보험자는 보험금을 지급할 책임이 없다.

39

정답 ④

해설 중복보험이 성립되면 각 보험자는 각자의 **보험금액의 한도**에서 연대책임을 지고, 각 보험자의 보상책임은 각자의 보험금액의 비율에 따른다(상법 제672조 제1항).

① · ② 중복보험이라 함은 동일한 보험계약의 목적과 동일한 사고에 관하여 수 개의 보험계약이 동시에 또는 순차로 체결되고 그 보험금액의 총액이 보험가액을 초과하는 경우를 말하므로 보험계약의 목적 즉, 피보험이익이 다르면 중복보험으로 되지 않으며, 한편 **수 개의 보험계약의 보험계약자가 동일할 필요는 없으나 피보험자가 동일인일 것이 요구되고, 각 보험계약의 보험기간은 전부 공통될 필요는 없고 중복되는 기간에 한하여** 중복보험으로 보면 된다(대법원 2005.4.29. 선고 2004다57687 판결).

③ 수 개의 손해보험계약이 동시 또는 순차로 체결된 경우에 그 보험금액의 총액이 보험가액을 초과한 때에는 상법 제672조 제1항의 규정에 따라 보험자는 각자의 보험금액의 한도에서 연대책임을 지고 이 경우 각 보험자의 보상책임은 각자의 보험금액의 비율에 따르는 것이 원칙이라 할 것이나, 이러한 상법의 규정은 강행규정이라고 해석되지 아니하므로, 각 **보험계약의 당사자는 각개의 보험계약이나 약관을 통하여 중복보험에 있어서의 피보험자에 대한 보험자의 보상책임 방식이나 보험자들 사이의 책임 분담방식에 대하여 상법의 규정과 다른 내용으로 규정할 수 있다**(대법원 2002.5.17. 선고 2000다30127 판결).

40

정답 ③

해설 보험자가 보험계약을 체결할 때 보험약관의 교부 · 설명의무를 위반하는 경우에 보험계약자는 계약이 성립한 날부터 3개월 내에 계약을 취소할 수 있다(「보험업감독업무시행세칙」 별표 15. 생명보험표준약관 제18조 제3항). 위 취소사유에 해당하여 보험계약자가 계약을 취소하는 경우 보험회사는 보험계약자에게 **이미 납입한 보험료를 돌려주어야 하며,** 보험료를 받은 기간에 보험계약대출이율을 연단위로 계산한 금액을 더해 지급해야 한다(「보험업감독업무시행세칙」 별표 15. 생명보험표준약관 제18조 제5항).

① · ② · ④ 보험계약의 전부 또는 일부가 무효인 경우에 보험계약자와 피보험자가 선의이며 중대한 과실이 없는 때에는 보험자에 대하여 보험료의 전부 또는 일부의 반환을 청구할 수 있다. 보험계약자와 보험수익자가 선의이며 중대한 과실이 없는 때에도 같다(상법 제648조).

2018년 제41회 손해사정이론 정답 및 해설

문제편 166p

정답 CHECK

01	02	03	04	05	06	07	08	09	10	11	12	13	14	15	16	17	18	19	20
④	③	③	④	④	③	③	②	④	②	①	②	④	③	③	②	①	④	④	③

21	22	23	24	25	26	27	28	29	30	31	32	33	34	35	36	37	38	39	40
④	②	②	①	④	②	2,3,4	③	①	③	②	①	④	②	④	①	③	②	①	③

01

정답 ④

해설 재보험은 선박보험이나 대형 화재보험 등 원보험자가 인수한 위험의 크기가 너무 거대한 경우에 그 위험을 분산하기 위한 방법이다. 즉, 재보험은 보험회사의 위험을 분산시켜 경영안정성을 도모한다.

TIP	도덕적 위태의 방지대책

- 철저한 언더라이팅(underwriting)
- 공동보험제도(coinsurance)
- 보험 모집 방안의 개선
- 역선택의 방지
- 공제제도(deductible, 자기부담금제도)
- 초과 · 중복보험
- 손해사정업무의 철저화
- 보험범죄방지위원회 활용 및 형사고발 등

02

정답 ③

해설 산업재해보상보험은 근로자의 '업무상 재해'에 대해 고의 · 과실 유무를 불문하고 산업재해보상 보험급여를 지급하는 보험이다. 근로자가 출퇴근 재해로 부상 · 질병 또는 장해가 발생하거나 사망하면 업무상의 재해로 보기 때문에 **출퇴근 재해는 보상범위에 포함된다**(산업재해보상보험법 제37조 제1항 제3호).

03

정답 ③

해설 국민건강보험법 제58조 제1항에 의하면 "국민건강보험공단은 제3자의 행위로 보험급여 사유가 생겨 가입자 또는 피부양자에게 보험급여를 한 경우에는 그 급여에 들어간 비용 한도에서 그 제3자에게 손해배상을 청구할 권리를 얻는다"라고 규정되어 있으므로 구상제도가 있다.

국민건강보험공단이 대위취득하는 손해배상채권의 범위(대법원 2015.9.10. 선고 2014다206853 판결)

국민건강보험공단은 불법행위의 피해자에게 국민건강보험법에 따른 건강보험 보험급여를 한 경우 그 급여에 들어간 비용의 한도에서 피해자의 가해자에 대한 손해배상채권을 얻는다(국민건강보험법 제58조 제1항). 이는 건강보험 보험급여를 받은 피해자가 다시 가해자로부터 손해배상을 받음으로써 이중의 이익을 얻는 것을 방지하기 위한 것이므로, 국민건강보험공단이 피해자를 대위하여 얻는 손해배상채권은 피해자의 전체 손해배상채권 중 건강보험 보험급여와 동일한 사유에 의한 손해배상채권으로 한정된다(대법원 1993.12.21. 선고 93다34091 판결, 대법원 2011.5.13. 선고 2009다100920 판결 등 참조). 따라서 손해의 발생 또는 확대에 피해자의 과실이 경합한 경우에 위 규정에 따라 국민건강보험공단이 가해자에 대하여 주장할 수 있는 손해배상채권액은 전체 손해배상채권이 아니라 국민건강보험공단이 대위하여 얻는 손해배상채권, 즉 건강보험 보험급여와 동일한 사유에 의한 손해배상채권에 과실상계를 한 범위 내에서 보험급여에 들어간 비용을 한도로 산정하여야 한다.

04

정답 ④

해설 운송보험이란 육상운송에 있어서 운송물에 대하여 발생할 수 있는 손해를 보상할 것을 목적으로 하는 손해보험이다. 보험가액에 대해 당사자간의 협정이 없으면 보험가액불변경주의에 따라 **발송한 때와 곳의 가액과 도착지까지의 운임, 기타의 비용(보험비용, 포장비 등)을** 보험가액으로 한다(상법 제689조 제1항).

> **TIP** 희망이익
>
> 상법 제698조(희망이익보험의 가액)에 따라 추론하면 희망이익의 보험가액은 협정보험가액으로서 당사자간의 협정에 의하여 정해지는 것이 일반적이다.

05

정답 ④

해설 자산운용은 미래현금흐름의 순현재가치를 극대화하는 투자행위를 말한다. 자산운용에 따른 투자수익은 보험회사의 재무적 안정성을 확보하는데 중요하지만 보험회사가 위험인수 방침을 설정할 때 고려해야 할 사항과는 관련이 없다.

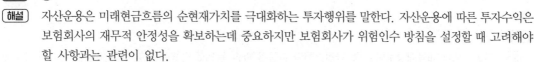

① 보험회사의 인수능력, 즉 계약자의 보험사고를 보상힐 수 있는 충분한 재무적 능력이 있는지 파악하어야 한다.

② 보험회사가 보험금 지급능력과 경영건전성을 확보하고 있는지 계약자 보호를 위해 감독·규제사항을 고려해야 한다.

③ 재보험은 보험회사의 위험을 분산시켜 경영안정성을 도모하고 위험인수능력을 향상시키므로 고려해야 할 사항이다.

06

정답 ③

해설 ③은 **과실(분담)비율**에 대한 설명이다. 과실상계율은 과실상계할 때 피해자의 과실을 참작하는 정도를 의미한다.

① 과실상계란 불법행위나 채무불이행으로 인한 손해배상청구의 경우에 그 손해의 발생 또는 그 증대에 대하여 피해자(채권자·배상권리자)에게도 과실이 있으면 배상유무 및 손해액을 정하는데 참작하는 것이다(민법 제396조, 제763조). 상계라고는 하나 고유한 의미의 상계(민법 제492조, 제499조)는 아니며, 오로지 자기의 과실에 의한 손해를 전부 타인에게 전가하는 것은 형평의 정신에 반한다는 취지의 제도이다. 따라서 사고발생에 피해자도 기여하였다면 형평의 원칙에 입각하여 기여한 만큼에 해당하는 금액을 손해배상금에서 공제하는 것을 말한다.

② 과실상계의 기능에 대한 설명이다(대법원 1987.9.8. 선고 86다카1045 판결).

④ 불법행위에 있어서 피해자의 과실을 따지는 과실상계에서의 과실은 가해자의 과실과 달리 사회통념이나 신의성실의 원칙에 따라 공동생활에 있어 요구되는 약한 의미의 부주의를 가리키는 것으로 보아야 한다(대법원 1999.2.26. 선고 98다52469 판결).

07

정답 ③

해설 경과손해율은 가입자가 낸 보험료(수입보험료)에서 보험사가 위험분담을 위해 드는 재보험비용 등을 뺀 '**경과보험료**'에 대한 '**발생손해액(보험금)**'의 비율이다. 즉, 경과손해율은 발생손해액(발생한 손해액)을 경과보험료(벌어들인 보험료)로 나눈 값이다.

• 발생손해액(Incurred losses)
= 해당 회기연도에서 발생한 사고로 지급되는 보험금(손해사정비용 포함) + 보험지급준비금(IBNR 포함)

• 경과보험료(Earned Premiums)
= (원수보험료 + 수재보험료 – 해약환급금) – (출재보험료 – 해약환급금 환입) + 전기이월 미경과보험료

08

정답 ②

해설 자동차보험 대물배상보험금 중 간접손해란 자동차 파손 등으로 발생한 수리비(직접손해) 이외에 차량을 사용하지 못해 생기는 2차적인 경제적 손해를 말한다. 여기에는 "**대체비용, 대차료, 휴차료, 영업손실**" 등이 포함된다.

TIP	자동차 시세하락 손해(격락손해)가 통상손해로 인정되는 경우
불법행위로 인하여 물건이 훼손되었을 때 통상의 손해액은 수리가 가능한 경우에는 그 수리비, 수리가 불가능한 경우에는 교환가치의 감소액이 되고, 수리를 한 후에도 일부 수리가 불가능한 부분이 남아있는 경우에는 수리비 외에 수리불능으로 인한 교환가치의 감소액도 통상의 손해에 해당한다(대법원 1992.2.11. 선고 91다28719 판결, 대법원 2001.11.13. 선고 2001다52889 판결 참조).	

정답 ④

해설 지급여력기준금액 산출(보험업감독규정 제7-2조)

지급여력기준금액은 기본요구자본에서 법인세조정액을 차감한 후 기타 요구자본을 가산하여 산출한다.

1. 기본요구자본은 가목에서 정한 위험액에 대해 나목의 방법으로 산출한다. 〈2022.12.21. 신설〉
   가. 위험액 산출대상 : 생명 · 장기손해보험위험액, 일반손해보험위험액, 시장위험액, 신용위험액, 운영위험액
   나. 기본요구자본은 산출한 위험액을 기초로 아래 수식을 적용하여 산출한다. 다만, 각 위험액 간 상관관계를 나타내는 상관계수는 감독원장이 정한다. 〈2022.12.21. 개정〉

$$기본요구자본 = \sqrt{\sum_{i}\sum_{j} 상관계수_{ij} \times 개별위험액_i \times 개별위험액_j)} + 운영위험액$$

(단, i, j는 생명 · 장기손해보험, 일반손해보험, 시장, 신용)

2. 법인세조정액은 기본요구자본에 상응하는 손실이 발생하는 경우 순이연법인세자산 증가로 보전할 수 있는 손실금액을 의미하며, 감독원장이 정하는 기준에 따라 산출한다. 〈2022.12.21. 신설〉

3. 기타요구자본은 기본요구자본을 적용하기 어려운 자회사 등에 적용하는 요구자본을 의미하며, 감독원장이 정하는 기준에 따라 산출한다. 〈2022.12.21. 신설〉

TIP 新지급여력제도(K-ICS) 주요 내용

※ K-ICS 비율 = 가용자본 / 요구자본

보험회사에 내재된 리스크를 측정(→ 요구자본)하여 이에 상응하는 자본(→ 가용자본)을 보유하도록 하는 지급여력제도

1. 가용자본(= 지급여력금액)

K- ICS 비율의 분자에 해당하는 「가용자본」은 자산 · 부채 모두 현재가치로 평가한 순자산(자산 − 부채)을 기반으로 하며, 「손실흡수성의 원칙」을 충족할 수 있도록 재무제표상 순자산에서 일부 항목을 조정하여 가용자본을 산출한다.

※ 가용자본의 손실흡수성 원칙 : 가용자본 중 손실흡수성이 높은 항목은 기본자본(자본금, 이익잉여금 등)으로 분류하고 손실흡수성이 제한적인 항목은 보완자본(후순위채권 등)으로 분류한다.

2. 요구자본(= 지급여력기준금액)

K-ICS 비율의 분모에 해당하는 「요구자본」에는 RBC(Risk Based Capital ; 위험기준자기자본제도) 대비 새로운 위험이 추가되는 바, 보험부채의 현재가치 평가로 인해 신규 노출(저금리 할인율 적용으로 부채증가)되거나 고령화 · 대재해 등 최근 환경변화로 중요성이 증대된 리스크(해지 · 사업비 · 장수 · 대재해 · 자산집중 리스크 등)도 측정한다. 또한, 자본건전성을 정교하게 측정할 수 있도록 리스크 측정시 「충격 시나리오법」을 도입하며, 리스크 추정치에 대한 신뢰수준도 99.5%로 상향(현행 RBC : 99.0%)하였다.

10

정답 ②

해설 풍수해보험은 **행정안전부가 관장하고 민영보험사(손해보험사)가 운영하는 정책보험**으로서 보험가입자가 부담하여야 하는 보험료의 일부를 국가 및 지방자치단체에서 보조함으로써 보험가입자로 하여금 저렴한 보험료로 예기치 못한 풍수해(태풍, 홍수, 호우, 해일, 강풍, 풍랑, 대설, 지진)에 대해 스스로 대처할 수 있도록 하는 선진국형 재난관리제도이다.

① 정부가 **보험료의 일부(보험의 70~92%)를 지원**하므로 보험계약자의 부담을 줄일 수 있다.
③ 풍수해보험은 **지진을 포함한** 태풍, 홍수 호우, 강풍, 풍랑, 해일, 대설 재해를 보상한다.
④ 가입대상시설물은 **주택(단독·공동)**, 온실(비닐하우스 포함)이다.

11

정답 ①

해설 **금융재보험(financial reinsurance)**은 저금리 추세의 지속과 대형 자연재해 발생 증가 등 급격한 불확실성을 경험하고 있는 상황에서 **대체위험전가(Alternative Risk Transfer) 중 대체재보험시장**으로 연구되고 있다.

② **대재해채권(catastrophe bond)**은 자연재해에 대한 위험을 헤지(hedge)할 수 있는 보험상품을 판매한 보험사가 채권을 발행하여 자본시장에 유통시킴으로써 자본시장의 투자자들에게 그 위험을 전가하는 새로운 형태의 위험관리기법이다.
③ **사이드카(sidecar)**는 보험사에 대한 추가적 인수능력을 제공하는 구조로 보험사가 비례재보험 방식을 통해 투자자 또는 제3자와 리스크를 공유하거나 그들에게 리스크를 넘기기 위해 설립된다. 투자자나 제3자는 리스크를 떠안는 대신 특정 보험 또는 재보험사업의 수익으로부터 이익을 얻을 수 있다.
④ **대재해옵션(catastrophe option)**은 자연재해의 지수가 일정수준을 상회하면 그 차이에 일정금액을 곱한 금액을 지급받을 수 있는 콜옵션이다.

TIP ART(Alternative Risk Transfer)

ART는 보험을 대체할 수 있는 순수위험의 전가수단을 의미한다. 즉, 보험 특유의 보험영업위험(underwriting risk)을 보험시장이 아닌 **자본시장의 투자위험(investment risk)으로 전가**시키는 것이다. 전가하는 형태는 보험위험의 증권화, 보험파생상품이 있는데 증권화에는 대재해채권(catastrophe bond)이 대표적이며, 보험파생상품에는 대재해옵션(catastrophe option), 선물(future), 스왑(swap), 사이드카(sidecar) 등이 있다.

자가보험	• self financing(자기조달) • captive insurance(자가보험)
대체재보험시장	• finite reinsurance(제한적 재보험＝금융재보험) • holistic cover(통합담보) • multi trigger cover(복합위험담보) • contingent capital(조건부 자본조달)
자본시장 (협의의 ART)	• derivative(보험파생상품) • securitization(보험위험의 증권화)

12

정답 ②

해설 타보험약관조항은 재산, 재해보험에서 도덕적 위험이 발생할 수 있어 타보험계약에 대하여 통지하도록 하고 있으며, 손해보상의 원리에 입각하여 보험자간의 분담방법(책임한도분담조항)을 다음과 같이 하고 있다.

(1) 보상한도액 비례분담방식

동위계약에서 주로 사용하며, 손실총액에 대하여 각 보험자가 차지하는 보험금액의 비율에 따라 손해액을 분담한다.

> A 보험사의 분담액 = 손해액 × (A 보험사의 보험금액 / A, B 보험사의 보험금액 합계)

(2) 독립책임액 분담방식(이위계약에서 사용하는 방법)

다른 보험계약이 없는 것으로 간주하여 각 보험자의 보상 독립책임액을 구한 후 각 보험자의 독립책임액의 각 보험자의 독립책임액의 합계에 대한 비율로 부담한다.

> A 보험사의 분담액 = 손해액 × (A 보험사의 독립책임액 / A, B 보험사의 독립책임액 합계)

- A 보험사의 독립책임액 = 2억원
- B 보험사의 독립책임액 = 6억원
- A 보험사의 지급보험금 : 6억원 × 2억원 / 8억원 = **1억 5,000만원**
- B 보험사의 지급보험금 : 6억원 × 6억원 / 8억원 = **4억 5,000만원**

13

정답 ④

해설 발생손해액 = 지급보험금 − 수입보험금 + 지급준비금 증감

※ 지급준비금은 향후 발생할 수 있는 보험사고에 대비하는 것이 아니라 이미 발생한 사고에 대한 준비금으로 개별추산준비금, IBNR준비금, 장래손해조사비 등으로 구성된다.

∴ 발생손해액 = 3,400만원 − 0원 + (4,000만원 + 3,500만원 + 530만원)

= **1억 1,430만원**

14

정답 ③

해설 잔존물대위가 인정되기 위해서는 보험자가 **보험금액의 전부를 피보험자에게 지급**하여야 한다(상법 제681조). 여기서 보험금액의 전부지급이란 보험의 목적이 입은 손해액뿐만 아니라, 보험자가 부담하는 손해방지비용이나 기타의 비용까지 지급한 것을 말한다.

15

정답 ③

해설 경기장 운영자는 관객이 야구경기장에서 경기를 관람하는 도중에 파울볼(foul ball)이 날아 올 수 있다는 사실을 인지하고도 자발적으로 경기를 보러 갔기 때문에 '리스크의 인정(assumption of risk)'의 법리를 주장하여 책임을 경감 또는 면제받을 수 있다.

즉, 과실로 발생된 **위험 사항에 대한 인지(認知)** 및 **그 인지된 위험에 대한 자발적 감수**가 필수적으로 증명되어야 한다.

① **기여과실(contributory negligence)**은 피해자가 자신의 손해에 기여한 점이 인정이 되는 경우에는 비록 그것이 아주 경미한 정도의 것이라도 가해자의 법적 책임은 부여되지 않는다는 법리이다.

② **상계과실(comparative negligence)**은 사고발생에 피해자도 기여하였다면 형평의 원칙에 입각하여 기여한 만큼에 해당하는 금액을 손해배상금에서 공제하는 법리이다.

④ **최종적 명백한 기회(last clear chance)**는 어느 일방이 최종적으로 사고발생을 회피할 명백한 기회를 가졌는가를 조사하고 이 기회를 가졌던 자가 일체의 책임을 진다는 법리이다.

16

정답 ②

해설 보험요율의 산정방식은 등급요율(집단요율) 산정방식과 개별요율 산정방식으로 구분된다. 등급요율 산정방식은 순보험료 방식과 손해율 방식이 있고, 개별요율 산정방식은 판단요율 방식, 경험요율 방식, 소급요율 방식, 예정표요율 방식 등이 있다.

> **TIP** 등급요율(집단요율)
>
> 유사한 위험을 집단으로 분류하여 특정집단에 대해 일률적으로 요율을 적용하는 것으로, 적용이 간편하고 비용이 저렴하여 보험모집인들이 신속히 요율을 제시하고 적용시킬 수 있다. 그러나 평균 이상이나 이하의 위험에 대해서는 공평하지 못하고 탄력적 적용이 곤란하다.

17

정답 ①

해설 순보험료 = 예상손실액 × 발생확률

$$= (100만원 \times \frac{700만원}{1,000만원} \times 0.1) + (500만원 \times \frac{700만원}{1,000만원} \times 0.1)$$

$$+ (1,000만원 \times \frac{700만원}{1,000만원} \times 0.1)$$

$$= 7만원 + 35만원 + 70만원 = 112만원$$

18

정답 ④

해설 보험계약자가 타인의 이익을 위하여 자기명의로 체결한 보험계약을 타인을 위한 보험계약(상법 제639조)이라고 한다. 여기서 '타인'이란 보험계약상의 이익을 받을 자로 손해보험에서는 피보험자, 인보험에서는 보험수익자를 말한다.

④의 경우는 **자기를 위한 보험계약**에 해당된다. 즉, 자기를 위한 보험계약은 보험계약자와 보험금청구권자가 동일한 경우이고, 타인을 위한 보험계약은 보험계약자와 보험금청구권자가 서로 다른 경우이다.

19

정답 ④

해설 보험자는 미리 정형화된 보험약관에 의하여 보험계약을 체결하게 되므로, 보험계약은 부합계약성을 가진다고 할 수 있다. 보험약관을 보험자가 일방적으로 작성하기 때문에 보험전문지식이 부족하고 전문용어에 대한 이해가 부족한 보험계약자의 불이익을 방지하기 위해 **불이익변경금지의 원칙**(보험약관의 내용이 보험계약자 측에게 불이익하게 변경된 경우에는 무효라는 규정), **약관교부설명의무**, **작성자불이익의 원칙**(보험약관을 해석함에 있어 그 내용이 불분명한 경우에는 보험자에게 불이익하게 해석함) 등의 수단이 사용되고 있다.

TIP	피보험이익의 원칙

피보험이익이란 보험목적물에 손해가 발생하였을 때 피보험자가 갖는 경제적 이해관계를 말한다. 상법 제668조에서는 피보험이익을 "보험계약의 목적"이라고 하여 금전적으로 산정할 수 있는 이익으로 한정하고 있다. 피보험이익의 기능은 보험자의 책임범위의 결정하고, 실손보상의 원칙을 실현(도박화, 도덕적 위태의 방지)하는데 있다.

20

정답 ③

해설 사회보험은 강제가입보험이므로 민영보험처럼 역선택이 존재하지 않는다. 즉, 민영보험에서는 보험계약자는 손해발생 가능성이 큰 위험을 스스로 선택하여 보험에 가입하려고 하는 역선택 성향을 보일 수 있다.

① · ② · ④ 보험의 공통적인 특징을 설명하고 있다.

21

정답 ④

해설 **자산운용의 원칙**
- **안전성** : 보험자산은 장래에 보험금 등으로 지급되어야 할 것이 대부분이기 때문에 무엇보다도 장래 보험금 등의 지급에 지장이 없도록 안정적으로 운용되어야 한다.
- **수익성** : 보험료는 예정이율로 미리 할인되어 있는 것이기 때문에 보험자산은 기본적으로 예정이율 이상으로 운용되어야 하며, 더욱이 계약자에 대해 배당금 등을 지급하여 계약자의 부담을 경감해 주기 위해서는 수익성이 높은 부문에 투자·운용되어야 한다. 이는 보험계약자의 권익보호는 물론 보험회사의 경쟁력을 확보하기 위해서도 매우 중요한 원칙이다.
- **유동성** : 보험회사는 보험금 등의 지급이 일시에 집중되는 경우에 대비하여 즉시 현금화 할 수 있는 예금이나 회사채 등과 같이 유동성(환금성)이 높은 자산으로 보유해야 한다.
- **공익성** : 보험자산은 다수의 일반국민, 즉 보험계약자가 납부한 보험료로 형성된 것이기 때문에 국민 생활이나 국가경제 발전에 기여할 수 있도록 공공성을 바탕으로 운용되어야 한다.

22

정답 ②

해설 보험위부는 **무조건**이어야 한다(상법 제714조 제1항).

① 보험위부의 통지는 서면이나 구두로 또는 일부는 서면으로 일부는 구두로 할 수 있고, 보험목적에 관한 피보험자의 부보 이익을 보험자에게 무조건 위부한다는 의사를 나타내는 것이면 어떠한 용어로 하여도 무방하다.
③ 보험위부는 불요식 법률행위로 보험자의 승낙을 요하지 않는 단독행위이며, 일단 위부 이후에는 임의로 철회하지 못한다.
④ 보험자가 위부를 승인한 후에는 그 위부에 대하여 이의를 하지 못한다(상법 제716조).

23

정답 ②

해설 통계측정의 가능 여부에 따라 **객관적 위험과 주관적 위험으로 분류**한다.
- **객관적 위험** : 보통의 사람들이 보편적으로 느끼는 위험이다. 객관적 위험은 대수의 법칙이 적용될 수 있으므로 관찰대상 사건수가 증가하면, 예상되는 사건과 실제사건간의 편차를 줄일 수 있다. 객관적 위험은 통계측정이 가능하여 보험사업자나 기업의 위험관리자에게 매우 유용한 개념이다.
- **주관적 위험** : 개인의 정신적, 심리적 상태에 따른 위험을 말한다. 예를 들어 폐소공포증이 있는 사람에게 엘리베이터는 다른 사람보다 훨씬 큰 위험으로 인식될 것이다. 이러한 주관적 위험은 개개인이 위험을 수용하는 태도에 따라 인식하는 위험의 정도가 상이하여 통계측정이 불가능하다.

24

정답 ①

해설 Cut-through Clause(직접지급조항)는 재보험자가 출재사 대신 피보험자에게 재보험금을 직접 지급할 수 있도록 규정하는 조항이다.

② Follow the Fortune Clause(운명추종조항) : 보험사고 처리와 관련하여 원보험자가 선의로 행동하였고, 그 손실이 재보험계약상 담보범위 내에 있는 이상 재보험자는 특별한 이의 없이 보상하여야 하는 조항

③ Claim Co-operation Clause(클레임협조조항) : 원보험자가 재보험자에게 원보험계약상 보험청구나 사고처리와 관련된 정보를 제공하고, Claim 처리와 관련하여 상호 협조할 의무가 있다는 조항

④ Arbitration Clause(중재조항) : 계약 쌍방이 분쟁을 소송대신 중재에 회부할 것을 동의하는 재보험증권상의 조항

25

정답 ④

해설 **구상권 행사의 절차**

1. **구상권 성립 여부의 확인**
   구상권 행사에 있어서 가장 먼저 해야 할 일은 구상권 성립 여부를 확인하는 것이다.

2. **구상권 행사가치 존재 여부의 판단**
   구상권 성립 여부가 확인되면 구상권을 행사할 가치가 있는지를 판단한다.

3. **구상채권의 확보**
   구상할 가치가 있다고 판단되면 구상채권의 확보가 요청된다. 구상채권의 확보란 피구상자의 재산조사 등을 행하여 부동산 등의 재산이 확인되면 가압류조치를 하여 재산도피 등을 방지하는 것을 말한다.

4. **임의변제의 요청**
   구상채권의 확보절차를 거친 후에 구상가액을 정하고 피구상자에게 임의변제를 요청한다.

5. **소송의 제기, 구상청구금액 감액 합의 또는 포기 여부의 판단과 결정**
   임의변제에 응하지 않으면 ① 구상소송을 제기할 것인지, ② 구상청구금액을 감액하여 피구상자와 합의할 것인지, ③ 미래의 구상채권으로 남겨두고 계속 관리할 것인지, ④ 구상포기를 할 것인지의 여부를 판단하여 결정한다.

26

정답 ②

해설 **피보험이익의 존재시기**

• **손해보험의 경우** : 보험계약 체결시점에는 피보험이익의 존재가 필요 없지만, 손해발생시점에는 반드시 피보험이익이 존재해야 한다. 미국의 경우 피보험이익의 존재시점은 보험계약 체결시점이다.

• **인보험의 경우** : 우리나라의 통설은 피보험이익이 존재하지 않는다는 입장이다. 인간에 있어 생명의 가치는 금전으로 평가가 불가능하기 때문이다. 따라서 보험가액의 개념도 없으므로 일부보험, 초과보험, 중복보험의 개념도 없다. 단, 영미법에서는 인보험에서도 피보험이익을 인정하고 있다.

27

정답 ②, ③, ④ 복수정답

해설 **권원보험(title insurance)**

부동산 권리 행사에 문제가 생겨 부동산 소유자나 저당권자가 입게 되는 손실을 보상해주는 보험으로 소유자용 권리보험과 저당권자용 권리보험의 2종류가 있다.

② 권원보험의 약관상 보험료는 **선납 후 보험증권을 교부받는 방식과 당사자가 정하는 시기에 납입하는 방식**으로 존재하나, 대부분 선납식이고 보험증권 발행시 지급하지 않는다. 즉, 청약과 동시에 선납 후 소유권이전등기를 진행하고, 소유권이전등기 확인 후 증권이 발급된다.

③ 보험계약이 보험료가 납입되어 유효한 계약이라면 **증권발급 이전이라도 소유권 하자에 따른 손실을 보상**한다.

④ 손해가 발생하면 **매매가액(보험가입금액)** 전액을 한도로 실손해액을 보상한다.

28

정답 ③

해설 **손해사정사의 업무(보험업법 제188조)**

1. 손해발생 사실의 확인
2. 보험약관 및 관계법규 적용의 적정성 판단
3. 손해액 및 보험금의 사정
4. 제1호부터 제3호까지의 업무와 관련된 서류의 작성·제출의 대행
5. 제1호부터 제3호까지의 업무 수행과 관련된 보험회사에 대한 의견의 진술

TIP 독립손해사정사의 부당행위 금지의무(보험업감독규정 제9-14조 제1항)
1. 보험금의 대리청구행위 2. 일정보상금액의 사전약속 또는 약관상 지급보험금을 현저히 초과하는 보험금을 산정하여 제시하는 행위 3. 특정변호사·병원·정비공장 등을 소개·주선 후 관계인으로부터 금품 등의 대가를 수수하는 행위 4. 불필요한 소송·민원유발 또는 이를 위한 소개·주선·대행 등을 이유로 대가를 수수하는 행위 5. 사건중개인 등을 통한 사정업무 수임행위 6. **보험회사와 보험금에 대한 합의 또는 절충행위** 7. 그 밖에 손해사정업무와 무관한 사항에 대한 처리약속 등 손해사정업무 수임유치를 위한 부당행위

29

정답 ①

해설 재해, 상해, 화재 등 손해발생을 의도적으로 조작하는 행위는 **경성사기(hard fraud)**에 해당된다.

연성사기(soft fraud)란 처음에는 사기를 할 생각이 없었지만 사고발생 후 기회주의적인 발상에 의해 자행되는 사기범죄를 말한다. 사고금액을 부풀리는 행위, 언더라이팅 과정에서 보험료 경감을 위해 허위 정보를 제공하는 행위가 대표적이다.

30

정답 ③

해설 비상위험준비금은 예측할 수 없는 이례적이고 거대한 보험사고가 발생함으로써 예상사고율을 초과하는 경우에 그 보험금의 지급재원으로 적립하는 금액으로서 보통의 책임준비금으로 감당하기 어려운 비상위험에 대비하고자 적립한 금액을 말한다. 손해보험업을 경영하는 보험회사는 해당 사업연도의 보험료 합계액의 100분의 50(보증보험의 경우 100분의 150)의 범위에서 금융위원회가 정하여 고시하는 기준에 따라 비상위험준비금을 계상하여야 한다.

비상위험준비금은 2010년 회계연도까지는 부채계정에 계상되었으나, 2011년 회계연도부터 적용된 한국채택국제회계기준(K-IFRS)에서 **자본계정(이익잉여금 항목)으로 편입**되었다.

31

정답 ②

해설 선언(declaration) 부문에는 보험계약의 주체 및 객체를 표시한다. 즉, 피보험자의 이름과 주소, 보험기간, 부과된 보험료, 제공된 담보, 담보의 배상책임 한도를 보여준다.

① 제외부문(exclusions) 규정에 대한 설명이다.
③ 조건부문(conditions) 규정에 대한 설명이다.
④ 보험가입합의문(insuring agreement) 규정에 대한 설명이다.

32

정답 ①

해설 초과손해액 특약재보험은 위험당 또는 사고당 사고손해액을 기준으로 원수보험자와 재보험자간의 책임을 분할하여 사전에 일정한 보상액과 재보험자의 책임한도액을 약정하는 방식이다.
재보험자는 사고당 5억원을 초과하는 20억원의 90%까지 부담한다.
즉, 20억원 × 0.9 = 18억원을 부담한다.
원수보험자의 지급보험금이 30억원이므로, 원수보험자가 부담하게 되는 순보유손해금액은,
30억원 − 18억원 = 12억원이다.

33

정답 ④

해설 A. 손해액(500만원)이 정액 공제(200만원)를 초과하므로 차감한 금액(300만원)을 보상한다.
B. 프랜차이즈 공제는 설정된 공제액을 초과하는 손해액을 전액 보상하므로 500만원을 보상한다.
C. 소멸성 공제는 공제액을 초과하는 손해액에 대해 보상하므로, 공제액(100만원)을 차감하고, 보상 조정계수(110%)를 반영하여 보상한다.
   즉, (500만원 − 100만원) × 1.1 = 440만원

34

정답 ②

해설 보험회사가 위험의 인수 여부 및 조건을 결정하고, 보험료를 산출하는 기초로 사용하는 개념은 PML(Probable Maximum Loss)이다. PML은 통상적인 조건하에서 담보위험이 야기할 수 있는 최대 손해의 추정액을 말한다. 여기서 통상적인 조건이란 사고발생시 손해범위를 한정시켜 줄 것으로 기대되는 제반사항을 말한다.

> **TIP** PML과 MPL
>
> PML과 MPL은 손해의 심도를 측정하는 접근방법 중 하나이다.
> 1. **PML(가능최대손실, Probable Maximum Loss)**
>   몇 개의 소화·경보시스템 중 가장 중요한 어떤 시스템이 작동하지 않거나 충분한 기능을 발휘하지 않는 경우에 상정되는 손실강도로 실제로 발생할 수 있는 최대 규모의 손실을 말하며, 보험회사가 리스크를 측정하여 보험가액을 결정할 때 사용하는 개념이다.
>
> 2. **MPL(최대가능손실, Maximum Possible Loss)**
>   모든 소방시스템이 정해져 있는 기능을 발휘하지 못하는 경우에 상정되는 손실강도로 실제로 발생할 가능성은 거의 없지만 이론적으로 가능한 최대의 손실규모를 말하며, 리스크에 노출된 대상 그 자체의 전체 가치이다.

35

정답 ④

해설 사고의 궁극적 원인을 경영관리의 문제라고 지적한 손실통제의 이론은 **TOR(technique of operation review) 시스템**이다. TOR 시스템은 사고의 원인을 경영정책이나 절차, 교육훈련 등의 경영시스템과 관련되어 있다는 견해이다.

36

정답 ①

해설 보험이란 단순히 말해서 위험의 결합으로 **(불확실성)**을 **(확실성)**으로 전환시키는 사회적 제도라고 할 수 있다. 즉, 보험은 다수의 동질적 위험을 한 곳에 모으는 위험결합을 통해서 가계나 기업의 **(실제손실)**을 **(평균손실)**로 대체하는 제도라고 할 수 있다.

37

정답 ③

해설 보험자대위는 "보험자가 보험금을 지급 후 피보험자 또는 보험계약자가 보험의 목적 또는 제3자에 대하여 가지는 법률상의 권리를 취득하는 것(상법 제681조, 제682조)"을 의미하며, 손해보험에서 적용된다. 보험자대위를 보험계약에서 특별히 인정하는 이유는 손해보험의 이득금지 원칙의 적용으로 보험자로부터 보험금을 수령한 피보험자가 다시 잔존물을 취득하거나 제3자로부터 손해배상을 받아 사고로 오히려 이득을 보는 것을 방지함으로써 도덕적 위태를 억제하기 위한 것으로, 법은 보험자에게 대위권의 취득을 인정하고 있다.

최대선의성의 원칙은 보험계약시 계약 당사자에게 다른 일반계약보다 훨씬 높은 정직성과 선의 혹은 신의성실을 요구한다. 즉, 보험계약은 자신에게 불리한 사실까지 보험자에게 알려야 하는 **고지의무,** **계약 체결 후 위험변경·증가의 통지의무, 손해방지경감의무, 사기로 인한 초과·중복보험시 보험계약의 무효규정, 고의·중과실 면책 등**에서 최대선의성의 원칙이 요구된다.

38

정답 ②

해설 보험계약 당시에 보험계약자 또는 피보험자가 고의 또는 중대한 과실로 인하여 중요한 사항을 고지하지 아니하거나 부실의 고지를 한 때에는 보험자는 그 사실을 안 날로부터 1월 내에, 계약을 체결한 날로부터 3년 내에 한하여 계약을 **해지**할 수 있다(상법 제651조).

① 사기적인 초과·중복보험을 **무효**로 하고 있다(상법 제669조 제4항, 제672조 제3항).
③ 15세 미만자, 심신상실자, 심신박약자의 사망보험계약도 **무효**로 하고 있다(상법 제732조).
④ 타인의 사망을 보험사고로 하는 보험계약에서는 피보험자의 서면에 의한 동의를 얻지 못하면 무효가 된다는 명문 규정은 없으나, 동의를 얻지 못한 보험계약은 효력이 발생되지 않으므로 당연히 **무효로 해석함**이 타당하다(상법 제731조).

39

정답 ①

해설 **위태(hazard)**는 특정 사고로부터 발생될 수 있는 손해 가능성을 새로이 만들거나 증가시키는 상태를 말한다.

② **손인(peril)**은 손해의 직접적인 원인이 되는 것을 말한다. 예를 들어 화재로 인해 건물이 손상 또는 멸실되었다면, 건물의 손상 또는 멸실은 손해이고, 이러한 손해의 원인(손인)은 화재라고 할 수 있다.
③ **손실(loss)**은 우연한 사고로 인하여 예기치 않게 경제적 가치가 없어지거나 감소하는 것을 말한다.
④ **불확실성(uncertainty)**은 미래에 발생할 상황에 대한 주관적 확률분포로, 리스크(risk)와 거의 같은 개념으로 사용된다.

40

정답 ③

해설 제외손인(excluded peril)이란 보험자가 피보험자에게 특정 손인으로 인한 손해가 있으면 보상하지 않는다고 약정한 위험을 말한다. 방사능오염은 **다수의 동질적 위험(위험의 독립성)에 해당하지 않으므로, 대수의 법칙을 적용하여 손실을 예측하거나 보험료를 계산할 수 없기 때문에** 보험기능 대상에서 제외하고 있다.

TIP	보험가능한 위험(insurable risk)의 요건

- 우연적이고 고의성이 없는 순수위험(= 위험의 우연성)
- 동질적인 다수의 위험단위(= 위험의 동질성)
- 대이변적이 아닌 손실
- 확정적이고 측정가능한 손실(= 위험의 확정성)
- 측정가능한 손실발생 확률
- 경제적으로 부담가능한 보험료

2019년 제42회

손해사정사 1차 시험문제
정답 및 해설

제1과목   보험업법
제2과목   보험계약법
제3과목   손해사정이론

2019년 제42회 보험업법
정답 및 해설

정답 CHECK

01	02	03	04	05	06	07	08	09	10	11	12	13	14	15	16	17	18	19	20
②	②	①	③	③	①	③	③	③	③	①	①	④	④	④	③	③	①	③	③

21	22	23	24	25	26	27	28	29	30	31	32	33	34	35	36	37	38	39	40
④	①	③	④	③	①	④	③	②	④	③	④	③	①	①	②	③	④	④	④

문제편 180p

01

정답 ②

해설 가. (○) 보험업법 제2조 제16호

나. (×) "자회사"란 보험회사가 다른 회사(「민법」 또는 특별법에 따른 조합을 포함한다)의 의결권 있는 발행주식(출자지분을 포함한다) 총수의 **100분의 15**를 초과하여 소유하는 경우의 그 다른 회사를 말한다(보험업법 제2조 제18호).

다. (○) 보험업법 제2조 제2호

라. (○) 보험업법 제2조 제6호

마. (×) "외국보험회사"란 대한민국 이외의 국가의 법령에 따라 설립되어 **대한민국 이외의 국가**에서 보험업을 경영하는 자를 말한다(보험업법 제2조 제8호).

02

정답 ②

해설 경영하려는 보험업의 보험종목별 사업방법서, 보험약관, 보험료 및 해약환급금의 산출방법서(이하 "기초서류"라 한다) 중 **보험종목별 사업방법서**를 제출하여야 한다(보험업법 제5조 제3호, 동법 시행령 제9조 제2항).

> **TIP** 허가신청서 등의 제출(보험업법 제5조) 〈2022.12.31. 개정〉
>
> 보험업의 허가를 받으려는 자는 신청서에 다음 각 호의 서류를 첨부하여 금융위원회에 제출하여야 한다. 다만, 보험회사가 취급하는 보험종목을 추가하려는 경우에는 제1호의 서류는 제출하지 아니할 수 있다.
> 1. 정관
> 2. 업무 시작 후 3년간의 사업계획서(추정재무제표를 포함한다)
> 3. 경영하려는 보험업의 보험종목별 사업방법서, 보험약관, 보험료 및 해약환급금의 산출방법서(이하 "기초서류"라 한다) 중 대통령령으로 정하는 서류(→ **보험종목별 사업방법서**)
> 4. 제1호부터 제3호까지의 규정에 따른 서류 이외에 대통령령으로 정하는 서류

03

정답 ①

해설 금융위원회는 보험업법 제5조에 따른 허가신청을 받았을 때에는 (**2개월**)[보험업법 제7조에 따라 예비허가를 받은 경우에는 (**1개월**)] 이내에 이를 심사하여 신청인에게 허가 여부를 통지해야 한다(보험업법 시행령 제9조 제4항). 〈2022.4.19. 개정〉

04

정답 ③

해설 생명보험업의 보험종목의 일부를 취급하는 자는 퇴직보험계약이나 연금저축계좌를 설정하는 계약을 **겸영할 수 있다**(보험업법 시행령 제15조 제1항).

> **TIP** 겸영 가능 보험종목(보험업법 시행령 제15조 제1항)
>
> 겸영 가능 보험종목은 다음 각 호의 보험을 말한다. 다만, 손해보험업의 보험종목(재보험과 보증보험은 제외한다) 일부만을 취급하는 보험회사와 제3보험업만을 경영하는 보험회사는 겸영할 수 없다.
> 1. 「소득세법」 제20조의3 제1항 제2호 각 목 외의 부분에 따른 **연금저축계좌를 설정하는 계약**
> 2. 「근로자퇴직급여보장법」 제29조 제2항에 따른 보험계약 및 법률 제10967호 「근로자퇴직급여보장법」 전부개정법률 부칙 제2조 제1항에 따른 **퇴직보험계약**

05

정답 ③

해설 보험회사는 보험업에 부수(附隨)하는 업무를 하려면 그 업무를 하려는 날의 (**7일 전**)까지 금융위원회에 신고하여야 한다(보험업법 제11조의2 제1항).

06

정답 ①

해설 **겸영업무·부수업무의 회계처리(보험업법 시행령 제17조 제1항)**
보험회사가 다음의 업무 및 부수업무(직전 사업연도 매출액이 해당 보험회사 수입보험료의 1천분의 1 또는 10억원 중 많은 금액에 해당하는 금액을 초과하는 업무만 해당한다)를 하는 경우에는 해당 업무에 속하는 자산·부채 및 수익·비용을 보험업과 구분하여 회계처리하여야 한다.
1. 「자산유동화에 관한 법률」에 따른 유동화자산의 관리업무
2. 「주택저당채권 유동화회사법」에 따른 유동화자산의 관리업무 〈2023.5.16. 삭제〉
3. 「한국주택금융공사법」에 따른 채권유동화자산의 관리업무 (**가**)
4. 「자본시장과 금융투자업에 관한 법률」 제6조 제6항에 따른 투자자문업 (**다**)
5. 「자본시장과 금융투자업에 관한 법률」 제6조 제7항에 따른 투자일임업 (**라**)
6. 「자본시장과 금융투자업에 관한 법률」 제6조 제8항에 따른 신탁업 (**마**)

07

정답 ③

해설 ③ 보험업법 제18조 제3항, 제141조 제2항
① 주식회사가 자본감소를 결의한 경우에는 그 결의를 한 날로부터 **2주** 이내에 결의의 요지와 재무상태표를 공고하여야 한다(보험업법 제18조 제1항).
② 주식회사가 주식금액 또는 주식 수의 감소에 따른 자본금의 실질적 감소를 결의한 때에는 **미리** 금융위원회의 승인을 받아야 한다(보험업법 제18조 제2항).
④ 보험계약자나 보험금을 취득할 자는 피보험자를 위하여 적립한 금액을 **다른 법률에 특별한 규정이 없으면** 주식회사의 자산에서 우선하여 취득한다(보험업법 제32조 제1항).

08

정답 ③

해설 가. (×) 주식회사가 보험업법 제22조(조직변경의 결의의 공고와 통지) 제1항에 따른 공고를 한 날 이후에 보험계약을 체결하려면 보험계약자가 될 자에게 조직변경 절차가 진행 중임을 알리고 그 승낙을 받아야 하며, **승낙을 한 보험계약자는 조직변경 절차를 진행하는 중에는 보험계약자가 아닌 자로 본다**(보험업법 제23조 제1항, 제2항).
나. (○) 주식회사에서 상호회사로의 조직변경에 따른 기금 총액은 300억원 미만으로 하거나 설정하지 아니할 수는 있으나, 손실 보전을 충당하기 위하여 금융위원회가 필요하다고 인정하는 금액을 준비금으로 적립하여야 한다(보험업법 제20조).
다. (×) 주식회사의 상호회사로의 조직변경을 위한 주주총회의 결의는 **출석한 주주의 의결권의 3분의 2 이상의 수와 발행주식 총수의 3분의 1 이상의 수로써** 하여야 한다(보험업법 제21조 제2항, 상법 제434조).
라. (○) 주식회사가 상호회사로 조직변경을 하는 경우에는 그 결의를 한 날로부터 2주 이내에 결의의 요지와 재무상태표를 공고하고, 주주명부에 적힌 질권자에게는 개별적으로 알려야 한다(보험업법 제22조 제1항).
마. (○) 주식회사의 보험계약자는 상호회사로의 조직변경에 따라 해당 상호회사의 사원이 된다(보험업법 제30조).

09

정답 ③

해설 ③ 보험업법 제50조
① 상호회사의 사원은 회사의 채권자에 대하여 **직접적인 의무를 지지 아니한다**(보험업법 제46조).
② 상호회사의 사원은 보험료의 납입에 관하여 **상계(相計)로써 회사에 대항하지 못한다**(보험업법 제48조).
④ 상호회사는 정관으로 보험금액의 삭감에 관한 사항을 정하여야 한다(보험업법 제49조).

10

정답 ③

해설 보험업의 허가를 받은 외국보험회사의 본점이 보험업을 폐업하거나 해산한 경우 또는 대한민국에서의 보험업을 폐업하거나 그 허가가 취소된 경우에는 금융위원회가 필요하다고 인정하면 **잔무(殘務)를 처리할 자를 선임하거나 해임할 수 있다**(보험업법 제77조 제1항).

① 보험업법 제76조 제1항, 상법 제209조
② 보험업법 제75조 제1항
④ 보험업법 제79조 제2항, 상법 제619조

11

정답 ①

해설 **자기자본의 범위(보험업법 시행령 제4조)**

자기자본을 산출할 때 합산하여야 할 항목 및 빼야 할 항목은 다음 각 호의 기준에 따라 금융위원회가 정하여 고시한다.

1. **합산하여야 할 항목** : 납입자본금, 자본잉여금 및 이익잉여금 등 보험회사의 자본 충실에 기여하거나 영업활동에서 발생하는 손실을 보전(補塡)할 수 있는 것
2. **빼야 할 항목** : 영업권 등 실질적으로 자본 충실에 기여하지 아니하는 것

12

정답 ①

해설 전문보험계약자 중 "대통령령으로 정하는 자"가 일반보험계약자와 같은 대우를 받겠다는 의사를 보험회사에 서면으로 통지하는 경우 보험회사는 정당한 사유가 없으면 이에 동의하여야 하며, 보험회사가 동의한 경우에는 해당 보험계약자는 일반보험계약자로 본다. "대통령령으로 정하는 자"란 다음 각 호의 자를 말한다(보험업법 제2조 제19호 단서, 동법 시행령 제6조의2 제1항).

1. **지방자치단체**
2. **주권상장법인**
3. "대통령령으로 정하는 금융기관(동법 시행령 제6조의2 제2항)"에 준하는 **외국금융기관**
4. 법률에 따라 설립된 기금(「기술보증기금법」에 따른 기술보증기금과 「신용보증기금법」에 따른 신용보증기금은 제외한다) 및 그 기금을 관리·운용하는 법인
5. **해외 증권시장에 상장된 주권을 발행한 국내법인**
6. 그 밖에 보험계약에 관한 전문성, 자산규모 등에 비추어 보험계약의 내용을 이해하고 이행할 능력이 있는 자로서 금융위원회가 정하여 고시하는 자

13

정답 ④

해설 보험회사의 임원 중 대표이사·**사외이사**·감사 및 감사위원은 보험계약을 **모집 할 수 없다**(보험업법 제83조 제1항 제4호).

14

정답 ④

해설 보험대리점이 자기계약의 금지 규정을 위반한 경우에는 등록을 **취소하여야 한다**(보험업법 제88조 제1항 제5호).

① 보험업법 시행령 제30조 제1항
② 보험업법 제87조 제1항
③ 보험업법 제87조 제2항 제3호

15

정답 ④

해설 금융위원회는 등록을 한 보험중개사가 보험계약 체결 중개와 관련하여 보험계약자에게 입힌 손해의 배상을 보장하기 위하여 보험중개사로 하여금 금융위원회가 지정하는 기관에 영업보증금을 예탁하게 하거나 보험 가입, 그 밖에 필요한 조치를 하게 할 수 있다(보험업법 제89조 제3항).

① 보험중개사란 **독립적으로 보험계약의 체결을 중개하는 자**(법인이 아닌 사단과 재단을 포함)이다(보험업법 제2조 제11호).
② 보험중개사는 보험회사의 **임직원이 될 수 없으며**, 보험계약의 체결을 중개하면서 보험회사·보험설계사·보험대리점·보험계리사 및 손해사정사의 업무를 **겸할 수 없다**(보험업법 제92조 제2항).
③ 생명보험중개사는 연금보험, 퇴직보험 등을 **취급할 수 있다**(보험업법 시행령 제35조 제1호).

16

정답 ③

해설 **금융기관보험대리점 등의 금지행위 등(보험업법 제100조 제1항, 동법 시행령 제48조 제1항 제1호)**
금융기관보험대리점 등은 모집을 할 때 다음 각 호의 어느 하나에 해당하는 행위를 하여서는 아니 된다.
1. 대출 등 해당 금융기관이 제공하는 용역(이하 "대출 등"이라 한다)을 받는 자의 동의를 미리 받지 아니하고 보험료를 대출 등의 거래에 포함시키는 행위
2. 해당 금융기관의 임직원(보험업법 제83조에 따라 모집할 수 있는 자는 제외한다)에게 모집을 하도록 하거나 이를 용인하는 행위
3. 해당 금융기관의 **점포 외의 장소**에서 모집을 하는 행위
4. 모집과 관련이 없는 금융거래를 통하여 취득한 개인정보를 미리 그 **개인의 동의를 받지 아니하고** 모집에 이용하는 행위
5. 그 밖에 제1호부터 제4호까지의 행위와 비슷한 행위로서 대통령령으로 정하는 행위(모집에 종사하는 자 외에 소속 임직원으로 하여금 보험상품의 구입에 대한 상담 또는 소개를 하게 하거나 상담 또는 소개의 대가를 지급하는 행위)

17

정답 ③

해설 보험회사가 그 **보험업의 전부 또는 일부를 폐업하려는 경우**에는 그 60일 전에 사업 폐업에 따른 정리계획서를 금융위원회에 제출하여야 한다(보험업법 제155조).

18

정답 ①

해설
다. 보험금 지급확대 조건에 관한 사항(×) → 보험금 지급제한 조건에 관한 사항(○)

마. 보험계약자에게 유리한 내용만을 골라 안내하거나 다른 보험회사 상품과 비교한 사항을 적어서는 아니 된다(보험업법 시행령 제42조 제2항 제3호).

TIP 보험안내자료(보험업법 제95조 제1항)

모집을 위하여 사용하는 보험안내자료에는 다음 각 호의 사항을 명백하고 알기 쉽게 적어야 한다.
1. 보험회사의 상호나 명칭 또는 보험설계사·보험대리점 또는 보험중개사의 이름·상호나 명칭
2. 보험 가입에 따른 권리·의무에 관한 주요 사항
3. 보험약관으로 정하는 보장에 관한 사항
4. 보험금 지급제한 조건에 관한 사항
5. 해약환급금에 관한 사항
6. 「예금자보호법」에 따른 예금자보호와 관련된 사항
7. 그 밖에 보험계약자를 보호하기 위하여 대통령령으로 정하는 사항

19

정답 ③

해설
②·③ 보험회사는 일반보험계약자가 보험금 지급을 요청한 경우에는 대통령령으로 정하는 바에 따라 보험금의 지급절차 및 지급내역 등을 설명하여야 하며, **보험금을 감액하여 지급하거나 지급하지 아니하는 경우에는 그 사유를 설명하여야 한다**(보험업법 제95조의2 제4항).
① 보험업법 제95조의2 제3항
④ 보험업법 시행령 제42조의2 제3항

20

정답 ③

해설
금융위원회가 보험회사에 대해 6개월 이내의 기간을 정하여 영업 전부의 정지를 명하거나 청문을 거쳐 보험업의 허가를 취소할 수 있는 사유(보험업법 제134조 제2항)
1. 거짓이나 그 밖의 부정한 방법으로 보험업의 허가를 받은 경우
2. 허가의 내용 또는 조건을 위반한 경우
3. 영업의 정지기간 중에 영업을 한 경우
4. 위반행위에 대한 시정명령을 이행하지 아니한 경우
5. 「금융회사의 지배구조에 관한 법률」 별표 각 호의 어느 하나에 해당하는 경우(영업의 전부정지를 명하는 경우로 한정한다)
6. 「금융소비자 보호에 관한 법률」 제51조 제1항 제4호 또는 제5호에 해당하는 경우
7. 「금융소비자 보호에 관한 법률」 제51조 제2항 각 호 외의 부분 본문 중 대통령령으로 정하는 경우(영업 전부의 정지를 명하는 경우로 한정한다)

21

정답 ④

해설 강제관리를 명한 금융위원회는 필요하다고 인정하는 경우에는 「금융산업의 구조개선에 관한 법률」 제14조 제2항에 따라 계약이전의 '**결정**'을 할 수 있다.

① · ② 보험업법 제161조 제1항
③ 보험업법 제161조 제2항, 제148조 제2항

22

정답 ①

해설 **보험계약의 체결 또는 모집에 관한 금지행위(보험업법 제97조 제1항)**

가. (○) 새로운 보험계약을 청약하게 함으로써 기존보험계약을 부당하게 소멸시키거나 그 밖에 부당하게 보험계약을 청약하게 하거나 이러한 것을 권유하는 행위

나. (○) 보험계약자 또는 피보험자의 자필서명이 필요한 경우에 보험계약자 또는 피보험자로부터 자필서명을 받지 아니하고 서명을 대신하거나 다른 사람으로 하여금 서명하게 하는 행위

다. (○) 실제 명의인이 아닌 자의 보험계약을 모집하거나, 실제 명의인의 동의가 없는 보험계약을 모집하는 행위

라. (×) 보험계약자가 **다른 모집 종사자의 명의를 이용하여** 보험계약을 모집하는 행위

마. (×) **정당한 이유 없이** 「장애인차별금지 및 권리구제 등에 관한 법률」 제2조에 따른 장애인의 보험가입을 거부하는 행위

23

정답 ③

해설 중복확인 대상계약으로 여행 중 발생한 위험을 보장하는 보험계약으로서 특정 단체가 그 단체의 구성원을 위하여 일괄 체결하는 보험계약은 **제외한다**(보험업법 시행령 제42조의5 제1항 제2호 나목).

24

정답 ④

해설 보험회사는 기초서류에서 정하는 방법에 따른 경우 모집할 수 있는 자 이외의 자에게 모집을 위탁할 수 **있다**(보험업법 제99조 제1항 제1호).

① 보험업법 제99조 제1항
② 보험업법 시행령 제47조 제2항
③ 보험업법 제99조 제3항

25

정답 ③

해설 보험수익자에 관한 고유식별정보에 한하여 처리할 수 있지만, 건강정보가 포함된 자료는 처리할 수 없다(보험업법 시행령 제102조 제5항 제3호).

26

정답 ①

해설 **라, 마.** 보험회사는 보험업 경영과 밀접한 관련이 있는 업무 등으로서 대통령령으로 정하는 업무(**손해사정업무와 보험대리업무 등**)를 주로 하는 회사를 **미리 금융위원회에 신고하고 자회사로 소유할 수 있다**(보험업법 제115조 제2항, 동법 시행령 제59조 제3항 제3호, 제4호).

> **TIP** **자회사의 소유(보험업법 제115조 제1항)**
>
> 보험회사는 다음 각 호의 어느 하나에 해당하는 업무를 주로 하는 회사를 **금융위원회의 승인을 받아 자회사로 소유할 수 있다.** 다만, 그 주식의 소유에 대하여 금융위원회로부터 승인 등을 받은 경우 또는 금융기관의 설립근거가 되는 법률에 따라 금융위원회로부터 그 주식의 소유에 관한 사항을 요건으로 설립 허가·인가 등을 받은 경우에는 승인을 받은 것으로 본다.
> 1. 「금융산업의 구조개선에 관한 법률」 제2조 제1호에 따른 금융기관이 경영하는 금융업
> 2. 「신용정보의 이용 및 보호에 관한 법률」에 따른 신용정보업 및 채권추심업
> 3. 보험계약의 유지·해지·변경 또는 부활 등을 관리하는 업무
> 4. 그 밖에 보험업의 건전성을 저해하지 아니하는 업무로서 대통령령으로 정하는 업무

27

정답 ④

해설 **보험회사가 지켜야 하는 재무건전성 기준(보험업법 시행령 제65조 제2항)**
1. 지급여력비율은 100분의 100 이상을 유지할 것
2. 대출채권 등 보유자산의 건전성을 정기적으로 분류하고 대손충당금을 적립할 것
3. 보험회사의 위험, 유동성 및 재보험의 관리에 관하여 금융위원회가 정하여 고시하는 기준을 충족할 것

28

정답 ③

해설 보험협회 이외의 자가 보험계약에 관한 사항을 비교·공시하는 경우에는 **금융위원회가 정하는 바에 따라** 객관적이고 공정하게 비교·공시하여야 한다(보험업법 제124조 제5항).

① 보험업법 제124조 제2항 〈2022.12.31. 개정〉
② 보험업법 제124조 제3항
④ 보험업법 제124조 제1항

29

정답 ②

해설 금융위원회는 신청서를 받았을 때에는 다음 각 호의 사항을 심사하여 그 인가 여부를 결정하여야 한다 (보험업법 시행령 제69조 제2항).
1. 상호협정의 내용이 보험회사간의 공정한 경쟁을 저해하는지 여부
2. 상호협정의 내용이 보험계약자의 이익을 침해하는지 여부

30

정답 ④

해설 금융위원회는 보험회사의 업무 및 자산상황, 그 밖의 사정의 변경으로 공익 또는 보험계약자의 보호와 보험회사의 건전한 경영을 크게 해칠 우려가 있거나 보험회사의 기초서류에 법령을 위반하거나 보험계약자에게 불리한 내용이 있다고 인정되는 경우에는 **청문을 거쳐 기초서류의 변경 또는 그 사용의 정지를 명할 수 있다**(보험업법 제131조 제2항).

① 보험업법 제5조 제3호
② 보험업법 제196조 제1항 제9호
③ 보험업법 시행령 제71조의4 제2항

31

정답 ③

해설 보험회사는 정관을 변경한 경우에는 변경한 날부터 **7일 이내**에 금융위원회에 알려야 한다(보험업법 제126조).

32

정답 ④

해설 보험요율이 보험업법의 산출원칙에 위반한 경우에 보험업법상 과태료 또는 과징금을 부과하는 규정이 없다. 다만, 금융위원회는 보험회사가 보험요율의 산출원칙을 위반하는 경우에는 대통령령으로 정하는 바에 따라 기초서류의 변경을 권고할 수 있다(보험업법 제127조의2 제1항).

① 보험요율이 보험금과 그 밖의 급부에 비하여 지나치게 **높지** 아니하여야 한다.
② 보험요율이 **보험회사의 재무건전성을 크게 해칠 정도**로 낮지 아니하여야 한다.
③ 자동차보험의 보험요율산출원칙을 **따로 규정**하고 있다. 즉 자동차보험의 보험요율인 경우 보험금과 그 밖의 급부와 비교할 때 공정하고 합리적인 수준이어야 한다.

33

정답 ③

해설 금융위원회는 기초서류의 변경을 명하는 경우 보험계약자·피보험자 또는 보험금을 취득할 자의 이익을 보호하기 위하여 특히 필요하다고 인정하면 이미 체결된 보험계약에 대하여도 **장래에 향하여** 그 변경의 효력이 미치게 할 수 있다(보험업법 제131조 제3항).

①·② 보험업법 제131조 제2항
④ 보험업법 제131조 제4항

34

정답 ①

해설 **보험회사의 해산사유(보험업법 제137조 제1항)**
1. 존립기간의 만료, 그 밖에 **정관으로 정하는 사유의 발생**
2. 주주총회 또는 사원총회(이하 "주주총회 등"이라 한다)의 결의
3. 회사의 합병
4. **보험계약 전부의 이전**
5. 회사의 파산
6. 보험업의 허가취소
7. **해산을 명하는 재판**

35

정답 ①

해설 보험계약의 이전에 관한 결의는 **출석한 주주의 의결권의 3분의 2 이상의 수와 발행주식 총수의 3분의 1 이상의 수**로써 하여야 한다(보험업법 제138조, 상법 제434조).

② 보험업법 제140조 제1항
③ 보험업법 제141조 제2항
④ 보험업법 제142조

36

정답 ②

해설 청산인은 **소액의 채권, 담보 있는 채권, 기타 변제로 인하여 다른 채권자를 해할 염려가 없는 채권**에 대하여는 금융위원회의 허가를 얻어 이를 변제할 수 있다(보험업법 제159조, 상법 제536조 제2항).

37

정답 ③

해설 자동차보험의 대인배상(Ⅰ, Ⅱ), 대물배상에서 제3자에 대한 배상책임을 규정하고 있다.

38

정답 ④

해설 보험회사가 선임계리사를 선임한 경우에는 그 선임일이 속한 사업연도의 다음 사업연도부터 연속하는 3개 사업연도가 끝나는 날까지 그 선임계리사를 해임할 수 없다(보험업법 제184조 제4항).

따라서, 2019년 4월 15일에 선임된 선임계리사는 3개 사업연도가 끝나는 2022년 12월 31일까지 해임할 수 없다.

39

정답 ④

해설 **보험회사로부터 손해사정업무를 위탁받은** 손해사정사 또는 손해사정업자는 손해사정서에 피보험자의 건강정보 등 「개인정보보호법」 제23조 제1항에 따른 민감정보가 포함된 경우 피보험자의 동의를 받아야 하며, 동의를 받지 아니한 경우에는 해당 민감정보를 삭제하거나 식별할 수 없도록 하여야 한다(보험업법 시행령 제99조 제2항).

① 보험업법 제185조 제1항, 동법 시행령 제96조의3 제2호 〈2023.6.27. 개정〉
② 보험업법 제185조 제1항 단서 〈2024.2.6. 개정〉
③ 보험업법 제189조 제1항

40

정답 ④

해설 과징금의 부과 및 징수 절차 등에 관하여는 「은행법」 제65조의4부터 제65조의8까지의 규정을 준용한다 (보험업법 제196조 제4항).

① 보험업법 제196조 제3항
② 은행법 제65조의4 제1항
③ 보험업법 제196조 제2항 단서

TIP	과징금의 부과(은행법 제65조의4 제1항)
금융위원회는 과징금을 부과하는 경우에는 다음 각 호의 사항을 고려하여야 한다. 1. 위반행위의 내용 및 정도 2. 위반행위의 기간 및 횟수 3. 위반행위로 인하여 취득한 이익의 규모	

01	02	03	04	05	06	07	08	09	10	11	12	13	14	15	16	17	18	19	20
④	④	①	②	②	①	③	③	③	②	②	④	③	②	①	②	②	②	③	③

21	22	23	24	25	26	27	28	29	30	31	32	33	34	35	36	37	38	39	40
④	①	②	④	①	②	③	①	④	③	③	②	②	①	④	②	④	④	①	②

문제편 195p

01

정답 ④

해설 약관의 뜻이 명백하지 아니한 경우에는 고객에게 유리하게 해석되어야 한다(약관의 규제에 관한 법률 제5조 제2항). 즉 약관조항 중 **다의적으로 해석될 여지가 있을 경우** 계약자 보호를 위하여 우선적으로 작성자불이익의 원칙에 의해 해석한다.

> **판례** 대법원 2019.3.14. 선고 2018다260930 판결
>
> 보험약관은 신의성실의 원칙에 따라 해당 약관의 목적과 취지를 고려하여 공정하고 합리적으로 해석하되, 개개 계약 당사자가 기도한 목적이나 의사를 참작하지 않고 평균적 고객의 이해가능성을 기준으로 보험단체 전체의 이해관계를 고려하여 객관적·획일적으로 해석하여야 하며, 위와 같은 해석을 거친 후에도 약관조항이 객관적으로 다의적으로 해석되고 그 각각의 해석이 합리성이 있는 등 해당 약관의 뜻이 명백하지 아니한 경우에는 고객에게 유리하게 해석하여야 한다.

① 약관은 신의성실의 원칙에 따라 공정하게 해석되어야 하며, 고객에 따라 다르게 해석되어서는 아니된다(약관의 규제에 관한 법률 제5조 제1항).
② 약관에서 정하고 있는 사항에 관하여 사업자와 고객이 약관의 내용과 다르게 합의한 사항이 있을 때에는 그 합의 사항은 약관보다 우선한다(약관의 규제에 관한 법률 제4조).
③ 약관은 신의성실의 원칙에 따라 공정하게 해석되어야 한다(약관의 규제에 관한 법률 제5조 제1항).

02

정답 ④

해설 ①·②·④ 고지의무위반과 보험사고발생 사이에 인과관계가 인정되지 아니하는 경우에도 보험자는 고지의무위반을 이유로 보험계약을 해지할 수 있고, 다만 보험금 지급의무만을 부담하게 된다(서울중앙지법 2004.10.28. 선고 2004나21069 판결 : 확정). 따라서 **이미 지급한 보험금에 대하여는 반환할 것을 청구 할 수 없다.**

③ 보험계약을 체결함에 있어 중요한 사항의 고지의무를 위반한 경우 고지의무위반 사실이 보험사고의 발생에 영향을 미치지 아니하였다는 점, 즉 보험사고의 발생이 보험계약자가 불고지하였거나 불실고지한 사실에 의한 것이 아니라는 점이 증명된 때에는 상법 제655조 단서의 규정에 의하여 보험자는 위 불실고지를 이유로 보험계약을 해지할 수 없을 것이나, 위와 같은 고지의무위반 사실과 보험사고발생과의 인과관계가 부존재하다는 점에 관한 **입증책임은 보험계약자 측에 있다**(대법원 1992.10.23. 선고 92다28259 판결).

03

정답 ①

해설 상법 제668조에서는 피보험이익을 "보험계약의 목적"이라고 하여 **금전적으로 산정할 수 있는 이익으로 한정**하고 있다.

② 피보험이익은 적법한 이익이어야 하고, 보험계약의 체결 당시에 그 존재 및 소속이 확정되어 있거나 또는 적어도 **사고발생시까지 확정**할 수 있는 것이어야 한다.

③ 당사자간에 보험가액을 정하지 아니한 미평가보험의 경우에는 **사고발생시의 가액**을 보험가액으로 한다(상법 제671조). 또한 당사자간에 보험가액을 정한 기평가보험의 경우에도 그 가액은 사고발생시의 가액으로 정한 것으로 추정한다. 그러나 그 가액이 사고발생시의 가액을 현저하게 초과할 때에는 사고발생시의 가액을 보험가액으로 한다(상법 제670조).

④ 인보험은 사람의 사망, 생존, 상해, 질병에 대해 금전적인 평가가 현실적으로 어렵다는 점에서 피보험이익을 인정할 수 없다고 해석하는 것이 통설이다. 우리 상법은 보험계약자가 타인의 생명보험계약을 체결하는 경우에 피보험자에 대한 **피보험이익의 존재를 요하지 않으며**, 단지 피보험자의 동의를 얻도록 하고 있을 뿐이다(상법 제731조, 제733조).

04

정답 ②

해설 ①·② 보험자가 보상할 손해액은 그 손해가 발생한 때와 곳의 가액에 의하여 산정한다. 그러나 당사자간에 다른 약정이 있는 때에는 그 **신품가액에 의하여 손해액을 산정**할 수 있다(상법 제676조 제1항).

③ 상법 제676조 제2항

④ 보험가액불변경주의를 적용하여야 하는 보험(운송보험, 선박보험, 적하보험 등)에서는 상법상의 손해액의 산정기준(상법 제676조)을 적용하지 아니하고, **별도로 상법에서 정한 규정을 적용한다.**

05

정답 ②

해설 선일자수표는 대부분의 경우 당해 발행일자 이후의 제시기간 내의 제시에 따라 결제되는 것이라고 보아야 하므로 선일자수표가 발행 교부된 날에 액면금의 지급효과가 발생된다고 볼 수 없으니, 보험약관상 보험자가 제1회 보험료를 받은 후 보험청약에 대한 승낙이 있기 전에 보험사고가 발생한 때에는 제1회 보험료를 받은 때에 소급하여 그때부터 보험자의 보험금 지급책임이 생긴다고 되어 있는 경우에 있어서 보험모집인이 청약의 의사표시를 한 보험계약자로부터 **제1회 보험료로서 선일자수표를 발행받고 보험료가 수증을 해주었더라도 그가 선일자수표를 받은 날을 보험자의 책임발생 시점이 되는 제1회 보험료의 수령일로 보아서는 안 된다**(대법원 1989.11.28. 선고 88다카33367 판결).

① 상법 제650조 제1항
③ 상법 제650조 제2항은 "계속보험료가 약정한 시기에 지급되지 아니한 때에는 보험자는 상당한 기간을 정하여 보험계약자에게 최고하고 그 기간 내에 지급되지 아니한 때에는 그 계약을 해지할 수 있다"라고 규정하고, 같은 법 제663조는 위의 규정은 당사자간의 특약으로 보험계약자 또는 피보험자나 보험수익자의 불이익으로 변경하지 못한다고 규정하고 있으므로, 분납 보험료가 소정의 시기에 납입되지 아니하였음을 이유로 그와 같은 절차를 거치지 아니하고 곧바로 보험계약을 해지할 수 있다거나 보험계약이 실효됨을 규정한 약관은 상법의 위 규정에 위배되어 **무효**라 할 것이다(대법원 1997.7.25. 선고 97다18479 판결).
④ 상법 제650조 제3항

06

정답 ①

해설 주어진 문제에서 화재로 인하여 5,000만원의 실손해가 발생하였으므로
- 일부보험의 경우 보험자는 보험금액의 보험가액에 대한 비율에 따라 보상할 책임을 지므로(상법 제674조),

$$\text{乙보험회사의 보상한도액은 } 5,000만원 \times \frac{9,000만원}{1억원} = \mathbf{4,500만원},$$

$$\text{丙보험회사의 보상한도액은 } 5,000만원 \times \frac{6,000만원}{1억원} = \mathbf{3,000만원}\text{이다.}$$

- 중복보험의 경우 보험자는 각자의 보험금액의 한도에서 연대책임을 지고, 각 보험자의 보상책임은 각자의 보험금액의 비율에 따라 보상책임을 지므로(상법 제672조 제1항),

$$\text{乙보험회사의 보상책임액은 } 5,000만원 \times \frac{4,500만원}{(4,500만원 + 3,000만원)} = \mathbf{3,000만원},$$

$$\text{丙보험회사의 보상책임액은 } 5,000만원 \times \frac{3,000만원}{(4,500만원 + 3,000만원)} = \mathbf{2,000만원}\text{이다.}$$

07

정답 ③

해설 초과보험의 보험가액은 **계약 당시의 가액**에 의하여 정한다(상법 제669조 제2항).

① 상법 제669조 제1항
② 상법 제669조 제1항 단서
④ 상법 제669조 제4항

08

정답 ③

해설 상법 제724조 제1항은, 피보험자가 상법 제723조 제1항, 제2항의 규정에 의하여 보험자에 대하여 갖는 보험금청구권과 제3자가 상법 제724조 제2항의 규정에 의하여 보험자에 대하여 갖는 직접청구권의 관계에 관하여, 제3자의 직접청구권이 피보험자의 보험금청구권에 우선한다는 것을 선언하는 규정이므로, 보험자로서는 제3자가 피보험자로부터 배상을 받기 전에는 피보험자에 대한 보험금 지급으로 직접청구권을 갖는 피해자에게 대항할 수 없다. 그런데 피보험자가 보험계약에 따라 보험자에 대하여 가지는 보험금청구권에 관한 가압류 등의 경합을 이유로 한 **집행공탁은 피보험자에 대한 변제공탁의 성질을 가질 뿐이므로, 이러한 집행공탁에 의하여 상법 제724조 제2항에 따른 제3자의 보험자에 대한 직접청구권이 소멸된다고 볼 수는 없으며,** 따라서 집행공탁으로써 상법 제724조 제1항에 의하여 직접청구권을 가지는 제3자에게 대항할 수 없다(대법원 2014.9.25. 선고 2014다207672 판결).

① 상법 제724조 제2항에 의하여 피해자가 보험자에게 갖는 직접청구권은 보험자가 피보험자의 피해자에 대한 손해배상채무를 병존적으로 인수한 것으로서 피해자가 보험자에 대하여 가지는 손해배상청구권이므로 민법 제766조 제1항에 따라 피해자 또는 그 법정대리인이 그 손해 및 가해자를 안 날로부터 3년간 이를 행사하지 아니하면 시효로 인하여 소멸한다(대법원 2005.10.7. 선고 2003다6774 판결).
② 상법 제724조 제2항
④ 공동불법행위자의 보험자들 상호간에 있어서는 공동불법행위자 중의 1인과 사이에 보험계약을 체결한 보험자가 피해자에게 손해배상금을 보험금으로 모두 지급함으로써 공동불법행위자들의 보험자들이 공동면책 되었다면, 그 손해배상금을 지급한 보험자는 다른 공동불법행위자들의 보험자들이 부담하여야 할 부분에 대하여 직접 구상권을 행사할 수 있다(대법원 1998.7.10. 선고 97다17544 판결).

09

정답 ③

해설 재보험계약은 법률상으로 원보험계약과는 구별되는 독립된 계약이므로, 재보험계약은 원보험계약의 효력에 영향을 미치지 아니한다(상법 제661조 후단). 따라서 원보험자는 원보험료의 지급이 없음을 이유로 재보험료의 지급을 거절할 수 없고, 또 **재보험자의 재보험금의 지급불이행을 이유로 보험금의 지급을 거절할 수 없다.**

10

정답 ②

해설 ①·② 보험계약자와 피보험자는 손해의 방지와 경감을 위하여 노력하여야 하며, 이를 위하여 필요 또는 유익하였던 비용과 보상액이 **보험금액을 초과한 경우라도 보험자가 이를 부담한다**(상법 제680조 제1항).

③ 상법 제680조 제1항이 규정한 손해방지비용이라 함은 보험자가 담보하고 있는 보험사고가 발생한 경우에 보험사고로 인한 손해의 발생을 방지하거나 손해의 확대를 방지함은 물론 손해를 경감할 목적으로 행하는 행위에 필요하거나 유익하였던 비용을 말하는 것으로서, 이는 원칙적으로 보험사고의 발생을 전제로 한다(대법원 2002.6.28. 선고 2002다22106 판결). 따라서 **보험사고의 발생 전에 사고발생 자체를 미리 방지하기 위해 지출한 비용**은 손해방지비용에 포함되지 않는다.

④ 상법 제680조 제1항에 규정된 '손해방지비용'은 보험자가 담보하고 있는 보험사고가 발생한 경우에 보험사고로 인한 손해의 발생을 방지하거나 손해의 확대를 방지함은 물론 손해를 경감할 목적으로 행하는 행위에 필요하거나 유익하였던 비용을 말하는 것이고, 같은 법 제720조 제1항에 규정된 '방어비용'은 피해자가 보험사고로 인적·물적 손해를 입고 피보험자를 상대로 손해배상청구를 한 경우에 그 방어를 위하여 지출한 재판상 또는 재판 외의 필요비용을 말하는 것으로서, 위 **두 비용은 서로 구별되는 것이므로**, 보험계약에 적용되는 보통약관에 손해방지비용과 관련한 별도의 규정을 두고 있다고 하더라도, 그 규정이 당연히 방어비용에 대하여도 적용된다고 할 수는 없다(대법원 2006.6.30. 선고 2005다21531 판결).

11

정답 ②

해설 보험회사 대리점이 평소 거래가 있는 자로부터 그 구입한 차량에 관한 자동차보험계약의 청약을 받으면서 그를 위하여 그 보험료를 대납하기로 전화상으로 약정하였고, 그 다음 날 실제 보험료를 지급받으면서는 그 전날 이미 보험료를 납입받은 것으로 하여 보험약관에 따라 보험기간이 그 전날 24:00 이미 시작된 것으로 기재된 보험료영수증을 교부한 경우 위 약정일에 보험계약이 체결되어 **보험회사가 보험료를 영수한 것으로 보아야 할 것이다**(대법원 1991.12.10. 선고 90다10315 판결).

① 보험설계사가 통지의무의 대상인 '보험사고발생의 위험이 현저하게 변경 또는 증가된 사실'을 안 것만으로는 보험자가 보험사고발생의 위험이 현저하게 변경 또는 증가된 사실을 알았다거나 보험계약자 또는 피보험자가 보험자에게 통지의무를 이행한 것으로 볼 수 없다(대법원 2006.6.30. 선고 2006다19672, 2006다19689 판결).

③ 보험자의 대리인이 보험회사를 대리하여 보험계약자와 사이에 보험계약을 체결하고 그 보험료수령권에 기하여 보험계약자로부터 회분 보험료를 받으면서 2, 3회분 보험료에 해당하는 약속어음을 함께 교부받았다면 위 대리인이 그 약속어음을 횡령하였다고 하더라도 그 변제수령의 효과는 보험자에 미친다고 할 것이다. 위 어음이 지급결제 됨으로써 보험료납부의 효과가 생긴다(대법원 1987.12.8. 선고 87다카1793, 87다카1794 판결).

④ 보험설계사는 특정 보험자를 위하여 보험계약의 체결을 중개하는 자일뿐 보험자를 대리하여 보험계약을 체결할 권한이 없고 보험계약자 또는 피보험자가 보험자에 대하여 하는 고지나 통지를 수령할 권한도 없다(대법원 2006.6.30. 선고 2006다19672, 2006다19689 판결).

12

정답 ④

해설 ④ 상법 제682조 제2항

① 보험사고로 인한 피보험자의 손해가 제3자의 행위로 말미암은 것이어야 한다. 여기서 제3자의 행위란 불법행위뿐만 아니라 채무불이행으로 인한 손해배상의무를 부담하는 경우를 포함하고, 또한 그 밖의 **적법행위로 인한 경우도 포함**한다.

② 보험자가 대위권을 행사하기 위해서는 피보험자에게 보험금을 지급하여야 한다. 청구권대위는 보험금을 **일부 지급**하여도 그 지급한 범위 안에서 대위권을 행사할 수 있는 것(상법 제682조 제1항 단서)이 잔존물(목적물)대위와 다르다.

③ 타인을 위한 손해보험계약은 타인의 이익을 위한 계약으로서 그 타인(피보험자)의 이익이 보험의 목적이지 여기에 당연히(특약 없이) 보험계약자의 보험이익이 포함되거나 예정되어 있는 것은 아니므로 피보험이익의 주체가 아닌 보험계약자는 비록 보험자와의 사이에서는 계약 당사자이고 약정된 보험료를 지급할 의무자이지만, 그 지위의 성격과 보험자대위 규정의 취지에 비추어 보면 보험자대위에 있어서 보험계약자와 제3자를 구별하여 취급할 법률상의 이유는 없는 것이며, 따라서 타인을 위한 **손해보험계약자가 당연히 제3자의 범주에서 제외되는 것은 아니다**(대법원 1989.4.25. 선고 87다카1669 판결).

13

정답 ③

해설 생명보험계약에서 보험계약자의 지위를 변경하는데 보험자의 승낙이 필요하다고 정하고 있는 경우, 보험계약자가 보험자의 승낙이 없는데도 일방적인 의사표시만으로 보험계약상의 지위를 **이전할 수는 없다.** 보험계약자의 지위 변경은 피보험자, 보험수익자 사이의 이해관계나 보험사고 위험의 재평가, 보험계약의 유지 여부 등에 영향을 줄 수 있다. 이러한 이유로 생명보험의 보험계약자 지위 변경에 보험자의 승낙을 요구한 것으로 볼 수 있다.

유증은 유언으로 수증자에게 일정한 재산을 무상으로 주기로 하는 단독행위로서 유증에 따라 보험계약자의 지위를 이전하는 데에도 보험자의 승낙이 필요하다고 보아야 한다. 보험계약자가 보험계약에 따른 보험료를 전액 지급하여 보험료 지급이 문제 되지 않는 경우에도 마찬가지이다. 유언집행자는 유증의 목적인 재산의 관리 기타 유언의 집행에 필요한 행위를 할 권리·의무가 있다. 유언집행자가 유증의 내용에 따라 보험자의 승낙을 받아서 보험계약상의 지위를 이전할 의무가 있는 경우에도 보험자가 승낙하기 전까지는 보험계약자의 지위가 변경되지 않는다(대법원 2018.7.12. 선고 2017다235647 판결).

① 보험회사 또는 보험모집종사자가 설명의무를 위반하여 고객이 보험계약의 중요사항에 관하여 제대로 이해하지 못한 채 착오에 빠져 보험계약을 체결한 경우, 그러한 착오가 동기의 착오에 불과하다고 하더라도 그러한 착오를 일으키지 않았더라면 보험계약을 체결하지 않았거나 아니면 적어도 동일한 내용으로 보험계약을 체결하지 않았을 것이 명백하다면, 위와 같은 착오는 보험계약의 내용의 중요 부분에 관한 것에 해당하므로 이를 이유로 보험계약을 취소할 수 있다(대법원 2018.4.12. 선고 2017다229536 판결).

② 보험계약자가 타인의 생활상의 부양이나 경제적 지원을 목적으로 보험자와 사이에 타인을 보험수익자로 하는 생명보험이나 상해보험 계약을 체결하여 보험수익자가 보험금청구권을 취득한 경우, 보험자의 보험수익자에 대한 급부는 보험수익자에 대한 보험자 자신의 고유한 채무를 이행한 것이다. 따라서 보험자는 보험계약이 무효이거나 해제되었다는 것을 이유로 보험수익자를 상대로 하여 그가 이미 보험수익자에게 급부한 것의 반환을 구할 수 있고, 이는 타인을 위한 생명보험이나 상해보험이 제3자를 위한 계약의 성질을 가지고 있다고 하더라도 달리 볼 수 없다(대법원 2018.9.13. 선고 2016다255125 판결).

④ 보험금을 부정 취득할 목적으로 다수의 보험계약이 체결된 경우에 민법 제103조 위반으로 인한 보험계약의 무효와 고지의무위반을 이유로 한 보험계약의 해지나 취소는 그 요건이나 효과가 다르지만, 개별적인 사안에서 각각의 요건을 모두 충족한다면 위와 같은 구제수단이 병존적으로 인정되고, 이 경우 보험자는 보험계약의 무효, 해지 또는 취소를 선택적으로 주장할 수 있다(대법원 2017.4.7. 선고 2014다234827 판결).

14

정답 ②

해설 가. (×) 타인의 생명보험계약 성립 당시 피보험자의 서면동의가 없다면 그 보험계약은 확정적으로 무효가 되고, 피보험자가 이미 무효가 된 보험계약을 추인하였다고 하더라도 그 보험계약이 **유효로 될 수는 없다**(대법원 2006.9.22. 선고 2004다56677 판결).

나. (○) 보험계약자가 타인의 사망을 보험사고로 하는 보험계약에는 계약 체결시에 그 타인의 서면에 의한 동의를 얻어야 한다(상법 제731조 제1항). 이는 강행규정으로서 이에 위반한 보험계약은 무효이다.

다. (×) 피보험자의 동의가 없는 타인의 생명보험계약은 무효이고, 보험계약의 보험수익자로 되어 있는 피고이든 망인의 상속인인 원고들이든 **보험금을 받을 권리를 취득할 수 없다**(대법원 1992.11.24. 선고 91다47109 판결).

라. (○) 타인의 사망을 보험사고로 하는 보험계약의 체결에 있어서 보험설계사는 보험계약자에게 피보험자의 서면동의 등의 요건에 관하여 구체적이고 상세하게 설명하여 보험계약자로 하여금 그 요건을 구비할 수 있는 기회를 주어 유효한 보험계약이 성립하도록 조치할 주의의무가 있고, 보험설계사가 위와 같은 설명을 하지 아니하는 바람에 위 요건의 흠결로 보험계약이 무효가 되고 그 결과 보험사고의 발생에도 불구하고 보험계약자가 보험금을 지급받지 못하게 되었다면 보험자는 보험업법 제102조 제1항에 기하여 보험계약자에게 그 보험금 상당액의 손해를 배상할 의무를 진다(대법원 2008.8.21. 선고 2007다76696 판결).

15

정답 ①

해설 가. (○) 상해보험은 보험의 객체가 자연인이라는 점에서 생명보험과 공통점이 있고, 상법의 규정상 인보험으로 분류되지만 실제로는 손해보험적인 성격이 강조되는 추세이다. 판례에 따를 때 무보험 자동차특약보험의 경우에는 약관규정의 존재 여부와 관계없이 중복보험의 법리가 준용된다.

> **판례** 대법원 2006.11.10. 선고 2005다35516 판결
>
> 피보험자가 무보험자동차에 의한 교통사고로 인하여 상해를 입었을 때에 그 손해에 대하여 배상할 의무자가 있는 경우 보험자가 약관에 정한 바에 따라 피보험자에게 그 손해를 보상하는 것을 내용으로 하는 무보험자동차에 의한 상해담보특약(이하 '무보험자동차특약보험'이라 한다)은 상해보험의 성질과 함께 손해보험의 성질도 갖고 있는 손해보험형 상해보험이므로(대법원 2000.2.11. 선고 99다50699 판결, 대법원 2003.12.26. 선고 2002다61958 판결), 하나의 사고에 관하여 여러 개의 무보험자동차특약보험계약이 체결되고 그 보험금액의 총액이 피보험자가 입은 손해액을 초과하는 때에는 손해보험에 관한 상법 제672조 제1항이 준용되어 보험자는 각자의 보험금액의 한도에서 연대책임을 지고, 이 경우 각 보험자 사이에서는 각자의 보험금액의 비율에 따른 보상책임을 진다.

나. (✕) 보험사고가 보험계약자 또는 피보험자나 보험수익자의 고의 또는 중대한 과실로 인하여 생긴 때에는 보험자는 보험금액을 지급할 책임이 없다(상법 제659조 제1항). 하지만 상해를 보험사고로 한 보험계약에서는 사고가 보험계약자 또는 피보험자나 보험수익자의 중대한 과실로 인하여 발생한 경우에도 보험자는 **보험금을 지급할 책임을 면하지 못한다**(상법 제732의2 제1항).

다. (✕) 보험자는 보험사고로 인하여 생긴 보험계약자 또는 보험수익자의 제3자에 대한 권리를 대위하여 행사하지 못한다. 그러나 상해보험계약의 경우에 **당사자간에 다른 약정이 있는 때에는 보험자는 피보험자의 권리를 해하지 아니하는 범위 안에서 그 권리를 대위하여 행사**할 수 있다(상법 제729조 단서).

라. (○) 상해보험에 관하여는 '15세 미만자, 심신상실자 또는 심신박약자의 사망을 보험사고로 한 보험계약은 무효로 한다(상법 제732조)'는 규정을 제외하고 나머지 생명보험에 관한 규정을 준용한다(상법 제739조). 즉 15세 미만자, 심신상실자 또는 심신박약자의 상해를 보험사고로 한 보험계약은 유효하다.

16

정답 ②

해설 보험기간 중에 보험계약자, 피보험자 또는 보험수익자의 고의 또는 중대한 과실로 인하여 사고발생의 위험이 현저하게 변경 또는 증가된 때에는 보험자는 **그 사실을 안 날부터 1월 내에 보험료의 증액을 청구하거나 계약을 해지할 수 있다**고 규정되어 있다(상법 제653조). 즉 상법에서는 보험계약자 등의 고의 또는 중대한 과실로 인하여 사고발생의 위험이 현저하게 변경 또는 증가된 때에는 보험자에게 통지하여야 한다는 '통지의무'를 명시적으로 규정하고 있지 않다.

① 상법 제652조 제1항
③ 상법 제672조 제2항
④ 상법 제722조 제1항

17

정답 ②

해설 보험목적의 양도는 유상이든 무상이든 묻지 않으나, 물권적 양도이어야 한다. 즉, **양도의 채권계약만으로는 부족하고**, 소유권이 양수인에게 이전한 때에 보험관계가 이전하게 된다. 그러므로 목적물의 소유자가 단순히 목적물을 임대하거나 담보권을 설정한 것은 양도가 아니다.

① 상법 제679조 제1항

③·④ 보험의 목적은 원칙적으로 물건이어야 한다. 여기서 물건이란 동산, 부동산뿐만 아니라 유가증권 등 무체재산도 포함하는데 반드시 특정화·개별화되어야 한다. 따라서 자동차보험 중 자기신체보험에 대해서는 승계추정의 법리가 적용되지 않는다. 자동차보험에 있어서 피보험자가 보험기간 중에 자동차를 양도한 때에는 양수인은 보험자의 승낙을 얻은 경우에 한하여 보험계약으로 인하여 생긴 권리와 의무를 승계하며(상법 제726조의4 제1항), 상법 제679조를 적용하지 아니한다.

18

정답 ②

해설 교통상해 의료비 담보와 같이 손해보험으로서의 성질과 함께 상해보험으로서의 성질도 갖고 있는 손해보험형 상해보험에 있어서는 보험자와 보험계약자 또는 피보험자 사이에 피보험자의 제3자에 대한 권리를 대위하여 행사할 수 있다는 취지의 약정이 없는 한, 피보험자가 제3자로부터 손해배상을 받더라도 이에 관계없이 보험자는 보험금을 **지급할 의무가 있다**(대법원 2003.11.28. 선고 2003다35215, 35222 판결).

①·④ 상법 제729조 본문에서 "보험자는 보험사고로 인하여 생긴 보험계약자 또는 보험수익자의 제3자에 대한 권리를 대위하여 행사하지 못한다"고 규정함으로써 인보험에 있어서의 보험대위를 원칙적으로 금지하고 있다.

③ "상해보험계약의 경우에 당사자간에 다른 약정이 있는 때에는 보험자는 피보험자의 권리를 해하지 아니하는 범위 안에서 그 권리를 대위하여 행사할 수 있다(상법 제729조 단서)"고 규정하여 보험약관의 정함에 따라 상해보험자의 대위권을 인정할 수 있도록 하고 있다.

19

정답 ③

해설 신가보험은 신품가액에 의하여 손해를 보상하는 계약으로서(상법 제676조 제1항 단서), 피보험자가 신구교환차익을 얻으므로 **이득금지의 원칙에 대한 예외 규정**이다.

① 사기에 의한 초과보험은 무효이다. 이는 보험을 통하여 이득을 얻으려고 인위적으로 초과보험을 체결하는 것을 방지하기 위한 규정이므로 이득금지의 원칙이 적용된다.

② 보험자대위는 보험자가 보험금을 지급 후 피보험자 또는 보험계약자가 보험의 목적 또는 제3자에 대하여 가지는 법률상의 권리를 취득하는 것으로 피보험자의 이중이득을 금지하는 수단이다.

④ 중복보험에서 비례주의에 의한 보상은 실제 손해 이상으로 중복 지급되는 것을 막기 위한 규정이므로 이득금지의 원칙을 시현하는 수단이다.

20

정답 ③

해설 둘 이상의 보험수익자 중 일부가 고의로 피보험자를 사망하게 한 경우 보험자는 다른 보험수익자에 대한 보험금 지급 책임을 면하지 못한다(상법 제732조의2 제2항). 즉 **다른 법정상속인인 보험수익자에게 보험금 지급을 거부할 수 없다.**

① 상법 제731조 제1항에 의하면 타인의 생명보험에서 피보험자가 서면으로 동의의 의사표시를 하여야 하는 시점은 '보험계약 체결시까지'이고, 이는 강행규정으로서 이에 위반한 보험계약은 무효이다.
② 상법 제733조 제1항
④ 상법 제734조 제1항

21

정답 ④

해설 보험계약자인 채무자의 채무불이행으로 인하여 채권자가 입게 되는 손해의 전보를 보험자가 인수하는 것을 내용으로 하는 보증보험계약은 손해보험으로, 형식적으로는 채무자의 채무불이행을 보험사고로 하는 보험계약이나 실질적으로는 보증의 성격을 가지고 보증계약과 같은 효과를 목적으로 하므로, 민법의 보증에 관한 규정, 특히 **민법 제441조 이하에서 정한 보증인의 구상권에 관한 규정이 보증보험계약에도 적용**된다(대법원 1997.10.10. 선고 95다46265 판결).

TIP	민법 제441조(수탁보증인의 구상권)
주채무자의 부탁으로 보증인이 된 자가 과실 없이 변제 기타의 출재로 주채무를 소멸하게 한 때에는 주채무자에 대하여 구상권이 있다.	

① 상법 제726조의5
② 보증보험은 채무자의 채무불이행으로 인하여 채권자가 입게 될 손해의 전보를 보험자가 인수하는 것을 내용으로 하는 손해보험으로서 형식적으로는 채무자의 채무불이행을 보험사고로 하는 보험계약이나 실질적으로는 보증의 성격을 가지고 보증계약과 같은 효과를 목적으로 하므로 민법의 보증에 관한 규정이 준용되고, 따라서 보증보험이 담보하는 채권이 양도되면 당사자 사이에 다른 약정이 없는 한 **보험금청구권도 그에 수반하여 채권양수인에게 함께 이전된다**고 보아야 한다(대법원 1999.6.8. 선고 98다53707 판결).
③ 상법 제726조의6 제2항

22

정답 ①

해설 ①은 **실손보상의 원칙(= 이득금지의 원칙)**으로 인보험에서는 원칙적으로 적용되지 않고, 손해보험 특유의 원리이다.

② 수지상등의 원칙에 대한 설명이다.
③ 보험의 원리 중 위험의 분담에 대한 설명이다.
④ 대수의 법칙에 대한 설명이다.

23

정답 ②

해설 보험자는 보험계약이 성립한 때에는 지체 없이 보험증권을 작성하여 보험계약자에게 교부하여야 한다 (상법 재640조 제1항). 즉 보험증권은 보험계약이 성립된 이후에 발행하는 증권으로, **보험계약자의 청구 여부와 관계없이** 교부하여야 한다.

① 보험증권은 보험계약의 성립과 내용을 증명하기 위하여 보험자가 발행한 것으로 증거증권성이 인정 된다.
③ 상법 제666조 제6호
④ 상법 제642조

24

정답 ④

해설 손해보험에는 보험금액과 보험가액이 존재하여 양자의 관계에 따라 전부보험·초과보험·일부보험· 중복보험이 존재하지만, 인보험에서는 그러한 규정이 없다. 다만, 실손보상형 상해보험에서는 중복보 험에 관한 규정을 준용하는 판례가 있다.

① **손해보험 중 책임보험**에서 피보험이익은 인정하지만, 보험가액의 개념은 원칙적으로 존재하지 않는다.
② 실손보상의 원칙은 **손해보험에만 적용**하고, 생명보험에서는 적용하지 않는다.
③ 인보험 중 상해·질병보험의 경우 상해의 정도나 치료일수에 의해 일정액의 급여를 하는 정액보험으 로 할 수도 있고, 의료비 등 피보험자가 상해나 질병으로 인하여 입은 경제적인 손실을 보상하는 **부정액보험으로 계약**할 수 있다.

25

정답 ①

해설 화재보험증권에는 상법 제666조에 게기한 사항 외에 다음의 사항을 기재하여야 한다.
1. 건물을 보험의 목적으로 한 때에는 그 소재지, 구조와 용도
2. **동산을 보험의 목적으로 한 때에는 그 존치한 장소의 상태와 용도**
3. 보험가액을 정한 때에는 그 가액

TIP	상법 제666조(손해보험증권)

손해보험증권에는 나음의 사항을 기재하고 보험자가 기명날인 또는 서명하여야 한다.
1. **보험의 목적**
2. **보험사고의 성질**
3. **보험금액**
4. 보험료와 그 지급방법
5. 보험기간을 정한 때에는 그 시기와 종기
6. 무효와 실권의 사유
7. 보험계약자의 주소와 성명 또는 상호
8. **피보험자의 주소, 성명 또는 상호**
9. 보험계약의 연월일
10. 보험증권의 작성지와 그 작성연월일

26

정답 ②

해설 생명보험계약은 보험자가 피보험자의 **사망, 생존, 사망과 생존에 관한 보험사고**가 발생할 경우에 약정한 보험금을 지급할 책임이 있는 인보험계약이다(상법 제730조). 즉 생명보험은 사람의 생존과 사망을 보험사고로 한다는 점에서 상해를 보험사고로 하는 상해보험과는 차이가 있고, 또한 손해 여부를 불문하고 정해진 금액을 지급한다는 정액보험이란 점에서 실손보상방식의 손해보험과는 차이가 있다.

27

정답 ③

해설 단체보험계약에서 보험계약자가 피보험자 또는 그 상속인이 아닌 자를 보험수익자로 지정할 때에는 단체의 규약에서 명시적으로 정하는 경우 외에는 그 피보험자의 서면동의를 받아야 한다(상법 제735조의3 제3항).

① 상법 제735조의3 제2항
② 상법 제735조의3 제1항
④ 단체보험이란 회사, 공장 등 일정한 단체의 구성원의 전부 또는 일부를 포괄적으로 피보험자로 하여 그의 생명·신체에 관한 사고를 보험사고로 하는 생명보험 또는 상해보험을 말하므로, 단체보험에 관한 상법 규정은 단체생명보험뿐만 아니라 단체상해보험에도 적용된다.

28

정답 ①

해설 ①·② **상법 제663조 본문**에서는 "당사자간의 특약으로 보험계약자 또는 피보험자나 보험수익자의 불이익으로 변경하지 못한다"고 하여 불이익변경금지의 규정을 두고 있다.
③·④ 상법 제663조의 '불이익변경금지의 원칙'은 상대적 강행규정으로 가계보험 전반에 미치지만, **재보험 및 해상보험, 기타 이와 유사한 보험**에 대하여는 적용하지 않고 있다(상법 제663조 단서).

29

정답 ④

해설 소급보험은 보험계약 성립 이전의 어느 시기부터 보험기간이 시작되는 것으로 약정한 것이며, **최초보험료의 납입을 보험자의 책임개시의 요건**으로 한다. 단, 최초보험료 지급이 없어도 책임을 개시한다는 당사자간의 특약이 있으면 상관없다.

①·② 소급보험계약과 승낙전 보호제도는 모두 보험기간이 보험계약기간보다 장기란 점에서 공통점이 있다.
③ 대부분의 경우 보험기간은 보험계약기간과 일치하지만, 양자가 반드시 일치하는 것은 아니다. 가령 일정한 면책기간을 설정하는 질병보험처럼 보험기간이 보험가입 후의 특정 시점부터 개시되는 경우 또는 보험에 가입하기 이전의 시점으로부터 보험기간이 개시되는 소급보험의 경우는 양자가 일치하지 않는다.

30

정답 ③

해설 고지의무는 피보험자나 보험계약자가 해지에 의한 불이익을 피하기 위하여 부담하는 일종의 간접의무이다. 따라서 고지의무를 위반한 경우 보험자가 그 이행을 강제하거나 불이행에 대하여 손해배상을 청구할 수 있는 것이 아니라, 단지 **보험계약을 해지할 수 있을 뿐**이다.

31

정답 ③

해설 항해 도중에 **불가항력으로** 보험의 목적인 적하를 매각한 때에는 보험자는 그 대금에서 운임 기타 필요한 비용을 공제한 금액과 보험가액과의 차액을 보상하여야 한다(상법 제709조 제1항).

32

정답 ②

해설 ② **보험자가 일정한 기간 내에 취소를 하지 아니하면**(×) → **보험계약자가 일정한 기간 내에 취소를 하지 아니하면**(○)

즉 상법 제638조의3 제2항은 보험자의 설명의무 위반의 효과를 보험계약의 효력과 관련하여 **보험계약자에게 계약의 취소권을 부여하는 것으로 규정하고 있다.**

따라서 보험자의 설명의무위반시 보험계약자가 일정한 기간 내에 취소를 하지 아니하면 보험약관에 있는 내용이 계약의 내용으로 편입되는 것으로 볼 수 없다.

판례	대법원 1998.11.27. 선고 98다32564 판결

[1] 상법 제638조의3 제2항은 보험자의 설명의무위반의 효과를 보험계약의 효력과 관련하여 보험계약자에게 계약의 취소권을 부여하는 것으로 규정하고 있으나, 나아가 보험계약자가 그 취소권을 행사하지 아니한 경우에 설명의무를 다하지 아니한 약관이 계약의 내용으로 되는지 여부에 관하여는 아무런 규정도 하지 않고 있을 뿐만 아니라, 일반적으로 계약의 취소권을 행사하지 아니하였다고 바로 계약의 내용으로 되지 아니한 약관 내지 약관 조항의 적용을 추인 또는 승인하였다고 볼 근거는 없다고 할 것이므로, 결국 상법 제638조의3 제2항은 약관의 규제에 관한 법률 제16조에서 약관의 설명의무를 다하지 아니한 경우에도 원칙적으로 계약의 효력이 유지되는 것으로 하되 소정의 사유가 있는 경우에는 예외적으로 계약 전체가 무효가 되는 것으로 규정하고 있는 것과 모순·저촉이 있다고 할 수 있음은 별론으로 하고, 약관에 대한 설명의무를 위반한 경우에 그 약관을 계약의 내용으로 주장할 수 없는 것으로 규정하고 있는 약관의 규제에 관한 법률 제3조 제3항과의 사이에는 아무런 모순·저촉이 없으므로, 따라서 상법 제638조의3 제2항은 약관의 규제에 관한 법률 제3조 제3항과의 관계에서는 그 적용을 배제하는 특별규정이라고 할 수가 없으므로 보험약관이 상법 제638조의3 제2항의 적용 대상이라 하더라도 약관의 규제에 관한 법률 제3조 제3항 역시 적용이 된다.

[2] 일반적으로 보험자 및 보험계약의 체결 또는 모집에 종사하는 자는 보험계약의 체결에 있어서 보험계약자 또는 피보험자에게 보험약관에 기재되어 있는 보험상품의 내용, 보험료율의 체계 및 보험청약서상 기재사항의 변동사항 등 보험계약의 중요한 내용에 대하여 구체적이고 상세한 명시·설명의무를 지고 있으므로 보험자가 이러한 보험약관의 명시·설명의무에 위반하여 보험계약을 체결한 때에는 그 약관의 내용을 보험계약의 내용으로 주장할 수 없다.

① 보험자가 보험약관의 교부·설명의무를 위반한 경우 보험계약자는 보험계약이 성립한 날부터 3개월 이내에 그 계약을 취소할 수 있다(상법 제638조의3 제2항).

③·④ 보험자는 보험계약을 체결할 때에 보험계약자에게 보험약관을 교부하고 그 약관의 중요한 내용을 설명하여야 한다고 규정하고 있다(상법 제638조의3 제1항). 여기서 설명의무의 이행시점이 문제될 수 있으나, 보험계약을 체결하려는 소비자 입장에서는 면책사유나 담보범위 등 약관의 중요한 내용에 관한 설명을 청약을 하려는 단계에서 설명을 듣고, 이를 참작하여 계약 체결 여부를 결정하고자 하므로 보험자의 설명의무는 계약의 청약시 동시에 이루어지는 것이 바람직하다.

〈자료출처〉 보험자의 보험약관 설명의무에 관한 고찰, 장정애

33

정답 ②

해설 타인의 사망보험에서 보험수익자를 지정 또는 변경하는 경우 타인의 서면동의를 받지 않으면, 해당 보험계약이 무효가 되는 것이 아니라, **보험수익자 지정행위만 무효**가 된다.

> **판례** 울산지방법원 2014.9.4. 선고 2013가합4186 판결
>
> 보험계약자가 계약 체결 후에 보험수익자를 지정 또는 변경할 때, 그것이 타인의 사망을 보험사고로 하는 보험계약인 때에는 피보험자의 서면에 의한 동의를 얻어야 하고(상법 제734조 제2항, 제항, 제731조 제항), 이는 상해보험에도 준용된다(상법 제739조). 그런데, 상법 제731조 제1항을 강행규정으로 보는 근거들은(대법원 2003.7.22. 선고 2003다24451 판결) 위 조항을 준용하는 타인의 사망을 보험사고로 하는 보험계약의 보험수익자 변경시에도 공통하여 고려되어야 하는 내용들이라서 그 경우에 피보험자의 서면동의를 얻도록 하는 위 조항들 역시 모두 강행규정이라고 볼 것이다. 그러므로 이러한 동의 없이 이루어진 보험수익자 변경은 무효이다.

① 타인을 위한 상해보험에서 보험수익자는 그 지정행위 시점에 반드시 특정되어 있어야 하는 것은 아니고 보험사고발생시에 특정될 수 있으면 충분하므로, 보험계약자는 이름 등을 통하여 특정인을 보험수익자로 지정할 수 있음은 물론 '배우자' 또는 '상속인'과 같이 보험금을 수익할 자의 지위나 자격 등을 통하여 불특정인을 보험수익자로 지정할 수도 있고, 후자와 같이 보험수익자를 추상적 또는 유동적으로 지정한 경우에 보험계약자의 의사를 합리적으로 추측하여 보험사고발생시 보험수익자를 특정할 수 있다면 그러한 지정행위는 유효하다(대법원 2006.11.9. 선고 2005다55817 판결).

③ 상법 제733조 제3항

④ 상법 제733조 제4항

34

정답 ①

해설 ① 상법 제696조 제1항

② 적하의 보험에 있어서는 선적한 때와 곳의 적하의 가액과 선적 및 보험에 관한 비용을 **보험가액으로 한다**(상법 제697조). '추정한다'가 틀린 문장이다.

③ 적하의 도착으로 인하여 얻을 이익 또는 보수의 보험에 있어서는 계약으로 보험가액을 정하지 아니한 때에는 보험금액을 보험가액으로 한 것으로 **추정한다**(상법 제698조). '~정한 것으로 본다.'가 틀린 문장이다.

④ 항해단위로 선박을 보험에 붙인 경우에는 보험기간은 하물 또는 저하의 선적에 착수한 때에 개시하고, **도착항에서 하물 또는 저하를 양륙한 때에 종료한다**(상법 제698조 제1항, 제700조).

35

정답 ④

해설 계속보험료가 약정한 시기에 지급되지 아니한 경우 보험계약이 해지되고, 해지환급금이 지급되지 아니한 경우에 보험계약자는 일정한 기간 내에 연체보험료에 약정이자를 붙여 보험자에게 지급하고 그 계약의 부활을 청구할 수 있다(상법 제650의2조). 보험계약의 부활시에도 고지의무에 관한 규정이 준용되고, 부활 전의 고지의무위반에 관한 사항도 원칙적으로 부활 후에도 그대로 존속하므로 고지의무위반으로 보험계약이 해지된 경우에는 부활이 인정되지 않는다.

36

정답 ②

해설 상법 제659조 제1항은 "보험사고가 보험계약자 또는 피보험자나 보험수익자의 고의 또는 중대한 과실로 인하여 생긴 때에는 보험자는 보험금액을 지급할 책임이 없다"라고 규정하고 있다. 위 규정에 따르면 사망을 보험사고로 하는 보험계약에 있어서도 피보험자 등의 고의로 인하여 사고가 생긴 경우에 보험자는 보험금을 지급할 책임이 없다고 할 것이다. 이는 피보험자가 고의에 의하여 보험사고를 일으키는 것은 보험계약상의 신의성실의 원칙에 반할 뿐만 아니라, 그러한 경우에도 보험금이 지급된다고 한다면 보험계약이 보험금 취득 등 부당한 목적에 이용될 가능성이 있기 때문이다(대법원 2006.3.10. 선고 2005다49713 판결).

그런데 ① 피보험자의 자살이 보험금 수령을 목적으로 한 것인지 여부를 중시하여 보장개시일부터 근접한 일정한 기간 내에는 보험금 수취 목적의 자살이 발생한 가능성이 상대적으로 높은 반면 어느 정도의 기간이 지난 뒤에는 그러한 위험성이 상대적으로 낮아진다는 점을 고려하여 그 기준시를 2년으로 정하고 위 기간 경과 후에는 자살의 경우에도 일률적으로 보험금을 지급하도록 정하고 있는 점, ② 보험금 수령을 목적으로 하지 않은 자살에 대하여는 보험보호의 대상으로 인정하여 보험수익자를 보호할 필요성이 있고 유족의 생활보장을 위해서도 필요한 경우가 있는 점, ③ 자살이 보험금수령을 목적으로 한 자살인지 여부를 입증한다는 것이 사실상 어려우므로 정책적인 판단 아래 기간을 2년으로 설정하여 위 기간 내의 자살은 일률적으로 보험자가 면책되는 것으로 하고, 그 이후의 자살은 보험자가 보험금 지급의무를 부담하는 것으로 정한 것인 점 등을 고려하면 이 사건 자살 면책제한조항과 같이 보험사기를 방지할 정도의 기간이 경과된 후의 자살일 경우 보험금을 지급하기로 당사자가 합의한다고 해서 이를 **강행법규나 선량한 풍속 기타 사회질서에 위반된다고 보기 어렵고, 위와 같은 약관 조항은 사적자치의 원칙상 유효하다**고 볼 것이다(대법원 2009.9.24 선고 2000다45351 판결).

① 상법 제659조 제1항
③ 상법 제732조의2 제1항
④ 보증보험의 성질상 상법 제659조(보험자의 면책사유)의 규정은 보증보험계약이 보험계약자의 사기행위에 피보험자가 공모하였다든지 적극적으로 가담하지는 않았더라도 그러한 사실을 알면서도 묵인한 상태에서 체결되었다고 인정되는 경우를 제외하고는 원칙적으로 보증보험에는 그 적용이 없다(대법원 2001.2.13. 선고 99다13737 판결).

37

정답 ④

해설 보험계약자 등의 보험사고발생의 통지의무위반 사항은 **보험금 지급이 유예되는 사항**이며, **보험계약의 해지 사유와 관련 없다.** 보험계약자 또는 피보험자나 보험수익자가 보험사고발생의 통지의무를 해태함으로 인하여 손해가 증가된 때에는 보험자는 그 증가된 손해를 보상할 책임이 없다(상법 제657조 제2항). 보험계약자 등이 **위험변경·증가의 통지의무를 위반한 경우** 보험자는 그 사실을 안 날로부터 1월 내에 한하여 계약을 해지할 수 있다(상법 제652조 제1항).

① 계속보험료가 약정한 시기에 지급되지 아니한 때에는 보험자는 상당한 기간을 정하여 보험계약자에 게 최고하고 그 기간 내에 지급되지 아니한 때에는 그 계약을 해지할 수 있다(상법 제650조 제1항).

② 보험계약 당시에 보험계약자 또는 피보험자가 고의 또는 중대한 과실로 인하여 중요한 사항을 고지 하지 아니하거나 부실의 고지를 한 때에는 보험자는 그 사실을 안 날로부터 1월내에, 계약을 체결한 날로부터 3년 내에 한하여 계약을 해지할 수 있다(상법 제651조).

③ 보험기간 중에 보험계약자, 피보험자 또는 보험수익자의 고의 또는 중대한 과실로 인하여 사고발생 의 위험이 현저하게 변경 또는 증가된 때에는 보험자는 그 사실을 안 날부터 1월 내에 보험료의 증액을 청구하거나 계약을 해지할 수 있다(상법 제653조).

38

정답 ④

해설 ①·④ 상법 제638조의2 제3항에 의하면 보험자가 보험계약자로부터 보험계약의 청약과 함께 보험료 상당액의 전부 또는 일부를 받은 경우(인보험계약의 피보험자가 신체검사를 받아야 하는 경우에는 그 검사도 받은 때)에 그 청약을 승낙하기 전에 보험계약에서 정한 보험사고가 생긴 때에는 그 청약 을 거절할 사유가 없는 한 보험자는 보험계약상의 책임을 지는 바, 여기에서 **청약을 거절할 사유란 보험계약의 청약이 이루어진 바로 그 종류의 보험에 관하여 해당 보험회사가 마련하고 있는 객관적인 보험인 수기준에 의하면 인수할 수 없는 위험상태 또는 사정이 있는 것으로서 통상 피보험자가 보험약관에서 정한 적격 피보험체가 아닌 경우를 말하고,** 이러한 청약을 거절할 사유의 존재에 대한 증명책임은 보험 자에게 있다(대법원 2008.11.27. 선고 2008다40847 판결).

② 승낙전 보험사고에 대하여 보험계약의 청약을 거절할 사유가 없어서 보험자의 보험계약상의 책임이 인정되 면, 그 사고발생 사실을 보험자에게 고지하지 아니하였다는 사정은 청약을 거절할 사유가 될 수 없고, 보험 계약 당시 보험사고가 이미 발생하였다는 이유로 상법 제644조에 의하여 보험계약이 무효로 된다고 볼 수도 없다(대법원 2008.11.27. 선고 2008다40847 판결).

③ '청약을 거절할 사유'란 보험자가 위험을 측정하여 보험계약의 체결 여부 또는 보험료액을 결정하는데 영향을 미치는 사실에 관한 것으로 봄이 상당하다(대전지방법원 2007.11.20. 선고 2007가단24975 판결).

39

정답 ①

해설 선박의 충돌로 인한 피보험선박에 생긴 손해는 보험자가 당연히 보상한다. 다른 선박에 손해가 생긴 때에 대하여는 상법에 명문규정은 없으나, 실거래에서는 **충돌약관에 의한 특약**에 의해 보험자의 책임을 인정하는 경우가 있다.

② 보험자는 보험의 목적의 안전이나 보존을 위하여 지급할 특별비용을 보험금액의 한도 내에서 보상할 책임이 있다(상법 제694조의3).

③ 보험자는 피보험자가 보험사고로 인하여 발생하는 손해를 방지하기 위하여 지급할 구조료를 보상할 책임이 있다(상법 제694조의2).

④ 보험자는 피보험자가 지급할 공동해손의 분담액을 보상할 책임이 있다(상법 제694조).

40

정답 ②

해설 무보험자동차에 의한 상해보상특약의 보험자는 피보험자의 실제 손해액을 기준으로 위험을 인수한 것이 아니라 보통약관에서 정한 보험금 지급기준에 따라 산정된 금액만을 제한적으로 인수하였을 뿐이다. 무보험자동차에 의한 상해보상특약에 있어서 보험금액의 산정기준이나 방법은 보험약관의 중요한 내용이 아니어서 명시·설명의무의 대상에 해당하지 아니한다(대법원 2004.4.27. 선고 2003다7302 판결).

① · ③ 피보험자가 무보험자동차에 의한 교통사고로 인하여 상해를 입었을 때에 그 손해에 대하여 배상할 의무자가 있는 경우 보험자가 약관에 정한 바에 따라 피보험자에게 그 손해를 보상하는 것을 내용으로 하는 무보험자동차에 의한 상해담보특약은 손해보험으로서의 성질과 함께 상해보험으로서의 성질도 갖고 있는 손해보험형 상해보험으로서, 상법 제729조 단서의 규정에 의하여 당사자 사이에 다른 약정이 있는 때에는 보험자는 피보험자의 권리를 해하지 아니하는 범위 안에서 피보험자의 배상의무자에 대한 손해배상청구권을 대위행사할 수 있다(대법원 2003.12.26. 선고 2002다61958 판결).

④ 하나의 사고에 관하여 여러 개의 무보험자동차에 의한 상해담보특약보험(이하 '무보험자동차특약보험'이라 한다)이 체결되고 그 보험금액의 총액이 피보험자가 입은 손해액을 초과하는 때에는, 중복보험에 관한 상법 제672조 제1항의 법리가 적용되어 보험자는 각자의 보험금액의 한도에서 연대책임을 지고 피보험자는 각 보험계약에 의한 보험금을 중복하여 청구할 수 없다(대법원 2007.10.25. 선고 2006다25356 판결).

2019년 제42회 손해사정이론 정답 및 해설

01	02	03	04	05	06	07	08	09	10	11	12	13	14	15	16	17	18	19	20
③	②	④	②	②	②	④	②	③	①	①	④	②	③	①	②	③	②	③	③
21	22	23	24	25	26	27	28	29	30	31	32	33	34	35	36	37	38	39	40
②	①	②	③	③	①	④	①	②	②	③	②	②	③	②	①	④	④	②	④

01

정답 ③

해설 물리적 위태(physical hazard)는 사고의 발생 가능성을 높게 하거나 손실을 확대시킬 수 있는 실체적 환경 또는 상황을 말한다. 이를 통제하기 위한 제도에는 상법상 고지의무, **위험변경증가 통지의무**, 위험유지의무 등이 있다.

① 소손해 면책제도, ② 대기기간, ④ 고의사고 면책제도는 보험을 통해 적극적으로 이익을 취하려는 **도덕적 위태(moral hazard)에 대한 통제방법**이다.

02

정답 ②

해설
① PML(probable maximum loss ; 가능최대손실)은 통상적인 조건하에서 담보위험이 야기할 수 있는 최대 손해의 추정액을 말한다.
③ EML(estimated maximum loss)은 MPL(maximum possible loss)과 유사하지만, 비정상적인 상황을 고려하지 않는다.
④ VAR(value at risk)은 일정한 조건 아래에서 위험이 발생할 경우 잃을 수 있는 최대 손실 예상치를 추정한 금액이다.

03

정답 ④

해설 자가보험(self-insurance)은 기업 스스로 보험기금을 적립하여 위험을 대처하는 방법이므로, 대재해 등 심도가 큰 위험이 발생하면 **재정적 위험을 초래**할 수 있다.

194 2019년 제42회 1차 정답 및 해설

04

정답 ②

해설 피보험이익이란 보험목적물에 손해가 발생하였을 때 피보험자가 갖는 경제적 이해관계를 말한다. 따라서 피보험자가 보험목적물과 관련하여 이해관계를 가지지 않는 경우 피보험이익이 존재하지 않으며, 이런 경우 보험목적물은 보험에 가입할 수 없다. **하나의 보험목적물에 복수의 피보험이익이 존재할 수 있다.**

05

정답 ②

해설 **면책재산(excluded property)**
보험계약에서 보상책임을 제외하거나 보상책임을 제한하는 특정 재산을 말한다.
예 화재보험에서 화폐나 문서, 금괴나 원고 등은 보상에서 제외된다.

① **면책손인(excluded perils)** : 보험자가 피보험자에게 특정 손인으로 인한 손해가 있으면 보상하지 않는다고 약정한 위험을 말한다.
③ **면책손실(excluded losses)** : 보험계약에서 보상하지 않는 특정 손실을 말한다.
④ **면책지역(excluded locations)** : 보험계약은 보상에 있어서 지리적 또는 장소적 제한을 둔다. 장소에 따라 손실빈도나 규모에 많은 차이가 있기 때문이다.

06

정답 ②

해설 손해보험에서 실손보상의 원칙은 피보험자의 경제적 상태를 손해발생 이전의 상태로 복원시키는 것, 즉 실제로 발생한 경제적 손실에 대한 보상을 통해 피보험자 또는 보험계약자가 보험사고로부터 이익을 얻는 것을 방지하는데 있다(**이득금지 원칙**). 그런데 기평가보험계약에서는 보험가액이 사고발생시의 가액을 초과하더라도 사고발생시의 가액을 기준으로 하여 손해액을 산정하지 아니하고, 계약된 금액을 기준으로 손해액을 산정하므로 **이득금지 원칙의 예외**가 된다.

07

정답 ④

해설 보험계약은 보험자 일방이 작성한 보통보험약관에 의하여 이루어지므로 부합계약성을 가진다고 할 수 있으며, 계약내용이 모호할 경우 **보험자에게 불이익하게 해석**한다(작성자불이익의 원칙).

08

정답 ②

해설 **지급보험금**

$$지급보험금 = 손실액 \times \frac{보험가입금액}{보험가액의 \ 80\% \ 해당액}$$

보험가액은 사고 당시의 건물의 시가로 하므로,

$$지급보험금 = (5억원 - 1억원) \times \frac{6억원}{10억원 \times 80\%} = \textbf{3억원}$$

09

정답 ③

해설 **순보험료 = 예상손실액 × 발생확률**
정액 공제 금액이 300만원으로 설정되어 있으므로,
순보험료 = [(500만원 − 300만원) × 0.2] + [(700만원 − 300만원) × 0.15] + [(900만원 −
300만원) × 0.05] = 40만원 + 60만원 + 30만원 = **130만원**

10

정답 ①

해설 보험계약자가 동일한 보험목적물 및 **동일한 피보험이익**에 대하여 다수의 보험회사와 보험계약을 체결하
여 그 보험가입금액의 합이 보험가액을 초과하는 경우를 중복보험이라 한다. 즉 동일한 보험목적이라도
피보험이익이 다르면 중복보험 문제는 발생하지 않는다.

11

정답 ①

해설 보험사고 및 사고로 인한 손해발생 사실은 "**피보험자**"가 입증하여야 한다.

12

정답 ④

해설 **연대배상책임**은 가해자들 중 하나가 피해의 발생에 대하여 약간의 과실만 있더라도 전체 보상에 대해
책임을 지는 법리이다.

① **비교과실**은 피해자와 가해자 사이의 과실을 비교하고, 피해자의 과실의 정도에 따라 가해자의 배상금
을 감액하는 항변이다.
② **리스크의 인식**은 피해자가 피해를 초래할 행위에 포함될 리스크를 알고 있었음에도 불구하고 그러한
행위를 선택했다면 가해자는 책임을 지지 않는다는 항변이다.
③ **기여과실**은 피해자가 자신의 손해에 기여한 점이 인정이 되는 경우에는 비록 그것이 아주 경미한
정도의 것이라도 가해자의 법적 책임은 부여되지 않는다는 항변이다.

13

정답 ②

해설 무과실책임주의는 과실의 유무가 불확실하더라도 가해의 사실이 있다면 책임을 지는 것을 의미하는 것으로서, 과실책임주의와 반대되는 개념이다. 즉, 가해자에게 고의 또는 과실이 없더라도 손해와 사고 사이에 인과관계만 있으면 무조건적인 손해배상책임을 지우는 것으로 피해자를 보호하기 위해 등장하였다. 따라서 무과실책임주의는 손해율을 상승시키거나 **도덕적 위험의 증대**를 가져올 수 있다.

14

정답 ③

해설 캡티브(captive)는 기업이 자신의 위험을 보험사나 재보험사에 전가하지 않고, 자회사 형태로 보험사를 설립하여 위험을 인수하는 방법이므로, 모기업에 **재정적인 부담**을 줄 수 있다.

15

정답 ①

해설 재보험계약은 법률상 독립된 별개의 계약이므로 원보험계약의 효력에 **영향을 미치지 않는다.** 따라서 원보험회사는 원보험료의 지급이 없음을 이유로 재보험료의 지급을 거절할 수 없다.

16

정답 ②

해설 **위험관리의 목적**

손해발생 전의 목적	경제적 목적	위험관리 기능을 수행함에 있어서 최소의 비용으로 최대의 효과 달성
	의무규정충족 목적	손실방지를 위한 각종 규정의 준수
	불안감소 목적	위험의 존재로 인한 불안을 제거하거나 최소화하는 것
손해발생 후의 목적	생존 목적	손실에도 불구하고 가계나 기업이 존재하도록 하는 것을 의미
	활동계속 목적	**영업의 지속**
	안정수입 목적	수익이 안전
	성장계속 목적	지속적인 성장
	사회적 책임 목적	손해가 발생한 경우 기업은 그 손해가 사회에 끼치는 영향을 최소화할 수 있도록 위험을 관리

17

정답 ③

해설 피보험자가 제3자의 과오로 인하여 손실을 입었을 경우 일단 보험자가 이를 보상하여 주고 피보험자가 제3자에게 가지는 손해배상청구권을 대위하는 것이다. 따라서 보험자대위는 과실이 있는 **제3자에게 손실발생의 책임을 묻는 효과**가 있다.

18

정답 ②

해설 초과부담조항은 손실에 대해서 우선적으로 책임을 지게 되는 1차 보험자가 자신의 보상한도까지 보상을 하게 되고, 나머지는 두 번째로 책임이 있는 초과보험자가 자신의 보상책임한도 내에서 보상하게 된다. 따라서 6,000만원의 손해가 발생하였으므로, 1차 보험자인 A 보험회사가 2,000만원을 부담하고, 나머지 4,000만원을 B 보험회사가 부담하게 된다.

19

정답 ③

해설 **일반적인 손해사정 절차**
사고통지의 접수 → 계약사항의 확인 → 약관의 면·부책 내용 등 확인 → 현장조사 → 손해액 및 보험금 산정 → 손해사정서 작성·교부 → 보험금 지급 → 대위 및 구상권 행사

20

정답 ③

해설 최대선의의 원칙은 보험계약시 계약의 당사자에게 다른 일반계약보다 훨씬 높은 정직성과 선의 혹은 신의성실을 요구한다. 최대선의의 원칙은 **고지(representation)의무, 은폐(concealment)금지, 보증(warranty ; 담보)** 등의 원리에 의해 유지된다.
- **고지의무** : 보험계약자 또는 피보험자는 보험자에 대하여 중요한 사항을 고지하고, 부실의 고지를 하지 아니할 의무가 있다.
- **은폐금지** : 보험계약자가 중대한 사실을 고지하지 않고 의도적이나 무의식적으로 숨기고 있어서는 안 된다.
- **보증(담보)** : 보험계약의 일부로서 피보험사가 진술한 사실이나 약속을 의미하며, 보상의 책임이 발생한 경우에는 담보가 사실이어야 하므로 최대선의의 원칙이 요구된다.

21

정답 ②

해설 배상청구기준 배상책임보험은 보험기간 중에 피보험자로부터 청구된 사고를 기준으로 보험자의 보상책임을 결정하는 방식이다. 즉 책임개시일 이후 보험기간의 종료 전에 보험사고가 발생하여야 하고, 또한 보험기간 중에 피해자가 피보험자나 보험자에게 배상청구가 있을 경우 보험자가 보상책임을 진다. 배상청구기준 배상책임보험은 장기성 배상책임(long-tail liability)의 특성을 갖는 **제조물배상책임보험, 전문직배상책임보험(회계사배상책임보험, 의사배상책임보험)** 등에 적용된다.

22

정답 ①

해설 소멸성 공제는 공제액을 초과하는 손해액에 대해 보상하므로, 공제금액(100만원)을 차감하고, 손실조정계수(105%)를 반영하여 보상한다.

- 보험회사가 보상해야 할 보험금 = (500만원 − 100만원) × 1.05 = **420만원**
- 피보험자가 부담해야 할 금액 = 500만원 − 420만원 = **80만원**

23

정답 ②

해설 **위험금융기법(risk financing technique)**은 손실의 발생을 예방하거나 손실의 크기를 줄이기보다는 발생한 손실로부터 회복 또는 그것을 복구하는데 필요한 자금의 조달에 초점을 두는 위험관리기법이다. 위험금융기법은 손실을 보유하는 방법과 손실을 전가하는 방법으로 나눌 수 있다. 위험을 전가하는 방법에는 **보험에 가입하여 보유위험을 보험자에게 전가**시키는 방법이다. 전가에 대한 대가로 보험료를 지불하여야 한다.

①·③·④는 모두 위험의 발생빈도나 손실의 규모 등을 물리적으로 통제하려는 **위험통제기법(risk control technique)**이다.

24

정답 ③

해설 경과손해율(%)은 발생손해액(발생한 손해액)을 경과보험료(벌어들인 보험료)로 나눈 값이다.

- 발생손해액 = 지급보험금 + 지급준비금 + 손해조사비
- 경과보험료 = 수입보험료 + 전기이월 미경과보험료 − 차기이월 미경과보험료

- 경과손해율(%) = $\dfrac{\text{발생손해액}}{\text{경과보험료}} \times 100$

$$= \frac{(6,000만원 + 2,000만원 + 500만원)}{(8,000만원 + 4,000만원 - 2,000만원)} \times 100 = \textbf{85\%}$$

25

[정답] ③

[해설] 자동차 에어백 장착은 손실의 발생규모를 줄이려는 **손실경감(loss reduction)기법**이다.

26

[정답] ①

[해설] 대체가격보험(= 신가보험)은 보험사고가 발생한 경우 감가상각을 하지 않고 피보험목적물과 동종, 동형, 동질의 신품을 구입하는데 소요되는 비용을 지급하는 보험을 말한다. 실손보상 원칙의 예외로서 이용되는 보험으로 인위적인 사고유발이 우려되는 보험이다. 따라서 기계보험 등과 같이 오로지 가동유지를 위한 보험, 즉 **인위적인 사고유발이 우려되지 않는 보험**에 한해서 인정되고 있다.

27

[정답] ④

[해설] 포괄위험담보계약은 면책위험을 제외한 모든 위험으로 인한 손해를 보상하고, 열거위험담보계약은 필요한 위험만을 선택하여 가입할 수 있기 때문에 일반적으로 포괄위험담보계약이 열거위험담보계약보다 담보범위가 넓고 보험료가 비싸다.

28

[정답] ①

[해설] 교차책임제도는 쌍방과실 사고시 각자가 서로 상대방 손해액에 자기과실비율을 곱해 산출된 금액을 쌍방이 교차해 배상하는 제도이다.
- A의 B에 대한 배상책임액 = B의 손해액 × A의 과실비율 = 300만원 × 30% = **90만원**
- B의 A에 대한 배상책임액 = A의 손해액 × B의 과실비율 = 600만원 × 70% = **420만원**

29

[정답] ②

[해설] 도덕적 위태를 방지하기 위헤서는 보험사고를 통해 이익을 보려는 보험계약자 또는 피보험자의 비양심적인 위험상태를 제거해야 하므로 **보험자의 해지권을 강화**해야 한다.

30

정답 ②

해설 보험회사는 장래에 지급할 보험금·환급금 및 계약자배당금(이하 "보험금 등"이라 한다)의 지급에 충당하기 위해 **보험계약부채(발생사고요소와 잔여보상요소)·투자계약부채·**그 밖에 금융위원회가 정하는 방법에 따라 미래현금흐름에 대한 현행추정치를 적용하여 적립한 금액을 책임준비금으로 계상해야 한다(보험업법 시행령 제63조 제1항). 〈2022.12.27. 개정〉

책임준비금은 보험계약부채·재보험계약부채·투자계약부채로 구분하여 각각 적립한다(보험업감독규정 제6-11조 제1항).

비상위험준비금은 예측할 수 없는 이례적이고 거대한 보험사고가 발생함으로써 예상사고율을 초과하는 경우에 그 보험금의 지급재원으로 적립하는 금액으로서 보통의 **책임준비금으로 감당하기 어려운 비상위험에 대비하고자 적립한 금액**을 말한다. 손해보험업을 경영하는 보험회사는 해당 사업연도의 보험료 합계액의 100분의 50(보증보험의 경우 100분의 150)의 범위에서 금융위원회가 정하여 고시하는 기준에 따라 비상위험준비금을 계상하여야 한다.

31

정답 ③

해설 실손보상의 원칙이란 보험사고가 발생하였을 경우 보험자는 피보험자에게 실제 발생한 경제적 손실에 대하여 보험가입금액에 비례하여 보상한다는 것을 의미한다. 여기서, 실제로 입은 경제적 손실이란 손실의 **실제현금가치(actual cash value)**를 말하는 것으로 다음과 같이 산정한다.

> 실제현금가치 = 대체비용(재조달가액) − 감가상각

- **대체비용** : 손실을 원상태로 복구하는데 드는 비용(재조달가액)
- **감가상각** : 고정자산의 가치감소를 산정하여 그 액수를 고정자산의 금액에서 공제함과 동시에 비용으로 계상하는 것

32

정답 ②

해설 국민건강보험의 본인부담률의 인하는 관련 민영보험 **보험금 지급액 감소에 효과**가 확인되었다.
〈자료출처〉 건강보험의 보장성 강화가 민간의료보험 시장에 미치는 영향, 권기헌, 2013

33

정답 ②

해설 노인장기요양보험의 피보험자는 65세 이상의 노인 또는 65세 미만의 자로서 치매·뇌혈관성 질환 등 노인성 질병을 가진 자 중 6개월 이상 혼자서 일상생활을 수행하기 어렵다고 인정되는 자를 수급대상자로 하고 있다.

34

정답 ③

해설 80% 공동보험조항(co-insurance clause)

보험가입금액이 보험사고발생 시점의 보험가액의 80% 이상이면 보험가액만큼 전부보험이 가입된 것처럼 간주하여 **실제손해액의 100%를 보상**하고 있다.

35

정답 ②

해설 보험은 사전의 경험이 없는 **사후적 확률**을 중심으로 하고 있으며, 복권은 모든 경우의 수가 미리 정해져 있는 **사전적 확률**에 기초하고 있다.

36

정답 ①

해설 역선택은 보험계약자와 보험회사간에 보험계약자의 위험특성에 대한 **사전적 정보의 비대칭**으로 발생한다. 보험계약자는 자신의 위험에 대해 잘 알고 있지만 보험회사는 정보부족으로 보험계약자의 위험을 모르는 경우 궁극적으로 불량위험체들이 보험에 가입하려는 현상을 의미하며, 재정적으로 큰 손실을 입을 수 있다.

37

정답 ④

해설 해상보험은 **개별요율 중 판단요율**을 주로 적용한다. 판단요율 방식은 각 계약자들의 위험특성에 따라 보험자(언더라이터)가 요율을 결정하는 것으로 위험의 이질성으로 대수의 법칙을 적용하기 곤란한 물건, 보험인수 경험이 없는 물건 등에 사용된다. 이 요율은 보험자(언더라이터)의 판단에 따라 변경할 수 있어 탄력적으로 운용할 수 있으나, 고도의 전문성이 전제되며, 관리비용, 조사비용이 추가로 소요된다는 단점이 있다.

TIP	개별요율 중 소급요율

보험계약기간 동안에 나타난 피보험자의 손실경험이 그 기간의 보험료를 결정하는 것으로 최초 표준기본보험료만 납부하고 그 기간 동안 실제손실을 기준으로 최소보험료와 최대보험료 구간에서 결정한다. 이 방식은 산재보험, 일반배상책임보험, 도난보험 등에 주로 사용되고 있다.

38

정답 ④

해설 보증보험은 보험계약자의 고의로 인한 손실, 즉 보험계약자의 채무불이행으로 인한 손해를 보상하는 특수한 형태의 보험이다. 즉 보증보험 사고는 보험사고의 발생 여부가 보험계약자의 의사에 달여 있는 '**인위적 사고**'의 특성을 지니고 있기 때문에 인위적인 보험사고에도 보험금을 지급한다.

39

정답 ②

해설 **도미노 이론**

미국의 하인리히(H. W. Heinrich)는 재해발생과정에 관하여 도미노이론을 인용하여 설명하였다. 산재 사고는 '**사회적 환경 → 인간의 과실 → 위태 → 사고 → 상해**'라는 연쇄적 사건으로 구성된다. 이 연결고리를 차단하면 사고를 예방할 수 있으며, 가장 필수적인 개선 단계는 '**인간의 과실**' 방지가 핵심이다.

40

정답 ④

해설 손해보험과 생명보험의 중간적인 성격인 **제3보험에서 상해, 질병, 간병과 관련하여 보상**하고 있으며, 제3 보험은 손해보험회사와 생명보험회사에서 모두 취급하고 있다. 결국 제3보험의 등장과 다양한 특약의 개발로 손해보험상품과 생명보험상품이 점차 비슷해지고 있는 추세에 있다.

교육은 우리 자신의 무지를
점차 발견해 가는 과정이다.

－ 윌 듀란트 －

손해사정사 1차 시험문제
정답 및 해설

정답 CHECK

01	02	03	04	05	06	07	08	09	10	11	12	13	14	15	16	17	18	19	20
③	②	④	③	③	①	②	③	④	①	④	①	①	④	③	②	②	②	②	③
21	22	23	24	25	26	27	28	29	30	31	32	33	34	35	36	37	38	39	40
④	②	②	③	②	④	③	④	④	④	①	①	②	①	②	②	③	④	③	①

문제편 224p

01

정답 ③

해설 보험상품이란 **위험보장을 목적**으로 우연한 사건 발생에 관하여 금전 및 그 밖의 급여를 지급할 것을 약정하고 대가를 수수(授受)하는 계약(「국민건강보험법」에 따른 건강보험, 「고용보험법」에 따른 고용보험 등 보험계약자의 보호 필요성 및 금융거래 관행 등을 고려하여 대통령령으로 정하는 것은 제외한다)으로서 생명보험상품, 손해보험상품, 제3보험상품을 말한다(보험업법 제2조 제1호). 즉 **보험상품은 위험보장을 목적으로 한 상품이다.**

① 보험업법 제2조 제1호
② 보험업법 제2조 제2호
④ 보험업법 제2조 제7호

02

정답 ②

해설 **자기자본의 범위(보험업법 시행령 제4조)**
자기자본을 산출할 때 합산하여야 할 항목 및 빼야 할 항목은 다음 각 호의 기준에 따라 금융위원회가 정하여 고시한다.
1. **합산하여야 할 항목** : 납입자본금, 자본잉여금 및 이익잉여금 등 보험회사의 자본 충실에 기여하거나 영업활동에서 발생하는 손실을 보전(補塡)할 수 있는 것
2. **빼야 할 항목** : 영업권 등 실질적으로 자본 충실에 기여하지 아니하는 것

03

정답 ④

해설 **가. 연금보험**은 생명보험업의 허가 종목이고, **마. 상해보험**은 제3보험업의 허가 종목이다.

> **TIP** 손해보험업의 보험종목(보험업법 제4조 제1항 제2호)
>
> 가. 화재보험
> 나. 해상보험(항공·운송보험을 포함한다)
> 다. 자동차보험
> 라. 보증보험
> 마. 재보험(再保險)
> 바. 그 밖에 대통령령으로 정하는 보험종목

04

정답 ③

해설 **외국보험회사의 허가요건(보험업법 제6조 제2항)**

보험업의 허가를 받으려는 외국보험회사는 다음 각 호의 요건을 갖추어야 한다.

1. 30억원 이상의 영업기금을 보유할 것
2. 국내에서 경영하려는 보험업과 같은 보험업을 외국 법령에 따라 경영하고 있을 것
3. 자산상황·재무건전성 및 영업건전성이 **국내에서 보험업을 경영하기에 충분하고, 국제적으로 인정받고 있을 것**
4. 보험계약자를 보호할 수 있고 그 경영하려는 보험업을 수행하기 위하여 필요한 전문 인력과 전산설비 등 물적(物的) 시설을 충분히 갖추고 있을 것. 이 경우 대통령령으로 정하는 바에 따라 업무의 일부를 외부에 위탁하는 경우에는 그 위탁한 업무와 관련된 전문 인력과 물적 시설을 갖춘 것으로 본다.
5. 사업계획이 타당하고 건전할 것

05

정답 ③

해설 외국보험회사 등의 국내사무소는 다음 각 호의 어느 하나에 해당하는 행위를 하여서는 아니 된다(보험업법 제12조 제3항).

1. 보험업을 경영하는 행위
2. 보험계약의 체결을 중개하거나 대리하는 행위
3. **국내 관련 법령에 저촉되는 방법**에 의하여 보험시장의 조사 및 정보의 수집을 하는 행위
4. 그 밖에 국내사무소의 설치 목적에 위반되는 행위로서 대통령령으로 정하는 행위

06

정답 ①

해설 보험회사는 그 상호 또는 명칭 중에 **주로 경영하는 보험업의 종류를 표시**하여야 하며, 부수적으로 경영하는 보험업의 종류까지 표시하여야 하는 것은 아니다(보험업법 제8조 제1항).

② 보험업법 제9조 제1항

③ 보험업법 제10조 제1호

④ 보험업법 제11조 제3호

07

정답 ②

해설 주식회사는 자본감소를 결의할 때 대통령령으로 정하는 자본감소를 하려면 미리 **금융위원회의 승인**을 받아야 한다(보험업법 제18조 제2항).

① 보험업법 제18조 제1항

③ 보험업법 제20조 제1항

④ 보험업법 제18조 제3항, 제141조 제2항

08

정답 ③

해설 보험계약자 총회는 보험계약자 과반수의 출석과 그 의결권의 **4분의 3 이상의 찬성**으로 결의한다(보험업법 제26조 제1항).

① 보험업법 제21조 제1항

② 보험업법 제25조 제1항

④ 보험업법 제27조

09

정답 ④

해설 보험계약자 등의 우선취득권은 보험업법 제108조에 따라 특별계정이 설정된 경우에는 특별계정과 그 밖의 계정을 **구분하여 적용한다**(보험업법 제32조 제2항).

① 보험업법 제33조 제1항

② 보험업법 제33조 제2항

③ 보험업법 제32조 제1항

10

정답 ①

해설 **상호회사의 정관 기재사항(보험업법 제34조)**

상호회사의 발기인은 정관을 작성하여 다음 각 호의 사항을 적고, 기명날인하여야 한다.

1. **취급하려는 보험종목과 사업의 범위**
2. **명칭**
3. 사무소 소재지
4. **기금의 총액**
5. **기금의 갹출자가 가질 권리**
6. 기금과 설립비용의 상각 방법
7. 잉여금의 분배 방법
8. 회사의 공고 방법
9. 회사 성립 후 양수할 것을 약정한 자산이 있는 경우에는 그 자산의 가격과 양도인의 성명
10. 존립시기 또는 해산사유를 정한 경우에는 그 시기 또는 사유

11

정답 ④

해설 상호회사 성립 전의 입사청약에 대하여는 「민법」 제107조 제1항 단서(상대방이 표의자의 진의 아님을 알았거나 이를 알 수 있었을 경우에는 무효로 한다)를 적용하지 아니한다(보험업법 제38조 제3항).

① 보험업법 제38조 제1항
② 보험업법 제38조 제2항 제1호
③ 보험업법 제38조 제2항 제3호, 제4호

12

정답 ①

해설 상호회사의 사원은 회사의 채권자에 대하여 **직접적인 의무를 지지 아니한다**(보험업법 제46조).

② 보험업법 제47조
③ 보험업법 제48조
④ 보험업법 제49조

13

정답 ①

해설 금융위원회는 외국보험회사의 본점이 다음 각 호의 어느 하나에 해당하게 되면 그 외국보험회사 국내지점에 대하여 청문을 거쳐 보험업의 허가를 취소할 수 있다(보험업법 제74조 제1항).

1. 합병, 영업양도 등으로 소멸한 경우
2. 위법행위, 불건전한 영업행위 등의 사유로 외국감독기관으로부터 **보험업법 제134조 제2항에 따른 처분**에 상당하는 조치를 받은 경우
3. **휴업하거나 영업을 중지한 경우**

> **TIP** 보험업법 제134조 제2항에 따른 처분
>
> 금융위원회는 보험회사가 다음 각 호의 어느 하나에 해당하는 경우에는 6개월 이내의 기간을 정하여 영업 전부의 정지를 명하거나 청문을 거쳐 보험업의 허가를 취소할 수 있다.
> 1. 거짓이나 그 밖의 부정한 방법으로 보험업의 허가를 받은 경우
> 2. 허가의 내용 또는 조건을 위반한 경우
> 3. 영업의 정지기간 중에 영업을 한 경우
> 4. 해당 위반행위에 대한 시정명령을 이행하지 아니한 경우
> 5. 「금융회사의 지배구조에 관한 법률」 별표 각 호의 어느 하나에 해당하는 경우(영업의 전부정지를 명하는 경우로 한정한다)
> 6. 「금융소비자 보호에 관한 법률」 제51조 제1항 제4호 또는 제5호에 해당하는 경우
> 7. 「금융소비자 보호에 관한 법률」 제51조 제2항 각 호 외의 부분 본문 중 대통령령으로 정하는 경우(영업 전부의 정지를 명하는 경우로 한정한다)

14

정답 ④

해설 ④ 보험업법 시행령 제29조 제1항
① 보험회사는 소속 보험설계사가 되려는 자를 **금융위원회에 등록**하여야 한다(보험업법 제84조 제1항).
② 보험업법에 따라 보험설계사의 등록취소 처분을 2회 이상 받은 경우 최종 등록취소를 받은 날로부터 **3년**이 지나지 아니한 자는 보험설계사가 될 수 없다(보험업법 제84조 제2항 제6호).
③ 보험설계사가 모집에 관한 보험업법의 규정을 위반한 경우에는 **6개월 이내의 기간을 정하여 그 업무의 정지를 명하거나 그 등록을 취소할 수 있다**(보험업법 제86조 제2항 제1호).

15

정답 ③

해설 보험업법 또는 「금융소비자보호에 관한 법률」에 따라 **벌금 이상의 형**을 선고받고 그 집행이 끝나거나 집행이 면제된 날부터 **3년**이 지나지 아니한 자는 법인보험대리점의 이사가 되지 못한다(보험업법 제87조의2 제1항 제4호).

① 보험업법 제87조 제2항 제2호
② 보험업법 제88조 제1항 제3호
④ 보험업법 시행령 제33조 제1항 단서

16

정답 ②

해설 법인보험중개사는 보험계약자 보호를 위한 업무지침을 정하여야 하며, 그 업무지침의 준수 여부를 점검하고 위반사항을 조사하기 위한 임원 또는 직원을 **1인 이상** 두어야 한다(보험업법 시행령 제36조 제1항 제1호, 제2호).

① 보험업법 제92조 제2항
③ 보험업법 제93조 제1항 제7호
④ 보험업법 시행령 제38조 제1항, 제3항

17

정답 ②

해설 **보험대리점 또는 보험중개사로 등록할 수 있는 금융기관(보험업법 제91조 제1항)**

1. 「은행법」에 따라 설립된 은행
2. 「자본시장과 금융투자업에 관한 법률」에 따른 투자매매업자 또는 **투자중개업자**
3. 「상호저축은행법」에 따른 상호저축은행
4. 그 밖에 다른 법률에 따라 금융업무를 하는 기관으로서 대통령령으로 정하는 기관(동법 시행령 제40조 제1항)
   • 「한국산업은행법」에 따라 설립된 한국산업은행
   • 「중소기업은행법」에 따라 설립된 중소기업은행
   • 「여신전문금융업법」에 따라 허가를 받은 신용카드업자(겸영여신업자는 제외한다)
   • 「농업협동조합법」에 따라 설립된 조합 및 농협은행

18

정답 ②

해설 자동차보험계약의 경우에는 법령에 따라 가입이 강제되지 아니하는 보험계약도 그 대상으로 한다(보험업법 제166조).

① 보험업법 제167조 제1항
③ 보험업법 제168조 제1항
④ 보험업법 제173조

19

정답 ②

해설 보험계약자는 보험계약의 체결 또는 모집에 종사하는 자(**보험중개사는 제외한다**)가 기존보험계약을 소멸시키거나 소멸하게 하였을 때에는 그 보험계약의 체결 또는 모집에 종사하는 자가 속하거나 모집을 위탁한 보험회사에 대하여 그 보험계약이 소멸한 날부터 6개월 이내에 소멸된 보험계약의 부활을 청구하고 새로운 보험계약은 취소할 수 있다(보험업법 제97조 제4항).

① 보험업법 제96조 제1항
③ 보험업법 제96조 제2항 제3호
④ 보험업법 제95조 제3항

20

정답 ③

해설 가. (✕) 대출 등을 받는 자의 **동의를 미리 받지 아니하고** 보험료를 대출 등의 거래에 포함시키는 행위(보험업법 제100조 제1항 제2호)
나. (○) 해당 금융기관의 임직원(보험업법 제83조에 따라 모집할 수 있는 자는 제외한다)에게 모집을 하도록 하거나 이를 용인하는 행위(보험업법 제100조 제1항 제3호)
다. (○) 해당 금융기관의 점포 외에서 모집을 하는 행위(보험업법 제100조 제1항 제4호)
라. (✕) 모집과 관련이 없는 금융거래를 통하여 취득한 개인정보를 미리 그 **개인의 동의를 받지 아니하고** 모집에 이용하는 행위(보험업법 제100조 제1항 제5호)

21

정답 ④

해설 금융기관보험대리점 등(최근 사업연도 말 현재 자산총액이 2조원 이상인 기관만 해당한다)이 모집할 수 있는 1개 생명보험회사 또는 1개 손해보험회사 상품의 모집액은 매 사업연도별로 해당 금융기관보험대리점 등이 신규로 모집하는 생명보험회사 상품의 모집총액 또는 손해보험회사 상품의 모집총액 각각의 (A) **100분의 25**[보험회사 상품의 모집액을 합산하여 계산하는 경우에는 (B) **100분의 33**]를 초과할 수 없다(보험업법 시행령 제40조 제6항).

22

정답 ②

해설 보험회사는 그 보험회사의 대주주와 대통령령으로 정하는 금액 이상의 신용공여를 하였을 때에는 7일 이내에 그 사실을 **금융위원회에 보고**하고 인터넷 홈페이지 등을 이용하여 공시하여야 한다(보험업법 제111조 제3항 제1호).

① 보험업법 제110조 제1항 제1호
③ 보험업법 제110조의3 제2항
④ 보험업법 제104조 제1항, 제2항

23

정답 ②

해설
가. 연면적의 100분의 20을 보험회사가 직접 사용하고 있는 영업장은 **대통령령으로 정하는 업무용 부동산**에 해당되어 금지 또는 제한되는 자산에서 제외된다.

마. 해당 보험회사의 임직원에 대한 대출 중 **보험약관에 따른 대출 및 금융위원회가 정하는 소액대출은 제외**한다.

TIP 금지 또는 제한되는 자산운용(보험업법 제105조)

1. 대통령령으로 정하는 업무용 부동산이 아닌 부동산(저당권 등 담보권의 실행으로 취득하는 부동산은 제외한다)의 소유
2. 제108조 제1항 제2호에 따라 설정된 특별계정을 통한 부동산의 소유
3. 상품이나 유가증권에 대한 투기를 목적으로 하는 자금의 대출
4. 직접·간접을 불문하고 해당 보험회사의 주식을 사도록 하기 위한 대출
5. 직접·간접을 불문하고 정치자금의 대출
6. 해당 보험회사의 임직원에 대한 대출(보험약관에 따른 대출 및 금융위원회가 정하는 소액대출은 제외한다)
7. 자산운용의 안정성을 크게 해칠 우려가 있는 행위로서 대통령령으로 정하는 행위

24

정답 ③

해설
보험회사는 다른 회사의 의결권 있는 발행주식(출자지분을 포함한다) 총수의 **100분의 15**를 초과하는 주식을 소유할 수 없다(보험업법 제109조).

25

정답 ②

해설
가. **금융위원회의 승인**을 받아 자회사로 소유할 수 있는 경우(보험업법 제115조 제1항 제3호)
라. 보험계약 및 **대출 등과 관련된 상담업무**(보험업법 시행령 제59조 제3항 제8호)
사. **금융위원회의 승인**을 받아 자회사로 소유할 수 있는 경우(보험업법 시행령 제59조 제2항 제2호)

보험회사는 보험업의 경영과 밀접한 관련이 있는 업무 등으로서 **대통령령으로 정하는 업무**를 주로 하는 회사를 미리 금융위원회에 신고하고 자회사로 소유할 수 있다.

1. 보험회사의 사옥관리업무
2. **보험수리업무**
3. **손해사정업무**
4. **보험대리업무**
5. **보험사고 및 보험계약 조사업무**
6. 보험에 관한 교육 · 연수 · 도서출판 · 금융리서치 · 경영컨설팅 업무
7. 보험업과 관련된 전산시스템 · 소프트웨어 등의 대여 · 판매 및 컨설팅 업무
8. **보험계약 및 대출 등과 관련된 상담업무**
9. 보험에 관한 인터넷 정보서비스의 제공업무
10. 자동차와 관련된 긴급출동 · 차량관리 · 운행정보 등 부가서비스 업무
11. 보험계약자 등에 대한 위험관리 업무
12. 건강 · 장묘 · 장기간병 · 신체장애 등의 사회복지사업 및 이와 관련된 조사 · 분석 · 조언 업무
13. 「노인복지법」 제31조에 따른 노인복지시설의 설치 · 운영에 관한 업무 및 이와 관련된 조사 · 분석 · 조언 업무
14. 건강 유지 · 증진 또는 질병의 사전 예방 등을 위해 수행하는 업무
15. 외국에서 하는 다음 각 목의 업무 〈2023.12.29. 개정〉
    가. 제1호부터 제14호까지의 규정에 따른 업무
    나. 보험업, 보험중개업무, 투자자문업, 투자일임업, 집합투자업 및 부동산업
    다. 「외국환거래법」에 따른 증권, 파생상품 및 채권에 투자하는 업무로서 금융위원회가 정하여 고시하는 업무

26

정답 ④

해설 **자회사와의 금지행위(보험업법 제116조)**

1. 자산을 대통령령으로 정하는 바에 따라 무상으로 양도하거나 **일반적인 거래 조건에 비추어 해당 보험회사에 뚜렷하게 불리한 조건으로 매매 · 교환 · 신용공여 또는 재보험계약을 하는 행위**
2. **자회사가 소유하는 주식을 담보로 하는 신용공여 및 자회사가 다른 회사에 출자하는 것을 지원하기 위한 신용공여**
3. 자회사 임직원에 대한 대출(보험약관에 따른 대출과 금융위원회가 정하는 소액대출은 제외한다)

27

정답 ③

해설 보험회사는 재무제표 및 사업보고서를 일반인이 열람할 수 있도록 금융위원회에 제출하는 날부터 본점과 지점, 그 밖의 영업소에 비치하거나 **전자문서로 제공**하여야 한다(보험업법 제119조).

① 보험업법 제118조 제1항, 동법 시행령 제61조
② 보험업법 제118조 제2항
④ 보험업법 제120조 제1항

28

정답 ④

해설 금융위원회에 의해 지정된 평가대행기관은 조사대상 보험약관 등에 대하여 보험소비자 등의 이해도를 평가하고, 그 결과를 **금융위원회에 보고**하여야 한다(보험업법 제128조의4 제3항).

① 보험업법 제128조의4 제1항
② 보험업법 제128조의4 제2항
③ 보험업법 제128조의4 제4항

29

정답 ④

해설 보험회사가 적립하여야 하는 지급여력금액에는 **자본금, 이익잉여금, 후순위차입금, 그 밖에 이에 준하는 것으로서 금융위원회가 정하여 고시하는 금액을 합산한 금액에서 영업권, 그 밖에 이에 준하는 것으로서 금융위원회가 정하여 고시하는 금액을 뺀 금액**을 말한다(보험업법 시행령 제65조 제1항 제1호). 〈2022.12.27. 개정〉

① 보험업법 시행령 제65조 제2항 제2호
② 보험업법 시행령 제65조 제2항 제3호
③ 보험업법 제123조 제2항

30

정답 ④

해설 보험회사의 상호 변경, 보험회사간의 합병, 보험회사의 신설 등으로 상호협정의 구성원이 변경되는 사항은 대통령령으로 정하는 경미한 사항에 해당되어 **신고로써 금융위원회의 인가를 갈음할 수 있다**(보험업법 제125조 제1항, 동법 시행령 제69조 제3항 제1호).

① 보험업법 제125조 제1항
② 대법원 2006.11.23. 선고 2004두8323 판결
③ 보험업법 제125조 제3항

31

정답 ①

해설 가. (○) 보험업법 제127조 제2항 제1호
나. (○) 보험업법 제127조 제2항 제3호
다. (○) 보험업법 제127조 제3항
라. (×) 금융위원회는 보험회사가 기초서류를 신고하는 경우 보험료 및 해약환급금 산출방법서에 대하여 보험요율산출기관 또는 **대통령령으로 정하는 보험계리업자(이하 "독립계리업자"라 한다)의 검증확인서**를 첨부하도록 할 수 있다(보험업법 제128조 제2항). 〈2022.12.31. 개정〉

32

정답 ①

해설 보험회사는 계약의 방법으로 책임준비금 산출의 기초가 같은 **보험계약의 전부**를 포괄하여 다른 보험회사에 이전할 수 있다(보험업법 제140조 제1항).

② 보험업법 제141조 제1항
③ 보험업법 제141조 제2항
④ 보험업법 제142조

33

정답 ②

해설 가. (○) 금융위원회가 청산인을 선임하는 경우에는 청산 중인 회사로 하여금 금융위원회가 정하는 보수를 지급하게 할 수 있다(보험업법 제157조).
나. (○) 금융위원회는 청산인을 감독하기 위하여 보험회사의 청산업무와 자산상황을 검사하고 자산의 공탁을 명할 수 있다(보험업법 제160조).
다. (○) 청산인은 채권신고기간 내에는 채권자에게 변제를 하지 못한다(보험업법 제159조, 상법 제536조 제1항).
라. (×) 보험회사가 보험업의 허가취소로 해산한 경우에는 **금융위원회가 청산인을 선임**한다(보험업법 제156조 제1항).
마. (×) 금융위원회는 **감사, 3개월 전부터 계속하여 자본금의 100분의 5 이상의 주식을 가진 주주, 100분의 5 이상의 사원의 청구**에 의하여 청산인을 해임할 수 있다(보험업법 제156조 제4항).

34

정답 ①

해설 선임계리사는 보험회사가 기초서류관리기준을 지키는지를 점검하고, 이를 위반하는 경우에는 조사하여 그 결과를 **이사회에 보고**하여야 하며, 기초서류에 법령을 위반한 내용이 있다고 판단하는 경우에는 금융위원회에 보고하여야 한다(보험업법 제184조 제2항).

35

정답 ②

해설 **보험조사협의회의 기능(보험업법 시행령 제77조)**
보험조사협의회는 보험조사와 관련된 다음 각 호의 사항을 심의한다.
1. **보험조사업무의 효율적 수행을 위한 공동 대책의 수립 및 시행에 관한 사항**
2. **조사한 정보의 교환에 관한 사항**
3. 공동조사의 실시 등 관련 기관 간 협조에 관한 사항
4. **조사 지원에 관한 사항**
5. 그 밖에 **협의회장이 협의회의 회의에 부친 사항**

36

정답 ②

해설 손해보험회사(재보험과 **보증보험을 전업으로 하는 손해보험회사는 제외한다**)는 손해보험계약의 제3자에 대한 보험금의 지급을 보장하기 위하여 수입보험료 및 책임준비금을 고려하여 대통령령으로 정하는 비율을 곱한 금액을 손해보험협회에 출연(出捐)하여야 한다(보험업법 제168조 제1항, 동법 시행령 제81조 제1항).

① 보험업법 제168조 제1항
③ 보험업법 제169조 제1항
④ 보험업법 제170조

37

정답 ③

해설 보험요율산출기관은 보유정보의 활용을 통한 자동차사고 이력, 자동차 기준가액 및 **자동차 주행거리의 정보 제공 업무**를 할 수 있다(보험업법 시행령 제86조 제1호).

① 보험업법 제176조 제1항
② 보험업법 제176조 제8항
④ 보험업법 시행령 제86조 제2호

38

정답 ④

해설 손해사정사는 금융위원회가 정하는 바에 따라 업무와 관련된 보조인을 둘 수 있다(보험업법 제186조 제3항).

① 보험업법 제189조 제3항 제2호
② 보험업법 제189조 제3항 제6호
③ 보험업법 시행령 제99조 제3항 제2호

39

정답 ③

해설 손해사정사는 손해액 및 보험금의 사정업무뿐만 아니라, 관계법규 적용의 **적정성 판단업무를 할 수 있다** (보험업법 제188조 제2호, 제3호).

① 보험업법 제192조 제1항
② 보험업법 제187조 제2항, 동법 시행령 제98조 제1항
④ 보험업법 제189조 제3항 제4호

40

정답 ①

해설 보험회사 대주주가 보험회사의 이익에 반하여 개인의 이익을 위하여 부당하게 압력을 행사하여 보험회사에게 외부에 공개되지 않은 자료 제공을 요구하는 행위는 **5년 이하의 징역 또는 5천만원 이하의 벌금에 처하며, 미수금 처벌 규정 대상이 아니다**(보험업법 제111조 제5항 제1호, 제200조 제5호)

② 보험업법 제197조 제1항에 따른 미수범은 처벌한다(보험업법 제205조).
③ 보험업법 제197조 제2항에 따른 미수범은 처벌한다(보험업법 제205조).
④ 보험업법 제198조에 따른 미수범은 처벌한다(보험업법 제205조).

⊘ 정답 CHECK

01	02	03	04	05	06	07	08	09	10	11	12	13	14	15	16	17	18	19	20
④	③	③	④	②	③	②	②	③	①	③	②	④	④	①	③	③	④	④	①

21	22	23	24	25	26	27	28	29	30	31	32	33	34	35	36	37	38	39	40
①	③	③	④	④	②	②	③	④	②	④	③	④	②	②	④	④	②	③	①

문제편 239p

01

정답 ④

해설 보험자는 청약과 함께 보험료의 일부 또는 전부를 받은 때에는 다른 약정이 없으면 30일 이내에 그 청약의 승낙 여부를 통지해야 하며, 통지를 하지 않고 30일이 경과하면 승낙한 것으로 간주한다. 위 조건을 충족하는 경우 **보험자가 승낙하기 전에 보험사고가 발생하더라도 보험자가 그 청약을 거절할 만한 사유가 없는 한 보상책임을 진다.**

① 청약과 함께 보험료의 일부(월납보험료 전액) 또는 전부(일시납 전액)를 지급해야 하는데 월납보험료 10만원 중 9만원을 지급하였으므로, **승낙의제 조건에 충족되지 않아서 보험금의 지급을 청구할 수 없다.**

② 보험자로부터 인수거절의 통지를 받으면 **보험계약이 성립되지 않으므로,** 그 이후 보험사고가 발생한 경우 보험자는 보상책임이 없다.

③ 신체검사가 필요한 질병보험에 가입한 경우 보험계약자가 보험계약 청약시에 월납보험료 전액을 지급하였다 할지라도 **신체검사를 받기 전에는 보험자는 보험인수 절차를 밟을 수 없기 때문에** 청약일로부터 90일이 경과하고 암 진단을 받은 경우에도 보험자는 보상책임이 없다.

02

정답 ③

해설 동일한 보험계약 당사자가 일정한 기간마다 주기적으로 동종 계약을 반복 체결하는 계속적 거래관계에 있어서 종전 계약의 내용이 된 보험약관을 도중에 가입자에게 불리하게 변경하였다면 보험자로서는 새로운 보험계약 체결시 그와 같은 약관변경사실 및 내용을 가입자인 상대방에게 고지하여야 할 신의칙상의 의무가 있다고 봄이 상당하고, 이러한 고지 없이 체결된 보험계약은 과거와 마찬가지로 종전 약관에 따라 체결된 것으로 봄이 타당하다(대법원 1986.10.14. 선고 84다카122 판결).

① 보험계약은 청약과 승낙이라는 당사자 쌍방의 의사표시의 합치만으로 성립하고, 보험자의 책임은 당사자간에 다른 약정이 없으면 **최초의 보험료를 지급받은 때부터 개시한다**(상법 제656조).

② 상법 제650조의2에 의하면 "계속보험료 부지급으로 보험계약이 해지되고 해지환급금이 지급되지 아니한 경우에 보험계약자는 일정한 기간 내에 연체보험료에 약정이자를 붙여 보험자에게 지급하고 그 계약의 부활을 청구할 수 있다"고 하여 보험계약의 부활을 규정하고 있다. 이 경우 상법 제638조의2(보험계약의 성립)의 규정을 준용한다.

보험계약자는 일정한 기간 내에 연체보험료에 약정이자를 붙여 보험자에게 지급하고 그 계약의 부활을 청구할 수 있기 때문에 보험계약의 부활이 요물계약처럼 보이나, 보험계약의 부활도 계약이므로, 본질적으로 보험계약자의 청약과 보험회사의 승낙에 의하여 성립하는 불요식 낙성계약이다.

④ 상법에 "당사자간에 다른 약정이 없으면"이라는 표현 외에도 보험사업자와 보험계약자가 약관에서 정하고 있는 사항에 관하여 약관의 내용과 다르게 합의한 때에는 개별 약정으로 정한 사항이 약관보다 우선해서 계약의 내용이 된다(약관법 제4조).

03

정답 ③

해설 보험약관조항에서 보험계약 체결 후 이륜자동차를 사용하게 된 경우에 보험계약자 또는 피보험자는 지체 없이 이를 보험자에게 알릴의무를 규정하고 있는 사안에서, 위 약관조항의 내용이 단순히 법령에 의하여 정하여진 것을 되풀이하거나 부연하는 정도에 불과하다고 볼 수 없으므로, 위 약관조항에 대한 보험자의 명시 · 설명의무가 면제된다고 볼 수 없다(대법원 2010.3.25. 선고 2009다91316, 91323 판결).

① 상법 제638조의3에서 보험자의 약관설명의무를 규정한 것은 보험계약이 성립되는 경우에 각 당사자를 구속하게 될 내용을 미리 알고 보험계약의 청약을 하도록 함으로써 보험계약자의 이익을 보호하자는데 입법취지가 있고, 보험약관이 계약 당사자에 대하여 구속력을 갖는 것은 보험계약 당사자 사이에 그것을 계약 내용에 포함시키기로 합의하였기 때문이라는 점 등을 종합하여 보면, 보험계약자나 그 대리인이 약관의 내용을 충분히 잘 알고 있는 경우에는 그 약관이 바로 계약 내용이 되어 당사자에 대하여 구속력을 갖는다고 할 것이므로, 보험자로서는 보험계약자 또는 그 대리인에게 약관의 내용을 따로이 설명할 필요가 없다고 보는 것이 상당하다(대법원 1998.4.14. 선고 97다39308 판결)

② 계약자 또는 피보험자가 손해의 통지 또는 보험금청구에 관한 서류에 고의로 사실과 다른 것을 기재하였거나 그 서류 또는 증거를 위조하거나 변조한 경우 보험금청구권이 상실된다는 내용을 일반인들이 거래상 당연히 예상할 수 있는 내용이므로, **보험금청구권의 상실사유로 정한 보험약관이 설명의무의 대상이 아니다**(대법원 2003.5.30. 선고 2003다15556 판결).

④ 피보험자동차의 양도에 관한 통지의무를 규정한 보험약관은 거래상 일반인들이 보험자의 개별적인 설명 없이도 충분히 예상할 수 있었던 사항인 점 등에 비추어 보험자의 개별적인 명시 · 설명의무의 대상이 되지 않는다(대법원 2007.4.27. 선고 2006다87453 판결).

04

정답 ④

해설 甲이 손해보험업을 영위하는 乙 주식회사와 냉동창고건물에 관한 보험계약을 체결하였는데, 체결 당시 보험의 목적인 건물이 완성되지 않아 잔여공사를 계속하여야 한다는 사정을 乙 회사에 고지하지 않은 사안에서, 위 냉동창고건물은 형식적 사용승인에도 불구하고 냉동설비공사 등 주요 공사가 완료되지 아니하여 잔여공사를 계속하여야 할 상황이었고, 이러한 공사로 인하여 완성된 냉동창고건물에 비하여 현저히 높은 화재 위험에 노출되어 있었으며, 위험의 정도나 중요성에 비추어 甲은 보험계약을 체결할 때 이러한 사정을 고지하여야 함을 충분히 알고 있었거나 적어도 현저한 부주의로 인하여 이를 알지 못하였다고 봄이 타당하다는 이유로, **고지의무의 위반에 정당한 이유가 있다**(대법원 2012.11.29. 선고 2010다38663, 38670 판결).

① 피보험자의 직업이나 직종에 따라 보험금 가입한도나 보상비율에 차등이 있는 생명보험계약에서 그 피보험자의 직업이나 직종에 관한 사항에 대하여 고지의무위반이 있어 실제의 직업이나 직종에 따른 보험금 가입한도나 보상비율을 초과하여 보험계약이 체결된 경우에 보험회사가 보험금 지급사유의 발생 여부와 관계없이 보험금을 피보험자의 실제 직업이나 직종에 따른 보험금 가입한도나 보상비율 이내로 감축하는 것은 실질적으로 당사자가 의도하였던 보험금 가입한도나 보상비율 중에서 실제 직업이나 직종에 따른 보험금 가입한도나 보상비율을 초과하는 부분에 관한 보험계약을 자동 해지하는 것이라고 할 것이므로, 그 해지에 관하여는 상법 제651조에서 규정하고 있는 해지기간, 고지의무위반 사실에 대한 보험자의 고의나 중과실 여부, 상법 제655조에서 규정하고 있는 고지의무위반 사실과 보험사고발생 사이의 인과관계 등에 관한 규정이 여전히 적용되어야 하고, 만일 이러한 규정이 적용될 여지가 없이 **자동적으로 원래 실제 직업이나 직종에 따라 가능하였던 가입한도나 보상비율 범위 이내로 지급하여야 할 보험금을 감축하는 취지의 약정이 있다면 이는 당사자의 특약에 의하여 보험계약자나 피보험자, 보험수익자에게 불리하게 위 상법의 규정을 변경한 것으로서 상법 제663조에 의하여 허용되지 않는다**고 할 것이며, 이러한 결론은 비록 보험회사가 보험계약자 측의 직업 또는 직종에 대한 고지의무위반이 있는 경우에 이로 인한 계약해지권을 포기하고 있다고 하여도 달리 볼 것은 아니다(대법원 2000.11.24. 선고 99다42643 판결).

② 보험계약을 체결하면서 중요한 사항에 관한 보험계약자의 고지의무위반이 사기에 해당하는 경우에는 보험자는 상법의 규정에 의하여 계약을 해지할 수 있음은 물론 보험계약에서 정한 취소권 규정이나 민법의 일반원칙에 따라 보험계약을 취소할 수 있다. 따라서 보험금을 부정취득할 목적으로 다수의 보험계약이 체결된 경우에 민법 제103조 위반으로 인한 보험계약의 무효와 고지의무위반을 이유로 한 보험계약의 해지나 취소는 그 요건이나 효과가 다르지만, 개별적인 사안에서 각각의 요건을 모두 충족한다면 위와 같은 구제수단이 병존적으로 인정되고, 이 경우 **보험자는 보험계약의 무효, 해지 또는 취소를 선택적으로 주장할 수 있다**(대법원 2017.4.7. 선고 2014다234827 판결).

③ 대부분의 보험계약자나 피보험자들은 보험계약 체결시 고지의무를 이행하면 자신의 건강·장애 등에 대하여 알릴의무를 모두 이행한 것으로 이해한다. 그럼에도 불구하고 **사고발생 후 보험금을 청구하면, 보험자는 이른바 '계약전 발병부담보조항'을 내세워 지급을 거절하는 경우가 종종 있다.** 대다수 보험계약자는 이 조항의 존재를 알지 못하고 있어 보험금을 받으리라는 기대가 깨져버린 후에 보험자와 다투는 사례가 실무상 많이 일어난다. 상법 제638조의 보험계약의 정의와 대법원도 인정하듯 계약전 발병부담보조항을 잘못된 것이라고 하기는 어려우며, 또한 고지의무와는 전혀 다른 제도이다.

05

정답 ②

해설 보험계약자나 그 대리인이 약관내용을 충분히 알지 못하므로 계약 체결시 보험자가 약관내용을 설명하여야 하며, 그 **설명의무를 이행하였다는 입증책임은 보험자 측에 있다.**

① 고지의무에 위반한 사실 또는 위험의 현저한 변경이나 증가된 사실과 보험사고발생과의 사이에 인과관계가 부존재한다는 점에 관한 주장·입증책임은 **보험계약자 측에 있다**(대법원 1997.9.5. 선고 95다25268 판결).

③ 피보험자 자신이 사망의 결과를 발생하게 하였다고 하더라도, 피보험자가 자유로운 의사결정을 할 수 없는 상태에서 사망의 결과를 발생하게 하였고, 그 직접적인 원인행위가 외래의 요인에 의한 것이라면 그로 인한 피보험자의 사망은 피보험자의 고의에 의하지 않은 우발적인 사고로서 보험사고인 사망에 해당할 수 있다(대법원 2006.3.10. 선고 2005다49713 판결 / 대법원 2008.8.21. 선고 2007다76696 판결 / 대법원 2014.4.10. 선고 2013다18929 판결). 이러한 사고의 우연성에 관해서는 **보험금청구자에게 그 입증책임이 있다**(대법원 2010.8.19. 선고 2008다78491 판결 / 대법원 2001.11.9. 선고 2001다55499, 55505 판결).

④ 보험약관에서 정한 보험사고의 요건인 '급격하고도 우연한 외래의 사고' 중 '외래의 사고'라는 것은 상해 또는 사망의 원인이 피보험자의 신체적 결함, 즉 질병이나 체질적 요인 등에 기인한 것이 아닌 외부적 요인에 의해 초래된 모든 것을 의미하고, 이러한 사고의 외래성 및 상해 또는 사망이라는 결과와 사이의 인과관계에 관하여는 **보험금청구자에게 그 증명책임이 있다**(대법원 2010.9.30. 선고 2010다12241, 12258 판결).

06

정답 ③

해설 고지의무자는 보험계약자와 피보험자이며, 대리인에 의하여 체결되는 경우 그 대리인도 포함한다(상법 제646조).

① 상법상 고지의무제도는 **수동적 답변의무라기보다 자발적 답변의무**이지만, 현재는 자발적인 답변의무에서 수동적인 답변의무로 전환되는 추세에 있다. 즉 과거에는 보험회사가 보험계약자가 제공하는 정보에 의존할 수밖에 없었으나, 최근에는 정보통신의 발달과 보험업의 성장으로 정보수집능력이 보험계약자보다 보험회사의 능력이 더 강력하기 때문에 보험계약자 개인들의 자발적인 의무에서 보험자 자신의 의무로 받아들여지는 추세이다.

② 고지의무위반의 제재적 효과로서 **비례감액주의를 도입하고자 하는 논의는 있었으나, 아직 우리 상법에는 도입되지 않고 있다.**

④ 계약해지의 의사표시도 보험계약자 또는 그 대리인에게 하여야 하며, **보험수익자에 대하여 한 계약해지의 의사표시는 효력이 없다.**

07

정답 ②

해설 보험계약 당사자 사이에 특정 또는 불특정 타인을 위한 보험계약이라는 의사표시의 합의가 있어야 한다. 그 의사표시는 **명시, 묵시를 불문**하고 관계없다.

① 보험계약자는 위임을 받거나, 위임을 받지 아니하고 특정 또는 불특정 타인을 위하여 보험계약을 체결할 수 있다(상법 제639조 제1항)고 하여 보험계약자가 계약 체결에 관한 권한을 타인으로부터 위임받았는가, 아닌가를 묻지 않는다.

③ 채무자인 보험자는 타인을 위한 보험계약에 기한 항변으로 타인에게 대항할 수 있다(민법 제542조).

④ '타인'이란 보험계약상의 이익을 받을 자로 손해보험에서는 피보험자, 인보험에서는 보험수익자를 말한다.

08

정답 ②

해설 타인을 위한 보험계약의 경우에는 보험계약자는 그 타인의 동의를 얻거나 보험증권을 소지하면 그 계약을 해지할 수 있다(상법 제649조 제1항 단서).

① 단체보험계약이 체결된 때에는 보험자는 **보험계약자에 대하여서만 보험증권을 교부**한다(상법 제735조의3 제2항). 즉 단체보험의 보험수익자가 단체구성원이나 그의 상속인인 경우에는 보험수익자에게 보험증권을 교부할 수 없다.

③ 보험증권은 원칙적으로 증거증권이므로 **유가증권이나 유통증권이 아니라는 것**이 일반적이다. 그러나 보험증권은 기명식에 한하지 않고 지시식 또는 무기명식으로 발행할 것을 법으로 금지하지 않고 있으므로 이것을 발행할 수 있고, 또 실제로 이용되고 있다. 따라서 지시식 또는 무기명식 보험증권의 유가증권성이 문제가 된다. **적하보험증권은 일부긍정설에서 인정되며, 최근 가장 유력해지고 있는 우리나라의 통설**이다.

④ 보험계약의 당사자 쌍방은 약관에서 정한 기간 안에 한하여 보험증권상의 기재내용의 정부(正否)에 관한 이의를 할 수 있고(상법 제641조), 그 기간이 경과하면 보험증권상의 기재내용은 확정적인 효력을 가진다고 본다(통설). 다만, 보험증권의 기재내용에 명백한 오기(誤記)·착오(錯誤)가 있는 경우에는 **이의기간이 지나도 이를 다툴 수 있다고 본다.**

09

정답 ③

해설 ①・③ 본 예문은 보험계약 체결 당시 피보험자가 이미 근긴장성 근이양증(이하 '근이양증'이라고 함)의 증세를 보였고, 근이양증이 발병한 이상 보험사고인 제1급 장해의 발생을 피할 수 없으며, 근이양증으로 인하여 건강상태가 일반적인 자연속도 이상으로 급격히 악화되어 사망에 이를 개연성이 매우 높다는 이유로 보험계약이 무효라고 판단한 원심을 파기한 사례로서, 보험금 지급이 뻔히 예상되더라도 **실제 사고가 나기 전에 보험계약을 맺었다면 계약은 유효한 것이다**(대법원 2010.12.21. 2010다66835 판결).

상법 제644조는 "보험계약 당시 보험사고가 이미 발생한 때에 그 계약을 무효로 한다"고 규정하고 있으므로, 설사 시간의 경과에 따라 보험사고의 발생이 필연적으로 예견된다고 하더라도 보험계약 체결 당시 이미 보험사고가 발생하지 않은 이상 상법 제644조를 적용하여 보험계약을 무효로 할 것은 아니라는 취지로 해석된다.

② 소급보험이 인정되기 위해서는 **보험계약을 체결할 당시에 보험계약자와 보험자 및 피보험자 모두가 이미 보험사고의 발생 또는 불발생을 알고 있어서는 안 된다**(상법 제644조 참조).

④ 질병은 보험기간 중에 진행되었더라도 **보험사고가 보험기간 경과 후에 발생한 때에는 보험자는 보험금 지급책임을 지지 않는다**.

10

정답 ①

해설 상법 제638조의3 제1항 및 약관의 규제에 관한 법률 제3조의 규정에 의하여 보험자는 보험계약을 체결할 때에 보험계약자에게 보험약관에 기재되어 있는 보험상품의 내용, 보험료율의 체계, 보험청약서상 기재사항의 변동 및 보험자의 면책사유 등 보험계약의 중요한 내용에 대하여 구체적이고 상세한 명시・설명의무를 지고 있다(대법원 2000.5.30. 선고 99다66236 판결). 반면, **이미 법령에 의하여 정하여진 것을 되풀이하거나 부연하는 정도에 불과한 법정 면책사유라면 보험자에게 명시・설명의무가 있는 것은 아니다**. 따라서 **약정 면책사유는 원칙적으로 설명의무의 대상이지만, 법정 면책사유는 설명의무의 대상이 되지 않는 경우가 있다**.

② 보증보험은 보험계약자의 채무불이행으로 피보험자가 입은 손해를 담보하기 때문에 보험계약자의 고의로 보험사고를 야기한 경우에도 **보증보험자는 보험금 지급책임을 진다**(상법 제726조의5).

③ 보험계약은 당사자의 선의에 기초를 둔 선의계약으로 피보험자의 고의 또는 중대한 과실로 생긴 사고에 대하여는 보험자의 면책사유로 하는 것이 일반적이다(상법 제659조). 그러나 사망보험과 상해보험의 경우에는 피보험자의 중대한 과실로 생긴 사고에 대하여도 보험자의 보상책임을 인정하고 있다(상법 제732조의2, 제739조). 따라서 고의사고 면책을 규정한 상법 제659조는 **절대적 강행규정이라 할 수 없다**.

④ 책임보험의 경우 피보험자의 고의에 의한 사고는 면책하고, 중과실로 인한 사고의 경우 보험자의 책임을 인정하는 것이 일반적이다. 그 이유는 중과실은 우연성을 결여한 고의와 다르고 중과실을 담보하여도 공서양속에 위배되는 것이 아니기 때문이다. 따라서 고의사고 면책만 규정한 경우에도 보험자는 상법의 고의・중과실 면책조항을 들어 **중과실사고라는 이유로 면책을 주장할 수 없다**.

11

정답 ③

해설 보험금청구권은 보험사고가 발생하기 전에는 추상적인 권리에 지나지 않고 보험사고가 발생하면 구체적인 권리가 되어 그때부터 권리를 행사할 수 있으므로, 보험금청구권의 소멸시효는 특별한 다른 사정이 없는 한 보험사고가 발생한 때부터 진행하는 것이 원칙이다. 그러나 객관적으로 보험사고가 발생한 사실을 확인할 수 없는 사정이 있는 경우에는 보험금청구권자가 보험사고의 발생을 알았거나 알 수 있었던 때부터 보험금청구권의 소멸시효가 진행한다(대법원 2008.11.13. 선고 2007다19624 판결).

① 보험자는 보험금액의 지급에 관하여 약정기간이 있는 경우에는 그 기간 내에, 약정기간이 없는 경우에는 통지를 받은 후 지체 없이 지급할 보험금액을 정하고, 그 정하여진 날부터 10일 내에 피보험자 또는 보험수익자에게 보험금액을 지급하여야 한다(상법 제658조).
상법 제658조에서 보험금 지급유예기간을 정하고 있더라도 보험금청구권의 소멸시효는 보험사고가 발생한 때로부터 진행하고, 위 **지급유예기간이 경과한 다음 날부터 진행한다고 볼 수는 없다**(대법원 2005.12.23. 선고 2005다59383 판결).

② 피해자가 스스로 자동차를 운전하다가 사망한 사고에 관해 보험회사가 보험금청구권자에게 그 사고는 면책 대상이어서 보험금을 지급할 수 없다는 내용의 잘못된 통보를 하였다고 하더라도 그와 같은 사유는 보험금청구권을 행사하는데 있어서 법률상의 장애사유가 될 수 없고, 또 이로 인하여 보험금 청구권자가 보험사고가 발생하였다는 것을 알 수 없게 되었다고 볼 수도 없으므로 보험회사의 보험계약상의 보험금 지급채무는 사고발생시로부터 2년의 기간이 경과함으로써 시효소멸한다(대법원 1997.11.11. 선고 97다36521 판결).
따라서 보험자가 보험금청구권자의 청구에 대하여 보험금 지급책임이 없다고 잘못 알려 준 경우에도 **보험사고가 발생한 때부터 소멸시효가 진행한다.**

④ 책임보험의 성질에 비추어 피보험자가 보험자에게 보험금청구권을 행사하려면 적어도 피보험자가 제3자에게 손해배상금을 지급하였거나 상법 또는 보험약관이 정하는 방법으로 피보험자의 제3자에 대한 채무가 확정되어야 할 것이고, 상법 제662조가 보험금의 청구권은 2년간 행사하지 아니하면 소멸시효가 완성한다는 취지를 규정하고 있을 뿐, 책임보험의 보험금청구권의 소멸시효의 기산점에 관하여는 상법상 아무런 규정이 없으므로, "소멸시효는 권리를 행사할 수 있는 때로부터 진행한다"고 소멸시효의 기산점에 관하여 규정한 민법 제166조 제1항에 따를 수밖에 없는 바, 약관에서 책임보험의 보험금청구권의 발생시기나 발생요건에 관하여 달리 정한 경우 등 특별한 다른 사정이 없는 한 원칙적으로 책임보험의 보험금청구권의 소멸시효는 피보험자의 제3자에 대한 법률상의 손해배상책임이 상법 제723조 제1항이 정하고 있는 **변제, 승인, 화해 또는 재판의 방법 등에 의하여 확정됨으로써 그 보험금청구권을 행사할 수 있는 때로부터 진행된다**고 봄이 상당하다(대법원 2002.9.6. 선고 2002다30206 판결).

12

정답 ②

해설 보험료 지급 지체를 이유로 보험자가 보험계약을 해지한 경우 보험계약자에게 책임을 물을 수 있으므로 미경과보험료의 반환을 청구할 수 없다.

① 보험사고발생 전에 보험계약자는 언제든지 계약의 전부 또는 일부를 해지할 수 있으며, 이 경우 당사자간에 다른 약정이 없으면 보험계약자는 미경과보험료의 반환을 청구할 수 있다(상법 제649조).

③ 보험자가 파산선고를 받은 경우에도 보험계약자가 보험계약을 해지할 수 있으며, 미경과보험료의 반환을 청구할 수 있다(상법 제654조 제1항).

④ 보험료불가분의 원칙에 관한 우리 상법의 태도를 고려하여 볼 때, 상법 제652조 제2항에 따라 보험자가 피보험자 등으로부터 사고발생의 위험이 변경 또는 증가하였다는 통지를 받고 이를 이유로 보험계약을 해지하는 경우, 보험약관에서 미경과기간에 대한 보험료를 반환하도록 정하고 있다면 그 보험약관은 유효하다(대법원 2008.1.31. 선고 2005다57806 판결).

판례 미경과보험료 반환의무에 대한 일반론(서울고등법원 2005.8.25. 선고 2004나46801 판결)

보험료불가분의 원칙은 원래 해상보험에서 보험회사가 담보하는 항해 전체와 일치하는 보험료기간은 분할할 수 없이 일체가 된다는 것에서 출발한 강학상의 개념으로서, 보험료는 그 산출을 위한 위험 측정상의 단위가 되는 보험료기간에 생기는 위험률에 따라 산정되기 때문에 보험료기간에 해당하는 보험료는 관념적으로 하나가 되는 것이므로, 중도에 보험계약의 효력이 소멸하더라도 보험자는 보험료기간에 대한 보험료 전부를 취득하게 되고 따라서 미경과한 기간에 대한 보험료를 반환할 의무가 없다는 것을 뜻한다.

그런데, 상법에는 제649조에서 보험사고가 발생하기전 또는 보험사고가 발생한 후에도 보험금액이 감액되지 않는 보험의 경우에는 보험계약자가 계약의 전부 또는 일부를 해지할 수 있고, 보험사고가 발생하기 전에 해지한 경우에는 당사자 사이에 다른 약정이 없으면 미경과보험료의 반환을 청구할 수 있다고 규정하는 등 일부 조항에서 이를 간접적으로 표현하고 있기는 하지만 보험료 환급과 관련하여 보험료불가분의 원칙에 관한 명시적인 규정은 존재하지 아니하며, 해상보험이라는 특수상황하에서 인정될 수 있는 보험료불가분의 원칙을 모든 보험에 적용되는 대원칙으로 받아들이는 것은 논리적으로나 보험기술적인 측면에서 보더라도 부당한 측면이 있으므로 우리 상법상으로는 보험료불가분의 원칙을 모든 보험에 적용되는 대원칙이라고 할 수는 없고, 결국 미경과보험료의 환급 문제는 보험계약의 형태, 약관의 규정 및 보험계약이 종료된 원인 등을 고려하여 합리적으로 판단하여야 할 것이다.

13

정답 ④

해설 보험계약자는 계약 체결 후 지체 없이 보험료의 전부 또는 제1회 보험료를 지급하여야 하는데, 보험계약자가 이를 지급하지 아니하는 경우에는 다른 약정이 없는 한 계약 성립 후 2월이 경과하면 그 계약은 해제된 것으로 본다(상법 제650조 제1항). 그런데 계약 성립 후 해제 전에 발생한 보험사고에 대하여 보험금을 지급하는 약정은 보험계약자에게 유리하므로 유효하다.

① 상법 제650조 제1항
② 상법 제650조 제3항
③ 상법 제650조 제2항

14

정답 ④

해설 타인의 사망을 보험사고로 하는 보험계약에는 보험계약 체결시에 그 타인의 서면(「전자서명법」 제2조 제2호에 따른 전자서명이 있는 경우로서 **대통령령으로 정하는 바에 따라** 본인 확인 및 위조·변조 방지에 대한 신뢰성을 갖춘 전자문서를 포함한다)에 의한 동의를 얻어야 한다(상법 제731조 제1항).

상법 제731조 제1항에 따른 본인 확인 및 위조·변조 방지에 대한 신뢰성을 갖춘 전자문서는 다음 각 호의 요건을 모두 갖춘 전자문서로 한다(상법 시행령 제44조의2).

1. 전자문서에 보험금 지급사유, 보험금액, 보험계약자와 보험수익자의 신원, 보험기간이 적혀 있을 것

2. 전자문서에 법 제731조 제1항에 따른 전자서명을 하기 전에 전자서명을 할 사람을 직접 만나서 전자 서명을 하는 사람이 보험계약에 동의하는 본인임을 확인하는 절차를 거쳐 작성될 것

3. **전자문서에 전자서명을 한 후에 그 전자서명을 한 사람이 보험계약에 동의한 본인임을 확인할 수 있도록 지문정보를 이용하는 등 법무부장관이 고시하는 요건을 갖추어 작성될 것**

4. 전자문서 및 전자서명의 위조·변조 여부를 확인할 수 있을 것

15

정답 ①

해설
- (×) 생명보험계약의 약관에 보험계약자는 **보험계약의 해약환급금의 범위 내에서** 보험회사가 정한 방법 에 따라 대출을 받을 수 있다.
- (×) 현행 생명보험표준약관 제33조에 약관대출규정이 있으나, **상법에는 규정이 없다.**
- (○) 약관대출은 일반적인 대출과는 달리 소비대차로서의 법적 성격을 가지는 것은 아니라, 보험회사 가 장차 지급하여야 할 보험금이나 해약환급금을 미리 지급하는 선급금과 같은 성격이라고 보아야 한다(**다수의견**).
- (×) 보험자의 약관대출금채권이 별도로 존재하지 않으므로, **양도·입질·압류·상계의 대상이 되지 않는다(다수의견)**. 〈자료출처〉 보험약관대출의 법적 성격에 관한 연구, 한기정, 2008

> **판례** **보험금(대법원 2007.9.28. 선고 2005다15598 전원합의체 판결)**
>
> 생명보험계약의 약관에 보험계약자는 보험계약의 해약환급금의 범위 내에서 보험회사가 정한 방법에 따라 대출 을 받을 수 있고, 이에 따라 대출이 된 경우에 보험계약자는 그 대출 원리금을 언제든지 상환할 수 있으며, 만약 상환하지 아니한 동안에 보험금이나 해약환급금의 지급사유가 발생한 때에는 위 대출 원리금을 공제하고 나머지 금액만을 지급한다는 취지로 규정되어 있다면, 그와 같은 약관에 따른 대출계약은 약관상의 의무의 이행으로 행하여지는 것으로서 보험계약과 별개의 독립된 계약이 아니라 보험계약과 일체를 이루는 하나의 계약이라고 보아야 하고, 보험약관대출금의 경제적 실질은 보험회사가 장차 지급하여야 할 보험금이나 해약환급금을 미리 지급하는 선급금과 같은 성격이라고 보아야 한다. 따라서 위와 같은 약관에서 비록 '대출'이라는 용어를 사용하고 있더라도 이는 일반적인 대출과는 달리 소비대차로서의 법적 성격을 가지는 것은 아니며, 보험금이나 해약환급금 에서 대출 원리금을 공제하고 지급한다는 것은 보험금이나 해약환급금의 선급금의 성격을 가지는 위 대출 원리금 을 제외한 나머지 금액만을 지급한다는 의미이므로 민법상의 상계와는 성격이 다르다.

16

정답 ③

해설 보험사고로 인하여 상실된 피보험자가 얻을 이익이나 보수는 당사자간에 다른 약정이 없으면 보험자가 보상할 **손해액에 산입하지 아니한다**(상법 제667조).

① · ② 보험자가 보상할 손해액은 그 손해가 발생한 때와 곳의 가액에 의하여 산정한다. 그러나 당사자간에 다른 약정이 있는 때에는 그 신품가액에 의하여 손해액을 산정할 수 있다(상법 제676조 제1항).

④ 상법 제676조 제2항

17

정답 ③

해설 적하의 보험에 있어서는 **선적한 때와 곳**의 적하의 가액과 선적 및 보험에 관한 비용을 보험가액으로 한다(상법 제697조).

① 상법 제689조 제1항
② 상법 제696조 제1항
④ 상법 제698조

18

정답 ④

해설 동일한 보험계약의 목적과 동일한 사고에 관하여 수 개의 보험계약이 동시에 또는 순차로 체결된 경우에 그 보험금액의 총액이 보험가액을 초과한 때에는 **중복보험에 해당**된다(상법 제672조 제1항). 중복보험의 경우 보험자는 각자의 보험금액의 한도에서 연대책임을 지며, 각 보험자의 보상책임은 각자의 보험금액의 비율에 따른다. 또한 **보험자 1인에 대한 권리의 포기는 다른 보험자의 권리의무에 영향을 미치지 아니한다**(상법 제673조).

따라서, **甲이 丁 보험회사에 대한 보험금 청구를 포기한 경우 乙 보험회사와 丙 보험회사의 보상책임은 변함이 없다.**

즉, 乙 보험회사의 보상책임액 = $1,000만원 \times \dfrac{400만원}{400만원 + 600만원 + 1,000만원}$ = **200만원**

丙 보험회사의 보상책임액 = $1,000만원 \times \dfrac{600만원}{400만원 + 600만원 + 1,000만원}$ = **300만원**

참고로, 丁 보험회사에 대한 보험금 청구를 포기하지 않은 경우

丁 보험회사의 보상책임액 = $1,000만원 \times \dfrac{1,000만원}{400만원 + 600만원 + 1,000만원}$ = **500만원**

19

정답 ④

해설 피보험자가 제3자의 청구를 방어하기 위하여 지출한 재판상 또는 재판 외의 필요비용은 그 행위가 **보험자의 지시에 의한 것인 경우에는** 그 금액에 손해액을 가산한 금액이 보험금액을 초과하는 때에도 보험자가 이를 부담하여야 한다(상법 제720조 제1항, 제3항).

① 보험증권을 멸실 또는 현저하게 훼손한 때에는 보험계약자는 보험자에 대하여 증권의 재교부를 청구할 수 있다. 그 증권작성의 비용은 보험계약자의 부담으로 한다(상법 제642조).

② 보험계약자와 피보험자는 손해의 방지와 경감을 위하여 노력하여야 한다. 그러나 이를 위하여 필요 또는 유익하였던 비용과 보상액이 보험금액을 초과한 경우라도 보험자가 이를 부담한다(상법 제680조).

③ 해상보험자는 보험의 목적의 안전이나 보존을 위하여 지급할 특별비용을 보험금액의 한도 내에서 보상할 책임이 있다(상법 제694조의3).

20

정답 ①

해설 피보험자가 보험의 목적을 양도한 때에는 양수인은 보험계약상의 권리와 의무를 **승계한 것으로 추정한다**(상법 제679조 제1항).

② 상법 제679조 제2항
③ 상법 제703조의2 제1호
④ 상법 제726조의4 제1항

21

정답 ①

해설 집합보험에 관한 규정은 **손해보험 통칙이 아니라 화재보험에 규정**되어 있다(상법 제686조).
집합된 물건을 일괄하여 보험의 목적으로 한 때에는 피보험자의 가족과 사용인의 물건도 보험의 목적에 포함된 것으로 한다. 이 경우에는 그 보험은 그 가족 또는 사용인을 위하여서도 체결한 것으로 본다(상법 제686조). 집합된 물건을 일괄하여 보험의 목적으로 한 때에는 그 목적에 속한 물건이 보험기간 중에 수시로 교체된 경우에도 보험사고의 발생시에 현존한 물건은 보험의 목적에 포함된 것으로 한다(상법 제687조).

22

정답 ③

해설 보험계약은 다른 약정이 없으면 운송의 필요에 의하여 일시운송을 중지하거나 운송의 노순 또는 방법을 변경한 경우에도 그 **효력을 잃지 아니한다**(상법 제691조).

① 상법 제688조
② 상법 제689조 제1항
④ 상법 제692조

23

정답 ③

해설 선박이 정당한 사유 없이 보험계약에서 정하여진 항로를 이탈한 경우에는 보험자는 그때부터 책임을 지지 아니한다. **선박이 손해발생 전에 원항로로 돌아온 경우에도 같다**(상법 제701조의2).

① 상법 제701조 제1항
② 상법 제701조 제2항
④ 상법 제702조

24

정답 ④

해설 책임보험계약의 보험자는 피보험자가 보험기간 중의 사고로 인하여 제3자에게 배상할 책임을 진 경우에 이를 보상할 책임이 있다(상법 제721조). 이 경우 책임보험계약은 일반손해보험에서와 같은 **보험가액이 존재하지 않기 때문에** 초과·중복·일부보험의 문제는 생기지 않고, 손해배상액은 단순히 **보험금액과 손해액의 범위에서 결정**된다.

① 상법 제668조
② 상법 제721조
③ 상법 제722조 제1항

25

정답 ④

해설 상법 제724조 제2항에 "제3자는 피보험자가 책임을 질 사고로 입은 손해에 대하여 보험금액의 한도 내에서 보험자에게 직접 보상을 청구할 수 있다. 그러나 **보험자는 피보험자가 그 사고에 관하여 가지는 항변으로써 제3자에게 대항할 수 있다**"고 규정하고 있다. 즉 피해자(제3자)는 가해자인 피보험자에 대한 손해배상청구권을 전제로 직접청구권을 가지므로(판례), 보험자는 피보험자가 제3자에 항변으로써 제3자에게 대항할 수 있다. 그런데, 보험자는 피보험자에 대하여 가지는 항변으로써 제3자에게 대항 할 수 있다는 규정은 **상법에 명시적으로 없지만 보험이론상 인정되는 항변사유**이다. 여기서, 항변사유란 피보험자에게 보험금청구권이 발생하였지만 보험자가 보험금 지급을 거절하거나 감액할 수 있는 사유로서 계약상의 하자, 조건의 미성취, 면책사유 등이다.

① 상법 제724조 제1항
②·③ 상법 제724조 제2항

26

정답 ②

해설 자동차보험증권에는 **보험계약자의 주소와 성명 또는 상호, 피보험자의 주소, 성명 또는 상호가 기재**되며, 자동차운전자의 성명과 생년월일은 기재사항이 아니다.

자동차보험 증권에는 상법 제666조에 게기한 사항 외에 다음의 사항을 기재하여야 한다(상법 제726조의3).

1. 자동차소유자와 그 밖의 보유자의 성명과 생년월일 또는 상호(가)
2. 피보험자동차의 등록번호, 차대번호, 차형연식과 기계장치(다)
3. 차량가액을 정한 때에는 그 가액(라)

27

정답 ②

해설 자동차보험에 있어서 **피보험자가 보험기간 중에 자동차를 양도한 때에는 양수인은 보험자의 승낙을 얻은 경우에 한하여** 보험계약으로 인하여 생긴 권리와 의무를 승계한다. 이때 보험자가 양수인으로부터 양수 사실을 통지받은 때에는 지체 없이 낙부를 통부하여야 하고, 통지받은 날로부터 10일 내에 낙부의 통지가 없을 때에는 승낙한 것으로 본다(상법 제726조의4). **양수인은 보험자에게 지체 없이 양수사실을 통지하여야 한다는 상법상 규정은 없다.**

28

정답 ③

해설 상법 제731조 제1항에 의하면 타인의 생명보험에서 피보험자가 서면으로 동의의 의사표시를 하여야 하는 시점은 '보험계약 체결시까지'이고, 이는 강행규정으로서 이에 위반한 보험계약은 무효이므로, 타인의 생명보험계약 성립 당시 피보험자의 서면동의가 없다면 그 보험계약은 확정적으로 무효가 되고, 피보험자가 **이미 무효가 된 보험계약을 추인하였다고 하더라도 그 보험계약이 유효로 될 수는 없다**(대법원 2006.9.22. 선고 2004다56677 판결).

① 타인의 사망을 보험사고로 하는 보험계약에는 보험계약 체결시에 그 타인의 서면에 의한 동의를 얻어야 하지만(상법 제731조 제1항), **단체가 규약에 따라 구성원의 전부 또는 일부를 피보험자로 하는 생명보험계약을 체결하는 경우에는 상법 제731조를 적용하지 아니한다**(상법 제735조의3).

② 타인의 사망을 보험사고로 하는 보험계약을 체결할 당시 보험모집인이 그 타인의 서면에 의한 동의를 얻어야 하는 사실을 모르고 보험계약자에게 이를 고지하지 아니하였고, 또한 피보험자의 동의를 얻었다는 보험계약자의 말만 믿고 임의로 피보험자 동의란에 서명을 대신 하였으며, 영업소장 역시 그 사실을 알고도 방치한 경우 이 **보험계약은 무효이다**(대법원 1998.11.27. 선고 98다23690 판결).

④ 상법 제731조 제1항이 타인의 사망을 보험사고로 하는 보험계약의 체결시 그 타인의 서면동의를 얻도록 규정한 것은 동의의 시기와 방식을 명확히 함으로써 분쟁의 소지를 없애려는데 취지가 있으므로, 피보험자인 **타인의 동의는 각 보험계약에 대하여 개별적으로 서면에 의하여 이루어져야 하고 포괄적인 동의 또는 묵시적이거나 추정적 동의만으로는 부족하다**(대법원 2006.9.22. 선고 2004다56677 판결).

29

정답 ④

해설 가. 피보험자가 술에 취한 상태에서 출입이 금지된 지하철역 승강장의 선로로 내려가 지하철역을 통과하는 전동열차에 부딪혀 사망한 경우, 피보험자에게 판단능력을 상실 내지 미약하게 할 정도로 과음을 한 **중과실이 있더라도 보험약관상의 보험사고인 우발적인 사고에 해당한다**(대법원 2001.11.9. 선고 2001다55499, 55505 판결).

나. 사망을 보험사고로 하는 보험계약에서 자살을 보험자의 면책사유로 규정하고 있는 경우에, 자살은 자기의 생명을 끊는다는 것을 의식하고 그것을 목적으로 의도적으로 자기의 생명을 절단하여 사망의 결과를 발생케 한 행위를 의미하고, 피보험자가 정신질환 등으로 자유로운 의사결정을 할 수 없는 상태에서 사망의 결과를 발생케 한 경우까지 포함하는 것은 아니므로, **피보험자가 자유로운 의사결정을 할 수 없는 상태에서 사망의 결과를 발생케 한 직접적인 원인행위가 외래의 요인에 의한 것이라면, 그 사망은 피보험자의 고의에 의하지 않은 우발적인 사고로서 보험사고인 사망에 해당할 수 있다**(대법원 2015.6.23. 선고 2015다5378 판결).

다. '급격하고도 우연한 외래의 사고'를 보험사고로 하는 상해보험에 가입한 **피보험자가 술에 취하여 자다가 구토로 인한 구토물이 기도를 막음으로써 사망한 경우, 보험약관상의 급격성과 우연성은 충족**되고, 나아가 보험약관상의 '외래의 사고'란 상해 또는 사망의 원인이 피보험자의 신체적 결함, 즉 질병이나 체질적 요인 등에 기인한 것이 아닌 외부적 요인에 의해 초래된 모든 것을 의미한다고 보는 것이 상당하므로, 위 사고에서 피보험자의 술에 만취된 상황은 피보험자의 신체적 결함, 즉 질병이나 체질적 요인 등에서 초래된 것이 아니라, 피보험자가 술을 마신 외부의 행위에 의하여 초래된 것이어서, 이는 외부적 요인에 해당한다고 할 것이고, 따라서 위 사고는 위 보험약관에서 규정하고 있는 '외래의 사고'에 해당하므로 보험자로서는 수익자에 대하여 위 보험계약에 따른 보험금을 지급할 의무가 있다(대법원 1998.10.13. 선고 98다28114 판결).

라. 보험사고의 객관적 확정의 효과에 관하여 규정하고 있는 상법 제644조는 사고발생의 우연성을 전제로 하는 보험계약의 본질상 이미 발생이 확정된 보험사고에 대한 보험계약은 허용되지 아니한다는 취지에서 **보험계약 당시 이미 보험사고가 발생하였을 경우에는 그 보험계약을 무효로 한다고 규정**하고 있고, 암 진단의 확정 및 그와 같이 확진이 된 암을 직접적인 원인으로 한 사망을 보험사고의 하나로 하는 보험계약에서 피보험자가 보험계약일 이전에 암 진단이 확정되어 있는 경우에는 보험계약을 무효로 한다는 약관조항은 보험계약을 체결하기 이전에 그 보험사고의 하나인 암 진단의 확정이 있었던 경우에 그 보험계약을 무효로 한다는 것으로서 상법 제644조의 규정 취지에 따른 것이라고 할 것이므로, 상법 제644조의 규정 취지나 보험계약은 원칙적으로 보험가입자의 선의를 전제로 한다는 점에 비추어 볼 때, 그 **약관조항은 그 조항에서 규정하고 있는 사유가 있는 경우에 그 보험계약 전체를 무효로 한다는 취지라고 보아야 할 것**이지, 단지 보험사고가 암과 관련하여 발생한 경우에 한하여 보험계약을 무효로 한다는 취지라고 볼 수는 없다(대법원 1998.8.21. 선고 97다50091 판결).

30

정답 ②

해설 보험자가 생명보험계약을 체결함에 있어 다른 보험계약의 존재 여부를 청약서에 기재하여 질문하였다면 이는 그러한 사정을 보험계약을 체결할 것인지의 여부에 관한 판단자료로 삼겠다는 의사를 명백히 한 것으로 볼 수 있고, 그러한 경우에는 **다른 보험계약의 존재 여부가 고지의무의 대상이 된다고 할 것이다.** 그러나 그러한 경우에도 보험자가 다른 보험계약의 존재 여부에 관한 고지의무위반을 이유로 보험계약을 해지하기 위하여는 보험계약자 또는 피보험자가 그러한 사항에 관한 고지의무의 존재와 다른 보험계약의 존재에 관하여 이를 알고도 고의로 또는 중대한 과실로 인하여 이를 알지 못하여 고지의무를 다하지 않은 사실이 입증되어야 할 것이다(대법원 2001.11.27. 선고 99다33311 판결).

① 보험계약자가 다수의 보험계약을 통하여 보험금을 부정취득할 목적으로 보험계약을 체결한 경우, 이러한 목적으로 체결된 보험계약에 의하여 보험금을 지급하게 하는 것은 보험계약을 악용하여 부정한 이득을 얻고자 하는 사행심을 조장함으로써 사회적 상당성을 일탈하게 될 뿐만 아니라, 합리적인 위험의 분산이라는 보험제도의 목적을 해치고 위험발생의 우발성을 파괴하며 다수의 선량한 보험가입자들의 희생을 초래하여 보험제도의 근간을 해치게 되므로, 이와 같은 보험계약은 민법 제103조 소정의 **선량한 풍속 기타 사회질서에 반하여 무효라고 할 것이다**(대법원 2018.9.13. 선고 2016다255125 판결).

③ 손해보험계약에 있어서 동일한 보험계약의 목적과 동일한 사고에 관하여 수 개의 보험계약을 체결하는 경우에 보험계약자는 **각 보험자에 대하여 각 보험계약의 내용을 통지하여야 한다**(상법 제672조 제2항).

④ 상법 제672조 제2항에서 손해보험에 있어서 동일한 보험계약의 목적과 동일한 사고에 관하여 수 개의 보험계약을 체결하는 경우에는 보험계약자는 각 보험자에 대하여 각 보험계약의 내용을 통지하도록 규정하고 있으므로, 이미 보험계약을 체결한 보험계약자가 동일한 보험목적 및 보험사고에 관하여 다른 보험계약을 체결하는 경우 기존의 보험계약에 관하여 고지할 의무가 있다고 할 것이나, 손해보험에 있어서 위와 같이 보험계약자에게 다수의 보험계약의 체결사실에 관하여 고지 및 통지하도록 규정하는 취지는, 손해보험에서 중복보험의 경우에 연대비례보상주의를 규정하고 있는 상법 제672조 제1항과 사기로 인한 중복보험을 무효로 규정하고 있는 상법 제672조 제3항, 제669조 제4항의 규정에 비추어 볼 때, 부당한 이득을 얻기 위한 사기에 의한 보험계약의 체결을 사전에 방지하고 보험자로 하여금 보험사고발생시 손해의 조사 또는 책임의 범위의 결정을 다른 보험자와 공동으로 할 수 있도록 하기 위한 것일 뿐, 보험사고발생의 위험을 측정하여 계약을 체결할 것인지 또는 어떤 조건으로 체결할 것인지 판단할 수 있는 자료를 제공하기 위한 것이라고 볼 수는 없으므로 **중복보험을 체결한 사실은 상법 제651조의 고지의무의 대상이 되는 중요한 사항에 해당되지 아니한다**(대법원 2003.11.13. 선고 2001다49623 판결).

31

정답 ④

해설 ② · ④ 보험사고가 보험계약자 또는 피보험자나 보험수익자의 고의 또는 중대한 과실로 인하여 생긴 때에는 보험자는 보험금액을 지급할 책임이 없다(상법 제659조 제1항). 그러나 사망을 보험사고로 한 보험계약에서는 **사고가 보험계약자 또는 피보험자나 보험수익자의 중대한 과실로 인하여 발생한 경우에도 보험자는 보험금을 지급할 책임을 면하지 못한다**(상법 제732조의2 제1항). 이는 중과실 여부에 대한 입증이 곤란하므로 보험수익자의 이익을 보호하기 위하여 고의로 인한 보험사고만을 면책사유로 한 것이다. 또한, 둘 이상의 보험수익자 중 일부가 고의로 피보험자를 사망하게 한 경우 보험자는 다른 보험수익자에 대한 보험금 지급책임을 면하지 못한다(상법 제732조의2 제2항)고 규정하고 있는데 이는 피보험자의 사망과 관계없는 다른 보험수익자에 대해서는 보험자의 보험금 지급책임을 인정한 것이다.

① 보험수익자의 지정에 관한 상법 제733조는 상법 제739조에 의하여 상해보험에도 준용되므로, 결국 상해의 결과로 사망한 때에 사망보험금이 지급되는 상해보험에 있어서 보험수익자가 지정되어 있지 않아 위 법률규정에 의하여 피보험자의 상속인이 보험수익자가 되는 경우에도 보험수익자인 상속인의 보험금청구권은 상속재산이 아니라, **상속인의 고유재산으로 보아야 한다**(대법원 2004.7.9. 선고 2003다29463 판결).

③ 생명보험계약에서 보험자는 보험사고로 인하여 생긴 보험계약자 또는 보험수익자의 제3자에 대한 권리를 대위하여 행사하지 못한다(상법 제729조). 즉 **甲에 대하여 보험대위를 행사할 수 없다.**

32

정답 ③

해설 보험계약자는 계약이 소멸하기 전에 언제든지 계약을 해지할 수 있으며(다만, 연금보험의 경우 연금이 지급개시 된 이후에는 해지할 수 없다), 이 경우 회사는 해지환급금을 **보험계약자에게 지급한다**(생명보험 표준약관 제29조 제1항).

① 생명보험표준약관 제3조
② 생명보험표준약관 제33조 제1항
④ 생명보험표준약관 제34조 제1항

33

정답 ④

해설 보험수익자가 보험존속 중에 사망한 때에는 **보험수익자의 상속인이 보험수익자로 바로 확정되는 것이 아니라**, 보험계약자가 다시 보험수익자를 지정할 수 있으며, 이 경우에 보험계약자가 지정권을 행사하지 아니하고 사망한 때에 보험수익자의 상속인을 보험수익자로 한다(상법 제733조 제3항).

① 보험계약자는 보험자의 동의를 요하지 않고 자유로이 보험수익자를 지정 또는 변경할 수 있으므로, 이 권리는 일종의 형성권으로서 단독행위이다.

② 보험계약자가 계약 체결 후에 보험수익자를 지정 또는 변경할 때에는 보험자에 대하여 그 통지를 하지 아니하면 이로써 보험자에게 대항하지 못하며, 타인의 사망보험에서 피보험자의 서면동의를 얻어야 한다(상법 제734조 제1항, 제2항).

③ 보험계약자가 지정권을 행사하지 아니하고 사망한 때에는 피보험자를 보험수익자로 하고 보험계약자가 변경권을 행사하지 아니하고 사망한 때에는 보험수익자의 권리가 확정된다(상법 제733조 제2항).

34

정답 ②

해설 단체보험의 경우 단체(회사) 또는 그 대표자가 보험계약자이므로, 보험증권은 보험계약자에게만 교부된다(상법 제735조의3 제2항). 또한 회사의 대표자가 구성원의 복리후생을 위하여 보험료를 부담하고 보험계약을 체결하므로 '타인을 위한 보험계약' 형태가 일반적이다. 그러나 **보험계약자 자신을 보험수익자로 하여 '자기를 위한 보험계약'으로도 체결**할 수 있다.

① 상법 제735조의3 제1항

③ 단체보험 계약자 회사의 직원이 퇴사한 후에 사망하는 보험사고가 발생한 경우, 회사가 퇴사 후에도 계속 위 직원에 대한 보험료를 납입하였더라도 **퇴사와 동시에 단체보험의 해당 피보험자 부분이 종료되**는데 영향을 미치지 아니한다(대법원 2007.10.12. 선고 2007다42877 판결).

④ 상법 제735조의3은 단체가 규약에 따라 구성원의 전부 또는 일부를 피보험자로 하는 생명보험계약을 체결하는 경우에는 제731조를 적용하지 아니한다고 규정하고 있으므로, 위와 같은 단체보험에 해당하려면 위 법조 소정의 규약에 따라 보험계약을 체결한 경우이어야 하고, 그러한 규약이 갖추어지지 아니한 경우에는 강행법규인 상법 제731조의 규정에 따라 피보험자인 구성원들의 **서면에 의한 동의를 갖추어야 보험계약으로서의 효력이 발생**한다(대법원 2006.4.27. 선고 2003다60259 판결).

35

정답 ②

해설 가. 심신상실자의 사망을 보험사고로 한 보험계약은 **무효로 한다**(상법 제732조)

나. 심신박약자의 사망을 보험사고로 한 보험계약도 **무효로 한다.** 다만, 의사능력이 있는 심신박약자가 '자기의 사망보험계약'을 체결하는 경우 유효하다(상법 제732조 단서).

다. 단체보험의 피보험자가 될 때 의사능력이 있는 단체구성원을 규약에 따라 그의 동의 없이 그를 피보험자로 하는 단체사망보험계약이 체결된 경우 **유효하다**(상법 제732조 단서, 제735조의3).

라. 상해보험계약에서는 사망보험계약에서의 상법 제732조(15세 미만자, 심신상실자 또는 심신박약자의 사망을 보험사고로 한 보험계약은 무효로 한다)의 규정을 제외하므로, 만 15세 미만인 자녀를 피보험자로 하는 실손형(비정액형) 상해보험계약이 체결된 경우 **유효하다**(상법 제739조).

마. 만 15세 미만인 자녀를 피보험자로 하는 사망보험계약이 체결된 경우도 그의 서면동의 여부와 상관 없이 **무효로 한다**(상법 제732조).

36

정답 ④

해설 사망을 보험사고로 하는 보험계약에서 자살을 보험자의 면책사유로 규정하고 있는 경우에, 자살은 자기의 생명을 끊는다는 것을 의식하고 그것을 목적으로 의도적으로 자기의 생명을 절단하여 사망의 결과를 발생케 한 행위를 의미하고, **피보험자가 정신질환 등으로 자유로운 의사결정을 할 수 없는 상태에서 사망의 결과를 발생케 한 경우까지 포함하는 것은 아니므로**, 피보험자가 자유로운 의사결정을 할 수 없는 상태에서 사망의 결과를 발생케 한 직접적인 원인행위가 외래의 요인에 의한 것이라면, 그 사망은 피보험자의 고의에 의하지 않은 우발적인 사고로서 보험사고인 사망에 해당할 수 있다(대법원 2015.6.23. 선고 2015다5378 판결).

① 상법 제659조 제1항
② 상법 제732조의2 제1항
③ 자동차종합보험에 있어서 동일한 자동차사고로 인하여 피해자에 대하여 보상책임을 지는 피보험자가 복수로 존재하는 경우에는 그 피보험이익도 피보험자마다 개별로 독립하여 존재하므로 각각의 피보험자마다 손해배상책임의 발생 요건이나 면책조항의 적용 여부 등을 개별적으로 가려서 보상책임의 유무를 결정하는 것이 원칙이다(대법원 1996.5.14. 선고 96다4305 판결).

37

정답 ④

해설 재보험자가 보험자대위에 의하여 취득한 제3자에 대한 권리의 행사는 **재보험자가 이를 직접 하지 아니하고, 원보험자가 재보험자의 수탁자의 지위에서 자기명의로 권리를 행사하여** 그로써 회수한 금액을 재보험자에게 재보험금의 비율에 따라 교부하는 방식에 의하여 이루어지는 것이 상관습이다(대법원 2015.6.11. 선고 2012다10386 판결).

① 상법 제661조 후단
② 상법 제726조
③ 보험자가 피보험자에게 보험금을 지급하면 보험자대위의 법리에 따라 피보험자가 보험사고의 발생에 책임이 있는 제3자에 대하여 가지는 권리는 지급한 보험금의 한도에서 보험자에게 당연히 이전되고(상법 제682조), 이는 재보험자가 원보험자에게 재보험금을 지급한 경우에도 마찬가지이다. 따라서 재보험관계에서 재보험자가 원보험자에게 재보험금을 지급하면 원보험자가 취득한 제3자에 대한 권리는 지급한 재보험금의 한도에서 다시 재보험자에게 이전된다(대법원 2015.6.11. 선고 2012다10386 판결).

38

정답 ②

해설 가. (○) 보험자의 책임은 당사자간에 다른 약정이 없으면 최초의 보험료의 지급을 받은 때로부터 개시한다(상법 제656조). 즉 당사자의 약정으로 달리 정할 수 있다.
나. (✕) 보험계약의 당사자는 보험증권의 교부가 있는 날로부터 일정한 기간 내에 한하여 그 증권내용의 정부에 관한 이의를 할 수 있음을 약정할 수 있으며, 이 기간은 1월을 내리지 못한다(상법 제641조). 즉 기간을 **1월 이상**으로 해야 한다.

다. (○) 보험계약 당시에 보험사고가 이미 발생하였거나 또는 발생할 수 없는 것인 때에는 그 계약은 무효로 하지만, 당사자 쌍방과 피보험자가 이를 알지 못한 때에는 그러하지 아니하다(상법 제644조). 즉 보험계약 성립 전에 보험사고가 이미 발생하였더라도 당사자 쌍방과 피보험자가 이를 알지 못한 때에는 보험자가 책임을 진다는 약정을 할 수 있다.

라. (×) 상해보험계약을 체결할 때 약관 또는 **보험자와 보험계약자의 개별 약정으로 태아를 상해보험의 피보험자로 할 수 있다.** 그 이유는 다음과 같다.

상해보험은 피보험자가 보험기간 중에 급격하고 우연한 외래의 사고로 인하여 신체에 손상을 입는 것을 보험사고로 하는 인보험이므로, 피보험자는 신체를 가진 사람(人)임을 전제로 한다(상법 제737조). 그러나 상법상 상해보험계약 체결에서 태아의 피보험자 적격이 명시적으로 금지되어 있지 않다. 인보험인 상해보험에서 피보험자는 '보험사고의 객체'에 해당하여 그 신체가 보험의 목적이 되는 자로서 보호받아야 할 대상을 의미한다. 헌법상 생명권의 주체가 되는 태아의 형성 중인 신체도 그 자체로 보호해야 할 법익이 존재하고 보호의 필요성도 본질적으로 사람과 다르지 않다는 점에서 보험보호의 대상이 될 수 있다. 이처럼 약관이나 개별 약정으로 출생 전 상태인 태아의 신체에 대한 상해를 보험의 담보범위에 포함하는 것이 보험제도의 목적과 취지에 부합하고 보험계약자나 피보험자에게 불리하지 않으므로 상법 제663조에 반하지 아니하고 민법 제103조의 공서양속에도 반하지 않는다. 따라서 계약자유의 원칙상 태아를 피보험자로 하는 상해보험계약은 유효하고, 그 보험계약이 정한 바에 따라 보험기간이 개시된 이상 출생 전이라도 태아가 보험계약에서 정한 우연한 사고로 상해를 입었다면 이는 보험기간 중에 발생한 보험사고에 해당한다(대법원 2019.3.28. 선고 2016다211224 판결).

마. (○) 보험가액의 일부를 보험에 붙인 경우에는 보험자는 보험금액의 보험가액에 대한 비율에 따라 보상할 책임을 진다. 그러나 당사자간에 다른 약정이 있는 때에는 보험자는 보험금액의 한도 내에서 그 손해를 보상할 책임을 진다(상법 제674조).

39

정답 ③

해설 보험사고의 발생으로 보험자가 보험금액을 지급한 때에도 보험금액이 감액되지 아니하는 보험의 경우에는 보험계약자는 그 사고발생 후에도 보험계약을 해지할 수 있다(상법 제649조 제2항).

① 보험계약 당사자 중 **보험계약자는 보험사고가 발생하기 전에는 언제든지 보험계약을 해지할 수 있지만,** 보험자는 임의해지 할 수 없다(상법 제649조 제1항)

② 보험자가 보험계약자 등의 고지의무위반을 이유로 보험계약을 해지하는 경우, **보험사고가 발생한 후라도 보험계약을 해지할 수 있고,** 보험자는 보험금을 지급할 책임이 없다. 또한 이미 지급한 보험금의 반환을 청구할 수 있다(상법 제655조).

④ 보험기간 중에 보험계약자 또는 피보험자가 사고발생의 위험이 현저하게 변경 또는 증가된 사실을 안 때에는 지체 없이 보험자에게 통지하여야 한다. 보험자가 위험변경증가의 통지를 받은 때에는 **1월 내에 보험료의 증액을 청구하거나 계약을 해지할 수 있다**(상법 제652조 제1항, 제2항).

40

정답 ①

해설 보험금청구권은 보험사고가 발생하기 전에는 추상적인 권리에 지나지 아니할 뿐 보험사고의 발생으로 인하여 구체적인 권리로 확정되어 그때부터 그 권리를 행사할 수 있게 되는 것이므로, **특별한 다른 사정이 없는 한 원칙적으로 보험금액청구권의 소멸시효는 보험사고가 발생한 때로부터 진행한다**고 해석해야 할 것이다(대법원 2005.12.23. 선고 2005다59383 판결).

② 채무자의 소멸시효에 기한 항변권의 행사도 우리 민법의 대원칙인 신의성실의 원칙과 권리남용금지의 원칙의 지배를 받으므로, 채무자가 시효완성 전에 채권자의 권리행사나 시효중단을 불가능 또는 현저히 곤란하게 하였거나 그러한 조치가 불필요하다고 믿게 하는 행동을 하였거나, 객관적으로 채권자가 권리를 행사할 수 없는 사실상의 장애사유가 있었거나, 일단 시효완성 후에 채무자가 시효를 원용하지 아니할 것 같은 태도를 보여 채권자로 하여금 그와 같이 신뢰하게 하였거나, 채권자를 보호할 필요성이 크고 같은 조건의 그 채권자들 중 일부가 이미 채무의 변제를 수령하는 등 채무이행의 거절을 인정함이 현저히 부당하거나 불공평하게 되는 등의 특별한 사정이 있는 경우에는, **채무자가 소멸시효의 완성을 주장하는 것이 신의성실의 원칙에 반하여 권리남용으로서 허용될 수 없다**(대법원 2016.9.30. 선고 2016다218713, 218720 판결).

③ 보증보험계약 약관에 의하면 상대방은 보험금을 청구하기에 앞서 도급계약을 해제하여야 하므로, 보험금청구권의 소멸시효는 계약자가 약정 준공기한 내에 공사를 마치지 못하여 보험사고가 발생한 때부터 진행하는 것이 아니라, **상대방이 상당한 기간 내에 도급계약을 해제하였다면 그때부터, 그렇지 않다면 도급계약을 해제할 수 있었던 상당한 기간이 경과한 때부터 진행한다**고 할 것이다(대법원 2014.7.24. 선고 2013다27978 판결).

④ 책임보험의 성질에 비추어 피보험자가 보험자에게 보험금청구권을 행사하려면 적어도 피보험자가 제3자에게 손해배상금을 지급하였거나 상법 또는 보험약관이 정하는 방법으로 피보험자의 제3자에 대한 채무가 확정되어야 할 것이고, 상법 제662조가 보험금의 청구권은 2년간 행사하지 아니하면 소멸시효가 완성한다는 취지를 규정하고 있을 뿐, 책임보험의 보험금청구권의 소멸시효의 기산점에 관하여는 상법상 아무런 규정이 없으므로, "소멸시효는 권리를 행사할 수 있는 때로부터 진행한다"고 소멸시효의 기산점에 관하여 규정한 민법 제166조 제1항에 따를 수밖에 없는 바, 약관에서 책임보험의 보험금청구권의 발생시기나 발생요건에 관하여 달리 정한 경우 등 특별한 다른 사정이 없는 한 원칙적으로 책임보험의 보험금청구권의 소멸시효는 피보험자의 제3자에 대한 법률상의 손해배상 **책임이 상법 제723조 제1항이 정하고 있는 변제, 승인, 화해 또는 재판의 방법 등에 의하여 확정됨으로써 그 보험금청구권을 행사할 수 있는 때로부터 진행된다**고 봄이 상당하다(대법원 2002.9.6. 선고 2002다30206 판결).

01	02	03	04	05	06	07	08	09	10	11	12	13	14	15	16	17	18	19	20
④	④	①	①	①	①	②	④	②	③	④	④	④	①	④	②	②	④	④	①
21	22	23	24	25	26	27	28	29	30	31	32	33	34	35	36	37	38	39	40
④	②	①	④	②	④	③	③	②	②	②	④	①	③	③	④	①	③	①	④

문제편 255p

01

정답 ④

해설 손실은 **대재해적(catastrophic)이 아니어야 한다.** 즉 보험회사가 감당하지 못할 정도로 너무 거대한 손실을 초래하지 않는 리스크(risk)이어야 한다.

02

정답 ④

해설 보험의 목적의 전부가 멸실한 경우에 **보험금액의 전부를 지급한 보험자는 그 목적에 대한 피보험자의 권리를 취득한다.** 그러나 보험가액의 일부를 보험에 붙인 경우에는 보험자가 취득할 권리는 보험금액의 보험가액에 대한 비율에 따라 이를 정한다(상법 제681조).

03

정답 ①

해설 보험회사는 다음의 어느 하나에 해당하는 계약에 대하여는 대통령령으로 정하는 바에 따라 그 준비금에 상당하는 자산의 전부 또는 일부를 그 밖의 자산과 구별하여 이용하기 위한 계정(이하 "**특별계정**"이라 한다)을 각각 설정하여 운용할 수 있다(보험업법 제108조 제1항).

1. 「소득세법」 제20조의3 제1항 제2호 각 목 외의 부분에 따른 **연금저축계좌를 설정하는 계약**
2. 「근로자퇴직급여보장법」 제29조 제2항에 따른 보험계약 및 법률 제10967호 「근로자퇴직급여보장법」 전부개정법률 부칙 제2조 제1항 본문에 따른 **퇴직보험계약**
3. **변액보험계약**(보험금이 자산운용의 성과에 따라 변동하는 보험계약을 말한다)
4. 그 밖에 금융위원회가 필요하다고 인정하는 보험계약

04

정답 ①

해설 진폐에 따른 보험급여의 종류는 요양급여, 간병급여, 장례비, 직업재활급여, 진폐보상연금 및 진폐유족
연금으로 한다(산업재해보상보험법 제36조 제1항 단서).

TIP	보험급여의 종류(산업재해보상보험법 제36조 제1항)

1. 요양급여
2. 휴업급여
3. 장해급여
4. 간병급여
5. 유족급여
6. 상병(傷病)보상연금
7. 장례비
8. 직업재활급여

05

정답 ①

해설 초과손해액재보험(XOL)은 출재사가 미리 정해진 일정 손해액까지만 책임을 부담하고, 이를 초과하는
부분은 재보험사가 부담하는 계약으로, **과거 손해경험을 토대로 원가(burning cost)를 계산**하여 재보험요
율을 산정한다. burning cost rating 방식은 비교적 재보험금 회수빈도가 높은 초과손해액재보험(XOL)
재보험료 산정에 이용되는 방식으로, 전년도의 사고경력을 토대로 일정기간 동안 해당 초과손해액재보
험(XOL)의 과거 회수재보험금 총액을 동일한 기간 중의 재보험총보험료(GNPI ; gross net premium
income)로 나눈 숫자를 구한 다음, 이 숫자에 일정한 안전할증을 부과하여 재보험요율을 결정한다.

② exposure rating 방식은 재보험금 회수빈도가 낮지만 비교적 1회의 사고로 손해액 규모가 큰 초과손
해액재보험(XOL) 요율산정에서 사용한다.

③ retrospective rating 방식은 출재사가 지급하는 재보험료를 계약기간이 종료된 후 궁극적인 손해율
에 따라서 소급하여 결정하는 방식이다.

④ simulation rating 방식은 경험데이터의 평균과 분산을 가지고 개별 보험사고간 종속성으로 인한
불확실성 리스크를 반영한 총손해액 분포를 가정된 확률분포에 따라 근사시키는 방법이다.

06

정답 ①

해설 상해사고의 요건은 급격하고도 우연한 외래의 사고에 의한 피보험자의 신체손상이라고 본다. 즉, 상해사고의 요건은 **우연성·외래성·급격성**을 요한다.

07

정답 ②

해설 제조업자는 제조물의 결함으로 생명·신체 또는 재산에 손해(그 제조물에 대하여만 발생한 손해는 제외한다)를 입은 자에게 그 손해를 배상하여야 한다. 제조업자가 제조물의 결함을 알면서도 그 결함에 대하여 필요한 조치를 취하지 아니한 결과로 생명 또는 신체에 중대한 손해를 입은 자가 있는 경우에는 그 자에게 발생한 손해의 **3배를 넘지 아니하는 범위**에서 배상책임을 진다(제조물책임법 제3조 제1항, 제2항).

08

정답 ④

해설 보험나이는 계약일 현재 피보험자의 실제 만 나이를 기준으로 6개월 미만의 끝수는 버리고 6개월 이상의 끝수는 1년으로 하여 계산하며, 이후 매년 계약 해당 일에 나이가 증가하는 것으로 한다.

> 2020년 4월 13일 − 1999년 10월 2일 = 20년 6월 11일 = 21년

09

정답 ②

해설 특례지급(without prejudice settlement)은 보험자와 피보험자의 의견이 상반되어 중재로도 원만한 해결이 이루어지지 않는다면 소송이 제기될 수도 있으므로, '여타 보험에 영향을 미침이 없이'라는 조건으로 앞으로는 그와 유사한 클레임을 제기하지 않겠다는 약속하에 손해액의 전부 혹은 일부를 지급하는 방식이다. ⇒ **'부제소합의'**

① 특혜지불(ex-gratia payment) 또는 '특혜지급'은 보험자가 법적 보상책임이 없는 손해에 대한 보험금을 지급하는 것을 말한다. 이는 중요한 고객에게 신용과 후의의 징표로서 행하는 것이다.
③ 타협정산(compromised settlement) 또는 '타협지급'은 손해가 발생한 경우 손해의 원인, 성질, 비율 또는 손해액 등에 관해서 보험자와 피보험자의 의견이 다를 때 쌍방이 서로 타협하여 보험금 지급액을 결정하는 것을 말한다.
④ 대부금 형식의 보상(loan form payment)은 보험사고로 인한 손해에 대해 보험회사의 지급은 보험금 지급이 아니라, 무이자의 대부금형식으로 지급되는 것을 말한다.

10

정답 ③

해설 피보험자의 보험금청구권과 피해자의 직접청구권이 경합하는 경우에는 **피해자(제3자)의 보험금청구권이 우선한다.** 즉 상법 제724조 제1항은, 피보험자가 상법 제723조 제1항, 제2항의 규정에 의하여 보험자에 대하여 갖는 보험금청구권과 제3자(피해자)가 상법 제724조 제2항의 규정에 의하여 보험자에 대하여 갖는 직접청구권의 관계에 관하여, 제3자의 직접청구권이 피보험자의 보험금청구권에 우선한다는 것을 선언하는 규정이다(대법원 2014.9.25. 선고 2014다207672 판결).

11

정답 ④

해설 묵시담보(implied warranty)란 해상보험에서 보험증권에 명시하지 않고 묵시적으로 보증하는 담보를 말하며, ⓑ **적법담보(warranty of legality)**와 ⓔ **감항담보(warranty of seaworthiness)**가 있다.
적법담보는 피보험자가 지배할 수 없는 경우를 제외하고는 모든 해상사업이 합법적이어야 한다는 것을 묵시적으로 담보하는 것이고, 감항담보는 선박이 특정 항해를 완수할 수 있을 정도로 능력을 갖춘 상태, 즉 감항성이 있어야 한다는 묵시적 담보이다.

TIP 명시담보(express warranties)

- **안전담보(warranty of good safety)** : 보험자는 특정일 이전에 발생된 일체의 손해에 대한 책임을 면하기 위하여 선박이 특정일에 무사 또는 안전(물리적 안전의 상태)하다는 담보, 즉 특정 시기 및 장소에서의 안전담보를 보험증권에 포함시키는 명시담보이다.
- **중립담보(warranty of neutrality)** : 선박이나 적하를 불문하고 피보험 재산이 중립 재산이라고 명시적으로 담보되는 경우에는 그 재산이 위험 기간의 개시 시점에 중립적 성질을 가져야 하고, 또 피보험자의 능력이 미치는 한 그 중립적 성질이 보험기간 중에 계속되어야 한다는 명시담보이다.
- **선비담보(disbursement warranty)** : 선비(船費)를 원래의 선박보험에 추가하여 부보할 때 선비의 보험금액을 선박보험 가입금액의 일정비율 이상을 넘지 못하도록 하는 명시담보이다. 선비담보는 선체와 기관에 대한 피보험이익 이외의 부수적인 피보험이익에 대한 부보액을 제한함으로써 피보험자가 보험료를 절감하고, 전손 사고시에 선박 가액 전부를 보상받는 불합리를 방지하고, 도박계약으로서의 보험을 사전에 방지하는데 그 목적이 있다.
- **항해담보(institute warranty)** : 기간보험의 경우 전 보험기간 또는 일정 기간, 일정한 지리적 범위 내로 선박운항을 제한하거나 일정한 항해 또는 해역을 제외시키는 명시담보이다.

12

정답 ④

해설 공동해손은 항해 중인 선박과 화물이 위태로운 상황에서 벗어날 목적으로 선장의 지시하에 의도적으로 희생이나 비용을 발생시킨 해손을 말한다. 즉 희생이나 비용은 **통상적(ordinary)인 것이 아니라 비정상적 (extraordinary)이어야 하고,** 합리적(reasonable) 행위에 의해 발생한 것이어야 한다.

13

정답 ④

해설 ⓐ 영미법상 일반손해(general damage)는 가동능력의 상실이나 위자료와 같이 정확한 계산이 불가능하고 추측이 불가피한 손해를 의미하며, 우리 민법상의 '정신적 손해'를 뜻한다.

〈자료출처〉 영미 불법행위법상의 예견가능성 법리, 이우영 저, 서울대학교

ⓑ 영미법상 특별손해(special damage)는 정확한 계산이 가능한 적극적 손해를 의미하며, 우리 민법상의 '통상손해'를 뜻한다. 〈자료출처〉 불법행위에 따른 손해배상책임의 공평한 조정에 관한 연구, 박동진 저, 연세대학교

ⓒ 징벌적 손해(punitive damages)는 피해자가 가해자의 '고의 또는 그것에 가까운 악의'에 의해 피해를 입은 경우, 그러한 행위가 재발하지 않도록 실제 손해액과는 관계없이 고액의 배상금을 가해자에게 부과하는 제도를 말한다.

> **TIP** 우리 민법상 통상손해와 특별손해
>
> 민법 제393조 제1항은 "채무불이행으로 인한 손해배상은 통상의 손해를 그 한도로 한다"고 규정하고 있고, 제2항은 "특별한 사정으로 인한 손해는 채무자가 이를 알았거나 알 수 있었을 때에 한하여 배상의 책임이 있다"고 규정하고 있다. 제1항의 통상손해는 특별한 사정이 없는 한 그 종류의 채무불이행이 있으면 사회일반의 거래관념 또는 사회일반의 경험칙에 비추어 통상 발생하는 것으로 생각되는 범위의 손해를 말하고, 제2항의 특별한 사정으로 인한 손해는 당사자들의 개별적, 구체적 사정에 따른 손해를 말한다(대법원 2014.2.27. 선고 2013다66904 판결). 특별손해 배상책임에 대한 요건으로서 채무자의 예견가능성은 채권성립시가 아니라 채무불이행시를 기준으로 판단하고(대법원 1985.9.10. 선고 84다카1532 판결), 그 예견 대상이 되는 것은 그와 같은 특별한 사정의 존재만이고, 그러한 사정에 의하여 발생한 손해의 액수까지 알았거나 알 수 있어야 하는 것은 아니다(대법원 2002.10.25. 선고 2002다23598 판결).

14

정답 ①

해설 의사(doctors)배상책임보험은 **비행배상책임보험(Malpractice Liability Insurance)**으로 사람의 신체에 관한 전문직 위험을 담보한다.

공인회계사(certifide public accountants)배상책임보험, 신탁자(fiduciaries)배상책임보험, 정보처리업자(data processors)배상책임보험은 **하자배상책임보험(Errors & Omissions Liability Insurance)**으로 신체 이외의 경제적 손해를 담보한다.

15

정답 ④

해설 출재보험사(A)가 보험가입금액이 US\$ 5,000인 물건을 인수하였을 때 보유(retention)금액이 US\$ 500(1Line)이므로, 수재보험사의 보유금액은 US\$ 4,500이다.

손실규모가 US\$ 3,000인 보험사고가 발생하였으므로,

출재보험사(A)의 책임액 = US\$ 3,000 × (US\$ 500 ÷ US\$ 5,000) = US\$ 300

수재보험사의 책임액 = US\$ 3,000 × (US\$ 4,500 ÷ US\$ 5,000) = US\$ 2,700

따라서, 출재보험사(A)가 수재보험사로부터 받을 재보험회수금액 = **US\$ 2,700**

16

정답 ②

해설 리스크를 관리하는 방법
- **리스크통제기법**(risk control technique) : 회피(차단), 제거(예방, 경감), **분산(분리)**, 결합(합병), 제한 (이전)
- **리스크재무기법**(risk financing technique) : 보유(기업의 불특정 재산을 담보로 하는 부담), 준비(준비 금설정, 자가보험), 전가(보험, 공제, 기금), 헤징(hedging)

17

정답 ②

해설 ⓐ **수지상등의 원칙** : 보험계약자가 납입하는 보험료 총액과 보험회사가 지급하는 보험금 및 경비의 총액이 같도록 보험료를 책정하는 원칙으로 보험경영상의 중요한 원칙에 해당한다.

ⓑ **피보험이익의 원칙** : 피보험이익이란 보험목적물에 손해가 발생하였을 때 피보험자가 갖는 경제적 이해관계를 말한다. 상법 제668조에서는 피보험이익을 "보험계약의 목적"이라고 하여 금전적으로 산정할 수 있는 이익으로 한정하고 있다. 피보험이익의 기능은 보험자의 책임범위의 결정하고, 실손 보상의 원칙을 실현(도박화, **도덕적 위태의 방지**)하는데 있다.

ⓒ **대위의 원칙** : 보험자대위는 "보험자가 보험금을 지급 후 피보험자 또는 보험계약자가 보험의 목적 또는 제3자에 대하여 가지는 법률상의 권리를 취득하는 것(상법 제681조, 제682조)"을 의미하며, 손해보험에서 인정한다. 보험자대위를 보험계약에서 인정하는 이유는 손해보험의 이득금지 원칙의 적용으로 보험자로부터 보험금을 수령한 피보험자가 다시 잔존물을 취득하거나 제3자로부터 손해배 상을 받아 사고로 오히려 이득을 보는 것을 방지함으로써 **도덕적 위태를 예방**하는데 있다.

ⓓ **위험보편의 원칙** : 선행위험이 면책위험이 아니고, 선행위험이나 후행위험 중 하나만 담보위험이면 이로 인한 손해는 모두 보상한다는 원칙이다.

18

정답 ④

해설 사고발생기준(occurrence basis) 배상책임보험은 보험기간 중에 발생한 사고를 기준으로 보험자의 보 상책임을 정하는 방식이다. 보험사고가 보험기간에 발생하면 보험기간이 종료한 후에 손해배상 청구를 하였더라도 보험금청구권이 소멸되지 않는 한 보험자는 보험금 지급책임을 진다. 화재보험, 해상보험, 자동차손해배상책임보험 등에 적합한 방식이라 할 수 있다. 사고발생기준 배상책임보험은 사고발생 시점이 언제인지 확정하기 어려운 단점을 가지고 있다. **보험급부 여부를 결정할 때 보험사고를 둘러 싼 분쟁을 줄일 수 있는 것은 배상청구기준 배상책임보험이다.** 즉 배상청구기준 배상책임보험은 사건발생기준 배상책임보험에서 문제가 되었던 사고발생 시점의 확인상의 어려움을 제거하기 위해 피보험자에게 제 기된 최초의 손해배상청구 시점을 보험사고의 성립 시점으로 해석함에 따라 피보험자와 보험자 양자에 게 보험사고를 확인하는 것이 용이해지고, 보험급부의 여부를 결정할 때의 보험사고의 파악을 둘러 싼 분쟁을 회피할 수 있다.

19

정답 ④

해설 균등액분담조항방식의 경우, 우선 3건의 보험계약 중 가장 낮은 보상한도액 내에서 균등하게 분담하고, 총손해액이 충당되지 못할 경우 그 다음 낮은 보상한도액 내에서 균등하게 분담한다.

즉 3건의 보험계약 중 가장 낮은 C 보험회사의 3,000만원을 A, B 보험회사와 1차로 균등분담하면, 총손해액 1억 2,000만원 중 9,000만원이 충당되고, 3,000만원이 남게 된다.

남은 3,000만원은 우선 B 보험회사가 1,000만원, A 보험회사가 1,000만원 균등분담한다.

최종적으로 남은 1,000만원은 A 보험회사가 부담한다.

- C 보험회사 = 3,000만원
- B 보험회사 = 3,000만원 + 1,000만원 = 4,000만원
- A 보험회사 = 3,000만원 + 1,000만원 + 1,000만원 = 5,000만원

구 분	A	B	C
1차 분담액	3,000만원	3,000만원	3,000만원
2차 분담액	1,000만원	1,000만원	–
3차 분담액	1,000만원	–	–
합 계	**5,000만원**	**4,000만원**	**3,000만원**
	1억 2,000만원		

20

정답 ①

해설 공장화재보험을 가입한 경우 보험가입금액이 보험가액보다 작을 때에는 화재사고 당시 보험가액을 기준으로 보험가입금액 한도 내에서 비례보상한다.

$$지급보험금 = 손해액 \times \frac{보험가입금액}{보험가액} = 8억원 \times \frac{18억원}{30억원} = \textbf{4억 8,000만원}$$

> **TIP** 공장화재보험의 지급보험금
>
> 1. **보험가입금액이 보험가액과 같거나 클 때** : 보험가입금액이 보험가액과 같을 때에는 보험가입금액을 한도로 손해액 전액을 보상한다. 그러나 보험가입금액이 보험가액보다 클 때에는 보험가액을 한도로 보상한다.
> 2. **보험가입금액이 보험가액보나 삭을 때** : 보험가입금액을 한도로 보상한다.
>
> $$지급보험금 = 손해액 \times \frac{보험가입금액}{보험가액}$$

21

정답 ④

해설 IBNR(incurred but not reported)준비금

보험사고가 이미 발생하였으나, 아직 보험회사에 보고되지 아니한 손해에 대하여 보험회사가 미래에 청구될 보험금 지급에 충당하기 위하여 적립하는 준비금으로 '기발생 미보고손해액'이라고도 한다. 기발생 미보고손해액(IBNR)을 적립하지 않으면 ①, ②, ③ 외에 **보험회사의 주주배당가능이익이 증가한다.**

22

정답 ②

해설 경과손해율은 '경과보험료'에 대한 '발생손해액(보험금)'의 비율이다.

- 발생손해액 = 지급보험금 + 지급준비금 + 기발생 미보고손해액(IBNR) − 지급준비금 환입
- 경과보험료 = 수입보험료 + 전기이월 미경과보험료 − 차기이월 미경과보험료

- 경과손해율(%) = $\dfrac{발생손해액}{경과보험료} \times 100$

$$= \frac{(5,000만원 + 2,000만원 + 600만원 - 200만원)}{(9,000만원 + 5,000만원 - 4,000만원)} \times 100 = \mathbf{74\%}$$

23

정답 ①

해설 **손익상계**

채무불이행이나 **불법행위** 등으로 인하여 손해를 입은 채권자 또는 피해자 등이 동일한 원인에 의하여 이익을 얻은 경우에는 **공평의 관념상 그 이익은 손해배상액을 산정함에 있어서 공제되어야 하고**, 이와 같이 손해배상액의 산정에 있어 손익상계가 허용되기 위해서는 손해배상책임의 원인이 되는 행위로 인하여 피해자가 새로운 이득을 얻었고, 그 이득과 손해배상책임의 원인인 행위 사이에 상당인과관계가 있어야 한다(대법원 2013.9.26. 선고 2011다42348 판결).

즉 손익상계란 손해배상청구권자가 손해를 발생시킨 동일한 원인에 의하여 이익도 얻은 때에는 손해로부터 그 이익을 공제한 잔액을 배상할 손해로 하는 것을 의미한다.

24

정답 ②

해설 손해액 확인은 **검정업무(survey)**에 해당한다.

정산업무(adjustment)는 보험금 결정 과정으로 보험금 지급방법 결정, 보험자 지급책임액 결정, 제3자에 대한 구상권 행사를 포함한다.

25

정답 ④

해설 프랜차이즈 공제는 손해액이 설정된 공제액을 초과하는 경우에 그 손해액 전부를 보상하는 공제이다. 5% 프랜차이즈 공제이므로 설정된 공제액은 5억원이다. 보험사고로 8억원의 손실이 발생했으므로 보험금으로 8억원을 전액 보상한다.

26

정답 ④

해설 보험금 과잉 청구는 손실발생의 크기와 보험금청구 규모를 부풀리고, 경제적 외부효과를 형성하여 **사회적 비용을 증가**(역기능)시킨다.

27

정답 ③

해설 보험공제는 사고가 발생한 경우 손해액의 일정부분을 피보험자가 부담하는 것을 말한다. **일반적으로 재산보험과 자동차보험 등에 적용되고, 생명보험에는 적용되지 않는다.** 그 이유는 계약자의 사망이 언제나 전손이므로 보험공제 조항의 설치목적에 부합하지 않기 때문이다.

28

정답 ③

해설 **운명추종조항(follow the fortunes clause)**은 보험사고 처리와 관련하여 출재사(원보험자)가 선의로 행동하였고, 그 손실이 재보험계약상 담보범위 내에 있는 이상 재보험자는 특별한 이의 없이 보상하여야 하는 조항이다.

① **중재조항(arbitration clause)** : 계약 쌍방이 분쟁을 소송대신 중재에 회부할 것을 동의하는 재보험증권상의 조항이다.
② **클레임협조조항(claim co-operation clause)** : 출재사(원보험자)가 재보험자에게 원부험계약상 보험청구나 사고처리와 관련된 정보를 제공하고, 클레임(claim) 처리와 관련하여 상호 협조할 의무가 있다는 조항이다.
④ **통지조항(notification clause)** : 계약 당사자간의 각종 통지에 관련된 약정을 위한 조항이다.

29

정답 ②

해설 보험의 목적은 특정되거나 개별화되어 있는 물건이어야 한다. 이때의 물건에는 동산·부동산뿐 아니라 유가증권, 채권 기타의 무체재산권도 포함된다. 물건이더라도 특정되지 않은 집합물을 일괄하여 보험에 붙인 집합보험에서 그 물건의 일부를 양도한 경우에는 그에 관한 보험계약상의 권리와 의무는 이전되지 않는다.

30

정답 ②

해설 도덕적 위태란 보험제도를 **부정적으로 악용**하거나, **보험금 사기의 목적**으로 손실의 발생을 고의적으로 증가시키는 심리상태나 태도를 말한다.
ⓑ 무관심과 ⓒ 부주의는 '**정신적 위태**'를 유발하는 원인이다.

31

정답 ②

해설 **기대효용**

$$E(U) = (0.2 \times \sqrt{120-20-0}) + (0.3 \times \sqrt{120-20-10+10}) + (0.5 \times \sqrt{120-20-20+20})$$
$$= \sqrt{100} = 10$$

32

정답 ④

해설 우리 상법은 보험계약이 성립한 때 지체 없이 보험증권을 작성·교부토록 하고 있다(상법 제640조 제1항). 그러나 보험계약자가 **보험료의 전부 또는 최초의 보험료를 지급하지 않은 때에는 그러하지 아니한다**(상법 제640조 제1항 단서)고 하여 보험계약의 성립 여부와 내용에 관한 분쟁을 미리 방지하고 있다.

33

정답 ①

해설 경성시장(hard market)은 보험공급의 위축이 주기적으로 오면서 보험시장에서 보험구입이 어려워지는 시장(보험공급 감소, 보험가격 상승)을 말한다.
대재해 이후 **재보험 수요에 비해 재보험사의 담보력이 부족하면 재보험 인수기준 강화되고 재보험요율이 높아지는 등** 재보험시장 환경이 경성시장(hard market)화 되는 경향이 있다.

34

정답 ③

해설 사이드카(sidecar)는 대재해채권(CAT bond)과 같은 보험연계증권의 한 형태로 전통적 재보험과 유사하다. **초과손해액담보(excess of loss cover) 위주로 하는 대재해채권(CAT bond)과 달리 비례재보험특약(quota share treaty) 방식으로 거래**하며, 최소한의 서류 작업과 관리 비용으로 운영하기 용이하다. 보험회사는 사이드카를 통해 상대적으로 낮은 비용을 들여 인수능력을 확대하거나 다른 사업을 위한 레버리지를 달성할 수 있다. 또한 재보험회사는 경쟁자와 언더라이팅 정보를 공유하지 않아도 되기 때문에 재재보험보다는 사이드카를 선호한다. 투자자 관점에서 사이드카는 진입 및 퇴출이 비교적 쉽기 때문에 기존 재보험회사에 투자하거나 재보험회사를 설립하는 것보다 더 유연한 투자수단이다.

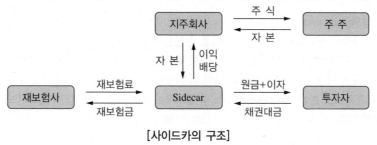

[사이드카의 구조]

35

정답 ③

해설 구 보험증권인 로이즈보험증권(Lloyd's S.G. Policy) 본문에서는 "멸실 여부를 불문함(lost or not lost clause)"이라는 소급보험조항을 규정하고 있다.

소급보험조항이 도입된 취지는 통신수단이 발달하지 못한 과거에는 화물의 손해발생사실을 알지 못한 상태에서 매도인 또는 매수인이 보험계약을 체결하는 경우가 많았고, 손해발생시점이 언제인지를 정확히 알아내기도 쉽지 않았기 때문이다. 따라서 소급보험조항이 규정된 해상보험계약이 체결되면 피보험자는 피보험이익의 취득이전에 발생된 화물손해뿐만 아니라 보험계약 체결 이전에 발생된 화물손해에 대하여 보험자로부터 보상받을 수 있다. 다만, 보험계약 체결시 피보험자가 손해발생의 사실을 알고, 보험자가 몰랐을 경우에는 그러하지 아니하다.

① **보험이익불공여조항(not to inure clause)** : 보험은 운송인 기타의 수탁지(bailee)를 이롭게 하기 위하여 이용되어서는 안 된다는 조항이다.

② **약인조항(consideration clause)** : 피보험자가 약정한 보험료를 보험자에게 지급함으로써 보험자는 보험증권에 규정된 범위와 방법에 따라 보험목적물의 물적손해, 책임, 비용을 보상할 것에 합의한다는 조항이다.

④ **포기조항(waiver clause)** : 보험목적물을 구조, 보호 또는 회복하기 위한 피보험자 또는 보험자의 조치는 위부의 포기 또는 승낙으로 간주되지 아니하며, 또한 각 당사자의 권리를 침해하지도 아니한다는 조항이다.

36

정답 ④

해설 금융재보험은 기발생 또는 미발생보험사고에 대해 **일정기간(통상 3년에서 10년의 장기계약)을 보험기간으로 하는 재보험계약**으로, 장래 재보험금 지급의무에서 재보험료의 투자수익을 할인한 금액, 즉 장래 지급할 재보험금의 현재가치를 재보험료 산출의 기준으로 한다.

37

정답 ①

해설 기업휴지보험(business interruption insurance)은 대표적 간접손실보험으로서 화재 또는 기타 손인에 의하여 사업이 중단되어 발생하는 사업적 손실을 보상하는 보험이다. 사고 후 복구완료시점까지의 영업손실을 보상하여 줌으로써 기업활동을 차질 없이 수행하는데 기여하기 위한 보험이다.
간접손실보험은 시간적 요소가 개입되는지의 여부에 따라 구분할 수 있는데 보상기간, 혹은 주당, 월간, 연간 등 **시간적 요소 손실(time element loss)을 담보하는 보험으로는 일반적인 기업휴지보험과 우발적 기업휴지보험 등이 있고**, 시간적 요소와 관계없는 간접손해를 보상하는 보험으로는 이익보험, 외상매출금보험, 기후(날씨)보험 등이 있다.

38

정답 ③

해설 **수기문언 우선의 원칙**
보험증권의 해석에 있어서 손으로 쓴 문언이 인쇄문언 및 그 밖의 형식으로 된 문언보다 가장 우선하여 적용된다는 원칙이다.

> 수기문언 > 타자문언 > 스탬프문언 > 인쇄문언

39

정답 ①

해설 원보험자는 출재 여부를 임의로 정할 수 있으나, **재보험자는 의무적으로 수재해야 한다.**

40

정답 ④

해설 **순수리스크(pure risk)**는 이익의 발생 가능성 없이 손해만을 발생시키는 리스크를 말한다. 화재, 낙뢰, 홍수, 지진, 폭발, 대기오염(황사), 지구온난화 등으로 인한 재산손실이나 사망, 불구, 부상 등의 인적손실을 예로 들 수 있다.
'환율 급변동에 따른 투자 리스크'는 **투기 리스크(speculative risk)**에 해당한다.

2021년 제44회

손해사정사 1차 시험문제
정답 및 해설

⊘ 정답 CHECK

01	02	03	04	05	06	07	08	09	10	11	12	13	14	15	16	17	18	19	20
②	④	③	①	②	④	④	②	④	③	③	②	③,④	②	④	②	②	④	①	②
21	22	23	24	25	26	27	28	29	30	31	32	33	34	35	36	37	38	39	40
①	④	④	③	④	④	①	③	②	④	①	①	②	①	④	②	③	①	④	①

문제편 270p

01

정답 ②

해설 "외국보험회사"란 대한민국 이외의 국가의 법령에 따라 설립되어 대한민국 이외의 국가에서 보험업을 경영하는 자를 말한다(보험업법 제2조 제8호).

① 보험업법 제2조 제3호
③ 보험업법 제2조 제12호
④ 보험업법 제2조 제13호

02

정답 ④

해설 보험회사가 아닌 자와 보험계약을 체결할 수 있는 경우(보험업법 시행령 제7조 제1항)
1. 외국보험회사와 생명보험계약, 수출적하보험계약, 수입적하보험계약, 항공보험계약, 여행보험계약, 선박보험계약, 장기상해보험계약 또는 재보험계약을 체결하는 경우
2. 제1호 외의 경우로서 대한민국에서 취급되는 보험종목에 관하여 셋 이상의 보험회사로부터 가입이 거절되어 외국보험회사와 보험계약을 체결하는 경우
3. 대한민국에서 취급되지 아니하는 보험종목에 관하여 외국보험회사와 보험계약을 체결하는 경우
4. 외국에서 보험계약을 체결하고, 보험기간이 지나기 전에 대한민국에서 그 계약을 지속시키는 경우
5. 제1호부터 제4호까지 외에 보험회사와 보험계약을 체결하기 곤란한 경우로서 금융위원회의 승인을 받은 경우

03

정답 ③

해설 **제3보험업의 보험종목(보험업법 제4조 제1항 제3호)**

1. 상해보험
2. 질병보험
3. 간병보험
4. 그 밖에 대통령령으로 정하는 보험종목

04

정답 ①

해설 **허가신청서 등의 제출(보험업법 제5조)** 〈2022.12.31. 개정〉

보험업의 허가를 받으려는 자는 신청서에 다음 각 호의 서류를 첨부하여 금융위원회에 제출하여야 한다. 다만, 보험회사가 취급하는 보험종목을 추가하려는 경우에는 **정관은 제출하지 아니할 수 있다.**

1. 정관
2. 업무 시작 후 3년간의 사업계획서(추정재무제표를 포함한다)
3. 경영하려는 보험업의 보험종목별 사업방법서, 보험약관, 보험료 및 해약환급금의 산출방법서(이하 "기초서류"라 한다) 중 대통령령으로 정하는 서류
4. 제1호부터 제3호까지의 규정에 따른 서류 이외에 대통령령으로 정하는 서류

05

정답 ②

해설 예비허가의 신청을 받은 금융위원회는 **2개월 이내**에 심사하여 예비허가 여부를 **통지하여야 한다.** 다만, 총리령으로 정하는 바에 따라 그 기간을 연장할 수 있다(보험업법 제7조 제2항).

① 보험업법 제7조 제1항
③ 보험업법 제7조 제3항
④ 보험업법 제7조 제4항

06

정답 ④

해설 **책임보험** : 100억원(보험업법 시행령 제12조 제1항 제8호)

07

정답 ④

해설 **겸영 가능 보험종목(보험업법 제10조, 동법 시행령 제15조 제1항)**

보험회사는 생명보험업과 손해보험업을 겸영(兼營)하지 못한다. 다만, 다음 각 호의 어느 하나에 해당하는 보험종목은 그러하지 아니하다.

1. **생명보험의 재보험 및 제3보험의 재보험**
2. 다른 법령에 따라 겸영할 수 있는 보험종목으로서 대통령령으로 정하는 보험종목
   - 「소득세법」 제20조의3 제1항 제2호 각 목 외의 부분에 따른 연금저축계좌를 설정하는 계약
   - 「근로자퇴직급여보장법」 제29조 제2항에 따른 보험계약 및 법률 제10967호 「근로자퇴직급여보장법」 전부개정법률 부칙 제2조 제1항 본문에 따른 퇴직보험계약
3. 대통령령으로 정하는 기준에 따라 제3보험의 보험종목에 부가되는 보험

08

정답 ②

해설 **보험회사가 수행할 수 있는 금융업무(보험업법 제11조 제1호, 동법 시행령 제16조 제1항)**

1. 「자산유동화에 관한 법률」에 따른 유동화자산의 관리업무
2. 「주택저당채권 유동화회사법」에 따른 유동화자산의 관리업무 〈2023.5.16. 삭제〉
3. 「한국주택금융공사법」에 따른 채권유동화자산의 관리업무
4. 「전자금융거래법」 제28조 제2항 제1호에 따른 전자자금이체업무(같은 법 제2조 제6호에 따른 결제중계시스템의 참가기관으로서 하는 전자자금이체업무와 보험회사의 전자자금이체업무에 따른 자금정산 및 결제를 위하여 결제중계시스템에 참가하는 기관을 거치는 방식의 전자자금이체업무는 제외한다)
5. 「신용정보의 이용 및 보호에 관한 법률」에 따른 본인 신용정보관리업

09

정답 ④

해설 금융위원회는 보험회사가 하는 부수업무가 다음 각 호의 어느 하나에 해당하면 그 부수업무를 하는 것을 제한하거나 시정할 것을 명할 수 있다(보험업법 제11조의2 제3항).

1. 보험회사의 경영건전성을 해치는 경우
2. 보험계약자 보호에 지장을 가져오는 경우
3. 금융시장의 안정성을 해치는 경우

10

정답 ③

해설 가. 보험회사인 주식회사가 자본감소를 결의한 경우에는 그 결의를 한 날부터 (2)주 이내에 결의의 요지와 **재무상태표**를 공고하여야 한다(보험업법 제18조 제1항).

나. 주식회사는 그 조직을 변경하여 (**상호회사**)로 변경할 수 있다(보험업법 제20조 제1항).

다. 주식회사는 조직변경을 결의할 때 (**보험계약자**) 총회를 갈음하는 기관에 관한 사항을 정할 수 있다 (보험업법 제25조 제1항).

라. 주식회사의 조직변경은 (**주주총회**)의 결의를 거쳐야 한다(보험업법 제21조 제1항).

11

정답 ③

해설 상호회사의 기금은 금전 이외의 자산으로 **납입하지 못한다**(보험업법 제36조 제1항).

① 보험업법 제34조
② 보험업법 제35조
④ 보험업법 제37조

12

정답 ②

해설 가. 상호회사의 발기인은 상호회사의 기금이 납입이 끝나고 사원의 수가 예정된 수가 되면 그 날부터 (7)일 이내에 창립총회를 소집하여야 한다(보험업법 제39조 제1항).

나. 창립총회는 사원 과반수의 출석과 그 의결권의 (**4분의 3**) 이상의 찬성으로 결의한다(보험업법 제39 조 제2항).

다. 상호회사의 설립등기는 창립총회가 끝난 날부터 (2)주 이내에 하여야 한다(보험업법 제40조 제1항).

13

정답 ③, ④

해설 ③ 상호회사의 100분의 5 이상의 사원은 **회의의 목적**과 그 소집의 이유를 적은 서면을 이사에게 제출하여 사원총회의 소집을 청구할 수 있다. 다만, 이 권리의 행사에 관하여는 정관으로 다른 기준을 정할 수 있다(보험업법 제56조 제1항).

④ 상호회사의 사원과 채권자는 **영업시간 중에는 언제든지** 정관과 사원총회 및 이사회의 의사록을 열람하거나 복사할 수 있고, 회사가 정한 비용을 내면 그 등본 또는 초본의 발급을 청구할 수 있다(보험업법 제57조 제2항).

① 보험업법 제54조 제1항
② 보험업법 제55조

14

정답 ②

해설 보험회사의 임원 중 **대표이사 · 사외이사 · 감사 및 감사위원**은 모집할 수 없다(보험업법 제83조 제1항 제4호).

15

정답 ④

해설 **보험설계사의 모집 제한의 예외사항(보험업법 제85조 제3항)**

1. 생명보험회사 또는 제3보험업을 전업(專業)으로 하는 보험회사에 소속된 보험설계사가 1개의 손해보험회사를 위하여 모집을 하는 경우
2. 손해보험회사 또는 제3보험업을 전업으로 하는 보험회사에 소속된 보험설계사가 1개의 생명보험회사를 위하여 모집을 하는 경우
3. 생명보험회사나 손해보험회사에 소속된 보험설계사가 1개의 제3보험업을 전업으로 하는 보험회사를 위하여 모집을 하는 경우

16

정답 ②

해설 **보험대리점으로 등록이 제한되는 자(보험업법 제87조 제2항, 동법 시행령 제32조 제1항)**

다음 각 호의 어느 하나에 해당하는 자는 보험대리점이 되지 못한다.

1. 보험설계사의 결격사유(법 제84조 제2항 각 호)의 어느 하나에 해당하는 자
   ⇒ 파산선고를 받은 자로서 복권되지 아니한 자
2. 보험설계사 또는 보험중개사로 등록된 자
3. **다른 보험회사 등의 임직원**
4. 외국의 법령에 따라 제1호에 해당하는 것으로 취급되는 자
5. 그 밖에 경쟁을 실질적으로 제한하는 등 불공정한 모집행위를 할 우려가 있는 자로서 **대통령령으로 정하는 자**
   ⇒ 국가기관과 특별법에 따라 설립된 기관 및 그 기관의 퇴직자로 구성된 법인 또는 단체

17

정답 ②

해설 금융위원회는 등록을 한 보험중개사가 보험계약 체결 중개와 관련하여 보험계약자에게 입힌 손해의 배상을 보장하기 위하여 보험중개사로 하여금 **금융위원회가 지정하는** 기관에 영업보증금을 예탁하게 하거나 보험 가입, 그 밖에 필요한 조치를 하게 할 수 있다(보험업법 제89조 제3항).

① 보험업법 제89조 제2항 제5호
③ 보험업법 시행령 제37조 제1항
④ 보험업법 시행령 제34조 제1항

18

④

보험회사는 보험계약자가 체결한 계약을 해지하고자 하는 경우(**보험계약자가 계약을 해지하기 전에 안전성 및 신뢰성이 확보되는 방법을 이용하여 보험계약자 본인임을 확인받은 경우에 한정한다**) 통신수단을 이용할 수 있도록 하여야 한다(보험업법 제96조 제2항 제3호).

① 중복계약 체결 확인의무에 해당하는 보험계약은 실제 부담한 의료비만 지급하는 제3보험상품계약(실손의료보험계약)과 실제 부담한 손해액만을 지급하는 것으로서 금융감독원장이 정하는 보험상품계약(기타 손해보험계약)을 말한다(보험업법 시행령 제42조의5 제1항). **사망보험계약은 해당되지 않는다.**

② 보험회사는 보험계약의 체결시부터 보험금 지급 시까지의 주요 과정을 대통령령으로 정하는 바에 따라 **일반보험계약자에게 설명하여야 한다.** 다만, 일반보험계약자가 설명을 거부하는 경우에는 그러하지 아니하다(보험업법 제95조의2 제3항). 모든 보험계약자에게 설명할 필요가 없다.

③ 보험회사는 보험안내자료에는 보험업법 제95조 제1항에 규정된 사항을 명백하고 알기 쉽게 적어야 한다(보험업법 제95조 제1항). **보험계약에 관한 모든 사항을 기재해야 하는 것은 아니다.**

19

①

① 보험업법 제97조 제1항 제8호
② 보험계약자가 기존 보험계약 소멸 후 새로운 보험계약 체결시 손해가 발생할 가능성이 있다는 사실을 알고 있음을 자필로 서명하는 등 대통령령으로 정하는 바에 따라 본인의 의사에 따른 행위임이 명백히 증명되는 경우에는 새로운 **보험계약을 체결할 수 있다**(보험업법 제97조 제3항 제1호 단서).
③ 모집종사자 등은 실제 명의인의 동의가 있는 경우 보험계약 청약자와 **보험계약을 체결할 수 있다**(보험업법 제97조 제1항 제6호).
④ 모집종사자 등은 피보험자의 자필서명이 필요한 경우에 그 피보험자로부터 자필서명을 받지 아니하고, 서명을 대신하여 **보험계약을 체결할 수 없다**(보험업법 제97조 제1항 제7호).

20

②

특별이익의 제공 금지(보험업법 제98조, 동법 시행령 제40조)
보험계약의 체결 또는 모집에 종사하는 자는 그 체결 또는 모집과 관련하여 보험계약자나 피보험자에게 다음 각 호의 어느 하나에 해당하는 특별이익을 제공하거나 제공하기로 약속하여서는 아니 된다.

1. 금품 : 대통령령으로 정하는 금액[보험계약 체결시부터 최초 1년간 납입되는 보험료의 100분의 10과 3만원(보험계약에 따라 보장되는 위험을 감소시키는 물품의 경우에는 20만원) 중 적은 금액]을 초과하지 아니하는 금품은 제외한다. 〈2023.6.27. 개정〉
2. **기초서류에서 정한 사유에 근거하지 아니한 보험료의 할인 또는 수수료의 지급**
3. 기초서류에서 정한 보험금액보다 많은 보험금액의 지급 약속
4. 보험계약자나 피보험자를 위한 보험료의 대납
5. 보험계약자나 피보험자가 해당 보험회사로부터 받은 대출금에 대한 이자의 대납
6. 보험료로 받은 수표 또는 어음에 대한 이자 상당액의 대납
7. 「상법」 제682조에 따른 제3자에 대한 청구권 대위행사의 포기

21

정답 ①

해설 보험대리점 또는 보험중개사가 모집한 자기 또는 자기를 고용하고 있는 자를 보험계약자나 피보험자로 하는 보험의 보험료 누계액(累計額)이 그 보험대리점 또는 보험중개사가 모집한 보험의 보험료의 (100분의 50)을 초과하게 된 경우에는 그 보험대리점 또는 보험중개사는 자기 또는 자기를 고용하고 있는 자를 보험계약자 또는 피보험자로 하는 보험을 모집하는 것을 그 주된 목적으로 한 것으로 (본다)(보험업법 제101조 제2항).

보험업법문상 '~본다'는 '~간주한다'와 같은 의미이다.

> **TIP** '~추정한다'와 '~본다(간주한다)'의 의미
>
> '~추정한다'는 명확하지 않은 사실을 일단 존재하는 것으로 정하여 법률효과를 발생시키는 것을 말한다. 그러나 당사자는 반증을 들어서 그 추정을 번복시킬 수 있다. 이점에 있어서 법규상의 '~본다(간주한다)'와 다른 의미이다. 즉 '~본다(간주한다)'는 반증을 들어도 일단 발생한 법률효과는 번복되지 아니하나, 추정의 경우에는 반증에 의하여 법률효과도 번복된다.

22

정답 ④

해설 보험계약자 등의 보험민원을 접수하여 처리할 전담창구를 해당 금융기관의 **본점에 설치·운영**하여야 한다(보험업법 제100조 제2항 제4호, 동법 시행령 제48조 제2항).

① 보험업법 제100조 제2항 제2호
② 보험업법 제100조 제1항 제3호
③ 보험업법 제100조 제1항 제4호

23

정답 ④

해설 **금지 또는 제한되는 자산운용(보험업법 제105조)**

보험회사는 그 자산을 다음 각 호의 어느 하나에 해당하는 방법으로 운용하여서는 아니 된다.

1. 대통령령으로 정하는 업무용 부동산이 아닌 부동산(**저당권 등 담보권의 실행으로 취득하는 부동산은 제외한다**)의 소유
2. 설정된 특별계정을 통한 부동산의 소유
3. 상품이나 유가증권에 대한 투기를 목적으로 하는 자금의 대출
4. **직접·간접을 불문하고 해당 보험회사의 주식을 사도록 하기 위한 대출**
5. 직접·간접을 불문하고 정치자금의 대출
6. 해당 보험회사의 임직원에 대한 대출(**보험약관에 따른 대출 및 금융위원회가 정하는 소액대출은 제외한다**)
7. 자산운용의 안정성을 크게 해칠 우려가 있는 행위로서 대통령령으로 정하는 행위

24

정답 ③

해설 보험회사는 특별계정의 자산으로 취득한 주식에 대하여 의결권을 행사할 수 없다. 다만, **변액보험계약**(보험금이 자산운용의 성과에 따라 변동하는 보험계약을 말한다)의 계약에 따라 설정된 특별계정은 제외한다(보험업법 제108조 제1항 제3호, 동법 시행령 제53조 제1항).

25

정답 ④

해설 나. A가 자신이 보유하고 있는 토지를 B에게 정상가격으로 매도하는 행위는 가능하다(보험업법 시행령 제57조 제1항)

마. A가 외국에서 보험업을 경영하는 B를 설립한 지 3년이 되는 시점에 A의 무형자산을 무상으로 제공하는 행위는 가능하다(보험업법 시행령 제59조의2 단서).

> **TIP** 자회사와의 금지행위(보험업법 제116조)
>
> 보험회사는 자회사와 다음 각 호의 행위를 하여서는 아니 된다.
> 1. 자산을 대통령령으로 정하는 바에 따라 무상으로 양도하거나 일반적인 거래 조건에 비추어 해당 보험회사에 뚜렷하게 불리한 조건으로 매매·교환·신용공여 또는 재보험계약을 하는 행위(다)
> 2. 자회사가 소유하는 주식을 담보로 하는 신용공여(가) 및 자회사가 다른 회사에 출자하는 것을 지원하기 위한 신용공여(라)
> 3. 자회사 임직원에 대한 대출(보험약관에 따른 대출과 금융위원회가 정하는 소액대출은 제외한다)

26

정답 ④

해설 보험회사는 매년 **대통령령으로 정하는 날**(12월 31일)에 그 장부를 폐쇄하여야 하고, 장부를 폐쇄한 날부터 (**3개월**) 이내에 금융위원회가 정하는 바에 따라 재무제표(부속명세서를 포함한다) 및 사업보고서를 (**금융위원회**)에 제출하여야 한다(보험업법 제118조 제1항, 동법 시행령 제61조).

27

정답 ①

해설 보험대리점 또는 보험중개사가 생명보험계약의 모집과 **손해보험계약의 모집**을 겸하게 된 경우 신고사항에 해당한다(보험업법 제93조 제1항 제8호).

TIP 신고사항(보험업법 제93조 제1항)

보험설계사·보험대리점 또는 보험중개사는 다음 각 호의 어느 하나에 해당하는 경우에는 지체 없이 그 사실을 금융위원회에 신고하여야 한다.
1. 보험설계사·보험대리점 또는 보험중개사의 등록을 신청할 때 제출한 서류에 적힌 사항이 변경된 경우
2. 보험설계사의 결격사유에 해당하게 된 경우
3. 모집업무를 폐지한 경우
4. 개인의 경우에는 본인이 사망한 경우
5. 법인의 경우에는 그 법인이 해산한 경우
6. 법인이 아닌 사단 또는 재단의 경우에는 그 단체가 소멸한 경우
7. 보험대리점 또는 보험중개사가 소속 보험설계사와 보험모집에 관한 위탁을 해지한 경우
8. 보험설계사가 다른 보험회사를 위하여 모집을 한 경우나, 보험대리점 또는 보험중개사가 생명보험계약의 모집과 손해보험계약의 모집을 겸하게 된 경우

28

정답 ③

해설 위원의 임기는 **2년으로** 한다. 다만, 금융감독원 상품담당 부서장과 보험협회의 상품담당 임원 및 보험요율 산출기관의 상품담당 임원인 위원의 임기는 해당 직(職)에 재직하는 기간으로 한다(보험업법 시행령 제68조 제4항).

① 보험업법 시행령 제68조 제1항
② 보험업법 시행령 제68조 제2항
④ 보험업법 시행령 제68조 제3항 제1호

29

정답 ②

해설 보험회사는 기초서류를 작성하거나 변경하려는 경우 그 내용이 다음 각 호의 어느 하나에 해당하는 경우에 한정하여 미리 **금융위원회에 신고**하여야 한다(보험업법 제127조 제2항).
1. 법령의 제정·개정에 따라 새로운 보험상품이 도입되거나 보험상품 가입이 의무가 되는 경우
2. 보험계약자 보호 등을 위하여 대통령령으로 정하는 경우

① 보험업법 제126조
③ 보험업법 제128조 제1항
④ 보험업법 제128조의3 제1항 제1호

30

정답 ④

해설 이해도 평가의 공시주기는 **연 2회 이상**이다(보험업법 시행령 제71조의6 제3항 제3호).

① 보험업법 제128조의4 제1항
② 보험업법 시행령 제71조의6 제3항 제1호
③ 보험업법 시행령 제71조의6 제3항 제2호

31

정답 ①

해설 **보고사항(보험업법 제130조, 동법 시행령 제72조)**
보험회사는 다음 각 호의 어느 하나에 해당하는 사유가 발생한 경우에는 그 사유가 발생한 날부터 5일 이내에 금융위원회에 보고하여야 한다.
1. 상호나 명칭을 변경한 경우
2. **본점의 영업을 중지하거나 재개(再開)한 경우 (가)**
3. 최대주주가 변경된 경우
4. **대주주가 소유하고 있는 주식 총수가 의결권 있는 발행주식 총수의 100분의 1 이상만큼 변동된 경우 (나)**
5. 그 밖에 해당 보험회사의 업무 수행에 중대한 영향을 미치는 경우로서 **대통령령으로 정하는 경우**
   • 자본금 또는 기금을 증액한 경우
   • 조직변경의 결의를 한 경우
   • 법 제13장에 따른 처벌을 받은 경우
   • **조세 체납 처분을 받은 경우 또는 조세에 관한 법령을 위반하여 형벌을 받은 경우 (라)**
   • 「외국환거래법」에 따른 해외투자를 하거나 외국에 영업소, 그 밖의 사무소를 설치한 경우
   • **보험회사의 주주 또는 주주였던 자가 제기한 소송의 당사자가 된 경우 (다)**

32

정답 ①

해설 **금융위원회의 명령권(보험업법 제131조 제1항)**
금융위원회는 보험회사의 업무운영이 적정하지 아니하거나 자산상황이 불량하여 보험계약자 및 피보험자 등의 권익을 해칠 우려가 있다고 인정되는 경우에는 다음 각 호의 어느 하나에 해당하는 조치를 명할 수 있다.
1. 업무집행방법의 변경
2. **금융위원회가 지정하는 기관에의 자산 예탁**
3. **자산의 장부가격 변경**
4. **불건전한 자산에 대한 적립금의 보유**
5. 가치가 없다고 인정되는 자산의 손실처리
6. 그 밖에 대통령령으로 정하는 필요한 조치(보험계약자 보호에 필요한 사항의 공시를 명하는 것)

33

정답 ②

해설 금융위원회는 보험회사(그 소속 임직원을 포함한다)가 「보험업법」 또는 「보험업법」에 따른 규정·명령 또는 지시를 위반하여 보험회사의 건전한 경영을 해치거나 보험계약자, 피보험자, 그 밖의 이해관계인 의 권익을 침해할 우려가 있다고 인정되는 경우 등에는 금융감독원장으로 하여금 **보험회사에 대한 주의· 경고 또는 그 임직원에 대한 주의·경고·문책의 요구**의 조치를 하게 할 수 있다(보험업법 제134조 제1항 제1호).

①·③·④ 금융감독원장의 건의에 따른 금융위원회의 조치사항에 해당한다.

34

정답 ①

해설 보험회사는 **보험계약 전부의 이전** 사유로 해산한다(보험업법 제137조 제1항 제4호).

② 보험업법 제139조
③ 보험업법 제148조 제1항
④ 보험업법 제137조 제2항

35

정답 ④

해설 합병 후 존속하는 보험회사 또는 합병으로 설립되는 보험회사가 상호회사인 경우에는 합병으로 해산하 는 보험회사의 보험계약자는 그 회사에 입사하고, **주식회사인 경우에는 상호회사의 사원은 그 지위를 잃는 다**(보험업법 제154조 제1항).

36

정답 ②

해설 가. (○) 금융위원회는 보험관계자에 대한 조사실적, 처리결과 등을 공표할 수 있다(보험업법 제164조).
나. (○) 금융위원회는 해양경찰청장이 지정하는 소속 공무원 1명을 조사위원으로 위촉할 수 있다(보험 업법 시행령 제76조 제1항 제4호).
다. (×) 보험조사협의회 위원의 임기는 **3년**으로 한다(보험업법 시행령 제76조 제3항).
라. (×) 금융위원회는 관계자가 조사를 방해하거나 제출하는 자료를 거짓으로 작성하거나 그 제출을 게을리 한 경우에는 관계자가 소속된 단체의 장에게 관계자에 대한 **문책 등을 요구할 수 있다**(보험업 법 제162조 제4항).

37

정답 ③

해설 보험상품의 비교·공시 업무는 보험협회의 업무사항이다(보험업법 제175조 제3항 제2호).

TIP	보험요율산출기관의 업무(보험업법 제176조 제3항, 동법 시행령 제86조)

보험요율산출기관은 정관으로 정하는 바에 따라 다음 각 호의 업무를 한다.
1. 순보험요율의 산출·검증 및 제공
2. 보험 관련 정보의 수집·제공 및 통계의 작성
3. 보험에 대한 조사·연구
4. 설립 목적의 범위에서 정부기관, 보험회사, 그 밖의 보험 관계 단체로부터 위탁받은 업무
5. 제1호부터 제3호까지의 업무에 딸린 업무
6. 그 밖에 대통령령으로 정하는 업무
   - 보유정보의 활용을 통한 자동차사고 이력, 자동차 기준가액 및 자동차 주행거리의 정보 제공 업무
   - 자동차 제작사, 보험회사 등으로부터 수집한 사고기록정보(자동차관리법 제2조 제10호에 따른 사고기록장치에 저장된 정보를 말한다), 운행정보, 자동차의 차대번호·부품 및 사양 정보의 관리
   - 보험회사 등으로부터 제공받은 보험정보 관리를 위한 전산망 운영 업무
   - 보험수리에 관한 업무
   - 법 제120조의2 제1항에 따른 책임준비금의 적정성 검증
   - 법 제125조의 상호협정에 따라 보험회사가 공동으로 인수하는 보험계약(국내 경험통계 등의 부족으로 담보위험에 대한 보험요율을 산출할 수 없는 보험계약은 제외한다)에 대한 보험요율의 산출
   - 자동차보험 관련 차량수리비에 관한 연구
   - 법 제194조 제4항에 따라 위탁받은 업무
   - 「근로자퇴직급여보장법」 제28조 제2항에 따라 퇴직연금사업자로부터 위탁받은 업무
   - 다른 법령에서 보험요율산출기관이 할 수 있도록 정하고 있는 업무

38

정답 ①

해설 손해보험계약의 제3자 보호에 관한 규정은 법령에 따라 가입이 강제되는 손해보험계약(**자동차보험계약의 경우에는 법령에 따라 가입이 강제되지 아니하는 보험계약을 포함한다**)으로서 대통령령으로 정하는 손해보험계약에만 적용한다(보험업법 제166조).

② 보험업법 제167조 제1항
③ 보험업법 제169조 제1항
④ 보험업법 제168조 제1항

39

정답 ④

해설 보험계리업자가 되려는 자는 총리령으로 정하는 수수료를 내고 **금융위원회에 등록**하여야 한다(보험업법 제183조 제1항, 제3항).

① 보험업법 시행규칙 제44조 제2호 〈2023.6.30. 개정〉
② 보험업법 시행규칙 제44조 제3호
③ 보험업법 시행규칙 제44조 제4호

40

정답 ①

해설 가. 손해사정을 업으로 하려는 법인은 (2)명 이상의 상근 손해사정사를 두어야 한다(보험업법 시행령 제98조 제1항).

나. 금융위원회는 손해사정사 또는 손해사정업자가 그 직무를 게을리하거나 직무를 수행하면서 부적절한 행위를 하였다고 인정되는 경우에는 (6)개월 이내의 기간을 정하여 업무의 정지를 명하거나 해임하게 할 수 있다(보험업법 제192조 제1항).

다. 손해사정업자는 등록일부터 (1)개월 내에 업무를 시작하여야 한다. 다만, 불가피한 사유가 있다고 금융위원회가 인정하는 경우에는 그 기간을 연장할 수 있다(보험업법 시행령 제98조 제6항).

01	02	03	04	05	06	07	08	09	10	11	12	13	14	15	16	17	18	19	20
②	③	④	④	③	③	③	①	④	①	④	③	③	③	②	④	③	③	②	④
21	22	23	24	25	26	27	28	29	30	31	32	33	34	35	36	37	38	39	40
②	④	③	③	③	④	④	④	③	④	②	②	②	④	④	④	①	④	①	③

문제편 284p

01

정답 ②

해설 보험자는 청약과 함께 보험료의 일부 또는 전부를 받은 때에는 다른 약정이 없으면 30일 이내에 그 청약의 승낙 여부를 통지해야 하며, 통지를 하지 않고 30일이 경과하면 승낙한 것으로 간주한다. 즉 '~추정한다.'가 아니라 '~간주한다.'가 옳은 표현이다.

① 보험계약은 낙성·불요식 계약으로 보험계약자의 청약과 보험자의 승낙이 있으면 성립하고, 특별한 방식을 필요로 하지 않는다(상법 제638조의2). 따라서 보험료의 선지급이 없어도 보험계약은 유효하게 성립된다. 즉, 최초의 보험료 지급은 보험자의 책임이 개시되는 시기를 정한 것이고, 보험계약의 성립과는 관계없다.
③ 상법 제638조의2 제1항
④ 상법 제656조

02

정답 ③

해설 약관에 정하여진 사항이라고 하더라도 거래상 일반적이고 공통된 것이어서 고객이 별도의 설명 없이도 충분히 예상할 수 있었던 사항이거나 이미 법령에 의하여 정하여진 것을 되풀이하거나 부연하는 정도에 불과한 사항이라면, 그러한 사항에 대하여서까지 사업자에게 설명의무가 있다고 할 수는 없다(대법원 2019.5.30. 선고 2016다276177 판결).

① 상법 제638조의3 제1항 및 약관의 규제에 관한 법률 제3조의 규정에 의하여 보험자는 보험계약을 체결할 때 보험계약자에게 보험약관에 기재되어 있는 보험상품의 내용, 보험료율의 체계, 보험청약서상 기재사항의 변동 및 보험자의 면책사유 등 보험계약의 중요한 내용에 대하여 구체적이고 상세한 명시·설명의무를 지고 있다고 할 것이어서, 만일 보험자가 이러한 보험약관의 명시·설명의무에 위반하여 보험계약을 체결한 때에는 그 약관의 내용을 보험계약의 내용으로 주장할 수 없다고 할 것임은 물론이라 할 것이나, 그 설명의무의 상대방은 반드시 보험계약자 본인에 국한되는 것이 아니라, 보험자가 보험계약자의 대리인과 보험계약을 체결할 경우에는 그 대리인에게 보험약관을 설명함으로써 족하다(대법원 2001.7.27. 선고 2001다23973 판결).

② 대법원은 "상법 제638조의3 제2항은 약관의 규제에 관한 법률 제16조에서 약관의 설명의무를 다하지 아니한 경우에도 원칙적으로 계약의 효력이 유지되는 것으로 하되 소정의 사유가 있는 경우에는 예외적으로 계약 전체가 무효가 되는 것으로 규정하고 있는 것과 모순·저촉이 있다고 할 수 있음은 별론으로 하고, 약관에 대한 설명의무를 위반한 경우에 그 약관을 계약의 내용으로 주장할 수 없는 것으로 규정하고 있는 약관의 규제에 관한 법률 제3조 제3항과의 사이에는 아무런 모순·저촉이 없다. 따라서 상법 제638조의3 제2항은 약관의 규제에 관한 법률 제3조 제3항과의 관계에서는 그 적용을 배제하는 특별규정이라고 할 수가 없으므로, 보험약관이 상법 제638조의3 제2항의 적용 대상이라 하더라도 약관의 규제에 관한 법률 제3조 제3항 역시 적용이 된다"고 판시하여 중첩적용설의 견해를 취하고 있다 (대법원 1998.11.27. 선고 98다32564 판결).

④ 안내문과 청약서를 보험계약자에게 우송한 것만으로는 보험자의 면책약관에 관한 설명의무를 다한 것으로 볼 수 없다(대법원 1999.3.9. 선고 98다43342 판결).

03

정답 ④

해설 타인을 위한 손해보험계약은 타인의 이익을 위한 계약으로서 그 타인(피보험자)의 이익이 보험의 목적이지 여기에 당연히(특약없이) 보험계약자의 보험이익이 포함되거나 예정되어 있는 것은 아니므로, 피보험이익의 주체가 아닌 보험계약자는 비록 보험자와의 사이에서는 계약 당사자이고, 약정된 보험료를 지급할 의무자이지만 그 지위의 성격과 보험자대위 규정의 취지에 비추어 보면 보험자대위에 있어서 보험계약자와 제3자를 구별하여 취급할 법률상의 이유는 없는 것이며, 따라서 **타인을 위한 손해보험계약자가 당연히 제3자의 범주에서 제외되는 것은 아니다**(대법원 1989.4.25. 선고 87다카1669 판결).

① 타인을 위한 손해보험계약의 경우, 타인의 위임이 없더라도 성립할 수 있으며, 타인의 위임이 없으면 보험계약자는 이를 보험자에게 고지하여야 한다(상법 제639조 제1항 단서).

② 보험계약자가 체결한 단기수출보험의 보험약관이 보험계약자의 수출대금회수불능에 따른 손실만을 보상하는 손실로 규정하고 보험금수취인의 손실에 대해서는 아무런 언급이 없다면, 보험약관에 의한 보험계약으로 보험에 붙여진 피보험이익은 보험계약자의 이익, 즉 보험계약자가 수출계약 상대방의 채무불이행 등의 보험사고로 자신에게 귀속되는 수출물품의 대금채권이 멸손되어 장차 손해를 받을 지위에 있으나, 아직 손해를 받지 아니하는데 대하여 가지는 이익이 될 뿐, 보험금수취인의 이익은 그 피보험이익이 아니므로, 그 보험계약은 보험금수취인을 위한 타인을 위한 보험계약으로 볼 수 없다(대법원 1999.6.11. 선고 99다489 판결).

③ 대법원 2003.1.24. 선고 2002다33496 판결

04

정답 ④

해설 甲이 자신을 기명피보험자로 하여 자동차보험계약을 체결하면서 피보험차량의 실제 소유자에 관하여 고지하지 않은 사안에서, 위 보험계약에서 기명피보험자인 甲이 피보험차량을 실제 소유하고 있는지는 **상법 제651조에서 정한 '중요한 사항'에 해당한다고 볼 수 없고,** 나아가 甲이 자신을 기명피보험자로 하여 보험계약을 체결한 것이 피보험자에 관한 허위고지에 해당한다고 할 수 없다(대법원 2011.11.10. 선고 2009다80309 판결). 즉 **피보험차량의 실제 소유 여부는 중요한 사항에 해당되지 않으므로, 보험계약자가 이를 고지하지 않은 경우, 보험자는 고지의무위반을 이유로 보험계약을 해지할 수 없다.**

① 고지의무자는 보험계약자와 피보험자이며, 대리인에 의하여 체결되는 경우 그 대리인도 포함한다 (상법 제646조).
② 보험계약자가 다수의 보험계약을 통하여 보험금을 부정취득할 목적으로 보험계약을 체결한 경우 보험계약은 민법 제103조의 선량한 풍속 기타 사회질서에 반하여 무효이다(대법원 2017.4.7. 선고 2014다234827 판결).
③ 보험계약자 또는 피보험자는 상법 제651조에서 정한 '중요한 사항'이 있는 경우 이를 보험계약의 성립시까지 보험자에게 고지하여야 하고, 고지의무위반 여부는 보험계약 성립시를 기준으로 하여 판단하여야 한다(대법원 2012.8.23. 선고 2010다78135, 78142 판결).

05

 ③

 타인의 사망을 보험사고로 하는 보험계약에는 보험계약 체결시에 그 타인의 서면에 의한 동의를 얻어야 한다는 **상법 제731조 제1항의 규정은 강행법규로서 이에 위반하여 체결된 보험계약은 무효이다.** 상법 제731조 제1항의 입법취지에는 도박보험의 위험성과 피보험자 살해의 위험성 외에도 피해자의 동의를 얻지 아니 하고 타인의 사망을 이른바 사행계약상의 조건으로 삼는 데서 오는 공서양속의 침해의 위험성을 배제하 기 위한 것도 들어있다고 해석되므로, 상법 제731조 제1항을 위반하여 피보험자의 서면동의 없이 타인 의 사망을 보험사고로 하는 보험계약을 체결한 자 스스로가 무효를 주장함이 신의성실의 원칙 또는 금반언의 원칙에 위배되는 권리 행사라는 이유로 이를 배척한다면, 그와 같은 입법취지를 완전히 몰각 시키는 결과가 초래되므로 특단의 사정이 없는 한 그러한 주장이 신의성실 또는 금반언의 원칙에 반한다 고 볼 수는 없다(대법원 1996.11.22. 선고 96다37084 판결).

① 보험계약이 체결되기 전에 보험사고가 이미 발생하였을 경우, 보험계약의 당사자 쌍방 및 피보험자 가 이를 알지 못한 경우를 제외하고는 그 보험계약을 무효로 한다는 상법 제644조의 규정은, 보험사 고는 불확정한 것이어야 한다는 보험의 본질에 따른 강행규정으로, 당사자 사이의 합의에 의해 이 규정에 반하는 보험계약을 체결하더라도 그 계약은 무효임을 면할 수 없다(대법원 2002.6.28. 선고 2001다59064 판결).
② 보험계약의 무효란 보험계약이 성립한 때부터 법률상 당연히 효력이 없는 것으로 확정된 것을 말한다.
④ 甲이 계속적 거래로 인한 丙에 대한 채무를 담보하기 위하여 乙의 명의를 도용하여 보험계약을 체결 한 후 그 거래대금을 체불함으로써 보험자가 丙에게 보험금을 지급한 경우, 그 보험계약을 무효로 보아 보험자는 부당이득반환청구를 할 수 있다(대법원 1995.9.29. 선고 94다4912 판결).

06

 ③

 피보험자가 경영하는 사업에 관한 책임을 보험의 목적으로 한 때에는 피보험자의 **대리인 또는 그 사업감 독자**의 제3자에 대한 책임도 보험의 목적에 포함된 것으로 한다(상법 제721조).

① 상법 제696조 제2항
② 상법 제686조
④ 상법 제720조 제1항

07

정답 ③

해설 보험계약 체결 당시에 보험계약자 또는 피보험자가 **고의 또는 중대한 과실**로 인하여 중요한 사항을 고지하지 아니하거나 부실의 고지를 한 때에는 보험자는 그 사실을 안 날로부터 1월 내에, 계약을 체결한 날로부터 3년 내에 한하여 계약을 '해지할 수 있다(상법 제651조).

① 상법 제649조 제1항
② 상법 제650조 제2항
④ 상법 제654조 제1항

08

정답 ①

해설 보험계약 해지 후 보험사고의 발생에 관하여 **보험자는 보상책임이 없다.**

②·④ 계속보험료가 지급되지 않는 경우 보험자의 계약 해지에 의하여 보험계약이 해지되고 해약환급금이 지급되지 아니한 경우에 보험계약자는 일정한 기간 내에 연체보험료에 약정이자를 붙여 보험자에게 지급하고 그 계약의 부활을 청구할 수 있다(상법 제650조의2).
③ 보험계약상의 일부 보험금에 관한 약정 지급사유가 발생한 이후에 그 보험계약이 해지, 실효되었다는 보험회사 직원의 말만을 믿고 해지환급금을 수령한 경우, 이를 보험계약을 해지하는 의사로써 한 행위라고 할 수 없다(대법원 2002.7.26. 선고 2000다25002 판결).

09

정답 ④

해설 보험계약자 등의 불이익변경금지의 원칙은 **재보험 및 해상보험 기타 이와 유사한 보험의 경우에는 적용하지 않는다**(상법 제663조 단서).

① 보험계약법을 강행규정화하는 것은 사적 자치의 원칙에 제한을 둠으로써 보험에 대해서 잘 알지 못하는 보험가입자의 이익을 보호하기 위한 것이다.
② 상법 제663조는 보험계약자 등의 불이익변경금지의 원칙이라는 상대적 강행법규성을 인정하여 약관의 내용이 상법의 규정보다 보험계약자 등에게 불이익한 조항을 두게 되면 그 한도 안에서 약관의 규정은 무효가 된다.
③ 수산업협동조합중앙회에서 실시하는 어선공제사업은 항해에 수반되는 해상위험으로 인하여 피공제자의 어선에 생긴 손해를 담보하는 것인 점에서 해상보험에 유사한 것이라고 할 수 있으나, 그 어선공제는 수산업협동조합중앙회가 실시하는 비영리 공제사업의 하나로 소형 어선을 소유하며 연안어업 또는 근해어업에 종사하는 다수의 영세어민들을 주된 가입대상자로 하고 있어 공제계약 당사자들의 계약교섭력이 대등한 기업보험적인 성격을 지니고 있다고 보기는 어렵고 오히려 공제가입자들의 경제력이 미약하여 공제계약 체결에 있어서 공제가입자들의 이익보호를 위한 법적 배려가 여전히 요구된다 할 것이므로, 상법 제663조 단서의 입법취지에 비추어 그 어선공제에는 불이익변경금지원칙의 적용을 배제하지 아니함이 상당하다(대법원 1996.12.20. 선고 96다23818 판결).

10

정답 ①

해설 동일한 보험계약의 목적과 동일한 사고에 관하여 수 개의 보험계약이 동시에 또는 순차로 체결된 경우에 그 보험금액의 총액이 보험가액을 초과한 때에는 보험자는 각자의 보험금액의 한도에서 연대책임을 진다. 이 경우에는 각 보험자의 보상책임은 각자의 보험금액의 비율에 따른다(상법 제672조 제1항).

$$
\text{甲 보험회사의 분담액} = \text{손해액} \times \frac{\text{甲 보험회사의 보험금액}}{\text{甲, 乙, 丙 보험회사의 보험금액 합계}}
$$

- 甲 보험회사의 분담액 = 50,000,000원 $\times \dfrac{100,000,000억}{200,000,000원}$ = **25,000,000원**

- 乙 보험회사의 분담액 = 50,000,000원 $\times \dfrac{60,000,000억}{200,000,000원}$ = **15,000,000원**

- 丙 보험회사의 분담액 = 50,000,000원 $\times \dfrac{40,000,000억}{200,000,000원}$ = **10,000,000원**

11

정답 ④

해설 생명보험계약 체결 후 다른 생명보험에 다수 가입하였다는 사정만으로 상법 제652조 소정의 사고발생의 위험이 현저하게 변경 또는 증가된 경우에 해당한다고 할 수 없다(대법원 2001.11.27. 선고 99다33311 판결).

① 상법 제652조 제1항(위험변경증가의 통지와 계약해지)
② 상법 제653조 제1항(보험계약자 등의 고의나 중과실로 인한 위험증가와 계약해지)
③ 화재보험에 있어서는 피보험 건물의 구조와 용도뿐만 아니라, 그 변경을 가져오는 증·개축에 따라 보험의 인수 여부와 보험료율이 달리 정하여지는 것이므로 화재보험계약의 체결 후에 건물의 구조와 용도에 상당한 변경을 가져오는 증·개축공사가 시행된 경우에는 그러한 사항이 계약 체결 당시에 존재하고 있었다면 보험자가 보험계약을 체결하지 않았거나 적어도 그 보험료로는 보험을 인수하지 않았을 것으로 인정되는 사실에 해당하여 상법 제652조 제1항 및 화재보험보통약관에서 규정한 통지의무의 대상이 된다고 할 것이고, 따라서 보험계약자나 피보험자가 이를 해태할 경우 보험자는 위 규정들에 의하여 보험계약을 해지할 수 있다(대법원 2000.7.4. 선고 98다62909 판결).

12

정답 ③

해설

가. **중복보험에서 비례주의** : 중복보험 가입시 보험자는 보험금액의 한도 내에서 연대책임과 비례주의에 의해 이중으로 보상되지 않도록 하고 있다(이득금지 원칙의 실현).

나. **신가보험** : 신가보험은 감가상각이 반영된 실제 손해를 보상하는 것이 아니고, 재조달가 전액을 보상하게 되므로 **실손보상 원칙의 예외**가 된다.

다. **잔존물대위** : 상법에서는 보험자가 보험의 목적에 대해 권리를 취득하는 잔존물대위와 보험계약자 또는 피보험자가 제3자에 갖는 권리를 취득하는 청구권대위를 통해서 이중의 이득을 얻지 못하도록 하고 있다(이득금지 원칙의 실현).

라. **선의의 초과보험** : 선의의 초과보험의 경우 보험금액 및 보험료 감액청구권을 인정하고 이러한 감액 하기 전에 사고가 발생한 경우 보험금은 보험금액이 아니라, 보험가액을 기준하여 산정하는 것도 실손보상 원칙의 실현이다.

마. **기평가보험** : 기평가보험계약에서는 협정보험가액이 사고발생시의 가액을 초과하더라도 사고발생 시의 가액을 기준으로 하여 손해액을 산정하지 아니하고, 협정보험가액을 기준으로 손해액을 산정 하므로, **실손보상 원칙의 예외**가 된다.

13

정답 ③

해설 동일한 보험의 목적에 대하여 여러 개의 피보험이익이 존재할 수 있으며, 각각의 **피보험이익의 귀속 주체 는 반드시 동일해야 하는 것은 아니다.**

① 손해보험계약에서 피보험이익이 없으면 보험계약은 무효이다.

② 피보험이익은 보험계약의 체결 당시에 그 존재 및 소속이 확정되어 있거나 또는 적어도 사고발생 시까지 확정할 수 있는 것이어야 한다.

④ 상법 제668조

14

정답 ③

해설 계약 당사자간의 협정보험가액이 사고발생시의 가액을 현저하게 초과할 때에는 사고발생시의 가액을 보험가 액으로 한다(상법 제670조 단서).

15

정답 ②

해설 보관자책임보험은 **타인의 물건의 보관자**가 피보험자가 된다. 즉 보험계약자 또는 피보험자는 타인의 물 건을 보관하는 자이어야 한다.

① 보관자책임보험은 가옥의 임차인이나 타인의 물건을 보관하는 보관자가 보험기간 중에 고의 또는 과실로 보관 또는 사용 중인 물건에 손해를 입힘으로써 입은 손해를 보험자가 보상할 것을 목적으로 하는 보험이다.

③ 물건의 소유자는 보험자에게 직접 그 손해의 보상을 청구할 수 있다(상법 제725조).

④ 보관자책임보험은 물건의 소유자를 피보험자로 하는 타인을 위한 보험이 아니라, 보관자 자신을 피보험자로 하는 자기를 위한 책임보험이다.

16

정답 ④

해설 소급보험은 보험계약이 성립하기 이전의 어느 시점부터 보험기간이 시작되는 것으로 소급하여 정한 보험을 말한다(상법 제643조). 보험자의 책임은 최초의 보험료의 지급을 받은 때로부터 개시하는 것이 원칙이므로, 소급보험의 경우도 보험계약이 체결되었다고 하더라도 **최초보험료가 납입되기 전에 발생한 사고에 대해서는 보상할 책임이 없다.**

17

정답 ③

해설 간접의무는 보험자가 그 이행을 강제하거나 불이행에 대하여 손해배상을 청구할 수 있는 것이 아니라, 단지 보험계약을 해지를 통해 보험계약 관계를 종료시킬 수 있는 의무를 말한다.
예 고지의무, 위험변경증가의 통지의무, 위험유지의무 등

18

정답 ③

해설 ①·②·③ 공동불법행위로 말미암아 공동불법행위자 중 1인이 손해의 방지와 경감을 위하여 비용을 지출한 경우에 손해방지비용은 자신의 보험자뿐 아니라, 다른 공동불법행위자의 보험자에 대하여도 손해방지비용에 해당하므로, 공동불법행위자들과 각각 보험계약을 체결한 보험자들은 각자 그 피보험자 또는 보험계약자에 대한 관계뿐만 아니라, **그와 보험계약관계가 없는 다른 공동불법행위자에 대한 관계에서도 그들이 지출한 손해방지비용의 상환의무를 부담한다.** 또한 이러한 관계에 있는 보험자들 상호 간에는 손해방지비용의 상환의무에 관하여 공동불법행위에 기한 손해배상채무와 마찬가지로 **부진정 연대채무의 관계에 있다고 볼 수 있으므로, 공동불법행위자 중의 1인과 보험계약을 체결한 보험자가 그 피보험자에게 손해방지비용을 모두 상환하였다면, 그 손해방지비용을 상환한 보험자는 다른 공동불법행위자의 보험자가 부담하여야 할 부분에 대하여 직접 구상권을 행사할 수 있다**(대법원 2007.3.15. 선고 2004다64272 판결).

④ 교통사고에 있어서 차량소유자의 차량관리상의 과실과 그 차량 무단운전자의 과실이 경합된 경우, 보험자가 그 자동차 소유자와 체결한 보험계약에 따라 피해자들에게 그 손해배상금을 보험금액으로 모두 지급함으로써 차량소유자와 무단운전자가 공동면책이 되었다면, **그 소유자는 무단운전자의 부담 부분에 대하여 구상권을 행사할 수 있고, 보험자는 상법 제682조 소정의 보험자대위의 제도에 따라 차량소유자의 무단운전자에 대한 구상권을 취득한다**(대법원 1995.9.29. 선고 94다61410 판결).

19

정답 ②

해설 기명피보험자란 보험증권의 기명피보험자란에 기재되어 있는 피보험자를 말한다. 지입차량에 관하여 실제 차주가 보험회사와 지입(持入)한 회사를 피보험자로 하여 보험계약을 체결하는 경우, 그 **지입한 회사가 기명피보험자가 되고, 실제 차주는 승낙피보험자에 해당한다.**

① 자동차보험표준약관 제1조 제13호 가목
③ 경찰서 소속의 관용차량에 관하여 경찰서장을 기명피보험자로 표시하여 자동차보험을 체결한 경우, 기명피보험자는 국가이고, 그 차량을 사용하는 경찰서 직원은 승낙피보험자이다.
④ 자동차종합보험계약의 약관에 따르면 **기명피보험자의 승낙을 얻어 자동차를 사용 또는 관리중인 자도 피보험자에 포함**되는 바, 자동차를 매수하고 소유권이전등록을 마치지 아니한 채 자동차를 인도받아 운행하면서 매도인과의 합의 아래 그를 피보험자로 한 자동차종합보험계약을 체결하였다면, 매수인은 위 약관에서 말하는 기명피보험자의 승낙을 얻어 자동차를 사용 또는 관리중인 자에 해당한다(대법원 1993.2.23. 선고 92다24127 판결)

20

정답 ④

해설 선박보험, 운임보험에서 감항능력 주의의무위반으로 생긴 손해의 경우 보험자는 면책되지만(상법 제706조 제1호), **적하보험의 경우에는 적용되지 않는다.**

① 대법원 1996.10.11. 선고 94다60332 판결
② 상법 제663조 단서 규정에 의하면 해상보험에 있어서는 보험계약자 등의 불이익변경금지의 원칙이 적용되지 아니하여 해상보험 약관으로 상법의 규정과 달리 규정하더라도 그와 같은 약관규정은 유효하다(대법원 1995.9.29. 선고 93다53078 판결).
③ 보험자는 선박 또는 운임을 보험에 붙인 경우에는 발항 당시 안전하게 항해를 하기에 필요한 준비를 하지 아니하거나 필요한 서류를 비치하지 아니함으로 인하여 생긴 손해와 비용을 보상할 책임이 없다(상법 제706조 제1호).

21

정답 ②

해설 총괄보험은 보험의 목적(객체)의 전부 또는 일부가 특정되지 않고, 보험기간 중 수시로 교체되는 것을 예상하고 체결하는 보험이다. 따라서 보험계약 체결시 보험가액을 정하지 않는다.

① 총괄보험은 특정보험이 아니라 **예정보험의 일종**이며, 특정보험은 보험의 목적이 특정된 보험이다.
③ 총괄보험은 집합된 보험의 목적이 보험기간 중 수시로 교체되는 것을 예상하고 체결하므로, **보험금액을 변동하는 것이 원칙이다.**
④ 보험사고의 발생시에 현존하지 않은 물건은 **보험의 목적에 포함될 수 없다.**

22

정답 ④

해설 약관의 규제에 관한 법률 제3조 제3항이 사업자에 대하여 약관에 정하여져 있는 중요한 내용을 고객이 이해할 수 있도록 설명할 의무를 부과하고, 제4항이 이를 위반하여 계약을 체결한 경우에는 해당 약관을 계약의 내용으로 주장할 수 없도록 한 것은, 고객으로 하여금 약관을 내용으로 하는 계약이 성립되는 경우에 각 당사자를 구속하게 될 내용을 미리 알고 약관에 의한 계약을 체결하도록 함으로써 예측하지 못한 불이익을 받게 되는 것을 방지하여 고객을 보호하려는데 입법 취지가 있다. 따라서 **고객이 약관의 내용을 충분히 잘 알고 있는 경우에는 약관이 바로 계약내용이 되어 당사자에 대하여 구속력을 가지므로, 사업자로서는 고객에게 약관의 내용을 따로 설명할 필요가 없다**(대법원 2016.6.23. 선고 2015다5194 판결).

① 해상보험증권 아래에서 야기되는 일체의 책임문제는 영국의 법률 및 관습에 의하여야 한다는 영국법 준거약관은 오랜 기간 동안에 걸쳐 해상보험업계의 중심이 되어온 영국의 법률과 관습에 따라 당사자간의 거래관계를 명확하게 하려는 것으로서 우리나라의 공익규정 또는 공서양속에 반하는 것이라거나 보험계약자의 이익을 부당하게 침해하는 것이라고 볼 수 없으므로 유효하다(대법원 1991.5.14. 선고 90다카25314 판결).

② 해상보험계약의 준거법약관은 당사자간의 사적 자치의 원칙에 근거하며, '불이익변경금지의 원칙'이 적용되지 않는다.

③ 약관의 규제에 관한 법률의 입법 목적을 고려하면, 외국법을 준거법으로 하여 체결된 모든 계약에 관하여 당연히 약관의 규제에 관한 법률을 적용할 수 있는 것은 아니다(대법원 2010.8.26. 선고 2010다28185 판결).

23

정답 ③

해설 선박 좌초 후 선원의 이선으로 인해 원주민이 선박을 약탈한 경우, 원주민의 약탈은 선행의 주된 보험사고라 할 수 있는 좌초의 기회에, 좌초에 기인하여 발생한 것이라는 점에서 좌초와 약탈을 단일사고, 특히 이 사건 보험약관 제12.2조 후단의 **동일한 사고로부터 생기는 일련의 손해**(Sequence of damages arising from the same accident)에 해당한다(대법원 1989.9.12. 선고 87다카3070 판결).

① 추정전손에 해당하는지 여부에 대한 판단의 기준시점은 보험자가 피보험자로 하여금 위부통지 혹은 그 통지에 대한 거절시점에서 소송이 제기된 것과 같은 지위에 있게 되는 것에 명시적으로 동의하지 않는 이상, 위부통지시의 사실관계가 아니고, 보험금 청구소송의 제소(at the commencement of the action)시에 존재하는 사실관계에 의하여 그 여부가 판단된다(대법원 2002.6.28. 선고 2000다21062 판결).

② 영국 해상보험법 제55조 제1항이 "보험자는 보험증권에서 달리 약정하지 않는 한, 부보위험(付保危險)에 근인(近因)하여 발생한 손해(loss proximately caused by a peril against)에 대하여서만 책임을 지고, 부보위험에 근인하여 발생하지 아니한 손해에 대하여는 책임을 지지 아니한다"고 규정하고 있는 취지와 피보험자가 입은 재산상의 손해는 보험사고와 상당인과관계가 있는 것이어야 한다는 원칙에 비추어, 선박의 수리비는 해당 보험사고로 인하여 발생한 손해에 한정되어야 하고, 보험사고로 인하여 발생하지 않은 수리비는 제외되어야 할 것이다(대법원 2002.6.28. 선고 2000다21062 판결).

④ 선박이 수선불능으로 된 때에는 원칙적으로 선박에 적재한 적하도 함께 보험위부를 할 수 있다. 다만, 이 경우 선장이 지체 없이 다른 선박으로 적하의 운송을 계속한 때에는, 피보험자는 그 적하의 보험위부를 할 수 없다(상법 제712조).

24

정답 ③

해설 강제보험은 보험가입이 법률에 의해 강제되는 것으로서 책임보험이며, 대부분의 **공보험**이 여기에 속한다.

> **TIP**　배상자력(financial responsibility)
>
> • 타인에 대하여 손해를 끼칠 위험이 수반되는 행위를 수행하려는 자는 충분한 손해배상능력이 있음을 증명할 의무가 있다.
> • 손해배상능력을 증명하기 위해 반드시 보험을 가입할 필요는 없으나, 거래비용의 감소를 통해 사회의 효율성을 증진시킨다는 측면에서 의무보험의 논거로 사용될 수 있다.

① 원보험계약과 재보험계약은 법률적으로 각각 독립된 보험계약이므로, 재보험계약은 손해보험계약이지만, 그 재보험계약의 원보험계약은 생명보험계약일 수도 있다.
② 자동차 운행에 따르는 위험을 담보하는 보험에 가입하는 자가 일반개인이면 가계보험이고, 기업이면 기업보험이다.
④ 생명보험은 정액 보상을 원칙으로 하며, 지급되는 보험금의 확정 여부에 따라 크게 정액보험과 변액보험 두 가지로 구분할 수 있다. 사망보험과 같은 정액보험은 일반적으로 보장금액이 가입 당시 정해져 있으며, 변액보험은 자산운용성과에 따라 지급되는 보험금이 달라지는 것이 특징이다.

25

정답 ③

해설 하나의 사고에 관하여 여러 개의 무보험자동차에 의한 상해담보특약보험이 체결되고, 그 보험금액의 총액이 피보험자가 입은 손해액을 초과하는 때에는, **중복보험에 관한 상법 제672조 제1항의 법리가 적용**되어 보험자는 각자의 보험금액의 한도에서 연대책임을 지고 피보험자는 각 보험계약에 의한 보험금을 중복하여 청구할 수 없다(대법원 2007.10.25. 선고 2006다25356 판결).

① 보험약관은 신의성실의 원칙에 따라 약관의 목적과 취지를 고려하여 공정하고 합리적으로 해석하되, 개개 계약 당사자가 기도한 목적이나 의사를 참작하지 않고 평균적 고객의 이해가능성을 기준으로 보험단체 전체의 이해관계를 고려하여 객관적·획일적으로 해석하여야 하며, 위와 같은 해석을 거친 후에도 **약관조항이 객관적으로 다의적으로 해석되고 각각의 해석이 합리성이 있는 등 약관의 뜻이 명백하지 아니한 경우**에는 고객에게 유리하게 해석하여야 한다. 즉 **약관 조항 중 다의적으로 해석될 여지가 있을 경우** 계약자 보호를 위하여 우선적으로 작성자불이익의 원칙에 의해 해석한다(대법원 2016.5.12. 선고 2015다243347 판결).
② 자동차손해배상보장법 제3조의 '다른 사람'이란 **자기를 위하여 자동차를 운행하는 자 및 당해 자동차의 운전자를 제외한 그 이외의 자**를 지칭하는 것이다(대법원 2004.4.28. 선고 2004다10633 판결).

④ 甲 보험회사와 乙이 체결한 상해보험의 특별약관에 '특별약관의 보장개시 전의 원인에 의하거나 그 이전에 발생한 후유장해로서 후유장해보험금의 지급사유가 되지 않았던 후유장해가 있었던 피보험자의 동일 신체 부위에 또다시 후유장해가 발생하였을 경우에는 기존 후유장해에 대한 후유장해보험금이 지급된 것으로 보고 최종 후유장해 상태에 해당되는 후유장해보험금에서 이미 지급받은 것으로 간주한 후유장해보험금을 차감한 나머지 금액을 지급한다'고 정한 사안에서, **정액보험인 상해보험에서는 기왕장해가 있는 경우에도 약정 보험금 전액을 지급하는 것이 원칙이고, 예외적으로 감액규정이 있는 경우에만 보험금을 감액할 수 있으므로**, 위 기왕장해 감액규정과 같이 후유장해보험금에서 기왕장해에 해당하는 보험금 부분을 감액하는 것이 거래상 일반적이고 공통된 것이어서 보험계약자가 별도의 설명 없이도 충분히 예상할 수 있는 내용이라거나, 이미 법령에 정하여진 것을 되풀이하거나 부연하는 정도에 불과한 사항이라고 볼 수 없어, 보험계약자나 대리인이 내용을 충분히 잘 알고 있지 않는 한 보험자인 甲 보험회사는 기왕장해 감액규정을 명시·설명할 의무가 있다(대법원 2015.3.26. 선고 2014다229917, 229924 판결).

26

정답 ④

해설 자동차보험에 있어서 피보험자가 보험기간 중에 자동차를 양도한 때에는 양수인은 **보험자의 승낙을 얻은 경우에 한하여** 보험계약으로 인하여 생긴 권리와 의무를 승계한다.

① 상법 제679조 제1항
② 상법 제679조 제1항에 의하여 보험의 목적의 양수인이 종전 보험계약상의 권리와 의무를 승계한 것으로 추정되기 위하여는 목적물을 물권적으로 이전할 것을 요하고, 양도에 관한 채권계약이 체결된 것만으로는 추정적 효력은 생기지 않는다(서울고등법원 2009.4.30. 선고 2008나78868 판결).
③ 보험목적의 양도에 관한 규정은 유상이든 무상이든 묻지 않으나, 물권적 양도이어야 한다.

27

정답 ④

해설 15세 미만자, **심신상실자 또는 심신박약자**의 사망을 보험사고로 한 보험계약은 무효로 한다. 다만, **심신박약자가 보험계약을 체결하거나 제735조의3에 따른 단체보험의 피보험자가 될 때에 의사능력이 있는 경우에는** 그 보험계약은 유효하다(상법 제732조).

① 상법 제735조의3 제2항
② 상법 제735조의3 제3항
③ 상법 제735조의3 제1항

28

정답 ④

해설 타인의 사망을 보험사고로 하는 보험계약의 체결에 있어서 보험설계사는 보험계약자에게 피보험자의 서면동의 등의 요건에 관하여 구체적이고 상세하게 설명하여 보험계약자로 하여금 그 요건을 구비할 수 있는 기회를 주어 유효한 보험계약이 성립하도록 조치할 주의의무가 있고, 보험설계사가 위와 같은 설명을 하지 아니하는 바람에 위 요건의 흠결로 보험계약이 무효가 되고, 그 결과 보험사고의 발생에도 불구하고 보험계약자가 보험금을 지급받지 못하게 되었다면 보험자는 **보험업법 제102조 제1항에 기하여 보험계약자에게 그 보험금 상당액의 손해를 배상할 의무를 진다**(대법원 2008.8.21. 선고 2007다76696 판결). 즉 보험계약자는 취소할 수 없고, 손해배상을 청구할 수 있을 뿐이다.

① 대법원 1996.11.22. 선고 96다37084 판결
② 대법원 2015.10.15. 선고 2014다204178 판결
③ 서울고등법원 2011.11.3. 선고 2011나24373 판결

29

정답 ③

해설 甲 회계법인과 乙 보험회사가 체결한 회계사 전문직업 배상책임보험계약의 약관에서 보험금 지급조건으로 정한 "피보험자인 甲 법인에 대한 제3자의 손해배상청구는 보험기간 중 행해져야 한다"는 내용의 손해배상청구 조항과 "이러한 손해배상청구는 보험기간 중 보험자인 乙 회사에 서면으로 통지되어야 한다"는 내용의 서면통지 조항이 약관의 규제에 관한 법률 제7조 제2호에 따라 무효인지 문제 된 사안에서, 위 보험금 지급조건은 모두 상당한 이유 없이 보험자의 손해배상 범위를 제한한 것으로 볼 수 없으므로, **약관의 규제에 관한 법률 제7조 제2호에 따라 무효라고 볼 수 없다**(대법원 2020.9.3. 선고 2017다245804 판결).

TIP 면책조항의 금지(약관의 규제에 관한 법률 제7조)
계약 당사자의 책임에 관하여 정하고 있는 약관의 내용 중 다음 각 호의 어느 하나에 해당하는 내용을 정하고 있는 조항은 무효로 한다. 1. 사업자, 이행 보조자 또는 피고용자의 고의 또는 중대한 과실로 인한 법률상의 책임을 배제하는 조항 2. **상당한 이유 없이 사업자의 손해배상 범위를 제한하거나 사업자가 부담하여야 할 위험을 고객에게 떠넘기는 조항** 3. 상당한 이유 없이 사업자의 담보책임을 배제 또는 제한하거나 그 담보책임에 따르는 고객의 권리행사의 요건을 가중하는 조항 4. 상당한 이유 없이 계약목적물에 관하여 견본이 제시되거나 품질·성능 등에 관한 표시가 있는 경우 그 보장된 내용에 대한 책임을 배제 또는 제한하는 조항

① 보험사고의 객관적 확정의 효과에 관하여 규정하고 있는 상법 제644조는 사고발생의 우연성을 전제로 하는 보험계약의 본질상 이미 발생이 확정된 보험사고에 대한 보험계약은 허용되지 아니한다는 취지에서 보험계약 당시 이미 보험사고가 발생하였을 경우에는 그 보험계약을 무효로 한다고 규정하고 있고, 암 진단의 확정 및 그와 같이 확진이 된 암을 직접적인 원인으로 한 사망을 보험사고의 하나로 하는 보험계약에서 피보험자가 보험계약일 이전에 암 진단이 확정되어 있는 경우에는 보험계약을 무효로 한다는 약관조항은 보험계약을 체결하기 이전에 그 보험사고의 하나인 암 진단의 확정이 있었던 경우에 그 보험계약을 무효로 한다는 것으로서 상법 제644조의 규정 취지에 따른 것이라고 할 것이므로, 상법 제644조의 규정 취지나 보험계약은 원칙적으로 보험가입자의 선의를 전제로 한다는 점에 비추어 볼 때, 그 약관조항은 그 조항에서 규정하고 있는 사유가 있는 경우에 그 보험계약 전체를 무효로 한다는 취지라고 보아야 할 것이지, 단지 보험사고가 암과 관련하여 발생한 경우에 한하여 보험계약을 무효로 한다는 취지라고 볼 수는 없다(대법원 1998.8.21. 선고 97다50091 판결).

② '특별약관의 보장개시 전의 원인에 의하거나 그 이전에 발생한 후유장해로서 후유장해보험금의 지급사유가 되지 않았던 후유장해가 있었던 피보험자의 동일 신체 부위에 또다시 후유장해가 발생하였을 경우에는 기존 후유장해에 대한 후유장해 보험금이 지급된 것으로 보고 최종 후유장해 상태에 해당되는 후유장해보험금에서 이미 지급받은 것으로 간주한 후유장해보험금을 차감한 나머지 금액을 지급한다'고 정한 약관조항은 유효하다(대법원 2015.3.26. 선고 2014다229917, 229924 판결).

④ 상법 제650조 제2항은 "계속보험료가 약정한 시기에 지급되지 아니한 때에는 보험자는 상당한 기간을 정하여 보험계약자에게 최고하고 그 기간 내에 지급되지 아니한 때에는 그 계약을 해지할 수 있다"라고 규정하고, 같은 법 제663조는 위의 규정은 당사자간의 특약으로 보험계약자 또는 피보험자나 보험수익자의 불이익으로 변경하지 못한다고 규정하고 있으므로, 분납 보험료가 소정의 시기에 납입되지 아니하였음을 이유로 그와 같은 절차를 거치지 아니하고 곧바로 보험계약을 해지할 수 있다거나 보험계약이 실효됨을 규정한 약관은 상법의 위 규정에 위배되어 무효라 할 것이다(대법원 1997.7.25. 선고 97다18479 판결).

30

정답 ④

해설 ③·④ 보험계약자는 보험수익자를 변경할 권리가 있다(상법 제733조 제1항). 이러한 **보험수익자 변경권은 형성권으로서 보험계약자가 보험자나 보험수익자의 동의를 받지 않고 자유로이 행사할 수 있고, 그 행사에 의해 변경의 효력이 즉시 발생한다.** 다만, 보험계약자는 보험수익자를 변경한 후 보험자에 대하여 이를 통지하지 않으면 보험자에게 대항할 수 없다(상법 제734조 제1항). 이와 같은 보험수익자 변경권의 법적 성질과 상법 규정의 해석에 비추어 보면, **보험수익자 변경은 상대방 없는 단독행위라고 봄이 타당하므로, 보험수익자 변경의 의사표시가 객관적으로 확인되는 이상 그러한 의사표시가 보험자나 보험수익자에게 도달하지 않았다고 하더라도 보험수익자 변경의 효과는 발생한다**(대법원 2020.2.27. 선고 2019다204869 판결).

①·② 보험계약자는 **자유롭게 특정 또는 불특정의 타인을 보험수익자로 지정할 수 있다.** 보험수익자는 그 **지정행위 시점에 반드시 특정되어야 하는 것은 아니고, 보험사고발생시에 특정될 수 있으면 충분하므로,** 보험계약자는 이름 등을 통해 특정인을 보험수익자로 지정할 수 있음은 물론 배우자 또는 상속인과 같이 보험금을 수익할 자의 지위나 자격 등을 통해 불특정인을 보험수익자로 지정할 수 있다(대법원 2006.11.9. 선고 2005다55817 판결).

31

정답 ②

해설 보험적립금 반환의무(상법 제736조 제1항)

제649조(사고발생 전의 임의해지), 제650조(보험료의 지급과 지체의 효과), 제651조(고지의무위반으로 인한 계약해지) 및 제652조(위험변경증가의 통지와 계약해지) 내지 제655조(계약해지와 보험금청구권)의 규정에 의하여 보험계약이 해지된 때, 제659조(보험자의 면책사유)와 제660조(전쟁위험 등으로 인한 면책)의 규정에 의하여 보험금액의 지급책임이 면제된 때에는 보험자는 보험수익자를 위하여 적립한 금액을 보험계약자에게 지급하여야 한다. 그러나 다른 약정이 없으면 상법 제659조 제1항(**보험사고가 보험계약자 또는 피보험자나 보험수익자의 고의 또는 중대한 과실로 인하여 생긴 때에는 보험자는 보험금액을 지급할 책임이 없다**)의 보험사고가 보험계약자에 의하여 생긴 경우에는 보험료적립금 반환의무를 부담하지 않는다.

32

정답 ②

해설 피보험자가 술에 취한 상태에서 출입이 금지된 지하철역 승강장의 선로로 내려가 지하철역을 통과하는 전동열차에 부딪혀 사망한 경우, 피보험자에게 판단능력을 상실 내지 미약하게 할 정도로 과음을 한 중과실이 있더라도 **보험약관상의 보험사고인 우발적인 사고에 해당한다**(대법원 2001.11.9. 선고 2001다55499, 55505 판결).

① 상해보험계약의 보험자는 신체의 상해에 관한 보험사고가 생길 경우에 보험금액 기타의 급여를 할 책임이 있다(상법 제737조). 여기서 보험사고, 즉 상해는 **급격하고도 우연한 외래의 사고를 의미한다.**

③ 농작업 중 과로로 지병인 고혈압이 악화되어 뇌졸중으로 사망한 경우 약관상 공제금 지급 대상인 "외부의 급격하고도 우발적인 사고"에 해당한다고 볼 수 없고, 재해사고의 제외항목인 "과로 및 격렬한 운동으로 인한 것"에 해당되어 약관 규정에 따른 공제금 지급 대상에서 제외된다(대법원 1992.2.25. 선고 91다30088 판결).

④ 상해보험에서 담보되는 위험으로서 상해란 외부로부터의 우연한 돌발적인 사고로 인한 신체의 손상을 말하는 것이므로, 그 사고의 원인이 피보험자의 신체의 외부로부터 작용하는 것을 말하고 신체의 질병 등과 같은 내부적 원인에 기한 것은 제외되며, 이러한 사고의 외래성 및 상해 또는 사망이라는 결과와 사이의 인과관계에 관해서는 보험금청구자에게 그 증명책임이 있다(서울동부지법 2011.3.18. 선고 2010가합14573 판결 : 항소).

33

정답 ②

해설 상해보험은 상법 제732조(15세 미만자 등에 대한 계약의 금지)를 제외하고는 생명보험규정이 준용된다. 또한 중과실로 인한 사고의 경우에도 보험금을 지급하여야 하는 조항(상법 제732조의2 제1항) 및 다수의 보험수익자 중 일부가 피보험자를 사망하게 한 경우 다른 보험수익자에 대해서는 보험금을 지급하여야 하는 조항(상법 제732조의2 제2항)도 준용된다.

① 인보험에서는 원칙적으로 경제적 이익(피보험이익)의 관념이 존재하지 않는다.

③ 상법 제729조에서 제3자에 대한 보험대위를 금지하고 있으나, 상해보험계약의 경우 "당사자간에 다른 약정이 있는 때에는 보험자는 피보험자의 권리를 해하지 않는 범위에서 그 권리를 대위하여 행사할 수 있다"고 하여 보험자대위에 관한 약정이 유효하다.

④ 사망보험은 중복보험조항이 준용되지 않지만, 무보험자동차특약보험(= 손해보험형 상해보험)의 경우 중복보험조항이 준용된다. 즉 최근의 판례는 무보험자동차특약보험을 '손해보험형 상해보험'이라고 정의하면서, 약관에 중복보험에 관한 규정이 존재하지 않는 경우에도 손해보험에 관한 상법의 중복보험 규정이 적용가능하다고 판시하고 있다.

> **판례** 대법원 2016.12.29. 선고 2016다217178 판결
>
> 피보험자가 무보험자동차에 의한 교통사고로 인하여 상해를 입었을 때에 손해에 대하여 배상할 의무자가 있는 경우 보험자가 약관에 정한 바에 따라 피보험자에게 손해를 보상하는 것을 내용으로 하는 무보험자동차에 의한 상해담보특약은 상해보험의 성질과 함께 손해보험의 성질도 갖고 있는 손해보험형 상해보험이므로, 하나의 사고에 관하여 여러 개의 무보험자동차특약 보험계약이 체결되고 보험금액의 총액이 피보험자가 입은 손해액을 초과하는 때에는 손해보험에 관한 상법 제672조 제1항(중복보험)이 준용되어 보험자는 각자의 보험금액의 한도에서 연대책임을 지고, 이 경우 각 보험자 사이에서는 각자의 보험금액의 비율에 따른 보상책임을 진다.

34

정답 ④

해설 보험계약자가 다수의 보험계약을 통하여 보험금을 부정취득할 목적으로 보험계약을 체결한 경우, 이러한 목적으로 체결된 보험계약에 의하여 보험금을 지급하게 하는 것은 보험계약을 악용하여 부정한 이득을 얻고자 하는 사행심을 조장함으로써 사회적 상당성을 일탈하게 될 뿐만 아니라, 합리적인 위험의 분산이라는 보험제도의 목적을 해치고 위험발생의 우발성을 파괴하며, 다수의 선량한 보험가입자들의 희생을 초래하여 보험제도의 근간을 해치게 되므로, 이와 같은 보험계약은 민법 제103조 소정의 **선량한 풍속 기타 사회질서에 반하여 무효**라고 할 것이다(대법원 2018.9.13. 선고 2016다255125 판결). 따라서 이미 보험수익자에게 급부한 보험금의 반환을 청구할 수 있다.

① 상법 제648조(보험계약의 무효로 인한 보험료반환청구)
② 상법 제649조 제1항, 제3항
③ 대법원 2011.3.24. 선고 2010다92612 판결

35

정답 ④

해설 가. **손해보험에서 사기에 의한 초과보험, 중복보험** : 보험계약 성립시부터 무효이다.

나. **15세 미만자를 피보험자로 하는 사망보험** : 보험계약 성립시부터 무효이다.

다. **보험약관 교부·설명의무위반으로 인한 보험계약관계의 종료** : 보험계약이 성립한 날로부터 3개월 이내에 그 계약을 취소할 수 있으며(상법 제638조의3 제2항), 보험계약자가 그 보험계약을 취소한 때에는 처음부터 그 계약은 무효로 된다(민법 제141조).

라. 보험계약 체결 후 보험료의 전부 또는 제1회 보험료를 계약성립일로부터 2월 경과시까지 미납한 경우 : 보험계약 체결시로 소급하여 해제된 것으로 본다(상법 제650조 제1항).

마. 위험변경·증가로 인한 보험계약관계의 종료 : 보험계약자 또는 피보험자가 보험기간 중 위험이 현저하게 변경·증가된 그 사실을 안 때에는 지체 없이 보험자에게 통지해야 하는데, 이 의무를 해태한 경우 보험자는 1월 내에 계약을 해지할 수 있다(상법 제652조 제1항). ⇒ 장래에 대해서만 효력 상실

바. 생명보험표준약관상 중대사유로 인한 보험계약관계의 종료 : 그 사실을 안 날부터 1개월 이내에 계약을 해지할 수 있다(생명보험표준약관 제30조 제1항). ⇒ 장래에 대해서만 효력 상실

36

정답 ④

해설 재보험자의 보험자대위에 의한 권리는 원보험자가 제3자에 대한 권리행사의 결과로 취득한 출자전환 주식에 대하여도 미친다(대법원 2015.6.11. 선고 2012다10386 판결).

① 상법 제726조

② 보험자가 피보험자에게 보험금을 지급하면 보험자대위의 법리에 따라 피보험자가 보험사고의 발생에 책임이 있는 제3자에 대하여 가지는 권리는 지급한 보험금의 한도에서 보험자에게 당연히 이전되고(상법 제682조), 이는 재보험자가 원보험자에게 재보험금을 지급한 경우에도 마찬가지이다. 따라서 재보험관계에서 재보험자가 원보험자에게 재보험금을 지급하면 원보험자가 취득한 제3자에 대한 권리는 지급한 재보험금의 한도에서 다시 재보험자에게 이전된다(대법원 2015.6.11. 선고 2012다10386 판결).

③ 재보험자가 보험자대위에 의하여 취득한 제3자에 대한 권리의 행사는 재보험자가 이를 직접 하지 아니하고 원보험자가 재보험자의 수탁자의 지위에서 자기명의로 권리를 행사하여 그로써 회수한 금액을 재보험자에게 재보험금의 비율에 따라 교부하는 방식에 의하여 이루어지는 것이 상관습이다(대법원 2015.6.11. 선고 2012다10386 판결).

37

정답 ①

해설 배상청구기준 약관은 소급담보일자(Retroactive date)와 보고기간연장(Extended Reporting Period)으로 보험자의 책임기간을 확장할 수 있다. 소급담보일자기준의 경우, 보험사고가 보험기간 안에 발생하여야 하며, 추가로 소급담보일자를 지정하여 소급담보일자 이후에 발생한 보험사고도 보험기간 중에 배상청구가 이루어진 경우 보상하도록 하고 있다.

② 피보험자가 동일한 사고로 제3자에게 배상책임을 짐으로써 입은 손해를 보상하는 수 개의 책임보험계약이 동시 또는 순차로 체결된 경우에 그 보험금액의 총액이 피보험자의 제3자에 대한 손해배상액을 초과하는 때에는 **중복보험의 규정을 준용한다**(상법 제725조의2).

③ 손해사고설은 피보험자가 제3자에 대하여 배상책임을 부담하는 원인이 되는 사고가 발생한 때를 보험사고로 보는 입장이다(다수설). 피보험자가 제3자로부터 배상청구를 받은 때(상법 제722조)에는 **지체 없이 보험자에게 그 통지를 발송하여야 한다.**

④ 피보험자가 제3자의 청구를 방어하기 위하여 지출한 재판상 또는 재판 외의 필요비용은 **보험의 목적에 포함된 것으로 한다**(상법 제720조 제1항).

38

정답 ④

해설 상법 제724조 제2항에 의하여 피해자에게 인정되는 **직접청구권의 법적 성질은 보험자가 피보험자의 피해자에 대한 손해배상채무를 병존적으로 인수한 것으로서 피해자가 보험자에 대하여 가지는 손해배상청구권이고,** 피보험자의 보험자에 대한 보험금청구권의 변형 내지는 이에 준하는 권리는 아니다. 이러한 피해자의 직접청구권에 따라 보험자가 부담하는 손해배상채무는 보험계약을 전제로 하는 것으로서 보험계약에 따른 보험자의 **책임한도액의 범위 내에서 인정되어야 한다는 취지일 뿐, 법원이 보험자가 피해자에게 보상하여야 할 손해액을 산정하면서 자동차종합보험약관의 지급기준에 구속될 것을 의미하는 것은 아니다**(대법원 2019.4.11. 선고 2018다300708 판결).

39

정답 ①

해설 보험자는 보험사고로 인하여 생긴 보험계약자 또는 보험수익자의 제3자에 대한 권리를 대위하여 행사하지 못한다. 그러나 **상해보험계약의 경우에 당사자간에 다른 약정이 있는 때에는 보험자는 피보험자의 권리를 해하지 아니하는 범위 안에서 그 권리를 대위하여 행사할 수 있다**(상법 제729조).

② 사망 또는 상해를 보험사고로 하는 인보험계약의 보험자는 상법 제732조의2 및 제739조에 따라 보험사고가 고의로 인하여 발생한 것이 아니라면 비록 중대한 과실에 의하여 생긴 것이라 하더라도 보험금을 지급하여야 한다(서울지법 1995.8.3. 선고 95가합9025 판결).

③ 실손보장형(비정액형) 상해보험에 대하여 중복보험의 원리를 적용할 것인지 여부에 논란이 있으나, 판례는 중복보험의 법리를 준용하고 있다.

④ 상해보험에 관하여는 제732조(15세 미만자, 심신상실자 또는 심신박약자의 사망을 보험사고로 한 보험계약은 무효로 한다)를 제외하고 생명보험에 관한 규정을 준용한다. 따라서 15세 미만자, 심신상실자 또는 심신박약자 등을 피보험자로 하는 상해보험은 무효가 되지 않는다.

40

정답 ③

해설 ① 약관대출(보험계약대출)은 상법 명문에 규정되어 있지 않고 약관에 기초한 제도로서, 생명보험표준약관에 보험계약자의 권리로 규정되어 있나. 즉 생명보험표준약관 제33조 제1항에 의하면, 보험계약자는 해지환급금 범위 내에서 '보험계약대출'을 받을 수 있다.

② · ③ · ④ 약관에 따른 대출계약은 약관상의 의무의 이행으로 행하여지는 것으로서 **보험계약과 별개의 독립된 계약이 아니라, 보험계약과 일체를 이루는 하나의 계약이라고 보아야 하고, 보험약관대출금의 경제적 실질은 보험회사가 장차 지급하여야 할 보험금이나 해약환급금을 미리 지급하는 선급금과 같은 성격**이라고 보아야 한다. 따라서 약관에서 비록 '대출'이라는 용어를 사용하고 있더라도 이는 일반적인 대출과는 달리 소비대차로서의 법적 성격을 가지는 것은 아니며, 보험금이나 해약환급금에서 대출 원리금을 공제하고 지급한다는 것은 보험금이나 해약환급금의 선급금의 성격을 가지는 대출 원리금을 제외한 나머지 금액만을 지급한다는 의미이므로, 민법상의 상계와는 성격이 다르다(대법원 2007.9.28. 선고 2005다15598 전원합의체 판결).

⊘ 정답 CHECK

01	02	03	04	05	06	07	08	09	10	11	12	13	14	15	16	17	18	19	20
①	②	③	①	②	④	④	②	③	②	④	④	③	②	③	④	①	④	③	④
21	22	23	24	25	26	27	28	29	30	31	32	33	34	35	36	37	38	39	40
④	②	①	①	②	④	④	②	④	④	②	②	③	③	③	①	②	②	②	④

문제편 301p

01

정답　①

해설　소손해면책(franchise deductible)은 손해액이 일정금액 이하인 경우 보험자가 보상하지 않는 것으로, 피보험자의 자기부담금 설정이 반드시 필요하지는 않다.

② **공동보험약관(co-insurance clause)** : 보험계약자에게 공동보험자적인 입장에서 손해를 일부, 즉 자기부담금을 부담하도록 하는 약관조항이다.

③ **정액 공제(straight deductible)** : 보험자가 보험금을 지급할 때 보험증권에 기재된 일정금액 또는 보험가액의 일정비율에 해당되는 금액을 공제하여 지급하며, 이때 공제된 금액은 피보험자가 부담한다.

④ **총액 공제(aggregate deductible)** : 일정금액의 종합공제액을 정해 놓고 일정기간 발생한 손실액의 합계가 정해진 종합공제액에 못 미치는 경우에는 손실의 전부를 피보험자가 부담하고, 발생된 손실의 합계가 종합공제액을 넘는 시점부터 발생하는 손실액 전액을 보험자가 부담한다.

02

정답　②

해설　하청계약은 리스크를 이전하는 것으로 리스크통제(risk control)에 해당한다.

TIP　리스크관리방법	
리스크통제(risk control)	**리스크재무(risk financing)**
• 리스크회피(차단) • 손실통제(손실예방, 손실경감) • 리스크요소의 분산(분리, 격리) • 계약을 통한 전가(리스, 하청계약)	• 리스크의 보유(적립금, 자가보험) • **리스크의 전가[보험계약, 면책계약, 헤징(hedging, 선물계약)]** • 리스크의 보유와 전가가 동시에 행하는 리스크재무기법(공제, 자기부담금, 공동보험)

03

정답 ③

해설 보상한도액은 배상책임보험에서 보험자가 보상하는 최고 한도액으로, 사고발생시 배상책임의 정도를 고려하여 설정하여야 한다. 보상한도액은 **보험회사와 보험계약자와의 계약에 의해 결정**된다고 볼 수 있다.

04

정답 ①

해설 기왕증(pre – existing conditions)이란 현재까지 걸렸던 질병이나 외상, 진찰받은 병력을 말한다. 이전에 병에 걸린 사람은 다른 사람보다 병에 걸릴 위험이 높기 때문에 **역선택 방지** 차원에서 대부분의 건강보험은 기왕증에 대해 면책조항을 포함하고 있다.

05

정답 ②

해설 보험금은 보험계약자가 보험자와 보험계약을 체결하더라도 '우연한 사고'가 발생하여야만 지급되는데 (대법원 2019.4.3. 선고 2014도2754 판결) '우연한 사고' 발생 후 처리과정에서 보험금을 더 받기 위해 서류를 조작하는 등의 보험사기가 발생할 수 있다.

06

정답 ④

해설 제조상품의 경우 생산 및 판매량의 증가에 따라 생산비용을 절감할 수 있어서 규모의 경제성이 크지만, 보험상품의 경우 많이 판매해도 순보험료(보험금지급에 충당되는 보험료)를 절감할 수 없기 때문에 규모의 경제성이 크다고 할 수 없다.

07

정답 ④

해설 공평한 차별성이란 동일한 위험에 대해서는 동일한 요율이 적용되고, 다른 위험에 대해서는 다른 요율이 적용되어야 한다는 것으로, 높은 위험의 보험계약자에게 높은 요율을 적용하여 보험가입의 장벽을 높임으로써 **역선택(adverse selection) 감소효과**를 거둘 수 있다.

TIP **역선택(adverse selection) 감소효과**

역선택 감소·방지를 위해서는 주로 보험료 세분화 또는 보험료 차등제를 사용한다.

1. **보험료 세분화**

   계약시점 또는 보험료 갱신시점에서 계약자(피보험자)의 특성을 반영하여 위험의 정도에 따라 보험료를 다르게 하는 것을 의미하며, 특히 보험요율산정원칙의 '공정한 차별성'과 관련된다.

   예 보험계약 단계에서 성, 연령, 건강상태 등에 따라 보험료를 다르게 부과한다.

2. **보험료 차등제**

   보험계약 후 계약자(피보험자)의 개별 청구 통계에 기반하여 보험료를 차등하는 것을 의미하며, 특히 보험요율 산정원칙의 '공정한 차별성'과 관련된다.

08

정답 ②

해설 도덕적 위태(moral hazard)와 역선택(adverse selection)은 모두 정보비대칭성으로 발생하는 현상이다. 역선택은 **보험계약자(피보험자)의 위험특성(character)**에 대한 사전적 정보의 비대칭으로 발생하며, 도덕적 위태는 **보험계약자의 행위(act)**에 대한 정보의 비대칭성으로 발생한다. 즉 도덕적 위태는 인위적으로 사고를 유발·증가시키려는 개인적 특성이나 주관적인 심리상태를 말하며, 이러한 심리상태는 사기·부정직한 성향이 강하다.

09

정답 ③

해설 타보험조항(other insurance clause)은 동일한 보험의 목적의 전부 또는 일부를 담보하는 유효한 보험계약이 둘 이상 존재하는 경우 다른 보험과의 손해액을 분담하는 방법을 미리 약정한 조항이다. 타보험조항을 두는 취지는 **기본적으로 손해보험의 이득금지원칙에 따라 피보험자가 동일한 손해에 대하여 둘 이상의 보험계약으로부터 손해 이상의 보험금을 수취하는 것을 막기 위함이다.** 따라서 초과손실부담(excess of loss share contract)과는 관계가 없다.

TIP	타보험조항의 종류
• 균등액(균일)분담조항	
• 보상(책임)한도분담조항	
• 비례분할부담조항	
• 초과액부담조항	
• 타보험약관금지조항	

10

정답 ②

해설 순수리스크는 도덕적 위태가 상대적으로 적고, 손실발생을 보다 정확히 예측할 수 있기에 보험가능성의 일차적 기준이 된다.

11

정답 ④

해설 피보험자 위험특성정보 수집은 보험계약의 인수 여부를 결정하는 **언더라이팅(underwriting)**과 관련된 사항이다.

① 보험계약자(보험가입자)의 사정을 보험회사가 알 수 없는 정보비대칭에 따른 문제를 개선하기 위해 대기기간을 둔다.

②·③ 대기기간을 설정함으로써 보험계약자의 역선택에 의한 도덕적 위험을 방지할 수 있으며, 도덕적 위험 방지로 인한 보험금 지급을 제한하는 효과가 발생한다.

대기기간(waiting period)은 질병, 상해 등 보험사고가 발생한 시점부터 보험금청구권이 발생하기까지의 유예기간으로, 대기기간 내의 손해는 보상하지 않고, 대기기간 경과 후의 손해를 보상하는 방식이다.
예 암보험계약에서 90일간의 면책기간

12

정답 ④

해설 보험계약에서 보상책임을 제외하거나 보상책임을 제한하는 특정 재산을 **면책재산(excluded property)**이라 한다. 다른 보험에서 담보되었거나 도덕적 위태의 가능성이 존재한 경우 또는 정확한 손실액 측정이 어려운 경우에 보상 대상에서 제외하게 된다.
보험가액이 큰 경우는 재보험과 같은 **위험분산 방식을 통해 위험을 분산**할 수 있기 때문에 면책재산에서 제외하지 않는다.

13

정답 ③

해설 보험은 계약 당사자 일방이 계약의 내용을 일방적으로 작성하고, 상대방은 그 정형화된 계약의 내용에 승인 또는 거절하는 계약으로 **부합계약의 특성**을 갖는다.

14

정답 ②

해설 최대선의의 원칙은 보험계약 당사자에게 일반 다른 계약보다 훨씬 높은 정직성과 선의 혹은 신의성실을 요구하는 것으로, 고지(representation)의무, 은폐(concealment)금지, 보증(warranty ; 담보) 등의 원리에 의해 유지된다.

① **실손보험의 원칙 유지** : 보험자의 제3자에 대한 대위의 목적은 실손보상의 원칙을 구현하는데 있다.
③ **이중보상 방지** : 보험에서 대위변제의 원칙이 존재함으로써 피보험자가 동일한 손해에 대하여 보험자 및 제3자에게 이중으로 보상받는 것을 방지한다.
④ **보험료 부당 인상 방지** : 보험자대위는 보험계약자나 피보험자의 책임 없는 손실에 대해 보험료가 인상되는 것을 방지한다.

15

정답 ③

해설 예기치 못한 자연재해 및 대형 이상재해의 발생 등으로 인한 보험영업실적의 급격한 변동은 보험사업의 안정성을 저해하게 되는데 원보험자의 재보험계약은 이러한 각종 대형위험의 손해나 거액의 위험으로 실적의 안정화를 지켜주므로, 원보험사의 경영안정성과 이익에 도움을 준다.

16

[정답] ④

[해설] '발생손실의 규모가 제한적이어야 한다'는 내용은 보험가능 리스크의 요건 중 '**비재난적 손해**(손실의 규모가 지나치게 크거나 재난적이지 않아야 한다)'와 관련 있다.

보험가능 리스크의 요건 중 한정적 손실(definite loss)이 요구하는 것은 손실의 원인, 발생시점, 발생장소, 피해의 정도를 분명히 식별하고 측정가능해야 한다는 것이다.

17

[정답] ①

[해설] **베르누이 원칙**(Bernoulli Principle)은 보험료가 순보험료 만으로 책정되는 경우 보험을 가입했을 때의 효용이 보험을 가입하지 않았을 때의 효용보다 항상 높기 때문에 리스크 회피형 개인은 전부보험(full insurance)을 가입한다는 보험경제학의 원칙을 말한다.

② **렉시스의 원리**(Lexis' principle)는 보험계약자가 지급하는 보험료와 보험사고발생시 보험회사가 지급하는 보험금의 합계액이 같다는 원칙을 의미한다(= 급부·반대급부균등의 원칙).

③ **세인트 피터스버그 역설**(St. Petersburg paradox)은 사람들의 의사결정에 기댓값이 가지는 의미의 차이에서 발생하는 역설을 말한다. 즉 흔히 사람들은 기댓값을 의사결정의 지표로 삼는다고 생각하지만 그러한 인식에 문제가 있음을 제시하였다.

④ **그레샴의 법칙**(Gresham's law)은 가치가 낮은 것이 가치가 높은 것을 몰아낸다는 뜻으로 "악화가 양화를 구축한다"라고 표현하기도 한다. 중고차 매매시장의 정보비대칭 문제에서도 이러한 그레샴의 법칙이 성립한다. 중고차시장에서 거래가 시작되면 정보비대칭 문제로 인해 상대적으로 품질이 좋은 중고차는 시장에서 사라지고, 흔히 '레몬'이라고 불리는 질 나쁜 중고차만 거래되는 현상을 볼 수 있다.

18

[정답] ④

[해설] 기대효용 $E(U) = (\sqrt{750,000 + 250,000} \times 0.9) + (\sqrt{0 + 250,000} \times 0.1) = 950$ 달러

기대효용을 얻을 수 있는 재산 $w = U(w)^2 = 950^2$ 달러 $= 902,500$ 달러

∴ 최대한도의 보험료 $= 1,000,000$ 달러 $- 902,500$ 달러 $= \textbf{97,500 달러}$

19

[정답] ③

[해설] **지급보험금**

$$보험금 = 손해액 \times \frac{보험가입금액}{보험가액의\ 80\%\ 해당액}$$

$$보험금 = (7억원 + 6천만원) \times \frac{4억원}{10억원 \times 0.8} = \textbf{3억\ 8천만원}$$

20

정답 ④

해설 손해가 제3자의 행위로 인하여 발생한 경우에 보험금을 지급한 보험자는 그 지급한 금액의 한도에서 그 제3자에 대한 보험계약자 또는 피보험자의 권리를 취득한다. 다만, **보험자가 보상할 보험금의 일부를 지급한 경우에는 피보험자의 권리를 침해하지 아니하는 범위에서 그 권리를 행사할 수 있다**(상법 제682조 제1항). 즉 위부는 전손에만 적용되지만, 대위는 전손과 분손 모두에 적용된다. 또한 위부는 전손에 대한 정지조건으로서 피보험자의 위부통지에 대한 보험자의 승낙이 있어야만 인정되지만, **대위는 통지와 승낙이라는 절차 없이 보험자가 피보험자에게 보험금을 지급하면 당연히 인정된다.**

> **판례** | 대법원 2013.9.13. 선고 2011다81190, 81206 판결
>
> 영국 해상보험법(Marine Insurance Act, 1906)상 보험자대위는 보험의 목적에 발생한 피보험자의 손해를 보상하여 준 보험자가 보험목적의 잔존물에 대한 이익을 승계할 수 있는 권리를 취득하거나, 보험목적과 관련된 피보험자의 권리 또는 다른 구제수단을 대위하는 것을 의미하는데, 영국 해상보험법의 법리에 의하면, 보험자는 피보험자의 위부통지를 승인함으로써 제63조 제1항에 따라 잔존물에 대한 권리를 승계할 수 있으나, 위부통지를 거절하더라도 전손보험금을 지급한 후 제79조 제1항 전단의 규정에 근거하여 피보험자가 잔존물에 대하여 가지는 재산상 권리를 승계할 수도 있다. 그리고 보험금을 지급한 보험자는 제79조 제1항 후단에 의하여 피보험자의 제3자에 대한 손해배상청구권뿐만 아니라 계약상의 권리 등을 대위할 수 있고, 잔존물의 매각대금 등 피보험자가 회복한 이익을 대위할 수도 있다.

21

정답 ④

해설 근원적 리스크는 사회 경제 전반에 영향을 미치는 리스크를 말하며, 대량실업, 인플레이션, 지진, 태풍과 같은 천재지변 등이 포함된다.

① 「제조물책임법」에서 **"제조상의 결함"**이란 제조물이 원래 의도한 설계와 다르게 제조·가공됨으로써 안전하지 못하게 된 경우를 말한다. **"설계상의 결함"**이란 제조업자가 합리적인 대체설계(代替設計)를 채용하였더라면 피해나 위험을 줄이거나 피할 수 있었음에도 대체설계를 채용하지 아니하여 해당 제조물이 안전하지 못하게 된 경우를 말한다.

② 복수의 기업이 기금을 출연하여 기금 풀(pool)을 만들고, 사고를 당한 회원기업에게 기금 풀에서 손해를 보상해 주는 제도는 **보험 풀(Insurance Pool)**이다. 보험 풀(Insurance Pool)은 일반적으로 다수의 보험회사들이 고위험 물건에 대한 보험을 제공하기 위하여 필요한 자산을 공동으로 마련하여 위험을 인수 및 분산하는 방식을 말한다.

③ 리스크회피는 적극적인 리스크 관리수단으로, 빈도와 심도가 **높은** 리스크에 적합하다.

22

정답 ②

해설 **금반언(estoppel) 원칙**은 이미 표명한 자기의 언행에 대하여 이와 모순되는 행위를 할 수 없다는 원칙을 말한다. 모순된 선행행위를 한 자는 그에 대한 책임을 부담하여야 한다는 의미이다. 보험계약에서 금반언의 원칙이란 보험자가 언어, 문서, 행위 등으로 의사표시를 하여 보험계약자나 피보험자를 믿게 하고서 나중에 그 행위나 표시가 진실이 아님을 밝히고 자기의 권리만 주장하는 것을 금하는 것이다. 이러한 금반언의 유형으로 ① 기록, ② 날인증서, ③ 행위, ④ 표시(명시적·묵시적 의사표현) 등이 있다. 하지만 금반언의 원칙을 지키기 위해 절대적 강행법규를 위반하는 것은 합리적이지 못하므로, 절대적 강행법규에 해당하는 것은 금반언의 원칙이 적용되지 않는다.

상법 제651조 본문에서 "보험계약 당시에 보험계약자 또는 피보험자가 고의 또는 중대한 과실로 인하여 중요한 사항을 고지하지 아니하거나 부실의 고지를 한 때에는 **보험자는 그 사실을 안 날로부터 1월 내에, 계약을 체결한 날로부터 3년 내에 한하여 계약을 해지할 수 있다.** 그러나 보험자가 계약 당시에 그 사실을 알았거나 중대한 과실로 인하여 알지 못한 때에는 그러하지 아니하다"라고 규정하고 있다. 즉 **보험계약이 체결되고 3년이 경과한 후에는 계약자가 잘못 진술한 내용을 근거로 보험자가 면책을 주장할 수 없다.** 이는 '금항변조항(incontestable clause)'에 해당되어 '금반언 원칙'의 적용에 반하는 것이다.

> **TIP** **금항변조항(incontestable clause)**
>
> 보험계약 체결 후 일정기간이 경과한 후 계약자가 잘못 진술한 내용을 근거로 보험의 면책을 주장할 수 없도록 보험계약자를 보호하는 조항이다. 예를 들어, 계약자가 실수로 자신의 중요 병력을 빠트리고 진술하였는데, 2년이 지난 후 그러한 사실을 가지고 보험계약 해지를 주장할 수 없다는 것이다. 즉 2년이라는 시간은 보험자가 진술의 진위 여부를 파악하기에 충분한 시간이므로 2년이 지나서는 그러한 사실을 다시 반박하지 못하도록 하는 규정이다.

23

정답 ①

해설 의무보험에 가입하였다고 해도 보험사고시 보험금을 지급받기 위한 도덕적 위태는 감소되지 않는다.

> **TIP** **의무보험의 기대효과**
>
> | 법률적·사회학적 측면 | 배상자력(financial responsibility)의 확보 |
> | --- | --- |
> | | 피해자 보호장치의 강화 |
> | | 손해배상비용의 부담 적정화 도모 |
> | 경제학적 측면 | 정보의 비대칭성으로 인해 발생하는 역선택 문제의 완화 |
> | | 보험가입의 의무화를 통한 거래비용 절감으로 사회 전체적으로 후생증대효과를 기대 |
> | | 제한적 합리성(bounded rationality)의 완화
※ 제한적 합리성이란 경제주체가 미래 특정사건의 발생 확률과 사건에 따른 수익(payoff)을 정확히 평가하지 못하고 과거경험에 의한 불완전한 정보를 바탕으로 의사결정을 하는 것을 말한다. |

24

정답 ①

해설 보험계약은 당사자의 의사표시의 합치(청약과 승낙)만으로 성립하고(상법 제638조), **의사표시에는 아무런 형식을 요하지 않는 불요식 계약이다.**

25

정답 ②

해설 위험변경통지의무란 보험기간 중에 보험계약자 또는 피보험자가 사고발생의 위험이 현저하게 변경 또는 증가된 사실을 안 때에는 지체 없이 보험자에게 통지하여야 한다(상법 제652조 제1항). 이 의무위반의 요건은 위험의 현저한 변경·증가의 존재, 위험증가사실에 대한 인지, 위험증가사실에 대한 불통지가 있어야 한다. 이러한 **의무위반 요건의 존재에 대한 입증책임은 보험자에게 있다.** 보험자는 위험의 현저한 증가가 있었다는 객관적인 사실을 입증하고 보험계약을 해지할 수 있다.

① 고지의무에 위반한 사실 또는 위험의 현저한 변경이나 증가된 사실과 보험사고발생과의 사이에 인과관계가 부존재한다는 점에 관한 주장·**입증책임은 보험계약자 측에 있다**(대법원 1997.9.5. 선고 95다25268 판결).

③ 열거위험담보계약이란 보험계약상 약관이나 증권에 담보하기로 명시한 위험에 대해서만 보험자가 담보하는 계약이다(예 자동차보험의 자기차량손해에서 충돌, 접촉, 추락, 전복, 화재, 낙뢰물, 비래물 등에 의한 자기차량손실). 이러한 손해와 열거위험 **사이의 인과관계에 대한 입증책임은 보험계약자 측에 있다.** 즉 보험계약자나 피보험자는 열거위험과 사고, 사고와 손해 사이에 인과관계가 있음을 입증하여야 하고, 보험자는 담보위험 보험사고가 아니라는 면책위험으로 발생하였다는 것을 입증하여야 한다.

④ 보험자의 책임제한이란 배상책임보험에서 피해자의 과실이 없더라도 손해의 공평·타당한 분담이라는 손해배상법의 이념을 실천하기 위해 법원이 불법행위로 피해자가 입은 손해 일부를 감액해 배상하도록 하는 것을 말한다(예 과실상계, 손익상계, 기왕증 상계). 이러한 보험자의 책임제한에 대한 항변사유에 대한 **입증책임은 피해자에 있다.**

26

정답 ④

해설 손실의 빈도(발생 확률)는 낮지만 손실의 규모(심도)가 커서 스스로 부담하기 어려운 리스크는 보험 등을 통해 위험을 전가함으로써 리스크를 보다 효과적으로 대응할 수 있다.

27

정답 ④

해설 **손해배상청구권의 소멸시효 등(제조물책임법 제7조)**
이 법에 따른 손해배상의 청구권은 피해자 또는 그 법정대리인이 손해와 손해배상책임을 지는 자의 사항을 모두 알게 된 날부터 (3)년간 행사하지 아니하면 시효의 완성으로 소멸하고, 제조업자가 손해를 발생시킨 제조물을 공급한 날부터 (10)년 이내에 행사하여야 한다.

28

정답 ②

해설 금융상품 유형별 영업행위 준수사항은 적합성의 원칙(제17조), 적정성의 원칙(제18조), 설명의무(제19조), 불공정영업행위의 금지(제20조), 부당권유행위 금지(제21조) 등이다.

29

정답 ④

해설 참여비율 공제는 손해배상에 있어서 사업소득자의 경우에는 현실소득액 산정시 세법에 따른 관계증빙서에 의하여 입증된 수입액에서 그 수입을 위하여 필요한 제경비 및 제세액을 공제하고, 본인의 노무기여율(참여비율)을 감안하여 산정한다.

① **생활비 공제** : 피해자가 사망한 경우 생존하였다면 사용될 생활비를 공제하며(판례), 피해자의 손해액 산정에 있어서 손익상계의 법리에 의하여 수입에서 생활비(1/3)를 공제한다.

② **손익 공제(손익상계)** : 채무불이행 및 불법행위로 피해자가 손해를 입은 것과 동시에 이로 인하여 얻은 이익이 있는 경우에는 손해액에서 그 이익을 공제한 잔액을 배상하여야 하는데, 이와 같은 이득 공제를 손익상계라 한다. 공제되는 이익의 범위는 손해배상책임이 발생하는 원인과 상당인과관계에 있는 이익에 한한다.

③ **중간이자 공제** : 피해자의 소득은 재해 이후부터 가동기간까지 주기적으로 발생하게 되는데 주기적으로 발생할 수입을 일시에 전액을 지급하게 되면 피해자는 이자에 해당되는 만큼 부당이득을 얻게 되므로, 그 이자를 공제하여야 한다. 공제방법으로는 중간이자를 단리로 계산하여 공제하는 호프만식과 복리로 계산하여 공제하는 라이프니츠식이 있다. 국가배상 및 법원 판결은 호프만식을, 자동차보험은 라이프니츠식을 적용한다.

30

정답 ④

해설 excess of loss cover는 초과손해액재보험특약으로 **비비례재보험(non-proportional reinsurance)** 방식이다.

TIP	재보험특약
비례재보험 (proportional reinsurance)	• 비례재보험특약(quota share treaty ; Q/S특약) • 초과액재보험특약(surplus특약) • 의무적 임의재보험(facultative obligatory ; F/O Cover)
비비례재보험 (non-proportional reinsurance)	• 초과손해액재보험특약(excess of loss reinsurance) • 초과손해율재보험특약(excess of ratio cover, stop loss cover)

31

정답 ②

해설 개별 리스크 단위당 손해에 대한 출재사의 보유초과분을 담보함으로써 출재사의 보유손실금액을 제한하는 것은 **초과손해액재보험특약(excess of loss cover)**이다.

※ stop loss cover : 출재사의 경과누적 손해율이 약정된 비율을 초과할 때부터 재보험자의 지급책임이 개시되는 비비례적 재보험의 한 형태

32

정답 ②

해설 조건부자본계약은 보험사고가 발생한 후에 자본조달을 할 수 있다는 **일종의 대출약정**이다. 즉 보험사고가 발생한 경우 금융기관이나 투자자로부터 미리 정한 조건으로 차입을 하거나 주식을 발행할 수 있다는 계약으로 손실보전이라는 보험의 특성과는 연관이 없다.

33

정답 ③

해설 파라메트릭(parametric) 보험은 미리 정해진 변수와 모형에 따라 보험금을 정하는 것으로, 손실규모를 측정하기 어려운 홍수나 재해 손실에 대비한 보험이나 농작물보험에 적용되고 있다. 손실을 측정할 필요가 없고 강수량, 온도 등 사전에 약속한 변수에 의해서 보험금이 자동적으로 정해진다. 파라메트릭 보험은 손해사정을 통해서 손실규모 및 손실금액을 정확하게 추정하기 어렵고, 도덕적 해이가 우려되는 분야에 적용하는 것이 효과적이므로, **전통형 보험상품에 비해 보험사기 발생 가능성이 작다.**

34

정답 ③

해설 피해자의 치료비에 관하여는 통상비용의 전액을, 그 밖의 손해에 관하여는 보험약관이나 공제약관으로 정한 지급기준금액을 **대통령령으로 정하는** 바에 따라 우선 지급한다(교통사고처리특례법 제4조 제2항). 후유장애시 상실수익액의 50%를 우선 지급한다.

> **TIP** 우선 지급할 치료비 외의 손해배상금의 범위(교통사고처리특례법 시행령 제3조 제1항)
>
> 1. **부상의 경우**
>   보험약관 또는 공제약관에서 정한 지급기준에 의하여 산출한 위자료의 전액과 휴업손해액의 100분의 50에 해당하는 금액
>
> 2. **후유장애의 경우**
>   보험약관 또는 공제약관에서 정한 지급기준에 의하여 산출한 위자료 전액과 상실수익액의 100분의 50에 해당하는 금액
>
> 3. **대물손해의 경우**
>   보험약관 또는 공제약관에서 정한 지급기준에 의하여 산출한 대물배상액의 100분의 50에 해당하는 금액

35

정답 ③

해설 상해보험은 피보험자가 우연한 사고로 신체에 상해를 입은 경우에 보험금을 급부하기로 하는 보험이다. 상해보험은 보험사고의 객체가 사람인 점에서 생명보험과 마찬가지로 인보험이지만, 사람의 생사를 보험사고로 하는 것이 아닌 점에서 생명보험과 다르다. 상해보험의 보험금 지급방식에는 실제 손해액과 관계없이 일정한 금액을 지급하기로 하는 정액보상방식도 있지만, 상해의 정도에 따라 손해액을 지급하는 손해보상방식도 있다. 그래서 상해보험은 **생명보험과 손해보험의 중간적인 성격을 갖는 것**이며, 특히 정액보상방식의 상해보험은 생명보험과 같은 인보험적 성격을 가지며, 손해보상방식의 상해보험은 손해보험적 성격을 갖는다. 따라서 **인보험에 대하여는 보험자의 대위가 금지되어 있는 점**에 비추어보면 공제하지 않는 것이 타당하다.

> **판례** 대법원 1998.11.24. 선고 98다25061 판결
>
> 대법원 판례는 "상해보험인 해외여행보험에 의한 지급금은 이미 납입한 보험료의 대가적 성질을 가지는 것으로서 그 부상에 관하여 제3자가 불법행위 또는 채무불이행에 기한 손해배상의무를 부담하는 경우에도, 보험계약의 당사자 사이에 다른 약정이 없는 한, 상법 제729조에 의하여 보험자대위가 금지됨은 물론, 그 배상액의 산정에 있어서 손익상계로서 공제하여야 할 이익에 해당하지 아니하며, 보험자대위가 인정되는 경우에도 피보험자가 보험자로부터 손해의 일부를 전보 받았다고 하여 그 나머지 손해에 대한 가해자의 피보험자에 대한 손해배상책임까지 소멸되는 것은 아니다"라고 판시하였다.

> **TIP** 손익상계의 대상
>
> • 가해자 또는 보험회사가 이미 지급한 치료비
> • 형사합의금이나 공탁금
> • 「근로기준법」 및 「산업재해보상보험법」상의 보상 및 급여
> • 「공무원연금법」, 「국민연금법」 등에 의한 급여

36

정답 ①

해설 호프만계수법은 중간이자를 단리로 계산하고, 라이프니츠계수법은 중간이자를 복리로 계산한다.

37

정답 ②

해설 「민법」에서 규정한 상속 순위는 (나) 피상속인의 직계비속 → (가) 피상속인의 직계존속 → (다) 피상속인의 형제자매 → (라) 피상속인의 4촌 이내의 방계혈족 순이다.

38

정답 ②

해설 구직급여는 고용보험에 가입한 근로자가 실직했을 때 근로자의 안정적 생활과 구직활동을 돕기 위해 일정 기간 지급하는 급여로서 「**고용보험법**」 제37조에서 **규정**하고 있다.

TIP	보험급여의 종류(산업재해보상보험법 제36조 제1항)

1. 요양급여
2. 휴업급여
3. 장해급여
4. 간병급여
5. 유족급여
6. 상병(傷病)보상연금
7. 장례비
8. 직업재활급여

39

정답 ②

해설 비상위험준비금은 대화재, 태풍, 지진 등 재난적 손해에 대비하기 위하여 적립하는 금액으로, 부채항목이 아닌 **자본항목으로 계상**한다.

※ 국제회계기준 IFRS17에서는 비상위험준비금 관련 계정항목이 없어 별도로 설정하거나 현행 계정항목을 유지해야 하므로 자본항목 이익잉여금 내에 적립한다.

40

정답 ④

해설 PML(probable maximum loss ; 가능최대손실)은 보험료를 적절하게 산출하는 기초로 활용되고, 보험 인수 여부 및 조건을 결정하는 기준이 된다. 또한 보험자가 보험가액을 결정할 때 활용될 수 있다. PML은 기대손실과 실제손실의 차이의 정도(손실의 표준편차)와 리스크관리자의 위험회피도의 2가지 요인에 영향을 받는다. PML은 표준편차와 위험회피도에 비례하므로, **리스크관리자의 리스크회피도가 높을수록 커진다.**

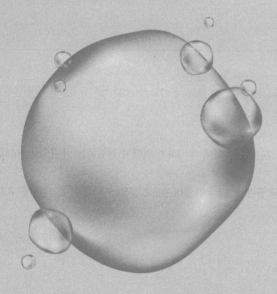

우리가 쓰는 것 중
가장 값비싼 것은 시간이다.

— 테오프라스토스 —

2022년 제45회

손해사정사 1차 시험문제
정답 및 해설

제1과목   보험업법

제2과목   보험계약법

제3과목   손해사정이론

✓ 정답 CHECK

01	02	03	04	05	06	07	08	09	10	11	12	13	14	15	16	17	18	19	20
①	③	②	④	②	④	④	③	②	④	③	①	③	②	④	③	④	①	②,④	②

21	22	23	24	25	26	27	28	29	30	31	32	33	34	35	36	37	38	39	40
①	②	③	②	④	①	④	①	④	②	④	③	①	③	④	①	④	①	③	①

문제편 316p

01

정답 ①

해설 한국은행은 전문보험계약자에 해당한다(보험업법 제2조 제19호 나목).

> **TIP** 보험회사의 동의에 의하여 일반보험계약자로 될 수 있는 자(보험업법 제2조 제19호 단서, 동법 시행령 제6조의2 제1항)
>
> 전문보험계약자 중 대통령령으로 정하는 자가 일반보험계약자와 같은 대우를 받겠다는 의사를 보험회사에 서면으로 통지하는 경우 보험회사는 정당한 사유가 없으면 이에 동의하여야 하며, 보험회사가 동의한 경우에는 해당 보험계약자는 일반보험계약자로 본다.
> 1. 지방자치단체
> 2. 주권상장법인
> 3. 대통령령으로 정하는 금융기관에 준하는 외국금융기관(동법 시행령 제6조의2 제2항 제15호)
> 4. 법률에 따라 설립된 기금(기술보증기금과 신용보증기금에 따른 기금은 제외한다) 및 그 기금을 관리·운용하는 법인(동법 시행령 제6조의2 제3항 제15호)
> 5. 해외 증권시장에 상장된 주권을 발행한 국내법인(동법 시행령 제6조의2 제3항 제16호)
> 6. 그 밖에 보험계약에 관한 전문성, 자산규모 등에 비추어 보험계약의 내용을 이해하고 이행할 능력이 있는 자로서 금융위원회가 정하여 고시하는 자(동법 시행령 제6조의2 제3항 제18호)

02

정답 ③

해설 금융위원회는 예비허가를 받은 자가 예비허가의 조건을 이행한 후 본허가를 신청하면 허가하여야 한다(보험업법 제7조 제4항). 지문 중 **"본허가의 요건을 심사한다"**는 내용이 잘못된 내용이다.

① 보험업법 제7조 제3항
② 보험업법 제7조 제2항
④ 보험업법 제4조 제5항

03

정답 ②

해설 보험금의 상한액은 **5천만원**이어야 한다(보험업법 시행령 제13조의2 제1항 제3호).

04

정답 ④

해설 ④ 보험업법 제12조 제5항

① 국내사무소의 명칭에는 '사무소'라는 글자를 **포함하여야 한다**(보험업법 제12조 제4항).

② 국내사무소를 설치한 날부터 30일 이내에 **금융위원회에 신고하여야 한다**(보험업법 제12조 제2항).

③ 국내사무소는 **보험업을 경영하는 행위 및 보험계약의 중개나 대리 업무를 수행할 수 없다**(보험업법 제12조 제3항 제1호, 제2호).

05

정답 ②

해설 주식 금액 또는 주식 수의 감소에 따른 자본금의 실질적 감소를 하려면 **미리 금융위원회의 승인을 받아야 한다**(보험업법 제18조 제2항, 동법 시행령 제23조의2). 즉 사전 승인을 받아야 한다.

① 보험업법 제18조 제1항

③ 보험업법 제18조 제3항, 제141조 제2항

④ 보험업법 제18조 제3항, 제151조 제3항

06

정답 ④

해설 ④ 보험업법 제31조, 제145조

① 상호회사는 기금의 총액을 300억원 미만으로 하거나 **설정하지 아니할 수 있다**(보험업법 제20조 제2항).

② 주식회사의 조직변경은 **출석한 주주의 의결권의 3분의 2 이상이 수와 발행주식 총수의 3분의 1 이상의 수로써 하여야 한다**(보험업법 제21조 제2항, 상법 제434조).

③ 주식회사의 보험계약자는 조직변경에 따라 해당 **상호회사의 사원이 된다**(보험업법 제30조).

07

정답 ④

해설 **정관의 기재사항(보험업법 제34조)**
1. 취급하려는 보험종목과 사업의 범위
2. 명칭
3. 사무소 소재지
4. **기금의 총액**
5. **기금의 갹출자가 가질 권리**
6. **기금과 설립비용의 상각 방법**
7. 잉여금의 분배 방법
8. 회사의 공고 방법
9. 회사 성립 후 양수할 것을 약정한 자산이 있는 경우에는 그 자산의 가격과 양도인의 성명
10. 존립시기 또는 해산사유를 정한 경우에는 그 시기 또는 사유

08

정답 ③

해설 상호회사는 손실을 보전하기 전에는 기금이자를 지급하지 못한다(보험업법 제61조 제1항).

① 보험업법 제64조, 상법 제447조의2 제1항
② 보험업법 제62조
④ 보험업법 제63조

09

정답 ②

해설 퇴사한 사원이 회사에 대하여 부담한 채무가 있는 경우, 회사는 그 사원에게 환급해야 하는 금액에서 그 채무액을 **공제할 수 있다**(보험업법 제67조 제2항).

① 보험업법 제66조 제1항 제1호, 제2호
③ 보험업법 제68조 제2항
④ 보험업법 제66조 제2항, 상법 제283조 제1항

10

정답 ④

해설 ④ 보험업법 제72조 제2항
① 해산을 결의한 경우에는 그 결의가 **금융위원회의 인가**를 받은 날부터 2주 이내에 결의의 요지와 재무상태표를 공고하여야 한다(보험업법 제69조 제1항).
② 상호회사가 해산한 경우에는 **합병과 파산의 경우가 아니면** 보험업법 규정에 따라 청산을 하여야 한다(보험업법 제71조).
③ 청산인은 회사자산을 처분함에 있어서, **기금의 상각보다 일반채무의 변제를 먼저 하여야 한다**(보험업법 제72조 제1항).

11

정답 ③

해설 ③ 보험업법 제125조 제3항

① 보험회사가 그 업무에 관한 공동행위를 하기 위하여 다른 보험회사와 상호협정을 체결(변경하거나 폐지하려는 경우를 포함한다)하려는 경우에는 대통령령으로 정하는 바에 따라 **금융위원회의 인가를 받아야 한다**(보험업법 제125조 제1항).

② 금융위원회는 공익 또는 보험업의 건전한 발전을 위하여 특히 필요하다고 인정되는 경우에는 보험회사에 대하여 협정의 **체결·변경 또는 폐지를 명하거나 그 협정의 전부 또는 일부에 따를 것을 명할 수 있다**(보험업법 제125조 제2항).

④ 금융위원회는 상호협정 체결을 위한 신청서를 받았을 때에는 그 내용이 보험회사간의 공정한 경쟁을 저해하는지와 보험계약자의 이익을 침해하는지를 심사하여 그 **인가 여부를 결정하여야 한다**(보험업법 시행령 제69조 제2항).

12

정답 ①

해설 외국상호회사국내지점이 등기를 신청하는 경우에는 그 외국상호회사국내지점의 대표자는 신청서에 대한민국에서의 주된 영업소와 대표자의 이름 및 주소를 적고 다음 각 호의 서류를 첨부하여야 한다(보험업법 제78조 제2항).

1. 대한민국에 주된 영업소가 있다는 것을 인정할 수 있는 서류
2. 대표자의 자격을 인정할 수 있는 서류
3. 회사의 정관이나 그 밖에 회사의 성격을 판단할 수 있는 서류

13

정답 ③

해설 외국보험회사국내지점의 대표자는 퇴임한 후에도 후임 대표자의 이름 및 주소에 관하여 「**상법**」 **제614조 제3항에 따른 등기가 있을 때까지는 계속하여 대표자의 권리와 의무를 가진다**(보험업법 제76조 제2항).

① 보험업법 제76조 제3항
② 보험업법 제76조 제1항, 상법 제209조 제1항
④ 보험업법 제76조 제1항, 상법 제209조 제2항

14

정답 ②

해설 보험종목(보험업법 제4조 제1항)

생명보험업	가. 생명보험 나. 연금보험(퇴직보험을 포함한다) 다. 그 밖에 대통령령으로 정하는 보험종목
손해보험업	가. 화재보험 나. 해상보험(항공・운송보험을 포함한다) 다. 자동차보험 라. 보증보험 마. 재보험(再保險) 바. 그 밖에 대통령령으로 정하는 보험종목
제3보험업	가. 상해보험 나. 질병보험 다. 간병보험 라. 그 밖에 대통령령으로 정하는 보험종목

15

정답 ④

해설 금융기관보험대리점 등 중 다음 각 호의 어느 하나에 해당하는 자는 소속 임직원이 아닌 자로 하여금 모집을 하게 하거나, 보험계약 체결과 관련한 상담 또는 소개를 하게하고 상담 또는 소개의 대가를 지급할 수 있다(보험업법 시행령 제26조 제1항).

1. 「여신전문금융업법」에 따라 허가를 받은 신용카드업자(겸영여신업자는 제외한다)
2. 「농업협동조합법」에 따라 설립된 조합(「농업협동조합법」 제161조의12에 따라 설립된 농협생명보험 또는 농협손해보험이 판매하는 보험상품을 모집하는 경우로 한정한다)

16

정답 ③

해설 보험업법 또는 「금융소비자 보호에 관한 법률」에 따라 벌금 이상의 형을 선고받고 그 집행이 끝나거나 (집행이 끝난 것으로 보는 경우를 포함한다) 집행이 면제된 날부터 **2년이 지나지 아니한 자**는 보험설계사가 되지 못한다(보험업법 제84조 제2항 제3호).

① 보험업법 제84조 제1항
② 보험업법 제84조 제2항 제4호
④ 보험업법 제84조 제2항 제10호

17

정답 ④

해설 법인이 아닌 보험대리점 및 보험중개사는 등록한 날부터 (2년)이 지날 때마다 (2년)이 된 날부터 (6개월) 이내에 보험업법에서 정한 기준에 따라 교육을 받아야 한다(보험업법 시행령 제29조의2 제2항).

18

정답 ①

해설 **직원이 요청하는 경우** 해당 고객으로부터의 분리 및 업무담당자의 교체를 하여야 한다(보험업법 제85조의4 제1항 제1호).

> **TIP** 고객응대직원에 대한 보호 조치 의무(보험업법 제85조의4 제1항)
>
> 보험회사는 고객을 직접 응대하는 직원을 고객의 폭언이나 성희롱, 폭행 등으로부터 보호하기 위하여 다음 각 호의 조치를 하여야 한다.
> 1. 직원이 요청하는 경우 해당 고객으로부터의 분리 및 업무담당자 교체
> 2. 직원에 대한 치료 및 상담 지원
> 3. 고객을 직접 응대하는 직원을 위한 상시적 고충처리 기구 마련. 다만, 「근로자참여 및 협력증진에 관한 법률」 제26조에 따라 고충처리위원을 두는 경우에는 고객을 직접 응대하는 직원을 위한 전담 고충처리위원의 선임 또는 위촉
> 4. 그 밖에 직원의 보호를 위하여 필요한 법적 조치 등 대통령령으로 정하는 조치(동법 시행령 제29조의3)
>   - 고객의 폭언이나 성희롱, 폭행 등이 관계 법률의 형사처벌 규정에 위반된다고 판단되고 그 행위로 피해를 입은 직원이 요청하는 경우 : 관할 수사기관 등에 고발
>   - 고객의 폭언 등이 관계 법률의 형사처벌 규정에 위반되지는 아니하나 그 행위로 피해를 입은 직원의 피해정도 및 그 직원과 다른 직원에 대한 장래 피해발생 가능성 등을 고려하여 필요하다고 판단되는 경우 : 관할 수사기관 등에 필요한 조치 요구
>   - 직원이 직접 폭언 등의 행위를 한 고객에 대한 관할 수사기관 등에 고소, 고발, 손해배상 청구 등의 조치를 하는데 필요한 행정적, 절차적 지원
>   - 고객의 폭언 등을 예방하거나 이에 대응하기 위한 직원의 행동요령 등에 대한 교육 실시
>   - 그 밖에 고객의 폭언 등으로부터 직원을 보호하기 위하여 필요한 사항으로서 금융위원회가 정하여 고시하는 조치

19

정답 ②, ④

해설 ① 다른 보험회사의 임직원이 보험대리점이 된 경우 **등록 취소사유에 해당**한다(보험업법 제88조 제1항 제1호, 제87조 제2항 제3호).
② 보험업법에 따른 처분을 위반한 경우 6개월 이내의 기간을 정하여 그 업무의 정지를 명하거나 그 **등록을 취소할 수 있다**(보험업법 제88조 제2항 제4호).
③ 보험업법상 자기계약의 금지를 위반한 경우 **등록 취소사유에 해당**한다(보험업법 제88조 제1항 제5호, 제101조).
④ 「대부업 등의 등록 및 금융이용자 보호에 관한 법률」에 따른 대부업을 행한 경우는 법인보험대리점에만 해당(보험업법 제88조 제1항 제4호)되며, **개인보험대리점에는 적용되지 않는다**. 따라서 중복 답안으로 처리하였다.

> **TIP** 법인보험대리점의 업무범위 등(보험업법 시행령 제33조의4 제1항)
>
> 법 제87조의3 제1항에 따라 법인보험대리점은 다음 각 호의 어느 하나에 해당하는 업무를 하지 못한다.
> 1. 「방문판매 등에 관한 법률」에 따른 다단계판매업
> 2. 「대부업 등의 등록 및 금융이용자 보호에 관한 법률」에 따른 대부업 또는 대부중개업

20

정답 ②

해설 교차모집보험설계사의 소속 보험회사 또는 교차모집을 위탁한 보험회사의 금지행위(보험업법 시행령 제29조 제3항)

1. 교차모집보험설계사에게 자사 소속의 보험설계사로 전환하도록 권유하는 행위 (가)
2. 교차모집보험설계사에게 자사를 위하여 모집하는 경우 보험회사가 정한 수수료·수당 외에 추가로 대가를 지급하기로 약속하거나 이를 지급하는 행위 (나)
3. 교차모집보험설계사가 다른 보험회사를 위하여 모집한 보험계약을 자사의 보험계약으로 처리하도록 유도하는 행위 (다)
4. 교차모집보험설계사에게 **정당한 사유 없이** 위탁계약 해지, 위탁범위 제한 등 불이익을 주는 행위
5. 교차모집보험설계사의 소속 영업소를 변경하거나 모집한 계약의 관리자를 변경하는 등 교차모집을 제약·방해하는 행위 (마)
6. 그 밖에 보험계약자 보호와 모집질서 유지를 위하여 총리령으로 정하는 행위(동법 시행규칙 제16조 제1항)
   • 소속 보험설계사에게 특정 보험회사를 지정하여 교차모집 위탁계약의 체결을 강요하는 행위
   • 소속 보험설계사에게 교차모집보험설계사가 될 자의 유치를 강요하는 행위
   • **합리적 근거 없이** 교차모집보험설계사를 소속 보험설계사보다 우대하는 행위

21

정답 ①

해설 다. 변액보험계약에 **최저로 보장되는 보험금**이 설정되어 있는 경우에는 그 내용을 기재해야 한다(보험업법 시행령 제42조 제1항 제2호).

라. 다른 보험회사 상품과 비교한 사항은 보험안내자료에 기재해서는 안 된다(보험업법 시행령 제42조 제2항 제3호).

TIP **보험안내자료의 기재사항(보험업법 제95조 제1항)**

모집을 위하여 사용하는 보험안내자료에는 다음 각 호의 사항을 명백하고 알기 쉽게 적어야 한다.
1. 보험회사의 상호나 명칭 또는 보험설계사·보험대리점 또는 보험중개사의 이름·상호나 명칭
2. 보험 가입에 따른 권리·의무에 관한 주요 사항
3. 보험약관으로 정하는 보장에 관한 사항
4. 보험금 지급제한 조건에 관한 사항 (가)
5. 해약환급금에 관한 사항 (나)
6. 「예금자보호법」에 따른 예금자보호와 관련된 사항
7. 그 밖에 보험계약자를 보호하기 위하여 대통령령으로 정하는 사항(동법 시행령 제42조 제3항)
   • 보험금이 금리에 연동되는 보험상품의 경우 적용금리 및 보험금 변동에 관한 사항 (마)
   • 보험금 지급제한 조건의 예시
   • 보험안내자료의 제작자·제작일, 보험안내자료에 대한 보험회사의 심사 또는 관리번호 (바)
   • 보험 상담 및 분쟁의 해결에 관한 사항

22

정답 ②

해설 ② 보험업법 제96조 제2항 제3호

① 전화·우편·컴퓨터통신 등 통신수단을 이용하여 모집을 하는 자는 보험업법에 따라 모집을 할 수 있는 자이어야 하며, **금융위원회로부터 별도로 이에 관한 허가를 받아야 하는 것은 아니다**(보험업법 제96조 제1항).

③ 사이버몰을 이용하여 모집하는 자가 보험약관 또는 보험증권을 전자문서로 발급하는 경우에는 보험계약자가 해당 문서를 수령하였는지를 확인하여야 하며, **보험계약자가 서면으로 발급해 줄 것을 요청하는 경우**에는 서면으로 발급해 주어야 한다(보험업법 시행령 제43조 제5항 제3호). 〈2023.6.27. 개정〉

④ 보험회사는 보험계약을 청약한 자가 전화를 이용하여 청약의 내용을 확인·정정 요청하거나 청약을 철회하려는 경우에는 **상대방의 동의를 받아 청약 내용, 청약자 본인인지를 확인**하고 그 내용을 음성녹음을 하는 등 증거자료를 확보·유지하여야 한다(보험업법 시행령 제43조 제6항). 〈2023.6.27. 개정〉

23

정답 ③

해설 ③ 보험업법 제110조의3(금리인하 요구) 제1항

① 보험회사는 그 자산을 운용할 때 안정성·유동성·수익성 및 공익성이 확보되도록 하여야 한다(보험업법 제104조 제1항).

② 보험회사는 그 자산을 직접·간접을 불문하고 **해당 보험회사의 주식을 사도록** 하기 위한 대출을 하여서는 아니 된다(보험업법 제105조 제4호).

④ 보험회사는 특별계정의 자산을 운용할 때 **보험계약자의 지시에 따라 자산을 운용하는 행위**를 하여서는 **아니 된다**(보험업법 시행령 제53조 제3항 제1호).

24

정답 ②

해설 **책임준비금에 대한 적정성 검증을 받아야 하는 보험회사(보험업법 시행령 제63조의2 제1항)**

1. 직전 사업연도 말의 재무상태표에 따른 자산총액이 1조원 이상인 보험회사
2. 다음 각 목의 어느 하나에 해당하는 보험종목을 취급하는 보험회사

　　가. **생명보험**
　　나. 연금보험
　　다. **자동차보험**
　　라. 상해보험
　　마. **질병보험**
　　바. 간병보험

25

정답 ④

해설 '자회사와의 주요거래 상황을 적은 서류'는 보험회사가 **자회사의 사업연도가 끝난 날부터 3개월 이내에** 금융위원회에 제출하여야 하는 서류이다(보험업법 제117조 제2항, 동법 시행령 제60조 제2항 제2호).

TIP	보험회사가 자회사를 소유하게 된 날부터 15일 이내에 금융위원회에 제출하여야 하는 서류(보험업법 제117조 제1항, 동법 시행령 제60조 제1항) 〈2022.12.27. 개정〉

1. 정관
2. 업무의 종류 및 방법을 적은 서류
3. 주주현황
4. 재무상태표 및 포괄손익계산서 등의 재무제표와 영업보고서
5. 자회사가 발행주식 총수의 100분의 10을 초과하여 소유하고 있는 회사의 현황

26

정답 ①

해설 **보험설계사에 대한 불공정 행위 금지(보험업법 제85조의3 제1항)**

보험회사 등은 보험설계사에게 보험계약의 모집을 위탁할 때 다음 각 호의 행위를 하여서는 아니 된다.
1. 보험모집 위탁계약서를 교부하지 아니하는 행위
2. 위탁계약서상 계약사항을 이행하지 아니하는 행위
3. 위탁계약서에서 정한 **해지요건 외의 사유로 위탁계약을 해지하는 행위**
4. **정당한 사유 없이 보험설계사가 요청한 위탁계약 해지를 거부하는 행위**
5. **위탁계약서에서 정한 위탁업무 외의 업무를 강요하는 행위**
6. 정당한 사유 없이 보험설계사에게 지급되어야 할 수수료의 전부 또는 일부를 지급하지 아니하거나 지연하여 지급하는 행위
7. 정당한 사유 없이 보험설계사에게 지급한 수수료를 환수하는 행위
8. **보험설계사에게 보험료 대납(代納)을 강요하는 행위**
9. 그 밖에 대통령령으로 정하는 불공정한 행위

27

정답 ④

해설 보험중개사는 다음 각 호의 어느 하나에 해당하는 경우에는 지체 없이 그 사실을 금융위원회에 신고하여야 한다(보험업법 제93조 제1항).

1. 보험중개사 등록을 신청할 때 제출한 서류에 적힌 사항이 변경된 경우
2. 보험업법 제84조 제2항 각 호(등록의 결격사유)의 어느 하나에 해당하게 된 경우
3. 모집업무를 폐지한 경우
4. **개인의 경우에는 본인이 사망한 경우**
5. 법인의 경우에는 그 법인이 해산한 경우
6. **법인이 아닌 사단 또는 재단의 경우에는 그 단체가 소멸한 경우**
7. 보험대리점 또는 **보험중개사가 소속 보험설계사와 보험모집에 관한 위탁을 해지한 경우**
8. 보험설계사가 다른 보험회사를 위하여 모집을 한 경우나, 보험대리점 또는 보험중개사가 생명보험계약의 모집과 손해보험계약의 모집을 겸하게 된 경우

28

정답 ①

해설 상호협정서 변경 대비표(상호협정을 변경하는 경우만 해당한다)는 상호협정의 인가신청시 첨부서류이다(보험업법 시행규칙 제32조)

TIP 상호협정의 체결을 위한 신청서에 기재하여야 하는 사항(보험업법 시행령 제69조 제1항 제1호)
1. 상호협정 당사자의 상호 또는 명칭과 본점 또는 주된 사무소의 소재지 2. 상호협정의 명칭과 그 내용 3. 상호협정의 효력의 발생시기와 기간 4. 상호협정을 하려는 사유 5. 상호협정에 관한 사무를 총괄하는 점포 또는 사무소가 있는 경우에는 그 명칭과 소재지 6. 외국보험회사와의 상호협정인 경우에는 그 보험회사의 영업 종류와 현재 수행 중인 사업의 개요 및 현황

29

정답 ③

해설 보험약관 이해도 평가의 대상자에는 금융감독원장이 추천하는 **보험소비자 3명** 및 보험요율산출기관의 장이 추천하는 보험 관련 전문가 1명이 포함된다(보험업법 시행령 제71조의6 제1항 제1호, 제4호).

① 보험업법 제128조의4 제2항
② 보험업법 제128조의4 제4항
④ 보험업법 시행령 제71조의6 제3항

30

정답 ②

해설 금융위원회는 보험회사(그 소속 임직원을 포함한다)가 보험업법 또는 보험업법에 따른 규정·명령 또는 지시를 위반하여 보험회사의 건전한 경영을 해치거나 보험계약자, 피보험자, 그 밖의 이해관계인의 권익을 침해할 우려가 있다고 인정되는 경우 또는 「금융회사의 지배구조에 관한 법률」 별표 각 호의 어느 하나에 해당하는 경우(제4호에 해당하는 조치로 한정한다), 「금융소비자 보호에 관한 법률」 제51조 제1항 제4호, 제5호 또는 같은 조 제2항 각 호 외의 부분 본문 중 대통령령으로 정하는 경우에 해당하는 경우(제4호에 해당하는 조치로 한정한다)에는 금융감독원장의 건의에 따라 다음 각 호의 어느 하나에 해당하는 조치를 하거나 **금융감독원장으로 하여금 제1호의 조치를 하게 할 수 있다**(보험업법 제134조 제1항).

1. **보험회사에 대한 주의·경고 또는 그 임직원에 대한 주의·경고·문책의 요구**
2. 해당 위반행위에 대한 시정명령
3. 임원(「금융회사의 지배구조에 관한 법률」 제2조 제5호에 따른 업무집행책임자는 제외한다)의 해임 권고·직무정지
4. 6개월 이내의 영업의 일부정지

31

정답 ④

해설 **해산결의의 인가신청(보험업법 시행규칙 제35조)**
보험회사는 해산결의의 인가를 받으려면 인가신청서에 다음 각 호의 서류를 첨부하여 금융위원회에 제출하여야 한다.
1. 주주총회 의사록(상호회사인 경우에는 사원총회 의사록)
2. 청산 사무의 추진계획서
3. 보험계약자 및 이해관계인의 보호절차 이행을 증명하는 서류
4. 「상법」 등 관계법령에 따른 절차의 이행에 흠이 없음을 증명하는 서류
5. 그 밖에 금융위원회가 필요하다고 인정하는 서류

32

정답 ③

해설 **보험회사의 부실에 따라 보험계약을 이전하려는 경우가 아닌 경우**로서 외국보험회사의 국내지점을 국내법인으로 전환함에 따라 국내지점의 보험계약을 국내법인으로 이전하는 경우에는 그 이전하려는 보험계약과 같은 종류의 보험계약을 체결할 수 있다(보험업법 시행령 제75조의3 제1호).

① 보험업법 제140조 제1항
② 보험업법 제142조
④ 보험업법 시행령 제75조의3 제2호

33

정답 ①

해설 보험회사는 해산한 후에도 **3개월 이내**에는 보험계약 이전을 결의할 수 있다(보험업법 제148조 제1항).

34

정답 ③

해설 정관으로 정하는 바에 따라 보험에 대한 **조사·연구업무를 할 수 있다**(보험업법 제176조 제3항 제3호).

① 보험업법 제176조 제3항 제1호, 제2호
② 보험업법 제176조 제4항
④ 보험업법 시행령 제86조 제6호

35

정답 ④

해설 **보험계리사 등의 업무(보험업법 시행규칙 제44조)**
보험계리사, 선임계리사 또는 보험계리업자의 업무는 다음 각 호와 같다. 다만, 제5호의 업무는 보험계리사 및 보험계리업자만 수행한다. 〈2023.6.30. 개정〉
1. 기초서류 내용의 적정성에 관한 사항
2. 책임준비금, 비상위험준비금 등 준비금의 적립에 관한 사항
3. 잉여금의 배분·처리 및 보험계약자 배당금의 배분에 관한 사항
4. 지급여력비율 계산 중 보험료 및 책임준비금과 관련된 사항
5. **상품 공시자료 중 기초서류와 관련된 사항**
6. 계리적 최적가정의 검증·확인에 관한 사항

36

정답 ①

해설 보험회사는 선임계리사가 사임하려는 경우 선임계리사의 사임 의사와 그 사유를 이사회에 제출해야 한다. 이 경우 이사회는 선임계리사의 의견을 들을 수 있다(보험업법 시행규칙 제45조). 〈2023.6.30. 개정〉

② 보험업법 시행규칙 제45조 〈2023.6.30. 개정〉
③ 보험업법 제184조 제6항
④ 보험업법 제184조 제7항 제1호 〈2022.12.31. 신설〉

37

정답 ④

해설 보험계리를 업으로 하려는 자의 등록업무는 **금융감독원장에게 위탁한다**(보험업법 제194조 제2항).

① **보험설계사의 등록** : 보험협회에 위탁한다(보험업법 제194조 제1항 제1호).
② **보험대리점의 등록** : 보험협회에 위탁한다(보험업법 제194조 제1항 제2호).
③ **보험대리점의 등록취소 또는 업무정지의 통지** : 금융감독원장이 보험협회의 장에게 위탁한다(보험업법 시행령 제101조 제1항 제2호).

38

정답 ①

해설 보험회사는 그 영업을 양도·양수하려면 **금융위원회의 인가**를 받아야 한다(보험업법 제150조).

② 보험업을 경영하려는 자는 보험종목별로 **금융위원회의 허가**를 받아야 한다(보험업법 제4조).
③ 보험금액을 삭감하기로 정하는 경우에 보험계약을 이전하려는 보험회사는 주주총회 등의 결의가 있었던 때부터 보험계약을 이전하거나 이전하지 아니하게 될 때까지 그 자산을 처분하거나 채무를 부담하려는 행위를 하지 못한다. 다만, 보험업을 유지하기 위하여 필요한 비용을 지출하는 경우 또는 자산의 보전이나 그 밖의 특별한 필요에 따라 **금융위원회의 허가**를 받아 자산을 처분하는 경우에는 그러하지 아니하다(보험업법 제144조 제1항).
④ 보험회사가 「자산재평가법」에 따른 재평가를 한 경우 그 재평가에 따른 재평가적립금은 같은 법 제28조 제2항 각 호에 따른 처분 이외에 **금융위원회의 허가**를 받아 보험계약자에 대한 배당을 위하여 도 처분할 수 있다(보험업법 제122조).

39

정답 ③

해설 보험모집 관련 불법행위에 대해 보험회사에 '징벌적 손해배상'을 부과하는 법안이 발의(2019.3.25.) 되었으나, **징벌적 손해배상 도입에 대한 사회적 공론화가 이뤄지지 않아 현재는 인정되지 않고 있다.**

① 보험업법 제206조(병과)
② 보험업법 제208조(양벌규정)
④ 보험업법 제209조(과태료)

40

[정답] ①

[해설] **보고사항(보험업법 제130조)**

보험회사는 다음 각 호의 어느 하나에 해당하는 사유가 발생한 경우에는 그 사유가 발생한 날부터 5일 이내에 금융위원회에 보고하여야 한다.

1. **상호나 명칭을 변경한 경우**
2. 본점의 영업을 중지하거나 재개(再開)한 경우
3. 최대주주가 변경된 경우
4. **대주주가 소유하고 있는 주식 총수가 의결권 있는 발행주식 총수의 100분의 1 이상만큼 변동된 경우**
5. 그 밖에 해당 **보험회사의 업무 수행에 중대한 영향을 미치는 경우**로서 대통령령으로 정하는 경우(동법 시행령 제72조)
   - **자본금 또는 기금을 증액한 경우**
   - 조직변경의 결의를 한 경우
   - 보험업법 제13장(벌칙)에 따른 처벌을 받은 경우
   - **조세 체납처분을 받은 경우 또는 조세에 관한 법령을 위반하여 형벌을 받은 경우**
   - 「외국환거래법」에 따른 해외투자를 하거나 외국에 영업소, 그 밖의 사무소를 설치한 경우
   - 보험회사의 주주 또는 주주였던 자가 제기한 소송의 당사자가 된 경우

⊘ 정답 CHECK

01	02	03	04	05	06	07	08	09	10	11	12	13	14	15	16	17	18	19	20
③	②	④	④	②	①	②	①	③	①	③	④	①	③	③	④	③	④	④	②
21	22	23	24	25	26	27	28	29	30	31	32	33	34	35	36	37	38	39	40
③	①	②	④	②	①	②	③	①	③	②	③	④	④	②	②	③	①	①	①

문제편 330p

01

정답 ③

해설 자가보험은 손실전보의 책임을 제3자에게 전가하지 않고 스스로 보유하는 제도로, 그 운용에 있어서 보험제도의 방식을 따르지만 보험계약이 아니기 때문에 상법 제4편(보험)의 규정을 적용하지 않는다. 상법 제4편(보험)의 규정은 그 성질에 반하지 아니하는 범위에서 **상호보험, 공제, 그 밖에 이에 준하는 계약에 준용한다**(상법 제664조).

02

정답 ②

해설 **15세 미만자**, 심신상실자 또는 심신박약자의 사망을 보험사고로 한 보험계약은 무효로 한다(상법 제732조). 따라서 만 15세인 미성년자를 피보험자로 하는 사망보험계약은 그의 서면동의를 받은 경우에는 유효이다(상법 제731조).

① 상법 제646조
③·④ 상법 제639조 제3항

03

정답 ④

해설 보험계약은 청약과 승낙이라는 당사자 쌍방의 의사표시의 합치만으로 성립하며, 보험계약자가 보험자에게 보험료의 전부 또는 제1회 보험료를 지급하는 것은 보험자의 책임개시요건에 불과할 뿐이다(상법 제650조 제1항).

① 보험계약의 의사표시에는 아무런 형식을 요하지 않으므로 **불요식계약성**을 가진다.
② 보험자가 보험계약자로부터 보험계약의 청약과 함께 **보험료 상당액의 전부 또는 일부의 지급을 받은 때에는 다른 약정이 없으면 30일 내에** 그 상대방에 대하여 낙부의 통지를 발송하여야 한다(상법 제638조의2 제1항).
③ 보험자가 청약에 대한 낙부통지의무를 부담하는 경우 정해진 기간 내에 낙부의 통지를 해태한 때에는 **승낙한 것으로 본다**(상법 제638조의2 제2항).

04

정답 ④

해설 소급보험이란 보험계약이 성립하기 이전의 어느 시점부터 보험기간이 시작되는 것으로 소급하여 정한 보험을 말한다(상법 제643조). 즉 보험기간의 시기(始期)를 보험계약의 성립시기 이전으로 소급하여 정한 보험이므로, **보험기간이 보험계약기간보다 앞서 시작된다.**

① 보험기간은 당사자의 약정에 의해 정하고 그 시기와 종기를 보험증권에 기재하여야 한다(상법 제666조 제5호).

② 보험기간 전 또는 후에 발생한 보험사고에 대하여는 보험자의 책임이 없다. 다만, 보험기간 내에 보험사고가 생긴 경우에는 보험기간이 지나 손해가 발생하였더라도 보험자가 보험금을 지급하여야 한다.

③ 보험계약기간이란 '보험계약이 성립하여 존속하는 기간' 즉 보험계약의 성립시부터 그 종료 시까지의 기간을 말한다.

05

정답 ②

해설 보통거래약관의 내용은 개개 계약 체결자의 의사나 구체적인 사정을 고려함이 없이 평균적 고객의 이해가능성을 기준으로 하되 약관거래단체 전체의 이해관계를 고려하여 **객관적, 획일적으로 해석**하여야 하고, 고객 보호의 측면에서 약관내용이 명백하지 못하거나 의심스러운 때에는 약관작성자에게 불리하게 제한해석하여야 한다(대법원 1996.6.25. 선고 96다12009 판결).

① 약관의 규제에 관한 법률 제4조

③ 대법원 1991.12.24. 선고 90다카23899 전원합의체 판결

④ 보험약관을 해석함에 있어서 신의성실의 원칙을 준수하기 위해 약관조항의 내용을 일정한 범위로 축소하거나 제한하여 해석해야 한다(축소해석의 원칙).

06

정답 ①

해설 보험자는 보험계약이 성립한 때에는 지체 없이 보험증권을 작성하여 보험계약자에게 교부하여야 한다. 그러나 **보험계약자가 보험료의 전부 또는 최초의 보험료를 지급하지 아니한 때에는 그러하지 아니하다**(상법 제640조 제1항).

② 상법 제640조 제2항

③ 상법 제641조

④ 상법 제642조

07

정답 ②

해설 보험계약자의 대리인과 보험계약을 체결한 경우 **그 대리인에게 보험약관을 설명함으로써 족하다**(대법원 2001.7.27. 선고 2001다23973 판결).

① 상법 제638조의3 제1항, 제646조의2 제1항
③ 대법원 1998.11.27. 선고 98다32564 판결
④ 보험자는 **보험계약을 체결할 때**에 보험계약자에게 보험약관을 교부하고, 그 약관의 중요한 내용을 설명하여야 한다(상법 제638조의3 제1항).

08

정답 ①

해설 고지의무위반이 되려면 보험계약자 또는 피보험자에게 고지의무위반에 대한 **고의 또는 중대한 과실**이 있어야 한다(상법 제651조).

② 대법원 2013.6.13. 선고 2011다54631, 54648 판결
③ 중요한 사실에 대한 불고지 또는 부실고지가 있어야 고지의무위반이 된다(상법 제651조). 여기서 불고지란 중요한 사실을 알면서 알리지 않은 것으로 묵비를 말하며, 부실고지란 사실과 다르게 말하는 것으로 허위진술을 말한다.
④ 상법 제651조에서 규정하고 있는 고지의무위반의 요건에 대한 입증책임은 이를 이유로 계약을 해지하려는 보험자 측에 있다.

09

정답 ③

해설 고지의무위반과 보험사고발생 사이에 인과관계가 인정되지 아니하는 경우에도 **보험자는 고지의무위반을 이유로 보험계약을 해지할 수 있고**, 다만, 보험금 지급의무만을 부담하게 된다(서울중앙지법 2004.10.28. 선고 2004나21069 판결 : 확정).

① 상법 제651조
② 상법 제655조 단서
④ 보험자 및 보험계약의 체결 또는 모집에 종사하는 자는 보험계약의 체결에 있어서 보험계약자 또는 피보험자에게 보험약관에 기재되어 있는 보험상품의 내용, 보험료율의 체계 및 보험청약서상 기재사항의 변동사항 등 보험계약의 중요한 내용에 대하여 구체적이고 상세한 명시·설명의무를 지고 있으므로, 보험자가 이러한 보험약관의 명시·설명의무에 위반하여 보험계약을 체결한 때에는 그 약관의 내용을 보험계약의 내용으로 주장할 수 없고, **보험계약자나 그 대리인이 그 약관에 규정된 고지의무를 위반하였다 하더라도 이를 이유로 보험계약을 해지할 수 없다**(대법원 1996.4.12. 선고 96다4893 판결).

10

정답 ①

해설 보험자는 보험금액의 지급에 관하여 약정기간이 있는 경우에는 그 기간 내에 약정기간이 없는 경우에는 통지를 받은 후 **(지체 없이)** 지급할 보험금액을 정하고 그 정하여진 날부터 **(10일)** 내에 피보험자 또는 보험수익자에게 보험금액을 지급하여야 한다(상법 제658조).

11

정답 ③

해설 나. **보험료청구권의 소멸시효 기간은 2년이다.**

보험금청구권은 3년간, 보험료 또는 적립금의 반환청구권은 3년간, 보험료청구권은 2년간 행사하지 아니하면 시효의 완성으로 소멸한다(상법 제662조).

12

정답 ④

해설 상법 제651조(고지의무위반으로 인한 계약해지)의 규정에 의하여 보험계약이 해지된 경우 보험자는 **보험수익자를 위하여 적립한 금액을 보험계약자에게 지급하여야 한다**(보험적립금반환의무, 상법 제736조). 보험자에 대하여 보험료의 전부 또는 일부의 반환을 청구할 수 있는 경우는 **보험계약의 전부 또는 일부가 무효인 경우**에 보험계약자와 피보험자가 선의이며, 중대한 과실이 없는 때이다(상법 제648조).

① 상법 제647조
② 상법 제648조
③ 상법 제649조 제3항

13

정답 ①

해설 보험계약자는 계약 체결 후 지체 없이 보험료의 전부 또는 제1회 보험료를 지급하여야 하며, 보험계약자가 이를 지급하지 아니하는 경우에는 다른 약정이 없는 한 계약 성립 후 **2월이 경과**하면 그 계약은 해제된 것으로 본다(상법 제650조 제1항).

② 상법 제650조 제2항
③ 상법 제650조 제3항
④ 상법 제650조 제2항은 "계속보험료가 약정한 시기에 지급되지 아니한 때에는 보험자는 상당한 기간을 정하여 보험계약자에게 최고하고 그 기간 내에 지급되지 아니한 때에는 그 계약을 해지할 수 있다"라고 규정하고, 같은 법 제663조는 위의 규정은 당사자간의 특약으로 보험계약자 또는 피보험자나 보험수익자의 불이익으로 변경하지 못한다고 규정하고 있으므로, 분납 보험료가 소정의 시기에 납입되지 아니하였음을 이유로 그와 같은 절차를 거치지 아니하고 곧바로 보험계약을 해지할 수 있다거나 보험계약이 실효됨을 규정한 약관은 상법의 위 규정에 위배되어 무효라 할 것이다(대법원 1997.7.25. 선고 97다18479 판결).

14

정답 ③

해설 보험계약자 또는 피보험자나 보험수익자는 보험사고의 발생을 안 때에는 지체 없이 보험자에게 그 통지를 발송하여야 하며(상법 제657조 제1항), 그 통지의무를 해태한 경우 보험계약을 해지할 수 있는 것이 아니라, "해태함으로 인하여 손해가 증가된 경우에 보험자는 그 증가된 손해를 보상할 책임이 없다"고 규정하고 있다(상법 제657조 제2항).

① 상법 제651조
② 상법 제652조 제1항
④ 상법 제653조

15

정답 ③

해설 보험사고의 발생으로 보험자가 보험금액을 지급한 때에도 **보험금액이 감액되지 아니하는 보험의 경우**에는 보험계약자는 그 사고발생 후에도 보험계약을 해지할 수 있다(상법 제649조 제2항).

① 상법 제649조 제1항
② 상법 제649조 제1항
④ 상법 제649조 제3항

16

정답 ④

해설 부활계약의 청약시 보험자는 보험계약자에게 부활계약을 체결하더라도 실효되었던 종전의 계약의 효력이 되살아나는 것이 아니라, 새로운 보험계약이 체결된다는 점을 설명하고, 만일 약관에서 부활계약 체결시를 기준으로 새로이 고지의무가 발생하는 것으로 정하였다면 이는 **부활계약 청약 여부를 결정함에 있어 가장 중요한 사항이므로 계약자나 피보험자에게 명확히 명시하고 설명하여야 한다**고 봄이 상당하다(부산지방법원 2015.3.19. 선고 2013가단232158 판결).

① 보험계약을 부활하기 위해서는 보험료를 분할하여 지급하기로 하는 보험계약에서 보험계약자가 최초의 보험료를 지급하여 보험자의 책임이 개시되었으나, 제2회 이후의 계속보험료를 지급하지 않음으로 인해 보험계약이 해지되었거나 실효되었을 것을 요건으로 한다.
② 상법 제650조의2
③ 대법원 1987.6.23. 선고 86다카2995 판결

17

정답 ③

해설 보험계약은 보험기간의 만료, 보험사고의 발생, **보험목적의 멸실**, 보험료의 부지급, 보험자의 파산 등의 사유로 당연히 소멸되고, 계약 당사자가 보험계약을 해지한 경우에도 소멸하게 된다. 보험목적이 보험사고 이외의 원인으로 멸실한 경우에는 **보험계약의 기본적인 요소인 위험이 존재하지 않게 되어 보험계약은 소멸하게 된다.**

① 보험자가 파산선고를 받은 경우 보험계약자가 해지하지 않은 보험계약은 파산선고 후 **3월을 경과한 때**에는 그 효력을 잃는다(상법 제654조 제2항).
② 보험기간 내에 보험사고가 발생하지 않았더라도 **보험기간이 만료되면 보험계약은 당연히 소멸한다.**
④ 보험사고의 발생으로 보험금액이 지급되면 **보험계약의 대상이 없어지므로 보험계약은 소멸한다.**
　　다만, 손해보험계약에서 보험사고로 일부손해가 발생하여 보험금액의 일부만을 지급한 경우에는 그 나머지 보험금액의 한도 내에서 보험기간 동안 보험계약관계의 존속을 인정하기도 하고(보험금액 체감주의), 책임보험계약에서는 보험사고로 인하여 보험금액이 지급되더라도 보험기간 동안 보험계약관계는 그대로 유지된다(보험금액 전액주의).

18

정답 ④

해설 보험계약을 체결할 당시 당사자 사이에 미리 보험가액에 대해 합의를 한 **기평가보험이나 신가보험 등**은 **실손보상 원칙의 예외에 해당한다.**
• 기평가보험에서는 보험가액이 사고발생시의 가액을 초과하더라도 사고발생시의 가액을 기준으로 하여 손해액을 산정하지 아니하고, 계약된 금액을 기준으로 손해액을 산정하므로 실손보상 원칙의 예외가 인정된다.
• 신가보험은 신품가액에 의하여 손해를 보상하는 계약으로서(상법 제676조 제1항 단서) 피보험자가 신구교환차익을 얻으므로 실손보상 원칙에 어긋나지만, 이는 공서양속과 보험의 본래 목적에 위배되지 않으므로 예외적으로 인정하고 있다.

① 실손보상 원칙의 구현을 위한 손해보험제도에는 피보험이익제도(상법 제668조), 보험자대위(상법 제681조, 제682조), 타보험조항(other insurance clause) 등이 있다.
② 보험가액은 보험사고가 발생하였을 경우 피보험자가 입을 가능성이 있는 손해(= 피보험이익)를 금전적으로 평가한 것으로서 보험회사가 보상하여야 할 "법률상 보상의 최고한도액"이므로, 실제 지급되는 보험금은 보험가액을 초과할 수 없다.
③ 상법 제682조 제1항 본문은 "손해가 제3자의 행위로 인하여 발생한 경우 보험금을 지급한 보험자는 그 지급한 금액의 한도에서 그 제3자에 대한 보험계약자 또는 피보험자의 권리를 취득한다"라고 하여 보험자대위에 관하여 규정하고 있다. 위 규정의 취지는 피보험자가 보험자로부터 보험금액을 지급받은 후에도 제3자에 대한 청구권을 보유·행사하게 하는 것은 피보험자에게 손해의 전보를 넘어서 오히려 이득을 주게 되는 결과가 되어 손해보험제도의 원칙에 반하게 되고 또 배상의무자인 제3자가 피보험자의 보험금 수령으로 인하여 책임을 면하게 하는 것도 불합리하므로 이를 제거하여 보험자에게 이익을 귀속시키려는데 있다(대법원 2019.11.14. 선고 2019다216589 판결).

19

정답 ④

해설 수 개의 손해보험계약이 동시 또는 순차로 체결된 경우에 그 보험금액의 총액이 보험가액을 초과한 때에는 상법 제672조 제1항의 규정에 따라 보험자는 각자의 보험금액의 한도에서 연대책임을 지고, 이 경우 각 보험자의 보상책임은 각자의 보험금액의 비율에 따르는 것이 원칙이라 할 것이나, **이러한 상법의 규정은 강행규정이라고 해석되지 아니하므로, 각 보험계약의 당사자는 각개의 보험계약이나 약관을 통하여 중복보험에 있어서의 피보험자에 대한 보험자의 보상책임 방식이나 보험자들 사이의 책임 분담방식에 대하여 상법의 규정과 다른 내용으로 규정할 수 있다**(대법원 2002.5.17. 선고 2000다30127 판결).

① 대법원 2005.4.29. 선고 2004다57687 판결
② 대법원 1996.5.28. 선고 96다6998 판결
③ 대법원 1989.11.14. 선고 88다카29177 판결

20

정답 ②

해설 보험자가 벼락 등의 사고로 특정 농장 내에 있는 돼지에 대하여 생긴 보험계약자의 손해를 보상하기로 하는 손해보험계약을 체결한 경우, 농장 주변에서 발생한 벼락으로 인하여 그 농장의 돈사용 차단기가 작동하여 전기공급이 중단되고 그로 인하여 돈사용 흡배기장치가 정지하여 돼지들이 질식사하였다면, **위 벼락사고는 보험계약상의 보험사고에 해당하고 위 벼락과 돼지들의 질식사 사이에는 상당인과관계가 인정된다**(대법원 1999.10.26. 선고 99다37603, 37610 판결).

① 보험자가 보상해야 할 손해는 화재와 상당인과관계가 있는 모든 손해를 포함한다. 화재보험 표준약관에서는 화재에 따른 직접손해뿐만 아니라, **화재진압과정에서 발생하는 소방손해**, 화재에 따른 피난손해를 보상한다(화재보험표준약관 제3조 제1항).
③ 대법원 2003.4.25. 선고 2002다64520 판결
④ 대법원 1990.2.13. 선고 89누6990 판결

21

정답 ③

해설 약관에 손해방지비용을 보험자가 부담하지 않기로 하거나 제한을 두는 것은 **불이익변경금지의 원칙에 위배되어 무효라고 해석**해야 하다.
상법 제680조 제1항은 "보험계약자와 피보험자는 손해의 방지와 경감을 위하여 노력하여야 한다. 그러나 이를 위하여 필요 또는 유익하였던 비용과 보상액이 보험금액을 초과한 경우라도 보험자가 이를 부담한다"라고 정하고 있다. 여기에서 '손해방지비용'이란 보험자가 담보하고 있는 보험사고가 발생한 경우에 보험사고로 인한 손해의 발생을 방지하거나 손해의 확대를 방지함은 물론 손해를 경감할 목적으로 하는 행위에 필요하거나 유익하였던 비용을 말하는 것으로서, 원칙적으로 보험사고의 발생을 전제로 한다[대법원 2022.3.31. 선고 2021다201085(본소), 2021다201092(반소) 판결]

① 상법 제680조 제1항
② 손해방지의무는 비정액보험인 손해보험에 적용되며, 생명보험과 같은 정액보험의 경우에는 적용되지 않는다.
④ 대법원 2016.1.14. 선고 2015다6302 판결

22

정답 ①

해설 보험의 목적이 양도될 때 양도인과 보험자 사이에 유효한 보험계약이 존속하여야 하는데, **조건이나 기한 등의 제한으로 인해 보험계약의 효력이 발생하지 않으면 보험목적의 양도 규정은 유효하지 않게 된다.**

② 양도인과 보험자 사이에 유효한 보험계약이 존속하는 한 취소사유와 해지사유가 있더라도 보험계약은 일단 양수인에게 이전하고 보험자는 양수인에 대하여 취소권과 해지권을 행사할 수 있다.

③ 보험목적의 양도는 유상양도이든 무상양도이든 불문하나, 물권적 양도방법에 의하여 양도되어야 한다. 즉 양도의 채권계약만 있는 것으로는 부족하고, 목적물의 소유권이 양수인에게 이전한 때에 비로소 보험계약상의 권리와 의무가 이전하게 된다.

④ 화재보험의 목적물이 양도되었으나 그 소유자만 변경되었을 뿐 보험요율의 결정요소인 영위직종과 영위작업, 건물구조 및 작업공정이 양도 전후에 동일한 경우, 보험목적물의 양도로 인하여 위험의 현저한 증가 또는 변경이 있었다고 볼 수 없으므로 그 통지의무위반을 이유로 보험계약을 해지할 수는 없다(대법원 1996.7.26. 선고 95다52505 판결).

23

정답 ②

해설 보험가액 10억원 건물에 대해 보험료의 절감을 위해 보험금액을 5억원으로 정하고(일부보험에 해당), 특약으로 1차 위험담보조항(실손보상 특약)을 내용으로 화재보험계약을 체결하였으므로, 보험(가입)금액 한도 내에서 실손보상한다.

따라서 보험목적물에 4억원의 손해가 발생하였으므로, 4억원을 전액 보상한다.

24

정답 ④

해설 선비보험이란 선박의 의장, 기타 선박의 운항에 필요로 하는 모든 비용, 즉 선비에 대하여 가지는 피보험이익에 대한 보험을 말한다. **도선료, 입항료, 등대료, 검역료 기타 선박 또는 적하에 관한 항해 중의 통상비용에 대해 보험자는 면책된다**(상법 제706조).

① 대법원 1988.2.9. 선고 86다카2933 판결

② 적하보험은 해상물건운송의 대상인 운송물(화물로 경제적 가치가 있는 모든 물건으로서 생동물도 포함)을 보험의 목적으로 하여 그 적하에 대한 이익을 피보험이익으로 한 보험이다(상법 제697조).

③ 운송인이 운송의 대가로서 받는 운임은 해상위험으로 운송물이 멸실될 때 청구할 수 없는데(상법 제134조, 제812조), 운임보험은 운송인이 해상위험으로 인해 받을 수 없게 된 운임을 피보험이익으로 한다.

25

정답 ②

해설 보험증권에 그 준거법을 영국의 법률과 관습에 따르기로 하는 규정과 아울러 감항증명서의 발급을 담보한다는 내용의 명시적 규정이 있는 경우, 이는 영국 해상보험법 제33조 소정의 명시적 담보에 관한 규정에 해당하고, 명시적 담보는 위험의 발생과 관련하여 중요한 것이든 아니든 불문하고 정확하게 (exactly) 충족되어야 하는 조건(condition)이라 할 것인데, 해상보험에 있어서 감항성 또는 감항능력이 '특정의 항해에 있어서의 통상적인 위험에 견딜 수 있는 능력(at the time of the insurance able to perform the voyage unless any external accident should happen)'을 의미하는 상대적인 개념으로서 어떤 선박이 감항성을 갖추고 있느냐의 여부를 확정하는 확정적이고 절대적인 기준은 없으며, 특정 항해에 있어서의 특정한 사정에 따라 상대적으로 결정되어야 하는 점 등에 비추어 보면, **부보선박이 특정 항해에 있어서 그 감항성을 갖추고 있음을 인정하는 감항증명서는 매 항해시마다 발급받아야 비로소 그 담보조건이 충족된다**(대법원 1996.10.11. 선고 94다60332 판결).

① 선박이 발항 당시 감항능력을 갖추고 있을 것을 조건으로 하여 보험자가 해상위험을 인수한다는 취지임이 문언상 명백하므로, 보험사고가 그 조건의 결여 이후에 발생한 경우에는 보험자는 조건 결여의 사실, 즉 발항 당시의 불감항 사실만을 입증하면 그 조건 결여와 손해발생(보험사고) 사이의 인과관계를 입증할 필요 없이 보험금 지급책임을 부담하지 않게 된다(대법원 1995.9.29. 선고 93다53078 판결).

③ 워런티(warranty) 위반시 보험자의 보험금 지급의무가 위반일로부터 장래를 향해 자동적으로 면책된다는 기존의 법리를 폐지하고, **위반일로부터 치유될 때까지 한시적으로 정지시키는 것으로 변경**되었다.

④ **워런티 위반과 보험사고발생 사이에 인과관계를 요구하는 조건이 신설**되어 보험계약자가 워런티의 불이행과 보험사고발생 사이에 인과관계가 없었음을 증명한 때에 보험자는 보험금지급책임이 있다.

> **TIP** 워런티(warranty)
>
> 워런티란 보험계약자가 어떤 특정한 일이 행해지거나 행해지지 않을 것 또는 어떤 조건이 충족될 것이라고 약속하거나 특정한 사실 상태의 존재를 긍정하거나 부정하는 것을 의미한다.

26

정답 ①

해설 약관에 정하여진 사항이라고 하더라도 거래상 일반적이고 공통된 것이어서 고객이 별도의 설명 없이도 충분히 예상할 수 있었던 사항이거나 **이미 법령에 의하여 정하여진 것을 되풀이하거나 부연하는 정도에 불과한 사항이라면, 그러한 사항에 대하여서까지 사업자에게 설명의무가 있다고 할 수는 없다**(대법원 2014.7.24. 선고 2013다217108 판결 / 대법원 2019.1.17. 선고 2016다277200 판결).

② 대법원 2002.3.29. 선고 2000다13887 판결

③ 대법원 2002.6.28. 선고 2000다21062 판결

④ 소손해면책은 손해액이 면책한도액 이하인 경우 보험자가 보상하지 않는 반면, 그 손해가 면책한도액을 초과하는 경우 보험자는 손해의 전부를 보상해야 한다.

27

정답 ②

해설 보험회사와 피보험자 사이에 체결된 보험계약의 보험약관에 의하면 보험회사는 피해자와 피보험자 사이에 판결에 의하여 확정된 손해액은 그것이 피보험자에게 법률상 책임이 없는 부당한 손해라는 등의 특단의 사유가 없는 한 원본이든 지연손해금이든 모두 **피해자에게 지급할 의무가 있다**(대법원 1994.1.14. 선고 93다25004 판결).

① 보험계약자 또는 피보험자의 고의로 인한 손해는 「대인배상 I」에서 보상하지 않는다. 다만, 「**자동차 손해배상보장법**」 제10조의 규정에 따라 **피해자가 보험자에 직접청구를 한 경우, 보험자는 자동차손해배상보 장법령에서 정한 금액을 한도로 피해자에게 손해배상금을 지급**한 다음 지급한 날부터 3년 이내에 고의로 사고를 일으킨 보험계약자나 피보험자에게 그 금액의 지급을 청구한다(자동차보험표준약관 제5조).
  ※ **자동차손해배상보장법 제10조 제1항**
    보험가입자 등에게 손해배상책임이 발생하면 그 피해자는 대통령령으로 정하는 바에 따라 보험회사 등에게 「상법」 제724조 제2항에 따라 보험금 등을 자기에게 직접 지급할 것을 청구할 수 있다.
③ 변제, 승인, 화해 또는 재판의 방법 등에 의하여 확정됨으로써 그 보험금청구권을 행사할 수 있는 때로부터 진행된다고 봄이 상당하다(대법원 2002.9.6. 선고 2002다30206 판결).
④ 보험금청구권은 보험사고가 발생하기 전에는 추상적인 권리에 지나지 않고 보험사고가 발생하면 구체적인 권리가 되어 그때부터 권리를 행사할 수 있으므로, 보험금청구권의 소멸시효는 특별한 다른 사정이 없는 한 보험사고가 발생한 때부터 진행하는 것이 원칙이며(대법원 2008.11.13. 선고 2007다19624 판결), 3년간 행사하지 않으면 시효의 완성으로 소멸한다(상법 제662조).

28

정답 ③

해설 불법행위로 인한 손해배상청구권의 단기소멸시효의 기산점이 되는 민법 제766조 제1항의 '손해 및 가해 자를 안 날'이라고 함은 손해의 발생, 위법한 가해행위의 존재, 가해행위와 손해의 발생과의 사이에 상당인과관계가 있다는 사실 등 불법행위의 요건사실에 대하여 현실적이고도 구체적으로 인식하였을 때를 의미한다. 나아가 피해자 등이 언제 위와 같은 **불법행위의 요건사실을 현실적이고도 구체적으로 인식 한 것으로 볼 것인지는 개별적 사건에 있어서의 여러 객관적 사정을 참작하고 손해배상청구가 사실상 가능하게 된 상황을 고려하여 합리적으로 판단하여야 한다**(대법원 2010.5.27. 선고 2010다7577 판결).

① 대법원 2005.10.7. 선고 2003다6774 판결
② 대법원 1993.7.13. 선고 92다39822 판결
④ 대법원 1993.6.22. 선고 93다18945 판결

29

[정답] ①

[해설] 자동차손해배상보장법 제3조에서 자동차 사고에 대한 손해배상책임을 지는 자로 규정하고 있는 '자기를 위하여 자동차를 운행하는 자'란 사회통념상 당해 자동차에 대한 운행을 지배하여 그 이익을 향수하는 책임주체로서의 지위에 있다고 할 수 있는 자를 말하고, 이 경우 **운행의 지배는 현실적인 지배에 한하지 아니하고 사회통념상 간접지배 내지는 지배가능성이 있다고 볼 수 있는 경우도 포함한다**(대법원 1998.10.27. 선고 98다36382 판결).

② 운행자란 자동차관리법의 적용을 받는 자동차와 건설기계관리법의 적용을 받는 건설기계를 자기의 점유·지배하에 두고 자기를 위하여 사용하는 자를 말하며, 자배법상 손해배상책임의 주체이다.
③ 대법원 2009.10.15. 선고 2009다42703, 42710 판결
④ 대법원 1989.3.28. 선고 88다카2134 판결

30

[정답] ③

[해설] 피보험자가 무보험자동차에 의한 교통사고로 인하여 상해를 입었을 때에 손해에 대하여 배상할 의무자가 있는 경우 보험자가 약관에 정한 바에 따라 피보험자에게 손해를 보상하는 것을 내용으로 하는 무보험자동차에 의한 상해담보특약은 상해보험의 성질과 함께 손해보험의 성질도 갖고 있는 손해보험형 상해보험이므로, 하나의 사고에 관하여 여러 개의 무보험자동차특약보험계약이 체결되고 보험금액의 총액이 피보험자가 입은 손해액을 초과하는 때에는 손해보험에 관한 **상법 제672조 제1항(중복보험)이 준용되어 보험자는 각자의 보험금액의 한도에서 연대책임을 지고, 이 경우 각 보험자 사이에서는 각자의 보험금액의 비율에 따른 보상책임을 진다**(대법원 2016.12.29. 선고 2016다217178 판결).

① 대법원 1997.9.9. 선고 96다20093 판결
② 대법원 2002.12.10. 선고 2002다51654 판결
④ 대법원 2015.3.26. 선고 2014다229917, 229924 판결

31

[정답] ②

[해설] 상해의 결과로 피보험자가 사망한 때에 사망보험금이 지급되는 상해보험에서 보험계약자가 보험수익자를 단지 피보험자의 '법정상속인'이라고만 지정한 경우, 특별한 사정이 없는 한 그와 같은 지정에는 장차 상속인이 취득할 보험금청구권의 비율을 상속분에 의하도록 하는 취지가 포함되어 있다고 해석함이 타당하다. 따라서 보험수익자인 상속인이 여러 명인 경우, **각 상속인은 특별한 사정이 없는 한 자신의 상속분에 상응하는 범위 내에서 보험자에 대하여 보험금을 청구할 수 있다**[대법원 2017.12.22. 선고 2015다236820(본소), 2015다236837(반소) 판결].

① 타인을 위한 생명보험계약은 보험계약자가 생명보험계약을 체결하면서 자기 이외의 제3자를 보험수익자로 지정한 계약을 말하며, **보험계약자와 보험수익자가 서로 다르다는 특징이 있다.**

③ 보험수익자의 지정에 관한 상법 제733조는 상법 제739조에 의하여 상해보험에도 준용되므로, 결국 상해의 결과로 사망한 때에 사망보험금이 지급되는 상해보험에 있어서 보험수익자가 지정되어 있지 않아 위 법률규정에 의하여 피보험자의 상속인이 보험수익자가 되는 경우에도 보험수익자인 **상속인의 보험금청구권은 상속재산이 아니라, 상속인의 고유재산으로 보아야 한다**(대법원 2004.7.9. 선고 2003다29463 판결).

④ 별도로 보험수익자를 지정하지 않는 경우 보험수익자는 **피보험자의 법정상속인으로 한다**. 법정상속인이라 함은 피상속인의 사망에 의하여 **민법에서 정한 상속의 순위**(1순위 : 피상속인의 직계비속·배우자, 2순위 : 피상속인의 직계존속·배우자, 3순위 : 피상속인의 형제자매, 4순위 : 피상속인의 4촌 이내의 방계혈족)에 따라 상속받는 자를 말한다.

32

정답 ③

해설 질병보험은 상해의 정도나 치료일수에 의해 일정액의 급여를 하는 정액방식으로 할 수도 있고, **의료비 등 피보험자가 상해나 질병으로 인하여 입은 경제적인 손실을 보상하는 부정액방식으로 운용**할 수 있다.

① 대법원 2001.8.21. 선고 2001다27579 판결 / 대법원 2003.7.25. 선고 2002다57287 판결
② 상법 제739조의3
④ 상법 4편(보험) 제3장(인보험) 제4절(질병보험), 보험업법 제4조 제1항 제3호

33

정답 ④

해설 인보험증권에는 상법 제666조에 게기한 사항 외에 보험계약의 종류, **피보험자의 주소·성명 및 생년월일**, 보험수익자를 정한 때에는 그 주소·성명 및 생년월일을 기재하여야 한다(상법 제728조).

① 상법 제727조 제1항
② 상법 제727조 제2항
③ 상법 제729조 단서, 대법원 2003.12.26. 선고 2002다61958 판결

34

정답 ②

해설 피보험자 등의 제3자에 대한 권리의 양도가 법률상 금지되어 있다거나, 상법 제729조 전문 등의 취지를 잠탈하여 피보험자 등의 권리를 부당히 침해하는 경우에 해당한다는 등의 특별한 사정이 없는 한, 상법 제729조 전문이나 보험약관에서 보험자대위를 금지하거나 포기하는 규정을 두고 있다는 사정만으로 피보험자 등이 보험자와의 다른 원인관계나 대가관계 등에 기하여 **자신의 제3자에 대한 권리를 보험자에게 자유롭게 양도하는 것까지 금지된다고 볼 수는 없다**(대법원 2007.4.26. 선고 2006다54781 판결).

① 상법 제729조
③·④ 인보험계약에서는 보험목적물의 멸실이 있을 수 없으므로 잔존물대위가 인정되지 않지만, 상해보험계약의 경우 당사자간에 별도의 약정이 있는 경우에는 피보험자의 권리를 해치지 않는 범위 안에서 제3자에 대한 보험대위(청구권대위)가 인정될 수 있다(상법 제729조 단서).

35

정답 ④

해설 상해보험계약을 체결할 때 약관 또는 보험자와 보험계약자의 개별 약정으로 태아를 상해보험의 피보험자로 할 수 있다. ~ (중간 생략) ~ 약관이나 개별 약정으로 출생 전 상태인 태아의 신체에 대한 상해를 보험의 담보범위에 포함하는 것이 보험제도의 목적과 취지에 부합하고 보험계약자나 피보험자에게 불리하지 않으므로 상법 제663조에 반하지 아니하고 민법 제103조의 공서양속에도 반하지 않는다. 따라서 계약자 유의 원칙상 태아를 피보험자로 하는 상해보험계약은 유효하고, 그 보험계약이 정한 바에 따라 보험기간이 개시된 이상 출생 전이라도 태아가 보험계약에서 정한 우연한 사고로 상해를 입었다면 이는 보험기간 중에 발생한 보험사고에 해당한다(대법원 2019.3.28. 선고 2016다211224 판결).

① 상법 제737조
② 대법원 1992.2.25. 선고 91다30088 판결
③ 대법원 2001.11.9. 선고 2001다55499, 55505 판결

36

정답 ②

해설 상속인인 수인의 보험수익자 중 1인(丙)이 피보험자(乙)를 고의 살해하였다고 할지라도 나머지 보험수익자(丁)에 대해서는 보험자의 보험금 지급책임이 면책되지 않는다(상법 제732조의2 제2항, 생명보험표준약관 제5조 제2호 단서). 즉 丁은 보험금을 지급받을 수 있다.

① 보험계약자(甲)가 처음부터 피보험자(乙)를 살해할 목적으로 보험계약을 체결한 후 피보험자(乙)를 살해하였을 경우 반사회적인 범죄행위로서 당연히 보험자는 면책된다. 다만, 보험계약자의 중대한 과실로 인하여 발생한 경우에 보험자는 면책되지 않는다(상법 제732조의2 제1항).
③ 피보험자(乙)가 보험계약의 보장개시일로부터 2년이 경과한 이후에 자살한 경우 보험수익자 丙과 丁은 보험금을 지급받을 수 있다(생명보험표준약관 제5조 제1호 나목).
④ 피보험자(乙)가 보험계약자(甲)와 부부싸움 중 극도의 흥분되고 불안한 정신적 공황상태에서 베란다 밖으로 몸을 던져 사망한 경우 그 사망은 피보험자의 고의에 의하지 않은 우발적인 사고로서 보험사고인 사망에 해당하므로 보험수익자 丙과 丁은 보험금을 지급받을 수 있다(대법원 2015. 6.23. 선고 2015다5378 판결).

37

정답 ③

해설 보험계약자가 지정권을 행사하기 전에 보험사고가 생긴 경우에는 피보험자 또는 보험수익자의 상속인을 보험수익자로 한다(상법 제733조 제4항).

① 보험수익자의 지정·변경권은 보험자의 동의를 요하지 않고 보험계약자의 일방적 의사표시만 있으면 되므로 형성권이며, 단독행위이다(대법원 2020.2.27. 선고 2019다204869 판결).
② 상법 제733조 제2항
④ 상법 제733조 제3항

38

정답 ①

해설

가. 피보험자가 욕실에서 페인트칠 작업을 하다가 평소 가지고 있던 고혈압 증세가 악화되어 뇌교출혈을 일으켜 장애를 입게 된 보험사고는 보험계약에서 정한 우발적인 외래의 사고가 아니므로 **보험금 지급 대상에서 제외된다**(대법원 2001.7.24. 선고 2000다25965 판결).

나. 피보험자가 만취된 상태에서 건물에 올라갔다가 구토 중에 추락하여 발생한 보험사고는 보험약관상의 **급격성과 우연성은 충족**되고, 피보험자가 술을 마신 외부의 행위에 의하여 초래된 것이어서, 이는 외부적 요인에 해당한다고 할 것이고, 따라서 위 사고는 보험약관에서 규정하고 있는 '**외래의 사고**'에 **해당**하므로 보험계약에 따른 보험금 지급의무가 있다(대법원 1998.10.13. 선고 98다28114 판결).

다. 자동차상해보험계약에서 보험사고가 보험계약자, 피보험자 또는 보험수익자의 고의로 인한 경우만 면책으로 하며, 중대한 과실로 해석되는 음주운전, 무면허운전 등으로 인하여 생긴 때에는 **보험자는 보험금을 지급할 의무가 있다**(상법 제732조의2 제1항, 대법원 1998.10.20. 선고 98다34997 판결).

라. 보험사고발생시의 상황에 있어 피보험자에게 안전띠 미착용 등 법령위반의 사유가 존재하는 경우를 보험자의 면책사유로 약관에 정한 경우에도 그러한 **법령위반행위가 보험사고의 발생원인으로서 고의에 의한 것이라고 평가될 정도에 이르지 아니하는 한 상법 규정들에 반하여 무효이므로, 보험자는 보험금을 지급할 의무가 있다**(대법원 2014.9.4. 선고 2012다204808 판결).

39

정답 ①

해설 상법 제732조에서 규정한 15세 미만자 등의 사망을 보험사고로 한 보험계약은 피보험자의 동의가 있었는지 또는 보험수익자가 누구인지와 관계없이 무효가 되지만(대법원 2013.4.26. 선고 2011다9068 판결), 법정대리인의 동의 없이 만 15세인 甲이 성년인 乙을 피보험자로 하여 사망보험계약을 체결한 경우 **상법 규정에 어긋나지 않으므로 그 보험계약은 유효하다.**

②·③·④ **15세 미만자, 심신상실자** 또는 **심신박약자**의 사망을 보험사고로 한 보험계약은 무효로 한다(상법 제732조).

판례	15세 미만자 등의 사망을 보험사고로 한 보험계약은 무효라고 정한 상법 제732조가 효력규정인지 여부 (대법원 2013.4.26. 선고 2011다9068 판결)

상법 제732조는 15세 미만자 등의 사망을 보험사고로 한 보험계약은 무효라고 정하고 있다. 위 법 규정은 통상 정신능력이 불완전한 15세 미만자 등을 피보험자로 하는 경우 그들의 자유롭고 성숙한 의사에 기한 동의를 기대할 수 없고, 그렇다고 해서 15세 미만자 등의 법정대리인이 이들을 대리하여 동의할 수 있는 것으로 하면 보험금의 취득을 위하여 이들이 희생될 위험이 있으므로, 그러한 사망보험의 악용에 따른 도덕적 위험 등으로부터 15세 미만자 등을 보호하기 위하여 둔 효력규정이라고 할 것이다. 따라서 15세 미만자 등의 사망을 보험사고로 한 보험계약은 피보험자의 동의가 있었는지 또는 보험수익자가 누구인지와 관계없이 무효가 된다.

40

정답 ①

해설 단체보험 계약자 회사의 직원이 퇴사한 후에 사망하는 보험사고가 발생한 경우, 회사가 퇴사 후에도 계속 위 **직원에 대한 보험료를 납입하였더라도 퇴사와 동시에 단체보험의 해당 피보험자 부분이 종료되는데 영향을 미치지 아니한다**(대법원 2007.10.12. 선고 2007다42877 판결). 즉 피보험자격은 종료된다.

② 상법 제735조의3 제2항

③ 상법 제735조의3에서 단체보험의 유효요건으로 요구하는 '규약'의 의미는 단체협약, 취업규칙, 정관 등 그 형식을 막론하고 단체보험의 가입에 관한 단체내부의 협정에 해당하는 것으로서, 반드시 당해 보험가입과 관련한 상세한 사항까지 규정하고 있을 필요는 없고, 그러한 종류의 보험가입에 관하여 대표자가 구성원을 위하여 일괄하여 계약을 체결할 수 있다는 취지를 담고 있는 것이면 충분하다 할 것이지만, 위 규약이 강행법규인 상법 제731조 소정의 피보험자의 서면동의에 갈음하는 것인 이상 취업규칙이나 단체협약에 근로자의 채용 및 해고, 재해부조 등에 관한 일반적 규정을 두고 있다는 것만으로는 이에 해당한다고 볼 수 없다(대법원 2006.4.27. 선고 2003다60259 판결). 즉 **보험가입에 관하여는 별다른 규정이 없는 경우에는 피보험자의 동의를 받아야 한다.**

④ 단체생명보험의 경우 단체(회사)의 대표자가 구성원의 복리후생을 위하여 보험료를 부담하고 보험 계약을 체결하므로 '**타인의 생명보험계약**' 형태가 일반적이다.

⊘ 정답 CHECK

01	02	03	04	05	06	07	08	09	10	11	12	13	14	15	16	17	18	19	20
②	③	①	④	①	②	③	②	②	④	④	②	④	③	④	②	②	①	②	②

21	22	23	24	25	26	27	28	29	30	31	32	33	34	35	36	37	38	39	40
③	①	①	②	②	③	②	①	모두정답	②	④	②	④	④	②	②	②	②	①	③	②

문제편 346p

01

정답 ②

해설 근원적 리스크(fundamental risk)는 사회 경제 전반에 영향을 미치는 리스크를 말하며, **인플레이션, 대량실업, 지진, 태풍과 같은 천재지변 등이 포함**된다.

① 동태적 리스크(dynamic risk)는 시간이 지나면서 위험의 성격이나 발생 여부가 변하는 리스크를 말하며, 경기순환이나 소비자 기호의 변화, 기술의 변화 위험 등이 포함된다.
③ 투기적 리스크(speculative risk)는 손해와 이익의 가능성을 동시에 내포하고 있는 리스크를 말하며, 주식이나 옵션투자, 신규사업이나 상품개발 등이 포함된다.
④ 특정 리스크(particular risk)는 특정집단이나 개인에게 국한되어 존재하는 리스크를 말하며, 주택의 화재나 건물의 폭발, 귀중품의 도난이나 은행 강도, 자동차 사고, 질병이나 상해 등이 포함된다.

02

정답 ③

해설 **업무흐름도(flowchart) 방법**
재화 및 서비스의 생산/전달의 흐름을 일목요연하게 보여주는 업무흐름도(도표)를 통해 의사결정과정이나 생산공정상 문제점을 파악한다. 예기치 못한 사고발생이 전체 흐름의 어떤 부분을 차단하는가를 파악할 수 있다.

① **잠재손실 점검표(checklist)에 의한 방법** : 가장 보편적으로 사용되는 방법으로 리스크 체크리스트를 이용하면 한 번에 여러 위험을 파악할 수 있다. 다만, 질문되지 않은 위험에 대한 인지가 불가능하다.
② **재무제표(financial statements) 등 기록에 의한 조사방법** : 재무제표, 업무일지, 보험계약서 등으로부터 잠재적 손해의 원인을 파악한다.
④ **표준화된 설문서(standardized questionnaire)에 의한 방법** : 리스크와 관련된 사람들이 예견할 수 있는 리스크에 대한 의견을 묻는 방법이다. 예 Crawford의 체크리스트

03

정답 ①

해설
- 위험(리스크)의 **전가**는 피보험자가 일정한 보험료를 내고 위험부담을 보험자에게 전가하는 행위이다. 보험계약자는 위험의 정도에 따라 산출된 보험료를 보험자에게 납입하면서, 미래의 우발적으로 발생할지 모르는 손실위험을 보험자에게 전가하게 된다.
- 위험(리스크)의 **결합**은 일부 계약자들의 손실을 전체 계약자들이 공유함으로써 실제손실을 평균손실로 대체하는 것이다. 즉 손실이 발생하였을 경우 발생된 손실을 보험가입자 모두에게 분산시키는 효과를 갖는다.

04

정답 ④

해설 보험사고의 요건

1. **우연성(불확정성)**

   보험사고의 발생은 우연한 것이어야 하며, 만약 이미 발생한 사고이거나 혹은 발생할 수 없는 사고를 보험금 지급의 요건으로 정한 보험계약은 보험사고의 요소 가운데 우연성을 결한 것으로서 무효가 된다(상법 제644조 본문). 다만, 당사자 쌍방과 피보험자가 어떤 사고가 이미 발생하였거나 혹은 발생할 가능성이 없다는 것을 알지 못하고 그 사고를 보험사고로 하여 보험계약을 체결한 때에는 계약을 유효한 것으로 인정한다(상법 제644조 단서).

2. **발생 가능성**

   보험사고에 해당하려면 그 발생이 가능한 것이어야 한다. 따라서 사고발생이 물리적으로 불가능한 경우 또는 사고가 이미 발생한 경우에는 발생 가능성이 인정되지 않으므로 그 보험계약은 무효가 된다(상법 제644조 본문).

3. **특정성(한정성)**

   보험사고는 보험계약에서 정한 보험의 목적에 관하여 보험기간 중에 생기는 것으로서 그 사고의 범위가 특정되어 있어야 한다. 보험사고를 한정하는 것은 보험자의 책임 범위를 명확하게 하기 위한 것으로, 보험의 성질상 그 범위 외의 보험사고는 담보하지 않는다.

05

정답 ①

해설 수급자격자가 실업의 신고를 한 이후에 질병·부상 또는 출산으로 취업이 불가능하여 실업의 인정을 받지 못한 날에 대하여는 그 수급자격자의 청구에 의하여 구직급여일액에 해당하는 금액("상병급여"라 한다)을 **구직급여를 갈음하여 지급할 수** 있다(고용보험법 제63조 제1항).

TIP	취업촉진수당의 종류(고용보험법 제37조 제2항)
1. 조기(早期)재취업수당 2. 직업능력개발수당 3. 광역구직활동비 4. 이주비	

06

정답 ②

해설 유족연금의 순위(국민연금법 제73조 제2항) 〈2023.6.13. 개정〉

1. 배우자
2. 자녀. 다만, 25세 미만이거나 제52조의2에 따른 장애상태에 있는 사람만 해당한다.
3. 부모(배우자의 부모를 포함한다). 다만, 60세 이상이거나 제52조의2에 따른 장애상태에 있는 사람만 해당한다.
4. 손자녀. 다만, 19세 미만이거나 제52조의2에 따른 장애상태에 있는 사람만 해당한다.
5. 조부모(배우자의 조부모를 포함한다). 다만, 60세 이상이거나 제52조의2에 따른 장애상태에 있는 사람만 해당한다.

> **TIP** 부양가족연금액 및 유족연금 지급 대상의 장애 인정기준(국민연금법 제52조의2)
>
> 장애상태란 다음 각 호의 어느 하나에 해당하는 상태를 말한다.
> 1. 장애등급 1급 또는 2급에 해당하는 상태
> 2. 「장애인복지법」 제2조에 따른 장애인 중 장애의 정도가 심한 장애인으로서 대통령령으로 정하는 장애 정도에 해당하는 상태

07

정답 ③

해설 계약자배당 관련 준비금은 **계약자배당준비금·계약자이익배당준비금·배당보험손실보전준비금**으로 구분하여 각각 적립한다(보험업감독규정 제6-11조의7 제1항).

> **TIP** 보증준비금(보험업감독규정 제6-11조의5)
>
> • 보험회사는 결산일(분기별 임시결산을 포함한다) 현재 보험금 등을 일정수준 이상으로 보증하기 위해 장래 예상되는 손실액 등을 고려하여 이익잉여금 내에 보증준비금을 적립하여야 한다.
> • 보증준비금은 해약환급금준비금을 적립한 후에 적립하여야 하며, 이익잉여금에서 해약환급금준비금을 차감한 금액을 한도로 한다. 보험회사에 미처리결손금이 있는 경우에는 미처리결손금이 처리된 때부터 보증준비금을 적립하며, 기존에 적립한 보증준비금이 결산일 현재 적립하여야 하는 보증준비금을 초과하는 경우에는 그 초과하는 금액을 환입할 수 있다.

08

정답 ②

해설 **컨틴전시보험(contingency insurance)**

일반적인 손해보험에서는 보상하지 않는 보험, 즉 날씨, 온도, 경기결과, 행사 등을 전제로 예정된 사건이 현실화되었을 때 발생하는 금전적 손실을 보상하는 보험이다.

• **스포츠시상보험** : 스포츠시상금을 지급함으로써 행사주관자가 실제 지급하는 상금 또는 경품에 대한 비용을 보상해주는 보험

- **날씨보험** : 기상현상, 즉 눈, 비, 기온 등을 담보대상으로 정하여 사전에 정한 조건에 부합되었을 때 해당 고객에게 보험금을 지급함으로써 행사주관자가 실제 지급하는 상금 또는 경품에 대한 비용을 보상해주는 보험
- **행사취소보상보험** : 예기치 못한 기상조건 등으로 예정된 행사가 개최되지 못했을 경우 행사 관계자가 입은 비용손해를 보상하는 보험

09

정답 ②

해설 **특수건물 소유자의 손해배상책임(화재로 인한 재해보상과 보험가입에 관한 법률 제4조 제1항)**

특수건물의 소유자는 그 특수건물의 화재로 인하여 다른 사람이 사망하거나 부상을 입었을 때 또는 다른 사람의 재물에 손해가 발생한 때에는 과실이 없는 경우에도 **보험금액의 범위에서 그 손해를 배상할 책임이 있다.** 특수건물의 소유자가 가입하여야 하는 보험의 보험금액은 다음 각 호의 기준을 충족하여야 한다(화재로 인한 재해보상과 보험가입에 관한 법률 시행령 제5조 제1항).

1. **사망의 경우** : 피해자 1명마다 **1억 5천만원의 범위**에서 피해자에게 발생한 손해액. 다만, 손해액이 2천만원 미만인 경우에는 2천만원으로 한다.
2. **부상의 경우** : 피해자 1명마다 별표 1에 따른 금액(50만원 ~ 3천만원)의 범위에서 피해자에게 발생한 손해액
3. **부상에 대한 치료를 마친 후 더 이상의 치료효과를 기대할 수 없고 그 증상이 고정된 상태에서 그 부상이 원인이 되어 신체에 생긴 장애("후유장애"라 한다)의 경우** : 피해자 1명마다 별표 2에 따른 금액(1천만원 ~ 1억 5천만원)의 범위에서 피해자에게 발생한 손해액
4. **재물에 대한 손해가 발생한 경우** : 사고 1건마다 10억원의 범위에서 피해자에게 발생한 손해액

① 화재로 인한 재해보상과 보험가입에 관한 법률 제5조 제1항
③ 화재로 인한 재해보상과 보험가입에 관한 법률 제8조 제1항 제1호
④ 화재로 인한 재해보상과 보험가입에 관한 법률 제5조 제4항 제1호

10

정답 ④

해설 자동차손해배상보장법은 자동차의 운행으로 사람이 사망 또는 부상하거나 재물이 멸실 또는 훼손된 경우에 손해배상을 보장하는 제도를 확립하여 피해자를 보호하고, 자동차사고로 인한 사회적 손실을 방지함으로써 자동차운송의 건전한 발전을 촉진함을 목적으로 한다.

무보험(책임보험 미가입) 자동차사고 피해자에 대하여 정부는 자동차손해배상보장법 제30조(자동차손해배상 보장사업)에 의거하여 피해자의 청구에 따라 책임보험의 보험금 한도에서 그가 입은 피해를 보상한다.

TIP 자동차손해배상 보장사업(자동차손해배상보장법 제30조)의 적용대상
• 보유자 불명(뺑소니) 자동차사고 피해자
• 무보험(책임보험 미가입) 자동차사고 피해자
• 도난자동차 및 무단운전중인 자동차사고 피해자(보유자가 피해자에 대한 손해배상책임을 면한 경우)
• 보유자를 알 수 없는 자동차로부터 낙하된 물체에 의한 사고 피해자

11

정답 ④

해설 전쟁위험과 관련되는 핵무기의 사용은 전쟁위험면책조항(ICC 1982 제6조 1항)에 의거하여 면책된다.

TIP 전쟁면책위험(War Exclusion Clause)
어떠한 경우에도 이 보험은 다음의 사유로 인하여 발생한 멸실, 손상 또는 비용을 담보하지 아니한다. 따라서 이들 위험을 담보받기 위해서는 전쟁위험담보 특약인 협회전쟁약관(Institute War Clause)에 별도로 가입하여야 한다.   1. 전쟁, 내란, 혁명, 모반, 반란 또는 이로 인하여 발생한 국내투쟁, 교전국에 의하여 또는 교전국에 대하여 행해진 적대행위   2. 포획, 나포, 강류, 억지 또는 억류(해적행위 제외) 및 그러한 행위의 결과 또는 그러한 행위의 기도   3. 유기된 기뢰, 어뢰, 폭탄 또는 기타의 유기된 전쟁무기

12

정답 ②

해설 손해보험에서는 잔존물대위와 청구권대위(제3자에 대한 보험대위)가 모두 인정되는 반면, 인보험에서는 보험대위가 원칙적으로 금지된다(상법 제729조). 다만, (**상해보험**)계약의 경우에 당사자간에 다른 약정이 있는 때에는 보험자는 피보험자의 권리를 해하지 아니하는 범위 안에서 그 권리를 대위하여 행사할 수 있다(상법 제729조 단서).

13

정답 ④

해설 sudden death clause(즉시해지조항)

다음과 같은 사유가 발생한 경우에 이미 체결된 재보험특약의 전체 또는 일부를 재보험사가 종료·취소할 수 있는 조항이다.
- 출재사의 합병이나 양도 등에 따른 경영진의 변화
- 출재사의 자본금 감소
- 출재사의 채무지급불능상황
- 특약상의 출재사의 순보유분에 대한 별도의 재보험계약 체결

① commutation clause(합의청산조항) : 재보험사가 출재사와 합의된 금액을 청산함으로써 미지급보험금 등 잔존책임을 종료하는 조항이다. 계약기간 중 재보험사는 계약을 해지할 수 있는 권한을 가지는 commutation clause(합의청산조항)을 사용하여 재보험사의 책임을 제한할 수 있다.

② cut-through clause(직접지급조항) : 재보험사가 출재사 대신 피보험자에게 재보험금을 직접 지급할 수 있도록 규정하는 조항이다.

③ interlocking clause(연동조항) : 연동조항은 둘 이상의 재보험 조약 사이에 손실을 배분하는 방법을 결정하는데 사용되며, 재보험사가 최소 두 개의 합의기간에 걸쳐 위험을 분산시킬 수 있도록 허용한다.

14

정답 ③

해설 각 소재지별 보험가입금액은 포괄보험가입금액을 소재지별로 배분하며, 보험가액에 비례하여 계산한다.

- A건물 : $1,000만원 \times \dfrac{900만원}{900만원 + 600만원} = 600만원$

- B건물 : $1,000만원 \times \dfrac{600만원}{900만원 + 600만원} = 400만원$

국문화재보험약관은 80% 공동보험조항을 적용한다.

A건물의 지급보험금 = 손실액 $\times \dfrac{보험가입금액}{보험가액의\ 80\%\ 해당액}$

$= 300만원 \times \dfrac{600만원}{900만원 \times 80\%} = \mathbf{250만원}$

15

정답 ④

해설 초과액재보험특약(surplus reinsurance treaty)은 원보험자가 먼저 보유금액을 결정한 뒤에, 그 초과액을 일정배수에 따라 출재하는 방식의 비례적 재보험(proportional reinsurance)이다. 비례적 재보험이므로 원보험자와 재보험자의 손해액 부담은 보험가입금액에 비례하여 부담한다.

문제에서 특약한도액(treaty limit)은 US$ 200,000이고, 20 line이 설정되었으므로
- A계약의 특약출재금액 : US$ 200,000 - US$ 20,000 = **US$ 180,000**
- B계약의 특약출재금액 : US$ 8,000 $\times$ 20 line = **US$ 160,000**

16

정답 ②

해설 ⓐ 손실통제(loss control)와 ⓓ 리스크분리(risk separation)는 **리스크통제(risk control)**에 해당한다. 리스크재무(risk financing)는 손실의 발생을 예방하거나 손실의 크기를 줄이기보다는 발생한 손실로부터 회복 또는 그것을 복구하는데 필요한 자금의 조달에 초점을 두는 위험관리기법이다. 리스크재무기법은 ⓑ **리스크보유(risk retention)** 방법과 **리스크전가(risk transfer)** 방법으로 구분할 수 있다.

17

정답 ②

해설 전문직배상책임보험은 **사고발생기준이 아니라 배상청구기준**이며, 사고와 보상청구가 모두 보험기간 안에 이루어져야 한다.

18

정답 ①

해설 **배상책임보험의 사회적 기능**

1. **피보험자의 보호기능**

   배상책임보험은 피보험자의 배상책임손해를 보상함으로써 피보험자의 경제적 불확실성을 제거하여 개인 또는 기업이 지속적인 경제활동을 할 수 있게 유지해 준다. → 의무보험제도

2. **피해자의 보호기능**

   대부분의 배상책임보험에서는 그 가입을 강제하여 사고발생시 보험자가 피해자의 경제적 손해를 보상하도록 하고 있다.

   • **피해자 직접청구권** : 피보험자가 배상책임을 질 사고가 발생한 경우 피해자가 보험금액 내에서 보험자에 대하여 보험금을 직접 청구할 수 있는 권리

   • **무과실책임주의** : 가해자에게 고의 또는 과실이 없더라도 손해와 사고 사이에 인과관계만 있으면 무조건적인 손해배상책임을 지우는 것

19

정답 ②

해설 **실손보상 원칙(이득금지 원칙)의 예외**

• **신가보험(재조달가액보험 = 대체비용보험)** : 보상기준을 재조달가로 정한 보험을 신가보험이라 한다. 감가상각이 반영된 실제 손해를 보상하는 것이 아니고, 재조달가 전액을 보상하게 되므로 실손보상 원칙의 예외가 된다.

• **기평가보험** : 기평가보험계약에서는 보험가액이 사고발생시의 가액을 초과하더라도 사고발생시의 가액을 기준으로 하여 손해액을 산정하지 아니하고, 계약된 금액을 기준으로 손해액을 산정하므로 실손보상 원칙의 예외가 된다.

• **손해보험상품 중 정액보험** : 운전자보험의 방어비용보상 등은 해당 보험금 지급요건이 충족되면, 실제 소요비용이 얼마인가에 상관없이 보험계약시 정한 금액을 일시금으로 지급하게 된다. 만일 소요비용이 보험금보다 적다면, 금전적 이득이 발생하므로 이 또한 실손보상 원칙의 예외가 된다.

20

정답 ②

해설 A. 정액 공제(straight deductible)는 사고발생시 손실금액이 얼마인가에 관계없이 손실액에서 무조건 공제금액을 공제하므로, 300만원 – 100만원 = **200만원을 보상**한다.

　　 B. 프랜차이즈 공제(franchise deductible)는 설정된 공제금액 이하의 손해가 발생하면 지급하지 않지만, 이를 초과하는 손해가 발생하면 공제 없이 전액 지급하므로, **300만원을 보상**한다.

21

정답 ③

해설 손해사정업무

검정업무 (survey)	보험사고를 조사하여 보험자의 보상책임 여부와 손해액을 결정하는 과정을 말한다. • 사고접수 • 보험계약사항의 확인 • 현장조사 및 사고사실 확인 • 손해액 확인 및 산정 • 구상관계 조사
정산업무 (adjustment)	보험금 결정 과정으로 제3자에 대한 구상권을 행사하는 것을 포함한다. • 보험가액 결정 • 보상한도의 결정 • 보험금산출방법 결정 • 지급보험금 결정과 합의 • 구상권(대위권) 행사

22

정답 ①

해설 조정요율 = {(실제손해율 − 예정손해율) / 예정손해율} × 신뢰도계수(%)

= {(40% − 50%) / 50%} × 50% = −10%

예정손해율이 50%이므로,

조정차이 = 50% × (−10%) = −5%

∴ 차기에 적용할 예정손해율 = 50% − 5% = **45%**

23

정답 ①

해설 배상책임보험은 피보험자가 제3자(타인)의 신체·생명이나 재산에 손해를 입힘으로써 부담하는 법률상 배상책임을 보장하며, **피보험자 자신이 입은 손해는 보상하지 않는 소극보험의 성질을 가진다.**

② 배상책임보험에서는 일반손해보험에서와 같은 보험가액이 존재하지 않기 때문에 초과·중복·일부 보험의 문제는 생기지 않고, 손해배상액은 단순히 보험금액과 손해액의 범위에서 결정된다. 다만, 보관자책임보험의 경우(상법 제725조) 목적물이나 보상한도액이 제한되므로 보험가액이 측정되어 초과·중복·일부보험이 인정된다.

③·④ 상법 제724조 제2항

24

해설
ⓐ **실손보상 원칙의 적용** : 실제 발생한 손해만을 보상해 줌으로써 보험사기행위와 같은 도덕적 위태를 줄일 수 있다.

ⓑ **책임보험의 보상한도 상향** : 피해 보상한도액도 상향되므로 도덕적 위태를 조장할 수 있다.

ⓒ **재물보험의 공동보험조항(co-insurance clause) 부보비율 상향** : 보험계약자의 자기부담은 하향되므로 도덕적 위태를 조장할 수 있다.

ⓓ **보험공제(deductible) 금액 상향** : 손해액의 일정금액까지 보험계약자가 부담하는 공제금액을 상향할수록 도덕적 위태는 감소하게 될 것이다.

25

정답 ②

해설
재물손해 보험금과 잔존물제거비용은 각각 '지급보험금의 계산(약관 제9조)'을 준용하여 계산하며, 그 합계액은 **보험증권에 기재된 보험가입금액**을 한도로 한다. 다만, **잔존물제거비용은 손해액의 10%를 초과할 수 없다.**

비용손해 중 손해방지비용, 대위권보전비용 및 잔존물보전비용은 보험가입금액을 초과하는 경우에도 지급한다.

26

정답 ③

해설
독립손해사정사의 금지행위(보험업감독규정 제9-14조 제1항)
독립손해사정사 또는 독립손해사정사에게 소속된 손해사정사는 업무와 관련하여 다음 각 호의 행위를 하여서는 아니된다.

1. **보험금의 대리청구 행위**
2. **일정 보상금액의 사전약속** 또는 약관상 지급보험금을 현저히 초과하는 보험금을 산정하여 제시하는 행위
3. 특정변호사 · 병원 · 정비공장 등을 소개 · 주선 후 관계인으로부터 금품 등의 대가를 수수하는 행위
4. 불필요한 소송 · 민원유발 또는 이의 소개 · 주선 · 대행 등을 이유로 하여 대가를 수수하는 행위
5. 사건중개인 등을 통한 사정업무 수임행위
6. **보험회사와 보험금에 대하여 합의 또는 절충하는 행위**
7. 그 밖에 손해사정업무와 무관한 사항에 대한 처리약속 등 손해사정업무 수임유치를 위한 부당행위

27

정답 ②

해설 ⓐ 위험변경·증가 통지의무위반 요건의 존재에 대한 **입증책임은 보험자에게 있다.** 보험자는 위험의 현저한 증가가 있었다는 객관적인 사실을 입증하고 보험계약을 해지할 수 있다.

ⓑ 상법 제651조에서 규정하고 있는 모든 고지의무위반에 대한 **입증책임은 보험자에게 있다.**

ⓒ 열거위험담보방식에서의 인과관계에 대한 **입증책임은 보험계약자 측에 있다.** 즉 보험계약자나 피보험자는 열거위험과 사고, 사고와 손해 사이에 인과관계가 있음을 입증하여야 하고, 보험자는 담보위험 보험사고가 아니라는 면책위험으로 발생하였다는 것을 입증하여야 한다.

ⓓ 판례는 "보험계약자가 다수의 보험계약을 통해 보험금을 부정하게 취득할 목적으로 보험계약을 체결했다면 이는 다수의 선량한 보험가입자의 희생을 초래해 보험제도의 근간을 해치는 것이기 때문에 선량한 풍속 기타 사회질서에 반해 무효"라고 전제하면서도 "다만, 이같은 **보험계약자의 부정한 목적을 입증해야 할 책임은 보험회사에 있다**"고 하였다.

28

정답 ①

해설 순보험료 = 손실빈도 × (평균)손실규모

= (사고건수 / 계약건수) × (보험금 / 사고건수)

= 보험금 / 계약건수

= (5 × 3,000만원) / 10,000

= **15,000원**

29

정답 ①, ②, ③, ④

해설 ① **근로자를 사용하는 모든 사업 또는 사업장에 적용**하므로, 65세 이후에 고용된 근로자도 적용 대상이다. 다만, 65세 이후에 고용(65세 전부터 피보험 자격을 유지하던 사람이 65세 이후에 계속하여 고용된 경우는 제외한다)되거나 자영업을 개시한 사람에게는 **실업급여 규정 및 육아휴직급여 규정을 적용하지 아니한다**(고용보험법 제10조 제2항).

② · ③ 고용보험법은 고용보험의 시행을 통하여 실업의 예방, 고용의 촉진 및 **근로자 등의 직업능력의 개발과 향상**을 꾀하고, **국가의 직업지도와 직업소개 기능을 강화**하며, 근로자 등이 실업한 경우에 생활에 필요한 급여를 실시하여 근로자 등의 생활안정과 구직 활동을 촉진함으로써 경제·사회 발전에 이바지하는 것을 목적으로 한다(고용보험법 제1조).

④ 「별정우체국법」에 따른 **별정우체국 직원은 적용 대상이 아니다**(고용보험법 시행령 제3조 제2항).

30

정답 ②

해설 **정태적 리스크(static risk)와 동태적 리스크(dynamic risk)**

- 정태적 리스크(static risk)는 화재, 지진, 홍수와 같이 시간이 지나더라도 리스크의 성격이나 발생 여부가 변하지 않는 위험을 말한다. 정태적 리스크는 대부분 **순수위험(ⓒ 자연재해 리스크, ⓓ 전쟁 리스크)**에 속한다.
- 동태적 리스크(dynamic risk)는 시간이 지나면서 위험의 성격이나 발생 여부가 변하는 리스크이다. 동태적 리스크 대개 **투기위험(ⓐ 금리 리스크, ⓑ 시장 리스크)**에 속한다.

31

정답 ④

해설 **손실통제의 체계적 수행절차**

단 계	통제 추진	주요 내용
1	손실의 원천	• 손실발생의 가능성을 원천적으로 봉쇄 • 화재로 인한 손실을 방지하기 위하여 화재에 견딜 수 있는 재료로 건물을 건축
2	해저드(hazard) 경감	• 사고발생의 환경적 요인 통제로 사고확률을 감소 • 각종 시설에 대한 정기 검색 및 종업원의 안전수칙 준수 강화 등
3	손실 최소화	• 손실이 발생한 후 그 규모의 최소화 노력 • 스프링클러 장치, 안전벨트 착용, 구명보트 준비 등
4	구조 작업	• 손실의 최소화 또는 복구 • 재해를 당한 직원의 재활 제도, 파괴된 시설 복구

32

정답 ②

해설 **보험증권의 법적 성격**

- **면책증거성** : 보험증권은 보험자가 보험금 또는 기타의 급여를 함에 있어서 증권을 제시하는 자의 자격을 조사할 권리는 있어도 의무는 없는 면책증권이다.
- **유가증권성** : 보험증권은 기명식에 한하지 않고 지시식 또는 무기명식으로 발행할 수 있다.
- **요식증권성** : 보험증권은 일정한 사항을 기재(상법 제666조)하고 보험자가 기명날인 또는 서명하는 요식성을 가진다.
- **증거증권성** : 보험증권은 보험계약의 성립과 내용을 증명하기 위하여 보험자가 발행하는 증거증권이다.

33

정답 ④

해설 96%의 신뢰도를 적용하면 가능최대손실(probable maximum loss ; PML)은,
0.04 + 0.30 + 0.40 + 0.20 + 0.02 = 0.96의 최대 손실액인 **1,200만원**이 된다.

34

[정답] ②

[해설] • 해상고유의 위험(perils of the seas) : 침몰(sinking), **좌초(stranding)**, **충돌(collision)**, **악천후(heavy weather)**
- **해상에서 발생할 수 있는 일반적 손인** : 화재(fire), 투하(jettison), 선원의 악행(barratry), 해적(pirates) · 방랑자(rovers) · 강도(thieves)

35

[정답] ②

[해설] 상해보험의 경우 보험사고가 보험계약자, 피보험자 또는 보험수익자의 고의로 인한 경우만 면책으로 하고, **중대한 과실로 인하여 생긴 때에는 보험자의 보상책임을 인정하고 있다**(상법 제732조의2). 즉 상해보험에서 중과실에 해당하는 음주운전, 무면허운전을 면책할 수 없다는 것이 대법원 판례의 입장이다.

36

[정답] ②

[해설] quota share treaty(비례재보험특약)는 원보험자(출재사)가 인수한 계약 중 미리 정한 조건에 부합되는 모든 계약의 일정비율이 재보험으로 처리하는 방식이다.

① surplus reinsurance treaty(초과액재보험특약) : 원보험자(출재사)가 인수한 보험계약에 대하여 특약으로 미리 정해진 금액의 한도 내에서 매 계약별로 보유금액을 결정한 후 그 초과액을 출재하는 방식이다.
③ stop loss cover(초과손해율재보험특약) : 출재사의 경과누적 손해율이 약정된 비율을 초과할 때부터 재보험자의 지급책임이 개시되는 비비례적 재보험의 한 형태이다.
④ excess of loss treaty(초과손해액재보험특약) : 발생된 손해에 따라 미리 정해진 손해금액까지는 원보험자가 책임을 지고, 나머지 손해부분의 전부 또는 일정금액을 재보험자가 책임을 지는 비비례적 재보험 형태이다.

37

[정답] ②

[해설] insurance-linked securities(보험연계증권)
보험연계증권은 보험위험을 자본시장으로 이전하는 거래로서 전통적 재보험을 대체하는 기능을 하며, 보험위험을 증권화한 **대재해채권(Cat Bond)이 대표적**이다. 넓은 의미의 보험연계증권은 보험과 관련된 위험을 자본시장에 전가하는 모든 수단(채권, 스왑, 파생상품, 재보험계약)을 의미한다.

① finite reinsurance : 보험사가 일정한 기간에 걸쳐 책임한도액을 설정해 재보험자에게 재무손실위험을 전가하고 통상적으로 이익을 공유하는 형태를 지닌 재보험계약
③ captive insurance : 경제주체(기업)가 자신의 위험을 보험사나 재보험사에 전가하지 않고, 자회사 형태로 보험사를 설립하여 위험을 인수하는 방법
④ contingent capital : 보험사고가 발생한 경우 금융기관이나 투자자로부터 미리 정한 조건으로 차입을 하거나 주식을 발행할 수 있다는 계약

38

정답 ①

해설 가불금 청구권자는 **보험가입자 등**(의무보험에 가입한 자와 그 의무보험 계약의 피보험자)이다. 즉 보험 가입자 등이 자동차의 운행으로 다른 사람을 사망하게 하거나 부상하게 한 경우에는 피해자는 대통령령 으로 정하는 바에 따라 보험회사 등에게 자동차보험진료수가에 대하여는 그 전액을, 그 외의 보험금 등에 대하여는 대통령령으로 정한 금액을 보험금 등을 지급하기 위한 가불금(假拂金)으로 지급할 것을 청구할 수 있다(자동차손해배상보장법 제11조 제1항).

② 자동차손해배상보장법 제11조 제1항
③ 자동차손해배상보장법 제11조 제2항
④ 자동차손해배상보장법 제11조 제3항

39

정답 ③

해설 **최종적 명백한 기회(last clear chance)**
기여과실이 있는 자가 손해배상청구를 할 수 없다는 것이 너무 가혹하기 때문에 어느 일방이 최종적으로 사고발생을 회피할 명백한 기회를 가졌는가를 조사하고, 이 기회를 가졌던 자가 일체의 책임을 진다는 것이다. 예컨대 도로를 무단 횡단하던 자의 사고로 인하여 과실을 참작함에 있어서 가해자(피고)의 과실 이 90%이고, 피해자(원고)의 과실이 10%였다면 기여과실의 경우 피해자에게도 기여과실이 인정된다 할 것이므로 보상책임이 발생하지 않는다. 하지만, 최종적 명백한 기회(last clear chance)는 90%의 가해자일지라도 마지막에 **사고 회피를 위한 책임이 10%의 피해자에게 있다는 것이 명백하다면 피해자에게 모든 책임이 있게 되므로 손해배상청구권이 90%의 가해자에게도 존재할 수 있다**는 과실이론이다.

TIP	**기여과실(조성과실 ; contributory negligence)**

피해자가 입은 손해가 단순히 가해자의 과실에 의한 것만이 아니고, 피해자 측에게도 상당한 과실을 구성하는 원인이 있으므로 기여과실이 있을 경우 피해자 자신의 과실이 없었다면 가해자에게 과실이 있었다해도 그 손해는 발생하지 않았을 것이라고 인정되는 경우 과실상계가 인정된다. 재판상 과실상계가 인정되면 피해자에 대하여 손해를 보상할 필요가 없게 된다. 기여과실은 사고에 있어 피해자 측이 상당부분 기여한 경우 보상책임이 없다는 측면에서 본다면 피해자 측에게는 불리한 과실이론이다.

① **전가과실(imputed negligence)책임 또는 대리배상책임(vicarious liability)** : 어떤 특정한 조건아래서 한 사람(원고)의 과실이 다른 사람에게 전가될 수 있다는 원칙이다. 운전자에 대한 운행자의 책임, 피용자에 대한 사용자의 책임 등이 해당된다. 예를 들어 피용자가 근무 중 일으킨 교통사고에 대해 그의 사용자에게 책임을 묻는 경우이다.

② **연대배상책임(joint and several liability)** : 피고인들 중 하나가 피해의 발생에 대하여 약간의 과실만 있더라도 전체 보상에 대해 책임을 질 수 있다.

④ **과실추정의 원칙(res ipsa loquitur)** : 과실의 입증책임은 피해자인 원고에게 있다. 즉 피해 당사자는 보상을 받기 위하여 피고의 과실을 입증해야 한다. 그러나 과실을 입증할 수 없는 일부 상황에 대해 법원은 피고에 대한 입증책임을 전환하기 위해 과실추정의 원칙을 적용한다.

40

정답 ②

해설 ② 인수능력 축소(✕) ⇒ 인수능력의 확대(○)

원보험자는 재보험을 통하여 인수할 수 있는 금액보다 훨씬 더 큰 금액의 보험을 인수(대규모 리스크에 대한 인수능력 제공)함으로써 마케팅 능력을 강화시킬 수 있다.

TIP	재보험의 기능
• 위험분산
• 원보험자의 인수능력(capacity)의 확대
• 경영의 안정성 도모 ⇒ 언더라이팅 이익 안정화
• 미경과보험료적립금의 경감
• 전문적 자문과 서비스 제공
• 신규보험상품의 개발 촉진

2023년 제46회

손해사정사 1차 시험문제
정답 및 해설

✅ 정답 CHECK

01	02	03	04	05	06	07	08	09	10	11	12	13	14	15	16	17	18	19	20
②	④	③	④	③	②	④	④	③	①	②	④	④	③	②	④	③	①	①	①
21	22	23	24	25	26	27	28	29	30	31	32	33	34	35	36	37	38	39	40
②	④	①	②	①	④	①	①	①	②	③	④	③	③	①	②	②	①	③	①	④

문제편 362p

01

정답 ②

해설 "대통령령으로 정하는 기준에 따라 제3보험의 보험종목에 부가되는 보험"이란 질병을 원인으로 하는 사망을 제3보험의 특약 형식으로 담보하는 보험으로서 다음 각 호의 요건을 충족하는 보험을 말한다(보험업법 시행령 제15조 제2항).

1. 보험만기는 80세 이하일 것
2. 보험금액의 한도는 개인당 2억원 이내일 것
3. 만기시에 지급하는 환급금은 납입보험료 합계액의 범위 내일 것

02

정답 ④

해설 보험회사가 제16조 제1항 제1호부터 제3호까지, 제2항 제2호부터 제4호까지의 업무 및 부수업무(직전 사업연도 매출액이 해당 보험회사 수입보험료의 1천분의 1 또는 10억원 중 많은 금액에 해당하는 금액을 초과하는 업무만 해당한다)를 하는 경우에는 해당 업무에 속하는 자산·부채 및 수익·비용을 **보험업과 구분하여 회계처리하여야 한다**(보험업법 시행령 제17조 제1항).

① 보험업법 제11조의2 제2항
② 보험업법 제11조의2 제3항 제1호
③ 보험업법 제11조의2 제1항 단서

03

정답 ③

해설 **주식회사의 이사**는 조직변경에 관한 사항을 보험계약자 총회에 보고하여야 한다(보험업법 제27조).

① 보험업법 제25조 제1항
② 보험업법 제26조 제1항
④ 보험업법 제28조 제2항

04

정답 ④

해설 설립등기는 이사 및 감사의 공동신청으로 하여야 한다(보험업법 제40조 제3항).

① 상호회사의 기금은 **금전 이외의 자산으로 납입하지 못한다**(보험업법 제36조 제1항).
② 상호회사의 발기인은 **상호회사의 기금의 납입이 끝나고 사원의 수가 예정된 수가 되면 그 날부터 7일** 이내에 창립총회를 소집하여야 한다(보험업법 제39조 제1항).
③ 상호회사 성립 전의 입사청약에 대하여는 「민법」 제107조 제1항(진의 아닌 의사표시) 단서를 적용하지 아니한다(보험업법 제38조 제3항).

05

정답 ③

해설 사원총회의 소집청구가 있은 후 지체 없이 총회 소집의 절차를 밟지 아니한 때에는 청구한 사원은 **법원의 허가를 받아 총회를 소집할 수 있다**. 이 경우 주주총회의 의장은 법원이 이해관계인의 청구나 직권으로 선임할 수 있다(보험업법 제56조 제2항, 상법 제366조 제2항).

① 보험업법 제54조 제1항, 제2항
② 보험업법 제55조
④ 보험업법 제57조 제2항

06

정답 ②

해설 설립비용과 사업비의 전액을 상각하고 손실보전준비금을 공제하기 전에는 기금의 상각 또는 잉여금의 분배를 하지 못한다(보험업법 제61조 제2항).

① 손실보전준비금의 총액과 매년 **적립할 최저액**은 정관으로 정한다(보험업법 제60조 제2항).
③ 상호회사가 이 법의 규정을 위반하여 기금이자의 지급, 기금의 상각 또는 잉여금의 분배를 한 경우에는 **회사의 채권자**는 이를 반환하게 할 수 있다(보험업법 제61조 제3항).
④ 상호회사가 기금을 상각할 때에는 **상각하는 금액과 같은 금액**을 적립하여야 한다(보험업법 제62조).

07

정답 ④

해설 금융위원회는 외국보험회사국내지점이 다음 각 호의 어느 하나에 해당하는 사유로 해당 외국보험회사 국내지점의 보험업 수행이 어렵다고 인정되면 공익 또는 보험계약자 보호를 위하여 영업정지 또는 그 밖에 필요한 조치를 하거나 청문을 거쳐 보험업의 허가를 취소할 수 있다(보험업법 제74조 제2항).

1. **이 법 또는 이 법에 따른 명령이나 처분을 위반한 경우**
2. 「금융소비자 보호에 관한 법률」 또는 같은 법에 따른 명령이나 처분을 위반한 경우
3. **외국보험회사의 본점이 그 본국의 법령을 위반한 경우**
4. 그 밖에 해당 외국보험회사국내지점의 보험업 수행이 어렵다고 인정되는 경우

08

정답 ④

해설 **금융기관보험대리점이 될 수 있는 자(보험업법 제91조 제1항)**
1. 「은행법」에 따라 설립된 은행
2. 「자본시장과 금융투자업에 관한 법률」에 따른 투자매매업자 또는 투자중개업자
3. 「상호저축은행법」에 따른 상호저축은행
4. 그 밖에 다른 법률에 따라 금융업무를 하는 기관으로서 대통령령으로 정하는 기관(동법 시행령 제40조 제1항)
   • 「한국산업은행법」에 따라 설립된 한국산업은행
   • 「중소기업은행법」에 따라 설립된 중소기업은행
   • 「여신전문금융업법」에 따라 허가를 받은 신용카드업자(겸영여신업자는 제외한다)
   • 「농업협동조합법」에 따라 설립된 조합 및 농협은행

09

정답 ③

해설 보험회사의 임원 중 대표이사·사외이사·감사 및 감사위원은 보험모집을 할 수 없다(보험업법 제83조 제1항 제4호).

① 보험업법 시행령 제34조 제1항
② 보험업법 시행령 제31조 제1항 제2호
④ 보험업법 제83조 제2항

10

정답 ①

해설 보험사고 조사에 관하여 설명 받아야 하는 사항으로서 금융위원회가 정하여 고시하는 사항은 **보험금 청구단계에서 일반보험계약자에게 설명하여야 하는 중요사항**에 해당된다(보험업법 시행령 제42조의2 제3 항 제2호 다목).

TIP	보험계약 체결단계에서 일반보험계약자에게 설명하여야 하는 중요사항(보험업법 시행령 제42조의2 제3항 제1호)

가. 보험의 모집에 종사하는 자의 성명, 연락처 및 소속
나. 보험의 모집에 종사하는 자가 보험회사를 위하여 보험계약의 체결을 대리할 수 있는지 여부
다. 보험의 모집에 종사하는 자가 보험료나 고지의무사항을 보험회사를 대신하여 수령할 수 있는지 여부
라. 보험계약의 승낙절차
마. 보험계약 승낙거절시 거절 사유
바. 「상법」 제638조의3 제2항에 따라 3개월 이내에 해당 보험계약을 취소할 수 있다는 사실 및 그 취소 절차·방법
사. 그 밖에 일반보험계약자가 보험계약 체결단계에서 설명받아야 하는 사항으로서 금융위원회가 정하여 고시하는 사항

11

정답 ②

해설 **보험설계사에 대한 불공정행위 금지(보험업법 제85조의3 제1항)**

보험회사 등은 보험설계사에게 보험계약의 모집을 위탁할 때 다음 각 호의 행위를 하여서는 아니 된다.

1. 보험모집 위탁계약서를 교부하지 아니하는 행위
2. **위탁계약서상 계약사항을 이행하지 아니하는 행위**
3. 위탁계약서에서 정한 해지요건 외의 사유로 위탁계약을 해지하는 행위
4. **정당한 사유 없이 보험설계사가 요청한 위탁계약 해지를 거부하는 행위**
5. 위탁계약서에서 정한 위탁업무 외의 업무를 강요하는 행위
6. 정당한 사유 없이 보험설계사에게 지급되어야 할 수수료의 전부 또는 일부를 지급하지 아니하거나 지연하여 지급하는 행위
7. 정당한 사유 없이 보험설계사에게 지급한 수수료를 환수하는 행위
8. **보험설계사에게 보험료 대납(代納)을 강요하는 행위**
9. 그 밖에 대통령령으로 정하는 불공정한 행위

12

정답 ④

해설 보험중개사는 보험계약의 체결을 중개할 때 그 중개와 관련된 내용을 대통령령으로 정하는 바에 따라 장부에 적고 보험계약자에게 알려야 하며, 그 **수수료에 관한 사항을 비치하여 보험계약자가 열람할 수 있도록 하여야 한다**(보험업법 제92조 제1항).

① 보험업법 제89조의2 제1항 제3호
② 보험업법 제89조 제3항
③ 보험업법 제90조 제2항 제1호

13

정답 ④

해설 **보험안내자료의 기재사항(보험업법 시행령 제42조 제1항)**

법 제95조 제1항 제2호에 따른 보험 가입에 따른 권리·의무에 관한 사항에는 법 제108조 제1항 제3호에 따른 변액보험계약의 경우 다음 각 호의 사항이 포함된다.

1. 변액보험자산의 운용성과에 따라 납입한 보험료의 원금에 손실이 발생할 수 있으며 그 손실은 보험계약자에게 귀속된다는 사실
2. **최저로 보장되는 보험금이 설정되어 있는 경우에는 그 내용**

14

정답 ③

해설 보험약관 또는 보험증권을 전자문서로 발급하는 경우에는 보험계약자가 해당 문서를 수령하였는지를 확인하여야 하며, **보험계약자가 서면으로 발급해 줄 것을 요청하는 경우에는 서면으로 발급하여야 한다**(보험업법 시행령 제43조 제5항 제3호).

① 보험업법 제96조 제2항 제1호
② 보험업법 시행령 제43조 제1항
④ 보험업법 시행령 제43조 제6항 〈2023.6.27. 개정〉

15

정답 ②

해설 보험중개사가 모집한 자기 또는 자기를 고용하고 있는 자를 보험계약자나 피보험자로 하는 보험의 보험료 누계액이 그 보험중개사가 모집한 보험의 보험료의 **100분의 50을 초과하게 된 경우**에는 그 보험중개사는 자기 또는 자기를 고용하고 있는 자를 보험계약자 또는 피보험자로 하는 보험을 모집하는 것을 그 주된 목적으로 한 것으로 본다(보험업법 제101조 제2항). 즉 자기계약의 금지에 해당된다.

① 보험업법 제101조 제1항
③ 보험업법 제102조의3 제1호
④ 보험업법 제103조

16

정답 ④

해설 국외여행, 연수 또는 유학 등 국외체류 중 발생한 위험을 보장하는 보험계약은 제외된다(보험업법 시행령 제42조의5 제1항 제3호).

① 보험업법 제95조의5 제1항, 동법 시행령 제42조의5 제1항
② 보험업법 제95조의5 제1항
③ 보험업법 시행령 제42조의5 제2항

17

정답 ③

해설 **금지 또는 제한되는 자산운용(보험업법 제105조)**

보험회사는 그 자산을 다음 각 호의 어느 하나에 해당하는 방법으로 운용하여서는 아니 된다.

1. 대통령령으로 정하는 업무용 부동산이 아닌 부동산(저당권 등 담보권의 실행으로 취득하는 부동산은 제외한다)의 소유
2. 제108조 제1항 제2호에 따라 설정된 특별계정을 통한 부동산의 소유
   ※ **제108조 제1항 제2호**: 「근로자퇴직급여보장법」 제29조 제2항에 따른 보험계약 및 법률 제10967호 「근로자퇴직급여보장법」 전부개정법률 부칙 제2조 제1항 본문에 따른 퇴직보험계약
3. 상품이나 유가증권에 대한 투기를 목적으로 하는 자금의 대출
4. 직접·간접을 불문하고 해당 보험회사의 주식을 사도록 하기 위한 대출
5. 직접·간접을 불문하고 정치자금의 대출
6. 해당 보험회사의 임직원에 대한 대출(보험약관에 따른 대출 및 금융위원회가 정하는 소액대출은 제외한다)
7. 자산운용의 안정성을 크게 해칠 우려가 있는 행위로서 대통령령으로 정하는 행위

18

정답 ①

해설 **동일한 자회사에 대한 신용공여** : 각 특별계정 자산의 100분의 4(보험업법 제106조 제1항 제7호 나목)

② **동일한 법인이 발행한 채권 및 주식 소유의 합계액** : 각 특별계정 자산의 100분의 10(보험업법 제106조 제1항 제2호 나목)
③ **부동산 소유** : 각 특별계정 자산의 100분의 15(보험업법 제106조 제1항 제8호 나목)
④ **동일한 개인·법인, 동일차주 또는 대주주(그의 특수관계인 포함)에 대한 총자산의 100분의 1을 초과하는 거액 신용공여의 합계액** : 각 특별계정 자산의 100분의 20(보험업법 제106조 제1항 제4호 나목)

19

정답 ①

해설 보험회사는 보험업의 경영과 밀접한 관련이 있는 업무 등으로서 **대통령령으로 정하는 업무**를 주로 하는 회사를 미리 금융위원회에 신고하고 자회사로 소유할 수 있다. "대통령령으로 정하는 업무"란 다음 각 호의 업무를 말한다(보험업법 제115조 제2항, 동법 시행령 제59조 제3항).

1. 보험회사의 사옥관리업무
2. 보험수리업무
3. 손해사정업무
4. 보험대리업무
5. 보험사고 및 보험계약 조사업무
6. 보험에 관한 교육·연수·도서출판·금융리서치 및 경영컨설팅 업무
7. 보험업과 관련된 전산시스템·소프트웨어 등의 대여·판매 및 컨설팅 업무
8. 보험계약 및 대출 등과 관련된 상담업무
9. **보험에 관한 인터넷 정보서비스의 제공업무**
10. 자동차와 관련된 긴급출동·차량관리 및 운행정보 등 부가서비스 업무
11. **보험계약자 등에 대한 위험관리 업무**
12. **건강·장묘·장기간병·신체장애 등의 사회복지사업 및 이와 관련된 조사·분석·조언 업무**
13. 「노인복지법」 제31조에 따른 노인복지시설의 설치·운영에 관한 업무 및 이와 관련된 조사·분석·조언 업무
14. 건강 유지·증진 또는 질병의 사전 예방 등을 위해 수행하는 업무
15. 외국에서 하는 다음 각 목의 업무 _(2023.12.29. 개정)
    가. 제1호부터 제14호까지의 규정에 따른 업무
    나. 보험업, 보험중개업무, 투자자문업, 투자일임업, 집합투자업 및 부동산업
    다. 「외국환거래법」에 따른 증권, 파생상품 및 채권에 투자하는 업무로서 금융위원회가 정하여 고시하는 업무

20

정답 ①

해설 금융위원회는 보험중개사가 다음 각 호의 어느 하나에 해당하는 경우에는 총리령으로 정하는 바에 따라 영업보증금의 전부 또는 일부를 반환한다(보험업법 시행령 제37조 제3항).

1. 보험중개사가 보험중개 업무를 폐지한 경우
2. **보험중개사인 개인이 사망한 경우**
3. **보험중개사인 법인이 파산 또는 해산하거나 합병으로 소멸한 경우**
4. 법 제90조 제1항에 따라 등록이 취소된 경우
5. **보험중개사의 업무상황 변화 등으로 이미 예탁한 영업보증금이 예탁하여야 할 영업보증금을 초과하게 된 경우**

21

정답 ②

해설 보험업법상 보험회사가 지켜야 하는 재무건전성 기준에 따라 (**지급여력금액**)을 (**지급여력기준금액**)으로 나눈 비율인 지급여력비율은 100분의 (**100**) 이상을 유지하여야 한다(보험업법 시행령 제65조 제1항 제3호, 제65조 제2항 제1호).

22

정답 ④

해설 보험회사의 신설 등으로 상호협정의 구성원이 변경되는 사항은 "대통령령으로 정하는 경미한 사항"에 해당되므로 공정거래위원회와의 사전협의 사항이 아니다(보험업법 제125조 제3항 단서, 동법 시행령 제69조 제3항 제1호).

① 보험업법 제125조 제1항
②·③ 보험업법 제125조 제2항

23

정답 ①

해설 보험회사는 정관을 변경한 경우에는 변경한 날부터 **7일 이내**에 금융위원회에 알려야 한다(보험업법 제126조).

② 보험회사는 상호나 명칭을 변경한 경우에는 변경한 날부터 **5일 이내**(보험업법 제130조 제1호)
③ 보험회사는 본점의 영업을 중지하거나 재개한 경우에는 그 날부터 **5일 이내**(보험업법 제130조 제3호)
④ 보험회사는 최대주주가 변경된 경우에는 변경된 날부터 **5일 이내**(보험업법 제130조 제4호)

24

정답 ②

해설 금융위원회는 보험회사가 제127조 제2항에 따라 기초서류를 신고할 때 필요하면 「금융위원회의 설치 등에 관한 법률」에 따라 설립된 **금융감독원의 확인**을 받도록 할 수 있다(보험업법 제128조 제1항).

① 보험업법 제127조 제2항 제1호
③ 보험업법 제127조의2 제1항
④ 보험업법 제128조 제2항

25

정답 ①

해설 금융위원회는 보험소비자와 보험의 모집에 종사하는 자 등 대통령령으로 정하는 자(이하 "보험소비자 등"이라 한다)를 대상으로 보험약관 등에 대한 이해도를 평가하고 그 결과를 대통령령으로 정하는 바에 따라 **공시할 수 있다**(보험업법 제128조의4 제1항 제1호).

② 보험업법 제128조의4 제2항
③ 보험업법 제128조의4 제3항
④ 보험업법 제128조의4 제4항

26

정답 ④

해설 보험회사가 보험요율산출의 원칙을 위반한 경우, **금융위원회는 대통령령으로 정하는 바에 따라 기초서류의 변경을 권고할 수 있다**(보험업법 제127조의2 제1항).

TIP	보험요율산출의 원칙(보험업법 제129조)

보험회사는 보험요율을 산출할 때 객관적이고 합리적인 통계자료를 기초로 대수(大數)의 법칙 및 통계신뢰도를 바탕으로 하여야 하며, 다음 각 호의 사항을 지켜야 한다.
1. 보험요율이 보험금과 그 밖의 급부(給付)에 비하여 지나치게 높지 아니할 것
2. 보험요율이 보험회사의 재무건전성을 크게 해칠 정도로 낮지 아니할 것
3. 보험요율이 보험계약자간에 부당하게 차별적이지 아니할 것
4. 자동차보험의 보험요율인 경우 보험금과 그 밖의 급부와 비교할 때 공정하고 합리적인 수준일 것

27

정답 ①

해설 금융위원회는 보험회사의 파산 또는 보험금 지급불능 우려 등 보험계약자의 이익을 크게 해칠 우려가 있다고 인정되는 경우에는 **보험계약 체결 제한, 보험금 전부 또는 일부의 지급정지** 또는 그 밖에 필요한 조치를 명할 수 있다(보험업법 제131조의2).

28

정답 ①

해설 **금융위원회**는 공익 또는 보험계약자 등을 보호하기 위하여 보험회사에 이 법에서 정하는 감독업무의 수행과 관련한 주주 현황, 그 밖에 사업에 관한 보고 또는 자료 제출을 명할 수 있다(보험업법 제133조 제1항).

② 보험업법 제133조 제2항
③ 보험업법 제133조 제4항
④ 보험업법 제133조 제6항

29

정답 ②

해설 ①·③·④ **금융감독원장의 건의에 따라 금융위원회가 할 수 있는 조치사항**에 해당한다.

금융위원회는 보험회사(그 소속 임직원을 포함한다)가 이 법 또는 이 법에 따른 규정·명령 또는 지시를 위반하여 보험회사의 건전한 경영을 해치거나 보험계약자, 피보험자, 그 밖의 이해관계인의 권익을 침해할 우려가 있다고 인정되는 경우 또는 「금융회사의 지배구조에 관한 법률」 별표 각 호의 어느 하나에 해당하는 경우(제4호에 해당하는 조치로 한정한다), 「금융소비자 보호에 관한 법률」 제51조 제1항 제4호, 제5호 또는 같은 조 제2항 각 호 외의 부분 본문 중 대통령령으로 정하는 경우에 해당하는 경우(제4호에 해당하는 조치로 한정한다)에는 금융감독원장의 건의에 따라 다음 각 호의 어느 하나에 해당하는 조치를 하거나 **금융감독원장으로 하여금 제1호의 조치를 하게 할 수 있다**(보험업법 제134조 제1항).

1. **보험회사에 대한 주의·경고** 또는 그 임직원에 대한 주의·경고·문책의 요구
2. 해당 위반행위에 대한 시정명령
3. 임원(「금융회사의 지배구조에 관한 법률」 제2조 제5호에 따른 업무집행책임자는 제외한다)의 해임 권고·직무정지
4. 6개월 이내의 영업의 일부정지

30

정답 ③

해설 주식회사인 보험회사의 합병에 관한 주주총회의 결의는 **출석한 주주의 의결권의 3분의 2 이상의 수와 발행 주식 총수의 3분의 1 이상의 수로써 하여야 한다**(보험업법 제138조, 상법 제434조).

① 보험회사의 합병은 이 법에 의한 보험회사의 해산사유 중 하나이다(보험업법 제137조 제1항 제3호).
② 상호회사인 보험회사의 합병에 관한 사원총회의 결의는 사원 과반수의 출석과 그 의결권의 4분의 3 이상의 찬성으로 하여야 한다(보험업법 제138조, 제39조 제2항).
④ 보험회사의 합병은 금융위원회의 인가를 받아야 한다(보험업법 제139조).

31

정답 ④

해설 보험회사는 해산한 후에도 **3개월 이내**에는 보험계약 이전을 결의할 수 있다(보험업법 제148조 제1항).

① 보험업법 제140조 제1항, 제139조
② 보험업법 제141조 제1항
③ 보험업법 제141조 제3항

32

정답 ③

해설 보험회사는 **제137조 제1항 제2호·제6호 또는 제7호의 사유**로 해산한 경우에는 보험금 지급사유가 해산한 날부터 3개월 이내에 발생한 경우에만 보험금을 지급하여야 한다(보험업법 제158조 제1항).

- **주주총회 또는 사원총회**(이하 "주주총회 등"이라 한다)의 결의(제137조 제1항 제2호)
- **보험업의 허가취소**(제137조 제1항 제6호)
- **해산을 명하는 재판**(제137조 제1항 제7호)

33

정답 ③

해설 손해보험협회는 제169조에 따른 보험금의 지급을 위하여 필요한 경우에는 정부, 「예금자보호법」 제3조에 따른 예금보험공사, 그 밖에 대통령령으로 정하는 금융기관으로부터 금융위원회의 승인을 받아 자금을 차입할 수 있다(보험업법 제171조 제1항).

① 보험업법 제169조 제1항
② 보험업법 제168조 제1항
④ 보험업법 제173조

34

정답 ①

해설 보험 관련 정보의 수집·제공 및 통계의 작성은 **보험요율산출기관의 업무에 해당**한다(보험업법 제176조 제3항 제2호).

TIP	**보험협회의 업무(보험업법 제175조 제3항)** 〈2024.2.6. 개정〉

1. 보험회사간의 건전한 업무질서의 유지
1의2. 제85조의3 제2항(보험설계사에 대한 보험회사의 불공정한 모집위탁행위 금지)에 따른 보험회사 등이 지켜야 할 규약의 제정·개정
1의3. 대통령령으로 정하는 보험회사간 분쟁의 자율조정 업무
2. 보험상품의 비교·공시 업무
3. 정부로부터 위탁받은 업무
4. 제1호·제1호의2 및 제2호의 업무에 부수하는 업무
5. 그 밖에 **대통령령으로 정하는 업무**(동법 시행령 제84조) 〈2023.6.27. 개정〉
   - 법 제194조 제1항 및 제4항에 따라 위탁받은 업무
   - 다른 법령에서 보험협회가 할 수 있도록 정하고 있는 업무
   - 보험회사의 경영과 관련된 정보의 수집 및 통계의 작성업무
   - **차량수리비 실태 점검업무**
   - **모집 관련 전문자격제도의 운영·관리 업무**
   - 보험설계사 및 개인보험대리점의 모집에 관한 경력(금융위원회가 정하여 고시하는 사항으로 한정한다)의 수집·관리·제공에 관한 업무
   - 보험가입 조회업무
   - 설립 목적의 범위에서 보험회사, 그 밖의 보험 관계 단체로부터 위탁받은 업무
   - 보험회사가 공동으로 출연하여 수행하는 사회 공헌에 관한 업무
   - 「보험사기방지 특별법」에 따른 보험사기행위를 방지하기 위한 교육·홍보 업무
   - 「보험사기방지 특별법」에 따른 보험사기행위를 방지하는데 기여한 자에 대한 포상금 지급 업무

35

정답 ②

해설 보험요율산출기관은 그 업무와 관련하여 정관으로 정하는 바에 따라 **보험회사로부터 수수료를 받을 수 있다**(보험업법 제176조 제8항).

① 보험업법 제176조 제4항
③ 보험업법 제176조 제5항
④ 보험업법 제176조 제10항

36

정답 ②

해설 보험회사가 선임계리사를 선임한 경우에는 그 선임일이 속한 사업연도의 다음 사업연도부터 연속하는 3개 사업연도가 끝나는 날까지 그 선임계리사를 해임할 수 없다. 다만, **다음 각 호의 어느 하나에 해당하는 경우에는 그러하지 아니하다**(보험업법 제184조 제4항).
1. 선임계리사가 회사의 기밀을 누설한 경우
2. 선임계리사가 그 업무를 게을리하여 회사에 손해를 발생하게 한 경우
3. 선임계리사가 계리업무와 관련하여 부당한 요구를 하거나 압력을 행사한 경우
4. 제192조에 따른 금융위원회의 해임 요구가 있는 경우

37

정답 ①

해설 **선임계리사의 금지행위(보험업법 제184조 제3항)**
1. 고의로 진실을 숨기거나 거짓으로 보험계리를 하는 행위
2. 업무상 알게 된 비밀을 누설하는 행위
3. **타인으로 하여금 자기의 명의로 보험계리업무를 하게 하는 행위**
4. 그 밖에 공정한 보험계리업무의 수행을 해치는 행위로서 **대통령령으로 정하는 행위**(동법 시행령 제94조)
   • 정당한 이유 없이 보험계리업무를 게을리하는 행위
   • 충분한 조사나 검증을 하지 아니하고 보험계리업무를 수행하는 행위
   • 업무상 제공받은 자료를 무단으로 보험계리업무와 관련이 없는 자에게 제공하는 행위

38

정답 ③

해설 손해사정업자가 이 법을 위반하여 손해사정업의 건전한 경영을 해친 경우, 금융감독원장의 건의에 따라 다음 각 호의 어느 하나에 해당하는 조치를 하거나 금융감독원장으로 하여금 제1호의 조치를 하게 할 수 있다(보험업법 제192조 제2항, 제134조 제1항 준용).

1. 보험회사에 대한 주의 · 경고 또는 그 임직원에 대한 주의 · 경고 · 문책의 요구
2. 해당 위반행위에 대한 시정명령
3. 임원(「금융회사의 지배구조에 관한 법률」 제2조 제5호에 따른 업무집행책임자는 제외한다)의 해임 권고 · 직무정지
4. 6개월 이내의 영업의 일부정지

① 보험업법 제192조 제1항
② 보험업법 제131조 제1항 제4호
④ 보험업법 제191조

39

정답 ①

해설 이해관계자의 범위(보험업법 시행규칙 제57조 제1항)
1. 개인인 손해사정사의 경우
   가. 본인의 배우자 및 본인과 생계를 같이하는 친족
   나. 본인을 고용하고 있는 개인 또는 본인이 상근 임원으로 있는 법인 또는 단체
   다. 본인이 고용하고 있는 개인 또는 본인이 대표자로 있는 법인 또는 단체
   라. 본인과 생계를 같이하는 2촌 이내의 친족, 본인의 배우자 또는 배우자의 2촌 이내의 친족이 상근 임원으로 있는 법인 또는 단체
2. 법인인 손해사정업자의 경우
   가. 해당 법인의 임직원을 고용하고 있는 개인 또는 법인
   나. 해당 법인에 대한 출자금액이 전체 출자금액의 100분의 30을 초과하는 자

40

정답 ④

해설 법인이 아닌 사단 또는 재단에 대하여 벌금형을 과하는 경우, 그 대표자가 그 소송행위에 관하여 그 사단 또는 재단을 대표하는 법인을 피고인으로 하는 경우의 형사소송에 관한 법률을 준용한다(보험업법 제208조 제2항).

① 보험계리사가 그 임무를 위반하여 재산상 이익을 취하고 보험회사에 재산상 손해를 입힌 경우, 그 죄를 범한 자에게는 정상에 따라 징역과 벌금을 병과할 수 있지만, **그 미수범에 대해서도 징역과 벌금을 병과할 수 있다**(보험업법 제206조).
② 손해사정사가 그 직무에 관하여 부정한 청탁을 받고 재산상의 이익을 수수 · 요구 또는 약속한 경우, 범인이 수수한 이익은 몰수하고 그 전부 또는 일부를 몰수할 수 없을 때에는 그 가액을 추징하지만, **범인이 공여하려 한 이익도 몰수한다**(보험업법 제207조).
③ 법인 또는 개인이 그 위반행위를 방지하기 위하여 해당 업무에 관하여 상당한 주의와 감독을 게을리 하지 아니한 경우에는 **벌금형을 과(科)하지 아니한다**(보험업법 제208조 제1항 단서).

문제편 376p

01

정답 ①

해설 소급보험이란 보험계약이 체결되기 이전의 어느 시점부터 보험기간이 시작되는 것으로 소급하여 정한 보험을 말한다(상법 제643조). 즉 보험자의 책임개시 시기를 보험계약 체결 이전으로 소급시키는 보험을 말한다. 이처럼 소급보험이 되려면 보험기간의 시기를 보험계약의 성립 시기 이전으로 소급하여 정한다는 계약당사자 사이의 약정이 있어야 한다. 보험자의 책임은 **최초의 보험료를 지급받은 때부터 개시하는 것이 원칙이므로**(상법 제656조), 소급보험의 경우도 보험계약이 체결되었다고 하더라도 **보험자의 소급적 책임개시를 위해서는 보험료의 지급이 있어야 한다.**

② 보험자의 책임은 당사자간에 다른 약정이 없으면 최초의 보험료의 지급을 받은 때로부터 개시한다(상법 제656조).

③ 상법 보험편의 규정은 당사자간의 특약으로 보험계약자 또는 피보험자나 보험수익자의 불이익으로 변경하지 못한다. 그러나 재보험 및 해상보험 기타 이와 유사한 보험의 경우에는 그러하지 아니하다(상법 제663조).

④ 보험계약은 청약과 승낙이라는 당사자 쌍방의 의사표시의 합치만으로 성립하고, 그 의사표시에는 특별한 방식이 필요 없으며, 아무런 급여를 요하지 않으므로 불요식 낙성계약이다.

02

정답 ④

해설 보험자는 보험대리상의 권한 중 일부를 제한할 수 있다. 즉 보험계약자에게 보험계약의 체결, 변경, 해지 등 보험계약에 관한 의사표시를 할 수 있는 권한을 제한할 수 있으므로, "**보험계약 체결의 대리권은 제한할 수 없다**"는 지문이 틀린 문장이다(상법 제646조의2 제1항 제4호, 제646조의2 제2항).

TIP	보험대리상의 권한(상법 제646의2조 제1항)

1. 보험계약자로부터 보험료를 수령할 수 있는 권한
2. 보험자가 작성한 보험증권을 보험계약자에게 교부할 수 있는 권한
3. 보험계약자로부터 청약, 고지, 통지, 해지, 취소 등 보험계약에 관한 의사표시를 수령할 수 있는 권한
4. 보험계약자에게 보험계약의 체결, 변경, 해지 등 보험계약에 관한 의사표시를 할 수 있는 권한

03

정답 ③

해설 보험계약자 측이 입원치료를 지급사유로 보험금을 청구하거나 이를 지급받았으나, 그 입원치료의 전부 또는 일부가 필요하지 않은 것으로 밝혀진 경우, 입원치료를 받게 된 경위, 보험금을 부정 취득할 목적으로 입원치료의 필요성이 없음을 알면서도 입원을 하였는지 여부, 입원치료의 필요성이 없는 입원 일수나 그에 대한 보험금 액수, 보험금 청구나 수령 횟수, 보험계약자 측이 가입한 다른 보험계약과 관련된 사정, 서류의 조작 여부 등 여러 사정을 종합적으로 고려하여 보험계약자 측의 부당한 보험금 청구나 보험금 수령으로 인하여 **보험계약의 기초가 되는 신뢰관계가 파괴되어 보험계약의 존속을 기대할 수 없는 중대한 사유가 있다고 인정된다면 보험자는 보험계약을 해지할 수 있고, 위 계약은 장래에 대하여 그 효력을 잃는다**(대법원 2020.10.29. 선고 2019다267020 판결).

① 피보험자동차의 양도에 관한 통지의무를 규정한 보험약관은 거래상 일반인들이 보험자의 개별적인 설명 없이도 충분히 예상할 수 있었던 사항인 점 등에 비추어 **보험자의 개별적인 명시·설명의무의 대상이 되지 않는다**(대법원 2007.4.27. 선고 2006다87453 판결).

② 상법 제680조 제1항 본문은 "보험계약자와 피보험자는 손해의 방지와 경감을 위하여 노력하여야 한다"라고 정하고 있다. 위와 같은 피보험자의 손해방지의무의 내용에는 손해를 직접적으로 방지하는 행위는 물론이고 간접적으로 방지하는 행위도 포함된다. 그러나 **그 손해는 피보험이익에 대한 구체적인 침해의 결과로서 생기는 손해만을 뜻하는 것이고, 보험자의 구상권과 같이 보험자가 손해를 보상한 후에 취득하게 되는 이익을 상실함으로써 결과적으로 보험자에게 부담되는 손해까지 포함된다고 볼 수는 없다**(대법원 2018.9.13. 선고 2015다209347 판결).

④ 보험계약자가 피보험자의 상속인을 보험수익자로 하여 맺은 생명보험계약이나 상해보험계약에서 피보험자의 상속인은 피보험자의 사망이라는 보험사고가 발생한 때에는 보험수익자의 지위에서 보험자에 대하여 보험금 지급을 청구할 수 있고, 이 권리는 보험계약의 효력으로 당연히 생기는 것으로서 상속재산이 아니라 **상속인의 고유재산이다.** 이때 보험수익자로 지정된 상속인 중 1인이 자신에게 귀속된 보험금청구권을 포기하더라도 그 포기한 부분이 당연히 다른 상속인에게 귀속되지는 아니한다. 이러한 법리는 단체보험에서 피보험자의 상속인이 보험수익자로 인정된 경우에도 동일하게 적용된다(대법원 2020.2.6. 선고 2017다215728 판결).

04

정답 ②

해설 "계약자 또는 피보험자가 손해통지 또는 보험금청구에 관한 서류에 고의로 사실과 다른 것을 기재하였 거나 그 서류 또는 증거를 위조 또는 변조한 경우에는 피보험자는 손해에 대한 보험금청구권을 잃게 된다"고 규정하고 있는 화재보험 약관조항의 취지는 보험자가 보험계약상의 보상책임 유무의 판정, 보 상액의 확정 등을 위하여 보험사고의 원인, 상황, 손해의 정도 등을 알 필요가 있으나, 이에 관한 자료들 은 계약자 또는 피보험자의 지배·관리영역 안에 있는 것이 대부분이므로 피보험자로 하여금 이에 관한 정확한 정보를 제공하도록 할 필요성이 크고, 이와 같은 요청에 따라 피보험자가 이에 반하여 **서류를 위조하거나 증거를 조작하는 등으로 신의성실의 원칙에 반하는 사기적인 방법으로 과다한 보험금을 청구하는 경우에는 그에 대한 제재로서 보험금청구권을 상실하도록** 하려는데 있다. 다만, 위와 같은 약관조항을 문자 그대로 엄격하게 해석하여 조금이라도 약관에 위배하기만 하면 보험자가 면책되는 것으로 보는 것은 **본래 피해자 다중을 보호하고자 하는 보험의 사회적 효용과 경제적 기능에 배치될 뿐만 아니라 고객에 대하여 부당하게 불리한 조항이 된다**는 점에서 이를 합리적으로 제한하여 해석할 필요가 있으므로, 위 약관조항에 의한 보험금청구권의 상실 여부는 그 취지를 감안하여 **보험금청구권자의 청구와 관련한 부당행위의 정도 등과 보험의 사회적 효용 내지 경제적 기능을 종합적으로 비교·교량하여 결정하여야 한다**(대법원 2009.12.10. 선고 2009다56603, 56610 판결). 즉 판례는 피보험자가 보험금을 청구하면서 사실과 다른 서류를 제출하거 나 보험목적물의 가치를 다소 높게 신고한 경우에는 보험금청구권을 상실하지 않는다고 보고 있다.

① 피보험자가 보험금을 청구하면서 실손해액에 관한 증빙서류 구비의 어려움 때문에 구체적인 내용이 일부 사실과 다른 서류를 제출하거나 **보험목적물의 가치에 대한 견해 차이** 등으로 보험목적물의 가치를 다소 높게 신고한 경우 등까지 이 사건 약관조항에 의하여 보험금청구권이 상실되는 것은 아니라고 해석함이 상당하다 할 것이다(대법원 2007.6.14. 선고 2007다10290 판결).

③ 독립한 여러 물건을 보험목적물로 하여 체결된 화재보험계약에서 피보험자가 그 중 일부의 보험목적 물에 관하여 실제 손해보다 과다하게 허위의 청구를 한 경우에 허위의 청구를 한 당해 보험목적물에 관하여 위 약관조항에 따라 보험금청구권을 상실하게 되는 것은 당연하다. 그러나 만일 위 약관조항 을 피보험자가 허위의 청구를 하지 않은 다른 보험목적물에 관한 보험금청구권까지 한꺼번에 상실하 게 된다는 취지로 해석한다면, 이는 **허위 청구에 대한 제재로서의 상당한 정도를 초과하는 것으로 고객에 게 부당하게 불리한 결과를 초래하여 신의성실의 원칙에 반하는 해석**이 되므로, 위 약관에 의해 피보험자가 상실하게 되는 보험금청구권은 피보험자가 허위의 청구를 한 당해 보험목적물의 손해에 대한 보험금청구권 에 한한다고 해석함이 상당하다(대법원 2007.2.22. 2006다72093 판결).

④ 보험자에게 보험약관의 명시·설명의무가 인정되는 것은 어디까지나 보험계약자가 알지 못하는 가 운데 약관에 정하여진 중요한 사항이 계약 내용으로 되어 보험계약자가 예측하지 못한 불이익을 받게 되는 것을 피하고자 하는데 그 근거가 있다고 할 것이므로, 보험약관에 정하여진 사항이라고 하더라도 거래상 일반적이고 공통된 것이어서 보험계약자가 별도의 설명 없이도 충분히 예상할 수 있었던 사항이거나 **이미 법령에 의하여 정하여진 것을 되풀이하거나 부연하는 정도에 불과한 사항**이라면 그러한 사항에 대하여서까지 보험자에게 명시·설명의무가 인정된다고 할 수 없다(대법원 1998.11.27. 98다32564, 32567 판결). 즉 상법 제638조의3 제1항에 "보험자는 보험계약을 체결할 때에 보험계약 자에게 보험약관을 교부하고 그 약관의 중요한 내용을 설명하여야 한다"고 규정하고 있으므로, 문제 의 약관조항은 설명의무의 대상이라고 할 수 없다.

05

정답 ①

해설 상법에 의하면 사망보험의 경우에도 보험의 일반원칙에 따라서 보험계약자나 피보험자 및 보험수익자의 '고의'로 인하여 발생한 보험사고에 대하여는 보험자의 면책이 인정되기 때문에, 원칙적으로 피보험자의 자살은 보험자의 책임발생 사유가 되지 않는다(상법 제732조의2). 다만 '생명보험표준약관' 제5조에 의하면, **보험계약의 보장개시일부터 2년이 지난 후에 자살한 경우에는 보험금을 지급하도록 규정하고 있다.** 따라서 보험자의 책임이 개시된 시점부터 2년이 경과한 이후 자살에 대하여 보험자는 보상책임을 진다.

판례 서울고법 2015.11.13. 선고 2014나2043005 판결

甲이 乙 보험회사와 체결한 보험계약의 재해사망특약 약관에서 보험금을 지급하지 아니하는 보험사고로 '피보험자가 고의로 자신을 해친 경우'를 규정하면서 단서에서 '특약의 보장개시일로부터 2년이 경과된 후에 자살한 경우에는 그러하지 아니하다'(이하 '자살 면책제한조항'이라 한다)고 규정하고 있는데, 甲이 보장개시일로부터 2년이 지난 후 아파트 옥상에서 투신하여 사망한 사안에서, 약관은 원칙적으로 고의에 의한 자살은 특약에서 정한 보험사고인 '재해'에 해당하지 않는다고 정하면서도 예외적으로 자살 면책제한조항을 둠으로써 피보험자가 특약의 보장개시일로부터 2년이 경과된 후 자살한 경우는 특별히 보험사고에 포함시켜 재해사망보험금 지급사유로 본다고 해석하는 것이 합리적이고 약관 해석에서 작성자 불이익의 원칙에도 부합하므로, 乙 보험회사는 甲의 상속인들에게 재해사망보험금을 지급할 의무가 있다.

② 보험사고가 전쟁 기타의 변란으로 인하여 생긴 때에는 당사자간에 다른 약정이 없으면 보험자는 보험금을 지급할 책임이 없다(상법 제660조).

③ 손해보험에서 보험목적의 성질, 하자 또는 자연소모로 인한 손해는 보험자가 이를 보상할 책임이 없다(상법 제678조).

④ 보험자는 보험계약을 체결할 때에 보험계약자에게 보험약관을 교부하고 그 약관의 중요한 내용을 설명하여야 한다(상법 제638조의3 제1항). 약정면책사유는 보험계약자 측에서 보험계약을 체결할 때 알아야 할 중요한 내용에 해당하므로, 원칙적으로 보험자가 설명해야 할 의무가 있다.

06

정답 ②

해설 「약관의 규제에 관한 법률」 제3조의 규정에 의하여 보험자는 보험계약을 체결할 때에 보험계약자에게 보험약관에 기재되어 있는 보험상품의 내용, 보험료율의 체계, 보험청약서상 기재사항의 변동 및 보험자의 면책사유 등 보험계약의 중요한 내용에 대하여 구체적이고 상세한 명시·설명의무를 지고 있으므로, 만일 보험자가 이러한 보험약관의 명시·설명의무에 위반하여 보험계약을 체결한 때에는 그 약관의 내용을 보험계약의 내용으로 주장할 수 없지만, **보험약관의 중요한 내용에 해당하는 사항이라 하더라도 보험계약자나 그 대리인이 그 내용을 충분히 잘 알고 있는 경우에는 당해 약관이 바로 계약 내용이 되어 당사자에 대하여 구속력을 가지므로 보험자로서는 보험계약자 또는 그 대리인에게 약관의 내용을 따로 설명할 필요가 없다고 볼 것인 바,** 이 경우 보험계약자나 그 대리인이 그 약관의 내용을 충분히 잘 알고 있다는 점은 이를 주장하는 보험자 측에서 입증하여야 할 것이다(대법원 2001.7.27. 선고 99다55533 판결).

① 상법 제638조의3 제1항

③ 상법 제638조의3 제2항

④ 보험자 및 보험계약의 체결 또는 모집에 종사하는 자는 보험계약의 체결에 있어서 보험계약자 또는 피보험자에게 보험약관에 기재되어 있는 보험상품의 내용, 보험료율의 체계 및 보험청약서상 기재사항의 변동사항 등 보험계약의 중요한 내용에 대하여 구체적이고 상세한 명시·설명의무를 지고 있으므로, 보험자가 이러한 보험약관의 명시·설명의무에 위반하여 보험계약을 체결한 때에는 그 약관의 내용을 보험계약의 내용으로 주장할 수 없고, **보험계약자나 그 대리인이 그 약관에 규정된 고지의무를 위반하였다 하더라도 이를 이유로 보험계약을 해지할 수 없다**(대법원 1996.4.12. 선고 96다4893 판결).

07

 ①

해설 위험의 개념은 일정 상태의 계속적 존재를 전제로 하므로 **일시적으로 위험이 변경·증가되는 경우는 위험의 현저한 변경·증가에 포함되지 않는다**(대법원 1992.11.10. 선고 91다32503 판결).

② 상법 제652조 제1항
③ 상법 제652조 제2항
④ 상해보험계약 체결 후 다른 상해보험에 다수 가입하였다는 사정만으로 **사고발생의 위험이 현저하게 변경 또는 증가된 경우에 해당한다고 할 수 없다**(대법원 2004.6.11. 선고 2003다18494 판결)

08

정답 ②

해설 보험기간 중에 보험계약자, 피보험자 또는 보험수익자의 고의 또는 중대한 과실로 인하여 사고발생의 위험이 현저하게 변경 또는 증가된 때에는 보험자는 그 사실을 안 날부터 1월 내에 보험료의 증액을 청구하거나 계약을 해지할 수 있다(상법 제653조). 즉 **상법 제653조에 따라 보험자에게 통지해야 하는 것은 아니다.**

① 상법 제652조 제1항 소정의 통지의무의 대상으로 규정된 '사고발생의 위험이 현저하게 변경 또는 증가된 사실'이라 함은 그 변경 또는 증가된 위험이 보험계약의 체결 당시에 존재하고 있었다면 보험자가 보험계약을 체결하지 아니하였거나 적어도 그 보험료로는 보험을 인수하지 아니하였을 것으로 인정되는 사실을 말하는 것이다(대법원 2004.6.11. 선고 2003나18494 판결).
③ 상법 제653조
④ 보험기간 중 보험계약자 또는 피보험자가 사고발생의 위험이 현저하게 변경되거나 증가된 사실을 안 경우 즉시 보험회사에 알려야 한다(상법 제652조 제1항 전단).
피보험자의 직종에 따라 보험금 가입한도에 차등이 있는 생명보험계약에서 피보험자가 위험이 현저하게 증가된 직종으로 변경한 경우 상법 제653조상의 위험의 현저한 변경·증가에 해당하므로 보험자는 그 사실을 안 날부터 1월 내에 보험료의 증액을 청구하거나 계약을 해지할 수 있다.

09

정답 ③

해설 이미 보험사고가 발생하였기 때문에 보험자는 보험사고발생의 통지의무를 해태한 보험계약자에게 보험료의 증액을 청구하거나 계약을 해지할 수 없다.

① 보험사고발생의 통지의무자는 손해보험의 경우에는 보험계약자 또는 피보험자이며, 인보험의 경우에는 보험계약자 또는 보험수익자이다. 통지의무자가 수인인 경우에는 그 중 1인만 통지하면 의무를 이행한 것으로 본다.

② 보험계약자 또는 피보험자나 보험수익자가 통지의무를 해태함으로 인하여 손해가 증가된 때에는 보험자는 그 증가된 손해를 보상할 책임이 없다(상법 제657조 제2항).

④ 상법 제658조

10

정답 ③

해설 고지의무(告知義務)를 위반한 사실 또는 위험이 현저하게 변경되거나 증가된 사실이 보험사고발생에 영향을 미치지 아니하였음이 증명된 경우에는 보험금을 지급할 책임이 있으므로 **보험자는 보험사고발생 시까지의 보험료를 청구할 수 있다.**

① 보험자는 고지의무를 위반한 사실과 보험사고의 발생 사이의 인과관계를 불문하고 상법 제651조에 의하여 고지의무위반을 이유로 계약을 해지할 수 있다(대법원 2010.7.22. 선고 2010다25353 판결).

② 고지의무(告知義務)를 위반한 사실 또는 위험이 현저하게 변경되거나 증가된 사실이 보험사고발생에 영향을 미치지 아니하였음이 증명된 경우에는 보험금을 지급할 책임이 있다(상법 제655조 단서).

④ 보험계약자 측의 고지의무위반과 보험계약의 보험사고 사이에 인과관계가 존재하는지 여부에 관하여 원칙적으로 보험금의 지급을 청구하는 보험계약자 측이 보험금 지급의무의 발생요건인 인과관계가 존재하지 아니한다는 점을 입증할 책임이 있다고 할 것이나, **입증책임의 분배에 관하여 당사자 사이에 약관 등에 의하여 이를 미리 정하여 둔 경우에는 특별한 사정이 없는 한 그 입증책임계약은 유효하므로 이에 따라야 한다**(서울중앙지법 2004.10.28. 선고 2004나21069 판결).

11

정답 ③

해설 보험사고가 발생하기 전에는 보험계약자는 언제든지 계약의 전부 또는 일부를 해지할 수 있으며, **보험계약자는 당사자간에 다른 약정이 없으면 미경과보험료의 반환을 청구할 수 있다**(상법 제649조 제3항).

> **판례** 대법원 2008.1.31. 선고 2005다57806 판결
>
> 보험료불가분의 원칙에 관한 우리 상법의 태도를 고려하여 볼 때, 상법 제652조 제2항에 따라 보험자가 피보험자 등으로부터 사고발생의 위험이 변경 또는 증가하였다는 통지를 받고 이를 이유로 보험계약을 해지하는 경우, 보험약관에서 미경과기간에 대한 보험료를 반환하도록 정하고 있다면 그 보험약관은 유효하다.

①·④ 상법 제649조 제1항

② 상법 제649조 제2항

12

정답 ②

해설 보험계약의 부활은 상법 제638조의2(보험계약의 성립)의 규정을 준용하므로 새로운 계약의 체결의 경우와 같다(상법 제650조의2). 따라서 **보험계약자의 부활청약에 대하여 보험자가 승낙하여야 보험계약의 부활이 성립한다.**

① 계속보험료가 지급되지 않는 경우 보험자의 계약해지에 의하여 보험계약이 해지되고 해약환급금이 지급되지 아니한 경우에 보험계약자는 일정한 기간 내에 연체보험료에 약정이자를 붙여 보험자에게 지급하고 그 계약의 부활을 청구할 수 있다(상법 제650조의2).

③ 종전의 보험계약이 해지된 시점부터 부활청약 시점(연체보험료 등의 납입시점) 사이에 발생한 보험사고에 대하여 보험자는 책임을 지지 않으므로, 해당 약관조항은 상법 제663조의 불이익변경금지의 원칙에 반하지 않는다.

④ 보험계약 체결시의 보험약관이 법률에서 정한 내용과 달리 규정되어 부활 후에도 적용될 경우 보험자는 원칙적으로 해당 약관에 대하여 설명의무를 이행하여야 하며, 보험계약자는 상법 제651조에 따라 고지의무를 이행하여야 한다.

13

정답 ①

해설 보험계약 당시에 보험사고가 이미 발생하였거나 또는 발생할 수 없는 것인 때에는 그 계약은 무효로 한다. 그러나 당사자 쌍방과 피보험자가 이를 알지 못한 때에는 그러하지 아니하다(상법 제644조).

② 보험금액이 보험계약의 목적의 가액을 현저하게 초과한 때에는 보험자 또는 보험계약자는 **보험료와 보험금액의 감액을 청구할 수 있다**(상법 제669조 제1항).

TIP	초과보험에 관한 규제(주관주의 vs 객관주의)

초과보험을 그대로 인정하면 보험의 도박화나 인위적인 사고를 일으킬 우려가 있어서 각 나라에서는 초과보험을 제한하고 있다. 각 나라의 초과보험에 관한 규제는 주관주의와 객관주의로 크게 나누어 볼 수 있다.
• 주관주의는 보험금액이 보험가액을 초과하는 경우에 선의 또는 악의(사기적인 것)에 따라 그 효력을 달리하는 것으로 선의의 경우에는 당사자에게 보험금액과 보험료의 감액청구권을 인정하고, 악의의 경우에는 보험계약 자체를 무효로 하는 것으로 우리 상법도 이에 따르고 있다.
• 객관주의는 초과보험의 경우에 그 초과부분을 당연히 무효로 하는 것으로 일본 상법이 이에 따르고 있다.

③ 보험계약자의 사기로 보험금액이 보험가액을 현저하게 초과한 손해보험계약을 체결한 때에는 그 계약은 무효로 한다. 그러나 **보험자는 그 사실을 안 때까지의 보험료를 청구할 수 있다**(상법 제669조 제4항).

④ 보험계약의 전부 또는 일부가 무효인 경우에 보험계약자와 피보험자가 **선의이며 중대한 과실이 없는 때에는 보험자에 대하여 보험의 전부 또는 일부의 반환을 청구할 수 있다.** 보험계약자와 보험수익자가 선의이며 중대한 과실이 없는 때에도 같다(상법 제648조). 따라서 **보험계약자가 손해보험계약의 전부가 처음부터 무효인 사실을 알았다면 보험자에 대하여 기 지급한 보험료의 반환을 청구할 수 없다.**

14

정답 ④

해설 보험계약자가 타인의 생활상의 부양이나 경제적 지원을 목적으로 보험자와 사이에 타인을 보험수익자로 하는 생명보험이나 상해보험 계약을 체결하여 보험수익자가 보험금청구권을 취득한 경우, 보험자의 보험수익자에 대한 급부는 보험수익자에 대한 보험자 자신의 고유한 채무를 이행한 것이다. 따라서 **보험자는 보험계약이 무효이거나 해제되었다는 것을 이유로 보험수익자를 상대로 하여 그가 이미 보험수익자에게 급부한 것의 반환을 구할 수 있고**, 이는 타인을 위한 생명보험이나 상해보험이 제3자를 위한 계약의 성질을 가지고 있다고 하더라도 달리 볼 수 없다(대법원 2018.9.13. 선고 2016다255125 판결).

① 보험계약자는 위임을 받거나 위임을 받지 아니하고 특정 또는 불특정의 타인을 위하여 보험계약을 체결할 수 있다(상법 제639조 제1항).

② 타인을 위한 손해보험계약의 경우, 보험계약자도 제3자에 해당하는지에 대해 보험계약자는 보험료 지급의무를 진다는 점을 들어 제3자가 될 수 없다는 견해(부정설)도 있으나, 청구권대위는 사고발생을 야기한 자의 면책방지도 그 취지로 하므로 보험계약자가 과실로 사고를 발생시킨 경우 보험계약자라 해서 예외가 될 수 없다는 점에서 제3자에 해당한다는 견해(긍정설)가 있다. 이에 대한 **대법원 판례는 보험계약자는 비록 보험계약 당사자로서 보험료지급의무를 지지만, 사고발생자의 면책방지라는 보험자대위규정의 취지와 타인을 위한 손해보험계약에서는 피보험자의 이익이 보험계약의 목적이 되는 것이므로, 보험계약자가 당연히 제3자의 범위에서 제외되는 것은 아니라고 하였다.**

> **판례** 대법원 1990.2.9. 선고 89다카21965 판결
>
> 타인을 위한 손해보험계약은 타인의 이익을 위한 계약으로서, 그 타인(피보험계약자)의 이익이 보험의 목적이 되는 것이지 여기에 당연히(특약 없이) 보험계약자의 보험이익이 포함되거나 예정되어 있는 것은 아니라 할 것이므로, 피보험이익의 주체가 아닌 보험계약자는 비록 보험자와의 사이에서는 계약당사자이고 약정된 보험료를 지급할 의무자이지만 그 지위의 성격과 보험자대위규정의 취지에 비추어 보면 보험자대위에 있어서 보험계약자와 보험계약자 아닌 제3자와를 구별하여 취급하여야 할 법률상의 이유는 없는 것이며, 따라서 타인을 위한 손해보험계약자가 당연히 제3자의 범주에서 제외되는 것은 아니다.

③ 손해보험계약의 경우에 보험계약자가 그 타인에게 보험사고의 발생으로 생긴 손해의 배상을 한 때에는 보험계약자는 그 타인의 권리를 해하지 아니하는 범위 안에서 보험자에게 보험금액의 지급을 청구할 수 있다(상법 제639조 제2항).

15

정답 ④

해설 가. **기평가보험(사고발생시의 가액을 현저히 초과하지 아니하는 경우)** : 기평가보험에서는 협정보험가액이 사고발생시의 가액을 초과하더라도 사고발생시의 가액을 기준으로 하여 손해액을 산정하지 아니하고, 협정보험가액을 기준으로 손해액을 산정하므로, **실손보상 원칙의 예외**가 된다.

나. **이득금지** : 실손보상의 원칙은 보험사고로 인한 손해발생시 피보험자는 실제 손해액만을 보상 받아야 하며, 보험으로 이득을 보아서는 안 된다는 원칙이므로 **이득금지의 원칙**이라고도 한다.

다. **제3자에 대해 가지고 있는 권리의 대위** : 보험자가 피보험자의 실손해만 보상하더라도 피보험자에게 잔존물이나 제3자에 대한 권리가 남아 있으면 부당이득을 취득하는 결과가 되므로 상법은 보험자에게 대위권의 취득을 인정하여 피보험자에게 이중이득을 금지하고 있다. 즉 **실손보상 원칙을 적용하고 있는 사례**이다.

라. **신가보험** : 신가보험은 감가상각이 반영된 실제 손해를 보상하는 것이 아니고, 재조달가 전액을 보상하게 되므로 **실손보상 원칙의 예외**가 된다.

마. **선박보험에서의 보험가액불변경주의** : 선박보험에서는 보험가액이 보험기간 중에 변하지 않는다고 하는 "보험가액불변경주의"를 채택하여 보험계약이 체결되는 시점과 장소에서의 가액을 보험가액으로 협정하는 것이 일반적이다. 이 경우 보험계약이 체결되는 시점의 선박가액을 기준으로 한 손해액과 사고발생시의 보험가액을 기준으로 한 실제 손해액이 다를 수 있으므로 **실손보상 원칙의 예외**가 된다.

16

정답 ①

해설 피보험자가 경영하는 사업에 관한 책임을 보험의 목적으로 한 때에는 **피보험자의 대리인 또는 그 사업감독자의 제3자에 대한 책임도 보험의 목적에 포함된 것으로 한다**(상법 제721조).

② 상법 제696조 제2항
③ 상법 제720조 제1항
④ 상법 제686조

17

정답 ②

해설 건물의 보험가액 1억원에 대하여 전손사고가 발생하였으므로 손해액은 1억원이 된다. 각 보험회사는 손해액에 대하여 보험금액의 합계액에 대한 보험금액의 비율에 따라 보상책임을 진다.
- **보험회사 甲** : 손해액 1억원 × 1억원 / 2억원 = **5천만원**
- **보험회사 乙** : 손해액 1억원 × 6천만원 / 2억원 = **3천만원**
- **보험회사 丙** : 손해액 1억원 × 4천만원 / 2억원 = **2천만원**

18

정답 ④

해설 상법 제680조 제1항에 규정된 '손해방지비용'은 보험자가 담보하고 있는 보험사고가 발생한 경우에 보험사고로 인한 손해의 발생을 방지하거나 손해의 확대를 방지함은 물론 손해를 경감할 목적으로 행하는 행위에 필요하거나 유익하였던 비용을 말하는 것이고, 같은 법 제720조 제1항에 규정된 '방어비용'은 피해자가 보험사고로 인적·물적 손해를 입고 피보험자를 상대로 손해배상청구를 한 경우에 그 방어를 위하여 지출한 재판상 또는 재판 외의 필요비용을 말하는 것으로서, 위 두 비용은 서로 구별되는 것이므로, **보험계약에 적용되는 보통약관에 손해방지비용과 관련한 별도의 규정을 두고 있다고 하더라도, 그 규정이 당연히 방어비용에 대하여도 적용된다고 할 수는 없다**(대법원 2006.6.30. 선고 2005다21531 판결).

① 상법 제680조 제1항

② 상법 제680조 제1항이 규정한 손해방지비용이라 함은 보험자가 담보하고 있는 보험사고가 발생한 경우에 보험사고로 인한 손해의 발생을 방지하거나 손해의 확대를 방지함은 물론 손해를 경감할 목적으로 행하는 행위에 필요하거나 유익하였던 비용을 말하는 것으로서, 이는 **원칙적으로 보험사고의 발생을 전제로 하는 것**이므로, 보험사고발생 이전에 손해의 발생을 방지하기 위해 지출된 비용은 손해방지비용에 포함되지 않는다(대법원 2002.6.28. 선고 2002다22106 판결).

③ 보험사고발생시 또는 보험사고가 발생한 것과 같게 볼 수 있는 경우에 **피보험자의 법률상 책임 여부가 판명되지 아니한 상태에서 피보험자가 손해확대방지를 위한 긴급한 행위를 하였다면 이로 인하여 발생한 필요·유익한 비용도 상법 제680조 제1항의 규정에 따라 보험자가 부담하여야 한다**(대법원 2003.6.27. 선고 2003다6958 판결).

19

정답 ③

해설 공동불법행위의 경우 공동불법행위자들과 각각 보험계약을 체결한 보험자들은 각자 그 공동불법행위의 피해자에 대한 관계에서 상법 제724조 제2항에 의한 손해배상채무를 직접 부담하는 것이므로, 이러한 관계에 있는 보험자들 상호간에는 공동불법행위자 중의 1인과 사이에 보험계약을 체결한 보험자가 피해자에게 손해배상금을 보험금으로 모두 지급함으로써 공동불법행위자들의 보험자들이 공동면책되었다면 그 **손해배상금을 지급한 보험자는 다른 공동불법행위자들의 보험자들이 부담하여야 할 부분에 대하여 직접 구상권을 행사할 수 있다**(대법원 1998.12.22. 선고 98다40466 판결).

① 보험자의 제3자에 대한 보험자대위가 인정되기 위해서는 **피보험자의 손해가 제3자의 행위로 인한 것이어야 하고, 보험자가 피보험자에게 보험금을 지급**하여야 하며, **제3자에 대한 피보험자의 권리가 존재해야** 한다.

② 상법 제729조(제3자에 대한 보험대위의 금지)

④ 보험계약자나 피보험자의 제3자에 대한 보험자대위가 그와 생계를 같이 하는 가족에 대한 것인 경우 보험자는 그 권리를 취득하지 못한다. 다만, 손해가 그 가족의 고의로 인하여 발생한 경우에는 그러하지 아니하다(상법 제682조 제2항). 즉 동거가족인 경우 그 가족의 과실로 인해 손해가 생겼다면, 보험자대위는 적용되지 않는다.

20

정답 ③

해설 영국 해상보험법상의 법리에 의하면, 해상보험의 경우 감항성 또는 감항능력(seaworthiness)은 '특정의 항해에서 통상적인 위험에 견딜 수 있는 능력(at the time of the insurance able to perform the voyage unless any external accident should happen)'을 의미하는 **상대적인 개념으로서, 어떤 선박이 감항성을 갖추고 있느냐의 여부를 확정하는 확정적이고 절대적인 기준은 없고, 특정 항해에서의 특정한 사정에 따라 상대적으로 결정되어야 한다**(대법원 2002.6.28. 선고 2000다21062 판결).

① 선박 또는 운임을 보험에 붙인 경우에는 발항 당시 안전하게 항해를 하기에 필요한 준비를 하지 아니하거나 필요한 서류를 비치하지 아니함으로 인하여 생긴 손해는 보상할 책임이 없다(상법 제706조 제1호).

② 선박보험, 운임보험에서 감항능력 주의의무위반으로 생긴 손해의 경우 보험자는 면책되지만(상법 제706조 제1호), 적하보험의 경우에는 적용되지 않는다. 다만, 적하를 보험에 붙인 경우에는 용선자, 송하인 또는 수하인의 고의 또는 중대한 과실로 인하여 생긴 손해는 보상할 책임이 없다(상법 제706조 제2호).

④ 선박기간보험에 있어 감항능력 결여로 인한 보험자의 면책요건으로서 영국해상보험법 제39조 제5항 후문에서 정한 피보험자의 악의(privity)는 영미법상의 개념으로서 피보험자가 선박의 감항능력 결여의 원인이 된 사실뿐 아니라, 그 원인된 사실로 인해 해당 선박이 통상적인 해상위험을 견디어 낼 수 없게 된 사실, 즉 **감항능력이 결여된 사실을 알고 있는 것을 의미하는 것으로서, 감항능력이 없다는 것을 적극적으로 아는 것(positive knowledge of unseaworthiness)뿐 아니라, 감항능력이 없을 수도 있다는 것을 알면서도 이를 갖추기 위한 조치를 하지 않고 그대로 내버려두는 것(turning the blind eyes to unseaworthiness)까지 포함하는 개념**이고(대법원 2002.6.28. 선고 2000다21062 판결), 여기에서 피보험자 자신의 악의뿐만 아니라 그의 분신(alter ego)으로 간주될 수 있는 자의 악의도 포함된다(대법원 2005.11.10. 선고 2003다31299, 2003다31305 판결).

따라서 출항준비를 하는 자가 위험지역이 표시된 최신 해도를 비치하지 아니하였고, 이를 알고 있음에도 불구하고 그대로 출항하였다면 감항능력 결여로서 보험자는 면책된다.

21

정답 ④

해설 **손해보험증권의 기재사항(상법 제000조)**

1. 보험의 목적
2. **보험사고의 성질 (가)**
3. 보험금액
4. 보험료와 그 지급방법
5. **보험기간을 정한 때에는 그 시기와 종기 (나)**
6. **무효와 실권의 사유 (다)**
7. 보험계약자의 주소와 성명 또는 상호
7의2. 피보험자의 주소, 성명 또는 상호
8. 보험계약의 연월일
9. 보험증권의 작성지와 그 작성연월일

22

정답 ④

해설 호텔이나 유흥음식점에서의 차량 보관 등을 하는 경우 업소에 맡긴 차량을 주차관리자가 차량소유자의 승낙 없이 운전하다가 사고를 야기한 경우 차량과 시동열쇠를 맡겨 주차를 의뢰한 후 시동열쇠를 반환받을 때까지는 주차관리자가 차량을 보관하고 있고, **차량소유자의 차량에 대한 운행지배는 떠난 것으로 볼 수 있다**(대법원 1988.10.25. 86다카2516 판결).

① · ③ 절취운전의 경우에는 자동차보유자는 원칙적으로 자동차를 절취당하였을 때에 운행지배와 운행이익을 잃어버렸다고 보아야 할 것이고, 다만, 예외적으로 자동차보유자의 차량이나 시동열쇠 관리상의 과실이 중대하여 객관적으로 볼 때에 자동차 보유자가 절취운전을 용인하였다고 평가할 수 있을 정도가 되고, 또한 절취운전 중 사고가 일어난 시간과 장소 등에 비추어 볼 때에 자동차보유자의 운행지배와 운행이익이 잔존하고 있다고 평가할 수 있는 경우에 한하여 자동차를 절취당한 자동차보유자에게 운행자성을 인정할 수 있다(대법원 1998.6.23. 선고 98다10380 판결).

③ 자동차의 소유자 또는 보유자가 주점에서의 음주 기타 운전장애 사유 등으로 인하여 일시적으로 타인에게 자동차의 열쇠를 맡겨 대리운전을 시킨 경우, 위 대리운전자의 과실로 인하여 발생한 차량사고의 피해자에 대한 관계에서는 **자동차의 소유자 또는 보유자가 객관적, 외형적으로 위 자동차의 운행지배와 운행이익을 가지고 있다**고 보는 것이 상당하고, 대리운전자가 그 주점의 지배인 기타 종업원이라 하여 달리 볼 것은 아니다(대법원 1994.4.15. 선고 94다5502 판결).

23

정답 ②

해설 적하보험이란 보험의 목적인 적하(운송물)의 소유자로서의 피보험이익에 관한 보험을 말한다. 적하(積荷)는 해상운송의 객체가 될 수 있는 **경제적 가치가 있는 모든 물건으로서 살아있는 동물도 이에 포함된다.**

① 선박보험에 있어 피보험이익은 선박소유자의 이익 외에 담보권자의 이익, 선박임차인의 사용이익도 포함되므로 선박임차인도 추가보험의 보험계약자 및 피보험자가 될 수 있다(대법원 1988.2.9. 선고 86다카2933 판결).

③ 선비보험이란 선박의 의장, 기타 선박의 운항(運航)에 필요로 하는 모든 비용, 즉 선비에 대하여 가지는 피보험이익에 대한 보험을 말한다.

④ 불가동손실보험은 선박이 해난사고로 인해 가동할 수 없게 된 경우에 선박 소유자가 그 선박의 불가동기간 중에 지급해야할 선박경상비 또는 손실된 운임, 기타의 용선료의 손실을 보상하는 보험이다.

24

정답 ④

해설 포괄적 예정보험은 일정한 기간 동안 일정한 조건에 따라 정해지는 다수의 선적화물에 대해 포괄적·계속적으로 체결하는 적하보험계약이다. 보험자의 연간 보상액을 미리 설정하고, 실제로 선적할 때마다 그 명세를 보험자에게 통지하여 그 금액만큼 감액해 나가는 적하보험계약을 말한다.

① 예정보험이란 보험증권에 기재할 보험계약의 내용의 일부 또는 전부가 계약 당시에 확정되어 있지 않은 보험계약을 말한다. 예정보험은 보험계약의 예약과는 다르며, 이미 성립된 독립적인 보험계약이다. 우리 상법은 예정보험에 관한 일반규정을 두고 있지 않다.
② 상법 제704조 제1항
③ 상법 제704조 제2항

25

정답 ①

해설 ①·② 피해자의 직접청구권에 따라 보험자가 부담하는 손해배상채무는 보험계약을 전제로 하는 것으로서 보험계약에 따른 보험자의 책임한도액의 범위 내에서 인정되어야 한다는 취지일 뿐, 법원이 보험자가 피해자에게 보상하여야 할 손해액을 산정하면서 자동차종합보험약관의 지급기준에 구속될 것을 의미하는 것은 아니다(대법원 2019.4.11. 선고 2018다300708 판결).

③ 상법 제724조 제2항에 의하여 피해자에게 인정되는 직접청구권의 법적 성질은 보험자가 피보험자의 피해자에 대한 손해배상채무를 병존적으로 인수한 것으로서 피해자가 보험자에 대하여 가지는 손해배상청구권이고, 피보험자의 보험자에 대한 보험금청구권의 변형 내지는 이에 준하는 권리는 아니다(대법원 2019.4.11. 선고 2018다300708 판결).

④ 상법 제724조 제2항에 의하여 피해자가 보험자에게 갖는 직접청구권은 보험자가 피보험자의 피해자에 대한 손해배상채무를 병존적으로 인수한 것으로서 피해자가 보험자에 대하여 가지는 손해배상청구권이므로, 민법 제766조 제1항에 따라 피해 또는 그 법정대리인이 그 손해 및 가해자를 안 날로부터 3년간 이를 행사하지 아니하면 시효로 인하여 소멸한다(대법원 2005.10.7. 선고 2003다6774 판결).

26

정답 ②

해설 자동차를 매수하고 소유권이전등록을 마치지 아니한 채 자동차를 인도받아 운행하면서 매도인과의 합의 아래 매도인을 피보험자로 한 자동차종합보험계약을 체결하였다면, 그 매수인은 **자동차종합보험계약의 약관에 따른 기명피보험자의 승낙을 얻어 자동차를 사용 또는 관리중인 자, 즉 승낙피보험자에 해당된다**(대법원 1994.6.14. 선고 94다15264 판결).

① 렌터카 회사로부터 차량을 빌린 경우 렌터카 회사는 기명피보험자이고, 차량을 빌린 사람은 승낙피보험자이다.

③ 자동차종합보험 보통약관에서 피보험자를 보험증권에 기재된 기명피보험자, 기명피보험자의 승낙을 얻어 피보험자동차를 사용·관리중인 승낙피보험자 등으로 열거하여 규정하고 있는 경우 **승낙피보험자는 기명피보험자로부터의 명시적·개별적 승낙을 받아야만 하는 것이 아니고 묵시적·포괄적인 승낙이어도 무방**하나, 그 승낙은 기명피보험자로부터의 승낙임을 요하고, 기명피보험자로부터의 승낙인 이상 승낙피보험자에게 직접적으로 하건 전대를 승낙하는 등 간접적으로 하건 상관이 없다(대법원 1993.1.19. 선고 92다32111 판결).

④ 차량 매수인이 매도인의 승낙을 얻어 기명피보험자를 매도인으로 하고 주운전자를 매수인으로 하여 보험회사와 사이에 체결한 자동차종합보험계약이 유효하게 성립하였다 하더라도, **매도인이 차량에 대한 운행지배 관계 및 피보험이익을 상실한 것으로 인정되는 경우에 있어서는 매수인을 약관에 정한 기명피보험자의 승낙을 얻어 자동차를 사용 또는 관리 중인 자로 볼 수 없고**, 매도인이 매수인에게 차량을 인도하였을 뿐 아니라 당해 차량사고 이전에 그 소유명의까지 이전해 주었다면, 특별한 사정이 없는 한 매도인은 사고 당시 차량에 대한 운행지배 및 피보험이익을 상실한 것으로 보아야 한다(대법원 1996.7.30. 선고 96다6110 판결).

27

정답 ③

해설 보험계약자의 고의 또는 중과실로 인한 보험사고의 경우 보험자의 면책을 규정한 상법 제659조 제1항은 **보증보험의 경우에는 특별한 사정이 없는 한 그 적용이 없다**(대법원 1998.3.10. 선고 97다20403 판결).

① 보증보험계약의 보험자는 보험계약자가 피보험자에게 계약상의 채무불이행 또는 법령상의 의무불이행으로 입힌 손해를 보상할 책임이 있다(상법 제726조의5). 보증보험은 손해보험계약의 성질을 갖기 때문에 보상금액은 다른 손해보험과 마찬가지로 보험금액의 한도 내에서 결정된다.

② 보증보험계약의 주계약이 통정허위표시로서 무효인 때에는 보험사고가 발생할 수 없는 경우에 해당하므로 그 보증보험계약은 무효이다. 이때 보증보험계약이 무효인 이유는 보험계약으로서의 고유한 요건을 갖추지 못하였기 때문이므로, 보증보험계약의 보험자는 주계약이 통정허위표시인 사정을 알지 못한 **제3자에 대하여도 보증보험계약의 무효를 주장할 수 있다**(대법원 2010.4.15. 선고 2009다81623 판결).

④ 피보험자가 정당한 이유 없이 사고발생을 통지하지 않거나 보험자의 손해조사에 협조하지 않음으로써 손해가 증가된 때에는 보험자는 그 사실을 입증하여 증가된 손해에 대한 책임을 면할 수 있다.

28

정답 ④

해설 인보험의 목적은 사람의 생명·신체이므로 자연인에 한한다. 다만, **사망보험의 경우 15세 미만자, 심신상실자, 의사능력이 없는 심신박약자는 보험의 목적인 피보험자가 될 수 없다**(상법 제732조).

① 인보험계약의 보험자는 피보험자의 생명이나 신체에 관하여 보험사고가 발생할 경우에 보험계약으로 정하는 바에 따라 보험금이나 그 밖의 급여를 지급할 책임이 있다(상법 제727조 제1항).

② 생명보험은 보험사고가 발생하면 보험자는 보험계약자에서 정한 일정한 보험금액을 지급하여야 하는 정액보험의 형태로 운영되고 있으나, 상해·질병보험의 경우 상해의 정도나 치료일수에 의해 일정액의 급여를 하는 정액보험으로 할 수도 있고, 의료비 등 피보험자가 상해나 질병으로 인하여 입은 경제적인 손실을 보상하는 부정액보험으로 운영할 수 있다.

③ 보험금은 당사자간의 약정에 따라 분할하여 지급할 수 있다(상법 제727조 제2항).

29

정답 ②

해설 피보험자가 무보험자동차에 의한 교통사고로 인하여 상해를 입었을 때에 손해에 대하여 배상할 의무자가 있는 경우 보험자가 약관에 정한 바에 따라 피보험자에게 손해를 보상하는 것을 내용으로 하는 무보험자동차에 의한 상해담보특약(이하 '무보험자동차특약보험'이라 한다)은 상해보험의 성질과 함께 손해보험의 성질도 갖고 있는 손해보험형 상해보험이므로, 하나의 사고에 관하여 여러 개의 무보험자동차특약보험계약이 체결되고 보험금액의 총액이 피보험자가 입은 손해액을 초과하는 때에는 손해보험에 관한 **상법 제672조 제1항(중복보험)이 준용되어 보험자는 각자의 보험금액의 한도에서 연대책임을 지고, 이 경우 각 보험자 사이에서는 각자의 보험금액의 비율에 따른 보상책임을 진다**(대법원 2016.12.29. 선고 2016다217178 판결).

① 피보험이익이란 보험의 목적에 대하여 보험사고의 발생 여부에 따라 피보험자가 가지게 되는 경제적 이익 또는 이해관계를 의미하며, 보험계약의 목적이라고도 한다.

③ 상법상 생명보험에서는 피보험이익 및 보험가액은 존재하지 않기 때문에 초과·중복·일부보험 문제는 발생하지 않는다.

④ 상법은 손해보험에 관하여 피보험이익을 인정(상법 제668조)하지만, 인보험에서는 보험의 목적이 사람이기 때문에 피보험이익을 인정하지 않는다.

30

정답 ③

해설 상해보험의 경우 보험금은 보험사고발생에 의하여 바로 그 지급조건이 성취되고, **보험자와 보험계약자 또는 피보험자 사이에 피보험자의 제3자에 대한 권리를 대위하여 행사할 수 있다는 취지의 약정이 없는 한, 피보험자가 제3자로부터 손해배상을 받더라도 이에 관계없이 보험자는 보험금을 지급할 의무가 있고, 피보험자의 제3자에 대한 권리를 대위하여 행사할 수도 없다**(대법원 2002.3.29. 선고 2000다18752 판결).

① 상법 제729조 본문에서 "보험자는 보험사고로 인하여 생긴 보험계약자 또는 보험수익자의 제3자에 대한 권리를 대위하여 행사하지 못한다"고 규정함으로써 인보험에서는 **보험자대위를 원칙적으로 금지**하고 있다.

② 자기신체사고 자동차보험은 피보험자가 피보험자동차를 소유·사용·관리하는 동안에 생긴 피보험자동차의 사고로 인하여 상해를 입었을 때에 약관이 정하는 바에 따라 보험자가 보험금을 지급할 책임을 지는 것으로서 인보험의 일종이기는 하나, 피보험자가 급격하고도 우연한 외부로부터 생긴 사고로 인하여 신체에 상해를 입은 경우에 그 결과에 따라 정해진 보상금을 지급하는 보험이어서 그 성질상 상해보험에 속한다고 할 것이므로, 그 보험계약상 타 차량과의 사고로 보험사고가 발생하여 피보험자가 상대차량이 가입한 자동차보험 또는 공제계약의 대인배상에 의한 보상을 받을 수 있는 경우에 자기신체사고에 대하여 약관에 정해진 보험금에서 위 대인배상으로 보상받을 수 있는 금액을 공제한 액수만을 지급하기로 약정되어 있어 결과적으로 보험자대위를 인정하는 것과 같은 효과를 초래한다고 하더라도, 그 계약 내용이 위 상법 제729조를 피보험자에게 불이익하게 변경한 것이라고 할 수는 없다(대법원 2001.9.7. 선고 2000다21833 판결).

④ 상법 제729조 전문이나 보험약관에서 보험자대위를 금—지하거나 포기하는 규정을 두고 있는 것은, 손해보험의 성질을 갖고 있지 아니한 인보험에 관하여 보험자대위를 허용하게 되면 보험자가 보험사고발생시 보험금을 피보험자나 보험수익자(이하 '피보험자 등'이라고 한다)에게 지급함으로써 피보험자 등의 의사와 무관하게 법률상 당연히 피보험자 등의 제3자에 대한 권리가 보험자에게 이전하게 되어 피보험자 등의 보호에 소홀해질 우려가 있다는 점 등을 고려한 것이므로, 피보험자 등의 제3자에 대한 권리의 양도가 법률상 금지되어 있다거나 상법 제729조 전문 등의 취지를 잠탈하여 피보험자 등의 권리를 부당히 침해하는 경우에 해당한다는 등의 특별한 사정이 없는 한, 상법 제729조 전문이나 보험약관에서 보험자대위를 금지하거나 포기하는 규정을 두고 있다는 사정만으로 피보험자 등이 보험자와의 다른 원인관계나 대가관계 등에 기하여 자신의 제3자에 대한 권리를 보험자에게 자유롭게 양도하는 것까지 금지된다고 볼 수는 없다(대법원 2007.4.26. 선고 2006다54781 판결).

31

정답 ③

해설 상법 제731조, 제734조 제2항의 취지에 비추어 보면, 보험계약자가 피보험자의 서면동의를 얻어 타인의 사망을 보험사고로 하는 보험계약을 체결함으로써 보험계약의 효력이 생긴 경우, 피보험자의 동의 철회에 관하여 보험약관에 아무런 규정이 없고 계약당사자 사이에 별도의 합의가 없었다고 하더라도, 피보험자가 서면동의를 할 때 기초로 한 사정에 중대한 변경이 있는 경우에는 보험계약자 또는 보험수익자의 동의나 승낙 여부에 관계없이 피보험자는 그 동의를 철회할 수 있다(대법원 2013.11.14. 선고 2011다101520 판결).

① 피보험자의 서면동의는 계약 성립 전에는 철회할 수 있지만, 일단 서면으로 동의하여 계약의 효력이 생긴 후에는 임의로 철회할 수 없다.

② 보험수익자와 보험계약자의 동의가 있으면 철회할 수 있다. 생명보험표준약관에서는 "사망을 보험금 지급사유로 하는 계약에서 서면으로 동의를 한 피보험자는 계약의 효력이 유지되는 기간에는 언제든지 서면동의를 장래를 향하여 철회할 수 있다"고 규정하고 있다.

④ 보험계약의 체결시 피보험자의 동의가 흠결되면, 해당 보험계약은 확정적 무효로 해석한다.

32

정답 ③

해설 둘 이상의 보험수익자 중 일부가 고의로 피보험자를 사망하게 한 경우 보험자는 **다른 보험수익자에 대한 보험금 지급책임을 면하지 못한다**(상법 제732조의2 제2항).

① 사망을 보험사고로 한 보험계약에서는 사고가 보험계약자 또는 피보험자나 보험수익자의 중대한 과실로 인하여 발생한 경우에도 보험자는 보험금을 지급할 책임을 면하지 못한다(상법 제732조의2 제1항).

② 피보험자를 살해하여 보험금을 편취할 목적으로 체결한 생명보험계약은 사회질서에 위배되는 행위로서 무효이고, 따라서 피보험자를 살해하여 보험금을 편취할 목적으로 피보험자의 공동상속인 중 1인이 상속인을 보험수익자로 하여 생명보험계약을 체결한 후 피보험자를 살해한 경우, 다른 공동상속인은 자신이 고의로 보험사고를 일으키지 않았다고 하더라도 보험자에 대하여 보험금을 청구할 수 없다(대법원 2000.2.11. 선고 99다49064 판결).

④ 자신이 유발한 교통사고로 중상해를 입은 동승자를 병원으로 후송하였으나, **동승자에 대한 수혈을 거부함으로써 사망에 이르게 한 경우**, 수혈거부가 사망의 유일하거나 결정적인 원인이었다고 단정할 수 없다면 수혈거부 행위가 사망의 중요한 원인 중 하나이었다는 점만으로는 보험회사가 보험금의 지급책임을 면할 수 없다(대법원 2004.8.20. 선고 2003다26075 판결).

33

정답 ④

해설 타인의 사망을 보험사고로 하는 보험계약에는 보험계약 체결시에 그 타인의 서면에 의한 동의를 얻어야 한다. **보험계약으로 인하여 생긴 권리를 피보험자가 아닌 자에게 양도하는 경우에도 같다**(상법 제731조 제1항, 제2항). 즉 피보험자의 동의를 얻어야 한다.

① 생명보험계약에서 보험계약의 당사자인 보험계약자가 자기 이외의 **제3자를 피보험자로 하는 보험**을 '타인의 생명보험'이라 한다.

② 타인의 사망보험계약을 체결한 후 보험계약자가 보험수익자를 지정·변경하는 경우에도 피보험자를 보험수익자로 하지 않는 한 **피보험자의 동의를 얻어야 한다**(상법 제734조 제2항).

③ 타인의 사망을 보험사고로 하는 보험계약에는 보험계약 체결시에 그 타인의 서면(「전자서명법」 제2조 제2호에 따른 전자서명이 있는 경우로서 대통령령으로 정하는 바에 따라 본인 확인 및 위조·변조 방지에 대한 신뢰성을 갖춘 전자문서를 포함한다)에 의한 동의를 얻어야 한다(상법 제731조 제1항).

34

정답 ④

해설 단체보험 계약자 회사의 직원이 퇴사한 후에 사망하는 보험사고가 발생한 경우, 회사가 퇴사 후에도 계속 위 직원에 대한 보험료를 납입하였더라도 **퇴사와 동시에 단체보험의 해당 피보험자 부분이 종료되는데 영향을 미치지 아니한다**(대법원 2007.10.12. 선고 2007다42877, 42884 판결).

① 단체생명보험은 직장이나 단체에 속하는 자를 포괄적으로 피보험자로 하여 그 생사(生死)를 보험사고로 하는 생명보험이다.

② 단체보험은 어느 특정회사 또는 공장 등의 단체 구성원을 포괄적으로 피보험자로서 1개의 보험계약을 체결하는 집합보험 또는 총괄보험이다. 그 단체의 가입 또는 탈퇴에 따라서 당연히 피보험자의 자격을 취득 또는 상실한다.

③ 단체보험은 단체의 대표자가 보험계약자가 되고, 단체의 구성원이 피보험자가 되기 때문에 '타인의 생명보험'에 해당한다.

35

정답 ②

해설 ②·③ 보험계약자가 보험수익자의 지정권을 행사하지 아니하고 사망한 때에는 피보험자를 보험수익자로 하고, 보험계약자가 **보험수익자의 변경권을 행사하지 아니하고 사망한 때에는 보험수익자의 권리가 확정된다.** 그러나 보험계약자가 사망한 경우에는 그 승계인이 보험수익자의 권리를 행사할 수 있다는 약정이 있는 때에는 그러하지 아니하다(상법 제733조 제2항).

① 보험수익자의 지정·변경의 방법에 대하여 제한이 없으므로 서면에 의하든 구두로 하든 관계없다. 보험수익자의 지정·변경권은 보험자의 동의를 요하지 않고 보험계약자의 일방적 의사표시만 있으면 되므로 형성권이며 단독행위이다. **보험수익자 변경은 상대방 없는 단독행위이며, 보험수익자 변경의 의사표시가 객관적으로 확인되는 이상 그러한 의사표시가 보험자나 보험수익자에게 도달하지 않았다고 하더라도 보험수익자 변경의 효과는 발생한다**(대법원 2020.2.27. 선고 2019다204869 판결).

④ 보험수익자가 보험존속 중에 사망한 때에는 보험계약자는 다시 보험수익자를 지정할 수 있다. 이 경우에 보험계약자가 지정권을 행사하지 아니하고 사망한 때에는 보험수익자의 상속인을 보험수익자로 한다(상법 제733조 제3항).

36

정답 ③

해설 상해보험은 피보험자가 보험기간 중에 급격하고 우연한 외래의 사고로 인하여 신체에 손상을 입는 것을 보험사고로 하는 인보험으로서, 일반적으로 외래의 사고 이외에 피보험자의 질병 기타 기왕증이 공동원인이 되어 상해에 영향을 미친 경우에도 사고로 인한 상해와 그 결과인 사망이나 후유장해 사이에 인과관계가 인정되면 보험계약 체결시 약정한 대로 보험금을 지급할 의무가 발생하고, 다만, **보험약관에 계약 체결 전에 이미 존재한 신체장해, 질병의 영향에 따라 상해가 중하게 된 때에는 그 영향이 없었을 때에 상당하는 금액을 결정하여 지급하기로 하는 내용이 있는 경우에는 지급될 보험금액을 산정함에 있어서 그 약관 조항에 따라 피보험자의 체질 또는 소인 등이 보험사고의 발생 또는 확대에 기여하였다는 사유를 들어 보험금을 감액할 수 있다**(대법원 2005.10.27. 선고 2004다52033 판결).

① 甲 보험회사가 乙과 체결한 보험계약 중 상해사망 담보는 피보험자인 乙이 보험기간 중 상해사고로 사망한 경우 보험가입금액을 지급하는 것을 보장 내용으로 하고, 면책약관으로 '선박승무원, 어부, 사공, 그 밖에 선박에 탑승하는 것을 직무로 하는 사람(이하 이들을 통틀어 '선박승무원 등'이라고 한다)이 직무상 선박에 탑승하고 있는 동안 상해 관련 보험금 지급사유가 발생한 때에는 보험금을 지급하지 않는다.'는 내용을 규정하고 있는데, 乙이 선박에 기관장으로 승선하여 조업차 출항하였다가 선박의 스크루에 그물이 감기게 되자 선장의 지시에 따라 잠수장비를 착용하고 바다에 잠수하여 그물을 제거하던 중 사망한 사안에서, 위 면책약관은 선박의 경우 다른 운송수단에 비하여 운행 과정에서의 사고발생 위험성이나 인명피해 가능성이 높은 점을 고려하여 규정된 것으로, '선박승무원 등이 직무상 선박에 탑승하고 있는 동안'을 면책사유로 정하고 있을 뿐 특정한 행위를 면책사유로 정하고 있지 않고, 이러한 면책약관의 문언이나 목적, 취지 등을 종합하여 보면, 선박승무원 등이 선박에 탑승한 후 선박을 이탈하였더라도 선박의 고장 수리 등과 같이 선박 운행을 위한 직무상 행위로 일시적으로 이탈한 경우로서 이탈의 목적과 경위, 이탈 거리와 시간 등을 고려할 때 전체적으로 선박에 탑승한 상태가 계속되고 있다고 평가할 수 있는 경우에는 면책약관이 적용될 수 있으며, 위 사고는 **선원인 乙이 선박에 탑승하고 있는 동안 발생한 선박의 고장 혹은 이상 작동을 점검·수리하기 위하여 선장의 지시에 따라 일시적으로 선박에서 이탈하여 선박 스크루 부분에서 작업을 하다가 발생한 것으로 전체적으로 乙이 직무상 선박에 탑승하고 있는 동안 발생한 사고라고 할 것이므로 면책약관이 적용된 다고 볼 여지가 충분하다**(대법원 2023.2.2. 선고 2022다272169 판결).

② 피해자가 부상을 입은 때로부터 상당한 기간이 지난 뒤에 후유증이 나타나 그 때문에 수상시에는 의학적으로도 예상치 아니한 치료방법을 필요로 하고 의외의 출비가 불가피하였다면 위의 치료에 든 비용에 해당하는 손해에 대하여서는 그러한 사태가 판명된 시점까지 손해배상청구권의 시효가 진행하지 아니하고, **따라서 후유장해의 발생으로 인한 손해배상청구권에 대한 소멸시효는 후유장해로 인한 손해가 발생한 때로부터 진행된다고 할 것이고, 그 발생시기는 소멸시효를 주장하는 자가 입증하여야 한다**(대법원 1992.5.22. 선고 91다41880 판결).

④ 교통사고로 인한 피해자의 후유증이 그 사고와 피해자의 기왕증이 경합하여 나타난 것이라면, 그 사고가 후유증이라는 결과발생에 대하여 기여하였다고 인정되는 정도에 따라 그에 상응한 배상액을 부담케 하는 것이 손해의 공평한 부담이라는 견지에서 타당하고, 법원은 **그 기여도를 정함에 있어서 기왕증의 원인과 정도, 기왕증과 후유증과의 상관관계, 피해자의 연령과 직업, 그 건강상태 등 제반 사정을 고려하여 합리적으로 판단하여야 할 것이다**(대법원 1992.5.22. 선고 91다39320 판결).

37

정답 ④

해설 상법상 생명보험과 상해보험 같은 인보험에 관하여는 보험자의 면책사유를 제한하여 비록 중대한 과실로 인하여 생긴 것이라 하더라도 보험금을 지급하도록 규정하고 있는 점이나, 인보험이 책임보험과 달리 정액보험으로 되어 있는 점에 비추어 볼 때 인보험에 있어서의 무면허 면책약관의 해석이 책임보험에 있어서의 그것과 반드시 같아야 할 이유가 없으며, 무면허운전의 경우에는 면허 있는 자의 운전이나 운전을 하지 아니하는 자의 경우와 달리 보험사고 발생의 가능성이 많을 수도 있으나, 그 정도의 사고발생 가능성에 관한 개인차는 보험에 있어서 구성원간의 위험의 동질성을 해칠 정도는 아니고, 또한 **무면허운전이 고의적인 범죄행위이기는 하나, 그 고의는 특별한 사정이 없는 한 무면허운전 자체에 관한 것이고 직접적으로 사망이나 상해에 관한 것이 아니어서 그로 인한 손해보상을 해준다고 하여 그 정도가 보험계약에 있어서의 당사자의 선의성·윤리성에 반한다고는 할 수 없으므로,** 인보험에 해당하는 상해보험에 있어서의 **무면허운전 면책약관이 보험사고가 전체적으로 보아 고의로 평가되는 행위로 인한 경우뿐만 아니라 과실(중과실 포함)로 평가되는 행위로 인한 경우까지 포함하는 취지라면 과실로 평가되는 행위로 인한 사고에 관한 한 무효라고 보아야 한다**(대법원 1998.3.27. 선고 97다27039 판결).

① 상법 제732조의2, 제739조, 제663조의 규정에 의하면 사망이나 상해를 보험사고로 하는 인보험에 관하여는 보험사고가 고의로 인하여 발생한 것이 아니라면 비록 중대한 과실에 의하여 생긴 것이라 하더라도 보험금을 지급할 의무가 있다고 할 것인데, 음주운전에 관하여 보면, 음주운전의 경우는 술을 먹지 않고 운전하는 자의 경우에 비하여 보험사고발생의 가능성이 많음은 부인할 수 없는 일이나 그 정도의 사고발생 가능성에 관한 개인차는 보험에 있어서 구성원간의 위험의 동질성을 해칠 정도는 아니라고 할 것이고, 또한 음주운전이 고의적인 범죄행위이기는 하나 그 고의는 특별한 사정이 없는 한 음주운전 자체에 관한 것이고 직접적으로 사망이나 상해에 관한 것이 아니어서 그 정도가 결코 그로 인한 손해보상을 가지고 보험계약에 있어서의 당사자의 신의성·윤리성에 반한다고는 할 수 없으므로, **상해보험 약관 중 "피보험자가 음주운전을 하던 중 그 운전자가 상해를 입은 때에 생긴 손해는 보상하지 아니한다."고 규정한 음주운전 면책약관이 보험사고가 전체적으로 보아 고의로 평가되는 행위로 인한 경우뿐만 아니라 과실(중과실 포함)로 평가되는 행위로 인한 경우까지 보상하지 아니한다는 취지라면 과실로 평가되는 행위로 인한 사고에 관한 한 무효라고 보아야 한다**(대법원 1998.3.27. 선고 97다48753 판결).

② 사망을 보험사고로 한 보험계약에서는 사고가 보험계약자 또는 피보험자나 보험수익자의 중대한 과실로 인하여 발생한 경우에도 보험자는 보험금을 지급할 책임을 면하지 못한다(상법 제732조의2). 상법 제739조(준용규정)에서 상해보험에 관하여는 제732조(15세 미만자 등에 대한 계약의 금지)를 제외하고 생명보험에 관한 규정을 준용한다고 규정하고 있고, 상법 제739조의3(질병보험에 대한 준용규정)에서 질병보험에 관하여는 그 성질에 반하지 아니하는 범위에서 생명보험 및 상해보험에 관한 규정을 준용한다고 규정하고 있으므로 상법 제732조의2(중과실로 인한 보험사고 등) 조항은 상해보험계약과 질병보험계약에도 준용된다.

③ 사망 또는 상해를 보험사고로 하는 인보험계약의 보험자는 상법 제732조의2 및 제739조에 따라 보험사고가 고의로 인하여 발생한 것이 아니라면 비록 중대한 과실에 의하여 생긴 것이라 하더라도 보험금을 지급하여야 하고, 같은 법 제663조는 당사자간의 특약으로 위 각 규정을 보험계약자 또는 피보험자나 보험수익자에게 불이익하게 변경하지 못하도록 되어 있으므로, **사망 또는 상해를 보험사고로 하는 인보험계약의 약관이 피보험자의 무면허운전을 면책사유로 규정하고 있는 경우 그 무면허운전 면책약관이 전체적으로 보아 고의 또는 고의에 준하는 행위로 인한 경우뿐만 아니라 중과실을 포함한 과실로 평가되는 행위로 인한 경우까지 면책된다는 취지라면, 그 보험계약의 무면허운전 면책약관은 그 사고가 피보험자의 고의 또는 고의에 준하는 행위로 인한 것이 아닌 과실(중과실 포함)로 평가되는 행위로 인한 사고에 관한 한 같은 법 제732조의2, 제739조 및 제663조에 반하여 무효이다**(서울지법 1995.8.3. 선고 95가합 9025 판결).

38

[정답] ④

[해설] 질병보험에 관하여는 그 성질에 반하지 아니하는 범위에서 **생명보험 및 상해보험에 관한 규정을 준용한다** (상법 제739조의3).

① 질병보험계약의 보험자는 피보험자의 질병에 관한 보험사고가 발생할 경우 보험금이나 그 밖의 급여를 지급할 책임이 있다(상법 제739조의2).

② 질병보험은 보험의 목적이 신체라는 점에서 생명보험과 유사하지만 반드시 정액보험은 아니고, 상해의 정도나 치료일수에 따라 일정액의 급여를 하거나 피보험자가 질병으로 인하여 입은 경제적인 손실(의료비 등)을 보상하는 부정액보험으로 운영할 수도 있으므로 손해보험의 성격도 가지고 있다.

③ 상해보험에서 담보되는 위험으로서 상해란 외부로부터의 우연한 돌발적인 사고로 인한 신체의 손상을 뜻하므로, 그 사고의 원인이 피보험자의 신체의 외부로부터 작용하는 것을 말하고, 신체의 질병 등과 같은 내부적 원인에 기한 것은 상해보험에서 제외되고 질병보험 등의 대상이 된다(대법원 2001.8.21. 선고 2001다27579 판결, 대법원 2003.7.25. 선고 2002다57287 판결 등 참조).

39

[정답] ③

[해설] 생명보험계약에서 피보험자는 보험사고의 객체로서 자신의 생명(생존과 사망)과 신체를 보험에 붙인 자연인을 말한다. **피보험자가 누구인지는 계약 체결시부터 확정되어 있어야 한다.**

① 생명보험계약의 당사자는 보험자와 보험계약자이다. 보험자는 보험사고가 발생한 때에 약정된 보험금을 지급하는 회사이고, 보험계약자는 보험자와 계약을 체결하고 보험료를 납입할 의무를 지는 자를 말한다.

② 생명보험은 피보험자의 사망, 생존 또는 사망과 생존을 보험사고로 하는 보험으로(상법 제730조), 오랜 기간 지속되는 생명보험계약에서는 보험계약자의 사정에 따라 계약 내용을 변경해야 하는 경우가 있다. 생명보험계약에서 보험계약자의 지위를 변경하는데 보험자의 승낙이 필요하다고 정하고 있는 경우, 보험계약자가 보험자의 승낙이 없는데도 일방적인 의사표시만으로 보험계약상의 지위를 이전할 수는 없다(대법원 2018.7.12. 선고 2017다235647 판결).

④ 보험계약자는 자유롭게 특정 또는 불특정의 타인을 보험수익자로 지정할 수 있다. 보험수익자는 그 **지정행위 시점에 반드시 특정되어야 하는 것은 아니고, 보험사고발생시에 특정될 수 있으면 충분**하므로, 보험계약자는 이름 등을 통해 특정인을 보험수익자로 지정할 수 있음은 물론 배우자 또는 상속인과 같이 보험금을 수익할 자의 지위나 자격 등을 통해 불특정인을 보험수익자로 지정할 수 있다(대법원 2006.11.9. 선고 2005다55817 판결).

40

정답 ①

해설 ① 보험계약자가 다수의 계약을 통하여 보험금을 부정 취득할 목적으로 보험계약을 체결하여 그것이 민법 제103조에 따라 선량한 풍속 기타 사회질서에 반하여 무효인 경우 보험자의 보험금에 대한 **부당이득반환청구권은 상법 제64조를 유추적용하여 5년의 상사 소멸시효기간이 적용된다고 봄이 타당하다**(대법원 2021.7.22. 선고 2019다277812 전원합의체 판결).

② 상법은 보험료반환청구권에 대하여 2년간 행사하지 아니하면 소멸시효가 완성한다는 취지를 규정할 뿐(제662조) 소멸시효의 기산점에 관하여는 아무것도 규정하지 아니하므로, 소멸시효는 민법 일반 법리에 따라 객관적으로 권리가 발생하고 그 권리를 행사할 수 있는 때로부터 진행한다. 그런데 상법 제731조 제1항을 위반하여 무효인 보험계약에 따라 납부한 보험료에 대한 반환청구권은 특별한 사정이 없는 한 보험료를 납부한 때에 발생하여 행사할 수 있다고 할 것이므로, 위 **보험료반환청구권의 소멸시효는 특별한 사정이 없는 한 각 보험료를 납부한 때부터 진행한다**(대법원 2011.3.24. 선고 2010다92612 판결).

③ 보험료채권의 지불확보의 방법으로 수표가 수수되었을 경우에는 수표금채권과 보험료채권은 표리의 관계에 있어 전자 권리의 **소송상 청구는 보험료채권의 소멸시효 중단의 효력이 있다고 해석함이 정당하다**(대법원 1961.11.9. 선고 4293민상748 판결).

④ 심판대상조항이 보험금청구권의 소멸시효 기산점을 명시하지 않은 결과 원칙적으로 보험사고가 발생한 때로부터 2년이 경과하면 소멸시효가 완성한다고 하더라도, 이는 객관적 사유에 의해 권리관계를 명확하고 신속하게 확정함으로써 안정적이고 효율적으로 보험재정을 운용하기 위한 것으로서 합리적인 이유가 있으며, 소멸시효 중단 또는 정지 규정이나 법원의 해석 등을 통하여 구체적인 사안에서 나타날 수 있는 불합리한 결과를 보완할 수 있다.

따라서 **심판대상조항에 규정된 소멸시효기간이 지나치게 단기간이거나 불합리하여 국민의 보험금청구를 현저히 곤란하게 만들거나 사실상 불가능하게 한다고 볼 수 없으므로, 심판대상조항이 입법형성의 한계를 넘어 재산권을 침해한다고 볼 수 없다**(헌법재판소 2022.5.26. 선고 2018헌바153 전원재판부 결정).

TIP **보험금청구권의 소멸시효**

상법은 보험금청구권에 관하여 단기소멸시효제도를 두고 있다. 구 상법 제662조에 따르면, 보험금청구권과 보험료 또는 적립금의 반환청구권은 2년간, 보험료의 청구권은 1년간 행사하지 아니하면 소멸시효가 완성한다. 위 상법 제662조는 1962.1.20. 법률 제1000호로 상법이 제정될 때부터 같은 내용으로 존속하다가, 2014.3.11. 법률 제12397호로 상법이 개정될 때 보험금청구권 및 보험료 또는 적립금의 반환청구권의 소멸시효가 2년에서 3년으로, 보험료청구권의 소멸시효가 1년에서 2년으로 연장되었다.

2023년 제46회 손해사정이론　정답 및 해설

정답 CHECK

01	02	03	04	05	06	07	08	09	10	11	12	13	14	15	16	17	18	19	20
④	④	④	④	④	③	③	①	②	④	①	③	③	④	③	③	④	④	④	③
21	22	23	24	25	26	27	28	29	30	31	32	33	34	35	36	37	38	39	40
①	③	④	③	③	①	①	①	③	②	①	④	②	①	②	①	②	②	②	①

문제편 393p

01

정답 ④

해설 **도미노이론(domino theory)**

미국의 하인리히(H. W. Heinrich)는 재해발생과정에 관하여 도미노이론을 인용하여 설명하였다. 즉 사고는 '사회적 환경 → 인간의 과실 → 위태 → 사고 → 상해'라는 연쇄적 사건으로 구성되어 있다고 본다. 이 연결고리를 차단하면 사고를 예방할 수 있으며, 위태의 제거를 위한 '인간의 과실' 방지에 중점을 둔다. 물리적 위태를 줄이는데 중점을 두는 이론은 에너지방출이론(energy release theory)이다.

02

정답 ④

해설 **재난배상책임보험 보통약관에서 보상하는 손해**

1. 피보험자가 피해자에게 지급할 책임을 지는 법률상의 손해배상금(단, 피보험자의 과실 여부를 불문한다)
2. 계약자 또는 피보험자가 지출한 아래의 비용

　　가. 피보험자가 손해의 방지 또는 경감을 위하여 지출한 필요 또는 유익하였던 비용

　　나. 피보험자가 제3자로부터 손해의 배상을 받을 수 있는 그 권리를 지키거나 행사하기 위하여 지출한 필요 또는 유익하였던 비용

　　다. 피보험자가 지급한 소송비용, 변호사비용, 중재, 화해 또는 조정에 관한 비용

　　라. 보험증권상의 보상한도액내의 금액에 대한 공탁보증보험료. 그러나 회사는 그러한 보증을 제공할 책임은 부담하지 않는다.

　　마. 피보험자가 회사의 요구에 따르기 위하여 지출한 비용

03

정답 ④

해설 보험회사는 보험금청구에 관한 서류를 받았을 때에는 지체 없이 지급할 보험금액을 정하고 그 정하여진 날부터 **7일 이내**에 지급한다.

04

정답 ④

해설 **공동재보험(Coinsurance)**

공동재보험은 원보험사가 위험보험료 외에 저축보험료 등의 일부도 재보험사에 출재하고 보험위험 이
외 금리위험 등 다른 위험도 재보험사에 이전하는 재보험이다. 즉 위험보험료뿐만 아니라, 저축 및
부가보험료를 함께 재보험사에 출재하므로 보험리스크에 더해 금리리스크, 해지리스크를 함께 이전할
수 있다.

공동재보험을 도입하게 되면 다음과 같은 효익과 비용이 있을 것으로 기대된다.

- **효익** : 다양한 리스크 이전을 통해 손익변동성 관리 및 자본비용 경감이 가능하며, 보험계약 포트폴리
  오를 조정하여 핵심사업에 역량을 집중할 수 있다.
- **비용** : 재보험사 신용 리스크에 노출될 수 있으며, 계약초기재보험료 지급으로 유동성 부담이 발생할
  수 있다.

〈자료출처 : 금융감독원 2023.3.3. 보도자료〉

05

정답 ④

해설 **약인(consideration)**

약인은 보험계약 성립을 위해 계약당사자간에 서로 지불하는 대가를 의미한다. 보험계약에서 피보험자
측의 약인은 1회분 보험료의 납부와 보험증권에 명시되어 있는 여러 조건을 준수하는 것이고, 보험자
측의 약인은 손실보상과 예방 및 법률에 관한 서비스를 제공하는 것이다.

① **담보(warranty)** : 해상보험에서 담보는 '피보험자가 어떤 특정한 일을 하거나 또는 하지 않는 것,
  또는 어떤 조건을 충족시킬 것을 약속하거나, 또는 특정한 사실의 유무를 확인하는' 약속적 담보라고
  정의하고 있다(영국해상보험법 제33조).
② **진술(representation)** : 진술은 보험계약 체결에 앞서 보험자가 질문한 것을 보험계약자 또는 피보험
  자가 답변하는 것을 의미한다.
③ **특약(endorsements and riders)** : 보험 기본계약의 조항을 변경하거나 담보의 추가 및 삭제가 가능한
  특약조항을 의미한다.

06

정답 ③

해설 **보험계약자가 보험수익자를 지정하지 않은 경우 보험수익자의 지정**

- 보험기간이 끝나 만기환급금을 지급하는 경우 : **계약자**
- 보험기간 중에 사망보험금을 지급한 경우(질병으로 인한 사망은 제외) : **피보험자의 법정상속인**
- 후유장해보험금 및 입원보험금·간병보험금을 지급한 경우 : **피보험자**

07

정답 ③

해설 상법상 (책임보험)에 관한 규정은 그 성질에 반하지 아니하는 범위에서 재보험계약에 준용한다(상법 제726조).

08

정답 ①

해설 ① Outside Reinsurance Clause : 1차 보험자가 재보험계약(특약)의 대상이 되는 특정 유형의 손실 위험 을 양도하지 못하도록 하는 조항이다.

> ※ Outside Reinsurance Clause : This clause allows the primary insurer to not cede certain types of loss exposures that normally would be subject to the reinsurance treaty.

② Counsel and Concur Clause : 재보험사의 보험금청구 결정에 대한 자문과 동의를 구할 의무가 있음 을 나타내는 조항이다.

③ Interlocking Clause(연동조항) : 연동조항은 둘 이상의 재보험특약 사이에 손실이 어떻게 배분되는지 를 결정하는 조항이며, 재보험사에게 최소 두 번의 계약기간에 걸쳐 위험을 분산시킬 수 있는 권한을 부여한다.

④ Stability Clause(안정화조항) : 안정화조항의 목적은 투자위험 회피와 관리에 있으며, 고유기능은 국유화와 투자자에게 불공정 대우를 방지하는데 있다. 즉 정부간 국제계약에서 현지투자국의 국내 법이 변경되어 투자자의 지위에 현실적인 변화를 예방하기 위하여 투자자와 현지투자국은 국내법의 규정을 확정하고 동결하여 계약 체결 이후 개정될 수도 있는 국내법상의 제제조치를 면제시키는 현실적인 방법을 모색하게 되는데 이러한 조치를 확정하여 투자협정에 명시적으로 담보하는 것이 안정화조항이다. 안정화조항은 당사자의 합의로 확정하는 안정화조항을 필수적으로 포함하는 것이 바람직하다.

09

정답 ②

해설 실업급여는 **구직급여**와 **취업촉진수당**으로 구분한다(고용보험법 제37조 제1항).
취업촉진 수당의 종류는 다음 각 호와 같다(고용보험법 제37조 제2항).
1. **조기(早期)재취업수당**
2. 직업능력개발 수당
3. **광역구직활동비**
4. 이주비

10

정답 ④

해설 일반적으로 보험계약은 보험회사 일방이 작성한 보험약관에 의하여 이루어지므로 '부합계약성'을 가진다고 할 수 있다. 언더라이팅(underwriting)은 보험회사가 위험을 인수하거나 거절하는 과정이며, 위험을 인수할 경우 그 조건을 결정하는 것을 포함한다. 즉 피보험자 및 피보험물건의 위험평가 및 선택, 가입조건의 결정, 보험요율의 결정 등 일련의 과정을 의미한다. 따라서 **보험계약의 '부합계약성' 유지를 목적으로 하지 않는다.**

언더라이팅(underwriting)은 보험회사 입장에서 보험가입을 원하는 피보험자(보험대상자)의 위험을 각 위험집단으로 분류하여 보험가입 여부를 결정(계약인수, 계약거절, 조건부인수 등) 하는 일련의 과정이다. 이를 위해 피보험자의 환경·신체·재정·도덕적 위험 등 전반에 걸친 위험평가가 이루어지며, 언더라이팅 과정 및 결과에 따라 보험회사는 보험계약 청약에 대한 승낙 여부와 보험료 및 보험금의 한도를 설정할 수 있다. 언더라이팅은 우량 피보험자 선택, 보험사기와 같은 역선택 방지, 보험범죄의 방지, 보험사업의 수익성 확보 등 보험사업의 핵심적인 업무에 해당된다.

11

정답 ①

해설 **초과손해액재보험특약(Excess of Loss Reinsurance Treaty)**
원보험자(갑 보험회사)는 US\$ 500,000 한도 내에서 부담하고, 재보험자는 US\$ 500,000 초과하는 US\$ 1,000,000까지 부담한다.
- A : US\$ 750,000 중 원보험자가 US\$ 500,000을 부담하고, 재보험자는 US\$ 250,000을 부담한다.
- B : US\$ 1,000,000 중 원보험자가 US\$ 500,000을 부담하고, 재보험자는 US\$ 500,000을 부담한다.
- C : US\$ 1,200,000 중 원보험자가 US\$ 500,000을 부담하고, 재보험자는 US\$ 700,000을 부담한다.
- 지급받을 재보험금의 합계액 = (US\$ 250,000 + US\$ 500,000 + US\$ 700,000) − US\$ 1,000,000
    $$= US\$ 450,000$$

12

정답 ③

해설 **영업보험료 = 순보험료 + 부가보험료**
- 예상손해액(순보험료) = (0원 × 0.85) + (2,000원 × 0.1) + (5,000원 × 0.04) + (10,000원 × 0.01)
    $$= 500원$$
- 예정사업비(부가보험료) = 500원 × 0.2 = 100원
    ※ 예정사업비율이란 보험회사에서 보험사업을 영위해 나가는데 필요한 경비, 즉 신계약 모집, 보험료 수금, 보험계약 관리, 보전 등에 사용되는 사업비를 미리 예측해서 보험료에 포함시키는 일정비율을 말한다.
- 영업보험료 = (500원 + 100원) × $\dfrac{4,000원}{10,000원 × 0.8}$ = **300원**

    ※ 80% 공동보험조항을 적용한다.

13

정답 ③

해설 ICC(A)는 구협회적하약관의 전위험담보(All Risks ; A/R)와 유사한 것으로서 일정한 면책위험을 제외하고는 모든 위험, 즉 피보험목적물에 발생하는 멸실·손상 또는 비용일체를 포괄하여 담보한다.

① ICC(WA)는 구협회적하약관의 분손부담보(FPA)조건에서 보상하는 손해에 추가하여 악천후로 인한 해수침손(sea water damage)과 갑판유실 등을 추가로 보상해 주는 조건이다.

② ICC(C)는 구협회적하약관의 분손부담보(FPA)와 유사한 것으로서 보험자의 면책위험은 ICC(A)와 같으며, 열거책임주의에 따라 열거한 위험으로 인한 보험목적물의 멸실 또는 손상의 경우에 보상한다. 보험범위가 가장 제한된 보험조건이다.

④ ICC(FPA)는 구협회적하약관의 분손부담보(free from particular average ; FPA)조건으로서 보험목적물의 전손 및 공동해손의 경우와 손해방지비용, 구조료, 특별비용, 특정분손 등의 손해를 보상하는 조건이다.

14

정답 ④

해설 '피보험자의 자녀'의 범위
- 법률상의 혼인관계에서 출생한 자녀
- 사실혼관계에서 출생한 자녀
- 양자 또는 양녀

15

정답 ③

해설 **외부성(외부효과)**

외부성(externality)이란 한 경제주체가 다른 경제주체에게 의도하지 않은 이득이나 손실을 주었음에도 불구하고 이에 대한 보상이 적절히 이루어지지 않은 상태를 말한다. 다른 경제주체에게 유리한 영향을 미치는 경우를 외부경제(external economy), 불리한 영향을 미치는 경우를 외부불경제(external diseconomy)라고 한다.

구 분	의 미	자원 배분
외부불경제 (부정적 외부성)	제3자에게 손해를 입히고도 이에 대한 손해 배상이나 비용을 부담하지 않는 경우 예 화학공장이 오염물질을 배출함에 따라 하류의 어부들이 피해를 입는 것	사회적 최적 수준보다 많이 생산 (과잉 생산)
외부경제 (긍정적 외부성)	제3자에게 이익을 받았지만 이에 대한 대가를 지불하지 않는 경우 예 과수원 옆으로 양봉업자가 이사를 해옴에 따라 과일생산량이 증가한 것	사회적 최적 수준보다 적게 생산 (과소 생산)

고가의 외제차가 증가한 주변 환경으로 인하여 선의의 자동차보험 가입자의 보험료 부담이 증가한 현상은 외부불경제(external diseconomy)의 사례라고 볼 수 있다.

16

정답 ③

해설 정보의 비대칭이 초래하는 역선택(adverse selection) 문제는 불량 위험체들이 보험에 가입함으로써 보험회사에 재정적으로 큰 손실을 입힐 수 있다. 즉 보험사업자에 대한 감독과 규제의 근거와는 상관이 없다.

17

정답 ④

해설 **생산물배상책임보험**

생산물의 결함으로 인하여 제3자의 신체장해나 재물손해에 대한 법률적인 배상책임을 부담함으로써 입은 손해를 보상하며, 법률상 의무보험은 아니다. 2017년 4월 제조물책임(PL)법의 개정으로 선택이 아닌 필수로 인식되고 있으며, 주요 보험가입대상은 다음과 같다.

• 제조(수출)업자(완성품제조, 부품제조, 원료제조 등)
• 수입업자
• 표시제조업자[OEM제조자, PB(Private Brand) 유통업자]
• 판매업자, 대형마트 및 홈쇼핑 납품업체, 상표권자 등

TIP	법률상 의무보험	
보험종목	관련 법규	관련 부처
① 가스사고배상책임보험	• 고압가스안전관리법 • 액화석유가스의 안전 및 사업관리법 • 도시가스사업법	산업통상자원부
② 항공보험	항공사업법	국토교통부
③ 적재물배상책임보험	화물자동차운수사업법	국토교통부

18

정답 ④

해설 공동보험조항에 있어서 손해액을 분담하는 방식으로는 보험가액에 대한 보험금액의 비율, 즉 부보율을 보험종목별로 정하여 그 이상이면 손해액 전액을 실손보상하고, 정해진 비율 미만일 경우 손해금액의 일부분을 비례보상한다. 일반적으로 **화재보험의 경우 공동보험(coinsurance) 비율을 80%로 설정해 놓고 있다.**

① · ② · ③ 보험공제(insurance deductible)조항

19

정답 ④

해설

기대가치 = $(50 \times 0.8) + (10 \times 0.2) = 42 = A$

공정한 보험료(순보험료) = 보유자산 − 기대가치 = 50 − 42 = 8

계리적으로 공정한 보험료가 부과되는 보험에 가입하였을 때 홍길동의 기대효용 = C

기대효용 = D일 때

확실성등가 = 18

※ 확실성등가(certainty equivalent)는 불확실한 수익을 기대하며 위험을 부담하는 대신 적은 수익이라도 확실하게 실현될 수 있다면 그와 맞바꿀 수 있는 최소한의 가격을 의미한다. 즉 기대효용과 동일한 효용을 주는 확실한 금액을 말한다.

리스크 프리미엄 = 기대가치 − 확실성등가 = 42 − 18 = 24

※ 리스크 프리미엄(risk premium)은 불확실한 자산을 확실한 자산으로 교환하기 위해 지불할 용의가 있는 금액을 의미한다. 기대가치에서 확실성등가를 뺀 값이 리스크 프리미엄이다.

최대보험료 = 보유자산 − 확실성등가 = 50 − 18 = 32

※ 공정한 보험료는 기대손실액과 보험료가 동일한 경우를 말하고, 최대보험료는 공정한 보험료와 리스크 프리미엄을 합한 것을 말한다. 보험회사는 공정한 보험료와 최대보험료 사이에 보험료를 책정할 것이므로 부가보험료가 순보험료의 2.5배 이상이라도 홍길동은 보험에 가입할 것이다.

20

정답 ③

해설

소액단기전문보험회사가 취급할 수 있는 보험종목(보험업법 시행령 제13조의2 제1항 제1호)

1. 생명보험상품 중 제1조의2 제2항 제1호에 따른 보험상품(생명보험계약)
2. 손해보험상품 중 제1조의2 제3항 제6호, 제9호부터 제11호까지, 제13호 또는 제14호에 따른 보험상품
   - 책임보험계약
   - 도난보험계약
   - 유리보험계약
   - 동물보험계약
   - 비용보험계약
   - 날씨보험계약
3. 제3보험상품 중 제1조의2 제4항 제1호 또는 제2호에 따른 보험상품
   - 상해보험계약
   - 질병보험계약

21

정답 ①

해설 **위부(abandonment)**
위부란 보험의 목적이 전부 멸실한 것과 동일시 할 수 있는 일정한 사유가 있는 경우 피보험자가 보험목적에 대한 모든 권리를 보험자에게 위부하고 보험자에 대하여 보험금액의 전부를 청구할 수 있는 **해상보험 특유의 제도**이다. 보험위부는 의사표시를 요하므로, 당사자간의 특별한 의사표시 없이 권리를 당연히 취득하는 보험자대위와는 구별된다.

② 대위(subrogation) : 대위란 **보험사고로 인한 피보험자의 손해를 보상해 준 보험자가 보험금을 지급한 경우에 그 피보험자 또는 보험계약자가 보험의 목적이나 제3자에 대하여 가지는 법률상 권리를** 말한다.
③ 권리포기(waiver) : 어느 일방이 계약을 위반하는 경우 상대방이 이에 대해 이의를 제기하지 않았다는 것이 곧 이의제기를 포기하는 것 등으로 해석되어서는 아니된다는 조항이다(= 권리불포기 조항).
④ **보험목적의 양도(assignment)** : 피보험자가 보험의 목적을 양도한 때에는 양수인은 보험계약상의 권리와 의무를 승계한 것으로 추정한다(상법 제679조 제1항). 보험목적의 양도는 개별적인 양도라는 점에서 보험의 목적과 함께 보험계약상의 지위가 포괄적으로 승계되는 상속이나 합병과 구별된다.

22

정답 ③

해설 **인적계약(personal contract)**
보험계약은 일반 상품거래의 계약과 달리 정보비대칭성의 정도가 크기 때문에 높은 수준의 선의를 요구한다. 보험자의 관점에서 볼 때 동일한 보험목적물이라도 피보험자가 누구냐에 따라 손실발생의 위험이 달라지기 때문에 보험계약의 내용이 달라질 수 있고, 계약의 인수가 거절될 수도 있다.

① 보험계약자가 초회보험료를 지불하고 계약이 유효된 시점에서 보험자는 보험계약자에게 잔여보험료를 납부하게 하거나 약관내용을 준수하게 하는 법적 강제를 할 수 없다. 즉 보험계약자가 중도에 보험료를 납입하지 않거나 계약을 일방적으로 해지한다고 할지라도 이를 보험자가 강제적으로 어떻게 할 수 없다(**편무계약**).
② 보험계약상 피보험자의 보험금지급의무에 대한 책임은 우연한 보험사고의 발생과 함께 보험계약자나 피보험자의 보험약관상 명시된 여러 조건을 이행하는가에 좌우된다. 예컨대 보험계약자나 피보험자는 보험목적물에 현저히 위험이 증가하면 이를 통보(위험변경·증가의 통지의무)하고, 손실이 발생했을 때 즉시 통보(보험사고발생의 통지의무)하며, 사고발생 후 손해방지와 경감을 위해 노력(손해방지의무)을 하는 등 보험약관에 정해진 여러 의무를 이행해야 한다(**조건부계약**).
④ 보험계약은 다수인을 상대로 하려 대량으로 체결되고, 보험의 기술적 단체적 성격으로 인하여 그 정형성이 요구된다. 즉 보험계약은 당사자의 일방이 그 내용을 미리 정하고 상대방이 이를 포괄적으로 승인함으로써 성립하는 부합계약적인 성격을 띠고 있다(**부합계약**).

23

정답 ④

해설 업무상 재해는 업무상 사고, 업무상 질병, 출퇴근 재해로 구분된다(산업재해보상보험법 제37조 제1항).

① **근로자를 사용하는 모든 사업 또는 사업장에** 적용한다(산업재해보상보험법 제6조).
② 보험사업에 드는 비용에 충당하기 위하여 **보험가입자(사업주)로부터 산재보험의 보험료를** 징수한다(고용보험 및 산업재해보상보험의 보험료징수 등에 관한 법률 제13조 제1항 제2호).
③ 급여 종류로는 **요양급여, 휴업급여, 장해급여, 간병급여, 유족급여, 상병(傷病)보상연금, 장례비, 직업재활급여** 등이 있다(산업재해보상보험법 제36조 제1항).

24

정답 ③

해설 주택화재보험은 주택건물에 대한 화재, 낙뢰, 폭발, 파열에 의해 발생한 손해를 보상한다.
• 화재, 폭발, 파열에 따른 손해
• 그에 따른 소방 및 피난손해

25

정답 ③

해설 (1) 다른 보험이 없을 경우 각 보험사별 보상금액

• 갑 보험사 = 2억원(∵ 실손보상)

• 을 보험사 = 6억원 × $\dfrac{4억원}{12억원}$ = 2억원

• 병 보험사 = 6억원(∵ 50% 요구부보조건부 실손보상)

(2) 독립책임분담액 방식을 적용한 경우 각 보험사별 보상금액

• 갑 보험사 = 6억원 × $\dfrac{2억원}{2억원 + 2억원 + 6억원}$ = 1.2억원

• 을 보험사 = 6억원 × $\dfrac{2억원}{2억원 + 2억원 + 6억원}$ = 1.2억원

• 병 보험사 = 6억원 × $\dfrac{6억원}{2억원 + 2억원 + 6억원}$ = 3.6억원

26

정답 ①

해설 ① 손실발생확률 = p라 할 경우 1안의 기대손실과 2안의 기대손실을 구해보면,

- 1안의 기대손실 = 10조원 × p
- 2안의 기대손실 = (5조원 × p) + (5조원 × p) = 10조원 × p

∴ 1안의 기대손실과 2안의 기대손실은 동일하다.

② 손실발생확률 = p라 할 경우 1안과 2안의 손실에 대한 분산을 구해보면,

- 1안의 손실에 대한 분산 = $(10조^2 × p) - (10조 × p)^2 = (10조)^2 × p × (1 - p)$
- 2안의 손실에 대한 분산 = $2 × [(5조^2 × p) - (5조 × p)^2] = 2 × (5조)^2 × p × (1 - p)$

∴ 손실의 변동성 면에서 2안이 유리하다.

③ 손실발생확률 = p라 할 경우 1안과 2안의 최대가능손실(maximum possible loss) 발생확률을 구해 보면,

- 1안의 최대가능손실(maximum possible loss) 발생확률 = p
- 2안의 최대가능손실(maximum possible loss) 발생확률 = $p × p = p^2$

∴ 최대가능손실(maximum possible loss) 발생확률은 1안이 더 크다.

④ 가능최대손실액은 통상적인 조건하에서 담보위험이 야기할 수 있는 최대 손해의 추정액으로 표준편차와 위험회피도에 비례한다. 따라서 분산지역 수가 증가하면 손실에 대한 분산이 감소하므로 분산지역 수가 증가하면 동일한 신뢰도하에서 가능최대손실(probable maximum loss)은 감소하게 된다.

27

정답 ①

해설 **12대 중과실사고에 포함되는 것(교통사고처리특례법 제3조 제2항)**

1. 「도로교통법」 제5조에 따른 신호기가 표시하는 신호 또는 교통정리를 하는 경찰공무원 등의 신호를 위반하거나 통행금지 또는 일시정지를 내용으로 하는 안전표지가 표시하는 지시를 위반하여 운전한 경우

2. 「도로교통법」 제13조 제3항을 위반하여 중앙선을 침범하거나 같은 법 제62조를 위반하여 횡단, 유턴 또는 후진한 경우

3. 「도로교통법」 제17조 제1항 또는 제2항에 따른 **제한속도를 시속 20킬로미터 초과하여 운전한 경우**

4. 「도로교통법」 제21조 제1항, 제22조, 제23조에 따른 앞지르기의 방법·금지시기·금지장소 또는 끼어들기의 금지를 위반하거나 같은 법 제60조 제2항에 따른 고속도로에서의 앞지르기 방법을 위반하여 운전한 경우

5. 「도로교통법」 제24조에 따른 **철길건널목 통과방법을 위반하여 운전한 경우**

6. 「도로교통법」 제27조 제1항에 따른 횡단보도에서의 보행자 보호의무를 위반하여 운전한 경우

7. 「도로교통법」 제43조, 「건설기계관리법」 제26조 또는 「도로교통법」 제96조를 위반하여 운전면허 또는 건설기계조종사면허를 받지 아니하거나 국제운전면허증을 소지하지 아니하고 운전한 경우. 이 경우 운전면허 또는 건설기계조종사면허의 효력이 정지 중이거나 운전의 금지 중인 때에는 운전면허 또는 건설기계조종사면허를 받지 아니하거나 국제운전면허증을 소지하지 아니한 것으로 본다.

8. 「도로교통법」 제44조 제1항을 위반하여 술에 취한 상태에서 운전을 하거나 같은 법 제45조를 위반하여 약물의 영향으로 정상적으로 운전하지 못할 우려가 있는 상태에서 운전한 경우

9. 「도로교통법」 제13조 제1항을 위반하여 보도(步道)가 설치된 도로의 보도를 침범하거나 같은 법 제13조 제2항에 따른 보도 횡단방법을 위반하여 운전한 경우

10. 「도로교통법」 제39조 제3항에 따른 승객의 추락 방지의무를 위반하여 운전한 경우

11. 「도로교통법」 제12조 제3항에 따른 어린이 보호구역에서 같은 조 제1항에 따른 조치를 준수하고 **어린이의 안전에 유의하면서 운전하여야 할 의무를 위반하여 어린이의 신체를 상해(傷害)에 이르게 한 경우**

12. 「도로교통법」 제39조 제4항을 위반하여 **자동차의 화물이 떨어지지 아니하도록 필요한 조치를 하지 아니하고 운전한 경우**

28

정답 ①

해설 피보험이익은 상법상 "보험계약의 목적(상법 제668조)"이며, "보험사고의 발생 여부에 관하여 가지는 경제상의 이해관계"를 의미한다. 보험계약의 목적, 즉 **피보험이익은 피보험자에게 존재하여야 한다.** 따라서 동일한 보험의 목적에 각기 다른 피보험이익을 가진 사람이 복수로 존재할 수 있다. 재물보험의 피보험이익에 관하여도 피보험자가 누구인지에 따라 소유자로서의 이익, 임차인으로서의 이익, 저당권자로서의 이익 등 다양한 피보험이익이 존재할 수 있다.

29

정답 ③

해설 보험상품은 수요탄력성이 크지 않아 가격결정이 일반상품처럼 수요중심이나 가격중심으로 이루어지지 않는다. 보험상품의 실제 원가는 상품 판매시 확정되는 것이 아니고, 예정 기초율과 실제 기초율의 차이가 확정된 이후 사후적으로 결정되기 때문에 계약이 종료될 때 확정되며, 원가의 불확실성이 매우 크다. 즉 비용이 사후에 결정된다. 보험료를 미리 내고 보장(보험금)을 나중에 받는 형식이며, 보험회사의 입장에서 최종 비용은 지급 손실이 확정되는 시점에서 결정된다.

① 보험회사가 설계사에게 지급하는 수수료나 업무추진비 등 상품판매에 들어가는 비용(신계약비)이 상당하다.

② 보험상품은 의식주 등 기본적인 1차적 욕구가 아니라 장래 우발적 사고에 대한 안전을 추구하는 2차적이거나 간접적인 욕구이므로 소비자의 자발적 수요가 다른 일반상품에 비해 약하다.

④ 보험회사는 재무건전성 감독, 소비자보호를 위한 공시제도, 자산운용에 대한 규제 등 소비자 보호차원의 여러 가지 공적 규제를 받는다.

30

정답 ②

해설 보험가입 대상이 되는 위험은 상당수의 동질적 위험이 필요하다. **위험이 동질적이고 동질적 위험이 많을수록 보험회사는 대수의 법칙에 따라 손실예측 및 보험료 산출을 정확하게 할 수 있다.** 인공위성 또는 아주 특수한 공장이나 구조물은 이 조건에 해당하지 않는다.

31

정답 ①

해설 **보험요율의 산정방식**

등급요율방식	순보험료방식	순보험료를 계산하는 기법으로 총보험료는 순보험료를 결정한 후에 부가보험료를 추가하여 계산된다.
	손해율방식	경험기간 동안의 실제손해율과 예정손해율과의 비교를 통해 현재의 요율을 조정하는 방식이다.
개별요율방식	판단요율방식	각 계약자들의 위험특성에 따라 보험자(언더라이터)가 요율을 결정하는 것으로 위험의 이질성으로 대수의 법칙을 적용하기 곤란한 물건, 보험인수 경험이 없는 물건 등에 사용된다.
	경험요율방식	위험집단별로 표준요율을 정해놓고 "과거(3년간) 손해율"에 따라 차기의 요율을 조정하는 방식이다.
	소급요율방식	보험계약기간 동안에 나타난 피보험자의 손실경험이 그 기간의 보험료를 결정하는 방식이다.
	예정표요율방식	기본요율을 전제로 개별 위험의 물리적 특성에 따라 예정표에 정해진 만큼 요율을 인상 또는 인하하는 방식이다.

32

정답 ④

해설 전기이월미지급보험금은 당기에 지출되지 않았으므로 수입항목(income)에 해당된다.

33

정답 ②

해설 보험회사는 그 자산을 운용할 때 안정성·유동성·수익성 및 공익성이 확보되도록 하여야 한다(보험업법 제104조 제1항).

34

정답 ①

해설 **제3보험의 보험종목에 부가되는 보험(보험업법 시행령 제15조 제2항)**

질병을 원인으로 하는 사망을 제3보험의 특약형식으로 담보하는 보험으로서 다음 각 호의 요건을 충족하는 보험을 말한다.

1. 보험만기는 80세 이하일 것
2. 보험금액의 한도는 개인당 2억원 이내일 것
3. 만기시에 지급하는 환급금은 납입보험료 합계액의 범위 내일 것

35

정답 ②

해설 **if clause('만약' 조항)**

보험계약의 효력 발생 요건 조항으로 '만약' 보험계약상 일정 요건이 충족되지 않을 경우 보험계약의 효력이 발생하지 않는다는 조항이다. 즉 보험기간 중 특별한 조건을 위배하거나 위반했을 경우 보험효력을 종결시킴을 규정한 조항으로, 이 경우 일단 종결된 보험계약의 효력을 다시 살리기 위해서는 새로운 보험계약을 체결함이 통례이다.

① policy change clause('계약전환' 조항) : 보험계약의 내용을 변경하거나 정정할 수 있는 조항
③ while clause('동안' 조항) : 보험기간 중 보험계약자나 피보험자의 행위로 위험이 증가되었을 때 이 위험이 증가된 상태에 있는 한 보험효력이 일시 정지되고, 증가된 위험이 제거되거나 원상으로 복귀되었을 때 보험효력이 재개되도록 하는 조항
④ entire contract clause('계약구성' 조항) : 보험계약에서 피보험자와 보험자간의 전체 계약이 계약 조건에 한정된다는 조항. 즉, 보험자와 피보험자 모두에게 각 당사자가 계약 조건에만 구속되고 계약 외부의 다른 조항에는 구속되지 않는다.

TIP **완전합의조항(entire agreement clause)**

- 계약 체결 및 이행과정에서 본 계약서상의 내용과 계약 체결 전의 문서 또는 구두에 의한 합의 등이 불일치할 경우 기존의 합의 내용보다 본 계약서상의 내용이 우선한다는 조항이다. 즉 계약 체결의 이전단계에서 그 계약과 관련된 의견교환, 합의, 약속 등은 정식으로 체결된 계약서의 내용과 불일치하더라도 오직 정식으로 체결될 계약내용만이 유효하다는 조항이다.
- 이 계약은 양 당사자간의 합의내용을 완결 짓는 것이며, 이 계약의 목적과 관련된 이전의 양 당사자간 모든 협상 및 의사표명, 양해, 약정 등을 대체하고, 양 당사자의 서면 합의에 의하지 아니하고는 수정될 수 없다.

36

정답 ①

해설 위태(hazard)는 특정 사고로부터 발생될 수 있는 손해 가능성을 새로이 만들거나 증가시키는 상태를 말한다. 도로 상태가 좋지 않아 교통사고가 발생하였으므로 '도로 상태가 좋지 않은 것'이 사고의 원인을 증가시킨 '위태'에 해당한다.

② **교통사고** : 손인(peril)
③ **자동차 파손** : 손해(loss)
④ **수리비 지급** : 보상(compensation)

37

정답 ②

해설 손실예방은 손실의 발생 가능성 또는 빈도를 줄이려는데 초점을 맞추며, 손실경감은 이미 발생한 손실의 규모, 즉 심도를 낮추기 위한 활동이다. **건물내 스프링클러 설치 및 소화기 비치, 건물공사시 내연자재 사용은 손실경감에 해당한다.**

38

정답 ②

해설 보험요율의 안정성(stability) 및 탄력성(flexibility)은 **보험경영상 목적에 해당**한다.

> **TIP 보험요율 산정의 규제상 목적**
>
> 1. **충분성(adequacy)**
>   보험요율은 사고발생시 보험계약자 등에 지급되는 손실의 보상에 충분한 수준으로 결정되어야 한다.
>
> 2. **비과도성(inexcessiveness ; 적정성)**
>   보험요율은 과도하지 않아야 한다. 보험요율이 지나치게 과도할 경우 보험가입자의 저항과 보험계약의 이탈로 이어져 대수의 법칙적용이 불가능해지고, 수지상등의 원칙이 무너져 종국적으로 합리적인 보험경영이 불가능해 진다.
>
> 3. **공평한 차별성(fair discrimination ; 공정성)**
>   보험요율은 부당한 차별이 없어야 한다. 동일한 위험에 대해서는 동일한 요율이 적용되고, 다른 위험에 대해서는 다른 요율이 적용되어야 한다.

39

정답 ②

해설 노령연금의 기본연금액은 **전체 국민연금 가입자의 평균소득(균등부분)**과 본인의 가입기간 및 가입기간 동안의 평균소득(소득비례부분)을 바탕으로 결정한다.

40

정답 ①

해설 고지의무는 보험계약자 또는 피보험자가 보험계약을 체결함에 있어 고의 또는 중대한 과실로 중요한 사항을 알리지 않거나 부실의 고지를 하지 않을 의무를 말하며, **최대선의의 원칙 실현을 위한 제도에 해당**한다.

실손보상 원칙이란 보험사고가 발생하였을 경우 보험자는 피보험자에게 실제 발생한 경제적 손실에 대하여 보험가입금액에 비례하여 보상한다는 것을 의미한다.

② 피보험이익의 원칙, ③ 타보험조항, ④ 보험자대위는 모두 실손보상 원칙의 실현을 위한 손해보험제도이다.

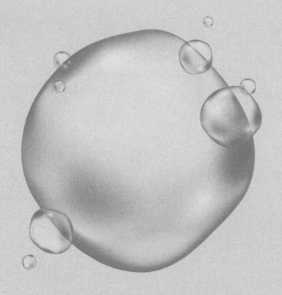

할 수 있다고 믿는 사람은 그렇게 되고,
할 수 없다고 믿는 사람도 역시 그렇게 된다.

-샤를 드골-

2024년 제47회

손해사정사 1차 시험문제
정답 및 해설

✓ 정답 CHECK

01	02	03	04	05	06	07	08	09	10	11	12	13	14	15	16	17	18	19	20
②	④	①	②	①	②	①	③	③	③	②	④	④	②	③	④	③	②	③	③
21	22	23	24	25	26	27	28	29	30	31	32	33	34	35	36	37	38	39	40
②	①	④	①	④	①	③	②	③	③	①	②	④	①	③	④	④	④	②	①

문제편 408p

01

정답 ②

해설 **생명보험상품(보험업법 제2조 제1호 가목, 동법 시행령 제1조의2 제2항)**
위험보장을 목적으로 사람의 생존 또는 사망에 관하여 약정한 금전 및 그 밖의 급여를 지급할 것을 약속하고 대가를 수수하는 계약으로서 **대통령령으로 정하는 계약**
1. 생명보험계약
2. 연금보험계약(**퇴직보험계약**을 포함한다)

02

정답 ④

해설 "보험대리점"이란 보험회사를 위하여 보험계약의 체결을 대리하는 자(법인이 아닌 사단과 재단을 포함한다)로서 보험업법 제87조에 따라 금융위원회에 등록된 자를 말한다(보험업법 제2조 제10호). **보험계약의 체결을 중개하는 자는 "보험설계사" 또는 "보험중개사"이다.**

① 보험업법 제2조 제1호, 동법 시행령 제1조의2 제1항 제5호
② 보험업법 제2조 제2호
③ 보험업법 제2조 제7호

03

정답 ①

해설 소득세법 제20조의3 제1항 제2호 각 목 외의 부분에 따른 **연금저축계좌를 설정하는 계약에 대한 특별계정 자산은 총자산을 산출할 때 제외되는 자산이 아니다.**

"총자산"이란 재무상태표에 표시된 자산에서 **영업권 등 대통령령으로 정하는 자산을 제외한 것을 말한다** (보험업법 제2조 제14호). 즉 총자산을 산출할 때 제외되는 자산은 영업권과 법 제108조 제1항 제2호 및 제3호에 따른 특별계정 자산(제50조 제1항의 특별계정 자산은 제외한다)이다(동법 시행령 제3조 제1항). 〈2023.6.27. 개정〉

- 법 제108조 제1항 제2호 : 「근로자퇴직급여보장법」 제29조 제2항에 따른 보험계약 및 법률 제10967호 「근로자퇴직급여보장법」 전부개정법률 부칙 제2조 제1항 본문에 따른 퇴직보험계약
- 법 제108조 제1항 제3호 : 변액보험계약(보험금이 자산운용의 성과에 따라 변동하는 보험계약을 말한다)

② 보험업법 시행령 제3조 제1항
③ 보험업법 시행령 제4조 제1호
④ 보험업법 시행령 제4조 제2호

04

정답 ②

해설 전문보험계약자 중 **대통령령으로 정하는 자**가 일반보험계약자와 같은 대우를 받겠다는 의사를 보험회사에 서면으로 통지하는 경우 보험회사는 정당한 사유가 없으면 이에 동의하여야 하며, 보험회사가 동의한 경우에는 해당 보험계약자는 일반보험계약자로 본다(보험업법 제2조 제19호 단서). "대통령령으로 정하는 자"란 다음 각 호의 자를 말한다(동법 시행령 제6조의2 제1항).

1. **지방자치단체**
2. 주권상장법인
3. 보험업법 시행령 제6조의2 제2항 제15호에 해당하는 자(대통령령으로 정하는 금융기관에 준하는 외국금융기관)
4. 보험업법 시행령 제6조의2 제3항 제15호, 제16호 및 제18호에 해당하는 자
   - 법률에 따라 설립된 기금(기술보증기금과 신용보증기금은 제외한다) 및 그 기금을 관리·운용하는 법인(제15호)
   - 해외 증권시장에 상장된 주권을 발행한 국내법인(제16호)
   - 그 밖에 보험계약에 관한 전문성, 자산규모 등에 비추어 보험계약의 내용을 이해하고 이행할 능력이 있는 자로서 금융위원회가 정하여 고시하는 자(제18호)

05

정답 ①

해설 보험업법상 통신판매전문보험회사란 총보험계약건수 및 수입보험료의 100분의 (90) 이상을 전화, 우편, 컴퓨터통신 등 통신수단을 이용하여 모집하는 보험회사를 말한다(보험업법 시행령 제13조 제1항).

06

정답 ②

해설 **소액단기전문보험회사가 모집할 수 있는 보험상품의 종류(보험업법 시행령 제13조의2 제1항 제1호)**

1. 생명보험상품 중 제1조의2 제2항 제1호에 따른 보험상품 : **생명보험계약** (가)
2. 손해보험상품 중 제1조의2 제3항 제6호, 제9호부터 제11호까지, 제13호 또는 제14호에 따른 보험상품
   - **책임보험계약** (마)
   - 도난보험계약
   - 유리보험계약
   - **동물보험계약** (바)
   - 비용보험계약
   - 날씨보험계약
3. 제3보험상품 중 제1조의2 제4항 제1호 또는 제2호에 따른 보험상품
   - 상해보험계약
   - **질병보험계약** (사)

07

정답 ①

해설 **소액단기전문보험회사** : 10억원 이상의 범위에서 **대통령령으로 정하는 금액** ⇒ **20억원**(보험업법 제9조 제2항 제2호, 동법 시행령 제13조의2 제2항)

② **해상보험만을 취급하려는 통신판매전문보험회사** : 해상보험(항공·운송보험을 포함한다)의 일부만을 취급하려는 보험회사가 납입하여야 하는 자본금 또는 기금의 액수는 150억원인데 통신판매전문보험회사는 그 자본금 또는 기금의 3분의 2에 상당하는 금액이므로 100억원이다(보험업법 제9조 제1항 제2호, 동법 시행령 제12조 제1항 제4호)

③ **화재보험만을 취급하려는 보험회사** : 100억원(보험업법 시행령 제12조 제1항 제3호)

④ **생명보험만을 취급하려는 보험회사** : 200억원(보험업법 시행령 제12조 제1항 제1호)

08

정답 ③

해설 손해보험업의 보험종목 전부를 취급하는 보험회사는 질병을 원인으로 하는 사망을 제3보험의 특약 형식으로 담보하는 **보험만기가 80세 이하인 보험**을 겸영할 수 있다(보험업법 시행령 제15조 제2항 제1호).

① · ② 보험업법 제10조 제1호
④ 보험업법 제10조 제2호, 동법 시행령 제15조 제1항 제1호

09

정답 ③

해설 대통령령으로 정하는 금융 관련 법령에서 정하고 있는 금융업무(보험업법 시행령 제16조 제1항)
다음 각 호의 어느 하나에 해당하는 업무를 말한다.
1. 「자산유동화에 관한 법률」에 따른 유동화자산의 관리업무
2. 「주택저당채권유동화회사법」에 따른 유동화자산의 관리업무 〈2023.5.16. 삭제〉
3. 「한국주택금융공사법」에 따른 채권유동화자산의 관리업무
4. 「전자금융거래법」제28조 제2항 제1호에 따른 전자자금이체업무[같은 법 제2조 제6호에 따른 결제
   중계시스템(이하 "결제중계시스템"이라 한다)의 참가기관으로서 하는 전자자금이체업무와 보험회사
   의 전자자금이체업무에 따른 자금정산 및 결제를 위하여 결제중계시스템에 참가하는 기관을 거치는
   방식의 전자자금이체업무는 제외한다]
5. 「신용정보의 이용 및 보호에 관한 법률」에 따른 본인신용정보관리업

10

정답 ③

해설 금융위원회는 보험회사가 하는 부수업무가 다음 각 호의 어느 하나에 해당하면 그 부수업무를 하는
것을 제한하거나 시정할 것을 명할 수 있다(보험업법 제11조의2 제3항).
1. 보험회사의 경영건전성을 해치는 경우
2. 보험계약자 보호에 지장을 가져오는 경우
3. 금융시장의 안정성을 해치는 경우

11

정답 ②

해설 **금지 또는 제한되는 자산운용(보험업법 제105조)**
보험회사는 그 자산을 다음 각 호의 어느 하나에 해당하는 방법으로 운용하여서는 아니 된다.
1. 대통령령으로 정하는 업무용 부동산이 아닌 부동산(저당권 등 담보권의 실행으로 취득하는 부동산은
   제외한다)의 소유 (가)
2. 제108조 제1항 제2호에 따라 설정된 특별계정을 통한 부동산의 소유
3. 상품이나 유가증권에 대한 투기를 목적으로 하는 자금의 대출
4. 직접·간접을 불문하고 해당 보험회사의 주식을 사도록 하기 위한 대출
5. 직접·간접을 불문하고 정치자금의 대출
6. 해당 보험회사의 임직원에 대한 대출(보험약관에 따른 대출 및 금융위원회가 정하는 소액대출은 제외한
   다) (마)
7. 자산운용의 안정성을 크게 해칠 우려가 있는 행위로서 대통령령으로 정하는 행위

12

정답 ④

해설 **부동산의 소유** : 총자산의 100분의 **25**(보험업법 제106조 제1항 제8호 가목)

① 보험업법 제106조 제1항 제1호 가목
② 보험업법 제106조 제1항 제2호 가목
③ 보험업법 제106조 제1항 제7호 가목

13

정답 ④

해설 보험회사는 재무제표 또는 월간업무보고서 등 제출서류를 대통령령으로 정하는 바에 따라 전자문서로 **제출할 수 있다**(보험업법 제118조 제3항).

①·② 보험업법 제118조 제1항
③ 보험업법 제118조 제2항

14

정답 ②

해설 자본감소의 결의를 할 때 주식 금액 또는 주식 수의 감소에 따른 자본금의 실질적 감소를 하려면 미리 **금융위원회의 승인을 받아야 한다**(보험업법 제18조 제1항, 동법 시행령 제23조의2).

① 보험업법 제18조 제1항
③ 보험업법 제18조 제3항, 제141조 제2항
④ 보험업법 제18조 제3항, 제151조 제3항

15

정답 ③

해설 상호회사의 사원은 보험료의 납입에 관하여 상계(相計)로써 회사에 대항하지 못한다(보험업법 제48조). 즉 회사에 지급해야 할 보험료와 상계할 수 없다.

① 보험업법 제46조
② 보험업법 제50조
④ 보험업법 제52조

16

정답 ④

해설 상호회사에서 퇴사한 사원의 권리에 따른 금액의 환급은 퇴사한 날이 속하는 사업연도가 종료한 날부터 **3개월 이내**에 하여야 한다(보험업법 제68조 제1항).

① 보험업법 제66조 제1항 제2호
② 보험업법 제69조 제1항
③ 보험업법 제67조 제1항

17

정답 ③

해설 외국보험회사국내지점은 그 외국보험회사의 본점이 휴업하거나 영업중지한 경우에는 그 사유가 발생한 날부터 **7일 이내**에 그 사실을 금융위원회에 알려야 한다(보험업법 제74조 제1항 제3호, 제74조 제3항).

① 보험업법 제74조 제1항 제1호
② 보험업법 제76조 제2항
④ 보험업법 제77조 제1항

18

정답 ②

해설 보험회사의 임원 또는 직원은 보험계약을 모집할 수 있으며, **대표이사·사외이사·감사 및 감사위원은 제외**한다(보험업법 제83조 제1항 제4호).

19

정답 ③

해설 보험설계사가 교차모집을 하려는 경우에는 교차모집을 하려는 보험회사의 명칭 등 금융위원회가 정하여 고시하는 사항을 적은 서류를 **보험협회에 제출해야 한다**(보험업법 시행령 제29조 제1항).

① 보험업법 시행령 제27조 제1항
② 보험업법 제84조 제1항
④ 보험업법 시행령 제29조의2 제1항

20

정답 ③

해설 **미성년자는** **법인보험대리점의 임원이 될 수 없다**(보험업법 제87조의2 제1항 제1호).

※ 「금융회사의 지배구조에 관한 법률」 제5조 제1항 제1호·제2호 및 제4호에 해당하는 자는 금융회사의 임원이 되지 못한다.

1. **미성년자** · 피성년후견인 또는 피한정후견인(제1호)
2. 파산선고를 받고 복권(復權)되지 아니한 사람(제2호)
3. 금고 이상의 형의 집행유예를 선고받고 그 유예기간 중에 있는 사람(제4호)

① 보험업법 시행령 제33조의4 제1항 제1호
② 보험업법 시행령 제33조의4 제2항, 제3항
④ 보험업법 시행령 제33조의2 제1항 제2호

21

정답 ②

해설 보험안내자료에는 보험계약자에게 유리한 내용만을 골라 안내하거나 **다른 보험회사 상품과 비교한 사항을** 적어서는 아니 된다(보험업법 시행령 제42조 제2항 제3호).

① 보험업법 제95조 제1항 제3의2호
③ 보험업법 시행령 제42조 제3항 제3호
④ 보험업법 시행령 제42조 제3항 제1호

22

정답 ①

해설 **보험계약의 체결 또는 모집에 관한 금지행위**(보험업법 제97조 제3항 제1호)
보험계약의 체결 또는 모집에 종사하는 자가 기존보험계약이 소멸된 날부터 (1개월) 이내에 새로운 보험계약을 청약하게 하거나 새로운 보험계약을 청약하게 한 날부터 (1개월) 이내에 기존보험계약을 소멸하게 하는 행위를 한 경우에는 기존보험계약을 부당하게 소멸시키거나 소멸하게 하는 행위를 한 것으로 본다. 다만, 보험계약자가 기존 보험계약 소멸 후 새로운 보험계약 체결시 손해가 발생할 가능성이 있다는 사실을 알고 있음을 자필로 서명하는 등 대통령령으로 정하는 바에 따라 본인의 의사에 따른 행위임이 명백히 증명되는 경우에는 그러하지 아니하다.

23

정답 ④

해설 대통령령으로 정하는 금액[보험계약 체결시부터 최초 1년간 납입되는 보험료의 100분의 10과 3만원(보험계약에 따라 보장되는 위험을 감소시키는 물품의 경우에는 20만원) 중 적은 금액]을 초과하지 아니하는 금품은 제외한다(보험업법 제98조 제1호, 동법 시행령 제46조). 〈2023.6.27. 개정〉

24

정답 ①

해설 고객의 폭언이나 성희롱, 폭행 등(이하 "폭언 등"이라 한다)이 관계 법률의 형사처벌 규정에 위반된다고 판단되고 그 행위로 **피해를 입은 직원이 요청하는 경우** 관할 수사기관 등에 고발한다(보험업법 시행령 제29조의3 제1호).

② 보험업법 시행령 제29조의3 제4호
③ 보험업법 시행령 제29조의3 제2호
④ 보험업법 시행령 제29조의3 제3호

25

정답 ④

해설 간단손해보험대리점의 준수사항(보험업법 시행령 제33조의2 제4항)

1. 소비자에게 재화 또는 용역의 판매·제공·중개를 조건으로 보험가입을 강요하지 아니할 것
2. 판매·제공·중개하는 재화 또는 용역과 별도로 소비자가 보험계약을 체결 또는 취소하거나 보험계약의 피보험자가 될 수 있는 기회를 보장할 것
3. 단체보험계약(보험계약자에게 피보험이익이 없고, **피보험자가 보험료의 전부를 부담하는 경우만 해당한다**)을 체결하는 경우 사전에 서면, 문자메세지, 전자우편 또는 팩스 등의 방법으로 다음 각 목의 사항이 포함된 안내자료를 피보험자가 되려는 자에게 제공할 것
   가. 제42조의2 제1항 제1호부터 제11호까지에서 규정한 사항
   나. 단체보험계약의 피보험자에서 제외되는 방법 및 절차에 관한 사항
   다. 제2호에 따라 소비자에게 보장되는 기회에 관한 사항
   라. 보험계약자 등 소비자 보호를 위하여 금융위원회가 정하여 고시하는 사항
4. 재화·용역을 구매하면서 동시에 보험계약을 체결하는 경우와 보험계약만 체결하는 경우간에 보험료, 보험금의 지급조건 및 보험금의 지급규모 등에 차이가 발생하지 아니하도록 할 것
5. 제32조 제2항에 따라 등록한 간단손해보험대리점의 경우에는 인터넷 홈페이지[이동통신단말장치에서 사용되는 애플리케이션(Application) 및 그 밖에 이와 비슷한 응용프로그램을 통하여 가상의 공간에 개설하는 장소를 포함한다]를 통해서만 다음 각 목의 행위를 할 것
   가. 보험을 모집하는 행위
   나. 단체보험계약을 위하여 피보험자로 이루어진 단체를 구성하는 행위

26

정답 ①

해설 보험업법 시행령 제40조 제4항에 따라 **모집에 종사하는 자 외에 소속 임직원**으로 하여금 보험상품의 구입에 대한 상담 또는 소개를 하게 하거나 상담 또는 소개의 대가를 지급하는 행위가 금지행위에 해당된다(보험업법 시행령 제48조 제1항).

② 보험업법 제100조 제1항 제2호
③ 보험업법 제100조 제1항 제4호
④ 보험업법 제100조 제1항 제5호

27

정답 ③

해설 금융위원회는 보험회사가 기초서류를 신고할 때 필요하면 「금융위원회의 설치 등에 관한 법률」에 따라 설립된 금융감독원의 확인을 받도록 할 수 있다(보험업법 제128조 제1항).

① 금융위원회는 보험회사로부터 기초서류의 신고를 받은 경우 그 내용을 검토하여 이 법에 적합하면 **신고를 수리하여야 한다**(보험업법 제127조 제4항).

② 금융위원회는 보험회사가 신고한 기초서류의 내용이 보험요율산출의 원칙을 위반하는 경우에는 대통령령으로 정하는 바에 따라 기초서류의 **변경을 권고할 수 있다**(보험업법 제127조의2 제1항).

④ 금융위원회는 보험회사가 기초서류를 신고하는 경우 보험료 및 해약환급금 산출방법서에 대하여 보험요율산출기관 또는 독립계리업자의 검증확인서를 **첨부하도록 할 수 있다**(보험업법 제128조 제2항).

28

정답 ②

해설 위원회의 위원은 **금융감독원 상품담당 부서장**(가), **보험협회의 상품담당 임원**(나), **보험요율산출기관의 상품담당 임원**(다) 및 보험협회의 장이 위촉하는 다음 각 호의 사람으로 구성한다(보험업법 시행령 제68조 제3항).

1. 보험회사 상품담당 임원 또는 선임계리사 2명
2. 판사, 검사 또는 변호사의 자격이 있는 사람 1명
3. 소비자단체에서 추천하는 사람 2명
4. 보험에 관한 학식과 경험이 풍부한 사람 1명

따라서 당연직 위원은 가, 나, 다 **3명**이다.

29

정답 ③

해설 **금융위원회의 명령권(보험업법 제131조 제2항)**
금융위원회는 보험회사의 업무 및 자산상황, 그 밖의 사정의 변경으로 공익 또는 보험계약자의 보호와 보험회사의 건전한 경영을 크게 해칠 우려가 있거나 보험회사의 기초서류에 법령을 위반하거나 보험계약자에게 불리한 내용이 있다고 인정되는 경우에는 청문을 거쳐 (**기초서류의 변경**) 또는 그 사용의 정지를 명할 수 있다. 다만, 대통령령으로 정하는 경미한 사항에 관하여 (**기초서류의 변경**)을 명하는 경우에는 청문을 하지 아니할 수 있다.

30

정답 ③

해설 **보험회사에 대한 제재(보험업법 제134조 제1항)**

금융위원회는 보험회사(그 소속 임직원을 포함한다)가 이 법 또는 이 법에 따른 규정·명령 또는 지시를 위반하여 보험회사의 건전한 경영을 해치거나 보험계약자, 피보험자, 그 밖의 이해관계인의 권익을 침해할 우려가 있다고 인정되는 경우에는 금융감독원장의 건의에 따라 다음 각 호의 어느 하나에 해당하는 조치를 하거나 **금융감독원장으로 하여금 제1호의 조치를 하게 할 수 있다.**

1. **보험회사에 대한 주의·경고 또는 그 임직원에 대한 주의·경고·문책의 요구**
2. 해당 위반행위에 대한 시정명령
3. 임원(금융회사의 지배구조에 관한 법률 제2조 제5호에 따른 업무집행책임자는 제외한다)의 해임권고·직무정지
4. 6개월 이내의 영업의 일부정지

31

정답 ①

해설 자본금 또는 기금을 **증액한 경우** 그 사유가 발생한 날부터 5일 이내에 금융위원회에 보고하여야 한다(보험업법 시행령 제72조 제1호).

TIP	보고사항(보험업법 제130조)

보험회사는 다음 각 호의 어느 하나에 해당하는 사유가 발생한 경우에는 그 사유가 발생한 날부터 5일 이내에 금융위원회에 보고하여야 한다.

1. 상호나 명칭을 변경한 경우
2. 본점의 영업을 중지하거나 재개(再開)한 경우
3. 최대주주가 변경된 경우
4. **대주주가 소유하고 있는 주식 총수가 의결권 있는 발행주식 총수의 100분의 1 이상만큼 변동된 경우**
5. 그 밖에 해당 보험회사의 업무 수행에 중대한 영향을 미치는 경우로서 대통령령으로 정하는 경우(동법 시행령 제72조)
   - **자본금 또는 기금을 증액한 경우**
   - 법 제21조에 따른 조직변경의 결의를 한 경우
   - 법 제13장에 따른 처벌을 받은 경우
   - 조세 체납 처분을 받은 경우 또는 조세에 관한 법령을 위반하여 형벌을 받은 경우
   - 「외국환거래법」에 따른 해외투자를 하거나 외국에 영업소, 그 밖의 사무소를 설치한 경우
   - 보험회사의 주주 또는 주주였던 자가 제기한 소송의 당사자가 된 경우

32

정답 ②

해설 ② 보험업법 제176조 제7항

① 보험요율산출기관은 보험회사가 적용할 수 있는 순보험요율을 산출하여 금융위원회에 **신고할 수 있다**(보험업법 제176조 제4항).

③ 보험요율산출기관은 이 법 또는 이 법에 따른 명령에 특별한 규정이 없으면 「민법」 중 **사단법인에 관한 규정을 준용한다**(보험업법 제180조).

④ 보험요율산출기관이 그 업무와 관련하여 정관으로 정하는 바에 따라 보험회사로부터 수수료를 받을 수 있다(보험업법 제176조 제8항). **금융위원회의 승인사항이 아니다.**

33

정답 ④

해설 보험회사는 합병을 하는 경우에는 7일 이내에 그 취지를 공고해야 한다. **합병을 하지 아니하게 된 경우에도 또한 같다**(보험업법 제151조 제2항, 제145조). 즉 합병을 하지 아니하게 된 경우에도 공고해야 한다.

① 보험업법 제153조 제3항
② 보험업법 제151조 제1항
③ 보험업법 제153조 제2항

34

정답 ①

해설 보험회사가 **보험업의 허가취소로 해산한 경우**에는 금융위원회가 청산인을 선임한다. 보험회사가 파산으로 해산한 경우에는 해당하지 않는다(보험업법 제156조 제1항, 제2항).

② 보험업법 제156조 제4항
③ 보험업법 제158조 제1항
④ 보험업법 제158조 제2항

35

정답 ③

해설 상근 손해사정사의 인원에 결원이 생긴 기간이 2개월의 기간을 초과하는 경우에는 **그 기간 동안 손해사정업자는 손해사정업무를 할 수 없다**(보험업법 시행령 제98조 제4항).

① 보험업법 시행령 제98조 제1항
② 보험업법 시행령 제98조 제2항
④ 보험업법 시행령 제98조 제6항

36

정답 ④

해설 보험회사가 선임계리사를 선임한 경우에는 **금융위원회의 해임 요구가 있는 때에는** 그 선임일이 속한 사업연도의 다음 사업연도부터 연속하는 3개 사업연도가 끝나는 날까지 그 **선임계리사를 해임할 수 있다**(보험업법 제184조 제4항 제4호).

① 보험업법 제181조의2 제1항
② 보험업법 제181조의2 제4항
③ 보험업법 제192조 제1항

37

정답 ④

해설 **보험계리사 등의 업무(보험업법 시행규칙 제44조)**

보험계리사, 선임계리사 또는 보험계리업자의 업무는 다음 각 호와 같다. 다만, **제5호의 업무는 보험계리사 및 보험계리업자만 수행한다.** 〈2023.6.30. 개정〉
1. 기초서류 내용의 적정성에 관한 사항
2. 책임준비금, 비상위험준비금 등 준비금의 적립에 관한 사항
3. 잉여금의 배분·처리 및 보험계약자 배당금의 배분에 관한 사항
4. 지급여력비율 계산 중 보험료 및 책임준비금과 관련된 사항
5. **상품 공시자료 중 기초서류와 관련된 사항**
6. 계리적 최적가정의 검증·확인에 관한 사항

38

정답 ④

해설 ④ 보험업법 제189조 제1항, 동법 시행령 제99조 제1항
① 보험회사가 출자한 손해사정법인에 소속된 손해사정사는 그 출자한 보험회사가 체결한 보험계약에 관한 보험사고에 대하여 **손해사정을 할 수 있다**(보험업법 제189조 제3항 제7호, 동법 시행령 제99조 제3항 제3호).
② 보험회사로부터 손해사정업무를 위탁받은 손해사정업자는 손해사정서에 피보험자의 건강정보 등 「개인정보보호법」에 따른 민감정보가 포함된 경우 **피보험자의 동의**를 받아야 한다(보험업법 시행령 제99조 제2항).
③ 금융위원회는 손해사정업자가 그 업무를 할 때 고의 또는 과실로 타인에게 손해를 발생하게 한 경우 그 손해의 배상을 보장하기 위하여 손해사정업자에게 **금융위원회가 지정하는 기관**에의 자산 예탁, 보험가입, 그 밖에 필요한 조치를 하게 할 수 있다(보험업법 제191조).

39

정답 ②

해설 **금융위원회**는 공익 또는 보험계약자 등을 보호하기 위하여 보험회사에 이 법에서 정하는 감독업무의 수행과 관련한 주주 현황, 그 밖에 사업에 관한 보고 또는 자료 제출을 명할 수 있다(보험업법 제133조 제1항).

① 보험업법 제133조 제2항
③ 보험업법 제133조 제5항
④ 보험업법 제133조 제6항

40

정답 ①

해설 **민감정보 및 고유식별정보의 처리(보험업법 시행령 제102조 제4항)**

보험협회의 장은 다음 각 호의 사무를 수행하기 위하여 불가피한 경우 「개인정보보호법」 제23조에 따른 건강에 관한 정보, 같은 법 시행령 제19조에 따른 주민등록번호, 여권번호, 운전면허의 면허번호 또는 외국인등록번호가 포함된 자료를 처리할 수 있다. 다만, **제6호의 사무의 경우**에는 「개인정보보호법」 제23조에 따른 건강에 관한 정보 및 같은 법 시행령 제19조에 따른 운전면허의 면허번호가 포함된 자료는 제외한다. 〈2023.6.27. 개정〉

1. 중복계약의 체결을 확인하거나 보험계약을 확인하는 경우 그에 따른 사무
2. 금융위원회로부터 인가받은 상호협정을 수행하는 경우 그에 따른 사무
3. 보험금 지급 및 자료 제출 요구에 관한 사무
3의2. 변액보험계약의 모집에 관한 연수과정의 운영·관리에 관한 사무
4. 차량수리비 실태 점검에 관한 사무
4의2. 보험설계사 및 개인보험대리점의 모집 경력 수집·관리·제공에 관한 사무
5. 보험가입 조회에 관한 사무
6. **포상금 지급에 관한 사무**

✅ 정답 CHECK

01	02	03	04	05	06	07	08	09	10	11	12	13	14	15	16	17	18	19	20
③	③	③	④	②	③	④	③	①	③	③	④	②	①	④	③	④	①	④	④
21	22	23	24	25	26	27	28	29	30	31	32	33	34	35	36	37	38	39	40
②	③	④	②	②	④	③	①	④	③	②	①	④	③	②	③	②	③	③	④

문제편 423p

01

정답 ③

해설 가계보험과 기업보험은 보험자의 상대방인 보험계약자가 기업인지 또는 개인인지 여부를 기준으로 한 분류이다. **가계보험과 기업보험을 구분하는 이유는 상법 제663조(보험계약자 등의 불이익변경금지)의 원칙 적용 여부 때문이다.** 가계보험(생명보험, 상해보험, 주택화재보험 등)은 보험자와 보험계약자의 경제적 교섭력 차이가 커서 보험계약자를 보호할 필요가 있다. 기업보험(재보험, 해상보험 등)은 기업인이 그의 기업경영활동에 따르는 위험에 대비하여 가입하는 보험이다. 기업보험의 보험계약자는 어느 정도 전문 지식과 경험을 갖고 보험자와 대등한 위치에서 계약을 체결할 수 있으므로 법이 후견적 역할을 할 필요 가 없다. 따라서 상법 제663조는 기계보험에 적용되고, 기업보험에는 적용되지 않는다.

① 상법 제642조에는 "보험계약자가 보험증권 멸실로 인하여 증권의 재교부를 청구하는 경우 증권작성 의 비용을 보험계약자가 부담한다"고 규정하고 있다. 그런데 증권작성의 비용을 보험자가 부담한다는 **약관조항은 보험계약자에게 유리한 조항이므로 보험계약자 등의 불이익변경금지에 해당하지 않는다.**

② 수산업협동조합중앙회에서 실시하는 어선공제사업은 항해에 수반되는 해상위험으로 인하여 피공제 자의 어선에 생긴 손해를 담보하는 것인 점에서 해상보험에 유사한 것이라고 할 수 있으나, 그 어선 공제는 수산업협동조합중앙회가 실시하는 비영리 공제사업의 하나로 소형 어선을 소유하며 연안어 업 또는 근해어업에 종사하는 다수의 영세어민들을 주된 가입대상자로 하고 있어 공제계약 당사자들 의 계약교섭력이 대등한 기업보험적인 성격을 지니고 있다고 보기는 어렵고 오히려 공제가입자들이 경제력이 미약하여 공제계약 체결에 있어서 공제가입자들의 이익보호를 위한 법적 배려가 여전히 요구된다 할 것이므로, **상법 제663조 단서의 입법취지에 비추어 그 어선공제에는 불이익변경지원칙의 적용을 배제하지 아니함이 상당하다**(대법원 1996. 12. 20. 선고 96다23818 판결).

④ 상법 제651조에는 "고지의무위반시 계약해지권 행사기간을 계약을 체결한 날로부터 3년내에 한하여 계약을 해지할 수 있다"고 규정하고 있다. 그런데 **계약해지권 행사기간을 계약 체결일로부터 5년으로 규정한 약관조항은 보험계약자에게 유리한 조항이므로 보험계약자 등의 불이익변경금지에 해당하지 않는다.**

02

정답 ③

해설 보험계약은 낙성·불요식 계약으로 **보험계약자의 청약과 보험자의 승낙이 있으면 보험계약은 성립**하고 특별한 방식을 필요로 하지 않는다(상법 제638조의2). 보험증권은 보험계약이 성립한 후 지체 없이 교부한다.

① 보험계약의 체결은 별도의 형식을 필요로 하지 않으므로 법률상 불요식이다.
② 보험계약은 보험자가 미리 작성한 보통보험약관에 의하여 계약을 체결하므로 부합계약성을 띤다.
④ 보험자의 책임은 당사자간에 다른 약정이 없으면 최초의 보험료를 지급받은 때부터 개시한다(상법 제656조).

03

정답 ③

해설 손해보험에서 자연인이나 법인, **유체물**(가옥, 자동차, 선박 등)이나 무체물(지식재산권 등)이든 피보험이익의 요건을 충족하는 것이라면 모두 보험의 목적이 될 수 있다.

① 개별보험은 개개의 사람이나 물건을 보험의 목적으로 하는 보험이고, 집합보험은 다수의 물건을 보험의 목적으로 하는 보험이다.
② 인보험에서 보험의 목적은 보험이 붙여진 피보험자(자연인)를 말한다.
④ 보험의 목적은 손해보험에 있어서의 보험계약의 목적(상법 제668조)과는 구별된다. 보험계약의 목적은 보험사고의 발생 여부에 관하여 피보험자가 가지는 경제적 이해관계(피보험이익)를 말한다.

04

정답 ④

해설 보험계약에서 보험계약의 성립 이전의 어느 시기를 보험기간의 시기(始期)로 하는 보험을 '소급보험'이라 한다(상법 제643조).

① 보험계약자가 소급기간 내에 사고가 발생한 것을 알고서 계약을 체결한 경우에는 **그 보험계약은 무효이다.**
② 소급보험의 경우 **보험료 선급의 원칙이 적용**된다. 소급보험은 시간상으로 보험자의 책임개시 시점이 최초보험료의 지급 시점보다 선행하므로 보험료 선급의 원칙이 적용되지 않는 것처럼 생각되지만, 이 경우에도 보험자의 책임은 최초보험료의 지급이 있어야 개시되고, 최초보험료의 지급이 없으면 보험자의 책임이 개시되지 않으므로, 보험료 선급의 원칙이 적용된다고 볼 수 있다.
③ 소급보험은 보험기간이 보험계약기간보다 장기이다(**보험기간 > 보험계약기간**).

05

정답 ②

해설
가. 특정 질병 등을 치료하기 위한 외과적 수술 등의 과정에서 의료과실이 개입되어 발생한 손해를 보상하지 않는다는 것은 일반인이 쉽게 예상하기 어려우므로, 약관에 정하여진 사항이 보험계약 체결 당시 금융감독원이 정한 표준약관에 포함되어 시행되고 있었다거나 국내 각 보험회사가 위 표준약관을 인용하여 작성한 보험약관에 포함되어 널리 보험계약이 체결되었다는 사정만으로는 그 사항이 '거래상 일반적이고 공통된 것이어서 보험계약자가 별도의 설명 없이 충분히 예상할 수 있었던 사항'에 해당하여 **보험자에게 명시·설명의무가 면제된다고 볼 수 없다**(대법원 2013.6.28. 선고 2012다107051 판결).

나. 피보험자동차의 양도에 관한 통지의무를 규정한 보험약관은 거래상 일반인들이 보험자의 개별적인 설명 없이도 충분히 예상할 수 있었던 사항인 점 등에 비추어 **보험자의 개별적인 명시·설명의무의 대상이 되지 않는다**(대법원 2007.4.27. 선고 2006다87453 판결)

다. 정액보험인 상해보험에서는 기왕장해가 있는 경우에도 약정 보험금 전액을 지급하는 것이 원칙이고, 예외적으로 감액규정이 있는 경우에만 보험금을 감액할 수 있으므로, 위 기왕장해 감액규정과 같이 후유장해보험금에서 기왕장해에 해당하는 보험금 부분을 감액하는 것이 거래상 일반적이고 공통된 것이어서 보험계약자가 별도의 설명 없이도 충분히 예상할 수 있는 내용이라거나, 이미 법령에 정하여진 것을 되풀이하거나 부연하는 정도에 불과한 사항이라고 볼 수 없어, 보험계약자나 대리인이 내용을 충분히 잘 알고 있지 않는 한 **보험자는 기왕장해 감액규정을 명시·설명할 의무가 있다**(대법원 2015.3.26. 선고 2014다229917, 229924 판결).

라. 화물운송주선업 등을 영위하는 갑 주식회사가 을 보험회사와 체결한 적재물배상책임보험의 보통약관에서 '보상하는 손해'에 관하여 피보험자가 화주로부터 수탁받은 시점으로부터 수하인에게 인도하기까지의 운송 과정(차량운송 및 화물운송 부수업무) 동안에 발생한 보험사고로 수탁화물에 대한 법률상의 배상책임을 부담함으로써 입은 손해를 보상한다고 규정한 사안에서, 위 보험계약은 화물자동차 운수사업법에 따라 일정 규모 이상의 화물자동차를 소유하고 있는 운송사업자나 특정 화물을 취급하는 운송주선사업자 등이 반드시 가입하여야 하는 의무보험으로서, 보험계약자인 갑 회사로서는 보험금 지급대상이 되는 보험사고가 '차량운송 및 화물운송 부수업무'가 이루어지는 육상운송 과정 동안에 발생한 보험사고에 한정되고 수탁화물을 적재한 차량이 선박에 선적되어 선박을 동력수단으로 해상구간을 이동하는 경우에는 제외된다는 설명을 들었더라도 보험계약을 체결하였을 것으로 보이므로, **위 약관조항은 명시·설명의무의 대상이 되는 보험계약의 중요한 내용이라고 할 수 없다**(대법원 2016.9.23. 선고 2016다221023 판결).

마. 대한주택보증 주식회사의 보증규정과 그 시행세칙의 해당 조항에 입주자모집공고 승인으로 보증기간이 개시된 후 분양률 저조 등의 사유로 입주자모집공고 승인이 취소되어 보증서를 반환하는 경우 보증계약을 해지하고, 입주자모집공고 승인 취소일을 기준으로 잔여 보증기간에 대한 보증료를 환불한다는 내용을 규정하고 있는데, 아파트 건설사업주체인 甲 주식회사 등이 대한주택보증 주식회사와 주택분양보증계약을 체결하면서 계약에 따른 채무를 보증하기 위하여 주택분양보증채무약정을 체결하고 보증료를 지급한 후 관할 관청으로부터 입주자모집공고 승인을 받았으나 입주자모집을 공고하지 않았고, 그 후 위 승인이 취소되자 대한주택보증 주식회사를 상대로 이미 지급한 보증료 전액의 반환을 구한 사안에서, 상법 제649조는 보험사고가 발생하기 전에 보험계약자가 언제든지 계약의 전부 또는 일부를 해지할 수 있고, 이러한 경우 당사자 사이에 다른 약정이 없으면 미경과보험료의 반환을 청구할 수 있도록 정하고 있는데, 위 해당 조항은 이를 풀어서 규정한 것으로 볼 수 있고, 위 해당 조항은 분양보증계약에서 입주자모집공고 승인이 이루어지고 보증기간이 개시된 이후에 승인이 취소됨에 따라 계약의 목적을 달성하기 어려워 계약의 해지를 인정할 만한 상당한 이유를 구체적으로 예시하고, 해지의 효과로서 보증료의 반환범위를 잔여 보증기간에 대한 보증료만 반환하도록 정한 것인데, 이는 거래상 일반적이고 공통된 것으로 계약 상대방인 甲 회사 등이 대한주택보증 주식회사의 설명 없이도 충분히 예상할 수 있었던 사항에 해당하므로, **위 해당 조항은 약관의 중요한 내용이 아니어서 설명의무의 대상으로 볼 수 없다**(대법원 2018.10.25. 선고 2014다 232784 판결).

바. 연금보험에서 향후 지급받는 연금액은 당해 보험계약 체결 여부에 영향을 미치는 중요한 사항이므로, 연금보험계약의 체결에 있어 보험자 등은 보험계약자 등에게, 수학식에 의한 복잡한 연금계산방법 자체를 설명하지는 못한다고 하더라도, **대략적인 연금액과 함께 그것이 변동될 수 있는 것이면 그 변동가능성에 대하여 설명하여야 한다**(대법원 2015.11.17. 선고 2014다81542 판결).

06

정답 ③

해설 상법 제638조의3 제2항에 의하여 보험자가 약관의 교부 및 설명의무를 위반한 때에 보험계약자가 보험계약 성립일로부터 1월 내에 행사할 수 있는 취소권은 보험계약자에게 주어진 권리일 뿐 의무가 아님이 그 법문상 명백하므로, **보험계약자가 보험계약을 취소하지 않았다고 하더라도 보험자의 설명의무위반의 법률효과가 소멸되어 이로써 보험계약자가 보험자의 설명의무위반의 법률효과를 주장할 수 없다거나 보험자의 설명의무위반의 하자가 치유되는 것은 아니다**(대법원 1996.4.12. 선고 96다4893 판결).

① 보험자 및 보험계약의 체결 또는 모집에 종사하는 자는 보험계약의 체결에 있어서 보험계약자 또는 피보험자에게 보험약관에 기재되어 있는 보험상품의 내용, 보험료율의 체계 및 보험청약서상 기재사항의 변동사항 등 보험계약의 중요한 내용에 대하여 구체적이고 상세한 명시·설명의무를 지고 있으므로, 보험자가 이러한 보험약관의 명시·설명의무에 위반하여 보험계약을 체결한 때에는 그 약관의 내용을 보험계약의 내용으로 주장할 수 없고, **보험계약자나 그 대리인이 그 약관에 규정된 고지의무를 위반하였다 하더라도 이를 이유로 보험계약을 해지할 수 없다**(대법원 1996.4.12. 선고 96다4893 판결).

② 보험자가 약관의 설명의무를 위반한 경우 보험계약자는 일정한 기간 내에 **보험계약을 취소할 수 있다**(상법 제638조의3 제2항).

④ 보험자는 보험계약을 체결할 때에 보험계약자에게 보험약관을 교부하고, 그 **약관의 중요한 내용을 설명하여야 한다**(상법 제638조의3 제2항).

07

정답 ④

해설 생명보험계약에 있어서 고지의무위반을 이유로 한 해지의 경우에는 계약의 상대방 당사자인 보험계약자나 그의 상속인(또는 그들의 대리인)에 대하여 해지의 의사표시를 하여야 하고, **타인을 위한 보험에 있어서도 보험금 수익자에게 해지의 의사표시를 하는 것은 특별한 사정(보험약관상의 별도기재 등)이 없는 한 효력이 없다**(대법원 1989.2.14. 선고 87다카2973 판결).

① 보험자가 서면으로 질문한 사항은 중요한 사항으로 추정한다(상법 제651조의2).
② 보험계약자나 피보험자가 보험계약 당시에 보험자에게 고지할 의무를 지는 상법 제651조에서 정한 '중요한 사항'이란, 보험자가 보험사고의 발생과 그로 인한 책임부담의 개연율을 측정하여 보험계약의 체결 여부 또는 보험료나 특별한 면책조항의 부가와 같은 보험계약의 내용을 결정하기 위한 표준이 되는 사항으로서, 객관적으로 보험자가 그 사실을 안다면 계약을 체결하지 않든가 적어도 동일한 조건으로는 계약을 체결하지 않으리라고 생각되는 사항을 말한다. 보험자가 고지의무위반을 이유로 보험계약을 해지하기 위해서는 보험계약자 또는 피보험자가 고지의무가 있는 사항에 대한 고지의무의 존재와 그러한 사항의 존재에 대하여 이를 알고도 고의로 또는 중대한 과실로 인하여 이를 알지 못하여 고지의무를 다하지 않은 사실이 증명되어야 한다. 여기서 '중대한 과실'이란 **고지하여야 할 사실은 알고 있었지만 현저한 부주의로 인하여 그 사실의 중요성의 판단을 잘못하거나 그 사실이 고지하여야 할 중요한 사실이라는 것을 알지 못하는 것을 말한다**(대법원 2011.4.14. 선고 2009다103349, 103356 판결).
③ 고지의무위반(상법 제651조)으로 인하여 해지하는 경우 보험자는 보험수익자를 위하여 적립한 금액을 보험계약자에게 지급하여야 한다(상법 제736조 제1항).

08

정답 ③

해설 ③ 상법 제652조 제2항
① 보험계약의 당사자가 특별한 위험을 예기하여 보험료의 액을 정한 경우에 보험기간 중 그 예기한 위험이 소멸한 때에는 보험계약자는 그 후의 **보험료의 감액을 청구할 수 있다**(상법 제647조).
② 손해보험계약에서 보험금액이 보험가액을 현저하게 초과하거나 보험가액이 보험기간 중에 현저하게 감소된 경우 **보험자 또는 보험계약자**는 보험료와 보험금액의 감액을 청구할 수 있다(상법 제669조 제1항, 제3항).
④ 보험사고가 발생하기 전에는 보험계약자는 언제든지 계약의 전부 또는 일부를 해지할 수 있다. **보험료의 감액은 장래에 대하여서만 그 효력이 있다**(상법 제649조 제1항, 제669조 제1항).

09

①

판례에서, 해지예고부 최고는 최고기간 내의 불이행을 정지조건으로 하는 해지의 의사표시로서 특별히 계약자에게 불이익을 주지 않으므로 유효하다고 하였다(대법원 1992.12.22. 선고 92다28549 판결).

② 보험자가 **지급기일이 도래하기 전에 보험료의 지급에 관해 통지를 하더라도 이는 단순한 통지일 뿐 상법 제650조 제2항에서 말하는 최고가 되지 못한다.** 보험료의 지급에 관한 통지는 이를 '지급기일 이후'에 해야 적법한 최고가 된다.

③ 내용증명우편이나 등기우편과는 달리, **보통우편의 방법으로 발송되었다는 사실만으로는 그 우편물이 상당기간 내에 도달하였다고 추정할 수 없고, 송달의 효력을 주장하는 측에서 증거에 의하여 도달사실을 입증하여야 한다**(대법원 2002.7.26. 선고 2000다25002 판결).

④ 보험계약자는 계약 체결 후 지체 없이 보험료의 전부 또는 제1회 보험료를 지급하여야 하며, 보험계약자가 이를 지급하지 아니하는 경우에는 **다른 약정이 없는 한 계약 성립 후 2월이 경과하면 그 계약은 해제된 것으로 본다**(상법 제650조 제1항).

10

③

③ 상법 제639조 제3항

① 타인을 위한 보험계약에 있어서 피보험자는 직접 자기 고유의 권리로서 보험자에 대한 보험금지급청구권을 취득하는 것이므로 특별한 사정이 없는 한 **피보험자는 보험계약자의 동의가 없어도 임의로 권리를 행사하고 처분할 수 있다**(대법원 1992.11.27. 선고 92다20408 판결).

② 타인을 위한 손해보험의 경우 그 타인의 위임이 없는 때에는 **보험계약자는 이를 보험자에게 고지하여야 한다**(상법 제639조 제1항).

④ 타인을 위한 인보험(상해보험)에서 **보험수익자는 그 지정행위 시점에 반드시 특정되어 있어야 하는 것은 아니고, 보험사고 발생시에 특정될 수 있으면 충분하므로, 보험계약자는 이름 등을 통하여 특정인을 보험수익자로 지정할 수 있음은 물론 '배우자' 또는 '상속인'과 같이 보험금을 수익할 자의 지위나 자격 등을 통하여 불특정인을 보험수익자로 지정할 수도 있다**(대법원 2006.11.9. 선고 2005다55817 판결).

11

정답 ③

해설 ③ 상법 제638조의2 제1항 단서

① 보험자가 보험계약자로부터 보험계약의 청약과 함께 보험료 상당액의 전부 또는 일부를 받은 경우에 그 청약을 승낙하기 전에 보험계약에서 정한 보험사고가 생긴 때에는 **그 청약을 거절할 사유가 없는 한 보험자는 보험계약상의 책임을 진다**(상법 제638조의2 제3항).

② 청약의 경우에는 상법 제638조의2 제2항(승낙의제)은 적용되지 않는다. 즉 약관상 청약철회규정을 둔 경우에 보험계약자가 청약을 철회하면 보험자는 **낙부통지의무를 부담하지 않는다.**

④ 승낙기간의 경과로 보험자의 승낙이 의제되기 위해서는 보험계약자와 보험자간에 **상시 거래관계가 없는 경우를 요건으로 한다**(상법 제638조의2 제2항).

상시 거래관계가 있는 경우 상법 제53조에서는 "상인이 상시 거래관계에 있는 자로부터 그 영업부류에 속한 계약의 청약을 받은 때에는 지체 없이 낙부의 통지를 발송하여야 한다. 이를 해태한 때에는 승낙한 것으로 본다(승낙의제)"고 규정하고 있다.

12

정답 ④

해설 렌터카 회사가 피보험차량을 지입차주로 하여금 렌터카회사의 감독을 받지 아니하고 독자적으로 렌터카 영업을 하는 것을 허용하는 형태로 차량임대사업을 영위한 때에는, 그 운행 형태는 대여자동차의 본래의 운행 형태와 거의 같은 것이어서 사고위험률이 현저히 높다고 볼 수 없는 점 등에 비추어 볼 때, 영업용 자동차보험계약에 있어 고지의무의 대상이 되는 중요한 사항, 또는 통지의무나 위험유지의무의 대상이 되는 '위험의 현저한 변경이나 증가된 사실'에 해당된다고 인정하기 어렵고, 달리 이를 인정할 자료도 없다(대법원 1997.9.5. 선고 95다25268 판결).

① 자동차보험에 있어서는 피보험자동차의 용도와 차종뿐만 아니라 그 구조에 따라서도 보험의 인수 여부와 보험료율이 달리 정하여지는 것이므로 **보험계약 체결 후에 피보험자동차의 구조가 현저히 변경된 경우에는 그러한 사항이 계약 체결 당시에 존재하고 있었다면 보험자가 보험계약을 체결하지 않았거나 적어도 그 보험료로는 보험을 인수하지 않았을 것으로 인정되는 사실에 해당하여 상법 제652조 소정의 통지의무의 대상이 되고,** 따라서 보험계약자나 피보험자가 이를 해태할 경우 보험자는 바로 상법 규정에 의하여 자동차보험계약을 해지할 수 있다(대법원 1998.11.27. 선고 98다32564 판결).

② 화재보험의 목적인 공장건물에 대한 근로자들의 점거, 농성이 상기간 계속되고 있음에도 그 사실을 보험자에게 통지하지 아니한 보험계약자(피보험자)의 행위가, **보험사고 발생의 가능성이 증가한 경우로 인정하였다**(대법원 1992.7.10. 선고 92다13301, 92다13318 판결)

③ 화재보험에 있어서는 피보험 건물의 구조와 용도뿐만 아니라 그 변경을 가져오는 증·개축에 따라 보험의 인수 여부와 보험료율이 달리 정하여지는 것이므로 **화재보험계약의 체결 후에 건물의 구조와 용도에 상당한 변경을 가져오는 증·개축공사가 시행된 경우에는 그러한 사항이 계약 체결 당시에 존재하고 있었다면 보험자가 보험계약을 체결하지 않았거나 적어도 그 보험료로는 보험을 인수하지 않았을 것으로 인정되는 사실에 해당하여 상법 제652조 제1항 및 화재보험보통약관에서 규정한 통지의무의 대상이 된다고** 할 것이고, 따라서 보험계약자나 피보험자가 이를 해태할 경우 보험자는 위 규정들에 의하여 보험계약을 해지할 수 있다(대법원 2000.7.4. 선고 98다62909, 62916 판결).

13

정답 ②

해설 소멸시효(상법 제662조)

보험료청구권은 (2)년간, 보험금청구권은 (3)년간, 보험료 또는 적립금의 반환청구권은 3년간 행사하지 아니하면 시효의 완성으로 소멸한다.

14

정답 ①

해설 '갑'과 '을' 보험회사가 체결한 보험계약의 약관에서 '이륜자동차를 계속적으로 사용하게 된 경우'를 보험계약 후 알릴의무의 대상으로 규정하는 조항을 두고 있는데, 위 약관 조항에 대한 '을' 회사의 명시·설명의무가 면제되는지 문제 된 사안에서, '갑'이 "이륜자동차를 계속적으로 사용하게 된 경우는 사고발생의 위험이 현저하게 변경 또는 증가된 경우에 해당하여 '을' 회사에 통지하여야 하고, 이를 이행하지 않을 경우 계약이 해지될 수 있다"는 사정까지 예상할 수는 없었고, **위 약관 조항의 내용이 단순히 법령에 의하여 정하여진 것을 되풀이하거나 부연하는 정도에 불과하다고 보기도 어려우므로, 위 약관 조항에 대한 '을' 회사의 명시·설명의무는 면제되지 않는다**(대법원 2021.8.26. 선고 2020다291449 판결).

② 원고가 보험회사인 피고를 상대로 후유장해 보험금 지급사유인 '심한 추간판탈출증'에 해당하는 보험금의 지급을 구한 사건에서, 장해분류표 '총칙'의 정의 조항과 '장해분류별 판정기준' 중 추간판탈출증과 관련한 여러 조항을 포함하여 약관의 전체적인 논리적 맥락 속에서 '심한 추간판탈출증'을 정한 약관 조항의 의미를 살펴보면, '추간판을 2마디 이상 수술'한 것만으로도 그에 해당하는 것으로 규정하고 있다고 해석할 여지는 없고, '추간판을 2마디 이상 수술하고 하지의 현저한 마비 또는 대소변의 장해가 있는 경우'에 '심한 추간판탈출증'에 해당한다고 일의적으로 해석할 수밖에 없다는 이유로, 약관 조항의 뜻이 명백하지 않은 경우라고 보아 **피보험자인 원고에게 유리하게 원고가 '추간판을 2마디 이상 수술'하였다는 사정만으로 '심한 추간판탈출증'에 해당한다고 판단한 원심을 파기환송한 사안**이다(대법원 2021.10.14. 선고 2018다279217 판결).

③ 보험계약자가 다수의 계약을 통하여 보험금을 부정 취득할 목적으로 보험계약을 체결하여 그것이 민법 제103조에 따라 선량한 풍속 기타 사회질서에 반하여 무효인 경우 보험자의 보험금에 대한 **부당이득반환청구권은 상법 제64조를 유추적용하여 5년의 상사 소멸시효기간이 적용된다고 봄이 타당하다** (대법원 2021.7.22. 선고 2019다277812 전원합의체 판결).

④ 객실을 비롯한 숙박시설은 특별한 사정이 없는 한 숙박기간 중에도 고객이 아닌 숙박업자의 지배 아래 놓여 있다고 보아야 한다. 그렇다면 임차인이 임대차기간 중 목적물을 직접 지배함을 전제로 한 임대차 목적물 반환의무 이행불능에 관한 법리는 이와 전제를 달리하는 숙박계약에 그대로 적용될 수 없다. **고객이 숙박계약에 따라 객실을 사용·수익하던 중 발생 원인이 밝혀지지 않은 화재로 인하여 객실에 발생한 손해는 특별한 사정이 없는 한 숙박업자의 부담으로 귀속된다고 보아야 한다**(대법원 2023.11.2. 선고 2023다244895 판결).

15

정답 ④

해설 대법원 2022.8.25. 선고 2019다229202 전원합의체 판결

보험자는 이른바 임의비급여 진료를 받은 피보험자들에게 지급한 보험금에 대하여 해당 진료비를 받은 병원을 상대로 **채권자대위소송을 통해 부당이득반환을 받을 수 없다**(다수의견).

대법원 2022.8.25. 선고 2019다229202 전원합의체 판결에서 대법원은 대위청구를 각하하였다.

[다수의견]

피보험자가 임의비급여 진료행위에 따라 요양기관에 진료비를 지급한 다음 실손의료보험계약상의 보험자에게 청구하여 진료비와 관련한 보험금을 지급받았는데, 진료행위가 위법한 임의비급여 진료행위로서 무효인 동시에 보험자와 피보험자가 체결한 실손의료보험계약상 진료행위가 보험금 지급사유에 해당하지 아니하여 보험자가 피보험자에 대하여 보험금 상당의 부당이득반환채권을 갖게 된 경우, 채권자인 보험자가 금전채권인 부당이득반환채권을 보전하기 위하여 **채무자인 피보험자를 대위하여 제3채무자인 요양기관을 상대로 진료비 상당의 부당이득반환채권을 행사하는 형태의 채권자대위소송에서 채무자가 자력이 있는 때에는 보전의 필요성이 인정된다고 볼 수 없다.** 구체적인 이유는 다음과 같다.

(가) 채무자인 피보험자가 자력이 있는 경우라면, 특별한 사정이 없는 한 채권자인 보험자가 채무자의 요양기관에 대한 부당이득반환채권을 대위하여 행사하지 않으면 자신의 채무자에 대한 부당이득반환채권의 완전한 만족을 얻을 수 없게 될 위험이 있다고 할 수 없다. 나아가 피보전채권인 보험자의 피보험자에 대한 부당이득반환채권과 대위채권인 피보험자의 요양기관에 대한 부당이득반환채권 사이에는 피보전채권의 실현 또는 만족을 위하여 대위권리의 행사가 긴밀하게 필요하다는 등의 밀접한 관련성을 인정할 수도 없다. 만약 채무자인 피보험자의 자력이 있는데도 보전의 필요성을 인정한다면, 이는 채권자인 보험자에게 사실상의 담보를 취득하게 하는 특권을 부여하고, 법적 근거 없이 직접청구권을 인정하는 위험을 야기하며, 다른 채권자보다 우선하여 보험자의 채권만족이 실현되어 채권자평등주의에 기반한 민사집행법 체계와 조화를 이루지 못할 우려가 있다.

(나) 보험자가 요양기관의 위법한 임의비급여 진료행위가 무효라는 이유로 자력이 있는 피보험자의 요양기관에 대한 권리를 대위하여 행사하는 것은 피보험자의 자유로운 재산관리행위에 대한 부당한 간섭이 될 수 있다.

[대법관 김재형, 대법관 박정화, 대법관 안철상, 대법관 이동원, 대법관 이흥구의 반대의견]

요양기관의 피보험자에 대한 진료행위가 위법한 임의비급여 진료행위에 해당하는 경우 그 계약은 효력이 없다. 이러한 경우 보험자가 피보험자에 대하여 갖는 보험금 상당의 부당이득반환채권과 피보험자가 요양기관에 대하여 갖는 진료비 상당의 부당이득반환채권 사이에는 밀접한 관련성이 있다. 채권자인 보험자가 자신의 부당이득반환채권을 보전하기 위하여 채무자인 피보험자를 대위하여 제3채무자인 요양기관을 상대로 진료비 상당의 부당이득반환채권을 청구하는 채권자대위권 행사는 채권의 현실적 이행을 위한 유효·적절한 수단으로서 채무자의 자유로운 재산관리행위에 대한 부당한 간섭에 해당한다고 볼 수 없다. 따라서 **채무자의 자력 유무와 관계없이 채권자대위권 행사요건인 보전의 필요성이 인정된다고 봄이 타당하다.**

[사실관계]

원고 보험사는 다수의 보험계약자들과 실손의료보험계약을 체결하였다. 피고 병원은 위 실손의료보험계약의 피보험자들에게 임의비급여 진료행위에 해당하는 진료를 하고 진료비를 지급받았다. 원고 보험사는 실손의료보험계약의 보험계약자 또는 피보험자의 청구에 따라 피보험자에게 진료비에 해당하는 보험금을 지급하였다.

그런데 이러한 임의비급여 진료행위는 기존 대법원 판결에 따라 무효에 해당하므로, 원고 보험사는 피고 병원에 대하여 채권자대위 소송을 제기하였는데, 이는 피보험자들에 대한 보험금상당의 부당이득반환채권을 피보전채권으로 피보험자들을 대위하여 피고 병원을 상대로 진료비 상당의 부당이득반환을 구하는 채권자대위 소송이다.

[2심법원의 판단]

이 사건 채권자대위소송의 경우에 피보전채권이 금전채권이지만 채무자의 무자력 요건을 엄격하게 적용할 필요가 없는 경우에 해당하므로 원고청구를 인용하였다. 즉 보험사의 의료기관에 대한 부당이득 반환청구를 인용하였다.

[다수의견]

채권자인 보험자가 금전채권인 부당이득반환채권을 보전하기 위하여 채무자인 피보험자를 대위하여 제3채무자인 요양기관을 상대로 진료비 상당의 부당이득반환채권을 행사하는 형태의 채권자대위소송에서 채무자가 자력이 있는 때에는 보전의 필요성이 인정된다고 볼 수 없다. 즉 원고 보험사의 청구를 받아들이지 아니한다.

[소수의견]

채권자인 보험자가 금전채권인 부당이득반환채권을 보전하기 위하여 채무자인 피보험자를 대위하여 제3채무자인 요양기관을 상대로 진료비 상당의 부당이득반환채권을 행사하는 형태의 채권자대위소송에서 채무자의 자력 유무와 관계없이 채권자대위권 행사요건인 보전의 필요성이 인정된다고 봄이 타당하다. 즉 원고 보험사의 청구를 받아들이는 것이 합당하다.

① '갑'이 '을' 보험회사와 체결한 영업용 자동차보험계약의 피보험차량인 트럭의 적재함에 화물을 싣고 운송하다가 비가 내리자 시동을 켠 상태로 운전석 지붕에 올라가 적재함에 방수비닐을 덮던 중 미끄러져 상해를 입은 사안에서, 위 사고는 전체적으로 피보험차량의 용법에 따른 사용이 사고발생의 원인이 되었으므로 보험계약이 정한 보험사고에 해당하는데도, '갑'이 차량 지붕에서 덮개작업을 한 것은 차량 지붕의 용법에 따라 사용한 것이 아니고, 방수비닐이 차량의 설비나 장치에 해당하지 아니한다는 이유 등으로 위 사고를 '갑'이 **차량을 소유, 사용, 관리하는 동안 생긴 사고에 해당하지 아니한다고 본 원심판결에 법리오해 등의 잘못이 있다고 한 사례**이다[대법원 2023.2.2. 선고 2022다266522 판결].

② 임대차 목적물이 화재 등으로 인하여 소멸됨으로써 임차인의 목적물 반환의무가 이행불능이 된 경우에, 임차인은 이행불능이 자기가 책임질 수 없는 사유로 인한 것이라는 증명을 다하지 못하면 목적물 반환의무의 이행불능으로 인한 손해를 배상할 책임을 지며, **화재 등의 구체적인 발생 원인이 밝혀지지 아니한 때에도 마찬가지이다**. 또한 이러한 법리는 임대차 종료 당시 임대차 목적물 반환의무가 이행불능 상태는 아니지만 반환된 임차 건물이 화재로 인하여 훼손되었음을 이유로 손해배상을 구하는 경우에도 동일하게 적용된다[대법원 2017.5.18. 선고 2012다86895(본소), 2012다86901(반소) 전원합의체 판결].

③ 임차 외 건물 부분이 구조상 불가분의 일체를 이루는 관계에 있는 부분이라 하더라도, 그 부분에 발생한 손해에 대하여 임대인이 임차인을 상대로 채무불이행을 원인으로 하는 배상을 구하려면, 임차인이 보존·관리의무를 위반하여 화재가 발생한 원인을 제공하는 등 화재 발생과 관련된 임차인의 계약상 의무위반이 있었고, 그러한 의무위반과 임차 외 건물 부분의 손해 사이에 상당인과관계가 있으며, **임차 외 건물 부분의 손해가 의무위반에 따라 민법 제393조에 의하여 배상하여야 할 손해의 범위 내에 있다는 점에 대하여 임대인이 주장·증명하여야 한다**[다수의견 ; 대법원 2017.5.18. 선고 2012다86895(본소), 2012다86901(반소) 전원합의체 판결].

16

정답 ③

해설 ①·③ 자기신체사고 자동차보험(자손사고보험)은 피보험자의 생명 또는 신체에 관하여 보험사고가 생길 경우에 보험자가 보험계약이 정하는 보험금을 지급할 책임을 지는 것으로서 그 성질은 **인보험의 일종**이라고 할 것이므로, 그와 같은 인보험에 있어서의 **음주운전 면책약관이 보험사고가 전체적으로 보아 고의로 평가되는 행위로 인한 경우뿐만 아니라 과실(중과실 포함)로 평가되는 행위로 인한 경우까지 포함하는 취지라면 과실로 평가되는 행위로 인한 사고에 관한 한 무효라고 보아야 한다**(대법원 1998.12.22. 선고 98다35730 판결)

② 자동차상해보험은 피보험자가 피보험자동차를 소유·사용·관리하는 동안에 생긴 피보험자동차의 사고로 인하여 상해를 입었을 때에 보험자가 보험약관에 정한 사망보험금이나 부상보험금 또는 후유장해보험금 등을 지급할 책임을 지는 것으로서 인보험의 일종이기는 하나, 피보험자가 급격하고도 우연한 외부로부터 생긴 사고로 인하여 신체에 상해를 입은 경우에 그 결과에 따라 보험약관에 정한 보상금을 지급하는 보험이어서 그 성질상 **상해보험에 속한다**(대법원 2004.7.9. 선고 2003다29463 판결).

④ 자기신체사고보험은 부상을 입었을 경우 해당 급수별 한도 내에서 실제 발생된 치료비만 보상된다. 반면 자동차상해보험은 상해급수와 상관없이 보험가입금액 한도 내에서 실제 발생된 치료비 외에 위자료와 휴업손해액을 보상받는다. 또한 과실 여부와 상관없이 보험가입금액 한도 내에서 보상받는다.

17

정답 ④

해설 ① 하나의 사고에 관하여 여러 개의 무보험자동차특약 보험계약이 체결되고 그 보험금액의 총액이 피보험자가 입은 손해액을 초과하는 때에는 손해보험에 관한 상법 제672조 제1항이 준용되어 **보험자는 각자의 보험금액의 한도에서 연대책임을 지고**, 이 경우 각 보험자 사이에서는 각자의 보험금액의 비율에 따른 보상책임을 진다.

위와 같이 상법 제672조 제1항이 준용됨에 따라 여러 보험자가 각자 보험금액 한도에서 연대책임을 지는 경우 특별한 사정이 없는 한 그 보험금 지급책임의 부담에 관하여 각 보험자 사이에 주관적 공동관계가 있다고 보기 어려우므로, 각 보험자는 그 보험금 지급채무에 대하여 부진정연대관계에 있다. 이때 피보험자는 여러 보험자 중 한 보험자에게 그 보험금액 한도에서 보험금 지급을 청구할 수 있고, 그 보험자는 그 청구에 따라 피보험자에게 보험금을 지급한 후 부진정연대관계에 있는 다른 보험자에게 그 부담부분 범위 내에서 구상권을 행사할 수 있다(대법원 2024.2.15. 선고 2023다272883 판결).

② · ③ · ④ 하나의 사고에 관하여 여러 개의 무보험자동차에 의한 상해담보특약이 체결되고 그 보험금액의 총액이 피보험자가 입은 손해액을 초과하는 때에는 손해보험에 관한 상법 제672조 제1항이 준용되어 보험자는 각자의 보험금액의 한도에서 연대책임을 지고, 이 경우 각 보험자 사이에서는 각자의 보험금액의 비율에 따른 보상책임을 진다. 이러한 경우 중복보험자 중 1인이 단독으로 피보험자에게 보험약관에서 정한 보험금 지급기준에 따라 정당하게 산정된 보험금을 지급하였다면 상법 제672조 제1항에 근거하여 다른 중복보험자를 상대로 각자의 보험금액의 비율에 따라 산정한 분담금의 지급을 청구할 수 있다. 그리고 이러한 청구권은 상법 제729조 단서에 근거하여 당사자 사이에 다른 약정이 있어 피보험자의 권리를 해하지 아니하는 범위 안에서 피보험자에 대한 배상의무자를 상대로 행사할 수 있는 보험자대위에 의한 청구권과 별개의 권리이므로, 그 중복보험자는 각 청구권의 성립 요건을 개별적으로 충족하는 한 어느 하나를 먼저 행사하여도 무방하고 양자를 동시에 행사할 수도 있다. 따라서 보험금을 단독으로 지급한 중복보험자가 다른 중복보험자로부터 분담금 전부 또는 일부를 지급받아 만족을 얻었다고 하더라도 피보험자에 대한 배상의무자를 상대로 보험자대위에 의한 청구권을 행사할 수 있고, 다만, 그 범위는 보험약관에 따라 정당하게 산정되어 지급된 보험금 중 그 보험금에서 위와 같이 만족을 얻은 부분을 제외한 나머지 금액의 비율에 상응하는 부분으로 축소된다고 봄이 타당하다(대법원 2023.6.1. 선고 2019다237586 판결).

18

정답 ①

해설 피보험이익이 없다면 보험계약은 당연무효가 되므로 특별한 사정이 없는 한 신의칙위반이라고 볼 수 없다.

② 피보험이익은 적어도 사고발생시에는 확정할 수 있어야 한다. 즉 총괄보험의 경우, 집합된 물건을 일괄하여 보험의 목적으로 한 때에는 그 목적에 속한 물건이 보험기간 중에 수시로 교체된 경우에도 보험사고 발생시에 현존하는 물건은 보험의 목적에 포함된 것으로 한다(상법 제687조).

③ 보험계약이 무효가 되는 경우라면 보험자는 반대의 특약이 있는 경우라도 보험료를 반환할 필요가 없다(민법 제746조). 다만, 보험계약자 · 피보험자이 선의이거나 중대한 과실이 없는 경우에는 반환을 청구할 수 있다.

④ 피보험이익은 보험계약 체결 당시에 이미 확정되거나, 보험사고의 발생시까지 확정되어야 한다. 이익은 확정될 수 있다면 현재의 이익뿐 아니라, 장래의 이익이나 조건부이익 등을 보험계약의 목적으로 할 수 있다.

19

정답 ④

해설 비율보험은 보험자의 손해보상한도가 보험가액의 일정한 비율로 정해진 보험을 말한다. 비율보험은 보험가액의 일정한 비율로 보험금액이 되는 전액보험이라는 점에서 일부보험과 구별된다.

① 상법 제674조
② 전손의 경우에는 당사자가 약정한 보험금액의 전액이 지급되지만, 분손의 경우에는 손해액에 부보비율을 곱하여 산출되는 금액을 지급한다.
③ 보험의 목적의 물가 상승으로 보험금액이 보험가액에 미달하는 자연적 일부보험의 경우는 손해액의 일부만이 보험자의 보상액이 되므로 당사자 사이에 분쟁이 발생할 소지가 있다.

20

정답 ④

해설 약관에서 보험계약자 등이 고의로 손해방지의무를 위반하여 손해를 증가시킨 경우에 이를 배상하도록 규정한 것은 보험계약자 등의 불이익변경금지원칙과 무관하며, 유효하다.

상법 제680조 제1항에는 "보험계약자와 피보험자는 손해의 방지와 경감을 위하여 노력하여야 한다"고 규정하고 있고, 대법원 판례는 "보험계약자와 피보험자가 고의 또는 중대한 과실로 손해방지의무를 위반한 경우에는 보험자는 손해방지의무위반과 상당인과관계가 있는 손해, 즉 의무위반이 없다면 방지또는 경감할 수 있으리라고 인정되는 손해액에 대하여 배상을 청구하거나 지급할 보험금과 상계하여이를 공제한 나머지 금액만을 보험금으로 지급할 수 있다(대법원 2016.1.14. 선고 2015다6302 판결)"고판시하고 있다.

> **TIP** **손해방지의무위반의 효과**
>
> 보험계약자나 피보험자가 손해방지의무를 게을리 한 경우의 효과에 대해서는 상법에 아무런 규정이 없다. 학설로는, 의무자의 의무위반을 경과실로 인한 의무위반의 경우와 고의 또는 중대한 과실로 인한 의무위반의 경우로 구분하여, ① 경과실로 인한 의무위반의 경우에는 채무불이행에 관한 일반원칙에 따라 보험자는 그로 인한 손해의 배상을 청구하거나 보험금에서 손해액을 공제하면 되고, ② 고의 또는 중대한 과실로 인한 의무위반의 경우에는 보험자가 보상책임을 면한다는 견해와 경과실의 경우는 제외하고 의무자의 고의 또는 중대한 과실로 인한 의무위반의 경우에만 보험자는 지급할 보험금에서 보험계약자 또는 피보험자가 손해방지의무를 이행하였을 때에 방지또는 경감할 수 있었으리라고 인정되는 손해액을 공제 또는 상계하여 지급하면 된다는 견해가 대립하고 있다.

21

정답 ②

해설 **보험가액 불변경(동)주의**
운송보험이나 해상보험과 같이 보험의 목적인 선박이나 화물운송품이 광범위하게 이동하는 보험에서는 손해발생의 때와 장소에 있어서의 보험가액을 산정하는 것이 곤란한 경우가 있을 뿐만 아니라 손해발생의 때와 장소 그 자체가 불명확한 경우도 적지 않다. 이에 대하여 평가가 용이한 시점의 보험가액을 전 보험기간에 걸치는 고정적인 보험가액으로 정하고 있다. 이를 '보험가액 불변경(동)주의'라 한다.
예 상법상 운용보험 : 운송보험, 선박보험, 적하보험, 희망이익보험, 초과보험

22

정답 ③

해설 보증보험이란 피보험자와 어떠한 법률관계를 가진 보험계약자(주계약상의 채무자)의 채무불이행으로 인하여 피보험자(주계약상의 채권자)가 입게 될 손해의 전보를 보험자가 인수하는 것을 내용으로 하는 손해보험으로서, 형식적으로는 채무자의 채무불이행을 보험사고로 하는 보험계약이나 실질적으로는 보증의 성격을 가지고 보증계약과 같은 효과를 목적으로 하는 것이므로, **민법의 보증에 관한 규정, 특히 보증인의 구상권에 관한 민법 제441조 이하의 규정이 준용된다**(대법원 2012.2.23. 선고 2011다62144 판결).

① 보증보험증권에 보험기간이 정해져 있는 경우에는 보험사고가 그 기간 내에 발생한 때에 한하여 보험자가 보험계약상의 책임을 지는 것이 원칙이지만, 보증보험계약의 목적이 주계약의 하자담보책임기간 내에 발생한 하자에 대하여 보험계약자의 하자보수의무 불이행으로 인한 손해를 보상하기 위한 것임에도 보험기간을 주계약의 하자담보책임기간과 동일하게 정한 경우 특단의 사정이 없으면 위 보증보험계약은 그 계약의 보험기간, 즉 하자담보책임기간 내에 발생한 하자에 대하여는 비록 보험기간이 종료한 후 보험사고가 발생하였다고 하더라도 보험자로서 책임을 지기로 하는 내용의 계약이라고 해석함이 타당하다(대법원 2021.2.25. 선고 2020다248698 판결).

② 보증보험계약에 있어서 보험계약자의 고지의무위반을 이유로 한 해지의 경우에 계약의 상대방 당사자인 **보험계약자나 그의 상속인(또는 그들의 대리인)에 대하여 해지의 의사표시를 하여야 하고**, 보험금 수익자에게 해지의 의사표시를 하는 것은 특별한 사정(보험약관상의 별도기재 등)이 없는 한 효력이 없다고 할 것이며, 이러한 결론은 그 보증보험계약이 상행위로 행하여졌다거나 혹은 보험계약자의 소재를 알 수 없다는 이유만으로 달라지지는 않는다(대법원 2002.11.8. 선고 2000다19281 판결).

④ 보증보험의 경우에는 주계약상의 채무자인 보험계약자의 채무불이행을 보험사고로 하는 특성상 **보험계약자의 고의 또는 중대한 과실로 생긴 보험사고에도 보험자는 보험금 지급책임을 부담한다**. 판례도 "보험계약자의 고의 또는 중과실로 인한 보험사고의 경우 보험자의 면책을 규정한 상법 제659조 제1항은 보증보험의 경우에는 특별한 사정이 없는 한 그 적용이 없다"고 판시하였다. 다만, **피보험자의 고의사고의 경우에는 보험자가 면책된다**(상법 제726조의6 제2항, 상법 제659조 제1항).

23

정답 ④

해설 보험자가 위부를 승인하지 아니한 때에는 **피보험자는 위부의 원인을 증명하지 아니하면 보험금액의 지급을 청구하지 못한다**(상법 제717조).

① 보험의 목적이 전부 멸실한 경우에 보험금액의 전부를 지급한 보험자는 그 목적에 대한 피보험자의 권리를 당연히 취득하는데, 이를 '**잔존물대위**'라 한다(상법 제681조).

② 잔존물대위는 목적물에 대한 권리이전의 효과가 법률상 당연히 발생하지만, 보험위부는 **피보험자의 특별한 의사표시**가 있어야 하며, 단독행위로서 형성권에 해당한다.

③ 보험위부는 피보험자가 보험목적에 대한 모든 권리를 보험자에게 위부하고 보험자에 대하여 보험금액의 전부를 청구할 수 있는 **해상보험 특유의 제도**이다. 원칙적으로 잔존물대위와 보험위부는 모두 손해보험에서만 인정된다.

24

정답 ②

해설 ② 상법 제703조

① 선박이 정당한 사유없이 보험계약에서 정하여진 항로를 이탈한 경우에는 **보험자는 그때부터 책임을 지지 아니한다.** 선박이 손해발생 전에 원항로로 돌아온 경우에도 같다(상법 제701조의2).

③ 항해 도중에 불가항력으로 보험의 목적인 적하를 매각한 때에는 **보험자는 그 대금에서 운임 기타 필요한 비용을 공제한 금액과 보험가액과의 차액을 보상하여야 한다.** 매수인이 대금을 지급하지 아니한 때에는 보험자는 그 금액을 지급하여야 한다(상법 제709조 제1항, 제2항).

④ 보험자는 보험의 목적의 안전이나 보존을 위하여 지급할 특별비용을 보험금액의 한도 내에서 보상할 책임이 있다(상법 제694조의3).

25

정답 ②

해설 **선박의 행방불명(상법 제711조)**
선박의 존부가 (2월간) 분명하지 아니한 때에는 그 선박의 행방이 불명한 것으로 한다. 이 경우에는 (전손)으로 (추정)한다.

26

정답 ④

해설 피보험자의 방어비용을 전면적으로 부정하는 것으로 해석되는 규정을 두는 것은 피보험자의 방어비용을 보험의 목적에 포함된 것으로 일반적으로 인정하고 있는 상법 제720조 제1항의 규정을 피보험자에게 불이익하게 변경하는 것에 해당하고, 따라서 이러한 제한규정을 둔 위 약관조항은 상법 제663조에 반하여 무효라고 볼 것이다(대법원 2002.6.28. 선고 2002다22106 판결).

① 상법 제720조 제1항
② 상법 제720조 제2항
③ 상법 제720조 제3항

27

정답 ③

해설 피해자가 피보험자로부터 배상을 받지 못한 상태에서 보험자가 보험금을 임의로 지급한 경우에 보험자는 피보험자에게 보험금을 지급했다는 사실을 가지고 직접청구권을 가지는 피해자에게 대항할 수 없다. 따라서 보험자는 피해자가 피보험자로부터 배상을 받기 전에는 상법 제724조 제1항의 규정을 이유로 피보험자의 보험금 지급청구를 거절할 수 있다.

28

정답 ①

해설 ① · ④ 보험자가 생명보험계약을 체결함에 있어 다른 보험계약의 존재 여부를 청약서에 기재하여 질문하였다면 이는 그러한 사정을 보험계약을 체결할 것인지의 여부에 관한 판단자료로 삼겠다는 의사를 명백히 한 것으로 볼 수 있고, 그러한 경우에는 **다른 보험계약의 존재 여부가 고지의무의 대상이 된다고 할 것이다.** 그러나 그러한 경우에도 보험자가 다른 보험계약의 존재 여부에 관한 고지의무위반을 이유로 보험계약을 해지하기 위하여는 보험계약자 또는 피보험자가 그러한 사항에 관한 고지의무의 존재와 다른 보험계약의 존재에 관하여 이를 알고도 고의로 또는 중대한 과실로 인하여 이를 알지 못하여 고지의무를 다하지 않은 사실이 입증되어야 할 것이다. 그러나 그러한 경우에도 보험자가 다른 보험계약의 존재 여부에 관한 고지의무위반을 이유로 보험계약을 해지하기 위하여는 **보험계약자 또는 피보험자가 그러한 사항에 관한 고지의무의 존재와 다른 보험계약의 존재에 관하여 이를 알고도 고의로 또는 중대한 과실로 인하여 이를 알지 못하여 고지의무를 다하지 않은 사실이 입증되어야 할 것이다** (대법원 2001.11.27. 선고 99다33311 판결).

② 생명보험계약 체결 후 다른 생명보험에 다수 가입하였다는 사정만으로 상법 제652조 소정의 사고발생의 위험이 현저하게 변경 또는 증가된 경우에 해당한다고 할 수 없다(대법원 2001.11.27. 선고 99다33311 판결).

③ 보험계약 체결 당시 다른 보험계약의 존재 여부에 관하여 고지의무가 인정될 수 있는 것과 마찬가지로 보험계약 체결 후 동일한 위험을 담보하는 보험계약을 체결할 경우 이를 통지하도록 하고, 그와 같은 통지의무의 위반이 있으면 보험계약을 해지할 수 있다는 내용의 약관은 유효하다고 할 것이다 (대법원 2001.11.27. 선고 99다33311 판결).

29

정답 ④

해설 주식회사인 보험회사가 판매한 배당부 생명보험의 계약자배당금은 보험회사가 이자율과 사망률 등 각종 예정기초율에 기반한 대수의 법칙에 의하여 **보험료를 산정함에 있어 예정기초율을 보수적으로 개산한 결과 실제와의 차이에 의하여 발생하는 잉여금을 보험계약자에게 정산ㆍ환원하는 것으로서 이익잉여금을 재원으로 주주에 대하여 이루어지는 이익배당과는 구별되는 것이므로, 계약자배당전 잉여금의 규모가 부족한 경우에도 이원(利源)의 분석 결과에 따라 계약자배당준비금을 적립하는 것이 그 성질상 당연히 금지된다고는 할 수 없는 것이나, 사차익(死差益)이나 이차익(利差益) 등 이원(利源)별로 발생한 이익이 있다 하여 보험계약자들에게 구체적인 계약자배당금청구권이 당연히 발생하는 것이라고는 볼 수 없고, 보험회사가 약관에서 정한 바에 따라 그 지급률을 결정하여 계약자배당준비금으로 적립한 경우에 한하여 인정되는 것이며, 계약자배당전 잉여금의 규모와 적립된 각종 준비금 및 잉여금의 규모 및 증감 추세를 종합하여 현재 및 장래의 계약자들의 장기적 이익 유지에 적합한 범위 내에서 계약자배당이 적절하게 이루어지도록 하기 위한 감독관청의 규제나 지침이 있는 경우, 보험회사로서는 위 규제나 지침을 넘어서면서까지 계약자배당을 실시할 의무는 없는 것이다**(대법원 2005.12.9. 선고 2003다9742 판결).

TIP	사차익, 이차익, 비차익

사차익은 실제위험율이 예정위험율보다 낮은 경우에 발생된다. 이차익은 실제 투자결과에 따른 자산운용수익률이 예정이율보다 높은 경우에 발생되며, 비차익은 실제 사업운영결과에 따른 사업비율이 예정사업비율 보다 낮은 경우에 발생된다.

①·② 대법원 2007.9.28 선고 2005다15598 전원합의체 판결

③ 대법원 2005.12.9. 선고 2003다9742 판결

30

정답 ③

해설 보험수익자(丙)가 보험존속 중에 사망한 때에는 보험계약자(甲)는 다시 보험수익자(丙)를 지정할 수 있다. 이 경우에 **보험계약자(甲)가 지정권을 행사하지 아니하고 사망한 때에는 보험수익자(丙)의 상속인을 보험수익자로 한다**(상법 제733조 제3항).

① 상법 제733조 제2항
② 상법 제733조 제3항
④ 상법 제733조 제4항

31

정답 ②

해설 둘 이상의 보험수익자 중 일부가 고의로 피보험자를 사망하게 한 경우 보험자는 다른 보험수익자에 대한 보험금 지급책임을 면하지 못한다(상법 제732조의2 제2항).

① 보험수익자의 지정·변경권은 **보험자의 동의를 요하지 않고** 보험계약자의 일방적 의사표시만 있으면 되므로 형성권이며, 단독행위이다(대법원 2020.2.27. 선고 2019다204869 판결).

③ 보험계약자가 피보험자의 상속인을 보험수익자로 하여 맺은 생명보험계약이나 상해보험계약에서 피보험자의 상속인은 피보험자의 사망이라는 보험사고가 발생한 때에는 보험수익자의 지위에서 보험자에 대하여 보험금 지급을 청구할 수 있고, 이 권리는 보험계약의 효력으로 당연히 생기는 것으로서 상속재산이 아니라 상속인의 고유재산이다. 이때 **보험수익자로 지정된 상속인 중 1인이 자신에게 귀속된 보험금청구권을 포기하더라도 그 포기한 부분이 당연히 다른 상속인에게 귀속되지는 아니한다.** 이러한 법리는 단체보험에서 피보험자의 상속인이 보험수익자로 인정된 경우에도 동일하게 적용된다(대법원 2020.2.6. 선고 2017다215728 판결).

④ 상해의 결과로 피보험자가 사망한 때에 사망보험금이 지급되는 상해보험에서 보험계약자가 보험수익자를 단지 피보험자의 '법정상속인'이라고만 지정한 경우, 특별한 사정이 없는 한 그와 같은 지정에는 장차 상속인이 취득할 보험금청구권의 비율을 상속분에 의하도록 하는 취지가 포함되어 있다고 해석함이 타당하다. 따라서 **보험수익자인 상속인이 여러 명인 경우, 각 상속인은 특별한 사정이 없는 한 자신의 상속분에 상응하는 범위 내에서 보험자에 대하여 보험금을 청구할 수 있다**(대법원 2017.12.22. 선고 2015다236820, 236837 판결).

32

정답 ①

해설
①·② 보험사고의 객관적 확정의 효과에 관하여 규정하고 있는 상법 제644조는 사고발생의 우연성을 전제로 하는 보험계약의 본질상 이미 발생이 확정된 보험사고에 대한 보험계약은 허용되지 아니한다는 취지에서 보험계약 당시 이미 보험사고가 발생하였을 경우에는 그 보험계약을 무효로 한다고 규정하고 있고, 암 진단의 확정 및 그와 같이 확진이 된 암을 직접적인 원인으로 한 사망을 보험사고의 하나로 하는 보험계약에서 피보험자가 보험계약일 이전에 암 진단이 확정되어 있는 경우에는 보험계약을 무효로 한다는 약관조항은 보험계약을 체결하기 이전에 그 보험사고의 하나인 암 진단의 확정이 있었던 경우에 그 보험계약을 무효로 한다는 것으로서 상법 제644조의 규정 취지에 따른 것이라고 할 것이므로, 상법 제644조의 규정 취지나 보험계약은 원칙적으로 보험가입자의 선의를 전제로 한다는 점에 비추어 볼 때, 그 약관조항은 그 조항에서 규정하고 있는 사유가 있는 경우에 그 보험계약 전체를 무효로 한다는 취지라고 보아야 할 것이지, 단지 **보험사고가 암과 관련하여 발생한 경우에 한하여 보험계약을 무효로 한다는 취지라고 볼 수는 없다**(대법원 1998.8.21. 선고 97다50091 판결).

③ 부부싸움 중 극도의 흥분되고 불안한 정신적 공황상태에서 베란다 밖으로 몸을 던져 사망한 경우 그 사망은 피보험자의 고의에 의하지 않은 우발적인 사고로서 보험사고인 사망에 해당한다(대법원 2015.6.23., 선고, 2015다5378, 판결).

④ 상해보험에서 담보되는 위험으로서 상해란 외부로부터의 우연한 돌발적인 사고로 인한 신체의 손상을 말하는 것이므로, 그 사고의 원인이 피보험자의 신체의 외부로부터 작용하는 것을 말하고 신체의 질병 등과 같은 내부적 원인에 기한 것은 제외되며, 이러한 사고의 외래성 및 상해 또는 사망이라는 결과와 사이의 인과관계에 관해서는 보험금청구자에게 그 입증책임이 있다(대법원 2001.8.21. 선고 2001다27579 판결).

33

정답 ④

해설
상법 제731조 제1항에 의하면 타인의 생명보험에서 피보험자가 서면으로 동의의 의사표시를 하여야 하는 시점은 '보험계약 체결시까지'이고, 이는 강행규정으로서 이에 위반한 보험계약은 무효이므로, **타인의 생명보험계약 성립 당시 피보험자의 서면동의가 없다면 그 보험계약은 확정적으로 무효가 되고, 피보험자가 이미 무효가 된 보험계약을 추인하였다고 하더라도 그 보험계약이 유효로 될 수는 없다**(대법원 2006.9.22. 선고 2004다56677 판결).

① 타인의 사망을 보험사고로 하는 보험계약에는 보험계약 체결시에 그 타인의 서면에 의한 동의를 얻어야 한다는 **상법 제731조 제1항의 규정은 강행법규로서 이에 위반하여 체결된 보험계약은 무효이다**(대법원 1996.11.22. 선고 96다37084 판결).

② 상법 제731조 제1항의 입법취지에는 도박보험의 위험성과 피보험자 살해의 위험성 외에도 피해자의 동의를 얻지 아니하고 타인의 사망을 이른바 사행계약상의 조건으로 삼는 데서 오는 공서양속의 침해의 위험성을 배제하기 위한 것도 들어있다고 해석되므로, 상법 제731조 제1항을 위반하여 피보험자의 서면동의 없이 타인의 사망을 보험사고로 하는 보험계약을 체결한 자 스스로가 무효를 주장함이 신의성실의 원칙 또는 금반언의 원칙에 위배되는 권리 행사라는 이유로 이를 배척한다면, 그와 같은 입법취지를 완전히 몰각시키는 결과가 초래되므로 특단의 사정이 없는 한 그러한 주장이 신의성실 또는 금반언의 원칙에 반한다고 볼 수는 없다(대법원 1996.11.22. 선고 96다37084 판결).

③ 타인의 사망을 보험사고로 하는 보험계약의 체결에 있어서 보험모집인은 보험계약자에게 피보험자의 서면동의 등의 요건에 관하여 구체적이고 상세하게 설명하여 보험계약자로 하여금 그 요건을 구비할 수 있는 기회를 주어 유효한 보험계약이 체결되도록 조치할 주의의무가 있고, 그럼에도 보험모집인이 위와 같은 설명을 하지 아니하는 바람에 위 요건의 흠결로 보험계약이 무효가 되고 그 결과 보험사고의 발생에도 불구하고 보험계약자가 보험금을 지급받지 못하게 되었다면 보험자는 보험업법 제102조 제1항에 기하여 보험계약자에게 그 보험금 상당액의 손해를 배상할 의무가 있다(대법원 2007.9.6. 선고 2007다 30263 판결).

34

정답 ③

해설
보험약관에서 '피보험자 등의 고의에 의한 사고'를 면책사유로 규정하고 있는 경우 여기에서의 '고의'라 함은 자신의 행위에 의하여 일정한 결과가 발생하리라는 것을 알면서 이를 행하는 심리 상태를 말하는 것으로서 그와 같은 내심의 의사는 이를 인정할 직접적인 증거가 없는 경우에는 사물의 성질상 고의와 상당한 관련성이 있는 간접사실을 증명하는 방법에 의하여 입증할 수밖에 없고, 무엇이 상당한 관련성이 있는 간접사실에 해당할 것인가는 사실관계의 연결상태를 논리와 경험칙에 의하여 합리적으로 판단하여야 할 것임은 물론이지만, 보험사고의 발생에 기여한 복수의 원인이 존재하는 경우, 그 중 하나가 피보험자 등의 고의행위임을 주장하여 보험자가 면책되기 위하여는 그 행위가 단순히 공동원인의 하나이었다는 점을 입증하는 것으로는 부족하고 피보험자 등의 고의행위가 보험사고 발생의 유일하거나 결정적 원인이었음을 입증하여야 할 것이다(대법원 2004.8.20. 선고 2003다26075 판결).

① · ② 상법 제659조 제1항 및 제732조의2의 입법 취지에 비추어 볼 때, 사망을 보험사고로 하는 보험계약에서 자살을 보험자의 면책사유로 규정하고 있는 경우, 그 자살은 사망자가 자기의 생명을 끊는다는 것을 의식하고 그것을 목적으로 의도적으로 자기의 생명을 절단하여 사망의 결과를 발생케 한 행위를 의미하고, 피보험자가 정신질환 등으로 자유로운 의사결정을 할 수 없는 상태에서 사망의 결과를 발생케 한 경우는 포함되지 않는다(대법원 2011.4.28. 선고 2009다97772 판결).

④ 보험계약의 보통보험약관에서 '피보험자가 고의로 자신을 해친 경우'를 보험자의 면책사유로 규정하고 있는 경우 보험자가 보험금 지급책임을 면하기 위하여는 위 면책사유에 해당하는 사실을 입증할 책임이 있는 바, 이 경우 자살의 의사를 밝힌 유서 등 객관적인 물증의 존재나, 일반인의 상식에서 자살이 아닐 가능성에 대한 합리적인 의심이 들지 않을 만큼 명백한 주위 정황사실을 입증하여야 한다(대법원 2002.3.29. 선고 2001다49234 판결).

35

정답 ②

해설 단체보험의 경우 보험수익자의 지정에 관하여는 상법 등 관련 법령에 별다른 규정이 없으므로 **보험계약자는 단체의 구성원인 피보험자를 보험수익자로 하여 타인을 위한 보험계약으로 체결할 수도 있고, 보험계약자 자신을 보험수익자로 하여 자기를 위한 보험계약으로 체결할 수도 있을 것이며, 단체보험이라고 하여 당연히 타인을 위한 보험계약이 되어야 하는 것은 아니므로 보험수익자를 보험계약자 자신으로 지정하는 것이 단체보험의 본질에 반하는 것이라고 할 수 없다**(대법원 1999.5.25. 선고 98다59613 판결).

① 피보험자가 보험사고 이외의 사고로 사망하거나 퇴직 등으로 단체의 구성원으로서의 자격을 상실하면 그에 대한 단체보험계약에 의한 보호는 종료되고, 구성원으로서의 자격을 상실한 종전 피보험자는 보험약관이 정하는 바에 따라 자신에 대한 개별계약으로 전환하여 보험 보호를 계속 받을 수 있을 뿐이다(대법원 2007.10.12. 선고 2007다42877, 42884 판결).

③ 단체의 규약으로 피보험자 또는 그 상속인이 아닌 자를 보험수익자로 지정한다는 명시적인 정함이 없음에도 피보험자의 서면동의 없이 단체보험계약에서 피보험자 또는 그 상속인이 아닌 자를 보험수익자로 지정하였다면 그 보험수익자의 지정은 구 상법 제735조의3 제3항에 반하는 것으로 효력이 없고, 이후 적법한 보험수익자 지정 전에 보험사고가 발생한 경우에는 피보험자 또는 그 상속인이 보험수익자가 된다(대법원 2020.2.6. 선고 2017다215728 판결).

④ 단체보험 계약자 회사의 직원이 퇴사한 후에 사망하는 보험사고가 발생한 경우, **회사가 퇴사 후에도 계속 위 직원에 대한 보험료를 납입하였더라도 퇴사와 동시에 단체보험의 해당 피보험자 부분이 종료되는데 영향을 미치지 아니한다**(대법원 2007.10.12. 선고 2007다42877, 42884 판결).

36

정답 ③

해설 자기신체사고에 대하여, 약관에 정한 보험금에서 상대방 차량이 가입한 자동차보험 등의 대인배상으로 보상받을 수 있는 금액을 공제한 액수만을 지급하기로 한 약관 조항이 **상법 제729조 및 약관의 규제에 관한 법률 제6조에 위배되지 않는다**(대법원 2004.11.25. 선고 2004다28245 판결). 즉 자기신체사고 자동차보험은 피보험자가 피보험자동차를 소유·사용·관리하는 동안에 생긴 피보험자동차의 사고로 인하여 상해를 입었을 때에 약관이 정하는 바에 따라 보험자가 보험금을 지급할 책임을 지는 것으로서 인보험의 일종이기는 하나, 피보험자가 급격하고도 우연한 외부로부터 생긴 사고로 인하여 신체에 상해를 입은 경우에 그 결과에 따라 정해진 보상금을 지급하는 보험이어서 그 성질상 상해보험에 속한다고 할 것이므로, 그 보험계약상 **타 차량과의 사고로 보험사고가 발생하여 피보험자가 상대차량이 가입한 자동차보험 또는 공제계약의 대인배상에 의한 보상을 받을 수 있는 경우에 자기신체사고에 대하여 약관에 정해진 보험금에서 위 대인배상으로 보상받을 수 있는 금액을 공제한 액수만을 지급하기로 약정되어 있어 결과적으로 보험자대위를 인정하는 것과 같은 효과를 초래한다고 하더라도, 그 계약 내용이 위 상법 제729조를 피보험자에게 불이익하게 변경한 것이라고 할 수는 없다**(대법원 2001.9.7. 선고 2000다21833 판결).

① 손해보험에는 잔존물대위와 청구권대위가 모두 인정되지만, 인보험에서는 보험자대위가 원칙적으로 금지된다(상법 제729조). 다만, 상해보험계약의 경우 제3자에 대한 보험자대위를 인정할 것을 당사자간의 약정으로 정할 수는 있다. 그러나 생명보험계약에서는 잔존물대위나 청구권대위가 인정되지 않는다.

② 상해보험계약의 경우 당사자 사이의 약정에 의하여 보험자는 피보험자의 권리를 해하지 않는 범위 안에서 보험사고로 인하여 생긴 보험계약자 또는 보험수익자의 제3자에 대한 권리를 대위하여 행사할 수 있다(상법 제729조 단서).

④ 상해보험의 경우 보험금은 보험사고발생에 의하여 바로 그 지급조건이 성취되고, 보험자와 보험계약자 또는 피보험자 사이에 피보험자의 제3자에 대한 권리를 대위하여 행사할 수 있다는 취지의 약정이 없는 한, 피보험자가 제3자로부터 손해배상을 받더라도 이에 관계없이 보험자는 보험금을 지급할 의무가 있고, 피보험자의 제3자에 대한 권리를 대위하여 행사할 수도 없다(대법원 2002.3.29. 선고 2000다18752 판결).

37

정답 ②

해설 보험기간 중에 보험계약이 해지되어 보험자의 지급책임이 면제된 경우에 보험자는 보험수익자를 위하여 적립한 금액을 **보험계약자에게 지급하여야 한다**(상법 제736조 제1항).

① 보험자는 보험사고발생 전에 보험계약자에 의하여 보험계약이 임의 해지된 경우에 원칙적으로 미경과보험료만 반환(상법 제649조)하면 되지만, 생명보험은 장기보험으로서 저축기능이 포함되어 있으므로 계약이 해지된 때는 보험자는 보험계약자에게 보험료적립금을 지급해야 한다(상법 제736조 제1항).

③ 상법 제662조

④ 상법 제736조 제1항, 상법 제659조 제1항

38

정답 ③

해설 보험증권은 보험계약의 성립을 증명하기 위하여 보험자가 발행하는 증거증권이며, 그것을 작성하여야 만 비로소 보험계약상의 권리의무가 발생하는 설권증권이 아니다.

※ **설권증권** : 어음이나 수표처럼 증권을 작성함으로써 권리가 발생하는 유가증권

① 도난·분실 등의 사정으로 보험증권을 제출할 수 없는 경우에는 다른 방법으로 그 권리자임을 증명하여 보험금을 청구할 수 있다고 본다. 보험계약사로서는 보험약관·보험계약청약서·상품안내서·사업방법서 등의 다른 방법으로 보험계약의 내용을 증명하는 것이 가능하다.

② 보험증권은 보험계약자의 고지의무위반, 보험료의 부지급 등으로 인해 보험계약이 해지되면 증권소지인에게 영향을 미친다. 즉 보험증권은 보험계약이 무효 또는 실효되면 보험증권도 무효 또는 실효가 되므로 유인증권이다(유인증권성). 보험관계 자체에서 생기는 항변은 배서에 의하여 단절되지 아니하므로 보험증권 소지인에게 항변할 수 있다.

④ 타인을 위한 보험계약(상법 제639조)의 경우에는 보험계약자는 그 타인의 동의를 얻지 아니하거나 보험증권을 소지하지 아니하면 그 계약을 해지하지 못한다(상법 제649조 제1항 단서).

39

정답 ③

해설 책임보험에서 피보험자가 제3자로부터 배상청구를 받았을 때에는 지체 없이 보험자에게 그 통지를 발송하여야 한다. 피보험자가 **통지를 게을리 하여 손해가 증가된 경우 보험자는 그 증가된 손해를 보상할 책임이 없다**(상법 제722조 제1항, 제2항).

① 상법 제657조 제1항
② 상법 제657조 제2항
④ 상법 제723조 제1항

40

정답 ④

해설 손해배상책임보험에서 **동일한 사고로 피해자에 대하여 배상책임을 지는 피보험자가 복수로 존재하는 경우에는 피보험이익도 피보험자마다 개별로 독립하여 존재하는 것이므로 각각의 피보험자마다 손해배상책임의 발생요건이나 면책조항의 적용 여부 등을 개별적으로 가려서 보상책임의 유무를 결정하는 것이 원칙이다.** 따라서 손해배상책임보험약관에 정한 보험사고 해당 여부나 보험자 면책조항의 적용 여부를 판단하는 경우에 특별한 사정이 없는 한 약관에 피보험자 개별적용조항을 별도로 규정하고 있지 않더라도 각 피보험자별로 손해배상책임의 발생요건이나 보험자 면책조항의 적용 여부를 가려 보험사고 해당 여부 또는 면책 여부를 결정하여야 하고, 약관의 규정 형식만으로 복수의 피보험자 중 어느 한 사람에 대하여 보험사고에 해당하지 아니하거나 면책조항에 해당한다고 하여 보험자의 모든 피보험자에 대한 보상책임이 성립하지 아니하거나 모든 피보험자에 대한 보상책임을 면하는 것으로 해석할 것은 아니다. 그리고 이와 같은 법리는 특별한 사정이 없는 한 손해배상책임보험약관에서 보상하는 손해로 우연한 사고로 타인의 신체의 장해 또는 재물의 손해에 대한 법률상의 배상책임을 부담함으로써 입은 손해를 규정하고 있거나 보상하지 아니하는 손해로 피보험자의 고의를 원인으로 하여 생긴 손해를 규정하고 있는 경우에도 마찬가지로 적용된다(대법원 2012.12.13. 선고 2012다1177 판결).

① 보증보험의 성질상 상법 제659조의 규정은 보증보험계약이 보험계약자의 사기행위에 피보험자가 공모하였다든지 적극적으로 가담하지는 않았더라도 그러한 사실을 알면서도 묵인한 상태에서 체결되었다고 인정되는 경우를 제외하고는 **원칙적으로 보증보험에는 그 적용이 없다**(대법원 2001.2.13. 선고 99다13737 판결).

② 보험사고가 보험계약자, 피보험자나 보험수익자의 고의 또는 중대한 과실로 인하여 생긴 때에는 보험자는 보험금을 지급할 책임이 없다(상법 제659조). 다만, **사망보험과 상해보험의 경우에는 보험계약자, 피보험자 또는 보험수익자의 중대한 과실로 인한 사고에 대해서도 보험자의 보험금 지급책임을 인정하고 있다**(상법 제732조의2, 제739조). 즉 사망보험과 상해보험에서는 보험사고가 보험계약자 등의 중대한 과실로 인하여 생긴 때에도 보험자는 면책되지 않는다.

③ 대표자책임이론은 보험사고가 보험계약자 또는 피보험자나 보험수익자와 법률상 또는 경제상 특별한 관계에 있는 자(가족이나 고용인 등)의 고의 또는 중대한 과실로 발생한 때에도 보험계약자 등의 고의 또는 중대한 과실과 동일시하여 보험자를 면책시키자는 이론이다. 대표자책임이론은 독일 판례에서 주장되고 있으나, 우리나라의 경우 판례는 특별한 규정이 없는 한 이를 부정하여 보험자의 책임을 인정하고 있다.

[학설]

① 대표자이책임이론을 적용하여 보험자의 면책을 인정하는 견해

② 특별한 규정이 없는 한 대표자책임이론을 받아들일 수는 없으나, 보험계약자 등과 밀접한 생활관계에 있는 가족이나 고용인 등에 의한 보험사고의 발생에 보험계약자 등의 공모·교사 또는 방조와 같은 책임 있는 사유가 있는 경우에는 면책된다는 견해

③ 대표자책임이론의 적용을 부인하는 견해

[판례] 대법원 1984.1.17. 선고 83다카1940 판결

보험계약의 보통약관 중 "피보험자에게 보험금을 받도록 하기 위하여 피보험자와 세대를 같이 하는 친족 또는 고용인이 고의로 사고를 일으킨 손해에 대해서는 보험자가 보상하지 아니한다"는 내용의 면책조항은 그것이 제3자가 일으킨 보험사고에 피보험자의 고의 또는 중대한 과실이 개재되지 않은 경우에도 면책하고자 한 취지라면 상법 제659조, 제663조에 저촉되어 무효라고 볼 수 밖에 없으나, 동 조항은 피보험자와 밀접한 생활관계를 가진 친족이나 고용인이 피보험자를 위하여 보험사고를 일으킨 때에는 피보험자가 이를 교사 또는 공모하거나 감독상 과실이 큰 경우가 허다하므로 일단 그 보험사고 발생에 피보험자의 고의 또는 중대한 과실이 개재된 것으로 추정하여 보험자를 면책하고자 한 취지에 불과하다고 해석함이 타당하며, 이러한 추정규정으로 보는 이상 피보험자가 보험사고의 발생에 자신의 고의 또는 중대한 과실이 개재되지 아니하였음을 입증하여 위 추정을 번복할 때에는 위 면책조항의 적용은 당연히 배제될 것이므로 위 면책조항은 상법 제663조의 강행규정에 저촉된다고 볼 수 없다.

2024년 제47회 손해사정이론 정답 및 해설

문제편 440p

01

정답 ②

해설 대재해적 손실(태풍, 홍수, 지진, 전쟁 등)이 보험대상 리스크로 적합하지 않은 이유는 불확실성이 크고 사고발생에 대한 **예측불가능성**과 낮은 빈도 및 높은 심도로 인해 다수의 동질적 위험에 대한 대수의 법칙을 적용하여 측정할 수 없기 때문이다. 또한 한 번의 사고로 기대손실이 커서 보험회사의 인수능력과 재보험사의 담보력을 초과하기 때문이다. 보험회사는 손실발생의 독립성(확률적 독립성)을 가정하여 보험요율을 산정하는데 통계적으로 이러한 대재해적 손실을 예측하는 것은 힘들기 때문에 보험대상 리스크로 적합하지 않다.

02

정답 ④

해설 고용보험 구직급여 제도의 허점을 악용하여 이익을 보려는 보험계약자 또는 피보험자의 비양심적인 위험상태는 '도덕적 해이(위태)'와 관련이 있다. 만일 **고용보험 구직급여** 지급일수에 한도가 없다면 근로자의 근로의욕을 저하시키고, 구직급여 의존도를 높여 구직활동을 저해하는 도덕적 해이(위태)를 유발하게 될 것이다. 따라서 구직급여 지급일수에 한도(구직자의 연령과 보험가입기간에 따라 120일~240일)를 법으로 규정하게 되면 근로자의 도덕적 해이(위태)를 억제하여 어느 정도 감소시킬 수 있을 것이다.

03

정답 ③

해설 **계약의 해지**

보험계약에서 장래에 대해서 계약의 효력을 소멸시킬 필요성이 발생하게 되는데 이런 경우 당사자의 의사표시를 '해지'라고 한다. 즉 보험계약을 계속해서 유지할 수 없는 사건이 발생할 경우 보험계약자나 보험회사는 보험계약을 해지할 수 있는데 이럴 경우 **지금까지 진행되어 왔던 보험계약을 유효하지만 장래의 남은 기간에 대한 계약은 그 효력을 잃게 된다.**

① **계약의 해제** : 계약의 해제는 일단 유효하게 성립한 계약을 소급하여 소멸시키는 일방적인 의사표시를 말한다. 계약의 해제의 효과는 계약의 해지와는 다르게 처음부터 그 계약을 하지 않은 상태 또는 계약이 존재하지 않은 상태로 돌아가게 된다.

② **계약의 취소** : 일단 성립한 계약에 법률이 정한 취소의 원인이 존재하여 취소권자의 의사표시에 의하여 계약이 처음부터 없었던 것으로 되는 것을 말한다. 계약이 취소된 경우에는 계약의 무효와 같이 계약이 처음부터 없었던 것으로 간주된다.

④ **계약의 무효** : 일단 계약이 성립한 것처럼 보이지만 무효로 정한 사유가 존재하여 계약이 **효력을 발생하지 않는 경우**를 말한다. 따라서 계약은 처음부터 법적인 효력이 없으며, 당사자간은 물론 원칙적으로 누구에게나 무효인 것이다.

04

정답 ②

해설 배상청구기준(claims-made basis)은 손해에 대한 청구기간을 제한하는 형태로서 책임개시일 이후 보험기간 종료 전에 보험사고가 발생하여야 하고, 보험기간 중에 피해자로부터 배상청구가 있어야 보상책임을 지게 된다. 사고발생기준과 비교하여 배상청구기준은 어느 청구가 어떤 증권에 의하여 담보되는지에 대한 모호성 내지 불확실성을 감소시키고, 담보의 가격 산정 및 언더라이팅과 청구가 지불될 날짜 사이의 시간을 축소시킨다.

05

정답 ①

해설 보험자는 미리 정형화된 보험약관에 의하여 보험계약을 체결하게 되므로, 보험계약은 **부합계약에 속한다**고 할 수 있다. 보험약관을 보험자가 일방적으로 작성하기 때문에 보험전문지식이 부족하고 전문용어에 대한 이해가 부족한 보험계약자의 불이익을 방지하기 위해 **불이익변경금지의 원칙**(상법 제663조 : 보험약관의 내용이 보험계약자 측에게 불이익하게 변경된 경우에는 무효라는 규정), 약관교부·설명의무(상법 제638조의3), **작성자불이익의 원칙**(약관규제법 제5조 : 보험약관을 해석함에 있어 그 내용이 불분명한 경우에는 보험자에게 불이익하게 해석함) 등의 수단이 사용되고 있다.

06

정답 ②

해설 타보험조항은 동일한 보험의 목적의 전부 또는 일부를 담보하는 유효한 보험계약이 둘 이상 존재하는 경우 다른 보험과의 손해액을 분담하는 방법을 미리 약정한 조항이다. 타보험조항을 두는 취지는 기본적으로 손해보험의 이득금지원칙에 따라 피보험자가 동일한 손해에 대하여 둘 이상의 보험계약으로부터 손해 이상의 보험금을 수취하는 것을 막기 위함이다. 또한 보험가입을 통한 추가적 이익 획득을 방지함으로써 도덕적 위험을 사전에 방지하는데 있다. 결론적으로 타보험조항은 **실손보상원칙의 구현**을 위한 손해보험제도라 할 수 있다.

07

정답 ①

해설 보험계약상 보험자의 보험금 지급의무에 대한 책임은 우연한 보험사고의 발생과 함께 보험계약자나 피보험자의 **보험약관상 명시된 여러 조건을 이행**하는가에 좌우된다. 예를 들어 보험계약자가 피보험자는 보험목적물에 현저한 위험이 증가한 경우 이를 통보(**위험변경·증가의 통지의무**)하고, 보험사고의 발생을 안 때에는 즉시 통보(**보험사고발생의 통지의무**)하여야 하며, 사고발생 후 손해방지와 경감을 위해 노력(**손해방지의무**)하는 등 보험약관에 정해진 여러 의무를 이행해야 한다. 이런 의미에서 보험계약은 조건부계약이라 할 수 있다.

08

정답 ③

해설 역선택은 보험계약자와 보험회사간에 보험계약자의 위험특성에 대한 사전적 정보의 비대칭으로 발생한다. 즉 보험계약자는 자신의 위험에 대해 잘 알고 있지만 보험회사는 정보부족으로 보험계약자의 위험을 파악하지 못할 경우 궁극적으로 불량 위험체들이 보험에 가입하려는 현상이 일어나 재정적으로 큰 손실을 입을 수 있다. 따라서 **계약자와 보험회사간의 정보의 비대칭을 해소하기 위해 생명보험의 경우 고지의무조항을 운용**하고 있다. 따라서 보험사고가 발생하였는데 고지의무를 준수하지 않은 것이 밝혀진 경우에 보험회사는 보험계약을 해지할 수 있다.

09

정답 ③

해설 보험목적물의 **소모 및 마모**로 인한 손해, **고유의 하자 또는 성질**로 인한 손해, **자연발화**로 생긴 손해 등은 우연히 발생하는 손실이 아니라, 사용함에 따라 반드시 발생하는 유형의 손실이다. 이러한 손해들은 **보험사고의 우연성을 인정하기 어렵고, 목적물 자체에 위험성이 내포되어 이미 객관적으로 위험의 발생이 확정되어 있기 때문이다.**

운송물품에 생긴 흠집은 운송보험에서 보상하지 않는 **대물배상담보 면책조항**이다. 이러한 유형의 손실이 보상될 경우 계약자나 피보험자의 부주의를 야기시키고, 또 불필요하게 클레임 건수를 증가시킬 수 있기 때문에 면책으로 규정하고 있다.

10

정답 ④

해설 위태(hazard)란 일반적으로 손실의 발생가능성이나 손실의 규모(심도)를 증가시키는 조건이라고 정의할 수 있다.

① **어두운 계단** : 부상 가능성의 증가(물리적 위태)

② **노후화된 전선** : 화재발생 가능성의 증가(물리적 위태)

③ **소각장내 인화물질 보관** : 화재발생 가능성 및 화재규모의 증가(물리적 위태)

④ **환경오염** : 인적 손인(peril)에 해당한다. 인적 손인은 **인간의 통제하에 있는 손실의 원인**이다.

11

정답 ②

해설 손인(peril)이란 손실의 직접적인 원인이라고 정의할 수 있다.

① 소비자 기호 변화, ④ 인플레이션은 '**경제적 손인**'에 해당하고, ③ 전쟁은 '**인적 손인**'에 해당한다.

② '**흡연 습관**'은 손실발생에 관한 부주의 또는 무관심한 경우로 '**정식적 위태**'에 해당한다.

12

정답 ①

해설 가능최대손실(probable maximum loss ; PML)은 현실적으로 예상할 수 있는 최대 규모의 손실, 즉 리스크관리자가 실제로 발생할 수 있다고 보는 최대 규모의 손실을 말한다. PML은 기대손실과 실제손실의 차이의 정도(손실의 표준편차)와 리스크관리자의 위험회피도의 2가지 요인에 영향을 받는다. PML은 **표준편차와 위험회피도에 비례**하므로, 리스크관리자의 리스크회피도가 (**클수록**), 손실의 표준편차가 (**클수록**) 커진다.

13

정답 ③

해설 도덕적 위태(moral hazard)란 손실의 발생가능성을 고의적으로 증대시키는 개인적 특성이나 태도를 말한다. ① **보험금 수취 목적 방화**, ② **교통사고 유도**, ④ **교통사고 상해 과장행위** 등이 대표적인 사례이다.

③ **건물의 부실 관리**는 손실의 발생가능성을 증대시키는 '**물리적 위태**'에 해당한다.

14

정답 ④

해설 발생빈도는 낮으나, 사고가 나면 막대한 손실을 가져오는 위험(저빈도 - 고심도 리스크)은 **보험 등의 방법을 통해 위험을 전가(transfer)하는** 것이 바람직하다.

① 보험은 손실의 빈도는 작지만 손실의 규모가 커서 스스로 부담하기 어려운 리스크를 보험회사에 전기힘으로써 개인이나 기업이 리스크에 대하여 보다 효과적으로 대응할 수 있게 해준다. 즉 **보험을 통하여 전가되는 리스크는 손실의 규모가 크지만 발생빈도가 낮아 전체적인 보험료는 부담할 수 있는 정도가된다.**

② 보험은 **손실보상과 복구에 있어서 비용 효율성 측면에서 유리**하다.

③ 보험은 **기업의 각종 재무비용을 감소시켜 재무적 안정성을 증대시킨다.**

④ '**예측 신뢰도가 높아지는 것**'은 **대수의 법칙과 관련** 있다. 대수의 법칙은 **위험의 결합(pooling)에 따른 보험의 기본원리**이다. 즉 대수의 법칙에 따른 분산효과를 통해 예측의 신뢰도가 높아지면 사고발생 확률을 예측할 수 있게 되고, 보험료 산출이 가능하게 된다.

15

정답 ②

해설 사회보험(국민연금, 산재보험, 의료보험, 고용보험 등)은 국가나 지방공공단체가 운영하고 가입을 강제하며, 국민의 최저생활 보장이 주목적이다. **사회보험은 상대적으로 과다한 재정의 부담을 경감시킬 수 있으며, 일정한 소득재분배 효과가 나타난다.**
민영보험(생명보험, 손해보험, 보증보험 등)은 사기업이 운영하고 임의가입하며, 개인이나 조직의 다양한 위험제거 또는 경감이 목적이다.

16

정답 ③

해설 보험가능 리스크의 요건 중 한정적 손실(definite loss)이 요구하는 것은 손실의 원인, 발생시점, 발생장소, 피해의 정도를 분명히 식별하고 측정할 수 있어야 한다는 것이다. **손실의 원인이나 손실의 발생장소나 규모를 판단하기 어려운 상황이면 보험료 계산이 불가능하므로 보험자가 보험을 인수할 수 없다.** 예를 들어 지속적으로 번지는 전염병 리스크는 발생장소나 손실의 규모를 확정할 수 없기 때문에 한정적 손실의 요건을 충족시킬 수 없다.

17

정답 ③

해설 화산의 폭발, 지진 등은 그 성격이나 발생의 정도가 시간의 흐름에 따라 크게 변하지 않는 **정태적 리스크**의 예이다.
동태적 리스크는 소비자기호의 변화, 시장의 가격 변동성, 기술의 변화 등과 같이 **시간의 흐름에 따라 그 성격이나 발생의 정도가 변하여 예상하기 어려운 리스크들이 포함된다.**

18

정답 ④

해설 **언더라이팅의 기본 원칙**

1. **보험회사 고유의 언더라이팅 기준 준수**
   모든 보험회사는 회사 고유의 경영목표를 가지고 있으며, 이를 달성하는 방향으로 언더라이팅 기준을 정하고 있다. 언더라이팅 기준 설정의 목적은 체계적인 인수 또는 거절 결정의 수행, 정책의 일관성 유지, 언더라이터(underwriter)의 경험과 통찰력의 조화 등이다.

2. **요율계층 내의 동질성 유지**
   선택된 리스크들은 특성에 따라 동일한 보험료를 지급하는 요율계층으로 대부분 분류된다. 따라서 각 요율계층마다 그 계층의 모든 손실과 비용을 충당할 수 있도록 평균 이상의 손실과 평균 이하의 손실간에 적절한 균형이 이루어지도록 리스크 배정이 이루어져야 한다.

3. **인수 리스크간의 형평성 확보**
   모든 인수 리스크들은 그 특성에 따라 보험료가 공평하게 차등적으로 산정되어야 한다. 이는 모든 보험계약자 사이에 공평성을 유지한다는 의미와 같다.

19

정답 ①

해설 **보험계약자 등의 불이익변경금지(상법 제663조)**

상법 제4편 보험의 규정은 당사자간의 특약으로 보험계약자 또는 피보험자나 보험수익자의 불이익으로 변경하지 못한다. 그러나 (재보험) 및 (해상보험) 기타 이와 유사한 보험의 경우에는 그러하지 아니하다.

20

정답 ①

해설
- 손해액의 산정에 관한 비용은 (보험자)의 부담으로 한다(상법 제676조 제2항).
- 보험증권을 멸실 또는 현저하게 훼손한 때는 보험계약자는 보험자에 대하여 증권의 재교부를 청구할 수 있다. 그 증권 작성의 비용은 (보험계약자)의 부담으로 한다(상법 제642조).

21

정답 ④

해설 **책임보험계약의 성질**

ⓐ **손해보험성** : 피보험자가 제3자에 대한 배상책임을 지게 됨으로써 생긴 재산상의 손해를 보험자가 보상하는 손해보험이다.

ⓑ **재산보험성** : 피보험자의 재산을 보상하므로 물건보험이 아니고 재산보험이다.

ⓒ **소극보험성** : 특정재산에 대한 손해를 보상하는 적극보험이 아니라, 피보험자가 제3자에게 손해배상 책임을 부담함으로써 입게 되는 피보험자의 간접손해를 보상하는 소극보험이다.

22

정답 ①

해설 보험자대위는 보험자가 피보험자에게 보험금을 지급한 경우 보험자가 피보험자의 지위에서 손해가 생긴 피보험이익에 대한 권리와 구제방법을 법률상 당연히 취득하는 것을 말한다. 그 근거는 이득금지의 원칙이다. 따라서 '보험자대위의 금지'가 잘못된 지문이다.

상법 제682조 제1항 본문은 "손해가 제3자의 행위로 인하여 발생한 경우 보험금을 지급한 보험자는 그 지급한 금액의 한도에서 그 제3자에 대한 보험계약자 또는 피보험자의 권리를 취득한다"라고 하여 보험자대위에 관하여 규정한다. 위 규정의 취지는 피보험자가 보험자로부터 보험금액을 지급받은 후에도 제3자에 대한 청구권을 보유·행사하게 하는 것은 피보험자에게 손해의 전보를 넘어서 오히려 이득을 주게 되는 결과가 되어 손해보험제도의 원칙에 반하게 되고 또 배상의무자인 제3자가 피보험자의 보험금수령으로 인하여 그 책임을 면하게 하는 것도 불합리하므로 이를 제거하여 보험자에게 그 이익을 귀속시키려는데 있다(대법원 1990.2.9. 선고 89다카21965 판결, 대법원 1995.11.14. 선고 95다33092 판결 등 참조).

이처럼 보험자대위권의 규정취지가 피보험자와 보험자 및 제3자의 이해관계를 조정하고 위험을 분배하고자 하는 데에 있음을 고려할 때, 보험자는 보험계약의 목적이 되는 피보험이익을 기준으로 보험목적물에 발생한 손해에 대하여 자신이 지급한 보험금의 한도 내에서 보험계약자나 피보험자의 제3자에 대한 권리를 취득할 수 있다.

> **TIP** 피보험이익의 기능
>
> • 보험자의 책임범위의 확정
> • 실손보상원칙의 실현(도박화, 인위적 위험의 방지)
> • 초과보험 및 중복보험의 방지
> • 일부보험의 보상액 결정
> • 보험계약의 동일성을 구별하는 표준

23

[정답] ①

[해설] **비상위험준비금**

비상위험준비금은 **예측할 수 없는 이례적이고 거대한 보험사고가 발생함으로써 예상사고율을 초과하는 경우에 그 보험금의 지급재원으로 적립하는 금액**으로서 보통의 책임준비금으로 감당하기 어려운 비상위험에 대비하고자 적립한 금액을 말한다. 손해보험업을 경영하는 보험회사는 해당 사업연도의 보험료 합계액의 100분의 50(보증보험의 경우 100분의 150)의 범위에서 금융위원회가 정하여 고시하는 기준에 따라 비상위험준비금을 계상하여야 한다.

24

[정답] ③

[해설] **재무건전성의 유지(보험업법 제123조 제1항)**

보험회사는 보험금 지급능력과 경영건전성을 확보하기 위하여 다음 각 호의 사항에 관하여 대통령령으로 정하는 재무건전성 기준을 지켜야 한다.
1. **자본의 적정성에 관한 사항**
2. **자산의 건전성에 관한 사항**
3. 그 밖에 경영건전성 확보에 필요한 사항

25

[정답] ①

[해설] 운송보험계약의 보험자는 다른 약정이 없으면 운송인이 운송물을 수령한 때로부터 **수하인에게 인도할 때까지 생길 손해**를 보상할 책임이 있다(상법 제688조).

② 상법 제689조 제2항
③ 상법 제691조
④ 상법 제692조

26

정답 ①

해설 변제 등의 충당순서(신용보험 표준약관 제7조 제1항)

채무자(채무자의 채무를 변제하는 제3자를 포함한다)가 변제한 금액 또는 회사의 담보권 행사·상계 또는 채권추심을 통하여 회수한 금액이 채무자의 전체 채무금액보다 적은 경우에는 **비용, 지급보험금(원금), 이자**의 순서로 **충당**하기로 한다.

27

정답 ③

해설 소멸성 공제(disappearing deductible)

일정액의 공제한도를 정하고, 이 공제한도보다 적은 손실은 피보험자가 부담하고, 공제한도보다 큰 손실에 대해서는 손실의 규모가 커지면서 공제액 크기는 점점 줄어들어 **일정 손실 이상에서는 공제액이 완전히 소멸되는 방식**이다.

공제한도가 소멸되는 손실금액을 x 라 하면,
$(x - 50만원) \times 1.1 = x$
$1.1x - 55만원 = x$
$0.1x = 55만원$
$x = 550만원$
따라서, 손실금액이 600만원이므로, 지급보험금은 **600만원 전액**이 된다.

28

정답 ②

해설 기업은 보험가입을 통해 현금유출을 방지하며, 현금흐름의 안정화로 기업가치를 증대시킬 수 있다. 즉 보험가입으로 기업내 거액의 손실준비금을 적립할 필요성이 줄어들게 됨으로써 기업의 재무안정성을 개선하는 효과를 얻을 수 있다.

29

정답 ③

해설 대물배상

'대물배상'은 피보험자가 피보험자동차를 소유·사용·관리하는 동안에 생긴 피보험자동차의 사고로 인하여 다른 사람의 재물을 없애거나 훼손하여 법률상 손해배상책임을 짐으로써 입은 손해를 보상한다. 보상범위는 직·간접 손해(수리비, 교환가액, 대차료, 휴차료, 영업손실 등) 및 각종 비용(손해방지경감비용, 권리보전행사비용, 소송·화해중재비용 등)이 포함된다.

자동차시세하락손해는 피해자동차가 수리를 거쳐 외관상, 사회 통념상 원상회복돼 차량 운행에 문제가 없음에도 불구하고, 사고차량이라는 이유로 교환가치 하락으로 인하여 발생하는 손해를 말한다. 자동차시세하락손해의 지급보험금은 대물배상책임보험의 피해자에게 지급되는 보험금으로 **자동차보험약관의 '대물배상 지급기준'에 따라 산출**된다.

30

[정답] ③

[해설] 해상보험은 보험가액불변의 원칙에 따라 보험계약 체결시 보험가액을 미리 확정하는 **기평가보험**(valued policy)의 형태를 취한다.

31

[정답] ④

[해설] **순보험료방식**

> 영업보험료 = 순보험료 + 부가보험료
>   = 순보험료 + (영업보험료 × 사업비율)
> • 영업보험료(1 − 사업비율) = 순보험료
> • 영업보험료 = 순보험료 / (1 − 사업비율)

• 순보험료 = 보험금 / 계약건수
              = 3억원 / 50건수 = 600만원
• 영업보험료 = 순보험료 / (1 − 사업비율)
               = 600만원 / (1 − 40%)
               = 1,000만원

32

[정답] ③

[해설] **적용 제외 근로자(고용보험법 제10조 제1항 제2호, 동법 시행령 제3조 제1항, 제2항 제1호)**
• 해당 사업에서 소정(所定)근로시간이 대통령령으로 정하는 시간 미만인 근로자에 해당하는 사람에게는 고용보험법을 적용하지 아니한다.
• "해당 사업에서 소정(所定)근로시간이 대통령령으로 정하는 시간 미만인 근로자"란 해당 사업에서 1개월간 소정근로시간이 (60)시간 미만이거나 1주간의 소정근로시간이 15시간 미만인 근로자를 말한다. 〈2023.6.27. 개정〉
• 다만, 해당 사업에서 (3)개월 이상 계속하여 근로를 제공하는 근로자는 법 적용 대상으로 한다.
〈2023.6.27. 신설〉

33

정답 ②

해설 sunset clause(일몰조항)

보험기간 종료 후 일정 기간 이내에 발생한 사고 건에 대해 재보험자에게 통지해야 하고, 그 기간이 경과하면 재보험자의 책임이 존재하지 않음을 명시하는 조항이다.

① commutation clause(합의청산조항) : 재보험사가 출재사와 합의된 금액을 청산함으로써 미지급보험금 등 잔존책임을 종료하는 조항이다. 계약기간 중 재보험사는 계약을 해지할 수 있는 권한을 가지는 commutation clause(합의청산조항)을 사용하여 재보험사의 책임을 제한할 수 있다.

② counsel and concur clause(자문과 동의조항) : 재보험사의 보험금청구 결정에 대한 자문과 동의를 구할 의무가 있음을 나타내는 조항이다.

④ reports and remittance clause(보고서 및 송부조항) : 출재사가 보험료와 손실과 관련된 모든 데이터를 일정 기간 내에 재보험자에게 보고해야 한다는 조항이다.

34

정답 ①

해설 보증보험에서 보험자는 보험사고발생으로 보험금을 지급하면 보험계약자에 대하여 구상권을 가지며, 피보험이익을 해치지 않는 범위 내에서 피보험자가 보험계약자에 대하여 가지는 권리를 대위하여 가지게 된다. 피보험자는 보험계약자의 동의가 없더라도 임의로 보험금청구권과 관련한 권리를 행사하고 처분할 수 있다(대법원 1992.11.27. 선고 92다20408 판결). 따라서 보험자도 보험계약자의 동의 없이 구상권을 행사할 수 있다.

② 보험자의 구상권 행사를 통한 자금회수는 상대적으로 용이하여 손해율 경감 효과를 기대할 수 있다.

③ 보험자의 구상권 행사는 보험자의 대위권에 의한 회수행위이며, 부당이익을 방지하는 보험의 이득금지원칙을 실현하기 위한 것이다.

④ 보험자는 화해계약을 체결하고 합의금을 수령하거나 손해배상청구권이 소멸하는 등 구상권 행사가 필요하지 않게 되면 구상권 행사를 포기할 수 있다.

35

정답 ④

해설 run-off 방식

재보험특약 해제시 그 해약시점에 있어서의 미경과보험기간 및 미지급보험금에 대하여 만기 또는 재보험정산이 완전히 끝날 때까지 재보험자가 그 책임을 계속해서 부담해야 하는 방식이다(⇔ clean-cut 방식).

① clean-cut 방식 : 재보험계약이 만료되는 경우 재보험자의 책임이 종료되는 방식

② cut-off 방식 : 재보험자 책임종결 방식

③ cut-through 방식 : 원보험계약자가 출재사 대신 재보험자에게 재보험금을 직접 청구하는 방식(= 재보험금직접청구방식)

36

④

excess of loss reinsurance treaty(초과손해액재보험특약)

발생된 손해에 따라 미리 정해진 손해금액까지는 원보험자가 책임을 지고, 나머지 손해부분의 전부 또는 일정금액을 재보험자가 책임을 지는 비비례적 재보험 형태이다. 초과손해액을 결정하는 방식에는 1리스크당(per risk)과 1사고당(per event)이 있다.

- 1리스크당(per risk)인 경우 원보험자는 특약에 포함된 모든 원보험계약의 각각에서 발생한 사고의 손해액이 일정금액을 초과할 때마다 재보험금을 청구하게 된다(③).
- 1사고당(per event)인 경우 **하나의 사고로 인하여 특약에 포함된 다수의 원보험물건이 입은 손해의 합계액이 일정한 금액을 초과할 때에 재보험금을 청구**하게 된다(④).
  → 'two-risk warranty'

① quota share reinsurance treaty(비례재보험특약) : 원보험자가 인수한 계약 중 미리 정한 조건에 부합되는 모든 계약의 일정비율이 재보험으로 처리되는 방법이다.
② surplus share reinsurance treaty(초과액재보험특약) : 원보험자가 인수한 보험계약에 대하여 특약으로 미리 정해진 금액의 한도 내에서 매 계약별로 보유금액을 결정한 후 그 초과액을 출재하는 방법으로 재보험자는 출재한도액 내에서 보유금액의 일정배수를 수재하게 된다.

37

①

보험급여를 받을 수 있는 사람이 국외에 체류하는 경우 **그 기간에는 보험급여를 하지 아니한다**(국민건강보험법 제54조 제1항). → **보험급여의 정지 사유**

TIP 급여의 제한(국민건강보험법 제53조 제1항)

공단은 보험급여를 받을 수 있는 사람이 다음 각 호의 어느 하나에 해당하면 보험급여를 하지 아니한다.
1. 고의 또는 중대한 과실로 인한 범죄행위에 그 원인이 있거나 고의로 사고를 일으킨 경우
2. 고의 또는 중대한 과실로 공단이나 요양기관의 요양에 관한 지시에 따르지 아니한 경우
3. 고의 또는 중대한 과실로 법 제55조에 따른 문서와 그 밖의 물건의 제출을 거부하거나 질문 또는 진단을 기피한 경우
4. 업무 또는 공무로 생긴 질병·부상·재해로 다른 법령에 따른 보험급여나 보상(報償) 또는 보상(補償)을 받게 되는 경우

38

정답 ①

해설 quota share 재보험특약의 장·단점

장 점	단 점
• 재보험 처리가 간편하다. • 출재수수료율이 높다. • 재보험 관리비용이 저렴하다. • 신규 보험사 혹은 신규 위험의 전가에 유리하다.	• 출재사의 자율성이 낮다. • 소규모 위험까지 의무적으로 출재하므로 과다 출재 가능성이 있다. • 출재 위험이 동질하지 않은 경우 포트폴리오 안정성 유지에 도움이 되지 않는다.

39

정답 ②

해설 사업복합형위험담보(business multi-line cover)는 **다종 보험계약의 일종**으로 하나의 보험계약으로 여러 위험들로부터 발생하는 총손실을 보장한다. 하나의 보험계약으로 화재, 배상책임, 기업휴지위험을 함께 담보할 수 있다.

> **TIP** 패키지보험(package insurance policy)
>
> 패키지보험은 하나의 보험증권으로 전위험(all-risk) 담보형태의 화재보험, 기계보험, 기업휴지보험, 배상책임보험을 동시에 보장하는 보험상품이다. 패키지보험은 담보위험별 4개 부문으로 구성되어 있다.
> 1. **재산종합위험담보**(property all risks cover) : 화재, 낙뢰위험에 추가하여 풍수재, 폭발, 지진, 도난 등과 여타의 우연한 재물사고로 인한 물적손해를 보상한다.
> 2. **기계위험담보**(machinery breakdown cover) : 사무실 빌딩내의 보일러, 발전기에서부터 대규모 석유화학, 제철공장에 이르기까지 모든 기계, 기계설비 및 장치의 기계적 사고로 인한 물적손해를 보상한다.
> 3. **기업휴지위험담보**(business interruption cover) : 제1부문 또는 제2부문에서 보상하고 있는 손해로 인해 사업이 중단 또는 휴지 되었을 경우, 휴지로 인해 생긴 손해를 보상한다.
> 4. **배상책임위험담보**(general liability cover) : 피보험자가 제3자의 신체 및 재물에 손해를 입힘으로써 발생하는 법률상의 배상책임을 보상한다.

40

정답 ④

해설 피보험자가 통원하여 치료를 받던 중 보험계약이 종료되더라도 그 계속 중인 통원에 대해서는 보험계약 종료일 다음날부터 (180)일 이내의 통원을 보상하며, 최대 (90)회 한도 내에서 보상한다[실손의료보험 표준약관 제3조 (2) 질병급여 제4항].

참고도서 및 사이트

- 보험업법, 최영호 저, 보험연수원, 2024
- 보험업법, 정화영·박소연 저, 배움, 2023
- 보험업법, 김광준 저, 고시아카데미, 2023
- 보험업법, 이민철 저, 이패스코리아, 2023
- 보험업법, 김학선 편저, 로이즈, 2021
- 보험업법, 한기정 저, 박영사, 2019

- 보험계약법, 최영호 저, 보험연수원, 2024
- 보험계약법, 최영호 저, 도서출판 청람, 2023
- 보험계약법, 박후서 편저, 배움, 2023
- 보험계약법, 인스TV 보험교육원 저, 고시아카데미, 2023
- 보험계약법, 김석주 저, 이패스코리아, 2023
- 보험계약법 판례집, 김석주 편저, 이패스코리아, 2024
- 보험계약법, 김석기 저, 한국손해사정연구원, 2020
- 보험계약법, 이윤석 저, 한국손해사정연구원, 2019

- 손해사정이론, 최영호 저, 보험연수원, 2024
- 손해사정이론, 강호선 저, 배움, 2023
- 핵심 손해사정이론, 인스TV 보험교육원 저, 고시아카데미, 2023
- 손해사정이론, 윤성열 저, 이패스코리아, 2023
- 손해사정이론, 김사영 저, 로이즈, 2021
- 손해사정이론, 김한식 저, 미래보험교육원, 2018
- 리스크와 보험, 보험경영연구회 저, 문영사, 2019
- 리스크와 보험, 최정호 저, 도서출판 청람, 2018

- 법제처 www.moleg.go.kr
- 보험연수원 www.in.or.kr
- 보험개발원 www.kidi.or.kr
- 금융감독원 www.fss.or.kr
- 한국손해사정사회 www.kicaa.or.kr
- 보건복지부 www.mohw.go.kr
- 고용노동부 www.moel.go.kr
- 국민건강보험공단 www.nhic.or.kr
- 국민연금공단 www.nps.or.kr
- 근로복지공단 www.kcomwel.or.kr

2025 시대에듀 손해사정사 1차 10개년 기출문제해설 한권으로 끝내기

개정8판1쇄 발행	2024년 07월 25일(인쇄 2024년 06월 21일)
초 판 발 행	2017년 01월 05일(인쇄 2016년 08월 31일)
발 행 인	박영일
책 임 편 집	이해욱
편 저	김명규
편 집 진 행	서정인
표지디자인	하연주
편집디자인	윤준하 · 장성복
발 행 처	(주)시대고시기획
출 판 등 록	제 10-1521호
주 소	서울시 마포구 큰우물로 75 [도화동 538 성지 B/D] 9F
전 화	1600-3600
팩 스	02-701-8823
홈 페 이 지	www.sdedu.co.kr
I S B N	979-11-383-7342-5 (13320)
정 가	30,000원(1 · 2권 포함)

피나는 노력에 대타란 없다.

– 박병호 –

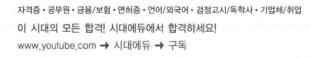

손해사정사

현직 손해사정사의 이론중심 전략강의로 단기간 합격을 보장합니다.

1차 시험 이렇게 공부하라!

회독과 반복	선택과 집중	정답과 오답
생소한 개념, 어려운 용어 **반복적으로 학습**	**자신있는 과목에 집중**하여 평균 점수 올리기	오답을 놓치지 않고 **따로 정리하여 오답확률↓**

시대에듀 합격 전략 커리큘럼과 함께하면 1차 합격! 아직 늦지 않았습니다.

기본이론
기본 개념 확립을 위한
핵심이론 학습

문제풀이
단원별 문제풀이로
문제해결능력 향상

기출문제해설
최근 기출문제 분석으로
출제 포인트 집중학습

핵심 3단계 구성으로
한방에 끝내는 합격 이론서

1차 한권으로 끝내기

핵심이론 **+** 기본유형문제 **+** 기출분석문제

기본개념을 요약한 실전핵심 NOTE
최신 개정법령을 반영한 핵심이론
시험에 출제될 가능성이 높은 기본유형문제
대표 문제만 엄선한 기출분석문제 100選

손해사정사

시험의 처음과 끝

시대에듀의 손해사정사 수험서

손해사정사 1차 보험업법
한권으로 끝내기(4×6배판)

손해사정사 1차 보험계약법
한권으로 끝내기(4×6배판)

손해사정사 1차 손해사정이론
한권으로 끝내기(4×6배판)

손해사정사 1차
기출문제해설(4×6배판)

신체손해사정사 2차
한권으로 끝내기(4×6배판)

신체손해사정사 2차
기출문제해설(4×6배판)

차량손해사정사 2차
한권으로 끝내기(4×6배판)

재물손해사정사 2차
한권으로 끝내기(4×6배판)

※ 본 도서의 이미지는 변경될 수 있습니다.